AN OVERVIEW OF TVE IN
"BELT AND ROAD" COUNTRIES

"一带一路"沿线国家
职业技术教育概览

修 订 本

| 第一册 |

李建求 卿中全 主编

商務印書館
创于1897 The Commercial Press

图书在版编目(CIP)数据

"一带一路"沿线国家职业技术教育概览：全三册 /
李建求，卿中全主编 . — 修订本 . — 北京：商务印书
馆，2021
　ISBN 978-7-100-20416-3

Ⅰ．①一… Ⅱ．①李… ②卿… Ⅲ．①职业技术教育
—概况—世界 Ⅳ．① G71

中国版本图书馆 CIP 数据核字 (2021) 第 203854 号

"一带一路"沿线国家职业技术教育概览（修订本）
（全三册）
李建求 卿中全 主编

商 务 印 书 馆 出 版
（北京王府井大街 36 号　邮政编码 100710）
商 务 印 书 馆 发 行
艺堂印刷（天津）有限公司印刷
ISBN　978-7-100-20416-3

2021 年 10 月第 1 版　　　开本 787×1092　1/16
2021 年 10 月第 1 次印刷　　印张 64½
定价：320.00 元

编辑委员会

内容提要

　　本书对"一带一路"沿线国家的基本概况、教育体系、国家学制、院校数量与教育政策等情况做了简要介绍。在此基础上，重点对各国职业技术教育与培训的发展战略与相关法规、现存体系与质量保障、治理模式与师资队伍等现状做出了简要阐述，并对其当前正在实施的职业技术教育与培训重大改革项目进行了重点介绍，对其职业技术教育与培训的诉求和发展趋势进行了分析。

　　本书的编写可为我国与沿线国家开展多层次、多形式的职业技术教育与培训的交流合作提供参考，为我国职业教育的改革与创新发展提供借鉴，促进中国与"一带一路"沿线各国在教育、经济与人文等方面的相互理解与交流对话。

目　录

阿拉伯联合酋长国

一、国家概况

（一）地理

阿拉伯联合酋长国（The United Arab Emirates），简称阿联酋，位于阿拉伯半岛东部，北濒波斯湾，海岸线长 734 千米，国土面积 83600 平方千米。西北与卡塔尔为邻，西和南与沙特阿拉伯交界，东和东北与阿曼毗连。属热带沙漠气候，夏季（5 月 -10 月）炎热潮湿，气温 40℃ ~50℃，冬季（11 月至翌年 4 月）气温 7℃ ~20℃，偶有沙暴。平均降水量约 100 毫米，多集中于 1 至 2 月间。[①]

阿拉伯联合酋长国是由阿布扎比、迪拜、沙迦、哈伊马角、富查伊拉、乌姆盖万、阿治曼 7 个酋长国组成的联邦国家，是当今世界上唯一一个以酋长国名称参加联合国组织的国家。[②] 其中面积最大的是阿布扎比酋长国，为 6.7 万平方千米；其次是迪拜酋长国，面积为 3900 平方千米；再次是沙迦酋长国，2600 平方千米；阿治曼酋长国仅为 260 平方千米，其余三国：哈伊马角酋长国、富查伊拉酋长国和乌姆盖万酋长国的面积总和不足 2600 平方千米。阿境内除东北部有少量山地外，绝大部分是海拔 200 米以上的荒漠、洼地和盐滩。[③]

（二）人文

阿联酋于公元 7 世纪隶属阿拉伯帝国。自 16 世纪开始，葡萄牙、荷兰、法国等殖民主义者相继侵入。1820 年，英国入侵波斯湾地区，强迫海湾 7 个阿拉伯酋长国缔结"永久休战条约"，称为"特鲁西尔阿曼"（意为"休战的阿曼"）。此后该地区逐步沦为英国的"保护国"。"二战"后，民族解放运动高涨。1971 年 3 月 1 日，英国宣布同海湾诸酋长国之间签订的所有条约于同年年底终止。同年 12 月 2 日，阿布扎比、迪拜、沙迦、乌

---

① 中华人民共和国外交部 . 阿联酋国家概况 [EB/OL]. https://www.fmprc.gov.cn/web/gjhdq_676201/gj_676203/yz_676205/1206_676234/1206x0_676236/.2021-09-25.

② 山东省国际投资促进中心 . 阿联酋 [EB/OL]. http://www.shandongbusiness.gov.cn/public/touzicujin/world.php?w=alianqiu#geography.2017-10-10.

③ 中国国际贸易促进委员会驻海湾代表处 . 阿联酋概况 . 地理概况 [EB/OL]. http://daibiaochu.ccpit.org/Contents/Channel_1414/2007/0514/37380/content_37380.htm.2017-10-10.

姆盖万、阿治曼、富查伊拉6个酋长国组成阿拉伯联合酋长国。1972年2月11日，哈伊马角酋长国加入阿联酋。①

在7个酋长国基础上建立起来的阿拉伯联合酋长国，是一个拥有完全主权的独立国家。阿联酋国家机构包括联邦最高委员会；联邦总统与副总统；联邦部长会议（内阁）；联邦全国委员会（议会）；联邦司法部。②联邦最高委员会由7个酋长国的酋长组成，是最高权力机构。重大内外政策制定、联邦预算审核、法律和条约批准均由该委员会讨论决定。联邦最高委员会从委员会成员中选出联邦总统和副总统，任期5年。总统兼任武装部队总司令。除外交和国防相对统一外，各酋长国拥有相当的独立性和自主权。联邦经费基本上由阿布扎比和迪拜两个酋长国承担。

联邦国民议会，成立于1972年，是咨询机构，每届任期4年，负责讨论内阁会议提出的法案，并提出修改建议。2006年8月，阿联酋颁布新的议会选举法，规定联邦国民议会成员为40名，其中20名由各酋长国酋长提名，总统任命，其余20名通过选举产生。议长和两名副议长均由议会选举产生。2019年11月14日，萨格尔·古巴什当选阿联酋第十七届国民议会议长。2019年该国人口950万，外籍人占88.5%，主要来自印度、巴基斯坦、埃及、叙利亚、巴勒斯坦等国。居民大多信奉伊斯兰教，多数属逊尼派。阿拉伯语为官方语言，通用英语。③阿联酋人以热情好客、举止文雅、谦恭有礼而著称。阿联酋人在社交场合与客人相见时，一般都惯以握手为礼。他们与亲朋好友相见时，一般还习惯施亲吻礼。阿联酋人绝大多数信奉伊斯兰教。他们禁食猪肉和使用猪制品，也不吃动物内脏。人们饮食以发酵面饼、玉米饼为主。④

（三）经济

阿联酋石油和天然气资源非常丰富。已探明的石油储量为130亿吨，占世界石油总储量的9.5%，居世界第5位。天然气储量为6.06万亿立方米，居世界第5位。阿联酋农业、畜牧业和林业的产值占国内生产总值的2.4%。全国可耕地面积32万公顷，已耕地面积27万公顷。主要农产品有椰枣、玉米、蔬菜、柠檬等。粮食依赖进口，渔产品和椰枣可满足国内需求。畜牧业规模很小，主要肉类产品依赖进口。近年来，政府采取鼓励务农的政策，向农民免费提供种子、化肥和无息贷款，并对农产品全部实行包购包销，以确保农民的收入。⑤

---

① 人民网.阿拉伯联合酋长国概况（阿联酋）[EB/OL]. http://world.people.com.cn/GB/8212/72474/72475/5031358.html.2010-10-10.

② 余崇健.阿联酋的国家政治制度及其特点[J].西亚非洲.1992,(4):36-37.

③ 中华人民共和国外交部.阿联酋国家概况[EB/OL]. https://www.fmprc.gov.cn/web/gjhdq_676201/gj_676203/yz_676205/1206_676234/1206x0_676236/.2021-09-25.

④ 北京市人民政府外事办公室.亚洲国家的礼仪与禁忌——阿拉伯联合酋长国[EB/OL]. http://www.bjfao.gov.cn/video/lbly/wgfs/8044.htm.2017-10-10.

⑤ 山东省国际投资促进中心.阿联酋[EB/OL]. http://www.shandongbusiness.gov.cn/public/touzicujin/world.php?w=alianqiu#geography.2017-10-10.

阿联酋工业以石油化工工业为主。此外还有天然气液化、炼铝、塑料制品、建筑材料、服装和食品加工等工业。工业项目从业人数中，阿联酋人仅占 1%。因此，政府着手实施"就业本国化"计划，增加本国人就业比例。亚太地区是阿联酋第一大贸易伙伴，欧洲为第二大贸易伙伴，其次为中东北非地区。[①] 在进口方面，天然黄金和半成品黄金居首，进口额为 202 亿美元，占进口总额的 15%。2020 年国内生产总值（GDP）3606 亿美元，人均 GDP 3.8 万美元，GDP 增长率 -5.5%。[②]

在经济参与度方面，2016 年为 82.2%，与 2015 年的 82.7% 同比下降了 0.5%。其中女性公民经济参与度下降 1.5%，从 2015 年的 50.8% 下降到 49.3%。职业结构方面，超过三分之一的阿联酋女性公民从事专业技术工作，对应职业要求从业者具有高等学历水平，同时具备相应的工作技能和工作效率。阿联酋从业公民文盲率不到 0.1%，具有学士学位及以上的从业公民超过 44.2%，其中女性公民达到 56.5%，男性公民达到 36.7%。具有二级及以上教育水平和从业资格证书的阿联酋从业者占全体阿联酋从业者的 35.3%。[③]

（四）教育

国家重视培养本国科技人才，实行免费教育制，倡导女性和男性享有平等的教育机会。共开设公立学校 1259 所，在校学生超过 80 万人，教师 2.5 万余人。[④] 阿联酋非常重视本国的教育，据统计，2015 年其在教育方面的投入约占财政预算的 21.1%。整个阿联酋的国土面积虽不大，却拥有 100 多所大学，包含公立、私立和著名大学的分校。[⑤] 阿联酋教育部在阿联酋政府年度大会上推出了《2030 国家高等教育战略》，旨在建立和完善科学和职业教育的最高标准，服务于阿联酋未来几代人。[⑥]

阿联酋共有三种类型的高校：第一类是由阿联酋联邦政府管理的联邦政府大学，共有 3 所，属于公立大学，学生接受免费教育。第二类是由各酋长国管理的酋长国政府大学，共有 7 所，由高等教育和科学研究部负责学位认证。第三类是私立大学，包括阿联酋本土的私立大学和国际私立大学，共有 84 所。其中阿联酋政府大学有阿布扎比大学、阿治曼理工大学、沙迦美国大学、迪拜大学、沙迦大学等。[⑦]

---

① 山东省国际投资促进中心.阿联酋 [EB/OL]. http://www.shandongbusiness.gov.cn/public/touzicujin/world.php?w=alianqiu#geography.2017-10-10.

② 中华人民共和国外交部.阿联酋国家概况 [EB/OL]. https://www.fmprc.gov.cn/web/gjhdq_676201/gj_676203/yz_676205/1206_676234/1206x0_676236/.2021-09-25.

③ 中华人民共和国驻迪拜总领事馆经济商务室.阿联酋失业率 0.4%[EB/OL]. http://dubai.mofcom.gov.cn/article/jmxw/201707/20170702609322.shtml.2017-10-10.

④ 中国一带一路网.阿联酋 [EB/OL]. https://www.yidaiyilu.gov.cn/gbjg/gbgk/10020.htm.2017-10-10.

⑤ 光明网.想走人生巅峰？就去阿联酋留学[EB/OL].http://liuxue.gmw.cn/2016-05/23/content_20223358.htm.2017-10-10.

⑥ 中华人民共和国驻阿拉伯联合酋长国大使馆经济商务参赞处.阿联酋教育部推出 2030 国家高等教育战略 [EB/OL]. http://ae.mofcom.gov.cn/article/ddgk/zwjingji/201710/20171002655264.shtml, 2017-10-10.

⑦ 〔阿联酋〕萨里姆，马斯佳.阿联酋高等教育发展的现状特殊与趋势研究 [J]. 比较教育研究，2015,(12):61.

二、职业技术教育与培训的战略与法规

（一）战略

关于教育，2011—2013 年阿联酋政府战略重点关注三个方面：发展学生的技能和知识并使其为高等教育做好准备；提高学生的在学率、受教育程度和价值；提升高等教育质量并保证录取率。阿联酋政府非常注重国家人口的技术发展，致力于提升高等教育入学率。

2010 年，阿布达比执行委员会创立了阿布达比职业技术教育与培训中心。作为阿联酋内负责职业技术教育与培训的主要机构，该机构提出职业技术教育与培训的发展战略为：确保实行高质量的课程，使学生为知识经济做好充分的准备；确保所有学生都从各教育机构得到极佳的教育；在阿联酋境内发展初等和中等教育，将退学率降到最低；确保提供卓越的学习环境和教具，以保证学生的需求得到满足；设立联邦级的统一评估体系，确保有特殊需求的学生得到额外和个人化的支持，以将其纳入教育系统中；促进社会直接对学校环境做出贡献；确保区域内所有的支持服务都能及时有效地展开。

根据职业技术教育与培训的国家战略要求，阿联酋劳动力的培训与发展是整个阿拉伯联合酋长国战略发展计划《2020 年远景规划》的一部分。此外，随着以工业为基础的培训快速发展，除了传统培训，国家还可以通过高等教育学院来培训技术熟练的劳动者。

（二）法规

1.《宪法》（1971）

1971 年《宪法》（第 17 条）概述了教育在阿拉伯联合酋长国社会发展中的作用。该条款规定"初等教育属于义务教育，而且各等级教育都是免费的"。

2.《第 11 号联邦法律》（1972）

1972 年第 11 号联邦法规定了各教育部门的具体职责，即：向所有公民提供教育且初等教育须为义务制；制定课程、考试系统和扫盲计划；确保教育质量。

3.《第 48072 号法律》（1989）

1989 年内阁决议颁布的第 48072 号法律规定了普通教育和技术教育的入学要求、入学程序和所需文件，以及学生和教师的转校要求。

4.《2030 国家高等教育战略》

阿联酋教育部在阿联酋政府年度大会上推出了《2030 国家高等教育战略》，旨在建立和完善科学和职业教育的最高标准，服务于阿联酋未来几代人。该战略致力于使新一代阿联酋人具备面对未来挑战的能力，确保阿联酋公民在多元、增长和发展的道路上享有可持续的幸福和更好的生活。该战略强调，应为未来几代人提供必要的技术和实践技能，推动公私部门的经济发展。要为阿联酋知识、经济、企业家精神等重要领域的增长，以及劳动力市场的全面发展，培育一代专业人才。

三、职业技术教育与培训的体系与质量保障

（一）体系

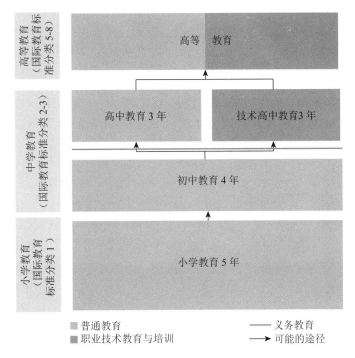

图 1 阿联酋职业教育与培训体系结构图

资料来源：图表由联合国教科文组织国际职业技术教育及培训中心编制，资料来源于：联合国教科文组织国际教育局（UNESCO-IBE）.世界教育数据（第 7 版），阿拉伯联合酋长国.日内瓦：联合国教科文组织国际教育局.2010.

从 2000 年 1 月的改革开始，基础教育划分为两个阶段——小学教育（1—5 年级）和初中教育（6—9 年级），二者都是义务教育。普通中学和技术学校都提供中等教育。在普通中学，学生第一年都学习核心课程，随后的两年他们能选择理科或者文科方向。技术教育包含三个主要方向：科技、农业和商业。接受普通教育最终可以获得中学毕业证书，而接受技术教育最终可以获得技术中学文凭。

大学和高等技术学院等高等教育学院提供高等教育。通过国家招生与调配办公室申请的学生需要参加普通教育能力评估。同其他公立高等教育机构一样，高等技术学院的入学对国内学生也是免费的。高等技术学院由阿联酋联邦政府建立于 1988 年，致力于给学生们提供最高质量的技术和职业课程。高等技术学院在工程技术、健康科学、计算机信息科学、商业、应用通信和教育方向提供多种课程项目。学习这些项目能够获得应用文凭和应用学士学位。高等技术学院有一些不同的课程，涉及六个核心教育领域，针对

各个领域开发的课程都是跟行业领导、雇主和商业部门代表咨询磋商过的。作为阿联酋内最大的高等教育学院，高等技术学院课程的设计旨在帮助毕业生追求其职业生涯以满足阿联酋经济的发展和多样化的需求。[①]

非正规职业技术教育与培训也在发展中。例如，阿布达比旅游局也提供旅游培训，旨在发展大量训练有素的旅游专业从业人员。行业发展培训项目包含客户服务、阿布达比文化遗产、旅游信息服务及其他方面的课程。

此外，还有一些职业技术教育与培训机构位于迪拜知识村和迪拜国际学术城，这里是教育的中心，提供语言、学术和职业课程。很多国际学院向学生提供的项目使学生可以获得发展自身技能以及提升其职业的机会。

（二）保障

1. 资格框架

阿拉伯联合酋长国国家资格框架由国家资格管理局建立于 2012 年。此国家资格框架旨在促进准确描述和比较不同的资格等级；对学习者取得的成绩进行认证；正确使用高等教育、普通教育及职业教育中公认的普通称谓。此国家资格框架向资格认证和授予机构提供指导和参考工具。此国家资格框架包括正规、非正规和非正式学习。

此国家资格框架内有 10 个资格等级，每一个等级代表一种程度的学习难度、复杂性和深度。学习成果是确定学习者能力的普通标准。此国家资格框架根据知识、技能和各方面能力（自主性和责任心；在具体环境中承担的职责；自我发展）来界定学习成果，使用学分来评估为获取资格所要求的学习量，并促进国际流动性。在阿拉伯联合酋长国，1 学分等同于 15 小时的学习。转换学术机构时，学分可累计。[②]

国家职业教育学院制定了一个职业教育框架，其中包括 5 个能力等级，主要涉及 6 种技能领域（沟通、信息与通信技术、数字应用、团队合作、自我学习提升以及解决问题的能力）。这 5 个能力等级是：

①在一系列主要为例行性和可预见性工作活动中的能力；②不同情况下，在各种有一定复杂性且非例行性工作活动中的能力，包括履行一些个人职责或与他人协作的能力；③在多种情况下；在一系列主要为复杂非例行性活动的工作活动中的能力，通常涉及指导或者管理他人；④在多种情况下，在一系列复杂的技术或专业工作活动中的能力，通常需要对他人负责并进行资源分配；⑤在各种通常不可预测的工作情况下，应用基本原理和复杂技术的能力，有大量的自主权而且对其他人的工作承担管理责任；包括进行资源分配、分析诊断、计划与评估的能力。

---

① 联合国教科文组织国际教育局.世界教育数据：阿拉伯联合酋长国.日内瓦：联合国教科文组织国际教育局.2010.

② 本部分引自：高等教育与科研部 (2009).职业技术教育与培训许可及认证标准.阿布达比：高等教育与科研部.2013.

2. 质量保障

在阿拉伯联合酋长国，高等教育与科研部负责保证教育质量。阿拉伯联合酋长国境内所有提供职业技术教育与培训的机构都要有许可证，且经过认证的项目要得到高等教育与科研部的认可。目前，高等技术学院正在争取获得成为职业技术教育与培训机构的资格。

在高等教育与科研部内，学术认证委员会通过机构许可和项目认证来确保质量。要得到许可，机构需要对中学后教育和培训有适当的使命感。同时还要满足监管结构、法律、法规、政策、程序、设备、财务、职员和内部质量保障的要求。机构许可有效期5年，到期后需要更新。获得许可的机构要年年向学术认证委员会汇报，并在所有文件和广告中显示他们已经获得高等教育与科研部的"许可"或者"认可"信息。

职业技术教育与培训机构只有在获得许可证后，才能申请认证其培训项目。职业技术教育与培训项目必须先通过认证，才能进行推广宣传。认证流程包括对项目进行项目审查，以确保培训课程满足相应的标准和国际认可的标准。

学术认证委员会公布了职业技术教育及培训的许可和认证标准（2009），其中规定了获得许可和认证的具体要求。该标准旨在提升教育与培训机构的质量，并为技术、职业类学生以及其他利益相关者确保那些获得许可的职业技术教育与培训机构符合最佳国际质量标准。

四、职业技术教育与培训的治理与教师

（一）治理

阿拉伯联合酋长国是阿布达比、阿吉曼、富查伊拉、沙迦、迪拜、拉斯海玛和欧姆古温这7个酋长国组成的联邦。各国政府对包括教育在内所有无须报备阿联酋准予的事项负责。

教育部负责普通教育、扫盲计划和成人教育。高等教育与科研部负责管理高等教育，社会事务部负责管理特殊教育学校。

知识及人力发展局建立于2006年，负责在迪拜酋长国发展知识和人力资源。知识及人力发展局在迪拜政府中是一个监管机构，协助学校、大学、培训学院和其他所有人力资源中心提高自身水平。该机构同时还执行从幼儿教育到成人学习的研究。

国家职业教育学院是附属于知识及人力发展局的一个自主管理的机构，国家职业教育学院建立于2006年，致力于培养符合劳动力市场需求的熟练技工。国家职业教育学院旨在提供"世界一流、灵活优质的终身职业教育，以满足当前及未来阿联酋和海湾地区利益所有者、政府、社区、雇主以及个人需求的职业标准作为准则"。国家职业教育学院负责研发以学习者为中心的模块化职业技术教育与培训项目，尽可能充分发挥学员的潜能。这些课程将理论与实践结合，注重培养职业道德并考虑不同的入学级别问题。

国家资格管理局建立于 2010 年，它负责资格分类，对所有国家资格建立统一的系统和参考点。国家资格管理局与相关机构协调履行责任。

阿布达比职业技术教育与培训中心建立于 2010 年，管理阿布达比酋长国境内的职业技术教育与培训，制定职业技术教育与培训政策和标准，向职业技术教育与培训教师颁发许可证，向阿布达比政府和私立机构提供职业技术教育与培训指导和支持。此外，阿布达比职业技术教育与培训中心还与阿布达比教育委员会合作进行教育研究，与职业技术教育与培训利益相关者建立伙伴关系。①

国家资格管理局的工作遵循下述目的和目标：制定计划与政策，开发全面统一的国家资格战略；制定和维护高等教育、普通教育和技术、职业与专业教育及培训的资格标准和规定，使其与科学技术的进步保持同步，满足经济和社会发展的要求；制定高等教育、普通教育和技术、职业与专业教育及培训的资格管理政策及程序，以便获取国内和国际认可；制定并维护用于评估学习成果的体系、流程和程序，作为授予资格的依据；颁发高等教育、普通教育和职业技术、专业教育及培训的同等资格；评估和认证高等教育、普通教育和职业技术、专业教育及培训机构；制定关于个人在高等教育、普通教育和职业、技术、专业教育及国内外培训主流范围内的入学、转学和升学政策与程序；建议个人和团体倡导终身学习的概念；建立并维持相应系统、流程及程序以确保将国家资格框架作为国内资格的参考国家级框架；分析并提供资格相关数据，向有关机构提交建议，以改善高等教育、普通教育和职业、技术与专业教育及培训系统的教学质量；建立特别委员会，为所有符合国家资格框架等级的工作制定国家职业（技术）标准；建立并维护一个向职业、技术与专业教育及培训资格的评审员发放许可的完整制度；为所有负责评估和调整劳动力质量的机构所做的工作提供支持；建立并维护关于国内所有教育和培训机构的国家数据库，将学习者、国家认证资格和国家职业（技能）标准纳入其中；开展研究和周期性评估，以便提高国家资格体系的整体质量；履行部长理事会交办的其他任务或责任。

学术认证委员会隶属高等教育与科研部，是负责确保教育质量的联邦机构。学术认证委员会给中学后教育机构颁发许可并对个人培训项目进行认证。委员会致力于实现下述四个目标，确保质量和学术标准，维护并执行阿联酋境内的高等教育机构与国际标准保持一致的质量框架；提供进一步提高质量的各种适当的服务和活动；实施一些高效而且切实可行的质量改进流程，促进高等教育部门实现强劲发展；在国际高等教育质量保证组织中发挥积极、合作的重要作用。

（二）教师

阿联酋对教师的要求是：所有教师都需要有相应的学位和教育经验；外籍教师需要参加笔试及面试来决定其工作的适合性以及他们能够教授的级别。

---

① 联合国教科文组织国际教育局 . 世界教育数据：阿拉伯联合酋长国 . 日内瓦：联合国教科文组织国际教育局 .2010.

阿联酋高等教育学院是阿联酋境内第一个教师培训学院，建立于 2007 年，坐落在阿布达比市。学院目前提供 4 年制的教育学士学位，对未完成学士教育项目要求的酋长国学生，阿联酋高等教育学院提供为期 1 年的基础项目。阿联酋高等教育学院还对在职教师和校长提供英语，以及一系列专业发展课程。[①]

高等教育学院提供 4 年制的教育学士学位，其中第一年为普通教育，从第二年开始专业化。专业细分为早教、学校英语教育、初等教育以及技术教育。

五、职业技术教育与培训的诉求与发展趋势

（一）诉求

首先，需要资金支持。阿联酋职业技术教育缺乏足够资金支持，而缺乏职业技术教育的国家战略是其资金和机制不到位的原因之一。其次，所有职业技术教育与培训的利益相关者之间需要合作，建立一个能够培养多元竞争经济所需的职业技术教育与培训体系。再次，需要提高入学率。在阿联酋，职业技术教育与培训面临的一大挑战是低入学率，因为，公立大学对全国学生都是免费的，职业技术教育与培训只被视作一个备选项。根据《全国报》报道，"想要通过学习技术技能获利的年轻人最终会选择学位课程，因为雇主们给大学生们支付的薪水更高"。[②] 因此，社会观念以及工资标准的变革是影响未来阿联酋职业技术教育与培训的关键因素。

（二）发展趋势

1. 职业技术教育培训将与新兴产业结合得更加紧密。

2015 年 11 月，阿联酋总统哈利法宣布了《国家科学技术和创新最高政策》，称阿联酋将投入 3000 亿迪拉姆（约合 820 亿美元）支持知识经济和创新发展，为迎接"后石油时代"做好准备。据悉，该计划将包含 100 项动议，投资领域主要包括教育、健康、能源、交通、太空和水资源，除此之外，也包括机器人、太阳能、知识产权保护、干细胞研究及生物科技。阿联酋副总统兼总理、迪拜酋长穆罕默德表示，出台上述政策和资金支持计划是阿联酋国家经济形态转型的重要战略决策，新的经济形态下阿联酋将逐渐脱离对石油资源的依赖。因此，阿联酋职业技术教育与培训的内容将与这些新的经济产业更加紧密结合。

2. 第四次工业革命战略将深刻影响阿联酋职业教育的未来。

在阿布扎比举行的阿联酋政府年会期间，阿联酋政府推出阿联酋版第四次工业革命战略。通过实施该战略，阿联酋将巩固其作为全球第四次工业革命中心的地位，并通过推进创新和发展未来科技提升工业对国民经济的贡献度。阿联酋计划到 2021 年将研发投

① 联合国教科文组织国际教育局.世界教育数据（第 7 版），阿拉伯联合酋长国.日内瓦：联合国教科文组织国际教育局.2010.
② Swan, M (2012)."不可忽视的"职业教育.阿布达比：全国报，2012-5-16.

入占国民生产总值比例增至目前的 3 倍，知识工作者比例达到 40%。①

此外，阿联酋第四次工业革命战略一大特点是打破了原有物理、数字和生物领域之间固有界限，实现技术融合。物理技术由有形物体组成，包括无人驾驶汽车、3D 打印和机器人；数字技术为"物联网"，包括大数据中心和人工智能；生物技术为遗传学，包括探究糖尿病、心脏病和癌症等严重疾病的病因。② 这一趋势将深刻影响阿联酋职业教育。

（深圳职业技术学院　技术与职业教育研究所　袁　礼）

主要参考文献

[1] 中华人民共和国外交部 . 阿联酋国家概况 [EB/OL]. https://www.fmprc.gov.cn/web/gjhdq_676201/gj_676203/yz_676205/1206_676234/1206x0_676236/.2021-09-25.

[2] 山东省国际投资促进中心 . 阿联酋 [EB/OL]. http://www.shandongbusiness.gov.cn/public/touzicujin/world.php?w=alianqiu#geography. 2017-10-10.

[3] 中国国际贸易促进委员会驻海湾代表处 . 阿联酋概况·地理概况 [EB/OL]. http://daibiaochu.ccpit.org/Contents/Channel_1414/2007/0514/37380/content_37380.htm. 2017-10-10

[4] 人民网 . 阿拉伯联合酋长国概况（阿联酋）[EB/OL]. http://world.people.com.cn/GB/8212/72474/72475/5031358.html.2010-10-10.

[5] 余崇健 . 阿联酋的国家政治制度及其特点 [J]. 西亚非洲 .1992, (4)。

[6] 中华人民共和国驻阿拉伯联合酋长国大使馆 . 阿联酋简介 [EB/OL]. http://www.fmprc.gov.cn/ce/ceae/chn/sbgx/t1272936.htm.2017-10-10.

[7] 北京市人民政府外事办公室 . 亚洲国家的礼仪与禁忌——阿拉伯联合酋长国 [EB/OL]. http://www.bjfao.gov.cn/video/lbly/wgfs/8044.htm.2017-10-10.

[8] 阿联酋华侨华人联合会 . 阿联酋企业预计明年平均工资将上涨 4.6%[EB/OL]. http://www.uae-chinese.org/newsitem/276830546.2017-10-10.

[9] 中华人民共和国驻迪拜总领事馆经济商务室 . 阿联酋失业率 0.4%[EB/OL]. http://dubai.mofcom.gov.cn/article/jmxw/201707/20170702609322.shtml.2017-10-10.

[10] 中国一带一路网 . 阿联酋 [EB/OL]. https://www.yidaiyilu.gov.cn/gbjg/gbgk/10020.htm.2017-10-10.

[11] 光明网 . 想走人生巅峰？就去阿联酋留学 [EB/OL]. http://liuxue.gmw.cn/2016-05/23/content_

---

① 山东省国际投资促进中心 . 阿联酋 [EB/OL]. http://www.shandongbusiness.gov.cn/public/touzicujin/world.php?w=alianqiu#geography,2017-10-10.
② 中华人民共和国驻阿拉伯联合酋长国大使馆经济商务参赞处 . 阿联酋推出第四次工业革命战略 [EB/OL]. http://ae.mofcom.gov.cn/article/ddgk/zwjingji/201710/20171002655267.shtml.

20223358.htm.2017-10-10.

[12] 中华人民共和国驻阿拉伯联合酋长国大使馆经济商务参赞处 . 阿联酋教育部推出 2030 国家高等教育战略 [EB/OL]. http://ae.mofcom.gov.cn/article/ddgk/zwjingji/201710/20171002655264. shtml.2017-10-10.

[13]〔阿联酋〕萨里姆, 马斯佳 . 阿联酋高等教育发展的现状特殊与趋势研究 [J]. 比较教育研究, 2015, (12) : 61.

[14] Government of the United Arab Emirates (2011). United Arab Emirates Government Strategy 2011-2013 –Putting Citizens First. Abu Dhabi: Government of the United Arab Emirates.

[15] Ministry of Education (2010). Strategy 2010-2020. Aiming in accomplishing a score of 10/10 in all of its initiative. Accessed: 26 June 2013.

[16] Ministry of Higher Education and Scientific Research (2009). Standard for Licensure and Accreditation of Technical and Vocational Education and Training. Abu Dhabi: Ministry of Higher Education and Scientific Research.

[17] National Qualifications Authority (2011). National Qualifications Framework. Accessed: 26 June 2013.

[18] Swan, M (2012). Vocational education ‘must not be neglected’. In *The National. Abu Dhabi.* Published on May 16, 2012. Accessed: 26 June 2013.

[19] UNESCO-IBE (2010). World Data on Education VII Ed. 2010/11. United Arab Emirates. Geneva: UNESCO-IBE.

[20] Webpage of the Abu Dhabi Centre for Technical and Vocational Education and Training.

阿拉伯叙利亚共和国

一、国家概况

（一）地理

阿拉伯叙利亚共和国（The Syrian Arab Republic），简称"叙利亚"。位于亚洲西部，地中海东岸。北靠土耳其，东南邻伊拉克，南连约旦，西南与黎巴嫩、以色列接壤，西与塞浦路斯隔海相望。海岸线长 183 千米。全国划分为 14 个省市：大马士革农村省、霍姆斯省、哈马省、拉塔基亚省、伊德利布省、塔尔图斯省、腊卡省、德尔祖尔省、哈塞克省、德拉省、苏韦达省、库奈特拉省、阿勒颇省和大马士革市。北部地区属亚热带地中海气候，南部地区属热带沙漠气候。沙漠地区冬季雨量较少，夏季干燥炎热。最低气温 0℃ 以下，最高气温达 40℃ 左右。年平均降水量沿海地区 1000 毫米以上，南部地区仅 100 毫米。[①]

（二）人文

叙利亚公元前 3000 年时就有原始城邦国家存在。公元前 8 世纪起，先后被亚述、马其顿、罗马、阿拉伯、欧洲十字军、埃及马姆鲁克王朝和奥斯曼帝国等统治。1920 年 4 月，沦为法国委任统治地。1940 年 6 月，法向德投降，叙利亚被纳粹德国控制。1941 年 9 月 27 日，"自由法兰西军"总司令贾德鲁将军以盟国名义宣布叙利亚独立。

1943 年 8 月，叙利亚成立自己的政府，舒克里·库阿特利当选叙利亚共和国首任总统。1946 年 4 月 17 日，英、法被迫撤军，叙利亚获得完全独立。1958 年 2 月 1 日，叙利亚和埃及宣布合并，成立阿拉伯联合共和国。1961 年 9 月 28 日，叙利亚宣布脱离"阿联"，成立阿拉伯叙利亚共和国。1963 年 3 月 8 日，阿拉伯复兴社会党组成新政府。1970 年 11 月 13 日，国防部长兼空军司令阿萨德发动"纠正运动"，改组了党和政府，阿自任总理。1971 年 3 月，阿萨德当选总统，任至 2000 年 6 月 10 日去世。阿次子巴沙

---

① 中华人民共和国外交部 . 叙利亚国家概况 [EB/OL].http://www.fmprc.gov.cn/web/gjhdq_676201/gj_676203/yz_676205/1206_677100/1206x0_677102/.2021-7.

尔·阿萨德于同年 7 月 10 日继任总统。[①]

截止到 2019 年，叙利亚人口总计 1707 万。[②]其中，阿拉伯人占 80% 以上，还有库尔德人、亚美尼亚人、土库曼人和彻尔克斯人等。阿拉伯语为国语，通用英语和法语。居民中 85% 信奉伊斯兰教，14% 信奉基督教。其中，伊斯兰教逊尼派占 80%，什叶派占 20%，在什叶派中阿拉维派占 75%，这一比例约占全国总人口的 11.5%。[③]

（三）经济

叙利亚自然条件较为优越，矿产资源丰富，主要有石油、磷酸盐、天然气、岩盐、沥青等。农业在国民经济中占据重要位置，是阿拉伯世界的五个粮食出口国之一。耕地大都凭借灌溉，出产小麦、大麦、棉花、葡萄、油橄榄、无花果以及梨、李等水果。出口棉花与小麦、大麦。叙利亚工业基础薄弱，国有经济占主导地位，现代工业只有几十年历史。现有工业分为采掘工业、加工工业和水电工业。开掘工业有石油、天然气、磷酸盐、大理石等。加工工业主要有纺织、食品、皮革、化工、水泥、烟草等。叙利亚又是伊拉克基尔库克油田出海油管的过境地。叙利亚拥有较好的旅游发展基础和潜力，政府对旅游业发展也十分重视，尤其是近年来，在叙利亚经济改革进程中优先发展旅游业得到了政府的认同和支持，使旅游获得迅速的发展。

但是，近来的国内战争给叙利亚经济带来了重创，叙利亚政策研究中心估计，战争给叙利亚造成的整体经济损失约为 2550 亿美元。2019 年，叙利亚失业率为 78%，接近七成叙利亚人生活极端贫困，入不敷出，无法满足最基本的生活保障，饿死人的现象并不是奇闻。农业生产原本是叙利亚经济结构主要组成部分，但如今叙利亚大部分地区遭遇食物危机，粮食沦为"战争的武器"，而人道主义组织提供的粮食，最后往往流入黑市。[④]

（四）教育

叙利亚非常重视教育，1973 年颁布的共和国《宪法》中第 37 条即指出，受教育权是公民的基本权利，且小学教育实行义务教育。但是，连续的战争和冲突对叙利亚的教育体系产生了强大而深远的影响。由于危机已进入第六年，估计有 1100 万叙利亚人逃离家园，而留守的许多叙利亚人需要国际社会提供人道主义援助。迄今为止，年龄处于 5—17 岁之间的大约还有 540 万名儿童和青少年留在叙利亚，140 万的难民儿童和青年在邻近的东道国接受人道主义教育援助。考虑到冲突的影响与学龄人口的增长速度，叙

① 中华人民共和国驻阿拉伯叙利亚共和国大使馆.叙利亚国家概况[EB/OL].http://sy.chineseembassy.org/chn/gjgk/xlyjk/t579280.htm.2021-7.

② 阿拉伯叙利亚共和国人口.世界银行数据[EB/OL].https://data.worldbank.org.cn/country/%E9%98%BF%E6%8B%89%E4%BC%AF%E5%8F%99%E5%88%A9%E4%BA%9A%E5%85%B1%E5%92%8C%E5%9B%BD.2017-7-1.

③ 环球网.叙利亚概况[EB/OL].http://world.huanqiu.com/roll/2011-04/1648735.html.2017-8-11.

④ 新华网.叙利亚伤痛五年，经济至少倒退 30 年[EB/OL].http://news.xinhuanet.com/world/2016-03/21/c_128816505.htm.2017-8-13.

利亚国内基础教育系统的缺口将超过百万。[1]

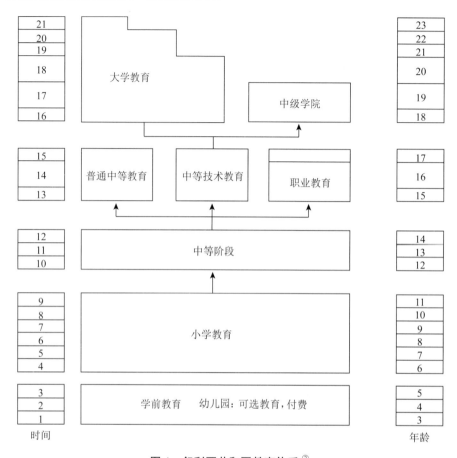

图 1　叙利亚共和国教育体系 [2]

当前，叙利亚教育分为五个阶段：学前教育、小学教育、初级中学教育、高级中学教育与高等教育。学前教育（幼儿园）为 3—5 岁的儿童提供，持续 3 年。学前教育不是义务性的，是需要付费的。叙利亚小学为义务教育，1981 年起，叙利亚对 6—12 岁的儿童实行义务教育。所有 6 岁的儿童都可以上小学，小学共有 6 年，小学毕业后获得相应证书。

叙利亚初级中等教育为 7—9 年级，为期 3 年，根据 2002 年《第 32 号法》，从 2002—2003 学年开始 7—9 年级变为义务教育。至此，叙利亚免费义务基础教育就包括初级和中级两个阶段。基础教育结束后，通过普通考试的学生将获得基础教育证书。第

① Refugees Country Briefing—SYRIA[EB/OL].http://www.unesco.org/new/fileadmin/MULTIMEDIA/FIELD/Beirut/images/Lebanon_Country_Profile.pdf.2017–10–11.

② OVERVIEW VOCATIONAL EDUCATION AND TRAINING IN SYRIA AND ITS RELEVANCE TO THE LABOUR MARKET: produced by the European Training Foundation with the involvement of Ms Eva Jimeno Sicilia[EB/OL].http://www.etf.europa.eu/pubmgmt.nsf/(getAttachment)/F3B63809D554394EC125700D003FE0DB/$File/MEDA_VET_overview_Syria_03_EN.pdf.2017.10.10.

九年级的期末考试类似于我国的中考，在全国范围内同时进行，这次考试后学生将根据自己的成绩选择进入普通高级中学还是职业学校。

叙利亚的高等教育学位原本就比较紧张，加之战争与冲突带来的影响，大学的办学能力受到了很大限制。一方面是教学水平和学生人数都有所下降，另一面是部分学生宿舍被用来收容叙利亚难民，加之学生和学术人员还需应付有关义务兵役的问题，均使得大学的入学人数大大减少，许多学生和教师纷纷逃离该国。叙利亚高等教育系统的授课语言为阿拉伯语，第一外语为英语，第二外语为法语。目前，叙利亚的教育主要由公共财政负担，98%的学校属公立性质，1.8%属私立学校，教学目标、教材提供等也都由教育部负责。[①]

二、职业技术教育与培训的战略和法规

（一）战略

鉴于职业技术教育与培训在人力资源与劳动力市场中的关键地位，叙利亚教育部制定了若干综合性战略，以增强职业教育与劳动力市场之间的连接，主要是在重点领域实施学徒制计划，以激发行业企业参与的积极性，扭转学院式的课程安排；提升师资的教学水平，增强其与工作领域的互动；加强学校的实训设置建设，以更好的实施基于能力的培养方案。

为配合上述战略的实施，叙利亚政府出台了一系列新的政策，用以规范职业技术教育的发展。如帮助年轻人加强自学教育，以推进职业教育与终身教育发展进程；采取更广泛的途径，来落实职业教育政策的实施，如强调和利用最新科技成果；鼓励使用阿拉伯语教学，以加强同周边阿拉伯国家的连接；加强对残疾人等特殊人群的关照等等。[②]

上述战略和政策的制定对叙利亚职业教育的发展至关重要，但鉴于其特殊的政治环境，其职业教育战略的实施存在诸多困难，一个和平稳定的环境是叙利亚职业教育发展和经济恢复的基本前提。

（二）法规

叙利亚的职业技术教育与培训曾颁布了诸多的法律法规，最初的法案是1955年颁布的《第47号法案》与1973年的《共和国宪法》。1978年颁布了《第4号法案》，明确了职业技术教育与培训的管理主体为教育部和高等教育部。此外，关于职业教育与培训具有代表性和政策法规和议案有如下两个：

---

① 中华人民共和国驻阿拉伯叙利亚共和国大使馆经济商务参赞处.叙利亚人口、教育与民族[EB/OL].http://sy.mofcom.gov.cn/article/ddgk/200212/20021200055571.shtml.2017–8–17.

② OVERVIEW VOCATIONAL EDUCATION AND TRAINING IN SYRIA AND ITS RELEVANCE TO THE LABOUR MARKET: produced by the European Training Foundation with the involvement of Ms Eva Jimeno Sicilia[EB/OL].http://www.etf.europa.eu/pubmgmt.nsf/(getAttachment)/F3B63809D554394EC125700D003FE0DB/$File/MEDA_VET_overview_Syria_03_EN.pdf.2017.10.10.

1.《1988 年部长法令》

此法令在叙利亚职业教育发展史上是一个里程碑事件，该法令通过了成立高等教育委员会来负责职业教育发展的决议，高等教育委员会的职责是职业教育发展规划与政策制定，其委员会主席由教育部副部长兼任。

2.《第 13 号总统决议》（1994）

该决议奠定了叙利亚职业教育与培训法律的基本框架，包括改进职业院校的办学条件，颁发专业证书，在劳动力市场上赋予职校毕业生优先雇佣权等等。为了改善职业院校的办学条件，提升职业教育办学主体间的协调性，该决议特提出设立了由 115 位专家组成的职业技术教育专家委员会和考试委员会，以对职业教育发展的相关事宜提供参考和建议。①

三、职业技术教育与培训的体系

叙利亚职业技术教育与培训始于初级教育之后，职业教育自身及其与普通教育类型之间都较为松散。就职业教育自身而言，可分为两个阶段：中等职业教育阶段和中等后职业教育阶段。

1. 中等职业教育

此阶段为 10 到 12 年级，一般持续时间为 3 年。课程完成后学生会获得作为技术工人的职业证书，毕业生可选择直接进入劳动力市场，或选择进入下一阶段职业教育院校继续深造，也有少量毕业生进入大学，这部分所占比例较小。叙利亚的中等职业技术一般有中等技术学校提供，有大约 11 个部委参与其中，但其 90% 以上的工作还是由教育部负责。

2. 中等后职业教育与培训

中等后职业教育一般在中级学院进行，持续时间为 2 年，入学条件为具有普通初级中学或中等职业教育毕业证书。完成中级学院课程后会颁发高级技工证书，毕业生可凭此直接进入劳动力市场或进入高等教育阶段。中等后职业教育与培训领域的管理总共涉及 16 个部委，但其负责的主要部门是教育部和高等教育部，其参与事务占比分别为 35% 和 20%，特别是高等教育部下设的高等教育委员会是负责中级学院管理的主要部门。

① OVERVIEW VOCATIONAL EDUCATION AND TRAINING IN SYRIA AND ITS RELEVANCE TO THE LABOUR MARKET: produced by the European Training Foundation with the involvement of Ms Eva Jimeno Sicilia[EB/OL].http://www.etf.europa.eu/pubmgmt.nsf/(getAttachment)/F3B63809D554394EC125700D003FE0DB/$File/MEDA_VET_overview_Syria_03_EN.pdf.2017.10.10.

当前，叙利亚大约有 800 多个职业教育培训机构，大约总共有 30 万名学生。[①]职业教育培训机构的平均规模大约在百人左右，如此规模限制了其专业设置，有的甚至只设置一个专业。而稍大的机构都严重缺乏基础设置和师资，管理运行与服务效率水平也有待提升，特别是和劳动力市场需求的关联亟须加强。在叙利亚，虽然开放大学等社会机构面对成人职后培训的学习机会已经有过很多尝试，但面对成人的职后培训体系目前并不存在。为了发展叙利亚经济，许多行业的劳动力技能亟待提升，建立终身学习体系在叙利亚已刻不容缓。

四、职业技术教育与培训的治理和教师

（一）治理

如前所述，叙利亚普通教育的管理涉及包括教育部在内的 11 个部委，但职业教育涉及的主体更多，共有 16 个部委参与职业技术教育与培训的管理。具体而言，是由高等教育部下辖的高等教育委员会协调中学后职业教育的规划与发展。此外，工业部也会通过其在多地设置的职业培训中心，参与相关领域职业教育的培训。

但是，参与职业技术教育与培训管理的主要机构是高等教育委员会。该委员会于 1988 年创立，负责职业教育整体发展规划的制定，由教育部副部长出任主席，委员有教育部、农业部、工业部、卫生部、交通部、石油部与移民局等部人员组成，主要任务为制定职业教育发展政策。叙利亚的职业教育管理体系是高度集中式的，中等和中等后职业教育自治权非常有限，主要的职业教育决策、课程内容、资金拨付、基础建设决策都集中在高等教育委员会。虽然地区性的职业教育管理机构也存在，但他们在政策的形成过程中很少参与，主要是负责政策的执行和落实。

正由于此，职业教育体系中行业企业的参与度较低，无论是在国家层面还是在地方层面都缺乏社会资源的介入，学校与社会、学校与学校之间都缺乏应有的联系，对工作世界的疏离使得叙利亚的职业教育与培训体系非常孤立。

（二）教师

一般而言，理论课的教师如数学、物理、阿拉伯语等都来源于大学，专业课程的教师一般为大学的工程专业大学毕业，实践课程教师部分来自大学，部分来自中级教育机构或大学毕业生，总体而言，上述三个领域教师都没有达到岗位应有的要求，职前培训目前不作要求，甚至实践课教师也不作要求。由于岗前培训的非义务性质，很多叙利亚教师的实操技术都靠自己获得。如果有需要，职业院校和培训机构的管理者可提请教育

---

① OVERVIEW VOCATIONAL EDUCATION AND TRAINING IN SYRIA AND ITS RELEVANCE TO THE LABOUR MARKET: produced by the European Training Foundation with the involvement of Ms Eva Jimeno Sicilia[EB/OL].http://www.etf.europa.eu/pubmgmt.nsf/(getAttachment)/F3B63809D554394EC125700D003FE0DB/$File/MEDA_VET_overview_Syria_03_EN.pdf.2017.10.10.

部对教师进行特殊培训，此类培训一般由大学的教育学院提供。

在叙利亚，教师的社会地位和经济地位都比较低，薪水都不足以负担一般家庭的开支，所以大部分教师都会寻求兼职工作来满足日常生活所需。但是，这毕竟会对其工作质量产生不利影响。

五、职业技术教育与培训的诉求与发展趋势

叙利亚政府已经采取若干措施来改进职业教育体系，但在叙利亚危机的大背景下，学校和教师都必须先解决基本的生活需求。同时，职业教育体系本身存在着天花板效应，也使得职业教育体系的吸引力非常低。从全球经济来看，三年的中职教育或中职后两年的毕业证书已经不能满足劳动力市场的需求，叙利亚未来经济的发展对劳动力技能有着更高的需求。事实上，叙利亚的职业教育和工作世界存在着巨大的隔阂，现有的政策机制不足以弥补二者之间的鸿沟，加之缺少职业指导和劳动力市场雇佣服务体系，更加剧了这个问题的后果。而且，学校基础设置较为落后，学校数量多而学生人数少，学生可选择余地较小，导致其在专业设置、质量提升和运行效率上都存在诸多问题，难以形成规模效应。在校教师工作条件也较差，岗前培训和雇佣程序都不能保证教师专业与岗位需求的匹配，专业化发展更无从谈起。在职业教育管理上，叙利亚又过于集中，而且涉及部门较多，有超过16个部委参与职业教育决策和院校经营，各部委之间的协调机制形同虚设。然而，职业教育发展所需要的社会合作方参与度却极为有限。上述种种情况使得职业教育的发展没有一个有效的指导和辅助系统，导致其同劳动力市场之间的连接非常松散，两个体系之间存在着巨大的错位。

叙利亚主要依靠低附加值经济，如果想在要经济全球化中生存下来，必须升级为高附加值型产业和服务。而且，无论是公有还是私营经济都需要同市场接轨，职业教育体系也需要如此。因此，叙利亚职业教育与培训的发展需要调整院校布局，减少学校数量同时增加单位学校的学生人数，以利于专业的增加和调整，满足劳动力市场对多样化、高技能人才的需求。其次，叙利亚需要建立针对职业教育与培训的多级别的质量监控体系，为高、中、低各级别课程的发展提供参考标准。再次，叙利亚需改变职业教育与培训管理过于集中的问题，激发社会合作伙伴参与的积极性，吸引行业企业的参与，以切实接轨劳动力市场需求，形成职业教育发展的规模效应。

（深圳职业技术学院　技术与职业教育研究所　李亚昕）

主要参考文献

[1] 中华人民共和国外交部. 叙利亚国家概况 [EB/OL]. http://www.fmprc.gov.cn/web/gjhdq_676201/gj_676203/yz_676205/1206_677100/1206x0_677102/.2021-7.

[2] 中华人民共和国驻阿拉伯叙利亚共和国大使馆. 叙利亚国家概况 [EB/OL]. http://sy.chineseembassy.org/chn/gjgk/xlyjk/t579280.htm.2021-7.

[3] OVERVIEW VOCATIONAL EDUCATION AND TRAINING IN SYRIA AND ITS RELEVANCE TO THE LABOUR MARKET: produced by the European Training Foundation with the involvement of Ms Eva Jimeno Sicilia[EB/OL].http://www.etf.europa.eu/pubmgmt.nsf/(getAttachment)/F3B63809D554394EC125700D003FE0DB/$File/MEDA_VET_overview_Syria_03_EN.pdf.2017-10-10.

[4] 中华人民共和国驻阿拉伯叙利亚共和国大使馆经济商务参赞处. 叙利亚人口、教育与民族 [EB/OL]. http://sy.mofcom.gov.cn/article/ddgk/200212/20021200055571.shtml.

[5] 阿拉伯叙利亚共和国人口. 世界银行数 [EB/OL].https://data.worldbank.org.cn/country/%E9%98%BF%E6%8B%89%E4%BC%AF%E5%8F%99%E5%88%A9%E4%BA%9A%E5%85%B1%E5%92%8C%E5%9B%BD.2017-7-1.

[6] Ministry of Education. National report on the educational development in the Syrian Arab Republic. Presented at the 46th session of the International Conference on Education, Geneva, 2001.

[7] Refugees Country Briefing— SYRIA[EB/OL].http://www.unesco.org/new/fileadmin/MULTIMEDIA/FIELD/Beirut/images/Lebanon_Country_Profile.pdf.2017-10-11.

阿曼苏丹国

一、国家概况

（一）地理

阿曼苏丹国（The Sultanate of Oman），简称阿曼，位于阿拉伯半岛东南部，面积30.95万平方千米。西北界阿拉伯联合酋长国，西连沙特阿拉伯，西南邻也门共和国。东北与东南濒临阿曼湾和阿拉伯海。海岸线长1700千米。境内大部分是海拔200—500米的高原。东北部为哈贾尔山脉，其主峰沙姆山海拔3352米，为全国最高峰。中部是平原，多沙漠。西南部为佐法尔高原。除东北部山地外，均属热带沙漠气候。全年分两季，5月至10月为热季，气温高达40℃以上；11月至翌年4月为凉季，气温约为24℃。年平均降水量130毫米。[①]

阿曼分为8省区，下辖59州。8个省区分别为：马斯喀特省、巴提纳区、达西里亚区、沙尔基亚区、乌斯塔区、穆桑达姆省、扎西拉区、佐法尔省。[②] 首都位于马斯喀特，马斯喀特东南濒阿拉伯海，东北临阿曼湾，据守印度洋通往波斯湾的门户，战略位置重要。[③]

（二）人文

阿曼是阿拉伯半岛最古老的国家之一。公元前2000年已广泛进行海上和陆路贸易活动，并成为阿拉伯半岛的造船中心。公元7世纪成为阿拉伯帝国的一部分，11世纪末独立。1429年，伊巴德教派确立在阿曼的统治。1507年，阿曼遭葡萄牙入侵并长期被其殖民统治。1649年，阿曼当地人推翻葡萄牙统治，建立亚里巴王朝。1742年，阿曼被波斯入侵。18世纪中叶，阿曼当地人赶走波斯人，建立赛义德王朝，取国名为"马斯喀特苏丹国"，成为当时印度洋沿岸实力较强的国家之一，势力一度扩张到东非沿海地区。

1913年，阿曼山区部落举行反英起义，建立"阿曼伊斯兰教长国"。1920年，英国殖民者同"教长国"签订《锡卜条约》，承认其独立，阿曼就此分为"马斯喀特苏丹国"

[①] 人民网 . 阿曼概况 [EB/OL]. http://world.people.com.cn/GB/8212/72474/72475/5042446.html.2017–10–15.

[②] 中华人民共和国驻阿曼苏丹国大使馆经济商务参赞处 . 地理与行政 [EB/OL]. http://om.mofcom.gov.cn/article/ddgk/200303/20030300078754.shtml.2017–10–15.

[③] 人民网 . 阿曼概况 [EB/OL]. http://world.people.com.cn/GB/8212/72474/72475/5042446.html.2017–10–15.

和"阿曼伊斯兰教长国"两部分。1967 年,"马斯喀特苏丹国"苏丹赛义德·本·泰穆尔在英国支持下最终统一阿曼全境,改国名为"马斯喀特和阿曼苏丹国"。1970 年 7 月 23 日,泰穆尔苏丹被迫逊位,其独子卡布斯登基,改国名为"阿曼苏丹国"并沿用至今。1973 年,英国军队撤出阿曼。[1]

阿曼是世袭君主制国家,禁止一切政党活动。苏丹享有绝对权威,颁布法律、任命内阁、领导军队、批准和缔结国际条约。1996 年 11 月,卡布斯苏丹颁布《国家基本法》(相当于宪法)。2011 年初,受西亚北非地区局势动荡影响,阿曼局部出现小规模示威游行活动。卡布斯苏丹迅速采取因应措施,大幅改组内阁,修订《国家基本法》,加快民主化进程。近年来,阿曼政府大力推行经济多元化战略。议会称"阿曼委员会",由国家委员会(相当于议会上院)和协商会议(相当于议会下院)组成,国家委员会和协商会议成员不得相互兼任。[2]

内阁是苏丹授权的国家最高行政机构,成员全部由苏丹任命。政府内设司法部、法务部、宗教基金和宗教事务部,分别主管司法、法律(含涉外协议、条约等)起草和修订、伊斯兰法有关事务。政府外设最高法院和国家公诉办公室,直接向苏丹负责。[3]

2019 年,该国总人口 462 万,其中青年人口 73 万,人口年龄中位数 29 岁,人口年增长率为 8.45%。[4] 阿曼绝大多数是阿拉伯人,外来定居人口中,印度人、伊朗人、巴基斯坦人等居多。伊斯兰教为国教,90% 本国穆斯林属伊巴德教派。[5]

（三）经济

20 世纪 60 年代开始开采石油。截至目前,阿曼已探明石油储量约 7 亿吨(54 亿桶),当年产量约 0.49 亿吨(3.44 亿桶),日均产量约 97.1 万桶。已探明天然气储量约 0.7 万亿立方米,当年产量 323 亿立方米。除石油和天然气外,阿曼境内发现的矿产资源还有铜、金、银、铬、铁、锰、镁、煤、石灰石、大理石、石膏、磷酸盐、石英石、高岭土等。具体情况为:铜矿储量约 1500 万吨,铬矿储量约 250 万吨,铁矿储量约 1.2 亿吨,锰矿储量约 150 万吨,煤矿储量约 1.22 亿吨,石灰石储量约 3 亿吨,大理石储量约 1.5 亿吨,石膏储量约 12 亿吨等。

工业方面,阿曼以油气工业为主,其他工业起步较晚。工业项目主要为石油化工、

① 中华人民共和国外交部.阿曼苏丹国国家概况 [EB/OL]. http://www.fmprc.gov.cn/web/gjhdq_676201/gj_676203/yz_676205/1206_676259/1206x0_676261/.2017-10-15.
② 中华人民共和国驻阿曼苏丹国大使馆经济商务参赞处.阿曼政体与政府 [EB/OL]. http://om.mofcom.gov.cn/article/ddgk/201505/20150500989702.shtml.2017-10-15.
③ 中华人民共和国驻阿曼苏丹国大使馆.苏丹概况 [EB/OL]. http://om.chineseembassy.org/chn/zjam/amgk/.2017-10-15.
④ 中华人民共和国外交部.阿曼国家概况 [EB/OL]. https://www.fmprc.gov.cn/web/gjhdq_676201/gj_676203/yz_676205/1206_676259/1206x0_676261/.2021-09-27.
⑤ 中华人民共和国外交部.阿曼国家概况 [EB/OL]. https://www.fmprc.gov.cn/web/gjhdq_676201/gj_676203/yz_676205/1206_676259/1206x0_676261/.2021-09-27.

炼铁、化肥、塑料、铸管等。除少数较大型企业如炼油厂、水泥厂、面粉厂等由政府投资经营外，其他均属私营中小企业，主要从事非金属矿产、木材加工、食品、纺织等生产。因自然条件所限，阿曼全国农业用地面积较小，仅13.6万公顷，其中耕地面积6.01万公顷，占44.2%。受干旱缺水等因素影响，阿曼农业总体欠发达。①

2020年主要经济情况为：国内生产总值是763亿美元，国内生产总值增长率-6.2%，人均国内生产总值1.6万美元，进出口总额416亿美元，进口额252亿美元，出口额164亿美元，外汇储备173亿美元（截至2020年8月）。②

阿曼对多数进口货物征收5%的进口关税，以符合海湾合作委员会关税同盟实施的共同对外关税（自2015年起全面生效）。根据大阿拉伯自由贸易区协议，阿曼允许该自贸区成员国的货物免关税进口。根据联合国贸易和发展会议，2016年，阿曼吸收的累计外商直接投资达185亿美元。③

2016年1月，阿曼政府颁布第九个五年发展规划（2016至2020年，简称"九五规划"），明确提出要实现国民经济"真正的增长"和"真正的经济多元化"。"九五规划"提出将重点发展制造、交通物流、旅游、渔业、矿业五大潜力产业，推动经济多元化朝纵深发展，以尽快实现经济结构调整和产业转型升级。"九五规划"预计2016至2020年经济年均增长率为2.8%，油气产业和非油气产业年均增长率分别为0.2%和4.3%。④

阿曼政府正通过基础设施投资，积极推动经济多元化。近年来，苏哈尔港口及自由贸易区的发展，有助于促进阿曼的制造业。区内允许设立外商独资企业，豁免关税，并提供税务优惠。政府已通过计划，在未来20年进一步扩大阿曼的水利基础设施。旅游业正成为阿曼GDP增长的重要来源。2016年，阿曼旅游部公布2040策略，预料投资额将达200亿阿曼里阿尔（折合约520亿美元），创造逾50万个职位。⑤

（四）教育

阿曼苏丹国，自卡布斯苏丹1970年执政以来，积极推行各项改革政策，根据本国国情制订了一系列计划，各方面取得飞跃发展。教育方面的成就更令人瞩目，因此阿曼被联合国教科文组织誉为"发展中国家的典范"。⑥

① 中国一带一路网.阿曼 [EB/OL]. https://www.yidaiyilu.gov.cn/gbjg/gbgk/10027.htm.2017-10-15.

② 中华人民共和国外交部.阿曼国家概况[EB/OL]. https://www.fmprc.gov.cn/web/gjhdq_676201/gj_676203/yz_676205/1206_676259/1206x0_676261/.2021-09-27.

③ 香港贸发局.阿曼市场概况 [EB/OL]. http://china-trade-research.hktdc.com/business-news/article/%E4%B8%80%E5%B8%A6%E4%B8%80%E8%B7%AF/%E9%98%BF%E6%9B%BC%E5%B8%82%E5%A0%B4%E6%A6%82%E6%B3%81/obor/sc/1/1X3CGF6L/1X0A3O00.htm.2017-10-15.

④ 中华人民共和国驻阿曼苏丹国大使馆.苏丹概况 [EB/OL]. http://om.chineseembassy.org/chn/zjam/amgk/.2017-10-15.

⑤ 香港贸发局.阿曼市场概况 [EB/OL]. http://china-trade-research.hktdc.com/business-news/article/%E4%B8%80%E5%B8%A6%E4%B8%80%E8%B7%AF/%E9%98%BF%E6%9B%BC%E5%B8%82%E5%A0%B4%E6%A6%82%E6%B3%81/obor/sc/1/1X3CGF6L/1X0A3O00.htm.2017-10-15.

⑥ 阿曼的伊斯兰教育概况.中国穆斯林报 [J]. 1992, (01):30.

阿曼实行免费教育制。青少年教育分为 3 个阶段，即小学、初中和高中。小学教育通常从 6 岁开始，在 12—14 岁转入初中，在 15—17 岁根据中考成绩，被录取到不同档次的高中。小学 6 年课程包括阿拉伯语、基础科学和社会。14 岁后，孩子们可以选择普通教育（包括文科和理科）、宗教教育和不同地区的职业教育，例如商业、农业和师范培训等。每所学校都建有图书馆、实验室等。

阿曼在全国开展扫盲和成人教育，有各类学校 1553 所，在校生约 66.1 万，另有 95 个扫盲中心（2013 年）。完成中学教育后，优秀学生可进专科学院接受高级培训，或到大学深造。卡布斯苏丹大学是阿曼最高学府，于 1986 年 9 月建成开学，目前在校生约 1.5 万人。2003 年阿曼政府批准的第一所私立大学苏哈尔大学建立。[①]

二、职业技术教育与培训的战略与法规

（一）战略

为了使本国的职业教育体系可以培养出适应劳动力市场需求的人才，阿曼职业技术教育与培训的战略为：采用灵活开放的教育和培训体制，以促进阿曼劳动技能不断发展；采用能够紧跟市场需求和当代科技发展的职业技术教育与培训体制；努力提高妇女的参与度；定期对课程进行评估以确定其是否符合劳动力市场的需求，必要时要调整课程并吸取他国的相关经验。

阿曼计划打造高质量的职业教育及其相关教学、学习和研究项目，以此来促进国家经济的发展。阿曼职业技术教育与培训的使命是：致力于提供高质量的技术教育和职业培训，实现并保持优秀的教学水平，培养有专业技能和充足信心步入职场的毕业生，以有效促进本国经济持续发展。

阿曼职业技术教育与培训的目的是：秉承道德原则，实现卓越的治理；按照市场需求为所有学生提供高质量教学、学习和培训机会，从而为社会提供具有相应的技术知识和专业技能的毕业生；为学生提供优良的服务；为学生提供最先进的学习资源，并鼓励他们发展学术、职业和社交技能；确保设施管理良好、有效利用和创新发展；确保按照明确的规定、程序和标准去规划和管理财务；通过提供专业发展和个人成长的机会，奖励努力工作的员工，并培养员工的领导能力和创新思维；实现和维持本国在专业技术领域和应用研究领域的良好声誉；与公立和私营机构以及社区建立富有成效的开放关系。

（二）法规

1. 皇家法令 108 号

2001 年，根据皇家法令 108 号，劳工部成立并开始分管职业技术教育与培训，并且同时还分担了劳动和职业培训部门的一些责任。这样一来，劳工部就成为专门负责技术

---

① 中华人民共和国外交部.阿曼苏丹国国家概况[EB/OL]. http://www.fmprc.gov.cn/web/gjhdq_676201/gj_676203/yz_676205/1206_676259/1206x0_676261/.2017-10-15.

学院和公立和私营职业机构教育的机关。2001 年 5 月 20 日，高等教育委员会决定批准马斯喀特技术工业学院变成大学学院，更名为"高等技术学院"，允许其授予技术教育学士学位，并批准"技术工业学院"更名为"技术学院"，有权颁发国家技术文凭。

2.《技术学院和职业培训中心细则》（2004）

最新的《技术学院和职业培训中心细则》于 2004 年 3 月 21 日通过第 72/2004 号部长决定做出。部级法令对此法规未做出修订。[①]

三、职业技术教育与培训的体系与质量保障

（一）体系

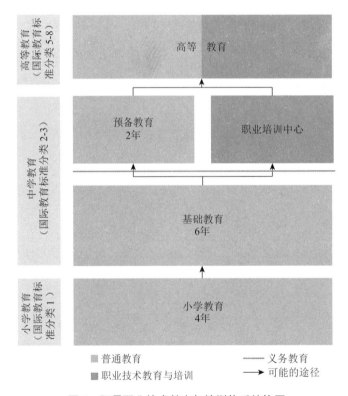

图 1　阿曼职业技术教育与培训体系结构图

资料来源：UNESCO–IBE (2011). World Data on Education VII Ed. 2010/11. Oman. Geneva: UNESCO–IBE.

（1）基础教育与后基础教育

阿曼的学校系统由基础教育和后基础教育组成，两种教育的设计和发展确保学生不

---

① Ministry of Manpower (2011). Bylaws and Regulations of Private Vocational Training Institutes and Centres. Muscat: Ministry of Manpower.

论是进入高等教育学习，还是成为雇员或自主创业，都能够灵活运用在学校习得的技能。

学生完成 10 年级学业后可以继续接受教育，即由教育部提供的后基础学校教育，或是由劳工部提供的职业培训。

后基础教育包括 11 年级和 12 年级。在这个级别，学生会为他们未来的学术生涯做准备，他们可以接受职业技术教育或大学教育，或是根据其能力和职业目标选择工作。这一阶段的教育旨在持续发展关键技能、工作技能和职业规划能力，并重点培养对工作、社会和环境的积极态度。后基础教育更加鼓励独立学习，为学生培养生活技能。

（2）高等教育

在学校读完 12 年级的学生可以根据他们的成绩参加以下教育或培训课程的学习：学术型大学和学院；技术学院（中学后技术文凭和学士学位）；职业教育（中学后职业文凭）。

（3）职业教育和培训

职业培训中心致力于吸引 10—12 年级的毕业生，并让他们接受不同职业水平的教育：有限水平、熟练水平和工匠水平。此外，对职业科学的培训和教育计划包括基本技能培训内容。在不同学年有不同级别的培训标准：第一年——有限水平；第二年——熟练水平；第三年——工匠水平。

从 2012 年 9 月起，职业培训中心开始提供中学后职业文凭，包括为期 1 年的基础课程和 2 年的文凭课程。一些成功读完职业文凭课程的学生，可以根据其表现继续在技术学院攻读学士学位。

（4）技术教育

在技术学院，学生们会经历几个阶段。入学考试后，学生开始学习基础课程，主要是英语。在基础课程中，学生还学习数学、IT 和生活技能。成功完成基础课程后，学生进入技术文凭专业课程中学习，学习结束后可能颁发高级技术文凭和技术学士学位。学生要满足学术要求且英语达到一定水平才能进入更高级别的学习。没有达到进入更高级别要求的学生，则为其提供工业培训（在职培训），在此期间他们在学院教师和行业从业人员的指导下接受高强度培训。

（二）保障

1. 文凭与证书

表 1　阿曼职业技术教育与培训文凭证书

机　　构	学　　制	文　　凭
职业培训中心	6—9个月	职业证书
职业培训中心	2 年	职业文凭
技术学院	2 年	技术文凭

续表

机 构	学 制	文 凭
技术学院	3年	高级文凭
技术学院	4 年	技术学士

资料来源：Webpage of the Oman Quality Network in Higher Education.

2. 质量保障

2001 年阿曼认证委员会成立，后改建为阿曼学术鉴定局，负责所有公立和私立的高等教育（中学后教育）机构的制度和课程认证。作为分管阿曼职业技术教育与培训的职能部门，劳工部按照本国的高等教育政策制定了几项政策，来保证教育培训的质量和毕业生质量。应阿曼学术鉴定局的要求，劳工部成立了质量保障部门。这个部门负责教育和培训的质量，对技术教育和职业培训副部长负责。

为了给学生提供所需的知识和技能以满足劳动力市场的需要并达到阿曼《2020 年愿景》中设定的目标，阿曼制定了课程内容和教学方式及方法，由部级专家和不同技术学院的教师组成的专业委员会来审核课程。①技术学院和职业培训中心已对所有的课程进行审核。

此外，在各职业培训中心和技术学院建立质量保障单位。这些单位负责跟踪质量保障和程序的执行。下图是职业技术教育与培训的质量框架。

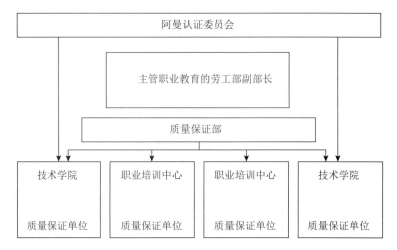

图 2 职业技术教育与培训质量框架

资料来源：Webpage of the Oman Academic Accreditation Authority.

---

① 阿曼高等教育质量网络 [EB/OL]. Webpage of the Oman Quality Network in Higher Education. 2010–10–2.

四、职业技术教育与培训的治理与教师

（一）治理

技术学院有一个部长主持的理事会，它包括总干事、两个学院的院长以及来自政府机构和行业的代表。理事会负责制定高校战略和政策并组织实施。

职业技术教育与培训的决策由技术教育和职业培训的副部长负责，它根据政府发展规划和就业市场的需求监督部级计划。总干事监督规章制度的实施，理事会发布决策，并将决策递交给技术学院的院长。院长和大学委员会一同负责管理学院事务。理事会和校务委员会为参与高等技术院校管理的内部和外部利益相关者提供了一个平台。理事会和校委会的决策和指令通过明确的渠道传达给教职员工。

职业技术教育与培训的财政系统由两个主要机构控制：财政部和劳工部。技术学院和职业培训中心可以在一定程度上管理其获得的资源。以后这些学院和职业中心会逐步获得更多的自主管理权。每个技术学院和职能培训中心都有发展预算和经营预算。发展预算用于支持基础设施项目，包括教室、办公室、实验室、车间、网络等。经营预算包括重复的活动或费用，如工资、耗材、维修和小型设备采购。

（二）教师

职业技术教育与培训教师的招聘集中在两个群体中进行：应届毕业生和有工作经验的非阿曼人。教师可以通过培训提高其知识储备、技能和态度。

每年都有大量的阿曼应届本科生来应聘职业技术教育与培训教师，应聘专业包括工程、信息技术和商务等，应聘成功的教师被送往行业实习6个月。之后，这些教师被派往国外在其专业领域攻读硕士学位课程。有时，行业培训推迟到完成硕士课程之后。这些教师开始授课前需在学院内参加为期几个月的培训，学习现代教学技术。同时，他们第一学期的教学将会让有经验的教师陪伴。

教师受聘后被派往国外攻读硕士学位课程。然后他们会在教师行业中工作几个月以获得职业经验，掌握创业技能，随后会在学院学习几个月的培训课程，以掌握现代教学技能和给学生传授知识与技能的方法。

教学技术人员（简称技术员）持有中学后文凭或高级文凭，一般根据其专业进行应聘。作为岗前培训，应聘成功的教员会被派去参加行业培训，然后在学院的实验室和车间，在有经验教员的指导下接受培训。一些在职培训课程要与新技术供应商协议进行。工作2年后，根据需要，也可能将教师送到国外继续攻读学士学位。[①]

---

① Ministry of Manpower (2011). Overview of Vocational Training. Muscat: Ministry of Manpower.

五、职业技术教育与培训的诉求与发展趋势

（一）诉求

1. 提高职业技术教育与培训的应用性水平。

阿曼的职业技术教育在近年取得了很大发展，同时，该国职业教育也产生了新的需求。为了让学生的知识、技能和品性能够更加符合市场需求，阿曼前些年进行了一系列改革。例如：2012 年，根据劳动市场需求，取消不能完成文凭学业学生的成绩资格证书；2012 年 9 月，职业培训中心开始开设中专后职业培训文凭课程，这一改革吸引了更多的学生并使职业培训更加适应产业需求。同时职业培训中心继续接受 10—12 年级毕业生学习专业的职业课程，使他们在进入劳动力市场前，能学到足够的知识、技能和经验。

2. 提高职业技术教育与培训的社会地位，适应社会发展需要。

阿曼的职业培训和技术教育取得了巨大成功。以前对很多年轻人都没有吸引力的职业培训，现在正在吸引大批的学生。此外，许多学校的毕业生现在被技术教育所吸引，技术教育成为他们择校的首选或次选。尽管如此，阿曼的职业技术教育与培训仍然面临着一些挑战，包括：缺乏统一的职业、技术的专业资格和证书框架，导致学生很难取得劳动力市场上的某些资格和证书；尽管阿曼职业教育的地位已经有所提高，职业培训仍然是学生们最不得已的选择；行业内难以找到足够的培训机会，对某些学科来说尤其如此。希望目前与行业的合作能帮助解决这个问题。[①] 将来，教育部计划在中学阶段就对学生进行分流教育，使他们更早获得专门的技术技能，以适应新形势下就业的要求。[②]

（二）发展趋势

1. 经济多元化战略使职业技术教育与培训的社会需求加大。

近年来，阿曼为改变过度依赖油气产业的单一经济结构，全面推进经济多元化战略，大力招商引资，努力发展基建、制造、物流、旅游、渔业等非油气产业。2014 年 6 月以来，国际油价持续下跌，阿曼政府充分运用财政、金融等手段加以应对，并坚持推进杜库姆经济特区、铁路等重大项目建设，努力维护阿曼经济的基本面，稳定境内外投资者对其经济的信心。

2. 职业技术教育与培训发展前景乐观。

2000 年 11 月，阿曼正式加入世界贸易组织。2014 年，阿曼在世界经济论坛公布的《2014 至 2015 年全球竞争力报告》、联合国开发计划署公布的《2014 年人类发展报告》和世界银行公布的《全球营商环境报告》中分列第 46、56、66 位，在阿拉伯国家中排名

---

① 参照 http://www.manpower.gov.om/en/omanisation_home.asp. 本部分观点依据该网站介绍整理而成。

② 黄培炤. 蓬勃发展的阿曼教育事业 [J]. 阿拉伯世界，2000,(3):25.

靠前。国际货币基金组织预计阿曼 2014 年至 2018 年平均经济增长率约为 3.6%，标准普尔、穆迪等国际主要评级机构则在最新报告中基本维持阿曼较高的本、外币主权信用评级及"稳定"的评级展望。①

（深圳职业技术学院　技术与教育研究所　袁　礼）

主要参考文献

[1] 中华人民共和国驻阿曼苏丹国大使馆经济商务参赞处. 地理与行政 [EB/OL]. http:// om.mofcom.gov.cn/article/ddgk/200303/20030300078754.shtml.2017–10–15.

[2] 人民网. 阿曼概况 [EB/OL]. http://world.people.com.cn/GB/8212/72474/72475/5042446.html. 2017–10–15.

[3] 中华人民共和国外交部. 阿曼苏丹国国家概况 [EB/OL]. http://www.fmprc.gov.cn/web/ gjhdq_676201/gj_676203/yz_676205/1206_676259/1206x0_676261/.2017–10–15.

[4] 北京出入境边防检查总站. 人文地理·阿曼 [EB/OL]. http://images.china.cn/images1/ch/ bianjian/yazhou/aman/index.html.2017–10–15.

[5] 中华人民共和国驻阿曼苏丹国大使馆. 阿曼概况 [EB/OL]. http://om.chineseembassy.org/chn/ zjam/amgk/.2017–10–15.

[6] 世界银行数据. 阿曼人口总数 [EB/OL]. http://data.worldbank.org.cn/country/OM.2017–10–06.

[7] 阿曼的伊斯兰教育概况. 中国穆斯林报 [J]. 1992, (01)：30.

[8] Al Rawahi, M (2011). An assessment of the current Vocational Education and Training in the Government Vocational Training Centers in the Sultanate of Oman. Salford: University of Salford, Greater Manchester.

[9] Ministry of Manpower (2011). Bylaws and Regulations of Private Vocational Training Institutes and Centres. Muscat: Ministry of Manpower.

[10] Ministry of Manpower (2011). Overview of Vocational Training. Muscat: Ministry of Manpower.

[11] UNESCO–IBE (2011). World Data on Education VII Ed. 2010/11. Oman. Geneva: UNESCO–IBE.

---

① 中国一带一路网. 阿曼 [EB/OL]. https://www.yidaiyilu.gov.cn/gbjg/gbgk/10027.htm.2017–10–15.

阿塞拜疆共和国

一、国家概况

（一）地理

阿塞拜疆共和国（The Republic of Azerbaijan），简称阿塞拜疆。阿塞拜疆国名来自于古波斯语，意为"火的国家"，是东欧和西亚的"十字路口"，至今还保留着古丝绸之路上的城堡、驿站和市场的遗迹。

阿塞拜疆位于欧亚大陆交界处的南高加索地区东部。南邻伊朗，北靠俄罗斯，西接格鲁吉亚和亚美尼亚，东临里海，与哈萨克斯坦、土库曼斯坦隔海相望。其飞地——纳希切万自治共和国被亚美尼亚、伊朗和土耳其三国所环绕。阿塞拜疆面积 8.66 万平方千米，全国划分为 1 个自治共和国（纳希切万自治共和国），66 个区，78 个城市。[①]

阿塞拜疆气候呈多样化特征，中部和东部为干燥型气候，东南部降雨较为充沛。北部与西部山区气温较低，夏季平均气温为 12℃，冬季为 -9℃。大部分地区夏天干燥少雨；秋末至次年春季为雨季，部分地区有降雪。首都巴库紧邻里海，冬季温暖。传说首都的名称——巴库意为"风城"[②]，素有石油城的美誉，是里海沿岸最大的港口。

（二）人文

阿塞拜疆部族形成于 11—13 世纪。16—18 世纪受伊朗萨法维王朝统治。18 世纪中期分裂为十几个封建小国。19 世纪 30 年代，北阿塞拜疆（现阿塞拜疆共和国）并入沙俄。1918 年 5 月 28 日，阿塞拜疆资产阶级成立阿塞拜疆民主共和国，1920 年 4 月 28 日被阿塞拜疆苏维埃社会主义共和国取代。1922 年 3 月 12 日加入外高加索苏维埃社会主义联邦共和国（同年 12 月该联邦加入苏联）。1936 年 12 月 5 日改为直属苏联的加盟共和国。1991 年 2 月 6 日改名为"阿塞拜疆共和国"，10 月 18 日正式独立。[③]

---

① 中华人民共和国外交部 . 阿塞拜疆国家概况 [EB/OL].(2021-08-01) [2021-09-27]. http://www.fmprc.gov.cn/web/gjhdq_676201/gj_676203/yz_676205/1206_676284/1206x0_676286/.

② 商务部国际贸易经济合作研究院等 . 对外投资合作国别（地区）指南——阿塞拜疆 [R]. 商务部《对外投资合作国别（地区）指南》编制办公室 , 2020, 12: 3-4.

③ 中华人民共和国外交部 . 阿塞拜疆国家概况 [EB/OL]. (2021-08-01) [2021-09-27].http://www.fmprc.gov.cn/web/gjhdq_676201/gj_676203/yz_676205/1206_676284/1206x0_676286/.

阿塞拜疆议会是国家的最高立法机关，实行一院制，由 125 名议员组成，任期 5 年。主要职能是制定、批准、废除法律条约，决定行政区划，批准国家预算并监督其执行，根据宪法法院提请依照弹劾程序罢免总统，确定全民公决等。本届政府于 2018 年 4 月组成，总统伊利哈姆·阿利耶夫，总理阿利·阿萨多夫。2020 年 9 月，阿塞拜疆同亚美尼亚在"纳卡"地区爆发武装冲突。2021 年 1 月，俄、阿、亚三国商定成立三方副总理级工作组，专门负责解决"纳卡"地区经济和交通等问题。[①]

截至 2020 年 5 月 12 日，阿塞拜疆全国总人口 1007 万，其中男性约占 49.9%，女性50.1%；城市人口约 52.8%。首都巴库市常住人口约 300 万。[②] 阿塞拜疆是一个多民族的国家，主要为阿塞拜疆族（占 90.6%），还有俄罗斯族、亚美尼亚族等。官方语言为阿塞拜疆语，居民多通晓俄语。

（三）经济

石油工业是阿塞拜疆的经济支柱，石油开采已超过 150 年的历史，成为重要的产业部门。阿塞拜疆有着极为丰富的石油和天然气资源，石油探明储量约 20 亿吨，地质储量约 40 亿吨，且具有埋藏浅和杂质少等特征；天然气探明储量 2.55 万亿立方米，远景储量 6 万亿立方米；此外，还有大量的金属、非金属和矿泉水资源。目前，石油年产量约5 千万吨，天然气年产量约 300 亿立方米。主要工业部门有石油加工、石油化工、机械制造、有色冶金、轻工、食品等。主要出口产品有：石油和石油产品、天然气、水果蔬菜、黑色金属及制品、化工产品、烟酒等。主要进口产品有：机械和电子电气设备、交通工具及配件、黑色金属及制品等。

近年来，由于国际油价低迷，外加俄罗斯经济危机等影响，阿塞拜疆经济受到多方面打击。2019 年，阿塞拜疆国内生产总值 471.7 亿美元，同比增长 2.2%，2020 年，国内生产总值 426.1 亿美元，同比下降 4.3%[③]。对此，为重振经济，阿塞拜疆政府推出经济多元化发展战略，改变单一型和过度依赖能源出口的经济结构，大力发展农业、旅游业等非石油经济。

（四）教育

阿塞拜疆的教育发展经历了三个历史时期：一是阿塞拜疆人民共和国时期，当时的教育部主要由普通中等教育、高等专业教育和职业学校三个分支机构组成；二是阿塞拜疆苏维埃教育时期，该时期主要由人民教育部、高等和中等专业教育部和国家职业技术教育委员会负责国家教育的运行；三是独立后的阿塞拜疆教育，1993 年 9 月 3 日，阿塞

---

① 中华人民共和国外交部 . 阿塞拜疆国家概况 [EB/OL]. (2021–08–01) [2021–09–27]. http://www.fmprc.gov.cn/web/gjhdq_676201/gj_676203/yz_676205/1206_676284/1206x0_676286/.

② 商务部国际贸易经济合作研究院等 . 对外投资合作国别（地区）指南——阿塞拜疆 [R]. 商务部《对外投资合作国别（地区）指南》编制办公室 , 2020, 12: 4.

③ 中华人民共和国外交部 . 阿塞拜疆国家概况 [EB/OL]. (2021–08–01) [2021–09–27]. http://www.fmprc.gov.cn/web/gjhdq_676201/gj_676203/yz_676205/1206_676284/1206x0_676286/.

拜疆共和国总统决议将人民教育部改为教育部。2005 年 3 月 1 日阿塞拜疆共和国总统令批准通过了教育部的有关管理运行条例。①

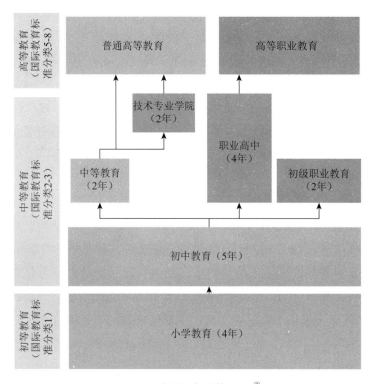

图 1　阿塞拜疆教育体系图②

阿塞拜疆教育体系分为学前教育、普通中小学教育、职业技术教育、中等专业教育和高等教育。现有全日制普通学校 4433 所，学生约 160 万人；职业技术学校 58 所，学生 5.6 万人；中等专科学校 103 所，学生 5.73 万人；国立高等院校 40 所，私立高等院校 12 所，共有学生 18.77 万人③。著名高校有巴库国立大学，创建于 1919 年，现有 17 个系、2 个研究所、4 个博物馆和 3 个图书馆。在校学生约 13000 人，教师 2300 人。阿塞拜疆国家石油学院，创建于 1920 年，现有 24 个专业、7 个系、63 个教研室和 18 个科学实验室。在校学生约 7000 人，教师 1000 人。

根据早年的人口普查数据，该国的全民识字率曾经达到 99.6%，几乎所有的儿童，不分性别、贫困水平或地理位置，全部可以完成 9 年的基础教育。可是从 1991 年独立以来，许多绩效指标，如入学率、质量等教育的相关指标急剧下降，导致教育发展水平低

　　① Azerbaijan ministry of education.The history of education[EB/OL].http://www.azerbaijans.com/content_874_en.html.2017–09–19.

　　② UNESCO–UNEVOC. World TVET Database–Country Profiles. Azerbaijan [DB/OL]. http://www.unevoc.unesco.org/go.php?g=world + TVE + Database & lang=en&ct=AZE#parO_z. 2017–09–20.

　　③ 商务部国际贸易经济合作研究院等 . 对外投资合作国别（地区）指南——阿塞拜疆 [R]. 商务部《对外投资合作国别（地区）指南》编制办公室 , 2020, 12: 12.

下，难以适应经济发展对技术水平的要求，劳动力短缺现象明显，大量劳动力失业或主要集中在低生产率部门就业。目前，阿塞拜疆现行教育体系中大部分公办中小学的入学率都不足 100%，职业教育与培训学校入学率低于 18%，而在高等教育阶段，由于有严格的条件限制，这一比例相对更低。于是，大部分的中等教育毕业生在几乎没有任何市场技能的情况下进入劳动力市场。阿塞拜疆教育不发达的现状也导致许多公共教育机构和国外公司建立自己的大学和培训机构，如英国石油公司就在阿塞拜疆建立了自己的培训中心，而国内的一些其他公共部门，如紧急事务部、旅游局、国家安全局和海关等都开设了自己的院校，为毕业生提供具体的技能培训，这样就可以相对容易地在各自的部门获得工作机会。[①]

二、职业技术教育与培训的战略与法规

（一）战略

阿塞拜疆的职业技术教育与培训体系的许多特点继承自苏联。最近，随着阿塞拜疆的发展，新兴经济对合格劳动力的需求增加，而现有劳动力难以满足经济发展的需要。根据教育部职业技术教育与培训部门的信息，职业技术教育与培训体系的建设要求根据不断变化的劳动力市场需求，对发展和建立专门机构的计划提供支持（包括支持现有的职业技术教育与培训机构），以重新培训劳动力并提高其职业技术教育水平；建立和支持一些可以代表劳动力资格需求的组织，这类组织的成员应包括来自劳动领域（特别是经济部门）的代表；以及创建国家资格框架，以支持资格认证。

2013 年 10 月 24 日，由总统令签署通过《国家教育发展战略》，确立了包括职业教育与培训的教育发展长远愿景。提出未来教育的发展应重点关注并服务于以下领域：发展以能力为本的教育；建立基于政治合作伙伴关系和公私伙伴关系的新型管理机制；倡导终身学习理念；加强现代基础设施建设和适应经济可持续发展，建立符合标准的新型财政机制。

2016 年 12 月，最新的职业教育与培训战略路线图和 2016 年 3 月 16 日的总统令第 1897 号阐述了职业教育与培训发展的短期、中期和长期愿景，主要内容包括：（1）基于公私合作的伙伴关系为职业教育的提供者建立新型的管理架构，创建一个合理和优化的职业教育供应商网络；（2）对职业教育与培训机构的基础设施进行改造，及时更新教学内容，提高教学人员和毕业生的水平，增加职业教育的社会吸引力；（3）在新经济模式的基础上，加大对职业教育与培训系统的资金支持等。

（二）法规

2009 年 9 月，阿塞拜疆通过了新的《教育法》，为阿塞拜疆的教育政策提供了一个

---

① Allahveranov, Azer; Huseynov, Emin.Costs and Benefits of Labour Mobility Between the EU and the Eastern Partnership Partner Countries. Country Report: Azerbaijan[J]. CASE Network Studies & Analyses. 2013, Issue 460, pp.1–77.

全面的框架，规定了教育制度的一般原则、教育标准、结构和质量保证原则，以及普通教育、初级职业教育、中等专业职业教育、高等教育和继续教育与培训等分支的目标和原则。《教育法》计划为初级职业教育、中等专业教育和成人学习制定单独的法律。其他重要的法律法规或文件如下：

1. 2005 年通过的阿塞拜疆共和国就业战略（2006—2015）。该战略规定了按照劳动力市场需求发展职业培训的优先事项，2007 年 5 月第 2167 号总统令批准通过《阿塞拜疆共和国就业战略执行计划》。

2. 阿塞拜疆共和国职业教育体系开发的国家计划（2007—2012）。其旨在通过更新基础设施并使其实现现代化来优化职业技术教育与培训机构体系；并制定了有关履行阿塞拜疆共和国职业技术教育与培训发展中所规定的义务的行动计划。

3. 阿塞拜疆共和国关于求职者就业与职业教育组织管理的法律。这项法律规定为失业人员和求职者提供免费的职业培训和再培训，并由国家提供保证。

4. 阿塞拜疆共和国总统关于保障学前教育机构和初始职业培训教育机构运行的补充条款的行政命令。[①]2010 年 9 月 15 日，阿塞拜疆共和国总统阿利耶夫签署行政命令，要求从阿塞拜疆共和国总统储备基金（2010）的国家预算向教育部分配 200 万马纳特，以促进阿塞拜疆初始特殊职业培训教育事业的恢复与发展。

5.《国家教育发展战略》和《阿塞拜疆共和国国家教育发展国家战略实施行动计划》，提出逐步推广实施 12 年教育。12 年教育体系的设计目的是在最后两年的学校教育中促进软技能的专业化，这将有助于学生更有效地进行职业教育。行动计划还规定建立一个立法框架，以认可通过非正规和非正式教育经历获得的能力。

6. 2016 年 3 月，阿塞拜疆总统发布了 8 个部门优先发展的战略路线图，包括 4 个制造业部门（石油天然气、农业、消费品生产、重工业和工程部门），3 个服务行业（旅游、物流和贸易）和 1 个社会部门（经济适用房），指出职业教育与培训和这些部门的发展息息相关，需要为其发展的各个阶段提供合格的人力资源支撑。

三、职业技术教育与培训的体系

（一）体系

1. 正规职业技术教育

阿塞拜疆学生在接受 4 年制初等教育和 5 年制普通教育之后进入中等教育阶段。初级中等职业教育是阿塞拜疆中等教育体系中不可或缺的一部分，初级中等职业教育按照社会和劳动力市场的要求，在初中教育的基础上面向各类工艺和大众专业技术工人提供

① Ministry of education republic of Azerbaijan.Executive order of the President of the Azerbaijan Republic on extra measures on maintenance of repair of the preschool educational institutions and educational institutions of initial vocational training [EB/OL]. Baku city, September 15, 2010. http://edu.gov.az/en/page/354/2543,2017–09–20.

培训，毕业生除了可以获得专业资格证书外，学校还提供相关的国家正式教育文凭[①]。

完成初级中等职业教育后，学生可以选择专门的中等教育，并进入职业高中或职业学校。这些机构提供的课程持续 3 至 4 年。学生还可以选择中等专业机构（技术专业学院），完成课程需要 1 到 2 年的时间。职业高中或职业学校毕业后也可以进入技术学院或专科学院。接受职业教育的学生在中等教育阶段的比例从 2011 年的 17.38% 上升到了 2014 年的 19.7%，虽然职业教育与培训学生的比例仍然较低，但也表明吸引力有所提高。另有一半以上的高中毕业生在 2014 年接受了职业课程的学习，也比 2011 年上升了 4%。[②]

职业高中和技术专业学院同时提供专业教育和普通教育，而职业学校只提供专业课程。商业和非政府组织也可以建立中等职业教育机构，但大多数中等职业教育机构都由教育部、青年事务及体育部、文化旅游部、卫生部、劳动和社会保障部监管。

根据阿塞拜疆共和国法律和《阿塞拜疆共和国教育发展战略》的有关规定，初级职业教育和中等专业教育的主要功能如下：根据社会的要求，编写初级职业和中等教育的能力标准和课程；按照劳动力市场的要求，对已经获得初级职业教育和中等专业教育的人员进行各种培训；建立现代化的职业培训中心和综合体。[③]

2. 继续教育与培训

阿塞拜疆的职业继续教育与培训可分为两类：一是政府组织的失业人员职业培训体系；二是组织、公司和机构实施的员工培训和再培训体系。失业人员的职业培训由中央就业局等国家就业机构以及地区和市政就业中心组织，满足以下条件还可以由政府资助免费参加：（1）因为缺乏必要的职业教育而找不到工作；（2）由于自己的职业没有市场需求，需要进入新的职业；（3）没有机会找到自己专长的工作。公司内的在职学习通常以非正式学徒制的形式进行，这也是个人发展技能的主要途径。例如对于那些选择通过学习职业技术教育与培训课程而专门从事某一职业的学生，通常会发现自己在毕业时很难找到专业对口的工作，而是往往需要从公司内最低的职位开始，边工作边学习。用人单位整体上都是依靠这种非正规的培训体系培养员工。

（二）职业资格

在中等职业教育阶段的资格认证方面，已经顺利完成职业学校或职业高中所提供课程的学生可以获得专业文凭。成功通过国家考试的中等专业院校（技术专业学院）毕业生获得初级专业资格。

在国家资格框架的建设方面，原有的资格体系源于根据《共和国工人职业分类和共同关税资格参考书》制定的现行国家教育标准，确定了职业教育专业化分类的结构，以

---

① Baku education information center. Education System in Azerbaijan[EB/OL]. http://www.beic.az/education_azerbaijan.html.2017-09-20.

② ETF.Torino Process 2016–17: Azerbaijan – Executive summary[EB/OL]. http://www.etf.europa.eu/webatt.nsf/0/680962811B4B71B7C1258130003A54BE/$file/TRP%202016–17%20Azerbaijan.pdf.2017-09-18.

③ Ministry of education republic of Azerbaijan. http://edu.gov.az/en/page/31.2017-09-20.

前用于确定人员工作分配和薪资的职业技术教育与培训资格体系已经过时。根据 2009 年新《教育法》，教育部和劳动和社会保障部在欧洲培训基金会和世界银行的支持下，在 2011—2012 年度制定开发了阿塞拜疆国家资格框架的整体构想，阿塞拜疆资格框架草案旨在建立符合欧洲高等教育区域资格框架和欧洲终身学习资格框架的资格体系。

目前，阿塞拜疆的职业教育与培训部门一直在没有专门的战略发展框架的情况下以非系统的方式运作：劳动和社会保障部承担部分职业教育的管理工作，主要涉及成年人口，通常是求职者和失业人员；教育部下属的分支机构各自管理着相应的职教工作；经济部和其他部委也有自己的做法。非政府组织者的随机参与也显著影响着职业教育与培训的形象。这种缺乏协调机制或利益相关方的平台（理事会）不仅影响了系统的工作效率，而且多部门共同管理职业教育与培训事业的状况也不利于职业教育发展质量的统一监管。

在该体制下，主要由教育部对大部分职业教育与培训机构进行质量监管。教育部计划以与普通学校相同的方式对职业教育培训机构教师的知识和技能进行诊断性评估。基于这一评估结果，教师的工作量（教学时数）和工资将会做出相应的调整。

四、职业技术教育与培训的治理与教师

（一）治理

教育部和地方教育行政机关共同对阿塞拜疆的职业技术教育与培训体系进行管理。教育部是阿塞拜疆教育制度的主要管理机构，主要职责如下：建立、重组和关闭职业技术教育与培训机构；审批资格体系和教育规章制度；为教育发展制定预算和获取经费提出建议；确定教育经费的国家标准；规定奖学金和工资支付等。对职业教育机构具有管辖权的其他部门还包括卫生部、农业部、文化部、青年事务及体育部、劳动和社会保障部、经济发展部。

职业教育发展中心成立于 2009 年，隶属于国家教育研究所。随着职业技术教育与培训在国家社会经济发展中的重要性日益凸显，职业教育发展中心也在采取相应措施，支持进行国家层面上的职业技术教育与培训改革，但由于权限以及员工能力有限，成效并不明显。

国家失业人员服务机构在培训失业人员方面具有重要作用。提供培训和再培训课程是他们的主要职责之一。失业人员服务机构还组织了补充培训课程，持续时间为两至三个月，目前主要针对车床工、铣床操作员、焊工和机械师等紧缺人员实施培训。

劳动和社会保障部在巴库、盖奥克恰伊和纳希切万等地都设立了职业教育培训中心。在国际劳工组织独立国家联合体青年就业伙伴关系框架下，国际劳工组织将向盖奥克恰伊和巴库职业教育培训中心提供技术援助，以开展职业技术教育与培训计划。

2016 年 4 月总统令签署通过了在教育部下设国家职业教育局的决定，该机构正在接

管有关制定和实施职业教育培训政策的职能，并在公私合作伙伴框架内通过与雇主联合制定和实施方案，以提高职业教育培训工作的运行效率。

阿塞拜疆的职业技术教育与培训机构由国家提供经费。初级职业技术教育与培训完全依靠国家财政，而职业技术教育与培训学院则可以从其他来源（主要为自费学生和外部捐助者）获取资金。2004年至2009年间，国家预算中拨给职业教育机构的经费逐步增加，已从国家预算的1.3%增加到1.6%。而且，从2008年开始，为改善职业技术教育与培训机构的设施进行专项拨款。然而在此之前并没有此项拨款，因此大多数机构的基础设施落后且运转不良。

（二）教师

阿塞拜疆的在职教师教育由大学和师范学院提供。尽管教育部努力改革教师培训和认证方法，但是大量教师仍然是不合格或不够资格的。更多的工作都集中于教育体系建设以及其他方面的发展上，教师的教育和培训质量问题虽然迫在眉睫，但却没有重大改变。

目前的大多数职业技术教育与培训的教师和培训师缺乏必要的知识与资格，不能够根据他们所教授领域的最新发展变化提供最与时俱进的教育。而且教师的薪水很低，这使得年轻人不愿意进入这个职业，导致教学人员老化。这个问题在农村地区表现得尤为明显，学校和培训中心的设备落后，再加上缺乏合格的职业技术教育与培训教学人员，导致教师培训问题重重。为了培养学员在劳动力市场进行有效竞争的能力，阿塞拜疆早年间就要求采取措施更新职业学校教师的培训课程，广泛采用法国、德国和美国的先进经验并不断改进方法，帮助教师提高教育教学水平。[①]

五、职业技术教育与培训的诉求与发展趋势

（一）诉求

1.经济发展的诉求

近年来，阿塞拜疆正在进行一系列的经济转型策略，积极推动经济发展多元化，经济渐趋稳定发展。世界银行预测阿塞拜疆经济增速虽有所放缓，但仍将保持增长势头。国际货币基金组织则认为未来几年阿塞拜疆的经济增长率将稳步上升至4.2%左右。未来，阿塞拜疆政府的工作重点就是促进经济可持续发展，争取不依赖石油工业的计划，大力扶持非石油领域经济发展，努力发展通信、交通、高新技术、旅游、农业等产业，实施以大规模基础设施建设拉动经济的政策，促进经济多元化和各领域均衡发展。

新兴经济的发展对合格劳动力的需求不断增加，如农业、服务业和非石油领域相关的制造业，而实际上现有的合格劳动力并不能满足劳动力市场的需求，当前学校教育的专业设置和人才培养与经济发展的人才需求错位，尤其是一些新兴产业劳动力短缺严重。

① 子达.阿塞拜疆共和国的职业培训[J].中国职业技术教育,2003(6).

截至 2020 年 1 月 1 日，阿塞拜疆全国从事经济活动人员 519.01 万人，全国正式登记的失业人数为 8.13 万人，官方公布的失业率为 5%。[①] 尤其是阿塞拜疆国内高级蓝领工人极其缺乏，人才外流严重，急需引进高技术人才，随着基础设施建设规模的不断扩大，市场对技术人才的潜在需求将不断显现。

2. 职业教育自身发展的诉求

阿塞拜疆独立以后，其职业教育和培训按照市场经济要求的原则来实施，并积极学习大多数发达国家在培训方面的经验，比如联邦德国"双元制"的经验，并更新职业学校教师培训课程，帮助教师提高教学水平。但阿塞拜疆社会经济形势不断变化，其职业技术教育与培训仍面临诸多挑战。一是职业教育的社会地位不高。职业技术教育与培训被视为社会弱势群体迫不得已才选择的教育方式，希望接受职业技术教育与培训的学生人数一直在不断减少。二是政府对职业教育的支持不够。国家预算为职业技术教育与培训的拨款较低，职业技术教育与培训机构缺乏必要的现代化技术设备、学习材料以及合格的专业教学人员，也造成职业教育的吸引力不足；另外，根据欧洲培训基金会的报告指出，阿塞拜疆在"都灵进程"[②] 中遇到的其他挑战可归纳如下：（1）政策制定与实施之间存在鸿沟，而且政策实施能力有限，难以将国际专家推荐的改革建议转化为国家职业技术教育与培训体系中采用的具体措施；（2）教育培养供给和市场的人员需求不相匹配，职业技术教育与培训计划与国家劳动力市场需求之间连接不紧密，缺乏一种可预测未来培训需求的结构化和现代化的体系；（3）终身学习概念的发展不够普及和深入，员工在职培训主要是在公司内以非正式方式进行，用人单位和工作者在职业技术教育与培训资格方面缺乏信任，使员工的技能在用人单位看来对公司成长无关紧要。

（二）发展趋势

为应对上述主要问题，阿塞拜疆应不断增强职业教育专业设置的灵活性、社会的适应性，满足劳动力市场对职业培训的需求，使培训更加适应生产的实际情况。阿塞拜疆目前正在实施的主要改革项目包括：

1. 寻求国际组织的帮助和合作机会。例如，一是欧盟独立国家联合体技术援助计划职业教育与培训项目，旨在提供相关建议，加强政策制定和实施能力，改善国家资格框架，建立更加以学习者为中心的教学方法，促进员工发展、对信息和通信技术的使用，以及提供职业技术教育与培训融资建议；二是世界银行与国家劳动和社会保障部一起开展了针对旅游、食品加工、建筑和替代能源等一些重点行业的职业和培训标准工作；三是英国文化协会推出的"工作中的技能"项目，主要旨在促进决策者和行业用人单位之

---

① 商务部国际贸易经济合作研究院等 . 对外投资合作国别（地区）指南——阿塞拜疆 [R]. 商务部《对外投资合作国别（地区）指南》编制办公室，2020, 12: 40.

② 2010 年发起的"都灵进程"是针对欧洲培训基金会国家职业教育与培训的现状与进展情况实施的两年一次的参与性分析审查，是欧洲培训基金会分析、完善职业教育培训系统的方法与工具。

间的对话，开发课程和保证质量，为年轻人提供相关的就业技能；四是与世界银行签署信贷协议，所得信贷资金用于编制初级职业课程。

2. 争取国内相关部门的协同配合。国家劳动和社会保障部公共就业服务局已经开展了针对青年人的指导和咨询活动，并鼓励他们选择具有较好的就业机会的专业；而且，在国家劳动和社会保障部公共就业服务局的指导下，开设了两个失业人员培训中心，计划还将再开设两个。在国际劳工组织"模块式就业技能培训"方法的帮助下，培训中心与教育部合作制定了模块化的短期课程；此外，各地区正在当地的政府、利益相关者和私营企业的支持下建立可同时作为学校和成人学习中心的职业技术教育与培训中心。

3. 充分利用各方有利资源尽可能开展最广泛领域内的教育合作。教育部职业技术教育与培训部门支持学校、企业和非政府组织开展创新项目，引进国外技术先进的公司企业合作建立高科技职业技术教育中心，为电气、自动化、信息技术、汽车维修、电子和工程等专业领域的人员提供培训，提高职业技术教育与培训专业毕业生的就业能力；也通过展示行业的最新生产实践，对职业技术教育与培训学校的职业技术教育与培训教师进行再培训。

（深圳职业技术学院　技术与职业教育研究所　魏　明）

主要参考文献

[1] 中华人民共和国外交部 . 阿塞拜疆国家概况 [EB/OL]. (2021-08-01) [2021-09-27]. http://www.fmprc.gov.cn/web/gjhdq_676201/gj_676203/yz_676205/1206_676284/1206x0_676286/.

[2] 商务部国际贸易经济合作研究院等 . 对外投资合作国别（地区）指南——阿塞拜疆 [R]. 商务部《对外投资合作国别（地区）指南》编制办公室 , 2020, 12.

[3] Allahveranov, Azer; Huseynov, Emin.Costs and Benefits of Labour Mobility Between the EU and the Eastern Partnership Partner Countries. Country Report: Azerbaijan[J]. CASE Network Studies & Analyses. 2013, Issue 460, p1-77.

[4] Ministry of education republic of Azerbaijan.Executive order of the President of the Azerbaijan Republic on extra measures on maintenance of repair of the preschool educational institutions and educational institutions of initial vocational training[EB/OL]. Baku city, September 15, 2010. http://edu.gov.az/en/page/354/2543.2017-09-20.

[5] ETF.Torino Process 2016-17: Azerbaijan – Executive summary[EB/OL]. http://www.etf.europa.eu/webatt.nsf/0/680962811B4B71B7C1258130003A54BE/$file/TRP%202016-17%20Azerbaijan.pdf. 2017-09-18.

[6] 子达 . 阿塞拜疆共和国的职业培训 [J]. 中国职业技术教育 , 2003 (6).

[7] Azerbaijan ministry of education.The history of education[EB/OL].http://www.azerbaijans.com/content_874_en.html. 2017–09–19.

[8] Baku education information center. Education System in Azerbaijan[EB/OL]. http://www.beic.az/education_azerbaijan.html. 2017–09–20.

巴基斯坦伊斯兰共和国

一、国家概况

（一）地理

巴基斯坦伊斯兰共和国（Islamic Republic of Pakistan），简称巴基斯坦，意为"圣洁的土地"、"清真之国"。位于南亚次大陆西北部，南濒阿拉伯海，东接印度，西邻伊朗，东北与中国毗邻，西北与阿富汗交界。全境五分之三为山区和丘陵地，南部沿海一带为不毛荒漠，向北伸展则是连绵的高原牧场和肥田沃土。喜马拉雅山、喀喇昆仑山和兴都库什山这三条世界上有名的大山脉在巴基斯坦西北部汇聚，形成了奇特的景观。源自中国的印度河进入巴基斯坦境内后，自北向南，长 2300 千米，最后注入阿拉伯海。巴基斯坦国土面积为 79.6 万平方千米。海岸线长 980 千米。全国共有旁遮普、开伯尔 - 普什图赫瓦、俾路支和信德 4 个省，7 个联邦直辖部落地区和联邦首都伊斯兰堡。各省下设专区、县、乡、村联会。巴基斯坦除南部属热带气候外，其余属亚热带气候。[①]

（二）人文

巴基斯坦是古印度河文明的发源地之一。公元前 3000 年到前 2000 年，创造了印度河文明。公元前 3 世纪，中亚的雅利安人征服巴基斯坦印度河流域的达罗毗荼人，印度河文明逐渐衰亡，后来雅利安人逐渐东迁。公元前 600 年起，西亚的波斯帝国统治巴基斯坦西南部的印度河流域地区。公元 8 世纪初，西南部阿拉伯帝国军队征服巴基斯坦和印度次大陆以西的地区，建立伊斯兰政权，并将伊斯兰教传入，使大批当地居民成为穆斯林。1757 年后，巴基斯坦沦为英国殖民地，英国"分治之"的政策使穆斯林与印度教徒之间冲突加剧。1947 年 6 月，英国通过"蒙巴顿方案"，对巴基斯坦与印度实行分治。同年 8 月 14 日，巴基斯坦宣告独立，成为英联邦一个自治省，包括巴基斯坦东、西两部分。1956 年 3 月 23 日，巴基斯坦伊斯兰共和国正式成立，仍为英联邦成员国。1971 年 3 月，东巴基斯坦宣布成立孟加拉人民共和国，同年 12 月孟加拉国正式

---

① 中华人民共和国外交部 . 巴基斯坦伊斯兰共和国概况 [EB/OL].http://www.fmprc.gov.cn/web/gjhdq_676201/gj_676203/yz_676205/1206_676668/1206x0_676670/.2021–3.

独立。①

巴基斯坦实行多党制，现有政党 200 个左右，其中最主要的政党有：巴基斯坦人民党、巴基斯坦穆斯林联盟（领袖派）、巴基斯坦穆斯林联盟（谢里夫派）正义运动党。2013 年 5 月 11 日，巴基斯坦举行国民议会选举，巴基斯坦穆斯林联盟（谢里夫派）获胜。6 月 5 日，穆盟主席纳瓦兹·谢里夫当选为总理。6 月 7 日，巴新内阁就职，包括 16 位联邦部长和 9 位国务部长。7 月 30 日，巴基斯坦举行总统选举，穆盟候选人马姆努恩·侯赛因当选新一届巴基斯坦总统。9 月 9 日新总统正式就职。② 现任总统阿里夫·阿尔维，2018 年 9 月 9 日就任。现任总理伊姆兰·汗，2018 年 8 月 18 日就任。

巴基斯坦是联邦制国家，全国共分为两个联邦直辖区、4 个省以及巴控克什米尔部分的 2 个自治区。全国现有人口 1.97 亿。③ 巴基斯坦有多个民族，其中旁遮普族占 63%，信德族占 18%，普什图族占 11%，俾路支族占 4%。97% 以上的居民信奉伊斯兰教（国教），少数信奉基督教、印度教和锡克教等。④ 首都设在伊斯兰堡（又译伊斯兰巴德），是世界上最年轻的现代化都市之一，也是具有传统的伊斯兰教色彩的首都。乌尔都语为国语，英语为官方语言，主要民族语言有旁遮普语、信德语、普什图语和俾路支语等。货币为巴基斯坦卢比。⑤

（三）经济

巴基斯坦是典型的农业国家，农村人口占总人口数的 66% 左右，农业吸收了全国 43.7% 的劳动力，占整个 GDP 的比重约为 21.04%，国家外贸外汇收入的 42% 通过农产品出口实现。巴基斯坦的农业以种植业为主，粮食作物主要有小麦、水稻、小米、高粱、玉米、大麦等，其中以小麦、水稻为主；经济作物主要有棉花、甘蔗、烟草等，其中以棉花、甘蔗为主。⑥ 总体来看，巴基斯坦的经济结构由主要是农业为基础转变为服务业为基础。农业只贡献国内生产总值的 20%；而服务业占 53%，批发和零售贸易占这个产业的 30%。

2015—2016 年，巴基斯坦政治形势总体稳定，国家整体实力和对外影响力增强，但仍面临反恐和周边环境的严峻挑战。得益于中巴经济走廊建设逐渐进入高潮以及部分重要宏观经济指标改善，巴基斯坦经济形势延续了变好的趋势。GDP 同比增长 4.7%，创

① 中华人民共和国外交部. 巴基斯坦国家概况 [EB/OL].http://www.fmprc.gov.cn/web/gjhdq_676201/gj_676203/yz_676205/1206_676308/1206x0_676310/.2021-3.

② 中华人民共和国外交部. 巴基斯坦国家概况 [EB/OL].http://www.fmprc.gov.cn/web/gjhdq_676201/gj_676203/yz_676205/1206_676308/1206x0_676310/.2021-3.

③ 人民网. 巴基斯坦国家概况 [EB/OL].http://politics.people.com.cn/n/2015/0417/c395517-26863532.html.2015-04-17

④ 中华人民共和国驻巴基斯坦伊斯兰共和国大使馆经济商务参赞处. 巴基斯坦概况 [EB/OL].http://pk.mofcom.gov.cn/article/ddgk/200905/20090506216091.shtml.2017-06-13.

⑤ 中华人民共和国外交部. 巴基斯坦概况 [EB/OL].http://www.fmprc.gov.cn/web/gjhdq_676201/gj_676203/yz_676205/1206_676308/1206x0_676310/.2021-3.

⑥ 中商情报网. 一带一路沿线国家：巴基斯坦 2015 基本情况介绍 [EB/OL].http://www.askci.com/news/finance/2015/11/13/111829ajv1.shtml.2017-8-14.

8 年来最高增速，但较 5.5% 的增长目标仍有差距。[①] 2020 年 GDP 达 2782.2 亿美元，较上年增长 -0.38%。[②] 近年来，巴基斯坦政府一直努力加速工业化，扩大出口，缩小外贸逆差。与 90 多个国家和地区有贸易关系。

（四）教育

巴基斯坦独立为其教育事业的发展创造了客观环境。为满足国内经济社会发展与国际竞争的需要，1973 年巴基斯坦宪法视教育为社会改革的最有效和最有力的工具，规定了联邦教育部的职责范围。联邦教育部设总务、学校、计划、课程和研究 5 个司，与各省教育厅密切合作，执行国家教育政策。省教育厅设总务、计划和课程（包括师范教育）3 个处。各级学校的行政和管理，全由省教育厅负责。联邦教育部在制订政策、与政府其他各部特别是财政部计划司保持密切联系方面，保证使教育计划符合国家发展的需要。巴基斯坦的教育经费主要由各省负担，联邦政府重视教育，也不断增加教育拨款。联邦政府还成立了由著名的学者和教育家组成的国家教育委员会。这是一个自治、独立、非政府性质的咨询机构。这一机构起智囊团的作用，它有权评价政府的教育政策、计划和成就，并对教育计划和课程的改革提出建议。

巴基斯坦现行学制分初等教育、中等教育和高等教育 3 个阶段。初等教育 5 年，中等教育 7 年。高等教育阶段大学本科 4 年，然后是硕士、博士和博士后研究生院教育。[③]

巴基斯坦在伊斯兰堡还建立了一所国立技师培训学院，在胡兹达尔、奎塔等地建立了多所工程技术学院。大学拨款委员会加强和改善了大学的学术活动，全民教育委员会负责组织和检查全国的扫盲工作，一些政府和非官方组织在全国开办了若干扫盲中心。[④]

当前，巴基斯坦虽然实行中小学免费教育，但受经济发展水平所限，教育仍需大力发展。学校数量相对于其庞大的人口明显不足，小学入学率和初级教育普及率均较低，能接受高等教育者凤毛麟角。由于正规教育资源的匮乏，越来越多的贫困家庭将孩子送进宗教学校。2006—2007 年，人口识字率为 54%。教育经费约为 27.8 亿美元，占国民生产总值的 2.42%。全国共有小学 15.5 万所，初中 28728 所，高中 16100 万所，大学 51 所。著名高等学府有旁遮普大学、卡拉奇大学、伊斯兰堡真纳大学和白沙瓦大学等。[⑤]

---

① 巴基斯坦 2015—2016 财年经济运行情况及 2016—2017 财年经济展望 . 新浪财经 [EB/OL].http://finance.sina.com.cn/roll/2016-09-12/doc-ifxvukuq4279352.shtml.

② 巴基斯坦 GDP. 全球宏观经济数据 . 新浪财经 [EB/OL]. http://finance.sina.com.cn/worldmac/nation_PK.shtml.

③ 中华人民共和国外交部 . 巴基斯坦国家概况 [EB/OL].http://www.fmprc.gov.cn/web/gjhdq_676201/gj_676203/yz_676205/1206_676308/1206x0_676310/.2017-8-13.

④ 联合国教科文组织国际职业教育与培训中心：巴基斯坦 [EB/OL].http://www.unevoc.unesco.org/wtdb/worldtvetdatabase_pak_en.pdf.2017-8-15.

⑤ 中华人民共和国驻巴基斯坦伊斯兰共和国大使馆经济参赞处 . 巴基斯坦科教和医疗 [EB/OL].http://pk.mofcom.gov.cn/article/ddgk/200905/20090506216325.shtml.2017-06-12.

二、职业技术教育与培训的战略与法规

（一）战略

根据《国家教育政策1998—2010》，巴基斯坦教育的总体目标之一是使《古兰经》的原则和伊斯兰教实践成为课程的一个组成部分，以便神圣的《古兰经》信息可以在教育和培训的过程中传播，教育和培养未来一代的巴基斯坦人作为一个真正的穆斯林，就是能够用勇气、信心、智慧和宽容来迎接下一个千禧年的穆斯林人。

2009年《国家教育政策》承认伊斯兰教价值观的重要性，并在这方面坚持统一原则。考虑到《计划委员会2030年的愿景》，教育部已经拟定了以下的战略与愿景：我们的教育体系必须给我们的青年提供高质量的教育，使他们认识到他们的个人潜力，并为社会和国家的发展做出贡献，培养巴基斯坦国家意识、宽容、社会公正、民主的概念、区域和当地的文化历史，这个文化历史是基于《巴基斯坦共和国伊斯兰宪法》所阐释的基本意识形态之上的。[①]

（二）法规

巴基斯坦1973年《宪法》就规定了所有公民平等接受教育的权利，没有性别、种姓、信仰或种族的歧视。在1975年《FBISE法案》的基础上建立了联邦中间和中等教育委员会。根据《2002年条例》成立高等教育委员会，取代大学拨款委员会。

根据《1979年教育政策》措施，鼓励私营部门参与职业教育发展。1984年，巴基斯坦的旁遮普省的私有机构参与职业技术教育与培训的规范条例被采用。西北边境省份和信德省也采用类似的法令以规范职业技术教育与培训的发展。这些法令为所有私立学校机构提供注册，宪法对每个机构管理的主体均规定了相应的注册条件。

三、职业技术教育与培训的体系与质量保障

（一）体系

巴基斯坦职业教育始于中学教育。中学教育分为三个阶段：中学的中级教育（6—8年级）；中学的中等教育（9—10年级），提供人文、科学和技术流教育；高中或中级学位学院的高中教育（11—12年级）。高中教育也被称为"中间阶段"，被认为是大学教育的一部分。在12年级结束时，学生参加高中毕业证书考试，这是入读高等教育的前提条件。

职业技术学院提供1年制证书和2年制文凭课程。商业培训机构负责提供商业教育，为商业培养人才，它也提供1年制商业证书和2年制商务课程文凭。技术教育是在20世纪50年代中期才开始独立，在卡拉奇和拉瓦尔品第设立了2所理工学院。专业/理工学

---

① Academy of Educational Planning and Management: http://www.aepam.edu.pk/InEnglish. Last checked: July 2011.

院和技术学院包括私营机构，在 20 多个专业化领域提供 3 年制文凭课程。①

目前，巴基斯坦有 3746 所技术和职业机构，其中有 1123 所属于公办机构，约占总数的 30%，而剩下的 2623 所属于私人部门，约占总数的 70%。2015—2016 年的所有注册生的报名费为 0.315 万元，其中 0.137 万来自公办机构，占总数的 44%；而 0.177 万来自私人部门，占总数的 56%。即 30% 的公办机构承担了 44% 的职业教育与培训，而 70% 的私人部门承担了 56% 的职业教育与培训。另外，在所有注册生中，男生占 64% 的比例，而女生只占 36% 的比例。②

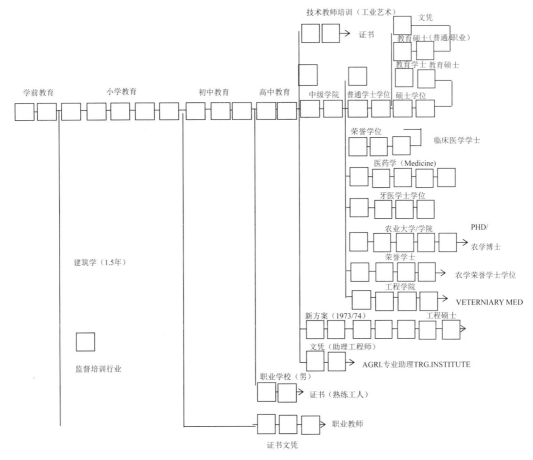

图 1 巴基斯坦教育系统的结构 ③

① NORRIC (Nordic Recognition Information Centres). Report on the system of education in Pakistan. 2006.

② National Education Management Information System, AEPAM, Islamabad.Pakistan Education Statistics 2015–16. [EB/OL]. http://www.aepam.edu.pk/Index.asp?PageId=27.

③ 联合国教科文组织国际职业教育与培训中心:巴基斯坦[EB/OL].http://www.unevoc.unesco.org/wtdb/worldtvetdatabase_pak_en.pdf.2017–8–15.

（二）保障

为保障国家教育质量，维护国家综合数据库、促进教育政策制定，巴基斯坦于1982年成立教育规划与管理研究院，承担包括教育质量规划者和管理者在内的能力建设责任。1990年，成立国家教育管理信息系统，负责整理和分析国家教育数据并产生有用的信息，以满足决策者、规划者、教育管理者的需要。

巴基斯坦与世界其他国家签署了《可持续发展目标议程》，确定了各级及各类教育的监测框架，以更好地监控发展目标在国家和全球层面的实施情况。[①] 为了改革巴基斯坦的职业技术教育与培训部门，教育规划与管理研究院制定了题为《技术巴基斯坦：2009—2013年国家技能战略》的文件，为巴基斯坦的世界级技能发展制定国家发展方向，以紧跟全球形势。此外，政府还制定了"全民技能策略"的蓝图。在巴基斯坦职业技术与培训框架的保护伞下，提出了实现范式转换的两大主要目标：（1）以有限的时间和课程为基础的培训到以灵活和能力为基础的培训；（2）以供应驱动的技能培训到以职业技术与培训领域的需求为导向的技能开发。

政府提出的范式转变已被采纳，用来为经济发展提供相关技能、提高科技性和平等性目标、确保技能开发的质量等目标，以此保证职教发展质量。[②] 另外，考虑到千年发展目标，巴基斯坦政府设计了一项国家行动计划，以"扩大教育的获得感"和"提升职业教育质量"为行动策略，旨在加快职业教育的发展进程。巴基斯坦政府提出要确定职业教育投入、过程和产出的国家标准，以建立一个职业教育的权威标准。[③]

四、职业技术教育与培训的治理与教师

（一）治理

联邦政府通过联邦教育部成为整体政策制定、协调和教育领域的咨询权威。教育秘书协助联邦教育部长。联邦教育部在组织结构上分为6个行政司，分别是课程、政策和规划司，项目司，培训司，政府司，监测和评价司。联合教育顾问负责每个行政司，除了行政司，教育部还有许多下属和附加的机构。

省级教育部门是由各个省份的教育部长领导，由教育秘书处授予行政权。省级教育部门负责管理省里的基础教育、中等教育、技术教育和高等教育。

中间和中等联邦教育委员会，是于1975年在《FBISE法案》基础上建立的，为教育

---

① 联合国教科文组织国际职业教育与培训中心：巴基斯坦 [EB/OL].http://www.unevoc.unesco.org/wtdb/worldtvetdatabase_pak_en.pdf.2017-8-15.

② Bushra, A; Xueping, W. DEVELOPMENT OF PAKISTAN'S TECHNICAL AND VOCATIONAL EDUCATION AND TRAINING (TVET): AN ANALYSIS OF SKILLING PAKISTAN REFORMS. Journal of Technical Education and Training, Vol 5, Iss 2 (2013). 2, 2013. ISSN: 2229-8932.

③ Education Depts of Provinces and Area Government UNESCO, Islamabad UNICEF, Islamabad. National Plan of Action to Accelerate Education-Related MDGs. 2013-16[EB/OL].http://library.aepam.edu.pk/Books/National%20Plan%20of%20Action%20to%20Accelerate%20Education-Related%20MDGs.pdf.

部自治组织。教育规划和管理学院是在1979年国家教育政策的框架内建立的，目的为培训教育计划者、管理者和监督者。成立于2002年6月的国家人类发展委员会是巴基斯坦总统指示的下一个公私合作的成果，这个指令的目标是促进健康、教育和小额信贷领域的发展。

（二）教师

教师教育传统上被认为是一个省级范围内的事务，每个省有独立的集中组织结构，为小学、初中和具备初中水平的教师做职业准备。在省级教育部门的管理和控制下，国家现有270所教师教育机构。小学教师由政府小学教育学院培训，它隶属于设在俾路支和信德省的省级课程局监管。在西北边境省的课程和教师教育理事会负责管理20个地区的教师教育学院，提供职前小学预备教师。创建省级教师教育研究院的所有省提供在职教师和持续专业发展行动的研究项目。

自2004年以来在旁遮普，职员发展部建立了一个教师发展项目设计和实施的机构，在地方教育部门的积极支持下，教师的职前培训和继续职业教育进展顺利。职员发展部为该省的35所政府教师教育学院给予行政、财务和课程所有的自主权。但是，职员发展部尚未完全参与开发标准的4年制教师教育项目。本科课程和研究生课程水平教师教育交由大学的教育学院或学院的教育系、教育研究机构以及最近成立的教育大学提供。根据巴基斯坦2005年的国家教育人口普查数据，只有约25万名教师拥有教育学学士学位，6万名教师拥有硕士学位。[①]

截止到2016年，巴基斯坦共有209所教师培训机构，其中75%的培训机构属于公办机构，而剩下的25%属于私人部门。在2015—2016年所有报名参加的教师培训中，有99%的教师选择了公办机构，只有1%的教师选择了私人部门。[②]可见，提升私人部门参与职教师资培训和充实职教师资大军任重道远。

五、职业技术教育与培训的诉求与发展趋势

由于政府的连续变化，政策缺乏连续性，加之低预算规模和教育拨款，巴基斯坦在实现千年发展目标上仍存在一定的困境。所幸的是，巴基斯坦联邦政府、省政府、地区政府已经意识到：推动职业技术教育与培训计划是旨在改善社会经济福利、创造就业机会和消除贫困的发展举措的关键方面。[③]但在巴基斯坦，劳动力技能的发展一直是被忽视

---

① Ministry of Education, Policy and Planning Wing. National professional standards for teachers in Pakistan. Islamabad, February 2009.

② 联合国教科文组织国际职业教育与培训中心：巴基斯坦[EB/OL].http://www.unevoc.unesco.org/wtdb/worldtvetdatabase_pak_en.pdf..2017-8-15.

③ Grierson, J and Young, C. (2002). Technical and vocational education and training in twenty-first century: New Roles and Challenges for Guidance and Counselling. Division of Secondary, Technical and Vocational Education, UNESO, Paris.

的行业，正规的政府机构只培养了一小部分熟练的劳动力。① 只有 3% 的学生参加了职业技术教育与培训，这在南亚国家是最低的。巴基斯坦早期的职业技术教育与培训系统更侧重于学习，而不是可以实现理想目标的实际技能。② 为应对挑战，巴基斯坦联邦政府未来在职业技术教育与培训中所需要做的重点工作有③：

（一）加快出台相关政策，积极拓展职业教育与培训的服务维度

巴基斯坦政府于 2009 年起草的《国家教育政策》认识到了技能开发的重要性，试图通过创新来强化职业技术与培训系统，使其成为面向需求的行业。为了实现职业技术与培训提出的 20 项提议改革，政府在 2011 年开始实施了 5 年度的职业技术教育与培训改革支持计划，其中包括国际机构的财政援助。政府鼓励公共和私营部门的利益相关者在联邦级和省级协调下实施。在这里值得一提的是，省和其他行政区制定了相应的 8 项技能发展计划，以此支持巴基斯坦联邦。④ 此外，巴基斯坦政府尝试着利用教育制度塑造社会和政治议程，包括身份形成和国家建设。通过改变传统教育中注重知识教学的教育标准，凸显课程在新教育体系形成中的重要性，在教学内容上加强技术技能的联系，在教学法上包括促进批判性分析和提问的互动策略。

（二）完善管理制度，提高职业教育与培训的适应性

为应对国内与国外的劳动力市场需求，巴基斯坦政府仍需在形成实施不同的职业教育与培训项目的实施制度、提高职业教育质量上做出努力。具体而言，一方面，需要扩大职业培训系统容量，满足熟练和半熟练的人力需求的工业、农业和农村部门。可以通过增加现有的培训系统容量、建立新的职业培训中心，设计并开发连接技术学院教育、技术省级董事以及与国家科学和技术教育学院在内的联邦级机构，改善职业教育质量。另一方面，需通过加强教学培训和改进管理制度，跟进重点课程研究、制定农村学徒培训方案、调整国家职业教育与培训项目的结构，以及对全国 4 个省的企业、职业培训机构和企业进行详细的调查等方式进行。

（三）增加经费拨付，支持重点职业教育与培训领域发展

根据联邦教育规划与管理学院的统计数据，巴基斯坦 2015—2016 年的教育经费支出为 989.8 亿卢比，相较于 2012—2013 年的 652.5 亿卢比，已增加了 52%，所有省份的教育预算都随之增加。但联邦政府的大部分教育经费用于高等教育，职业教育和培训教育经费预算所占份额非常有限。教育预算拨款也仍保持在国内生产总值的 2% 左右。从

---

① Kemal, A.R. (2005). Skill development in Pakistan. The Pakistan Development Review, 44(4), 349–357.

② Agrawal, T. (2013). Vocational education and training programme (VET): An Asian perspective. Asia-Pacific Journal of Cooperative Education, 14(1), 15–26.

③ AEPAM, Islamabad.Findings and Recommendations of AEPAM's Research Studies[EB/OL].http://library.aepam. edu.pk/Books/Final%20Recommendations%20of%20Research%20Studies%20March%2014%202016.pdf.

④ TVETR, (2011). Supporting TVET reform in Pakistan. Pakistan technical and vocational education and training Reform http://www.tvetreform.org.pk/index.php?option=com_content&view=article&id=7&Itemid=101.

长期目标出发，应逐步提升教育经费预算份额占全国生产总值的比重，同时增加职业教育和培训的教育经费预算份额，确保将重点放在弱势群体和地区。

（深圳职业技术学院　技术与职业教育研究所　李亚昕）

主要参考文献

[1] Academy of Educational Planning and Management: http://www.aepam.edu.pk/ InEnglish. Last checked: July 2011.

[2] Federal Board of Intermediate and Secondary Education: http://www.fbise.edu.pk/ InEnglish. Last checked: July 2011.

[3] Federal Ministry of Education: http://www.moe.gov.pk/ In English. Last checked: July 2011.

[4] Higher Education Commission: http://www.hec.gov.pk/ In English. Last checked: July 2011.

[5] Inter-Board Committee of Chairmen: http://www.ibcc.edu.pk/ In English. Last checked: July 2011.

[6] National Education Assessment System: http://www.neas.gov.pk/ In English. Last checked: July 2011.

[7] Punjab Education Assessment System: http://www.peas.gop.pk/ In English. Last checked: July 2011.

[8] For updated links, consult the Web page of the International Bureau of Education of UNESCO: http://www.ibe.unesco.org/links.htm.

[9] 联合国教科文组织国际职业教育与培训中心：巴基斯坦 .http://www.unevoc.unesco.org/wtdb/worldtvetdatabase_pak_en.pdf.

巴勒斯坦国

一、国家概况

（一）地理

巴勒斯坦国（the State of Palestine）简称巴勒斯坦，位于亚洲西部，地处亚、非、欧三洲交通要冲，战略地位重要。属于亚热带地中海型气候。夏季炎热干燥，最热月份为7—8月，气温最高达38℃左右。冬季微冷湿润多雨，平均气温为4℃~11℃，最冷月份为1月。雨季为12月至次年3月。[①]

巴勒斯坦由加沙和约旦河西岸两部分组成。加沙地区面积365平方千米，约旦河西岸地区面积5800平方千米。其中哈马斯占有加沙地带，而巴解则管治西岸，受巴民族权力机构监督。根据计划与国际合作部1997年10月绘制的地图，约旦河西岸分为8个省：杰宁、图勒凯尔姆、纳布卢斯、杰里科、拉马腊、耶路撒冷、伯利恒、希伯伦。加沙地带分为5个省：北方省、加沙、代尔拜莱赫、汉尤尼斯、拉法。

巴勒斯坦所有政府机构设在拉姆安拉市，但巴勒斯坦主张未来首都设在耶路撒冷，它是基督教、伊斯兰教和犹太教的三教圣城。巴勒斯坦总统府等政府主要部门均设在拉姆安拉。拉姆安拉是经济、文化和商业中心，是巴勒斯坦民族权力机构在约旦河西岸的行政管理中心，市内设有阿拉法特官邸、自治政府分支机构、巴委员会（立法机构）总部、官方电视台和电台等重要部门。[②]

（二）人文

巴勒斯坦古称迦南，包括现在的以色列、约旦、加沙和约旦河西岸。历史上，犹太人和阿拉伯人都曾在此居住。公元前1020年至前923年，犹太人在此建立希伯来王国。罗马帝国征服巴勒斯坦后，多次镇压犹太人并将大部分幸存者赶出巴勒斯坦，流落世界各地。16世纪起，巴勒斯坦成为奥斯曼帝国的一部分。第一次世界大战后沦为英国的委任统治地。英国占领巴勒斯坦后，将其分为两部分：约旦河以东称外约旦，即现今的约旦哈希姆王国；约旦河以西称巴勒斯坦，包括现今的以色列、加沙和约旦河西岸。

根据1947年11月联合国关于巴勒斯坦分治的第181号决议，规定在巴勒斯坦建立

---

① 中国新闻网.巴勒斯坦国概况 [EB/OL]. http://www.chinanews.com/gj/zlk/2014/01-15/102.shtml. 2017-10-11.

② 人民网.巴勒斯坦概况 [EB/OL]. http://expo.people.com.cn/n/2015/0608/c396828-27118222.html. 2017-10-11.

阿拉伯国和犹太国。犹太人同意该决议，并于 1948 年 5 月 14 日宣布建立以色列国。由于当时阿拉伯国家反对该决议，阿拉伯国未能建立。[①]1967 年 6 月 5 日，第三次中东战争爆发，以色列在战争中占领了约旦河西岸和加沙地带，即整个巴勒斯坦。1988 年 11 月 15 日，在阿尔及尔举行的巴勒斯坦全国委员会第 19 次特别会议通过《独立宣言》，宣布接受联合国第 181 号决议，建立以耶路撒冷为首都的巴勒斯坦国。[②]

1994 年 5 月 12 日，巴勒斯坦民族权力机构成立，阿拉法特当选为主席。2004 年 11 月，阿拉法特病逝。2005 年 1 月 9 日，阿巴斯当选新一任民族权力机构主席。2006 年 1 月，巴举行第二届立法委员会选举，巴勒斯坦伊斯兰抵抗运动（哈马斯）获胜。阿巴斯任命哈马斯领导人哈尼亚为总理，组成以哈马斯为主的新政府。

2007 年 3 月 17 日，哈马斯和巴勒斯坦民族解放运动（法塔赫）等组成民族联合政府，哈尼亚继续担任总理。2013 年 1 月，法塔赫主席阿巴斯与哈马斯政治局主席马沙勒在开罗会晤，决定推动落实 2011 年 5 月达成的"开罗协议"。5 月，法塔赫与哈马斯同意在 8 月 14 日前组建联合政府，以筹备大选。2014 年 4 月，内部加快和解。6 月初，法塔赫和哈马斯经协商组建过渡性质的民族共识政府，并决定半年内举行总统和立法委员会选举。在 2014 年夏天以色列和哈马斯爆发加沙冲突后，哈马斯宣布退出民族共识政府。[③]

巴勒斯坦全国委员会是巴勒斯坦解放组织的最高权力机构，代表境内、外的全体巴勒斯坦人。有委员 669 人，分别为巴勒斯坦各抵抗组织及其他群众组织代表，现任主席萨利姆·扎农。它是巴解中央委员会全委会与执委会之间的一个监督机构，负责监督执委会执行巴勒斯坦全委会的决议和方针政策。巴勒斯坦立法委员会是立法机关。本届立法会于 2006 年选举产生，共有 132 个议席，其中哈马斯获 74 席，为立法会内第一大党派。现任主席为阿齐兹·杜维克。[④]

阿拉法特墓是重要名胜，位于拉马拉市，紧邻巴勒斯坦总统府。阿克萨清真寺是伊斯兰第三大圣寺，地位仅次于沙特麦加圣寺和麦地那先知寺，位于东耶路撒冷老城区沙里夫内院。希沙姆宫位于杰里科以北 5 千米，始建于公元 8 世纪，曾是阿拉伯帝国倭马亚王朝哈里发希沙姆冬季避寒的行宫。因保有中东地区面积最大的马赛克地砖浮雕，希沙姆宫被视为巴最重要的伊斯兰考古遗址之一。[⑤]

据巴勒斯坦中央统计局统计，巴勒斯坦现有人口 1270 万，其中加沙地带和约旦河西岸人口为 482 万（2016 年 12 月），其余为在外的难民和侨民。官方语言为阿拉伯语，通

① 中国新闻网.巴勒斯坦国概况 [EB/OL]. http://www.chinanews.com/gj/zlk/2014/01-15/102.shtml.2017-10-11.

② 中华人民共和国驻巴勒斯坦国办事处.人文历史 [EB/OL]. http://ps.chinacommercialoffice.org/chn/zjblst/rwls/.2017-10-11.

③ 中华人民共和国外交部.巴勒斯坦国国家概况 [EB/OL]. https://www.fmprc.gov.cn/web/gjhdq_676201/gj_676203/yz_676205/1206_676332/1206x0_676334/.2021-09-27.

④ 同上。

⑤ 中华人民共和国驻巴勒斯坦国办事处.人文历史 [EB/OL]. http://ps.chinacommercialoffice.org/chn/zjblst/rwls/.2017-10-11.

用英语。[1]巴勒斯坦人绝大部分信奉伊斯兰教，是伊斯兰教国家。人们喜欢吃香辣的食品，他们用胡椒、姜黄等做的咖喱食品闻名世界。由于教律规定，喝酒是一种犯罪行为，信徒不许喝酒，但可饮茶。[2]

（三）经济

巴勒斯坦主要矿藏储备有：天然气4920亿立方米、石油1.84亿桶、煤1850亿吨、铁4.3亿吨、铝土7400万吨，还有大量的铬矿、大理石和宝石。[3]巴勒斯坦以农业为主，经济严重依赖以色列，巴以对峙对巴勒斯坦经济发展形成严重制约。2010年底世界银行报告认为，巴勒斯坦经济已经达到建立独立国家的水平。近两年以来，由于外部财政援助未能及时到位、以色列持续对巴封锁等原因，巴勒斯坦出现严重财政困难。

以农业为主，其他有建筑业、加工业、手工业、商业、服务业等。巴勒斯坦经济严重依赖外来援助，经济发展受制于以色列，巴以冲突持续对巴勒斯坦经济发展形成严重制约。2020年国内生产总值（GDP）155.6亿美元，国内生产总值增长率-11.46%，人均国内生产总值约3239美元，通货膨胀率2.28%，失业率26.1%。总体看来，巴勒斯坦工业水平很低，规模较小，主要是加工业，如塑料、橡胶、化工、食品、石材、制药、造纸、印刷、建筑、纺织、制衣、家具等。[4]

2010年世界银行发布的一份报告称，巴勒斯坦权力机构在西岸地区努力改善安全条件、提高服务效率等一系列举措和以色列放松相关安全限制，显著提高了投资者的信心，但目前仍缺乏大规模私人投资复苏的迹象。目前建筑业和房地产行业私人投资增长最快，与巴勒斯坦权力机构公务员和有关非政府组织一起，成为当地市场的"支柱"。[5]

（四）教育

巴勒斯坦国教育体制是：小学6年、中学3年、高中3年、大学4—5年。1999—2000学年巴共有学校1767所，在校生865540人。教师共有34088人。1999—2000年度大学入校学生共有19548，各大学共有教员1869人。[6]主要大学有比尔宰特大学、成功大学、圣城大学、伯利恒大学等。[7]

巴勒斯坦的教育，文化和医疗卫生事业也比较发达，它从1968年起就一直实行10

[1] 中华人民共和国驻巴勒斯坦国办事处.巴勒斯坦概况[EB/OL].http://ps.chinacommercialoffice.org/chn/zjblst/gk/.2017-10-11.
[2] 人民网.巴勒斯坦概况[EB/OL].http://expo.people.com.cn/n/2015/0608/c396828-27118222.html.2017-10-11.
[3] 贵州省外事（侨务）办公室.一带一路国别市场指引——巴勒斯坦[EB/OL].http://www.faogz.gov.cn/dwhzxx/2180.shtml.2017-10-11.
[4] 中华人民共和国外交部.巴勒斯坦国国家概况[EB/OL].https://www.fmprc.gov.cn/web/gjhdq_676201/gj_676203/yz_676205/1206_676332/1206x0_676334/.2021-09-27.
[5] 中华人民共和国驻以色列国大使馆经济商务参赞处.世界银行报告：巴勒斯坦经济需要更多私人投资[EB/OL].http://il.mofcom.gov.cn/article/jmxw/201004/20100406872829.shtml.2017-10-11.
[6] 中华人民共和国外交部.巴勒斯坦国国家概况[EB/OL].https://www.fmprc.gov.cn/web/gjhdq_676201/gj_676203/yz_676205/1206_676332/1206x0_676334/.2021-09-27.
[7] 中国新闻网.巴勒斯坦国家概况[EB/OL].http://www.chinanews.com/gj/zlk/2014/01-15/102.shtml.2017-10-11.

年的免费义务基础教育制度。在 2000 年，幼儿园入学率高于除以色列和叙利亚以外的周边国家，95% 的适龄青少年能读完 10 年级。平均每 10 万人有一所大学，总人口中具有学士学位以上者接近 8%。学校的师资水平很高，中学教师中有学士学位以上者占 96%（其中硕士以上者占 45%），大学教师中有博士学位者占 44%，有硕士学位者占 43%。巴勒斯坦人受教育的程度按世界人类发展署的标准在世界排名属中上水平。[①]

二、职业技术教育与培训的战略与法规

（一）战略

巴勒斯坦权力机构继承了先前的职业技术教育与培训体系。由于高度重视可持续发展，因此，新时期的政府又对 1999 年制定的职业技术教育与培训战略进行了修订。

巴勒斯坦专家负责制定了《2010 年国家职业技术教育与培训战略》。它反映了职业技术教育与培训工作近年来的重要模式转移，将提高质量和适用性作为当务之急。新战略致力于建立一个具有一致性的、可行的职业技术教育与培训体系，它在职业技术教育与培训体系的各个环节都综合考虑了劳动力市场的需要。

巴勒斯坦职业技术教育与培训的整体目标是：

·致力于在巴勒斯坦建立一支知识渊博、能力强，而且富有积极性、企业家精神、适应性、创造力和创新精神的劳动力大军；

·技术娴熟的劳动力大军将有助于减贫工作，通过向各行各业、各阶层民众提供需求驱动型高质量职业技术教育与培训，促进社会和经济的发展；

·国家资格框架将允许职业技术教育与培训学员根据可比较的教育水平和毕业证书认证在整个教育系统中流动。[②]

（二）法规

巴勒斯坦权力机构推迟普通教育法的制定，直到完成领土问题的一般地位谈判。同样，目前并无特定法律管理职业技术教育与培训体系，只有相关的发展战略。巴勒斯坦有大量规章制度管理教育工作的不同方面（有些可追溯到埃及和约旦的制度），这些规章制度需要现代化改造和更新，并根据明确的主题归类。[③]

1.《2010 年国家职业技术教育与培训战略》

巴勒斯坦《2010 年国家职业技术教育与培训战略》提出：着手"发展、加强、保持职业技术教育与培训人力资源并提高其质量。"[④]该战略还指出，职业技术教育与培训毕业

---

① 腾讯新闻．巴勒斯坦人的生活 [EB/OL]．http://news.qq.com/a/20090108/000875.htm.2017–10–11.

② Ministry of Education and Higher Education (2010). TVET Strategy. Ramallah: Ministry of Education and Higher Education.

③ UNESCO–IBE (2011). World Data on Education VII Ed. 2010/11. Palestine. Geneva: UNESCO–IBE.

④ Ministry of Education and Higher Education (2010). TVET Strategy. Ramallah: Ministry of Education and Higher Education.

生将受益于高收入，因此应该分担职业技术教育与培训体系的预算负担。不过，对于无力支付职业技术教育与培训学费的学生，也有其他经费来源（贷款、奖学金）。

该战略明确以下发展方向：提供职业技术教育与培训的教师培训，并实施标准化的认证、监测和评估；建立人力资源委员会，负责人力资源开发的规划、政策制定和协调工作；采取激励措施，鼓励职业技术教育与培训员工参与人力资源开发；为职业技术教育与培训的人力资源开发提供资金；职业技术教育与培训人力资源资格框架的运行遵循国家资格框架；完善国家资格框架和师范教育战略；根据资格框架要求，制定新的薪酬机制。

2.《师范教育战略》（2008）

《师范教育战略》（2008）针对各级教师培训提供建议，但并未针对职业技术教育与培训制定一个具体的框架。其提供的建议是对《国家职业技术教育与培训战略（2010）》中的人力资源开发部分的一个补充，该战略明确了以下工作方向：在职教育计划和持续专业发展计划；教学工作；建立国家人力资源开发部门，负责监控职业技术教育与培训体系的人力资源需求，并负责该系统现有人力资源的匹配；对职业技术教育与培训体系的工作人员进行持续培训。

3.《就业战略》

《就业战略》重点强调政府政策的协调，因此，《就业战略》设法确定政府与职业技术教育与培训战略的合作和协调领域。所有就业发展都要致力于建立一个需求驱动、业务导向的职业技术教育与培训体系。《就业战略》强调公私合作，并将其扩展到职业技术教育与培训工作中。它还指出，要建立以劳动力需求驱动的职业技术教育与培训体系，就必须要建立充足的基础设施。

三、职业技术教育与培训的体系与质量保障

（一）体系

在10年基础教育后，学生可继续接受中等职业教育。中等职业学校通过2年的教育，培养出熟练的技工。在高等教育阶段，职业学校毕业生可继续在综合大学的学院和大多数综合大学继续接受教育。学院提供2年制课程，培训有关技能，而综合大学和综合大学的学院则培养专门人才。正规的职业技术教育与培训体系能够让学生继续接受大学阶段的教育，而非正规职业技术教育与培训体系则几乎不会提供继续教育机会。[①]

《职业技术教育与培训战略》于2010年实施，提出以下职业技术教育与培训架构，重点是应采用整体的管理方法改造职业技术教育与培训体系。如图2。

---

① ETF (2010). Torino Process: Occupied Palestinian Territories. Turin: European Training Foundation.

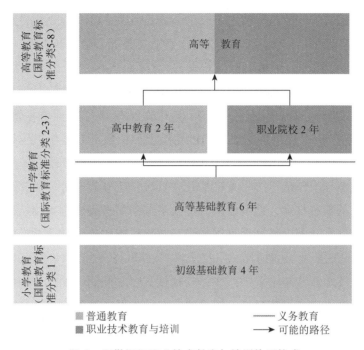

图1 巴勒斯坦职业技术教育与培训体系构成

资料来源：ETF（2010）. Education and Business: Occupied Palestinian Territory. Turin: European Training Foundation.

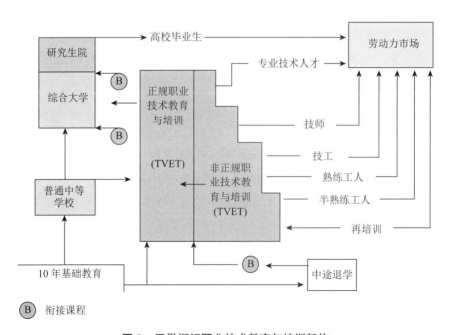

图2 巴勒斯坦职业技术教育与培训架构

资料来源：ETF (2010). Education and Business: Occupied Palestinian Territory. Turin: European Training Foundation.

非正规和非正式的职业技术教育与培训体系也较为多样。非正规教育和成人教育计划由教育和高等教育部、劳动部与工会合作、社会事务部、妇女事务部、非政府组织和大学组织合作实施。

此外，联合国巴勒斯坦难民救济与工作机构还为在约旦河西岸、加沙、黎巴嫩、叙利亚和约旦登记的巴勒斯坦难民提供培训。该机构设有10个职业技术教育与培训中心，总共可为6600名学员提供培训。联合国巴勒斯坦难民救济与工作机构的培训中心提供以下类型的课程：贸易（2年）、技术/半职业（2年）和证书课程（1—2年）。联合国巴勒斯坦难民救济与工作机构的职业技术教育与培训还举办短期课程培训（8—40周），重点是提高难民的现有技能，或者为未曾接受培训的学员提供基本技能培训。除过职业技术教育与培训，联合国巴勒斯坦难民救济与工作机构还提供就业指导，对学员进行调查，监控毕业学员的职业发展情况。

商业和职业技术教育与培训学校在某些领域实行学徒制，如汽车维修和服务业。不过，教育和商业合作尚未形成制度，而是建立在个人努力基础之上。公私合作协同从事职业技术教育与培训面临重重挑战，这体现在：私营机构和教育部门的组织机构高度碎片化，主要为家族式的中小企业，各种职业技术教育与培训机构提供的职业技术教育与培训项目重叠，缺乏对寻求就业的毕业生进行跟踪研究。[①]

基于社区的自主创业和创业培训是一项在当地层面开展社会合作的计划，由德国国际合作协会提供支持。该项目旨在为个人提供必要的技术和创业技能培训与服务，引导他们在当地自主创业或从事创收活动。培训面向希望改善自身创业技能的员工。为了进行培训，建立了一个基于社区的系统，纳入了不同的利益相关方。当地人和组织机构参与识别潜在业务机会或自主创业机会。该项目于2009年11月启动，在4个地区实施（伯利恒、拉姆安拉、纳布卢斯和希伯仑）。目前，并无相关机制认可非正式职业培训。[②]

（二）保障

阿拉伯国家职业分类标准于2008年实施，它提供了一个职业分类的有机体系，规定了工作类别和所需技能水平，为劳动力建立了职业结构共识。

巴勒斯坦国家资格框架将与阿拉伯国家职业分类标准保持一致。该框架旨在为学习成果评价提供支持，改善对于就业资格、资格水平及其彼此间关系的认识。国家资格框架将建立一个综合认证体系以及一个评估和激励机制，鼓励终身学习。该框架还致力于改善教育的灵活性，使教育和培训能更灵活地应对劳动力市场的需求，使巴勒斯坦国家资格框架与国际标准保持一致，提高教育质量。

2010年国家职业技术教育与培训战略预期：质量体系的制定将应用于职业技术教

---

① ETF (2010). Education and Business: Occupied Palestinian Territory. Turin: European Training Foundation.

② World Bank (2006). West Bank and Gaza – Education Sector Analysis, Impressive Achievements under Harsh Conditions and the Way Forward to Consolidate a Quality Education System. Washington D.C.: World Bank.

·56·

育与培训体系的各个环节，包括内外部评估，确保教育的质量。教育和高等教育部下属的认证和质量保证委员会负责确保职业技术教育与培训的质量。该战略指出，职业技术教育与培训认证和质量保证的职责必须在认证和质量保证委员会内能够履行。认证和质量保证委员会有望批准和维护质量准则，制定质量标准，认证职业技术教育与培训机构和计划，监控和评估职业技术教育与培训机构和计划，确保遵守质量标准。认证和质量保证委员会的职业技术教育与培训职责和任务将与最高委员会关联，由一个指导委员会实施管理，该委员会包括来自高等教育部、劳动部、工会的代表，以及来自职业技术教育与培训机构的专家，并将分为子部门，安排合格的员工负责履行相关职责和任务。

四、职业技术教育与培训的治理与教师

（一）治理

1. 教育和高等教育部

教育是巴勒斯坦权力机构所能提供的一项最大规模的服务。教育和高等教育部负责公立学校的经费和管理，并负责监督私立学校。2006 年 7 月，巴勒斯坦的学校中，有76% 由教育和高等教育部负责运营，有 12.3% 由联合国巴勒斯坦难民救济与工作机构运营，有 11.7% 由私营机构运营，后者还负责所有幼儿园的运营。[①]提供职业技术教育与培训的主体为：教育和高等教育部；劳动部；社会事务部；联合国巴勒斯坦难民救济与工作机构；非政府机构；私营部门。

2. 职业技术教育与培训最高委员会和执行委员会

作为国家职业技术教育与培训战略的一个组成部分，巴勒斯坦政府设立了职业技术教育与培训体系的管理机构。两个管理机构的建立标志着职业技术教育与培训的合作与协调迈出了重要的一步。2005 年成立了职业技术教育与培训最高委员会。该委员会由 16人组成，他们都是来自私营及公立职业技术教育与培训机构的代表。该委员会由教育和高等教育部与劳动部任轮值主席。除最高委员会外，还成立了执行委员会，由最高委员会的职业技术教育与培训的决策成员组成，他们负责实施国家职业技术教育与培训战略，协调不同培训提供者和利益相关方的工作，针对规章、程序和标准提出建议。

但是，随着 2006 年议会选举和随后出现的政治障碍，职业技术教育与培训最高委员会遭到搁置，执行委员会自成立起仅召开了三次会议。因此，职业技术教育与培训系统仍缺少政策制定机制和必要的立法，主要提供者（即教育和高等教育部和劳动部）的相关承诺很适当，例如承诺遵循国家战略的主要目标和指导方针，然而实际中并未付

---

① Fannoun, G (2008). The Development and State-of-Art of Adult Learning and Education (ALE). Ramallah: Ministry of Education and Higher Education. Accessed: 15 March 2012.

诸实施。^①

3. 本地就业和职业技术教育与培训委员会

为改善培训与劳动力市场需求之间的联系，2009 年建立了本地就业和职业技术教育与培训委员会。它们是非正式的本地机构，充当职业技术教育与培训的政策制定者与社会合作伙伴的一个讨论平台。它们还负责监督现代职业技术教育与培训体系的实施，连接本地劳动市场、本地就业服务和本地职业技术教育与培训，建立职业技术教育与培训各利益相关方在就业、失业和自主创业方面相互理解的环境。它们鼓励社会和经济合作伙伴承担社会发展和改善劳动市场的职责，支持政府和非政府机构制定劳动力市场战略和行动计划。

经费是制约教育发展的重要因素。国家职业技术教育与培训战略（2010 年）规定了职业技术教育与培训体系的五个经费来源：（1）学费。学生对于职业技术教育与培训体系的资助被视为职业技术教育与培训经费的重要部分。要求学生对其接受的职业技术教育与培训支付学费。（2）政府拨款。政府将从年度预算中为职业技术教育与培训体系提供经费。（3）国家培训基金。国家培训基金的主要职能是收集职业技术教育与培训体系的资金，并根据职业技术教育与培训理事会的决定进行分配。（4）国家和国际捐赠。公共或私营职业技术教育与培训机构或国家培训基金可接受捐赠。不过，捐赠必须符合国家职业技术教育与培训战略规定的各项重点。（5）职业技术教育与培训机构的创收活动。职业技术教育与培训机构有望通过创收活动弥补其主要运营成本。根据一套指导方针，职业技术教育与培训提供者可出售产品或作为其他供应商的分包商，它还建议职业技术教育与培训机构分别设立生产中心和培训中心。

（二）教师

《师范教育战略》于 2008 年获得高等教育部批准。该战略由 14 名教育专家组成的教育参考小组制定。教育参考小组评估相关统计信息，进行学术访问，研究师范教育的国际发展趋势。由教育部长牵头成立了一个师范教育咨询小组，负责评估教育参考小组提交的报告。随后，由巴勒斯坦教育工作者和专家对最终报告草案做进一步评审。

《师范教育战略》针对各级教师培训提供建议，但并未针对职业技术教育与培训制定一个具体的框架。其提供的建议是对国家职业技术教育与培训战略中的人力资源开发部分的一个补充，其中要求着手"发展、加强、保持职业技术教育与培训人力资源并提高其质量"^②。其中规定了一个框架，用于加强对校长、教师、管理人员、后勤人员、系统开发人员及参与职业技术教育与培训体系的各类人员的管理。

---

① Bekhradnia, Faramand and Kuhali (2008). The Governance of the Higher Education system in Palestine, Tertiary Education Project, Ramallah. Accessed: 13 March 2012.

② Ministry of Education and Higher Education (2010). TVET Strategy. Ramallah: Ministry of Education and Higher Education.

战略从以下方面解决了人力资源相关问题：建立国家人力资源开发部门，负责监控职业技术教育与培训体系的人力资源需求，并负责该系统的现有人力资源的匹配；对职业技术教育与培训体系的员工进行持续培训；提供职业技术教育与培训的教师培训，并实施标准化的认证、监测和评估；建立人力资源委员会，负责人力资源开发的规划、政策制定和协调工作；采取激励措施，鼓励职业技术教育与培训员工参与人力资源开发；为职业技术教育与培训的人力资源开发提供资金；根据资格框架要求，制定新的薪酬机制。

另外，国际劳工组织也组织了一个培训计划，它旨在培训巴勒斯坦职业技术教育与培训的教师和培训师。该培训共有 120 课时，课程中纳入创业精神、领导力、创新和能力等内容，学员年龄为 15—18 岁。[①]

五、职业技术教育与培训的诉求与发展趋势

（一）诉求

《经济监测报告》中明确指出了巴勒斯坦职业技术教育与培训体系需要解决的现实问题：职业技术教育与培训依然基于传统的教学方法；公私合作尚未形成制度化；只有少量巴勒斯坦青年选择职业技术教育与培训途径——职业技术教育与培训在巴勒斯坦青年中仍然缺乏吸引力；职业技术教育与培训的教师和培训师工作负荷大；大量待业青年具备的技能和劳动力市场所需的技能不相匹配。[②]此外，中等职业教育的入学率一直很低，1999—2000 年间，中等教育阶段的学生入学率仅为 4%，到了 2007—2008 年间，这一数字也只有 5.06%。尽管接受中等职业教育的学生中，女生比例有所增加，但比例仍然很低（33.5%）。[③]职业技术教育与培训饱受困扰，在社会中不受尊重，因为它被视为普通中等教育不合格的一个替代选择。职业咨询和辅导几乎不存在，这也加剧了对非传统教育的轻视。更大的挑战还在于，怎样改善职业技术教育与培训和劳动力市场多样化需求的衔接。

（二）发展趋势

巴勒斯坦职业技术教育与培训的发展前景很不明朗。主要因为巴勒斯坦国内政治动荡，暴力冲突时有发生，经济风险较高，严重制约国内经济发展。尤其是缺乏可持续发展的经济环境，巴勒斯坦失业率、贫困率居高不下。世界银行评估认为，巴勒斯坦一半以上的人口生活在贫困线以下。约旦河西岸经济受出口增长影响有所恢复，但它所吸纳的外国投资并不多，总体经济实力依然很脆弱。因此，巴勒斯坦财政困难，债务压力巨大，常年依赖国际援助。在未来，一旦政治局势趋向稳定，巴勒斯坦的国内市场仍有很

---

① 具体内容参考以下网页：http://kab.itcilo.org/en.2017-10-23.

② World Bank (2011). Building the Palestinian State: Sustaining Growth, Institutions and Service Delivery–Economic Monitoring Report to the Ad Hoc Liaison Committee. Washington D.C.: World Bank.

③ Fannoun, G (2008). The Development and State–of–Art of Adult Learning and Education (ALE). Ramallah: Ministry of Education and Higher Education. Accessed: 15 March 2012.

大的发展空间。例如信息通信行业、饮料食品行业、旅游业以及制造业等都是适合投资的领域。

（深圳职业技术学院　技术与职业教育研究所　袁　礼）

主要参考文献

[1] 人民网.巴勒斯坦概况 [EB/OL]. http://expo.people.com.cn/n/2015/0608/c396828-27118222.html.2017-10.11.

[2] 中华人民共和国驻巴勒斯坦国办事处.人文历史 [EB/OL]. http://ps.chinacommercialoffice.org/chn/zjblst/rwls/.2017-10-11.

[3] 中华人民共和国外交部.巴勒斯坦国国家概况 [EB/OL]. https://www.fmprc.gov.cn/web/gjhdq_676201/gj_676203/yz_676205/1206_676332/1206x0_676334/.2021-09-27.

[4] 贵州省外事（侨务）办公室.一带一路国别市场指引——巴勒斯坦 [EB/OL]. http://www.faogz.gov.cn/dwhzxx/2180.shtml.2017-10-11.

[5] 香港贸发局.巴勒斯坦市场概况 [EB/OL]. http://china-trade-research.hktdc.com/business-news/article/%E4%B8%80%E5%B8%B6%E4%B8%80%E8%B7%AF/%E5%B7%B4%E5%8B%92%E6%96%AF%E5%9D%A6%E5%B8%82%E5%A0%B4%E6%A6%82%E6%B3%81/obor/sc/1/1X3CGF6L/1X0A3O1Z.htm.2019-10-11.

[6] 中国一带一路网.巴勒斯坦 [EB/OL]. https://www.yidaiyilu.gov.cn/gbjg/gbgk/10045.htm.2017-10-11.

[7] 中华人民共和国驻以色列国大使馆经济商务参赞处.世界银行报告：巴勒斯坦经济需要更多私人投资 [EB/OL]. http://il.mofcom.gov.cn/article/jmxw/201004/20100406872829.shtml.2017-10-11.

[8] Ministry of Education and Higher Education (2010). TVET Strategy. Ramallah: Ministry of Education and Higher Education.

[9] UNESCO-IBE (2011). World Data on Education VII Ed. 2010/11. Palestine. Geneva: UNESCO-IBE.

[10] Ministry of Education and Higher Education (2010). TVET Strategy. Ramallah: Ministry of Education and Higher Education.

[11] ETF (2010). Education and Business: Occupied Palestinian Territory. Turin: European Training Foundation.

[12] World Bank (2006). West Bank and Gaza – Education Sector Analysis, Impressive Achievements under Harsh Conditions and the Way Forward to Consolidate a Quality Education System. Washington D, C.: World Bank.

[13] Fannoun, G (2008). The Development and State-of-Art of Adult Learning and Education (ALE). Ramallah: Ministry of Education and Higher Education. Accessed: 15 March 2012.

[14] Bekhradnia, Faramand and Kuhali (2008). The Governance of the Higher Education system in Palestine, Tertiary Education Project, Ramallah. Accessed: 13 March 2012.

[15] Ministry of Education and Higher Education (2010). TVET Strategy. Ramallah: Ministry of Education and Higher Education.

[16] Alzaroo, S (2009). The Compatibility of the Palestinian Vocational Secondary Education with the Labour Market. In Journal of Research-Humanities, 23 (4), pp. 1195-1212.

[17] Bekhradnia, Faramand and Kuhali (2008). The Governance of the Higher Education system in Palestine, Tertiary Education Project, Ramallah. Accessed: 13 March 2012.

[18] Webpage of the United Nations Relief and Works Agency for Palestine Refugees in the Near East. Accessed: 15 March 2012.

[19] World Bank (2011). Building the Palestinian State: Sustaining Growth, Institutions and Service Delivery-Economic Monitoring Report to the Ad Hoc Liaison Committee. Washington D, C.: World Bank.

巴林王国

一、国家概况

（一）地理

巴林王国（The Kingdom of Bahrain），简称巴林，是位于波斯湾西南部的岛国，界于卡塔尔和沙特阿拉伯之间，与沙特通过世界上最大的跨海大桥之一"法哈德"相连接。阿拉伯语中"巴林"意为"两海"，源于当地居民相信早先巴林岛两侧海水深浅不一，故又名为"两海之国"。巴林国土面积779.95平方千米，由巴林岛等36个大小不等的岛屿组成。最大的就是巴林岛。诸岛地势低平，主岛地势由沿海向内地逐渐升高，最高点海拔135米。巴林全国分为5个省，分别是首都省、穆哈拉克省、北方省、中部省和南方省。麦纳麦市（Manama）面积达30平方千米，是巴林的首都，全国第一大城市，全国经济、交通、贸易和文化中心。同时也是海湾地区重要的金融中心、重要港口及贸易中转站，享有"波斯湾明珠"的美誉。位于波斯湾中段，巴林岛的东北角。气候温和，风光旖旎，每年11月至次年3月温和宜人，6月至9月雨水较少，是炎热的夏季。[①]

（二）人文

公元前1000年腓尼基人到此，公元7世纪成为阿拉伯帝国的一部分，隶属巴士拉省。1507年至1602年被葡萄牙人占领。1602年至1782年处于波斯帝国的统治之下，1783年宣告独立。1820年英国入侵巴林，强迫其签订波斯湾和平条约。1880年沦为英国保护国。1971年3月英国宣布其同波斯湾诸酋长国签订的所有条约在同年年底终止。1971年8月15日巴林宣告独立并建立巴林国。2002年更改国名为巴林王国。[②]巴林是二元制君主制酋长国，最新一届政府于2010年11月组成，2011年2月进行局部改组。现任首相是哈利法·本·萨勒曼·哈利法。

巴林人口150万，本国人口仅占一半左右，另一半为外籍人口，所以说巴林是典型的多国籍人口结构国家，因此形成了一个独特的多元文化的社会。巴林85%的居民信奉

---

① 中华人民共和国外交部. 巴林国家概况 [EB/OL]. http://www.fmprc.gov.cn/web/gjhdq_676201/gj_676203/yz_676205/1206_676356/1206x0_676358/.2021-8.

② 同上。

伊斯兰教，其中什叶派占 70%，逊尼派占 30%。其他的宗教有：基督教、犹太教、佛教等。巴林官方语言为阿拉伯语及通用英语。巴林货币名称为第纳尔。全国实行免费医疗，居民卫生服务普及率达 100%，人均寿命 73 岁。有公立医院 8 所，医疗中心 41 所，医护人员 2000 余人。[①]

（三）经济

巴林的人口、面积和自然资源非常有限，但在相对短的时间内国家的经济、社会、教育得到了快速发展。巴林是海湾地区最早开采石油的国家。已探明石油储量 1700 万吨，天然气储量 920.3 亿立方米。2012 年原油产量约 867 万吨，天然气产量约 167.6 亿立方米。可耕地面积 1.1 万公顷，约占全国总面积的 14%，目前实际种植面积 4766 公顷。农业人口约占劳动力总人口的 1.5%。农业对国内生产总值的贡献率约为 0.28%，粮食主要靠进口，本地农产品的供给量仅占巴林食品需求总量的 6%。主要农产品有水果、蔬菜、家禽、海产品等。

近年，巴林开始向多元化经济发展，建立了炼油、石化及铝制品工业，大力发展金融业，成为海湾地区银行和金融中心。工业主要有石油和天然气开采、炼油和炼铝业、船舶维修等。巴林境内无铁路。首都和主要城镇有公路相连，各级公路总长 4274 多千米。巴林和沙特之间由长达 25 千米的法赫德国王大桥相连。萨勒曼深水港有 14 个泊位、2 个集装箱轮泊位和 1 个滚装轮泊位，可停泊 6 万吨级轮船。

金融业是巴林第二大产业，享有中东地区金融服务中心的美誉。目前，有 400 多家地区和国际金融服务机构在巴林设立办事处，各国银行在巴林总资产达 855 亿美元。对外贸易中主要出口石油产品、天然气和铝锭。主要贸易伙伴是美国、日本、德国、英国、沙特、韩国、印度等。[②]

（四）教育

20 世纪以前，巴林教育的唯一形式是朗诵古兰经的学校——母阿里穆，英文为"Muallem"，该词来自阿拉伯语，意指老师所在的地方。所以，此类学校就是为培养儿童和青年人朗诵伊斯兰教的神圣书"古兰经"而建立的。

"二战"后，巴林一直隶属于英国的殖民地，受西方文艺复兴的影响很大，社会和政治发生了深刻的变化，该变化形成了新的文化审美意识，这种变化也对教育制度改革提出了新的诉求，主要为变革只朗诵古兰经的单一形式，调整原来的课程和教育目标。1919 年，巴林政府在穆哈拉格市建立了第一所正规学校"河达雅男生学校"，1928 年，在首都麦纳麦建立了第二所男生学校。随后，于 1928 年，建立了巴林的第一所女生学校，巴林王国成为阿拉伯海湾地区的第一个建立女生学校的国家。

---

① 中国一带一路网．巴林 [EB/OL].https://www.yidaiyilu.gov.cn/gbjg/gbgk/10036.htm.2017-9-15.

② 中华人民共和国外交部．巴林国家概况 [EB/OL].http://www.fmprc.gov.cn/web/gjhdq_676201/gj_676203/yz_676205/1206_676356/1206x0_676358/.2021-8.

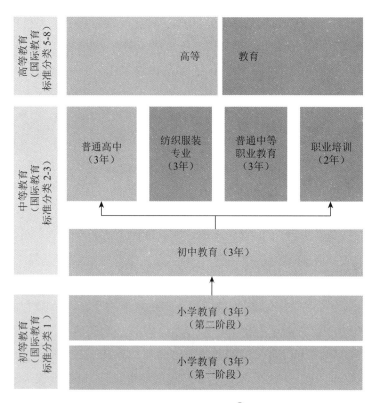

图1 巴林教育体系^①

目前，巴林王国采用6-3-3的教育制度，由9年基础教育和3年高级教育组成。其中，基础教育包括6年初级教育、3年初中教育和3年高中教育组成，巴林宪法规定基础阶段的教育免费。残疾的孩子可以加入特殊学校。在巴林，每个学年是从9月的最后一个星期开始的，至下一年的6月底结束。每个学年由36个教学周组成，每学年分为两个学期，每个学期由15个教学周加上两个考试周组成，外加中间两周的学年假期。

巴林是海湾阿拉伯国家中最早拥有女子学校的国家，也是中东海湾地区受教育程度最高的国家。由海湾合作委员会资助的巴林大学和阿拉伯海湾大学分别于1986年和1987年建成开学。此外还有一所成人教育中心。巴林文盲率为4.9%，15至25岁青年受教育率达99%，为中东海湾地区受教育程度较高的国家。^②

---

① World TVET Database Bahrain[EB/OL].http://www.unevoc.unesco.org/wtdb/worldtvetdatabase_bhr_en.pdf.2017–10–10.

② 同上。

二、职业技术教育与培训的战略与法规

（一）战略

巴林的职业技术教育与培训战略主要围绕《巴林2030愿景》制定，该愿景是巴林王国2008年发布的一个综合性经济发展计划，由政府管理机构与社会各领域、学术界、民间团体及国际咨询机构等共同协商制定。随后，作为《巴林2030愿景》的组成部分，教育部联合各部委制定了巴林的教育发展战略，特别强调了职业教育与培训的重要性，并将教育确定为巴林的强国之路。[①] 其中，就职业技术教育与培训的战略规划，《巴林2030愿景》指出其目标应为公民提供岗位所需的技能、知识和价值观，并充分发挥每一个人的潜能。在战略实施方面，《巴林2030愿景》着重指出，相关教育与培训应紧密结合巴林的经济发展需求，以培养能力和价值观为基础，提供高质量的教育与培训，并提升职业教育与培训的可获得性。同时，《巴林2030愿景》的发布还希望针对职业教育机构、学校和大学的发展制定更为清晰的标准，以提升职业技术教育与培训的质量。

为了落实《巴林2030愿景》中关于职业教育与培训的发展战略，巴林实施了多项"教育改革"措施，其教育改革包括以下五个目标：在31所学校实施学校改善项目，并在下一步准备覆盖所有公立学校；建立国家教育培训资格和质量保证局，并着手制定巴林国家资格框架；建立巴林理工学院和巴林师范学院，以改善和加强师资培养等等。此次大刀阔斧的职业教育改革大大提高了巴林的职业教育水平，为巴林青年技术和能力提升创造了更好的条件。[②]

（二）法规

教育是巴林公民的基本权利，这在巴林国家宪法中予以了明确和规定。在职业技术教育与培训方面，相关的法规和法令主要如下：

1.《宪法》（2002）

《宪法》第七条保障了公民接受教育和其他文化服务的权利，并规定了基础阶段的教育属于免费义务的范畴，其宗旨是发展学生的个性，培养作为阿拉伯人的自豪感。基础教育阶段的义务性在巴林2005年《第27号教育法令》里又再次予以了明确和重申。

2.《高等教育法》（2005）

《高等教育法》第三条规定了建立高等教育理事会的要求和程序，指出高等教育理事会应制定和明确公立和私立高等教育机构的管理标准和实施细则，以及理事会会议召开的组织细则等等。

[①] Kingdom of Bahrain (2012). Education Reform. Bahrain Vision 2030.

[②] World TVET Database Bahrain[EB/OL].http://www.unevoc.unesco.org/wtdb/worldtvetdatabase_bhr_en.pdf.2017-10-10.

3.《第6号皇家法令》（2009）

2009年《第6号皇家法令》决定建立和组织国家机构，以制定和实施国家培训资格制度，并建立国家职业教育与培训质量保障机制；并且，法令还规定了建立私立教育和培训机构的条件，明确了私立教育和培训的目标，并规定了其教育类型、分支及相应的管理结构。[①]

三、职业技术教育与培训的体系与质量保障

（一）体系

巴林的职业技术教育与培训体系从中等教育阶段开始，学生在完成初中阶段的教育之后，可以选择以下方向：

（1）统招的普通高中方向；

（2）普通中等职业教育，包括技术和商业两个方向；

（3）职业培训，本方向仅限男生；

（4）纺织服装，本方向仅限女生。

如果学生选择的课程是以上多个方向的交叉课程，那么学生可以根据自己的兴趣变更专业方向。根据生源数量的差异，巴林中等职业技术教育与培训共分为两种类型。

第一种类型为普通中等职业教育，对获得初中证书或同等资格的人开放，该类型也是职业教育的主体。普通中等职业教育有技术和商业两个分支，课程持续3年。学生毕业后，可以直接进入劳动力市场或继续接受高等教育的深造。普通中等职业教育的教学计划采用学分制，课堂类型涵盖以下四个领域：（1）核心课程，确保所有学生获得相应的技术和商业知识。此类课程目标为帮助学生继续学习和完成个人学习目标所需的信息、技能以及态度。核心课程在统招普通高中课程中占比45%，在普通中等职业教育中占比25%；（2）专业课程，是学生所选专业的必修课。在统招课程中占比39%，在普通中等职业教育课程中占比69%；（3）选修专业课，也称辅修课，旨在提供某些专业领域的综合类知识。这类课程在普通教育和商业课程中占比8%，在普通中等职业教育课程中占比6%；（4）自由选修课程，旨在丰富课程内容，激发学生的兴趣和才能，实现与其他核心课程和专业课程之间的平衡与融合。这类课程在统招课程中占比8%，在普通中等职业教育中占比1%，而且目前只在商业方向设置了自由选修课程。

第二种类型包括以男生为主的职业培训和以女生为主的纺织服装，由技校提供专业领域的培训。参加该类型培训的学生一般都是在基础教育阶段学业表现不太好的学生。职业培训课程只有两年，学生需要修够156学分方可毕业，相对而言，普通中等职业教育的课程需要修204学分。学生在完成中等教育后，可以在技术学院、大学或者其他高

---

① World TVET Database Bahrain[EB/OL].http://www.unevoc.unesco.org/wtdb/worldtvetdatabase_bhr_en.pdf.2017-10-10.

等院校中继续学习职业技术教育与培训课程。比如巴林职业技术学院就提供以下几个方向的本科课程：商业、工程技术、信息通信技术和视觉设计。

除正规的学校教育体系外，继续教育局与技术职业教育局也同许多机构合作，组织了多种多样的终身教育和成人教育课程，包括汽车技工、电器维修、图书分类、丝绸制作、图书馆管理与服务、计算机维护、互联网、电子商务、计算机普及教育、阿拉伯语和数学等专业的短期课程。此外，巴林培训学院还提供商业、工程和电气工作等短期和长期课程。同时，巴林培训学院还受理关于先前学习的评估和认证申请等。[①]

（二）保障

国家教育培训资格和质量保证局是巴林职业教育的质量保障机构，负责监测和评估巴林教育和培训机构的表现。具体来说，是由国家教育培训资格和质量保证局下辖的职业教育质量评审局负责评估职业技术教育与培训计划和机构的质量。职业教育质量评审局的主要职责如下：监督和发布巴林职业技术教育与培训机构的质量报告，分析职业技术教育与培训机构的优势和需要改进的方面，建立开放、自律和自我提升的文化。在教学方面，职业教育质量评审局鼓励采用实践教学，并提供关于如何解决问题的建议，同时该局还负责向劳动部和教育部等相关重要机构提供政策建议。

在具体的质量评估方面，职业教育质量评审局主要根据相应的审查框架和质量标准进行评估，其评估的指标主要包括：（1）学生成绩；（2）教学和培训质量；（3）课程质量；（4）为学习者提供的支持和指导；（5）领导和管理的有效性。其职业教育机构的质量评估等级分为：非常优秀、良好、合格或不合格。对于评估不合格的机构，必须依据评估结果提交相应的行动改进计划，以解决职业教育质量评审局报告中提出的问题。职业教育质量评审局还会对评估不合格的教育机构进行监督考察，并对其行动改进计划的实施进行三个级别的评估：进展良好、正在进行和进展缓慢，以此来保障国家教育培训的质量。[②]

四、职业技术教育与培训的治理与教师

（一）治理

1. 教育部

巴林教育部负责制定、实施和评估教育政策，指导和监督下属部门，是国家教育的主管部门。教育部管理的目标是，依法根据国际标准提高教育的质量和成效。具体由教育部课程事务部负责执行课程实施和监督教学，并管理职业技术教育和服务学生活动，

---

① World TVET Database Bahrain[EB/OL].http://www.unevoc.unesco.org/wtdb/worldtvetdatabase_bhr_en.pdf.2017-10-10.

② 国家教育培训资格和质量保证局：国家资格框架 [EB/OL].Quality Assurance Authority for Education and Training (2014). National Qualifications Framework. Accessed: 10 September 2014.

包括私立教育和继续教育。

2. 劳动部

劳动部负责制定职业技术教育与培训的资格，同时下辖多个培训学院。另外，职业培训最高委员会也隶属于劳动部，该委员会负责制定和监督工业部门的培训课程。职业培训最高委员会负责推出相关政策和项目以填补劳动力市场的空缺，并为劳动者提供与职业生涯发展相关的必要培训。

3. 教育与培训发展委员会

教育与培训发展委员会负责监督教育与培训计划的开展；建立独立的质量保证机构，培训教师和学校行政人员；制定吸引和鼓励优质职业技术教育与培训教师的战略；协调职业技术教育与培训的利益相关者，提供职业技术教育与培训的相关信息。

4. 国家教育培训资格和质量保证局

国家教育培训资格和质量保证局是巴林内阁下辖的一个独立国家机构，负责确定职业教育质量保障的政策和指导方针，并制定职业教育和培训质量的评估指标、流程、机制；还负责组织和开展国家考试，审查教育培训机构的资格，发布关于巴林王国教育和培训总体状况的报告，并协调不同地区间有关质量保证的合作事宜。

5. 职业教育质量评审局

职业教育质量评审局负责评估和汇报关于教育培训机构提供的职业教育和培训的质量报告，分析其优势与不足，并就需要改进的领域提出意见和建议。同时，职业教育质量评审局还向劳动部和教育部等相关部门提供政策咨询。在必要的时候，职业教育质量评审局也与国家教育培训资格和质量保证局在内的其他司局合作，比如在审查技术学校的时候。[1]

（二）教师

巴林师范学院是巴林专门培养职教师资的机构，其附属于巴林大学，于2008年由教育部批准成立。巴林师范学院提供的师资课程包括学士和硕士两个阶段，教育学学士学位课程是面向中等教育毕业生开设的四年制课程，使他们能够在初等教育阶段从事教学工作；教育硕士学位课程则面向已经获得学士学位的人员设置，是专门教授教学方法的一年制课程。学生毕业后能够在中级和中等教育机构任教，包括：英语、阿拉伯语、数学、科学、商业、物理、化学和生物等学科。

另外，巴林卓越技术职业教育中心负责部分职后师资培训项目。卓越技术职业教育中心是教育部职业技术教育与培训司下辖的一个部门，为普通中等职业教育学校的所有技术教师提供最新的培训课程，部分培训课程是所有技术教育教师都必须参加的，且均

① World TVET Database Bahrain[EB/OL].http://www.unevoc.unesco.org/wtdb/worldtvetdatabase_bhr_en.pdf.2017-10-10.

采取在职培训的形式进行。①

五、职业技术教育与培训的诉求与发展趋势

当前，巴林宏观经济形势基本稳定，经济逐渐突破油气行业的单一结构，呈现多元化发展趋势；金融业持续稳健经营，建筑、旅游等行业逐渐回暖。为刺激经济增长，巴林政府加大基础设施、住房和其他民生领域支出，实施能源、工业等领域大型项目。巴林金融业比较发达，金融市场开放，秩序规范，是海湾地区乃至中东地区的金融中心之一，同时会展中心及其酒店等非金融服务业也发展迅速。巴林经济的发展对区域劳动力特别是外籍劳务需求持续增长，特别是管理、会计、建筑、医护等行业领域需求旺盛。巴林的外籍劳务主要是来自印度、巴基斯坦、孟加拉、菲律宾和尼泊尔等国家，水平参差不齐，亟待提升国内外整体劳务水平，这就给巴林职业技术教育与培训的发展提出了新的要求，未来其诉求与发展趋势主要包括：

（一）建立更高效率的管理体系

巴林现行的职教培训与管理体系主要为集中式管理，这种集中式管理在资源相对有限的条件下尚可有效运行，但随着职教与培训体系的不断发展，其运行效率就会大大降低。如囿于信息的不对称等问题，集中式管理无法在职业学校管理和课程改革、资金运用等关键问题上做出准确判断，这就要求其管理模式向分散式变革，更多地吸纳企业等社会资源参与关键问题的决策，以改进教学与管理模式，建立更为高效的质量管理体系。②

（二）激发私人部门参与职业教育的活力

巴林职业教育的发展一直以来更多依赖政府预算分配，这给政府财政造成了很大负担。激发企业等私人部门参与，一方面可以缓解职业教育的公共财政预算压力，另一方面可以大大拓宽政府机构与其他社会合作伙伴关系的合作路径，特别是私有部门参与职业教育发展战略决策，可以提升职业教育的治理能力。例如巴林已开始计划在职业教育发展战略决策中引入社会参与机制，以提升职业教育公共资源分配的合理性，并为行业、企业提供实习实训机会，提供更加切实可行的计划，这样就可以增加社会资源在职教发展上的投入，创建多元化的资金筹措机制。

（三）建立国家职业资格框架

一个清晰而明确的职业资格框架对巴林来说显得愈发重要，此框架可以明确利益相关者的学习目的，使其可以对自身职业生涯的发展做出更为合理的规划。在资格框架建

---

① World TVET Database Bahrain[EB/OL].http://www.unevoc.unesco.org/wtdb/worldtvetdatabase_bhr_en.pdf.2017-10-10.

② Osama Al-Mahdi.Towards Improving the Quality of Technical and Vocational Education and Training in Bahrain[J].International Journal of Pedagogical Innovations,2014(7).

立过程中，不仅需要教育部、劳动部等政府主管部门协调各大企业、行业协会的需求等等，还要兼顾到巴林自身的经济、社会与文化的特征，同时也要对接欧洲资格框架标准，一个清晰而完整的资格框架对巴林提升整体劳动力市场水平与参与全球竞争意义非凡。

（深圳职业技术学院　技术与职业教育研究所　李亚昕）

主要参考文献

[1] 中国一带一路网．巴林 [EB/OL].https://www.yidaiyilu.gov.cn/gbjg/gbgk/10036.htm.

[2] 中华人民共和国外交部．巴林国家概况 [EB/OL].http://www.fmprc.gov.cn/web/gjhdq_676201/gj_676203/yz_676205/1206_676356/1206x0_676358/.

[3] 巴林教育部官网 [EB/OL].http://www.education.gov.bh/Home.aspx.

[4] 巴林王国大使馆 [EB/OL].Embassy of the Kingdom of Bahrain Bahrain's Education System. 2017-7-12.

[5] 教育改革：2030 年巴林愿景：Kingdom of Bahrain (2012). Education Reform. Bahrain Vision 2030. Accessed: 10 September.

[6] 国家教育培训资格和质量保证局 2013 年年度报告 .Quality Assurance Authority for Education and Training (2013). Annual Report 2013. Accessed: 10 September 2014.

[7] Quality Assurance Authority for Education and Training (2014). National Qualifications Framework. Accessed: 10 September 2014.

[8] World TVET Database Bahrain[EB/OL].http://www.unevoc.unesco.org/wtdb/worldtvetdatabase_bhr_en.pdf.2017-10-10.

[9] 巴林师范学院网页：Webpage of the Bahrain Teachers College. Accessed: 11 September 2014.

不丹王国

一、国家概况

（一）地理

不丹王国（Kingdom of Bhutan），简称"不丹"，位于亚洲南部，是喜马拉雅山东段南坡的内陆国家，西北部、北部与中国西藏接壤，西部、南部和东部分别与印度锡金邦、西孟加拉邦、中国山南交界，总面积 3.8 万平方千米。不丹是一个多山的国家，在其境内除了喜马拉雅山主脉外，还有很多支脉。地势高低悬殊，北高南低，全国海拔最低的位于东南地区的马纳斯河，它的海拔高度只有 97 米。北部喜马拉雅山脉，那里的高峰海拔高度都在 6000 到 7000 米以上。冰川占不丹总面积的 10%，是河流重要的可再生水资源的源头，每年都给不丹的人民带去大量的清新的水资源。①境内河流均由北向南，主要有阿穆曲河、旺曲河及莫曲河等。不丹首都为廷布市，也是全国的最大城市，位于旺河河谷，海拔 2500 米。不丹行政区包括 4 个地区，20 个宗（县），202 个格窝，5000 多个自然村。②不丹全国森林覆盖率约占国土面积的 72%，蓝绵羊、兰花、野罂粟和罕见的雪豹就在这个与世隔绝，高出海拔三四千米的雪线之上的环境中生长。③

（二）人文

不丹，当地语言叫"竺域"，含义为"雷龙之地"，公元 8 世纪时为吐蕃一个部落。1491 年起，竺域政权内乱，竺巴派领袖阿旺·纳姆伽尔征服了内乱后建立了现代不丹政权，奠定了不丹的领土、民族和宗教的基础。1669 年，不丹与当时西藏地方的甘丹颇章政权格鲁派爆发了长达 62 年的战争。1772 年，不丹遭英国入侵。1865 年签订《辛楚拉条约》，1910 年签订《普那卡条约》，规定不丹对外关系受英国"指导"。④1949 年 8 月，印度独立，与不丹签订《永久和平与友好条约》。规定不丹对外关系受印度"指导"。1952 年，不丹第三代国王吉格梅·多尔吉·旺楚克发展经济，对内政外交进行改革。

---

① 不丹：不丹地理概况 [EB/OL].[2021-02-01]. http://globserver.cn/.

② 新华网 . 不丹概况 [EB/OL]. [2017-10-01]. http://www.news.cn/.

③ 全球职业技术教育与培训数据库：不丹：UNESCO-UNEVOC 联合国教科文组织国际职业技术教育与培训中心 .www.unevoc.unesco.org.2013 年 6 月 .

④ 中华人民共和国外交部.不丹国家概况[EB/OL].[2021-02-01].http://www.fmprc.gov.cn/web/.

1971年，不丹加入联合国。1985年，成为南亚区域合作联盟成员。2001年9月，不丹政府筹备起草宪法。2005年3月，辛格国王建议在不丹建立两党制度，根据宪法草案组建两院制议会。2008年3月24日，不丹迎来其历史上的首次民主选举，直接选举国民议会议员，并在此基础上产生首个民选政府。[①]

不丹政体为君主立宪制制度。议会实行两院制，由国王、国家委员会（上院）、国民议会（下院）组成，拥有立法权。上院由25名议员组成，均为非党派人士，其中20名由各宗选举产生，其余5名由国王任命知名人士担任。下院由47名议员组成，由选民直接选举产生。现任国王是吉格梅·凯萨尔·纳姆耶尔·旺楚克，2006年12月继位，2008年11月加冕为第五世国王。政府首脑是吉格梅·廷里部长会议主席（首相），2008年3月26日宣誓就职。根据不丹宪法，经三分之二议员同意，议会有权对国王提出退位动议。如动议获议会四分之三投票通过，则应举行全民公投以决定国王是否退位。国王在位年限不得超过65岁。[②]

不丹总人口为74.9万（2020年），人口增长率约为0.97%（2020年）。不丹的民族可分为三大类：沙尔乔普人，居住在不丹东部的土著人；噶隆人，大部分都居住在不丹西部，是9世纪藏族移民的后裔；洛沙姆帕人，19世纪末期移居不丹，是说尼泊尔语的民族。不丹语"宗卡"和英语为官方用语。

不丹的国教是藏传喇嘛教。不丹全民信仰宗教，户户供有神龛，每个村或寨至少有一座寺庙，全国有2000多座古代佛教寺庙和1000多座佛塔。全国约有5000名僧人，享受政府提供的财政资助。坎布为最高宗教领袖，寺院团是不丹宗教事务的唯一仲裁机构，由中央寺院团和地方寺院团组成。不丹的生活中有很多宗教礼仪，在吃饭、喝酒、喝茶之前，需将少许食物、茶酒向空中抛洒，以此供养上师三宝。每到喜庆生辰、逢年过节甚至乔迁新居时，人们要做的第一件事就是挂经幡，以祈求神灵的庇佑。不丹人还经常把经文塞进木桶里，让其顺水漂流，木桶因水流而动，被看作是自己向神诵经的一种方式。不丹是世界上最后一个开放电视与网络的国家。[③]

（三）经济

不丹采用GNH（国民幸福指数）作为衡量经济的指标，主要考察四个方面：可持续发展、环境保护、文化保护以及政府的有效管理。政府制定了度量幸福指数的9个方面内容和72项指标，把社会经济发展的目标定位为实现人民幸福，国内生产总值是国民幸福总值的基础。2019年不丹国内生产总值达为25.46亿美元。农业是不丹的支柱产业。20世纪50年代实行土地改革后，98%以上的农民拥有自己的土地、住房，平均每

① 商务部国际贸易经济合作研究院等.对外投资合作国别（地区）指南——不丹[R].商务部国际贸易经济合作研究院等，2016.04:2-3.
② 中华人民共和国外交部.不丹国家概况[EB/OL].[2021-02-01].http://www.fmprc.gov.cn/web/.
③ 同上。

户拥有土地 1 公顷多，粮食基本自给。不丹可耕地面积占国土总面积的 16%，主要农作物有玉米、稻子等，畜牧养殖较普遍。盛产水果，大量向印度和孟加拉国出口。[1] 农业人口占总就业人口的 60%（2010 年）。不丹工业包括电力、建筑业和制造业，2010 年的工业总产值 293.95 亿努。不丹对印度电力出口，带动本国水电站建设，电力行业逐渐成为国家经济支柱之一。旅游业是不丹外汇的重要来源。1974 年不丹开始对外开放旅游业，寺院、宗教圣地不对外开放，游客主要来自日本、美国和中国等地。[2] 尽管国家经济比较落后，但 2006 年发布的"全球快乐国度排行榜"中，不丹却名列第 8 位，位列亚洲第一位。

（四）教育

不丹的教育是与宗教紧密结合的。20 世纪 50 年代之前，不丹的教育机构主要是修道院。20 世纪 60 年代，第二任不丹国王开设了第一个世俗学校，课程和教学媒介（印地语）借用印度。第三任国王开始认真地建立不丹自己的教育体系。为了使不丹这个孤立的小国家与世界其他地区交流，政府把英语定为教学通用语言。那时，不丹的学校很少，很简陋，只能提供小学教育。因为常常招聘不到教师，需要到邻近的印度去招聘。[3]

不丹当前的教育系统包括学校教育和寺庙教育两种类型学校的入学年龄从 6 岁开始。学校教育体系包括小学教育、中学和大学。其中，基础教育共 13 年，包括小学、初中和高中教育。2009 年，不丹全国有各类学校 1651 所，教员 8418 名，在校学生 197832 名。适龄儿童入学率为 92%。国民识字率约为 53%。2008 年，不丹有 552 个正式的学校和机构，391 个修道院学校和 747 个社会培训中心。女生占入学人数的 49.5%，在大城市可达52%。大约 23% 的小学生、33% 的中学生和 60% 的高中生享受免费寄宿。

1. 学校教育体系

小学教育：《教育法》规定，儿童必须接受 7 年的小学教育。但是不丹境内多山峰树林，多数人生活在偏远地区，基础教育无法普及，那些生活在山区的孩子中只有一部分上了小学。

中学教育：不丹初中实行"2+2"模式。初中生可以选译读满两年后毕业离校或读满四年后为升学做准备。学生在初中学习的是一般的通识课程，不进行技能训练。初中毕业后分流：学生可以选择继续在普通高中学习 2 年或者到技术高中学习 2 年。因为不丹国内的师资水平有限，富有的父母通常把孩子送到国外的私立学校去接受中学教育。

高等教育：不丹的高等教育体系包括两所高级专科学校、两所师范学院和一所大学。

---

[1] 中华人民共和国驻不丹王国大使馆经济商务参赞处. 不丹宏观经济形势及预测 [EB/OL].[2021–02–01]. http:// cb.mofcom.gov.cn/article/zwrenkou/201605/.

[2] 商务部国际贸易经济合作研究院等. 对外投资合作国别（地区）指南——不丹 [R]. 商务部国际贸易经济合作研究院等，2016.04:2–3.

[3] Teaching in Bthan [EB/OL]. https:// A0LEVxTU4.FZW_UASPBXNyoA;_ylc=X1MDMjc2NjY3OQRfcgMyBGZy A3lmcC10BGdwcmlkA3gwZWpva.

不丹大学成立于 2003 年 6 月，实行双语制教学，把不丹语"宗卡"作为学校必修课。不丹大学有科学技术、商业研究、传统医学、语言和文化、教育、卫生科学、自然资源和管理等专业，学生大学毕业后有机会到国外留学。

2. 学校课程改革

不丹在联合国及其他各国团体的协助下制定出以儿童为中心的一系列的综合课程。科目除国语、算数、英语外，还设置了综合理科、社会、保健、道德内容的系列"环境课"。这类"环境课"鼓励孩子们从教室、学校走出来，用自己的眼睛和身体体验自然和社会。课程围绕花、水、动物等特定的话题来学习理科、社会、道德等各个方面的知识。此外，射箭和摔跤是不丹传统民族体育教育项目。而不丹国教——佛教中的伦理、道德观等内容并不特别设立独立的科目，而是渗入到英语、算数等科目中。^①在教学方法上，不丹课堂利用西方的概念和方式，在吸收外来教育内容的同时，力图使教育内容更加本国化、佛教化。另外，用本国语言以外的语言来教授大部分课程，这一点也和其他国家的经验有所不同。

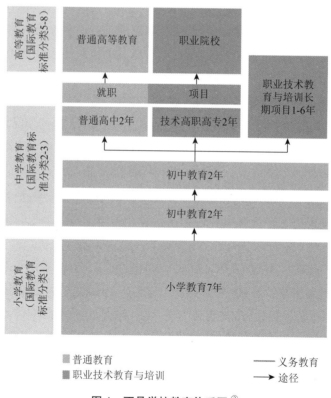

图 1 不丹学校教育体系图^②

---

① Globserver– 亚洲 – 不丹教育概况 [EB/OL]. (2017–10–5). http://globserver.cn/%E4%B8%8D%E4%B8%B9.
② 联合国教科文组织国际职业技术教育及培训中心编制。

3. 寺庙教育

在引入现代教育之前，寺庙是不丹国民的学习中心，寺庙教育是不丹国民学习知识和探究学问的唯一途径[①]。寺庙学校的教育阶段相当于学校教育体系的中学阶段。寺庙学校的课程从字母、拼写和阅读等基础内容的学习开始，然后学习默记祈祷文和其他经典文本，学习并遵守寺庙的日常规则和条例。不丹的寺庙教育课程内容包括宗教仪式、语法、诗歌、识数、形象艺术、绘画、吟诵韵文、哲学、逻辑、冥想等。寺庙教育的层次和类别不同，其课程的具体安排也有所不同，学生在寺庙里学习各种知识和技能都是为了提升灵性。在寺庙学校完成学业后，学生中的一部分人进入佛学院深造，还有一部分人选择进入中央寺庙机构从事神职工作。佛学院的主要目的是培养人类生存发展的内在态度和外在品格，培养人类重要的素质，如爱、怜悯、同乐、平静、仁慈、遵守诚信、忠诚、奉献和合作、理解和积极的态度。这些素质的养成都是基于福祉、进步、自由和幸福众生的信念，这些信念构成了佛教教育坚实的价值体系。[②]不丹的佛教教育强调，努力实践这些价值观首先来自个人和个人成就，然后扩展到家庭成员、社区、国家及世界。佛学院规定的主修科目包括 13 大经典文本、智慧、戒律、论藏及有关佛教传统的圣徒传记。

二、职业技术教育与培训的政策与法规[③]

不丹职业技术教育与培训的使命是增强劳动力职业技能，提高劳动生产率并促进本国经济发展。[④]

（一）政策

为支持职业技术教育与培训战略实施，不丹政府出台了一系列政策。

1.《不丹王国第 11 个五年计划（2013—2018）》：该计划指出要实现经济社会发展目标，提高不丹社会、经济、文化、环境和政治能力，必须大力发展教育。该计划制定了以下职业技术教育与培训发展目标：

· 提高职业技术教育与培训系统的质量和实用性。实施途径包括：第一，在职业技术教育与培训系统内增加"以能力为培养导向"的课程；第二，提高教职员工的素质和专业水平；第三，将环保教育及实践体验纳入职业教育与培训的课程体系；第四，提升职业技术教育与培训领域内的公共服务效率，比如，提高绩效评估部门的效率、反对职

---

① Bhutan brings children's rights to monastic schools. https://A0LEV18KpuVZUvYAh5FXNyoA;_ylc=X1MDMjc2NjY3OQRfcgMyBGZyA3lmcC10BGdwcmlkA0.

② Bhutan – Culture in the Himalaya Kingdom. https://A0LEV18KpuVZUvYAh5FXNyoA;_ylc=X1MDMjc2NjY3OQRfcgMyBGZyA3lmc.

③ 联合国教科文组织国际教育局 (2011). 世界教育数据：不丹 . 第 7 版 .2010/2011. 日内瓦：联合国教科文组织国际教育局 .

④ 劳动与人力资源部 (2013)《不丹国家就业政策》。

业技术教育管理的腐败等。

·重视技能和知识培养，注重培养紧缺的应用型人才，比如医生、教师、工程师、建筑师、信息通信技术专家等。

·通过学徒制和在职培训来培养建筑行业的技术人才。鼓励毕业生创建自己的建筑公司，政府将会对此提供相应的资金支持。

2.《不丹国家就业政策》（2013）：应对不丹面临的就业挑战，为提升不丹未就业人员的技能和素质，制定了以下职业技术教育与培训目标：

·鼓励企业创立职工教育与培训基金，为职工提供职业技术教育与培训，建立继续教育体系；

·促进职业技术教育与培训机构与行业企业间的协作，使职业技术教育与培训项目更好地满足劳动力市场的需求；

·提升技能培训，使得残疾人士也可以获得一项技能，能够创办和经营企业或者就业，实现自身价值。

3.《不丹国家青年政策》（2011）：该政策旨在解决影响青年人就业的因素，包括教育系统与劳动力市场不匹配、学徒制培训的无证办学等等。该政策的目标为：

·促进青年人积极就业；根据每个人的特点实施职业技能培训；

·提高学生的创业能力，帮助他们毕业后自主创业，特别是通过政策鼓励学生从事农业或其他自主创业形式；

·在青年人能够带薪工作前，为他们提供一段时间的资金支持和帮助。

4.《不丹国家人力资源发展政策》（2010）：该政策旨在促进不丹的人力资源发展以应对全球经济带来的挑战，将不丹社会建设成为一个知识型社会。该政策的目标有：

·将职业技术教育与培训项目和劳动力市场需求紧密联系起来；

·改善现有技术培训机构的基础设施和设备条件，提高教职工素质；

·建立公私合作的职业技术教育与培训体制；

·提供职前培训和在职培训，并将终身学习理念与生活技能培训相结合，贯穿到职业技术教育与培训过程中；

·促进旅游、工艺、农业和健康领域的职业技术教育与培训项目发展；

·建构在职培训体系和创业机制。①

（二）法规

不丹《新宪法》（2008）规定，保障公民有接受职业技术教育与培训的权利。国家应努力为提高教育和增长知识、价值和技能的目标努力。

·《经济发展政策》（2010）指出，技能和知识是经济和社会发展的驱动力。

---

① 国家幸福指数委员会(2013)，《第11个五年计划》(2013—2018)。

·《不丹劳动和就业法》（2007）规定了劳动与人力资源部的职责，并规定政府劳动部门须制定职业技术教育政策和项目。[1]

·《不丹王国高等教育政策》（2010）指出，在高等教育阶段重视环境教育，开发学生的创造潜能，融合知识教育与技能培养。[2]

·《不丹教育城市法案》（2012）规定，设立教育城市委员会，专门管理城市内的教育机构、知识中心和其他教育服务机构。

三、职业技术教育与培训的体系与质量保障

（一）体系

在不丹，职业教育被视为综合性的全面教育，注重培养青年人广泛的知识、技能和态度，这些将是青年人未来生活和工作中必不可少的部分。政府希望弥补企业需要的技能和员工实际技能之间的差距，为年轻人提供就职所需的技能，为他们进入劳动力市场做准备。[3]

职业学校属于中等教育。学生在初中毕业后，便可以选择就读技术教育预科，预科结束后，学生必须通过特定考试才能接受高中教育或者职业技术教育。职业技术教育与培训项目的时间从6个月到2年不等，其学科设定主要以不丹劳动力市场和经济需求为导向。学生通常根据当地的技术技能需求、教育设备情况、当地传统、土著知识和技能等进行选择。[4] 专业设置需要，以满足以下重点产业的发展：

·基础设施：水力发电、输配电、建筑；

·服务：旅游、健康保健、教育、信息技术、金融服务；

·制造：水泥、中草药制品；

·皇家公务员委员会（政府）。

除了在高中阶段提供职业技术教育与培训外，位于廷步的不丹国家绘画艺术学院和扎西央遮艺术学院也提供职业技术教育与培训项目，学制6年，专业包括木雕、绘画和缝纫。[5]

高等职业技术教育与培训院校需要得到不丹皇家大学认证，而提供高等职业技术教育与培训的服务单位也需要在职业标准局登记注册。学习职业技术教育与培训项目可以脱产也可以不脱产，有许多大学和职业教育机构提供该类课程。大部分职业技术教育与培训项目学制4年，主要专业有工程、技术、工商管理和教育。医学职业技术教育与培

[1] 教育部 (2011)《国家青年政策》。查阅于：2014年9月16日。
[2] Tertiary Education Policy of the Kingdom of Bhutan,2010.
[3] Bhutan Education City Act 2012. https://X1MDMjc2NjY3OQRfZyA3lmcC10BGdwcmlkA3gwZWpvazhQUzJ5VWFzT1.
[4] 皇家教育委员会 (2012)。国家教育框架：塑造不丹的未来。
[5] 国家幸福指数委员会 (2013)：《第十一个五年计划》(2013—2018)。查阅于：2015年8月4日。

训项目学制则为 5 年。

除了正规职业技术教育与培训，不丹的非正规的职业技术教育与培训模式包括：

·学徒与雇主签署合同，进而参与的学徒培训项目。该项目时长从 6 月、9 月到一年不等，旨在培养学生合适的工作技能和能力。学徒培训项目几乎涵盖所有行业，但主要是服务和酒店业；

·特别技能培养项目，主要是针对军队训练和一些需要特殊职业技能的群体。提供此类项目的机构有不丹中央寺院委员会，不丹皇家警察，Draktsho 特殊儿童和青年职业培训中心，RENEW（不丹的一个非政府组织）和不丹皇家军队；

·乡村技能培养项目，主要是为村民提供技能培训，旨在进一步改善农村的生活质量，提高村民参与度，推广终身学习以及促进农村可持续发展。讲师会前往农村地区进行培训，而教学工具和材料也将送往农村，培训主要是在乡村和村民聚居地进行；

·技能培训项目旨在通过技能培训，来满足劳动力市场的迫切需求，其中包括青年就业技能培训项目，毕业生技能培训项目，就业和创业技能培训项目等。[①]

（二）保障

表 1　不丹中等职业教育学制与资格对照表

项目	学制	资格
初中教育	2 年	不丹中等教育证书(国家一级证书)
高中教育	2 年	不丹高中教育证书(国家二级、三级证书)

表 2　不丹高等职业教育学制与资格对照表

项目	学制	资格
职业机构	不等	国家一级、二级文凭
大学教育	4 年	学士学位

不丹资格框架为所有认证提供标准，而且各种不丹国内和国际的利益相关方可以从中获取所需信息。不丹职业资格框架共有 5 个等级，每个等级的标准是根据国家能力标准和职业技能标准划分的。不丹职业资格框架的等级如下：

---

① 劳动与人力资源部 (2014)。职业标准局。查阅于：2014 年 9 月 15 日。

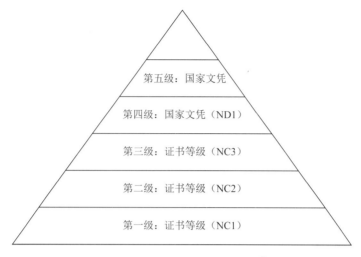

图2　国家资格框架图（NQF）[1]

资料来源：劳动与人力资源部（2013）。不丹职业资格框架。

不丹职业资格框架第一到第三阶段的项目旨在提高学生的能力，将其从半专业状态提升到高级技工水准。项目主要是实践性的，只有 20% 的项目课程教授贸易理论。第四到第五阶段则旨在将学生培养到主管或经理级别资格。

教育部和劳动与人力资源部拨款支持中学阶段的职业技术教育与培训。

非正规职业技术教育与培训项目的资金则主要来自于校企合作中的企业、职工教育与培训基金及国家政府的其他部门。

四、职业技术教育与培训的治理与教师

（一）治理

劳动与人力资源部负责不丹的职业教育管理，下设许多具体管理部门，其中，就业局开展促进就业的项目，而人力资源局则提供职业技术教育与培训项目。

人力资源局由以下科处组成：

·职业教育与培训处。其职责为：（1）管理职业教育院校和技术培训院校；（2）协调和实施学徒制培训项目；（3）制定职业技术教育与培训政策；（4）在职业技术教育与培训项目中鼓励采用公私合作制。

·培训和职业服务处。主要管理公立和私立教育单位的教师和培训师质量。

·人力资源发展处。负责劳动力市场需求的研究，促进和协调劳动与人力资源部的政策执行。[2]

---

① 不丹认证理事会 (2012) 不丹资格框架，查阅于：2014 年 9 月 15 日。

② 国家人力资源发展咨询部 (2015)。关注职业技术教育与培训和劳动力市场动态。查阅于：2015 年 8 月 4 日。

在不丹，目前登记在册的提供职业技术教育与培训的单位共有 90 家，包括公立、私立和非政府组织。

职业标准局隶属于劳动与人力资源部，主要负责制定和实施：（1）国家技能标准和资格，以满足国家需要；（2）维护不丹职业资格框架；（3）建立质量保证体系以保证职业技术教育与培训机构提供的培训项目质量。

其他管理职业技术教育与培训的部门或机构还有：

· 教育部负责基本的教育体系，尤其是初中阶段的职业教育预科项目。

· 私立企业和非政府组织也会提供职业技术教育与培训项目和培训，尤其是农业、建筑、艺术和工艺方面。[①]

（二）教师

职业技术教育与培训的教师承担着多项任务，他们负责课程规划、教授、监管和评估，并应担任就业顾问、劳动力市场专家、导师、项目管理和技能专家。职业技术教育与培训的教师通常需要比普通高等教育领域的教师获得更高一个阶段的教育资格。[②] 不同性质职业教育机构教师的学历分布如下：

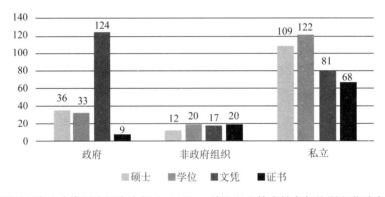

资料来源：不丹国家人力资源发展咨询部（2015）。关注职业技术教育与培训和劳动力市场动态。

五、职业技术教育与培训的诉求与发展趋势

（一）诉求

1. 发展绿色经济，提高国民幸福指数，需要培养幸福的职业人

不丹国王吉格梅·凯萨尔·纳姆耶尔·旺楚克正在带领不丹人民追求"国民幸福总值"的发展模式，也就是说，制定任何政策都不能以经济而是以"幸福"作为根本出发点。因此，"国民生产总值"只是"国民幸福总值"的一个方面，要再加上保护和弘扬文化传统、保护和持续利用环境，以及良好的行政管理，才能算得上生活幸福。不丹的教

---

① 不丹皇家政府 (2010) 职业教育。查阅于：2014 年 9 月 15 日。
② 不丹教育部 (2014) 信息项目。查阅于：2014 年 9 月 15 日。

育也始终把环保意识、幸福的理念贯穿于育人过程之中。不丹经济社会的健康发展需要大量的高素质、高技能人才做支撑，这需要加大职业技术教育与培训发投入力度，培养具有良好职业素养和职业技能的全面发展的人才。

2.政治独立与经济发展需要技术技能人才做支撑

在 20 世纪 50 年代，不丹还处于与世界其他地方相孤立的地位，主要是农村人口，靠农业为生。20 世纪 60 年代后，不丹逐步走向开放并试图脱离印度的控制。不丹的开放化进程加快，政府连续制定了多个五年发展计划，使不丹走上了可持续的发展战略。近年来不丹经济发展迅速，成就显著，2011 年国内生产总值 85580.60 百万努，人均 120831.3 努（2590.03 美元）。不丹的产业结构趋于合理，特别是第三产业发展迅速。不丹的第一产业包括农业和采矿业两个主要部门。第一产业 2011 年产值 15401 百万努；第二产业包括制造、水电和建筑等部门，2011 年产值为 32873 百万努。第三产业包括酒店、运输、贸易、金融界和个人服务业等，2011 年比前一年增长 27.30%，达到 37306.50 百万努，占国内生产总值的份额也上升到 43.59%。相对于产业发展的速度，不丹的产业人才培养显得落后，特别是第三产业人才培养的数量和质量都明显滞后于第三产业的发展速度。

3.高端技术技能人才的匮乏需要大力发展职业技术教育与培训

不丹政府宣布要建设信息社会，在 2008 年曾得到世界银行 800 万美元的财政援助，内容囊括信息科技园、能力建设以及金融部门的信息技术应用等。其中，信息科技园位于廷布郊区，占地超过两公顷，将由不丹与国际投资企业组成的一家合资公司来设计、建造和运营，为不丹带来了大约 1000 个就业机会。除了发展信息服务业，不丹还致力于开发电脑产品。可见，不丹正在朝着建设一个社会经济可持续发展的信息社会大步迈进。不过，信息技术人才缺少是不丹目前亟待解决的问题。

（二）发展趋势

根据《不丹王国第 11 个五年计划（2013—2018）》，通过分析其数年的职业技术教育与培训发展目标，可以看出不丹职业技术教育与培训的发展趋势：

1.将解决青年人的未就业问题放在重中之重。不丹青年失业问题昭示了工作要求和年轻人技能之间不匹配的潜在问题。今天的职业教育将培养学生的不仅是技术和职业技能，而是通用就业技能和可持续发展的能力，这在他们的就业准备中越来越重要。一些影响青年人就业的因素，需要充分考虑并认真解决，包括教育系统与劳动力市场不匹配、学徒制培训的无证办学等。需进一步加快职业技术教育和培训制度改革，构建以知识为基础的良性经济社会发展。

2.充分引入国际化课程。主要通过移动宽带和现代媒体技术，将国际上通用的 TVET 课程引入不丹的课堂。将这些资料刻录在光盘或放置于存储设备上，或采用无线接入技术、资源共享技术，为校内外的学生访问教学资源提供快速便捷的途径，提供给学生学习所需要的最新文献，提升学生的学习能力和效率。

3. 通过立法来保障职业技术与培训的有效性。为鼓励公私合作制，劳动与人力资源部颁布了私立培训机构成立法规和培训服务单位登记法规。劳动与人力资源部还通过其他法律法规和项目来构建职业标准和质量保证系统，以规定和监管教学和职业技术教育与培训项目质量。

（深圳职业技术学院　技术与职业教育研究所　宋　晶）

主要参考文献

[1] 不丹：不丹地理概况 [EB/OL].[2021-02-01]. http://globserver.cn/.

[2] 不丹：不丹地理概况[EB/OL]. (2015-02-19) [2017-09-10]. http://globserver.cn/%E6%9F%AC%E5%9F%94%E5%AF%A8.

[3] 商务部国际贸易经济合作研究院等. 对外投资合作国别（地区）指南——不丹 [R]. 商务部国际贸易经济合作研究院等, 2016.04: 2-3

[4] 中华人民共和国外交部. 不丹国家概况 [EB/OL].[2021-02-01].http://www.fmprc.gov.cn/web/.

[5] 中华人民共和国驻不丹王国大使馆经济商务参赞处. 不丹宏观经济形势及预测 [EB/OL]. (2016-05-04)] 2017-09-12]. http://cb.mofcom.gov.cn/article/zwrenkou/201605/

[6] Teaching in Bthan [EB/OL]. https:// A0LEVxTU4.FZW_UASPBXNyoA; _ylc=X1MDMjc2NjY3OQRfcgMy.

[7] Globserver-亚洲-不丹教育概况[EB/OL]. (2017-10-5). http://globserver.cn/%E4%B8%8D%E4%B8%B9.

[8] Bhutan brings children's rights to monastic schools. https://A0LEV18KpuVZUvYAh5FXNyoA; _ylc=X1MDMjc2NjY3OQRfcgMyBGZyA3lmcC10BGdwcmlk.

[9] Bhutan – Culture in the Himalaya Kingdom. https://A0LEV18KpuVZUvYAh5FXNyoA; _ylc=X1MDMjc2NjY3OQRfcgMyBGZyA3lmc.

[10] 联合国教科文组织国际教育局 (2011). 世界教育数据：不丹. 第 7 版.2010/2011. 日内瓦：联合国教科文组织国际教育局.

[11] 劳动与人力资源部 (2013),《不丹国家就业政策》。

[12] Bhutan Education City Act 2012 https://X1MDMjc2NjY3OQRfZyA3lmcC10BGdwcmlkA3gwZWpvaz.

[13] 教育部 (2011)《国家青年政策》

[14]《不丹国家就业政策》

[15] 国家幸福指数委员会《第十一个五年计划》(2013—2018)。

[16] Tertiary Education Policy of the Kingdom of Bhutan, 2010.

[17]《学徒培训合同协议》。查阅于：2014 年 9 月 16 日。

[18] 不丹认证理事会 (2012)

[19]《新宪法》(2008)

[20]《经济发展政策》(2010)

[21]《不丹劳动和就业法》(2007)

[22]《不丹王国高等教育政策》(2010)

[23]《不丹教育城市法案》(2012)

大韩民国

一、国家概况

（一）地理

大韩民国（Republic of Korea），简称韩国，位于亚洲大陆东北部朝鲜半岛南半部，东、南、西三面环海。国土总面积 10.329 万平方千米，[①] 朝鲜半岛海岸线全长约 1.7 万千米（包括岛屿海岸线）。地形东北高、西南低，山地面积约占 70%。韩国属温带季风气候，年均气温 13℃~14℃，年均降水量约 1300—1500 毫米。冬季平均气温为零度以下；夏季 8 月份最热，平均气温为 25℃。3、4 月份和夏初时易受台风侵袭。[②]

（二）人文

韩国人口约 5200 万，单一民族，通用韩国语，50% 左右的人口信奉佛教、基督教、天主教等宗教。韩国的首都是首尔（Seoul），人口约 1000 万。1910—1945 年，朝鲜半岛沦为日本殖民地。1945 年 8 月日本投降，美苏军队分别进驻朝鲜半岛南北部。1948 年 8 月 15 日朝鲜半岛的南半部建立大韩民国，李承晚出任首届总统。[③]

第二次世界大战后，韩国长期以对美外交为主。20 世纪 70 年代初开始推行门户开放政策。中韩于 1992 年 8 月 24 日建立大使级外交关系，两国各领域关系发展迅速。1998 年建立面向 21 世纪的中韩合作伙伴关系，2003 年建立全面合作伙伴关系，2008 年 5 月建立战略合作伙伴关系。韩国政府坚持一个中国政策，中韩两国已经提前实现双边贸易额达到 2000 亿美元的目标。[④]

（三）经济

20 世纪 60 年代，韩国经济开始起步。70 年代以来，持续高速增长，人均国民生产

[①] 中华人民共和国外交部 . 韩国国家概况 [EB/OL].（2021-03）[2021-09-10]. https://www.fmprc.gov.cn/web/gjhdq_676201/gj_676203/yz_676205/1206_676524/1206x0_676526.html.

[②] 新华网 . 韩国概况 [EB/OL].（2021-03）[2021-09-10].http://www.npc.gov.cn/zgrdw/npc/wyzzy/cfhgjhy/2015-06/09/content_1937893.htm.

[③] 中华人民共和国外交部 . 韩国国家概况 [EB/OL].（2021-03）[2021-09-10]. https://www.fmprc.gov.cn/web/gjhdq_676201/gj_676203/yz_676205/1206_676524/1206x0_676526.html.

[④] 新华网 . 韩国概况 [EB/OL].（2021-03）[2021-09-10].http://www.npc.gov.cn/zgrdw/npc/wyzzy/cfhgjhy/2015-06/09/content_1937893.htm.

总值从 1962 年的 87 美元增至 1996 年的 10548 美元，创造了"汉江奇迹"。1996 年加入经济合作与发展组织（OECD），同年成为世界贸易组织（WTO）创始国之一。1997 年亚洲金融危机后，韩国经济进入中速增长期。

韩国的产业以制造业和服务业为主，造船、汽车、电子、钢铁、纺织等产业产量均进入世界前 10 名。大企业集团在韩国经济中占有十分重要的地位，目前主要大企业集团有三星、现代汽车、SK、LG 等。2008 年，受国际金融危机影响，韩国经济明显下滑。韩国政府迅速采取大规模财政刺激等一系列政策，金融市场全面回暖，实体经济平稳回升，企业和消费者信心不断增强，成为经济合作与发展组织成员国中率先走出谷底的国家。①

（四）教育

韩国的《教育法》制定于 1949 年 12 月，之后教育体系经历了十余次的改革，目前，韩国教育采用梯形教育制度。首先是六年小学义务教育，其次是三年中学教育，再次是三年高中教育，最后是两年或四年的学院教育或大学教育。韩国自 1953 年起实行小学六年制义务教育，从 1993 年起普及初中三年义务教育。高等职业教育的学制变化尤为突出，呈现出初级大学（1950—1977 年）、高等职业专门学校（1963—1977 年）、专门学校（1970—1978 年）、专门大学（1979 年至今）、开放大学（即产业大学，1982 年至今）、技术大学（1998 年至今）、技能大学（1998 年至今）等多样体制。高等教育机构 80% 为私立。2020年教育预算约 72.5 万亿韩元，较上年增长 2.6%。韩国各类学校（公立、私立）近 2 万所，学生 1100 多万人，教师 50 多万人。著名大学有首尔大学、延世大学、高丽大学等。②

表 1　韩国学制

学龄			年龄
23			29
22			28
21	研究生院		27
20			26
19		高等教育	25
18			24
17			23

---

① 中华人民共和国外交部．韩国国家概况 [EB/OL]．（2021–03）[2021–09–10]. https://www.fmprc.gov.cn/web/gjhdq_676201/gj_676203/yz_676205/1206_676524/1206x0_676526.html.

② 同上。

续表

学年										教育阶段	年龄
16 15 14 13	大学	教育大学	产业大学	专门大学	广播通信大学	技术大学	远程大学	各种学校		高等教育	22 21 20 19
12 11 10	高中	广播通信学校	职业高中	特别学校	高中技术学校			各种学校		中等教育	18 17 16
9 8 7	初中				高等国民学校	特殊学校	各种学校			中等教育	15 14 13
6 5 4 3 2 1	小学				国民学校					初等教育	12 11 10 9 8 7
	幼儿园									学前教育	6 5 4 3

资料来源：韩国教育开发院，《韩国学制》2021。[①]

　　韩国的职业技术教育与培训是教育法制的重要组成部分，它旨在提供先进的通识教育，以及提供农业、科技、商业、海洋和渔业等领域的职业教育。从近代大学学制的开始到 21 世纪教育市场的开放，随着经济的高速发展，韩国的职业技术教育与培训取得了令人瞩目的成就。近几年来，为了适应多媒体跨文化时代以及信息化社会的教育范式转换（Paradigm Shift），韩国的职业技术教育与培训致力于培养符合产业发展与劳动市场需求的职业人才，努力推行多种多样的职业教育与职业培训，确保其深度与广度。

二、职业技术教育与培训的战略与法规

（一）战略

　　为了保证经济建设发展所需的合格人才，韩国积极采取多种措施发展职业技术教育

---

① 한국교육개발원 [EB/OL].(2011–02) [2021–02–12]. https://edpolicy.kedi.re.kr/index.jsp.html.

与培训，分别在职业教育前、职业教育中以及职业教育后推行许多优惠政策。

20 世纪 50 年代，韩国实行美国式的"自由教育"政策，结果出现了"大学亡国论""教育亡国论"。为解决高等教育盲目发展的混乱局面，从 60 年代初起，韩国开始加强教育规划，重视教育战略研究，对高等教育发展实行宏观调控。1994 年，韩国设立总统咨询机构——教育改革委员会，该委员会在 1995 年 5 月提出《为建立新的教育体制的教育改革方案》（通称为《5·31 教育改革方案》），该方案旨在构建新的终身职业教育体制，以学习者为中心，实现终身学习社会的目标，这一教育改革方案对 20 世纪 90 年代初期开始的专门大学的飞跃性发展起到了非常重要的作用。为了凸显职业教育改革的重要地位，教育改革委员又分别在 1996 年和 1997 年出台了一系列改革方案，这些教育改革方案均被韩国教育部采纳，他们制定了相应的法律法规，其中明文规定了职业教育的法规及制度，使职业教育成为韩国公共教育的一大重要基础。[①]

表 2 韩国《5·31 教育改革方案》主要内容

目标	措施
构建开放的教育社会与终身学习社会	引入学分银行制；允许转学与插班；引进专业学分制；加强农村教育；满足成人学习者多样化的培训需求；构建远程教育体系；设立国家多媒体教育服务中心；成立教育信息促进委员会等。
大学的多样化与个性化	大学模式的多样化与个性化；为了培养世界化、信息化的专业技术人员，创办专门大学研究生院；加强大学评价与财政支援的连带关系；大学教育的国际化等。
实现中小学教育的自律性，构建学校共同体	设立学校运营委员会；实施校长、教师聘任制等。
侧重学生品性与创新性的教学课程	加强以实践为主的教育；将青少年社会公共服务反映在"综合生活记录簿"上；教育课程运营的多样化；教材政策改善；确立重视个性化与多元化的教学方法；加强国际化教育与外语教育等。
减轻公民负担的大学入学制度	改善大学的学生选拔制度；开设入学信息中心；引进"综合生活记录簿制"。
尊重学习者多样化与个性化的中小学教育	突出中小学教育的多样化与个性化，提升教学质量，改善教育条件，使中小学均衡发展；通过行政、财政连带作用，提升教学质量；小学入学年龄弹性化；改善特殊目的的学生选拔方式等。
构建教育者评价与服务体系	设立规则改善委员会、教育课程评价院。
培养德才兼备的教师	优化教师培训机构的培训课程；改善教师任用制度；加强教师进修学习；改善以能力为中心的晋升体系；引入特别研究教师制；引进自律出勤制；实施校长名誉退休制。
保证教育财政占GNP的5%	

资料来源：韩国专门大学教育协会，《专门大学十年史》，1994。[②]

---

①　姜滨. 中韩职业教育比较的研究 [D]. 长春：吉林农业大学，2006：7.

②　한국전문대학교육협의회. 전문대학 10 년사 [M]. 1994.

20 世纪 90 年代以来，由于产业结构的急速变化，为了开发更多优秀的人力资源，韩国高等教育的教学目的，以及各类高等院校的运营、组织、职能、形态等诸多方面都随之发生改变。其中，韩国职业教育担负起高等教育机构的核心职能，而且随着人力需求领域的多样化与信息化的发展，职业技术教育的范式也有所转变。教育改革中，1996年 2 月 9 日出台的《引领世界化、信息化时代的新教育体制教育改革方案（II）》尤其体现了职业教育的重要性。该方案旨在通过培养世界化、信息化时代的高素质人才，提升国家的竞争力，以保障每个公民的高质量生活，为其提供必要的学习机会，它以构建全民职业技术教育体制为主要内容。[①]

（二）法规

1.《产业教育振兴法》

韩国为了促进职业院校与当地企业的紧密联系，于 1963 年颁布了《产业教育振兴法》。作为产学合作的鼻祖法律，该法律经过两次修改，将职业院校和企业之间的合作向更紧密的方向推进。[②] 该法律体现了"四个义务"：国家有义务督促企业与职业院校之间的紧密协作以及现场实习计划的确立；企业有义务接收学生现场实习以及实施在职技术提高的再教育计划；职业院校每年有义务给学生一定时间的企业实习；学生有现场实习的义务。这样就明确规定了国家、企业、职业院校和学生都具有促进产学合作的法律义务。[③]

2.《国家技术资格法》

"国家技术资格"指的是《资格基本法》中与产业相关的技术、技能以及服务行业的资格。为了发展职业教育，提高劳动者职业技术能力与社会地位，《国家技术资格法》（1973 年 12 月颁布）将技术资格的标准与名称进行统一规划，确立了符合产业现场需求的资格制度。[④]

3.《高等教育法》

韩国的《高等教育法》（1997 年颁布，2011 年修订）是为了发展高等教育，根据教育基本法制定的法规，《高等教育法》规定学校的种类包括大学、产业大学、教育大学、专门大学、广播通信大学、信息技术大学，以及各类学院等。《高等教育法》第三章第四节第 47—51 条规定：专门大学旨在讲授并研究社会各领域的专业知识和相关理论，使学生掌握相应技能，为国家和社会的发展培养专业的职业技术人才；专门大学的基本修业年限为 2—3 年；为实施继续教育，专门大学可根据"总统令"设置专业拓展课程；

---

① 한강희 . 대한민국 전문대학 교육의 정체성——직업교육과 평생교육 [M]. 한국학술정보 , 2020：28.
② 국가법령정보센터 . 산학협력법 [EB/OL].[2021-09-08]. https://www.law.go.kr.html.
③ 王丹宁 . 从共生互动关系看高等职业教育与区域经济的发展——以韩国专门大学为例 [D]. 上海：上海师范大学，2011：39.
④ 국가법령정보센터 . 국가기술자격법 [EB/OL]. [2021-09-08].https://www.law.go.kr.html.

完成学校规定课程的学习者，专门大学将授予其专科学士学位。[①]

4.《职业教育促进法》

为了满足日益增长的产业发展需求，提供各类职业技术教育与培训的机会，韩国政府颁布了《职业教育促进法》（1997年3月颁布），规定了职业教育培训机构的设立与运营、设施的保障与改善、教师的培训与进修、学员的职业生涯规划，以及女性的职业技术教育与培训等基本准则。[②]

三、职业技术教育与培训的体系与质量保障

（一）体系

在韩国，职业教育和职业培训是分开的。职业教育是由教育部及人力资源开发部管理的正规教育，而职业培训是由劳动部管理的非正式教育。[③]

表3　韩国高等教育阶段的教育机构[④]

	教学目的	教学对象	教学特点	学习年限	办学类型	授予学位
大学	陶冶情操，研究学问	高中及以上学历的普通人	以做学问为中心的教育	4年	国家公立、私立	学士学位
产业大学	培养产业人才	高中及以上学历的产业劳动者	再教育、继续教育	不限	国家公立、私立	学士学位
技术大学	培养具备理论与实务能力的技术人才	高中及以上学历的产业劳动者	再教育、继续教育	2年	私立	专门学士学位、学士学位
专门大学	培养专业匠人	高中及以上学历的普通人或产业劳动者	一般教育、再教育	2—3年	国家公立、私立	专门学士学位
技能大学	培养高级技能人才	高中及以上学历的普通人或产业劳动者	职业教育、再教育	2年	国家公立、私立	专门学士学位（跨技能技术者课程）

专门大学是韩国职业教育高等学校，学制为2—3年，相当于我国的大专。韩国共有146所专门大学，包括2所国立大学、8所公立大学，以及136所私立大学。其中，2所国立大学分别是韩国铁道大学、韩国康复福利大学，均位于京畿道一带。1969年，仁川专门大学获批成立，随着地方政府对高职院校支持政策的落实，其余7所公立大学均在20世纪90年代后期陆续创办。专门大学通过"产学合作"计划、职业训练计划、"订

① 국가법령정보센터. 고등교육법 [EB/OL]. [2021-09-08]. https://www.law.go.kr.html.
② 국가법령정보센터. 직업교육훈련 촉집법 [EB/OL].[2021-09-08].https://www.law.go.kr.html.
③ 马仁昕，陈爽.愿景与任务：韩国终身职业教育与培训体系研究 [J]. 职教论坛，2015 (21)：91-96.
④ 한국전문대학교육협의회. 전문대학 10 년사 [M]. 1994.

单式"人才培养模式，以及现场实训等以实现人才培养目标。[①]

技术大学属于高等教育机构，由企业独立办学或与大学合办，高中毕业或初级学院毕业的企业员工可以通过继续教育来提高专业水平和技能，增强在企业中的竞争力。如果说专门大学将侧重点放在"从学校到职场转换的职业教育"（school to work transition），那么技术大学则注重"职场中的职业教育"（schooling at work）。[②]

融入终身教育的产业大学于1972年从广播电视大学开始发展起来，旨在培养国家与社会需要的产业人才，为技术学习者提供高等教育机会。1997年，由劳动部主管并设立的技能大学旨在培养80年代生产现场的中坚管理者；2006年3月，24所技能大学与19所职业专门学校合并为11所韩国职业技术大学。[③]

此外，韩国高中阶段的职业教育机构——职业高中是第二级职业教育机构，提供普通中等教育和专业课程。初中毕业生和同等学力的学生可以申请就读职业高中。职业高中在韩国工业化期间为韩国的发展做出了巨大的贡献。

（二）质量保障

1. 资格认证

鉴于韩国政府不同部门依据不同法律法规所制定的职业资格缺乏有机联系，而且职业资格标准不通用且内容重叠，职业技术教育和培训与产业结构变化结合得不够紧密，所以职业资格证书持有者缺乏继续提高技能的热情，因此，韩国政府从1973年开始探索建立国家职业资格证书体系，同年颁布了《国家技术资格法》，开始执行国家技术资格考试（NTQT）制度。首先，将科学技术领域的人力资源分为三类：一是科学家，即所谓的脑力劳动者；二是工程师，负责实际工作环境的技术环节；三是现场技术人员，负责制造、组装、操作、维修修护。其次，根据一定的标准对工程师的技术水平和技术人员的技能进行评估，为人力资源开发机构提供指导，促进技术工人的供给和流动，为个人的就业、薪酬和职业发展提供指南，为工业化社会人力资源管理提供标准，提高生产率。根据《国家技术资格法》，韩国建立了包括技术部分和商业部分的国家职业资格证书体系，共覆盖550多个职业工种。韩国的国家资格证书考试竞争非常激烈，对通过率有着严格的控制。[④]

依托职业资格证书制度，韩国高等职业教育还构建了独特的学分银行体系，加强了职业资格与学历文凭之间的沟通衔接。近年来，根据产业发展需求，韩国不断修订和完善技术资格标准，开发新兴的职业工种，促进技术资格与学历教育的沟通衔接，鼓励企业和私人开发职业资格证书，推进职业技术教育和培训与技术资格之间的紧密联系，推

① 张灵，张继平.世纪之初韩国职业教育发展趋向及启示 [J].继续教育研究，2010(6)：92-94.
② 한강희，대한민국 전문대학 교육의 정체성——직업교육과 평생교육 [M].한국학술정보，2020：30.
③ 상게서，29-30 쪽.
④ 韩菲.韩国专科大学人才培养模式研究 [D].大连：辽宁师范大学，2009：22-23.

动双边职业资格证书的互认。

2. 质量保障

根据《高等教育法》第 11 条第 2 项规定，所有的高等教育机构都要开展自我评估与外部机关认证，制定自我评价的标准，将其结果进行公示。

表 4　适用机关评价认证制度的大学数量 [①]

（单位：所）

法规	大学类别	大学总数	国立	公立	私立
高等教育法 （第2条）	大学	191	29	1	161
	产业大学	2	0	0	2
	专门大学	137	1	7	129
合计		330	30	8	292

为了建立教育质量评估制度，韩国大学教育协会与韩国专门大学教育协会于 2010 年 12 月获批教育科学部指定的认证机构，从 2011 年起承担对四年制大学与专门大学的机关认证业务。高等职业教育评价认证院作为韩国专门大学教育协会的附属机构，从 2010 年 2 月成立当年开始就以 38 所专门大学为对象开展评价认证业务，并从 2014 年起，将认证结果向国家机关反馈，以此获得政府的财政支援。没有得到认证的大学将被排除在国家教育基金融资名单之外，同时，无法获得像"教育力量强化项目"一样的所有财政支援项目，因此，机关认证对大学的发展影响重大。[②]

四、职业技术教育与培训的治理与教师

（一）治理

韩国的教育科学技术部负责对职业教育实施总体管理，就具体的职责而言，教育科学技术部下属的终身职业教育司负责对中等和高等职业教育的管理和监督。韩国职业教育主要通过教育人力资源部获得支持，但由于职业院校与企业的天然联系，韩国的中小企业厅也会推出促进职业教育发展的项目，并给予一定的资金支持。

1. 开设与地方特色产业相关的特色专业

韩国教育科学技术部于 1999 年选出 88 所专门大学推进"与地域特色产业相联系的专门大学培养项目"，对与当地产业紧密联系的特色专业给予资金支持。由此，专门大学意识到开设特色专业的必要性和重要性，纷纷加强与地方产业的联系，合并老专业或

---

① 윤문도 . 고등교육기관의 평가인증제가 대학 경영성과에 미치는 영향 [D]. 대전대학교 석사학위논문，2017：7.

② 윤여송 . 전문대학교의 성공요인과 BSC 적용 성과관리에 관한 고찰 [D]. 서울시립대학교 석사학위논문，2011：2.

开设新专业。

表5　韩国地方专门大学开设特色专业情况 [①]

地区	地方特色产业	代表性特色专业
首都圈	设计	工业设计、视觉设计、饰品设计
	信息通信	广播信息通信、移动通信
	文化、广告、媒体	话剧、电影、漫画、出版、广告制作、多媒体
	汽车	汽车、机械设计、汽车维修
	精细化工	工业化学
全州、群山圈	食品加工	食品科学、食品加工业、食品营养
	农业	园林设计、绿化造景
	文化旅游	旅游管理、国际观光
	工业设计	珠宝设计、包装设计
釜山圈	物流	交通物流信息
	制鞋	制鞋工艺
	文化	表演艺术、多媒体
大邱、浦项圈	钢铁、汽车零部件、拖拉机	金属加工、汽车、机械
	木材及木制品	森林资源
	服装	服装设计、纤维、织物设计
江原道东海岸	旅游	旅游翻译（中、日、英）、观光饮食
	环境	环境工业
	生命科学	动物科学
忠清南道西海岸	汽车、汽车零部件	汽车设计与开发、混合动力车、赛车
济州岛	旅游	赌场、酒店管理、高尔夫
	健康体检	美牙、物理治疗、应急救助

韩国专门大学根据市场发展动向开设的这些特色专业与当地特色产业相契合，使得毕业生受到就业市场的欢迎，同时也为当地重点支柱产业的发展做出一定的贡献。

2. 促进当地企业科技成果转化及技术创新

韩国专门大学与当地企业的关系十分密切，可以说，专门大学已成为企业科技成果转化和技术革新的重要推动力量。韩国专门大学促进当地企业科技成果转化和技术革新

① 한국직업능력개발원 [EB/OL]. [2021-2-12].https://www.krivet.re.kr.html.

通常有以下几种形式：

第一，专门大学研究所。专门大学设立研究所是工科专门大学的通常做法，这种研究所与企业保持密切的联系，是专门大学与企业从事产、学、研的重要载体。目前，专门大学教师中具有博士学位的占 60% 以上的比例，新入职教师都要求博士学位，这无疑对专门大学研究所的发展提供了人员保障。专门大学的教师一般都有三年以上企业工作经历，有的大学教师常年进驻企业，和企业的技术人员一同解决生产中遇到的技术难题或合作研发新产品，通过企业现场实用技术的研发，大学教师也大大提高了科研能力。韩国教育科学技术部也看到了专门大学设立研究所的重要作用，从而在 1997 年到 2001 年连续五年给予资金支持，共资助了 24 个专门大学的 26 个研究所共计 129 亿韩币。[1]

第二，产学研共同体项目。产学研共同体项目是由韩国中小企业厅推进的项目，目的是改善中小企业技术力量薄弱的现状，引导专门大学支援中小企业技术创新和新产品的研发。在韩国中小企业厅的牵头下，企业与专门大学签订技术革新合同（如仁川专门大学与仁川商工会在 2005 年签订了合作协议），涉及的资金费用由国家支付 50%、当地政府支付 25%、企业支付 25%。该项目得到了中小企业的积极响应和欢迎，而大学教师在现场的技术研究也有益于把最实用、最新的技术教授给学生，因此也得到了专门大学的认可。

第三，技术指导项目。技术指导项目也是由韩国中小企业厅推进的项目，申请的对象包括四年制工科类本科大学和专门大学，涉及的领域包括机械、电气、化学、石油、信息等。申请获批后，在中小企业厅的帮助下，专门大学和企业结成对子，一般由一名大学教师和两名学生助理组成一个小组，为对口企业解决生产流程中的技术难题。涉及的费用由国家承担 80%、企业承担 20%。该项目不但可以帮助中小企业解决技术难题，同时也为学生的现场实习和就业提供了一定的平台，因此得到了专门大学的支持。2005 年参与此项目的专门大学共 80 所，本科院校 20 所；2006 年参与此项目的专门大学共 87 所，本科院校 17 所；参与此项目的教师人数共 4827 名，学生人数为 11398 名。[2]

第四，创新创业中心。创新创业中心是一个培养就业意识、转化科技成果、开发新产品、促进地方经济的综合体。专门大学从 1995 年开始设立创新创业中心，2007 年，韩国的 269 所创新创业中心中，专门大学占到了 74 席。创新创业中心帮助学生将技术革新成果在生产现场进行实践，当地企业也愿意为学生提供这样的机会，由学生和工厂技术人员共同推进技术的进一步改进与实践。[3]

（二）教师

韩国以参加世界技能大赛为契机，积极营造全社会重视技能人才培养的良好氛围，

① 한국전문대학교육협의회. 한국전문대학교육 30 년사 [M]. 2008：401.
② 상게서，402 쪽.
③ 王丹宁. 从共生互动关系看高等职业教育与区域经济的发展——以韩国专门大学为例 [D]. 上海：上海师范大学，2011：58-59.

并以各种技能奖励政策、技能资格制度和技术资格法等政策和法律手段，来推动并促进韩国职业教育和职业培训事业的发展，从而使韩国经济发展实现快速跨越。[①] 在联合国开发计划署（UNDP）和国际劳工组织（ILO）的援助之下，韩国在1968年6月成立了国立中央职业训练院，及时解决高等职业技术教育师资不足的问题。

在教师的专业发展方面，韩国职业技能开发院为教师开发了一套包括6个领域共28个项目的培训计划，具体包括教学活动、学生咨询、课程实践与开发、学校管理、产学合作与社会公共服务，以及自我反思与发展等。这个培训项目的主要目的是提高教师素质，帮助教师积极适应产业与市场的变化，协助教师发展专业能力。该计划依据新入职教师和经验丰富的资深教师的不同特点，将培训内容的难度做出了等级划分，以便教师根据自己的能力和实际需要进行选择性参与。

通过政府引导和学校自身的努力，职业院校中师资队伍的整体素质逐步提高。截止到2002年，韩国的职业院校共有教师12027名，具有博士学位的达7623人，绝大部分都是"双师型"教师，具有丰富的企业实践经验。[②]

五、职业技术教育与培训的诉求与发展趋势

（一）诉求

韩国的职业技术教育与培训面临一些挑战。首先，职业院校毕业生的薪资水平始终无法与四年制大学的本科毕业生相提并论；其次，职业技术教育与培训体系被视为帮助学生进入社会的"临时平台"，公众期望值不高。为了解决这些问题，韩国政府也在不断调整政策，帮助职业技术教育与培训走出困境。

第一，着力消除"M型曲线现象"。新一代的女性，是韩国未来社会发展的关键。一方面，韩国传统社会存在男尊女卑的思想，使得韩国社会女性就业比例一直偏低，韩国社会女性就业方面的"M型曲线现象"[③]受到较大关注。尽管随着女性获得更加平等的教育机会，现代韩国男性普遍减弱过去很强的性别歧视思维，男女平等的观念也逐渐被接受，但社会对职场女性的态度，以及采取何种支持政策，如何使许多女性不再成为"M型曲线"的囚徒[④]，依然是今后改革的难点。

第二，终身教育发展需求巨大。最近几年，韩国老龄化社会问题越来越严重。为了较好地应对韩国人口出生率低下，人口老龄化等引发韩国人口和产业结构变化的问题，教育与人力资源开发部委托终身教育政策局制定了"终身教育第二个五年计划"。该计

---

① 刘东菊，王晓辉.世界技能大赛对技能竞赛强国职业教育发展的影响与启示——以韩国、日本为例 [J].职教论坛，2014(13)：79.

② 韩菲.韩国专科大学人才培养模式研究 [D].大连：辽宁师范大学，2009：23-26.

③ M型曲线现象，即女性因生育和育儿而离职，或女性劳动者中以30岁以上人群为中心出现数量减少的现象。

④ 〔英〕丹尼尔·图德.太极虎韩国——一个不可能的国家 [M].于至堂，江月，译.重庆：重庆出版社，2015：275.

划指出：未来职业院校的发展方向是首先要成为专门的终身教育机构和面向社区需求的职业教育机构；另外，要扩大成年人和在职员工在高等教育机构中接受再教育的机会。

第三，职业的种类与内容向多样化、专业化发展。跨越了千禧年的 21 世纪是"互联网＋数字"时代、"多媒体＋跨文化"时代，以及知识信息化时代，韩国的职业教育进入一个需要成长与成熟的重要时期，但与此同时出现学生资源的骤减等现象。由于这种内外环境的双重变化，职业教育面临着存在感和认同感危机等多种困难。科学技术的发展与职业环境的变化等外部环境的变化对其影响较大。在知识信息化社会，专业职能逐渐分化，职业的种类和内容急速变化的同时，也将迅速向多样化、专业化发展。比起技术熟练工，对专家技师（technician）、技术员（technologist）、科学家（scientist）以及工程师等多技能的专业技术人才的需求将有所增加。

（二）发展趋势

韩国在过去二十多年里进行了大规模职业教育体制改革，并且正逐步建立终身职业教育体系。韩国发展职业技术教育与培训的目标明确、定位清晰，把培养实用型、技能型人才作为己任，紧密联系当地经济发展的实际，不断改革，勇于创新。

1. 实行弹性学制，增设专业拓展课程

随着 21 世纪知识型社会的到来，韩国为构建新职业教育体制而探索新的教育课程与发展模式。1996 年，永进专门大学与大川大学（现亚洲汽车大学）被指定为"按系别招生的专业课程制"示范大学。即，专门大学开始实行订单式教育，启动了一系列的"专业课程制"教育项目。因此，就业机会有所扩大，学习效果也有所增强。另外，还引进了多学期制和实习学期制。

专门大学正在实施的多学期制的目的是实施内涵更丰富的职业教育，让学生两年的学习时间变得更加集中、高效，以便灵活应对产业的多种需求。实习学期制有利于接近实操现场，学生通过高效实习，可以扩大就业机会等。为了实习学期制的顺利开展，首先要引进多学期制，只有促进多学期制的发展，才能保证实习学期制的效果。另外，根据专门大学授课年限多样化的要求，教育人力资源部从 2002 年开始在 127 所大学的 474 个学科中实行 3 年制。3 年制专业的学生人数在实行的第一年占全体招生人数的 18.1%；2003 年，26 所大学增加了 31 个专业，占全体招生人数的 19.4%。

专门大学 3 年制学科的开设，是将教育年限延长 1 年，进行专业职业教育的一种深化学习。3 年制学科主要涵盖以下几个学科：一是国内外资格标准或职业能力向上调整的领域，具体包括建筑和建筑设备学科；二是与 4 年制大学国家资格标准相同的幼儿教育、眼镜光学学科；三是教学课程必需的工厂自动化专业；四是人力需求较多的与信息通信相关的电算专业、计算机专业、电子专业、控制系、环境、生命工学领域、保健医疗领域、综合艺术领域等学科。

由于大学的主要任务在于教学和学习，所以科学合理地加强教学—学习这两个核心机制的服务体系是时代趋势。1993年，仁荷大学首次设立"教学—学习服务中心"，由此引领韩国的发展潮流。

2000年由韩国专门大学教育协议会主编的《专门大学教学—学习服务中心设立与运营方案研究》（申鹏燮等著）中提出了设立"教学—学习服务中心"的必要性，但未能付诸实践，随着中途淘汰率增加、数字社会到来等各种因素的综合作用，专门大学"教学—学习服务中心"设立的必要性逐渐凸显。据《专门大学教授—学习支援中心构建现状分析及活性化方案研究》（郑明和等著，2008）显示，设立"教学—学习服务中心"的必要性可以概括为：（1）开发专业课程；（2）管理学生的学习质量；（3）构建数字学习体系等。该中心的设立目的在于，对新教学法和学习指导进行更加系统的服务，提高学生基础学习能力并提供有效的就业指导。[①]

2. 开发各类国际化项目

为克服韩国职业教育所面临的困难现实，积极的方法之一就是国际化战略。对此，专门大学通过内部改革，确立符合世界水平的项目开发和评价认证制度，在获得公信力、具备国际竞争力的同时，集中力量开发多种教育课程。别国的职业教育中心大学（Non-University）为弥补韩国专门大学的弱点，单方面招收插班生，以便使学生取得学士学位。通过与海外大学的学分相互认可，不仅使学生获得双学位（Dual degree），而且还能取得共同名誉学位（Joint degree）。尽管如此，韩国专门大学推进的国际化项目依然不尽如人意。

《专门大学国际化现状研究》（尹汝松等著，2006）以69所专门大学为对象进行了关于现阶段韩国专门大学的国际化现状的问卷调查。调查结果显示，国际教育项目大致分为韩国语课程、以留学生为对象的正规专业学士学位课程、共同学位及双学位、学分绩点交流、交换生、海外实习、访问学者项目等。在69个调查对象中，有22所大学实施韩国语课程，占31%；有42所大学实施外国留学生就读的正规课程，约占62%。这意味着留学生就读的大学中约有52%（22/42）正在实施韩国语教育。近年来，韩国专门大学迅速增加共同教育课程或双学位制等国际共同学制，而学分绩点交流或交换生制度则低于国际共同学制。可以看出，虽然海外实习时间很短，但通过政府的支持，有42%的大学参与其中。

韩国专门大学国际化项目从单纯以吸引留学生为目的，到海外实习生、双学位制、共同学位制、当地学期制、交换生等，项目类别逐渐向多元化发展，参与的大学数量也呈现快速增长的趋势。另一方面，国际化项目慢慢被认为是影响大学结构调整的重要因子。韩国的专门大学把日本（60%）、中国（58%）、美国或加拿大（52%）、澳大利亚（40%）、欧洲（17%）选定为海外实习项目优先派遣对象国，这说明韩国专门大学的国

---

① 한강희, 대한민국 전문대학 교육의 정체성——직업교육과 평생교육 [M]. 한국학술정보, 2020：37–39.

际化项目比其他国际交流项目范围更广。另外，与自费留学项目相比，经济负担相对较小，而且还有实习工资，所以优先考虑发达国家。参与者的满意度也比其他项目高很多，通常在实习生职务过于简单或有局限性，或者由于语言能力不足而无法适应职务的情况下，才会出现不满意的个例。①

3. 产学协作体制提升就业率

从 1997 年起，韩国的职业教育机构响应政府要求提升产学合作地位的号召，更加活跃地开展产学合作活动，并逐渐形成制度框架。

初期的产学合作活动主要集中在教育相关领域，但近年来在研究开发、技术革新等方面广泛开展。产学合作参与单位可分为大学、生产单位、研究所、政府等，以互惠互利的方式朝着共同的目标开展交易合作。此前，专门大学的产学合作活动开展得十分丰富，例如，作为教育人力资源部特殊目的财政资助项目的一环而展开的大学特色化项目就是其中之一。到目前为止，由政府财政资助完成的项目包括特色化项目、优秀产业研究所资助、优秀工业专门大学资助、产学合作中心大学培养资助、专门大学海外实习、专门大学 Workstudy 项目、订单式教育项目、学校企业资助项目、创业保育中心设立及运营资助项目、专门大学地方基础据点培养项目等。

从 1999 年起，韩国政府在各个领域对这些项目进行了一定的资助，促进了大学产学合作活动的同时，也培养了应用型人才，夯实了职业教育的发展。活跃的产学合作直接关系到专门大学毕业生就业率的提高，切实地为职业教育的发展做出了贡献。

（深圳职业技术学院　商务外语学院　朴铃一）

主要参考文献

[1] 中华人民共和国外交部. 韩国国家概况 [EB/OL].（2021–03）[2021–09–10]. https://www.fmprc.gov.cn/web/gjhdq_676201/gj_676203/yz_676205/1206_676524/1206x0_676526.html.

[2] 新华网. 韩国概况 [EB/OL].（2021–03）[2021–09–10].http://www.npc.gov.cn/zgrdw/npc/wyzzy/cfhgjhy/2015–06/09/content_1937893.htm.

[3] 한국교육개발원 [EB/OL].(2011–02) [2021–02–12]. https://edpolicy.kedi.re.kr/index.jsp.html.

[4] 姜滨. 中韩职业教育比较的研究 [D]. 长春：吉林农业大学，2006.

[5] 한국전문대학교육협의회. 전문대학 10 년사 [M]. 1994.

[6] 한강희. 대한민국 전문대학 교육의 정체성——직업교육과 평생교육 [M]. 한국학술정보,

---

① 상게서, 39–41 쪽.

2020.

[7] 국가법령정보센터 . 산학협력법 [EB/OL].[2021-09-08]. https://www.law.go.kr.html.

[8] 王丹宁 . 从共生互动关系看高等职业教育与区域经济的发展——以韩国专门大学为例 [D]. 上海：上海师范大学，2011.

[9] 국가법령정보센터 . 국가기술자격법 [EB/OL]. [2021-09-08].https://www.law.go.kr.html.

[10] 국가법령정보센터 . 고등교육법 [EB/OL]. [2021-09-08]. https://www.law.go.kr.html.

[11] 국 가 법 령 정 보 센 터 . 직 업 교 육 훈 련 촉 집 법 [EB/OL].[2021-09-08].https://www.law.go.kr.html.

[12] 马仁听，陈爽 . 愿景与任务：韩国终身职业教育与培训体系研究 [J]. 职教论坛，2015 (21)：91-96.

[13] 张灵，张继平 . 世纪之初韩国职业教育发展趋向及启示 [J]. 继续教育研究，2010(6)：92-94.

[14] 韩菲 . 韩国专科大学人才培养模式研究 [D]. 大连：辽宁师范大学，2009.

[15] 윤문도 . 고등교육기관의 평가인증제가 대학 경영성과에 미치는 영향 [D]. 대전대학교 석사학위논문 , 2017.

[16] 윤여송 . 전문대학교의 성공요인과 BSC 적용 성과관리에 관한 고찰 [D]. 서울시립대학교 석사학위논문 , 2011.

[17] 한국전문대학교육협의회 . 한국전문대학교육 30 년사 [M].2008.

[18] 刘东菊，王晓辉 . 世界技能大赛对技能竞赛强国职业教育发展的影响与启示——以韩国、日本为例 [J]. 职教论坛，2014(13)：77-83.

[19]〔英〕丹尼尔·图德 . 太极虎韩国——一个不可能的国家 [M]. 于至堂，江月，译 . 重庆：重庆出版社，2015.

菲律宾共和国

一、国家概况

（一）地理

菲律宾共和国（Republic of the Philippines），简称菲律宾，位于亚洲东南部。东临太平洋，南和西南隔苏拉威西海、巴拉巴克海峡与印度尼西亚、马来西亚相望，西濒南中国海，北隔巴士海峡与中国台湾省遥遥相对。菲律宾国土面积29.97万平方千米，全国划分为吕宋、维萨亚和棉兰佬三大部分。全国设有首都地区、科迪勒拉行政区、棉兰佬穆斯林自治区等18个地区，下设81个省。首都为大马尼拉市（Metro Manila），货币为比索（Peso）。菲律宾国土由大小7000多个岛屿组成，其中吕宋岛、棉兰佬岛、萨马岛等11个主要岛屿占全国总面积的96%。菲律宾海岸线长约18533千米，人口1288万。菲律宾属季风型热带雨林气候，高温多雨，湿度大，台风多。年均气温27℃，年降水量2000—3000毫米。森林面积1579万公顷，覆盖率达53%。有乌木、檀木等名贵木材。水产资源丰富，鱼类品种达2400多种，金枪鱼资源居世界前列。现已开发的海水、淡水渔场面积2080平方千米。旅游业发达，主要旅游点有长滩岛、保和岛、百胜滩、蓝色港湾、碧瑶市、马荣火山、伊富高省原始梯田等。[①]

（二）人文

14世纪前后，菲律宾出现了由土著部落和马来族移民构成的一些割据王国，其中最著名的是14世纪70年代兴起的苏禄王国。1521年，麦哲伦率领西班牙远征队到达菲律宾群岛。此后，西班牙逐步侵占菲律宾，并统治长达300多年。1898年6月12日，菲律宾宣告独立，成立菲律宾共和国。同年，美国依据对西班牙战争后签订的《巴黎条约》占领菲律宾。1942年，菲律宾被日本占领。第二次世界大战结束后，菲律宾再次沦为美国殖民地。1946年7月4日，美国同意菲律宾独立。菲律宾独立后实行总统制，由自由党和国民党轮流执政，总统为国家元首、政府首脑兼武装部队总司令。2016年6月，民主人民力量党候选人杜特尔特就任菲律宾第16任总统，并组阁本届政府。

---

① 中国一带一路网.菲律宾[EB/OL].https://www.yidaiyilu.gov.cn/gbjg/gbgk/10008.htm.2019-6-21.

截至 2021 年 3 月，菲律宾全国人口数量为 1 亿 800 万，其中马来族占全国人口的
85% 以上，其他还包括他加禄人、伊洛人、邦邦牙人、维萨亚人和比科尔人等；少数民
族及外来后裔有华人、阿拉伯人、印度人、西班牙人和美国人，还有为数不多的原住民。
菲律宾有 70 多种语言，国语是以他加禄语为基础的菲律宾语，英语为官方语言。国民约
85% 信奉天主教，4.9% 信奉伊斯兰教，少数人信奉独立教和基督教新教，华人多信奉佛
教，原住民多信奉原始宗教。近年，人民生活水平提高较慢，贫困家庭比率为 25%，失
业率为 5.7%。人均寿命 70 岁，人口出生率 1.9%。[①]

（三）经济

2003—2014 年，菲律宾经济虽起起落落，但年平均增长都在 5% 以上。2020 年平
均通货膨胀率为 3.5%。菲律宾最大的优势是拥有数量众多、廉价、受过教育、懂英语的
劳动力。菲律宾居民识字率达到 94.6%，在亚洲地区名列前茅。加之菲律宾劳动成本大
大低于发达国家的水平，因而吸收了大量西方公司把业务转移到菲律宾。菲律宾的重点
和特色产业包括农业、旅游业、制造业、海外劳动汇款、交通运输、仓储业、采矿业及
采石业。但总体而言，菲律宾经济为出口导向型经济。第三产业在国民经济中地位突出，
农业和制造业也占相当比重。

20 世纪 60 年代后期，菲律宾采取开放政策，积极吸引外资，经济发展取得显著
成效。80 年代后，受西方经济衰退和自身政局动荡影响，经济发展明显放缓。90 年代
初，拉莫斯政府采取一系列振兴经济的措施，经济开始全面复苏，并保持较高增长速度。
1997 年爆发的亚洲金融危机对菲律宾冲击不大，但其经济增速再度放缓。阿基诺总统执
政后，增收节支，加大对农业和基础设施建设的投入，扩大内需和出口，国际收支得到
改善，经济保持较快增长。工业产值占国内生产总值的 30.8%。制造业占工业总产值的
65.2%，建筑业占 21.6%，矿产业占 2.6%，电力及水气业占 10.5%。农林渔业产值占国内
生产总值的 10.3%。主要出口产品为电子产品、服装及相关产品、电解铜等；主要进口
产品为电子产品、矿产、交通及工业设备；主要贸易伙伴有美国、日本和中国等。[②]

（四）教育

菲律宾宪法规定，中小学实行义务教育。当前菲律宾的教育体系实施 6-4-4 结构，
即 6 年初等教育，4 年中学教育，4 年高等教育。中学后职业教育通常被划归到高等教育
范畴，普通高等教育与中学后教育的区别主要为普通高等教育毕业后会授予学位，而职
业技术教育学生只获得资格证书。

---

① 中华人民共和国外交部．菲律宾国家概况 [EB/OL]. http://www.fmprc.gov.cn/web/gjhdq_676201/gj_676203/yz_676205/1206_676452/1206x0_676452/.2021-3.
② 同上。

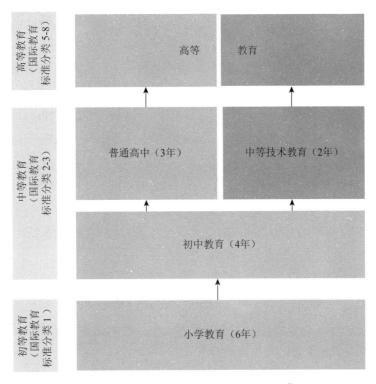

图1　菲律宾职业教育与培训体系结构[1]

按照经费来源不同，可以将菲律宾的教育系统分为私立教育和公立教育，菲律宾政府不仅重视教育，而且鼓励私人办学，为私立学校提供长期低息贷款，并免征财产税，所以过半的职业技术教育机会都是由私立教育机构提供，但初、中等教育仍以政府办学为主。[2] 截至2006年，菲律宾全国共有中、小学44302所，小学生入学率达91%，中学生入学率60%，高等教育尤其是职业技术教育主要由私人提供。目前，全国共有高等教育机构1599所，在校生约244万人。著名高等院校有菲律宾大学、阿特尼奥大学、东方大学、远东大学、圣托马斯大学等。2013年教育预算为2927亿比索。[3]

二、职业技术教育与培训的战略和法规

（一）战略

菲律宾历来重视职业技术教育与培训的发展，自1999年以来已连续制定和发布了三次国家职业技术教育与培训发展规划，前两次规划分别于1999年和2005年推出，第三次国家技术教育与发展规划于2011年发布，全称为《国家技术教育和技能

① The Philippine Technical Vocational Education and Training(TVET) System[EB/OL].http://www.tesda.gov.ph/uploads/file/Phil%20TVET%20system%20–%20syjuco.pdf.2017-9-15.

② 鞠慧敏，王文槿. 菲律宾职业技术教育与培训的特色及启示 [J]. 外国教育研究 ,2012(9).

③ 中国一带一路网 . 菲律宾 [EB/OL]. https://www.yidaiyilu.gov.cn/gbjg/gbgk/10008.htm.2019-6-21.

发展规划（2011—2016）》，规划的战略目的是为所有职业教育利益相关方提供行动方案。该规划立足于菲律宾经济发展特点，致力于促进菲律宾的职业教育及其劳动力技能的包容性增长。该规划还聚焦于完善菲律宾职业技术教育与培训的国家体系，保障各类职教项目的发展质量。[①] 为配合职教发展战略的实施，菲律宾于2014年颁布《阶梯化教育法案》，该法案涉及了职业技术教育体系构建、课程改革及资格框架方面的内容，进一步完善了菲律宾政府对职业技术教育与培训的战略布局，这必将进一步提升菲律宾劳动力在亚洲地区的竞争力，对我国"一带一路"战略下职业技术教育实施"走出去"战略有一定的参考价值。[②]

（二）法规

1987年，菲律宾将接受教育的权利载入《宪法》，之后在教育方面颁布了若干法律，其中与职业技术教育与培训相关的包括：

1.《教育法》（1982）

菲律宾国家的《教育法》规定了国家提供免费的中小学教育，明确了各级正规教育的目标、学制，还涉及私立教育的法律框架与各个教育阶段的管理部委及权责，并确立了建立高等教育委员会负责高等教育的相关工作。

2.《共和国7796号法案》（1994）

《共和国7796号法案》中最为重要的一项规定是成立"技术教育与技能发展局"，该发展局的目标即"为了支持开发高质量的、与菲律宾发展目标和优先发展领域需求一致的中级劳动力，提供实用的、可获得的和高效的技术技能教育"[③]。技术教育与技能发展局的核心职责包括：通过分析劳动力市场信息与行业信息制定国家职业教育政策，明确职业标准与能力标准，并组织制定和实施课程标准与职业资格认证等工作。此外，技术教育与技能发展局还负责对职业技术教育的学生提供奖学金项目与生涯规划服务等。总体而言，技术教育与技能发展局既负责宏观层面的政策与标准制定，也负责微观层面的劳动力培养，对促进职业技术教育与培训各利益相关方的合作与人力资源开发意义重大。因此，此法案也被菲律宾称为《技术教育和技能发展法案》，对职业技术教育与培训具有里程碑的意义。

3.《第83号总统令》（2012）

2012年10月，菲律宾总统签署《第83号总统令》，授权建立"菲律宾资格框架制度"，目的是对接国际劳动力市场。该总统令主要用于指导国家职业资格框架的制定，

---

① 技术教育与技能发展局：2011—2016年国家技术教育和技能发展规划 [EB/OL].http://www.tesda.gov.ph.2017-9-16.

② World TVET Database Philippines. Compiled by: UNESCO-UNEVOC International Centre for Technical and Vocational Education and Training[EB/OL].http://www.unevoc.unesco.org/wtdb/worldtvetdatabase_phl_En.pdf.2017-10-10.

③ Augusto Boboy Syjuco. The Philippine Technical Vocational Education and Training System[EB/OL].http：//www.tesda.gov.ph/uploads/file/Phil% 20TVET% 20system% 20 -% 20syjuco.pdf.2017-7-1.

以明确职业教育资格水平，规定资格认证结果的标准。菲律宾国家资格框架将特定的学生和工人通过不同途径掌握的知识、技能和价值水平，通过相应的资格标准对其发展予以认可并纳入全国职业资格系统。资格框架旨在确定全国不同区域间技能的可比性，以实现区域之间的相互承认，支持技能的区域性流动。此外，"菲律宾资格框架"还将作为教育系统确认进入或退出的依据，用以促进菲律宾终身学习体系的建立和完善。[①]

三、职业技术教育与培训的体系与质量保障

（一）体系

菲律宾职业技术教育与培训自中学后开始，职业教育包括 2 年的职业技术教育与培训专业教育，与 4 年的普通高等教育并行，所以职业技术教育在菲律宾被视为高等教育的一部分，为准备就业的学生和目标人群提供技能培训。同时，职业教育也为已经在劳动力市场上的目标人群提供在职培训，以帮助其完成技能升级，提升个体和整体的劳动生产能力。菲律宾教育部发布的一项学生发展进程报告显示，进入小学一年级的 100 个学生中，只有 23 个会进入大学学习，10 人会主动选择接受职业技术教育与培训。[②]但是，菲律宾的大学毕业生也是职业技术教育与培训的重要来源，虽然各阶段毕业甚至退学的学生能力千差万别，可这也为菲律宾非正规职业技术教育与培训机构的发展提供了可能，诸如与正规教育并行的三种非正规培训模式：基于培训中心的培训、基于社区的培训和基于企业的培训。

1. 基于培训中心的培训

培训中心是由技术教育和技能发展局在地区和省级层面提供培训，菲律宾共有 15 个地区中心和 45 个省级培训中心。这类培训中心提供最新的劳动技能课程，虽区别于正规的学校职业教育，但师资大都来自于行业、企业一线，实际操作经验丰富，对菲律宾整体劳动技能提升非常重要。

2. 基于社区的培训

此类社区培训专门解决社区的技能需求，促进社区成员自主创业。但它主要面向贫困和边缘群体，由于其自身技能低、财力有限，他们无法接受正规教育。这种教育模式支持和帮助成员制定谋生创业计划，在完成培训后直接付诸实施。因其涉及贫困和边缘群体的技能发展，一般由当地政府部门和非政府组织进行协调和实施。

3. 基于企业的培训

基于企业的培训包括学徒制计划、领导力课程以及双轨制培训系统，学徒制计划是

---

① World TVET Database Philippines. Compiled by: UNESCO–UNEVOC International Centre for Technical and Vocational Education and Training[EB/OL].http://www.unevoc.unesco.org/wtdb/worldtvetdatabase_phl_En.pdf.2017–10–10.

② The Philippine Technical Vocational Education and Training(TVET) System[EB/OL].http://www.tesda.gov.ph/uploads/file/Phil%20TVET%20system%20–%20syjuco.pdf.2017–9–15.

建立在企业和培训者之间达成的学徒协议基础上的，这些培训计划时间从三个月到六个月不等，但需要强调的是学徒制只能由获得菲律宾技术教育和技能发展局认证的企业提供。[①]

学徒培训课程为短期在职培训课程，经由菲律宾技术教育和技能发展局批准。此类培训系统是一种基于双轨制的技能培训，需要分别在培训机构和工作中完成。双轨制培训建立在培训机构和获得菲律宾技术教育和技能发展局认证的公司之间的合作基础之上。培训机构必须满足教学设备的最低标准要求，培训机构、讲师和培训计划都必须得到菲律宾技术教育和技能发展局的认证。

（二）保障

菲律宾技术教育与技能发展局是负责职业教育发展的管理机构，也是一个确保职业技术教育与培训计划质量的保障机构。所有职业技术教育与培训提供者都必须符合规定的条件，各提供者需根据培训规章和基于能力的系统所描述的标准进行注册，且该注册是强制性的，注册的过程实际就是一个项目检测的过程。职业技术教育与培训计划注册所涉及的课程设计、培训师、培训机构及培训工具和设备的资格均要符合标准。

此外，技术教育与技能发展局董事会与行业领导者还协商制定各行业的培训规章，该类章程会涉及能力标准、培训标准、资格评估及认证安排。这些将为建立在能力基础上的技术教育和技能发展的课程、教材和评估方案的制定提供标准依据。同时，技术教育与技能发展局还负责制定相应的能力评估和认证系统，旨在确保职业技术教育与培训的毕业生和受训者具备必要的能力，以符合其所从事的工作场所及工作岗位的要求。此外，技术教育与技能发展局还负责采集相关证据，证明被评估人员拥有符合行业标准的能力。受训者只有达到资格认证规定的所有标准，才能取得特定行业所要求的国家资格证书，这也是拥有某特定能力的有力证明。[②]

2012年，菲律宾总统签署《第83号总统令》，授权建立"菲律宾资格框架制度"，旨在促进整个教育和培训系统的创新和响应力。菲律宾国家资格框架是一个切实可行的学分转换系统，可帮助实现基础教育、技术教育及高等教育之间的过渡。[③]而且，正规教育与非正规教育系统间能力标准的对接有助于增强菲律宾职业能力标准的可操作性与可测量性，提升菲律宾劳动力的国际竞争力。

① World TVET Database Philippines. Compiled by: UNESCO–UNEVOC International Centre for Technical and Vocational Education and Training[EB/OL].http://www.unevoc.unesco.org/wtdb/worldtvetdatabase_phl_En.pdf.2017-10-10.
② 鞠慧敏、王文槿. 菲律宾职业技术教育与培训的特色及启示 [J]. 外国教育研究 ,2012(9).
③ 技术教育与技能发展局: 2012 年技术教育与技能发展局 (TESDA) 政策简报 [EB/OL].http://www.tesda.gov.ph/uploads/File/policybrief2013/PB%20Philippine%20Qualification%20Fr amework.pdf.2017-9-17.

四、职业技术教育与培训的治理与教师

（一）治理

技术教育和技能发展局负责管理和监督菲律宾的职业技术教育与培训系统。此外，它还作为利益相关方的咨询机构，负责制定政策和标准，确保技术教育发展的质量。技术教育和技能发展局负责动员职业技术教育与培训所有利益相关方，诸如行业企业、当地政府部门、培训机构和劳动力等，引导和鼓励其积极参与菲律宾的人力资源开发。技术教育和技能发展局除努力促进各机构之间的融合外，还致力于职业技术教育与培训的协调工作，以减少技能发展计划的重叠，为国家职业技术教育与培训提供统筹指导。具体而言，技术教育和技能发展局职责如下：整合、协调和监督技能发展计划，促进人力资源开发，批准技能标准和测试，还负责为参与人力资源开发的机构建立认证系统，为技术教育和技能发展项目提供经费资助，并为培训师培训计划提供资助。

目前为止，技术教育和技能发展局监督的公立和私立职业技术教育与培训学校和机构共计 4510 家，包括自身下辖的 125 家农渔业、贸易和专业培训机构。菲律宾职业技术教育与培训机构中，有 38% 为公立，62% 为私立。[①] 在 2006—2010 年间的经费构成上，职业技术教育与培训系统的资金来源中，有 46.5% 来自公共基金，53.5% 来自私人基金。其中，公共职业技术教育与培训的计划除技术教育和技能发展局外，还包括当地政府部门、农业部、社会福利与发展部等，其负责为职业技术教育与培训短期课程提供资金。私人职业技术教育与培训计划的资金一部分是学员为自己接受的职业技术教育与培训所支付的学费，另一部分是公司为学徒培训提供的资金和补贴。菲律宾职业技术教育之所以社会参与度较高，从一定程度上说即得益于菲律宾职业技术教育、基础教育、高等教育三者间"三足鼎立"的组织治理模式。

（二）教师

菲律宾职业技术教育与培训的师资都需要符合技术教育和技能发展局的基本条件，且需要在该局注册。2006 年，该局还制定了国家职业教育培训师人员资格认证计划，该计划为职业技术教育与培训的培训师、学校管理人员和监督人员提供资格认证与职后培训，以应对快速发展的技术进步与变革，保障建立在其基础之上的职业教育与培训的质量。技术教育和技能发展局还将培训师资格分为以下四个级别：一级培训师、二级培训设计师/开发者、三级培训主管和导师、四级培训大师。2006—2010 年间，参加资格认证的培训师总数为 23476 人，其中公立机构教师 7561 人，私立学校教师 15912 人。

除注册和级别认证外，技术教育和技能发展局还组织实施职业技术教育与培训教师

---

① 鞠慧敏、王文槿. 菲律宾职业技术教育与培训的特色及启示 [J]. 外国教育研究, 2012(9).

和培训师的"培训师职后培训计划"。该计划由技术教育和技能发展局、淡马锡基金会、新加坡工艺教育学院和新加坡工教局教育合作实施，培训师职后培训计划重点是提升职业技术教育培训师的教学技能，根据菲律宾职业技术教育与培训培训师资格框架的要求执行，如在 2010 年共有 60 名职业技术教育的培训师接受了培训。[①]

五、职业技术教育与培训的诉求与发展趋势

当前，菲律宾经济平均增速放缓，由于缺乏较为发达和完整的制造业体系，菲律宾经济发展后续乏力，未来菲律宾经济能否实现可持续发展，有赖于制造业的发展及其所仰仗的高技能人才。为顺应国家宏观经济要求，菲律宾国家技术教育和技能发展规划第三阶段将努力为职业技术教育与培训开辟新路，其战略规划为职业技术教育与培训的利益相关者行动提供了宏观指导，以努力促使菲律宾劳动力技能的增长满足未来经济发展的要求。因此，菲律宾职业技术教育与培训系统的未来发展的趋势与诉求主要体现在如下几个方面：

（一）均衡社区培训中心分布

菲律宾职业技术教育与培训实施主体多元，尤其是社会力量参与程度较高，这为学生选择灵活多样的学习方式提供了条件。但是另一方面，由技术教育和技能发展局主导的培训中心数量明显不足，目前仅有 45 个省级中心，且针对贫困和弱势群体为主的社区培训也由于资源限制，不能满足受训者需要。所以，未来菲律宾的职业技术教育与培训亟须加强社区培训中心分布，以更好地促进教育公平发展。

（二）提升职业教育师资水平

技术教育与技能发展局已制定和实施了若干职业培训师计划，不仅针对培训师群体，还有针对评估人员与管理人员的继续培训。但面对急剧变化的产业技术更新换代，职业技术教育与培训的师资水平仍亟须加强。虽然菲律宾从培训企业认证、课程实施标准、能力认证程序及国家资格框架等多方面建立了职业技术人才的质量保障机制，但师资仍是其发展的根本。因此，菲律宾未来仍需更加注重职业教育师资的专业化发展，以保障职业教育发展的整体水平。

（三）加强职教与劳动力市场需求的关联

职业技术教育与培训的发展不仅是职业院校的责任，更需要社会相关利益者的联合行动，职教发展质量的关键起点就在于同劳动力市场的对接。目前，加强菲律宾职业教育与培训专业设置的市场针对性仍有待加强，加强职教与劳动力市场的关联主要体现在两方面，一是要确定制造业等产业的人才需求，根据岗位群的具体需求来设置专业、调整课程，紧紧围绕产业发展需求确定招生质量与专业规模；二是要提升劳动力市场本身

---

① World TVET Database Philippines. Compiled by: UNESCO–UNEVOC International Centre for Technical and Vocational Education and Training[EB/OL].http://www.unevoc.unesco.org/wtdb/worldtvetdatabase_phl_En.pdf.2017-10-10.

对职业技术与培训的认识，通过行业准入及经济补助等各种手段来激励目标群体积极参与技术技能的提升项目，以为自身职业生涯及菲律宾经济的发展提供强大人力资源保障。

（深圳职业技术学院　技术与职业教育研究所　李亚昕）

主要参考文献

[1] 中国一带一路网. 菲律宾 [EB/OL].https://www.yidaiyilu.gov.cn/gbjg/gbgk/10008.htm.2019–6–21.

[2] 中华人民共和国外交部. 菲律宾国家概况 [EB/OL]. http://www.fmprc.gov.cn/web/gjhdq_676201/gj_676203/yz_676205/1206_676452/1206x0_676454/.2010–10–09.

[3] 鞠慧敏 , 王文槿 . 菲律宾职业技术教育与培训的特色及启示 [J]. 外国教育研究 ,2012 (9).

[4] The Philippine Technical Vocational Education and Training (TVET) System[EB/OL].http://www.tesda.gov.ph/uploads/file/Phil%20TVET%20system%20–%20syjuco.pdf.

[5] 技术教育与技能发展局：2012 年技术教育与技能发展局 (TESDA) 政策简报 [EB/OL]. http://www.tesda.gov.ph/uploads/File/policybrief2013/PB%20Philippine%20Qualification%20Framework.pdf.2017–9–17.

[6] World TVET Database Philippines. Compiled by: UNESCO–UNEVOC International Centre for Technical and Vocational Education and Training[EB/OL].http://www.unevoc.unesco.org/wtdb/worldtvetdatabase_phl_En.pdf.2017–10–10.

[7] 世界银行 : 菲律宾技能情况报告——菲律宾劳动力市场的技能 [EB/OL].http:llsiteresources.worldbank.orq/EASTASIAPACIFICEXTIResources/226300–1279680449418/H iqhe rEd_PhilippinesSkiIlsReport.pdf.2010.

格鲁吉亚

一、国家概况

（一）地理

格鲁吉亚（Gerogia），其国名源于民族名，在希腊语中，其意为"田园"或"农业"。位于外高加索中西部，地处欧亚交界，北接俄罗斯，东南和南部分别与阿塞拜疆和亚美尼亚相邻，西南部与土耳其接壤。格鲁吉亚西濒黑海，沿黑海海岸线长310千米，它陆地国际边界总长1461千米。北部是大高加索山脉，南部是小高加索山脉，中间为山间低地、平原和高原。国土面积6.97万平方千米，80%为山地、山麓或山前丘陵地带，50%国土在海拔1000米以上。[①]

境内主要河流有库拉河和里奥尼河，主要湖泊有帕腊瓦纳湖和里察湖等。西部为湿润的亚热带海洋性气候，东部为干燥的亚热带气候。各地气候垂直变化显著，海拔490~610米地带为亚热带气候，较高处气候偏寒；海拔2000米以上地带为高山气候，无夏季；3500米以上终年积雪。[②]

格鲁吉亚共设9个大区（相当于省）、7个单列市、2个自治共和国和1个自治州。目前，格鲁吉亚实际管辖的有一个自治共和国（阿扎尔自治共和国，位于格鲁吉亚西部）、两个直辖市（第比利斯、波季）、九个大区。首都第比利斯位于格鲁吉亚中东部，是全国最大的城市，也是全国政治、经济、文化和教育中心。[③]

（二）人文

公元前6世纪，在现格鲁吉亚境内建立了奴隶制的科尔希达王国。公元4—6世纪建立封建国家。公元6—10世纪基本形成格鲁吉亚族，公元8—9世纪初建立卡赫齐亚、爱列京、陶-克拉尔哲季封建公国和阿布哈兹王国。19世纪初，格鲁吉亚被沙皇俄国兼并。1918年5月26日成立格鲁吉亚民主共和国。1921年2月25日成立格鲁吉亚苏维埃

---

① 中华人民共和国驻格鲁吉亚大使馆经济商务参赞处. 格鲁吉亚地理情况简介 [EB/OL]. http://ge.mofcom.gov.cn/article/ddgk/zwdili/201507/20150701058341.shtml.2017-09-28.

② 人民网. 格鲁吉亚概况 [EB/OL]. http://world.people.com.cn/GB/8212/72474/72475/5048785.html.2017-10-02.

③ 商务部国际贸易经济合作研究院. 对外投资合作国别（地区）指南——格鲁吉亚 [EB/OL]. 一带一路网. https://www.yidaiyilu.gov.cn/wcm.files/upload/CMSydylgw/201702/201702090239044.pdf.2017-09-20.

社会主义共和国。1922 年 3 月 12 日加入外高加索苏维埃社会主义联邦共和国，同年 12 月作为该联邦成员加入苏联。1936 年 12 月 5 日，格鲁吉亚苏维埃社会主义共和国正式成为苏联加盟共和国。1990 年 11 月 4 日发表独立宣言，定国名为"格鲁吉亚共和国"。1991 年 4 月 9 日正式宣布独立。1995 年 8 月 24 日通过新宪法，定国名为"格鲁吉亚"。①

自 1991 年独立后，格鲁吉亚经历了 10 年动荡和经济衰退。2003 年"玫瑰革命"后政局趋于稳定，经济取得较快增长。2008 年"格俄战争"使经济严重下滑。2012 年格鲁吉亚举行议会选举，"格鲁吉亚梦想"联盟取代统一民族运动党上台执政，实现首次政权和平更迭。格鲁吉亚总统、议会、政府同属同一政治阵营，政局基本实现稳定。②

格鲁吉亚历史悠久，地理位置优越，拥有丰富的自然景观和人文资源。它位于大小高加索山之间，亚热带沼泽、半沙漠、高耸的高山植物群、雪峰等极其多样性的景观，都在不到几百千米的范围内，在世界上也是少见的。目前拥有 12000 多处历史文化遗址，其中 4 处是联合国教科文组织认定的世界遗产。在休闲旅游方面，还拥有 130 处度假胜地，约 2400 处温泉，8 个国家公园，31 个自然保护区，还拥有 300 多千米的黑海海岸线。③

格鲁吉亚是多民族国家。截至 2019 年，格鲁吉亚人口总计 390.7 万。④ 格鲁吉亚族占 83.8%、阿塞拜疆族占 6.5%、亚美尼亚族占 5.7%、俄罗斯族占 1.5%，其他如奥塞梯族、库尔德族、希腊族等占 2.5%。官方语言为格鲁吉亚语。官方文字为格鲁吉亚文。英语逐渐开始流行，特别是在政府官员和年轻人中。日常生活中俄语使用仍较广泛。格鲁吉亚人富有语言天赋，许多高级官员懂多种外语。⑤ 格鲁吉亚居民大多信奉东正教，少数信基督教。

（三）经济

格鲁吉亚自然资源较为丰富，主要有森林、矿产和水力资源等。森林面积占国土面积的 38.5%，木材总储量 4.2 亿立方米，主要有榉木、松木、樱桃木和胡桃木等。矿产主要有锰、铜、铁、铅锌等，其中有世界闻名的"齐阿土拉"锰矿区，该矿探明锰矿储量 2.34 亿吨，可开采量 1.6 亿吨，部分锰矿品位较高。格鲁吉亚水力资源丰富，矿泉水闻名独联体及中东欧国家，拥有大小河流 319 条，水电资源理论蕴藏量 1560 万千瓦，是世

---

① 中华人民共和国外交部. 格鲁吉亚国家概况 [EB/OL]. https://www.fmprc.gov.cn/web/gjhdq_676201/gj_676203/yz_676205/1206_676476/1206x0_676478/.2021-09-25.

② 商务部国际贸易经济合作研究院. 对外投资合作国别（地区）指南——格鲁吉亚 [EB/OL]. 一带一路网. https://www.yidaiyilu.gov.cn/wcm.files/upload/CMSydylgw/201702/201702090239044.pdf.2017-09-25.

③ 中华人民共和国商务部欧亚司. 格鲁吉亚经济社会基本情况及特色产业介绍 [EB/OL]. http://oys.mofcom.cn/article/oyyscy/201410/20141000780182.shtml.2017-09-23.

④ 中华人民共和国商务部. 格鲁吉亚 [EB/OL]. http://www.mofcom.gov.cn/article/i/jyjl/e/201705/20170502571156.shtml.2017-09-23.

⑤ 中华人民共和国驻格鲁吉亚大使馆经济商务参赞处. 格鲁吉亚民族与语言文字简介 [EB/OL]. http://ge.mofcom.gov.cn/article/ddgk/zwminzu/201507/20150701058324.shtml.2017-09-26.

界上单位面积水能资源最丰富的国家之一。[①]

格鲁吉亚致力于建立自由市场经济，接受国际货币基金组织、世界银行和欧美国家指导和援助，大力推进经济改革，进一步降低各种税率及关税，加快结构调整和私有化步伐，改善基础设施和投资环境，吸引外资。近年，格鲁吉亚政府继续以发展经济为首任，紧缩公共财政预算，通过提高部分税种税率及加快私有化等方式增加财政收入，增加退休金补贴，调低基准利率鼓励中小企业发展；大力吸引外资，推进与欧盟FTA和美国超普惠制待遇的谈判，利用国际援款和贷款加快基础设施建设，以拉动经济发展、打造欧亚运输走廊。2011年7月通过《自由经济法》规定，政府如需增加税种必须通过全民投票方式决定，在特殊情况下政府可临时增加税种，但有效期不得超过三年；国债不得超过GDP的60%，中央和地方政府总财政预算赤字不得超过GDP的30%。

受2008年格俄战争和国际金融危机影响，2009年经济环境恶化，外贸额明显下降，外国直接投资大幅减少。2010年以来经济形势好转。近年来致力于建立自由市场经济，大力推进经济改革，进一步降低各种税率及关税，加快结构调整和私有化步伐，积极吸引外资。

格鲁吉亚的重点产业有水电业、旅游业、制造业、农业、交通物流业和服务业，受教育人口特别是高等教育普及率较高，人力成本低廉，在与欧盟签署联系成员国协定后，有望借助服务与商品的自由流动，成为欧盟的服务外包承接地之一，如业务流程外包中的金融与会计服务外包、人力资源管理外包等，信息技术外包中的程序编写、计算机辅助设计等。2016年格鲁吉亚对外贸易额119.66亿美元，同比增长20%。其中出口21.14亿美元，同比下降4%，进口98.52亿美元，同比增长27%。贸易逆差77.38亿美元，占外贸总额的65%。

（四）教育

格鲁吉亚中小学（公立学校）实行免费教育制度，高等教育实行全国统考，考取规定分数的学生入学就读享受免费教育。同时，国家承认经教育部门注册的私立学校学历。格鲁吉亚全国中小学有教师67394名，其中公立学校教师159779名，私立学校教师7615名；中小学校2331所（其中公立2085所，私立246所），在校中小学生55.4万人，其中公立学校学生50.03万人，私立学校学生5.36万人。截至2016年3月格鲁吉亚拥有高等院校73所（其中公立21所，私立52所），其中公立院校拥有教师4731人，私立院校拥有教师3352人，公立院校中教授1254人，副教授2138人，讲师886人；在校学生132944人，其中公立院校90452人，私立院校42492人。截至2015年底，3765人在校攻读博士学位。

格鲁吉亚有科研机构约86所，其中高等院校21所，其他研发机构67所。在格鲁吉

---

① 中华人民共和国驻格鲁吉亚大使馆经济商务参赞处. 格鲁吉亚资源情况简介 [EB/OL]. http://ge.mofcom.gov.cn/article/ddgk/zwdili/201507/20150701058342.shtml.2017–09–24.

亚开展职业技能教育的机构有 89 所，其中公立院校 20 所，其他私立机构 69 所。比较有名的综合性大学有第比利斯大学、第比利斯自由大学、第比利斯国立工业大学、第比利斯国立医科大学和国立美术学院等。格鲁吉亚政府决定，自 2011 年起，格鲁吉亚所有大学不再隶属于教育与科技部，教育与科技部只通过派驻代表对大学财政进行管理和监督。[①]

二、职业技术教育与培训的战略与法规 [②]

（一）战略 [③]

《2013—2020 年职业教育改革战略》旨在加强格鲁吉亚全国职业技术教育与培训网络建设，促进目前及未来人口的技能发展，使之掌握在格鲁吉亚当今国内国际经济环境中参与竞争所需的必要工具。职业技术教育与培训战略突出强调为不同层面人口的技能发展促进职业技术教育与培训，包括促进个人技能、适当就业技能和自谋职业技能发展。

格鲁吉亚职业技术教育与培训的使命是为国家社会经济发展和减贫重点提供支持。职业技术教育与培训的具体意义在于，通过促进高质量职业技能发展，为发掘格鲁吉亚人力资源潜力做出贡献，满足当前经济发展需要和中长期劳动力需求。此外，职业技术教育与培训还要满足社会各界人士发展自身才能、最大限度发挥自身潜力、实现个人和经济成就的需求，特别是，职业技术教育与培训涵盖了格鲁吉亚社会和经济发展中处于不利地位的弱势群体，加强了他们的参与感，将他们纳入国家迈向蓬勃繁荣的社会和经济发展之中。

（二）法规

格鲁吉亚当前有如下职业技术教育与培训的法律法规：

· 法案 279（2015）建立了格鲁吉亚全国职业教育委员会；

· 职业技术教育与培训（2014）法案为促进格鲁吉亚社会合作提供指南，涉及政府、企业和员工三方合作，旨在促进关于职业技术教育与培训的社会对话；

· 法案 N120/N（2010）制定了格鲁吉亚全国任职资格框架；

·《格鲁吉亚职业教育与培训法》（2007）定义了格鲁吉亚职业教育与培训的任务，确定了技术和职业教育类别、不同水平和融资机制。

---

① 商务部国际贸易经济合作研究院 . 对外投资合作国别（地区）指南——格鲁吉亚 [EB/OL] 一带一路网 . https://www.yidaiyilu.gov.cn/wcm.files/upload/CMSydylgw/201702/201702090239044.pdf.2017-09-21.

② 本节内容参考了联合国教科文组织的报告。原文出自：UNESCO-UNEVOC 联合国教科文组织国际职业技术教育与培训中心 . 全球职业技术教育与培训数据库：格鲁吉亚 [EB/OL]. www.unevoc.unesco.org. 2017-10- 11.

③ 本部分引自：欧洲培训基金会 (2014). 支持格鲁吉亚职业教育与培训的社会合作概念性文件 . http://www. unevoc.unesco.org/fileadmin/up/georgia_socialpartnershipinvet.pdf. 2017-09- 11；教育与科学部 . 格鲁吉亚职业教育与培训法 [EB/OL].https://matsne.gov.ge/en/document/download/23608/12/en/pdf,2017-09-20; 教育与科学部 .2013-2020 年职业教育改革战略 [EB/OL]. http://www.mes.gov.ge/uploads/12.%20VET%20Strategy%202013-20_EN.pdf.2017-08-23；国家教育质量中心 . 国家任职资格框架 [EB/OL]. http://eqe.ge/eng/static/125/education-system/national-qualifications-framework.2017-10-01. 联合国教科文组织国际教育局 . 世界教育数据（第 7 版）：格鲁吉亚 [EB/OL]. http://www.ibe.unesco.org/fileadmin/user_upload/Publications/WDE/2010/pdf- versions/Georgia.pdf.2017-10-01.

三、职业技术教育与培训的体系与质量保障 ①

（一）体系

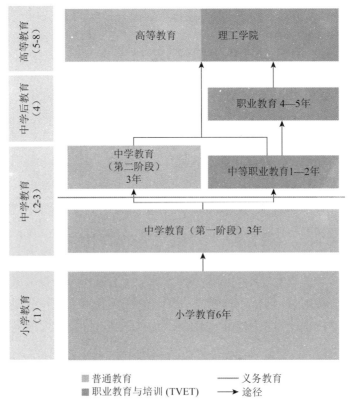

图1 格鲁吉亚职业技术教育与培训体系结构图

资料来源：图表由联合国教科文组织国际职业技术教育与培训中心编制。

格鲁吉亚小学教育6年，完成6年小学教育后，学生将继续接受中学教育。中学教育阶段又分为两个阶段，第一阶段是义务教育部分，学制3年，学生在第二阶段的中学教育开始分流，侧重文化学习的学生进入3年制中学，而侧重职业技术学习的学生则进入1—2年的职业学校学习。完成第二阶段的中学教育后，学生可升入高等院校接受高等教育。

根据《2013—2020年职业教育改革战略》，职业教育课程将纳入普通教育体系。正规的职业教育与培训在中学、中学后和高等教育阶段进行，但现行法律并未做出明确规定。职业教育与培训在中学教育第二阶段作为独立于普通教育的教育阶段，一般为期两年。

职业教育涵盖传统科目，但重点为职业技能的发展，而不是沟通和决策技能的发展。

---

① 该部分引自：教育与科学部.格鲁吉亚职业教育与培训法 [EB/OL]. https://matsne.gov.ge/en/document/download/23608/12/en/pdf,2017–09–21；联合国教科文组织国际教育局.世界教育数据（第7版）：格鲁吉亚 [EB/OL]. http://www.ibe.unesco.org/fileadmin/user_upload/Publications/WDE/2010/pdf– versions/Georgia.pdf,2017–09–26.

并无通用标准对职业教育系统的学生进行评估，只由教育机构自行负责进行学生评估。经授权的职业教育与培训机构负责提供非正规和非正式职业教育与培训，其满足特定条件要求，学历受国家任职资格框架认可。

（二）保障[①]

为确保职业教育与培训质量，该国建立了内外部质量保障体系，包括授权和认证标准。内部质量保证措施由国家教育质量中心和部长办公室下属的授权和认证委员会负责。

国家任职资格框架于2010年批准，契合欧洲任职资格标准框架和高等教育框架要求。目前的格鲁吉亚国家任职资格框架包括五级职业任职资格（1—5级）和三级高等教育资格（6—8级）。

格鲁吉亚职业教育分为不同级别，对不同级别的职业教育师资有不同的任职资格要求。中等职业教育任职要求如下：

表1　中等职业教育任职要求

教　育	学　制	任　职　资　格
基础教育（1级）	由相关职业标准定义	职业教育与培训一级
2级	由相关职业标准定义	职业教育与培训二级
3级	由相关职业标准定义	职业教育与培训三级
"模块化"VET 3级	根据不同级别而定	职业教育与培训三级

资料来源：http://eqe.ge/eng/static/125/education–system/national–qualifications– framework.2017–08–23.

表2　中学后职业教育任职

教　育	学　制	任　职　资　格
4级	由相关职业标准定义	职业教育与培训四级
4级	根据不同级别而定	职业教育与培训四级
5级	由相关职业标准定义	职业教育与培训五级
"模块化"职业教育与培训5级	根据不同级别而定	职业教育与培训五级

资料来源：http://eqe.ge/eng/static/125/education–system/national–qualifications– framework.2017–08–23.

格鲁吉亚中学后职业教育与培训共分两个等级，即4级和5级。这个阶段的职业教育与培训根据不同情况有不同的学制标准，但对这一阶段的教师任职资格则在"职业教育与培训"四级及以上。

[①] 摘自：国家教育质量中心．国家任职资格框架[EB/OL]. http://eqe.ge/eng/static/125/education–system/national–qualifications– framework.2017–08–23.

四、职业技术教育与培训的治理与教师

（一）治理[1]

涉及职业教育与培训改革的政府部门包括教育与科学部，财政部，卫生、劳动和社会事务部，基础设施和地区发展部。涉及的其他社会合作伙伴包括国际捐助机构，包括欧盟、联合国开发计划署、挪威教育部、德国国际合作协会。

教育与科学部负责格鲁吉亚职业技术教育与培训系统的管理。其中，教育与科学部一系列下属机构分管职业技术教育与培训系统的不同方面。这些机构包括：

· 教育机构中的资源办公室
· 国家评估和考试中心
· 教育基础设施开发机构
· 教师专业发展中心
· 国家教育质量中心
· 教育管理信息系统

除政府机构外，各类社会合作伙伴也为职业技术教育与培训系统的正常运行做出贡献。社会合作伙伴的例子包括：格鲁吉亚企业协会、工会会议和各类民间团体代表，如职业教育基金、女企业家协会、格鲁吉亚酒店餐饮业联合会及各类商会等。

参与职业技术教育与培训促进工作的其他政府部门包括：（1）财政部；（2）卫生、劳动和社会事务部；（3）基础设施和地区发展部；（4）国家统计局。

职业教育与培训系统由格鲁吉亚政府、教育与科学部预算以及其他部门预算提供资金。职业教育与培训融资机制目前正在调整，重点是涵盖职业教育与培训系统的教育成本，同时鼓励职业教育与培训机构自行承担管理成本。这种措施旨在鼓励职业教育与培训机构之间通过竞争提高教育质量，降低成本。同时，管理部门重点加强私营部门发展机制，鼓励私营部门投资格鲁吉亚职业教育与培训。鉴于此，公私合作关系 在许多领域都有所发展。

（二）教师[2]

要在格鲁吉亚从事职业教育与培训，教师们必须具备两个条件：一是必须拥有高等教育学历，可以是四级或五级职业教育资格；二是还必须在相关领域拥有至少三年工作经验。

教育与科学部下属的教师专业发展中心负责职业教育与培训教师和培训人员的培训工作。通过重点发展教师技能的课程及在职培训，让教师们能够在教学中轻松利用信息

① 本部分引自：教育与科学部.2013–2020年职业教育改革战略.http://www.mes.gov.ge/uploads/12.%20VET%20Strategy%202013–20_EN.pdf,2017–09–12；联合国教科文组织国际教育局.世界教育数据（第7版）：格鲁吉亚.http://www.ibe.unesco.org/fileadmin/user_upload/Publications/WDE/2010/pdf–versions/Georgia.pdf,2017–09–26.
② 摘自：联合国教科文组织国际教育局.世界教育数据（第7版）：格鲁吉亚[EB/OL].http://www.ibe.unesco.org/fileadmin/user_upload/Publications/WDE/2010/pdf–versions/Georgia.pdf,2017–10–02.

通信技术等科技成果。

五、职业技术教育与培训的诉求与发展趋势 ①

（一）诉求

当前，格鲁吉亚职业教育与培训发展面临一系列挑战，包括：发展建立在工作实践基础上的学习系统；鼓励私营部门参与发展机制；鼓励教师参加行业内部培训；建立外部质量保证机制；在职业教育与培训系统中纳入普通教育科目；在高等教育机构建立认可职业教育与培训学分的先前学习认证系统。国内经济发展趋势与职业技术教育的发展紧密相关，在这一形势下，格鲁吉亚出台了职业教育改革战略。《2013—2020 年职业教育改革战略》旨在加强格鲁吉亚职业教育与培训体系，制定到 2020 年的有关职业教育与培训发展目标。

（二）发展趋势

职业技术教育与培训的市场需求及发展环境将会变化。

近年来，格鲁吉亚市场经济体系面临诸多困难：国内动荡、武力冲突、能源交通封锁、高犯罪率、旧市场丧失、新市场未充分发展，一系列问题严重阻碍格鲁吉亚经济发展，经济改革势在必行，"格鲁吉亚 2020"经济社会发展规划应运而生。

近几年，格鲁吉亚经济发展平稳，宏观经济、金融、财政、外贸和债务状况总体好转。从短期看，2016 年初虽然受俄罗斯经济下滑影响较大，但国内进行积极的财政改革，使得格鲁吉亚当年国内经济继续保持良好态势。长期看来，格鲁吉亚经济发展中存在一些难以解决的问题，这些问题制约经济增长。例如与俄罗斯的关系影响外贸收入，通货膨胀率持续波动，失业率居高不下，经济发展对外部依赖较高。地缘政治风险和脆弱的银行体系将持续制约格鲁吉亚财富创造能力，市场融资能力薄弱使政府偿债来源继续依赖外部支持。中长期内，低廉的劳动力成本和不断优化的投资环境有望使经济保持 4.5% 左右的增速，但受制于高消费和低储蓄率，格鲁吉亚常规项目将继续维持高额逆差，经济发展高度依赖外资，财富创造能力的脆弱性依然突出。②

未来几年，格鲁吉亚坚持加入欧洲一体化进程，将大力贯彻联系会员国协定及全面深入的自由贸易协定，力求达到惠及全体公民的包容性全面性经济增长。具体来说，2020 年格鲁吉亚社会应充分尊重经济自由和财产权、保障司法独立，政府更加高效、透明，不再过多地干涉经济，大力提高市场竞争力尤其是民营领域市场竞争力，扩张外部市场，吸引外国投资，建设稳定的社会安全和保障体系，增加教育、医疗卫生等领域支出和投资，以创造更多就业机会为主，社会救济起辅助作用。③格鲁吉亚国家财政实力有

---

① 摘自：教育与科学部 .2013-2020 年职业教育改革战略 [EB/OL]. http://www.mes.gov.ge/uploads/12.%20VET%20Strategy%202013-20_EN.pdf,2017-09-08.

② 参见：深圳市政府政策研究室 . 西亚北非五国国情研究 .2016:12-18.

③ 中华人民共和国商务部 . 格鲁吉亚政府发布"格鲁吉亚 2020"经济社会发展规划 [EB/OL]. http://www.mofcom.gov.cn/article/i/dxfw/jlyd/201403/20140300530233.shtml.2017-09-26.

限，在科技投入方面不足。格鲁吉亚主要的科研主管部门是教育与科学部，直接对有关研究项目进行资助和监管的是鲁斯塔维利国家科学基金。

（深圳职业技术学院　技术与职业教育研究所　袁　礼）

主要参考文献

[1] 中华人民共和国驻格鲁吉亚大使馆经济商务参赞处. 格鲁吉亚地理情况简介 [EB/OL]. http://ge.mofcom.gov.cn/article/ddgk/zwdili/201507/20150701058341.shtml. 2017-09-28.

[2] 人民网. 格鲁吉亚概况 [EB/OL]. http://world.people.com.cn/GB/8212/72474/72475/5048785.html. 2017-10-02.

[3] 中华人民共和国外交部. 格鲁吉亚国家概况 [EB/OL]. https://www.fmprc.gov.cn/web/gjhdq_676201/gj_676203/yz_676205/1206_676476/1206x0_676478/.2021-09-25.

[4] 商务部国际贸易经济合作研究院. 对外投资合作国别（地区）指南——格鲁吉亚 [EB/OL]. 一带一路网. https://www.yidaiyilu.gov.cn/wcm.files/upload/CMSydylgw/201702/201702090239044.pdf. 2017-09-25.

[5] 中华人民共和国驻格鲁吉亚大使馆. 格鲁吉亚概况 [EB/OL]. http://www.fmprc.gov.cn/ce/cege/chn/gljygk/t1377759.htm. 2017-09-23.

[6] 中华人民共和国商务部欧亚司. 格鲁吉亚经济社会基本情况及特色产业介绍 [EB/OL]. http://oys.mofcom.gov.cn/article/oyyscy/201410/20141000780182.shtml. 2017-09-23.

[7] 中华人民共和国驻格鲁吉亚大使馆经济商务参赞处. 风俗与习惯 [EB/OL]. http://ge.mofcom.gov.cn/article/ddgk/zwfengsu/200203/20020300006772.shtml.2017-09-26.

[8] 中华人民共和国驻格鲁吉亚大使馆经济商务参赞处. 格鲁吉亚资源情况简介 [EB/OL]. http://ge.mofcom.gov.cn/article/ddgk/zwdili/201507/20150701058342.shtml.2017-09-24.

[9] 深圳市人民政府政策研究室. 一带一路沿线国家之格鲁吉亚 [EB/OL]. http://www.sz.gov.cn/szsfzyjzx/ylyd/201708/t20170830_8298944.htm.2017-09-24.

[10] 中国有色网. 杨金祥，王林峰. "一带一路"战略下格鲁吉亚能源投资正当时 [EB/OL]. http://www.cnmn.com.cn/ShowNews1.aspx?id=324999. 2017-09-16.

[11] UNESCO-UNEVOC 联合国教科文组织国际职业技术教育与培训中心. 全球职业技术教育与培训数据库：格鲁吉亚 [EB/OL]. www.unevoc.unesco.org. 2017-10-11.

[12] 欧洲培训基金会 (2014). 支持格鲁吉亚职业教育与培训的社会合作概念性文件. http://www.unevoc.unesco.org/fileadmin/up/georgia_socialpartnershipinvet.pdf. 2017-09-11.

[13] 教育与科学部. 格鲁吉亚职业教育与培训法 [EB/OL].https://matsne.gov.ge/en/document/download/23608/12/en/pdf. 2017-09-20.

[14] 国家教育质量中心 . 国家任职资格框架 [EB/OL]. http://eqe.ge/eng/static/125/education–system/national–qualifications– framework. 2017–10–01.

[15] 联合国教科文组织国际教育局 . 世界教育数据（第 7 版）: 格鲁吉亚 [EB/OL]. http://www. ibe.unesco.org/fileadmin/user_upload/Publications/WDE/2010/pdf– versions/Georgia.pdf. 2017– 10 –02.

[16] 教 育 与 科 学 部 .2013–2020 年 职 业 教 育 改 革 战 略 [EB/OL]. http://www.mes.gov.ge/uploads/12.%20VET%20Strategy%202013–20_EN.pdf. 2017–09–08.

[17] 中华人民共和国驻格鲁吉亚大使馆经济商务参赞处 . 格鲁吉亚 [EB/OL]. http://ge.mofcom.gov.cn/article/jmxw/201708/20170802630130.shtml.2017–08–21.

哈萨克斯坦共和国

一、国家概况

（一）地理

哈萨克斯坦共和国（The Republic of Kazakhstan），简称哈萨克斯坦，位于亚洲中部，西濒里海（海岸线长 1730 千米），北邻俄罗斯，东接中国，南与乌兹别克斯坦、土库曼斯坦、吉尔吉斯斯坦接壤。[①] 哈萨克斯坦面积 272.49 万平方千米，居世界第 9 位，为世界最大内陆国。全国共分为 3 个直辖市和 14 个州，首都阿斯塔纳是哈萨克斯坦工农业的主要生产基地、全国铁路交通枢纽。[②] 哈萨克斯坦东西宽约 3000 千米，南北长约 1700 千米，地形复杂，自然资源尤其是固体矿产资源非常丰富。全境处于平原向山地过渡地段，东南高、西北低，以平原和低地为主，60% 的土地为沙漠和半沙漠。最北部为平原，中部为东西长 1200 千米的哈萨克丘陵，西南部多低地，东部多山地。[③] 欧亚次大陆地理中心位于哈萨克斯坦境内。哈萨克斯坦约有 15% 的土地为欧洲部分。[④]

（二）人文

哈萨克斯坦共和国国名来自其主体民族哈萨克族。16 世纪之前，哈萨克斯坦境内生活的是游牧的突厥民族。当今哈萨克斯坦的民族和文化属于突厥文化、伊斯兰文化和斯拉夫文化的结合体。"哈萨克"意指"自由之民生活的地方"或"哈萨克的国家"。哈萨克人民历史上长期过着游牧生活，因此被称为"马背上的民族"。

公元 6 世纪中叶至 8 世纪突厥汗国曾建立于此；9—12 世纪奥古兹族国、哈拉汗国建国于此；11—13 世纪契丹人和蒙古鞑靼人侵入；15 世纪末成立哈萨克汗国，分为大帐、中帐、小帐；16 世纪初基本形成哈萨克部族；18 世纪 30—40 年代，小账和中帐并入俄罗斯帝国；19 世纪中叶以后，哈萨克斯坦全境处于俄罗斯统治之下；1918 年 3 月苏维埃政权建立后，于 1920 年 8 月 26 日建立归属于俄罗斯联邦的吉尔吉斯苏维埃社会主

[①] 中华人民共和国外交部 . 哈萨克斯坦国家概况 [EB/OL].[2021-07-01]. http://www.fmprc.gov.
[②] 哈萨克斯坦：哈萨克斯坦地理概况 [EB/OL].[2021-07-01]. http://globserver.cn
[③] 中华人民共和国外交部 . 哈萨克斯坦国家概况 [EB/OL].[2021-07-01]. http://www.fmprc.gov.
[④] 同上。

义自治共和国；1925 年 4 月 19 日，根据中亚各国按民族划界，改称哈萨克苏维埃社会主义自治共和国，同时加入苏联，成为苏联的一个加盟共和国；1990 年 10 月 25 日，哈萨克最高苏维埃通过了国家主权宣言；1991 年 12 月 10 日更名为哈萨克斯坦共和国，同年 12 月 16 日通过《哈萨克国家独立法》，正式宣布独立，并于 21 日加入独联体。①

哈萨克斯坦实行总统－议会制，总统为国家元首，每届任期 7 年；总统任命总理、各部部长和国家安全委员会主席，最后经最高苏维埃同意确认。现任总统是纳扎尔巴耶夫。政府活动对总统负责。现任总理为卡里姆·马西莫夫。1997 年哈萨克斯坦通过宪法修正案，授权现任总统纳扎尔巴耶夫可不受次数限制地连任总统职务。2015 年 4 月总统大选中纳扎尔巴耶夫总统以绝对优势胜选连任。②

哈萨克斯坦总人口 1913.36 万（2021 年 7 月），其中哈萨克族占 68%，俄罗斯族占 20%，国家语言是突厥语族的哈萨克语，它与俄语同为官方语言。哈萨克斯坦民众普遍信仰宗教，信奉的主要教派有伊斯兰教（信徒约占总人口数的 69%）和东正教（信徒约占总人口数的 30%），同时奉行"政教分离"政策。③

（三）经济

哈萨克斯坦的产业以石油、采矿、煤炭和农牧业为主，是资源大国，但大部分日用消费品依靠进口；资源包含丰富的石油、天然气、煤炭和有色金属等；农业基础良好，广阔的牧场适于畜牧业发展，生态状况优良。哈萨克斯坦是中亚地区经济发展最快、政治局势比较稳定、社会秩序相对良好的国家。2021 年哈萨克斯坦国内生产总值 1698.37 亿美元，同比增长 2.6%，工业产值 459.3 亿美元，同比下降 0.7%，农业产值 151.91 亿美元，同比增长 5.6%。2021 年 1-6 月，哈萨克斯坦国内生产总值同比增长 1.6%。人均 GDP 达 1 万多美元。GDP 总量居独联体第二，仅次于俄罗斯。哈萨克斯坦自独立以来，坚持奉行积极吸引外国投资的政策。④ 在良好的投资环境下，大量外国投资者不断扩大对哈萨克斯坦投资的规模，为哈萨克斯坦的经济和非能源领域发展提供了必要的资金。世界经济论坛《2015—2016 年全球竞争力报告》显示，哈萨克斯坦在 140 个国家和地区全球竞争力排行中排列第 42 位。⑤ 1997 年哈萨克斯坦总统纳扎尔巴耶夫发表了《哈萨克斯坦—2030》国情咨文，为哈萨克斯坦社会、经济发展设计了"到 2030 年进入世界 50 强国行列"的宏伟蓝图。⑥

---

① 商务部国际贸易经济合作研究院等. 对外投资合作国别（地区）指南——哈萨克斯坦 [R]. 商务部国际贸易经济合作研究院，2016.04:2-3.

② 中华人民共和国外交部. 哈萨克斯坦国家概况 [EB/OL].[2021-07-01]. http://www.fmprc.gov.

③ 自联合国人口司《世界人口展望》（2015 年修订版）[EB/OL]. http://esa.un.org/unpd/wpp/DVD/.

④ 中华人民共和国外交部. 哈萨克斯坦国家概况 [EB/OL].[2021-07-01]. http://www.fmprc.gov.

⑤ 2016—2017 年全球竞争力报告. 中华人民共和国知识产权局 [EB/OL].（2017-06-01）. http://www.sipo.gov.cn/zlssbgs/zlyj/201704/t20170406_1309284.html.

⑥ 哈萨克斯坦总统纳扎尔巴耶夫发表国情咨文. 国际在线 [EB/OL].（2011-01-28）. http://gb.cri.cn/27824/2011/ 01/28/541s3140076.htm.

（四）教育

哈萨克斯坦历来有重视教育的传统。从 19 世纪中叶开始，在哈萨克斯坦北方的一些城市就有了教授世俗文化的俄文学校，但学生范围局限于少数富家子弟。在苏联时期，各类教育皆由国家创办和管理，学生享受全国统一的免费政策，培养高、中级专业人才的高等院校和中等学校持续增加，到"二战"前已经有了 19 所高校和 120 所中等职业学校。[①] 独立后，哈萨克斯坦在改革政治体制和经济体制的同时对教育体制、教育政策进行了改革。到 20 世纪 90 年代，根据国际经济发展指标，哈萨克斯坦被列入发展中国家行列。事实上，其居民教育知识水平、教学过程的有效性和科学研究潜力的评价远远高于很多发展中国家。[②] 目前，哈萨克斯坦政府制定的未来 10 年的国家教育战略是：到 2020 年，至少 2 所高校成为世界名牌大学；高等教育体系达到世界先进水平；在校硕士生人数达到 1.25 万人，博士生人数是现在的 10 倍。

根据哈萨克斯坦 2007 年的新《教育法》第三章第 12 条，哈萨克斯坦教育体系包括以下几个教育层次：

· 学前教育；

· 初等教育；

· 基础中等教育；

· 中等教育（包括普通中等教育和职业技术教育）；

· 高等教育。

层级间的关系和发展路径如图 1 所示。

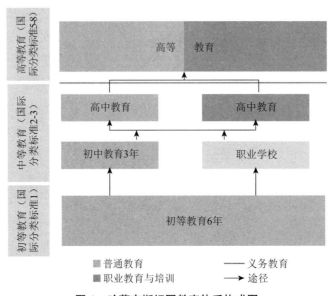

图 1　哈萨克斯坦国教育体系构成图

---

① 赵常庆 . 哈萨克斯坦列国志 [M]. 北京：社会科学文献出版社 ,2004.

② Kazakhstan Education News. https://news.search.yahoo.com/search;ylt=Awr Sbgfp E.d Z3QsAljIXNyoA.

哈萨克斯坦教育基础较好，实行 11 年制义务教育（104 所中学正在开展 12 年制教育试点），高中教育覆盖率达到 98.5%，成年人识字率 99.7%，全国基本无文盲。国立高校采取奖学金制和收费制两种方式。[①]

截至 2015 年 12 月，哈萨克斯坦全国共有学前教育机构 8834 所，其中幼儿园 3128 所，在校学龄前儿童 75.88 万人，幼儿教师中 56.4% 拥有高等学历；哈萨克斯坦部分中小学实行多民族语言教育，共有全日制中小学 7511 所，在校学生 279.96 万人，教职员工 30.52 万人，其中 86.9% 具有高等学历，中学高级教师占 16.3%；中等专业技术和职业教育学校 772 所，教职员工 3.7489 万人，技师 5623 人，全日制学生 279.9 万人，函授生 12.04 万人。各类高校 127 所，其中国立 9 所，国际 1 所，公立 33 所，股份制 16 所，私立 63 所，其他类别 14 所。[②]

哈萨克斯坦著名的大学有：国立阿里－法拉比大学，国立古米廖夫欧亚大学，萨特帕耶夫国立技术大学，南哈萨克斯坦奥埃佐夫国立大学，卡拉干达布克托夫国立大学，哈萨克斯坦经理人、经济及预测学院，哈萨克斯坦人文、法律大学，国立阿斯芬季亚罗夫大学，国立阿拜师范大学，卡拉干达国立医学院等。

二、职业技术教育与培训的战略与法规

（一）战略

近年来，哈萨克斯坦经济稳定，增长势头强进。2014 年人均 GDP 达 11670 美元。[③] 哈萨克斯坦政府加紧落实《哈萨克斯坦国家加快工业创新发展规划》，与工业发展相适应的人才需求问题凸显。[④] 当前哈萨克斯坦的经济增长仍主要得益于资源的出口。要在激烈的国际竞争之中立于不败之地，就必须进行国家产业结构调整，促进经济发展多元化。职业技术教育改革在哈萨克斯坦的工业化和现代化进程中扮演越来越重要的角色。

哈萨克斯坦正式加入"博洛尼亚进程"（欧洲教育空间）后，成为首个拥有该进程成员资格的中亚国家。哈萨克斯坦政府明确提出要将"博洛尼亚进程"作为教育改革的战略目标，其最终目的是提升本国教育的质量，与欧洲同步，向世界教育强国迈进。基于此，哈萨克斯坦政府出台了一系列教育发展战略。[⑤]

1997 年《哈萨克斯坦 2030 年战略》。该战略指出"健康、教育和公民福利"是人类

① 哈萨克斯坦：哈萨克斯坦教育发展情况 [EB/OL].（2013–03–28）. http://globserver.cn/en/node/31022.
② 联合国教科文组织的报告。原文出自：全球职业技术教育与培训数据库：哈萨克斯坦. 编制：UNESCO-UNEVOC.
③ 中华人民共和国外交部. 哈萨克斯坦国家概况 [EB/OL].[2021–07–01]. http://www.fmprc.gov.
④ 〔哈〕艾贝克. 哈萨克斯坦：以职业教育发展促经济发展 [J]. 职业技术教育，2008:(8).
⑤ 哈萨克斯坦共和国教育与科学部（2010）.《哈萨克斯坦共和国教育发展国家计划 2011—2020》. 阿斯塔纳：教育与科学部.

发展最重要的组成部分。实现这一任务，需要不断增加居民接受教育的机会，让每个人都获得不同层次和阶段的教育。

2008 年《哈萨克斯坦教育与科学部 2009—2011 年战略规划》纲要。该文件提出了哈萨克斯坦教育科学部在 2009—2011 年间的战略目标，主要内容包括：确保高质量教育机会，向经济和社会基础领域提供科学技术援助，为儿童和青年的发展提供条件，吸引他们参与到服务国家的社会经济发展的活动中来；提高教育和科学系统的管理和财政效率，在现有基础上将职业技术教育学校在校生总数增加 24%；通过引进外国教师和让本国教师经常性地参加培训和进修等方式，确保职业技术学校的高技能工程师资队伍；通过听取用人单位的意见制定符合市场需求的教育标准和教学大纲，以此提高职业技术教育的质量和效益；签订有关技术和服务专业干部培训领域的合作备忘录、协议，建立用人单位委培学生学习机制，发展学校与企业的紧密合作关系等。[①]

2010 年《2011—2014 年劳动力市场管理和保障劳动力资源规划》。该规划旨在改善职业教育体系，有科学依据地预测行业需求，从而更好地为哈萨克斯坦经济发展开发劳动力资源。依据经济活动人口的自然增长来预测所需劳动力资源值，改善职业教育体系，提高人力资源质量。[②]

2011 年《哈萨克斯坦共和国国家教育发展规划（2011—2020）》。该规划是目前哈萨克斯坦教育发展目的、目标与实施方式的主要文件，规定了哈萨克斯坦职业技术教育与培训领域的战略目标及定量指标，是哈萨克斯坦职业技术教育的现行纲领性文件。

1. 职业技术教育与培训领域的战略目标：

第一，实现职教培训体系现代化，以满足社会经济和工业发展的需求；根据国家工业发展要求，更新职业技术教育结构与内容，使用国际通用教育标准，融入全球教育领域。

第二，实现高水平的教育质量，以满足劳动力市场需求以及国家工业创新发展目标；满足个人需要，提升职教培训形象，提升主要经济部门人员培训的基础设施，为终身教育与全民教育创造条件；培养具有本科与研究生学位的应用技术人员，以满足国家工业发展的需求。

第三，为教育部门培养高素质的员工队伍；加大国家扶持力度，改善教师就业条件，增加其就业机会。

2. 职业技术教育与培训的评价指标体系：

第一，在雇主协会的独立资格评估中，职教培训毕业生的初次通过率为80%（占参

① Стратегическийплан Министерстваобразованияи науки Республики Казахстан на[EB/OL]. (2016-12-01) [2017-09-05]. годы http:// ru.government.kz/structure/org/03.
② 联合国教科文组织国际职业技术教育与培训中心．[EB/OL]. (2013-06) [2017-09-05]. www.unevoc.unesco.org.

与者的总数）。

第二，政府资助计划下的职教培训毕业生的第一年就业率为80%。

第三，依据教师认证委员会提出的具体要求（包括教师的学术与专业经验、组织课外活动、教师职业发展的渴望、改善教师与家长关系做出的贡献等）将职教教师按素质级别分为三类。

2012年12月14日，总统国情咨文《哈萨克斯坦—2050》再次提出职业教育和高等教育要面向当前和未来的需求，建立和发展应用科学和其他科研机构。①

（二）法规

"发展教育、立法先行"是苏联发展国民教育几十年来形成的一个显著特点。哈萨克斯坦独立后也继承了这一优良传统。哈萨克斯坦没有进行专门的职业教育立法，监管职业技术教育与培训的主要法案也是《教育法》和《高等教育法》。

1993年哈萨克斯坦《高等教育法》。该法对高等职业教育的体系做了如下规定：高等职业教育是一个包括专科、本科、硕士和博士在内的完整体系。

2007年哈萨克斯坦《教育法》。该法律是加入博洛尼亚进程而颁布的基础法，目的是使教育更好地为本国的经济发展培养高科技、高技能、高素质的复合型人才，保障教育的国际竞争力。法律主体内容涉及统一学制、加强师生国际流动、改革课程等等。哈萨克斯坦政府于同年在该法律基础上颁布了《哈萨克斯坦共和国2008—2012年国家技术和专业教育发展规划》。

2011年《创建国家职业技术教育人员培训委员会规范》。该条例列举了创建国家职业技术教育人员培训委员会的历史要求和现实社会期盼，规定了该委员会的职责和组织架构。

2012年12月总统国情咨文《哈萨克斯坦—2050》提出职业教育和高等教育要面向当前和未来的需求，建立并发展应用科学和其他科研机构。②

2013年哈萨克斯坦修订的《教育法》。2010年3月哈萨克斯坦正式加入"博洛尼亚进程"之后，2013年7月4日，哈萨克斯坦修订了《哈萨克斯坦教育法》。其中，第十章第65款第2条规定：教育机构根据自身的特点有权与国外的教育、科技、文化机构及国际组织和基金会建立直接联系，可共同签订双方和多方合作协议，参加国际项目交换学生、教育和科学工作者，加入专业教育领域的国际非政府组织和联合会。

目前，哈萨克斯坦有关职教培训发展的规范法律正在不断调整，调整过程充分考虑了国际标准，以使哈萨克斯坦的职业技术教育符合"博洛尼亚进程"。③

---

① 联合国教科文组织国际教育局（2011）.世界教育数据（第7版）.2010/2011.哈萨克斯坦.日内瓦：联合国教科文组织国际教育局。

② 联合国教科文组织国际职业技术教育与培训中心.[EB/OL].(2013–06)[2017–09–05].www.unevoc.unesco.org.

③ Globserver亚洲：2012年哈萨克斯坦教育发展情况[EB/OL].[2017–09–30].http://globserver.cn/en/node/31022.

三、职业技术教育与培训的体系与质量保障 [①]

（一）使命

哈萨克斯坦职业技术教育与培训的使命是：培养大批懂技术、会操作的技术专家，满足国家工业现代化发展的需求，促进经济转型由主要依托自然资源的经济向多元经济转变。职业技术教育与培训的具体目标如下：

·实现职教培训体系现代化，以满足社会经济和工业发展的需求；融入全球教育体系；

·实现高水平的教育质量，以满足劳动力市场需求以及国家工业创新发展的目标，满足个人需要并开展符合世界最佳教育的实践；

·为终身教育与全民教育创造条件；

·培养更多具有本科与研究生学位的人员，以满足国家工业发展的需求；

·根据国家工业发展要求，更新职业技术教育结构与内容；

·发展主要经济部门的人员培训基础设施；

·加大国家扶持力度，为教育部门培养高素质的员工队伍；

·改善教师就业条件，创造更多的就业机会；

·提升职教培训形象。

哈萨克斯坦还为职教培训设定了一下发展定量指标，包括：

·高素质教师比例要达到 52% 及以上（占教师总数）；

·在雇主协会的独立资格评估中，职教培训毕业生的初次通过率要突破 80%（占参与者的总数）；

·政府资助计划下的职教培训毕业生的第一年就业率达到 80% 及以上。

（二）体系

哈萨克斯坦的职业教育划分为初等职业教育、中等职业教育和高等职业教育三个阶段。高等职业教育包括专科、本科、硕士和博士在内的完整学历链。

哈萨克斯坦的职业教育发展可以说基本上与其经济发展同步，前后经历了苏联时期的快速发展期、独立初期的低迷期和经济复苏后的蓬勃发展期。20 世纪 80 年代初，哈萨克斯坦有职业技术学校 416 所，385 个专业，在校生人数 23 万人。1991 年至 2010 年初，哈萨克斯坦的高等院校体制有了重大变化，部分院校改由私立办学。2004—2005 年，哈萨克斯坦全国有职业技术学校 296 所，学生约 10 万人。2005—2006 学年开始试验基地建设，划拨资金 10 亿坦戈，在全国的 7 所职业学校和 17 所职业专科学校开展建立职业技术学校技术资料基地的试点；同时，在阿特劳、奇姆肯特、乌斯卡门诺、甫洛达尔州等四地建立了石油天然气、纺织和加工、机械工程和能源等四个职业培训中心，以专门培养国家急需

---

① Ministry of education and science of Kazakhstan. [EB/OL].[2010-09-15]. http://edu.gov.kz/ru/index.php.

的专业型人才。① 此外，哈萨克斯坦非正式职业技术教育与培训的机构网遍布全国，包括营利性院校、行业培训机构、职业教育培训中心等。这些机构开设短期专业发展课程，对青年与成人进行职业技术培训。

在哈萨克斯坦的教育体系中，学生可以在完成中等教育（初中或者高中）后分流进入职业技术教育学习。学生完成第 9 级中等基础教育（初中）之后选择进入职业技术学校，需要完成 3 至 4 年的职业技术学习；12 年级毕业生（高中毕业）进入职业技术学校则只需进行 2 到 3 年的学习。拥有完全中等教育文凭（高中文凭）的毕业生可以选择高等教育继续学习或进入大学接受普通高等教育。每年，约三分之一的小学毕业生选择进入职业技术学校；接受完全中等教育的毕业生（高中毕业）约有 60% 的学生考取大学，接受普通高等教育或高等职业教育，而没考入的 40% 的学生，不能直接进入劳动力市场，必须接受初等或中等职业教育培训方可进入劳动力市场。

高等职业教育拥有完整的教育体系。依据《高等教育法》的规定，修业 4 年制授以学士学位；在完成学士学位基础上，再学习 2 年的科学教育，可授予硕士学位；各专业学习年限最低不少于 4 年。

（三）保障

1. 资格与资格框架

哈萨克斯坦目前尚没有完善的国家资格框架体系。职教培训机构为参与者提供多种形式的职业资格证书。初中毕业生和高中毕业生进入职业技术学校学习，获得专业文凭（professional diploma）。拿到高中毕业证书的学生有资格申请职业技术学院和高等院校。大学毕业后，学生可以继续在授予学士与硕士学位的高等教育机构如理工院校、专科院校与协会学习，从而获得专科文凭（Diploma of Specialist）。从职业技术学院顺利毕业的学生则可获得资格证书（qualification diploma）。无论是在职业技术教育体系，还是普通教育体系内，各学习阶段可以考取相应的职业资格证书。

```
初等教育                中等教育              高等教育
1-2-3-4——5-6-7-8-9○—10-11-12 — ● — 1-2-3-4◆→      学士
                      10-11              1-2-3-4◆-5-6◆→  硕士
                  10-11-12▲ →           1-2-3-4-5◆→    工程师等
                      10-11▲→            1-2-3-4-5◆-6◆→  硕士
                                         1-2-3-4-5-6◆→  医师
```

图 2　哈萨克斯坦各学习阶段获取学历证书与资格证书示意图

符号含义：○不完全中等教育证书　●完全中等教育证书　▲职业教育证书
◆学位或证书（职称，如工程师、医师、农艺师等）　→完成教育

2010 年世界银行给哈萨克斯坦共和国提供了 2920 万美元的贷款，支持其"技术与

---

① 杨建梅.哈萨克斯坦重视发展职业教育——译自《今日哈萨克斯坦报》[J].中亚信息，2008:(1).

职业教育现代化项目"，重点支持行业主导的职业标准开发与国家资格框架以及相关质量保障认证机构的建设。①

2. 质量保障

哈萨克斯坦的高等教育质量评价体系经历了五个阶段的发展，目前已经形成较完整的体系，各阶段具体的发展目标和监督方法如表1所示：

表1　哈萨克斯坦高等教育评价体系发展阶段划分及特征

发展阶段及年代	发展重点	发展目标	监督方法
第一，体系建设阶段 1991—1994	确立教育标准法案	建立高等教育国家标准；建立多层次高等教育体系	学校认证制度
第二，现代化阶段 1995—1998	教育现代化；发展非国立高等教育	完善教育政策；制定高等教育标准；制订全面的专业分类	许可证制度；学校认证制度；结果监督
第三，更新高教管理体系 1999—2000	高等教育权力下放；扩大学术自由	确立高等教育拨款和贷款制度；高等教育的分散管理	学校认证制度；结果监督
第四，高等教育质量评估体系的建立 2001—2004	高等教育的战略性发展	实施2005—2010年哈萨克斯坦共和国国家教育发展纲要；建立国家教育质量评估系统	许可证制度；学科、专业鉴定；内部监督和结果监督
第五，高等教育评估体系的完善 2005年至今	全面、系统的质量评价体系	规范教育评价；保障教学质量	许可证制度；大学专业鉴定；内部监督和结果监督

为了完善评价体系的发展，哈萨克斯坦科教部于2007年颁布了《关于批准督学委员会活动的示范规则和选举程序》，随后又对其进行了修订和补充。其具体措施包括：把国家教育质量评价中心更名为"国家教育统计和评价中心"，参考国际组织和其他高校的相关标准制定哈萨克斯坦的教育标准，保证高等教育机构的制度和专业认证标准须符合《欧洲地区高等教育质量保障标准和准则》，之后由哈萨克斯坦科教部、国家教育统计和评价中心每年发布教育发展的监测报告。

四、职业技术教育与培训的治理与教师

（一）治理

哈萨克斯坦教育与科学部是负责全国教育系统（初、中、高三个层次的教育）发展及运行的主要中央管理机构。它通过在全国行政划分地设立的地区和直辖市教育管理部

---

① 摘自：世界银行网站. 世界银行支持哈萨克斯坦的职业技术教育改革 [EB/OL]. [2017-09-05]. http://www.worldbank.org/en/news/press-release/2010/07/08/world-bank-supports-reforms-kazakhstan-technical-vocational-education.

门推行各项政策和法规的落实。《教育法》明确规定，教育行政管理部门的职能包括：制定和推行国家教育政策；起草并通过关于教育经费的国家和地方法规；制定并通过国家教育标准、课程及教学大纲；发布关于专家培训的国家命令等；教育与科学部下设职业技术教育署，履行管理职业技术教育的职责；职业技术学校或学院的管理机构是负责组织教育实施的专门机构。各院校所开设的课程可以由大学、学院和学校基于国家教育标准框架自主设置。地方教育行政管理部门负责地区一级预算中的教育配套资金。哈萨克斯坦计划在所有教育机构推行"人均经费"。[①]

除国家科学教育部之外，哈萨克斯坦还拥有其他一些国家级教育管理部门，其名称和职责如表 2 所示。

表 2　哈萨克斯坦国家教育管理部门及职责[②]

国家机构	主要职责
哈萨克斯坦教育与科学部	主要行使教育规划管理权力；形成共同的政策和战略
哈萨克斯坦科学教育部附属监督委员会	负责全国所有高校的监督以及认证（包括许可证的发放和吊销等）
教育质量评估中心	对整个教育体系实施质量监测
国家认证中心	负责院校评审
质量管理和咨询认证中心	促进并协助高校的管理
国家教育标准和监测中心	负责教育标准和要求的拟订及其落实情况

（二）教师

哈萨克斯坦目前没有专门培养职教师的教育机构。在苏维埃时期，教师在高等教育的工程与师范学院中各系部加以培养。现在这类院校和系部已经大幅缩减，只有少量院校延续着上述做法。目前，教师的在职培训通常由地区的公共在职培训机构承担。这些机构的主要目的是提高教师队伍的专业水平。根据国家的相关规定，教学人员必须每五年接受一次正规在职培训。但是囿于培训机构的数量和规模不足，无法满足培训需求，导致规定无法落实。职教师资培训师主要是不同领域的实践专家，由于工资水平偏低，他们通常一边工作，一边兼职教授职教培训课程。[③] 哈萨克斯坦教师的主要不足之处主要在于：

（1）高校教师进行国际交流、学习的机会很少，大部分名额仅集中在有限的学科领域；

（2）还没有建立起完善的选拔机制；

---

① 该部分引自：联合国教科文组织国际教育局（2011）. 世界教育数据（第 7 版）. 2010/2011. 哈萨克斯坦. 日内瓦：联合国教科文组织国际教育局.

② 纳列诺娃等编. 哈萨克斯坦高等教育国民报告 [M]. 2006: 15.

③ 该部分引自：联合国教科文组织国际教育局（2011）. 世界教育数据（第 7 版）. 2010/2011. 哈萨克斯坦. 日内瓦：联合国教科文组织国际教育局.

（3）教师总体外语水平不高也影响了国际交流。

五、职业技术教育与培训的诉求与发展趋势

（一）诉求

哈萨克斯坦拥有着令人羡慕的自然禀赋，人口数量相对较少，在独立后的 15 年间取得了巨大的经济成就。2000 年至 2010 年期间，哈萨克斯坦的经济年均增速为 8%，已成为世界上发展最快的三大经济体（中国、印度、哈萨克斯坦）之一，是中亚五国中经济最发达的国家。2010 年至 2012 年，随着世界经济的复苏，能源和金属国际市场需求稳定，哈萨克斯坦经济开始强劲反弹。2015 年哈萨克斯坦人均 GDP 达 1 万多美元，GDP 总量居独联体第二，仅次于俄罗斯。[①] 哈萨克斯坦总统纳扎尔巴耶夫发表的《哈萨克斯坦—2030》国情咨文中，为哈萨克斯坦社会、经济发展设计了"到 2030 年进入世界 50 强国行列"的宏伟蓝图。但是，哈萨克斯坦还存在成为世界强国必须解决的诸多问题。图 3、图 4 显示，哈萨克斯坦的商品贸易结构依然以出口资源为主，进口商品以制造业产品为主。哈萨克斯坦想要跻身世界发达国家则需要扭转这个局面，大力发展本土工业。

哈萨克斯坦当局注意到这一问题的存在，已经将此写入《哈萨克斯坦—2050》国情咨文，正在努力加以解决。要配合宏伟发展战略，适应产业转型和强劲的经济发展势头，哈萨克斯坦就需要大批懂技术、会操作的专业人才；要跻身世界前列，就需要创造条件，努力开发现代化教育和培训、再培训，发展工程教育和现代技术专业体系；使职业教育面向当前和未来的需求，建立和发展出应用研究机构等。这也是哈萨克斯坦中等、高等职业教育的发展方向。[②]

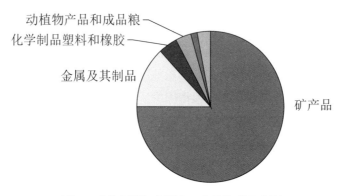

图 3　哈萨克斯坦主要出口商品构成示意图

---

①　中华人民共和国外交部.哈萨克斯坦概况国家概况 [EB/OL].（2016-12-01）[2017-09-05]. http://www.fmprc.gov.cn/web/gjhdq_676201/gj_676203/yz_676205/1206_676500/1206x0_676502/.

②　哈萨克斯坦共和国教育与科学部网页。访问时间：2011 年 11 月 22 日。

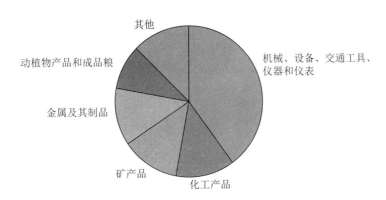

图4 哈萨克斯坦主要进口商品构成示意

哈萨克斯坦职业技术教育与培训在国际化进程中产生了强烈的自身发展诉求。自从哈萨克斯坦在2010年3月11日正式加入"博洛尼亚进程",成为首个拥有该进程成员资格的中亚国家后,政府明确提出以该进程作为教育改革的目标,向世界教育强国迈进,最终要使本国教育的质量与欧洲同步。哈萨克斯坦职业技术教育与培训在"博洛尼亚进程"中的任务是:培养大批懂技术、会操作的技术专家,满足国家工业现代化发展的需求,促进主要依托自然资源的经济向多元经济转变。

(二)发展趋势

为满足职业技术教育与培训的诉求,哈萨克斯坦政府制定了《哈萨克斯坦共和国教育发展规划(2011—2020)》。分析其未来数年职业技术教育与培训发展目标,可以发现哈萨克斯坦职业技术教育与培训的未来发展趋势:

第一,进行职业技术教育与培训体系的结构性改革。哈萨克斯坦的职业技术教育与培训体系正在经历重大的结构调整,目的是适应国民经济结构的变化和现代工业发展的要求,更新职业技术教育结构与内容,满足其所需高技术技能人才的需求。因此,国家正在努力分配更多的资源给职教培训体系,努力解决其面临的资金不足、师资短缺、设备陈旧等问题。

第二,深化与国际组织和机构的合作。目前,哈萨克斯坦政府已经在推进职业技术教育与培训国际化方面取得了明显的效果,例如哈萨克斯坦与德国国籍合作机构(GIZ)合作开发课程及相关模块、与欧盟委员会联合成为社会合作伙伴、与挪威教育培训中心(RKK)合作进行油气领域人员的再培训。与英国文化协会、世界银行、欧洲培训基金会以及FONTYS应用科技大学(荷兰)合作开发培训项目等。

第三,构建足够数量的区域现代化职业技术教育与培训中心。由教育与科学部牵头,在现有社区教育机构的基础上设立现代化教育与再培训区域中心。中心的重点任务有两个,一是为重要经济部门如石油加工、医药卫生、科技、农业等部门的员工进行在职培训;一是进行职教体系教师的在职培训。

第四，开发国家资格框架。哈萨克斯坦目前已经有了丰富的职业技术教育专业资格证书体系，这构成了国家资格框架的基础。哈萨克斯坦政府指出，在开发国家资格过程中，应认真考虑雇主、劳工组织以及国家政府的建议和意见，做好世界银行自助的"技术与职业教育现代化项目"，尽快开发出适合哈萨克斯坦社会经济发展需求的国家资格框架。

第五，加大对建设职业技术大学的力度，提升其教育质量和人才培养数量，培养更多具有本科与研究生学位的应用技术人员，以满足国家工业发展的需求，为终身教育与全面教育创造条件。

（深圳职业技术学院　技术与职业教育研究所　宋　晶）

主要参考文献

[1] 1993 年　哈萨克斯坦《高等教育法》

[2] 1997 年《哈萨克斯坦 2030 年战略》

[3] 2007 年　哈萨克斯坦《教育法》

[4] 2008 年《哈萨克斯坦教育与科学部 2009—2011 年战略规划》纲要

[5] 2010 年《2011—2014 年劳动力市场管理和保障劳动力资源规划》

[6] 2011 年《哈萨克斯坦共和国家教育发展规划 (2011—2020) 》

[7] 2011 年《创建国家职业技术教育人员培训委员会规范》

[8] 2012 年 12 月总统国情咨文《哈萨克斯坦—2050》

[9] 2013 年哈萨克斯坦修订的《教育法》

[10] 哈萨克斯坦共和国教育与科学部网页 [EB/OL]. [2017–09–05] Webpage of the Ministry of Education and Science of the Republic of Kazakhstan. Accessed: 22 November 2011.

[11] 中华人民共和国外交部 . 哈萨克斯坦国家概况 [EB/OL].[2021–07–01]. http://www.fmprc. gov.

[12] 哈萨克斯坦 : 哈萨克斯坦地理概况 [EB/OL].[2021–07–01]. http://globserver.cn

[13] 商务部国际贸易经济合作研究院等 . 对外投资合作国别（地区）指南——哈萨克斯坦 [R]. 商务部国际贸易经济合作研究院等 , 2016.04: 5–7.

[14] 联合国人口司 . 世界人口展望 (2015 年修订版) [EB/OL]. http://esa.un.org/unpd/wpp/DVD/

[15]《2016—2017 年全球竞争力报告》中华人民共和国知识产权局 [EB/OL]. (2017–06–01) http://www.sipo.gov.cn/zlssbgs/zlyj/201704/t20170406_1309284.html.

[16] 哈萨克斯坦总统纳扎尔巴耶夫发表国情咨文 . 国际在线 [EB/OL]. (2011–01–28)http://gb.cri. cn/27824/2011/01/28/541s3140076.htm.

[17] 赵常庆 . 哈萨克斯坦列国志 [M]. 北京 : 社会科学文献出版社 , 2004.

[18] БырганымАйтимоваМинистробразованияинаукиРеспубликиКазахстан."Системаобразован иявРеспубликеКазахстан". [EB/OL] ttp: //www.eed.ru/opinions/o_27.10.06_29.html.

[19] Globserver 亚洲：哈萨克斯坦：哈萨克斯坦教育发展情况 [EB/OL]. (2013–03–28) http://globserver.cn/en/node/31022.

[20] 联合国教科文组织的报告。原文出自：全球职业技术教育与培训数据库：哈萨克斯坦 . 编制：UNESCO–UNEVOC。

[21] 〔哈〕艾贝克 . 哈萨克斯坦：以职业教育发展促经济发展 [J]. 职业技术教育，2008: (8).

[22] Ministry of education and science of Kazakhstan[EB/OL].[2010–09–15] http://edu.gov.kz/ru/index.php.

[23] СтратегическийпланМинистерстваобразованияи науки Республики Казахстан на[EB/OL]. (2016–12–01) [2017–09–05]. годы http:// ru.government.kz/structure/org/03.

[24] 联合国教科文组织国际职业技术教育与培训中心 [EB/OL]. [2017–09–05] www.unevoc.unesco.org. 2013 年 6 月 .

[25] 联合国教科文组织国际职业技术教育与培训中心 .www.unevoc.unesco.org. 2013 年 6 月 .

[26] 杨建梅 . 哈萨克斯坦重视发展职业教育——译自《今日哈萨克斯坦报》[J]. 中亚信息，2008: (1).

[27] 世界银行网站 . 世界银行支持哈萨克斯坦的职业技术教育改革 [EB/OL]. [2017–09–05] http://www.worldbank.org/en/news/press–release/2010/07/08/world–bank–supports–reforms–kazakhstan–technical–vocational–educatio.

[28] 纳列诺娃等编 . 哈萨克斯坦高等教育国民报告 [M], 2006: 15.

吉尔吉斯共和国

一、国家概况

（一）地理

吉尔吉斯共和国（The Kyrgyz Republic），简称吉尔吉斯斯坦，是位于中亚东北部的内陆国家。北部与哈萨克斯坦毗邻，西南部与乌兹别克斯坦交界，南部与塔吉克斯坦相连，东部和东南部与中国接壤。边界线全长4170千米，其中与中国的共同边界长1096千米。吉尔吉斯斯坦国土面积为19.99万平方千米，境内多山，全境海拔500米以上。[①]天山山脉和帕米尔-阿赖山脉绵亘于中吉边境，高山常年积雪，多冰川，牧场占总面积的43%。属温带大陆性气候，年降水量200—800毫米，主要拥有纳伦河、恰特卡尔河、萨雷查斯河、楚河、塔拉斯河、卡拉达里亚河、克孜勒苏河等，水资源和矿产资源较丰富。全国划分为7州2市：楚河州、塔拉斯州、奥什州、贾拉拉巴德州、纳伦州、伊塞克湖州、巴特肯州、首都比什凯克市和奥什市。[②]

（二）人文

吉尔吉斯斯坦，意为"草原上的游牧民"，早期民族史与匈奴、丁零、乌孙、塞种人等有联系，后因蒙古人进入哈萨克斯坦和中亚地区，部分突厥部落逐渐向西迁徙，往南直到帕米尔山脉后形成民族，元朝时为蒙古族察合台汗国地，15世纪后半叶吉尔吉斯民族基本形成。1924年成为俄罗斯联邦的一个自治州"卡拉-吉尔吉斯自治州"，1936年成立吉尔吉斯苏维埃社会主义共和国，加入苏联。1991年宣布独立，改国名为吉尔吉斯共和国，加入独联体。2015年，正式加入欧亚经济联盟。[③]

吉尔吉斯斯坦属政教分离的世俗国家，政治上推行民主改革并实行多党制。1993年5月5日，吉尔吉斯斯坦议会通过独立后第一部宪法，规定吉尔吉斯斯坦是建立在法制、世俗国家基础上的主权、单一制民主共和国，实行立法、司法、行政三权分立，总统为

---

① 中华人民共和国外交部. 吉尔吉斯斯坦国家概况 [EB/OL].(2016-12-01)[2017-09-10].http://www.fmprc.gov.cn/web/gjhdq_676201/gj_676203/yz_676205/1206_676572/1206x0_6765.

② 全球职业技术教育与培训数据库——吉尔吉斯斯坦，UNESCO-UNEVOC 联合国教科文组织国际职业技术教育与培训中心 . [EB/OL]（2017-09-10）.

③ 吉尔吉斯斯坦 [EB/OL]. [2021-07-01]. https://baidu.com/.

国家元首。如果没有任何党派拥有半数以上议席，则由总统决定由哪个党派组阁，议会在四分之三议员的支持下可弹劾总统。2010 年 6 月，吉尔吉斯斯坦新宪法草案获得通过。新宪法草案的核心内容是吉尔吉斯斯坦政体由总统制过渡到议会制。现任总统是阿尔马兹别克·沙尔舍诺维奇·阿塔姆巴耶夫①。

吉尔吉斯斯坦总人口数 664.54 万（截至 2021 年 7 月），30 岁以下的人口占总人口的 60%。②，是 80 多个民族组成的多民族国家，以吉尔吉斯族为主，约占 72.8%，乌兹别克族占 14.5%，俄罗斯族占 6.2%，其他民族还有乌克兰族、塔塔尔族、东干族、维吾尔族、哈萨克族、土耳其族、阿塞拜疆族、朝鲜族、德意志族等。吉尔吉斯语为国语，在一个世纪的俄罗斯化政策影响下俄语仍使用较广，为官方语言。该国总人口 594.0 万（2015 年），主要分布在楚河州、奥什州和贾拉拉巴德州。其中，青年人口（14-25 岁）为 109.0 万，人口年龄中位数为 25.1，人口增长率达到 1.67%③，男女比例相对平衡。70% 以上人口信仰伊斯兰派，多属逊尼派。除突厥文化外，吉尔吉斯文化还容纳和受到了蒙古、波斯和俄罗斯文化的影响④。

（三）经济

吉尔吉斯斯坦水力资源丰富，矿产资源丰富，发现煤、汞、锑等各类矿储藏 2000 多处，拥有化学元素周期表大多数元素，许多资源的储量和分布情况有待进一步勘探研究，以确定开发前景。水资源丰富，蕴藏量在独联体国家中居第三位，仅次于俄罗斯、塔吉克斯坦。吉尔吉斯斯坦国民经济以多种所有制为基础，农牧业为主，工业基础相对薄弱，主要生产原材料。⑤独立初期，由于同加盟共和国传统经济联系中断，加之实行激进改革，经济一度出现大滑坡。21 世纪初，吉尔吉斯斯坦调整经济改革方针，稳步向市场经济转轨，推行以私有化和非国有化改造为中心的经济体制改革，经济保持了低增长态势，工业生产恢复性增长，物价相对稳定，通膨水平也降至独立以来最低水平。制订 2000—2010 年发展战略时，吉尔吉斯斯坦将发展旅游业和扶持中小企业列为今后经济工作的重点方向。吉尔吉斯斯坦主张对外贸易自由化，出口产品主要为贵金属、化学物品和农产品等，主要进口石油产品、二手汽车、服装、化工产品、天然气等。2015 年，吉尔吉斯斯坦国内生产总值为 4240 亿索姆，同比增长 3.5%。⑥

---

① 中华人民共和国外交部 . 吉尔吉斯斯坦国家概况 [EB/OL].(2021-07-01)[2021-09-24].http://www.fmprc.gov.cn/web/gjhdq.html.

② 中华人民共和国外交部 . 吉尔吉斯斯坦国家概况 [EB/OL].(2021-07-01)[2021-09-24].http://www.fmprc.gov.cn/web/gjhdq.html.

③ 联合国人口司《世界人口展望》编译，2015 年修订版 [EB/OL].（2017-09-10）. http://esa.un.org/unpd/wpp/DVD.

④ 吉尔吉斯斯坦 [EB/OL]. [2021-07-01]. https://baidu.com/.

⑤ 中华人民共和国外交部 . 吉尔吉斯斯坦国家概况 [EB/OL].(2021-07-01)[2021-09-24].http://www.fmprc.gov.cn/web/gjhdq.html.

⑥ 商务部国际贸易经济合作研究院等 . 对外投资合作国别（地区）指南——吉尔吉斯斯坦 [R]. 商务部国际贸易经济合作研究院等，2016.04:8-12.

（四）教育

吉尔吉斯斯坦基本保留了苏联时期的教育体系和教育方式。小学至高中阶段实行义务教育。高等教育根据考试择优录取 20% 左右实行义务教育，其余则实行商业化教育。中等教育结束后，学生可根据意愿选择继续学习或就业。[①]

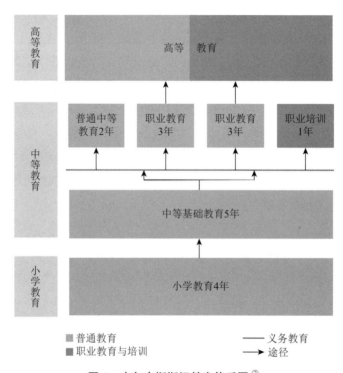

图 1　吉尔吉斯斯坦教育体系图 [②]

小学教育：吉尔吉斯斯坦的学校教育从 7 岁到 15 岁，实行 4 年制教育。

中等教育：包括初中（中等基础教育）和高中（普通中等教育）两个教育阶段。初中阶段学制 3 年。学生初中毕业后可以选择：就读普通高中（2 年）、职业学校（3 年）、就读普职结合的高中（3 年），或者接受 1 年的职业培训。

高等教育：吉尔吉斯斯坦的大学提供本科生和研究生课程。[③]

截至 2015 年，吉尔吉斯斯坦全国共有各类学校 2258 所，在校生共计 125.8 万，教师约 8.6 万人。其中，中等专业学校 129 所，在校生约 9.2 万人。高等院校 53 所，在校生约 21.44 万人。

吉尔吉斯斯坦著名的高校有吉尔吉斯斯坦国立大学、吉美中亚大学、比什凯克人文

---

① Education Development Strategy of the Kyrgyz Republic [EB/OL]. [2017–09–10]. https://search.yahoo.com/search;_ylt=A0LEV1C4j.VZ33sAfRtXNyoA;_ylc=X1MDMjc2NjY3OQRfcgMyBGZyA3lmc.

② 数据来源：图表根据联合国教科文组织 (2011) 汇编计划 – 吉尔吉斯共和国数据编制 .

③ World TVET Database–Country Profiles[EB/OL]. [2010–10–05]. http://www.unevoc.unesco.org/go.php?q=World+TVET+Database&ct=KGZKyrgyzstan.

大学、吉俄斯拉夫大学、奥什国立民族大学等①。其中最古老的是吉尔吉斯斯坦国立技术大学，成立于 1954 年，它的主要专业领域包括信息技术、电力、运输和机械制造、技术、管理和商业以及采矿和山地技术。

二、职业技术教育与培训的战略与法规

（一）战略

吉尔吉斯斯坦的社会状况依然处于独立后的过渡时期。尽管经济和社会生活发生许多变化，但其教育体系仍然建立在苏联教育框架的基础上，缺乏现代化的、弹性的职业技术教育与培训（简称职教培训）项目，无法提供合格技术工人以支持其新兴经济。因此，当前教育体系的总体使命是将培养满足市场经济需求的知识技能型人才作为首要任务。②2007 年吉尔吉斯斯坦的职教培训获得独立地位，目前的发展战略包括：

第一，关注劳动力培训和教育质量，为良好的教育创造适当环境；

第二，深入调查劳动力市场需求，培养满足雇主需求的劳动力队伍；

第三，更新教育内容，提供更好的劳动力培训和教育水平，满足经济社会发展需求。

（二）法规

吉尔吉斯斯坦自独立以来已经陆续出台《教育法》、《初等职业教育法》、《教师地位法》等，这些法律法规对职教培训做出了原则性的规定。

1.《教育法》（1992）和最新修订的《教育法》（2009）：规定了吉尔吉斯斯坦的国家教育政策、教育基本原则以及教育体系运行条件。《教育法》（2009）将职业教育分为三个层次：初等职业教育（Initial professional education）、中等职业教育（Secondary professional education）与高等职业教育（Higher professional education）。

2.《初等职业教育法》：于 1999 年通过，2008 年进行修订。该法律指出何谓初等职业教育以及国家如何确保公民享有职教培训的权利。该法律还描述了初等职教培训学校的类型与资助计划，并对初等职教培训机构与教师的许可、认证做出规定。

3.《吉尔吉斯共和国国家机构提供经费的法令》：该法令规定了职业技术教育与培训的资金来源与用途。

4.《教师地位法》（2001）及最新修订版（2009）：该法律对有关教师活动的国家政策、法律、经济和社会关系做出原则性规定。

职教培训的其他相关法律、法令、法规还包括：

·职业技术教育与培训发展战略及行动计划（2011）；

---

① 吉尔吉斯斯坦 [EB/OL]. [2017-09-18]. https:// E5%90%89%E5%B0%94%E5%90%89%E6%96%AF%E6%96%AF%E5%9D%A6/129860?fr=aladdin#4.

② World TVET Database-Country Profiles[EB/OL]. [2010-10-05]. http://www.unevoc.unesco.org/go.php?q=World+TVET+Database&ct=KGZKyrgyzstan.

·职业技术教育与培训集团化与现代化战略及行动计划（2009-2011）；

·国家专业与技术教育机构的结构与建立的政府法令与规范；

·职业技术教育与培训质量保障的国家规定、资格框架和就业框架；

·国家教育组织－职业学校宪章（国家职业教育机构法令［4/14号］，2008年1月16日批准）；

·吉尔吉斯共和国司法部刑罚执行部门惩教设施对职业学校的规定（2007）；

·刑事执行机构对职业学校的规定的政府决议；

·关于监管初等职业教育系统规范运作的法律文件的政府决议（2003）；

·关于批准初等职业教育与培训职业与专业目录的政府决议（2003）。[①]

三、职业技术教育与培训的体系与质量保障

（一）体系

1.中等职业教育：吉尔吉斯斯坦职业技术教育与培训从初中后开始，类型包括：

三年制课程：整合了职业教育与普通教育，学习内容里包括了申请高等教育入学的必要内容；

两年制课程：面向普通中等教育证书持有者，即九年级毕业生，该课程也整合了职业教育与普通教育，但不包括申请高等教育机构入学的必要内容；

一年制课程：面向青少年和成人的专门职业训练。[②]

2.高等职业教育包括学士教育以及硕士教育。高等职业教育的目的是加深学生在中等职业教育阶段所接受职业技术教育与培训的知识性。各类高等学校是提供高等职业教育的机构。在符合国家教育标准的前提下，高等学校有开设职业培训课程的自由。

此外，私立教育机构也可以提供专业技术培训课程。这些机构包括：非政府组织、专业培训领域内的私营企业、特定组织以及私人（包括国际专家）。大多数非正规教育项目都致力于训练服务业、工业及其他部门工作所必需的专业技能，比如贸易与营销技能、加工类的技术训练等。[③]

（二）保障

1.资格与资格框架

吉尔吉斯斯坦的国家资格框架正在建构过程中，建构的基础包括以下几个方面：

·1998年的专业分类；

·2003年批准的职教培训专业目录，并于2006年出版；

---

① 联合国教科文组织国际教育局－教育的世界数据（第七版）－吉尔吉斯共和国。

② Kyrgyz Republic: Second Vocational Education and Skills [EB/OL].（2017-09-10）. https://lt=AwrBT9PFj.VZqa8AEupXNyoA;_ylc=X1MDMjc2NjY3OQRfcgMyBGZyA3lmcC10BGdwcmlkA01NbGIxRVZTUXJHU.

③ 联合国教科文组织国际教育局－教育的世界数据（第七版）－吉尔吉斯共和国。

· 2003 年的中等职教培训学习领域标准；

· 2008 年开始的国际职教培训领域中的 17 个专业标准、模块及培训标准。

欧洲培训基金会（ETF）主导了吉尔吉斯斯坦开发、实施国家资格框架的项目，该框架是根据欧洲资格框架发展而来。这一举措有助于架起吉尔吉斯斯坦教育和劳动力市场之间的桥梁，增加企业对职业技术教育与培训系统的参与度。到目前为止，只有专业被列入框架的开发项目（例如旅游业），而资格标准仍在开发中。[①]

四、职业技术教育与培训的治理与教师

（一）治理

吉尔吉斯斯坦的劳动与社会保障部及其下属的职业培训与教育署负责职业院校的相关政策制定。

教育与科学部及其下属的高等专业教育署负责高等职业教育相关政策的制定。

中央政府各经济部门分别在各自专业领域内提供专业教育，如卫生部、劳动与社会保障部、国家文化委员会、经济与对外贸易部、国家旅游和体育委员会、交通部等都提供相应的专业教育。

国家职业教育委员会于 2008 年成立，其职能是全面执行政府职业教育与培训政策，为劳动力市场提供熟练劳动力，以满足职业教育的社会需求和公民兴趣与能力提升的需求。

地方职业学校的主要活动由区际部门负责。但是，首都比什凯克市职业教育部门却有着特殊地位，其管理市行政部门与国家机构共同施行。

国家移民和就业委员会的比什凯克信息和咨询中心是唯一一个提供职业和就业指导的组织。

参与职业技术教育与培训管理的还有各个专业组织和行业协会，包括：吉尔吉斯共和国联盟；吉尔吉斯共和国工业和商业商会；消费品工业协会；消费品工业、造纸工业和服务业的雇员工会；生产和建筑公司 JSC；吉尔吉斯斯坦库鲁什工业雇主联合会；吉尔吉斯斯坦 RNAUF 销售公司；企业家联合会；吉尔吉斯斯坦邮政服务、JSC Kyrgyztelecom 城市无轨电车部门等。[②]

参与了吉尔吉斯斯坦共和国职教培训系统的国际组织包括：吉尔吉斯共和国地区劳工组织办公室计划、GTZ 职业教育改革与劳动力市场组织、赫尔维塔农村和农业职业教育联合会、亚洲开发银行职业发展实施单位（PIU）、教育与技能发展项目、联合国开发计划署扶贫开发联合会、欧洲培训基金会（通过培训活动论坛）、土耳其教育部、联合国教科文组织、美国国际开发署、MERCICO 行业和市场组织等。

---

① ETF(2010)– 吉尔吉斯共和国的职业教育和培训 . 都灵：欧洲培训的基础 .
② ETF(2010)– 吉尔吉斯共和国的职业教育和培训 – 日内瓦：UNESCO–IBE.

（二）经费

吉尔吉斯斯坦颁布了《吉尔吉斯共和国国家机构提供经费的法令》，确保了职业技术教育与培训的资金来源，为职业学校的发展创造了机会。

吉尔吉斯斯坦职业技术教育与培训的主要资金来源是共和党的预算经费。职业院校享有国家预算拨款，同时，国家还鼓励职业院校多渠道地吸引外来资金，外来资金通常在学校账户中单独列支，专门用于特定用途。[1]

（三）教师

根据吉尔吉斯斯坦现行法律，只有具备指定教学资格的人才能在教育机构任教。如果高中毕业生（拥有完全中等教育证书）有志于成为教师，至少要在大学或者学院再接受 4 至 5 年的教育，才有资格成为职业学校的教师；硕士毕业生有资格成为高等职业技术教育的教师。

但是，目前吉尔吉斯斯坦的师资并不充足，很多职教教师和培训人员并没有较高学历。根据有关"吉尔吉斯共和国职业教育和培训"的 ETF 报告，取得高等教育学位的教师和教育工作者只占教师总人数的一半[2]。

吉尔吉斯斯坦法律规定，所有在职教师都应该每 5 年必须参加一次在职培训。同时，为了增加职业技术教育与培训领域合格教师的数量，吉尔吉斯斯坦政府采取了激励措施，以吸引更多的优秀的年轻人加入教师队伍中。这些措施包括：大学的教育学科实行免费教育，提高职教教师的工资水平等。政府对各种在职教师培训项目给予资金支持，特别是对建筑、农业和信息通信技术等国家亟需领域，加大专业教师的培养力度。[3]

五、职业技术教育与培训的诉求与发展趋势

（一）诉求

吉尔吉斯斯坦的国民经济以多种所有制并存为基础。产业以农牧业为主，工业基础薄弱，主要生产原材料。在独立初期，由于同苏联各加盟共和国传统经济联系中断，加之实行激进改革，国家经济一度出现大滑坡。[4] 21 世纪初调整经济改革方针，稳步渐进地向市场经济转轨，推行以私有化和非国有化改造为中心的经济体制改革，经济逐渐恢复，保持了稳定的低增长态势。目前吉尔吉斯斯坦农业人口占 64.8%。吉尔吉斯斯坦政府在制订 2000—2010 年发展战略时将发展旅游业和扶持中小企业列为今后经济工作的

---

① Education Development Strategy of the Kyrgyz Republic for 2012–2020.

② ETF(2010)– 吉尔吉斯共和国的职业教育和培训 . 都灵 : 欧洲培训的基础 .

③ Kyrgyz Republic: Second Vocational Education and Skills [EB/OL]. （2017-09-10）. https:// ylt=AwrBT9PFj. VZqa8AEupXNyoA;_ylc=X1MDMjc2NjY3OQRfcgMyBGZyA3lmcC10BGdwcmlkA01NbGIxRVZZTUXJHU.

④ Current Education in Kyrgyzstan[EB/OL]. (2017-10-05). https://borgenproject.org/current-education-in-kyrgyzstan/.

重点方向。2008 年，吉尔吉斯斯坦服务业产值增长了 10.6%。[①] 吉尔吉斯斯坦的人口结构年轻，30 岁以下的人口占总人口的 60%，这给教育和劳动力市场带来压力。产业发展的迫切需要与劳动力质量不适岗之间的矛盾驱动吉尔吉斯斯坦政府重视职业技术教育与培训。

（二）发展趋势

吉尔吉斯斯坦国家移民和就业委员会获得了 ETF 的支持，在全国范围内支持青年人和失业人员培训的技术培训。

第一，青年人教育的问题是吉尔吉斯斯坦教育领域的一项重点。长期以来，职业技术教育与培训机构提供的课程主要是由供给驱动的。在未来的发展中，政府将重点关注工人适应劳动力市场的需求需要具有什么样的能力，以此作为职业技术教育与培训的依据。为此，政府已经签署了有关成人教育和培训的相关国际文件。

第二，国家职业技术教育委员会与国家移民和就业委员会建立了紧密合作关系，以提高教育和劳动力市场紧密程度，迎接终身学习的挑战。国家职业技术教育委员会正在努力增加非政府拨款的资金来源，如国家移民和就业委员会的援助、个人的投资和与企业的投入。

第三，建立一个技能预报系统，由国家移民和就业委员会领导，根据地区和地方当局的数据发布人力资源需求预测。

第四，国家职业与技术教育委员会和国际劳工组织（ILO）建立合作，该组织专注于研究国际劳工组织的劳工技能的模块化教学。迄今为止，吉尔吉斯斯坦已经有部分学校在采用此模块化技能培训方式。

（深圳职业技术学院　技术与职业教育研究所　宋　晶）

主要参考文献

[1]《教育法》(1992)

[2]《教育法》(2009)

[3]《初等职业教育法》(2008)

[4]《吉尔吉斯共和国国家机构提供经费的法令》

[5]《教师地位法》(2009)

---

① Kyrgyz Republic: Second Vocational Education and Skills[EB/OL].（2017–09–10）. https:// ylt=AwrBT9PFj. VZqa8AEupXNyoA;_ylc=X1MDMjc2NjY3OQRfcgMyBGZyA3lmcC10BGdwcmlkA01NbGIxRVZTUXJHU.

[6]《职业技术教育与培训发展战略及行动计划》(2011)

[7]《职业技术教育与培训集团化与现代化战略及行动计划》(2009–2011)

[8]《国家专业与技术教育机构的结构与建立的政府法令与规范》

[9]《职业技术教育与培训质量保障的国家规定、资格框架和就业框架》

[10]《国家教育组织 – 职业学校宪章 (国家职业教育机构法令 [4/14 号])》

[11]《吉尔吉斯共和国司法部刑罚执行部门惩教设施对职业学校的规定 (2007)》

[12]《刑事执行机构对职业学校的规定的政府决议》

[13]《关于监管初等职业教育系统规范运作的法律文件的政府决议 (2003)》

[14]《关于批准初等职业教育与培训职业与专业目录的政府决议 (2003)》

[15] 联合国教科文组织报告。原文出自：全球职业技术教育与培训数据库：吉尔吉斯斯坦 . 编制：UNESCO-UNEVOC 联合国教科文组织国际职业技术教育与培训中心 .

[16] 中华人民共和国外交部 . 吉尔吉斯斯坦国家概况 [EB/OL].(2021–07–01)[2021–09–24]. http://www.fmprc.gov.cn/web/gjhdq.html.

[17] 全球职业技术教育与培训数据库：吉尔吉斯斯坦 . 编制：UNESCO-UNEVOC 联合国教科文组织国际职业技术教育与培训中心 .

[18] 商务部国际贸易经济合作研究院等 . 对外投资合作国别 (地区) 指南——吉尔吉斯斯坦 [R]. 商务部国际贸易经济合作研究院等 , 2016.04:8–12.

[19] 联合国人口司《世界人口展望》编译 , 2015 年修订版 (http://esa.un.org/unpd/wpp/DVD/).

[20] Kyrgyz Republic: Second Vocational Education and Skills https:// ylt=AwrBT9PFj. VZqa8AEupXNyoA;_ylc=X1MDMjc2NjY3OQRfcgMyBGZyA3lmcC10BGdwcmlkA01NbGIxRVZTTU XJHU.

[22] Education Development Strategy of the Kyrgyz Republic [EB/OL]. [2017–09–10]. https://search. yahoo.com/search;_ylt=A0LEV1C4j.VZ33sAfRtXNyoA;_ylc=X1MDMjc2NjY3OQRfcgMyBGZyA3lmc.

[23] World TVET Database–Country Profiles [EB/OL]. (2010–10–05). http://www.unevoc.unesco. org/go.php?q=World+TVET+Database&ct=KGZKyrgyzstan.

[24] Kyrgyz Republic: Second Vocational Education and Skills. https:// ylt=AwrBT9PFj. VZqa8AEupXNyoA;_ylc=X1MDMjc2NjY3OQRfcgMyBGZyA3lmcC10BGdwcmlkA01NbGIxRVZTTU XJHU.

[25] Education Development Strategy of the Kyrgyz Republic for 2012–2020.

[26] Current Education in Kyrgyzstan[EB/OL]. (2017–10–05). https://borgenproject.org/current– education–in–kyrgyzstan/.

柬埔寨王国

一、国家概况

（一）地理

柬埔寨王国（Kingdom of Cambodia），简称柬埔寨，位于中南半岛南部，与越南、泰国和老挝毗邻。[1] 柬埔寨中部和南部是平原，东部、北部和西部被山地、高原环绕，大部分地区被森林覆盖。豆蔻山脉东段的奥拉山海拔 1813 米，为境内最高峰。[2] 柬埔寨国土面积约 18 万平方千米。柬埔寨全国分为 24 个省和 1 个直辖市（金边市）。首都金边，面积 678 平方千米，人口约 213 万，是全国的政治、经济、文化和教育中心和交通枢纽。[3] 柬埔寨属热带季风气候，年平均气温 29℃~30℃，5—10 月为雨季，11 月—次年 4 月为旱季，受地形和季风影响，各地降水量差异较大，象山南端可达 5400 毫米，金边以东约 1000 毫米。[4]

（二）人文

柬埔寨，原名高棉，公元 1 世纪下半叶建国，历经扶南、真腊、吴哥等王朝。该国 1863 年沦为法国保护国，1940 年被日本占领，1945 年日本投降后又被法国重新占领，1953 年 11 月 9 日，宣布独立。1970 年 3 月 18 日，朗诺集团发动政变，推翻西哈努克政权，改国名为"高棉共和国"。当年 3 月 23 日，西哈努克在北京宣布成立柬埔寨民族统一阵线，开展抗美救国斗争。5 月 5 日，成立以宾努亲王为首相的柬埔寨王国民族团结政府。1975 年 4 月 17 日，柬埔寨抗击美国救国斗争取得胜利。1976 年 1 月，柬埔寨颁布新宪法，改国名为"民主柬埔寨"。1978 年 12 月，越南出兵柬埔寨，成立"柬埔寨人民共和国"。1982 年 7 月，西哈努克亲王、宋双、乔森潘三方组成民主柬埔寨联合政府。1990 年 9 月

① 中华人民共和国外交部．柬埔寨国家概况 [EB/OL].(2021−03−01)[2021−09−20]. http://www.fmprc.gov.cn/web/gjhdq_676201/gj_676203/yz_676205/1206_676572/1206x0_676574.html.

② 澜沧江－湄公河次区域研究中心：柬埔寨 [EB/OL]. (2020−07−03)[2021−09−15]. https://hd.hainanu.edu.cn/gjjy/info/1159/2663.htm.

③ 商务部国际贸易经济合作研究院等．对外投资合作国别（地区）指南——柬埔寨 [R]. 商务部国际贸易经济合作研究院等．2020.12: 4.

④ 澜沧江－湄公河次区域研究中心：柬埔寨 [EB/OL].(2020−07−03)[2021−09−15]. https://hd.hainanu.edu.cn/gjjy/info/1159/2663.htm.

成立柬埔寨全国最高委员会，西哈努克出任主席，同年10月23日，在巴黎召开的关于和平解决柬埔寨问题的国际会议上，签署了《柬埔寨冲突全面政治解决协定》。1993年5月，柬埔寨在联合国主持下举行首次全国大选；9月，颁布新宪法，改国名为"柬埔寨王国"，西哈努克重登王位。[①]

柬埔寨实行君主立宪制，国王是国家最高元首，国会是最高权力和立法机构，参议院有权审议国会通过的法案。政府首相由赢得国会议席50%+1以上简单多数的政党候选人担任。现任国王为诺罗敦·西哈莫尼，参议院主席赛冲，国会主席韩桑林。柬埔寨第五届政府于2013年9月成立，洪森为首相。[②]

柬埔寨人口约1500万，人口的地理分布很不平衡，居民主要集中在中部平原地带。金边及其周围经济比较发达的省份人口最稠密。全国人口密度为80人/平方千米，金边市人口密度为5333人/平方千米。柬埔寨现有华人、华侨约70万，约占全国总人数的4.7%，首都金边市的华人、华侨最多，有30万人左右。高棉语为柬埔寨的通用语言，与英语、法语同为官方语言。中文、越南语是普通市民中使用较多的语言。

柬埔寨是一个多民族国家，共有20多个民族。高棉族是主体民族，占总人口的80%。少数民族有占族、普农族、老族、泰族、华族、京族、缅族、马来族、斯丁族等。柬埔寨王国宪法规定"男女公民均享有充分的信仰自由，国家保护信仰和宗教自由"，同时又明确地将佛教确定为国教。信仰小乘佛教的人占全国人口的85%以上。此外还有基督教（约3.6万教民）和伊斯兰教（约32万教徒）。[③]

（三）经济

柬埔寨是传统农业国，实行对外开放和自由市场经济政策，工业基础薄弱，依赖外援外资，贫困人口约占总人口的14%。本届政府实施以增长、就业、公平、效率为核心的国家发展"四角战略"（指农业、基础设施建设、私人经济、人力资源开发）的第三阶段。2010年以来，柬埔寨保持了6%以上的经济增长速度，其中，2013年后，经济增速达到或超过7%。受疫情影响，2020年柬埔寨国内生产总值为262.12亿美元，同比下降3.7%，人均GDP为1683美元。其中，旅游业遭受新冠肺炎疫情冲击最大，同比下降9.7%；建筑业总体下降3%；农业增长1%；以制衣制鞋为支柱的工业和手工业领域下降

---

① 商务部国际贸易经济合作研究院等.对外投资合作国别（地区）指南——柬埔寨[R].商务部国际贸易经济合作研究院等，2020.12:2-3.

② "一带一路"工业和信息化数据库.柬埔寨–人口分布[EB/OL]. (2017-09-07)[2021-09-20]. http://www.ydyliit.com/index.php?m=content&c=index&a=show&catid=186&id=1148.html.

③ 商务部国际贸易经济合作研究院等.对外投资合作国别（地区）指南——柬埔寨[R].商务部国际贸易经济合作研究院等，2020.12:8-12.

27%。^① 根据柬埔寨政府预测，2021 年柬埔寨国内生产总值达 290.13 亿美元，同比增长 3.5%，人均 GDP 达到 1771 美元。其中，工业领域增长 4.1%；服务业增长 3.6%；农业增长 1.6%。外汇储备 169.81 亿美元，可满足 8 个月的进口需求。^②

柬埔寨经济产业可简略地划分为三大主类：农业、工业（主要是纺织服装产业和建筑业）、服务业（主要是旅游业）。农业是柬埔寨国民经济的第一大支柱，具有举足轻重的地位。尽管存在基础设施和技术落后、资金和人才匮乏、土地私有制问题等制约因素，但柬埔寨农业资源丰富，自然条件优越，劳动力充足，市场潜力较大，农业经济效益良好，农业发展前景广阔。制衣业和建筑业是柬埔寨工业的两大支柱。纺织服装产业既是柬埔寨工业的支柱，又是柬埔寨提供就业、消减贫困、保持社会稳定的主要力量。截至 2015 年底，柬埔寨全国约有 1007 家制衣厂和制鞋厂，创造约 75 万个就业岗位。柬埔寨旅游资源丰富。首都金边有塔仔山、王宫等名胜古迹；北部暹粒省吴哥王朝遗址群的吴哥窟是世界七大奇观之一；西南部的西哈努克港是著名的海滨休闲胜地。连年战乱的结束和国内政局的逐渐稳定，使柬埔寨旅游业得到了恢复并较快发展。旅游业的发展将继续带动金融、交通运输、酒店、餐饮和服务业等相关产业的发展，成为未来柬埔寨经济的重要支柱和收入来源。柬埔寨对旅游业充满信心，制定了未来旅游计划，预计 2020 年接待外国游客 700 万人次，提供 80 万个就业机会。^③

（四）教育

柬埔寨从 1863 年开始被法国殖民长达近一个世纪，其教育体系与制度在各个方面深受法国影响。从 20 世纪 70 年代到 90 年代，柬埔寨教育受到毛泽东教育思想和苏联教育制度的广泛影响。自 20 世纪 90 年代后期开始，柬埔寨的教育发展得到联合国教科文组织、国际劳工组织、世界银行、亚洲开发银行等国际组织和国际社会的援助与支持。柬埔寨近期的教育制度、理念与行动更多地受到国际组织和西方教育的影响。为适应国家政治环境变迁和社会发展需要，柬埔寨的学校学制几经更改。1975 年之前，基础教育是 7-3-3 学制，1979 年改为 4-3-3 学制，1986 年变为 5-3-3 学制，1996 年变更为 6-3-3 学制，共 12 年^④。

柬埔寨的教育体系有三条主线：学术教育、职业技术教育和非正规教育。柬埔寨正规的学术教育历史悠久，相比之下受到更多关注。职业技术教育从 20 世纪 60 年代开始发展，

---

① 驻柬埔寨王国大使馆经济商务处 . 2020 年柬埔寨宏观经济形势及 2021 年预测 [EB/OL]. (2021–05–14)[2021–09–20]. http://cb.mofcom.gov.cn/article/jmxw/202105/20210503061381.shtml.

② 驻柬埔寨王国大使馆经济商务处 . 2020 年柬埔寨宏观经济形势及 2021 年预测 [EB/OL]. (2021–05–14)[2021–09–20]. http://cb.mofcom.gov.cn/article/jmxw/202105/20210503061381.shtml.

③ 商务部国际贸易经济合作研究院等 . 对外投资合作国别（地区）指南——柬埔寨 [R]. 商务部国际贸易经济合作研究院等，2020.12:14–16.

④ YS Kim, JS Chung, SD Lee,YS Lim, KR Ryu. TVET Policy Reviews of 8 Asian Countries[R].Korea Research Institute for Vocational Education and Training. 2010.12:84.

而非正规教育近期才开始出现。柬埔寨高等教育在 20 世纪 60 年代打下一些基础，近期获得世界银行数百万美元的资助后才开始受到一定关注。世界银行近期给柬埔寨职业技术教育与培训提供了 3000 多万美元的资助和贷款，促进了职业技术教育与培训的发展。

柬埔寨在教育事业发展上投入大量资源。全国教育预算近年的增长超过 20%，其教育重心放在初等教育和中等教育，以实现国家《千年发展目标》（Millennium Development Goals）和全民教育的发展目标。为促进教育事业发展，柬埔寨教育、青年与体育部出台两份重要的政策文件《教育战略规划》（Education Strategic Plan）和《教育事业支持计划》（Education Sector Support Program），明确了教育的行动计划与策略。近来政府兴建了一些学校，职业技术教育和高等教育得到大力发展。尽管柬埔寨在事业发展上做出巨大努力，许多农村地区的成年人依然没有接受过教育。教育的城乡差异和性别差异依然显著。[①]

目前，柬埔寨实行九年制义务教育。教育体制包括小学（1—6 年级）、初中（7—9 年级）、高中（10—12 年级）、大学及职业教育教育机构。目前，全国共有 4014 所幼儿园，7144 所小学，1731 所中学。小学入学率，尤其是城市小学的入学率相当高[②]；全国建立了 105 所大学（其中 39 所公立大学，66 所私立大学）[③] 和 325 家职业技术教育与培训机构（其中包括公立职业教育与培训机构 56 家）[④]。

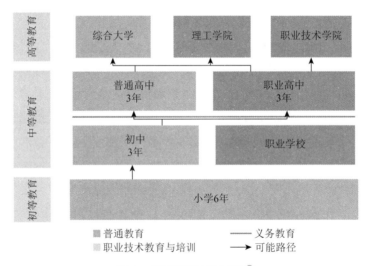

图 1　柬埔寨教育体系图[⑤]

①　YS Kim, JS Chung, SD Lee,YS Lim, KR Ryu. TVET Policy Reviews of 8 Asian Countries[R].Korea Research Institute for Vocational Education and Training. 2010.12:84—85.

②　商务部国际贸易经济合作研究院等. 对外投资合作国别（地区）指南——柬埔寨 [R]. 商务部国际贸易经济合作研究院等，2020.12:10.

③　Khieng Sothy, Srinivasa Madhur, Chhem Rethy. Cambodia Education 2015 Employment and Empowerment[M]. Phnom Penh: Cambodia Development Resource Institute, March 2015: 50.

④　Khim Yorm. TVET Quality Assurance Development[R].Ministry of Labour and Vocational Training, 2015.07.

⑤　Ministry of Labour and Vocational Training.Current Status and Future TVET Policy Direction[R].Ministry of Labour and Vocational Training, 2011.11.

二、职业技术教育与培训的战略与法规

（一）战略

柬埔寨国民生产总值从 1994 年到 2004 年 10 年间增长 1 倍，到 2009 年的 15 年间增长了 3 倍。2012 年经济增长率达到 7.3%，2016 年人均国民生产总值增加到 1300 美元。[①]根据经济数据判断，柬埔寨已经从低收入国家转变为中等偏下收入国家。柬埔寨王国政府将社会经济发展目标确定为 2030 年成为高收入国家，2050 年成为发达国家。[②]2015 年东盟经济实现一体化，柬埔寨的人力资源及职业技术教育与培训已经进入东盟的就业市场竞争之中。无论从支持国家发展的角度，还是从参与区域和国际人力资源竞争的角度，职业技术教育与培训在柬埔寨国家发展中将发挥越来越重要的作用。有关职业技术教育与培训的战略主要体现在本世纪以来由教育、青年与体育部和劳工与职业培训部分别牵头制定的一系列国家战略规划与政策文件中。

1.《国家职业技术教育与培训发展规划（2006—2010）》（National TVET Development Plan 2006—2010）（劳工与职业培训部制定）：规划提出了职业技术教育与培训的两项目标：其一，呼应社会平等问题，协助穷人掌握技能，通过提高农业生产率或者提升自主就业能力，提高家庭收入；其二，提供适用的技术人员，满足企业需求。

2.《国家职业技术教育与培训规划—2008》（National TVET Development Plan—2008）（劳工与职业培训部制定）：规划描绘了从 1996 年至 2020 年 25 年的职业技术教育与培训发展的四个步骤：

第四步，2015—2020
开展远程技术教育；
扩大以国际标准开展行业培训的机构的数量；
在每个省建立技术学院；
建立国家技术培训研究所区域中心。

第三步，2009—2014
加强技术学院与行业协会的联系，使得协会能够管理和资助技术学院为其企业服务；
扩大能力标准项目/国家质量标准；
加强中学后职业技术教育及培训体系的建设；
将省级培训中心培训和优惠补贴技能培训计划扩展至全部省份。

第二步，2005—2008 教育发展规划Ⅱ
加入新的职业技术教育与培训资助模式，强化国家培训理事会和国家培训基金会的职能；
制定全国职业技术教育和培训发展规划；
加大职业技术教育与培训司长对技职教育与培训的支持力度；
加快去中心化的步伐；

[①] Ministry of Economic and Finance .Cambodia's Macroeconomic Progress: A Journey of 25 Years[R]. Ministry of Economic and Finance, 2016.10.

[②] The Royal Government of Cambodia.National Technical Vocational Education and Training Policy 2017–2025[R]. The Royal Government of Cambodia,2017: 2.

加强省级培训委员会建设；
瞄准辍学青年，开展扶贫工作；
建设省级培训中心，提升社区基本技能；
试行公社培训优惠券计划；
开发省级培训中心收益模式；
提升私立职业技术教育与培训机构的质量和数量；
将国家技术培训研究所建成各级培训机构的示范；
加强企业参与职业技术教育与培训的力度；
将微型信贷与培训结合起来。

第一步 1995—2004 基本技能，教育发展规划I
启动构建国家职业技术教育与培训能力体系；
在各省建设和改善技术与职业技术教育与培训设施；
开展技术与职业技术教育与培训的其他基本建设。

图 2　柬埔寨职业技术教育与培训发展步骤图

资料来源：柬埔寨《国家职业技术教育与培训发展计划（2008）》

3.《教育战略规划（2009—2013）》（Education Strategic Plan 2009—2013）和《教育战略规划（2014—2018）》（Education Strategic Plan 2014—2018）（教育、青年与体育部制定）：两份战略规划先后提出了"职业技术教育与培训战略计划"，确定职业技术教育与培训的三个发展方向：确保获得职业技术教育与培训的平等权力；提升职业技术教育与培训的质量和效率；建设职业技术教育与培训制度结构并提升职业技术教育与培训工作人员的能力。

4.《技术教育政策（2013）》（Policy on Technical Education 2013）（教育、青年与体育部制定）：该政策的制定意在加强和扩大面向更多学生的技术教育服务，以保障国家的可持续发展和减少贫困。政策目标包括：建立和完善技术教育机构，提升教师技术能力，为高中学生提供职业教育学习机会，培养高中学生技术能力，调动社会资源和私营机构开展技术教育。

5.《职业技术教育与培训发展战略规划（2014—2018）》（Strategic Planning for TVET Development 2014—2018）（劳工与职业培训部制定）：规划对职业技术教育与培训提出三项要求：即提高职业技术教育与培训体系的质量以及与社会需求的相关性，提升职业培训项目的平等学习机会，提升职业技术教育与培训的善治与管理水平。

6.《高中阶段技术教育总体规划（2015—2019）》（Master Plan for Technical Education at Upper Secondary Level）（教育、青年与体育部制定）：该规划提出高中阶段技术教育发展的 8 大策略，其中包括 24 个小策略。8 大策略包括：建立法律架构，支持普通和技术教育体系；建立普通和技术教育体系；开发与修订技术教育课程与教材；配置技术教育设施与设备；培训技术教育教师，提升教师职业能力；开展技术教育的认证与质量保障；制定技术教育可持续发展计划；制定性别主流化发展计划。

7.《国家职业技术教育与培训政策（2017—2025）》（National Technical Vocational Education and Training Policy 2017—2025）（劳工与职业培训部制定）：该政策是 2017 年 6 月 6 日由总理洪森主持的内阁会议通过的职业技术教育与培训的战略规划。该政策意在加强政府对职业技术教育与训练制度的治理，政府将统合所有可用资源以实现目标。通过此项政策，未来可创造更多职业技术教育与训练机会，培养更多技术技能人才。该政策提出未来职业技术教育与培训发展的四大发展战略：提升职业技术教育与培训质量，满足国家和国际市场发展需求；提高职业技术教育与培训的平等入学机会，创造更多就业机会；促进公私合营，集聚社会资源促进职业技术教育与培训的可持续发展；改善职业技术教育与培训的系统治理。

（二）法规

柬埔寨职业技术教育与培训的发展历史虽然不长，基础较为薄弱，但是在国际组织和国际社会的援助与支持下，职业技术教育与培训的政策制定却取得了长足的进步。柬埔寨 2007 年修订的《教育法》，对职业技术教育与培训的属性和内涵做出界定。柬埔寨没有专门的《职业教育法》，有关职业技术教育与培训的法规分散在国家不同的法规、政策与规划中。主要包括：

1.《教育法》（2007）：《教育法》第三章第 8 条明确说明"有两种教育类型：普通教育和职业技术教育"，对职业技术教育的属性进行了界定。第四章第 19 条将职业技术教育与培训的内涵界定为："职业技术教育与培训涵盖公立或私立的职业技术教育与培训的机构、企业、社区或联合体所开展的各类职业教育与技能培训。"

2.《劳动法》（1997）：劳动法对学徒制、见习期、反种族歧视和职业健康与安全方面做出规定。该法明确了学徒制合同的性质，对教师资格、每家企业学徒数量、学徒证书发放和合同终止做出明确规定。该法规定见习期根据工种限定在 1—3 个月。[①]

3. 柬埔寨《四角战略（第三期）》（2013）（Rectangular Strategy Phase III 2013）：该战略强调职业技术教育与培训的重要性，提出加强职业技术教育与培训，建立劳动力统计体系，改革职业资格框架。该策略还提出努力改进工业领域的技能培训，尤其要加强工程师与技术人员的培训，为学生提供从职业技术教育向高等教育转学的机制。

4.《国家非正规教育政策》（2002）（National Policy on Non-Formal Education 2002）和《国家青年发展政策》（2011）（National Policy on Youth Development 2011）：两项政策强调开展短期增收培训计划，支持年轻企业家发展企业，开展软技能与企业管理培训，帮助企业家改进企业运营管理和洞察市场。

5.《工业发展政策（2015—2025）》（Industrial Development Policy 2015—2025）：政策强调改革职业技术教育与培训，允许私营企业在发现市场需求和开展针对性的技能培

---

① ILO.Youth Employment Policy SummaryCambodia[R]. ILO.2016:2-4.

训方面发挥更大的作用。

三、职业技术教育与培训的体系与质量保障

（一）体系

1. 职业技术教育与培训的使命与愿景

柬埔寨职业技术教育与培训的使命包括两个方面：一是减少贫困，二是支持工业发展。职业技术教育与培训将提供技能培训，帮助农村的贫困人口提升基本技能，创造就业机会，提高生产力，以提高家庭收入，减少贫困。同时职业技术教育与培训将培养工业发展所需要的高级技能，以吸引产业到柬埔寨发展，促进当地产业的发展。[1]

柬埔寨职业技术教育与培训的发展愿景体现在其未来的发展方向：职业技术教育与培训机构必须为学生开设满足国内、区域和国际劳动力市场需要的课程。职业技术与培训传授的技能必须基于能力标准。职业技术教育的毕业生不仅要能够应对当前的工作需求，而且还要能够为未来的工作做好准备，为此必须培养学生必需的知识、技能和态度，以应对未来出现的新工作。[2] 由此，柬埔寨职业技术教育与培训的愿景是培养能够满足个人终身就业需要和满足区域竞争所需要的技能。[3]

2. 柬埔寨职业教育的构成

（1）正规的职业教育与培训系统

在完成九年义务教育（小学 6 年、初中 3 年）后，学生可以选择参加正规职业技术教育与培训的专业学习或继续读普通高中教育。职业技术教育与培训在多个领域提供三个级别（各持续一年）高中层次的专业学习，其中包括汽车修理、力学、计算机技术、农业机械、电学、电子学、制冷设备修理和土木工程专业。

正规职业技术教育与培训体系同样招收已经完成 12 年级学习的高中毕业生，学习持续时间根据课程有所不同，但至少一年。例如，技术和专业培训中心提供持续 2 到 3 年的专业学习，并在完成后发放证书/高等文凭（技术员证书）。提供高等教育层次职业技术教育与培训的机构为理工院校，还有少量的职业培训中心或学校。

（2）非正规和非正式职业技术教育与培训体系

省级培训中心和职业培训中心是开展非正规职业技术教育与培训的主要机构。此类课程为持续 1 到 4 个月不等的短期课程，主要内容涉及农业、建筑、汽车修理技术、手艺和食品加工。这些培训的目的是解决社会混乱问题和减少贫困，主要面向农村地区。私营机构和非政府组织也提供大量的非正规培训，主要内容为非正规农业课程、手艺、

---

① H. E. Laov Him .TVET POLICY IN CAMBODIA[R].Ministry of Labour and Vocational Training.2012.04.

② 同上。

③ His Excellency Laov Him.Skill Workers, Driver for Future Cambodia's Economic Growth[R]. Ministry of Labour and Vocational Training.2013.11.

纺织和服装培训。[①]

3. 职业技术教育与培训机构

柬埔寨共有 325 家职业技术教育与培训机构，分别隶属于 12 个不同的政府部委管辖。在这些机构中，有 56 家公立培训机构，其他大都是专注培训业务的非政府组织机构。大部分的私营培训机构规模较小，像家庭作坊一样，聘用教师采用合同制，教师薪酬根据招生状况决定。开展的培训课程由教师根据自己的业务能力判断决定。[②]

（二）保障

为保障职业技术教育与培训的质量，建立职业技术教育与培训与学术教育、普通教育的比较机制，便于各种类型办学机构的自评、外部评估，便于国内和区域之间开展横向评估，柬埔寨职业培训理事会于 2012 年出台了《柬埔寨职业资格框架》（Cambodia Qualifications Framework）。柬埔寨职业资格框架是全国统一的，在教育与职业培训之间架起了灵活对接的通道。该资格框架共有 8 级，第 1 级是职业证书（vocational certificate），最高第 8 级是博士学位。完成 9 年级的学习，即初中毕业后可参加职业技术教育与培训 1 级证书的学习。职业资格框架内职业技术教育与培训体系的设计旨在让青少年在早期即可选择实用的教育，培养他们获得适当的技能和职场所需要的职业能力。关于柬埔寨国家职业资格框架的级别以及各个级别与基础教育体系、职业技术教育与培训体系和高等教育体系的对应关系详见表 1。

表 1　柬埔寨国家职业资格框架表 [③]

国家资格框架级别	基础教育体系	职业技术教育与培训体系	高等教育体系
8		博士学位	博士学位
7		技术/商业硕士	硕士学位
6		技术/工程/商业学士	学士学位
5		技术/商业高级文凭	副学士学位
4	高中毕业证书	职业技术教育与培训三级证书	
3	高中毕业证书	职业技术教育与培训二级证书	
2	高中毕业证书	职业技术教育与培训一级证书	
1	初中毕业证书	职业技能证书	

---

① MLVT.Current Status and Future TVET Policy Direction[R]. Phnom Penh: Directorate General of TVET,MLVT.: 2011.

② ADB. Policy Priorities for a More Responsive Technical and Vocational Education and Training System in Cambodia[J]. ADB Brief.2016.11.No.73.

③ TEP OEUN. Current Status and Future TVET Policy Direction[R].MLVT.2011.

柬埔寨职业资格框架包含四项主要构成要素：级别、学分、学习成果和学习路径。级别是以数字形式表示，与资格名称相对应，用于描述学生所取得的职业技术或学术成就。学分用于描述学生取得学术或者职业技术资格应该完成的学习或工作量。学习成果指的是经过专业或项目学习所取得的成果。学习路径指的是对学生前期学习成果的认证和学分转换，使学生在职业技术教育与培训和高等教育之间，以及教育与培训和职场之间可以灵活转移。[①]

四、职业技术教育与培训的治理与教师

（一）治理

1. 柬埔寨职业技术教育与培训治理的发展

柬埔寨职业技术教育与培训体系的治理在过去十年中经历了四个主要阶段。在第一阶段，建立了负责职业技术教育与培训标准制定、认证和评估的专门机构；在第二阶段，职业技术教育与培训的决策趋于分散化；在第三阶段，强调向学校授权和给予更多自治权；在第四个阶段，强调民间团体和社会机构参与职业技术教育与培训的决策。

2004 年之前，正规的职业技术教育与培训归教育、青年与体育部下设的职业技术培训办公室负责。该办公室直接负责职业技术教育与培训的管理与发展，负责职业技术教育与培训机构及开设专业的管理。2005 年，职业技术教育与培训的管理职能由教育、青年与体育部转移到新建的劳工与职业培训部下设的职业教育与培训司负责。对非正规和非正式（短期）职业培训业务的管理也由社会福利部转移到新建的劳工与职业培训部。劳工与职业培训部是官方指定的职业技术教育与培训的规制机构。[②]

2. 柬埔寨职业技术教育与培训的治理架构

国家职业培训理事会全面负责全国的职业技术与培训体系，负责柬埔寨职业技术教育与培训的决策与监督。副首相作为国家职业培训理事会成员直接参与管理。另外 31 名成员包括 16 名高级政府官员（包括 5 名国务秘书、3 位副国务秘书和 8 位署长或副署长），还有其他直接参与职业技术教育与培训的所有部委代表。此外，还有私营行业或者雇主协会占有 5 个席位，工会代表占有 2 席，非政府组织代表占有 3 席，政府培训机构占有 4 席。国家职业培训理事会下设 3 个下属技术委员会：技能标准与测试委员会，职业技术教育与培训课程、专业与机构认证委员会，劳动力市场信息委员会。国家职业培训理事会在各省设置有省级职业培训理事会，由全国理事会的执行委员会管理。[③]

劳工与职业培训部下设的职业教育与培训司作为国家职业培训理事会的秘书处，为理事会提供全国技能开发的政策导向与指南。这种治理架构可以确保照顾到劳动力市场

---

① NTB.CAMBODIA QUALIFICATIONS FRAMEWORK[R].NTB.2012.02:1–2.
② UNESCO.TVET Policy Reviews of TVET in Cambodia[R].Paris: UNESCO. 2013:35.
③ 同上。

需求和对技能的需要，而不仅仅是考虑培训的供给侧发展需要。

　　除了劳工与职业培训部由官方制定负责管理职业技术教育与培训之外，其他部委也参与职业技术教育与培训项目管理，特别是"教育、青年与体育部"、妇女事务、健康、农业和其他相关部委。每个部都对其管辖的学校和教师提出业务要求，统筹职业技术教育与培训的公共预算。

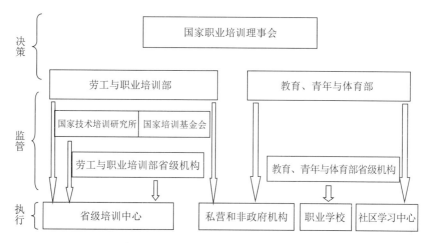

图3　柬埔寨国家职业技术教育与培训治理架构图

（图片改编自：UNESCO. TVET Policy Reviews of TVET in Cambodia[R].Paris：UNESCO. 2013：37.）

　　从上面的柬埔寨国家职业技术教育与培训治理架构图可以看出，柬埔寨职业技术教育与培训的治理呈现自上而下纵向三层治理架构。三个层次分别是决策层、监管层和执行层。国家职业培训理事会在劳工与职业培训部和教育、青年与体育部的支持下决定国家宏观层面的职业技术教育与培训的政策与规划；在监管层面，劳工与职业培训部直接并通过国家职业培训研究所、国家培训基金会及劳工与职业培训部下设的省级机构对省级培训中心和私营与非政府机构的业务进行监督和管理；教育、青年与体育部直接并通过其下设的省级机构对职业学校、社区学习中心、私营和非政府机构进行监督和管理；在执行层面，省级培训中心、私营和非政府机构、职业技术学校、社区学习中心执行国家职业技术教育与培训的政策和法规，开展面向初中毕业生和社会大众的职业技术教育以及职业培训。

　　3. 职业技术教育与培训的主要利益相关人

　　柬埔寨职业技术教育与培训体系的主要利益相关人包括：国家职业培训理事会，劳工与职业培训部，教育、青年与体育部，国家就业局，国家职业培训研究所，国家培训基金会，劳工与职业培训部下设的省级机构，教育、青年与体育部下设的省级机构，教育与劳工的地方管理机构、省级培训中心、业主组织机构、技术学校、职业技术学院、理工学院，社区学习中心，私营公司和非政府机构。

（二）教师

柬埔寨《教育法》第 20 条明确要求所有的从教人员上岗前均需参加国家组织的培训。国家应该在教育从业人员入职之前和在职期间开展培训。除了高校的教授和工作人员之外，所有的教师都需参加负责教育的部委认可的教学法培训。负责教育的部委应该制定教师培训的基本课程以及公立和私立学校教师招聘的身体与专业标准。

国家技术培训研究所作为公立的职业技术教育与培训领域的培训机构，负责职业技术教育与培训的教师和培训师的培训。初级技术学校教师首先需要获得相应专业的副学士以上学位，高级技术学校教师首先要获得相应专业的学士以上学位，还要参加 1 年的培训课程方能具备入职资格。[①] 柬埔寨全国共有 2449 名职业技术教育与培训教师或培训师（其中女性 1374 人），都参加过 1 年的正规职业技术教学培训。[②]

五、职业技术教育与培训的诉求与发展趋势

（一）诉求

1. 柬埔寨的经济与产业结构调整需要职业技术教育与培训的响应与支持

近年来柬埔寨政治稳定，经济发展持续增长。随着 2015 年东盟经济一体化的实现，柬埔寨需要更多技术技能人才，以促进经济社会发展，提高国家在区域和国际的竞争力。柬埔寨在过去 20 年中经济快速发展，但是主要是低技术含量和低附加值的行业驱动发展的。调查发现 2011 年到 2014 年年均就业增长达到 7.4%。按绝对值计算，就业数量从 2011 年的 367827 人增长到 2014 年的 454447 人。就业需求增长最大的行业分别是服装和制鞋业（78.9%），金融和保险业（7.6%）和食品饮料（3.9%）。[③]2016 年服装业就业人口达到 65 万，从就业和出口角度看仍然是国家的支柱产业。[④] 由于柬埔寨人口较少，市场较小，从长远来说，劳动密集型的行业难以维持经济的持续增长。农业、建筑业、制造业、汽车工业和电气设备作为柬埔寨的经济支柱，从中期发展目标看将会成为职业技术教育与培训发展的主要领域。[⑤]2015 年柬埔寨启动新的工业发展政策，吸引不同的行业和投资，减少低技能的就业群体。多元化行业发展和高技能的就业岗位要求职业技术教育与培训适应经济变化，培养适应时代和经济发展需要的技术技能人才。

[①] Khieng Sothy, Srinivasa Madhur, Chhem Rethy. Cambodia Education 2015 Employment and Empowerment[M]. Phnom Penh: Cambodia Development Resource Institute, March 2015: 90.

[②] MOLVT.Technical Vocational Education Training Statistics 2012–2013[R]. Phnom Penh: MOLVT. 2014.

[③] Somean Kuoch. Skills Shortages and Skills Gaps in the Cambodian Labour Market: Evidence from Employer Skills Needs Survey 2014 [R].National Employment Agency.2015.05.

[④] ADB. Policy Priorities for a More Responsive Technical and Vocational Education and Training System in Cambodia[J]. ADB Brief.2016.11.No.73.

[⑤] His Excellency LaovHim.Skill Workers, Driver for Future Cambodia's Economic Growth[R]. Ministry of Labour and Vocational Training.2013.11.

2. 柬埔寨青年就业与发展需要职业技术教育与培训的参与

柬埔寨是个"年轻的"国家，2016 年青年人（联合国的定义"15—24 岁"）在全国 1580 万人口中占比达到 20.6%。大约 80% 的人口居住在农村，50.4% 的就业人口从事农业。从受教育水平而言，38.2% 的青年人接受过中等教育，15.8% 的青年人接受过高等教育。[1]

柬埔寨 72.4% 的青年人由于家境贫困难以承担学费而辍学，平均辍学年龄为 16 岁。[2] 与同区域的其他国家相比，青年失业率较低，2014 年的青年失业率为 2.4%。2014 年柬埔寨人口的总失业率为 0.4%。[3] 柬埔寨青年人面临的主要问题是就业质量问题。许多青年人在非正规企业工作，工资收入低，没有劳动合同，也没有福利。大约 50% 的青年人从事农业，其中 46.8% 的青年人在自家干农活。2012 年"不就业、不升学、不进修"的青年人达到 8.7%，年轻女性比男性占比更高，分别达到 11.9% 和 4.8%。[4]

从柬埔寨的青年受教育水平和就业数据分析，柬埔寨首先要加大对青年人的职业技能培训，使他们能有一技之长，找到谋生与发展的手段。柬埔寨的职业技能培训市场广阔，前景无限。其次需要建设更多的职业技术院校，增加非农业的专业设置，吸引青年人参加正规的职业技术教育，打通青年人走出农家和农业到不同行业就业与发展的通道。

3. 柬埔寨的人才结构升级需要职业技术教育与培训支持

根据柬埔寨 2013 年的人口普查，在拥有副学士学位或者技术证书的 44 万人当中，大约 54% 修读的专业是社会学、商务、法律，10.2% 修读的专业为人文和艺术，仅有少数人修读过理科（8.7%）、工程与制造（6.0%）和农业（4.2%）。[5] 这些数据表明，柬埔寨现有受教育人口中文科和商科毕业生占有主导地位，缺少职业技术教育重点培养的技术技能型人才。从受教育人口的专业结构的视角分析，柬埔寨的职业技术教育与培训具有广阔的发展潜力。

4. 柬埔寨劳动力技能错位需要职业技术教育与培训的干预

近年来的研究发现，柬埔寨劳动力技能不足和错位现象非常明显。大部分青年人不具备就业市场所需的适当技能，特别是实用的、技术操作技能。此外，工作态度、沟通能力、团队协作和解决问题的能力也是当今劳动力市场面临的主要问题。2007 年世界银行开展的投资环境调查发现，认为员工技能是主要制约的公司比例从 2003 年的 6.5% 增加到 15.5%。调查还发现，在柬埔寨有 22% 的外国公司认为员工技能不足对其运营影

① ILO.Youth Employment Policy Summary CAMBODIA[R]. ILO.2016.
② Kanol, Heang; Khemarin, Khieu; Elder, Sara.Labour market transitions of young women and men in Cambodia[R]. Geneva :International Labour Office.2013: 02.
③ World Bank, World Development Indicators[R].Washington D.C.： World Bank. 2015.
④ ILO.Labour Market Transitions of Young Women and Men in Cambodia[R].ILO. 2015.
⑤ Somean Kuoch. Skills Shortages and Skills Gaps in the Cambodian Labour Market: Evidence from Employer Skills Needs Survey 2014 [R].National Employment Agency.2015.05:34.

响"严重"或者"非常严重"。亚洲开发银行（2012）认为柬埔寨的员工技能不足在影响国家发展。柬埔寨的人员技能不足和技能错位已经对柬埔寨多元化产业发展构成挑战。这些问题必须解决以避免失去长远发展的重要机会。为此，柬埔寨的劳动力必须获得经济转型和促进经济增长所需要的相应技能。办学机构应该提供产业发展，特别是制造业、旅游餐饮业、建筑业和农业发展所需要的相关课程教学和更加实用的技能。此外，还要提升软技能的培养。① 为了弥补技能不足和纠正技能错位的现象，为了适应国家产业调整与经济转型，柬埔寨的职业技术教育与培训机构需要完善，需要开展与国家发展紧密相关行业所需要的专业教学，培养国家支柱产业发展所需要的职业技能与通用的、可迁移的软技能，以促进就业，改善民生，保障国家可持续的经济发展。

（二）发展趋势

根据柬埔寨《国家职业技术教育与培训政策（2017—2025）》，通过分析未来数年职业技术教育与培训发展目标，可以窥见柬埔寨职业技术教育与培训的未来发展趋势：

1.提升职业技术教育与培训质量，满足国内外市场需求

根据柬埔寨职业资格框架，继续完善和实施质量保障体系。提高培训教师的教学水平和教学质量，增配培训资源，适应技术革新，满足劳动力市场需求。在工业或经济区域建立职业技术园以便最有效地使用设备和充分利用培训教师的资源。

2.增加职业技术教育与培训平等入学机会，促进就业

关注女性、贫困青少年、辍学学生、原住民等社会弱势群体，扩大机会使他们获得生存技能。加强体制和机制建设，扩大柬埔寨职业资格框架的推广和影响。通过广泛的宣传和引导，提升社会对职业技术教育与培训的认识。建立一站式服务，向社会大众提供便捷的职业技术教育与培训服务。

3.通过公私合营整合社会资源，促进职业技术教育与培训可持续发展

加强职业技术教育与培训体系的公私合营以及与利益相关人的合作，根据市场与时代需求开发培训课程。联合利益相关人建立国家技能开发基金会。制定职业技术教育与培训收费政策，建立贫困学生、女性学生和原住民助学金制度。

4.加强制度建设，提升职业技术教育与培训体系的治理能力

加强职业技术教育与培训规制框架建设，促进职业技能培训与劳动力市场需求的联动。建立基于绩效的职业技术教育与培训机构的拨款机制。提升职业技术教育与培训管理信息系统和劳动力市场信息系统，加强劳动力市场的预测分析和技能需求的评估。

（深圳职业技术学院　联合国教科文组织职业教育计划亚非研究与培训中心　杨文明）

---

① Yong yuthChalamwong, Khanittha Hongprayoon, Wanwisa Suebnusorn. Skills for Employability: Southeast Asia[R]. Thailand Development Research Institute.2012.08:41–42.

主要参考文献

[1] 柬埔寨《教育法》(2007)

[2] 柬埔寨《劳动法》(1997)

[3] 柬埔寨《国家非正规教育政策》(2002)

[4] 柬埔寨《国家青年发展政策》(2011)

[5] 柬埔寨《四角战略第三期》(2013)

[6] 柬埔寨《工业发展政策 (2015—2025) 》

[7] 柬埔寨《国家职业技术教育与培训发展规划 (2006—2010) 》

[8] 柬埔寨《国家职业技术教育与培训规划 2008》

[9] 柬埔寨《教育战略规划 (2009—2013) 》

[10] 柬埔寨《技术教育政策 (2013) 》

[11] 柬埔寨《教育战略规划 (2014—2018) 》

[12] 柬埔寨《职业技术教育与培训发展战略规划 (2014—2018) 》

[13] 柬埔寨《高中阶段技术教育总体规划 (2015—2019) 》

[14] 柬埔寨《国家职业技术教育与培训政策 (2017—2025) 》

[15] 商务部国际贸易经济合作研究院等 . 对外投资合作国别 (地区) 指南——柬埔寨 [R]. 商务部国际贸易经济合作研究院等，2020.12.

[16] YS Kim, JS Chung, SD Lee, YS Lim, KR Ryu. TVET Policy Reviews of 8 Asian Countries[R]. Korea Research Institute for Vocational Education and Training. 2010.12.

[17] Khieng Sothy, Srinivasa Madhur, Chhem Rethy. Cambodia Education 2015 Employment and Empowerment[M]. Phnom Penh: Cambodia Development Resource Institute, March 2015.

[18] KhimYorm.TVET Quality Assurance Development[R].Ministry of Labour and Vocational Training, 2015.

[19] MOLVT. Technical Vocational Education Training Statistics 2012–2013[R]. Phnom Penh: MOLVT. 2014.

[20] Somean Kuoch. Skills Shortages and Skills Gaps in the Cambodian Labour Market: Evidence from Employer Skills Needs Survey 2014 [R]. National Employment Agency. 2015.05.

[21] ADB. Policy Priorities for a More Responsive Technical and Vocational Education and Training System in Cambodia[J]. ADB Brief.2016.11.No.73.

[22] Kanol, Heang; Khemarin, Khieu; Elder, Sara. Labour market transitions of young women and men in Cambodia[R].Geneva : International Labour Office.2013: 02.

[23] World Bank, World Development Indicators[R].Washington D.C.: World Bank. 2015.

[24] ILO. Labour Market Transitions of Young Women and Men in Cambodia[R].ILO. 2015.

卡塔尔国

一、国家概况

（一）地理

卡塔尔国（State of Qatar），简称卡塔尔，是一个半岛国家，位于阿拉伯湾（波斯湾）西海岸的中部。卡塔尔东、北、西三面环海，海岸线全 563 千米；南部陆地与沙特阿拉伯接壤，陆地边界约 60 千米；国土面积 11521 平方千米。卡塔尔全国地势低平，最高海拔仅 103 米，多为沙漠或岩石戈壁。卡塔尔属于东 3 时区，比格林尼治时间早 3 个小时，比北京时间晚 5 个小时。[①] 卡塔尔为热带沙漠气候，夏季炎热漫长，最高气温可达 47℃；冬季凉爽干燥，最低气温 7℃。年平均降水量仅 125 毫米。[②] 全国共设 7 个市政区，首都多哈市是全国政治、经济和文化中心。北部的拉斯拉凡市和南部的梅赛义德市是卡塔尔以石油化工和天然气液化为主的工业城市。[③]

（二）人文

公元 7 世纪，卡塔尔是阿拉伯帝国的一部分。1517 年葡萄牙人入侵。1846 年萨尼·本·穆罕默德建立了卡塔尔酋长国。1872 年被并入奥斯曼帝国版图。1916 年成为英国的"保护地"。1971 年 9 月 3 日宣布独立，艾哈迈德任埃米尔[④]。1972 年 2 月 22 日艾哈迈德堂弟哈利法出任埃米尔，哈利法之子哈马德任王储兼国防大臣。1995 年 6 月 27 日，哈马德出任埃米尔。2013 年 6 月 25 日，哈马德埃米尔让位于王储塔米姆。卡塔尔系君主制国家。埃米尔为国家元首和武装部队总司令，掌握国家最高权力，由阿勒萨尼家族

---

① "一带一路"网.对外投资合作国别（地区）指南——卡塔尔 [EB/OL]. https://www.yidaiyilu.gov.cn/wcm.files/upload/CMSydylgw/201705/201705240134040.pdf.2017-09-14.

② "一带一路"网.卡塔尔国家概况 [EB/OL]. 中国网 .http://www.china.com.cn/international/txt/2012-01/13/content_24400498.htm.2017-08-15.

③ "一带一路"网.对外投资合作国别（地区）指南——卡塔尔 [EB/OL]. https://www.yidaiyilu.gov.cn/wcm.files/upload/CMSydylgw/201705/201705240134040.pdf.2017-09-14.

④ 埃米尔 (Emir、Amir)，阿拉伯语音译。其词来源于阿拉伯语，原意为"受命的人"、"掌权者"，伊斯兰教国家对上层统治者、王公、军事长官的称号。原为阿拉伯统帅的称谓，现为某些君主世袭制国家元首的称谓。其意义比较笼统和广泛：从其军事统帅意译为总督；从其功能意译为国王、酋长、头人、头目、首领、长官等；亦见有人以其作为贵族最高爵位之功能意译为亲王、大公等。

世袭。政府适度推进政治改革，保持社会稳定。禁止任何政党活动。

1970年颁布第一部宪法并规定：卡塔尔为独立的主权国家；伊斯兰教为国教；埃米尔在内阁和协商会议的协助下行使权力。宪法承认法官的独立性。1972年对临时宪法进行修宪。2003年4月，卡塔尔全民公投通过"永久宪法"，2005年6月7日正式生效。

卡塔尔人口288万，其中卡塔尔公民约占15%。外籍人主要来自印度、巴基斯坦和东南亚国家。阿拉伯语为官方语言，通用英语。居民大多信奉伊斯兰教，多数属逊尼派中的瓦哈比教派，什叶派占全国人口的16%。[①]

卡塔尔人非常热爱歌舞，每到周五，在首都多哈的人们都会聚在一起表演歌舞节目。舞蹈风格非常接近阿拉伯的风格特色。卡塔尔的歌舞主要都是源于最传统的阿拉伯人，也就是"贝都因人"的歌舞艺术。舞者身穿黑色大袍，披着中长发伴着节奏甩头而舞。[②]

（三）经济

卡塔尔油气资源丰富。目前已探明石油储量262亿桶，居世界第13位；天然气储量25.8万亿立方米，居世界第3位。近年来卡塔尔着力发展油气产业，液化天然气出口量已居世界第一位。石油、天然气产业是卡塔尔经济支柱。近年来，政府大力投资开发天然气，将其作为经济发展的重中之重，卡塔尔是世界第一大液化天然气生产和出口国。在大力发展能源产业的同时，卡塔尔还推出了"2030国家愿景"规划，核心是通过大力发展经济多元化，到2030年将卡塔尔打造成为一个可持续发展、具有较强国际竞争力、国民生活水平高的国家。2020年卡塔尔国内生产总值1491亿美元，人均国内生产总值6.17万美元，经济增长率-3.0%。[③]

总体而言，卡塔尔的投资环境宽松。为提高外资吸引力和增强对外的投资能力，2005年在卡塔尔首都多哈正式成立卡塔尔投资局，该投资局是中东最大的主权财富基金。该机构主要目标是投资、管理和增加卡塔尔的储备资产，以创造长期的价值，支持国内经济的竞争发展，推动经济的多元化和开发当地人才，成为世界一流的投资机构和良好的合作伙伴。同时，该机构建立和健全了对外投资的方式、框架和过程，从人力资源的角度，在人才培养、投资架构方面做了多方面的设定和支持，如其将投资支持分为法律、风险、策略和公司事务四个角度分别展开。

卡塔尔的投资潜力较大。伴随经济的稳定增长及人口的迅速增加，卡塔尔在能源、医疗卫生、教育、基础设施、交通领域等领域都有相当大的投资潜力。根据卡塔尔政府

---

① 中华人民共和国外交部.卡塔尔国家概况 [EB/OL]. https://www.fmprc.gov.cn/web/gjhdq_676201/gj_676203/yz_676205/1206_676596/1206x0_676598/.2020-09-26.

② 孟舟.走进你，神秘的卡塔尔——领略"沙漠之都"的舞蹈魅力 [J].文化月刊,2005:106-107.

③ 中华人民共和国外交部.卡塔尔国家概况 [EB/OL]. https://www.fmprc.gov.cn/web/gjhdq_676201/gj_676203/yz_676205/1206_676596/1206x0_676598/.2020-09-26.

部门消息，卡塔尔今后政府支出和公共事业支出将占卡塔尔项目支出（含油气领域）的80%，支出总额达 2120 亿美元。卡塔尔财政部长阿里·沙里夫·阿迈蒂表示，卡塔尔政府将落实加强基础设施建设，新一年的财政预算主要着重为卫生、教育机构提供专项资金。另外，卡塔尔铁路公司启动 "RAIL" 项目以及为申办世界杯的项目提供必要保障也成为卡塔尔预算的又一侧重点。①

（四）教育

卡塔尔政府重视发展教育事业，实行免费教育，为成绩优异的学生提供留学深造机会，并发给奖学金。1977 年建成的卡塔尔大学是一所配有现代化设备的综合性大学，也是卡塔尔仅有的一所本土大学，下设 7 个学院，在校学生近 8000 名。此外，卡塔尔还选派留学生到美国、欧洲及其他阿拉伯国家学习，并与美国合建大学教育城，多所世界名校已在城内设立分校。②

进入 21 世纪，随着知识经济的来临、经济全球化进程的加快，越来越多的国家意识到教育对综合国力的重要作用。面对新时代，力求发展和提升本国软实力的卡塔尔，开始计划深入的体制改革。卡塔尔请美国兰德公司为本国幼儿园到高中的整个 12 年教育体系量身定做了符合卡塔尔文化背景和社会状态的新教育模式，即由国家投资建立独立模式学校。这种模式基本原则有四个：自治权、问责制、多样性、选择性。

为保障新教育措施的顺利实施，2003 年政府专门成立了 "教育最高理事会"，理事会主要负责国家教育政策的宏观调整和实施。理事会下属机构有教育部、评估部、高教部，分别负责对独立学校的监管和教材更新、定期评估并将结果向社会公示、协助沟通和提供建议等工作。2004 年，第一批独立学校模式的 12 座校园开始招生。随着独立学校模式的推广越来越受到社会的青睐，政府对有关决策产生的结果感到满意，并在 2010 年将所有小学、中学、高中基础教育的公立学校转为独立学校模式。③

卡塔尔教育城建于 2001 年，集中了大学、科学研发中心以及人才培训等与教育相关的各种机构。核心是包括多家高校的大学校园区，除一所本地大学外，其余均是从国外直接引入的优秀大学。其中美国弗吉尼亚州立联邦大学、康奈尔大学、得克萨斯州 A&M 大学、卡内基梅隆大学、乔治敦大学和西北大学的部分专业都在这里设立了分支机构和分校区。④

---

① 中国网.黄日涵，罗凌.一带一路投资政治风险研究之卡特尔 [EB/OL].http://www.china.com.cn/opinion/think/2015–06/10/content_35781798_2.htm.2017–09–01.

② 中国一带一路网.卡塔尔 [EB/OL]. https://www.yidaiyilu.gov.cn/gbjg/gbgk/885.htm.2017–09–20.

③ 杨林.小国大梦——卡塔尔软实力研究 [D].西北大学硕士学位论文,2016:21–22.

④ "一带一路"网.对外投资合作国别（地区）指南——卡塔尔 [EB/OL]. https://www.yidaiyilu.gov.cn/wcm.files/upload/CMSydylgw/201705/201705240134040.pdf.2017–09–10.

二、职业技术教育与培训的战略与法规 [①]

（一）战略 [②]

"2030 年卡塔尔国家展望"的目标是逐步完成卡塔尔的转型，并且指出教育和培训是实现此目标的关键。"2011-2016 年国家发展战略"是一个多项目计划，旨在培养一支受过良好教育、具备较高能力而且积极进取的劳动力队伍。该国家发展战略指出，职业技术教育与培训的使命是让学生们直接为从事专业工作做好准备。

《国家发展战略》通过了一个名为"加强技术教育和职业培训"的方案，该方案概述了国家职业技术教育与培训政策，目的是实现以下三项成果：

·为开发优质、适当和管理有序的职业技术教育与培训课程建立监管框架和计划，包括建立能够支持职业技术教育与培训体系发展的组织模式；

·使职业技术教育与培训计划和输出满足卡塔尔社会和劳动力市场的需要；

·改进职业技术教育与培训的观念，以提高入学率和使卡塔尔全民更好地做好进入劳动力市场的准备。

（二）法规

·2001 年通过并于 2009 修订的第 25 号法律义务教育法规定，免费的义务教育直至中学教育结束，其中包括职业技术教育与培训；

·2009 年第 14 号埃米尔法令规定建立最高教育委员会以取代教育部。该法令要求最高教育委员会编制教育领域的规章制度，为私立和公立学校办理许可证，制定专业标准和发放教师资格证。埃米尔法令还规定，所有公立学校现在都是独立的政府资助学校。

三、职业技术教育与培训的体系与质量保障 [③]

（一）体系

该教育体系包括 1—2 年的学前教育、6 年的小学教育和 3 年的预科学校，在卡塔尔称之为 K-12 普通教育。完成 K-12 教育后，学生们可以进入普通中学、商业或技术中等学校。

目前中等教育可供选择的职业技术教育与培训是有限的，而且只限于男生。有一所独立的中等技术学校和一所独立的金融研究与商务管理中等学校提供职业技术教育与培训课程。

---

① 本部分内容参考了联合国教科文组织的报告。原文出自：UNESCO–UNEVOC 联合国教科文组织国际职业技术教育与培训中心 . 全球职业技术教育与培训数据库：卡塔尔 [EB/OL]. www.unevoc.unesco.org.2017– 10-10.

② 本部分主要参照：联合国教科文组织国际教育局 . 世界教育数据（第 7 版）——卡塔尔 . 日内瓦：联合国教科文组织国际教育局 .2010 年 11 月 .

③ 卡塔尔发展规划总秘书处 .2011—2016 年卡塔尔国家发展战略 [R]. 多哈：卡塔尔发展规划总秘书处 .

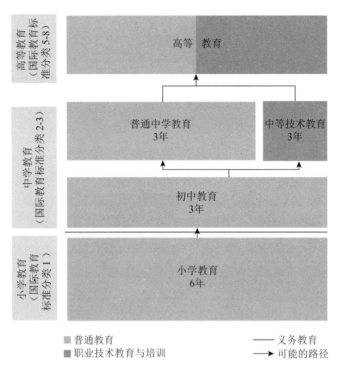

图 1　卡塔尔职业技术教育与培训体系

资料来源：图表由联合国教科文组织国际职业技术教育与培训中心（UNESCO-UNEVOC）根据卡塔尔发展规划总秘书处编译（2011）。

目前，国家很注重建立资格体系和对培训进行认证，同时，通过与雇主（包括合资企业）磋商和合作，进一步开发满足劳动力市场需要的课程和设施。

（二）保障

1. 国家资格框架①

学生完成中学教育后，举行期末考试，根据所选且成功通过考试的科目，颁发中级技术或商业资格证书。

政府旨在通过下列步骤建立国家资格框架：

（1）指定监督机构，确定执行指定工作所需的组织和流程模式；

（2）确定国家资格框架范围；

（3）确定国家资格框架的参考模型和结构；

（4）依据现有的最高教育委员会职业教育和培训计划确定卡塔尔如何采用国际标准；

（5）专门制定各项职业标准。

目前已经取得一些进展，例如：

---

① 卡塔尔发展规划总秘书处.卡塔尔国家发展战略 2011—2016[R].多哈：卡塔尔发展规划总秘书处.2011.联合国教科文组织国际教育局.世界教育数据（第7版）——卡塔尔[R].日内瓦：联合国教科文组织国际教育局.2010年.

（1）确定了国家资格框架的标准；

（2）建立了相关专业职业标准体系并正在付诸实施；

（3）建立了国家资格管理局。

2.质量保障

依据"加强技术教育和职业培训"计划，政府将致力于建立职业技术教育与培训管理机构和采用认证和许可的新模式。

关于建立职业技术教育与培训管理机构，政府制定了下列行动计划：

（1）明确关键职能，如规划、质量保证、国家资格框架和职业标准监督，同类国际机构执行的类似标准的基准并且确定适用于卡塔尔基准的模式；

（2）评估所定义的主要职能机构的能力；

（3）审查政府授权建立私营职业技术教育与培训的主管部门的法律和政策。

关于采用新的认证和许可模式，政府制定了下列行动计划：

（1）对最佳国际惯例进行基准评估；

（2）为现有的和新的机构制定许可标准。

四、职业技术教育与培训的治理与教师

（一）治理①

（1）最高教育委员会负责指导制定国家教育政策，在教育改革工作的制定和实施中发挥不可或缺的作用。最高教育委员会负责审批独立学校的合同。2009年4月，卡塔尔颁布了一项法令重申最高教育委员会的权威，并将教育部人员和学校并入最高教育委员会。最高教育委员会管理三种机构：教育研究所、评估研究所和高等教育研究所。

（2）教育研究所监管独立和半独立的学校并为其提供支持。该研究所负责制定严格的课程标准并确保学校能够达标，同时为私立学校颁发许可证并对其进行监管。

（3）评估研究所制定和执行综合的国家学生学习评估标准。该机构领导卡塔尔参与进行最重要的国际教育评估。2008年，该研究所建立了卡塔尔注册、许可和认证办公室，由该办公室负责按照教师和学校领导的国家职业标准为教师和学校领导颁发临时和正式资格证书。

（4）高等教育研究所指导学生执行院校申请流程并获得学历资格证书。

（5）独立学校依据教育改革计划"新纪元教育"建立，该计划将所有政府学校转变成了自治的独立学校，在承担责任的同时履行其教育使命和达到教育目标。所有独立学校必须符合既定的课程标准，并执行定期财务审计。学校的组织结构包括校董事会，这是每一所独立学校所需的法定组织结构的组成部分，它的作用是指导和提供建议，代表

---

① 最高教育委员会.教育和培训部门战略[R].多哈：最高教育委员会.2011.

家长和社区，并帮助学校进行质量控制。

在卡塔尔，公民的各级教育都是免费的。《宪法》第 49 条规定，教育是每个公民的权利；国家应根据卡塔尔适用的法律和法规，努力实现免费和义务普通教育。2001 年通过并于 2009 年修订的第 25 号法律规定卡塔尔的教育是免费的。

独立政府职业中等学校由最高教育委员会与卡塔尔石油（技术学校）和中央银行（银行和工商管理）联合资助，中学后教育这一级别的职业技术教育与培训，包括卡塔尔社区学院和北大西洋学院也受卡塔尔政府资助。话虽如此，接受中学后教育的学生也常常由雇主赞助。

内政部（警察学院）、国防部和行政发展部等其他部门管理下的职业技术教育与培训机构由各自的部委资助。

学生就读私立职业技术教育与培训机构往往是由雇主资助。私立职业技术教育与培训机构由高等教育机构和最高教育委员会颁发许可证。

（二）教师[①]

卡塔尔将教师作为其教育改革的核心，使新的独立学校免费雇用那些对课程有深刻理解，并在当代教学中采用行之有效的技巧的员工。教师和学校领导的国家职业标准旨在说明教师和领导所必须具备的能力和知识及对这些知识的应用和理解，以及独立学院的教学质量和领导实践。

参照教师和学校领导的国家职业标准，国家建立了教师职业许可证制度。例如，最高教育委员会于 2008 年在评估局设立了教师和学校领导职业许可证办公室，负责为独立学校的领导和教师颁发职业许可证。

总的来说，教育改革框架始于 2002 年，规定了卡塔尔独立中学任教教师的任职资格：

（1）具有数学、科学、英语或阿拉伯语专业学士学位；

（2）或具有非数学、科学、英语或阿拉伯语专业学士学位加 3 年在校任教经验；

（3）或具有中学教育学士学位和文凭。

最高教育委员会下属的教育研究所提供各种教师培训课程，以支持独立学校教师的专业发展和成长。该所研究的主题包括：最佳教学实践；新课程标准；为学生准备年度评估；新教师的特殊需要。还有一些培训课程，旨在提高经验丰富的教师的技能和知识，然后邀请他们开发课程、领导培训、指导新教师，并成为名师。

卡塔尔注册、许可和认证办事处成立于 2008 年，隶属评估研究所，负责支持和改进教师质量和学校领导实践并确保符合教师和学校领导的国家职业标准。

---

① 联合国教科文组织国际教育局.世界教育数据（第 7 版）[M].日内瓦：联合国教科文组织国际教育局.2010.

五、职业技术教育与培训的诉求与发展趋势

（一）诉求

1. 增加职业技术教育与培训投入

卡塔尔政府近年来对科技教育的投入大幅增加。2014—2015财年，卡塔尔财政预算总支出为2257亿里亚尔，教育支出263亿里亚尔，比上一财年增加7%。2016财年教育支出预算为204亿里亚尔。与教育体系的其他部门相比，卡塔尔没有在职业技术教育与培训方面投入大量的时间和资源。因此，卡塔尔将进一步关注职业教育，解决职业技术教育与培训的基础设施和投入问题，包括增加能力建设以弥补女子中等职业技术学校的体制空白。

2. 加快职业技术教育与培训内容改革

2011—2016年国家发展战略和"加强技术教育和职业培训"计划相关的发展项目及目标有：评估职业技术教育与培训机构的信誉并促使其成为旨在增加卡塔尔入学率的职业中心；开发不同的职业技术教育与培训课程以满足劳动力市场的需要；建立发展公共和私营部门之间职业技术教育与培训伙伴关系的模式，并根据此模式建立伙伴关系。

（二）发展趋势

1. 稳定的国内环境将促进职业技术教育与培训快速发展

卡塔尔油气资源丰富，地理位置优越，基础设置完备，政局稳定，外贸政策自由开放，对投资十分有利。此外，卡塔尔国内有健全的法律制度，并出台了一系列行业鼓励政策，吸引了许多外资。

近年来，卡塔尔经济持续增长，人均GDP超过10万美元。但是国内经济依赖油气产业，2014年之后，国际油价大幅下跌，卡塔尔国内经济发展受到一定影响。即便如此，卡塔尔的国际影响力也非同小可。根据瑞士洛桑管理学院公布的2016年世界竞争力年报，卡塔尔综合排名居全球第13位，成为中东地区最具竞争力的国家。《2015—2017卡塔尔经济展望报告》中指出，2016年至2017年卡塔尔GDP增长分别为6.6%和6.0%。

2. 职业技术教育与培训内容将会更加多元

未来，除了继续发展油气和石化产业外，卡塔尔政府将扩大对制造加工业、金融业和房地产业的支助力度，还将积极推动与2022年世界杯足球赛相关的基础设施建设，与此同时，卡塔尔政府也在逐渐加强对教育、卫生事业的投入，最终要建成一个多产业协同发展的发达国家。[①]卡塔尔是君主制国家，地区影响力大，但是它也存在一定的潜在风险。例如，国内社会形势有诸多不稳定因素，存在宗教派系冲突的风险，经济发展严重依赖油气产业等，因此，积极实施经济多元化策略，遏制通货膨胀，推进基础设施项目

---

① 参见：深圳市政府政策研究室. 西亚北非五国国情研究.2016:12-18.

建设，提高教育、医疗事业发展水平，成为卡塔尔未来的发展方向。①

（深圳职业技术学院　技术与职业教育研究所　袁　礼）

主要参考文献

[1] 对外投资合作国别（地区）指南——卡塔尔 [EB/OL]. https://www.yidaiyilu.gov.cn/wcm.files/upload/CMSydylgw/201705/201705240134040.pdf.2017-09-14.

[2] 中国网.卡塔尔国家概况 [EB/OL].http://www.china.com.cn/international/txt/2012-01/13/content_24400498.htm.2017-08-15.

[3] 中华人民共和国外交部.卡塔尔国家概况 [EB/OL]. https://www.fmprc.gov.cn/web/gjhdq_676201/gj_676203/yz_676205/1206_676596/1206x0_676598/.2020-09-26.

[4] 世界银行数据.卡塔尔 GDP、人口总数 [EB/OL]. http://data.worldbank.org.cn/country/QA, 2017-07-22.

[5] 中华人民共和国驻卡塔尔国大使馆经济商务参赞处.卡塔尔民族 [EB/OL]. http://qa.mofcom.gov.cn/article/ddgk/201411/20141100784794.shtml.2017-09-13.

[6] 孟舟.走进你,神秘的卡塔尔——领略"沙漠之都"的舞蹈魅力 [J]. 文化月刊, 2005, (5): 106-107.

[7] 中华人民共和国驻卡塔尔国大使馆经济商务参赞处.宏观经济.卡塔尔概况 [EB/OL]. http://qa.mofcom.gov.cn/article/ddgk/201507/20150701039384.shtml.2017-09-20.

[8] 中国网.黄日涵,罗凌.一带一路投资政治风险研究之卡特尔 [EB/OL]. http://www.china.com.cn/opinion/think/2015-06/10/content_35781798_2.htm.2017-09-01.

[9] 中国一带一路网.卡塔尔 [EB/OL]. https://www.yidaiyilu.gov.cn/gbjg/gbgk/885.htm.2017-09-20.

[10] 杨林.小国大梦——卡塔尔软实力研究 [D]. 西北大学硕士学位论文, 2016: 21-22.

[11] 全球职业技术教育与培训数据库：卡塔尔 [EB/OL]. UNESCO-UNEVOC 联合国教科文组织国际职业技术教育与培训中心.www.unevoc.unesco.org, 2017- 08-11.

[12] 联合国教科文组织国际教育局.世界教育数据（第 7 版）[R].日内瓦：联合国教科文组织国际教育局.2010.

[13] 深圳市政府政策研究室.西亚北非五国国情研究.2016.

---

① 参见：深圳市政府政策研究室.西亚北非五国国情研究.2016:12-18.

科威特国

一、国家概况

（一）地理

科威特国（The State of Kuwait），简称科威特。国土面积为 17818 平方千米。位于亚洲西部波斯湾西北岸。与沙特、伊拉克相邻，东濒波斯湾，同伊朗隔海相望。海岸线长 290 千米。有布比延、法拉卡等 9 个岛屿，水域面积 5625 平方千米。绝大部分土地为沙漠，地势较平坦，境内无山川、河流和湖泊，地下淡水贫乏。属热带沙漠气候，夏季炎热干燥，最高气温可达 51℃，冬短湿润多雨，最低气温可达 –6℃。年降水量为 25—177 毫米。

首都为科威特城（Kuwait City），是科威特的政治、经济、文化中心以及重要港口。科威特全国一共划有 6 个行政省：首都省、哈瓦里省、艾哈迈迪省、贾哈特省、法尔瓦尼亚省和大穆巴拉克省。所有的省级行政单位归内政部管辖，科威特最基本的行政单位是区，全国共有 25 个区，区长主要发挥民众和政府之间沟通的纽带作用，也要负责本区的议员选举。[①]

（二）人文

科威特的历史可以追溯到公元前 3000 年。公元 7 世纪开始，科威特成为阿拉伯帝国的一部分。公元 7 世纪中叶到 8 世纪中叶，科威特并入阿拉伯帝国倭马亚王朝版图，13 世纪到 17 世纪，波斯人统治这一地区。1851 年哈立德家族统治了科威特。1710 年本来居住在阿拉伯半岛高地的阿奈扎部落中的萨巴赫家族迁移到科威特，17 世纪 40 年代，从阿拉伯半岛中部迁来的哈立德部落的酋长在波斯湾西北端布比延岛对面的海滩上建立了一个小要塞，正式取名为"科威特"，后来它成为科威特国的首都科威特市。1756 年，萨巴赫家族取得了科威特的统治权，建立科威特酋长国。19 世纪末，英国殖民势力进入科威特，强迫科威特签订秘密协议，成为科威特的宗主国。科威特人民经过长期斗争后，于 1961 年宣告独立。[②] 同年也成为了阿拉伯国家联盟和联合国的成员国家。1990 年 8 月

---

① 中华人民共和国外交部.科威特国家概况 [EB/OL].http://www.fmprc.gov.cn/web/gjhdq_676201/gj_676203/yz_676205/1206_676620/1206x0_676622/.2021–8.

② 董漫远.科威特的历史变迁 [J].中国民族,1991（03）.

2日，科威特被伊拉克侵占，1991年2月26日正式复国。

科威特是君主世袭制酋长国，国家元首是埃米尔，同时也是武装部队的最高统帅。1962年科威特颁布了本国宪法，确定了科威特是阿拉伯国家，国教是伊斯兰教，伊斯兰教的教法也是国家立法的主要依据。1963年成立了国民议会，国民议会是科威特的立法机构，实行的是一院制，议会通过的法案也必须经埃米尔的批准才能够生效，即埃米尔有权否决法案。但也有特殊情况，比如议会以超过三分之二的多数确定通过或者以后的议会又以简单多数通过，法案也可以自动生效。司法机构的最高法院院长以及总检察长都是由埃米尔担任。科威特本国是禁止所有政党活动的，但在海湾战争之后，科威特也出现了伊斯兰联盟、宪章联盟、民主论坛以及自由独立派等政治派别。

截至2021年，科威特有人口477.6万，其中科威特籍人143.28万，占总人口比重的30%，其他为外籍侨民，主要来自印度、埃及、孟加拉国、斯里兰卡等，2015年科威特的人口增长率大约为1.62%。阿拉伯语为官方语言，英语是通用语言。伊斯兰教为国教，居民中85%信奉伊斯兰教，其中约70%属逊尼派，30%属什叶派。[①]因科威特是传统的伊斯兰国家，所以很多传统的风俗习惯，诸如禁食猪肉、禁酒、妇女外出要身披黑袍等，都在科威特保留了下来。男士多穿白色长袍，冬季则为灰色长袍，每日要祷告五次，故男士多穿凉鞋以方便脱鞋进入清真寺。可以说，科威特的民俗习惯大多来自宗教。

（三）经济

石油、天然气工业为科威特国民经济的主要支柱，储量十分丰富，其产值占国内生产总值的一半以上，占出口收入的94%，占政府收入的90%。科威特现已探明的石油储量有1049亿桶，约占世界储量的10%，排名第五，科威特计划在2020年石油日产量达到400万桶。近年来，政府在重点发展石油、石化工业的同时，强调发展多元化经济，着力发展金融、贸易、旅游、会展等行业，并提出2035年发展愿景，将科威特建设成为地区商业和金融中心，发挥私营企业在科威特经济发展中的重要作用，保障人民生活全面均衡发展，实现社会公正。[②]2020年科威特名义GDP为378亿第纳尔（约1250亿美元），实际GDP增长3.6%。其中石油GDP将增长3.6%，非油GDP将增长3.5%。[③]

在2014年的科威特GDP中，第一产业的比重为0.5%，可耕土地的面积大约为14182公顷，无土培植面积大约为156公顷，农牧产品主要依靠进口，农业生产总值最高的时候也只占1.1%。第二产业比重为61.8%，其中石化工业比重最高，约55.1%，2015年科威特石油收入达到136.2亿第纳尔，日产石油约286万桶。服务业比重为

---

① 科威特国家概况.中华人民共和国驻科威特国大使馆[EB/OL].http://kw.chineseembassy.org/chn/kwtgk/.2017–8-13.

② 中华人民共和国外交部.科威特国家概况[EB/OL].http://www.fmprc.gov.cn/web/gjhdq_676201/gj_676203/yz_676205/1206_676620/1206x0_676622/.2021–8.

③ 中华人民共和国驻科威特大使馆经济参赞处[EB/OL].http://kw.mofcom.gov.cn/article/jmxw/201701/ 20170102494967.shtml.2017-8-12.

37.7%，收入约占非石油收入的一半，通信水平的低下以及卫生收费都制约了服务业的收入增长。2015年在科威特产生的GDP中，消费占比约为61.5%，其中家庭消费大约占36.1%，政府消费约占25.4%，资本形成大约占了20.2%，净出口占了18.3%。2015年的失业率大约为1.4%，2016年国际评级机构标普对科威特主权信用评级为Aa2，展望是负面。[①]

（四）教育

科威特十分重视教育，受教育权作为科威特公民的基本权利早已被写入本国宪法。科威特十分认同教育在塑造公民人格、提升个体素质与积累本国人力资本过程中的积极作用，这在其教育发展的中长期规划中都得到了充分体现。

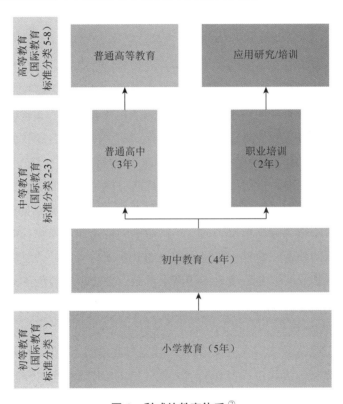

图1　科威特教育体系[②]

科威特的教育体系从学前阶段开始，包括小学、初中、高中和大学。目前，科威特学前教育是非义务性的，入学年龄通常是4岁，学前持续时间是两年。自1965年开始，科威特实行的是4-4-4学制，即小学、初中、高中均为四年制。直到2003年，教育部长

---

①　中华人民共和国驻科威特大使馆经济参赞处 [EB/OL].http://kw.mofcom.gov.cn/article/jmxw/201701/ 20170102 494967.shtml.2017-8-12.

②　联合国教科文组织国际职业教育与培训中心：科威特 [EB/OL].http://www.unevoc.unesco.org/go.php?q=World +TVET+Database&ct=SAU.2017-8-16.

《第64号法案》规定自从2004—2005学年起，调整学制为5-4-3，即小学教育的时间改为五年（1-5年级），初中4年，高中3年。[①]科威特基础教育包括高中都是义务性的，儿童的入学年龄为6岁。

截止到2014年，科威特共有各类学校1332所，其中公立学校843所，私立学校489所，其中有部分成人教育学校和特殊教育学校等。在校学生约为61.5万人，教师为7.6万人。教育经费为政府财政预算的10%左右。政府重视扫盲，1982年颁布义务扫盲法，建立了85个扫盲中心，15岁以上的成人文盲率从1957年的54.5%降到了2013年的5.7%。科威特的大学数量并不多，现有1所科威特公立大学和3所私立大学。[②]

二、职业技术教育与培训的战略和法规

（一）战略

科威特将教育视为所有公民的基本权利，战略的目标是使个体在私人和公共生活都变成积极而有思想的社会公民。国家发展战略强调教育机构在发展这些品质以及个体在训练中成为熟练人力资源中的作用。教育被视为是在社会制度、文化、经济和社会构建上的基本工具。职业教育的战略目标是在职业认同和个体需求之间找到一种平衡，并提供基本的技能，以为技术进步和个体生活做准备。

职业技术教育与培训的作用与教育的近期战略目标是发展职业学校教育系统，对接劳动力市场需求，为学生步入社会做准备。据科威特《2025教育战略规划》，职业技术教育与培训需要紧密结合劳动力市场的需求，激励私营企业的参与，缩小企业需求与毕业生所获技能之间的差距。而且，要建立有效的就业支持机制，通过雇主驱动职业技术教育改革，并协调职业培训与劳动力市场需求计划，辅之以相应的法律制度保障，用以确保职业技术教育战略和目标的实现。[③]

（二）法规

1962年的《宪法》明确了科威特有关国家法律的基本框架，指出教育作为基本手段，应该在精神和身体成长上引导年轻人。第13款指出教育应由国家提供和监管，第40款指出教育是公民的基本权利，且在基础教育阶段免费提供。科威特后续的法律法规均遵循1962年的《宪法》，与职业技术教育与培训相关的主要有：

1.《第63号法案》（1982）

该法案的通过是为了应对劳动力市场的需求和技术工人的短缺，将职业技术教育与

---

① World Data on Education-Kuwait:Compiled by UNESCO-IBE,Updated version, July 2012 [EB/OL]. http://www.ibe.unesco.org/.2017-8-16.

② 中华人民共和国外交部 . 科威特国家概况 [EB/OL].http://www.fmprc.gov.cn/web/gjhdq_676201/gj_676203/yz_676205/1206_676620/1206x0_676622/.2021-8.

③ World Data on Education-Kuwait:Compiled by UNESCO-IBE,Updated version, July 2012 [EB/OL]. http://www.ibe.unesco.org/.2017-8-16.

培训的监管从教育部转移到了人力资源部，并建立了一个新的管理部门专门负责职业技术教育与培训的资源协调工作。

2.《第 4 号法案》（1987）

该法案是第一部有关公共教育基本框架的法案，之前的法律都是关于教育体系的某一特定方面，而这部法案规定了科威特教育体系的基本框架，最重要的是明确了科威特公民的基本教育权，以及公立学校的免费政策。此外，在该法案的指导下还成立了全国教育委员会，隶属于科威特教育部，由大学教授和 17 位教育专家组成。

三、职业技术教育与培训的体系与质量保障

（一）体系

1. 正规职业技术教育

科威特的职业技术教育与培训自初中阶段的预备教育开始。中等或预备教育融入初中课程之中，也是义务性的。学生成功从中学毕业可以拿到中级学校毕业证书，并授予进入高中教育的权利。公共应用教育和培训部门为中学毕业生提供的预备教育为持续 1—2 年的协助应用技术课程。自 2004—2005 年，教育系统结构发生变化，普通高中教育持续三年（之前是采用"4-4-4"系统）。在完成普通中等教育，学生通过最后的考试，即可获得普通中学毕业证书。

中学后的职业教育和培训在公共应用教育和培训部门的监督下，在技术机构和培训中心开展。培训中心更具职业导向，并为中学毕业证书持有者提供两年的技术课程培训。这类教育是通常在教师培训学院、商业学院、公共卫生学院和科威特技术学院进行的。

商业学院在该国向不同的商业和工业机构提供生源，其专家来自于银行业、保险业、计算机经营以及管理行业。该学院鼓励用人机构雇佣年轻的科威特毕业生，以成功防止科威特人才外流。

公共卫生学院的目标是提供训练有素的护士，毕业后将在学校或医院工作。进入该学院的学生通常是那些在中学教育证书考试中分数较低的学生。

科威特技术学院为国家提供经过训练的技师，学科专业包括机械制造学、电力学和电子学。为鼓励科威特青年入校学习，政府为学生提供每月 200 美元的津贴。优秀学生在毕业后，将被送往国外的学院进行进一步的培训，该学院大部分学生都可以获得全额奖学金。[①]

1972 年教育学院成立时，应用教育与训练总局的活动就已经开始了。教育学院专门培养初级教育阶段的师资力量，包括教师及与教育相关的技术和图书馆方面的专业人员等。1982 年成立了应用教育与训练总局，管理这类学院，并制定教育大纲和培训规划。

---

① World Data on Education-Kuwait:Compiled by UNESCO-IBE,Updated version, July 2012. [EB/OL]http://www.ibe.unesco.org/.2017-8-16.

随后又成立了一些新的学科与专门培训机构，把二年制大专学院改为四年制技术大学，为学生提供本科教育。目前，应用教育与训练总局管理着四所设有不同学科的教育学院，通过各种培训中心，提供各种服务和培训计划。目前，各应用教育学院的学生总数已达1.2万人，18%在技术学院学习机械工程、民用工程、电子、电力和化学工程技术等不同的专业技术，其他学生则在师范、商贸、卫生保健学校及技校学习。[①]

在大学层面，完成学士学位的所有课程通常需要8个常规学期或4年，但工程专业需要9到10个学期，而医学需要7年的研究或更长。在研究生层面，科威特提供科学、工程、哲学和医学方面的硕士学位课程，这些项目通常需要在学士学位通过后2年时间才能完成，博士学位课程的持续时间至少3年。

2.继续教育与培训

继续教育受成人教育部和扫除文盲部的监管。它包括中间和中等两个阶段，中间阶段每星期提供20小时或21小时的教育，学科包括：伊斯兰教育、阿拉伯语言、英语、数学、科学、社会学科和国民（民族）教育。在中等阶段，每个星期有24、26或27门课程。中等教育的3年级分为艺术和科学两个学科。普通教育学校改进过的课程被用于成人教育、伊斯兰教育、国民教育和数学教育。成人教育部和扫除文盲部一直在努力为不能参加晚上课程的人开办早上课程，以鼓励他们继续学习。一般而言，早上课程受到男性学生和女性学生的欢迎，而且有助于他们保持正常的出勤率。在所有的成人教育中心和成人教育阶段，以及晚上的成人宗教教育中心，卫生知识课程的开设作为一种补充，其课程包括：卫生学；地方的和国际性的问题；艾滋病的预防等等，培训的目的是为了提升日常生活技能。除此之外，中间教育和中等教育阶段还开设了娱乐课程、运动课程、艺术课程和实践课程，其目的是为了促进学员兴趣的表达和对艺术的追求。

（二）保障

科威特教育部专门设立考试和评价部，负责颁布和认证学生所有从国内外获得的教育资格证书。同时，科威特特别重视职业技术教育与培训的生源质量，按照该国的教育等级框架，学生进入高等教育或职业教育阶段前，需要通过严格的中等教育结业考核。第12年级的考试全部由考试和评价部负责，考试由教育部的顾问与科威特大学的专家合作编写，每个12年级的学生每门学科至少应该取得50分，才能被授予中等考试证书。如果任何一个学生在任何一门学科中没有取得50分，他可以在2个月以后参加同样学科的补考。学生不允许参加三门以上的科目的连续补考。如果出现这样的情况，学生就被要求在明年重修该门课程，而且重修的课程只有一次考试，没有补考机会。如果重修课程未通过考试，该学员就没有资格接受下一阶段的教育。[②]

另外，科威特教育部和国家教育发展中心还通过与世界银行合作，致力于职业

---

① 王依.科威特教育与培训服务的发展状况 [J].世界教育信息,1999（6）.

② 〔德〕波斯尔斯韦特.各国（地区）教育制度（下)[M].西南师范大学出版社,2011.04：488.

技术教育与培训的现代化项目，项目致力于改进科威特的职业教育系统：包括课程改革、发展国家评估系统、提升改善学校领导力、建立专业标准等等。基于这些领域的关键架构来确定改革的关键点，项目的总体目标是提高科威特学校职业教育的质量。

科威特教育部还发布了整体改革框架，它包括职业教育核心课程开发和有效的学校领导，加强国家评估能力和发展国家教育标准等等。在过去的项目中，共有805人参与技术合作项目的培训。教育部和国家教育发展中心的团队动员能力在各方面得到了加强。每一位工作人员都被鼓励和视为职业技术教育与培训变革的推动者和质量保障的守卫者。

四、职业技术教育与培训的治理与教师

（一）治理

科威特职业技术教育系统由教育部、高等教育部和社会与劳动事务部负责，应用教育与培训局也负责职业教育的相关事宜，其具体的治理主体如下：

1. 教育部

教育部有部长办公室、基础教育部、中等教育部、高等教育部和其他十多个部门组成。教育部还设有教育、科学与文化委员会，普通教育委员会，特殊教育委员会。与职业技术教育与培训相关的部门包括考试与评价部，负责对中等和高等职业教育文凭实施认证和质量监控。

2. 应用教育与培训局

该局负责保障国家人力资源的供应，职责包括协调劳动力市场培训机构的行动，培训辍学学生以提升其劳动力技能，通过协调政府与非政府机构的合作，适应社会发展的实际需求。应用教育与培训局拥有独立预算，统筹规划国家应用教育与培训的治理，并负责各学院与培训机构证书的颁发。

为了克服国家技术人力资源的缺乏和满足国家的发展需求，科威特建立公共应用教育和培训部，其目的是提供和发展国家人力。公共应用教育和培训部的目标包括与劳动力市场的主要机构合作，通过与政府和非政府部门合作，使学术课程满足社会的需求。公共应用教育和培训部门管理自己的独立预算，它是负责国家所有应用教育和培训事务唯一的机构。

（二）教师

从科威特教育体系建立伊始，国家就十分重视师资力量的培养。囿于当时的条件所限，科威特只能从国外如巴勒斯坦和埃及聘请教师。随着学生和教师数量的增加，科威特开始建立本国的师资队伍。现在，科威特中等职业教育的师资基本出自科威特基础教育学院和科威特大学，基本条件是拥有学士学位。而在高等职业院校或大学的任职资格

则为至少拥有硕士或博士学位。

教育部则为广大教师安排每年的师资培训计划，教师可以自由选择本领域的提升课程，以保障教师紧跟教育和各行业的最新发展。另外，教育部还为职业教育师资建立了应用教育与培训中心，让其熟悉和获得最新的课程信息与行业技术，以提升教师在实际工作中的效率和效果。

五、职业技术教育与培训的诉求与发展趋势

科威特多年来面临的严重问题是本国高技能劳动力的短缺，尤其是在石油、水利、电力和医疗方面，据科威特国家规划部预测，其劳动力短缺已过十万人，但市场科提供的劳动力数量不过半数，如此科威特便不得不依靠国外劳动力市场的供给①。科威特由于人口少，人力资源短缺，其职业技术教育发展的关键在于如何与国家的人才需求呼应。为此，科威特的职业教育发展已经开始从基础教育着手，穿插相关职业教育的课程，未来需要其更好地落实此类政策，以为学生创造出更多接受职业教育的途径。此外，应用教育与培训局也应努力增强科威特职业技术教育与培训课程的吸引力，以此来调整劳动力市场供需之间的结构性矛盾。

另一方面，职业教育师资匮乏也是科威特职业教育发展的一大诉求。科伊战争后，科威特政府着力重建各级各类学校，使百分之八十的院校得以正常运营，但包括职业技术教育在内的整体师资数量依然面临着严重不足。20世纪90年代，科威特与伊拉克的战争严重破坏了职业技术教育与培训的师资来源渠道，战争前高质量的师资主要来源于几乎所有的阿拉伯国家。在科伊战争期间，教育、经济、社会系统均遭到损毁，导致大量合格教师流失国外，并使战后相当长的一段时间内教师的引进低迷不前。此外，在国家解放之后，出于政治因素考虑，政府大量限制流失国外的教师返回国内，加剧了职业技术教育与培训的师资匮乏情况。因此，未来很长时间内科威特政府需要制定如何培养本国优质教师的战略计划，通过科威特大学的师范学院、基础教育学院与行业企业的合作，尽快解决职业教育师资的巨大缺口。

（深圳职业技术学院　技术与职业教育研究所　李亚昕）

---

① TVET and the Labor Market, VTC Piloting in Linking Training Programs and Curriculum Development with the Labor Market: 1st Conference of Technical Vocational Education & Training Kuwait 31st March–2nd April 2014[EB/OL]. http://www.thenewvtc.com/wp–content/uploads/2014/04/Linking–Training–Programs–and–Curriculum–Development–with–the–Labor–Market–english.pdf.2017–10–13.

主要参考文献

[1] 科威特国家概况：中华人民共和国外交部 [EB/OL].http://www.fmprc.gov.cn/web/gjhdq_676201/gj_676203/yz_676205/1206_676620/1206x0_676622/.2017-8-13.

[2] 董漫远.科威特的历史变迁 [J]. 中国民族 .1991 (03) .

[3] 科威特国家概况 . 中华人民共和国驻科威特国大使馆 [EB/OL].http://kw.chineseembassy.org/chn/kwtgk/.2017-8-13.

[4] 王依 . 科威特教育与培训服务的发展状况 [J]. 世界教育信息 ,1999 (6) .

[5] World Data on Education-Kuwait:Compiled by UNESCO-IBE,Updated version, July 2012. [EB/OL] http://www.ibe.unesco.org/.2017-8-16.

[6] General Secretariat of the Supreme Council for Planning and Development. UNDP Kuwait. Kuwait Country Report on the Millennium Development Goals:Achievements and challenges 2010.

[7] Kuwait National Commission for Education, Science and Culture. Department of Planning of the Ministry of Education. National report on the development of education. State of Kuwait, 1994-95/1995-96. Presented at the 45th session of the International Conference on Education, Geneva, 1996.

[8] Ministry of Education. National report about the development of education in the State of Kuwait 1996/97-1999/2000. Presented at the 46th session of the International Conference on Education, Geneva, 2001.

老挝人民民主共和国

一、国家概况

（一）地理①

老挝人民民主共和国（The Lao People's Democratic Republic），简称老挝，首都万象（Vientiane），是位于中南半岛北部的内陆国家，北邻中国，南接柬埔寨，东临越南，西北达缅甸，西南毗连泰国，国土面积为 23.68 万平方千米，全国划分为 17 个省、1 个直辖市（万象市）。老挝属热带、亚热带季风气候，5 月至 10 月为雨季，11 月至次年 4 月为旱季，年平均气温约 26℃。老挝全境雨量充沛，一般年份降水量约为 2000 毫米。

（二）人文②

因缺乏史料，学术界对 14 世纪前的老挝历史有较多争议，通常认为在现今老挝疆域相继出现过堂明国、南掌国（澜沧国）等国家。1353 年，法昂王建立澜沧王国（1353—1707），定都琅勃拉邦，老挝出现历史上第一个统一的多民族国家。1707 年至 1713 年，澜沧王国先后分裂为北部琅勃拉邦、中部万象和南部占巴塞三个王国。1778 年至 1893 年三国沦为暹罗（今泰国）属国。1893 年，法国与暹罗签订《法暹条约》（又称《曼谷条约》），三国被并入法属印度支那联邦，1940 年 9 月被日本占领。1945 年 9 月 15 日，琅勃拉邦王国副王兼首相佩差拉在万象宣布老挝（旧称"寮国"）独立。

1947 年至 20 世纪 70 年代初，法国、美国先后扶持亲法、亲美势力，老挝人民为争取国家独立，多次发生内战。1975 年 12 月 2 日，在万象召开的老挝全国人民代表大会宣布废除君主制，成立老挝人民民主共和国，组成以苏发努冯为主席的最高人民议会和以凯山·丰威汉为总理的政府。当前政府于 2016 年 4 月成立，国家主席是本扬·沃拉吉，政府总理是通伦·西苏里。

老挝实行社会主义制度，老挝人民革命党是老挝唯一政党。1991 年老挝党"五大"确定"有原则的全面革新路线"，提出坚持党的领导和社会主义方向等六项基本原则，实行对外开放政策。2001 年老挝党"七大"制定了至 2010 年基本消除贫困，至 2020 年

① 中华人民共和国外交部. 老挝国家概况 [EB/OL].http://www.fmprc.gov.cn/web/gjhdq_676201/gj_676203/yz_676205/1206_676644/1206x0_676646/.2021-09-18.

② 同上。

摆脱不发达状态的奋斗目标。2016 年 1 月 18 日至 22 日，老挝党"十大"通过了社会发展"八五"规划、十年战略和十五年远景规划。当前，老挝政治稳定、社会安宁。

老挝人口总数为 723 万（2019 年），分为 50 个民族，分属老泰语族系、孟 - 高棉语族系、苗 - 瑶语族系、汉 - 藏语族系，统称为老挝民族，通用老挝语。居民多信奉佛教。华侨华人约 7 万多人。重要的节日有老挝人民军成立日（1 月 20 日）、老挝新年（宋干节，也叫泼水节，佛历 5 月，一般从每年公历 4 月 13 日开始，前后共 3 天）、独立日（10 月 12 日）、国庆日（12 月 2 日）、塔銮节（佛历 12 月，公历 11 月）。

（三）经济

老挝是东南亚唯一的内陆国，属欠发达国家，以农业为主，工业基础薄弱。1986 年起推行革新开放，调整经济结构，即农林业、工业和服务业相结合，优先发展农林业；取消高度集中的经济管理体制，实行多种所有制形式并存的经济政策，逐步完善市场经济机制，对外实行开放，颁布外资法，改善投资环境，扩大对外经济关系，经济稳步增长。

老挝有锡、铅、钾盐、铜、铁、金、石膏、煤、稀土等矿藏，水利资源丰富。森林面积约 1700 万公顷，全国森林覆盖率约 50%，产柚木、花梨等名贵木材。[1]

据老挝《经济社会报》《巴特寮报》《人民报》2017 年 4 月 27 日报道，老挝计划与投资部提交的统计报告指出：2016 年老挝经济增速为 7.02%。2016 年国内生产总值为 129.279 万亿基普，人均国内生产总值为 2408 美元。其中，农业增长 2.7%，占 GDP 的 17.2%；工业增长 12%，占 GDP 的 28.7%；服务业增长 4.6%，占 GDP 的 42.4%。电力行业由于发电机组已完成并投入使用，增长 39%，占 GDP 的 36.9%。2016 年通货膨胀率为 1.6%，同比 2015 年上升 0.3%。全年出口额达 45.23 亿美元，超额 22.2% 完成目标任务，进口额达 42.15 亿美元，完成计划的 80.1%，贸易顺差 3.08 亿美金。2016 年全国总投资达 42.857 亿基普，同比增长 24.2%。2017 年 9 月与美元汇率约为 88276：1。[2]

（四）教育

老挝经济比较落后，教育事业发展缓慢，且存在教育投入不足、师资不足、职业教育入学率低和教育不公平等问题[3]。另外，由于历史原因，老挝当前教育体系下仍保留着许多陈旧的方面，它是殖民地、半封建体制与革新的现代教育的结合。[4]

自 1988 年推行革新路线以来，老挝社会稳定，经济发展较快，近几年，在教育领域进行了多项改革，其中主要包括 2004 年 12 月老挝政府内阁会议通过的"全民教育法案"，

---

[1] 中华人民共和国外交部 . 老挝国家概况 [EB/OL].http://www.fmprc.gov.cn/web/gjhdq_676201/gj_676203/yz_676205/1206_676644/1206x0_676646/.2021-09-18.

[2] 中华人民共和国商务部 . 2016年老挝经济增速为7.02% [EB/OL]. http://www.mofcom.gov.cn/article/i/jyjl/j/201704/ 20170402566148.shtml. 2017-09-18.

[3] 孙文桂 . 老挝国家教育概况及存在问题研究 [J]. 广西青年干部学院学报 ,2015,25(06): 45-49.

[4] Sengdeuane Lachanthaboun. Vice Minister of Education Lao PDR: The Current Education Situation and Reform. 亚洲教育北京论坛论文集 [C].2006.20-51.

明确规定了基础教育的范畴，包括学前幼儿教育与发展、小学教育、初中教育、青少年与成人扫盲、残疾人技艺培训等[①]；2006年3月，老挝政府颁发了具有指导性意义的"国家教育体制改革法案"，该法案主要包括重新制定国家教育体制革新战略，改革教育结构和体制等六个方面。

　　根据现行学制，老挝小学为5年（义务教育），中学为7年（初中4年，高中3年）。高中教育包括普通高中和职业教育，学生完成高中阶段学业，通过毕业考试可获得文凭或通过高考进入大学阶段学习；职业学校为初中毕业生提供为期6个月到3年的课程或培训，学生修完3年学业可获职业教育证书或培训证书（为期半年到三年，分为1—4级）。高等教育包括普通大学和职业教育，其中普通大学包括专科、本科以及研究生教育，学制2到10年；职业教育包括文凭和证书教育，文凭教育有大专和本科学士学位两个层次，可通过全日制和继续教育或培训完成学业。（图1）

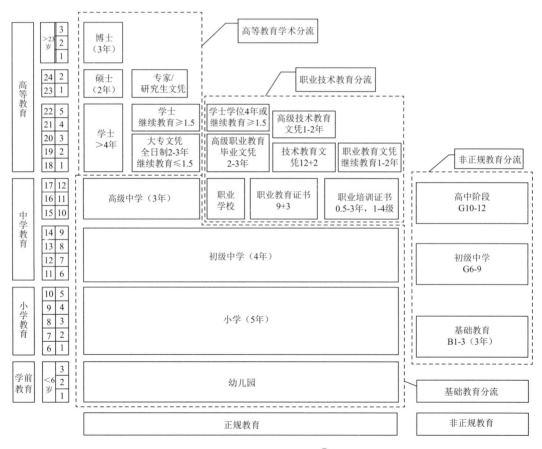

图1　老挝教育体系[②]

①　袁同凯. 老挝基础教育改革述评 [J]. 云南民族大学学报 (哲学社会科学版), 2012, 29 (6) :121–125.

②　UNESCO International Bureau of Education. World Data on Education. VII Ed. 2010/11. [DB/OL].http://www.ibe. unesco.org/fileadmin/user_upload/Publications/WDE/2010/pdf–versions/Lao_PDR.pdf. 2017–09–18.

1999 年至 2011 年，老挝教育经费投入不断加大，1999 年仅为 GDP 的 1%，2008 年达到 2.3%，2011 年占国家预算的 17%、GDP 的 3.2%；但老挝教育经费很大程度上依赖于外来资助，各阶段的外来资助总额高达 29000 亿基普（约合 3.78 亿美元）。据 2017 年 8 月 24 日老挝《巴特寮报》报道，老挝政府拟投入 18680 亿基普（约合 2.3 亿美元）加快推进农村边远地区道路、电力、水利、卫生和教育等基础设施建设，促进农村发展与减贫，实现计划于 2020 年脱离最不发达国家行列的发展目标。

经过加大投入并推动多项革新，老挝教育取得了一系列成效。2010 年小学的入学率已从 2000 年的 78.6% 上升到 92.7%，初中的入学率已从 1990 年的 30% 上升到 2010 年的 63%，而高中入学率则从 26% 上升到 37%。对于大学，每 10 万人中有 2000 人上学，高于预期目标。另外，15—40 岁的人员中识字率已从 2004 年的 76% 上升到 2009 年的 84%。在提升教育质量方面，也采取了一系列措施，包括为教师提供在职培训，对课本、职教和普通高教课程进行修订，建立绩效评估框架体系等等。

老挝现有 4 所大学，学生 5.4 万人。位于首都万象的老挝国立大学前身为东都师范学院，1995 年 6 月与其他 10 所高等院校合并成立国立大学，有 8 个学院。近两年，老挝南部占巴塞省、北部琅勃拉邦省的国立大学分校相继独立，被正式命名为"占巴塞大学"和"苏发努冯大学"。另有直属卫生部的卫生学院。各类专业学院 154 所（主要为私立学院），学生 5.9 万人。[①]

二、职业技术教育与培训的战略与法规[②]

（一）战略

过去的几十年间，老挝经济有了快速增长，但主要属于资源消耗型，国家经济还是以低产能的农业经济为主。根据 2010 年世界银行对老挝的企业调查结果显示，技能型劳动力短缺和低产能是产业发展的主要约束因素。以近年来发展较快的旅游和服务业为例，英语能力欠缺、缺少旅游及相关职业技术教育，限制了企业的发展。与此同时，对劳动力和技术依赖度较高的企业发展滞后又影响了技术人才的培养和发展，如纺织行业 2009 年遭金融危机重创，技能型劳动力不断移往泰国，目前劳动力保留率很低。

根据老挝第 8 个五年计划（2016—2020），未来五年年均 GDP 增长率不低于 7.5%，到 2020 年，老挝人均 GDP 达到 3100 美元。为了实现 GDP 增长目标，老挝政府将努力实现到 2020 年农林业年均增长率达 3.2%，占 GDP 总量的 19%；工业年均增长率 9.3%，占 GDP 的 32%；服务业年均增长 8.9%，占 GDP 的 41%。此外，到 2020 年，政府将努

① 中华人民共和国外交部 . 老挝国家概况 [EB/OL].http://www.fmprc.gov.cn/web/gjhdq_676201/gj_676203/yz_676205/1206_676644/1206x0_676646/.2021–09–18.

② UNESCO International Bureau of Education. World Data on Education. VII Ed. 2010/11.[DB/OL].http://www.ibe.unesco.org/fileadmin/user_upload/Publications/WDE/2010/pdf–versions/Lao_PDR.pdf. 2017–09–18.

力使贫困率下降到 15%，小学教育覆盖率达 99%，15 岁及以上年龄段文盲率降到 5%。[①]

近年来，老挝经济逐渐转向非资源型产业，包括农业、基础设施、制造、旅游等产业，政府也越来越重视职教系统。一是从财政资金上加大了投入，二是制订了促进职业教育相关法令和战略计划。

2011—2016 年期间，根据老挝教育发展框架，政府对职业教育支出投资从 2011—2012 财年的 540 亿基普上升到 2015—2016 财年的 1394 亿基普；此外，教育部门对职业教育的投入也成倍增长，从 2010—2011 财年的 750 亿基普增至 2014—2015 财年的 1290 亿基普。

2007 年 6 月，老挝总理批准了"2006—2020 年技术职业教育与培训发展战略计划"，并成立了一个跨部门小组，制订了"职业技术教育与培训计划的发展总体规划"，对职业教育与培训体系进行了重新设计。从实施主体上来看，鼓励政府机构、社会组织、培训机构和企业提供各类职业教育与培训；从学习形式上来看，其中包括：短期课程（6 个月以内）；技术课程（6 个月至 3 年）；证书课程（2 至 3 年）；文凭课程（2 至 3 年）。培训项目包括全职、兼职或工作实习（双重培训课程）。

2010 年"职教和技能开发总理法令"制订了更多详细的措施，政府加大对职教系统的支持，包括政策、经费、外来援助等。老挝政府在职教系统的改革涵盖各个领域，如恢复 9+3 职教课程、提高课程竞争力、建立质量保障系统、普通中学教育职业化等。具体主要包括以下几个方面：

1. 改革职教管理体系。包括横向的各职教管理部门间的合作以及纵向的中央和地区管理层间的合作；

2. 突出职教地位，促进职教协同发展。在行业、地区发展计划中体现职教系统的重要性，将职教政策与其他政策紧密关联；

3. 畅通职教路径，提高职教入学比率。加强宣传和引导，鼓励学生接受职业教育，扩大中学阶段职教比例，促进低、中、高阶段职教体系发展；

4. 建立多元化职教服务，扩大职教参与度。包括在正式教育体系中开设学徒项目，为退学学生提供学习机会；在非正式教育计划中融合技能培训内容，丰富社区学习内容；促进雇主的参与，鼓励他们提供技能培训；

5. 加快建立国家资格证书框架；

6. 发展私立职教与培训。从层次、地域等方面系统设计，建立公私职教协同发展、分工协作的职业体系，共同纳入职教质量保障系统；

7. 加大财政支持和经费扶持力度，促进职教持续发展；

8. 提高职教师资地位和待遇。

---

① 新华社亚太日报. 新华时讯亚太专递 [N/OL].http://cn.apdnews.com/XinHuaNews/307544.html.2017-09-18.

经过政府、企业等各方面的努力，职教体系的学生数量有了大的提高，尤其是在私立学校和高等教育阶段；而中学阶段的学生人数仍旧有限，且资格证书类的学生数量大量减少，招收学生情况如表1：

表1　老挝职业教育和高等教育入学人数[①]

年份 学历	2005—2006	2006—2007	2007—2008	2008—2009	2009—2010	2010—2011
硕士学位	/	/	/	387	736	1296
本科学位（公立）	25465	29585	30750	42298	50937	54433
本科学位（私立）	5109	8318	6730	11482	13822	14502
高等毕业证书（公立）	9056	8263	16578	23038	17060	22789
高等毕业证书（私立）	10017	17640	23736	22984	19432	17345
中等毕业证书（公立）	22652	20466	15603	12761	14009	18859
中等毕业证书（教育部）	/	/	/	7989	10234	14821
中等毕业证书（私立）	4020	1698	501	371	457	/
资格证书（公立）	2675	1657	643	187	26	1000

（二）法规[②]

老挝重视职业技术教育，并制定了一系列法律和法令来保障教育事业的发展和学生接受教育（包括职业技术教育）的权利。有关职业技术教育与培训的法规主要有：

1.《教育法》（2007年修订）

老挝《教育法》于2000年4月8日颁布并于2007年修订，以满足国家社会经济发展的要求。修订版本规定，所有个人和组织都有投资和促进教育的义务，并将中等教育的期限从3年增加到4年。该法还规定，政府有义务扩大中等教育，为老挝公民掌握基本知识和职业技能或进修创造条件；政府应根据劳动力市场和老挝公民就业的需要，认真规划职业教育发展；职业教育的发展必须得到政府有关部门的支持以及国有和民营企业的参与。

2.《劳动法》（2006年修订）

根据2006年12月27日老挝全国人民代表大会《关于劳动法修改法的决议》（2007年1月16日生效），企业应上缴利润的1%，工人应上缴收入的1.5%，建立由劳动和社会福利部（简称劳动部）管理的国家技能开发基金。该规定是2008年《职业技术教育与

---

　　① Policy Review of TVET in Lao PDR [DB/OL].http://www.unescobkk.org/education/news/article/policy-review-of-tvet-in-lao-pdr-unesco-2013/. 2017-09-18.

　　② UNESCO International Bureau of Education. World Data on Education. VII Ed. 2010/11. [DB/OL].http://www.ibe.unesco.org/fileadmin/user_upload/Publications/WDE/2010/pdf-versions/Lao_PDR.pdf. 2017-09-18.

培训计划的发展总体规划》和《2010 年职业教育法令》的体现。

3.《第 0922 号法令》、《第 0923 号法令》和《第 0924 号法令》（2001 年颁布）

2001 年 7 月 17 日第 0922 号、0923 号和 0924 号法令规定了高等教育学分制度，教学的组织，课程结构和学习期限以及与高等职业文凭及相关事项，学士和硕士课程等。

4.《职教和技能开发总理法令》（2010 年颁布）

2010 年 1 月 22 日颁布，明确了教育部职教体系与劳动部技能开发体系间的界限及目标，规定各部门须围绕职业教育与培训进行合作，明确定义了职业教育与培训的功能，对职业教育的经费、体系、质量保障以及提高职业教育发展措施都有明确规定，是老挝关于职业教育发展最为重要的法令。

三、职业技术教育与培训的体系与质量保障[①]

（一）体系

根据老挝现行法律和制度，教育部、劳动部、农业部、老挝银行和私立学校等均开办职业技术教育和培训，教育类型同时包括正规教育（Formal Education）和非正规教育（Non-Formal Eudcation），包括高中及高中后教育。

1. 公办中等及高等职业教育

教育部共管辖 14 所职业院校（TVET：Technical & Vocational Education & Training）和 8 所综合性职业教育与培训学校（IVET：Integrated Vocational Education and Training）[②]。2008—2009 年期间，共有 1.8 万名学生在教育部公立院校就读，其中 59% 的学生修读高等毕业文凭课程（High Diploma Program），40% 的学生修读毕业文凭课程（Diploma Program），少于 1% 的学生修读资格证书课程。

教育部综合性大学也提供正式的职教课程。2007—2008 年，国立老挝大学 2500 名毕业生获得高等毕业证书，包括森林、工程和农业领域；300 名学生从占巴塞大学毕业，获得高等毕业证书，专业包括农业、商业和工程。

2. 私立职业技术教育

2008—2009 年间，老挝共有 78 所私立职业学校，共招收 2.2 万名学生，主要提供职教方面的毕业证书课课程，包括英语、信息技术、商业、机械工程、食品加工、汽车和电子工程等领域。

3. 非正规教育

主要指教育部管辖下的综合职业教育与培训学校提供的短期、非正规教育，也包括

---

① UNESCO International Bureau of Education. World Data on Education. VII Ed. 2010/11. [DB/OL].http://www.ibe.unesco.org/fileadmin/user_upload/Publications/WDE/2010/pdf-versions/Lao_PDR.pdf. 2017-09-18.

② 综合职业教育与培训学校（IVET）基于德国国际合作学校（German International Cooperation）的支持，主要为不同人群（包括成年人）提供正式职业教育和非正式基本职业培训，是边远地区的一种新型职教学校。

位于万象、占巴塞与琅勃拉邦的 3 个中心和全国范围的 321 个社区学习中心。通过短期课程提供基本的职业技能训练，包括伐木，建筑，鸡、鱼、青蛙的养殖，蘑菇种植，烹饪和美容等领域（2010 年亚洲开发银行数据）。另外，劳动部管辖下也有技术发展中心，提供短期、长期培训课程，领域涵盖信息技术、汽车维修、木器、家具、纺织、电子、电力等各个方面，培训对象主要是退学青少年和没有技能的成年人。2008—2009 年期间，共有 2660 名人员参加此类技能培训中心的短期课程。（表 2）

表 2　老挝其他部门职业教育体系（2008—2009）

	职业学校	培训人数	课程内容	外来协助
卫生部	医科大学及12所护理学校	硕士：13人，专业人员：52人，本科学位：308人，高等证书：227人，毕业证书：90人，护理证书638人	/	世界银行、亚洲开发银行共资助6所学校
财政部	3所培训学校	4500人（包含资格证书和学位课程）	金融、银行、会计	越南2004—2010年资助1所大学
农业部	5所专业培训学校	448人	农作物、畜牧业、渔业、森林等	瑞士、洛克菲勒基金
文化与通信部	5所培训学校	/	/	/
法律部	3所培训学校	/	/	/
老挝银行	1所培训学校	/	/	/
老挝女性联盟	3个培训中心	440人	烹饪、服装、美容、美发	/
老挝革命青年联盟	10个培训中心	900人	语言、美容、服装	/
社区学习中心	321个培训中心	1608人	基本文化、职业技能	/

（二）保障

1. 职业教育资格框架

老挝职业教育资格框架共由 5 个高中教育阶段职业教育证书，和 5 个高等教育阶段职业教育文凭构成，包括：

（1）高中教育阶段职业教育证书：

① 职业教育证书（VE：Vocational Education Certificate）：初中毕业后，完成 3 年职业教育正规课程，可以获得该证书；

② 综合职业教育与培训（IVET）一级证书：完成 6 个月职业教育培训课程；

③ 综合职业教育与培训（IVET）二级证书：完成 12 个月职业教育培训课程；

④ 综合职业教育与培训（IVET）三级证书：完成 2 年职业教育培训课程；

⑤ 综合职业教育与培训（IVET）四级证书：完成 3 年职业教育培训课程。

（2）高等教育阶段职业教育文凭：

高等职业教育阶段共有 4 个毕业证书和 1 个本科学位证书课程。分别如下：

① 技术教育毕业文凭（TE：Technical Education Diploma）：高中毕业（或获取 VE 证书）后，完成 2 年职业教育正规课程；

② 职业教育毕业文凭（VE：Vocational Education Diploma）：持有综合职业教育与培训（IVET）四级证书，完成 1—2 年职业教育培训课程；

③ 高级技术教育毕业文凭（High TVE Diploma）：高中毕业后完成 2-3 年职业教育正规课程，或持有中等职业教育文凭，并通过 1—2 年正规课程或培训课程；

④ 高级职业教育毕业文凭（High TVET Diploma）：持有中等职业教育文凭，完成 2—3 年职业教育正规课程；

⑤ 学士学位证书（Bachelor Degree）：持有高级技术教育毕业文凭（High TVE Diploma），完成 1.5 年以上正规课程或培训课程的学习。

此外，老挝职教体系的学生获得的资格证书或文凭，可以与普通教育体系互通，为学生在不同体系内学习提供了灵活的保障。为保障学术与职业证书之间的平衡，老挝正建立一个完整的国家证书框架。根据老挝职业教育与发展研究院制订的方案，证书框架涵盖技术培训、职业教育和高等教育几个部分，分 8 个级别，其中 1—4 级为资格证书层次，5—6 级为毕业证书和高等毕业证书层次，7 级为学士学位证书层次，而 8 级为更高学位层次（表 3）。

表 3　老挝职业教育证书 / 文凭与高等教育学位及技能等级对照表 ①

证书级别	高等教育（教育部）	职业教育（教育部）	技术培训（劳动部）
8	博士、硕士学位	/	/
7	本科学位	本科学位	/
6	副学士学位	高等证书/高级技术员	管理人员/技术4级
5	/	毕业证书/技术员	商业人员/技术3级
4	/	毕业证书/4级资格证书/技术员	技术人员/技术2级
3	/	3级资格证书/类技术工人	类技术人员/技术1级
2	/	2级资格证书/实践技能	授予证书
1	/	1级资格证书/基本技能	授予证书

2. 职业教育质量保障

为提升教育质量，使之符合区域和国际标准，老挝于 2010 年颁布教育总理法令，制

① 除国家证书框架之外，老挝职业教育与发展研究院（VEDI: Vocational Education Development Institute）正在开发国家职业证书框架（NVQF: National Vocational Qualification Framework）。

定了详细的教育质量保证战略计划，其中考试、评估、教育竞赛和国家资格框架等六大内容与职业教育与培训相关，职业教育相关规定确立了职业技术教育与培训机构的质量标准、自我评估、内部评估和外部评估机制，并且规定在每个学校和培训机构成立质量保证部门，计划还规定由职业教育院校（机构）的院长和职业教育部门组成评估小组，同时在教育标准和质量保障中心之下建立职业教育质量认证委员会。

教育标准和质量保障中心有权对学生进行测试和评估，并为各类型和层次的职业教育制订质量保证程序和标准。该中心曾获联合国教科文组织资助，开发职业教育与培训质量保障手册。自 1993 年以来，该中心在课程、教学/学习方法和学习成果几个方面制定了成人教育质量保证标准。

四、职业技术教育与培训的治理与教师 [①]

（一）治理

老挝教育部、劳动部等多个部门都开办职业教育，国家十分重视并建立了一套统一的职业教育体系和行之有效的管理体系，老挝职业教育的国家治理可分为两个维度：不同部门和社会利益相关者之间的横向协作、中央和省级政府之间的纵向管理。

横向协调方面，"职业技术教育与技能发展总理法令"明确要求教育部和劳动部在职业教育方面进行合作，明确两个部门之间协作与互补，该法令为两部门进一步加强合作奠定了基础。

为落实"职业技术教育与培训总体规划"，老挝建立了一套跨部门的政策协调机制：2002 年老挝组建了国家培训委员会，由相关部门的 24 名代表组成，主席由教育部副部长担任，劳动部副部长和国家工商会主席共同担任委员会副主席，日常工作由 3 名教育部人员负责。国家培训委员会的职责包括：（1）制订职业教育政策；（2）协调公共领域和私营部门之间的技能培训；（3）组建并监督各行业委员会（分为医疗、家具、服装等九个行业），加强与企业协会、公共部门代表沟通；（4）开发和审定职业标准。

从纵向来看，正式的职业技术教育与培训系统由教育部职业技术司和省级政府教育厅分工协作，共同管理。教育部制订全国统一的规划、政策、发展方向和重点工作；各省负责监督并管理区域职业教育和培训机构的运行，职业教育经费由中央和省政府预算予以支持，省级政府对于职业教育与培训的管理留有了一定的自主权。

此外，老挝还建立了职业教育发展年会制度，作为中央和省级政府、职业院校信息共享的交流平台。教育部和各省教育厅官员，部属和省属公办职业院校、社会民办职业院校以及国家培训委员会代表参会，会议主题包括职业院校最佳实践成果分享、上一年度职业院校评估，下一年度工作计划等。作为信息共享和经验交流的平台，代表们的建

---

① Policy Review of TVET in Lao PDR [DB/OL].http://www.unescobkk.org/education/news/article/policy-review-of-tvet-in-lao-pdr-unesco-2013/. 2017-09-18.

议可在政策制订中作为参考，年会并不进行决策。

（二）教师[①]

老挝公办职业院校教师为终身职业，按中央政府规定进行聘用。2004—2005年老挝全国各级学校共有教师48113人，其中46%为女教师；教师总数中，小学教师占比57%，初中和高中教师占比30%，幼儿园教师占比6%。

老挝重视培训教师。近年来，老挝实施了《全国教师教育计划》（2003—2015）。2008年之前，职业教育与发展研究院和国立老挝大学在职业教育教师职前培训上起着重要作用，国立老挝大学的工程学院一直负责提供本科层次的职教教师培训的理论部分，职业教育与发展研究院负责实践培训部分。2008年，教育部决定将教师培训职能扩展到其他层次的职教学校。2009—2013年，该计划每年培训了600名教师。2010年9月老挝召开了政策研讨会，促进教育部、国立老挝大学以及德国技术合作组织之间的合作，就建立新的职业教育教师培训模式、明确培训机构的职责和分类进行了讨论和研究。

2010年，教育部、劳动部等部门在教师培训方面进行协作，建立了新的职教师资培训模式，全年均开设职教教师的在职培训项目。近年，为职教领导层、行政人员及教师共开办了61个为期1天至1年的培训项目；另外，职业教育与发展研究院每年组织150名教师在职培训，主要内容为教育理记和技术应用。

五、职业技术教育与培训的诉求与发展趋势

1996年，老挝人民革命党会议确立了一项长期发展目标：在2020年前脱离最不发达国家的队列。目前，老挝65%以上的人口都在25岁及以下，具有巨大的劳动力市场[②]，促进了老挝经济持续快速增长。与此同时，老挝全国71%的劳动力都从事农业劳动（但农业年增长率仅3%），7%的劳动力从事工业领域，22%的劳动力从事服务业领域（2014年）[③]。目前老挝经济增长的最大阻碍是技术工人的缺乏以及产业结构的不合理，因此，通过职业教育与培训提高人口技术水平，促进三大产业合理发展，进而推动国家经济社会的发展，是老挝政府的一项重要工作。

1.优化产业布局，转变经济增长模式，带动职业教育与产业和经济发展的相互促进

老挝是农业国家，工业主要依靠矿业、水利等行业，服务业也较为落后，且经济增长属于粗放型增长模式。中央和地方政府在制定产业发展规划时要将职业教育纳入其中，实现产业发展与职业教育同步规划、同步实施；同时建立校企合作机制，使职业院校人才培训与产业对接，通过人才素质的提升，促进经济向集约型转变。

---

① 林远辉.当代老挝教师教育的发展状况[J].世界教育信息,2008(8):41–43.

② 苏州新闻网.文化探访"一带一路"老挝苏大：过河之卒的开拓之路[EB/OL].http://www.subaonet.com/2016/0531/1733460.shtml.2017–09–18.

③ 孙文桂.老挝国家教育概况及存在问题研究[J].广西青年干部学院学报,2015，25(06):45–49.

2. 加强立法，保障职业教育地位

虽然老挝政府重视职业教育，但老挝社会对职业教育接纳度不高。2010—2011 年，老挝职业教育的年鉴报告指出："2010—2011 年的职业教育毕业生仅有 18121 人。主要原因是老挝社会普遍认为职业教育是劳动者的工作，家长不愿意送孩子上职业学校，更喜欢送到私立高校或公办大学。"① 因此，应当以立法的形式，明确职业教育的整体地位，保障职业教育在资源分配、教师待遇、学生就业、资格证书等方面地位。

3. 重构职业教育与培训管理机制

老挝职业教育与培训现行管理机制由横向部委以及纵向中央和省级政府共同管理，从其横向主要运行机构——国家培训委员会的运行来看，该委员会并非权力部门，且不掌握资金等资源，对职业教育相关机构影响力有限；从纵向上看，当前没有适当的管理体系来协调中央和省政府对于职业教育与培训的管理，对职业教育与培训统一监督比较疲软。

此外，尽管老挝对职业教育进行了多次改革，但主要限于正式的职业技术教育与培训系统，教育部体系职业教育与其他部门及其职教子系统联系薄弱。因此，需通过重新定义或加强现有机制，对全国职业教育与培训进行梳理和统一监管。

（深圳职业技术学院　联合国教科文组织职业技术教育与培训联系中心　王冰峰
深圳职业技术学院　技术与职业教育研究所　罗　欢）

主要参考文献

[1] 中华人民共和国外交部. 老挝国家概况 [EB/OL].http://www.fmprc.gov.cn/web/gjhdq_676201/gj_676203/yz_676205/1206_676644/1206x0_676646/.2021–09–18.

[2] 中华人民共和国商务部. 2017老挝经济增速为7.02% [EB/OL].http://www.mofcom.gov.cn/article/i/jyjl/j/201704/ 20170402566148.shtml.2017–09–18.

[3] 孙文桂. 老挝国家教育概况及存在问题研究 [J]. 广西青年干部学院学报, 2015, 25 (06)：45–49.

[4] 袁同凯. 老挝基础教育改革述评 [J]. 云南民族大学学报（哲学社会科学版）, 2012, 29 (6)：121–125.

[5] Sengdeuane Lachanthaboun. Vice Minister of Education Laos. Lao PDR: The Current Education Situation and Reform. 亚洲教育北京论坛论文集 [C].2006.20–51.

[6] UNESCO International Bureau of Education. World Data on Education. VII Ed. 2010/11. [DB/

---

① 袁同凯. 老挝基础教育改革述评 [J]. 云南民族大学学报（哲学社会科学版）, 2012, 29 (6):121–125.

OL].http://www.ibe.unesco.org/fileadmin/user_upload/Publications/WDE/2010/pdf-versions/Lao_PDR.
pdf. 2017-09-18.

[7] Policy Review of TVET in Lao PDR[DB/OL].http://www.unescobkk.org/education/news/article/
policy-review-of-tvet-in-lao-pdr-unesco-2013/. 2017-09-18.

[8] 新华社亚太日报 . 新华时讯亚太专递 [N/OL].http://cn.apdnews.com/XinHuaNews/307544.
html.2017-09-18.

[9] 林远辉 . 当代老挝教师教育的发展状况 [J] , 世界教育信息 , 2008 (8) : 41-43.

[10] 苏州新闻网 .[EB/OL].http: //www.subaonet.com/2016/0531/1733460.shtml.2017-09-18.

黎巴嫩共和国

一、国家概况

（一）地理

黎巴嫩共和国（The Republic of Lebanon），简称黎巴嫩，位于亚洲西南部，地中海东岸。东北部邻叙利亚，南接巴勒斯坦、以色列，西濒地中海。海岸线长 220 千米。全国可耕地面积 24.8 万公顷，其中灌溉面积 10.4 万公顷。牧场 36 万公顷，林地面积 79 万公顷。贝卡谷地为黎巴嫩主要农业区，可耕地面积占黎巴嫩全国的 52%。农产品以水果和蔬菜为主。矿产资源少，且开采不多。黎巴嫩首都为贝鲁特，人口约 200 万，沿海夏季炎热潮湿，冬季温暖。7 月平均最高气温 32℃，1 月平均最低气温 11℃。[①]

（二）人文

公元前 2000 年，黎巴嫩为腓尼基的一部分。7—16 世纪初并入阿拉伯帝国。1517 年被奥斯曼帝国占领。第一次世界大战后沦为法国委任统治地。1940 年 6 月，法向纳粹德国投降后，黎巴嫩被德、意轴心国控制。1941 年 6 月英军在自由法国部队协助下占领黎巴嫩。同年 11 月自由法国部队宣布结束对黎巴嫩的委任统治。1943 年 11 月 22 日黎巴嫩宣布独立，成立黎巴嫩共和国。1946 年 12 月英、法军全部撤离黎巴嫩。1975 年 4 月，黎巴嫩基督教和伊斯兰教两派因国家权力分配产生的矛盾激化，内战爆发。1989 年 10 月，伊、基两派议员达成《塔伊夫协议》，重新分配政治权力。1990 年，黎内战结束。黎巴嫩最新一届政府于 2021 年 1 月，总理哈桑·迪亚布（Hassan Diab）。[②]

黎巴嫩境内绝大多数为阿拉伯人。阿拉伯语为官方语言，通用法语、英语。居民 54% 信奉伊斯兰教。其教徒主要是什叶派、逊尼派和德鲁兹派；46% 信奉基督教，主要有马龙派、希腊东正教、罗马天主教和亚美尼亚东正教等。全国分 8 个省，首都设在贝鲁特，旅游业发达，现有各类星级饭店 398 家。主要旅游点有腓尼基时代兴建的毕卜鲁

[①] 中华人民共和国外交部 [EB/OL].http://www.fmprc.gov.cn/web/gjhdq_676201/gj_676203/yz_676205/1206_676668/1206x0_676670/.2021–2.

[②] 中华人民共和国外交部 [EB/OL].http://www.fmprc.gov.cn/web/gjhdq_676201/gj_676203/yz_676205/1206_676668/1206x0_676670/.2021–2.

斯城、古罗马时代兴建的巴尔贝克城和十字军时代兴建的赛达城堡。此外，北部的雪山有很多滑雪场，也吸引了大量欧洲及世界各地游客。

（三）经济

黎实行自由、开放的市场经济，私营经济占主导地位。黎内战前曾享有中、近东金融、贸易、交通和旅游中心的盛名，但16年内战加之以色列入侵，造成直接和间接经济损失约1650亿美元。1991年中东和平进程启动后，黎预期经济利好，大兴土木，后由于地区形势持续动荡，其经济复苏计划受挫，背上了沉重的债务包袱。黎工业基础相对薄弱，以加工业为主。主要行业有非金属制造、金属制造、家具、服装、木材加工、纺织等。从业人数约20万，占黎劳动力的7%，是仅次于商业和非金融服务业的第三大产业。农业欠发达，黎粮食生产落后，主要靠进口，作物有大麦、小麦、玉米、马铃薯等。经济作物有烟草、甜菜、橄榄等。旅游业收入占国民收入的20%以上。首都贝鲁特曾是中东金融中心，外汇和黄金可自由买卖。此外，外贸在黎国民经济中占有重要地位，政府实行对外开放与保护民族经济相协调的外贸政策。出口商品主要有蔬菜、水果、金属制品、纺织品、化工产品、玻璃制品和水泥等。主要贸易对象是美国、中国、法国、意大利、德国等。[1]直至2019年，国内生产总值为533亿美元，2020年经济增长率 -2.5%。

（四）教育

黎巴嫩是一个人口不过千万的国家，由于战争等原因还有几百万人口定居国外。加之党派之争与管理不善，教育发展水平较低。虽然黎巴嫩的第一所职业学校在1863年就由西方宗教团体建立，但由于政局动荡，该国的教育体系也经过数次重组。面对21世纪教育在经济发展中的新角色，黎巴嫩也极力致力于教育和职业教育的发展。

目前，黎巴嫩全国有中小学2704所，在校学生76万余名，教师6万余名。各类高等院校共计41所，其中综合大学4所。黎巴嫩大学是唯一的国立综合大学，于1953年创建。贝鲁特阿拉伯大学创办于1960年。贝鲁特美国大学由美国教会创建于1866年，用英语授课。圣·约瑟大学1881年建立，用法语授课。[2]

二、职业技术教育与培训的战略

2012年，黎巴嫩政府制定了职业技术教育与培训战略，主要由以下四个方面组成：

（1）审查并更新现行职业教育的办学项目和专业设置。包括职业教育专业、等级和正式文凭的管理；采用学时制度，建立全面的评估系统；审查并更新现行职业教育项目和专业，包括院校分类和机构重置；审查和完善现有课程，以编制更为合理的教材。

（2）审查职业教育学术和行政结构。包括组织管理技术类教育机构，重新分类院校

---

① 中华人民共和国外交部 [EB/OL].http://www.fmprc.gov.cn/web/gjhdq_676201/gj_676203/yz_676205/1206_6766 8/1206x0_676670/.2021-2.

② 中国一带一路网 [EB/OL].https://www.yidaiyilu.gov.cn/gbjg/gbgk/10025.htm.2019-6-21.

和专业；更新职业教育规章制度，规范职业教育、技术和行政职能；设立职业教育学位管理委员会，创建职业教育质量保障国家机构；启动职业教育最高委员会，并由部委、工业部门、商业部门等等利益相关方组成；组织实施短期培训项目，启动联合项目并审查项目规则；审查职业教育机构许可和审核标准，更新职业教育官方考试规则，实现教育事务管理现代化。

（3）提供并开发人力、物力和财力资源。为职业教育提供强有力的师资与财力保障；振兴技术类院校和机构，为其提供必要设备；实施职业技术教育师资培训，加强对职业教育机构的资源投入，以更好地配置职业教育资源。

（4）加强职业教育的伙伴关系和行业合作。促进民间和地方政府支持和资助职业教育，加强与私营部门的伙伴关系和联合行动；启动地方、区域和国际各级双边或多边协定与合作方案，提升本国职业教育的形象和地位。[①]

三、职业技术教育与培训的体系与质量保障

（一）体系

黎巴嫩正规教育体系的学生在 9 年级结束时，参加正式考试获得初中毕业文凭。学生在中等教育阶段修满 3 年后，可以参加正式考试并获得普通教育证书。顺利达到 7 年级水平的学生可以进阶专业教育，2 年后可取得专业证书。持有专业证书或初中毕业文凭的学生可继续技术教育，在参加正式考试后颁发高中会考证书（技术类）[②]。持有高中会考证书（技术类）或普通教育证书的学生可进阶高等技术教育，2 年后可获取高级技师职称。技术学士证书则另需 1 年的学习，学习后需通过正式考试。

黎巴嫩技术和职业教育分为两个基本门类：职业教育和技术教育。职业领域又被称之为纯手工业，它培养的是学生的实践和动手能力。职业教育领域分为三个阶段。第一个阶段为补充阶段，完成该阶段的学习后学生可以达到中级职业水平并获得专业证书。入读第一个阶段的学生需至少 7 年级毕业，或者持有职业能力证书。本阶段学制 2 年。第二阶段为执业阶段，完成该阶段学习的学生会获得职业高中文凭（双元制），本阶段学制 3 年。入读本阶段的学生需满足至少以下条件之一：(1) 持有专业证书；(2) 持有初中毕业文凭；(3) 持有准考证但是尚未通过初中毕业考试；(4) 持有学校开具并加盖印章的 9 年级毕业证明，可以不参加根据黎巴嫩教学大纲设置的国家考试。

但需要强调的是，高中毕业会考之后学生进入高等教育阶段 1 年级进行学习，之后可以升入职业本科课程 2 年级并选择合适的专业。完成中等阶段的职业教育后可以获得

---

① 黎巴嫩教育和高等教育部：新的职业技术教育与培训行动计划 [EB/OL].http://www.higher-edu.gov.lb.2017-7-13.

② 联合国教科文组织国际职业教育与培训中心：黎巴嫩 [EB/OL].http://www.unevoc.unesco.org/wtdb/worldtvetdatabase_lbn_en.pdf.2017-9-12.

熟练技师文凭，本阶段学制 2 年。攻读熟练技师文凭必须满足以下条件：（1）拥有职业高中文凭（双元制）且至少 2 年的实践经验；（2）技术证书与至少 3 年实践经验；（3）一般中学证书与至少 5 年实践经验。

技术领域包括专业课程学习，至少 9 年普通教育基础，且须以数学和科学类科目为主。技术教育领域分为三个阶段：执业、中等、高等。完成执业阶段的学习后可获得技术证书，本阶段学制为 3 年。入读本阶段的学生需满足至少以下条件之一：（1）持有专业证书；（2）持有初中毕业文凭；（3）持有准考证但是尚未通过初中毕业考试；（4）学满 9 年级，持有学校证明，可以不参加课程要求的国家考试的学生。

中等阶段学生满两年后可获得高级技师证书，入读本阶段的学生需至少持有专业证书或普通中等教育证书。要获得高等技术水平的证书则分为两条路径：第一条为技术学士证书：持有高级技师证书的学生参加本阶段课程学习，以获取技术学士证书，学制 1 年；第二条路径为技术教育学士证书：持有普通中等教育证书或技术证书的学生参加本学段课程学习，以获取技术教育学士证书，学制 4 年。该课程方案目标是培养技术类教师。

除正规学校教育体系外，私立学校也吸纳了大量的技术类学生。私立办学机构既包括非营利、非政府组织，也包括营利性组织。私营部门开设的职业教育课程主要围绕服务行业，因其投资低于工科课程，主要形式是非正式学徒培训或手工作坊的实操训练，而且非正规企业提供的培训方案数量有限。大多数高效培训活动是由社区发展中心，在社会事务部领导下与非政府组织合作举办的。

社会发展中心致力于帮助那些文化程度较低的公民学习基本技能，特别是妇女。非政府组织也参与技能培训，例如一家名为"社会运动"的非政府组织拥有遍布全国各地的连锁培训机构，开设大量培训课程。这家组织同样开办职业预修学校，招收 11—14 岁学生，为他们将来参加技能培训做准备。与我国类似，创业教育业是黎巴嫩职业指导与规划的重要内容，其正在逐步将创业能力作为核心竞争力引入中等职业教育。基本出发点是通过推进创业教育和政策引导，将创业理念与技能作为终身学习的重要环节，这一举措是响应劳动力市场对职业教育培训系统的需求。[①]

（二）保障

根据欧洲培训基金会 2011 年发布的报告，黎巴嫩公立或私立职业教育办学机构或教学方案均无质量保证机制。对于私立职业教育机构的认证程序采用单纯行政方法，急需引进现代化手段。这一条对于公立职业教育系统的质量控制同样适用，管理考试的评估中心也亟需规范和认证。[②]

---

① 联合国教科文组织国际职业教育与培训中心：黎巴嫩 [EB/OL]. http://www.unevoc.unesco.org/wtdb/worldtvetdatabase_lbn_en.pdf.2017-9-12.

② 欧洲培训基金会 [EB/OL].http://www.efc.be.2017-8-16.

当前，黎巴嫩正在欧洲培训基金会支持下拟订国家资格框架，其职业技术教育的资格等级和种类如表1所示：

表1　黎巴嫩国家资格框架

等级	证书	类别	前提条件
基础	专业证书（BP）	职业	完成EB7（基础教育）
执业	中级职业证书（双元制）第一年	职业	专业证书（通过） 初中毕业文凭（完成） 完成EB9（基础教育） 官方证明信
执业	技术证书（BT）	技术	专业证书（通过） 完成EB9（基础教育） 完成EB9（基础教育）+技术证书（BT）一年级 官方证明信
中级	熟练技师	职业	普通教育证书 技术证书（BT） 中级职业证书（双元制）
中等	技师（TS）	技术	普通教育证书 技术证书（BT）
高等	技术学士证书（LT）	技术	技师（TS）
高等	技术教育学士证书（LET）	技术	普通教育证书 技术证书（BT） 技师（TS）[1] 工程师文凭[2]

四、职业技术教育与培训的治理与教师

（一）治理

教育和高等教育部通过职业技术教育司负责黎巴嫩职业技术教育。职业技术教育司负责管理全国公立和私立职业教育机构。教育和高等教育部与各种非政府组织密切合作，以提高合作项目的成功概率，因而该部正在寻求和借助外部力量来扩展其职教领域的服务项目。

高等职业教育理事会是由职业教育的政府机构代表、私营部门及行业代表共同参与组成的顾问机构，教育部长担任理事会负责人。因职业教育部分深受利益相关方和社会合作伙伴的影响。利益相关方可分为公共和私人两类，公共部门利益相关方包括：议会教育委员会、职业技术教育司、普通教育司、高等教育司、教育研究与发展中心、农业

---

① 获取技师证书后须继续学习两年后方可参加技术教育学士证书（LET）国家考试。
② 技术预科结业证书持有人在参加技术教育学士证书（LET）国家考试之前的学习期限是6个月。

部、社会事务司、劳动部国家就业办公室、黎巴嫩投资发展局、发展和重建理事会。私营部门利益相关方包括：非营利、非政府组织经营的私立职业教育院校，以营利为目标的私立职业教育院校、黎巴嫩工业家协会、特殊产业联合会、农工商联合会，代表各自利益的专业团体、工会，普通民办学校私营部门同样参与本行业有关的政府会议。黎巴嫩工业家协会设有职业技术教育委员会，密切关注技能开发领域的政策动态。

此外，在黎巴嫩还存在着部分国际利益相关方，如欧盟、欧洲培训基金会、法语国家国际组织、联合国教育、科学和文化组织、国际劳工组织、欧洲合作与发展署、法国开发署、德国国际合作组织，这些组织通过资助部分改革项目用以支持黎巴嫩职业教育与培训事业的发展。在经费方面，职业技术教育与培训主要资金来源为政府财政拨款。另外，一些项目资金也来自非政府组织、私营部门或国际援助，如德国国际合作组织、欧洲合作与发展署等等。[①]

（二）教师

黎巴嫩的职教师资存在较大缺口，公立职教部门全职教师人数占教师总数的13%。大多数合同教师和培训师拥有学术背景，但是专业背景不足。其中短期合同教师的入职门槛较低，拥有政治地位和良好家庭背景的申请人更容易入选。

随着信息化在公共部门的应用，其在确立教师关键性能力指标、改善教师培训计划等方面的应用会越来越广，在职业技术教育与培训教师聘任方面的作用也会越来越大。因此，发挥移动互联网在职业教育的全职教师入门培训以及后续培训过程中作用将对黎巴嫩未来的师资队伍建设至关重要。

五、职业技术教育与培训的诉求与发展趋势

黎巴嫩生产性行业发展滞后，服务业却十分发达。黎巴嫩经济在长期发展过程中，充分发挥其海外侨民众多、自然环境优美等有利因素，逐渐形成了侨汇、金融、旅游和贸易为主的经济发展模式。尽管由于区域局势动荡和难民危机，但得益于完善的银行制度，黎巴嫩的金融行业一直稳健且具有韧性。自然环境方面，黎巴嫩有雪山至大海的独特自然环境，拥有巴尔贝克神庙、提尔等几处世界遗产，是中东著名的旅游胜地，也成就了该国发达的旅游产业。因此，基于黎巴嫩服务型经济特点的高端服务行业将是其未来发展的特点和方向，而职业技术研究院与培训的发展趋势也将紧紧围绕这一经济发展特点展开。

随着欧洲一体化和经济全球化的延伸，重塑和升级黎巴嫩职业教育服务已迫在眉睫，大批借助外部资助的项目业已到位。如德国国际合作组织正在开展一个题为"促进职业培训和中小企业发展"的项目。事实上，黎巴嫩经济深受外国制造业影响，重建和发展困难重重。中小企业是黎巴嫩工业的最重要的组成部分，吸收了大部分的劳动力。年轻

---

① Gebran Karam (2006). Vocational and Technical Education in Lebanon. Strategic issues and Challanges. Murdoch: IEJ.

人和半熟练技术工人缺少就业机会，对训练有素的专业人士和中层管理人员的需求日渐增长。总体而言，虽然黎巴嫩职业教育系统改革得到社会各界的大力支持，新的行动计划已应运而生，但黎巴嫩职业教育系统必须克服诸多挑战，才能变成一个教育和培训合格劳动者，并为国家经济发展做贡献的有效系统。其发展趋势重点在以下方面：

（一）确定职业教育在经济发展中的角色

面对经济全球化和欧洲一体化的深入，黎巴嫩需要重新确定职业技术教育与培训在本国经济发展中的角色和定位，以为将来职业技术教育环境的改善创造条件。事实上，职业技术教育不仅可以帮助黎巴嫩培养出具有国际竞争力的工人，还可以作为贫困救助和经济增长引擎，为生活水平较低的人群提供经济机会。随着黎巴嫩国家资格框架的建立，职业技术教育一定可以吸引更多的参与者，在该国经济建设中发挥更大作用。

（二）打造运行有序的公共服务体系

长期的战争与派系分裂使得黎巴嫩在教育系统，特别是职业教育系统缺乏相应的战略与对策。对于职业技术教育与培训的公共支出也大都放在基础设置建设方面，而没有一个总体规划。政府部门也缺乏合格的管理人员，教育系统的运行更是捉襟见肘。上述情况不仅使得职业教育毕业生对自身的境遇不满，也未能满足雇主对劳动力的期待。因此，黎巴嫩亟需一个高效有序的公共管理体系，以提升公共资源的使用效率，制定更为有效的公共服务政策，协调和统一公私各部门之间的行动。

（三）提升私营部门对职业教育与培训的参与度

黎巴嫩实业家协会是职业教育群体最大的雇佣者，其由 1200 多名代表组成，同黎巴嫩职业教育司一起，直接参与到职业教育中。但即使如此，由慈善事业和社会工作性质为主的非政府组织却是最大的私营部门参与者。未来，黎巴嫩职业教育与培训的重点就在于采用合理的政策，激励私营部门的深度参与，推进私营机构和公共机构之间的合作，以解决劳动力市场信息匮乏、需求脱节、师资缺失、财政预算有限及教学场地设备不足的问题。

（深圳职业技术学院　技术与职业教育研究所　李亚昕）

主要参考文献

[1] 联合国教科文组织国际职业教育与培训中心：黎巴嫩 [EB/OL].http://www.unevoc.unesco.org/wtdb/worldtvetdatabase_lbn_en.pdf.

[2] 黎巴嫩教育和高等教育部：新的职业技术教育与培训行动计划 [EB/OL].http://www.higher-

edu.gov.lb.

[3] 中华人民共和国外交部 [EB/OL].http://www.fmprc.gov.cn/web/gjhdq_676201/gj_676203/yz_676205/1206_676668/1206x0_676670/.

[4] 欧洲培训基金会 [EB/OL].http://www.efc.be.

[5] Gebran Karam (2006). Vocational and Technical Education in Lebanon. Strategic issues and Challanges. Murdoch: IEJ.

[6] 包华林 , 龚小勇 . 黎巴嫩职业技术教育的战略性问题及其挑战 [J]. 职教论坛 ,2011 (18).

[7] Atchoarena, D., (2001). From research to reality: An international perspective. In Research to Reality: Putting VET Research to Work, Proceedings of the Australian Vocational Education and Training Research Association (AVETRA) 4th Conference in Adelaide, Australia March 28–30, 2001.

[8] In terlaken Declaration (2001). Initiating debates on liking work, skills, and knowledge: learning for survival and growth. International Conference, 10–12 September 2001, Interlaken, Switzerland[EB/OL].http://www.workandskills.ch/.

[9] Lynch, R.L. (2000).High school career and technical education for the first decade of the 21st Century. Journal of Vocational Education Research, 25 (2). [EB/OL].http://scholar.lib.vt.edu/ejournals/JVER/v25n2/lynch.html.

马尔代夫共和国

一、国家概况

（一）地理

马尔代夫共和国（The Republic of Maldives）简称马尔代夫，位于南亚，是地处亚洲印度洋上的一个群岛国家。它由 26 组自然环礁（包括珊瑚岛、珊瑚礁及其周围浅水海域）、1192 个珊瑚岛组成，其中 198 个岛屿有人居住，其余为无人岛。地形狭长低平，平均海拔 1.2 米。全国总面积为 9 万平方千米（含领海面积），陆地面积仅占 0.331%，约 298 平方千米。陆地面积在 1 平方千米以上的岛有 9 个，最大的岛富阿莫拉库在马累南 267 千米处，面积 13 平方千米。[①] 马尔代夫距离印度南部约 600 千米，距离斯里兰卡西南部约 750 千米。位于赤道附近，具有明显的热带气候特征，无四季之分。年降水量 2143 毫米，年平均气温 28℃。[②]

全国分 21 个行政区，包括 19 个行政环礁及马累和阿杜两个市。行政区按环礁划分，小的环礁单独或几个组成一个行政区。每个环礁和大的居民岛都有当地民众选出的管理委员会。目前，全国共有 20 个环礁委员会，66 个岛屿委员会和 2 个城市委员会。人口 55.7 万（其中马尔代夫籍公民为 37.9 万，均为马尔代夫族）。民族语言和官方语言为迪维希语（Dhivehi），上层社会通用英语。伊斯兰教为国教，属逊尼派。首都马累（Malé）人口 23.4 万，面积 1.96 平方千米。[③]

（二）人文

公元前 5 世纪，南亚次大陆的居民来到马尔代夫群岛定居。公元 7 世纪以后，阿拉伯商人来到马尔代夫群岛，马尔代夫成为印度洋商业活动的要冲，从而与伊斯兰世界的接触日益频繁。1030 年伊斯兰教贤者比鲁尼来到马尔代夫，此后，伊斯兰教逐渐在马尔

---

① 中华人民共和国驻马尔代夫共和国大使馆经济商务参赞处. 马尔代夫概况 [EB/OL]. http://mdv.mofcom.gov.cn/article/ddgk/201611/20161101957571.shtml. 2017-10-02.

② 中华人民共和国外交部. 马尔代夫国家概况 [EB/OL]. https://www.fmprc.gov.cn/web/gjhdq_676201/gj_676203/yz_676205/1206_676692/1206x0_676694/.2020-09-26.

③ 中华人民共和国外交部. 马尔代夫国家概况 [EB/OL]. https://www.fmprc.gov.cn/web/gjhdq_676201/gj_676203/yz_676205/1206_676692/1206x0_676694/.2020-09-26.

代夫群岛上盛行。1116 年，国王达鲁马范塔·拉斯盖法努·布拉戈切斯蒂沃戈饭依伊斯兰教，从此，伊斯兰教取代佛教成为马尔代夫的国教，建立苏丹国，历经 6 个苏丹王朝。苏丹利用伊斯兰教的教义，集全部权力于一身，在马尔代夫先后建成华丽的苏丹宫殿、庄严的清真寺和其他伊斯兰教建筑。

14 世纪中叶，阿拉伯旅行家伊本·巴图塔到达马尔代夫，详细地描述了当地的风土人情。15 世纪中叶以后，印度的坎瑙努拉王公控制马尔代夫。15 世纪末，葡萄牙殖民者开始入侵。1513 年，马尔代夫王室内部因王位继承问题发生矛盾，葡萄牙人乘机进行干涉，支持卡卢·穆罕默德取得王位，迫使他同意葡萄牙殖民者在马累驻军筑垒。1518 年马尔代夫人民一举消灭葡萄牙驻军，1552 年再次击退殖民者的进攻。

1558 年葡萄牙殖民者第三次进攻马尔代夫，占领马累城，马尔代夫成为葡萄牙的殖民地，由葡萄牙驻印度果阿的总督兼管，实行残酷的殖民统治。1573 年穆罕默德·博杜·塔库鲁法努领导人民起义，光复祖国，成立马尔代夫苏丹国。1645 年，在锡兰岛的荷兰殖民者宣布马尔代夫属于其势力范围。1752 年，印度坎瑙努拉·阿里王公的军队侵占马累岛，马尔代夫苏丹向法国在印度本地治里的驻军司令求援，法国乘机入侵马尔代夫。1753 年，法国殖民者与马尔代夫苏丹签订条约，规定法国可以在马尔代夫驻军。条约签订数月后，马累岛居民迫使法国驻军撤离马尔代夫。

18 世纪末 19 世纪初，英国商船和兵舰多次到达马尔代夫。19 世纪 30 年代，英国殖民者利用马尔代夫上层贵族的内讧，在苏丹穆罕默德·伊马特·阿德·丁四世的支持下，进一步控制了马尔代夫。1887 年英国锡兰殖民地的省长与马尔代夫苏丹签订条约，马尔代夫沦为英国的保护国。同时，马尔代夫也成为英国在印度洋的军事基地。

第一次世界大战以后，马尔代夫人民要求摆脱殖民统治的斗争高涨。1932 年，穆罕默德·沙姆斯·阿德·丁三世被迫批准第一部宪法，改行君主立宪政体。1934 年英国正式承认马尔代夫的独立。第二次世界大战期间，马尔代夫群岛上曾经发生饥荒，造成大量死亡。1942 年以后，战火逼近马尔代夫地区。英国在阿杜环礁的甘岛建立了巨大的海军基地，强迫人民迁居他岛。

1948 年斯里兰卡独立后，英国同马尔代夫签订一项条约，规定马尔代夫继续受英国保护。1952 年，马尔代夫人民推翻苏丹阿卜杜尔·马吉德·戴狄的统治，宣布成立共和国，阿明·戴狄出任总统。1953 年 1 月，英国承认马尔代夫为英联邦内的共和国。1954 年马尔代夫重新宣布成为苏丹国。1960 年马尔代夫政府被迫与英国签订协议，将阿杜环礁租借给英国，为期 30 年（从 1956 年算起）。1965 年 7 月 26 日，英国与马尔代夫在科伦坡签订协议，承认马尔代夫的完全独立。该日定为马尔代夫的国庆。独立以后，1968 年 11 月 11 日，通过全民投票，宣布成立马尔代夫共和国，废除苏丹国，定伊斯兰教为国教。[①]

---

① 中国百科网．马尔代夫历史 [EB/OL]. http://www.chinabaike.com/article/316/religion/2008/200801061125634_2.html.2017–10–03.

马尔代夫为总统制国家，立法机构为人民议会，实行比例代表制。全国划分为 85 个选区，每个选区选举产生 1 名议名，总共 85 名议员，任期 5 年，各行政区议员人数由当地人口数决定。2005 年 6 月马启动宪政改革后，人民议会通过实行多党民主制度的议案，马内政部陆续接受多个政党的注册，包括进步党、民主党、共和党、人民党、正义党、人民联盟、伊斯兰民主党等。[①]

迪维希语是马尔代夫的官方语言，政府文件和法律均用迪维希语写成，少数有英文版本。至 20 世纪 60 年代，迪维希语一直是马尔代夫学校唯一的教学语言，后来为发展教育的需要，学校普遍使用了英语。现在官方和上层社会通用英语。马尔代夫全民信奉伊斯兰教，属逊尼派。伊斯兰教是国教，国民每天祈祷 5 次。[②] 伊斯兰教对马尔代夫社会生活产生了全方位的影响。当地居民以鱼、椰子和木薯为主食，但随着经济发展，大米、面粉等进口食品已成为主食。

（三）经济

马尔代夫拥有丰富的海洋资源，有各种热带鱼类及海龟、玳瑁和珊瑚、贝壳之类的海产品。马尔代夫及周围水域拥有 700 多种鱼类，盛产鲣鱼、金枪鱼、龙虾、海参，还有少量的石斑鱼、鲨鱼、海龟和玳瑁等。但最多的是珊瑚鱼，它们的颜色、形状、大小各不相同，千姿百态。[③] 渔业是国民经济重要组成部分，也是吸收就业主要渠道。鱼类主要出口中国、日本、斯里兰卡、新加坡等地。[④]

旅游业、船运业是主要经济支柱。马尔代夫经济结构单一、资源贫乏、严重依赖进口，经济基础较为薄弱。2011 年以前，曾被列为世界最不发达国家。通过多年努力，马尔代夫经济发展取得一定成就，成为南亚地区人均 GDP 最高的国家，基础设施和互联互通水平也有较大提升。2020 年国内生产总值 37.57 亿美元，人均国内生产总值 6745 美元（测算含在马尔代夫常住外国居民），国内生产总值增长率：-29.3%。

马尔代夫坚持在保护环境的基础上，发挥自身资源优势，积极吸收国外资金与援助，加快经济发展。2004 年 12 月，联合国大会批准马尔代夫从最不发达国家名单毕业，并给予 3 年过渡期，保留最不发达国家地位。后经马尔代夫要求，推迟至 2011 年。[⑤] 旅游业、渔业和船运业是三大支柱。强调发展多元化、可持续的国民经济，实行小规模开放型经济政策。坚持在保护环境的基础上，发挥自身资源优势，积极吸收国外资金与援助，加

① 中华人民共和国外交部. 马尔代夫国家概况 [EB/OL]. https://www.fmprc.gov.cn/web/gjhdq_676201/gj_676203/yz_676205/1206_676692/1206x0_676694/.2020-09-26.

② 中华人民共和国驻马尔代夫共和国大使馆经济商务参赞处. 马尔代夫概况 [EB/OL]. http://mdv.mofcom.gov.cn/article/ddgk/201611/20161101957571.shtml, 2017-10-02.

③ 商务部国际贸易经济合作研究院. 对外投资合作国别（地区）——马尔代夫 [EB/OL]. https://www.yidaiyilu.gov.cn/wcm.files/upload/CMSydylgw/201702/201702090457016.pdf,2017-10-08.

④ 中国一带一路网. 马尔代夫 [EB/OL]. https://www.yidaiyilu.gov.cn/gbjg/gbgk/894.htm, 2017-09-26.

⑤ 中华人民共和国驻马尔代夫共和国大使馆. 国家概况 [EB/OL]. http://mv.china-embassy.org/chn/mlmd/gjjk/. 2017-10-05.

快经济发展。2015 年出台《经济特区法案》，为大力吸引外资提供法律和政策支持。旅游业已成为第一大经济支柱，旅游收入对 GDP 的贡献率多年保持在 30% 左右。现有 112 个旅游岛，2.77 万张床位，入住率达 69%，人均在马停留时间 5.7 天。2014 年旅游收入 66 亿拉菲亚，占 GDP 的 29%。2015 年外国赴马游客 123.4 万人次，同比增长 2.4%。

在世界银行发布的《2015 营商环境报告》中，马尔代夫排名下降至 116 位，但总分提高，总体投资环境得以改善。法律规定保护外国投资的安全，严禁将外资企业国有化。与外资相关的法律法规也逐步完善，没有外汇限制，外资可享有 100% 独有权，外商投资收益和利润可自由汇出。[①]

马尔代夫市场开放度较高，除了渔业捕捞禁止外资进入、零售业须与当地人合资经营外，鼓励外国资金进入其他几乎所有领域，鼓励利用当地劳动力或者当地无法生产或利用外国先进技术和资源的投资项目。[②]

（四）教育

近几十年来，马尔代夫十分重视发展教育事业，投入大量资金，为各环礁行政区增加教学设备，并实行免费教育。现全国已消除文盲，是发展中国家中识字率最高的国家之一。

1998 年以前，马尔代夫没有大学，只有卫生、师范、航海、管理等专业的教育或培训机构。1998 年 10 月，马尔代夫在上述机构的基础上，组建第一所高等院校——马尔代夫高等教育学院。2011 年，在高等教育学院基础上，马尔代夫成立了第一所大学——马尔代夫国立大学，这是唯一一所高等院校，下设 9 个学院和 3 个教育中心，在校学生约 7000 人。各环礁设有一个教育中心，主要向成年人提供非正规文化教育。

1984 年，马尔代夫政府制定了中小学课程体系，这个课程体系主要包括环境研究、科学、迪维希语语言、数学、英语、美术、体育教育和书法。截至 2015 年，马尔代夫全国高中以下学校共 459 所，其中公立学校 213 所，私立学校 122 所，各种社区、团体学校 124 所，全部在校学生约 8.8 万人。首都马累有 38 所学校，在校学生约 3 万人。[③]

二、职业技术教育与培训的战略与法规

（一）战略

一个国家教育的目标需要服从国家发展的需要，马尔代夫的职业技术教育战略和目标具体来说主要包括以下几个方面：

---

① 中国网.张华."一带一路"投资风险研究之马尔代夫[EB/OL]. http://opinion.china.com.cn/opinion_33_127533.html. 2017-10-06.

② 贵州省外事（侨务）办公室.一带一路国别市场指引——马尔代夫 [EB/OL]. http://www.faogz.gov.cn/dwhzxx/2276.shtml. 2017-10-02.

③ 中华人民共和国驻马尔代夫共和国大使馆经济商务参赞处.马尔代夫概况 [EB/OL]. http://mdv.mofcom.gov.cn/article/ddgk/201611/20161101957571.shtml. 2014-10-03.

·培养有专业的职业技能、知识的人才，尊重劳动以期实现可持续发展；

·通过普及初等教育促进社会公平与正义，为所有的公民提供平等的教育机会；

·在基于伊斯兰教的教育体系里，培养公民意识，所有的公民都是本民族的成员，都是穆斯林的一部分；

·培养公民独立自主和自力更生的精神以提高他们的生活质量；

·加强民族意识，通过宣传合理的文化价值观念、文明传统和民族语言来保护国家的文化遗产；

·培养多样的、相互独立于国家和国际社会的、有潜力的公民。

（二）法规

在马尔代夫，没有特别规定的教育法律和法规，只有一些相关的法律框架和草案。

1.《宪法》（2008）

马尔代夫人民议会已经修改了宪法，新的版本已经在2008年8月7日被批准。2008年的宪法第36条规定，每个人都有受教育的权利，每个人都有免费享受中学教育的权利，国家必须对每个小孩提供初等教育和中等教育，需向全体国民提供高等教育的机会。教育应当努力灌输服从伊斯兰教、爱伊斯兰教的思想，促进对人权的尊重，促进理解、宽容和所有人之间的友谊。[①]

2.《教育法案》（2009）

2009年，政府提出了教育法案。该法案建立了一个从学前教育到高等教育的教育框架。这个法案阐释了义务教育的相关规定，建立学校董事会以支持教育分权管理，为高等教育提供者设置办学标准，规定教师的义务、职责以及职业使命。2010年12月，马尔代夫总统签署了国立大学预算法案。

3.《国家课程框架草案》（2011）

2011年，马尔代夫《国家课程框架草案》被提出。这一草案旨在发展主动学习和追求知识、渴望获取知识、创造知识的成功人士；发展十分信仰伊斯兰教且有自信的人；发展有较强的自我意识和文化认同的人；发展负责任且对自己的家庭、社区以及人类社会有贡献的人。[②]

三、职业技术教育与培训的体系与质量保障

（一）体系

马尔代夫的职业教育是学员通过向国家技术和职业教育与培训（技职）部门的职业

---

① Government of Maldives. *Strategic Action Plan. National Framework for Development 2009 – 2013*. Male', November 2009.

② Educational Development Centre, Ministry of Education. The National Curriculum Framework. Fifth working draft, Male', April 2011.

技术教育与培训中心申请课程培训来实现的，此中心主要提供医药师培训、护士培训、职业技能培训、摄影培训、导游培训、客服人员培训等。职业技能培训只能是 15 岁以上的学生参加，是低级中等教育之后的职业教育。

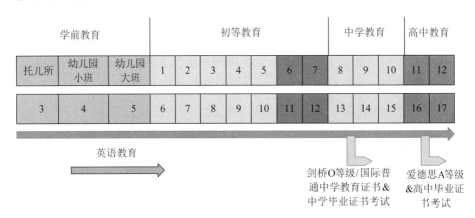

图 1　马尔代夫教育系统的组织结构图

资料来源：Educational Development Centre, Ministry of Education. *The National Curriculum Framework.* Fifth working draft, Male', April 2011.

马尔代夫的教育系统由学前教育、初等教育、中等教育和高等教育组成[1]。3 到 5 岁的小孩享受学前教育，6 到 12 岁的小孩享受初等教育，13 到 17 岁的小孩享受中等教育，18 岁及其以上的小孩享受高等教育。

1. 初级职业教育

初等教育（小学教育）从 6 岁开始。过去，5 年的小学教育后，接着是 2 年的中学教育，现在这两个阶段被整合成基础教育，持续 7 年（1—7 级）。学生在完成基础教育后可以进行职业教育，获得 2 级职业证书（15 周全职训练，相当于 40 学分，在马尔代夫国家资格框架中级别为 2）和一个 3 级证书（15 周全职训练，相当于 40 学分，在马尔代夫国家资格框架中级别为 3）。根据 2011 年制定的国家教学大纲（草案），初等教育涵盖了 6 年，分为关键阶段 1（1—3 年级）和关键阶段 2（4—6 年级）。

2. 中级职业教育

中等教育包括两个层次：低层次的中学教育（初中）持续三年（8—10 年级）和更高层次的中学教育（高中）持续 2 年（11 和 12 年级）。完成 12 年教育后，学生可参加国际中等教育通用证书、一般普通级别教育证书和剑桥国际以及爱德思国际高水平考试（A 级）。还有两个国家考试：第一阶段中学教育毕业证书考试和第二阶段的高中教育毕业证书考试。

---

① 马尔代夫教育部. 教育系统 [EB/OL].https://www.moe.gov.mv/en/page. 2017–08–05.

低层次的中等教育的毕业生可以参加职业培训获取4级证书（30周或者1年全职训练，相当于120学分，在马尔代夫国家资格框架中级别为4）。基于2011年的国家课程框架（草案），较低级别的中等教育涵盖4年，可以分为关键阶段3（7—8年级）和关键阶段4（9—10年级）以及关键阶段5（11—12年级），它是更高级别的中等教育。

3. 高级职业教育

新成立的马尔代夫国立大学（以前为高等教育学院），以及一些私立的培训机构提供高等教育。在高等教育层面，经历过较高级别的中等教育学生或获取过职业资格4级证书的学生，在经过一年的学习后可以获取职业资格5级证书。经历过较低级别的初等教育的学生，或者获取过职业资格3级证书的学生，经过2年的学习可以获取职业资格5级证书。获取职业资格5级证书的学生在相关领域经过一年的学习可以获取职业资格6级证书。获取职业资格6级证书的学生经过2年的项目训练可以获取高级文凭或一个预科学位。

学士学位（职业资格7级）需要经过3年全职学习或者修满360学分和1年制的项目训练后才可以获得。优秀学士（职业资格8级）另需要1年时间学习学士学位之外的课程，为其1年的研究生课程也包含在职业资格8级的学习中。获得硕士学位需要2年全日制的学习，共修满240个学分，以达到职业资格9级水平。获得博士学位需要2到5年的全日制学习，要修满120个学分，最终才可达到职业资格10级水平。

（二）保障

自1984年以来，通过推进国家课程改革，学生学完每门课程后需要达到某些指定的标准。虽然没有设定量化考核目标，但教师必须确保学生能达到国家课程体系所规定的目标。环礁学校会对所有7年级的学生进行一个标准化的测试和管理，以便进一步选拔优秀学生。教育部要求1年级的教师需要教所有的儿童学会迪维希语，让他们具有一定的读写迪维希语的能力。[①]

教育部支持教学质量的改进，并监测每个环岛礁的教学质量，还为4—5年级的学生制定国家标准。[②]环礁的学校已经开始有计划地实施教学质量的监控和管理。根据亚洲开发银行（2004）的测试反馈，参加水平考试的学生需要更进一步地提升自己的能力，只有约50%的学生通过大多数科目的考试，这说明了环礁的教学质量比较差，这可能跟低质量的学习材料有关。国家评估结果表明，首都马累与各环礁之间的教育教学质量在任何一层次的教育上都存在差别。[③]

教育部的教育监督和质量改进部门负责所有学校教学质量的提高。部门内部和外部

[①] Ministry of Education. *Education for All 2000 Assessment: country report of Maldives*. (Under the o-ordination of A.A. Didi). Male', October 1999.

[②] 同上。

[③] Maldives Accreditation Board. *The Maldives National Qualifications Framework*. Male', September 2009.

人员合作实施学校的教学质量监测和评估项目。评估集中在五个主要领域：招生标准，教学质量、学校的领导能力和学术管理、财务管理、基础设施建设和学校的学习环境。教育监督和质量改进部门提供必要的培训，以指导学校管理者加强学校的内部监督。此外，该部门在国家学业评估中心开展了一个项目，用来评估学生的学习水平，旨在了解和改善学生的学习。

由世界银行资助的第三批教育和培训项目于2003年对国家的学生成绩水平进行了一个试点评估。该项目对4年级和7年级的学生进行了测试，测试他们的英语读写能力和计算能力。测试结果和问卷调查的数据是相关的，主要是为了全面了解决定学生成绩水平的关键性因素。自从2006年以来，所有7年级的学生需要参加国家水平测试。[①]

四、职业技术教育与培训的治理与教师

（一）治理

1968年11月11日，马尔代夫政府发布了《3/68法案》，成立了教育部。根据这一法令，教育管理是教育部的主要功能。教育部直接受马尔代夫共和国总统的管理。部长接受高等教育委员会和其他委员会（包括教材评估）的政策建议。高等教育委员会由马尔代夫共和国副总统主持工作，是为高等教育的发展提供方案以及监督的最高权力机构。2008年，教育部创建了高等教育中心、继续教育中心、考试中心以及教育发展中心。2009年教育部管辖了7个部门（企业服务；人力资源；金融和发展；规划和对外关系；学校；教学质量监督管理；项目和物理设施建设），2个单位（内部审计和采购单位）。[②]

马尔代夫国内参与教育管理的部门和团体包括：民政部；旅游、艺术和文化部；人力资源部；青年和体育部；交通运输部和通信部；渔业和农业部；伊斯兰事务部。在许多情况下，他们提供一些特定的职业培训以及各种贸易的短期培训，以响应特定部门的需求。[③]

有政策规定，学校每一个专业的员工在每个学术年至少参与15个小时的职业发展活动。为了学校的发展，教育部为每个学校分配了3天的学术交流时间，这3天为学校的年度职业发展学术计划日。每个教师参与职业发展活动的持续时间将要综合考虑注册教师、教学执照有效期、提高待遇和晋升工作等情况。教育部的继续教育中心负责规划和执行职业发展计划，地区层次的职业发展项目应听取省级教育部门的建议和意见。

2009年，选举产生了岛和环礁议会，形成了地方政府管理系统，这统称为区域化权

---

① Ministry of Education. *Education for All Mid-decade Assessment 2007. National report of the Republic of Maldives.* Male', July 2008.

② Government of Maldives. *Strategic Action Plan. National Framework for Development 2009 – 2013.* Male', November 2009.

③ Ministry of Education. *Education for All Mid-decade Assessment 2007. National report of the Republic of Maldives.* Male', July 2008; Ministry of Education. Policy Planning and Research Section. *School statistic 2008.* Male', 2009.

力下放。为了实现更有效的服务，提高当地的服务水平，政府将所有的环礁分为 7 个省份。将两个或者两个以上的环礁形成一个地区或省份能实现有效的规划、协调和管理，这将作为一种措施促进行政权力下放。[①]

（二）教师

19 世纪 80 年代，教育部成立了一些专门的机构，教师培训从教育发展中心分离出去，形成了教师教育研究所（现在合并到马尔代夫国立大学内）。在马尔代夫，那些基于职业教育的发展政策、专业发展和职业发展统称为在专业领域进行个人学习和教学发展的活动。这类活动的形式包括研讨会、讲习班、在线课程、为提高教师专业水平而开办的培训班。此外，政府引入新的策略来提高有关教学和专业技能。

2010 年，马尔代夫高等教育学院（现在为马尔代夫国立大学）提供以下文凭课程：为期 1 年的能参与迪维希语课程教学的文凭；为期 1 年的能参与行政管理的文凭；为期 2 年的能参与小学教育的高级文凭；为期 2 年的能参与教初级中学（6 年级，7 年级）的高级文凭；为期 2 年能参与应用统计的高级文凭；为期 2 年的能参与英语（外语）教学的高级文凭；为期 2 年的幼师文凭；为期 3 年的能参与初等或中等教育的本科文凭；为期 4 年的能参与高级中等教育的本科文凭；为期 3 年的能参与英语（外语）教学的艺术型学士学位。

2008 年，马尔代夫总共有 7534 名教师（包括 833 名临时教师），其中 5745 名教师获得了马尔代夫认证委员会认证的高级证书或更高级别的教学资格，1789 名教师未获得相应证书。首都马累共有 1576 名教师，有 122 名教师未经训练。在环岛礁有 5958 名教师，其中 1667 名未经训练。7534 名教师中，有 2560 名外籍教师，2 名学前教育教师，365 名小学教师，2015 名中学教师，178 名高中教师。[②]

五、职业技术教育与培训的诉求与发展趋势

（一）诉求

马尔代夫国土狭小，人口不多，市场不大，因此对职业教育的需求十分有限。2013 年，马尔代夫劳动力人口 13.69 万人，失业率 28.1%。虽然失业率较高，但本国劳动力不足，需要通过输入劳动力补充。由此可见，本国劳动力劳动素质不足，职业技术教育与培训仍有很大的发展空间。在短暂的职业技能培训过程中，仍然存在一些需要解决的问题。例如学校组织自创的职业发展规划项目，但这些项目往往与外界沟通不多，难以达到预期效果，因此有专家认为，学校应该把执行的细节发送给环礁的教师资源中心，加强资源共享。

[①] 本节引用和参照了该国教育报告，具体资料主要来自：Word Data on Education.7th edition,2010/11.

[②] Ministry of Education. Policy Planning and Research Section. *School statistic 2008*. Male', 2009.

（二）发展趋势

1. 经费投入问题会持续改善

马尔代夫历届政府均强调发展国民经济，实行小规模开放型经济政策，坚持在保护环境的基础上，发挥自身优势。近年，货币政策的主要目标是控制物价水平，经济发展势头良好，因而通货膨胀率较低。马尔代夫政府计划开源节流，减少财政开支，推行新的经济政策，以增加财政收入，缓解财政赤字问题。

2. 国内对职业技术教育与培训的需求会扩大

2013年，马尔代夫政府经济发展部发布《马尔代夫经济多元化发展战略》，提出了到2025年时，本国在旅游、交通、卫生、教育和基础设施建设等各个领域的发展目标。[①]为进一步改善投资环境，保障投资者利益，马尔代夫政府还在研究重新修订或制定公司法、外国投资法、经济特区法等法案。马尔代夫对外国投资项目的税收优惠没有明确规定，而由投资审批部门视项目投资金额、投资领域等具体情况给予具体优惠。政府欢迎的重点投资领域包括旅游、基础设施、房地产开发、渔业加工、金融、清洁能源、医疗卫生等。

（深圳职业技术学院　技术与职业教育研究所　袁　礼）

主要参考文献

[1] 中华人民共和国驻马尔代夫共和国大使馆经济商务参赞处. 马尔代夫概况 EB/OL]. http://mdv.mofcom.gov.cn/article/ddgk/201611/20161101957571.shtml.2017-10-02.

[2] 中华人民共和国外交部. 马尔代夫国家概况 [EB/OL]. https://www.fmprc.gov.cn/web/gjhdq_676201/gj_676203/yz_676205/1206_676692/1206x0_676694/.2020-09-26.

[3] 商务部国际贸易经济合作研究院. 对外投资合作国别（地区）——马尔代夫 [EB/OL]. https://www.yidaiyilu.gov.cn/wcm.files/upload/CMSydylgw/201702/201702090457016.pdf.2017-10-03.

[4] 中国百科网. 马尔代夫历史[EB/OL]. http://www.chinabaike.com/article/316/religion/2008/200801061125634_2.html.2017-10-03.

[5] 商务部国际贸易经济合作研究院. 对外投资合作国别（地区）——马尔代夫 [EB/OL]. https://www.yidaiyilu.gov.cn/wcm.files/upload/CMSydylgw/201702/201702090457016.pdf, 2017-10-02.

[6] 香港贸发局经贸研究. 马尔代夫市场概况 [EB/OL]. http://china-trade-research.hktdc.com/business-news/article/%E4%B8%80%E5%B8%B6%E4%B8%80%E8%B7%AF/%E9%A6%AC%E7%88%BE%E4%BB%A3%E5%A4%AB%E5%B8%82%E5%A0%B4%E6%A6%82%E6%B3%81/obor/

[①] 深圳市政府政策研究室. 南亚国家国情研究.2016,80-86.

sc/1/1X3CGF6L/1X0A3P1W.htm.2017-09-28.

[7] 中华人民共和国驻马尔代夫共和国大使馆 . 国家概况 [EB/OL]. http://mv.china-embassy.org/chn/mlmd/gjjk/.2017-10-05.

[8] 中国网 . 张华 . "一带一路" 投资风险研究之马尔代夫 [EB/OL]. http://opinion.china.com.cn/opinion_33_127533.html. 2017-10-06.

[9] 贵州省外事 (侨务) 办公室 . 一带一路国别市场指引——马尔代夫 [EB/OL]. http://www.faogz.gov.cn/dwhzxx/2276.shtml. 2017-10-02.

[10] Abdul Muhsin Mohamed; Maryam Azra Ahmed. Country paper. Maldives. Document presented at the "Pilot Intensive Training Course on Curriculum Development", New Delhi, 9-17 March 1999.

[11] Asian Development Bank. Technical assistance to the Republic of Maldives for strengthening the framework of education towards Vision 2020. May 2004.

[12] Educational Development Centre, Ministry of Education. The National Curriculum Framework. Fifth working draft, Male', April 2011.

[13] Government of Maldives. Strategic Action Plan. National Framework for Development 2009 – 2013. Male', November 2009.

[14] Maldives Accreditation Board. The Maldives National Qualifications Framework. Male', September 2009.

[15] Ministry of Education. Developments in education 1992-1994. Maldives country report. Presented at the 44th session of the International Conference on Education, Geneva, 1994.

[16] Ministry of Education. Developments in education 1994-1996. Maldives country report. Presented at the 45th session of the International Conference on Education, Geneva, 1996.

[17] Ministry of Education. Education for All 2000 Assessment: country report of Maldives. (Under the co-ordination of A.A. Didi). Male', October 1999.

[18] Ministry of Education. Education for All Mid-decade Assessment 2007. National report of the Republic of Maldives. Male', July 2008.

[19] Ministry of Education. Policy Planning and Research Section. School statistic 2008. Male', 2009.

[20] Centre for Continuing Education: http://www.cce.edu.mv/ [In English. Last checked: July 2011.]

[21] Department of Higher Education: http://dhe.gov.mv/ [In English. Last checked: July 2011.]

[22] Educational Development Centre: http://www.edc.edu.mv/ [In English and Dhivehi. Last checked: July 2011.]

马来西亚

一、国家概况

（一）地理

马来西亚（Malaysia）位于东南亚，国土被南中国海分隔成东、西两部分。东马位于加里曼丹岛北部，与印尼、菲律宾、文莱相邻。西马位于马来半岛南部，北与泰国接壤，南与新加坡隔柔佛海峡相望，东临南中国海，西濒马六甲海峡。国土面积约 33 万平方千米，全国海岸线总长 4192 千米。马来西亚属热带雨林气候，内地山区年均气温 22℃~28℃，沿海平原为 25℃~30℃。全国分为 13 个州和 3 个联邦直辖区，13 个州中，西马共 11 个州，包括柔佛、吉打、吉兰丹等，东马有沙巴、沙捞越 2 个州；另有首都吉隆坡、布特拉加亚和纳闽 3 个联邦直辖区。[①]

（二）人文

马来西亚是东南亚国家，马六甲海峡作为重要的海上通道，为马来西亚带来了贸易和外国影响，从根本上影响着其历史，包括成立前的印度文明、伊斯兰文明和欧洲殖民势力的影响。1957 年多民族的马来亚联合邦宣告独立。20 世纪 50—60 年代，英国在东南亚的 4 个殖民地先后取得独立或被授予自治地位，包括英属马来亚（1957 年 8 月 31 日起独立并改称"马来亚联合邦"）、新加坡（1959 年 6 月 3 日起自治建邦）、英属砂拉越（1963 年 7 月 22 日起自治）与北婆罗洲（1963 年 8 月 31 日起自治并改称"沙巴"）。1963 年 9 月 16 日，这 4 个国家和地区组成马来西亚，成为新的联邦制国家，1965 年新加坡退出。[②]

马来西亚是一个多元民族、多元宗教的国家，全国约有 30 多个民族，现有人口 3275 万（2021 年 2 月）。其中马来人 69.1%，华人 23%，印度人 6.9%，其他种族 1.0%。马来语为国语，通用英语，华语使用较广泛。马来西亚联邦宪法规定伊斯兰教为国教，全国超过 60% 的人信奉伊斯兰教，信奉者大多为马来人，印度人信奉印度教，土著原住

---

① 中华人民共和国外交部 . 马来西亚概况 [EB/OL].http://www.fmprc.gov.cn/web/gjhdq_676201/gj_676203/yz_676205/1206_676716/1206x0_676718/.2021-09-23.

② 历史之家网站 . 马来西亚历史简介 [EB/OL]. https://www.lszj.com/shijiefengyun/21412.html. 2017-09-23.

民既有信仰原始宗教的，也有皈依伊斯兰教、基督教和天主教的，华人的宗教信仰比较多元，包括佛教、儒教、道教以及基督教和天主教等。

马来西亚实行君主立宪联邦制。因历史原因，沙捞越州和沙巴州拥有较大自治权。国会是最高立法机构，由上议院和下议院组成。阿卜杜拉·艾哈迈德·沙阿于 2019 年 1 月就任第 16 任最高元首；穆希丁于 2020 年 3 月就任第 8 任总理。

马来西亚全国各地大小节日约有上百个，政府规定的全国性节日有 10 个，包括国庆（又称独立日，8 月 31 日）、元旦、开斋节、春节、哈芝节、屠妖节、五一节、圣诞节、卫塞节、现任最高元首诞辰。除少数节日日期固定外，其余节日的具体日期由政府在前一年统一公布。[①]

（三）经济

马来西亚自然资源十分丰富，是农业与自然资源出口国，如天然橡胶、棕榈油、锡、优质热带硬木、天然气等，是世界上最大的棕榈油生产商，也曾经是锡的最大生产国，此外，还盛产可可、胡椒、椰子等热带经济作物，渔业资源也非常丰富。

20 世纪 70 年代前，马来西亚经济以农业为主，依赖初级产品出口，70 年代以来不断调整产业结构，大力推行出口导向型经济，电子业、制造业、建筑业和服务业发展迅速，1987 年起，经济连续 10 年保持 8% 以上的高速增长，曾为"亚洲四小虎"国家之一。1991 年，马来西亚制订了跨世纪发展战略《2020 宏愿（1991—2020）》，旨在于 2020 年建成发达国家。同时马来西亚重视发展高科技，启动了"多媒体超级走廊""生物谷"等项目，[②] 推动产业转型升级。1998 年受亚洲金融危机的冲击，马来西亚经济出现负增长，政府采取稳定汇率、重组银行企业债务、扩大内需和出口等政策，经济逐步恢复并保持中速增长。2008 年下半年以来，受国际金融危机影响，国内经济增长放缓，出口下降。2009 年纳吉布总理就任后，采取了多项刺激经济和内需增长的措施。马来西亚经济逐步摆脱了金融危机影响，企稳回升势头明显。2010 年马来西亚公布了以"经济繁荣与社会公平"为主题的第十个五年计划，并启动了"新经济模式"，继续推进经济转型。2020 年马来西亚 GDP 为 3205 亿美元，人均 GDP 为 9788 美元，对外贸易总额 4244 亿美元，外汇储备 1042 亿美元。

马来西亚政府鼓励以本国原料为主的加工工业，重点发展电子、汽车、钢铁、石油化工和纺织品等。2018 年，马来西亚制造业领域 GDP 为 2833 亿林吉特。矿业以锡、石油和天然气开采为主。农业以经济作物为主，主要有油棕、橡胶、热带水果等，粮食自给率约为 70%。渔业以近海捕捞为主，近年来深海捕捞和养殖业有所发展。服务业范围

① 中华人民共和国外交部. 马来西亚国家概况 [EB/OL].http://www.fmprc.gov.cn/web/gjhdq_676201/gj_676203/yz_676205/1206_676716/1206x0_676718/.2021–09–23.

② 深圳市人民政府政策研究室. 一带一路沿线国家之马来西亚 [EB/OL]. http://www.sz.gov.cn/szsfyjzx/ylyd/201708/t20170825_8246776. htm.2017–09–23.

广泛，是国民经济发展的支柱性行业之一，就业人数约535.36万，占全国就业人口的50.76%，是就业人数最多的产业。旅游业是马来西亚第三大经济支柱，第二大外汇收入来源，拥有酒店约4072家，主要旅游点有吉隆坡、云顶、槟城等，据旅游部统计，2018年游客人数为2583万人次。2020年进出口贸易总额为17772亿林吉特，主要出口市场为新加坡、中国、日本，进口主要来源国为中国、新加坡、美国。

（四）教育

马来西亚的教育历史大概可以分为三个阶段：早期零散、宗教性的启蒙式教育，殖民时期英国教育模式，及后期发展到多民族的、多样的、分离式的教育并进一步走向统一的一体化教育[①]。

马来西亚是一个以马来人、华人和印度人三大族群为主的多元族群国家，三大族群都有自己独特的文化，拥有本族的教育机构。政府努力塑造以马来文化为基础的国家文化，推行"国民教育政策"，所有的国民学校采用统一的教学课程，重视马来语的普及教育。

马来西亚实行9年义务教育，小学学制6年（7—12岁），学生毕业后，自动升入中学接受5年中学教育。中学分成两个阶段，其中初中3年（中一至中三，13—15岁），高中2年（中四、中五，16—17岁）；学生中三毕业后，参加国家统一考试，进入高中、职业学院或技能训练机构学习和培训；学生中五毕业后，根据其"马来西亚教育文凭"，进入中学延修班（中六）或大学预科课程（1—2年，年龄介于18—19岁），这一阶段的教育为学生进入本地大学、外国大学以及其他高等教育机构或进入社会工作而准备。高等教育阶段的教育课程包括：学历证书课程、文凭课程、学位课程（第一学位或学士学位、硕士及博士学位）。公立高等教育可分为以下四个组成部分：（1）学院教育（政府公立学院、教师培训学院）；（2）职业技术教育（公立职业技术学院）；（3）大学教育（国立大学及国立大学学院）；（4）其他形式的高等教育（远程教育等）。[②]（图1）

马来西亚实行小学免费教育，小学适龄儿童入学率为96.6%，中学入学率为91.1%。每12名小学生一名教师，每13.1名中学生一名教师。2017年，马来西亚共有小学7901所，中学2586所。[③]

---

① 张淑细. 马来西亚教育历史的回顾与展望 [A]. 纪念《教育史研究》创刊二十周年论文集 (2009)[C].

② 腾讯教育频道. 马来西亚概况 [EB/OL]. http://edu.qq.com/a/20090217/000223.htm. 2017–09–25.

③ 中华人民共和国外交部. 马来西亚国家概况 [EB/OL].http://www.fmprc.gov.cn/web/gjhdq_676201/gj_676203/yz_676205/1206_676716/1206x0_676718/.2021–09–23.

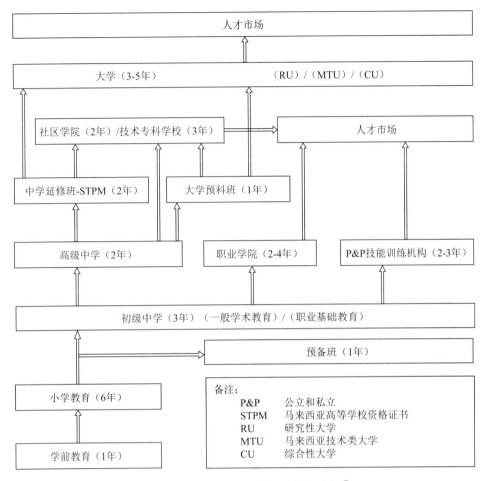

图 1 马来西亚教育系统和受教育路径[①]

马来西亚国民教育体系总体上以公立教育为主体，但在高等教育领域公立教育与私立教育并存。目前有 20 所公立大学，8 所外国大学分校，600 多所私立学院，在校大学生 60 余万人。著名公立大学有马来亚大学、马来西亚国民大学、马来西亚理科大学、马来西亚理工大学等。1997 年政府通过了《私立教育法》，为私立高等教育的发展提供了法律保障。私立院校一般与欧美、澳新等国的高等院校合作，开设学分转移和双联课程。这些私立高等院校每年招收的本国及国外学生多达几十万名。[②]

二、职业技术教育与培训的战略与法规

（一）战略

20 世纪 90 年代，马来西亚经济犹如插上了翅膀，迅速起飞。经济年均增长率达到

---

① 李俊, Lai Chee Sern 等. 马来西亚职业技术教育的现状与挑战 [J]. 职教论坛, 2016(36): 88–92.

② 中华人民共和国驻马来西亚大使馆经济、商务参赞处.马来西亚概况（教育制度）[EB/OL].http://my.mofcom.gov.cn/article/ddgk/201407/ 20140700648592.shtml. 2017–09–25.

8% 的高速增长，人均国民收入由 1990 年的 2437 美元增加到近年的 8000 多美元，这同马来西亚世界一流的较为完善的职业教育体系不无关系。① 马来西亚《2020 年宏愿》提出要在 2020 年成为先进工业国家，这使得马来西亚政府对职业技术教育采取优先发展的措施。

2009 年纳吉布任马来西亚总理以来，力图通过改革，重拾马来西亚在 1997 年亚洲金融危机之前区域经济中的"领跑者"地位，并最终摆脱困扰马来西亚近 20 年的"中等收入陷阱"。在其一系列的改革举措和方案中，最为系统的当属 2010 年颁布的《新经济模式方案》，在"新经济模式"下，从 2011 年至 2020 年，马来西亚经济每年需增长 6.5%，以达到成为发达国家的目标。它集中体现了马来西亚政府的基本施政方针和总体经济战略，并成为未来 10 年马来西亚体制改革和经济发展的重要战略性指导文件②。要达到这个目标的一个基础便是高技术人才的储备，在这过程当中，职业技术与培训系统可以为国家的经济转变提供高技能劳动力支撑，因而起着至关重要的作用。

从职业教育体系来看，马来西亚职业教育在教育各个阶段都有一定比重和体现。马来西亚基础教育学制为 6-3-2，期间已大量地渗透了职业教育。小学生在初等教育的第 4 年就接触到就业科目，政府在小学 4—6 年级引入一门新科目——操作技能，以培养学生职业意识和对职业的理解力；在初中阶段引入综合科目——生活技能，以取代分为几个部分的旧的职业科目；高级中学第 2 年在普通教育与技术和职业教育之间全部完成编班选择，学生在高中后 2 年的教育有 4 种选择：艺术和人文、科学、宗教以及技术和职业。这样，从小学到高中，普教与职教紧密地结合在一起。另外，马来西亚还通过职教、高教衔接和职业培训规范化来促进教育的整体发展。③

（二）法规④⑤

1. 内阁委员会关于培训的报告（1991 年）

该报告提出，马来西亚经济的持续增长取决于其行业保持着高的生产力和竞争力；而工业生产力，在很大程度上，依赖于熟练的人力资源及其技术，没有能够利用现代技术且受过良好教育的劳动力，生产力将受到损害，国家在全球经济中竞争的能力将受到破坏。该报告同时认识到，应重视对现有劳动力进行培训和再培训，对劳动力技能进行升级。

2.《教育法》（1996 年）

1996 年新《教育法》（废除了 1961 年《教育法》），涵盖了学前教育到高等教育各个

① 章明.马来西亚的职业技术教育 [J].国际展望，1994 (12): 29–32.
② 曾铮.马来西亚应对"中等收入陷阱"的经验和启示 [J].中国市场，2010(46): 8–10.
③ 章明.马来西亚的职业技术教育 [J].国际展望，1994 (12): 31–32.
④ UNESCO International Bureau of Education. World Data on Education. VII Ed. 2010/11. [DB/OL].http://www.ibe.unesco.org/fileadmin/user_upload/Publications/WDE/2010/pdf-versions/Malaysia.pdf. 2017–09–25
⑤ Ministry of Education. Education Direction. Legislation for Education. [EB/OL]. https://moe.gov.my/index.php/en/arkib/hala-tuju-pendidikan. 2017–09–25

层次。该法规定，在国家教育系统的所有教育机构中使用国家语言（马来语）作为教学语言。另外，除国家教育系统的学校或任何其他受教育部豁免的教育机构外，所有学校均需使用国家课程，学生均需参加规定的统一考试。

3.《国家技能发展法案》（第 652 号法令）（2006 年）

该法规定设立国家技能发展委员会（National Skills Development Council）作为技能鉴定及证书颁发机构（包括：证书、文凭、高级文凭），并开发国家职业技能标准（National Occupational Skills Standards）、制定国家技能培训课程。

4."技能马来西亚"经济转型计划（2011 年）

2011 年初，马来西亚总理宣布一项名为"技能马来西亚"经济转型计划，目的在于让学校学生和劳动者更愿意选择职业技术教育，使职业技术教育更具吸引力。政府启动了全国范围的媒体宣传活动，宣传职业资格证书所能带来的职业前景与优势，以改变人们对职业教育的认识。

5. 教育发展蓝图

马来西亚教育部于 2013 年 9 月推出了《2013—2025 教育发展蓝图》，制定国家未来 13 年的教育方向，并详细列出各项教育转型计划。2015 年，马来西亚高等教育部绘制了 2015—2025 年高等教育发展的蓝图，它列出了推动马来西亚卓越教育持续发展的十项转变，其中的一项就是在与产业合作保证人才供需匹配的基础上，扩大职业技术教育与培训项目，培育出高质量的职业教育毕业生。

三、职业技术教育与培训的体系与质量保障

（一）体系 [①]

马来西亚独立后，政府成立了教育委员会，审察已有的教育系统，该委员会于 1956 年发布了《拉扎克报告》，提倡在普通中学体系之外再设立一个职教体系。1960 年《拉曼达立报告书》最终促使中学教育体系分为普通学术性体系和职教体系两个序列。1968 年，当时的初级技术（商贸）学校转为商贸中学，后来成为职教类中学。1979 年，另一个由执行总理马哈蒂尔·穆罕默德领导的高层委员会发布了《1979 内阁报告》，确定了国家的高等教育须包括学术和职教两个序列的政策。

经过长期的发展和政策调整，马来西亚职教体系发展迅速，形成了较为完整的职教与培训体系，主要包括：中等职业技术教育、高等职业技术教育、政府培训机构、私立培训学校（院）、公立－私立协办技术培训中心、外国资助培训机构等。

---

① 本小节根据以下文献资料整理：Mr. Mustapor Bin Mohamad. 马来西亚高等职业技术教育问题与挑战 [J]. 世界职业技术教育, 2002 (1): 9–12; 李俊、Lai Chee Sern 等 . 马来西亚职业技术教育的现状与挑战 [J]. 职教论坛, 2016(36): 88–92.

1. 中等职业教育

正规的职业技术教育从中等教育后半段（高中阶段）开始。根据教育部规定，学生可以选择普通高中（学术）、技术学校、宗教学校、体育学校和职业学校（学院）学习。普通全日制学校或职业学校的学生在两年后需要参加全国考试——马来西亚资格认证考试，这是一项重要的考试，它将决定学生高中后教育的层次和类型。

2. 高等职业技术教育

高等职业技术教育在马来西亚国家人力资源开发中扮演重要角色。主要包括职业学院、社区学院、技术专科学院或者马来西亚科技类大学开展的职业技术教育。学生完成2年职业学院的学业，可获得马来西亚技能证书（三级以上），完成4年完整的职业教育，可获马来西亚职业学位证书；社区学院的资格证书水平项目为期2年，技术专科学校的学位证书水平项目为期3年；一部分中学延修班学生可进入马来西亚科技类大学，在职业技术教育相关学科中获得学士、硕士和博士学位。

3. 政府培训机构

除教育部和高等教育部提供职业技术教育外，马来西亚的其他政府部门也建立了许多公开的技能训练学院，如：人力资源部设立了高级技术培训中心和工业培训机构；农村和区域发展部设立了马拉技能学院和马拉高级技能学院；青年体育部设立了国家青年技能学院；卫生部设立了护士学院。这些技能训练学院在资格证书水平（1—2年）和学位证书（2—3年）水平范围内提供不同的职业教育与培训项目。

4. 私立培训学校

无法进入公立培训机构就读的学生，可以选择工人技术学院和联邦技术学院，这两个培训学院历史最久，开设有内容广泛的职前证书、文凭和学位培训，私有部门中三分之一的技术工人在这里接受过技术培训。

5. 公立－私立协办培训机构

该类培训中心主要提供基本技术培训，使工人掌握必要的工作技能。1989年，政府与私人合作，成立了槟城技术培训中心，许多省也相继建立类似的中心。槟城技术培训中心授权可以开设高等职业技术教育课程，并且可在工程学方面颁发高级国家文凭。

6. 外国资助的培训机构

1992年成立的德国－马来西亚学院，在生产技术和工业电子方面提供高级技术教育，类似机构还有法国－马来西亚学院、英国－马来西亚学院、日本－马来西亚学院。它们除了颁发国家技能证书（三、四级）外，还有自己的证书。

根据2010年数据，马来西亚职教体系约有1000所学校，其中，通过评估的私立培训中心约600个，职业技术学校约88个，社区学校约100个。学生人数共约27万，其中70%在政府学校，2.5万学生在教育部所属的技术中学，18.5万在公办州立学校，6万在私立学校。根据马来西亚第10个五年计划（2011—2015），在经济发展过程中，8个核心领域需要 130 万技术工人，约占整体雇员需求量的 41%，其中最高的 5 个领域需要 82% 的技术工人。这些核心领域包括零售、大吉隆坡计划、教育、旅游、金融服务等。（见图 2）

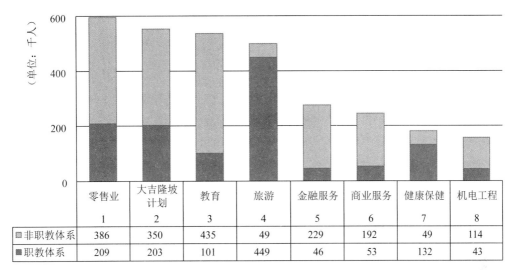

	零售业 1	大吉隆坡计划 2	教育 3	旅游 4	金融服务 5	商业服务 6	健康保健 7	机电工程 8
非职教体系	386	350	435	49	229	192	49	114
职教体系	209	203	101	449	46	53	132	43

图 2　经济改革计划：8 个重要经济领域人才需求情况

资料来源：亚洲职业教育在线网站. Key Reforms in Rivitalising Technical and Vocational Education and Training (TVET) in Malaysia.

（二）保障[①]

1. 职业技能证书

马来西亚资格框架是开发和分类资格认证的工具，它将职业教育与普通教育所获得的证书和学历水平放在一个框架中，分技术教育、职业教育和学术教育 3 个部分，由 8 个资格水平构成。国家职业技能证书分为 5 个等级，技能证书 1、2、3 级，属于职业技术资格证书；技能证书 4 级和 5 级分别属于职业技术教育文凭和高级文凭。在马来西亚的资格框架中，职业技术教育资格等级最高为 5 级，比本科毕业证书要低；高等教育资格等级则最低为 3 级，最高为 8 级，其中，学士、硕士及博士学位的资格等级分别为 6 级、7 级和 8 级（见表 1）。

① 本小节根据（1）李俊，Lai Chee Sern 等. 马来西亚职业技术教育的现状与挑战 [J]. 职教论坛，2016(36): 88-92.；（2）Malaysia Qualification Agency (2011). Malaysia Qualification Framework (MQF) [EB/OL]. http://www.mqa. gov.my/mobile/mqf.html. 2017-09-23；（3）亚洲职业教育在线 . key Reforms in Rivitalising Technical and Vocational Education and Training (TVET) in Malaysia. [EB/OL]. www.tvet-online.asial.2017-09-23 编写。

表1 马来西亚资格框架

水平	分 类		
	技术教育	职业教育	高等教育
8级			博士学位
7级			硕士学位
			研究生毕业证书
6级			学士学位
			本科毕业证书
5级	高级文凭	高级文凭	高级文凭
4级	文凭	文凭	文凭
3级	技能证书3级	职业技术资格证书	资格认证
2级	技能证书2级		
1级	技能证书1级		

资料来源：Malaysian Qualification Agency (2011). Malaysian Qualification Framework (MQF)

2. 质量保障

马来西亚第10个五年期间（2011—2015），在国家宏观层面提出了四个政策导向以提升职教体系的质量，包括：（1）通过广泛宣传，提高职教体系的形象，吸引更多的受训人员；（2）基于企业要求提升职教课程质量开展了一系列行动计划，如标准化职教课程、国家技能资格证书体系、建立新的国家技术委员会等；（3）打造高效的师资力量，建立新的教师和高级技能培训中心；（4）规范职教体系，审核现有的资金资助途径、评估职教学校等级等措施。

在提升技术培训方面，从雇主、学生、培训机构等各个方面采取多项措施，包括：（1）与工业界加强联系，在各技术领域设立"企业指引联合会"（Industry Lead Body）以促进职教体系的发展；（2）融合政府相关部门、企业、私立技术培训机构，建立"技术人员委员会"（Board of Technologists）以规范、监督和评估各职教课程；（3）加大资金扶持，扩展技术培训覆盖范围；（4）提高技术培训的知名度，在各项行动计划中推广"马来西亚技术标识"（"Skills Malaysia" branding），提倡技术培训；（5）建立职业发展通道，让马来西亚技术资格证书的拥有者可以进一步过渡到其他学位课程，同时为职教学生拓宽职业途径，并通过评估系统让其职业发展更通畅；（6）增加教师数量，尤其是高质量教师的数量，让符合学历要求且经验丰富的企业人士可以快速转换为职教教师；（7）协助培训机构招收学生，吸引外国学生加入马来西亚职教体系。

四、职业技术教育与培训的治理与教师

（一）治理

马来西亚职教体系由教育部、高等教育部、人力资源部等七个部门管理，大致可分为以下三个子系统：

1. 正规职业教育包括高中及高中后职业教育。高中学校层次的技术教育和职业培训由教育部管理。这一部分已充分融合到普通教育体系，教育的目标最终导向马来西亚教育证书。高等职业技术教育由大学提供，由高等教育部负责管理，职业学校和社区学院由马来西亚资格认证机构（Malaysian Qualification Agency）认证。

2. 非正规职业培训实施归口管理，由人力资源部、青年和体育部、创业部等管理各自职教体系。

3. 基于国家技能标准和资格证书的专业技能培训，按照 5 级技术资格框架，由国家职业培训委员会负责。

（二）教师

马来西亚小学、初中教师的培养和培训由教育部教师教育司负责，普通中小学教师由教育部设立的师范学校培养，学制为 2 年。职业技术学校教师由职业技术师范学校培养，学制为 3 年。高中和中学后的学校教师，由马来西亚大学教育专业培养，学制为 1 年。技术大学和农业大学也为培养教师开设专门课程。

2009 年 12 月，马来西亚颁布了新的教师标准，这是东南亚地区第一个基于胜任力设计的高素质教师标准。该标准分为两个部分，第一个部分包括教师标准建立的必要和基础、三个主要内容标准和实施五个方面的细节需求；第二个部分是与三个主要内容标准相对应的调查问卷表。新的教师标准对教师职业价值观、知识和理解以及教学的技能标准进行了详细界定，重视教师专业化发展中职业素养的形成，且可操作性强，强调教学与学习技能的形成，关注课堂教与学的环境。[①]

马来西亚还注重教师的后续培训，并安排预算进行资助，或提供全额薪酬奖学金，供教师继续在本地或海外学习；新的薪酬制度还要求每名教师每年至少参加 7 天的在职培训。通过一系列短期在职课程和研讨会，为教师提供知识和技能升级课程。

教师的基础工资取决于教师是否持有学位或文凭，拥有学位的教师的薪水要比持有文凭的工资高很多。尽管多年来教师薪酬有所增加，但仍低于医疗、工程和政府公务员。不过，教师岗位吸引力还是很大，每年都有很多人申请从教，且教师的流失率比较低。

---

① 刘娟娟，马路平等. 马来西亚 MTS 教师标准及启示 [J]. 教育理论与实践 ,2013(11):26–29.

五、职业技术教育与培训的诉求与发展趋势

为实现 2020 年进入发达国家行列的目标，马来西亚政府已经意识到高新技术和技能人才对于国家未来的重要性，政府通过财政资助专项计划等方式发展职业教育培训。

（一）诉求[①]

马来西亚经济领域的快速发展及未来的战略，为职业教育与培训带来诸多挑战，在职业教育与培训方面需要国家和社会解决一系列的诉求。

1. 提升职业教育的社会地位和认可度

受传统和制度设计的局限，马来西亚职业教育的社会地位和认可度不高。人们认为职业教育是成绩不好的学生才会选择的；另外，职业教育最高资格证书仅为 5 级，不及本科毕业文凭。从职业教育与培训体制上而言，政府应当加强制度设计，一方面提高职业技术资格证书的等级，开发更高层次并且符合行业要求的高级职业资格证书。另外一方面，扩大职教学生进入普通高等教育的比例，使职业教育发展更有前景。

2. 解决好职业技术教育管理的多元问题

马来西亚职业技术教育与培训存在多头管理、"证"出多门且企业认可度不高等问题，应对现在证书进行统一管理，并联合行业和学校（包括培训机构），结合国际职业资格框架标准，制订职业资格证书类别和标准。

3. 提高职业技术教育质量

马来西亚职业技术教育与培训质量不高主要表现在教育培训内容和师资两个方面。在教育培训内容方面，需要加强与产业的结合，开发以结果导向的课程和培训体系；在师资数量和质量方面，由于社会经济发展增速，产业更新换代迅速，现有的职教师资在数量和水平上显得不足和落后，影响了职业教育的质量。应通过加大"双师"型教师比例和教师企业培训等方式提高教师技能水平。

（二）发展趋势

马来西亚正在向发达国家行列迈进，其职业技术教育与培训发展，从整体上符合世界职业技术教育与培训的发展趋势。

1. 传统意义上的中等职业教育与培训呈萎缩趋势。中等职业教育与培训由于社会发展、产业转型，由主要服务和补充农业转向服务工业和高科技产业发展。产业升级对职业教育与培训提出了更高的要求，当前全球中等职业教育学校的学生占高中段学生人数的比例呈下降趋势，发达国家如美国、日本则更加明显。[②]

2. 高等职业教育发展加快。随着产业的升级，职业教育与培训的重心上移。工业发

---

① 李俊，Lai Chee Sern 等 . 马来西亚职业技术教育的现状与挑战 [J]. 职教论坛，2016(36): 88–92.
② 王英杰 . 试谈世界职业技术教育发展趋势及我国职业技术教育的困境与出路 [J]. 比较高等教育，2001（3）47–53.

展及高新技术的应用对掌握高级专门技能人才的需求加大，使得高等职业教育发展加快。

3. 职业教育与培训观念由以就业为目标向职业生涯发展变化。马来西亚职业教育与培训观念与世界的职业教育发展趋势一样，正由狭隘的就业教育和培训向个体的职业生涯发展需要甚至终身教育转变。职业教育与培训的形式也由过去单一的学校教育发展为职前教育、岗前培训和在职培训等多种形式统一且连续的过程。

（深圳职业技术学院　联合国教科文组织职业技术教育与培训联系中心　王冰峰
深圳职业技术学院　技术与职业教育研究所　罗　欢）

主要参考文献

[1] 中华人民共和国外交部．马来西亚国家概况 [EB/OL].http://www.fmprc.gov.cn/web/gjhdq_676201/gj_676203/yz_676205/1206_676716/1206x0_676718/.2021−09−23.

[2] 中华人民共和国驻马来西亚大使馆经济、商务参赞处．马来西亚概况（教育制度）[EB/OL].http://my.mofcom.gov.cn/article/ddgk/201407/20140700648592.shtml. 2017−09−25.

[3] Ministry of Education. Education Direction. Legislation for Education. [EB/OL]. http://moe.gov.my/index.php/en/arkib/hala−tuju−pendidikan. 2017−09−25.

[4] 历史之家网站．马来西亚简史 [EB/OL]. https://www.lszj.com/shijiefengyun/21412.html. 2017−09−23.

[5] 腾讯教育频道．马来西亚概况 [EB/OL]. http://edu.qq.com/a/20090217/000223.htm. 2017−09−25.

[6] 张淑细．马来西亚教育历史的回顾与展望[C].纪念《教育史研究》创刊二十周年论文集（2009）.

[7] 李俊，Lai Chee Sern 等．马来西亚职业技术教育的现状与挑战 [J].职教论坛，2016(36):88−92.

[8] 章明，马来西亚的职业技术教育 [J]. 国际展望，1994(12):31−32.

[9] 曾铮，马来西亚应对"中等收入陷阱"的经验和启示 [J]. 中国市场，2010(46):8−10.

[10] Mr. Mustapor Bin Mohamad. 马来西亚高等职业技术教育问题与挑战 [J]. 世界职业技术教育，2002(1):9−12.

[11] 刘娟娟，马路平等．马来西亚 MTS 教师标准及启示 [J]. 教育理论与实践，2013(11):26−29.

[12] 王英杰，试谈世界职业技术教育发展趋势及我国职业技术教育的困境与出路 [J]. 比较高等教育，2001(3):47−53.

蒙古国

一、国家概况 [①]

（一）地理

蒙古国（Mongolia），简称蒙古。蒙古地处蒙古高原，是地处亚洲中部的世界第二大内陆国家。蒙古的北面与俄罗斯接壤，东、西、南三面与中国交界，中蒙边界线长达4710千米。蒙古国土面积为156.65万平方千米，大部分为山地或高原，平均海拔1600米。西北部、中部多为山地，东部为丘陵、平原，有一望无际的天然牧场，南部多戈壁沙漠。山地间多溪流、湖泊，主要河流为色楞格河及其支流鄂尔浑河。境内有大小湖泊3000多个，总面积达1.5万余平方千米。蒙古地属典型的大陆性温带草原气候，常年平均气温为1.56℃。冬季最低气温可至-40℃，夏季最高气温可达38℃，气候较干燥。首都乌兰巴托冬夏气温差别很大，1月份平均气温为-20℃~-15℃，7月份平均为20℃~22℃。

（二）人文

截至2021年3月，蒙古人口总数约为330万。蒙古地广人稀，平均约为2人/平方千米，是全球人口密度最低的国家之一。在年龄结构组成上，现在35岁以下的年轻人约占总人口的70%，是一个年轻的国家。蒙古人口分布较不均衡，近半数人口居住在首都乌兰巴托市，2021年，乌兰巴托市人口近150万，其他人口集中的主要城市还有达尔汗、额尔登特等。蒙古人口组成以喀尔喀蒙古族为主，约占全国人口的80%，此外还有哈萨克族、杜尔伯特族等少数民族。蒙古主要语言为喀尔喀蒙古语，全国有95%的人使用；文字为斯拉夫蒙文。在宗教方面，喇嘛教为其第一大宗教，也是国教，还有一些居民信

[①] 本部分内容参考综合了以下网站关于蒙古的内容：中华人民共和国外交部.国家和组织.蒙古[EB/OL]. http://www.fmprc.gov.cn/web/gjhdq_676201/gj_676203/yz_676205/1206_676740/1206x0_676742/ [2021-09-25]; 中国一带一路网.各国概况.蒙古[EB/OL]. https://www.yidaiyilu.gov.cn/gbjg/gbgk/811.htm[2017-09-18]; 中华人民共和国商务部.对外投资合作国别（地区）指南—蒙古[EB/OL]. [2021-09-25]. http://mofcom.gov.cn/dl/gbdqzn/upload/mengguguo.pdf. 凤凰网.蒙古独立简史[EB/OL]. http://news.ifeng.com/history/special/fazhanmoshi/200909/0911_7964_1343994.shtml[2017-09-18]; 新华网.财政观察：中国"一带一路"携手蒙古"草原之路"[EB/OL]. http://news.xinhuanet.com/world/2016-07/14/c_1119214869.htm[2017-09-18]; Mongolia's investment management company .Mongolia Economic Review 2016 [EB/OL]. http://www.nim.mn/backend/f/guQkWhzeaa.pdf[2017-09-18].

奉基督教和伊斯兰教等。

蒙古最佳季节为 7 月上旬，此时气候适宜，也有蒙古传统、隆重的那达慕节日。1921 年，蒙古人民革命党领导的人民革命取得胜利，将 7 月 11 日定为国庆日，从次年伊始，蒙古定期在这个时间举行全国性那达慕，是国庆活动的重要组成部分。那达慕，蒙语意为"游戏"、"娱乐"，原指蒙古民族历史悠久的摔跤、射箭、赛马竞技活动，现泛指富有民族特点的、古老传统的集体娱乐活动。

敖包是蒙古草原上常见的供人祈祷、祭祀的场所，路过敖包时一般均下马下车，按顺时针方向走三圈，并往上面添加石块，或者鸣笛三声，以祈祷一路平安。哈达多用于迎送、颁奖等礼仪场合，表示尊敬和祝福，有蓝、白、黄、绿、红五种颜色，其中蓝色级别最高。

在政治方面，1921 年蒙古人民革命胜利后，于 1924 年宣布废除君主立宪制，成立蒙古人民共和国，定都库伦，后改名为乌兰巴托；1961 年，蒙古成为联合国会员国；1992 年 2 月放弃社会主义，推行多党制和总统制民主，实行议会制。

（三）经济

蒙古矿产资源丰富，已探明的有 80 多种，矿点 6000 多个，主要有铜、煤、铁、金、铅、锡、锌等，另外锰、铬、钨、磷、铀、萤石、石棉、石油等也储量丰富，其中煤炭、铜、金矿储量居世界前列。目前已探明煤炭储量约为 1520 亿吨，铜约 2.4 亿吨，磷约 2 亿吨，黄金约 3100 吨，石油约 80 亿桶。所以在蒙古，矿产行业发展迅速，拉动了相关产业和基础设施的发展建设，也促使了其教育系统（包括职教系统）的发展。2011 年，受益于矿产业的快速发展，蒙古 GDP 增幅高达 17.3%，是全球经济增速最快的经济体之一。但是自 2013 年以来，受蒙古国内政策、投资环境以及国际商贸价格等内外部因素影响，蒙古经济形势恶化，国民经济增速明显放缓。2019 年，蒙古国经济稳中有升，国内生产总值 136.4 亿美元，实际增长率 6.3%，人均 GDP 约 4470 美元；同年，失业率为 6.9%。

在产业结构方面，除矿业外，蒙古主要产业还包括农牧业、批发零售及机动车维修业、交通运输业等。2019 年，农牧业 GDP 为 4.062 万亿图格里克（蒙古货币 Tugrug），占 GDP 总量的 11.3%；矿业 8.77 万亿图格里克，约占 23.8%，批发零售及机动车维修业为 3.38 万亿图格里克，约占 9.18%；交通和仓储业为 1.68 万亿图格里克，约占 4.57%。

在中蒙贸易方面，中国已连续多年成为蒙古最大贸易伙伴国、最大进出口市场。据蒙古海关统计，2019 年，对华贸易总额为 89 亿美元，占其外贸总额的 64.4%。其中，对华出口 67.98 亿美元，占其出口总额 89%；自华进口 20.6 亿美元，占其进口总额 33%。对华出口产品主要有矿产品、动物毛皮原料及其制成品，自华进口产品主要包括汽柴油、食品、机械设备等。截至 2019 年末，中国对蒙古直接投资存量为 34.31 亿美元。

根据蒙古政府制定的 2007—2021 年发展规划，2016—2021 年经济年均增长率不低于 12%，人均 GDP 不低于 1.2 万美元，进入世界中等收入国家行列。

（四）教育

蒙古实行国家普及免费普通教育制。全国有全日制普通教育学校 751 所，63 所专业培训中心。全国共有高校 113 所，其中公立 16 所（主要有国立大学、科学技术大学、教育大学等），私立 92 所（主要有伊赫扎萨克大学、奥特根腾格尔大学等）。在全国总人口中，受过高等教育的人口比率很高。

根据政府间文化教育科学合作协定，蒙古与 50 多个国家交换留学生。近年来，中国教育部每年向蒙古提供约 300 多个全额奖学金名额；此外，中国商务部、中联部也有各类短期援助培训名额。

蒙古自 2005 年起实行 5+4+2 的 11 年基础教育体制（5 年小学、4 年初中和 2 年高中）；自 2008 年开始，实行 6+3+3 的 12 年基础教育体制（6 年小学、3 年初中和 3 年高中），所有 12 年基础教育都免费[①]。

蒙古教育文化科学部，是蒙古 13 个政府部门之一，教育、文化、科技是该部主管的三大工作。文化科学部设有科技高等教育政策协调局和中小学教育政策协调局，主管全国的教育工作，同时检查和指导全国各省、市教育局和科研单位的工作。

二、职业技术教育与培训的战略和法规

（一）战略

从 2009 年开始，蒙古对职业教育进行了一系列现代化改革，在战略目标上，从最初的以短期课程和技术培训为主，着手建立完整的职业技术教育与培训体系，把学校的职业教育、企业的职业培训和国家资格证书统一起来，并确立了被国际相关机构认可的职业资格标准。2009 年，蒙古成立了国家职业教育委员会和职教相关职能部门，其中，蒙古劳动部的职教与政策协调司负责相关政策的执行和组织，以及财政拨款和监管等。

《蒙古 2030 可持续发展蓝图》提出，到 2030 年，蒙古将进入中等收入国家前列，维持 6.6% 的经济增长率，消除所有贫困并维持生态平衡[②]。为了实现这一宏伟蓝图，蒙古政府制定了《国家职业教育发展计划（2016—2020）》，该计划推出了一系列行动举措，其中与教育有关的方面有：[③]

（1）提供均等、包容、实践性的教育，将学校变成人力资源开发中心；在各个教育

---

① IBE: International Bureau of Education.World Data on Education, 7th edition [DB/OL]. http://www.ibe.unesco.org/en/resources?search_api_views_fulltext=World+Data+on+Education%2C+7th+edition%EF%BC%8C&field_region=All&field_countries%5B%5D=291&f%5B0%5D=&field_program=&field_services=&op=Apply2010/11. [2017-09-18]

② Mongolia's investment management company. Mongolia Economic Review 2016 [EB/OL]. http://www.nim.mn/backend/f/guQkWhzeaa.pdf. [2017-09-18]

③ 蒙古外交部.蒙古政府行动计划2016-2020.Action Program of The Government of Mongolia for 2016-2020 [EB/OL]. http://www.mfa.gov.mn/wp-content/uploads/2015/06/2016-2020_Gov_AP_Eng_Revised.pdf. [2017-09-16]

层次建立教育质量、效果评价系统，将教育体系建立于标准之上；鼓励大学建立标准化的质量控制政策和规划，在人才培养上需符合劳动力市场需求；鼓励研究型大学。

（2）为促进就业、提高收入、提高社会保障，需依据劳动力市场需求增加有技术技能、高质量的人员数量。具体计划包括：开发制造业员工培训/再培训体系；将职教体系的管理层、教师纳入到定期的能力培训中；创造条件，让更多的职业教育工作由私立机构承担。

（3）每年对 2 万名青年人进行职业教育培训，提升他们的技术技能。

推进上述行动，必须完成以下任务：发展基于竞争力的培训和评测系统；改进质量保障机制；改进财政支持机制；提升人力资源的能力建设和管理；扩展社会合作；建立国家资格证书框架。

（二）法规

蒙古制定了《教育法》、《职业教育法》、《就业促进法》以及其他相关法律，对于完善职业教育体系和提高职业教育质量都有重要作用。下面列出以上法律中与职业教育有关的条款[①]：

（1）《教育法》（2002 年通过，2003、2006、2008、2016 年修订）

规定了教育管理方面的民主化和开放性，使所有公立学校的管理分散化，将权力下放至地方政府，同时增强大学的自治性，并使私立办学合法化。在财政支持上，其中第 40 章第 3 节（2006 年修订）特别规定，对每个学生的资助需每年由政府规定和审核；第 40 章第 5 节（2012 年修订）规定，对每个学生的资助需考虑学校地点、类型、专业方向及特殊人群需要，需合理运用。

（2）《职业教育法》（2009）

明确了蒙古职业教育的重要性、范围、种类、课程及标准，为职业学校和企业培训与社会各方合作创造法制环境，规范职业学校的管理和财政资助。其中，第 21 章第 1、2 节（2012 年修订）特别规定，职业教育的资金来源为职教促进基金，政府负责审批有关该基金分配和流程；第 22 章规定（2012 年修订），该基金的来源包括各级地方政府预算、国家预算、捐赠/借贷以及企业资助等；第 23 章（2012 年修订）规定了基金的使用途径，包括公立职教学校的固定费用、公立/私立学校中每个学生的费用/薪水、课程/培训费用、在职培训费用等。

（3）《就业促进法》（2014）

第 23 章第 1 节规定，就业促进基金需为职业教育促进基金分配资源，以支持职业教育体系的发展。

（4）《综合预算法》（2011）

规定了职业教育各类资金的规划、使用，如国家预算、社会保险基金预算、人力资源开发基金预算等；

（5）《外国贷款、援助协调法》（2003）

明确了发展职业教育的外国资助法律条款。

三、职业技术教育与培训的体系与质量保障

（一）体系

蒙古教育实行 12 年学制，包括 6 年小学、3 年初中以及 3 年高中，职业教育从高中阶段开始，时间为 2—2.5 年（见图 1）。其中，0 代表学前教育，1 为小学阶段，2A、3A 分别为初中、高中阶段，3B 为高中阶段的职业教育，5B、5A 和 6 代表 4 年制大学或更高阶段（如硕士、博士学位），4 代表高等职业教育。

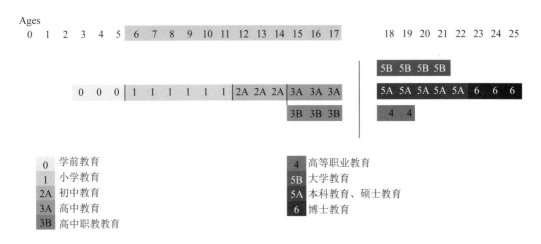

图 1 蒙古学校教育制度

资料来源：蒙古国职业教育财政支持. EU STVET [EB/OL]. http://mcut.mn/wp-content/uploads/2016/06/TVET-Financing-in-Mongolia-ENG.pdf. [2017-09-15]

截止到 2016 年，蒙古共有 81 所职业教育学校，其中公立学校 49 所，私立学校 32 所。蒙古的私立职业学校从 2006 年开始得到了大力发展，其办学经费一方面来自学费收入，另一方面来自国家拨款，蒙古人口发展与社会福利部也给予经费支持。由于蒙古经济发展对技能人才需要量加大，大企业（特别是矿企）开始建立他们自己的培训机构。

蒙古的职业技术教育与培训体系的建立与普通教育体系一样，经历了一个逐步的发展与完善过程。最初，蒙古只有极少数的设备及工具培训，后来发展了短期课程培训和企业培训，职业培训系统不断完善，目前已建立了比较完备的教育体系。其建立和发展

可以分为以下五个阶段：

第一阶段（1921—1930）：1921 年人民革命前的蒙古有私塾、短期学校一类机构，没有现在的正规学校设置。而且，短期学校也大都是由极少数小规模、设施简陋、人员也很少的工厂组织的，培训的主要内容是实践知识和设备、工具使用技巧。

第二阶段（1930—1950）：随着蒙古经济的增长和新企业的不断涌现，技能工人要求量大增，短期课程、企业培训变得很普遍。

第三阶段（1950—1960）：蒙古经济迅速发展并且不断壮大，对技能人才的专业性和综合素质的要求也得到提高。这期间，蒙古政府着手发展职业技术教育与培训系统，让年轻人（尤其是那些没有完成初、高中阶段教育的年轻人）接受职业教育和培训。

第四阶段（1964—1990）：职业技术教育与培训体系得到初步建立，该体系包括职业技术学校和在职培训两部分。为了加强管理，1984 年，蒙古科学教育部（Ministry of Science and Education）成立了专门负责职业教育的职能部门，接管了工业和技术部的一些职教职责。这期间，职业学校和培训机构培养的技能人才基本满足了企业发展对专业工人的需求。

第五阶段（1990 年至今）：职业技术教育与培训的所有学校教育职能都转由科学教育部负责，职业教育发展计划、实施和监管系统得到了规范和加强。近年来，蒙古为职业学校和培训机构的学生全部引入了薪资体系，在此激励下，参加职业教育学习的学生数量也不断增加，2015 — 2016 年度共计有 42633 名学生。在专业方面，目前需求量最大的是建筑和交通，各占 28.4% 和 9.9%，其次是水暖工（6%）、下水道工（4.2%）专业。[①]

（二）保障

20 世纪 90 年代之后，蒙古政府逐步建立了比较完善的职业技术教育与培训体系，但是仍然面临着新的挑战，即如何强化教育质量保障，并在国际标准的基础上进一步完善评估系统，使职业教育与劳动力市场需求紧密联系。为了保障职业教育质量，蒙古于 1998 年设立国家教育评估委员会（Mongolian National Council for Education Accreditation），委员会主席由国家总理兼任。该委员会独立运作，负责评估高等（Tertiary）学校、职教中心及职教课程的质量（学校评估是自愿参加）。国家教育评估委员会既负责普通高等教育的评估，也负责职业教育的评估。截至 2010 年，该委员会共评估 91 所高等院校（包括普通学校和职教学校）。毫无疑问，国家教育评估委员会具有极高的权威性，对于保障国家教育质量起到了非常重要的作用。

蒙古于 2016 年修订了《职业教育法》，该法对于如何保障职业教育质量做了明确规定，比如建立国家资格证书框架体系、严格审查职业院校的办学资格、第三方机构参与

---

① 蒙古国职业教育财政支持. EU STVET [EB/OL]. http://mcut.mn/wp-content/uploads/2016/06/TVET-Financing-in-Mongolia-ENG.pdf. [2017-09-15]

评估办学质量等等。另外，蒙古新近推出的《国家职业教育发展计划（2016—2021）》也对于保障职业教育发展质量提出了努力方向：职业资格证书的开发一定要符合劳动力市场需求；无论是针对学校的认证（评估、授权）还是个人的认证（技能评测），都必须基于准确的信息；国家要加强对职业教育师资的培训，职业教育教师要关注学生学习方法，要对学生的成绩进行准确评测（包括内部、外部审核两个步骤，确保可靠性），以便让雇主知道职业教育的毕业生是否有必备的技术和知识。

外国的一些援助项目在保障蒙古职业教育质量方面起到了重要作用。例如，千年挑战公司的蒙古援助项目（MCA-TVET：Millenniem Challenge Account-Mongolia）是一家美国对外援助机构，它的援助目的在于消除世界贫困、建立技术标准，建立基于国家认可的竞争力模块和课程的资格培训系统。该项目对蒙古职业教育进行援助，公司对援助项目的落实情况进行严格检查，在客观上促进了蒙古职业教育体系的发展和职业教育质量的提升。①

四、职业技术教育与培训的治理与教师

（一）治理

蒙古的职业技术教育与培训体系归属于科学教育部和劳工部两个部门管理，其中科学教育部负责超过两年的长期的、正式的职教体系，而劳工部则负责监管非正式的短期培训（时间从两个星期到45天不等）体系。蒙古的这种管理体系与世界上大多数国家职业教育管理体系类似。但是，蒙古的这一管理分工经历了一个比较长期的发展过程，最早的时候蒙古职教只是企业培训的很小规模，由工业部管理，后来规模较大之后由劳工部管理，再之后体系不断完善之后就把职业学校教育职能交由科学教育部管理了。蒙古科学教育部还成立有国家职业教育与培训技术支持中心（National Vocational Education and Training Methodology Center），该中心负责制定职业教育的相关技术规范和课程资料（包括正式、非正式的课程）、师资培训以及与职教相关问题的研究工作（比如劳动力市场研究）。

近年来，蒙古政府越来越重视职业教育工作，加大了对职业教育的投资力度，使国家职业教育体系得到了有效治理。在职业教育的财政支持和经费管理上，企业也以各种形式提供资助并对经费进行管理，但总体上来说，大部分资助还是来自政府。蒙古政府对于职业教育的财政支持主要是通过税收优惠及补贴的方式进行的。蒙古政府通过税务调节的方式资助了大部分的公立职业学校和专业培训机构，政府资金也以各种方式补贴培训参与人员，如培训贷款等。过去5年来，一个公立职教学校的经费预算平均约为13

---

① Capability Supply Landscape Study-Mongolia, Part I: Assessment of Current and Future Mongolian Education System Capacity for Labor Force Supply in Mongolia [EB/OL]. https://www.researchgate.net/publication/289272348 (2012-10)[2017-09-18]

亿图格里克，约合 70.2 万美元。2014 年，蒙古有超过 95% 的职业教育经费来自政府，1%—2% 来自学费，1%—3% 来自职业学校的其他活动收入。2015 年，蒙古在教育上的公共财政总支出约为 1.1 万亿图格里克，约合 5.58 亿美元，占蒙古政府的整个年度支出的 15.1%，GDP 的 4.7%。其中，47% 用在小学和中学阶段教育，22% 用在学前教育，7.6% 用在大学教育，职业教育的投入也在其中。由于职业教育涉及职业学校和培训市场，利益相关方多而复杂，所以经费管理也比较复杂。2016 年，蒙古公立职业教育学校共收到经费约合 4000 万美元，平均每个学生的年度费用约为 220 万图格里克，约合 1100 美元。在蒙古，职教体系学生费用比小学、中学和大学学生费用都要高一些，这主要是因为职业教育的设施投入比较高。表 1 提供了蒙古 2009—2015 年公共教育和职教体系的财政支出数据。

表 1　蒙古 2009—2015 年公共教育和职教体系财政支出数据

图格里克 ＼ 年份	2009	2010	2011	2012	2013	2014	2015
GDP（10亿）	6590.6	9756.6	13173.8	16688.4	19174.4	22227.1	23166.8
GDP增长率（%）	−1.3	6.4	17.3	12.3	11.6	7.8	4.2
公共支出（10亿）	2336.6	3076.3	4997.0	5993.8	6164.7	7144.6	7136.9
公共支出占GDP比例（%）	35.5	31.5	37.9	35.9	32.2	32.1	30.8
教育预算（10亿）	430.5	546.5	706.4	898.3	946.8	1204.0	1100.9
教育预算占GDP比例（%）	6.5	5.6	5.4	5.4	4.9	5.4	4.8
教育预算占公共支出比例（%）	18.4	17.8	14.1	15.0	15.4	16.9	15.4
劳动部支出（10亿）	318.18	352.47	385.16	190.94	198.52	181.99	152.87
劳动部支出占GDP比例（%）	4.83	3.61	2.92	1.14	1.04	0.82	0.66
劳动部在职教上的支出（10亿）				59.13	66.37	78.45	70.72
职教支出占劳动部支出比例（%）				30.97	33.43	43.10	46.26
职教支出占GDP比例（%）				0.35	0.35	0.35	0.31
教育预算+职教预算（10亿）	430.53	546.48	406.54	957.41	1013.15	1282.46	1171.61
年度通胀率	4.2	14	8.9	14	12.5	11	1.9

资料来源：蒙古国职业教育财政支持 . EU STVET [EB/OL]. http://mcut.mn/wp-content/uploads/2016/06/TVET-Financing-in-Mongolia-ENG.pdf. [2017-09-15]

在就业方面，作为职教系统投入产出的一个评价措施，在过去 7 年以来职教毕业生就业率超过 60%，高于普通大学毕业生就业率。

（二）教师

2011—2012 年，蒙古的职业技术教育与培训系统中共有 2093 名专任教师，占 3735 名全体教职工（包括行政教辅职位）的 56%，其中 60% 的教师有本科学位，29% 的教师有硕士或以上学位；28% 的教师从事职业教育工作超过 15 年以上，10% 的教师从事职业教育工作有 11—15 年，62% 的教师从事职业教育时间在 10 年以内。在课程教学方面，65% 的教师从事专业课程教学，35% 的教师从事通识课程教学；在专业背景方面，工程类教师占 18%，教育类教师占 10%，制造技术、建筑、艺术和科学背景（包括物理、化学、地理、生态等）的教师各占 6%—8%。在蒙古，从事职业教育工作一定年限之后，将有机会获得三种不同的荣誉称号：教学型教师（methodologist teachers）、引领型教师（leading teachers）和指导型教师（advisor-teacher）。截至 2012 年，蒙古全国共有 470 名教师被授予相应的荣誉称号，其中获得教学型教师称号的占 63%，获得引领型教师的占 28%，获得指导型教师称号的占 9%。①

蒙古的职业教育师资队伍建设比较弱，许多教师缺乏新技术知识，缺乏以就业为导向的教学方法，他们也很少有接受继续教育的机会，所以在培养技术工人以及与职场"无缝对接"方面比较弱，缺少相应的技术和方法。在职业教育师资培训方面，大部分教师依赖于在工作状态下的"校本培训"，在国家管理层面并没有系统的职前或在职培训。为提升教师的专业技术水平，有些职业院校定期让教师参加一些培训，但由于缺乏新的、与劳动力市场相适应的培训课程和设施，其效果并不理想。

五、职业技术教育与培训的诉求与发展趋势

（一）诉求

21 世纪初，蒙古国国内经济快速发展。从 2004 年到 2007 年，蒙古 GDP 年平均增长 8.6%，增速位居世界前茅。采矿业取代了原有的畜牧业，成为蒙古国的支柱产业，其产值占到蒙古国民生产总值的近 30%，出口额占蒙古国外贸出口总额的 80% 以上。② 在这个时期，蒙古对采矿业的技能人才需求旺盛，中学后职业教育发展迅速，大型矿企业开设培训学校培训本企业的技能人才。但是，利润率很高的采矿业让蒙古经济发展过于单一化，近几年陷入了能源陷阱，在这一阶段，蒙古并没有及时转变经济发展的方式，反而更加依靠采矿业。于是，与经济发展密切关联的职业教育也在人才培养上走向单一化。

这种形势给蒙古职业技术教育与培训的改革提出了新的诉求：职业教育学校要更加专业化，职业教育的专业要更加多样化；要定期进行针对市场的数量、质量分析，以掌

① Mongolia's investment management company. Mongolia Economic Review 2016 [EB/OL]. http://www.nim.mn/backend/f/guQkWhzeaa.pdf. [2017-09-18]

② 赫拉克. 蒙古国的经济是怎样走向衰退的.历史研习社 [EB/OL]. http://news.ifeng.com/a/20170628/51333256_0.shtml. [2017-09-15]

握当前职业教育的人才需求趋势；鼓励职业学校培养可以推进技术进步的高层次专业人才；建立劳动力市场信息系统，引进国际教育统计体系，使教育指标符合国际标准；确保不同层次教育的连贯性及统一性；建立相应的系统，为毕业生提供行业指引和就业指导；加强同毕业生的联系，了解他们的需求，加强对毕业生进行常规的跟踪调查；希望通过严格的评估制度来减少学校数量，提升职业教育质量，促进国家经济发展。

在财政资助和经费管理方面，职业技术教育与培训也出现了新的诉求：在学校资助方面，需要进一步考查金额计算方法，以确保资金持续性；对于来自国外工人联合会（Foreign Worker Levy）的资金，需要进一步核实该类资金的实际使用情况；除国家资助外，需寻求企业及其他资助来源；整合各类财政资源，加强交流与合作，在国家策略中融合职教政策改革。①

（二）发展趋势

2014年之后，蒙古的经济下行压力加大，蒙古政府开始反思经济模式以及与之相应的人才培养模式。近年来，蒙古高等教育在进行一系列改革。从2015年开始，蒙古科学教育部逐渐将146所高等学校整合为101所。蒙古高等教育改革整体框架涵盖学生服务、就业指导、课程建设、评估、能力建设、劳动力市场信息系统、财政资助、大学改革（创业型学校）、学习环境改善（如远程教育平台）、管理改革等各个方面。同样，在建立多元化的职业教育体系并丰富职业教育课程方面，蒙古也做了许多工作。蒙古针对职业教育（尤其是公立教育系统）的规范化、现代化变革势在必行。②

无疑，蒙古要改革职业技术教育与培训体系，并使之能够对新经济有积极的促进作用，目前仍然面临诸多挑战，比如：教育和培训体系所提供的技术与人员不足以应对市场需求；人力资源没有充分利用；职教体系发展中公立、私立部分没有充分合作；教师专业水平有待提升；国家培训标准需与新的市场基准相符合；学习环境有待进一步完善；在政策管理方面，存在诸多限制和不足，包括政策束缚过多、资源提供不足、国家职业资格框架不完善、教师培训不足以及职教社会地位不高等等。因此，蒙古职业教育亟待变革，以灵活应对市场需求，教学实践、课程开发和培训内容也需要大范围更新。职业教育需要促进雇主参与设计课程和教学计划，能够基于市场信息预测未来发展趋势。

长远来看，蒙古国的经济结构需要进行优化，经济增长要摆脱对采矿业的高度依赖，同时职业教育也需要进行优化和调整。为了应对经济挑战并满足职业教育变革与发展诉求，蒙古将已有的供给驱动的职教体系转变为市场驱动和工业引领的灵活体系，建立模

---

① 蒙古国职业教育财政支持. EU STVET [EB/OL]. http://mcut.mn/wp-content/uploads/2016/06/TVET-Financing-in-Mongolia-ENG.pdf. [2017-09-15]

② 蒙古国职业教育财政支持. EU STVET [EB/OL]. http://mcut.mn/wp-content/uploads/2016/06/TVET-Financing-in-Mongolia-ENG.pdf. [2017-09-15]

块化课程，促进公立与私立机构合作。①而且，蒙古政府也对在"一带一路"框架内与中国开展互利合作充满期待，这种合作是全方位的，也必然包括职业教育的合作。可以肯定的趋势是，蒙古的经济发展和职业教育改革今后将对接"一带一路"倡议，搭乘中国发展的"快车"，实现更多的可能性。

（深圳职业技术学院　技术与职业教育研究所　罗　欢）

主要参考文献

[1] 中华人民共和国外交部. 国家和组织. 蒙古国 [EB/OL]. http://www.fmprc.gov.cn/web/gjhdq_676201/gj_676203/yz_676205/1206_676740/1206x0_676742/. [2021-09-25]

[2] 中国一带一路网. 各国概况. 蒙古 [EB/OL]. https://www.yidaiyilu.gov.cn/gbjg/gbgk/811.htm. [2017-09-18]

[3] 中华人民共和国商务部. 对外投资合作国别（地区）指南—蒙古 [EB/OL]. http://mofcom.gov.cn/dl/gbdqzn/upload/mengguguo. pdf. [2021-09-25]

[4] 凤凰网. 蒙古独立简史 [EB/OL]. http://news.ifeng.com/history/special/fazhanmoshi/200909/0911_7964_1343994.shtml. [2017-09-18]

[5] 新华网. 财政观察：中国"一带一路"携手蒙古"草原之路" [EB/OL]. http://news.xinhuanet.com/world/2016-07/14/c_1119214869.htm. [2017-09-18]

[6] Mongolia's investment management company. Mongolia Economic Review 2016 [EB/OL]. http://www.nim.mn/backend/f/guQkWhzeaa.pdf. [2017-09-18]

[7] IBE: International Bureau of Education.World Data on Education, 7th edition [DB/OL]. http://www.ibe.unesco.org/en/resources?search_api_views_fulltext=World+Data+on+Education%2C+7th+edition%EF%BC%8C&field_region=All&field_countries%5B%5D=291&f%5B0%5D=&field_program=&field_services=&op=Apply2010/11. [2017-09-18]

[8] 蒙古外交部. 蒙古政府行动计划 2016—2020.Action Program of The Government of Mongolia for 2016-2020[EB/OL]. http://www.mfa.gov.mn/wp-content/uploads/2015/06/2016-2020_Gov_AP_Eng_Revised.pdf. [2017-09-16]

[9] "蒙古 TVET 财政支持"，EU STVET（欧洲对蒙古职教方面的支持）[EB/OL]. http://mcut.mn/wp-content/uploads/2016/06/TVET-Financing-in-Mongolia-ENG.pdf. [2017-09-15]

[10] 赫拉克. 蒙古国的经济是怎样走向衰退的. 历史研习社 [EB/OL]. http://news.ifeng.com/

---

① Capability Supply Landscape Study–Mongolia, Part I: Assessment of Current and Future Mongolian Education System Capacity for Labor Force Supply in Mongolia [EB/OL]. https://www.researchgate.net/publication/289272348. (2012-10)[2017-09-18] a/20170628/51333256_0.shtml. [2017–09–15]

[11] Capability Supply Landscape Study–Mongolia,Part I: Assessment of Current and Future Mongolian Education System Capacity for Labor Force Supply in Mongolia [EB/OL]. https://www. researchgate.net/publication/289272348_Capability_Supply_Landscape_Study_–_Mongolia_Part_I_ Assessment_of_Current_and_Future_Mongolian_Education_System_Capacity_for_Labour_Force_ Supply_in_Mongolia. (2012–10)[2017–09–18]

孟加拉人民共和国

一、国家概况

（一）地理

孟加拉人民共和国（The People's Republic of Bangladesh），简称孟加拉国，位于南亚次大陆东北部的恒河和布拉马普特拉河冲积而成的三角洲上。东、西、北三面与印度毗邻，东南与缅甸接壤，南濒临孟加拉湾。国土面积为 147570 平方千米，海岸线长 550 千米。全境 85% 的地区为平原，东南部和东北部为丘陵地带。[①]

孟加拉国大部分地区属亚热带季风气候，湿热多雨。全年分为冬季（12 月—2 月）、夏季（3 月—5 月）、雨季（6 月—9 月）和秋季（10 月—11 月）。年平均气温为 26.5℃。冬季是一年中最宜人的季节，最低温度为 5℃左右，夏季最高温度可达 45℃，雨季平均温度约为 30℃。该国年降雨量为 1194—3454 毫米，全年降雨量的 85% 集中在雨季。孟加拉国是频受自然灾害侵袭的国家，孟加拉湾飓风经常肆虐沿海地区，内地常遭龙卷风袭击。[②]

全国划分为达卡、吉大港、库尔纳、拉吉沙希、巴里萨尔、锡莱特和郎故尔（由拉吉沙希的 8 个县组成，正待批准）7 个行政区，下设 64 个县，472 个分县，4490 个乡，59990 个村。[③] 其中首都位于达卡，下辖 13 个县，总面积为 20509 平方千米。[④]

（二）人文

孟加拉地区曾数次建立过独立国家，版图一度包括现印度西孟加拉、比哈尔等邦。[⑤] 孟加拉族是南亚次大陆古老民族之一。孟加拉到 16 世纪时，发展成次大陆上人口最稠密、经济最发达、文化昌盛的地区。17 世纪被莫卧儿帝国征服，18 世纪后半叶沦为英国殖民地，为英属印度的一个省。

[①] 中华人民共和国外交部．孟加拉国家概况 [EB/OL]. https://www.fmprc.gov.cn/web/gjhdq_676201/gj_676203/yz_676205/1206_676764/1206x0_676766/.2021-9-27.

[②] 中国领事服务网．孟加拉国 [EB/OL]. http://cs.mfa.gov.cn/zggmcg/ljmdd/yz_645708/mjlg_647136/.2017-09-12.

[③] 中华人民共和国驻孟加拉人民共和国大使馆．孟加拉国概况 [EB/OL].http://bd.china-embassy.org/chn/mgxx/gk/t811818.htm.2017-09-26.

[④] 行政区划网．孟加拉国 [EB/OL]. http://www.xzqh.org/old/waiguo/asia/1021.htm.2017-09-28.

[⑤] 人民网．孟加拉国概况 [EB/OL]. http://politics.people.com.cn/n1/2016/1008/c1001-28760356.html.2017-09-20.

1947 年印巴分治，孟加拉被分割：西孟加拉归印度，东孟加拉（亦即东巴基斯坦）则根据最后一任印度总督蒙巴顿提出的蒙巴顿方案归巴基斯坦。但是，地理上的相互隔绝，民族、文化和语言的巨大差异终于使相距约 2000 千米的东、西巴基斯坦内部矛盾走向不可调和。1971 年 3 月 26 日东巴宣布独立，西巴展开武力镇压，随后发生大规模动乱和难民潮。1972 年 1 月成立孟加拉人民共和国。①

20 世纪 90 年代以来，孟加拉国主要由民族主义党和人民联盟轮流执政。孟加拉实行一院议会制，即国民议会。宪法规定议会行使立法权。议会由公民直接选出的 300 名议员和遴选的 50 名女议员组成，任期五年。议会设正副议长，由议员选举产生。最高法院分为上诉法庭和高等法庭。首席大法官及法官若干人均由总统任命。首席大法官和一部分指定的法官审理上诉法庭的案件，其他法官审理高等法庭的案件。此外还有巡回法院，县法院，民事、刑事法院。

孟加拉国现有人口约 1.6 亿，孟加拉族占 98%，另有 20 多个少数民族。伊斯兰教为国教，穆斯林占总人口的 88%。②孟加拉国人在社交场合与客人见面时，一般都以握手为礼，在男人与女人间相见时，一般都习惯用点头示礼或用说句客气话来代替礼节。因为他们男人一般不与女人握手。孟加拉国的佛教徒与客人相见时，习惯施合十礼。客人也应双手合十还礼，以示相互间的尊重。孟加拉国的伊斯兰教徒恪守禁酒的教规，教徒是不饮酒的，也禁食猪肉和使用猪制品；还忌讳谈论有关猪的话题。③

（三）经济

孟加拉国矿产资源有限。主要能源是天然气，已公布的储量为 3113.9 亿立方米，主要分布在东北几小块地区，煤储量 7.5 亿吨。森林面积约 200 万公顷，覆盖率约 13.4%。工业以原材料和初级产品生产为主，包括水泥、化肥、黄麻及其制品、白糖、棉纱、豆油、纸张等。④总体而言，孟加拉土地较为匮乏，能源相对短缺。

孟加拉国是最不发达国家之一，经济发展水平较低，国民经济主要依靠农业。近两届政府均主张实行市场经济，推行私有化政策，改善投资环境，大力吸引外国投资，积极创建出口加工区，优先发展农业。人民联盟政府上台以来，制定了庞大的经济发展计划，包括建设"数字孟加拉"、提高发电容量、实现粮食自给等，但面临资金、技术、能源短缺等挑战。2018/2019 财年（2018 年 7 月 1 日至 2019 年 6 月 30 日）主要经济数据（源自孟财政部《2019 年经济评论》）如下：国内生产总值 3024 亿美元。人均国内生产总值 1827 美元，国内生产总值增长率 5.24%。孟 2019/2020 财年（截至 2020 年 6 月）对外贸

① 孟加拉国历史 . 历史之家 [EB/OL]. https://www.lszj.com/shijiefengyun/21423.html.2017–10–01.
② 中华人民共和国外交部 . 孟加拉国家概况 [EB/OL]. https://www.fmprc.gov.cn/web/gjhdq_676201/gj_676203/yz_676205/1206_676764/1206x0_676766/.2021–9–27.
③ 北京市人民政府外事办公室 . 亚洲国家的礼仪与禁忌——孟加拉人民共和国 [EB/OL]. http://www.bjfao.gov.cn/video/lbly/wgfs/8054.htm.2017–08–25.
④ 一带一路网 . 孟加拉国 [EB/OL]. https://www.yidaiyilu.gov.cn/gbjg/gbgk/1845.htm.2017–08–23.

易情况：总额约 1096 亿美元，其中出口额为 445 亿美元，同比增长 6.2%；进口额为 650 亿美元，同比下降 5.9%。[①]

孟加拉实行投资自由化政策，鼓励投资。近年来为鼓励外国投资，孟加拉国政府制定了一系列优惠政策："投资者享受国民待遇、投资受法律保护不允许被国有化和被征用、保证资本和股息外派、公司享受 5—7 年免税期、进口机械设备享受关税优惠、享受最不发达国家出口优惠、允许 100% 外资股权和无退出限制。"孟加拉国几乎所有经济领域都对外国投资者开放，投资自由度较高。另外还积极建设出口加工区、特殊经济区。[②]

2010 年，孟政府提出经济区发展战略，拟通过设立经济区的方式，推动潜在区域经济发展，增加就业、产能及出口，实现国家的社会经济承诺。2015 年，政府出台"七五计划"（2016—2020 财年），设定了 8% 的 GDP 增长率目标，并提出在未来 15 年内建设100 个经济区，以此创造 1000 万个就业岗位，实现 400 亿美元的出口目标。[③]

（四）教育

孟加拉国建立了教育普及框架，这一普及框架关照了不同性别和不同民族的学生。孟加拉国在促进教育公平、提高公民受教育机会、实现初等和中等教育中的性别公平、减少重复率和辍学率等教育方面成绩斐然。孟加拉国已经提高了各级教育的入学和毕业状况，尤其是初等教育。由于大规模地扩大供给，对学校贫困学生及女孩的针对性津贴和在教育方面持续不断的投资，孟加拉国几乎普及了初等教育。最近报告显示，小学净入学率达到 96.7%。在过去几年中，孟加拉国的学前教育有了很大发展，3—5 岁幼儿等形式的学前教育入学率由 2009 年的 23% 上升至 2012 年的 83.90%。就入学率来说，远远超过了到 2015 年学前教育入学率到达 55% 的目标。[④]

孟加拉学制为小学 5 年、中学 7 年、大学 4 年。政府重视教育，规定 8 年级以下女生享受免费义务教育。全国国立大学 21 所，私立大学 53 所，国立医学院 13 所，普通学院 1225 所，工艺学校 77 所，伊斯兰学校 8410 所，专业培训学院 64 所，中学 17386 所，小学 78000 所。主要高校有达卡大学、孟加拉工程技术大学、拉吉沙希大学等。[⑤]达卡大学是现代孟加拉国最古老的大学，由英属印度政府于 1921 年创立。达卡大学以牛津剑桥的教育模式为模板，并一度被称为"东方牛津"，其对孟加拉国的发展有着重要影响。[⑥]

---

① 中华人民共和国外交部．孟加拉国家概况 [EB/OL]. https://www.fmprc.gov.cn/web/gjhdq_676201/gj_676203/yz_676205/1206_676764/1206x0_676766/.2021-9-27.

② 中国网．任琳，牛恒．"一带一路"投资政治风险研究之孟加拉 [EB/OL].http://opinion.china.com.cn/opinion_22_125722.html.2017-09-28.

③ 中华人民共和国驻孟加拉人民共和国大使馆经济商务参赞处．孟加拉经济区调研报告 [EB/OL]. http://bd.mofcom.gov.cn/article/ztdy/201605/20160501320040.shtml. 2017-08-06.

④ Mizanur Rahman（孟加拉国）．孟加拉城乡教育公平发展存在的问题及对策——基于达卡市的个案研究 [D].西南大学硕士论文.2015:29

⑤ 中华人民共和国驻孟加拉人民共和国大使馆．孟加拉国概况 [EB/OL]. http://bd.china-embassy.org/chn/mgxx/gk/

⑥ 孟加拉：孟加拉教育概况 [EB/OL].globserver. http://globserver.cn/%E5%AD%9F%E5%8A%A0%E6%8B%89/%E6%95%99%E8%82%B2,2017-08-23.

二、职业技术教育与培训的战略与法规

（一）战略

孟加拉国 1972 年宪法第 8 条（2004 年最后修订）规定：要对万能的真主、民族主义、民主和社会主义的信仰绝对信任，要相信经济和社会正义，以及相信从社会正义中得到的准则，这几条构成国家政策的基本原则。共和国是一个民主的民主国家，它必须保证人民的基本人权和自由，尊重人的尊严和价值，确保人民通过各级政府选举的代表有效参与政治。

职业技术教育与培训的发展战略为：教育与社会需求相联系，培养受教育的、有积极性的公民，以满足社会的需要；国家努力确保所有公民平等的机会和采取有效措施，消除社会和经济不平等，并确保民众财富和机会的公平分配，以通过共和国达到一个统一的经济发展水平。

（二）法规

1.《孟加拉共和国宪法》（1972）

孟加拉共和国的宪法规定，建立统一的、面向大众的、普遍的教育体系，并向所有儿童提供免费义务教育。它还提供了与社会需求有关的教育，培养受过训练的、有积极性的公民，以满足社会的需要，并消除文盲。

2. 学校法案

在《小学（接管）法案》的推动下，政府于 1973 年 10 月开始对小学进行国有化，并让教师成为政府的雇员。1992 年《私立大学法》出台，本法规定了私立大学的建立条件及管理细则。开放大学是根据 1992 年第 38 号法案创建的。2010 年 7 月颁布的《新私立大学法案》设想成立一个独立的国家认证委员会。

3.《国家技术开发政策》（2011）

2011 年，《国家技术开发政策》（以下简称《开发政策》）正式颁布。《开发政策》提出了改革的关键领域和目标，明确了各机构的主要职能，是指导和推进孟加拉国职业教育和培训改革的纲领性文件。政府希望通过此次改革，打破以往各部门各行业各自为政的乱局，最终建立一个更贴近市场需求的职业教育和培训体系。

三、职业技术教育与培训的体系与质量保障

（一）体系

学前教育主要集中在城市和一些地区总部。学前教育接收 3—5 岁的孩子，而且它不是正式教育系统的一部分。小学教育延续 5 年（1 年级到 5 年级），入学年龄为 6 岁。1992 年以来，初等教育都是免费的、义务性的。2010 年的教育政策提出合并初中教育，将初等教育阶段定为 1 年级到 8 年级。

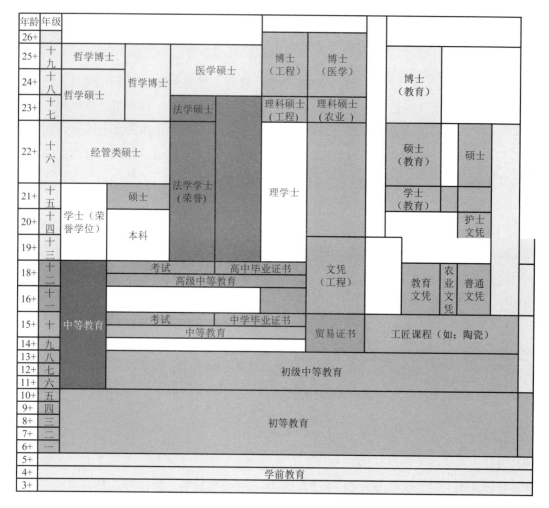

图 1　孟加拉教育结构图

资料来源：孟加拉国教育信息与统计局。

中等教育包括三个阶段：初级中等（6 年级到 8 年级），中等（9 年级和 10 年级）和高级中等（11 年级和 12 年级）。中等教育（6 年级到 10 年级）在初中提供；高级中等教育（11 年级和 12 年级）在中级学院和学位学院的中级部分提供。一般来说，从 9 年级开始，中等教育有三个方面：人文、科学和商业教育。

高等教育由"大学"、"高等专科学校"以及"以专业、技术和其他特殊教育类型见长"的各类院校提供。HSC（高中毕业证书）持有人有资格参加为期 3 年的学位课程而获得荣誉学位，他们将在学位级的学院或大学攻读 4 年学士学位（荣誉）课程，建筑学、牙科、医学和传统医学领域的学士学位课程一般持续 5 年。

对于 SSC（中学毕业证书）的持有者来说，获得专业文凭的课程（在农业、土木工程、计算机科学、食品科学等领域）通常需要 4 年的时间；专业文凭持有者可参加 1 年制的技术教师教育课程并取得文凭。在成功获得学士或荣誉学士学位后，学生可以攻读硕士学位。

（二）保障

孟加拉国职业技术认证体系在《开发政策》中被重点提出。该体系包括8个认证级别（pre-voc1、pre-voc2、NTVQF1至NTVQF6）。其中前两级（pre-voc1和pre-voc2）主要面向社会弱势群体和低学历人群，为他们提供基本的技能培训，获得pre-voc2认证以后他们便可学习正式的培训课程。其余6个级别中，NTVQF1属于入门级别，NTVQF5属于高级技工级别，而达到NTVQF6级别的工人可以升任中层管理人员或者助理工程师。职业技术认证体系将逐步取代现有职业教育中的认证，成为全国公认的认证标准。孟加拉国内所有公立或私营的培训机构都需根据职业技术认证体系设置培训项目。未来所有的出国劳务也都必须经过该职业技术认证。[①]

四、职业技术教育与培训的治理与教师

（一）治理

孟加拉国教育部门的主要管理机构是：初级和大众教育部；教育部；初等教育理事会；中高等教育理事会；技术教育理事会；检查和审计局；国家课程和教材委员会；中级和中等教育委员会；伊斯兰学校教育委员会；技术教育委员会；国家初级教育学院；国家教育管理学院；孟加拉国教育信息和统计局；设施部门；大学拨款委员会。

孟加拉国职业教育和培训的最高管理机构是国家技术开发理事会，该会于2008年成立，哈西娜总理亲任主席。理事会成员包括相关各部委、各行业及各社会利益团体的代表。主要职责包括制订国家人力资源开发政策，统筹协调跨部门合作，监督和指导职业教育和培训的政策落实等。

国家技术开发理事会重点指导以下几个机构推进孟加拉国职业教育和培训工作：

1.孟加拉国技术教育委员会。该会隶属教育部，主要负责对各职业教育和培训项目进行日常监管，保障培训的质量。职责包括认证培训机构、设置培训内容、开发培训教材、考核培训成果以及授予文凭和证书等。

2.技术教育总局。该局隶属孟教育部，下辖117个公立培训机构，在国家技术开发理事会的指导下开展培训课程，是职业技术培训的主要提供者。

3.人力资源雇佣和培训局。该局隶属侨民福利和海外就业部，下辖38个技术培训中心，是孟加拉政府执行海外就业政策和对海外就业人员进行管理和培训的最高机构，也是法定劳务输出的最高执行和管辖机构。

4.行业技能委员会。为了使培训内容更符合行业实际需求，孟加拉国吸收劳动力的

---

① 驻孟加拉国经商参处. 孟加拉国职业教育和培训体系[EB/OL]. http://bd.mofcom.gov.cn/article/ztdy/201602/20160201251783.shtml.2016−02−04 .

几大主要行业（如运输业、农产品加工业、成衣制造业等）均成立了行业技能委员会。委员会成员由各行业主要公司代表组成，主要职责包括监督和评估本行业培训情况、就培训内容和方式提出建议、提供行业培训、加强行业与培训机构之间的联系等。

（二）教师

政府对全国教师的政策要求是：60%的新教师都要是女性（对那些教育资格证已经放宽的人来说）。新招收教师的入教资格是：女性教师必须持有中学毕业证书，男性教师必须持有高中毕业证书。男性和女性教师的工资、地位和晋升机会是一样的。教师在社会中享有很高的地位，女教师在家庭和社会中受到广泛的尊敬，这有助于确保女童入学率和升学率的提高。1990年，只有20%的教师是女性，但这个数字在1995年上升到27%。助理教师在资历基础上有晋升的机会，目前政府已设立了20%的名额以及教育官员助理的岗位，招聘有资历的助理教师。[①]

五、职业技术教育与培训的诉求与发展趋势

（一）诉求

1. 急需改善职业动手术教育与培训的社会环境

孟加拉国存在诸如资金、技术短缺，基础设施薄弱，能源供应困难等问题。孟加拉国经济发展水平较低，接受国际组织和发达国家的援助是其筹集建设资金的重要方式。国内工业器械设备非常落后，缺少大型机具，且配置较低。缺乏高技术专业人才，基础设施薄弱，运输能力差。[②]

2. 需要发挥劳动力资源优势

孟加拉国劳动力利用率较低。根据《调查报告》，孟加拉国劳动年龄人口共9560万，其中劳动力人口5670万，劳动力参工率仅为59.3%，同期的世界平均值约为64%。其中虽然女性参工率近年呈持续上升态势，但依然仅为36.1%。就业人群中，87.5%为非正式就业，47.6%从事农业劳动，大量的劳动力未得到充分利用。[③]

3. 启动职业技术教育与培训改革

孟加拉国已经意识到人力资源是其最具发展潜力的宝贵资源。一方面，孟加拉国政府积极地与阿联酋、沙特、马来西亚等传统劳务输出目的地商谈政府间劳务合作协议，极力扩大孟加拉国劳务输出的规模。另一方面，为了提升孟加拉国劳动力的竞争力，在国际劳工组织等机构的帮助和指导下，孟加拉国启动了职业教育和培训的改革。

---

① 驻孟加拉国经商参处. 孟加拉国职业教育和培训体系[EB/OL]. http://bd.mofcom.gov.cn/article/ztdy/201602/20160201251783.shtml.2017-02-04.

② 中国网. 任琳,牛恒."一带一路"投资政治风险研究之孟加拉[EB/OL]. http://opinion.china.com.cn/opinion_22_125722.html.2017-08-26.

③ 驻孟加拉国经商参处. 孟加拉国职业教育和培训体系[EB/OL]. http://bd.mofcom.gov.cn/article/ztdy/201602/20160201251783.shtml.2016-02-04.

（二）发展趋势

1. 职业技术教育与培训的发展环境将会改变

尽管目前处于最不发达国家行列，但孟加拉经济持续获得稳定增长，GDP 年均增速近几年维持在 6% 以上。未来，孟加拉国政府将继续以外向型经济为主导，加快基础设施建设，大力吸引外资，鼓励出口贸易，结合其劳动力资源充足且价格低廉等优势，有望于 2021 年脱离最不发达国家行列，进入发展中国家队伍。[①]

2. 国内市场的扩大将会增加社会对职业技术教育与培训的需求

政府对扩大国内市场高度重视。在促进经济发展的同时，注重减贫工作，避免未来陷入"中等收入陷阱"。但与此同时，孟加拉国政府也面临着创造就业机会与能源紧缺的巨大压力。每年约有 200 万新增劳动力，而新增就业机会仅有 40 万。央行正着力推动中小企业融资机制建设，帮助年轻人获取创业资金，缓解就业压力。[②] 孟加拉国近两届政府主张实行市场经济，推行私有化政策，改善投资环境，大力吸引外国投资，积极创建出口加工区，优先发展农业。[③] 世界经济论坛《2014—2015 年全球竞争力报告》显示，孟加拉国在全球最具竞争力的 144 个国家和地区中排名第 109 位。

（深圳职业技术学院　技术与职业教育研究所　袁　礼）

主要参考文献

[1] 中华人民共和国外交部. 孟加拉国家概况 [EB/OL]. https://www.fmprc.gov.cn/web/gjhdq_676201/gj_676203/yz_676205/1206_676764/1206x0_676766/.2021-9-27.

[2] 中国领事服务网. 孟加拉国 [EB/OL]. http://cs.mfa.gov.cn/zggmcg/ljmdd/yz_645708/mjlg_647136/. 2017-09-12.

[3] 中华人民共和国驻孟加拉人民共和国大使馆. 孟加拉国概况 [EB/OL].http://bd.china-embassy.org/chn/mgxx/gk/t811818.htm. 2017-09-26.

[4] 北京市人民政府外事办公室. 亚洲国家的礼仪与禁忌——孟加拉人民共和国 [EB/OL]. http://www.bjfao.gov.cn/video/lbly/wgfs/8054.htm. 2017-08-25.

[5] 一带一路网. 孟加拉国 [EB/OL]. https://www.yidaiyilu.gov.cn/gbjg/gbgk/1845.htm. 2017-08-23.

[6] 中国网. 任琳，牛恒. "一带一路"投资政治风险研究之孟加拉 [EB/OL]. http://opinion.

---

① 中商情报网. 一带一路沿线国家：孟加拉国 2015 基本情况介绍 [EB/OL]. http://www.askci.com/news/finance/2015/ 11/13/112017hutk.shtml

② 中华人民共和国驻孟加拉人民共和国大使馆经济商务参赞处. 孟加拉政府将在未来两年提高投资比重 [EB/OL]. http://bd.mofcom.gov.cn/article/jmxw/201701/20170102503941.shtml. 2017-08-23.

③ 中国经济网. 孟加拉国概况 [EB/OL]. http://www.ce.cn/xwzx/gnsz/gdxw/201610/12/t20161012_16684355.shtml. 2017-08-20.

china.com.cn/opinion_22_125722.html,2017-09-28.

[7] 中华人民共和国驻孟加拉人民共和国大使馆经济商务参赞处 . 孟加拉经济区调研报告 [EB/OL]. http://bd.mofcom.gov.cn/article/ztdy/201605/20160501320040.shtml. 2017-08-06.

[8] Mizanur Rahman（孟加拉国）. 孟加拉城乡教育公平发展存在的问题及对策——基于达卡市的个案研究 [D]. 西南大学硕士论文 .2015:29

[9] 驻孟加拉国经商参处 . 孟加拉国职业教育和培训体系 [EB/OL]. http://bd.mofcom.gov.cn/article/ztdy/201602/20160201251783.shtml.2017-02-04 .

[10] Bangladesh National Commission for UNESCO. *National report on the development of education*. Presented at the 45th session of the International Conference on Education,Geneva,1996.

[11] Creative Associates International,Inc. *Bangladesh educational assessment. Time to learn:Teachers' and students' use of time in government primary schools in Bangladesh*. Prepared for the Basic Education and Policy Support (BEPS)Activity. Commissioned by the United States Agency for International Development (USAID). Washington DC,June 2004.

[12] Directorate of Primary Education. Ministry of Primary and Mass Education. *Bangladesh primary education annual sector performance report 2009. Based on the 2005-2008 school census data.* Dhaka,May 2009.

[13] Directorate of Secondary and Higher Education. *The development of education (secondary and higher education sub-sector). National report of Bangladesh*. Presented at the 45th session of the International Conference on Education,Geneva,1996.

[14] Government of Bangladesh. Planning Commission. *Outline Perspective Plan of Bangladesh 2010-2021. Making Vision 2021 a Reality.* Dhaka,June 2010.

[15] Government of Bangladesh. Primary and Mass Education Division. *National report on education. Development of primary and mass education.* Presented at the 45th session of the International Conference on Education,Geneva,1996.

[16] Government of Bangladesh. Primary and Mass Education Division. *Education for All 2000 Assessment:country report of Bangladesh.* (Under the co-ordination of B.R. Khan). Dhaka,1999.

[17] Japan Bank for International Cooperation (JBIC). *Bangladesh education sector overview. Final report*. Tokyo,JBIC,March 2002.

[18] Ministry of Education. *Brief report on the development of education in Bangladesh during 1990-1992.* Presented at the 43rd session of the International Conference on Education,Geneva,1992.

[19] Ministry of Education. *Development of education. National report of Bangladesh.* Presented at the 47th session of the International Conference on Education,Geneva,2004.

[20] Ministry of Primary and Mass Education. *Education for All:National Plan of Action II,2003-2015.* Fourth draft. Dhaka,May 2003.

[21] Ministry of Primary and Mass Education. *Operational framework for pre-primary education.* Dhaka,March 2008.

[22] UNESCO Bangkok. *Secondary education regional information base:Country profile,Bangladesh.* Bangkok,2007.

[23] UNESCO Dhaka Office. *Expanding early childhood care and education (ECCE)in Bangladesh:It can be done. (*Prepared by Jan van Ravens,December 2008). Published in Dhaka,February 2010.

[24] UNESCO Dhaka Office & UNICEF Bangladesh. *Bangladesh. Education for All Mid-decade Assessment 2001-2005*. Dhaka,January 2008.

缅甸联邦共和国

一、国家概况

（一）地理

缅甸联邦共和国（The Republic of the Union of Myanmar），简称缅甸，位于中南半岛西部。东北与中国毗邻，西北与印度、孟加拉国相接，东南与老挝、泰国交界，西南濒临孟加拉湾和安达曼海。国土面积676578平方千米，海岸线长3200千米。属热带季风气候，年平均气温27℃。[1] 地形以山地、高原为主，地势北高南低，喜马拉雅山脉从中国西藏东南延伸入缅甸境内。

缅甸处在中国与东南亚和南亚国家连通的"十字路口"，为连通中国、印度和东盟国家的陆上枢纽。新政府执政以来，加强了交通基础设施的投入建设，截至2012年，境内已建成公路总长14.86万千米，公路网密度为219.8千米/平方千米[2]，缅甸全国57个省、7个邦和2个中央直辖市。仰光是缅甸最大城市和经济、文化、交通中心。内比都是缅甸的行政首都，位于缅甸中部，战略地位重要。[3]

（二）人文

缅甸联邦是一个历史悠久的文明古国，1044年形成统一国家后，经历了蒲甘、东坞和贡榜三个封建王朝。19世纪，三次英缅战争结束后，英国接管了缅甸政府，该国成为英国的殖民地。1886年缅甸被划为英属印度的一个省，1937年缅甸脱离英属印度，直接受英国总督统治。"二战"期间，由于缅甸的重要战略位置，日本入侵缅甸，当时英国由于自身受到法西斯同盟德国攻击，自顾不暇，无力在缅甸投入很多力量以进行有效防备和抵抗日本的进攻，1942年5月被日本占领。日本占领缅甸后，在缅甸实行殖民统治。许多缅甸人民积极展开与日本的斗争，抗日战争一直坚持到1945年日本投降。1945年3月缅甸全国总起义，缅甸光复，之后英国重新控制缅甸。 1948年，缅甸脱离英联邦宣布独立。2005年，缅甸政府将首都从最大城市仰光迁至内比都。2011年1月，缅甸联邦议

---

[1] 中华人民共和国外交部. 缅甸国家概况 [EB/OL].(2020-09-01)[2021-09-27]. http://www.fmprc.gov.cn/web/gjhdq_676201/gj_676203/yz_676205/1206_676788/1206x0_676790/.

[2] Bank A D. Myanmar: Unlocking the Potential Country Diagnostic Study[J]. 2014.

[3] 商务部国际贸易经济合作研究院等. 对外投资合作国别（地区）指南——缅甸 [R]. 商务部《对外投资合作国别（地区）指南》编制办公室, 2020, 12: 4.

会举行首次会议，新宪法生效，国名更名为"缅甸联邦共和国"。[①]

缅甸共有人口 5458 万（2020 年 4 月），共有 135 个民族，主要有缅族、克伦族、掸族、克钦族、钦族、克耶族、孟族和若开族等，缅族约占总人口的 65%。各少数民族均有自己的语言，其中克钦、克伦、掸和孟等民族有文字。全国 85% 以上的人信奉佛教，约 8% 的人信奉伊斯兰教。[②]

缅甸是个信仰自由的国家，不同宗教享有平等的发展权利，每年都有许多各种宗教的仪式和节日。其中信仰佛教的人最多，视佛塔、寺庙为圣地，缅甸有 85% 以上的人信仰佛教，大约 5% 的人信仰基督教，8% 的人信仰伊斯兰教，约 0.5% 的人信仰印度教，1.21% 的人信仰泛灵论。缅甸的佛教主要是南传上座部佛教。佛教不但是缅甸人的宗教信仰，而且是他们道德教育的源泉。缅甸人不能对寺庙、佛像、和尚有任何轻率举动，不能穿过短、过透的衣服。任何人进入佛寺一律要赤脚，否则将被视为对佛教不敬。缅甸人虔心向佛，民风淳朴。佛家人不杀生，但可以食肉滋养身体。信佛教家庭的男孩都须入寺庙当一段时间的和尚，过静修生活后才能还俗结婚。[③]

（三）经济

缅甸是传统的农业国家，农业占据国民经济的主导地位，在殖民地时期，英国推行"单一制"发展的殖民经济政策，缅甸形成了畸形的产业发展结构，以稻米业、林业、农林产品加工业和矿业为主[④]。大河下游的平原地带是主要的农业种植区，稻田占播种面积的 70%[⑤]，主产世界闻名的缅甸大米。此外，缅甸是一个盛产玉石、石油、天然气和其他矿产资源的国家。矿产资源主要有锡、钨、锌、铝、锑、锰、金、银等，宝石和玉石在世界上享有盛誉。主要工业有石油和天然气开采、小型机械制造、纺织、印染、碾米、木材加工、制糖、造纸、化肥和制药等。缅政府大力发展旅游业，积极吸引外资，建设旅游设施。主要景点有世界闻名的仰光大金塔、文化古都曼德勒、万塔之城蒲甘、茵莱湖水上村庄以及额布里海滩等。

缅甸中部的伊洛瓦底江冲积平原，是缅甸人口众多、经济发达的地区。2019 年，缅甸国内生产总值约 760 亿美元。截至 2020 年 6 月，缅甸外资累计已达 860 多亿美元。主要贸易伙伴是中国、泰国、新加坡、日本、韩国[⑥]。

①　商务部国际贸易经济合作研究院等.对外投资合作国别（地区）指南——缅甸 [R].商务部《对外投资合作国别（地区）指南》编制办公室,2020,12: 2.

②　中华人民共和国外交部.缅甸国家概况 [EB/OL].(2020–09–01)[2021–09–27]. http://www.fmprc.gov.cn/web/gjhdq_676201/gj_676203/yz_676205/1206_676788/1206x0_676790/.

③　中华人民共和国外交部.缅甸国家概况 [EB/OL].(2020–09–01)[2021–09–27]. http://www.fmprc.gov.cn/web/gjhdq_676201/gj_676203/yz_676205/1206_676788/1206x0_676790/.

④　张旭东.试论英国在缅甸的早期殖民政策 [J].南洋问题研究,2003 (02):39–47+97.

⑤　贺圣达等.缅甸：谜一样的国家 [J].中国国家地理,2006（4）.

⑥　中华人民共和国外交部.缅甸国家概况 [EB/OL].(2020–09–01)[2021–09–27]. http://www.fmprc.gov.cn/web/gjhdq_676201/gj_676203/yz_676205/1206_676788/1206x0_676790/.

（四）教育

从缅甸教育的历史发展来看，大致可以分为三个发展阶段：封建王朝时期的古代教育、殖民地时期的近代教育和独立以后的现代教育。古代教育时期以寺庙教育为主，女童鲜有接受教育的机会。但即使在现代教育发展起来以后，寺庙教育仍作为缅甸教育的特色代表，在缅文中，学校与寺庙的发音为同一个词。因为缅甸有大量的佛教信徒，全国建有众多的佛塔，为寺庙教育提供了便利条件。寺庙不仅成为人们进行宗教仪式的地点，同时也提供一些文化基础教育和技术课程，如钟表、摩托车修理和缝纫等。

1948年独立后，政府开始积极推动教育体制改革，实施义务教育，逐步扩大受教育范围。1962年4月，缅甸革命委员会宣布要革除传统的旧教育制度，而新教育制度的建立其目标首要在于应"符合缅甸社会主义路线"，把"训练谋生技能"作为教育培养的重要基础。为此，主要围绕以下方面采取了有力的措施：一是扩大职业教育办学规模，积极增设多种类型的职业学校。新教育制度改革推行后的二十余年时间里，技术、农业和职业学校从当初的19所，到20世纪80年代初增长到了95所，职业学校教师和学生数量也发生了大幅度的增加。[1]二是通过在普通教育中开设职业教育类课程，增加普通教育学生学习职业教育基础知识和技能的途径和机会，切实提高职业教育的影响力和覆盖范围。三是为地方院校的毕业生提供多样化的路径选择，既可以升入级别更高的学校继续学习，也可以选择通过技术资格考试进而走向就业岗位，从而大大拓宽了学生生涯发展通道。

自20世纪末以来，缅甸政府努力推动教育发展，成立专门的教育委员会，并发布教育发展专项规划，如1990年的"全民教育"计划、"2001—2030教育发展计划"等，建立起满足知识经济时代和学习型社会特点的教育体制[2]。2011年，吴登盛政府上台以后，在全国范围内开展扫盲运动，2015年全国识字率提高到95.5%[3]。另一方面，为满足技术人才的需求，缅甸积极扩大职业教育规模，投资新建更多地职业技术学校，并放宽入学年龄限制。近年来，尽管新政府与外国和组织合作着手进行了多方面的改革，但缺乏受过教育的掌握现代技术的劳动力阻碍了缅甸的经济发展。

目前，缅甸实行小学义务教育。教育分学前教育、基础教育和高等教育。学前教育包括日托幼儿园和学前学校，招收3—5岁儿童；基础教育学制为10年，1—4年级为小学，5—8年级为普通初级中学，9、10年级为高级中学；高等教育学制3—6年不等。现有基础教育学校40876所，大学与学院108所，师范学院20所，科技与技术大学63所，部属大学与学院22所。著名学府有仰光大学、曼德勒大学等。[4]

① 林锡星.在教改中发展起来的缅甸职业教育[J].比较教育研究，1986(5):40-40.
② 蔡昌卓.东盟教育[M].桂林：广西师范大学出版社，2009.199.
③ 李晨阳.缅甸国情报告（2015）[M].北京：社会科学文献出版社，2015.
④ 中华人民共和国外交部.缅甸国家概况[EB/OL].(2020-09-01)[2021-09-27]. http://www.fmprc.gov.cn/web/gjhdq_676201/gj_676203/yz_676205/1206_676788/1206x0_676790/.

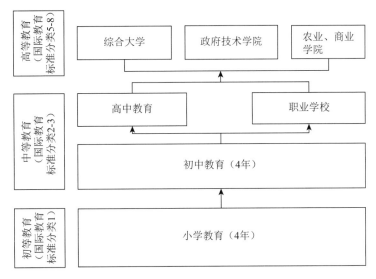

图 1 缅甸教育体系

二、职业技术教育与培训的战略和法规

（一）战略

缅甸的宪法赋予了每一位公民都平等地享有受教育的权利，旨在培养学生具备国家建设所需要的科学技术专业知识。职业技术教育与培训的使命和目标是提高公民的国家建设知识并培养技术人员、熟练工人和掌握实践知识的专家，促进国家的建设和发展。

缅甸《国家教育战略发展规划 2016—2021》指出，高质量的职业技术教育培训使缅甸经济具有技术熟练和有竞争力的劳动力，对于社会经济可持续的发展至关重要。缅甸未来在农业、能源、制造业、基础设施、畜牧业、渔业和旅游业将需要大量熟练的员工。为了应对这一需求，职业技术教育与培训系统将需要为学习者提供知识、技能和能力，以实现其职业发展需求并促进经济增长，同时还需要为在较不发达的缅甸经济部门寻求就业和自营职业的公民提供适当需求的培训。①

表 1 2016—2021 年缅甸国家教育战略发展规划

战　略	预　期　目　标
战略1：扩大职业技术教育与培训的范围，包括种族和弱势群体以及残疾人等各种目标群体	·增加大多数学习者获得职业技术教育与培训的机会 ·为农村地区提供更多职业技术教育与培训的机会 ·为学生提供更多不同职业教育水平之间衔接的机会 ·为职业技术教育与培训的学生提供更多的奖学金和奖学金计划 ·为学生接受高等教育提供更多的上升通道

---

① The Government of the Republic of the Union of Myanmar Ministry of Education. NATIONAL EDUCATION STRATEGIC PLAN 2016—21[R].2016:22.

续表

战 略	预 期 目 标
战略2：提升职业技术教育与培训的质量和相关性	· 加强对职业教育机构的管理 · 加强职前和在职教师培训，发展与能力标准一致的教学能力 · 毕业生达到行业要求的技能和水平 · 符合当地需要的职业教育课程 · 毕业生达到国家技能标准
战略3：加强职业技术教育与培训的管理	· 在职业教育委员会的协调下，各部门之间以及政府与私营部门之间进行更好的合作 · 建立有助于预算流动的财务管理系统，各部门进行有效的财务管理 · 改进基于数据收集、分析、报告和循证决策的职业技术教育与培训管理系统 · 高级政府官员和行业代表使用研究数据制定政策和方案 · 运用公私合营制方案改善职业教育的准入和质量

（二）法规

缅甸《教育法》（2014年修订）明确公共教育将分为初等教育、职业教育和高等教育以及正规和非正规教育和自学教育。教育法规定国家教育的主要目标是培养学生成为能够传承民族语言、传统、文学、珍视历史遗产和推动环境可持续性发展的公民；加强人力资源开发，为促进经济发展做准备，进而提高人民的生活水平；提供符合最新国际标准的学习环境，通过技术信息和通信信息等现代化手段改进教学、学习和研究；通过接受教育，帮助学生能够在自己的兴趣领域表现出色。

缅甸职业技术教育委员会1974年制定的《技术、农业和职业教育法》（1989年修订）规定，由科学技术部职业技术教育司掌管职业教育发展的具体事务，阐明了其工作职责，并明确缅甸职业技术教育培养目标是培养具有爱国精神，掌握适应未来政治、经济和社会发展的技能型人才，以及工业和农牧业等产业发展所需要的熟练技术人员[1]，成为缅甸各项职业和技术教育活动顺利开展的依据与前提。

三、职业技术教育与培训的体系与质量保障

（一）体系

1. 正规职业技术教育与培训体系

缅甸的正规教育体系中，职业教育从小学毕业后即可以开始选择分流，小学辍学的学生可选择就读家庭科学与职业技术学校，而且普通中学教育也开设了职业教育课程，为学生提供学习基本的职业知识和技能，以帮助衔接学校教育和工作要求之间的差距。此外，中等职业技术学校还提供短期和非全日制夜校课程，以配合学员的工作安排。

在职业教育体系建设方面，缅甸的职业教育形成了相对完整的上升通道，在完成中学教育后，学生可以选择进入以下院校就读：政府技术学院、州农业学院以及商业学校，

---

① 钟智翔.缅甸概论[M].广州：世界图书出版广东有限公司，2012.196.

或者进入技术学院或综合大学学习。这一教育体系的目标是为缅甸公共及私营部门培养掌握娴熟技能的劳动力，课程涉及机械、电子等广泛的领域。经过技术学院或综合大学教育可以获得以下资格：两年学习后获得政府技术学院（AGTI）准学士学位，四年学习后获得技术学士学位（B. Tech），或五年学习后获得工学士学位。

缅甸大约有459个公共职业教育培训机构（不包括私立教育机构），其中科技部监管着108个职业教育机构，是监管机构最多的部委，起着重要作用。科技部监管的职业教育机构主要包括：教育培训学校（TTS），主要为两年制课程；机械维修学校，主要为六个月模块课程；工艺学校，主要为三个月模块课程。其中教育机构还包括四类：（1）27所技术大学（TU），分布整个缅甸，学业五年；（2）三所政府技术学院（GTC），分布在中央区，学业五年；（3）11所政府技术教育机构（GTI），主要分布在中央区和缅甸上部州，学业二年；（4）36所技术高中，分布于整个国家。[①] 另外，在教育部管理范围内，其中有120所学校被确定为职前教育学校，在这些学校每周都安排有一定时长的职业课程，学生学习在特定的职业领域如农业技能、工业美术（手工艺品）和家政学，作为职业指导活动的基础。[②]

缅甸国家公立技术高中的培养目标为：（1）让学生将高中阶段的教育学习融入专业领域的一系列实践活动中，以使他们熟悉并激发他们对专业科目的兴趣，从而给他们在未来的职业技术生涯或一般领域中平等的选择机会；（2）对于完成基础教育的学生，给予他们适当的职业技能训练，使他们能够在相关的产业或商业部门中获得有利的就业机会；（3）在科学、技术和商业方面提供经过培训的人力资源，使得技术劳动力培养与市场需求配套；（4）鼓励农村和偏远地区学生加强对技术培训领域和就业的参与教育。课程设置方面，技术高中的专业课程包括建筑技术、建筑服务技术、电气技术、电子技术、汽车机械技术、加工技术等；普通课程有缅甸语、英语、数学、物理、化学等。每年的总教学时长1400小时，课程学习为期2年，另有6个月的工作实习。

表2　缅甸国家技术高中课程安排的基本结构[③]

课程类型	学时/年	教学周数
专业课程	720小时	18周
普通课程	680小时	17周

① Milio S, Garnizova E, Shkreli A. Assessment study of technical and vocational education and training (TVET) in Myanmar[M]. 2014.

② 同上。

③ The Union of Myanmar Ministry of Science and Technology Department of Technical and Vocational Education. Reorienting TVET Policy towards Education for Sustainable development in Myanmar[R]. www.unevoc.unesco.org/up/Myanmar_Country_Presentation.pdf. 2009-9-9.

2.非正规和非正式职业技术教育与培训体系

非正规职业教育与培训以各种职业培训班、就业前培训和在岗培训的形式开展，针对有特殊需求的不同群体（如残疾人士、农村人口、辍学者和失学青年、无业青年和贫困青年）展开，培训主题涵盖了扫盲课程、解决社会经济问题的培训以及职业技能培训等方向，围绕上述领域精选课程和学习内容，体例灵活。非正规教育由非政府机构和国际组织提供，缅甸教育研究局负责监督。实践表明，以本地语言进行的教学和培训为满足农村地区青年和成人的就业需求发挥了重要的作用。

（二）保障

根据《教育法》的要求，缅甸建立了国家教育政策委员会和国家认证和质量保障委员会，以指导缅甸的教育改革与发展，并以系统衡量国家质量标准为基础，形成新的质量保障方法。国家教育政策委员会成立于 2016 年 10 月，对国家教育目标、政策和规划制定给以审查和指导。国家认证和质量保障委员会成立于 2017 年 1 月，其职能包括建立国家教育标准框架，确定标准和建立质量保障体系。国家教育政策委员会和国家认证和质量保障委员会均为独立于教育部之外的教育管理机构。

此外，议会两院都有由议会议员组成的教育促进委员会，其职责是向联邦政府提供教育法律实施方案与建议，做好不同教育政策之间的协调，并为政策方案的执行提供指导。

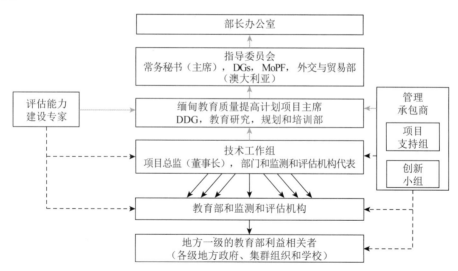

图 2　缅甸教育质量提高计划治理模式 ①

注：灰色箭头表示汇报路径，虚线箭头表示能力建设角色的参与，黑色箭头表示部门，监测和评估机构和次国家层面的流动。

---

① Myanmar Education Quality Improvement Program (My-Eqip).(2017-02-03) [2017-10-15].http://dfat.gov.au/about-us/business-opportunities/tenders/Documents/revised-draft-design-myanmar-education-quality-improvement-program.pdf

总体而言，政府对教育机构的监管和教育信息系统的建设方面还处于初步建立和发展阶段，重点关注诸如教师队伍建设和学生人数等问题，而不是学习成果。目前还没有建立起明确的教育标准或框架来帮助教育工作者、教师、家长和社区评估教育发展质量。虽然有部分项目进行了一系列监测和评估活动，可以据此提供一些数据来源。然而，在中央一级还没有一个整合的系统可以将信息拉到一起，跟踪项目实施的进展。①

四、职业技术教育与培训的治理与教师

（一）治理

缅甸各类教育的管理工作并不是集中统一的，而是由不同的政府部门来负责管理。教育部统管基础教育、高等教育和师范教育，社会福利与救济安置部负责管理学前教育和残疾人特殊教育，而不同类型的职业教育院校或具体业务工作分属于内政部、科技部和卫生部等部门分别管理。

教育的主要行政机构是教育部。缅甸教育部下设教育规划和培训司、小学基础教育司、初中基础教育司、高中教育司、上缅甸高等教育司、下缅甸高等教育司、大学历史研究中心、考试董事会、语言委员会和教育研究局等10个主要部门。

科技部的重要职责之一在于开发人力资源，包括促进大学、学院和研究院发展，推广新课程和特色课程，促进国际交流与合作等。科技部下设6个部门，其中包括职业技术教育司。职业技术教育司具体负责职业学校、中等专业学校和农业高中的管理，同时负责国家职业教育政策的落实，包括规划学校发展、设置预算、建设教师队伍、组织各类技术培训、确立培训领域并提供课程等。综合职业技术教育与培训在政府技术学院进行，中等技术学校负责培养技术工人或基础技工。

职业技术教育司的职责由国家职业技术教育委员会设定。国家职业技术教育委员会是职业技术教育司的最高监督主体，对其各项活动负有管理和监督职责。国家职业技术教育委员会的成员包括来自其他相关部门和机构的高级官员。委员会下设两个教育委员会：技术教育委员会和职业教育委员会，分别负责管理实施各自职责范围内的教育活动。

在资源分配体系中，由国家计划部决定资源配置的优先级别。随后，再根据这些优先事项安排各下属部门的预算。目前经费分配方法并非根据劳动力市场需求安排，教育部下属部门预算有可能由前一年的资金分配情况决定。近年来，缅甸政府重视教育事业发展，相关部门配套出台了系列改革激励措施，一方面通过政策优化教育环境，积极吸引外资进入教育领域办学等②；另一方面政府加大教育投资力度，据有关报道数据显示，

① Myanmar Education Quality Improvement Program (My-Eqip).(2017-02-03) [2017-10-15].http://dfat.gov.au/about-us/business-opportunities/tenders/Documents/revised-draft-design-myanmar-education-quality-improvement-program.pdf

② 缅甸将允许外资进入教育领域 [EB/OL].http://www.mofcom.gov.cn/aarticle/i/jshz/new/201112/20111207882780.html. 2011-12-16.

2011—2012 年教育支出为 3.4 亿美元，2015—2016 年教育预算则提高至 14 亿美元[①]。

（二）教师

缅甸教师由综合性大学、师范学院和教育学院等分类分级实施职前教师培养和在职教师的培训工作。

缅甸教育部在 1998 年对各类教师教育院校规定了各自的培养任务：仰光师范学院和实皆师范学院主要是培养高中教师；曼德勒教师培训学院等教育学院负责提供小学和初中教师证书课程；民族发展大学负责培养少数民族和边境地区的高中、初中和小学教师。

缅甸致力于发展培训机构，以及时应对劳动力市场的教育培训要求。科学技术部设有 2 个职业技术教育与培训教师培训中心，劳动部设有 3 个职业技术教育与培训教师培训中心，工业部设有 6 个职业技术教育与培训教师培训中心。自职业技术教育司成立起，职业技术教育与培训教师的培训课程就与小学和初中教师的教师培训课程同步进行。

2017 年 6 月 19 日至 6 月 25 日，由缅甸教育部在缅甸仰光大学组织了一个课程发展培训班，为国家教师教育学院开发新的课程，此项目得到了联合国教科文组织国际教育局职前教师教育项目的支持，成为由教科文组织国际教育局培训师领导的课程开发技能培训讲习班。根据援助协议，国际教育局为国家课程核心小组举办三个针对课程开发技能相关领域的培训讲习班，为其成员提供全球课程开发方法的理解框架，特别是基于能力的方法及其应用，还包括在线审查新课程等。

五、职业技术教育与培训的诉求与发展趋势

（一）诉求

尽管劳动人口众多，缅甸的许多年轻人缺乏正规教育和英语语言能力，而且在缅甸的大公司目前面临熟练工人短缺的问题，尤其是信息技术、电信和银行等部门的人力资源严重短缺。2009 年，缅甸的外国投资只有 3 亿美元左右，近年来增长迅速。在 2013—2014 年间达到 41 亿美元，在 2014—2015 年又同比增长。2014 年缅甸商业调查发现，缺乏熟练劳动力是在缅甸企业发展的最大障碍之一，接下来的几年还将存在当地劳动力就业增长的巨大机会。2013 年，劳动力市场评估报告指出，有很多业务部门需要工人具备高超的职业技能，其中包括销售和会计都是在高需求段位。根据世界银行《2016 年商务报告》（Doing Business 2016）数据统计，缅甸从末位（189 名）跃居至第 167 名，成为进步最快的国家之一。[②]

① Yen Saning. Govt Proposes 20% Budget Rise Boosting Education, Defense and Health [EB/OL]. https://www.irrawaddy.com/news/burma/govt-proposes-20-budget-rise-boosting-education-defense-health.html. 2015-1-30.

② 缅甸劳动力市场展望 [EB/OL]. http://www.ccpit.org/Contents/Channel_3590/2016/0112/559775/content_559775.htm. 2016-1-12.

麦肯锡全球研究所（MGI）调查评估认为缅甸市场上熟练工人和半熟练工人的数量会不断增加，主要集中在制造业、基建业、农业、能源与采矿、旅游、金融、电信等行业。另一方面，劳动力市场需求与供给存在着不匹配。虽然他们分析指出未来对低技能工人的需求预计会下降，但是这种技术向高附加值产业转型的速度和程度还是未知的，在教育和劳动力市场领域的改革也存在着很大的不确定性。[①]

从缅甸教育本身的发展情况来看，缅甸独立后到1988年才开始实施改革开放政策，国家经济实力不足等因素也影响了缅甸教育事业的发展，总体来说，缅甸的教育还存在办学经费不足、办学规模较小、资源分配不均衡等问题。在经济全球化发展的背景下，随着技术更新速度加快、工作模式不断变化，导致人员供给与需求、培训与技能等方面的不协调。从作为供给方的职业教育现状分析，职业教育主要存在基础设施不足、师资力量缺乏，短期内难以提供充足的教育培训资源，而且行业企业和机构之间的关系不良，职业教育发展缺少充分有效的行业指导和参与，都成为制约职业教育发展的障碍。

（二）发展趋势

1. 加强职业教育立法和管理改革

缅甸认识到职业技术教育和培训对于培养熟练劳动力的重要性，逐步推进国家教育政策改革。具体地说，在教育部门，修改和实施影响缅甸经济发展的有关规则和条例，以实现东盟经济共同体的目标。从2012年对教育部门进行全面的审视，到2014年重新修订国家教育法，这成为缅甸职业教育改革的基础和法律依据。在缅甸职业教育改革的进程中，一些机构得到建立，包括职业教育政策执行委员会、职业教育质量保障委员、国家技术标准局、国家技能发展局和国家资格框架。[②]

2. 增加职业教育的受教育机会和上升空间

随着经济改革的发展，需要培养更多的高度熟练的、有纪律的劳动力，教育管理部门将通过为未来的学生提供激励手段来扩大职业教育的发展规模。激励措施包括提供免费住宿、学费和毕业后推荐就业的机会。同时，将举办更多的职业培训课程，以获得职业教育文凭、学位和专业证书。而且，还将继续加强职业技术教育与高等教育联系起来，使得更多的职业教育毕业生可以继续学业，接受高等教育。

其他的职业教育改革项目重点集中在青年就业职业技术教育以及培训理念的建立等方面。

（深圳职业技术学院　技术与职业教育研究所　魏　明）

---

① Milio S, Garnizova E, Shkreli A. Assessment study of technical and vocational education and training (TVET) in Myanmar[M]. 2014.

② Kirkpatrick C T T. Myanmar Technical and Vocational Education Training System and Policy Reform[J]. 2017.

主要参考文献

[1] 中华人民共和国外交部．缅甸国家概况 [EB/OL]. (2020-09-01)[2021-09-27]. http://www. fmprc.gov.cn/web/gjhdq_676201/gj_676203/yz_676205/1206_676788/1206x0_676790/.

[2] Bank A D. Myanmar: Unlocking the Potential Country Diagnostic Study[J]. 2014.

[3] 商务部国际贸易经济合作研究院等．对外投资合作国别（地区）指南—缅甸 [R]. 商务部《对外投资合作国别（地区）指南》编制办公室，2020, 12: 4.

[4] 商务部国际贸易经济合作研究院等．对外投资合作国别（地区）指南——缅甸 [R]. 商务部《对外投资合作国别（地区）指南》编制办公室，2020, 12: 2.

[5] 张旭东．试论英国在缅甸的早期殖民政策 [J]. 南洋问题研究，2003, (02):39-47+97.

[6] 林锡星．在教改中发展起来的缅甸职业教育 [J]. 比较教育研究，1986 (5):40-40.

[7] 蔡昌卓．东盟教育 [M]. 桂林：广西师范大学出版社，2009.199.

[8] 李晨阳．缅甸国情报告 (2015) [M]. 北京：社会科学文献出版社，2015.

[9] The Government of the Republic of the Union of Myanmar Ministry of Education. National Education Strategic Plan 2016-21[R].2016:22.

[10] 钟智翔．缅甸概论 [M]. 广州：世界图书出版广东有限公司，2012.

[11] Milio S, Garnizova E, Shkreli A. Assessment study of technical and vocational education and training (TVET) in Myanmar[M]. 2014.

[12] The Union of Myanmar Ministry of Science and Technology Department of Technical and Vocational Education.Reorienting TVET Policy towards Education for Sustainable development in Myanmar[R]. www.unevoc.unesco.org/up/Myanmar_Country_Presentation.pdf. 2009-9-9.

[13] Myanmar Education Quality Improvement Program (My-Eqip). (2017-02-03) [2017-10-15]. http://dfat.gov.au/about-us/business-opportunities/tenders/Documents/revised-draft-design-myanmar-education-quality-improvement-program.pdf

[14] Milio S, Garnizova E, Shkreli A. Assessment study of technical and vocational education and training (TVET) in Myanmar[M]. 2014.

[15] Yen Saning. Govt Proposes 20% Budget Rise Boosting Education, Defense and Health [EB/OL]. https://www.irrawaddy.com/news/burma/govt-proposes-20-budget-rise-boosting-education-defense-health.html. 2015-1-30.

[16] Milio S, Garnizova E, Shkreli A. Assessment study of technical and vocational education and training (TVET) in Myanmar[M]. 2014.

[17] Kirkpatrick C T T. Myanmar Technical and Vocational Education Training System and Policy Reform[J]. 2017.

尼泊尔联邦民主共和国

一、国家概况

（一）地理

尼泊尔联邦民主共和国（Federal Democratic Republic of Nepal），简称尼泊尔，位于喜马拉雅山中段南麓，北与中国西藏接壤，东、西、南三面被印度包围。尼泊尔是一个近长方形的内陆山国，国土面积约 14.7 万平方千米，地势北高南低，国境线长 2400 千米。尼泊尔从东到西 885 千米，从南到北在 145—241 千米之间。世界上有 14 座海拔超过 8000 米的山峰，其中 8 座都在中国与尼泊尔的边境。尼泊尔国土总面积 147181 平方千米[①]，首都是加德满都，境内的兰毗尼是佛教创始人释迦牟尼的诞生地。尼泊尔全国共划分 5 个经济发展区，分别为东部、西部、中西部、中部和远西部发展。5 个发展区又设了 14 个专区，14 个专区下共有 75 个县，36 个镇，3995 个村。尼泊尔的气候基本上只有两季，每年的 10 月至次年 3 月是干季（冬季），早晚温差较大；每年的 4—9 月是雨季（夏季），雨量丰沛，常泛滥成灾。尼泊尔南北地理变化巨大，地区气候 差异明显。分北部高山、中部温带和南部亚热带三个气候区[②]。

（二）人文

尼泊尔境内从公元前 6 世纪起出现了一些国家，历经基拉特王朝（公元前 6 世纪到公元 4 世纪）、李查维王朝（公元 4 世纪到 13 世纪）、玛拉（13 世纪到 1768 年）后，廓尔喀王普里特维·纳拉扬·沙阿在 1768 年统一了尼泊尔，建立沙阿王朝，1814 年，尼泊尔遭到英国入侵，被迫割让大片领土给英属印度，外交受英监督。1846 年，亲英的忠格·巴哈杜尔·拉纳家族世袭首相，1950 年，拉纳家族统治结束。1951 年 2 月，特里布万国王颁布临时宪法，实行君主立宪制。1962 年，印度教立国被正式写入宪法，尼泊尔成为印度教王国，树立了"君权神授"观念。2006 年 5 月 18 日，尼泊尔议会决定废除印度教为国教条款，宣布尼泊尔为世俗国家，将"尼泊尔国王陛下政府"更名为"尼泊尔政府"。2008 年 4 月，尼泊尔举行制宪会议选举。5 月 28 日，尼泊尔制宪会议

---

① 中华人民共和国外交部. 尼泊尔国家概况 [EB/OL]. [2021-07-01]. http://www.fmprc.gov.cn/web/.
② 尼泊尔 [EB/OL]. [2017-09-06]. https://item/121885?fr=aladdin#3.

第一次会议通过议案，宣布废除君主制，将国体改为联邦民主共和国。2008年5月，正式成立尼泊尔联邦民主共和国。[1]制宪会议为尼泊尔最高立法机构，主要职责是制定宪法和代行议会职责。尼泊尔有70多个党派，大多数为地方性小党。现任总统是比迪娅·德维·班达里，总理是谢尔·巴哈杜尔·德乌帕。

尼泊尔人口总数约有3000万（2020年）。尼泊尔是多民族国家，境内有卡斯、拉伊、林布、苏努瓦尔、达芒、马嘉尔、古隆、谢尔巴、尼瓦尔、塔鲁等30多个民族。卡斯族是尼泊尔最主要的民族，占人口总数的1/3，属地中海人类型，骁勇善战，语言是卡斯库拉语。国民人口80.6%是印度教徒，极少数为佛教徒、穆斯林。[2]

（三）经济

尼泊尔属于农业国，80%的国民从事农业生产，农业总产值约占GDP的40%，经济上比较贫困。20世纪90年代起，尼泊尔开始实行以市场为导向的自由经济政策，但因政局多变和基础设施薄弱，收效不明显。尼泊尔经济严重依赖外援，预算支出的三分之一来自外国捐赠和贷款。旅游业是尼泊尔的支柱产业。尼泊尔地处喜马拉雅山南麓，徒步旅游和登山业发达，产值约占国民生产总值的29%。由于尼泊尔山多地少，耕地分布不均衡，40%的耕地没有灌溉设施。主要农作物有稻谷、玉米、小麦，经济作物主要有甘蔗、油料、烟草等。尼泊尔工业基础弱，规模小，机械化水平低，发展慢。主要有制糖、纺织、皮革制鞋、食品加工、香烟和火柴、黄麻加工、砖瓦生产和塑料制品等。工业产值占国民生产总值的20%左右。主要贸易伙伴有印度、美国、中国、欧盟等。其主要进口商品是煤、石油制品、羊毛、药品、机械、电器、化肥等，主要出口商品是蔬菜油、铜线、羊绒制品、地毯、成衣、皮革、农产品、手工艺品等。尼泊尔2018年国内生产总值为304亿美元，国内生产总值增长率为7.1%。[3]

（四）教育

尼泊尔的教育体系由小学、初中、高中和大学构成。

学前教育：针对6岁以下儿童。

小学教育：学制5年（1—5年级），尼泊政府制定的小学教育目标是确保每个尼泊尔儿童都有平等的受教育机会，至少都能够接受小学教育。

初中教育：学制3年（6—8年级），分为普通初中和职业初中。

高中教育：学制2年（9—10年级），分为普通高中和职业高中。

大学预科教：学制2年（11—12年级，也称"10+2教育"）。

---

① 中华人民共和国外交部.尼泊尔概况[EB/OL].[2021-02-01].http://www.fmprc.gov.cn/web/.

② 商务部国际贸易经济合作研究院等.对外投资合作国别（地区）指南——尼泊尔[R].商务部国际贸易经济合作研究院等，2016.

③ 中华人民共和国外交部.尼泊尔[EB/OL].[2017-07-06].http://www.fmprc.gov.cn/web/gjhdq_676201/gj_676203/yz_676205/1206_676812/1206x0_676814/.

高等教育：包括本科3年、硕士2年、博士3年。[①]

此外，尼泊尔的教育体系还包括：校外教育（为6—14岁未入学儿童提供的教育）、女童教育、特殊教育、远程教育和开放教育等多种教育形式。

尼泊尔著名大学主要有：特里布文大学、加德满都大学、东部大学（普尔版查尔大学）、博克拉大学和马亨德拉梵文大学等。

截至2012年，尼泊尔共有3.3万所公立小学，1.3万所公立初中，8000多所公立高中，在校学生740多万。[②]

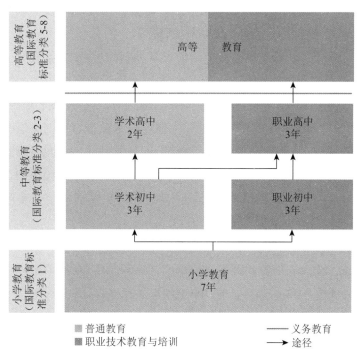

图1 尼泊尔教育体系结构图

二、职业技术教育与培训的政策与法规

（一）政策

尼泊尔职业技术教育与培训的基本战略是：扩大就业、减少贫困，缩小尼泊尔与世界教育水平的差距。为此，尼泊尔政府制定了一系列国家政策：

1.《尼泊尔学校教育改革计划（SSRP）2009—2015》：该政策旨在促进尼泊尔青年人学习技术技能，帮助他们提高能力，顺利就业。该计划指出，学校提供给学生的应

---

① Education System in Nepal[EB/OL]. [2017-09-06]. https://www.classbase.com/Countries/Nepal/Education-System.

② 尼泊尔大使馆 [EB/OL].（2017-10-05）. http://np.china-embassy.org/chn/jy/t363761.htm.

是企业所需的技术技能，而非单纯的知识。教育要缩小毕业生从学校到工作的过渡阶段，使学生有能力在尼泊尔、邻国甚至全球市场都能获得就业机会。该计划的具体目标有：

·多种渠道筹措资金，向弱势群体学生提供奖学金，增加其接受职业技术教育与培训的机会；

·确保职业技术教育与培训项目与工作领域具有相关性；

·促进职业教育机构和高等教育机构之间的合作与交流；

·增加对职业教育和高等教育的投资，特别是加大对贫困地区职业技能培训的投资；

·使职业技术教育与培训的受众更为广泛，充分利用社区学习中心（CLCs），为那些被边缘化的女孩提供非正式职业技能培训。[①]

2.《尼泊尔 2012 年职业技术教育与培训政策》：该政策的重点在于"扫除文盲，减少贫困"。尼泊尔有相当数量的年轻人和成年人没有接受教育的机会，他们辍学或不被学校录取，或者根本不识字、没有任何技术技能，从来没有接受过职业技术培训。《2012年职业技术教育与培训政策》的目的就是扩大职业技术教育与培训的范围，在全国范围内减除文盲，培训技能，开发人力资源。该政策的具体目标是：面向劳动力市场，提供技能教育和培训，扩大培训数量（计划在 10 年内增加 4 倍），并确保妇女、达利特、少数民族、Madhesi 和贫困社区的培训数量。该政策还为无法负担培训费用的团体提供财政资助。该政策的侧重点包括以下五个方面：

·扩张：扩大培训机会和服务；

·包容和获取：为所有需要的公民提供培训，并确保接受培训的机会；

·整合：搭建平台，将各种培训模式和培训提供者整合到一个平台上；

·质量和相关性：将培训内容、培训结果与经济需求联系起来；

·资助：为技术教育和职业培训提供可持续的资金支持。[②]

（二）法规

《教育法案》（1971）及 2004 年的第 8 修正案：该法律为尼泊尔的教育建立了一个框架。它定义了教育、教学的概念，设定了教材和教学内容的标准；制定了建立学校和教学质量控制的规则；划定了普通中学、特殊教育、非正规教育和远程教育的类型。此外，该法案内容还涉及了教育财政方面。

1989 年高等中等教育法案（1993 年第二修正案）：该法案界定了高等和中等教育委员会的权利和义务。

《教育法》（2012 修正案）：该法律旨在解决尼泊尔教育部门内部的许多弊病。为应对尼泊尔教育系统的腐败，整治尼泊尔教师终身在一个岗位产生的怠职现象，修正后的

---

① 联合国教科文组织 (2010) 汇编的计划 . 世界教育数据 (第 7 版). 2010/2011. 尼泊尔 . 日内瓦 :UNESCO–IBE.
② Nepal TVET – Image Results. [EB/OL]. [2017–10–06] https://images.search.yahoo.com/search/images;_ylt=A0LEVySF8OVZs.AAzJRXNyoA.

《教育法》规定，教师每五年将被调到一所新学校。该法案还强调，职业技术教育与培训的在职教师需要接受教师服务委员会（TSC）的定期考试。[①]

三、职业技术教育与培训的体系与质量保障

（一）体系

1. 正规职业教育与培训体系

小学毕业生可以选择就读 3 年制的职业初中，学业结束获得毕业证书；

职业初中和普通初中的毕业生可以选择继续升学读职业高中，学制 3 年，学业结束可获得职业高中的文凭。

高中毕业生可以升学高等职业学院，接受高等职业教育，专业领域包括技术、商业、人文和教育，学制通常为 2—2.5 年。也有一些短期技能发展培训，课程通常在 1 年左右。高等职业教育的课程领域通常划分为三大部分——专业、技术和梵语。

职业院校毕业后，学生可以继续攻读学士学位、研究生学位和博士学位。

2. 非正规职业技术与培训

非正规的职业技术教育与培训形式灵活、资金渠道多元化，可以成为正规教育体系非常有益的补充，因而受到尼泊尔政府的高度重视。针对尼泊尔非正规教育缺乏管理的问题，尼泊尔政府在 2006 年制定了非正规教育政策。该政策设定了以下目标：

扩大非正规教育的受众范围，为不同年龄和基础的学习者提供理论和实用的知识、技能；

给辍学者和 / 或被剥夺受教育的人提供学历教育；

开发更多高质量的课程和学习材料，公平分发到各地区；

发展社区学习中心（CLCs），确保非正规教育的质量；

加强对非正规职业教育与培训项目的监督、监督和评估；

帮助非正规职教机构之间建立相互协调的伙伴关系；

采取包容性教育政策，促进多种职业教育形态共存；

开发一个共享的公共数据库；

加强培训、研究、自我监测和创新多功能的整合，提高职业技术教育与培训项目中的人力资源开发质量；

发动政府、非政府组织和私人机构来共同实现"人人受教育"的目标；

设立管理非正规职业技术教育与培训项目的地方机构；

促进非正规教育中心、政府、非政府组织和国际组织之间的协调与合作，保障这些相关机构的合作环境；

---

① The Rising Nepal: The New Education Act.

出台政策指导扫盲运动，将非正规职业技术教育与培训作为消除文盲的主要方式。[①]

尼泊尔非正规职业技术教育与培训项目的主要提供者包括：

技术教育和职业培训委员会（CTEVT）；

私人机构；

其他政府机构；

大学的技术机构；

社区中学（附属学校）；

非政府组织；

国际非政府组织。[②]

（二）保障

1. 资格框架

尼泊尔目前没有形成国家资格框架。政府计划由国家技能考试委员会以尼泊尔职业资格认证体系为基础开发出国家资格框架。所有的学习模式和学习层次，正式或非正式的、在校的或在职的，都将在这样的系统中找到定位。

2. 质量保障

尼泊尔政府实施了职业技术教育与培训机构的总质量管理项目。该项目旨在通过员工职业发展、设计以学习者为中心的项目以及改进职业技术教育与培训机构的教学来提高教育教学质量。

政府还建立了质量保证和认证委员会（QAAC），负责监管高等职业教育的教学水平。

四、职业技术教育与培训的治理与教师

（一）治理

教育部是尼泊尔教育的主管机构。教育部负责所有类型教育的规划和管理工作。教育部下设的主要机构有：行政司、教育司、计划司。教育司下设联合国教科文组织尼泊尔委员会、课程开发中心、考试办公室、开放教育办公室、远程教育办公室、教育研究中心等部门。

技术教育和职业培训委员会（CTEVT）成立于1989年，其职责是政策制定、质量控制、制定课程评估和技能发展标准、研究和评估培训需求等方面，具体包括：

制定管理职业技术教育与培训政策，确保项目实施过程中的可获得性、可持续性、完整性和相关性；

协调职业技术教育与培训部门和利益相关方的关系；

保持职业技术教育与培训项目服务的质量；

---

① RING NEPAL. http://therisingnepal.org.np/.

② Innovative Strategies in Technical and Vocational Education .

为职业技术教育与培训部门预备合格的师资；

培养职业技术教育与培训学习者的创业技能和就业基础；

鼓励企业和行业参与职业技术教育与培训活动；

成立非正规教育管理中心，协助政府制定国家政策和战略，为开展全国范围内的非正规教育工作提供政策指导。该中心开发并推广课程、培训包、教材和其他相关教学资料，制定了国民素质提升的长期和短期规划，创建交流中心为培训机构服务。未来，该中心还拟将继续教育、开放学习和远程教育的相关项目纳入其服务范围。[①]

（二）教师

加德满都的技术指导培训机构（TITI）正在建设职业教育教师的在职培训中心。

TITI 的目标是开发符合区域特点的职业技术教育与培训教师课程，通过模块化课程系统提供基础学习和专业训练，为教师颁发教学文凭。培训教师的方式有业余学习和全职脱产学习两种。[②]

五、职业技术教育与培训的诉求与发展趋势

尼泊尔的经济以农业为主，基础工业是地毯工业。尽管尼泊尔是一个经济上贫困、教育不发达的国家，但亚洲和整个世界的飞速发展正在带动尼泊尔发生变化。

国家对职业教育的需求与职业教育现状构成鲜明的矛盾。尼泊尔政府已经认识到职业技术教育与培训会给国家发展带来重大影响。然而，尼泊尔现有的教育体系却无法满足人年轻人需要的教育。一方面，贫困与辍学、企业缺乏合格劳动力的现象普遍存在；另一方面，有经济能力的家庭不断地送孩子前往亚洲教育发达国家和西方发达国家接受教育。这促使尼泊尔政府反思当前的职业教育问题。因此，尼泊尔政府希望通过务实的、以结果为导向的职业技术教育与培训项目来应对新兴的劳动力市场需求。政府出台的《教育部门改革计划（SSRP）2009—2015》申明了提供满足市场需求的职业技术教育与培训规划。世界银行正在资助尼泊尔政府实行"加强职业教育和培训"项目，旨在扩大熟练劳动力的供应：

（1）增加对优质职业技术教育与培训项目的访问；

（2）加强尼泊尔的职业技术教育与培训系统。

该项目有四个组成部分：

第一，加强职业技术教育与培训项目的监管能力建设；

第二，加强操作技术的训练，加强技术学校学生动手能力的培养，提高文凭的质量，提高学校教育与劳动力市场的相关性；

第三，支持短期职业培训。支持短期职业培训和民间机构、私营机构通过非正式方

---

① Innovative Strategies in Technical and Vocational Education.

② Technical and Vocational Education and Training (TVET) Reform.

式进行职业技术教育与培训，提供技术与职业技能的认证；

第四，监督和评价本项目。实施项目监督和评估，致力于建立总体项目报告机制，对项目的投入、产出和成果进行及时、充分和准确的信息反馈。

（深圳职业技术学院 技术与职业教育研究所 宋 晶）

主要参考文献

[1] "走出去"公共服务平台对外投资合作尼泊尔指南 (2016 年版).

[2] 联合国人口司 . 世界人口前景 .http://esa.un.org/ unpd/wpp/DVD.

[3] 中华人民共和国外交部 . 尼泊尔国家概况 [EB/OL]. [2021–07–01]. http://www.fmprc.gov.cn/web/.

[4] 联合国教科文组织国际教育局 (2011). 世界教育数据 (第 7 版).2011/2011. 尼泊尔 . 日内瓦：联合国教科文组织国际教育局 . 国家技能发展计划网页 .

[5] World TVET Database. Nepal – UNESCO–UNEVOC.

[6] 教育与技能政策委员会 (2010), 尼泊尔职业技术教育与培训概述。喀布尔：教育与技能政策委员会 .

[7] Afghanistan TVET – Image Results.

[8] 64 TVET teachers complete Afghan–German cooperation training workshops in Kabul Deutsche Zusammenarbeit mit Nepal.

[9] 国家技能开发项目。访问时间：2012 年 6 月 26 日。

[10] Technical and Vocational Education and Training (TVET) Reform.

[11] Call for Candidates– Nepal TVET in Nepal, South Asia.

[12] Introducing Technical & Vocational Education and Training.

[13] 英国文化委员会 (2013). 南亚的技能发展 . 阿富汗、孟加拉国、印度、尼泊尔、巴基斯坦和斯里兰卡的趋势 .2012 年 8 月访问。

[14] Nepal TVET – Image Results https://images.search.yahoo.com/search/images;_ylt=A0LEVySF8OVZs.AAzJRXNyoA.

[15] The Rising Nepal: The New Education Act.

[16] https://www.classbase.com/Countries/Nepal/Education–System.

沙特阿拉伯王国

一、国家概况

（一）地理

沙特阿拉伯王国（Kingdom of Saudi Arabia），习惯称沙特阿拉伯，简称沙特，位于亚洲西南部的阿拉伯半岛，领土面积 225 万平方千米。东濒波斯湾，西临红海，同约旦、伊拉克、科威特、阿联酋、阿曼、也门等国接壤，并经法赫德国王大桥与巴林相接。海岸线长 2448 千米。地势西高东低。除西南高原和北方地区属亚热带地中海型气候外，其他地区均属热带沙漠气候。夏季炎热干燥，最高气温可达 50℃以上；冬季气候温和。年平均降雨不超过 200 毫米。①

沙特设 13 个行政区，分别为：利雅得、麦加、麦地那、东部、卡西姆、哈伊勒、阿西尔、巴哈、塔布克、北部边疆、季赞、纳季兰、朱夫地区。地区下设一级县和二级县，县下设一级乡和二级乡。首都利雅得是沙特第一大城市和沙特政治、文化中心及政府机关所在地，位于沙特中部。②

（二）人文

公元 7 世纪，伊斯兰教创始人穆罕默德的一些继承者建立阿拉伯帝国，8 世纪为鼎盛时期，版图横跨欧、亚、非三洲。11 世纪开始衰落，16 世纪为奥斯曼帝国所统治。19 世纪英国侵入，当时分汉志和内志两部分。1924 年内志酋长阿卜杜勒阿齐兹·阿勒沙特兼并汉志，次年自称为国王。经过多年征战，阿卜杜勒阿齐兹·阿勒沙特终于统一了阿拉伯半岛大部分地区，于 1932 年 9 月 23 日宣布沙特酋长国正式更名为沙特阿拉伯王国，这一天被定为沙特国庆日。③

沙特是政教合一的君主制王国，禁止政党活动。国王自称为"两圣寺（麦加大清真

---

① 中华人民共和国外交部.沙特阿拉伯国家概况 [EB/OL]. http://www.fmprc.gov.cn/web/gjhdq_676201/gj_676203/yz_676205/1206_676860/1206x0_676862/.2021–08–12.

② 中华人民共和国驻沙特阿拉伯王国大使馆经济商务参赞处.沙特阿拉伯的地理环境 [EB/OL]. http://sa.mofcom.gov.cn/article/ddgk/201007/20100707023720.shtml.2017–09–25.

③ 中华人民共和国驻沙特阿拉伯王国大使馆.沙特国家概况 [EB/OL]. http://www.chinaembassy.org.sa/chn/stgk/t708997.htm.2017–10–02.

寺和麦地那先知清真寺）的仆人"。国王行使最高行政权和司法权，有权任命、解散或改组内阁，有权立、废王储，解散协商会议，有权批准和否决内阁会议决议及与外国签订的条约、协议。1992年3月1日，法赫德国王修订《治国基本法》，规定沙特阿拉伯王国的国王由开国国王阿卜杜勒阿齐兹·阿勒沙特子孙中的优秀者出任。

沙特以《古兰经》和"圣训"为宪法。司法部和最高司法委员会负责司法事务的管理。2007年，阿卜杜拉国王颁布《司法制度及执行办法》和《申诉制度及执行办法》，建立新的司法体系。设立最高法院、上诉法院、普通法院等三级法院，并建立刑事、民事、商业、劳工等法庭。最高法院院长由国王任命。申诉制度规定设立直属于国王的三级行政诉讼机构，即最高行政法庭、行政上诉法庭和行政法庭。

沙特人口约3369.99万（2018年），其中沙特籍人口约2113万，外籍人口约1039万，沙特公民约占67%。沙特华人华侨数量并无确切数据，约在3万至5万之间，主要居住在西部的塔伊大、吉达、麦加等地。主要民族为阿拉伯族。逊尼派穆斯林占人口大多数，分布在全国各地。什叶派人数极少，主要居住在东部地区。此外，还有少量贝都因人。官方语言为阿拉伯语，商界通行英语。伊斯兰教为国教，逊尼派占85%，什叶派占15%。沙特禁止在公共场所从事除伊斯兰教之外的宗教活动。沙特一年有两个重大的宗教节日，即开斋节和宰牲节。每年伊斯兰教历的9月为斋月。宰牲节在伊斯兰教历12月10日。宰牲节也是朝觐日子，从12月9—12日，数百万世界各国的穆斯林涌向沙特，到圣城麦加和麦地那朝觐。

（三）经济

沙特矿产资源丰富，原油探明储量为362亿吨，占世界储量的16%，居世界第二位。天然气储量8.2万亿立方米，居世界第六位。沙特还是世界上最大的淡化海水生产国，其海水淡化量占世界总量的20%左右。石油和石化工业是沙特的经济命脉。石油收入占国家财政收入的75%，占国内生产总值的45%。①

沙特70%的面积为半干旱荒地或低级草场，可耕地面积只占土地面积的1.6%，约345万公顷。永久性草地约378.5万公顷，占土地面积的1.9%。森林覆盖率很低，林地面积只占全部土地的1.4%。耕地集中分布在降雨量较充沛的西南部地区。由于大部分地区降水稀少，沙特农业的发展受到极大限制。尽管沙特在农业生产上不具有优势，但还是取得可喜成绩。目前沙特主要农产品有：小麦、玉米、椰枣、柑橘、葡萄、石榴等。沙特的谷物自给率比较低，只有20%多，依靠大量进口才能满足国内的需求。沙特是世界上最大的大麦进口国，年均进口约600万吨。水果自给率达到60%。畜牧业主要有绵羊、山羊、骆驼等。②

---

① 中华人民共和国国防部.背景资料：沙特阿拉伯王国 [EB/OL]. http://www.mod.gov.cn/intl/2016-01/19/content_4636882.htm.2017-10-03；中华人民共和国外交部.沙特阿拉伯国家概况 [EB/OL]. http://www.fmprc.gov.cn/web/gjhdq_676201/gj_676203/yz_676205/1206_676860/1206x0_676862/.2021-08-12.

② 中国一带一路网.沙特阿拉伯 [EB/OL]. https://www.yidaiyilu.gov.cn/gbjg/gbgk/854.htm.2017-10-05.

沙特实行自由贸易和低关税政策。出口以石油和石油产品为主，约占出口总额的90%，石化及部分工业产品的出口量也在逐渐增加。进口主要是机械设备、食品、纺织等消费品和化工产品。主要贸易伙伴是美国、中国、日本、英国、德国、意大利、法国、韩国等。由于大量出口石油，沙特对外贸易长期顺差。2016 年沙特进出口总额 3687 亿美元，出口额 2130 亿美元，进口额 1557 亿美元，顺差 573 亿美元。[①]

沙特政府充分利用本国丰富的石油、天然气资源，积极引进国外的先进技术设备，大力发展钢铁、炼铝、水泥、海水淡化、电力工业、农业和服务业等非石油产业，依赖石油的单一经济结构有所改观。近年来，受益于国际油价攀升，石油出口收入丰厚，经济保持较快增长。但近期国际油价低迷，导致沙经济下行压力增大。为摆脱对石油产业高度依赖，推进多元化发展战略，沙特于 2016 年提出"2030 愿景"和"2020 国家转型规划"。该计划核心内容包括：沙特将创立 2 万亿美元的世界最大主权财富基金。该基金将纳入沙特最有价值的资产，包括国家石油公司——沙特阿美公司；出售沙特阿美公司股票，并将这个"石油巨头"转型成为工业集团。此外，沙特还准备调整补贴，对能源、软饮料以及奢侈品征收增值税等，在 2020 年前增收 1000 亿美元以上。

（四）教育

沙特很政府重视教育和人才培养，实行免费教育，包括初等教育、职业培训、各类技术教育和成人教育等。沙特基础教育实行三阶段一贯制。6 岁儿童上 6 年制小学、3 年制中等学校（相当于初中）和 3 年制高中。负责教育发展的机构有 3 个：教育部、女子教育最高委员会和技术职业培训总机构。[②]

沙特共有 19 所大学及教育机构，包括：法赫德国王大学、阿卜杜拉国王科技大学、费萨尔国王大学、麦地那伊斯兰大学、伊玛目大学、阿卜杜 - 阿齐兹国王大学、沙特国王大学、哈立德国王大学、乌姆古拉大学、阿卜杜 - 阿齐兹国王电子大学、阿拉伯公开大学、公共行政学院、法赫德国王安全学院、苏尔坦亲王饭店旅游学院、苏尔坦亲王私立学院、通信与信息学院、达曼技术学院、女子学院、巴哈科学私立学院。[③]

沙特教育事业曾经历了一段艰苦的发展过程。由于长期遭受外族殖民统治，沙特经济文化落后。1932 年立国时，它的现代教育事业还是一片空白，全国没有一所正规学校，不仅文盲大量存在，而且更为严重的是人们对新式学校还心存疑虑。建国初期，国家几乎找不到一位合格的小学教师。至于教学仪器、设备和教科书等，更无从谈起。建国后 10 年，沙特全国小学数量仅 27 所，直到 1943 年才有了第一所中学，并第一次有了 3 名沙特本国教师。沙特的现代教育事业在建国后多年一直在缓慢发展。

① 中华人民共和国外交部 . 沙特阿拉伯国家概况 [EB/OL]. http://www.fmprc.gov.cn/web/gjhdq_676201/gj_676203/yz_676205/1206_676860/1206x0_676862/.2021–08–12.

② 中国一带一路网 . 沙特阿拉伯 [EB/OL]. https://www.yidaiyilu.gov.cn/gbjg/gbgk/854.htm.2017–10–06.

③ 中华人民共和国驻沙特阿拉伯大使馆 . 沙特大学及教育机构名录 [EB/OL]. http://www.chinaembassy.org.sa/chn/stgk/t152932.htm.2017–10–08.

　　直到 1965 年，国家才摆脱贫困，沙特政府就大幅度地加大了对教育的投资，并采取积极措施改善教学条件。为解决本国师资问题，沙特政府在全国 21 个教育区成立了 30 所师范学校，首先解决了小学的师资问题。另外，为加强对成年人的教育和解决沙漠地区孩子的学习问题，沙特政府在全国先后建立了晚间的"文化补习学校"和各种类型的扫盲学习班，并在沙漠地区建立了流动小学。

　　经过多年的艰苦努力，沙特的教育事业得到了飞速发展。为鼓励年轻一代奋发学习，国家规定，大学教育不仅是免费的，住宿、交通、医疗等费用均由国家负担，而且国家每月还向学生发放数量可观的学习费，如有病需到国外治疗，国家也承担一切费用。沙特政府已确定了全面教育战略目标，以便国民接受良好的教育和全面的训练，由沙特人自己担负起国家经济和社会发展的重任。[①]

二、职业技术教育与培训的战略与法规[②]

（一）战略

　　根据技术与职业培训总署制订的《技术与职业培训战略》，沙特阿拉伯的目标是将本国的技术与职业培训建设成为国际一流水平。

　　《技术与职业培训战略》的主要目标是：

　　·尽可能吸纳更多的学生进入职业教育机构进行学习，从而实现可持续发展；

　　·培养符合市场质量和数量需求的职业教育人才；

　　·与行业建立战略伙伴关系，以开展技术和职业项目；

　　·促进各类面向男女生的学院和机构在全国所有省市内均匀分布，并提高其数量和能力；

　　·提高社区对职业技术领域工作重要性的认识，以及创造提倡终身学习的大环境；

　　·根据应用研究成果提高应对变化和挑战的能力；

　　·在设计和开展培训项目时应以获得国家和国际认证为目的，确保质量；

　　·促进国家教育和培训实体的联系。

（二）法规

1.《教育政策》

　　《教育政策》文件是确定沙特阿拉伯国家教育目标的基本文件。这项文件在 1969 年 12 月 17 日由部长会议第 779 号决议通过，它强调了伊斯兰原则在各种教学形式内的重要性。《教育政策》第 233 条规定：所有阶段的教育都应该是免费的。

　　①　中华人民共和国驻沙特阿拉伯王国大使馆.沙特重视发展教育 [EB/OL]. http://www.chinaembassy.org.sa/chn/stgk/t152937.htm.2017-10-06.
　　②　本部分内容参考了联合国教科文组织的报告。原文出自：UNESCO-UNEVOC 联合国教科文组织国际职业技术教育与培训中心.全球职业技术教育与培训数据库：沙特阿拉伯 [EB/OL]. www.unevoc.unesco.org.2017-10-2.

2.《技术与职业培训战略》

《技术与职业培训战略》是指导沙特阿拉伯职业技术教育与培训的重要文件。它提出：与行业建立战略伙伴关系，以开展技术和职业项目；促进各面向男女生的学院和机构在全国所有省市内均匀分布，并提高其数量和能力；提高社区对职业技术领域工作重要性的认识，以及创造提倡终身学习的大环境。

三、职业技术教育与培训的体系与质量保障

（一）体系

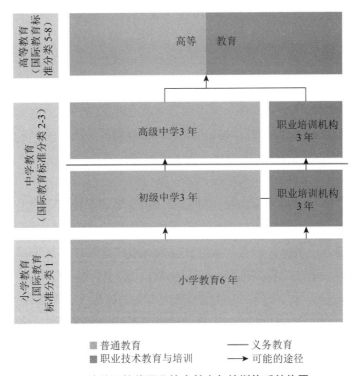

图 1　沙特阿拉伯职业技术教育与培训体系结构图

资料来源：图表由联合国教科文组织国际职业技术教育与培训中心（UNESCO–UNEVOC）编制。

沙特正规教育系统由三大部分组成：初等教育、中等教育、高等教育。初等教育学制 6 年，中等教育学制 6 年，高等教育学制依据不同类型而定，职业学校是 3 年制。

初等教育完成后进入 3 年制的初级中学进行学习。从初级中学毕业后学生会获得初级中学毕业证书，继续进入高级中学学习的学生在毕业后会获得高级中学毕业证书。在所有阶段学生都可以选择就读职业培训机构，职业培训机构的学制为 3 年，开设工业、商业和农业领域的课程。初级中学毕业生可以去工业中等职业学院接受职业培训，而高级中学毕业生可以去技术学院、女子高等技术学院学习，或者学习国家联合培训课程或

军事职业培训课程。

各级职业学校情况如下：

（1）工业中等职业学院

技术与职业培训总署致力于为工业和职业学院制订各种程序、方案和培训计划。2010—2011年，技术与职业培训总署确定了工业中等职业中心和机构的发展方案。方案确定了发展的主要目的是满足劳动力市场的需要。发展方案确定了建立符合基本培训、地区需求和运营基础设施的职业框架，以满足社区对职业培训的需求。技术与职业培训总署还根据变化的劳动力市场需求制订了培训方案的改进计划。因此，技术与职业培训总署根据劳动力市场的新动向以及2004年2月8日通过的第15号部长内阁行政命令调整了所有的培训计划。

技术与职业培训总署认为其计划应该符合教育和培训机构的输出以及劳动力市场的需要。工业中等职业学院根据国家资格框架的等级向各个层次的培训项目颁发证书。技术与职业培训总署负责对专业进行划分，现在技术与职业培训总署规定，民用和建筑技术部门下属的技术学院应开设测量课程。原先的建筑测量学院已经改组为女子高等技术学院。同样地，很多类似的培训机构开始在全国遍地开花。

（2）技术学院

随着沙特阿拉伯的经济飞速发展，对技术和职业培训课程的需求也越来越大。发展职业教育已经成为人力资源发展的重点，也是应对各个技术专业领域亟须人才之必要举措。技术与职业培训总署的目标是，通过在各大城市建立技术学院来满足本国当前和未来的对人才的需求。建立技术学院的主要目的就是让高中毕业生可以学习各种职业技术。技术学院的学生毕业后可以获得某一技术或管理专业的助理工程师文凭。

一学年分为3个学期，每个学期有14个星期。学生必须学满5个学期外加1个最终学期（实习）才能毕业。学员可以就读以下专业：电气、机械、化学、管理学、计算机、电子、酒店和旅游技术、信息学、环境和食品加工技术。

（3）女子高等技术学院

自从在2005年从教育部那里接管女子职业和技术培训项目之后，技术与职业培训总署就一直致力于发展本项目。并且，已经在该领域取得了很多成绩。这些成绩包括：

·继续开办位于利雅得、阿拉尔莎、布兰达、塔布克、马丁那、吉达等地的14所女子高等技术学院；另外，还针对23个职业引入了28个专业；

·位于利雅得、吉达、塔布克、布兰达和马丁那的女子高等技术学院的第一批学生毕业；

·在吉达、马丁那、布兰达、塔布克和阿拉尔莎的女子培训课程中引入平行学历；

·对特殊需要女性学员进行培训并授予平行学历，比如向有听力障碍的女性学员提供有关办公应用和计算机维护的课程；

·与非营利性组织合作，比如肾脏病组织、孤儿关怀慈善委员会、阿尔纳达妇女慈善协会，并要求这些组织在本国范围内推荐女性学员接受培训并获得平行学历；

·2009年2月在负责女子培训的副总督办公室成立IT部门。此外，还设计了女子技术培训网站，用于发布入学和招生信息等；及发展位于展利雅得的分支机构（有总部的工作人员）；

·对接受计算机专业合作办学的女性学员实施管理，不管是否在技术与职业培训总署学习；

·在美国俄亥俄州立大学进行职业技能标准的培训；

·出席各种会议和文化活动；

·促进技术与职业培训总署与地方和国际代表团的交流；

·在所有的女子学院采用统一的电子入学系统；

·制订办学质量提高指南；

·组织建立美容和纺织生产职业技能标准的讨论会；

·为所有女子专业制订学期培训计划和教学大纲；

·在所有采用电子培训的部门建立电子培训单位；

·管理16个女子技术培训师的培训项目；

·与政府和私营部门合作开办旅游专业培训项目，并对监狱、女子管教所进行实地考察，以求开发出其他项目；

·建立学员服务行政单位，行政单位负责制订培训计划、入学、注册、夏季活动、培训和合作/就业辅导等事宜，以及对这些活动进行监督。鼓励学生通过中小型企业中心的帮助建立自己的中小型企业。

（4）国家联合培训制度

国家联合培训制度的目的在于联合私营部门一起开展职业培训。公共和私营伙伴关系的建立有助于减少培训成本（但是需满足的条件是：现有公司设施可以利用，技术和职业培训项目能力有所增加）。学员有一个月的假期，并享受奖学金和保险。培训内容注重和实践相结合，这样就保证了国家联合培训制度毕业生的就业率。私营企业既可以帮助实施培训，让学员成为合格的工人，又同时可以享受到这些由国家联合培训制度经费（75%的经费来源于人力资源发展基金）资助的额外的员工给公司带来的红利。

国家联合培训制度的利益相关方包括技术与职业培训总署、人力资源发展基金和工商协会。技术与职业培训总署负责培训项目的实施，人力资源发展基金负责提供经费和理论方面的指导，而工商协会则负责保证学员在公司实习的质量。

理论培训主要包括基本技能、教材、职业道德、计算机技能和英语方面的培训。实践培训根据专业和劳动力市场的需要进行安排。培训期从几个月到两年不等。普通高中毕业生、大学学生和各个阶段的退学学生都可以报名参加培训。

（5）军事职业培训项目

军事职业培训项目包括技术和军事教育，其目的是将职业教育与军事培训相结合，向社会输出训练有素的年轻毕业生。这一项目每年可录取一万名学生，而且学生还有生活和住宿补贴。培训分为军事培训和技术培训两个部分，前者主要负责提高学生的基本职业技能，后者主要负责提高学生的纪律性。绝大部分的学员毕业后都会进入私营公司工作，部分学生进入军方工作，还有一部分学生到技术学院继续学习。本项目的利益相关方包括国防和航空部、内政部、技术与职业培训总署，以及国民卫队。

（二）保障

1. 国家资格框架①

《沙特阿拉伯高等教育国家资格框架（2009）》指出，高等教育和技术与职业培训两者有共同点，应加强这两个教育阶段的联系。同时还强调授予学分的重要性。

要提高培训质量、职业认证和就业，就必须制订相应的国家职业技能标准，为此沙特成立了国家职业技能标准和培训委员会。该委员会最重要的贡献就是为所有培训项目制订了统一的培训计划。正是因为有了国家职业技能标准和培训委员会，技术与职业培训总署才成功地为技术学院、工业和职业学院、女子高等技术学院、军事职业培训项目、建筑职业学院和国家联合培训组织制订了统一的培训计划。

国家职业技能标准和培训委员会不断根据职业教育的变化审查和发展培训计划。在2009财政年度，该委员会对技术学院、工业和职业学院的所有计划和培训项目进行了统一的评估。根据评估结果，该委员会编写、修改和审核了培训计划以适应新学年的培训需要并在2009年实施。

非正规教育和职业教育都没有一个统一的框架。《沙特阿拉伯高等教育国家资格框架（2009）》指出，应保证学生不进行重复的学习。但是，沙特在非正式学习的认证方面缺乏统一的政策，而是鼓励各个教育机构制订自己的认证方案。教育机构应根据学生的先前学习情况提供相应的学术辅导，根据其表现调整学习要求。

国家资格框架在学习认证方面给出了一些基本的指导方针：

·"学生在其他声誉良好的高等教育机构完成的学分应该全部转为本校的相关课程学分；

·学生在技术学院或高等技术学院完成的60学分可合理地转为高等教育阶段的大学或学院的相关课程的30学分。根据课程的具体内容，学分可以适当增减。在这两种情况下，应根据需要对特殊过渡项目做出规定，以完成后续的学习。"

2. 质量保障

《技术与职业培训战略》最重要的目的之一就是建立一个职业教育质量保证机构。目

---

① National Commission for Academic Accreditation and Assessment (2009). National Qualifications Framework for Higher Education in the Kingdom of Saudi Arabia. Accessed: 26 March 2012.

前，国家认证和评估委员会是负责评估中学后教育机构及其项目质量的机构。国家认证和评估委员会已经制定了一套标准来保证学生的学习成果、机构管理和研究成果位于国际领先水平。评估涉及十一个方面，只有这些方面都符合国家认证和评估委员会标准，机构才会得到认证。

评估领域包括：

·使命、目的和目标；

·项目管理；

·项目质量保证管理；

·就业流程；

·研究；

·社区关系。

四、职业技术教育与培训的治理与教师

（一）治理

最初，职业教育由以下三个不同的政府机构负责：教育部、劳动和社会事务部以及城市和农村事务部。2007 年，国家成立了技术与职业培训总署，作为各类职业教育机构的综合管理组织。技术与职业培训总署还负责管理技术学院、女子高等技术学院和职业学院。

技术与职业培训总署的主要职能是：

·设计和实施职业教育项目；

·开展职业教育研究；

·根据国家政策和框架制订和审查职业教育规划和战略；

·对职业技术教育与培训的教师和培训师进行培训；

·对建立私营职业教育机构设置标准、颁发许可和实施监管；

·和培训组织建立战略伙伴关系以经营和管理职业教育机构；

·向公共和私营部门提供职业教育建议；

·设计和制订职业教育培训手段和技术；

·参加国内和国际职业教育合作；

·制订职业教育规范。

（二）教师

一般在大学内开展教师培训，目的是提高教师质量、增进职业技能和提高教育标准。完成四年本科学习并获得学士学位的人士才有资格申请教师资格。沙特大学和学院的教育部门开设众多有关教育理论和方法论的课程。所有仅学习某一特定课程的申请者还应申请攻读教育学的其他课程。

技术与职业培训总署是负责职业教师培训的机构。技术与职业培训总署与国际捐助方和其他组织一道，致力于提高所有机构的教师培训的能力和质量。

技术与职业培训总署还参与了一个德资项目（在利雅得建立技师培训学院）并起到了领导作用。该学院采用三年学制，学生毕业后可获得国际公认的本科学位。德国国际合作组织在 2008 年开始该学院建立的筹备工作，在 2009 年招收了第一批学生（150名），并计划在 2012 年招收 1200 名学生。学院的基础设施由技术与职业培训总署负责提供，德国国际合作组织则负责制订学院战略、教学方法、人力资源、行政、教育和技术事宜以及学院的综合管理。①

五、职业技术教育与培训的诉求与发展趋势

（一）诉求

沙特对职业教育与培训的需求正在增多。"学生数量从 1970 年的 54.7 万名上升到 2002 年的 500 万余名。"② 到 2017 年，技术与职业培训总署完成对 50 所技术学院、50 所女子高等技术学院和 180 所工业中等职业学院的改革。改革的第一步就是为大约 50 万名学生，包括 25 万名女学生创造培训岗位。学生将接受以下职业培训，包括 IT、医疗设备处理、水暖工、电工、机械技术员、身体护理和美发等培训。培训的目的是减少沙特阿拉伯技术和职业领域内就业的外国工人的数量。③ 此外，高中毕业生数量的不断攀升向沙特的教育体制提出了严峻的挑战，因此，应该大力发展高等教育和职业教育来吸收这些毕业生。同时还应增加技术和职业培训机构的规模以输出更多的技术工人。经常会碰到这样的现象，毕业生（尤其是女性）往往会面临能力和需求的不匹配的问题，因此，沙特政府正努力采取进一步措施来审核教学大纲和制订培训项目。这些努力应考虑到因科技发展而不断变化的劳动力市场的需要。④

在《2030 年愿景》中，可以看到雄心勃勃的沙特阿拉伯试图打造出一个摆脱石油依赖的现代化经济体。沙特政府近年来已经开始着手调整经济结构，一方面降低对石油产业的依赖，一方面重视发展农业，鼓励自由经济和自由竞争，支持私人及合资企业经营发展项目，以实现经济多元化。⑤

（二）发展趋势

1. 国内经济对石油过于依赖，影响政府对职业教育与培训的投入。

沙特丰富的石油储备、优越的地理位置和特殊的宗教地位，使它能够向整个阿拉伯

---

① Webpage of Deutsche Gesellschaft für Internationale Zusammenarbeit (GIZ) on Technical Trainers College. Accessed: 27 March 2012.

② UNDP(2003).Human Development Reports–Saudi Arabia. Accessed: 27 March 2012.

③ Khan,G.A(2011).Technical training for half amillion youths. In: Arab News, 11 April 2011. Accessed: 27 March 2012.

④ UNDP(2003).Human Development Reports–Saudi Arabia. Accessed: 27 March 2012.

⑤ 沙特经济转型的寓意与现实 [EB/OL].http://business.sohu.com/20160513/n449123382.shtml.2010–08–13.

世界乃至穆斯林世界辐射自己的影响。不过近年来沙特外交局势变得复杂。一是近年来沙特对伊朗频繁介入以及坚持要求叙利亚阿萨德政府下台，支持叙利亚反对派；二是2015年3月以来，沙特对发生在也门的侯塞叛军提供支持，一度影响到海合会内部国家关系。

沙特依靠石油美元维持经济增长，但同时过度依赖石油令其经济波动明显。2014年6月后，国际油价大幅下跌，沙特坚持石油不减产政策，虽然短期内能够以强大外汇储备维持经济稳定，但长期将影响沙特财政政策，未来走势有待进一步观察。目前沙特已经宣布一项名为"愿景2030"的宏大计划，旨在促进经济多元化改革，摆脱对石油产业的依赖。

2. 经济增长方式的调整为职业技术教育培训带来机遇。

近年来，沙特国内通货膨胀压力加剧。自2009年以来，首次出现财政赤字，此后财政赤字逐年攀升。鉴于此，为了缓解财政压力，政府开始削减财政开支。受政府开支减少、居民可支配收入降低、流动性趋紧等因素影响，沙特企业继续面临巨大压力。即使面临货币贬值压力，沙特政府坚称沙特货币里亚尔汇率可以保持稳定并继续盯住美元。受国际油价持续走低影响，市场预测里亚尔将出现贬值，但是沙特政府表示，沙特不会出现经济危机，因为沙特有充足的外汇储备，而且非石油经济在增长。

2016年4月，副王储穆罕默德·本·萨勒曼提出雄心勃勃的《2030年愿景》经济改革方案，目标是通过将国有的沙特阿美石油公司5%股权上市，并把收益注入公共投资基金，借此在2020年前实现平衡财政预算，并结束该国对石油的依赖。这项首次公开招股活动预计会套现2万亿美元，以建立全球最大的主权财富基金，用以保障沙特免受全球石油市场动荡的冲击。此外，其他措施还有开征新税、提高女性劳动参与率，并发展非石油产业。《2030年愿景》的宏大改革计划，目标是通过经济转型以摆脱对石油的依赖，实现经济可持续增长。

（深圳职业技术学院　技术与职业教育研究所　袁　礼）

主要参考文献

[1] 中华人民共和国外交部.沙特阿拉伯国家概况 [EB/OL]. http://www.fmprc.gov.cn/web/gjhdq_676201/gj_676203/yz_676205/1206_676860/1206x0_676862/.2021–08–12.

[2] 中华人民共和国驻沙特阿拉伯王国大使馆经济商务参赞处.沙特阿拉伯的地理环境 [EB/OL]. http://sa.mofcom.gov.cn/article/ddgk/201007/20100707023720.shtml.2017–09–25.

[3] 北京市人民政府外事办公室. 利雅得. 世界著名城市 [EB/OL]. http://www.bjfao.gov.cn/yhjw/famous/asia/6629.htm.2017–08–25.

[4] 对外投资合作国（地区）指南——沙特阿拉伯 [EB/OL]. https://www.yidaiyilu.gov.cn/wcm.files/upload/CMSydylgw/201702/201702100235011.pdf.2017–09–26.

[5] 中华人民共和国国防部. 背景资料：沙特阿拉伯王国 [EB/OL]. http://www.mod.gov.cn/intl/2016–01/19/content_4636882.htm.2017–10–03.

[6] 中国一带一路网. 沙特阿拉伯 [EB/OL]. https://www.yidaiyilu.gov.cn/gbjg/gbgk/854.htm.2017–10–05.

[7] 新华网. 沙特加快经济转型的启示 [EB/OL]. http://news.xinhuanet.com/world/2016–04/12/c_128885078.htm.2010–09–29.

[8] 中华人民共和国驻沙特阿拉伯王国大使馆. 沙特大学及教育机构名录 [EB/OL]. http://www.chinaembassy.org.sa/chn/stgk/t152932.htm.2017–10–08.

[9] 中华人民共和国驻沙特阿拉伯王国大使馆. 沙特重视发展教育 [EB/OL]. http://www.chinaembassy.org.sa/chn/stgk/t152937.htm.2017–10–06.

[10] 联合国教科文组织国际职业技术教育与培训中心. 全球职业技术教育与培训数据库：沙特阿拉伯 [EB/OL]. www.unevoc.unesco.org.2017–08–11.

[11] National Commission for Academic Accreditation and Assessment (2009). National Qualifications Framework for Higher Education in the Kingdom of Saudi Arabia. Accessed: 26 March 2012.

[12] Webpage of Deutsche Gesellschaft für Internationale Zusammenarbeit (GIZ) on Technical Trainers College. Accessed: 27 March 2012.

[13] 沙特经济转型的寓意与现实 [EB/OL].http://business.sohu.com/20160513/n449123382.shtml.2010–08–13.

[14] UNDP. Human Development Reports–Saudi Arabia. Accessed: 27 March 2012.

[15] Khan, G. A. Technical training for half a million youths. In: Arab News, 11 April 2011. Accessed: 27 March 2012.

斯里兰卡民主社会主义共和国

一、国家概况

（一）地理

斯里兰卡民主社会主义共和国（The Democratic Socialist Republic of Sri Lanka），简称斯里兰卡，是印度洋上的岛国，位于南亚次大陆南端，西北隔保克海峡与印度半岛相望。斯里兰卡南北长 432 千米，东西宽 224 千米，国土面积为 65610 平方千米。全国分为 9 个省和 25 个县。[①] 9 个省分别为西方省、中央省、南方省、西北省、北方省、北中央省、东方省、乌瓦省和萨巴拉加穆瓦省。首都科伦坡，面积 37.31 平方千米，素有"东方十字路口"之称，从中世纪起，就是世界上重要的商港。[②] 斯里兰卡属热带季风气候，终年如夏，年均气温 28℃，无四季之分，只有雨季和旱季的差别，雨季为每年 5 月至 8 月和 11 月至次年 2 月，即西南季风和东北季风经过斯里兰卡时。全年降雨量西南部为 2540—5080 毫米，西北部和东南部则少于 1250 毫米。土地肥沃，气候条件优越，盛产热带经济作物，具有发展农业经济的良好条件。[③]

（二）人文

斯里兰卡，古称僧伽罗。公元前 5 世纪，来自印度的僧伽罗人移民至锡兰建立了僧伽罗王朝。公元前 247 年，印度孔雀王朝的阿育王派其子来岛弘扬佛教，受到当地国王的欢迎，从此僧伽罗人摒弃婆罗门教而改信佛教。公元前 2 世纪前后，南印度的泰米尔人也开始迁徙并定居锡兰岛。从公元 5 世纪直至 16 世纪，僧伽罗王国和泰米尔王国之间征战不断。16 世纪起先后被葡萄牙和荷兰人统治。18 世纪末成为英国殖民地。1948 年 2 月获得独立，定国名锡兰。1972 年 5 月 22 日改称斯里兰卡共和国，首都为科伦坡。1978 年 8 月 16 日改国名为斯里兰卡民主社会主义共和国。[④]

1978 年 9 月 7 日，斯里兰卡宪法废除沿袭多年的议会制，改行总统制。宪法也于当

---

① 中华人民共和国外交部 . 斯里兰卡国家概况 [EB/OL].(2021–03–01)[2021–09–24].http://www.fmprc.gov.cn/
② 商务部国际贸易经济合作研究院等 . 对外投资合作国别（地区）指南——斯里兰卡 [R]. 商务部国际贸易经济合作研究院等 .2016.04.04.
③ 斯里兰卡："走出去"公共服务平台对外投资合作斯里兰卡指南（2016 年版）.
④ 中华人民共和国外交部 . 斯里兰卡国家概况 [EB/OL].(2021–03–01)[2021–09–24].http://www.fmprc.gov.cn/

日生效，规定所有官员，包括议员在内，必须宣誓反对分裂主义，维护国家统一。2010年斯里兰卡议会通过了宪法第 18 条修正案，取消对总统任期的限制。斯里兰卡的主要政党有自由党、统一国民党、泰米尔全国联盟、人民解放阵线等。现任总统马欣达·拉贾帕克萨僧伽罗族，佛教徒，自由党主席。斯里兰卡议会为一院制，由 225 名议员组成，任期 6 年。

斯里兰卡人口 2167 万（2018 年）。僧伽罗族占 74.9%，泰米尔族 15.3%，摩尔族 9.3%，其他 0.5%。僧伽罗语、泰米尔语同为官方语言和全国语言，上层社会通用英语。居民 70.1% 信奉佛教，12.6% 信奉印度教，9.7% 信奉伊斯兰教，7.6% 信奉天主教和基督教。

斯里兰卡官方语言和全国语言是僧伽罗语和泰米尔语，商务活动中通用英语。[①]

斯里兰卡为多民族国家，有僧伽罗族、泰米尔族、摩尔（穆斯林）等民族。其中，僧伽罗族占 74.9%，泰米尔族占 15.4%，摩尔族占 9.2%，其他民族占 0.5%。斯里兰卡居民 70.2% 信奉佛教，12.6% 信奉印度教，9.7% 信奉伊斯兰教，此外还有天主教和基督教。

（三）经济

斯里兰卡以种植园经济为主，主要作物有茶叶、橡胶、椰子和稻米。锡兰红茶是重要出口产品，斯里兰卡是世界四大产茶国之一，因此国内经济深受产茶情况的影响。在自由化进程中，增长速度持续加快。斯里兰卡最大优势在于矿业和地理位置，它是一个宝石富集的岛屿，世界前五名的宝石生产大国，被誉为"宝石岛"。所以在经济初期阶段，矿业让它有不少初期发展优势，每年宝石出口可以达 5 亿美元的出口值，红宝石、蓝宝石及猫眼最出名。斯里兰卡主要矿藏还有石墨、宝石、钛铁、锆石、云母等。石墨、宝石、云母等已开采。渔业、林业和水力资源也很丰富。[②]

斯里兰卡的工业基础较为薄弱，以农产品加工和服装加工业为主。在南亚国家中率先实行经济自由化政策。1978 实行经济开放政策以后，大力吸引外资，推进私有化，逐步形成市场经济格局。斯里兰卡经济保持中速增长，2005—2008 年，国民经济增长率连续四年达到或超过 6%，为独立以来的首次。2008 年以来，受国际金融危机影响，斯里兰卡外汇储备大量减少，茶叶、橡胶等主要出口商品收入和外国短期投资下降。斯里兰卡国内军事冲突结束后，政府采取了一系列积极应对措施。国际货币基金组织向斯里兰卡提供 26 亿美元临时信贷安排。当前斯里兰卡宏观经济逐步回暖，呈现出良好发展势头。[③]

---

① 商务部国际贸易经济合作研究院等.对外投资合作国别（地区）指南——斯里兰卡 [R].商务部国际贸易经济合作研究院等 .2016.04:04

② 同上。

③ 中华人民共和国外交部.斯里兰卡国家概况 [EB/OL].(2021-03-01)[2021-09-24].http://www.fmprc.gov.cn/

（四）教育

斯里兰卡一直有重视教育的传统，其教育事业较为发达。斯里兰卡政府自 1945 年起推行从幼儿园一直到大学的免费教育，自 1980 年起向 10 年级以下学生免费分发教科书和校服。斯里兰卡的民众文化水平在南亚国家中名列前茅，2014 年居民识字率达 93.3%，是南亚识字率最高的国家。截至 2015 年底，斯里兰卡有大学 15 所，中小学 1.09 万所，在校学生 441.8 万人，教师 26 万人。[①]

斯里兰卡的教育分为五个层次，即小学（1—5 年级）、初中（6—9 年级）、高中（10—11 年级）、大学预科（12—13 年级）和大学。

小学教育从 5 岁开始，持续 5 年。中等教育包括初中和高中两个层次。初中阶段 4 年，高中 2 年。小学、初中是斯里兰卡立法规定的强制义务教育阶段。斯里兰卡法律规定，所有儿童必须读完初中，但教育部正将强制义务教育阶段推行到高中毕业。

斯里兰卡义务教育施行免费教育，其费用主要由国家提供。但是，学校因经费紧张，常常让家长承担一部分教育费用。当学生进入学校时，家长通常会被要求提供某种方式的捐赠，依据学校的类别和家长的经济能力不等，捐赠从木椅、一袋水泥、一桶油漆到电子设备，甚至一栋建筑的修建。[②] 小学毕业时如通过了国家奖学金考试，可升入更好的初中就读。初中毕业后，学生可以选择升入高中学习，也可以选择不再继续学习转而当学徒或务农。高中毕业后，学生可以参加普通教育证书（GCE）的普通水平（O/L）考试，考试通过可升入大学预科。从预科进入大学则需要通过普通教育证书（GCE）的高级水平（A/L）考试。学生通常经过 3 到 4 年学习取得学士学位。在硕士研究生阶段，学生通常需要 2 年的学习取得硕士学位。在博士研究生阶段，学生通常需要 3 到 5 年的学习取得博士学位。

斯里兰卡的高等教育法源于帝国时代几个优秀的专科学校，包括古佛教徒培训中心。其现代大学系统的雏形可追溯到 1921 年成立的锡兰大学学院（其前身是伦敦大学附属科伦坡皇家学院）。目前，斯里兰卡的大学有科伦坡大学、佩拉德尼亚大学等 15 所国立大学和 17 所提供研究生教育的研究生院。另外，该国还有 Buddhist and Pali 大学，Buddasasravaka Bikkhu 大学等 3 所高等佛学院，专门培养佛学学者和寺院长老，学生毕业后经考试合格也可获得学者称号。[③]

---

① Education First, Sri Lanka–Ministry of Education http://www.moe.gov.lk/sinhala/images/publications/Education_First_SL/Education_First_SL.pdf.

② Sharmila Gamlath, "Freeing" Free Education in Sri Lanka. Asian Education and Development Studies, 2013, Vol. 2 Iss 1.

③ Ministry of Education, Sri Lanka. Education First Sri Lanka［R］. Sisara Printway Private Limited, 2013.

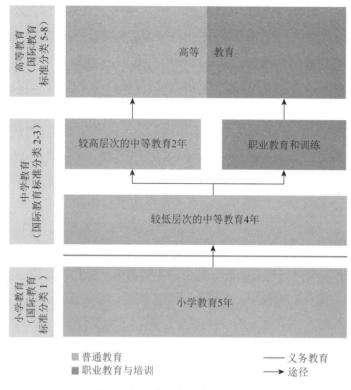

图1　斯里兰卡教育体系结构图

资料来源:由联合国教科文组织国际教育局(2011),《世界教育数据》(第7版)。

二、职业技术教育与培训的战略与法规

(一)战略

斯里兰卡职业技术教育与培训的发展战略,充分体现在《国家战略2010》以及斯里兰卡国家教育委员会和高等职业教育委员会共同编制的《高等教育、职业技术教育国家政策框架》(2009)中,该文件分为三个部分——高等教育、职业技术教育与培训,质量保证、评估与认证,职业指导与咨询,具体内容包括斯里兰卡职教培训的发展背景、财务和资金来源、有效性和就业能力、人力资源管理以及不同教育类型和职业资格的联系。

1.《高等教育、职业技术教育国家政策框架》为职业技术教育与培训(以下简称职教培训)设置了如下具体目标:

第一,创设一个促进职教培训发展和有效实施的法律环境;

第二,确保所有的国立职教培训机构为高等教育和职业教育委员会提供相关年度的统计数据;

第三,要求所有的私立职教培训提供者给高等教育和职业教育委员会提交年度财务和统计报表；

第四，鼓励国立和私营部门的供应商使用基本的成本信息并上传到高等教育和职业教育委员会，生成财务会计报告；

第五，高等教育和职业教育委员会应该建立信息管理系统，以方便各机构财务管理报告的生成；

第六，国家职教培训机构提供的课程内容和课程设置应严格适应经济社会需求并保持其在国家和国际上的竞争力；

第七，促进工业部门的雇主积极参与国立职教培训机构的教育教学，并参加课程开发；

第八，国家职教法律规定应确保培训机构更多的财政自主权；

第九，充分使用国家职教培训机构资源，优化课程设置；

第十，国家向非国有部门的职教培训机构提供援助；

十一，鼓励正式、长期的公私合作，建立混合所有制的职业教育与培训机构；

十二，捐助者／贷方资金的使用与国家发展计划中对职教培训部门的规定一致；

十三，多渠道提供充足的职教培训机构资金；

十四，国家职业资格认证应在职业教育与培训机构、内容传授方法和教育与培训的综合评价过程中设置能力标准；

十五，为认证的工艺人员建立起与国家职业资格证书相匹配的工资表；

十六，国有部门岗位招聘应遵循国家职业资格能力标准；

十七，鼓励职教培训机构之间建立伙伴关系，合作开展培训课程，培养工业发展所需的人才；

十八，以国际标准培训职教人才，创造更好的国外就业机会；

十九，培养学生创业技能，提高自身创业能力；

二十，为弱势群体设计个性化的职教／培训；

二十一，发展员工职前培训和在职培训；

二十二，制定和实施绩效评估体系；

二十三，针对每个培训组织，制定并实施有效、公平、系统的内部提升方案；

二十四，通过短期技术项目将职教培训领域的资源拓展到普通教育系统；

二十五，为没有直接进入高等教育的离校生提供无缝衔接的职教培训，使他们在职教培训体系内继续接受教育；

二十六，在职教研究、课程开发和政策领域内与高等教育机构建立联系；

二十七，建立一个标准化体系，鉴定国家职业资格证书框架下的课程项目。[①]

① 全球职业技术教育与培训数据库：斯里兰卡.编制：UNESCO–UNEVOC联合国教科文组织国际职业技术教育与培训中心.www.unevoc.unesco.org.2012年11月.

2. 国家战略（2010）为斯里兰卡弱势群体提供职教培训。建立包容性的职业培训体系将有助于缓解造成冲突和社会紧张局势的根源，建立社会凝聚力，促进社会的稳定。该战略，有针对性地确定了 6 个弱势群体。这 6 个群体享有的技能培训机会较少且容易在就业中遇到困难，具体范围包括：

·处境不利的妇女，特别是那些支柱型的家庭成员；
·残疾人（精神和身体）；
·处境不利的青年（包括辍学和以前的童工）；
·穷人（包括来自种植园、农村地区的和城市失业人员）；
·受冲突影响的人（包括国内流离失所者和战斗员）；
·流动工人的家庭成员。

国家战略（2010）规定的 9 个战略目标构成了提高弱势群体职教培训的框架，内容包括：

·认识到弱势群体的培训是实现国家经济社会发展的优先事项；
·建立信息系统协调行动和绩效评估；
·确保充足资金；
·建立职业指导与咨询机构；
·扩大培训供应商网络，扩大外联；
·采用灵活和创新的培训方法；
·合并生计和生活技能培训；
·培训与就业支持相结合；
·发展培训提供者的包容性文化。[①]

（二）法规

《高等教育与职业教育法案》（1990 年第 20 号）是指导斯里兰卡职教培训的主要法律文件。该法案提出成立高等教育与职业教育委员会。该法案 1999 年第 50 号修正案提出使国家教育委员会和高等职业教育委员会成为一个法定机构。2012 年，再次提出该法案的修正案。[②]

三、职业技术教育与培训的体系与质量保障

（一）体系

斯里兰卡的正规职教培训部门包括 348 个公共部门培训中心和大约 670 个活跃的私

---

① Vocational Training in the North and East of Sri Lanka. https:// A0LEVzx3mOVZAKMALTdXNyoA;_ylc=X1MD Mjc2NjY3OQRfcgMyBGZyA3lmcC10BGdwcmlkA0ZUazgwQ05aU1VxWUVsd.

② 全球职业技术教育与培训数据库：斯里兰卡. 编制： UNESCO–UNEVOC 联合国教科文组织国际职业技术教育与培训中心 .www.unevoc.unesco.org.2012 年 11 月 .

人和非政府组织培训中心。

此外，斯里兰卡有大量非正规职业技术教育与培训集中于 IT 行业，职业在征收费用的基础上提供。然而，这里有一个由国家和国际慈善机构资助的分布很广的无费用征收机构的网络。①

斯里兰卡国家职业资格框架认识到通过非正式学习获得的能力有：

· 工作经验；

· 生活经验；

· 自我导向学习；

· 非正式无认证的学习；

· 正式认证的学习；

· 非正式无认证的学习；

· 在职培训；

· 远程教育或开放学习；

· 社区学习；

· 海外教育、培训或经验。

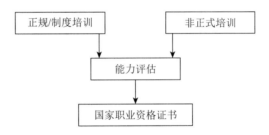

图 2　斯里兰卡职业技术教育与培训结构图 ②

（二）保障

1. 国家资格框架

国家能力标准是教育与工业界协商制定的，职业技术与培训课程、培训指导、实习指南和资源评估都基于国家能力标准编写。能力标准是界定获取相关知识、能力和态度有关技能、标准和活动能力单位的文件。能力单位根据特定行业的行业要求确定。

职业技术教育与培训的评估基于能力导向，系统针对发达国家的资格认证体系标准。框架中包括能力本位的培训课程和相关的培训、学习和评估材料，以及培训提供者及其课程的注册和认证要求。

斯里兰卡国家职业资格框架操作手册是由高职高专教育委员会在国家学徒和工业培

---

① Vocational Training in the North and East of Sri Lanka. https:// A0LEVzx3mOVZAKMALTdXNyoA;_ylc=X1MD Mjc2NjY3OQRfcgMyBGZyA3lmcC10BGdwcmlkA0ZUazgwQ05aU1VxWUVsd.

② 图表摘自斯里兰卡国家教委（2012）.国家职业资格证书.

训机构、职业训练局、技术教育部、国家青年服务局和国家工艺教育学院的援助下编制的。斯里兰卡国家职业资格框架手册的提纲概述了所有能力等级的商定政策和流程实施。

斯里兰卡国家职业资格框架包括 7 个资格等级。每一级都描述学习过程与要求以及涉及的职业责任。

表 1　斯里兰卡资格等级概况

水平等级	资　格	一 般 描 述
水平1	国家合格证书	第1级承认获得入门级能力
水平2、3、4	国家合格证书	第2、3、4级承认能力的提高，第4级资格要求提供充分的技艺/工艺
水平5、6	国家毕业文凭	第5级和第6级承认技术人员的能力日益增强，包括监督和过程管理
水平7	学士学位	第7级承认学士学位水平的职业/技术能力

表 2　各级各类国家职业资格

水　平	授　予	描　　述
1	结业证书	对于具备基本技能和入门级能力的工匠
2	结业证书	对于需要直接和定期监督的工匠
3	结业证书	对于偶尔需要指导的工匠
4	结业证书	对于可以独立工作的工匠
5	毕业文凭	监事
6	高级文凭	经理
7	学位相当	决策者

表格摘自国家教育委员会方案（2012）。国家职业资格证书。

2. 质量保障

斯里兰卡技术和职业教育委员会负责认证职业技术教育与培训的机构和课程。课程认证评估是基于国家能力标准中列出的斯里兰卡国家职业资格框架。授予课程认证前，技术和职业教育委员会评估以下课程构成要素：

- 包括每个模块持续时间的课程 / 年度计划；
- 包括每项任务或任务集群持续时间的每个模块的培训计划 / 方案；
- 所有模块的每节课教案；
- 每周的时间表；
- 培训师日常记录 / 教师日志；
- 实习生日记 / 理论笔记和实用练习册；

·涵盖所有任务持续性评估的评估标准；

·学员评估记录书。

除了以上要求，以下资源同样被进行评价：

·组织课程所需训练措施的有效性；

·培训人员的足量和资格；

·教室和讲习班有足够的空间和训练环境；

·管理和记录。

注册的主要目的是确保公共和私营 TVET 机构的培训质量。培训机构的注册给学生、家长、雇主、政府和所有利益相关者以信心，其培训内容、学生评价和认证符合规定标准。

授予 TVET 机构注册证书，基于对 TVET 机构充分性和关联性基础设施、培训设备、教师资格、课程与培训传递的评估。根据设定标准高等教育与职业教育委员会定制了一个四级排序系统。

·C 级：勉强可接受临时注册。注册有效期为 2 年。

·B 级：完全可接受临时注册。注册有效期为 3 年。

·A 级：获得 B 级或 C 级且有 50% 以上的课程都是被认可的。注册有效期为 3 年。

·A+ 级：获得 A 级并且建立起质量管理体系。[①]

四、职业技术教育与培训的治理与教师

（一）治理

斯里兰卡的教育实行中央和省级水平的共同治理。教育部负责制定国家政策和计划，管理公立学校、教师教育和提供质量保证。省议会负责执行教育政策。9 个省各有省教育部，由省部长领导，由主任书记和省教育厅长协助。各省又分为教育区，由区域教育办公室管理。每个区大约有 100 至 130 所学校。这些区进一步划分为由分区主任领导的分区，协助分区主任的工作。

《高等教育和职业教育法》（1990）第 20 条规定设立高职高专教育委员会（TVEC）。该委员会负责政策制定、规划、协调和发展各级高等职业教育。它致力于建立一个国家认可的颁发高等教育和职业教育奖励的制度；维护学院、专门机构和其他提供高等教育与职业教育机构的教学与培训标准。

全国学徒和工业训练局在 1971 年第 49 号《国家学徒条例》的规定下确立为国家学徒制典范。根据 1990 年第 20 号《高等和职业教育法》更名为国家学徒和工业训练局。全国学徒和工业训练局针对小、中、大型企业进行全岛范围内的培训项目。

---

① Technical and Vocational Education and Training https://search.yahoo.com/search;_ylt=A0LEVzx3mOVZAKMALTdXNyoA;_ylc=X1MDMjc2NjY3OQRfcgMyBGZ.

国家商业管理研究所成立于 1968 年，后纳入国会 1976 年第 23 号法案。该研究所为公共和私人机构关于计算机使用、咨询服务和生产力的提高提供培训课程。

技能发展基金有限公司是一家政府和私营部门共同管理下的集体企业。该基金有限公司于 1999 年成立，以满足雇主的人力资源发展需要。这是一个由董事会管理的自筹资金的组织。

国家人力资源开发理事会负责人力资源政策开发，实施人力资源发展计划，学习、研究和调查，以及组织与人力资源发展有关的研讨会和讲习班。

国家青年奖管理局致力于激励年轻人的态度。它负责为青年授予国际认可的证书和奖章，并创造机会改善其国际经验。管理局在学校举办培训课程。

国家青年团于 2003 年通过 2002 年第 21 号议会法案发起。它包括 43 个区域培训中心，开设个人发展、职业指导、民族遗产、美容技能和就业导向的职业技能培训课程。

青年服务有限公司是在国家青年服务委员会的指导和财政援助下设立的，目的是筹集资金执行青年项目和设计培训方案，以提高青年的就业能力。

农村干部培训国际中心协助开展由政府和非政府组织提供的培训服务，快速有效。

国家渔业和航海工程研究所根据第 36 号议会法于 1999 年成立，是一个渔业及相关领域的教育和培训机构。该机构目前提供一系列远程的证书和文凭课程；以及三个学位课程。

全国青年服务合作社有限公司通过提供创业培训、贷款方案和自雇就业指导鼓励青年创业者；并建议从传统银行借贷。

职业培训局在 1995 年斯里兰卡第 12 号《职业培训局法》的规定下建立，通过 6 个国家职业培训机构，22 个区域职业培训中心和 218 个农村职业培训中心网络为农村青年提供技能培训。

锡兰德国技术培训学院的主要目标是发展汽车技术和其他技术交易。该学院提供汽车培训，旨在将其视为汽车行业培训的卓越中心。

全国青年服务委员会是由 1979 年第 69 号议会法案规定建立。该委员会实施年度青年项目和相关开发人的创造力、艺术、技术和领导能力的项目；致力于鼓励志愿者的参与。

斯里兰卡印刷学会是以提高印刷业的质量为目标建立的。它提供印刷技术与管理方面的培训，并通过国际合作促进有关新技术的知识。[①]

（二）财政投入

在斯里兰卡，私营部门已经负担过重的税收，这使征收培训费困难重重。然而，市场技能是社会中不能承担职教培训技能获取成本的最贫困的人最需要的。因此，很大一部分教育和培训是免费提供的，并且还会有每日津贴。一些公共培训机构对诸如计算机、

---

① 全球职业技术教育与培训数据库：斯里兰卡. 编制： UNESCO–UNEVOC 联合国教科文组织国际职业技术教育与培训中心 .www.unevoc.unesco.org.2012 年 11 月 .

美容、面包烘焙等高需求课程收取费用，并从事与培训相关的生产以产生收入。为提高职业教育的管理和融资，高等教育和职业技术国家政策框架设置了如下目标：

· 确保国有部门所有 TVET 机构为 TVEC 提供相关年度统计数据；

· 要求所有注册的私营部门的 TVET 提供者对 TVEC 提交年度财务和统计报表；

· 鼓励国有和私营部门的供应商使用基本的成本信息并上传到 TVEC 生成财务会计报告；

· 建立管理信息系统，促进机构财务管理报告的生成；

· 国家 TVET 机构的课程和课程设置应严格适应经济社会需求并保持在国家和国际竞争的水平；

· 加强工业部门雇主在设计由国有 TVET 机构提供课程的积极参与；

· 国家 TVET 机构的法律规定应确保更多的财政自主权；

· 合理的课程设置优化国家 TVET 机构资源的利用；

· 国家在必要时向非国有部门的 TVET 机构提供援助；

· 鼓励正式、长期的公私合作机构和培训中心的建立。[1]

（三）教师

截至 2012 年 1 月，斯里兰卡有 382 个培训中心为教师提供培训，这些中心由青年事务与技能发展部管理。中心将培训师分为 3 类，即 permanent（1191 人），contract（721 人）和 visiting（1339 人），共计 3251 员工，他们为各类教师提供培训。斯里兰卡国家工艺教育学院（后来升格为职业技术大学）是一所特殊的教师培训机构，设有专门的教育技术学科，目的是促进职业教育与培训部门员工的发展。该大学为教师提供本科技术教育并且为职业培训师和技术顾问提供短期培训课程。[2]

五、职业技术教育与培训的诉求与发展趋势

（一）诉求

斯里兰卡经济目前仍处于 27 年战乱困扰后的恢复时期。由于战后巨大的军事设施维护耗费了大量防务开支，斯里兰卡政府致力于尽快恢复本土经济，加大基础设施的投入，积极推动经济从农业向工业及服务业转型。据统计，2013 年农业在斯里兰卡国内生产总值中的比重已从 2000 年的 20% 下降到 11%，工业从 27% 上升到 33%，服务业从 53% 增加到 57%。经济的转型增加了对熟练和技术性劳动力的需求。对此，斯里兰卡马欣达愿景提出的目标是：实现斯里兰卡经济以年均 8% 的速度增长，努力使斯里兰卡成为商业、

---

① Vocational Training in the North and East of Sri Lanka　https:// A0LEVzx3mOVZAKMALTdXNyoA;_ylc=X1M DMjc2NjY3OQRfcgMyBGZyA3lmcC10BGdwcmlkA0ZUazgwQ05aU1VxWUVsd

② 全球职业技术教育与培训数据库：斯里兰卡．编制：UNESCO-UNEVOC 联合国教科文组织国际职业技术教育与培训中心．www.unevoc.unesco.org.2012 年 11 月．

能源和知识中心。然而，要实现之一目标必须要有一个熟练而充满活力的劳动力市场。世界银行2017年7月11日发布的最新报告称，斯里兰卡劳动力缺乏高技术技能将威胁其经济的持续增长及全球竞争力。报告指出，斯里兰卡劳动力缺乏技术和软技能削弱了私营部门经济增长并对国家长远发展规划——马欣达愿景的实现产生不良影响。[①] 世界银行2017年6月向斯里兰卡提供1.015亿美元信贷用于劳动力职业培训及相关发展计划。

（二）发展趋势

为了应对恢复经济所需高技能劳动力严重不足的问题，斯里兰卡政府开展了一系列技能发展项目，主要目标是通过提高国家的技能竞争力来支持政府的经济增长和减贫战略，以建立高素质的劳动力队伍，解决斯里兰卡市场中劳动力技能的不匹配问题。

第一，提高技能培训计划的质量和相关性；

第二，制度建设与人力资源开发；

第三，提高教学和培训员工的学历；

第四，提高技术教师的技术和工业技能。

（深圳职业技术学院　技术与职业教育研究所　宋　晶）

主要参考文献

[1]《高等教育、职业技术教育国家政策框架》(2009)

[2]《高等教育与职业教育法案》[1990 第 20 号]

[3] 中华人民共和国外交部 . 斯里兰卡国家概况 [EB/OL].(2021-03-01)[2021-09-24].http://www.fmprc.gov.cn/

[4] 商务部国际贸易经济合作研究院等 . 对外投资合作国别 (地区) 指南——斯里兰卡 [R]. 商务部国际贸易经济合作研究院等 .2016.04: 04.

[5] 斯里兰卡："走出去"公共服务平台对外投资合作斯里兰卡指南 (2016 年版)。

[6] Education First, Sri Lanka–Ministry of Education.

[7] 全球职业技术教育与培训数据库：斯里兰卡 . 编制：UNESCO-UNEVOC 联合国教科文组织国际职业技术教育与培训中心 .www.unevoc.unesco.org.2012 年 11 月 .

[8] Vocational Training in the North and East of Sri Lanka https://A0LEVzx3mOVZAKMA-LTdXNyoA;_ylc=X1MDMjc2NjY3OQRfcgMyBGZyA3lmcC10BGdwcmlkA0ZUazgwQ05aU1VxWUVVVVsd.

---

① 劳动力技能不足威胁斯里兰卡经济持续增长及全球竞争力，新华网 [EB/OL] (2017-07)http://news.xinhuanet.com/world/2014-07/12/c_126743744.htm

[9] Technical and Vocational Education and Training https://search.yahoo.com/search;_ylt=A0LEVzx3mOVZAKMALTdXNyoA; _ylc=X1MDMjc2NjY3OQRfcgMyBGZ.

[10] 新华网. 劳动力技能不足威胁斯里兰卡经济持续增长及全球竞争力 [EB/OL]. (2017–07) http://news.xinhuanet.com/world/2014–07/12/c_126743744.htm.

[11] National Education Commission (2012). Accreditation of training courses. Accessed: 20 July 2012.

[12] Webpage of the State Ministry of Youth Affairs. Accessed: 20 July 2012.

塔吉克斯坦共和国

一、国家概况

（一）地理

塔吉克斯坦共和国（The Republic of Tajikistan），简称塔吉克斯坦，是位于中亚东南部的内陆国家。塔吉克斯坦国国土面积 14.31 万平方千米，北邻吉尔吉斯斯坦，西邻乌兹别克斯坦，南与阿富汗接壤，东接中国。东西长 700 千米，南北宽 350 千米。境内多山，约占国土面积的 93%，有"高山国"之称。塔吉克斯坦境内的帕米尔号称"世界屋脊"，无疑是中亚的制高点。塔吉克斯坦境内水力资源可观，大部分河流属咸海水系，湖泊多分布在帕米尔高原，其中喀拉湖最大，海拔在 3965 米。帕米尔山西部终年积雪，形成巨大的冰河。雪山景色美丽。塔吉克斯坦全国分为三州、一区、一直辖市：索格特州（原列宁纳巴德州）、哈特隆州、戈尔诺－巴达赫尚自治州、中央直属区和首都杜尚别市。塔吉克斯坦全境属典型的大陆性气候，春、冬两季雨雪较多，夏、秋季节干燥少雨，高山区随海拔高度增加大陆性气候加剧，南北温差较大。[①]

（二）人文

塔吉克民族是中亚的一个古老民族。公元 9—10 世纪，塔吉克人建立马尼德王朝，塔吉克斯坦民族文化、风俗习惯基本形成于这一历史时期。13 世纪被蒙古鞑靼人征服。14—15 世纪属帖木尔后裔统治的国家；16 世纪起加入布哈拉汗国。1868 年，北部一部分并入俄国；1917 年 11 月至 1918 年 2 月，北部建立苏维埃政权；1924 年 10 月 14 日成立塔吉克苏维埃社会主义自治共和国，属乌兹别克苏维埃社会主义共和国；1991 年 8 月底定国名为塔吉克斯坦共和国，同年 9 月 9 日宣布独立，苏联解体后加入独联体，内战爆发。1997 年 6 月，在莫斯科签署《关于在塔实现和平和民族和解总协定》，开始了民族和解进程。2006 年 11 月 6 日，塔吉克斯坦在国际社会监督下举行总统选举。[②]

塔吉克斯坦人口 960 万人（截至 2021 年 3 月），男女比例 1:7。官方语言为塔吉克语，属波斯语系，是中亚五国中唯一主体民族非突厥族系的国家。国土总面积 143100 平方千

---

① 中国一带一路网.塔吉克斯坦概况 (2021–07–01)[2021–09–27]. https://www.yidaiyilu.gov.cn/
② 深圳市政府政策研究室：《中亚五国国情研究》，2016 年 9 月。

米。塔吉克斯坦共和国是个多民族国家，目前已有 86 个民族。主体民族为塔吉克人，占 80%，乌兹别克人占 8%，俄罗斯人占 1%。此外，还有帕米尔、塔塔尔、吉尔吉斯、土库曼、哈萨克、乌克兰、白俄罗斯、亚美尼亚等民族。居民多信奉伊斯兰教，多数属逊尼派，帕米尔人属什叶派伊斯玛仪支派[①]。塔吉克人对马术情有独钟，对射箭和射击项目非常有兴趣。

（三）经济

塔吉克斯坦自然资源丰富，以有色金属（铅、锌、钨、锑、汞等）、稀有金属、煤、岩盐为主，此外还有石油、天然气、丰富的铀矿和多种建筑材料。水力资源丰富，位居世界第八位，人均拥有量居世界第一位，占整个中亚的一半左右。塔吉克斯坦经济基础相对薄弱，结构较为单一。1991 年苏联解体后的政治经济危机以及多年内战使塔吉克斯坦国民经济遭受严重破坏。塔吉克斯坦经济从 1997 年开始逐步回暖。1995 年塔吉克斯坦确立了以市场经济为导向的国家经济政策、推行私有化改制，并开始实施《深化经济改革和加快向市场关系过渡的紧急措施》和《1995—2000 年经济改革纲要》。2000 年 10 月成功发行国家新币索尼，初步建立国家财政和金融系统，开始逐步完善税收、海关政策。2003 年，塔吉克斯坦政府制订国家工业发展政策，有效利用国家资源优势，加大生产技术革新力度，逐步提高产品加工水平和产品竞争力。2005 年新一届议会选举之后，经济继续保持着平稳的发展态势，连续多年的通货紧缩局面得到改善，人均收入开始有所增加，各项经济指标均得到提高。2020 年，塔吉克斯坦国内生产总值约 73 亿美元，同比增长 4.5%，人均 GDP 约 773 美元。

（四）教育

塔吉克斯坦政府认识到教育在推动经济社会发展中的作用，目前正着力推进教育兴国战略，对教育部门进行改革，加大了资金投入。近年来塔吉克斯坦教育事业得到快速发展，学校数量和在校生人数均大幅增加，女性受教育的权利也基本得到了保障。塔吉克斯坦与亚洲多个国家和地区展开了教育国际合作，使公民有机会在中国等国家接受高等教育。目前塔吉克斯坦的教育体系包括学前教育、小学教育、初中教育、高中教育和大学教育。[②]

小学教育：塔吉克斯坦目前对 7—11 岁的儿童实行为期 4 年的小学教育。

初中教育：塔吉克斯坦初中实行 5 年制教育，大多数学生接受初中教育后就不再读书，离开教育体系的学生进入劳动力市场，成为不熟练的工人。塔吉克斯坦是一个贫穷的国家，那里的教师工资较低，教学标准和设施水平都比较薄弱。

高中教育：高中阶段的教育包括普通高中、职业技术教育和综合中学（整合了不同

---

① 中华人民共和国商务部官网. 塔吉克斯坦人口及民族构成 [EB/OL]. (2021-07-01)[2021-09-27]. http://tj.mofcom.gov.cn/.

② Tajikistan Education System–Classbase.

类型课程的高中）。在完成初中教育后，学生可以选择接受高等教育或者职业教育。高中学制 2 年。

职业教育：政府缺乏足够的资金来支持职业教育发展，近年来，欧洲成人教育协会一直在与政府合作，以帮助解决这一问题。①

表 1　塔吉克斯坦教育结构

教育阶段	年　龄	教育年限（年）
小学	7—11	4
初中	11—16	5
高中	16—18	2
职业学校		3

塔吉克斯坦全国目前有各类高等学校 33 所，教师共计 8231 人，全国在校大学生 15.6291 万人，其中，女生比例为 29%。在 2008—2009 学年招收新生 3.0324 万人，毕业生 2.1293 万人，研究生 1161 人。各类科学研究机构 56 所，其中杜尚别 42 所，2014 年，科研人员共 3735 人，在读研究生 1161 人，女性 436 人。中等职业技术学校（包括分校）52 所，在校学生 3.4134 万人。②

塔吉克斯坦主要的大学包括：塔吉克斯坦国立大学、塔吉克斯坦技术大学、塔吉克斯坦师范大学、斯拉夫大学、胡占德大学、塔吉克斯坦经济学院、塔吉克斯坦农业大学、塔吉克斯坦医科大学、胡乔州立大学、库尔干秋别国立大学、库利亚布国立大学、霍罗格国立大学等。其中，规模较大、历史最悠久的是 1932 年成立的胡乔州立大学，该学校有 76 个院系，包括数学、物理与工程、艺术与图形学、控制学、外语、管理与计算机技术学院、俄罗斯语言学、乌兹别克语言学、教育与教学、塔吉克语言学、东方语言、自然科学、历史、金融、市场经济与艺术等。

二、职业技术教育与培训的战略与法规

（一）战略

塔吉克斯坦职业技术教育与培训的目标有两个：一是致力于建立一个完善的国家职业资格框架体系，通过高质量的职业资格来培养合格工人，以满足塔吉克斯坦当前和未来劳动力市场的需要；二是减少贫困，给年轻人和成年学生提供工作机会使他们过上体

---

① Consider CTU Advantages Career-focused degree programs & dedicated faculty with industry-relevant experience. online.coloradotech.edu.
② 塔吉克斯坦 [2011-08-18]. http://www.mod.gov.cn/bcd/2011-08/18/content_4291521.htm.

面的生活。① 塔吉克斯坦实施的具体国家发展战略包括：

（1）《减贫战略》（2010—2012），确定主要目标是通过发展经济，来持续提高民众的生活质量，特别是保障弱势群体的生活质量。该战略特别强调：职业技术教育是实现减贫战略中起到关键作用。

（2）塔吉克斯坦国家教育发展计划（National Education Development Programme 2010—2015），主要目标是在教育领域建立新的制度监管机制、革新当前教育结构和内容、改进教育课程的发展方向、建立终身教育体系、明确教育公共政策的优先发展领域。该计划构成了塔吉克斯坦当前职业技术教育与培训战略的开发依据。

（3）2015 年教育制度改革战略，旨在大力推行教育制度全面改革，积极尝试高等职业教育体制改革，培养具有创造性思维、渊博知识且全面发展的高素质公民。②

（二）法规

塔吉克斯坦在独立后陆续出台了一系列教育法律法规以及保障中等和高等教育有序进行的法规和决议。其中，《教育法》、《语言法》和下列一系列法规构成了职业技术教育与培训应遵循的法律法规体系。③

1. 塔吉克斯坦共和国《宪法》，1994 年通过，2003 年最新修版。宪法制定了所有级别教育的国家标准，包括基础教育和高等教育。

2. 塔吉克斯坦共和国《语言法》，1989 年。

3. 塔吉克斯坦共和国《教育法》，1993 年首次通过，2004 年最新改版。

4. 国家中等和高等职业教育标准，1998 年。

5. 塔吉克斯坦共和国《语言法》，1999 年。

6. 塔吉克斯坦共和国《高等职业教育及大学毕业后职业教育法》，2003 年。

7. 塔吉克斯坦共和国政府《关于考核、认证和授权设立教育机构的决议》，2003 年。

8.《民族教育方案》，2003 年。

9.《2004—2009 年教育改革实行纲要》，2004 年。

10.《培养 2005—2010 年教育行业专家国家计划》，2004 年。

11. 塔吉克斯坦共和国《教育领域 2005—2015 年财政拨款方案（草案）》，2004 年。

三、职业技术教育与培训的体系与质量保障

塔吉克斯坦职业教育系统包括：

---

① "State Concept of Vocational Education and Training System Reform in the Republic of Tajikistan". Decree no. 387 of the Government of the Republic of Tajikistan, 1 October 2004.

② THE REFORM OF VOCATIONAL EDUCATION AND TRAINING IN THE REPUBLIC OF TAJIKISTAN，Luxembourg: Office for Official Publications of the European Communities, 2006.

③ Education Development Strategies for Asian Countries in the New Century—·Tajikistan，Symposium of Education Forum for Asia

1. 职业学校（基础职业教育）

·学生在 9 年级毕业之后，进入职业学校进行 10—11 年级的学习，毕业后发给职业资格证书。

·学生在 9 年级毕业之后，进入职业学校接受完整中等教育 10—12 年级，毕业后颁发"完整中等教育"证书和职业资格证书。

·学生在 11 年级毕业后，进入职业学校进行 12—13 年级的学习（中等教育后的基础职业教育），毕业后颁发职业资格证书。

2. 专业中学（中等职业教育）

·中等技术教育结合完整中等教育等级 10—13 级，在此基础上颁发中等专业教育证书；

·中等职业教育后的中级技术教育等级为 12—13 级，初级职业教育后为 13—14 年级，之后颁发中等专业教育证书。

3. 高等职业教育机构

进行两年的专科教育，之后可攻读本科。获得学士学位后的两年可攻读硕士学位、博士学位。

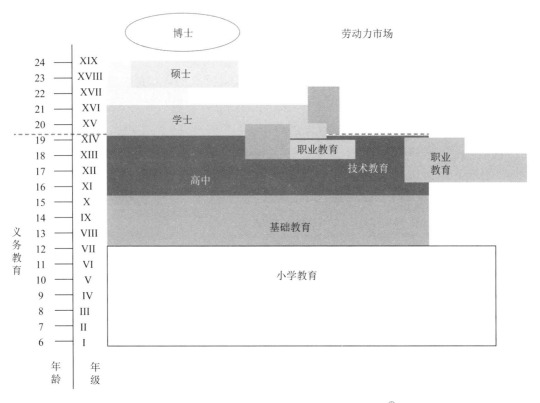

图 1　塔吉克斯坦的职业技术教育与培训体系图 ①

————————

① Information provided by MoLSP, March 2004. Decree 96 of the Government of the Republic of Tajikistan, State Education Standard of Higher Professional Education, February 23, 1996.

当前，塔吉克斯坦的职业和技术教育，几乎完全由公立学校提供，没有私立的职业技术教育机构。塔吉克斯坦的基础职业学校曾经隶属于大型工业、服务和农业企业，自1996年起由教育部管理。这些学校历来是非常注重技能的，训练学生在指定的企业中从事半熟练和熟练的工作。学校中也设有工作坊供学生实践使用。

2003—2004学年间，塔吉克斯坦有71所职业学校、3个就业服务中心和9个商业中心面向社会提供基本的职业培训。在所有的职业学校中，大约有54所是农村地区的，以农业技术为主的职业学校。职业学校的规模也相对较小，平均有40名员工，约350名注册学生。有58所专业中学，其中8所已进入与高等教育机构合作。

四、职业技术教育与培训的治理与教师

（一）治理

塔吉克斯坦教育部负责对职业技术教育实施总体管理，管理的内容包括但不限于对职业课程的教育内容进行全面管理、制定职业技术教育的标准、开发相关的课程和教材、决定职业岗位的资格证书。就具体的职责而言，教育部下属的职业技术教育办公室负责政策与立法的编制、国家职业教育标准的制定，并对全国职业技术教育与培训进行全面的管理和监督。下属的职业技术教育科学方法中心负责制定课程和教学计划、编写教科书和手册、并在技术层面组织落实，引进介绍国外的先进经验和方法。劳动和生活保障部管辖的职业学校主要为在职人员提供职业技术培训。

塔吉克斯坦的职业技术教育资金来源主要通过教育部提供支持。同时，劳动与社会保障部也会为部分学校提供资金支持，供其支付学生技能训练所需的社会成本支出。[1]近年来，塔吉克斯坦劳动、移民及就业部向亚洲银行申请了3200万美元的资金贷款，组织开展了一项塔吉克斯坦职业技术教育发展计划，以解决塔吉克斯坦志愿军教育课程陈旧所导致的毕业生劳动技能满足不了劳动力市场需求的问题。该项目的核心是促进该国职业技术教育与培训系统的升级换代，计划更新29所职业技术教育机构的硬件设施。该计划将在2021年完成。[2]

（二）教师

由于所获得信息的局限，我们仅了解到在2004年，塔吉克斯坦职业院校正式聘用的专业教师（含全职、兼职教师和培训师）有3120名，其中约25%的工作人员是女性；超过一半的职业理论教师和实际培训师曾经接受过技术教育，其余的绝大多数都接受过高等教育[3]。详情如下表所示：

① THE REFORM OF VOCATIONAL EDUCATION AND TRAINING IN THE REPUBLIC OF TAJIKISTAN.

② 据塔吉克斯坦"AVESTA"网站2015年11月10日报道，http://finance.sina.com.cn/roll/20151110/202423730900.shtml.

③ THE REFORM OF VOCATIONAL EDUCATION AND TRAINING IN THE REPUBLIC OF TAJIKISTAN, Luxembourg: Office for Official Publications of the European Communities, 2006.

表 2　职业学校专业人员的教育水平（2004 年 1 月 1 日）

	人数	高等教育（%）	职业教育（%）	其他教育（%）
管理人员	322	88*	12	0
实际培训师	1509	40	56	4
社会科目教师	152	100	0	0
通识教育教师	620	71	29	0
职业理论教师	305	47	53	0
其他人员	212	67	31	2

* 董事和副董事几乎都受过高等教育，而高级硕士只有 50%。

资料来源：2004 年 3 月，劳动和社会保护部兽医部。

位于首都杜尚别的技术师范学院和其在苦盏（塔吉克斯坦第二大城市）的附属机构提供 6 个专业领域技能训练师的教育。2005 年，这两所学校共有在校生 1158 名，毕业生 202 名。

表 3　专业技术师范学院的毕业人数（2003—2005 年度）

	2003	2004	2005
技术服务和汽车维修	50	77	53
农业机械	8	30	27
缝纫	15	36	25
工业与民用工程	10	15	26
汽车和汽车运输服务	–	5	32
电力	–	6	39
总计	83	169	202

五、职业技术教育与培训的诉求与发展趋势

（一）诉求

塔吉克斯坦经济基础相对薄弱，结构较为单一，政治经济危机以及多年内战使该国国民经济遭受严重破坏，经济损失总计超过 70 亿美元。① 因塔吉克斯坦本土经济规模相对较小，其经济发展对国际社会依赖比重很高。与经济发展密切关联的职业技术教育与

---

① 中国驻塔吉克斯坦大使馆经济商务参赞处 . 对外投资合作国别（地区）指南 [R].——塔吉克斯坦 . 商务部出版社，2014:18.

培训同样面临着生存与发展困境。

第一，塔吉克斯坦虽然推出有利政策来促进私有化，但却并没有导致私营部门的快速增长。除农业之外，还没有明确的技能发展需求的迹象。

第二，高学历，低就业。受过高等教育的人从事的工作是由教育水平较低的人填补的。职业学校毕业生劳动力市场状况的相对恶化是这些过程的结果。

第三，私人农场主数量的增加和农产品的多样化，意味着农业领域的职业技术教育不能再继续专注于旧式国有农场的工作，而必须适应新类型农业发展的需求，需要更广泛的技能和知识。

第四，资金大部分来自国际金融组织的贷款，而非塔吉克斯坦教育部。1990—2000年之间，政府的教育预算急剧下降。劳动力技能不断恶化，主要原因是缺乏预算资金。

第五，越来越多的合格教师因为薪水低和工作条件差而离开。

第六，课程和教学辅助工具急需现代化。[1]

（二）发展趋势

塔吉克斯坦政府认识到职业技术教育在恢复、发展经济以及减少国民的贫困中的重要作用，提出了大力发展职业技术教育的国家战略。塔吉克斯坦当前正在推进的职业技术教育与培训的主要举措代表着该国职业技术教育与培训的发展趋势。

1. 努力构建高质量的职业资格框架体系。塔吉克斯坦现行职业教育体系是以制度为基础建立的，学生在义务教育阶段顺利毕业才能够进入职业教育体系学习。相对普通教育，职业技术教育在塔吉克斯坦的地位低下。建构一个以职业资格支撑的职业教育体系，对提高学习者的就业能力和发展空间意义更重大。塔吉克斯坦政府寄希望以此帮助职业教育摆脱低下的地位，增加其对民主的吸引力。

2. 突破原有以学科主导的教育标准对职业技术教育进行评估。开发国家职业资格框架，以专业资格为核心开发专业课程，保证学生在学校里学到的东西能使他们在未来的职业或工作中有所作为。学生凭取得的职业资格可以进入更高级别的职业技术院校学习。教育评估依据职业资格框架展开，对应不同等级证书的学习结果相应地提供一个国家质量保证体系。

3. 顺应全球化发展趋势开展改革，包括：消除性别歧视和社会歧视，消除种族歧视，以及教育中存在的其他不平等现象；开发出一个让所有的人都能够享有受教育权利的职业清单，并据此重新确定和划定教育领域中所设的专业；积极开展国际合作，采用新的教学技术和教学方法以适应世界的发展趋势。[2]

4. 整合网络资源供职业学校共享。目前塔吉克斯坦的学校网络成本相对较高，几乎

---

① THE REFORM OF VOCATIONAL EDUCATION AND TRAINING IN THE REPUBLIC OF TAJIKISTAN, Luxembourg: Office for Official Publications of the European Communities, 2006.

② 2006 年到 2015 年塔吉克斯坦教育的总体计划 (2006–10–21 14:39:39) 教育部长圆桌会议。

所有的学校都需要在教育手段的现代化方面进行大量投资。每个学校规模相对较小，每个学校都有自己独立的教学管理结构。搭建网络共享平台，整合现有职业学校网络势在必行。

（深圳职业技术学院　职业与技术教育培训所　宋　晶）

主要参考文献

[1] 塔吉克斯坦共和国《教育法》1993 年首次通过, 2004 年最新改版

[2] 国家中等和高等职业教育标准 1998 年

[3] 塔吉克斯坦共和国《语言法》1999 年

[4] 塔吉克斯坦共和国《高等职业教育及大学毕业后职业教育法》2003 年

[5] 塔吉克斯坦共和国政府《关于考核、认证和授权设立教育机构的决议》2003 年

[6]《民族教育方案》2003 年

[7]《2004—2009 年教育改革实行纲要》2004 年

[8]《培养 2005—2010 年教育行业专家国家计划》2004 年

[9] 塔吉克斯坦共和国《教育领域 2005—2015 年财政拨款方案（草案）》2004 年

[10] 中国一带一路网. 塔吉克斯坦概况 (2021-07-01)[2021-09-27]. https://www.yidaiyilu.gov.cn/

[11] 深圳市政府政策研究室:《中亚五国国情研究》, 2016 年 9 月。

[12] 中华人民共和国商务部官网. 塔吉克斯坦人口及民族构成 [EB/OL]. (2021-07-01)[2021-09-27]. http://tj.mofcom.gov.cn/.

[13] 塔吉克斯坦 [2011-08-18]. http://www.mod.gov.cn/bcd/2011-08/18/content_4291521.htm.

[14] 'State Concept of Vocational Education and Training System Reform in the Republic of Tajikistan'. Decree no 387 of the Government of the Republic of Tajikistan, 1 October 2004.

[15] THE REFORM OF VOCATIONAL EDUCATION AND TRAINING IN THE REPUBLIC OF TAJIKISTAN, Luxembourg: Office for Official Publications of the European Communities, 2006. Education Development Strategies for Asian Countries in the New.

[16] Century— · Tajikistan, Symposium of Education Forum for Asia Information provided by MoLSP, March 2004.

[17] Decree 96 of the Government of the Republic of Tajikistan, State Education Standard of Higher Professional Education, February 23, 1996.

[18] THE REFORM OF VOCATIONAL EDUCATION AND TRAINING IN THE REPUBLIC OF TAJIKISTAN http://finance.sina.com.cn/roll/20151110/202423730900.shtml

[19] 中国驻塔吉克斯坦大使馆经济商务参赞处. 对外投资合作国别（地区）指南 [R].——塔吉

克斯坦. 商务部出版社, 2014:18.

[20] THE REFORM OF VOCATIONAL EDUCATION AND TRAINING IN THE REPUBLIC OF TAJIKISTAN, Luxembourg: Office for Official Publications of the European Communities, 2006.

[21] Tajikistan Education System–Classbase.

[22] Consider CTU Advantages Career–focused degree programs & dedicated faculty with industry–relevant experience. online.coloradotech.edu.

泰王国

一、国家概况

（一）地理

泰王国（Kingdom of Thailand），简称泰国，地处中南半岛中部，东南临太平洋泰国湾，西南濒临印度洋安达曼海。西部及西北部与缅甸交界，东北部与老挝毗邻，东连柬埔寨，南接马来西亚。泰国国土面积51.3万平方千米，[①] 在东南亚地区仅次于印度尼西亚、缅甸，境内 50% 以上为平原和低地。首都曼谷是全国政治、经济、文化中心和现代与传统相交融的大都市，依然保留着标志辉煌传统的名胜古迹，吸引了大批游客前往观光。[②] 泰国全国分中部、南部、东部、北部和东北部五个地区，现有 76 个府。府下设县、区、村。曼谷是唯一的府级直辖市。泰国地势北高南低，由西北向东南倾斜。按地形分为肥沃广袤的中部平原，山峦起伏的东北部平原，丛林密布的北部山区和风光迷人的南部半岛。泰国气候属于热带季风气候，全年分为热、雨、旱三季。年均气温 24℃ ~30℃。常年温度不下 18℃，平均年降水量约 1000 毫米。[③]

（二）人文

泰国旧名暹罗，先后经历素可泰王朝、大城王朝、吞武里王朝和曼谷王朝，于 1238 年形成较为统一的国家。16 世纪，葡萄牙、荷兰、英国、法国等殖民主义者先后入侵。1896 年英法签订条约，规定暹罗为英属缅甸和法属印度支那间的缓冲国，暹罗成为东南亚唯一没有沦为殖民地的国家。19 世纪末，拉玛四世王开始实行对外开放，五世王借鉴西方经验进行社会改革。1932 年 6 月，民党发动政变，改君主专制为君主立宪制。1949 年正式定名泰国。1949 年 5 月 11 日，泰国人用自己民族的名称，把"暹罗"改为"泰"，主要是取其"自由"之意。[④]

---

① 泰国地理概况 [EB/OL].(2015-02-19)[2017-09-10] http://globserver.cn/%E6%9F%AC%E5%9F%94%E5%AF%A8/%E5%9C%B0%.

② 中华人民共和国外交部 . 泰国国家概况 [EB/OL].(2021-03-01)[2021-09-24]. https://www. fmprc. gov. cn/web/gjhdq_676201/gj_676203/yz_676205/1206_676932/1206x0_676934

③ 公共服务平台对外投资合作泰国指南（2016 年版）。

④ 中华人民共和国外交部 . 泰国国家概况 [EB/OL].(2021-03-01)[2021-09-24]. https://www. fmprc. gov. cn/web/gjhdq_676201/gj_676203/yz_676205/1206_676932/1206x0_676934

泰王国宪法规定：泰王国是以国王为国家元首的民主体制国家。国会是最高立法机构，实行上、下两院制。上议院议员 150 人，其中 76 人直选产生，74 人遴选产生，任期 6 年。下议院议员 500 人，任期 4 年。现任国王是玛哈·哇集拉隆功，现任总理是巴育·詹欧差。[①]

泰国是个多民族国家，全国共有 30 多个民族，总人口 6900 万（2021 年）。[②] 全国共有 30 多个民族。泰族为主要民族，占人口总数的 40%，其余为老挝族、华族、马来族、高棉族，以及苗、瑶、桂、汶、克伦、掸、塞芒、沙盖等山地民族。泰语为国语。90% 以上的民众信仰佛教，马来族信奉伊斯兰教，还有少数民众信仰基督教、天主教、印度教和锡克教。

佛教是泰国的国教，几百年来，无论是风俗习惯、文学、艺术和建筑等各方面，几乎都和佛教有着密切关系。在泰国，凡是信佛教的男孩子，到了一定年龄，都要一度削发为僧，连王室和贵族也不例外。到泰国旅游，处处可见身披黄色袈裟的僧侣，以及富丽堂皇的寺院。因此，泰国又有"黄袍佛国"的美名。佛教为泰国人塑造了道德标准，使之形成了崇尚忍让、安宁和爱好和平的精神风范。[③]

（三）经济

泰国实行自由经济政策，在 20 世纪 90 年代经济发展较快，跻身成为"亚洲四小虎"之一。泰国属外向型经济，依赖美、日、中等外部市场。泰国是传统农业国，农产品是外汇收入的主要来源之一，是世界天然橡胶最大出口国。20 世纪 80 年代，电子工业等制造业发展迅速，产业结构变化明显，经济持续高速增长，居民教育、卫生、社会福利状况不断改善。1996 年被列为中等收入国家。1997 年亚洲金融危机后陷入衰退。1999 年经济开始复苏。2003 年 7 月提前两年还清金融危机期间国际货币基金组织提供的 172 亿美元贷款。2015 年人均 GDP 约 5742 美元。[④] 泰国是世界的新兴工业国家和世界新兴市场经济体之一，制造业、农业和旅游业是经济的主要部门。泰国是亚洲唯一的粮食净出口国，世界五大农产品出口国之一。泰国电子工业等制造业发展迅速，产业结构变化明显，汽车业是支柱产业，是东南亚汽车制造中心和东盟最大的汽车市场。泰国的旅游业发达，是世界最闻名的旅游胜地之一。[⑤]

（四）教育

泰国实行 12 年制义务教育，包括小学、初中、高中。

学前教育：学制为 4 年，3—6 岁。

---

① 中华人民共和国外交部.泰国国家概况 [EB/OL].(2021–03–01)[2021–09–24]. https://www. fmprc. gov. cn/web/gjhdq_676201/gj_676203/yz_676205/1206_676932/1206x0_676934

② 联合国人口司的世界人口展望，2015 年修订（http://esa.un.org/unpd/wpp/dvd/）。

③ 商务部国际贸易经济合作研究院等.对外投资合作国别（地区）指南——泰国 [R].商务部国际贸易经济合作研究院等, 2016.04:8–12.

④ 中华人民共和国外交部.泰国国家概况 [EB/OL].(2021–03–01)[2021–09–24]. https://www. fmprc. gov. cn/web/gjhdq_676201/gj_676203/yz_676205/1206_676932/1206x0_676934

⑤ 同上。

小学教育：学制为 6 年，7—13 岁。

中学教育：分为初中和高中两个阶段。初中 3 年，高中 3 年。高中包括普通高中及职业高中。学生从初中后开始分流，学生可以选择进入普通高中或职业学校继续学习。

大学教育：分为 2 年制的大专和 4 年制的本科。学生本科毕业获得学士学位后，可以继续 2 年的学习，取得研究生学位。[①]

泰国的著名高等院校有：朱拉隆功大学、法政大学、农业大学、清迈大学、孔敬大学、宋卡纳卡琳大学、玛希敦大学、诗纳卡琳威洛大学、易三仓大学和曼谷大学等。此外，还有兰甘亨大学和素可泰大学等开放大学。[②]

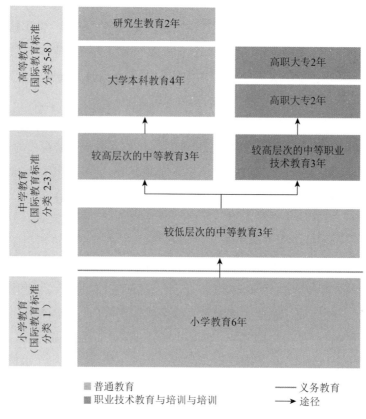

图 1　泰国教育体系结构图

资料来源：根据联合国教科文组织国际职业技术教育与培训中心（UNESCO–UNEVOC）数据编制，摘取于 Choomnoon、siripan（2011），《泰国：职业技术教育与培训在亚太地区的新挑战和新发展》。

---

①　Education in Thailand: an OECD-UNESCO perspective. [EB/OL] (2017.10.2) http://www.oecd.org/countries/thailand/education-in-thailand-9789264259119-en.htm; http://www.moe.go.th/main2/article/e-hist01.htm.

②　History of Thai Education.

二、职业技术教育与培训的战略与法规

泰国职业技术教育与培训的使命是培养具有熟练技术技能的人力资源,以确保泰国继续在国际劳动力与经济市场上的竞争力。

(一)战略

泰国的宪法赋予了每一位公民都平等地享有受教育的权利,教育是促进每个公民最大限度发挥能力的手段,应培养学生具备国家经济社会发展需要的知识与技能。

(1)泰国《国家教育计划2002—2016》致力于使人力资源达到劳动力市场所需要的水平。高质量的职业技术教育培训使泰国经济具有技术熟练和有竞争力的劳动力,对于社会经济可持续的发展至关重要。

(2)第十个国民经济和社会发展计划,强调职业技术教育与培训的重要性,致力于到2011年使职业技术教育与培训的参与率从42%提高到学生总人数的50%。其他目标包括:加强高职院校与产业团体及其他利益相关者的合作;完善国家职业技术教育与培训制度中政府政策框架;开发能力标准以确保人力资源发展的质量。

(3)按照达喀尔行动框架,泰国国家教育行动计划中设立了一系列与职业技术教育与培训相关的目标。这些目标分为两个阶段。2002—2006年为第一阶段,主要集中于:扩大不继续接受高等教育的9、12级毕业生职业培训的可及性;将至少50%劳动力的知识和技能提高到较低的中等教育水平;拓展课程和教育服务的提供,包括非正规的职业技术教育与培训,以促进学习和生活技能的发展。2007—2016年为第二阶段,除其他事项外,重点是让所有泰国人都有平等的机会根据他们的需要、兴趣和实际技能水平,采取高质量和灵活的继续教育方案。[①]

(二)法规

在泰国,国家教育系统的基本准则是建立起来的泰王国宪法(1997)和《国家教育法》(1999)。其中明确提到,保证所有的泰国公民有权接受至少12年的基础教育。

职业法案(2008)调控国家职业技术教育与培训体系。法案确立了职业技术教育与培训的各种形式,并指出:(1)高校和研究机构是正式的职业技术教育与培训体系的组成部分;(2)非正规机构提供的职业教育课程内容与各种目标群体的需要相适应;(3)要对企业家、国有企业和政府机构进行专门的职业培训。

1999年《国家教育法》提出,对职业教育进行单独立法。该法律规定职业教育委员会办公室是负责职业教育的机构。

2008年国家颁布的《佛历2551泰国职业技术教育法》对泰国职业技术教育的质量标准要求、行政管理机构、经费投资进行了统一规范。

---

① 参考:Choomnoon, siripan(2011).泰国:职业技术教育与培训在亚太地区的新挑战和新发展. S. Majumdar(主编)。

三、职业技术教育与培训的体系与质量保障

（一）体系

泰国的职业技术体系并非一日而成的，是在国家领导下，教育部和职业技术教育办公室委员会结合泰国国情和社会发展需要，经过长期探索而形成的体系。

1. 中等职业技术教育

泰国中等职业技术教育主要采取两种形式进行。

一种是在普通中学中开设职业技术教育课程，泰国中等教育课程包括必修课、选修课和活动课，并采用学分制，可选修的必修课及选修课中就包括职业教育课程。

另一种是专门的中等职业技术学校，招收初中毕业生，学习期限为3年。教学目标主要是为了提高学生的某一专业技能，使其能够符合社会对劳动力的要求，成为具有熟练技能的工人。学生毕业后，学校为其颁发职业教育证书。但一般中等职业技术学校毕业生会参加考试继续升学深造。

中等职业技术学校也招收社会青年、失业者、在职工人或者已经具备一定专业技能的个人，对其进行短期的职业技术培训。

2. 高等职业技术教育

高等职业技术学校招收高中毕业生，学习年限为2至3年，目的在于以就业为导向，根据社会经济水平、劳动力市场需求提供对口的职业技术教育培训，要求毕业生掌握较高的职业技术能力，使其能够独立胜任工作任务，能解决较为复杂的问题，职业定向为机械工程师、会计师、电力工程师等。学生毕业后，学校为其颁发毕业文凭或者职业副学士学位证书，成为技师。获得毕业文凭或者职业副学士学位证书的毕业生可以通过竞争性考试到泰国皇家理工大学或北曼谷先皇技术学院学习深造。

3. 大学水平的职业技术教育

提供大学水平的职业技术教育的学校只有两所。一所是先皇技术大学，招收普通高中毕业生和已经完成高等职业技术教育的毕业生，毕业颁发本科和硕士研究生学历。另一所是北曼谷先皇技术学院，其前身是泰国政府和德意志联邦政府合作建立的泰德技术学院，除了学位课程外，该学院还提供工业技术领域的职业资格证书和文凭课程，获得硕士学位证书的毕业生可继续深造至博士研究生。

泰国各层次的职业技术教育非常强调实践和熟练的操作技能，在课程设置中，理论课程占20%左右，实际操作课程占80%左右。职业技术教育委员会办公室规定，学生要在学校的商店、校外的工厂、企业或公司进行毕业前实习。目前，多层次化的泰国职业技术教育体系在泰国已经形成，并为泰国经济的发展做出很大贡献。据泰国教育部官方统计，截至2005年，民办职业技术院校共有406所，各类非正规培训、短期培训机构共有2720家。截至2006年，公立职业技术教育院校共有404所，接受全日制教育与培

训的学生有 678558 人，接受非正规职业技术教育与培训、短期培训学员有 745349 人。[①]

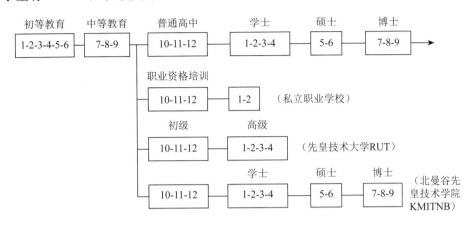

图2　泰国职业教育与培训示意图

（二）保障

1.资格与资格框架

泰国职业技术教育与培训包括中等与中等后两个层次，各层次包含不同的职业技术教育与培训项目、完成时间及最终可获取的资格证书。[②]

表1　中等职业技术教育与培训

项　　目	时　间	资　格
高级中等职业技术教育与培训方案	3年	职业教育证书
双轨制与学徒制	3年	双元制职业教育证书
短期课程累积	3—5年	职业技术教育与培训证书：学分累计制

表2　中等后职业技术教育与培训

项　　目	时　间	资　　格
职业技术教育与培训学院	2年	技术教育高级文凭
大学本科	2年（获得技术教育高级文凭后）	学士学位

2.质量保障

泰国职业技术教育与培训项目符合了"国民经济社会发展计划和国家教育计划（2002—2016）"设定的目标。具体地讲，职业技术教育与培训质量由职业教育委员会办公室下属的质量保障与教育标准处负责监控。

---

① 贾秀芬，庞龙.泰国职业教育的机制、政策与评价[J].职教论坛，2012，（27）.
② 参考：教育部（2009）.成人学习的发展和现状教育（ALE）.泰国国家报告.

泰国政府鼓励职业院校以《泰国职业教育法》为基础，遵守《教育部关于教育质量体系、标准及实施的通知》（2010）以及职业教育委员会办公室和教育部制定的相关质量标准，根据官方规定自行设定职业院校质量标准，并向职业教育委员会办公室提供《年度自我评估报告》以帮助提升职业技术教育与培训质量。为此，职业院校每3年进行一次内部质量的检测评估。国家教育标准与质量保障办公室负责对职业院校实施每4年一次的外部质量评估。

四、职业技术教育与培训的治理与教师

教育部负责泰国的职业技术教育与培训项目。隶属于教育部的专门机构——职业教育委员会办公室负责泰国职业技术教育与培训体系的主要管理机构[①]，其主要任务包括：

为发展职业技术教育与培训的相关政策、发展规划和标准以及课程设置提供建议；

协调职业技术教育与培训项目及专业标准的提升；

培养职业技术教育与培训师资人才；

协调政府和私营部门在开发职业技术教育与培训体系方面的行动。

此外，职业教育委员会办公室还负责监管泰国416所职业院校的课程开发。这些院校由多校区的职业技术教育培训机构组成，遍布于各个省份。院校规模通常在300至6000名学生之间，其规模大小取决于所处区域的要求及可以提供的课程项目。每所职业技术教育培训机构均有自己的内部管理机构，由企业代表和其他利益相关者组成的委员会负责。

非正规职业技术教育培训项目由职业教育委员会下设的非正规与非正式教育办公室负责。其基本职能包括：1）为职业技术教育与培训的相关政策、计划与策略提供建议；2）促进利益相关者之间的合作；3）监测和评估非正规职业技术教育与培训。

泰国职业技术教育与培训体系主要由教育部提供资金支持。具体地讲，是由职业教育委员会办公室确定预算标准与分配方式。

职业技术教育与培训的教师和培训人员要求参加高等教育水平的职教师资培训课程，通常是职业教育委员会办公室组织的由教育学院提供的2年培训计划。教师必须在完成高中教育的基础上受训，课程结束后将获得技术教育高级文凭，相当于学士学位。[②]

---

① 参考：Choomnoon, siripan（2011）.泰国：职业技术教育与培训在亚太地区的新挑战和新发展.S. Majumdar（主编）.219—235.鹿特丹：Sense出版商；教育部（2009）.成人学习的发展和现状教育（ALE）.泰国国家报告.曼谷：教育部；职业技术教育与培训委员会办公室（2014）.愿景与使命.访问时间：2014年11月10日；联合国教科文组织-国际教育局（2011）.世界教育数据（第7版）.2010/2011.泰国.日内瓦：联合国教科文组织-国际教育局。

② 参考：荷兰（2012）.泰国国家模块.海牙：荷兰高等教育国际合作组织；职业技术教育与培训委员会办公室（2014）.高校职业技术教育与培训管理.访问时间：2014年11月10日。

五、职业技术教育与培训的诉求与发展趋势 [①]

(一)诉求

泰国经济自第二次世界大战以来一直保持着稳定的发展,近几年更是发展迅速。泰国政府认识到,决定一个国家或地区社会经济发展的性质与速度的不只是资本和物质资源,更重要的是人力资源。泰国的人力资源培训暴露出了一些亟待解决的问题。

第一,与"四小龙"相比较,泰国的差距就在人力资本积累战略上,没有很好地执行教育、技术知识投资与有形物质投资齐头并进的政策,整个教育事业发展不平衡,在重视高等教育发展的同时,忽略了教育的普及程度和职业技术的培训,没有把职业技术教育与正规高等教育联结起来,形成初、中、高级的技术教育体系。[②]

第二,泰国的产业发展亟须提高劳工素质和发展技术水平。泰国应摸索一套适合自身情况的生产技术应用和发展模式,将职业技术教育与培训与农产品、保健、观光等重要产业联系起来,这将有利于促进泰国中小企业的发展。

第三,高新技术行业的人才极其匮乏。泰国需加强培养应用技术的研发人员,以高端技术和创意产业增加产品的附加值和国际竞争力。

第四,职业技术教育与培训机构的治理和问责结构不明晰。校园内的学生管理和学生德育问题需加强,应杜绝学生涉黄和吸毒现象。

(二)发展趋势

泰国制定了《2012—2026职业技术教育与培训计划》,该计划由职业教育委员会办公室执行。从这个计划可以看出泰国职业技术教育与培训的发展趋势:

第一,增加学生数量。(1)增加从TVET课程中毕业的学生数量,降低辍学率;(2)使用配额系统让学生报名注册;(3)让父母和老师了解职业技术教育与培训系统。

第二,提高职业技术教育与培训的覆盖面。(1)在多校区高校组建职业技术教育与培训机构;(2)在更多的地区建立高职院校;(3)扩大对弱势群体(如残疾人、老年人和妇女)的职业技术教育与培训;(4)鼓励企业参与职业技术教育与培训。

第三,加强职业技术教育与培训质量,通过发展项目学习教学方法与评价及在职业技术教育与培训中使用信息和通信技术。

第四,提高职业技术教育与培训行政管理的效率。(1)在管理中应用ICT;(2)运用以战略绩效为基础的预算并且在必要性、平等和符合政策的基础上分配预算;(3)与其

① 参考: Choomnoon, siripan(2011). 泰国。职业技术教育与培训在亚太地区的新挑战和新发展 .S. Majumdar(主编).219–235. 鹿特丹: Sense 出版商; 国家经济和社会发展理事会(2011). 第十一次国民经济和社会发展计划 . 曼谷: 国民经济和社会发展局; 职业技术教育与培训委员会办公室(2014). 高校职业技术教育与培训管理 . 访问时间: 2014 年 11 月 10 日。

② 中华人民共和国商务部 . http://www.mofcom.gov.cn/aarticle/i/jyjl/j/201205/20120508122507.html.

他邻国和国际上的国家合作。

（深圳职业技术学院　技术与职业教育研究所　宋　晶）

主要参考文献

[1] Choomnoon, siripan (2011). 泰国 . 职业技术教育与培训在亚太地区的新挑战和新发展 . S. Majumdar (主编).219–235.

[2] The Development and State of the Art of Adult Learning and Education (ALE). National Report of Thailand. Bangkok: Ministry of Education.

[3] National Economic and Social Development Board (2011). The Eleventh National Economic and Social Development Plan. Bangkok: National Economic and Social Development Board.

[4] Nuffic (2012). Thailand Country Module. The Hague: Netherlands organisation for international cooperation in higher education.

[5] Office of Vocational Education Commission (2014). Management of Vocational Education in the Colleges. Accessed: 10 November 2014.

[6] Office of Vocational Education Commission (2014). Vision and Mission. Accessed: 10 November 2014.

[7] UNESCO–IBE (2011). World Data on Education VII Ed. 2010/11. Thailand. Geneva: UNESCO–IBE.

土耳其共和国

一、国家概况

（一）地理

土耳其共和国（Republic of Turkey），简称土耳其，地跨亚、欧两大洲，东邻格鲁吉亚、亚美尼亚、阿塞拜疆、伊朗，东南与伊拉克、叙利亚接壤，西临爱琴海、地中海并与希腊和保加利亚接壤，西北部有马尔马拉海，北临黑海，是连接欧亚的十字路口，地理位置与地缘政治极为重要。

土耳其国土面积 78.36 万平方千米，居世界第 37 位，其中 97% 位于亚洲的小亚细亚半岛，3% 位于欧洲的巴尔干半岛。海岸线长 7200 千米，森林面积 22 万平方千米，陆地边境线长 2648 千米。土耳其行政区划等级为省、县、乡、村，全国共分为 81 个省、约 600 个县、3.6 万多个乡村，首都设在安卡拉，为全国政治中心与第二大城市，最大城市为伊斯坦布尔。南部沿海地区属亚热带地中海式气候，内陆为大陆型气候。横跨亚欧大陆的土耳其，是古丝绸之路通往欧洲的门户，是当今西亚、中东地区海、陆、空交通枢纽，也是"一带一路"建设的重要组成部分。[①]

（二）人文

土耳其人史称突厥，公元 8 世纪起由阿尔泰山一带迁入小亚细亚，13 世纪末建立奥斯曼帝国，16 世纪达到鼎盛期，20 世纪初沦为英、法、德等国的半殖民地。1919 年，凯末尔领导民族解放战争反抗侵略并取得胜利，1923 年 10 月 29 日建立土耳其共和国，凯末尔当选首任总统。土当前为总统共和制，其建国日即为每年的 10 月 29 日。当前，土耳其执政党为正义与发展党（以下简称"正发党"），总统为雷杰普·塔伊普·埃尔多安。[②]土耳其政府机构设有总理府、20 个部、7 个直属总局等，职业技术教育总局即为其中之一。

土耳其人口共 8315.5 万，其中土耳其族占 80% 以上，库尔德族约占 15%。官方语言

---

① 中国一带一路网 . 土耳其 [EB/OL]. https://www.yidaiyilu.gov.cn/gbjg/gbgk/836.htm.2019-6-21.

② 中华人民共和国外交部 . 土耳其共和国概况 [EB/OL]. http://www.fmprc.gov.cn/web/gjhdq_676201/gj_676203/yz_676205/1206_676956/1206x0_676958/.2021-7.

为土耳其语。土耳其99%的居民信奉伊斯兰教，其中85%属逊尼派，其余为什叶派（阿拉维派）；少数人信仰基督教和犹太教。[1] 土耳其名胜古迹众多，较为著名的有特洛伊、埃菲斯古城遗址等。

（三）经济

土耳其货币为里拉。20世纪80年代实行对外开放政策以来，土耳其经济实现跨越式发展，经济基础由较为落后的传统农业国向现代化的工业国快速转变。自2002年正发党上台以来，土耳其加大基础设施建设投入，不断改善投资环境以吸引外资，大力发展对外贸易，经济建设取得较大成就。2003年至2015年，土耳其经济总量从3049亿美元增长至7200亿美元；人均国民收入从4559美元增至9261美元。2020年一季度土耳其国内生产总值同比增长1.8%。[2]

土耳其矿产资源丰富，主要有天然石、大理石、硼矿、铬、钍和煤等，总值超过2万亿美元。其中，天然石和大理石储量占世界40%，品种数量均居世界第一。三氧化二硼储量7000万吨，价值3560亿美元；钍储量占全球总储量的22%；铬矿储量1亿吨，居世界前列。此外，黄金、白银、煤储量分别为516吨、1100吨和155亿吨。石油、天然气资源匮乏，需大量进口。水资源短缺，人均拥水量只有1430立方米。

土耳其近两年受欧洲经济危机、中东地区乱局影响，经济增速放缓，失业率及通胀率有所抬头。土耳其工业基础好，主要有食品加工、纺织、汽车、采矿、钢铁、石油、建筑、木材和造纸等产业。农业上的主要产品有烟草、棉花、稻谷、橄榄、甜菜、柑橘、牲畜等。粮棉果蔬肉等主要农副产品基本实现自给自足，粮食自给率98.8%。近年来，农业机械化程度提高，机耕面积不断扩大，木材加工业发达。土耳其旅游业发达，主要旅游城市有伊斯坦布尔、伊兹密尔、安塔利亚、布尔萨等，旅游胜地有卡帕多西亚、棉花堡等。

（四）教育

2012年3月，土耳其议会对义务教育制度进行改革，规定义务教育由原来的8年延长至12年，并改为小学4年，初中4年和职业专科学校4年的模式，其教育体系如下图1所示。

[1] 中国一带一路网. 土耳其 [EB/OL]. https://www.yidaiyilu.gov.cn/gbjg/gbgk/836.htm.2019-6-21.
[2] 同上。

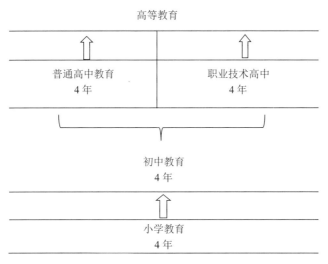

图1　土耳其教育体系[①]

土耳其共有各类学校 5 万余所，在校学生约 1639 万人，教师约 89 万人。土耳其现有大学 207 所，著名高等学府有安卡拉大学、哈杰泰普大学、中东技术大学、比尔肯特大学、伊斯坦布尔大学、海峡大学、爱琴海大学等。[②]

土耳其各级正规教育服务基本上由公共教育机构提供。此外，也存在私立教育机构。个人、企业或其他类型的机构，例如协会、基金会等也可以开设和运营学前、小学和中学阶段的私立学校。私立教育机构应遵守和公立机构相同的教育安排和认证规定，诸如课程、教师资格、教学日 / 周 / 年的时间长度、教学评估、教学进度与文凭发放等方面。在高等教育阶段，只有基金会可以运营非营利性的私立教育机构。私立高等教育机构在满足特定条件的情况下，在一定限制内可以获得公共资金支持。虽然私立高等教育机构基本上都自主进行管理和运营，但是也必须遵守和公共教育机构相同的教育标准及相关规定。高等教育外的正规和非正规教育的相关行政法规和监管都由土耳其国家教育部负责。

土耳其国家教育部负责课程编制、教育机构之间的协调、学校建筑的施工建设等等。省级教育活动由教育部长委任的省教育厅长负责管理。中央和地方的地级或省级机关都要对教育机构进行监管。初等教育机构由省初等教育督察长执行监管，中等教育机构则由土耳其国家教育部委任的督察长执行监管。高等教育机构实行自主教育和研究。但是，他们每年必须向高等教育理事会提交报告，由高等教育理事会对高等教育进行规划和协调。每年，高等教育监事会将代表高等教育理事会对高等教育机构执行至少一次监察。

---

①　此图参考联合国教科文组织国际教育局（2011）下属国际职业技术教育与培训中心。《世界教育数据》（第 7 版），2010/2011 年。土耳其。日内瓦：联合国教科文组织国际教育局。

②　中国一带一路网 . 土耳其 [EB/OL]. https://www.yidaiyilu.gov.cn/gbjg/gbgk/836.htm.2019-6-21.

二、职业技术教育与培训的战略与法规

（一）战略

土耳其国家教育部负责职业技术教育与培训战略的制定，在职业教育作用越来越重要的前提下，土耳其职业教育发展的战略目标主要是：

（1）满足劳动力市场的需求；

（2）共同创建多元参与的模式；

（3）提升职教毕业生的国际就业能力；

（4）提升职教本身的可持续发展能力。

（二）法规

（1）1973 年第 1739 号法律《国民教育基本法》：规定了教育的宗旨、基本原则和一般结构。该法明确了对各级教育机构、教育工作者、学校基础设施、教材和设备的要求，以及相关机构的职责和责任。

（2）1982 年《宪法（第 10、24、42、62、130、131 条）》：规定了国家在教育和培训方面的基本责任。

（3）1986 年第 3308 号法律《学徒制和职业培训法》：（已通过第 4702 号法律《职业教育法》进行修订）获得实施，旨在改善职业技术教育与培训的质量。

（4）2006 年《第 5544 号法律》：依据此法建立了职业资格中心，目的是根据国内外职业标准确立职业技术教育与培训的国家资格框架。

（5）2006 年《非正规教育机构法令》：对公开课、普通科学文化课程、研讨会及展览等非正规教育活动做出了相关规定。

（6）2001 年《第 4702 号法律》：对现有法律进行了修订，且规定了应建立由职业技术教育与培训机构组成的职业技术教育区。该法规定职业技术教育与培训机构毕业生可以继续接受两年的高等教育。[1]

三、职业技术教育与培训的体系与质量保障

（一）体系

土耳其的职业技术教育与培训主要从高中阶段开始，其分为普通高中和职业技术高中，学制至少为四年，包括 9 年级至 12 年级，学生年龄段为 14 至 17 岁。有些教育机构采用 5 年制，其中包括 1 学年的外语预备学习。普通高中和职业技术高中都包括以外语教育为主的机构，例如安纳托利亚语高中、安纳托利亚语职业高中等等。这两类教育机构与其他教育机构的基本区别在于外语课程数量更多，而且有些自然科学课程也是用外语教授的。普通高中和职业技术高中包括多样化的教育机构，类别有 30 种以上。

---

① UNESCO–IBE (2011). World Data on Education VII Ed. 2010/11. Turkey. Geneva: UNESCO–IBE.

高中教育的目标是向学生传授全面的基本常用知识，使之熟悉个人和社会方面的问题并寻求解决方法，确保他们获得有利于土耳其社会经济和文化发展的认知，并且按照自身的兴趣爱好和能力资质为继续接受高等教育或获得谋生的工作和职业做好准备。

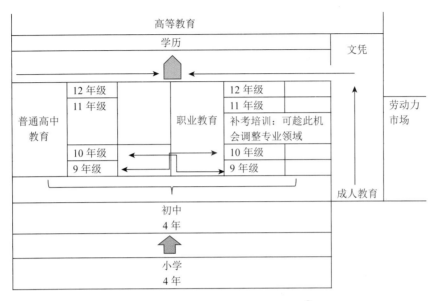

图 2　土耳其职业教育与培训体系 [①]

土耳其职业技术教育与培训体系包括两个主要方向：理论方向（学校培训）和实践方向（公司内部培训）。职业技术教育的政策和活动主要由土耳其国家教育部按照 1986年开始实施的《第 3308 号法律》的框架和 2001 年开始实施的《第 4702 号法律》负责执行，其中后一部法律对职业教育体系进行了改革，与工商业领域建立了新的更加紧密的合作关系。此职业教育体系包括：

·228 种职业的培训：提供获得专业工人和技师资格的直接或间接方式。

·学徒制培训：主要由企业内提供的实践培训与职业教育中心提供的理论培训相结合。

·非正规教育：主要通过职业教育中心提供。非正规教育按照国民教育的一般目标和基本原则，向从未接受过或仅接受过有限程度的正规教育或已经停止接受正规教育的公民提供教育服务。

这种职业技术教育与培训是集中提供的，课程大纲全国统一，须经全国教育委员会审批。教育部委任的省教育厅长负责监管各个省的职业技术教育与培训并向教育部汇报。

土耳其高等教育体系由大学和高等技术学院组成。所有高等教育机构都附属于大学或高等技术学院。唯一的例外是一些由基金会运营的高等职业学院。目前，这种高等职业学院有 8 所。大学和高等技术学院包括提供 2 年制大专文凭的职业学院；提供 4 年制学士学

---

① 此图由联合国教科文组织国际教育局（2011）下属国际职业技术教育与培训中心编写。《世界教育数据》（第7 版），2010/2011 年。土耳其。日内瓦：联合国教科文组织国际教育局。

位的职业高等学院；提供硕士学位的 5 到 6 年制专业学院（医疗和牙医专业）；以及提供硕士或博士学位的研究所（研究院）。大学和高等技术学院在管理和资金来源方面分为两类：公立类和私立（基金会运营）类。基金会运营类高等教育机构的学生仅占全部高等教育学生的 8.3%。基金会运营类高等教育机构的研究生（硕士和博士）占比为 5.7%。

土耳其非正规教育服务由终生学习总局通过公共教育中心、职业教育中心、旅游教育中心、成人研究所及开放式高中和职业技术学校提供，其形式包括短期课程、公共培训、学徒制培训和在国家教育部的协调下运营的公立和私立院校提供的远程学习课程。按照国家教育的一般宗旨和基本原则，非正规教育面向的对象包括从未接受正规教育或仅接受过有限的正规教育或已停止接受正规教育的公民。非正规教育可能与正规教育一起进行，也可以独立进行。[1]

随着义务教育延长至 12 年，学徒制培训的结构也有所变更。学徒制培训是一种双重培训制度，同时在职业培训中心提供理论培训并且在工作现场提供实践培训。学生必须是初中毕业且须进入开放式职业高中就读。这些学生继续在开放式职业高中接受高中教育期间，可以参加职业教育中心的学徒制计划。学徒制培训的对象是在正规初中教育之后无法继续接受教育或出于各种原因停止接受正规教育的公民。[2]

（二）保障

在国家层面，负责职业技术教育与培训的质量保证的机构为教育部。土耳其国家教育部负责为土耳其职业技术教育与培训提供法律、政策和制定计划。此外，它还负责审批提供上述任何类型的职业技术教育与培训的教育机构，但是高等教育职业学校除外。具体而言，由教育部的技术与职业教育总局管理、指导与监督。

女子职业教育总局	
男子职业教育总局	职业技术教育总局
贸易与旅游教育总局	
健康教育部门	
学徒制和非正规教育总局	终身学习总局

图 3 土耳其职业教育管理体系

在高等教育阶段，对高等教育机构的监管由高等教育监督委员会执行。该委员会是高等教育理事会的一个部门，负责对大学、附属单位、学术工作者及其活动进行外部评估。2005 年，土耳其实施了《高等教育机构学术评估和质量改进条例》。该条例规定了

① Akkök，F (2011).正规和非正规学习认证欧洲汇总报告——土耳其.布鲁塞尔：欧洲委员会.[Akkök, F (2011). European Inventory on Validation of Informal and Non-formal Learning-Turkey. Brussels: European Commission.]
② 全国职业技术教育与培训数据库：土耳其.编制：UNESCO–UNEVOC 联合国教科文组织国际职业技术教育与培训中心.www.unevoc.unesco.org.2015 年 11 月.

对于学术和研究评估的要求，以及对于高等教育机构行政管理服务的监督要求。

此外，土耳其正在参照欧洲资格框架，制定一个全面的土耳其资格框架。此框架的各个级别已经通过讨论，目前正在细化技术标准。这个全面的资格框架将使成人学习、初级职业技术教育与培训、中学教育、教师培训和高等教育等同级别资格实现全面对接，用于建立一个终身学习的认证框架。

土耳其资格框架还囊括了正在开发当中的三个子系统：一个是国家职业资格系统，自 2007 年起由职业资格中心开始实施；另一个是根据受经济部门推动的依据国家职业标准制定的职业资格质量保证系统；还有一个是在土耳其全国建立的行业奖励机构系统（职业测试中心），该系统为继续职业教育提供资格认证。目前，土耳其也在按照欧洲高等教育资格框架，制定自己的高等教育资格框架。高等教育理事会正在协调此项工作。国家教育部负责初级职业技术教育与培训资格、中学教育和教师资格的认证。[①]

四、职业技术教育与培训的治理与教师

（一）治理

土耳其国家教育部是负责土耳其教育的主要机构。土耳其国家教育部监管除高等教育之外的所有正规和非正规教育，对中央和地方级别（省级/区级）的教育进行管理。除了中央单位之外，土耳其国家教育部还在 81 个省 800 多个区设置了组织单位。每个省都有一个省级国家教育厅，每个区都有一个区级国家教育局。这些教育厅局负责管理各自省/区的教育服务。

土耳其国家教育部已依据 2011 年 9 月 14 日施行的第 652 号法律进行了重组。根据这部法律，教育部内 4 个不同的职业教育总局合并成了一个唯一的总局。

以下是职业技术教育总局的职责：

（1）监督并实施对职业技术教育学校与机构的管理政策；

（2）制定和从外部引进面向职业技术学校的教育与培训计划、教材、教具和设备，并将其提交给教育委员会；

（3）制订和实施改进职业技术教育的政策与战略并对实施情况进行协调，加强教育与就业的关系；

（4）完成国家教育部长指定的其他任务。

（二）教师

在土耳其，技术教育学院、职业教育学院和贸易与旅游教育学院原本用于为职业技术中等教育机构培养教师，由于近年来其毕业生面临的就业问题，在土耳其高等教育理

---

① ETF (2011).土耳其终身学习(LLL)资格框架(TQF)实施管理研讨会. [ETF (2011). Workshop on Implementation arrangements for the Turkish Qualifications' framework (TQF) for Lifelong Learning (LLL). Accessed: 01 May 2013.]访问：2013年5月1日。

事会的建议下，土耳其议会决定关闭这些学校，在 2009 年 11 月 13 日，这 3 所院校正式关闭，取而代之的是名为技术学院、艺术设计学院和旅游学院的新学院。这些新学院将为学生提供工程方面的培训。此外，这些学院的毕业生如果学习了教育类课程，即可以到职业技术高中担任教师。[①]

五、职业技术教育与培训的诉求与发展趋势

土耳其地理位置优越，横跨欧亚大陆，与周边国家形成了天然的路上桥梁，是通往欧亚各主要市场最为高效和经济的出口。此外，土耳其自然资源丰富，金属矿产与石油天然气也均有可观储量。因此，土耳其制定了宏大的基础设施发展计划，仅 2013 年土耳其政府就投资了 260 亿美元用于基础设施的现代化发展，而在教育领域的投资排名第二，是仅次于交通运输的第二大投资领域。土耳其政府之所以在教育领域投入如此大的力度，主要是因为土耳其有着大量的年轻劳动力，这也是吸引外商的主要因素。土耳其是欧洲第三大人口大国，拥有大量的年轻劳动力，大约有 2800 万劳动力，约占总人数的36%，且土耳其的劳动力增长趋势还在持续，这使得该国成为了一个劳动力富足的国家。至 2050 年，土耳其人口预计将超过 9300 万人。正因如此，职业技术教育对土耳其而言至关重要，提升职业教育与培训的质量始终是土耳其国家教育部工作的重点。因此，土耳其未来职业技术的发展诉求主要包括以下几个方面：

（一）增强职业技术教育的服务能力

增强服务能力的关键在于如何加强学校和企业之间的沟通与联系，促进职业技术教育与培训的质量，帮助学生向工作与就业的过渡，改善职业教育的现状和吸引力。为此，"就业专业职业技术教育与培训中心"项目已于 2010 年 6 月签署实施。其旨在通过提高年轻人的素质，增强他们的就业能力。此项目由土耳其国家教育部、劳动和社会保障部、土耳其商业暨商品交易协会以及经济技术大学联合运营。此项目将改善 81 省 140 所职业技术中学的技术基础设施，为这些学校的教师提供在职培训，确定这 81 个省对于合格工作者的需求，以及对近 100 万名学员提供在职培训。

（二）推进职业技术教育质量改进项目

比如土耳其联合欧盟正在实施的质量改进项目（2011—2015），该项目投入约 3300万欧元，以"质量、教育和沟通"为主题，目的是实现多元化的活动目标，从而促使土耳其的职业技术教育达到最新、合格、可衡量且可持续的发展水平，满足企业界和学生们的需求。此项目还致力于将土耳其的职业教育纳入质量保证体系。

[①] EURYDICE (2010). 欧洲教育与培训体系结构——土耳其. 布鲁塞尔：教育、视听教学和文化执行机构. [EURYDICE (2010). Structures of Education and Training Systems in Europe-Turkey. Brussels:Education, Audiovisual and Culture Executive Agency.]

（三）建立终身职业指导机制，完善终身学习体系

终身学习需求也是土耳其职业技术教育发展的重要需求，建立终身职业指导机制，可以让学生获得更好的职业选择，且在终身学习战略框架内职业培训更容易得到推广。土耳其亦将按照欧盟的做法，在终身学习方面建立结构性的框架，支持个人获得相关教育以增加就业机会，形成一个重视各种学习的体制，为终身学习提供支持，加强教育与就业之间的联系，同时促进与欧洲资格框架保持一致。①

（深圳职业技术学院　技术与职业教育研究所　李亚昕）

主要参考文献

[1] 中国一带一路网 [EB/OL]. https://www.yidaiyilu.gov.cn/gbjg/gbgk/836.htm.

[2] 中华人民共和国外交部 [EB/OL]. http://www.fmprc.gov.cn/web/gjhdq_676201/gj_676203/yz_676205/1206_676956/1206x0_676958/.

[3] 中国一带一路网 [EB/OL]. https://www.yidaiyilu.gov.cn/gbjg/gbgk/836.htm.

[4] 联合国教科文组织国际教育局 (2011). 世界教育数据：土耳其 . 第 7 版 .2010/2011. 日内瓦 : UNESCO–IBE: UNESCO–IBE (2011). World Data on Education VII Ed. 2010/11. Turkey. Geneva: UNESCO–IBE.

[5] Akkök, F (2011). 正规和非正规学习认证欧洲汇总报告——土耳其 . 布鲁塞尔：欧洲委员会 . [Akkök, F (2011). European Inventory on Validation of Informal and Non–formal Learning–Turkey. Brussels: European Commission.]

[6] 全国职业技术教育与培训数据库：土耳其 . 编制：UNESCO–UNEVOC 联合国教科文组织国际职业技术教育与培训中心 .www.unevoc.unesco.org.2015–11.

[7] ETF (2011).土耳其终身学习 (LLL) 资格框架 (TQF) 实施管理研讨会：ETF (2011). [Workshop on Implementation arrangements for the Turkish Qualifications' framework (TQF) for Lifelong Learning (LLL). Accessed: 01 May 2013.2013–5–1.]

[8] EURYDICE (2010). 欧洲教育与培训体系结构——土耳其 . 布鲁塞尔：教育、视听教学和文化执行机构：[EURYDICE (2010). Structures of Education and Training Systems in Europe–Turkey. Brussels: Education, Audiovisual and Culture Executive Agency.]

[9] ETF (2008). 人力资源开发国家分析——土耳其 . 都灵：欧洲培训基金会 . [ETF (2008). Human Resource Development Country Analysis–Turkey. Turin: European Training Foundation.]

---

① EURYDICE (2010).欧洲教育与培训体系结构——土耳其 . 布鲁塞尔：教育、视听教学和文化执行机构 . [EURYDICE (2010). Structures of Education and Training Systems in Europe-Turkey. Brussels:Education, Audiovisual and Culture Executive Agency.]

土库曼斯坦

一、国家概况

（一）地理

土库曼斯坦（Turkmenistan）位于中亚西南部，科佩特山以北，为内陆国家。东接阿姆河，北和东北部与哈萨克斯坦、乌兹别克斯坦接壤，西濒里海与阿塞拜疆和俄罗斯隔海相望，南邻伊朗，东南与阿富汗交界[①]。国土面积49.12万平方千米，全境大部是低地，平原多在海拔200米以下，约80%的国土被卡拉库姆大沙漠覆盖，南部和西部为科佩特山脉和帕罗特米兹山脉。首都阿什哈巴德始建于1881年，意为"爱之城"，是位于卡拉库姆沙漠中的一个绿洲城市，距伊朗边境30余千米，气候干旱，面积约300平方千米，人口将近100万，是国家政治、经济、文化和科研中心。除首都阿什哈巴德为直辖市外，全国划分为5个州（省），16个市，46个区。[②] 土库曼斯坦虽然是世界上最干旱的地区之一，但它石油天然气资源丰富，天然气储备列世界第五。石油天然气工业为该国的支柱产业。而农业方面则以种植棉花和小麦为主，亦有畜牧业，出产阿哈尔捷金马等。土库曼斯坦除里海沿岸地区和山地以外，属典型的大陆性气候，冬冷夏热，春秋短促，干燥少雨。土库曼斯坦矿产资源丰富，主要有石油、天然气、芒硝、碘、有色及稀有金属等。[③]

（二）人文

15世纪左右，土库曼族形成。16到17世纪隶属于希瓦汗国和布哈拉汗国。近代至独立前部分领土并入俄国。土库曼人民参加了1917年的二月革命和十月社会主义革命，领土并入土耳其斯坦苏维埃社会主义自治共和国、花剌子模和布哈拉苏维埃人民共和国。在划定民族管理区后，于1924年10月27日建立土库曼苏维埃社会主义共和国。1991年正式宣布独立，于同年12月21日加入独联体。1992年3月2日加入联合国。同

---

① 中华人民共和国外交部. 土库曼斯坦国家概况 [EB/OL].(2021-07-01)[2021-09-27].http://www.fmprc.gov.cn/.

② 商务部国际贸易经济合作研究院等. 商务部国际贸易经济合作研究院等. 对外投资合作国别——土库曼斯坦 [R]. 2016.

③ 土库曼斯坦地理概况 [EB/OL].(2015-02-19)[2017-09-10]. http://globserver.cn/%E6%9F%AC%E5%9F%94%E5%AF%A8%E5%9C%B0%E7%90%86.

年 12 月 12 日，第 50 届联大通过决议，承认土库曼斯坦为永久中立国。1992 年 5 月 18 日，通过第一部宪法，将捍卫独立、主权和领土完整、发展经济、保持社会稳定作为基本国策；积极探寻适合本国国情的发展道路；提倡复兴民族精神，重视民族团结与和睦；奉行积极中立、和平友好的外交政策，致力于同其他国家发展建设性合作关系；主张宗教信仰自由，禁止宗教干预国家政治生活。2005 年 8 月，土库曼宣布退出独联体，只保持联系国地位。土库曼斯坦历史上最著名的人物是 18 世纪的诗人马赫图姆库里，其足迹遍及中亚各国，为后人留下了不少宝贵的精神财富，成为土库曼斯坦人民永远的骄傲。①

土库曼斯坦实行三权分立的总统共和制，立法、行政、司法相互独立又相互平衡和制约。总统为国家元首和最高行政首脑。人民委员会为国家最高权力代表机关，立法权和司法权分属国民议会和法院。现任总统为库尔班古力·别尔德穆哈梅多夫，土库曼族，2007 年 2 月 14 日宣誓就任总统，8 月 4 日当选土民主党主席和"复兴运动"主席。2012 年 2 月 12 日再次连任总统，任期 5 年。

土库曼人口 572 万（2020 年 6 月）。主要民族有土库曼族（94.7%）、乌兹别克族（2%）、俄罗斯族（1.8%）等。其中，绝大多数居民信仰伊斯兰教，俄罗斯族和亚美尼亚族信仰东正教。土库曼人很重视宗教传统节日，每年的古尔邦节占有很重要的地位。土库曼语为官方语言，俄语为通用语言。英语普及程度不高。

（三）经济

土库曼斯坦经济转轨的原则是：建立国家强有力宏观调控下的以社会为优先取向的混合性市场经济。为此，土库曼斯坦独立后制订发展经济的"十年稳定"纲领和 1997—2001 年社会经济发展构想及加速向市场经济过渡的"一千天计划"，分阶段进行以承包责任制为主的农村改革和企业私有化进程，逐步向市场经济过渡；1999 年出台了"土库曼斯坦至 2010 年社会经济改革战略"，指出战略目标是在市场经济和进行有效的国际合作基础上，建立保障居民有较高生活水平的经济发达国家；2003 年，土库曼政府制定了《2020 年前土库曼政治、经济和文化发展战略》国家纲要，② 提出要确保国家实现下列目标：把土库曼斯坦建成一个社会经济发展指标达到世界高水平、居民生活保障程度达到高水准的快速发展的强国。其中三大首要任务是：第一，以经济高速发展、新生产工艺的应用、劳动生产率的提高为依托，保持经济的独立与安全，使土库曼斯坦达到发达国家水平；第二，保持人均生产总值持续增长；第三，保持高度的投资积极性，增加生产型项目建设；土库曼斯坦 2010 年出台的《2011—2030 年土库曼斯坦银行系统发展国家

---

① 中华人民共和国外交部．土库曼斯坦国家概况 [EB/OL].(2021-07-01)[2021-09-27].http://www.fmprc.gov.cn/.
② 同上。

纲要》①规定，完善银行法规，对国有银行实行股份制改造。②

土库曼斯坦的产业可以简略地划分为三大类：农业、工业和纺织业。油气行业是土库曼斯坦经济的支柱，占 GDP 的八成以上。2020 年，国内生产总值同比增长 5.9%，2021 年 1-6 月，国内生产总值同比增长 5.9%。③

（四）教育

土库曼斯坦教育体系仍保留苏联教育结构的特点。宪法规定，土库曼斯坦的免费义务教育阶段共计 12 年，包括小学、初中和高中阶段。

土库曼斯坦的教育体系由学前教育、小学教育、中学教育、大学教育组成。中学阶段分为普通中学和中等职业技校。大学教育包括专科、本科和硕士研究生阶段的教育。

土库曼斯坦全国共有中小学 1900 多所，在校学生 101.86 万人；专科院校 18 所，在校学生约 4000 人；高等院校 17 所，在校学生近 14000 人。此外还有数十所职业技校。各级各类学校在校生近 120 万人。土库曼斯坦的著名大学有国立马赫图姆库里大学、阿扎季世界语言学院、工学院等、国家油气学院、国家通信建设学院、俄罗斯古铂金油气学院分院等。④

二、职业技术教育与培训的战略与法规

（一）战略

土库曼斯坦政府很重视职业技术教育与培训对国家发展的重要作用。土库曼斯坦总统别尔德穆哈梅多夫在其主持召开的 2016 年 1—5 月政府工作总结会议上特别提出："土库曼斯坦必须拟定新的教育改革纲要，创造教育条件，帮助未能获得继续深造机会的中学毕业生可以无障碍地到私营机构就业。"

土库曼斯坦职业技术教育与培训的根本任务是减少贫困，增加就业。2015 年，ETF 协助欧洲联盟委员会执行欧盟资助项目，向土库曼斯坦教育部提供 600 万欧元的资助，从 2015 年开始用英语和俄语提供在线的国际化职教课程。⑤该项目的具体目标包括：

• 整合中等职业技术教育与培训的学校董事和行业企业，共同参与第一个欧盟职业技术教育与培训项目。

• 提供一个课程建设的平台，建设新课程并推进其实施。

• 进行职业技术教育与培训政策分析。决策者和企业之间搭建平台，建立监测系统。

① 中华人民共和国驻土库曼斯坦大使馆经济参赞处 [EB/OL].（2017-10-05）. http://tm.mofcom.gov.cn/article/ztdy/201305/20130500144334.shtml.

② 商务部国际贸易经济合作研究院等 . 对外投资合作国别（地区）指南——土库曼斯坦 [R]. 商务部国际贸易经济合作研究院等 .2016.04:04.

③ 中华人民共和国商务部 [EB/OL]. [2021-07-01]. http://www.mofcom.gov.cn/.

④ TVET in Turkmenistan[EB/OL]. (2017-09-28). http://www.etf.europa.eu/webatt.nsf/0/9896C88E7CF4DEB7C1257A71002A8666/$file/Turkmenistan%20VET%20&%20labour%20market.pdf[dead lin.

⑤ Turkmenistan: overview of vocational education and training[EB/OL]. (2017-09-25). https:// TurkmenistanTVET.

• 给予 1500 万欧元的支持开发职业技术教育与培训的实训课程。

• 做出资格框架的分析报告并进行深入研究，为构建国家职业资格框架提供支持。

（二）法规

1993 年 10 月 15 日，土库曼斯坦国家《教育法》颁布，该法确立了国家的教育基本准则，确定了国家教育体系的组织与管理办法，其主要准则包括：

（1）由国家提供各种形式和类型的免费教育服务；

（2）让每个人享有平等的受教育权利，促进每个人能力的实现与天赋的全面发展；

（3）充分体现人类共有的价值观；

（4）教育应紧密联系国家历史、文化与传统；

（5）国家教育机构独立于政党和其他公共与宗教组织；

（6）教育部门要与科学研究部门和工业部门相结合，与其他国家的教育体系相融通；

（7）国家教育体系要保持灵活、可持续与多样化的发展。①

土库曼斯坦 2009 年 8 月《新教育法》：该法令确定了六种教育层次，包括学前教育、小学教育、中学教育、职业教育、大学以及硕士教育。该法案规定：注重加强和完善教育体系，进一步建立教育评价体制，提高教学质量。由国家教育投资和拨款体制，加强学科建设，增加高校招生规模。该法案还规，学习者不仅可以通过正规的教育机构获得学历，也可以通过自学、走读学校和远程教育方式完成系统的教育。同时在教育机构还开办了各种非正规和非正式的教育方式，比如夜校和函授等。

土库曼斯坦《劳动法》：该法案阐释了专业教师被解雇的方法与程序，包括教师因资格不足或者健康状况不佳无法实现教学；教师存在不道德行为，影响了教学活动的开展；被法院判决严令禁止在教育相关机构进行教学活动的人员不允许进行教学。

2013 年 3 月《关于改进土库曼斯坦教育制度的法令》：该法令设立了 12 年免费的义务教育，规定初中毕业生可以继续在职业技术学校和职业技术学院中接受继续教育或进入劳动力市场。

2011 年 8 月 10012 号总统令《关于土库曼总统国立科学院》：该法令规定，给高级技术人员和国家公务人员进行继续教育，经考核后颁发毕业证书。

三、职业技术教育与培训的体系与质量保障

学生初中毕业之后，可以参加国家考试进入职业学校学习，学习结束，通过毕业考试后获得职业学校的毕业证书。职业学校和普通高中的毕业生均有机会进入职业学院学习，学院通常提供 2 年的课程，学生完成学业后可以选择就业或者升入大学继续学习。

大学阶段的职业教育由本科学校和（医学、教师、音乐和艺术学院）与职业技术学

---

① 联合国教科文组织国际教育局（2011）.世界教育数据——土库曼斯坦.

院提供。课程持续时间 2 到 4 年不等。完成这些课程之后，学生通过国家考试取得相应的毕业文凭。

此外，非正规和非正式的职业培训由以下机构提供：职业培训中心（学习 1 到 6 个月，根据考试取得专业资格）；职业大学（学习 6 到 10 个月，取得毕业文凭）；职业学院（学习 1 年半，取得毕业文凭）。

2003 年，土库曼斯坦全国共有 1705 所普通中学校，116 所专业学校以及 15 所中等职业培训学校。普通中学校约有 101.8 万人，职业学校在注册学生约为 28.3 万人。教师总数约为 65100（其中 62.7% 为女性），1—3 级教师有 14300 人，4—9 级教师有 39600 人，音乐、美术、体育教育和职业教育与培训的教师为 11200 人。[①]

四、职业技术教育与培训的治理与教师

（一）治理

土库曼斯坦总统是行政权力的领导者，也是内阁部长。在内阁结构中，内阁副部长承担教育科学活动部门的所有责任。

土库曼斯坦教育部及其下设的职业教育与培训国家协会负责职业技术教育与培训机构的管理。教育部下设的国家教育协会负责处理教学法研究和在职教师培训等事务的管理。[②]

（二）教师

在教师聘用方面，获得有相关专业资格并经过专门教学法培训的教师才有资格在职业教育机构进行教学。教师与职业教育机构协商一致后达成劳动关系并签订劳动合同。[③]

土库曼斯坦提供教师教育与培训的机构包括 5 个教师学院和 4 个高等教育机构，教师在这些地方接受在职训练。目前土库曼斯坦的教师教育体系有能力给学校提供足够数量的具有合格资质的教师。

土库曼斯坦的教师工资是根据其职业资格等级来确定的，包括：教师、二级教师、一级教师、高级教师、特级教师、荣誉教师和人民教师。教师职业资格依据高等教育国家委员会决定来授予。特级教师需要通过教育部的命令授予。荣誉教师和人民教师则要由土库曼斯坦的主席下令授予[④]。

为了保证职业技术教育与培训的质量，土库曼斯坦政府减少了教师的工作量。自 2007 年起，土库曼斯坦各种类型的中等专业学校教师的每周工作量已经从 30 小时减少到 24 小时；高等教育机构教师的年度工作量已经从 1250 小时减少到 850 小时。[⑤]

---

① 联合国教科文组织国际教育局（2011）. 世界教育数据（第 7 版）——土库曼斯坦 .2010.

② 联合国教科文组织国际教育局（2011）. 土库曼斯坦——联合国教科文组织国际教育局 .

③ Turkmenistan: overview of vocational education and training. https:// Turkmenistan+TVET.

④ 联合国教科文组织国际教育局世界教育数据（第 7 版）——土库曼斯坦 .2010.

⑤ UNICEF，2017。

五、职业技术教育与培训的发展现状及趋势与诉求

土库曼斯坦石油和天然气储量丰富，构成国家主要的出口收入来源，近年来国内生产总值增长强劲。土库曼斯坦政府认识到职业技术教育与培训对国家经济社会发展的重要作用，在其国家《社会经济发展计划（2011—2030）》中指出了改革目标——实现经济多元化、发展交通能源和通信基础设施、吸引外资、支持中小企业和创业发展、实施社会改革和教育改革。在财政支出方面，大约73%的政府开支用于社会和公共服务，其中的40%用于教育。但是，土库曼斯坦当前的职业技术教育与培训的效果却不理想，辍学率很高，很多人在义务教育之后未经培训就直接进入劳动力市场，现有的技术技能仍不能够满足国家经济社会发展的需要。[1] 因此，土库曼斯坦政府正在积极推进职业技术教育与培训系统的改革，具体包括：

第一，加强教育体制改革，根据世界标准增补和修改原有专业和教学内容。以创新发展为出发点，在教育领域制订心理情感课程，在全国各地推行先进的教学方法，培养高技能专家，增加高科技领域内的研究成果。[2]

第二，进一步扩大受教育人群范围。建立多种资金来源、多种教育形式的学校，引入国外的网络教育和先进媒体技术等教育教学手段，增加国民受教育的机会。

第三，教学和科研并举。加强教学和科研活动的一体化，以科研带动教学，组建科研团队以加强科技工作者、教师和学生的关系。建立研究所和高等学校相结合的有效机制。早在2007年6月，土库曼斯坦总统库尔班古力·别尔德穆哈梅多夫签署的《关于土库曼斯坦科学院工作的决定》奠定了专家型人才的培养模式。当前，在土库曼斯坦高校正在优先开展科研工作，其中包括：利用再生能源开展科研工作并深入研究利用太阳能、风能和生物能的新技术、深入研究降低大气排放物的技术；在科学、教育和医学领域推行信息和通信技术等。

（深圳职业技术学院　技术与职业教育研究所　宋　晶）

主要参考文献

[1] 中华人民共和国外交部.土库曼斯坦国家概况[EB/OL].(2021-07-01)[2021-09-27].http://www.fmprc.gov.cn/.

---

① 肖桂纯.土库曼斯坦高等教育的特色及启示[J].西北民族大学学报（哲学社会科学版），2012（5）.

② IIporpaMMa qerICTSHrI o6palr eHHasICTpaHe H MHpy[N].HeI ITpalIbHbII TypKM2HHCTdH，2012-01-10.

[2] 土库曼斯坦地理概况 [EB/OL]. (2015-02-19)[2017-09-10]. http://globserver.cn/%E6%9F%AC%E5%9F%94%E5%AF%A8/%E5%9C%B0%E7%90%.

[3] 商务部国际贸易经济合作研究院等 . 对外投资合作国别（地区）指南——土库曼斯坦 [R]. 商务部国际贸易经济合作研究院等 .2016.04:04.

[4] TVET in Turkmenistan http://www.etf.europa.eu/webatt.nsf/0/9896C88E7CF4DEB7C1257A71002A8666/$file/Turkmenistan%20VET%20&%20labour%20market.

[5] 中华人民共和国商务部 [EB/OL]. [2021-07-01]. http://www.mofcom.gov.cn/.

[6] 联合国教科文组织国际教育局 (2011) . 世界教育数据（第 7 版）. 2010/2011. 土库曼斯坦 . 日内瓦：联合国教科文组织国际教育局 .

[7] Turkmenistan: overview of vocational education and training.　https:// Turkmenistan+TVET.

[8] 肖桂纯 . 土库曼斯坦高等教育的特色及启示 [J]. 西北民族大学学报（哲学社会科学版）, 2012 (5) .

文莱达鲁萨兰国

一、国家概况

（一）地理①

文莱达鲁萨兰国（Negara Brunei Darussalam），简称文莱，位于加里曼丹岛西北部，北濒南中国海，东南西三面与马来西亚的沙捞越州接壤，并被沙捞越州的林梦分隔为东西两部分。面积5765平方千米，海岸线长约162千米，有33个岛屿，沿海为平原，内地多山地。属热带雨林气候，终年炎热多雨。年均气温28℃。全国划分为4个区：文莱—摩拉区、马来奕区、都东区、淡布隆区。首都为斯里巴加湾市，位于文莱—摩拉区，面积100.36平方千米②，人口约14万，从17世纪起成为文莱首都，原称"文莱城"，1970年10月4日改为现名。

（二）人文③

文莱古称浡泥。14世纪中叶伊斯兰教传入，建立苏丹国。16世纪初国力处于最强盛时期。16世纪中期起，葡萄牙、西班牙、荷兰、英国等相继入侵。1888年沦为英国保护国。1941年被日本占领。1946年英国恢复对文莱控制。1971年与英国签约，获得除外交和国防事务外的自治。

文莱自1984年1月1日独立之日起即正式宣布"马来伊斯兰君主制"（MIB）为国家纲领。其内涵为：国家维护马来语言、文化和风俗主体地位，在全国推行伊斯兰法律和价值观，王室地位至高无上。该纲领将伊斯兰教确认为文莱国教，反对政教分离。现任国家元首为苏丹·哈吉·哈桑纳尔·博尔基亚·穆伊扎丁·瓦达乌拉，于1967年10月5日继位。

文莱有人口45.95万（2019年）。其中马来人占66%，华人约占10%，其他族群和

---

① 中华人民共和国外交部·文莱国家概况 [EB/OL].http://www.fmprc.gov.cn/web/gjhdq_676201/gj_676203/yz_676205/1206_677004/1206x0_677006/. 2021-09-25.

② 2017年8月1日，经国家元首批准，文莱首都面积从13平方千米扩展为100.36平方千米。资料来源：http://en.wikipedia.org/wiki/Bandar_Seri_Beganan. [2017-11-01]

③ 中华人民共和国外交部·文莱国家概况 [EB/OL].http://www.fmprc.gov.cn/web/gjhdq_676201/gj_676203/yz_676205/1206_677004/1206x0_677006/. 2021-09-25.

外籍人占 24%。马来语为国语，通用英语，华人使用华语较广泛。伊斯兰教为国教，其他还有佛教、基督教等。重要的节日有：独立日（1月1日）、国庆日（2月23日）。苏丹·哈吉·哈桑纳尔·博尔基亚的生日（7月15日）。文莱是伊斯兰国家，开斋节是其最盛大的节日，每年日期根据伊斯兰历而定。主要旅游景点有水村、王室陈列馆、清真寺、淡布隆国家森林公园等。

（三）经济 [①]

文莱石油和天然气资源丰富，截至 2019 年底，文莱已探明石油储量为 11 亿桶，天然气储量为 3000 亿立方米，分别占全球总量的 0.1%，是东南亚第三大产油国，世界第四大天然气生产国。

文莱是个以原油和天然气为主要经济支柱的国家，占整个国家国内生产总值 50%。文莱是世界上最富有的国家之一，2011 年人均 GDP 为 48333 美元，位居世界第六 [②]。最近几年，由于油气产量下降，文莱经济增长出现停滞。2019 年，国内生产总值为 190.98 亿文币（约合 140.43 亿美元），以不变价格计算，同比增长 3.9%。其中，农、林、渔业同比下降 1.4%，工业增长 4.2%，服务业增长 3.4%。

据文莱官方统计，2019 年文莱进出口贸易总额 168.43 亿文元（约 125.16 亿美元），同比增长 16.21%。其中出口 98.86 亿文元（约 73.46 亿美元），同比增长 11.43%；进口 69.57 亿文元（约 51.7 亿美元），同比增长 23.75%。文莱主要贸易伙伴为日本、韩国、马来西亚、泰国和新加坡。大宗出口产品是原油和天然气，主要出口市场为韩国、日本、泰国。主要进口来源地为马来西亚、新加坡、中国和美国。

为摆脱单一经济束缚，近年来文莱大力发展油气下游产业、伊斯兰金融及清真产业、物流与通信科技产业、旅游业等，加大对农、林、渔业以及基础设施建设投入，积极吸引外资，推动经济向多元化方向发展。

2016 年，为加快吸引外资，进一步加快经济多元化发展，文莱政府进行了一系列改革，新设了一站式服务平台，优化缩减各项行政审批、决策流程。新成立了达鲁萨兰企业，并设立外国直接投资行动与支持中心，为外国投资者提供更全面、快速的服务。

（四）教育

文莱的教育制度主要是仿照英国模式，基本依照英国的教学大纲进行教育。采用文莱－剑桥通用教育证书（BC-GCE：Brunei-Cambridge General Certificate of Education）作为学生接受高中后教育和大学教育的标准。

2009 年，文莱引入了新的面向 21 世纪的教育体系（SPN21）。新的教育体系最明显的特点是为学生提供了多种教育选择，充分发挥每个学生的潜力，让学生掌握更为广泛

① 中华人民共和国外交部·文莱国家概况 [EB/OL].http://www.fmprc.gov.cn/web/gjhdq_676201/gj_676203/yz_676205/1206_677004/1206x0_677006/. 2021-09-25.

② 360 百科 [EB/OL].https://baike.so.com/doc/2873240-3032095.html. 2017-10-15.

的知识和技能，以胜任21世纪的挑战。文莱保障每个公民享受至少12年的教育，包括1年学前教育、6年小学和5年中学。

在文莱，小学学制为6年，学生毕业时将参加小学评估考试，通过考试的同学进入中学学习，未通过的学生将参加来年的考试。中学分为初中和高中两个阶段，学生可选择4年计划或5年计划。其中，7、8年级所有学生上统一的课程之后，可以选择普通课程（9—10／11年级）、应用课程（9—11年级）或特定专业课程（9—11年级），不同课程之间可以依据学生的成绩和要求相互转换。中学阶段另有特别教育（基础职业教育），学制5年。在文莱，小学和初中每年有3个学期（1—5月，5—9月和9—12月），每个学期18周。学生在中学第4年或第5年参加BC-GCE"O"级考试，通过考试的学生可以参加职业技术教育或大学预科课程，完成大学预科课程的学生可参加BC-GCE"A"级考试，其他学生则前往国内外的大学、学院及培训中心等继续学习或选择就业。在文莱，大专学制2.5年，本科学制4年，研究生2年，每学年2个学期（8—12月，1—5月）。如图1。

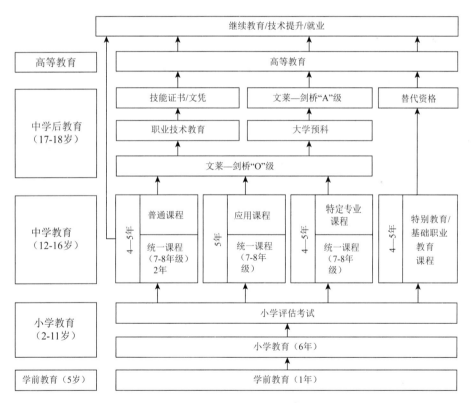

图1　文莱教育结构图[①]

文莱实行免费教育，并资助留学费用，英文和华文私立学校资金自筹。据现有数据，

---

① The National Education System for the 21st Century. [EB/OL]. http://moe.gov.bn/spn21dl/SPN21%20ENG%20(2013)%20COMPLETE.pdf. 2017–10–15.

2019 年，共有学校 251 所，其中公立学校 175 所，私立学校 76 所，幼儿园、小学及普通中学 235 所，职业技术学校 12 所，大学（含大专院校）7 所。在校学生总数为 10.67 万人，教师人数为 1.09 万人。文莱公民受教育程度较高，女性识字率为 96.1%，男性识字率为 98.2%。[①]

二、职业技术教育与培训的战略与法规

（一）战略

文莱的职教体系于 1970 年正式引入，建立了两所职教学校，一所商贸类，一所工程类。学校的建立标识着文莱职教系统的开始，由一个专门的技术学校管理机构领导，这也是当时教育部下的一个规模不大的部门。

1977 年，一个文莱技术培训中心得以建立，开展有认证的国外课程，包括伦敦的几所学院；1982 年引入英国商业和技术教育委员会的技术课程，当地的学校也建立起自己的课程。随后职教体系继续扩展，更多的学校开始建立以应对国家的人力资源需求，领域涉及技术、汽车机械、护理、商贸等。20 世纪末一个主要的变化是从完全依赖外国课程转变到在当地发展类似课程，以应对当地工业需求，更灵活、更有效地为当地经济需求培养人才。1989 年，职业课程开发中心建立（即现在的课程开发部门，由技术教育部门管辖），其主要职责是为职教学校开发课程。1991 年，文莱职教委员会建立，负责职教资格认证。第一个获得认证的课程是 1992 年商业与金融专业的毕业证书。1994 年，所有贸易、技术课程都获得该委员会的认证，此时外国课程已逐渐淡出和终止。意识到职教体系对于建设国家人力资源的重要意义，教育部于 1993 年成立了一个独立的技术教育部门——技术教育司，其目的是为了保证职教课程的有效管理。

2008 年，文莱提出"2035 宏愿"，并设立三大奋斗目标：到 2035 年，拥有受过良好教育和技术熟练的人民；人民生活质量进入全球前十列；实现充满活力的可持续发展经济，人均生产力进入世界前十列。[②]

根据上述目标，文莱教育体系也制定了 8 个决策发展方向，其中包括引进国际一流的教育和学习方式，建设世界一流的中学、大学教育和职业教育，培养业界所需要的专家、专业人士和技术人员。[③] 为促进上述目标的实现，2009 年，文莱重新构建了新的面向 21 世纪的教育体系，设置了教育目标，包括：让学生开发 21 世纪新技术；根据当前和未来需求提升教育质量；符合 21 世纪社会经济发展需求，应对挑战。职教体系亦设置

[①] 中华人民共和国外交部·文莱国家概况 [EB/OL].http://www.fmprc.gov.cn/web/gjhdq_676201/gj_676203/yz_676205/1206_677004/1206x0_677006/. 2021-09-25.
[②] 中华人民共和国驻文莱达鲁萨兰国大使馆经济商务参赞处 [EB/OL]. http://bn.mofcom.gov.cn/article/jmxw/201410/20141000753182.shtml. 2017-10-15.
[③] The National Education System for the 21st Century [EB/OL]. http://moe.gov.bn/spn21dl/SPN21%20ENG%20(2013)%20COMPLETE.pdf. 2017-10-15.

了相应的目标和任务，如通过全球职教体系的比较，提供国际一流的教育；提供技术更新和终生学习机会等。

（二）法规

文莱没有专门的职业教育与培训的法律，除了教育法之外，主要以规划和政策的方式来引导、规范和发展职业教育与培训。

1.《教育法》（2003 年颁布，2006 年修订）

《教育法》（Education Act）规定了职业教育与培训的目标，并规范了实施机构，其中包括技能培训中心、职业学校、技术学院、护理学院等，为发展职业技术教育与培训，该法还设立了技术和职业教育委员会，教育法赋予该委员会较大的权力，包括独立履行其职责、任命委员、设立下级委员会等。[①]

2.《2012—2017 教育战略规划》

《2012—2017 教育战略规划》（Education's Strategic Plan for 2012-2017）重点强调了提高基础设施和课程质量，改进职业技术教育与培训等内容。明确提出了教育发展的 3 个战略重点领域、14 个战略目标和 18 个关键绩效指标。通过明确规定和量化的指标，确保教育在可测可控的情况下，按照预定的目标和路径发展，整体提升文莱教育的质量与水平。[②]

3.《文莱技术教育升级计划 2013—2018》

《文莱技术教育升级计划 2013—2018》（Upgrading Plan for Technical Education Brunei Darussalam 2013-2018）改革对全国 7 个技术培训中心的管理，组建了文莱技术教育学院。

4.《技术职业教育转型白皮书》（2014 年）

文莱职业技术教育与培训体制目前正在进行重大改革，2014 年 5 月推出了《职业技术教育与培训白皮书》（The Technical and Vocational Education Transformation White Paper）。改革的目标是确保毕业生就业，从供给驱动转向需求驱动。[③]

三、职业技术教育与培训的体系与质量保障

（一）体系

1. 中学阶段的职业技术教育

中学阶段的特别教育属于个性化的教育计划，是基本的职业技术教育。中学阶段的职业技术教育学制 5 年，满足中学特殊的教育需求，学生除了学习基本理论知识、生活

---

① International Labour Organization [EB/OL].http://www.ilo.org/dyn/natlex/natlex4.detail?p_lang=en&p_isn=78235&p_country=BRN&p_count=90. 2017-10-15

② Education for All 2015 National Review: Brunei Darussalam [EB/OL]. http://unesdoc.unesco.org/images/0023/002305/230503e.pdf. 2015-10-15

③ Brunei TVET transformation: the development of the Institute of Brunei Technical Education's two key surveys. [EB/OL]. http://www.tvet-online.asia/issue/8/ebil-etal. 2017-10-15

和社会技能外，还参加工作实习。

2. 高中后职业技术教育

选择职业技术教育的学生通过为期3年的课程学习（包括6个月企业实业），可获得国家技能证书和国家高级文凭，或者通过4年的"三明治课程"学习（包括1年企业实习）取得学位。

3. 继续教育与培训

继续教育与培训对象为所有公民和15岁及以上的永久性居民，主要培训对象包括辍学或离校学生、政府雇员、养老金领取者和家庭主妇。共提供三种类型的教育和培训，包括学历提升、技能培训和短期课程。

（二）保障 [1]

1. 职业技能证书

在资格证书方面，文莱职教体系采用3级证书框架，第一级为技术工人级（Skilled Worker），包括技术证书（Skill Certificates，SCs）；第二级为技术员级（Technologist），包括毕业证书（Diploma）和高级证书（Advanced Diploma）；第三级为专业人员级（Professional），指学位证书（Degree）。其中技术证书有2级，即SC2和SC3，均为1年课程，针对高中学生或离开学校的人员。资格证书层次及最低要求见表1。

表1 资格证书层次及最低要求

级　别	最低要求
技术资格证书1（SC1）	完成9或10年级基本学习，或其他相同的资历
技术资格证书2（SC2）	2个普通教育"O"级别（最低拿E成绩），或2个国际普通中学（成绩A-E），或其他相同的资历
技术资格证书3（SC3）	4个普通教育"O"级别（成绩：2个C，2个E），或4个国际普通中学（成绩：2个C，2个E），或相关领域内有文莱技术资格证书2级
毕业证书（DIP）	4个普通教育"O"级别（成绩：A-C，或以上），或4个国际普通中学（成绩：A-C，或以上），或相关领域内有文莱技术资格证书3级（最低GPA：2.0）

依据文莱劳动部提供的人力资源需求方面的数据，文莱的职教体系共有48种毕业证书、22种3级技术证书、24种2级技术证书以及3种学徒式培训机制，专业领域包括农业、工业、飞机工程、建筑、商业、计算机信息技术、服装、电子工程、发型和美容、旅游、汽车、焊接及制造工程、科学、艺术、机械工程以及信息、图书馆管理等等；资格证书由文莱职教委员会负责。文莱职教体系证书框架如下图2所示。

---

[1] The National Education System for the 21st Century. [EB/OL]. http://moe.gov.bn/spn21dl/SPN21%20ENG%20(2013)%20COMPLETE.pdf. 2017-10-15.

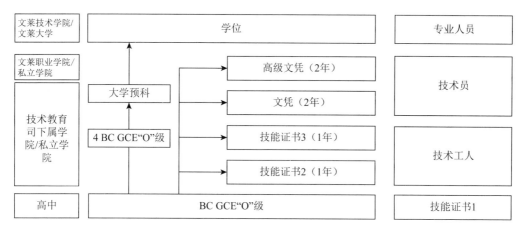

图2 文莱职教体系证书框架

2.质量保障

根据文莱21世纪教育战略，为保障职教体系质量，文莱制定了具体的行动计划，主要包括：

·加强设施建设，更新、升级现有职教学校，应对学生人数的增加；

·保障教师数量，增加教师流动性，提高师资资源效率；

·加大教师培训力度（包括国内外培训），发展、升级教师的专业技术知识；

·继续强化职教课程的审核和评估，让各方（公立／私立机构，如课程指导委员会）积极参与，以确保课程内容符合市场需求；

·规范课程开发和评价流程，让各方积极参与，包括对教学实施过程进行监督以确保质量。

技术教育司2008年实施的10年计划（2008—2017）中已考虑上述行动计划。希望通过该计划的实施，文莱职教部可以在国家21世纪计划（SPN21）框架下有效运作职教体系。

在学业评估方面，依据"持续评价"的原理，由课程开发和评估委员会设置的评估机制完成，评价内容包括：课程作业、（实验室）报告、个人相关信息、实践／实验室测试、课堂／阶段测试、口试／展示、期末考试等各个方面。监管的流程包括内部反馈和外部审核。另外，文莱职教体系还评测一系列相关的技能，包括自我管理、计划和组织、沟通、合作、解决问题、主动性、运用数字、设计和技术技能以及学习能力。

四、职业技术教育与培训的治理与教师

（一）治理

文莱教育部于1993年建立技术教育司，对职业教育与培训进行有效管理。2013年，文莱启动了技术教育升级计划，以打造新的文莱职业技术教育体系，2014年教育部技术教育司更名为技术教育学院（Institute of Brunei Technical Education），原技术教育司下属7个培训中心（分布于文莱各地），于2016年正式更名，并成为文莱技术教育学院的校区，由总部机构和 7 个学校组成 ①。

通过对职教体系的监管，达到以下目标：

（1）在技术、职业领域培养知识、技能型人力资源，让整个体系加速运行；

（2）提高技术工人的数量，满足职业市场需求；

（3）让中学毕业生更加准备好，选择正确的道路继续教育和培训；

（4）通过技术证书和毕业证书的课程学习，学生可以获取足够的知识和技术，提升竞争力；

（5）为成人学生和离开学校的人群提供终生学习的机会。

文莱职教体系自 1970 年正式引入以来有了长足的发展，在规模上从 1971 年的 111 名学生、19 名教师发展到 2007 年的 2551 名学生、470 名教师。而整个教育体系也有较快的增长，学生人数从 1912 年的 53 名上升到 2007 年的 68706 名。学校个数、学生人数历史变化情况图 3 所示。

年份		1951	1961	1971	1981	1991	2001	2011/2012
学校	小学	8	50	115	112	117	120	123
	中学	1	3	12	14	18	31	26
	护理/职教学校	0	0	2	3	4	8	6
	高等教育	0	0	1	1	2	3	2
教师	小学	34	NA	1168	1622	2198	2640	2637
	中学	0	NA	482	1084	1557	3096	2383
	护理/职教学校	0	0	19	117	293	470	486
	高等教育	300	0	17	61	211	539	403
学生	小学	0	16679	22235	22012	32136	32524	32679
	中学	0	0	8684	13677	20149	36182	28715
	护理/职教学校		0	111	527	1208	2551	2557
	高等教育			349	572	1047	4526	3830

图 3　学校个数、学生人数历史变化情况

（图 3 来源：Ministry of Education, Brunei, "The National Education System for the 21st Century，SPN21"，http://moe.gov.bn/spn21dl/SPN21 ENG (2013) COMPLETE.pdf, 2013）

① Institute of Brunei Technical Education: IBTE Network of School [EB/OL].https://ibte.edu.bn/network-of-schools/.2017-10-17.

2008—2028 学生人数趋势（预计）如图 4 所示，其中职教体系的学生将从 2008 年的 2600 人升到 2028 年的 5000 人，20 年间大约有 90% 的增长率。而对于职教中学，平均每年约有 3500 个（约占 50%）学生加入职教体系。

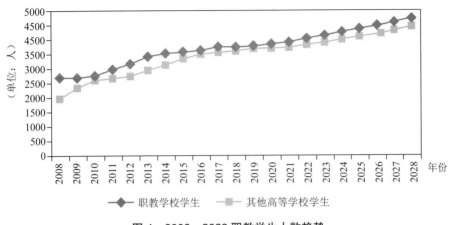

图 4　2008—2028 职教学生人数趋势

（图 4 来源：Ministry of Education, Brunei, "The National Education System for the 21st Century，SPN21"，http://moe.gov.bn/spn21dl/SPN21 ENG (2013) COMPLETE.pdf, 2013）

文莱将继续加强职教体系，包括：（1）加强各职教学校的能力建设；（2）与各方合作，如经济发展委员会（Economic Development Board ）、经济规划和发展部（Department of Economic Planning & Development）、工业及基础资源部（ Ministry of Industry & Primary Resources）、能源部（ Ministry of Energy ）等，确保所有课程符合工业界和社会需求；（3）开发国家技能框架，涵盖各个关键领域，如农业、旅游、商业、信息通信技术、建筑与工程等；（4）招聘有工业界经验的教职员工；对所有教师实行统一政策，要求有工业界培训经验；（5）根据工业界、雇主开发的技能要求开发课程体系；（6）进行详细的就业数据调查，就业率是课程成功的标识。[①]

（二）教师

文莱大学苏丹·哈桑纳尔·博尔基亚教育学院是文莱唯一一所教师教育学院，其职前教育体系较为完备，开设有初、中等教育的本科、教育硕士及博士课程，可为文莱培养从学前教育至高等教育的各层次教师和教育管理人员。该学院的职后教师教育的招收对象为具有教育证书并有 3 年以上执教经验的在职教师，完成 3 年专业教育者获得在职初等教育学士学位，而完成 1 年全日制和 2 年业余学习者可获得各类在职教育证书。[②] 其教育理念认为教师的专业教育是一个持续的过程：始于职前培训，并通过参与培训和在

---

① Ministry of Education, Brunei, "The National Education System for the 21st Century，SPN21", http://moe.gov.bn/spn21dl/SPN21 ENG (2013) COMPLETE.pdf, 2013, 2017–10–15.

② 郑阳梅 . 文莱国家教育概况及其教育特色研究 [J]. 广西青年干部学院学报 ,2015(2):64–67.

职课程，继续贯穿教师的职业生涯。教育学院高度重视提高教师教学能力并为此提供短期在职课程。

为提高教师能力，文莱建立了教师学习发展和创新中心，该中心既是教育工作者工作和培训的实际场所，也是教师分享专业知识和经验、交换信息的虚拟场所。

文莱教师的工作环境良好，教育部各部门、高等院校给予了各方支持。积极地推动在职教育、咨询与指导能力的培训工作。目前，文莱的教师资历水平、师生比、班级规模、师生数量充分反映了文莱的教师教育的发展状况和国家整体教育水平。[①]

五、职业技术教育与培训的诉求与发展趋势

文莱"2035宏愿"有三大奋斗目标，其中第一项目标——依照国际最高标准培养受过良好教育的高技术人才，为职业教育与培训提出了明确要求。

目前文莱正在进行职业技术教育与培训现代化改革，其中有6项关键内容包括，课程重组、扩大学徒选择、进展审查、升级培训环境、引入新的教学服务计划、整合新成立的技术教育学院、教育部原技术教育司和其下的7个职业技术培训中心。与此同时，开展基于结果导向的毕业生就业能力和雇主满意度调查，考核职业教育与培训的过程和成绩。

由于长期沦为殖民地，文莱的现代教育事业起步较晚。近年来，职业教育与培训改革力度加大，主要需要解决的问题是加强职业教育与培训的规划与治理。近年来，文莱职业教育与培训进行了大刀阔斧的改革，表现在学制的改革、全国技术培训中心的调整与整合，甚至包括教育部技术教育司的改革。从国家对职业教育与培训的治理来看，教育部原技术教育司转制为文莱技术教育署，该署将脱离政府建制，吸收政、商、学等各界人士加入理事会，实现相对独立的运营。[②]这可能弱化国家对职业教育与培训的治理与整体规划。另外一方面，随着文莱经济结构的调整，国家加大非油气产业的发展，为职业教育与培训带来挑战，在改革与快速调整的过程中加强职业教育与培训的规划与治理十分必要。

（深圳职业技术学院　技术与职业教育研究所　罗　欢

深圳职业技术学院　联合国教科文组织职业技术教育与培训联系中心　王冰峰）

---

① 黄斗. 文莱国家教师教育体制分析 [J]. 文教资料, 2009(23):125–127.
② 郑阳梅. 文莱国家教育概况及其教育特色研究 [J]. 广西青年干部学院学报, 2015(2).

主要参考文献

[1] 中华人民共和国外交部·文莱国家概况 [EB/OL].http://www.fmprc.gov.cn/web/gjhdq_676201/ gj_676203/ yz_676205/1206_677004/1206x0_677006/. 2021–09–25.

[2] 中华人民共和国驻文莱达鲁萨兰国大使馆经济商务参赞处 [EB/OL]. http://bn.mofcom.gov. cn/article/jmxw/201410/20141000753182.shtml. 2017–10–15.

[3] 360 百科 [EB/OL].https://baike.so.com/doc/2873240–3032095.html. 2017–10–15.

[4] The National Education System for the 21st Century [EB/OL]. http://moe.gov.bn/spn21dl/ SPN21%20ENG%20 (2013) %20COMPLETE.pdf. 2017–10–15.

[5] International Labour Organization [EB/OL].http://www.ilo.org/dyn/natlex/natlex4.detail?p_ lang=en&p_isn=78235&p_country=BRN&p_count=90. 2017–10–15.

[6] Education for All 2015 National Review:Brunei Darussalam [EB/OL]. http://unesdoc.unesco.org/ images/0023/002305/230503e.pdf. 2015–10–15.

[7] Brunei TVET transformation: the development of the Institute of Brunei Technical Education's two key surveys. [EB/OL]. http://www.tvet–online.asia/issue/8/ebil–etal. 2017–10–15.

[8] Institute of Brunei Technical Education:IBTE Network of School [EB/OL].https://ibte.edu.bn/ network–of–schools/.2017–10–17.

[9] 郑阳梅 . 文莱国家教育概况及其教育特色研究 [J]. 广西青年干部学院学报 ,2015 (2) :64–67.

[10] 黄斗 . 文莱国家教师教育体制分析 [J]. 文教资料 , 2009 (23) :125–127.

乌兹别克斯坦共和国

一、国家概况

（一）地理

乌兹别克斯坦共和国（The Republic of Uzbekistan），简称乌兹别克斯坦，位于中亚地区的中部，面积为 44.78 万平方千米。国土东西长 1425 千米，南北宽 930 千米。乌兹别克斯坦同阿富汗、土库曼斯坦、吉尔吉斯斯坦、塔吉克斯坦、哈萨克斯坦五国接壤：东北与哈萨克斯坦相邻，东面和东南与吉尔吉斯斯坦和塔吉克斯坦接壤，西连土库曼斯坦，南邻阿富汗。国境总长度为 6221 千米，其中同哈萨克斯坦的边界长 2203 千米，同吉尔吉斯斯坦的边界长 1099 千米，同塔吉克斯坦的边界长 1161 千米，同土库曼斯坦的边界长 1621 千米，同阿富汗的边界长 137 千米。[①]

全境地势东高西低。平原低地占全部面积的 80%，大部分位于西北部的克孜勒库姆沙漠。东部和南部属天山山系和吉萨尔－阿赖山系的西缘，内有著名的费尔干纳盆地和泽拉夫尚盆地。境内有自然资源极其丰富的肥沃谷地。主要河流有阿姆河、锡尔河和泽拉夫尚河。属严重干旱的大陆性气候。7 月平均气温为 26℃～32℃，南部白天气温经常高达 40℃；1 月平均气温为 -6℃～-3℃，北部绝对最低气温为 -38℃。年均降水量平原低地为 80—200 毫米，山区为 1000 毫米，大部分集中在冬春两季。地理位置优越，处于连接东西方和南北方的中欧中亚交通要冲的十字路口，古代曾是重要的商队之路的汇合点，是对外联系和各种文化相互交流的活跃之地。乌兹别克斯坦是著名的"丝绸之路"古国，历史上与中国通过"丝绸之路"有着悠久的联系。[②]

全国分为 1 个自治共和国（卡拉卡尔帕克斯坦自治共和国）、1 个直辖市（塔什干）和 12 个州：安集延州、布哈拉州、吉扎克州、卡什卡达里亚州、纳沃伊州、纳曼干州、撒马尔罕州、苏尔汉河州、锡尔河州、塔什干州、费尔干纳州、花剌子模州。塔什干是

---

① 中华人民共和国驻乌兹别克斯坦共和国大使馆 . 地理情况 [EB/OL]. http://uz.chineseembassy.org/chn/wzgk/t141205.htm.2017-10-16.

② 人民网 . 乌兹别克斯坦概况 [EB/OL]. http://world.people.com.cn/GB/8212/72474/72475/5050522.html.2017-10-16.

中亚地区最大的城市。[①]

（二）人文

乌兹别克斯坦是人类文明发祥地之一，有近 3000 年的历史。公元前 6—2 世纪，曾被伊朗、马其顿、希腊的一些王国侵占。公元 8 世纪并入阿拉伯帝国版图。9—13 世纪，乌兹别克族形成。13 世纪被蒙古人征服。14—15 世纪，受帖木儿帝国统治。16—18 世纪，建立布哈拉、希瓦、浩罕等汗国。19 世纪下半叶，部分领土并入俄罗斯。1917-1918 年建立苏维埃政权。1924 年 10 月成立乌兹别克苏维埃社会主义共和国并加入苏联。1991 年 8 月 31 日宣布独立，9 月 1 日被定为独立日。[②]

1992 年通过的宪法规定：全体公民享有同样的权利和自由，在法律面前人人平等；国家政权体制建立在立法、行政、司法三权分立的原则基础上。共和国总统既是国家元首，同时也是内阁主席和武装部队最高统帅，终身为宪法法院成员。每届任期 7 年。议会是行使国家立法权的国家最高权力机关，由立法院（下院）和参议院（上院）组成。[③]

著名的历史遗迹是希瓦古城，它位于乌兹别克斯坦阿姆河下游的希瓦绿洲上，位于乌兹别克斯坦西南边界。它建立于公元 4 世纪，历史上是旅行商队的必经驿站。希瓦的伊钦内城是独特的伊斯兰城区和文化博览城，所有的历史古迹都得以完好地在内。这里由宫殿、清真寺、礼拜殿、宣礼尖塔、经学院、浴室等组成。

截至 2021 年 6 月，乌兹别克斯坦总人口为 3486 万。[④] 有 129 个民族，乌兹别克族约占 77.6%，俄罗斯族占 5%，塔吉克族占 4.8%，哈萨克族占 4%。主要宗教为伊斯兰教，属逊尼派，其次为东正教，多数居民信奉伊斯兰教（逊尼派），其余多信奉东正教。乌兹别克语为官方语言，俄语为通用语。[⑤]

（三）经济

乌兹别克斯坦政府宣布迄今已发现 100 种左右的矿种，其中有 60 多种已被开发利用。矿物资源总潜在资产估计为 3.3 万亿美元以上。已探明矿产地，其储藏估价约合 9700 亿美元。已勘探了约 1000 个矿床，其中包括：168 个石油、天然气、凝析气田，51 个贵金属矿床，41 个有色金属、稀有和放射性金属矿床，4 个黑色金属矿床，3 个煤田，22 个冶金原料矿床，14 个化工原料矿床，24 个宝玉石矿床，582 个建材矿床，151 个淡水和矿化地下水源地。已开采的矿床占已勘探矿床总数的 45%。

---

① 人民网 . 乌兹别克斯坦概况 [EB/OL]. http://world.people.com.cn/GB/8212/72474/72475/5050522.html.2017–10–16.

② 中华人民共和国驻乌兹别克斯坦共和国大使馆 . 地理历史 [EB/OL]. http://uz.chineseembassy.org/chn/wzgk/t143176.htm.2017–10–16.

③ 人民网 . 乌兹别克斯坦概况 [EB/OL]. http://world.people.com.cn/GB/8212/72474/72475/5050522.html.2017–10–16.

④ 中华人民共和国外交部 . 乌兹别克斯坦国家概况 [EB/OL]. http://www.fmprc.gov.cn/web/gjhdq_676201/gj_676203/yz_676205/1206_677052/1206x0_677054/.2021–9–20.

⑤ 中华人民共和国驻乌兹别克斯坦共和国大使馆 . 人口语言 [EB/OL]. http://uz.chineseembassy.org/chn/wzgk/t143177.htm.2017–10–16.

乌兹别克斯坦天然气储量为 2.06 万亿立方米，预测天然气储量达 5.43 万亿立方米。油气田主要分布在东部的费尔干纳州和南部地区。共发现 28 个有远景的含煤区，煤储量约 20 亿吨，其中烟煤储量 5300 万吨，褐煤储量 19.267 亿吨。金银储量分别为 3000 吨、980 吨。银主要产于金矿和综合矿床中。①

乌兹别克斯坦是独联体中经济实力较强的国家，经济实力次于俄罗斯、乌克兰、哈萨克斯坦。国民经济支柱产业是"四金"：黄金、"白金"（棉花）、"黑金"（石油）、"蓝金"（天然气）。但经济结构单一，加工工业较为落后。农业、畜牧业和采矿业发达，棉花产量占苏联的 2/3，生丝产量占苏联生丝产量的 49%，洋麻产量占苏联的 90% 以上，羊羔皮、蚕茧和黄金产量分别占苏联的 2/3、1/2 和 1/3。轻工业不发达，62% 的日用品依靠其他共和国提供。乌兹别克斯坦工业在中亚地区举足轻重，天然气、机械制造、有色金属、黑色金属、轻纺和丝绸等工业都比较发达。

乌兹别克斯坦盛产棉花，素有"白金之国"的美誉，目前其棉花种植保持在 300 万亩左右，是世界第五大棉花生产国、第二大棉花出口国。②

（四）教育

1991 年 9 月乌兹别克斯坦共和国独立后，选择独立自主的发展道路，使其教育体系发生了根本性的变革，完善了教育结构和内容。乌兹别克斯坦中小学实行免费教育，高校基本实行收费教育，有 10%—20% 的大学生可获国家预算支持，免缴学费。乌兹别克斯坦自 15 年前开始推行 "9+3" 免费义务教育，即 9 年制毕业的中学生须参加 3 年的中等职业学校学习，以掌握专业知识和职业技能。它利用国家预算和近 10 亿美元的外部贷款，建设和装备了 1.5 万所职业学校。学生毕业后可掌握 3—4 门专业知识和至少 2 门外语。最近 5 年的毕业生共达 250 万人，其中 2011 年为 60 万人，满足了企业现代化的用人需求。教育体系的改革，特别是利用原有的教育基础建立的一批职业技术学校，培养了一批专业技术人才，为中小企业发展注入了新的活力。③

目前，乌兹别克斯坦有 1050 多所中等专业学校，在校生近 108 万人；高等学校 62 所，在校生 28.6 万人，教师 2.3 万左右。著名高校有国立塔什干大学、国立塔什干东方学院、世界经济与政治大学、国立塔什干经济大学、塔什干医科大学等。④

---

① 乌兹别克斯坦 . 乌兹别克斯坦地质和矿产资源概况 [EB/OL].globserver. http://globserver.cn/en/node/7708.2017–10–16.

② 中国网 . 储殷，柴平一 . "一带一路"投资政治风险研究之乌兹别克斯坦 [EB/OL]. http://opinion.china.com.cn/opinion_57_126957.html.2017–10–16.

③ 中华人民共和国驻乌兹别克斯坦共和国大使馆经济商务参赞处 . 乌兹别克斯坦政府采取多种措施促进中小企业发展 [EB/OL]. http://uz.mofcom.gov.cn/article/ddgk/201212/20121208497731.shtml.2017–10–16.

④ 中华人民共和国外交部 . 乌兹别克斯坦国家概况 [EB/OL]. http://www.fmprc.gov.cn/web/gjhdq_676201/gj_676203/yz_676205/1206_677052/1206x0_677054/.2021–9–20.

二、职业技术教育与培训的战略与法规

(一)战略

国家教育政策的主要目标是要教育出在生理和精神上健康的一代人。职业技术教育与培训的战略是：提供义务的一般（基础）教育、技术和职业中等教育；职业和专业教育要随着经济社会需求的变化而不断发展；实现专业中等教育类型（学术和职业学院）的自由选择；在国家教育标准框架内普遍提供义务教育；培训计划要注重统一和分化相结合。[1]

(二)法规

1.《教育法》(1992)

1992 年 7 月，在乌兹别克斯坦独立后，政府立即通过了《教育法》，这为相应部门提供了法律依据，并进行了最迫切的改革，使教育系统适应转型经济的需要。1992 年的《教育法》规定了几项原则，比如：儿童受教育和保护的权利；工人有个人休假进行培训的权利；机构的财务自主权，包括与公司缔结合同的可能性；建立私立学校的权利。还更加重视乌兹别克语、历史和文学以及外语、商业、经济和职业技术教育。此外，该法还规定了新课程和教科书的制定，教育机构的认证和认可，以及建立符合市场需要的教育机构。

2.《新教育法》(1997)

1997 年议会通过了《新教育法》。之后，新的幼儿园和教育机构建立，并执行了为幼儿教授外语、艺术和计算机科学的实验方案；普通基础教育学校推出了新课程，并开发了新的教科书；基于市场需求的新型教育机构也建立起来了，其中包括商学院、银行学院和学术学院；制定了预算外的教育机构融资手段，为有才华的学生和高级科学家建立了专门的基金会，使其能在国外知名大学学习。

3.《国家人事培训方案》(1997)

1997 年 8 月，政府通过了《国家人事培训方案》，为正在进行的改革提供了一个连贯一致的框架，进一步将国家的教育发展引向 21 世纪。国家人事培训方案的核心是统一发展持续的教育培训制度，以及国家按照"4 + 5 + 3"模式提供 12 年义务教育。其中，教育的最后三年将由两类中等专业教育机构提供，即学术学院对排名前 10% 的 9 年级毕业生提供教育，其他的由专业院校提供。

---

[1]　Government of Uzbekistan; United Nations Country Team. *Millennium Development Goals Report.* 2006.

三、职业技术教育与培训的体系与质量保障

（一）体系

表1 乌兹别克斯坦职业教育结构图表

30 29 28	博士学位		24 23 22		劳 动 力 市 场
27 26 25	研究生学习（博士生）		21 20 19		
24 23	高等职业教育（硕士，认证专家）		18 17		
22 21 20 19	高等职业教育（学士学位）		16 15		
		专业中等 教育（文 凭）	14 13		
18 17 16	专业中等教育 （完成后获得中等教育证书） 学术研究/职业教育		12 11 10		义 务 教 育
15 14 13 12 11	普通中等教育		9 8 7 6 5		
10 9 8 7	小学教育		4 3 2 1		
6 5 4 3	学前教育				
年龄	教育等级		年级		

资料来源：Word Data on Education.7th edition，2010/11.

目前，正规教育制度遵循"4＋5＋2"模式，即4年小学教育和5年普通教育，2年免费高中教育或职业教育。这个为期11年的计划正在被一个为期12年的义务教育计划所取代，在学术学院或技术职业学校提供的3年高中教育也属于12年义务教育的一部分。[①]

---

① 资料来源：Word Data on Education.7th edition,2010/11.

初等教育在几类基础教育学校提供：只有初级教育的学校（1—4 年级）；提供部分（1—9 年级）和完整（1—11 年级）中等教育的学校；成人教育中心、残疾学生的专门学校和寄宿学校。新型机构（体育馆和学院）也提供普通教育，其中有些新型机构隶属于高等教育机构。普通基础教育（1 年级至 9 年级）是强制性的，入学年龄为 6—7 岁。

普通基础教育之后是 2 到 3 年的高级中等教育或职业技术教育。这是在两个层面提供的：第一级别提供 6 个月至 3 年的基础职业培训；第二级别通常提供 2 年的职业培训，超过 300 个专业领域可以获得中等专业教育文凭。[①] 专业中等教育完成之后获得中等教育证书，之后可进入高等职业教育阶段继续学习。

高等教育由大学和高等教育机构提供。要获得 4 年制本科学位课程需经过国家选拔考试，获得硕士学位还另需 2 年时间，获得博士学位则另需 6 年。[②]

（二）保障

为了保障和提高教育质量，国家采取了一系列措施：引入了新的测试体系作为监督教育质量的手段；把几个区域的高等教育机构升格为大学；为农村制定了特别方案；与国际上的联系正在扩大，以支持教育现代化。

在 2006—2007 学年期间，有 268 个新的典型学习计划被批准并推出，这些计划的特点是流动性、灵活性和对劳动力市场需求的快速适应性。现代化的学习计划考虑所有形式和类型的学习，组织学生独立工作。[③]

在国家学校教育计划的框架内，有关机构制定了新的、完善的国家教育标准和课程。自 2004—2005 学年以来，这些新改进的国家教育标准和现代化课程最初在 29 个试验中心进行了试点。另外，对于所有科目，当局在不同地区组织了实验班。著名的科学家和教学思想领先专家，以及专门从事创新教学方法的教师，从共和国的不同地区被吸引到开展这些工作的中心。在国家教育标准的第一阶段和课程测试中，根据这一经验和新的教学语言，培养了 31 名受试者。2005—2006 学年继续进行旨在改善国家教育标准和课程的第二阶段的实验工作，有 81 个受试者是由 45 个实验班的主题和教学语言组织的。应指出的是，受试者中有 26 名受俄语和其他少数民族语言教学。

实验中心的成果经公共教育部理事会批准，向全国普通学校推荐。与 2004—2005 学年相比，2005—2006 学年这些新的国家教育标准和课程的试点又增加了 50 个受试者。在 2006—2007 学年期间，该试点的第三阶段启动。在 2007—2008 年度，54 个试验中

---

① International Institute for Educational Planning. *Educational finance in Central Asia and Mongolia*. Educational Forum Series no. 7. Paris, IIEP–UNESCO, 1996.

② Ministry of Higher and Specialized Secondary Education. *Annual report on higher education*. Tashkent, 1996.

③ United Nations Development Programme. *Human Development Report. Education in Uzbekistan: Matching supply and demand*. Tashkent, 2008.

心的 53 个受试者正在测试中。这些实验都表明，将国家教育标准引入教育进程取得了积极成果。①

四、职业技术教育与培训的治理与教师

（一）治理

学术院校和职业院校是集中管理的。教育系统由公共教育部其他相关部门共同管理。国家计划规定，公共教育部负责学前教育、普通教育、特殊教育、课外机构和教师培训，高等和中等职业教育部管理专业中等和高等教育，包括职业教育。普通基础教育（小学和中学教育）中有几种类型的基础教育学校：只提供初级教育的学校（1 至 4 年级）；提供部分（1 至 9 年级）和完整（1 至 11 年级）中等教育的学校；成人教育中心；以及残疾学生的专门学校和寄宿学校。新型机构（体育馆和学院）也提供普通教育，其中有些新型机构隶属于高等教育机构，这些被认为是质量更好的学校。

该国在行政上分为 12 个省，塔什干市和卡拉卡尔帕克斯坦共和国。各省和卡拉卡尔帕克斯坦共和国划分为 163 个区和 18 个市。每个省有一个由总统任命的市长。这些区内共有 1421 个农村，共 12391 个定居点。地方政府的基本单位是社区组织，这是国家向低收入家庭提供特别援助的渠道。卡拉卡尔帕克斯坦共和国拥有自己的总统和议会。内阁部长的社会部门主要负责制定教育政策和质量标准。

其他部门（如农业、交通、铁路、旅游、水利等）经营的专业培训机构均受公共教育部和高等与中等职业教育部管理。劳动和社会保障部监督一些旨在专业培训和提高雇员专业技能水平的计划。②

（二）教师

2005 年至 2006 年间，教师薪金增长了近 1.9 个百分点。这创造了一种更有效的方式来鼓励有才华的教师——那些对自己的职业表现出热诚、主动、有高水平的专业技能的教师。一个为学校各学科教师训练和升级资格的制度已经建立了，相关的培训主要在全国 22 个高等教育机构内提供。③

在乌兹别克斯坦，学校缺乏教师，特别是农村学校。2006—2007 学年初，学校共缺少外教 1455 人，数学教师 551 人。2007—2008 学年，约 141900 名教师没有一个高等教育学位（31.4%），其中 15800 名教师（3.5%）教以下重要学科之一，如本

① United Nations Development Programme. *Human Development Report. Education in Uzbekistan: Matching supply and demand*. Tashkent, 2008.

② Ministry of Higher and Specialized Secondary Education. *Education for All 2000 Assessment: country report of the Republic of Uzbekistan*. (Under the coordination of S. Seitkhalilov). Tashkent, 1999.

③ United Nations Development Programme. *Human Development Report. Education in Uzbekistan: Matching supply and demand*. Tashkent, 2008.

土语言、文学、数学、物理、化学、历史、国家与法律基础、基础外语、地理和生物。农村学校仍然是教育进程中的薄弱环节，教育程度较高的教师只占总数的66%，而城市则有76%。应该指出的是，小学教师主要是在学院而不是高等教育机构进行培训。[①]农村和城市的地域差别对职业教育影响不大。据亚洲开发银行统计，2005年全国共有基础教育学校9748所，教师451567人。约82%的学校在农村；22%的在偏远农村地区。有600万的学生参加基础教育：1—4年级有230万人；5—9年级320万人；10和11年级50万人。1至9年级别的净入学率估计为98%，没有明显的性别差异。[②]

五、职业技术教育与培训的诉求与发展趋势

（一）诉求

在较完善的职业技术教育与培训体系下，乌兹别克斯坦仍需继续扩大师资力量，提高教学水平，加快其课程教学方式和教学内容的现代化改革，以满足日益现代化的市场需要。

截至2007年1月，新建专业职业教育机构共有1055个，其中学术学院99个，职业院校953个。在这些职业院校中，有296所学院的建筑是新建的，628所被安置在经过重大改造、装备了现代教材和实验室的前职业学校的建筑物中。中专职业教育机构招收了107.5万名学生，其中102万名学生入读了953所职业学院，53100名学生入读了99个学术学院。中专职业教育网覆盖62.8%的普通学校毕业生。这些职业学院和学术学院是根据职业分类、专业和中专职业教育指导以及初级专业人员的资格要求组织的。目前有效的分类包括348个专业和840个职业。目前有268个专业机构提供培训，涵盖712个专业。[③]

（二）发展趋势

近年来，乌兹别克斯坦职业技术教育与培训的发展环境不断得到改善。

乌兹别克斯坦独立以来经济发展较为稳定，近年来GDP增速维持在8%左右。[④]截至2016年底，乌兹别克斯坦与世界上150个国家和地区建立了贸易关系，产品出口到138个国家，给予45个国家最惠国待遇。现有外资企业4200余家。2016年乌兹别克斯

United Nations Development Programme. *Human Development Report. Education in Uzbekistan: Matching supply and demand*. Tashkent, 2008.

② Asian Development Bank–Technical Assistance Report. *Republic of Uzbekistan: Preparing the Rural Basic Education Project*. October 2006.

③ United Nations Development Programme. *Human Development Report. Education in Uzbekistan: Matching supply and demand*. Tashkent, 2008.

④ 中国网．储殷，柴平一．"一带一路"投资政治风险研究之乌兹别克斯坦[EB/OL]. http://opinion.china.com.cn/opinion_57_126957.html,2017–10–16.

坦对外贸易呈现顺差，顺差额为 1.8 亿美元。^①

乌兹别克斯坦国内局势稳定，随着改革的深入，经济发展前景越来越好。2017 年 3 月 31 日，总统米尔季约耶夫签署总统令，成立国家投资委员会，监督实施国家投资政策和吸引外国投资规划。委员会还负责监督和考核驻外外交机构招商引资工作，每季度各驻外使领馆均需提交吸引驻在国直接投资工作报告及相关投资分析材料。^② 政府承诺在自由经济特区实行特殊的海关、税收和外汇优惠政策，确保 30 年不变，到期后还可视情况考虑延长。^③ 这些政策为经济发展营造了良好的条件，也为职业技术教育与培训的发展创造了机会。

（深圳职业技术学院 技术与职业教育研究所 袁 礼）

主要参考文献

[1] 中华人民共和国驻乌兹别克斯坦共和国大使馆 . 地理情况 [EB/OL]. http://uz.chineseembassy. org/chn/wzgk/t141205.htm.2017–10–16.

[2] 中华人民共和国外交部 . 乌兹别克斯坦国家概况 [EB/OL]. http://www.fmprc.gov.cn/web/gjhdq_676201/gj_676203/yz_676205/1206_677052/1206x0_677054/.2021–9–20.

[3] 中华人民共和国驻乌兹别克斯坦共和国大使馆经济商务参赞处 . 乌兹别克斯坦概况 [EB/OL]. http://uz.mofcom.gov.cn/article/ddgk/200612/20061203925243.shtml.2017–10–16.

[4] 中国网 . 储殷，柴平一 . "一带一路"投资政治风险研究之乌兹别克斯坦 [EB/OL]. http://opinion.china.com.cn/opinion_57_126957.html.2017–10–16.

[5] 乌兹别克斯坦人口总数 . 世界银行数据 . http://data.worldbank.org.cn/country/UZ.

[6] Asian Development Bank–Technical Assistance Report. Republic of Uzbekistan: Preparing the Rural Basic Education Project. October 2006.

[7] Presented at the 47th session of the International Conference on Education, Geneva, 2004.

[8] Government of Uzbekistan; United Nations Country Team. Millennium Development Goals Report. 2006.

[9] International Institute for Educational Planning. Educational finance in Central Asia and Mongolia. Educational Forum Series no. 7. Paris, IIEP–UNESCO, 1996.

---

① 深圳市人民政府政策研究室 . 一带一路国家之乌兹别克斯坦 [EB/OL]. http://www.sz.gov.cn/szsfzyjzx/ylyd/201708/t20170802_8026490.htm.2017–10–16.

② 中华人民共和国驻乌兹别克斯坦共和国大使馆经济商务参赞处 . 乌成立国家投资委员会 [EB/OL]. http://uz.mofcom.gov.cn/article/jmxw/201704/20170402551373.shtml.2017–10–16.

③ 中华人民共和国驻乌兹别克斯坦共和国大使馆经济商务参赞处 . 米尔济约耶夫总统下令新建七个自由经济特区 [EB/OL]. http://uz.mofcom.gov.cn/article/jmxw/201705/20170502573296.shtml.2017–10–14.

[10] Ministry of Higher and Specialized Secondary Education. Annual report on higher education. Tashkent, 1996.

[11] Ministry of Public Education. Report on adult education in Uzbekistan. Tashkent, 1997.

[12] Ministry of Public Education. Education for All Mid–decade Assessment Report. Tashkent, 2007.

新加坡共和国

一、国家概况

（一）地理[①]

新加坡共和国（Republic of Singapore），简称新加坡，地处马来半岛南端、马六甲海峡出入口，北隔柔佛海峡与马来西亚相邻，南隔新加坡海峡与印度尼西亚相望，是东南亚的一个岛国。国土面积包括新加坡岛及附近 63 个小岛，共 724.4 平方千米（2020 年），其中新加坡岛占 88.5%。地势低平，平均海拔 15 米，最高海拔 163 米，海岸线长 193 千米。属热带海洋性气候，常年高温潮湿多雨，年平均气温 24℃~32℃，日平均气温 26.8℃。新加坡是一个城市国家，分为西南、西北、中区、东北、东南共五大行政区（社区）。

（二）人文[②]

新加坡古称淡马锡，18—19 世纪属马来柔佛王国。1819 年，英国人史丹福·莱佛士登陆新加坡本岛，宣布新加坡为自由港。1824 年新加坡成为英国殖民地，1942—1945 年被日本占领，1945 年后英国恢复殖民统治。1955—1959 年新加坡部分自治，1959—1963 年完全自治。1963—1965 年，新加坡与马来亚、沙巴、沙捞越共同组成马来西亚联邦。1965 年 8 月 9 日，新加坡脱离马来西亚，成立完全独立的主权国家。

新加坡实行议会共和制，总统为国家元首，委任议会多数党领袖为总理。现有人民行动党、工人党等注册政党 30 多个。新加坡独立以来，人民行动党长期执政。李光耀自 1965 年长期担任总理，1990 年吴作栋接任。2004 年李显龙接替吴作栋出任总理，并于 2006 年、2011 年、2015 年和 2020 年四度连任。1993 年举行首次总统全民选举，王鼎昌当选为首位民选总统。现任总统哈莉玛于 2017 年 9 月当选。

新加坡常住人口 570 万（2019 年），其中新加坡公民和永久居民 403 万，外籍人士约 163 万人，人口密度 7697 / 人·平方千米。新加坡人主要是由近一百多年来从欧亚地区迁移而来的移民及其后裔组成，呈现出多元文化的社会特色。主要有四大族群：华族（74.2%）、

---

② 同上。

马来族（13.3%）、印度族（9.10%）和其他种族（3.4%）。新加坡是一个多语言的国家，马来语为国语，英语、华语、马来语、泰米尔语为官方语言，英语为行政用语。新加坡实行双语政策，即"英语＋母语"。主要宗教有佛教、道教、伊斯兰教、基督教和印度教。

（三）经济[1]

新加坡自然资源匮乏，属外贸驱动型经济，以电子、石油化工、金融、航运、服务业为主，外贸总额是国内生产总值的四倍，是全球第四大国际金融中心。建国初期，政府实施快速工业化战略，实现了经济长期高速增长。1960—1984年间国内生产总值年均增长9%，1990年新加坡崭露头角，与韩国、中国台湾、中国香港一起并称"亚洲四小龙"。2001年受全球经济放缓影响，经济出现2%的负增长，陷入独立之后最严重衰退。2008年受国际金融危机影响，经济增长为1.1%，2009年跌至-2.1%，政府加强金融市场监管，推出新一轮刺激经济政策。2010年经济增长14.5%，2011年受欧债危机负面影响，经济增长再度放缓，2012年经济增长为1.3%。2013年以来经济逐步起底回升，进入缓慢增长的"大象经济"时代。2015年，新加坡国内生产总值2927亿美元，人均国内生产总值5.3万美元，国内生产总值增长率2%，通货膨胀率-0.5%，失业率2%。2017年、2018年、2019年经济增长率分别达到3.5%、3.2%、0.8%。2020年受新冠疫情影响，经济衰退8.2%，国内生产总值为3500亿美元，人均国内生产总值6.2万美元。

新加坡的工业主要有制造业和建筑业。制造业产品主要包括电子、化学与化工、生物医药、精密机械、交通设备、石油产品、炼油等，是世界第三大炼油中心。农业产值占国民经济不到0.1%，绝大部分粮食、蔬菜依赖进口。服务业包括金融服务、零售与批发贸易、饭店旅游、交通与电讯、商业服务等，是经济增长的龙头。旅游业是外汇主要来源之一，主要景点有圣淘沙岛、植物园、夜间动物园等。水运、空运等交通运输业发达，是世界重要的转口港及联系亚、欧、非、大洋洲的航空中心。

（四）教育

新加坡的教育发展经历了四个阶段：1959—1978年为建国初期的"生存导向"阶段，主要任务大众普及教育；1979—1996年为"效率导向"阶段，在普及教育的基础上注重效益，改革教育体制和结构，实行分流教育制度；1997—2010年为"能力导向"阶段，强调以学生为中心，注重创造能力、思考能力培养，创建"重思考的学校，好学习的社会"；2011年，新加坡提出今后20年教育由能力导向转变为"价值导向"。新加坡的教育强调双语（学生除了学习英语还要兼通母语）、体育、德育，创新和独立思考能力并重。[2][3]

---

① 中华人民共和国外交部. 国家和组织. 新加坡 [EB/OL].http://www.fmprc.gov.cn/web/gjhdq_676201/gj_676203/yz_676205/1206_677076/1206x0_677078/.2021-09-10.

② Yvonne Guo, J.J.Woo. Singapore and Switzerland：Secrets to Small State Success[M]. Singapore：World Scientific，2015.165.

③ 宋若云. 新加坡教育研究 [M]. 北京：经济科学出版社，2013.3.

新加坡实行 10 年制中小学普及义务教育。小学教育为六年制，学生在六年级末参加离校考试（PSLE）并根据成绩分流，分别进入直通车、快捷班、普通（学术）、普通（工艺）等不同源流的中学。中学教育为 4—5 年，毕业参加新加坡剑桥普通教育证书"O 水准"（普通水准）或"N 水准"（初级水准）考试，进入中学后教育阶段：大学预科（初级学院/高中）2—3 年，同届生约 27.6% 就读；工艺教育学院 1—2 年，同届生约 24.5% 就读；理工学院 3 年，同届生约 47.3% 就读；大学，同届生约 32.3% 就读。[①]（图 1）

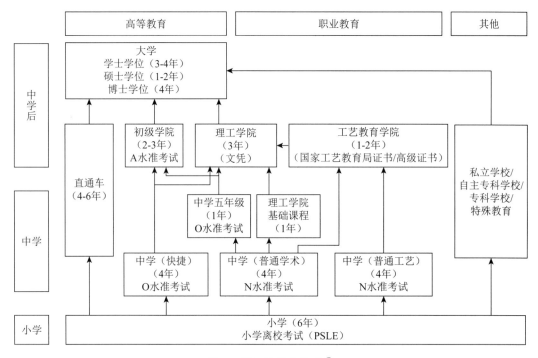

图 1 新加坡教育体系 [②]

新加坡有小学 182 所，在校生 231933 人（生师比 16.0）；中学 154 所，在校生 166573 人（生师比 12.2）；混合学校（小学＋中学）16 所，在校生 37010 人；初级学院（大学预科/高中）14 所，在校生 19181 人；私立中小学 29 所；工艺教育学院 3 所（即东区学院、西区学院、中区学院），在校生 29295 人；理工学院 5 所（即新加坡理工学院、南洋理工学院、淡马锡理工学院、义安理工学院、共和理工学院），在校生 76865 人；大学 6 所（即新加坡国立大学、南洋理工大学、新加坡管理大学、新加坡科技设计大学、新加坡理工大学、新跃大学），在校生 64303 人；私立艺术学院 2 所（即拉萨尔艺术学院、南洋艺术学院），在校生 3279 人。（见表 1）新加坡的工艺教育学院和理工学院在全球享有盛誉。新加坡国立大学、南洋理工大学是世界著名高校，在 2021 年发布的泰晤士高等

① Ministry of Education，Singapore. Education Statistics Digest 2016[EB/OL]. https://www.moe.gov.sg/education.2016–10–11.

② 根据新加坡教育部官方网站资料编译，https://www.moe.gov.sg/education.2016–11–05.

教育世界大学排名中，分别位列全球第 21、46 名和亚洲第 3、5 名。

表 1　新加坡各级各类学校数及在校学生人数 [①]

学校类别	学校数（所）	在校学生人数（人）
小学	182	231933（其中：女生112786）
中学	154	166573（其中：女生82198）
混合学校（小学+中学）	16	37010（其中：女生16991）
初级学院（大学预科/高中）	14	19181（其中：女生10388）
工艺教育学院	3	29295（其中：女生11267）
理工学院	5	76865（其中：女生36985）
大学	6	64303（其中：女生32890）
艺术学院（私立）	2	3279（其中：女生2248）

二、职业技术教育与培训的战略与法规

（一）战略

新加坡的职业技术教育与培训和国家经济发展紧密相连、相伴而行，随着国家经济战略调整而开展有组织的教育和培训，以适应经济发展的需要。1959 年至 20 世纪 70 年代中期，为应对建国初期的高失业率，新加坡的经济发展战略是力求在工业和制造业生产链的最低端站稳脚跟，以创造大量就业，因而政府大力发展职业技术教育与培训，为劳工密集型制造业培养技术工人，以满足制造业基地快速增长的需要。20 世纪 70 年代中期到 90 年代，新加坡的经济发展迅速向资本密集型的高科技战略转移，因此需要更高水平的技能，职业技术教育与培训主要是为技术密集型产业培养高技能人才。20 世纪 90 年代中期以来，新加坡的经济发展开始向研发、创新、创造和服务转变，走向价值链高端，着重发展新技术、新型生物医学、生物制品和高价值服务业，职业技术教育与培训也重新定位，成为一种完全的中学后教育选择，即学生接受职业技术教育与培训之前至少要接受 10 年的中小学教育，改变了之前小学毕业生、或在中学 2 年级结束时分流学生去接受职业技术教育与培训的做法；同时，职业技术教育与培训更加注重内涵发展和转型发展，形成了开放包容的完善体系，课程中也更好地融入了培养创造性、创新能力和解决问题能力等方面的内容。

---

①　根据新加坡教育部 2016 年公布的教育统计年鉴数据整理 .Ministry of Education，Singapore. Education Statistics Digest 2016[EB/OL]. https://www.moe.gov.sg/education.2016–10–11.

（二）法规

新加坡职业技术教育与培训的发展是一个不断探索、改革和创新的过程。通常，政府根据形势发展，委任一个由专家学者、劳资政以及各利益相关方代表组成的委员会，针对教育制度、教育政策、发展模式等重大问题进行专题检讨，提出改进策略，形成《报告书》提交国会辩论，以法案形式予以颁布实施。主要有：

1.《曾树吉报告书》（1961 年）[①]

该报告书由职业与技术教育调查委员会发布，对新加坡职业教育体系的建立具有深远影响。根据该报告书，政府第一次对中学职业教育、职业学院和理工学院的定位和布局进行了初步的系统设计。中学分为学术、技术、混合、职业等 4 种类型：学术型中学以升大学为目标；技术型中学开设 20% 的实践技能课程；混合中学则在一间学校同时提供这两种课程，均为 4 年制；职业中学为 2 年制，主要开设实践技能课程；职业学院为 2 年制，招收职业中学毕业生；理工学院主要培养较高水平的专业技术人员。

2.《成人教育局法案》（1960 年）[②]

根据该法案成立了成人教育局。成人教育局接受教育部的年度拨款资助，面向那些错过教育机会或辍学的成年人，开办基础教育、继续教育和成人普通教育课程培训班，帮助他们获得专业机构认证。

3.《中学技术教育检讨报告书：雪莱报告书》（1976 年）[③]

该报告书改变了新加坡中学技术教育的格局，把技术教育视为普通教育的延伸，作为所有中学普通教育课程的一部分，着重培养学生的应用能力、探究精神、实践技能和创新意识，学习 4 年。

4.《教育部报告书：吴庆瑞报告书》（1979 年）[④]

该报告书在新加坡教育史上具有划时代的意义，同时也是职业教育由弱转强的分水岭。时任副总理兼教育部长吴庆瑞领衔组建一个委员会，对教育制度进行全面检讨后提出：在小学三年级、小学六年级和中学四年级实行三次分流。小学三年级结束时分流为单语班、普通班和延长班，单语班在小学六年级时不参加离校考试，直接进入工业训练局、职业与工业训练局的培训学院；普通班和延长班参加小学六年级离校考试再次分流，一部分进入职业学院；中学四年级结束进行"N 水准"考试，学习进度慢的学生可以再读 1 年中学。

---

① N. Varaprasad. 50 Years of Technical Education in Singapore：How to Build a World a Class TVET System [M].
Singapore：World Scientific，2016.17–19.

② 同上书，2016.23–24.

③ 同上书，2016.30–31.

④ 同上书，2016.33–34.

5.《职业与工业训练局法案》（1979年）①

根据该法案，成人教育局与工业训练局合并，成立职业与工业训练局，下设13个行业咨询委员会，主要负责开展职业与技术培训，与主要行业保持紧密联系，负责职业资格设定、课程开发、培训设施与设备选购。1979年至1992年间，职业与工业训练局是新加坡职业培训的主导者。

6.《小学教育改进检讨委员会报告书》（1991年）②

该报告书对新加坡的学校体系进行全面检讨，对《吴庆瑞报告书》的条款进行了重大改动。小学阶段的分流推迟1年进行，学生都参加小学离校考试。中学阶段的普通源流分为"普通（学术）"和"普通（工艺）"，后者新开设技术科目课程。职业与工业训练局被重组为工艺教育学院，成为提供职业与技术教育的中学后教育机构，这是新加坡职业技术教育与培训发展史上最重大的进展之一。

7.《理工学院及工艺教育学院应用学习教育检讨委员会报告书》（2014年）③

该报告书以促进应用教育、提升技能水平为目标，全面检视拓宽应用教育的途径、强化与业界的合作、促进理工学院及工艺教育学院毕业生的职业发展和学术进步等问题，从4大方面提出建议并被政府采纳，即：帮助学生做出明智的教育及职业选择；加强教育和技能培训；帮助学生毕业后提升技能；帮助毕业生的职业生涯发展。

8."技能创前程"计划（2014年）④

该计划由李显龙总理在2014年8月国庆集会演讲时宣布实施，是落实《理工学院及工艺教育学院应用学习教育检讨委员会报告书》的重要举措之一。"技能创前程"计划是一项全民终身学习运动，以职业生命周期为主轴，为不同阶段的职场人士提供学习及培训服务，在校学生、职场新手、中年人以及乐龄人士（指60岁以上）均可从中受益。从2016年起，每位25周岁及以上的新加坡人每年将获得500新元的补助，修读由政府认证的培训机构、大学、理工学院和工艺教育学院等提供的技能培训课程。

9.《继续教育与培训2020总体规划》（2014年）⑤

该规划由新加坡劳动力发展局牵头制定，旨在改变雇主、个人和培训机构之间的重要关系，建立一流的继续教育和培训体系，促进终身学习。主要策略是：促进雇主参与和重视提升员工技能，深化专业能力并得到基于所学技能的职业发展；改进教育、培训与职业指导，帮助人们做出明智的学习与职业选择；提供广泛优质的学习机会，建立充满活力的继续教育与培训生态系统。

① N. Varaprasad. 50 Years of Technical Education in Singapore：How to Build a World a Class TVET System [M]. Singapore：World Scientific，2016. 35.

② 同上书，2016. 84–86.

③ 同上书，2016. 144–145.

④ 同上书，2016. 154–155.

⑤ 同上书，2016. 152.

三、职业技术教育与培训的体系与质量保障

（一）体系

新加坡的职业技术教育与培训体系有四大支柱：中学阶段学生分流、工艺教育学院（相当于中等职业教育）、理工学院（相当于高等职业教育）、继续教育与培训。

1. 中学阶段学生分流

学生完成六年小学教育后实行分流，接受 4—5 年的中学教育。中学分为快捷源流（中学一年级至四年级）和普通源流（中学一年级至五年级）。快捷源流学生在中学 4 年级时直接参加 "O" 水准考试（相当于中学毕业考试），根据成绩报读理工学院，或者进入初级学院然后入读大学。普通源流分为 "普通（学术）" 和 "普通（工艺）"。一般而言，普通（学术）源流的学生报读理工学院，普通（工艺）源流的学生报读工艺教育学院，但相互之间也有交叉。

2. 工艺教育学院

工艺教育学院相当于中等职业教育，既招收中学毕业生开展全日制的职业技术教育，也面向社会开展继续教育与培训；管理和推广基于企业的技术技能培训与教育，例如举办学徒制培训、建立企业内部培训中心；负责管理技能证书和技术技能标准，推广和提供技术服务培训与教育咨询服务。

工艺教育学院由国家工艺教育局管理，实行 "一制三院" 管理体制，设东区、西区、中区 3 所学院。学院成立以来，实施 "2000 计划、突破计划、创优计划、创新计划" 等 4 个 "五年计划"，并与知名行业巨头合作开展联合认证、建立先进的科技中心以及真实学习环境，形成了 "手到，脑到，心到" 的教学理念，致力于让学生拥有一双 "会思考的手"。开设 66 个基础国家工艺教育局证书课程、60 个高级国家工艺教育局证书课程，年招生约 1.4 万人（2015 年）。[①] 工艺教育学院 2005 年成为新加坡第一个赢得 "新加坡质量奖" 的教育机构，2008 年赢得美国哈佛大学肯尼迪政府学院首度颁发的 "政府创意施政奖"，获得社会及国际认同，被新加坡人称为 "新加坡职业技术教育与培训体系的一颗明珠"。

3. 理工学院

理工学院相当于高等职业教育。新加坡目前有 5 所理工学院，面向工业、商业和服务业的中层职位培养辅助性专业技术人才。新加坡的第一所理工学院（新加坡理工学院）成立于殖民统治时期的 1954 年，独立建国后先后成立了义安理工学院（1982 年）、淡马锡理工学院（1990 年）、南洋理工学院（1992 年）和共和理工学院（2002 年）。理工学院的校园由美国、英国、日本等国际著名的建筑师总体规划设计，不仅有高标准的教学

---

① Ministry of Education，Singapore. Education Statistics Digest 2016[EB/OL]. https://www.moe.gov.sg/education.2016–10–11.

设施，还有世界级标准的体育设施，并与领先的业界伙伴合作建立了一批卓越的科技中心，如 IT 安全、生物技术、烹调技艺、机器人中心等。各理工学院形成了独具特色的教育理念和教学方法。例如，新加坡理工学院的"设计思维"、淡马锡理工学院和共和理工学院的"问题启发教学"、南洋理工学院的"教学工厂"等。5 所理工学院年招生约 2.4 万人，每所学院平均开设约 50 个不同专业（2015 年）。[①] 每届学生大约 50% 在学习期间可以获得至少一次海外培训的机会，一般是以到海外公司实习的形式进行。

4. 继续教育与培训

新加坡劳动力发展局、全国职工总会在推进继续教育与培训方面发挥主导作用，并设立有全国职工总会学习中心、就业与职能培训中心等一批政府批准设立的培训机构，通过与企业合作开发"劳动力技能认证"课程、实行"劳动力技能认证"制度、"技能升级与更新计划"、"再就业计划"等，提供高质量、创新性的培训，以提升劳动力的终身就业能力。2008 年以来，就业与职能培训中心已培训超过 30 万名工人，全国职工总会学习中心与企业合作培训 170 万余名工人。[②]2014 年"技能创前程"计划实施以来，目前涉及各行各业的培训课程已超过 1 万门。同时，在该计划支持下，理工学院和工艺教育学院的学生还可与适合的雇主进行工作配对，毕业后接受在职培训，继续进修相关课程。此外，理工学院和工艺教育学院也承担面向社会提供成人继续教育培训的任务。

（二）保障

1. 职业技能证书

国家职业技能证书分为以下三个等级[③]：

一是国家工艺教育局证书（Nitec），相当于初级技工证书，掌握某一职业的基本知识和技能，具备成为熟练技术工人的基础。通常需要经过 1—2 年的基本训练或学徒培训，完成工艺教育学院的课程即可获得此证书，并应聘就业。

二是高级国家工艺教育局证书（Higher Nitec），相当于中级技工证书，熟练掌握某一专门职业或技能所需的全部知识和技能。通常需要经过 2 年全日制技能训练，颁发给学业成绩优异的学生，工艺教育学院大约 5% 的学生能获得此证书。

三是特级国家工艺教育局证书（Master Nitec），相当于高级技工证书或技术大师，通常需要经过 5 年工作经验和继续教育培训，主要颁发给已获得证书、就业后又回到工艺教育学院继续深造的在职人员。

理工学院只颁发文凭（相当于大专学历），不颁发证书。

---

① Ministry of Education，Singapore. Education Statistics Digest 2016[EB/OL]. https://www.moe.gov.sg/education.2016-10-11.

② N. Varaprasad. 50 Years of Technical Education in Singapore：How to Build a World a Class TVET System [M]. Singapore：World Scientific，2016. 126,128.

③ 资料来源：新加坡南洋理工大学国立教育学院林保圣教授讲义。

2. 质量保障

工艺教育学院、理工学院是政府法定机构，除了招生由教育部总体协调以外，各学院在课程设置、文凭颁发、评价方式、人事管理、经费使用等方面有充分的自主权。学院设立质量保障中心，恪守其高标准并被业界接受。政府每年公布毕业生就业数据和起薪水平，使各学院之间很容易比较，确保每个学院的文凭含金量都保持高水准。

四、职业技术教育与培训的治理与教师

（一）治理

新加坡的职业技术教育与培训由教育部管理。教育部有两位部长，一位负责高等教育和技能，一位负责中小学基础教育。教育部负责宏观管理，任命社会贤达和经验丰富的人士组成各个理工学院和工艺教育学院的董事会（通常由雇主、行业协会和政府部门等三方代表组成），负责学校的直接管理。在董事会的领导下，学院（以南洋理工学院为例）一般设有院长兼总裁1人，以及分别负责发展规划、行政服务、学术与学生、学系（7个）、继续教育培训、支援中心等工作的副校长，还设有学术委员会、专业咨询委员会等机构。

目前，新加坡的教育投入居公共财政投入的第二位（仅次于国防）。教育经费预算约占国内生产总值的3.5%，占国家总预算的20%。[①] 工艺教育学院和理工学院的经费投入，由政府承担学院基建、设施、设备等所有的基本建设费用，学院的日常运行经费和人力成本的80%—85%来自政府拨款，15%—20%来自学费收入。[②] 2015—2016年度，政府经常性教育经费投入中，工艺教育学院投入4.6亿新元，理工学院投入14亿新元。[③] 在继续教育与培训方面，政府为每一位年满25周岁及以上的公民建立技能培训账户，用于深化现有技能以及拓宽视野，每位公民首次将获得500美元补贴，之后每年按年度发放。

（二）教师

南洋理工大学国立教育学院是新加坡教师职前培训的主要机构，但主要是培训中小学教师。工艺教育学院和理工学院教师的入职基本条件是具有5年以上的企业工作经验。教师的薪资标准与公务员相当。学院有适宜的评价体系、职业发展规划、技能与知识提升、定期检讨机制，能够保持教师的整体竞争力。例如，南洋理工学院提出师资"无货架寿命"的理念，采用各种形式提升教师的专业技能，每年人均培训成本约4000新元。新进教师必须接受学院专门培训机构组织的为期三个月的培训，每个员工每年平均至少

① 数据来源：新加坡南洋理工大学国立教育学院林保圣教授讲义.

② N. Varaprasad. 50 Years of Technical Education in Singapore：How to Build a World a Class TVET System [M]. Singapore: World Scientific，2016. 169.

③ Ministry of Education，Singapore. Education Statistics Digest 2016[EB/OL]. https://www.moe.gov.sg/education.2016-10-11.

要利用 25 天带薪培训假期参加新课程学习或企业培训，专业教师每隔 2—3 年就要从事一段时间企业项目的研发，每个学期至少有 15% 的教师开展企业项目开发。此外，新加坡还非常重视教师与国际接轨，鼓励并帮助教师创造机会到海外大学学习深造或在海外企业兼职实习，拓宽教师国际视野。

五、职业技术教育与培训的诉求与发展趋势

新加坡实行精英治国战略，同时也重视"使人人成功"。1991 年，新加坡公布"经济战略规划"，以进入发达国家第一方阵为愿景，勾画了未来 30 年经济发展的蓝图。进入 21 世纪，政府提出"打造新的新加坡"，努力向知识经济转型，使劳动者的知识技能与世界同步发展，以使新加坡人民具有较强的职业适应性，适应创新和发达经济体的需要。为了经济社会发展的需要，目前新加坡已经构建了一个较为完善的、拥有多元走道、职普沟通的职业技术教育与培训体系。但尽管如此，大学教育仍然是很多家长为孩子定下的最终目标。

从世界高等教育发展趋势来看，高等教育需要重新强调 STEM（科学、技术、工程和数学）学科的学习，高等教育也离不开技能。此外，随着全球经济和劳动力市场的波动加剧，就业及失业人士的新技能再培训已经十分紧迫。因而，目前新加坡更加强调技能的重要性，不仅倡导要精专技能，而且鼓励拥有多种技能，并为此实施了一些重大的改革计划。

首先，强化应用学习，强调掌握精专技能的重要性。前述"理工学院及工艺教育学院应用学习教育检讨委员会"提出的强化应用学习若干建议正在推进中。例如，为加强教育和技能培训，实行强化版的企业实习课程，增加高级国家工艺教育局证书的学额；在每一行业选择一所理工学院或工艺教育学院担任行业领导，新加坡理工学院、义安理工学院和共和理工学院分别担任饮食科技、海事与岸外工程和物流业的行业领导；政府为各中学安排了专业的教育及职业辅导员，每所理工学院和工艺教育学院也有 6 名全职的教育与职业辅导员，帮助学生做出明智的选择；制定不同行业的技能框架和职业发展途径，明确行业对技能的具体要求以及不同技能所应对的技能等级。

其次，推进"技能创前程"计划，落实《继续教育与培训 2020 总体规划》，倡导终身学习。政府希望实现三大突破：一是突破文凭至上，重视工作态度、精深技能、知识和经验，使人们能够胜任工作并有所擅长；二是突破课堂局限而不断学习，肯定应用学习和终身学习的价值，让职场也成为学习场所，激励雇主对人才培养发挥重要作用；三是突破对成功的狭隘定义，肯定每一个人在不同方面、通过不同方式而各有所长，如果用脑、用手、用心去做，都能够出类拔萃。

新加坡的职业技术教育与培训以创造就业和人的发展为使命，政府注重引导每个人去认识自己的长处，选择正确的途径、采用正确的态度，投入终身学习；引导家长要发

现孩子的特长，让孩子选择能充分发挥自己才能的途径；鼓励雇主尊重每一位员工的价值，根据员工的实际技能水平加以重用和嘉奖。新加坡正在探索新路，让每一个人都发挥最大潜能。

（深圳职业技术学院　技术与职业教育研究所　卿中全）

主要参考文献

[1] 中华人民共和国外交部. 国家和组织. 新加坡[EB/OL]. http://www.fmprc.gov.cn/web/gjhdq_676201/gj_676203/ yz_676205/1206_677076/1206x0_677078/.2021–09–10.

[2] Yvonne Guo, J.J.Woo. Singapore and Switzerland: Secrets to Small State Success[M]. Singapore: World Scientific, 2015.165.

[3] Ministry of Education, Singapore. Education Statistics Digest 2016[EB/OL]. https://www.moe.gov.sg/education.2016–10–11.

[4] N. Varaprasad. 50 Years of Technical Education in Singapore: How to Build a World a Class TVET System [M]. Singapore: World Scientific, 2016.

[5] 宋若云 . 新加坡教育研究 [M]. 北京：经济科学出版社 , 2013.

[6] 新加坡南洋理工大学国立教育学院林保圣教授讲义。

亚美尼亚共和国

一、国家概况

（一）地理

亚美尼亚共和国（The Republic of Armenia），简称亚美尼亚，是一个位于亚洲与欧洲交界处的外高加索地区的共和制国家。行政疆界上，亚美尼亚位于黑海与里海之间，西邻土耳其，北邻格鲁吉亚，东接阿塞拜疆，南临伊朗和阿塞拜疆的飞地纳希切万自治共和国，面积为 2.97 万平方千米。[①]

亚美尼亚境内多山，全境 90% 的地区在海拔 1000 米以上，平均海拔为 1800 米。北部是小高加索山脉，境内最高点是西北高地上的阿拉加茨山，海拔 4090 米。东部有塞凡洼地，洼地中的塞凡湖面积 1242 平方千米，为亚美尼亚境内最大的高山湖泊。主要河流为阿拉克斯河。西南部的亚拉腊大平原被阿拉克斯河分成两半，北部属亚美尼亚，南部则归土耳其和伊朗。亚美尼亚属亚热带高山气候，其气候随地势高低而变化，可由干燥的亚热带气候逐渐变为寒带气候。1 月份平均气温 −2℃ ~12℃，7 月份平均气温 24℃ ~26℃，年均降水量为 200—800 毫米。[②]

（二）人文

公元前 9 世纪—前 6 世纪，在亚美尼亚境内建立了奴隶制的乌拉杜国。公元前 6 世纪—公元 3 世纪，阿凯米尼德王朝和塞琉古王朝统治亚美尼亚，建立大亚美尼亚国。此后，亚美尼亚两次被土耳其和伊朗瓜分。1804—1828 年，两次俄伊战争以伊朗失败告终，原伊朗占领的东亚美尼亚并入沙俄。1918 年 5 月 28 日，达什纳克楚琼党领导建立了亚美尼亚第一共和国。1920 年 1 月 29 日，成立亚美尼亚苏维埃社会主义共和国。1922 年 3 月，亚美尼亚加入外高加索苏维埃社会主义联邦共和国，同年 12 月 30 日以该联邦成员国身份加入苏联。1936 年 12 月 5 日，亚美尼亚苏维埃社会主义共和国改为直属苏联，成为

---

① 中华人民共和国外交部 . 亚美尼亚国家概况 [EB/OL]. (2021–08–01)[2021–09–26]. http://www.fmprc.gov.cn/web/gjhdq_676201/gj_676203/yz_676205/1206_677028/1206x0_677030/.

② 商务部国际贸易经济合作研究院等 . 对外投资合作国别（地区）指南——亚美尼亚 [R]. 商务部《对外投资合作国别（地区）指南》编制办公室 , 2020, 12: 2–3.

其加盟共和国之一。1990 年 8 月 23 日，亚美尼亚最高苏维埃通过独立宣言，改国名为"亚美尼亚共和国"。1991 年 9 月 21 日，亚美尼亚举行全民公决，正式宣布独立。[①] 1992 年亚美尼亚共和国与中国建立大使级外交关系。2002 年 12 月亚美尼亚加入世界贸易组织。

2018 年 4 月亚美尼亚改行议会制。2021 年 8 月 2 日，亚美尼亚总统阿尔缅·萨尔基相任命"公民协议"党提名的总理候选人帕什尼扬为新一届政府总理。亚美尼亚全国人口 296.4 万（2021 年 1 月），亚美尼亚族占 96%，其他民族有俄罗斯族、白俄罗斯族、乌克兰族、格鲁吉亚族、希腊族、犹太人、亚速族、库尔德族等。官方语言为亚美尼亚语，居民多通晓俄语，主要信奉基督教。[②]

习俗方面，亚美尼亚人喜欢黑色服饰，喜欢喝咖啡而不喜欢饮茶，喜食烤猪肉、羊肉等。亚美尼亚人在社交场合与客人见面时一般多施握手礼，亲朋好友相见则是相互拥抱。[③]

（三）经济

亚美尼亚缺乏能源矿藏，水力资源丰富，有中大型水力发电站 9 个；金属和非金属矿藏较为丰富，已探明储量并注册的共有 670 多个矿，其中 30 个为金属矿，非金属矿藏有火山岩、珍珠岩、玄武岩和花岗岩等。亚美尼亚重点产业为工业、建筑业、电力生产，优先支持发展旅游业。2019 年，亚美尼亚工业、农业和服务业占 GDP 的比重分别为 32%、13% 和 31.48%。[④]

亚美尼亚主要出口产品为宝石及其半加工制品、食品、非贵重金属及其制品、矿产品、纺织品、机械设备等。主要进口产品为矿产品、食品、化工产品等。主要贸易伙伴为俄罗斯、中国、德国、保加利亚、乌克兰、荷兰、比利时、美国、英国、伊朗、阿联酋等。

亚美尼亚独立后，经济受基础薄弱及"纳卡"战争和阿塞拜疆、土耳其对其封锁等因素影响连年下滑。2001 年开始回升，GDP 连年保持两位数增长，国民生活水平有所提高。2008 年受国际金融危机影响，经济增速放缓。之后政府通过调结构、扩内需、增基建等措施努力消除金融危机后果。2020 年，亚美尼亚国内生产总值为 126 亿美元，外贸额为 71.04 亿美元。未来，亚美尼亚经济政策的主要目标是确保宏观经济稳定，保持经济年均增长率 5%，中长期产业发展方向为：基建、能源、旅游、高新技术产业。其他

---

① 中华人民共和国外交部 . 亚美尼亚国家概况 [EB/OL]. (2021-08-01)[2021-09-26]. http://www.fmprc.gov.cn/web/gjhdq_676201/gj_676203/yz_676205/1206_677028/1206x0_677030/.

② 同上。

③ 商务部国际贸易经济合作研究院等 . 对外投资合作国别（地区）指南——亚美尼亚 [R]. 商务部《对外投资合作国别（地区）指南》编制办公室 , 2020, 12: 9.

④ 同上书 , 2020,12: 14.

急需发展行业包括改造与新建城市农村供水系统、广播电视数字通信技术等。[①]

（四）教育

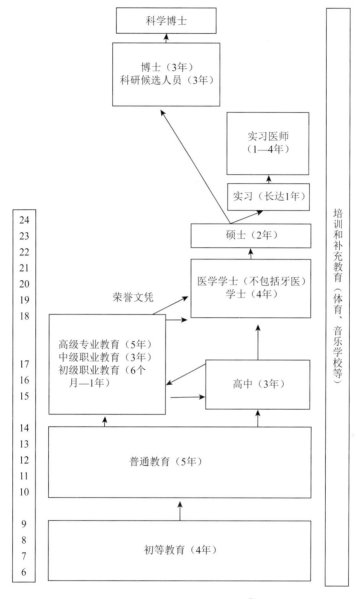

图 1　亚美尼亚教育体系图[②]

　　根据1999年颁布的亚美尼亚教育法规定，亚美尼亚共和国的教育体系是由国家教育标准、各级教育计划方针、教育机构和教育管理单位构成的连续统一体。具体包括：（1）

---

　　① 中华人民共和国外交部. 亚美尼亚国家概况 [EB/OL]. (2021–08–01)[2021–09–26]. http://www.fmprc.gov.cn/web/gjhdq_676201/gj_676203/yz_676205/1206_677028/1206x0_677030/.

　　② ARMENIC.education system. http://www.armenic.am/en/education–system/.2017–10–10.

国家教育标准和不同层次和方向的教育方案组成的教育连续综合体；（2）实施教育计划方案的不同类型的教育组成的关系网；（3）教育管理实体及其附属机构组成的运行系统。主要涵盖以下教育类型：学前教育；普通教育（包括初等、中等教育或基础教育和高中）；职业教育（包括初级职业教育、中级职业教育和高级专业教育）；研究生教育、专业人员培训和资格进修机构；教育评估和教育服务机构。此外，在各级各类教育中还有大量的私营教育机构，如学前教育机构和高等教育机构等，除了保障教育服务市场的有效供给，对教育体系的发展也做出了重要贡献。①

普通中小学实施免费教育，大学对国家计划内的学生实行免费教育。全国共有普通中小学 1468 所，国立中等专业学校 77 所及其分校 10 所，高等院校 16 所及其分校 10 所，私营学校 82 所。主要高等院校有：埃里温国立大学、埃里温布留索夫国立语言大学、埃里温工学院、埃里温医学院和埃里温师范学院等。②

二、职业技术教育与培训的战略与法规

（一）战略

亚美尼亚在教育领域进行的改革重点是普通教育和高等教育，而对职业技术教育与培训关注不多。直到近些年，亚美尼亚陆续才出台了一系列关于发展职业技术教育与培训的文件，涉及初级职业技术教育与培训、终身学习和社会伙伴关系等方面。2008 年通过的《关于发展初级职业（技能）和中级职业教育之设想》中给出了亚美尼亚职业技术教育与培训工作的侧重点：充分利用职业技术教育与培训的经费，加强职业技术教育与培训管理；引入能力本位的标准；提高职业技术教育与培训体系的有效性和改善教育成果；实现教育监督机制的现代化；加强和规范社会伙伴关系等。《关于亚美尼亚共和国初级（技能）和中级职业技术教育领域中的社会伙伴关系之设想》于 2009 年由亚美尼亚政府提出并记录于《职业技术教育与培训领域之谅解和合作备忘录》中，并在当年由教育部和社会合作伙伴共同签署。根据该《设想》，未来的职业技术教育与培训应该成为一个能够向社会输出合格劳动力的现代化体系。

亚美尼亚职业技术教育与培训的另外一个重点就是融入欧洲职业教育领域，2011年，由议会通过的《2011—2015 年亚美尼亚共和国的国家教育发展规划》以及《2012—2016 年职业教育与培训改革和行动计划之概念文件》中都对此做了详细论述。阐明了职业技术教育与培训的主要发展方向包括将初级和中级职业教育体系纳入普通欧洲教育领域。推动职业教育与培训机构融入全球教育体系，使本国职业教育与培训资格体系与欧洲资格框架保持一致；引入普通学分累积和转换制度，增进各个职业教育与培训机构之

---

① ARMENIC.education system. http://www.armenic.am/en/education–system/.2017–10–10.
② 商务部国际贸易经济合作研究院等.对外投资合作国别（地区）指南——亚美尼亚 [R].商务部《对外投资合作国别（地区）指南》编制办公室,2020,12:10.

间的联系。

其中，《2011—2015 年亚美尼亚共和国的国家教育发展规划》在保障职业教育与培训体系的作用和效率方面的主要规划措施有：其一，根据亚美尼亚共和国的经济侧重点决定初级和中级职业教育的专业侧重点，并引入有效的专业人才需求识别体制；其二，建立有效的职业教育与培训机构网络，改进职业教育与培训机构的培训资料库；其三，加强问责力度，提高机构透明度，建立有效的职业指导和咨询制度，以及鼓励建立社会伙伴关系和对话等。

（二）法规

1.《教育法》

《教育法》规定，国家公立学校应被视为教育领域国家政策的基础，其主要目标是培养具有高效的专业（职业）人才，促进个体的全面发展，形成爱国主义、国家主义及人文主义精神。其中，《教育法》第 6 款 "国家对受教育权的保障" 第 2 条要求 "国家与社会伙伴合作，确保按照劳动力市场需要发展专业（职业）教育和教学制度，保障正规、非正规和非正式教育体系的发展和对其结果的认可"；第 3 条明确对初等职业教育、中级职业教育和高级专业教育实施竞争性入学基础上的免费教育。第 10 款第 3 条规定 "专业（职业）教育课程的目标应是为培养合格的专业人才，促进能力和技能的形成，增进知识，并逐步提高其资格水平"。[①]

2.《初级职业（手工业）教育和中级职业教育法》

法案确定了国家在职业技术教育与培训领域的政策，并引入了社会伙伴这一概念。主要在以下方面作了规定：职业教育政策制定的原则；国家在职业教育领域的政策任务；职业教育的体系构成；职业教育的国家教育标准；资格等级、学习周期和学习形式；职业教育机构的任务和类型；职业学校的准入条件和毕业要求；职业教育管理机构的能力建设、权责分配、质量监控，职业教育有关活动和课程计划实施的行政许可等。[②]

其他有关职业技术教育与培训的政策、法规及其内容主要有：《亚美尼亚共和国宪法（1995）》赋予了公民平等的受教育权，《成人教育及其战略之概念文件（2005）》、《亚美尼亚非正规教育之概念文件（2006）》、《有关发展和引入职业教育和培训专业的以能力为导向的国家教育标准之设想（2010）》、《关于通过国家资格框架的政府法令（2011）》。其中 2007 年发布的《国家安全策略（2007）》指出职业教育的匮乏或不完善已经成为国家安全的威胁，并宣布重点发展教育系统。

---

① MINISTER OF JUSTICE OF THE REPUBLIC OF ARMENIA . Law of the Republic of Armenia on education, 2015–05–29.

② MINISTER OF JUSTICE OF THE REPUBLIC OF ARMENIA .Law of the Republic of Armenia on primary vocational (handicraft) and secondary vocational education,2015–05–29.

三、职业技术教育与培训的体系与质量保障

（一）体系

1. 正规职业技术教育与培训的体系

亚美尼亚学生在完成（1年级至9年级）的义务教育以后可以进入职业技能学校或学院进行学习，职业技术教育与培训体系可以分为两个不同的阶段：第一阶段是初级（技能）职业教育，学制为6个月到3年，毕业后取得技工资格；第二阶段是中级职业教育，学制为2到5年，毕业后取得中级职业资格。初级和中级职业技术教育与培训教育机构为其学生颁发职业资格和普通中等教育文凭（高中毕业考试），学生毕业后可以进入高等学府继续学习。

亚美尼亚共有80所中级职业教育机构，在校学生28000人；初级职业教育机构27所，在校学生6500人。其中，中级职业教育机构数量相比1991年的68所增长了17.6%，但学生人数却下降了31%，1991年有40600名学生。专业学习领域包括人文、教育、医疗保健、经济、艺术、技术等，毕业生分别可获得技术工人和专业技术人员资格。[①]有关资料显示，在职业技术教育与培训的阶段，服务行业、贸易和食品行业有关的专业最受欢迎。

2. 非正规职业技术教育与培训体系

2015年，政府批准了对继续职业培训和非正规学习进行验证的有关程序，国家培训基金将按照有关规定实施非正式和非正式学习的验证制度。非正规的教学活动没有经过正式注册（主要是因为不需要获得许可），因此无法搜集相关的官方统计数据。根据估计，非正规教学活动的参加者大概有数万名。

目前，由于联合国开发计划署职业教育和培训制度计划以及德国成人教育协会的财务支持，亚美尼亚教育和科学部开始建立程序/秩序来规范终身学习项目的组织、实施和批准以及公立和私立教育机构在培训课程结束后颁发的证书样本。欧洲培训基金会也是亚美尼亚终身学习计划的捐助者。尽管继续职业技术教育与培训的有关项目获得多方捐赠，并且也是国家扶植项目，实际上却成效甚微。因此，总体而言，亚美尼亚的非正规职业技术教育与培训发展相对缓慢。

（二）保障

1. 资格认证和国家资格框架

学生在完成初级阶段的职业教育后会获得技工资格，完成中级阶段的职业教育和培训后会取得中级职业资格。完成中级阶段职业教育后可以继续从高等教育的第二年开始学习。从2009年至今，已经推出100项以能力为导向的教育标准和模块课程，并已经通过部门委员会审查以及教育与科学部批准。

---

① ARMENIC. Professional Education.http://www.armenic.am/en/professional–education/,2017–10–10.

2011年，亚美尼亚政府通过"亚美尼亚资格框架"，从而保证了本国教育资格与欧洲各国的可比性。在体制上，这可以提供不同形式和不同层次的教育之间的一致性。中央政府还通过了《教育机构国家认证条例》，对职业教育项目及其专业进行规范。

2. 质量保证

全国职业教育质量保证基金会中心是监督职业教育质量保障的外部机构，其认证委员会成员来自教育、科学、文化、经济、公共行政等各个领域的专家。该机构根据欧洲标准和指南编制了《战略规划》（2011—2015年过渡阶段），其目标是建立教育质量评估制度。教育机构质量保障包括以下三个阶段：第一阶段，在教育机构内部开展自我评估；第二阶段，由独立的外部专家小组进行现场考察；第三阶段，在评估前两个阶段的结果的基础上，全国职业教育质量保证基金会中心的认证委员做出决定，然后汇总成报告对外发布①。目前，以下3所州立职业技术教育学院已经着手推进质量保证进程工作：埃里温州立学院一分院、埃里温州立学院二分院和埃里温亚－美"艾瑞布尼"医学院。

2017—2020年间，亚美尼亚政府计划优先发展农业部门职业教育，加强职业教育培训系统和就业机构之间的联系，以及计划推出部分特别的项目，例如在国家就业政策的实施过程中辅以职业指导和创建学徒制度等。上述活动的实施进展以及欧盟对亚美尼亚预算支持项目的建设都将通过有关指标一起进行监测。

四、职业技术教育与培训的治理与教师

（一）治理

亚美尼亚教育和科学部负责制定国家教育的发展愿景和战略规划，监督国家教育政策的实施，并与财政部协作编制职业学校的经费预算。2008年，教育和科学部对其下属的职业技术教育与培训部门进行改组，成立职业技术教育与培训政策制定的战略部门。随后，全国职业教育发展理事会以及国家职业教育质量保障中心相继成立，作为监管职业教育改革的第三方机构。

在中央一级，教育科学部、劳动和社会事务部及其他部委、工会和雇主之间的机构合作建立国家职业教育委员，在地方一级则通过大学管理委员会沟通。国家职业教育委员会的成员有来自政府机构、雇主组织和工会等部门的代表，便于有效地对公私合营的机构进行管理。在地方层面，大学管理委员会包括地方机构、学生团体、社会伙伴组织、就业机构和其他利益相关方的代表。大学管理委员会通常每年举行四次会议，有权批准预算、制定战略计划和学费标准等。

此外，国家职业教育与培训发展中心旨在向教育和科学部提供建议，帮助其制定发

---

① National center for professional education quality assurance foundation.Accreditation process and documents[EB/OL]. http://www.anqa.am/en/accreditation/#Papers,2017-10-10.

展计划，为教育和科学部监督的职业教育体系提供方法支持，以推动改革深入实施，深化社会伙伴关系。比如，开发建立有关标准、改进教学大纲和教材、模块化课程教学以及对教师进行培训等工作，并向教育部和国家委员会报告。[①]

在终身学习和就业服务方面，亚美尼亚劳动和社会事务部下属的国家就业服务局在全国范围内通过其就业服务网络向失业人员提供培训。劳动和社会事务部负责制定就业政策，由国家就业机构执行。此外，劳动和社会事务部通过与雇主面谈劳动力市场需要的资格，开展年度研究。

在社会合作伙伴关系的组织参与管理方面，亚美尼亚在官方文件中规定了对话的机制，对社会伙伴参与有关项目工作组和咨询理事会进行了说明。根据规定，社会合作伙伴可以参加全国职业教育委员会的会议，在职业教育培训学院治理委员会中任职。此外，亚美尼亚还成立了雇主联合会组织，参加中央和地方一级的所有活动，并选派代表组成行业技能委员会，参与具体管理事宜。尽管有众多的利益相关者参与管理，但亚美尼亚职业教育的治理体系总体上来说还是高度集中式的。

亚美尼亚职业教育的经费来源主要是国家预算，亚美尼亚教育方面的公共支出非常有限，而且呈递减趋势。虽然教育和科学部、经济部都把发展职业教育列为其工作重点，但是财政部却一直不肯增加职业教育的预算。初级阶段的职业教育基本是免费的，中级阶段的职业教育的经费部分来源于教育和科学部的资助，其余主要由私人资助和学费收入，而改善办学环境的经费则主要来源于各种组织的捐赠，包括欧盟、联合国等世界组织和国家机构。从2007年到2013年，欧盟捐赠达4000万欧元。欧盟的支持侧重于创新发展和学校整修，还包括对初级职业教育学校的技术帮助，以及资助非正规和非正式的学习和职业指导等。

（二）教师

在亚美尼亚宣布独立以后，原先由政府统一规划实施的教师培训课程由于经费问题而停止。于是，责任便落到了教育机构和教师自己身上。这样一来，就导致了在职职业教师教育的发展落后，无法给教师进行必要的培训，教师质量堪忧，而且无法给予学生相关领域的正确指导。

在2011年，81%的职业教育机构的教师拥有本科学历，0.9%的教师拥有博士和更高学历。学生和教师的平均比例（包括所有阶段的教育）是9.24。与此同时，教师待遇低于国家平均水准，这样一来就造成了教师行业的不景气。[②]

在初级和中级阶段的职业教育改革方面，国家施以专项资金以推动进修课程、编写

---

① European Training Foundation.(2016). Armenia VET Governance Country[EB/OL]. http://www.etf.europa.eu/webatt.nsf/0/1D171C9A18C1E232C125813100370AA6/$file/Armenia.pdf,2017–10–10.

② UNESCO International Bureau of Education. World Data on Education. VII Ed. 2010/11. [DB/OL]. http://www.ibe.unesco.org/fileadmin/user_upload/publications/WDE/2010/pdf–versiens/Atmenia.pdf. 2017–08–01.

各项标准和手册等。这项改革得到了众多国际组织的支持。大约 4000 名教师和培训师受到了培训，辅导材料、培训材料以及职业教育的课程等也获得了优化。

五、职业技术教育与培训的诉求与发展趋势

（一）诉求

1. 国家产业结构的调整改革对职业教育专业人才培养的需求

亚美尼亚的主要经济来源是农牧业，主要工业部门有机器制造、化学生物工程、有机合成、有色金属冶炼等。近年来，亚美尼亚服务业和旅游业开始有所发展。《亚美尼亚 2014—2025 发展战略》根据全球金融危机爆发后出现的经济低迷趋势和最新变化，对亚美尼亚早年制定的《可持续发展战略》进行了修订，确定了政府活动的四个优先领域，即促进就业、发展人力资本、改进社会保障制度以及公共管理和治理体制的现代化。为此，需要根据产业结构的调整的方向和趋势，不断调整职业教育的专业设置，增加相关行业领域的专业人才培养。

2. 劳动力就业市场的变化突出对职业教育人才培养质量的要求

亚美尼亚属于中低收入国家，人均国内生产总值 3898 美元。由于俄罗斯经济进入衰退严重降低了国内需求，来自俄罗斯的大批农民工返乡，尽管国内农业增长较快，但由于其他行业创造就业机会有限，国内劳动力市场持续恶化，就业率较低，从 2011 年的 51.4% 到 2015 年下降达到 50.9%。失业率也从 2014 年第三季度的 17.5% 上升到 2015 年第三季度的 18.2%，其中青年失业率为 24%。近 50% 的妇女没有从事任何经济活动。而对于青年人群来说，首次进入劳动力市场而又缺少高等教育经历是尤需特别关注的。从经济发展所在的主要领域分布来看，正逐步从农业和工业转向服务业，其各自的国内生产总值份额分别从 2011 年的 22.8%、33.8% 和 43% 变化至 2015 年的 19.4%、28.7% 和 51.9%。相应地，反映在这些行业的就业比例分别从 2011 年的 38.9%、16.7% 和 44.4%，变化为 2015 年的 35.3%、15.9% 和 48.8%。在已就业人口中，非正规就业仍然很高，非正规就业人数最多的是建筑业和商贸服务业，分别为 55% 和 29%。[①] 因此，必须继续进行旨在提高职业教育质量，使之符合劳动力市场需求和国家教育战略发展目标的体制改革。

3. 技能需求错位要求加强教育培训部门与劳动力市场的联系

国际劳工组织调查结果发现，近 30% 的受访雇主认为，毕业生通常不具备私营部门企业所需的识字和计算能力，41% 的公司认为申请工作的平均毕业生"基本"满足私营企业的需求。有关毕业生主要欠缺的能力依次为：分析理解能力（33.7%），沟通能力（19%），人际关系技能（10.3%）。超过 70% 的受访公司认为，技能短缺对私营部门的业务产生不利影响。而公司对人才的技能需求依次为：较强的沟通技能（26.3%）；强大

① ETF.ARMENIA:COUNTRY STRATEGY PAPER 2017-2020[R]. http://www.etf.europa.eu/web.nsf/pages/Armenia,2017-10-10.

的分析能力（23.7%）；高超的人际关系处理能力（17.7%）。在员工的个性特征和属性方面的需求为：灵活的做事态度（28.7%）；自我激励（18.3%）；团队合作者（17.3%）；富有精力和热情（15.7%）。[①]这反映了亚美尼亚教育和培训系统与劳动力市场之间的联系薄弱，劳动力市场所需技能的类型和水平与教育和培训所提供的技能之间存在明显的不匹配。为了保持与当前市场条件有关的培训方案，培训机构需要可靠的信息，了解当前和不断出现的新的技能需求，提高技能人才培养的针对性。

（二）发展趋势

像世界各地的许多国家一样，加强教育和培训系统的能力以应对全球化的压力和知识经济挑战，亚美尼亚已经付出了相当大的努力。对于像亚美尼亚这样没有自然资源的国家来说，经济发展最重要的资源是受过良好教育、有创造力的劳动力的人力资本。为此，实现经济增长的唯一途径是创建一个具有全球竞争力的教育体系，实现这一目标需要在各级劳动力发展系统实施强有力的领导，规范并形成有序的劳动力市场结构，并与国家长期发展目标保持一致性，制定旨在减少技能需求和供给之间差距的连贯性政策。

1. 发展劳动力市场预测机制

目前，亚美尼亚正在与欧洲培训基金合作，提高技能需求识别能力，以及亚美尼亚的劳动力市场分析和预测能力。2013年以来，在劳动和社会事务部的专业导向方法研究中心的指导下，已有12个地区的高等学院开发建立了职业指导服务网络，并得到了欧洲培训基金的支持。在2015—2016年度，该中心开始分析在各种门户网站上发布的职位空缺，并且正在提高其在对职业和就业趋势分析的基础上，提供更加可靠的劳动力市场情报的能力。2016年，该中心正在更新2016—2020年度的战略实施计划，主要业务领域包括课堂材料、职业信息、对有关专业技术人员网站的专业支持以及联络和营销，以加强劳动部门和教育部门之间的联系。

2. 改进劳动力开发资源的配置方式和使用效率

在亚美尼亚，劳动力开发方面的投入资源主要来自政府，因此有关资金的安排，比如如何调动资金、分配资金和拨付渠道，对形成激励机制以及个人、培训机构和雇主的决策至关重要。但由于政府投入的资源通常非常有限，而且资金分配并没有与培训机构的绩效建立联系，也没有明确的标准来鼓励有效率的支出。目前的制度往往会导致培训提供者之间在资源配置上的低效率和不平等现象，以致服务投入不足，缺乏创新。为此，一方面需要改进政府在劳动力开发资金投入方面的激励与分配机制，另一方面则可以通过吸引社会资金进入教育培训领域，从而提高资源的使用效率。

---

① International labour organization.The enabling environment for sustainable enterprises in Armenia– 2016[EB/OL]. http://www.ilo.org/global/topics/employment–promotion/small–enterprises/WCMS_465083/lang--en/index.htm, 2017-10-09.

3. 加强资格框架和质量保障体系的实施应用

为服务提供和技能获取创造可靠的质量标准是高效系统监督的一个组成部分。亚美尼亚资格框架的建立有助于将国家资格与其他欧洲框架进行比较，国家资格框架中对资格等级的分级描述也是制定国家教育培训标准的基础。现有的教 / 培训计划项目会根据国家资格框架的有关规定进行重新审查。但亚美尼亚国家资格框架的实施进度比预期的要慢，还需要更有力的部长级协调和利益相关方的参与推进。

（深圳职业技术学院　技术与职业教育研究所　魏　明）

主要参考文献

[1] 中华人民共和国外交部 . 亚美尼亚国家概况 [EB/OL]. (2021-08-01)[2021-09-26]. http://www.fmprc.gov.cn/web/gjhdq_676201/gj_676203/yz_676205/1206_677028/1206x0_677030/.

[2] 商务部国际贸易经济合作研究院等 . 对外投资合作国别（地区）指南——亚美尼亚 [R]. 商务部《对外投资合作国别（地区）指南》编制办公室 , 2020, 12.

[3] ARMENIC.education system. http://www.armenic.am/en/education-system/.2017-10-10.

[4] MINISTER OF JUSTICE OF THE REPUBLIC OF ARMENIA . Law of the Republic of Armenia on education. 2015-05-29.

[5] MINISTER OF JUSTICE OF THE REPUBLIC OF ARMENIA .Law of the Republic of Armenia on primary vocational (handicraft) and secondary vocational education. 2015-05-29.

[6] National center for professional education quality assurance foundation.Accreditation process and documents[EB/OL]. http://www.anqa.am/en/accreditation/#Papers. 2017-10-10.

[7] European Training Foundation. (2016). Armenia VET Governance Country[EB/OL]. http://www.etf.europa.eu/webatt.nsf/0/1D171C9A18C1E232C125813100370AA6/$file/Armenia.pdf. 2017-10-10.

[8] ETF. ARMENIA: COUNTRY STRATEGY PAPER 2017-2020[R]. http://www.etf.europa.eu/web.nsf/pages/Armenia. 2017-10-10.

[9] International labour organization.The enabling environment for sustainable enterprises in Armenia- 2016[EB/OL]. http://www.ilo.org/global/topics/employment-promotion/small-enterprises/WCMS_465083/lang--en/index.htm. 2017-10-09.

也门共和国

一、国家概况

（一）地理

也门共和国（The Republic of Yemen），简称也门。也门位于亚洲西南部，阿拉伯半岛南端，北与沙特阿拉伯王国接壤，南濒阿拉伯海和亚丁湾，东邻阿曼苏丹国，西临红海，扼曼德海峡，有重要的战略地理位置。也门共和国国土面积55万平方千米，海岸线2200千米。

也门的地势大致可分为以下部分：也门的西、南部是连绵的高山和高原，哈杜尔舒艾卜峰海拔3666米，是也门和阿拉伯半岛的最高点；在也门东北部是广大的高原地区。从也门—阿曼边境开始，沿阿拉伯海岸，在曼德海峡北折至也门—沙特边境，是长约2000千米，宽约30—60千米的平原地区。还有哈达拉毛省的广大沙漠地区，少有野生植物。

在阿拉伯海上的索克特拉岛是也门最大的岛屿，面积为3650平方千米，2008年被列入世界自然遗产地。此外，在红海上还分布着112个岛屿。[①]南部属热带干旱气候，一年分凉热两季，4—10月为热季，平均气温37℃，11—3月为凉季，平均气温为27℃。年降雨量为50毫米。亚丁气温较高，热季气温高达41.8℃，凉季气温最低17.5℃，年均降雨量94.7毫米。北部气候种类较多，东面缓坡伸向鲁卜哈利沙漠，是沙漠和半沙漠地区，气候干燥，炎热少雨；中央高原，海拔1500—4000米高，气候凉爽；丘陵地区，气候温和，雨量充沛，年降水量在1000毫米以上，多雨季集中在3—5月和7—9月；西部红海沿岸是帖哈麦地区，气候炎热而潮湿，夏季气温一般在35℃~40℃，湿度一般为80%~90%，年降水量在400毫米以下。也门一般无重大自然灾害。

首都萨那位于阿邦山和纳卡木山间萨那盆地，平均海拔2200米。气候温和，日照充足，夏季气温一般不超过30℃，冬季气温有时可低至0℃，年降雨量约250毫米，萨那一年有两个雨季，每年的3月至4月为小雨季，7月至8月为大雨季，因萨那城市排水

---

① 中华人民共和国驻也门共和国大使馆经济商务参赞处.也门地理概况[EB/OL]. http://ye.mofcom.gov.cn/article/ddgk/200903/20090306117327.shtml.2017-10-14.

设施落后，雨季时常发生水灾。①

也门行政区划为 21 个省和 1 个直辖市：萨那、亚丁、塔兹、拉哈杰、荷台达、阿比洋、伊卜、夏卜瓦、扎马尔、哈达拉毛、哈贾、马哈拉、贝达、萨达、马哈维特、马里卜、焦夫、阿姆兰、达利阿、利马、索科特拉和萨那市。②

（二）人文

也门有 3000 多年文字记载的历史，是阿拉伯世界古代文明摇篮之一。公元前 14 世纪到公元 525 年，先后建立麦因、萨巴和赫米叶尔三个王朝。7 世纪成为阿拉伯帝国的一部分。16 世纪初葡萄牙人侵入，1789 年英国占领了属也门的丕林岛，1839 年又占领了亚丁。1918 年，奥斯曼帝国崩溃，也门建立了独立的穆塔瓦基利亚王国，成为阿拉伯第一个摆脱殖民统治宣告独立的国家。1967 年独立，成立也门民主人民共和国。1990 年 5 月 22 日，阿拉伯也门和民主也门议会讨论了塔兹统一协定草案，并决定 5 月 22 日为统一后的也门共和国的诞生日。③

也门实行共和民主制。也门的政治体制建立在政治多元化和多党制基础之上，通过大选实现政权的和平交替。1994 年也门内战结束以来，政局基本保持稳定，社会治安形势持续好转，经济日益恢复。近年来，也门政局基本稳定，经济保持低速增长势头，主要经济指标良好。也门政府继续加大打击恐怖和极端势力的力度，国内安全形势总体保持稳定。1991 年 5 月，全国就统一宪法举行公民投票，98.3% 的选民赞成宪法。修改后的宪法规定，伊斯兰法是也门共和国一切立法之本。2001 年 2 月，也门举行全民公决，通过了宪法修正案，将总统的任期由 5 年延至 7 年，并赋予总统解散议会的权力。④

也门人口约为 2980 万。绝大多数是阿拉伯人，官方语言为阿拉伯语。国教为伊斯兰教，什叶派占 20%—25%，逊尼派占 75%—80%。⑤ 宗教在也门共和国的国家生活中占有极其重要的地位，国家的一切活动、社会组织以及风俗习惯都直接或间接地受宗教信仰的影响。也门共和国 99% 的居民信奉伊斯兰教。也门共和国作为正统的伊斯兰国家，禁止销售和饮用各类酒，不吃猪肉，禁止对也门女人拍照。

（三）经济

也门是一个典型的资源型国家，石油和天然气是其最主要的自然资源。从 20 世纪 80 年代开始，也门石油的工业化生产和出口就是其国民经济的支柱产业；2009 年，也门的天然气形成工业化生产并实现出口。也门的非石油资源也比较丰富，金属矿主要有金、银、铅、锌。

① 山东省人民政府外事办公室 . 也门 [EB/OL]. http://www.sdfao.gov.cn/art/2015/4/13/art_667_4542.html.2017-10-14.

② 新华网宁夏频道 . 也门国家概况 [EB/OL]. http://www.nx.xinhuanet.com/2016-12/21/c_1120161640.htm.2017-10-14.

③ 人民网 . 也门概况 [EB/OL]. http://world.people.com.cn/GB/8212/72474/72475/5049856.html.2017-10-14.

④ 中国网 . 也门概况 [EB/OL]. http://www.china.com.cn/international/zhuanti/2008-06/17/content_15838294.htm.2017-10-14.

⑤ 中华人民共和国外交部 . 也门国家概况 [EB/OL].https://www.fmprc.gov.cn/web/gjhdq_676201/gj_676203/yz_676205/1206_677124/1206x0_677126/. 2020-09-26.

也门经济落后，是世界上最不发达的国家之一。2020 年国内生产总值 201 亿美元。人均国内生产总值 1871 美元。国内生产总值增长率 –8.9%。① 也门全国可耕种土地仅占全国土地总数的 3%，粮食常不能自给，约 1/2 依靠进口。也门棉花品质良好，每年有大量出口。咖啡种植面积很大，占重要地位。政府重视农业生产，扩大农业贷款，兴修水利，以实现粮食、蔬菜、水果自给。也门经济发展主要依赖石油出口收入。目前已探明的石油可采储量约 40 亿桶，已探明天然气储量 18.5 亿立方英尺。也门未参加任何石油组织，因而不受国际石油组织配额限制，在生产上较具自主性。政府极为重视石油的勘探和开采，通过出口石油、天然气和开放矿产资源克服经济困难。

也门当前的政治及安全局势恶化已造成严重的经济衰退，失业率从 2011 年 2 月革命前的 25% 升至 2013 年的 36%，2014 年的 44%。② 据世界银行于 2007 年的报告，阿拉伯茶叶产业贡献了 6% 的国内生产总值以及 14% 的就业岗位。茶叶开支占到家庭预算的 10%，从而影响了基本的食物、教育和健康方面的开支。也门的交通运输不发达，全国没有铁路。公路建设也亟须加强，全国的公路网络以土路为主，柏油路比例较低。③

也门于 2014 年加入世界贸易组织，也是大阿拉伯自由贸易区的成员。④ 石油产品是也门的主要出口，中国是主要出口市场，其次是阿联酋及韩国。也门主要从阿联酋、阿曼及中国进口小麦、机械及设备。2014 年年底，国际货币基金组织批准向也门贷款，以支持该国改善财政及国际收支状况的计划，并指出政局动荡对生产活动、出口和外商投资均造成破坏性影响。

（四）教育

也门全国中小学实行免费教育。小学实行义务教育制度，并致力于扩大基础教育、技术教育和职业教育。也门的大学数量不多。萨那大学建于 1970 年，下设 9 所学院，1 个语言中心，在 6 个地方设有分院。亚丁大学下设 9 所学院，是一所综合性大学。2005 年 3 月，作为也门"基础教育国家战略"的一部分，政府启动了"发展基础教育项目"，世界银行、荷兰、英国和也门政府共同出资。⑤

也门教育部长阿卜杜勒·扎拉克描述了也门教育严峻的现状：具有教师资格的人中 63% 没有上过大学，而学校管理人员中这一比例更是高达 67%。更不用提学生数量只有

① 中华人民共和国外交部. 也门国家概况 [EB/OL].https://www.fmprc.gov.cn/web/gjhdq_676201/gj_676203/yz_676205/1206_677124/1206x0_677126/. 2020–09–26.
② 中华人民共和国外交部驻也门共和国大使馆经济商务参赞处. 经济报告预测 2015 年也门失业率将达到 60%[EB/OL].http://ye.mofcom.gov.cn/article/jmxw/201503/20150300913324.shtml, 2017–10–14.
③ 王晋. "一带一路"投资政治风险研究之也门.观点中国 [EB/OL]. http://opinion.china.com.cn/opinion_3_130603.html.2017–10–14.
④ 香港贸发局. 也门市场概况 [EB/OL]. http://china–trade–research.hktdc.com/business–news/article/%E4%B8%80%E5%B8%B6%E4%B8%80%E8%B7%AF/%E4%B9%9F%E9%96%80%E5%B8%82%E5%A0%B4%E6%A6%82%E6%B3%81/obor/sc/1/1X3CGF6L/1X0A3NQD.htm.2017–10–14.
⑤ 中华人民共和国外交部. 也门国家概况 [EB/OL].https://www.fmprc.gov.cn/web/gjhdq_676201/gj_676203/yz_676205/1206_677124/1206x0_677126/. 2020–09–26.

300 人的学校校长能够阅读和写字，还有 200 万名学生无法入学。

扎拉克部长还对半岛电视台网站指出，在也门 1.7 万所学校中有 1.4 万所需要重建，98% 的学校没有电脑，90% 的学校没有科学及数学学科，30% 的学校没有围墙，管理人员和教室也没有专门的房间，60% 的学校没有图书馆。①

2013 年也门计划与国际合作部同联合国儿童基金会签署了一份援助协议。根据协议，联合国儿童基金会将向也门提供 7260 万美元，用于支持也门 2013—2016 年教育发展计划，并监督执行。联合国儿童基金会希望该资金能在提升也门教育水平上发挥重要作用。②

2014 年世界粮食署驻也门代表同也门教育部部长签署价值 8700 万美元援助协议，用于支持也门的教育项目。根据协议，第一年，世界粮食署将向也门提供 8700 万美元，用于为贫困地区 16 万在校生提供校园餐，并向 11.5 万适龄女孩提供餐饮援助，以支持女孩受教育计划。第二年，世界粮食署将扩大援助规模，将校园餐受益学生人数增至 30 万，适龄女孩受援人数增至 21.5 万。③

二、职业技术教育与培训的战略与法规

（一）战略

从 1999 年召开全国职业技术教育与培训大会起，也门已经通过以下战略计划发展职业技术教育与培训，使其逐步覆盖全国。即：《社会与经济发展第二个五年计划（2001—2006 年）》和《国家减贫战略（2003—2005 年）》。

《国家减贫战略》确定了职业技术教育与培训发展计划的三阶段。阶段 1：2005—2008 年，调整和加强职业技术教育与培训体系，建成 35 所新学院，实施需求驱动型职业技术教育与培训；阶段 2：2009—2012 年，在职业技术教育与培训和各行各业与交叉领域的劳动力市场之间建立联系；阶段 3：2013—2014 年，检查并审计职业技术教育与培训体系并巩固其优势。

（二）法规

1.《教育综合法》（1992）

1992 年出台了第 45 号法律《教育综合法》。该法规定教育是基本人权，由国家向每个人免费提供。国家应考虑阻碍家长送子女上学的社会和经济困难，采取措施实现社会平等、教育机会平等。

---

① 中国网．也门教育状况持续恶化，约 30 万名学生在树下学习 [EB/OL]. http://news.china.com.cn/world/ 2013–12/27/content_31021895.htm.2017–10–14.

② 中华人民共和国商务部．联合国儿童基金会支持也门教育 7260 万美元 [EB/OL].http://www.mofcom.gov.cn/article/i/jyjl/k/201311/20131100378911.shtml.2017–10–14.

③ 环球网．世界粮食署向也门提供 8700 万美元支持教育项目 [EB/OL]. http://china.huanqiu.com/News/mofcom/2015–01/5415085.html.2017–10–14.

2.《技术教育与职业培训发展计划（2005—2014）》

职业技术教育与培训部在欧盟与世界银行的支持下，制定了《技术教育与职业培训发展计划（2005—2014）》，其战略目标与减贫和社会经济的可持续发展相关，该计划对于推动也门职业技术教育与培训的发展起了重大作用。[①]

三、职业技术教育与培训的体系与质量保障

（一）体系

初等教育（基础教育）分为两个阶段：小学阶段（1—6年级）和预科（7—9年级）。初等教育持续9年，从6岁开始并且免费。

中等教育：紧随初等教育之后，学生可以在以下三种教育计划中进行选择：一是3年制普通中学教育计划；二是3年制职业教育计划；三是2年制职业教育计划。[②]

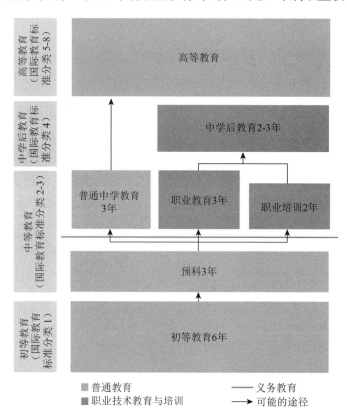

图1　也门职业技术教育与培训体系

资料来源：World Data on Education VII Ed. 2010/11. Yemen. Geneva: UNESCO–IBE.

---

① World Bank (2007). Project Information Document – TVET Yemen. Accessed: 11 September 2013.

② Technical Education and Vocational Training in Yemen and its Relevance to the Labour Market. Turin: European Training Foundation；Ministry of Technical Education and Vocational Training (2011). General Administration Information Systems Statistical Bulletin (2010–2011). Sana'a city: Ministry of Technical Education and Vocational Training.

正规职业技术教育与培训体系是主要部分。中等教育阶段的 3 年制和 2 年制职业技术教育与培训提供工业、工程、商业、商务、农业和工艺领域的培训。职业中学教育计划通过社区学院提供 2 年制或 3 年制的中学后技术教育。中学后技术教育培训涉及不同的领域：3 年制技术教育培训所涉及领域有信息技术、工业、商业、商务、行政管理、健康、农业和设计；两年制技术教育培训所涉及领域有工业、工程、农业、商业、商务、海事以及酒店与旅游。

非正规与非正式职业教育与培训体系被视为"平行教育"，与正规职业教育相互补充。正规和非正规教育之间没有明确的界限。初级培训被视作正规教育，而终身 / 继续培训被视作"平行教育"。正规和非正规教育之间界限划分的另一个依据是提供培训的机构：由公立机构提供的培训被认定为正规教育，而以其他形式提供的职业技术教育与培训就归入"平行教育"类。

终身学习 / 在职培训师是为期 6 个月的短期课程，目的是提高工作者的现有技能并给其增加新的资格。双重培训是一种非正式职业技术教育与培训形式，其中包括职业技术教育与培训机构提供的理论培训以及工作场所内的实践培训。双重培训通常与国际职业技术教育与培训项目相关。

（二）保障

1. 国家资格框架

职业技术教育与培训有三个资格等级，具体根据学制和培训机构而定。通常，接受中等职业教育可以获得熟练工资格，接受中学后教育可以获得技术专业毕业文凭。职业技术教育与培训部制定了工作分类以及等级描述。资格等级如表 1 所示。

表 1　也门国家职业资格框架职业资格等级表

资格等级	学制（年）	前提	提供机构
熟练工	2	预科证书	职业培训中心
中等技术资格	3		职业学院
技术员	2或3年制	中等教育文凭或熟练工或者中等技术资格	技术学院

资料来源：Technical Education and Vocational Training in Yemen and its Relevance to the Labour Market. Turin: European Training Foundation.

在职业技术教育与培训机构（中学以及中学后的）就读的学生大多数都是学习 2 年制的中学后课程。下表说明每个职业技术教育与培训资格等级中学生的百分比。

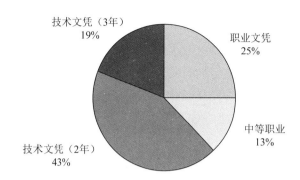

图2　也门职业技术教育与培训资格等级中学生的百分比

资料来源：Ministry of Technical Education and Vocational Training (2011). General Administration Information Systems Statistical Bulletin (2010–2011). Sana'a city: Ministry of Technical Education and Vocational Training.

2. 质量保障

职业技术教育与培训部负责确保职业技术教育与培训体系的质量。职业技术教育与培训部根据整体质量体系进行管理，致力于提高各等级教育的成效。职业技术教育与培训部深知加强职业技术教育与培训的质量保障是一个漫长的过程，因此已经发起了下述几项活动：

·为短期课程制定标准。成衣和剪裁职业技术在劳动力市场上需求量最高，有鉴于此，职业技术教育与培训部发起了为这个行业的短期课程制定相关标准的行动，具体包括人员培训、课程时间安排、仪器设备标准、课程和培训费用等方面的标准；

·为私立职业技术教育与培训机构制定相关标准；

·私立职业技术教育与培训机构必须遵守一套标准才能获得证书。具体标准包括建筑规范、人员管理标准、教课员工和设备；

·制定工作岗位说明；

·鼓励职业技术教育与培训机构一致按照职业技术教育与培训部举办的专门研讨会来制定工作岗位说明。[①]

四、职业技术教育与培训的治理与教师

（一）治理

职业技术教育与培训部负责基础教育后以及中学后的职业技术教育与培训。职业技术教育与培训部建立于2011年，整合了之前由职业技术培训总局、教育部以及其他公立教育与培训机构承担的培训活动。

---

① Ministry of Technical Education and Vocational Training (2012). Job Classifications and Level Descriptions. Accessed: 04 July 2013

职业技术教育与培训部由 6 个普通行政部门和 4 个主题部门组成。这 4 个部门直接由部长监管，主要履行跟职业技术教育与培训的设计及其他相关的职能：保证资格标准的推广质量；课程与继续教育的推广；劳动力市场和私营部门关系；计划与项目的推广；女子教育与培训的推广；职业技术教育与培训部区域办公室负责管理相关培训中心和机构承担的行政活动。

职业技术教育与培训部的作用及责任如下：执行旨在实现职业技术教育与培训政策现代化的职业技术教育与培训研究；为职业技术教育与培训设计体系并草拟法规；支持实施旨在消除贫困和增加就业机会的项目；应用建立在全面质量管理基础上的职业技术教育与培训标准体系，为综合评估建立先进的系统和机制；扩展并提升职业技术教育与培训的质量，开发为女性和具有特殊需求人群提供培训的项目；与公私部门合作为职业技术教育与培训制定教学计划及课程；为技术和行政人员制定和实施培训与继续学习计划；为职业技术教育与培训制定工作分类和标准；为职业技术教育与培训制定机构的建立设定标准；制定考试制度，并监督其执行情况；根据国家资格认证标准和等级颁发职业技术教育与培训证书；制定职业技术教育与培训政策和计划，并提高职业技术教育与培训意识；配合国家和当地理事会与课程委员会的工作；鼓励私营部门参与建立、管理、资助和评估职业技术教育与培训；鼓励对职业技术教育与培训的投资，加强职业技术教育与培训部与职业培训基金和私营部门的关系；与有关部门合作培养教育体系需要的人力资源；在职业技术教育与培训部及其机构中运行图书管理系统；贯彻执行现代化的职业技术教育与培训技术；促进全民及世界在职业技术教育与培训方面的合作。

高等教育质量保证理事会建立于 2009 年，是隶属于高等教育与科研部的一个半官方机构；负责确保私立和公立高等教育的质量。理事会旨在支持高等教育机构建立质量保证体系，并通过资格认证对这些机构进行管理。

职业与技术培训技能发展基金构成职业技术教育与培训资金系统的一部分。基金建立在雇主捐款的基础上，目的在于提升职业技术教育与培训机构的资金基础。技术教育及职业培训战略发展计划深知基金存在各种缺点，其中包括雇主不支付捐款费用以及未能订立培训项目合约。存在这些缺点的原因在于作为基金建立依据的法规框架薄弱。国家应计划建立为职业技术教育与培训提供可持续经费的制度。

（二）教师

一般来说，成为一名教师的最低资格要求是要在教师培训学院接受为期 2 年的中学后教育并获得相应学位证书。大学毕业生是 7—12 年级教师的优先候选者。

职业技术教育与培训教师和培训师的短缺对职业技术教育与培训机构的运行造成了负面影响。现有的职业技术教育与培训教师和培训师多数资质不充分——缺乏教学技能，也缺乏将现代技术融合进职业技术教育与培训中的技能。教师们通常工作的领域并非其自身专长，因为缺乏技能提升的课程，他们讲授的多是老旧的工作技能。

招募标准和能力要求通常不够明确，现有的职业技术教育与培训教师及其能力没有登记在册。没有针对职业技术教育与培训教师的培训和技能提升计划。相比职业技术教育与培训的基础设施建设投资，职业技术教育与培训的人力资源发展并没有获得足够关注。

五、职业技术教育与培训的诉求与发展趋势

（一）诉求

1.急需扩大职业技术教育与培训经费来源，提高教育质量。

职业技术教育与培训的主要经费来源是从年度预算中划拨。技术教育职业培训战略发展计划指出："预算拨款只能满足职业技术教育与培训体系的迫切需要。"因此，职业教育与培训的资金来源并不可靠，这就导致职业技术教育与培训的输出不足，而且对现有职业技术教育与培训能力的利用有限。

2.急需解决现存问题，积极响应劳动力市场需求。

2007年一份世界银行与欧盟的联合报告指出了也门职业技术教育与培训存在的一些挑战：职业中心和技术学院的入学率低；重理论，轻实践；关于各个领域的职业技术教育与培训落后于相应领域的发展；教育输出不符合劳动力市场需求。也门政府深知普通教育和高等教育与职业技术教育与培训之间存在发展不平衡的问题。公立和私立高等教育的快速扩招造成了劳动力市场熟练工的短缺。为了响应劳动力市场的需求，政府已将注意力转向职业技术教育与培训。

（二）发展趋势

1.经济改革正在进行，职业技术教育与培训的环境正在改变。

也门是联合国公布的全球最不发达的国家之一，近十年经济增长缓慢甚至出现负增长。2010年以来，也门政府大力推进经济改革，实行适度"积极"的财政政策，增加预算，扩大基础设施建设，为经济发展营造了更好的环境。同时，国际社会也在不断加大对也门的经济援助力度。随着经济的逐步好转，也门在能源和矿产开发、渔业、基础设施、旅游等众多领域都有潜在的投资机会。在顺利完成权力过渡之后，也门利用国际货币基金组织及沙特等海合会国家的经济援助，努力推动经济结构改革，收效显著，经济增长止跌回升。

2.国家对职业技术教育与培训越来越重视。

职业技术教育与培训部门是构成也门教育系统的重要组成部分，与国家的社会经济发展直接相关。鉴于对这种关系的认识，也门越来越重视将职业技术教育与培训作为减少贫困、促进劳动力市场发展、实现教育体系合理化等方面的国家政策策略。[①]

（深圳职业技术学院　技术与职业教育研究所　袁礼）

---

① World Bank (2007). Project Information Document–TVET Yemen. Accessed: 11 September 2013.

主要参考文献

[1] 中华人民共和国驻也门共和国大使馆经济商务参赞处.也门地理概况 [EB/OL].http:// ye.mofcom.gov.cn/article/ddgk/200903/20090306117327.shtml. 2017–10–14.

[2] 山东省人民政府外事办公室.也门 [EB/OL]. http://www.sdfao.gov.cn/art/2015/4/13/art_667_4542. html. 2017–10–14.

[3] 新华网宁夏频道.也门国家概况 [EB/OL]. http://www.nx.xinhuanet.com/2016–12/21/c_1120 161640.htm. 2017–10–14.

[4] 中国网.也门概况 [EB/OL]. http://www.china.com.cn/international/zhuanti/2008–06/17/content_ 15838294.htm. 2017–10–14.

[5] 中华人民共和国外交部.也门国家概况 [EB/OL].https://www.fmprc.gov.cn/web/gjhdq_676201/ gj_676203/yz_676205/1206_677124/1206x0_677126/. 2020–09–26.

[6] 世界卫生组织.也门 [EB/OL]. http://www.who.int/countries/yem/zh/,2017–10–14.

[7] 中华人民共和国外交部驻也门共和国大使馆经济商务参赞处.经济报告预测 2015 年也门失业率将达到 60%[EB/OL]. http://ye.mofcom.gov.cn/article/jmxw/201503/20150300913324.shtml, 2017–10–14.

[8] 王晋."一带一路"投资政治风险研究之也门.观点中国 [EB/OL]. http://opinion.china.com. cn/opinion_3_130603.html, 2017–10–14.

[9] 香港贸发局.也门市场概况 [EB/OL]. http://china–trade–research.hktdc.com/business–news/art icle/%E4%B8%80%E5%B8%B6%E4%B8%80%E8%B7%AF/%E4%B9%9F%E9%96%80%E5%B8%8 2%E5%A0%B4%E6%A6%82%E6%B3%81/obor/sc/1/1X3CGF6L/1X0A3NQD.htm.2017–10–14.

[10] Technical Education and Vocational Training in Yemen and its Relevance to the Labour Market. Turin: European Training Foundation.

[11] Ministry of Technical Education and Vocational Training (2011). General Administration Information Systems Statistical Bulletin (2010–2011). Sana'a city: Ministry of Technical Education and Vocational Training.

[12] Ministry of Technical Education and Vocational Training (2012). Job Classifications and Level Descriptions. Accessed: 04 July 2013.

[13] Ministry of Technical Education and Vocational Training (2014). Development Plan (2005–2014) Sana'a city: Ministry of Technical Education and Vocational Training.

[14] World Data on Education VII Ed. 2010/11. Yemen. Geneva: UNESCO–IBE.

[15] World Bank (2007). Project Information Document–TVET Yemen. Accessed: 11 September 2013.

伊拉克共和国

一、国家概况

（一）地理

伊拉克共和国（The Republic of Iraq），简称伊拉克，位于亚洲西南部，阿拉伯半岛东北部。北接土耳其，东临伊朗，西毗叙利亚、约旦，南接沙特、科威特，东南濒波斯湾。幼发拉底河和底格里斯河自西北向东南流贯全境。国土面积共 43.83 万平方千米，海岸线长 60 千米。除东北部山区外，属热带沙漠气候。石油、天然气资源丰富。国内可耕地面积占国土总面积的 27.6%，农业用地严重依赖地表水，主要集中在底格里斯河和幼发拉底河之间的美索不达米亚平原。探明石油储量达 1530 亿桶，居世界第 5 位。天然气储量约 3.7 万亿立方米，居世界第 12 位。磷酸盐储量约 100 亿吨。[①]

全国行政区共分 18 个省，分别是巴格达、尼尼微、巴士拉、巴比伦、穆萨纳、纳杰夫、安巴尔、瓦西特、米桑、济加尔、卡迪西亚、卡尔巴拉、迪亚拉、萨拉赫丁、基尔库克、苏莱曼尼亚、埃尔比勒、杜胡克。首都设在巴格达。

（二）人文

伊拉克所处的底格里斯河、幼发拉底河两河流域具有悠久的文明。公元前 3000 年中叶，两河流域最早的居民苏美尔人创造楔形文字、60 进制计数法和圆周分割率。此后，伊拉克经历了古巴比伦王国、亚述帝国、波斯、安息等王朝统治。1534 年起，奥斯曼帝国开始统治两河流域，直到第一次世界大战期间。1920 年，伊拉克沦为英国的"委任统治地"。1958 年，以卡塞姆为首的自由军官集团发动军事政变，推翻费萨尔王朝，宣布成立伊拉克共和国。

此后，伊拉克共和国步入不稳定时期。1979 年，萨达姆全面掌权。次年，历时 8 年的两伊战争爆发。1990 年，伊拉克入侵并吞并科威特引发海湾战争。联合国对伊拉克实施了近 13 年制裁。2003 年，伊拉克战争爆发。同年，美军攻占巴格达，萨达姆政权被

---

① 中华人民共和国外交部.伊拉克共和国概况 [EB/OL].http://www.fmprc.gov.cn/web/gjhdq_676201/gj_676203/yz_676205/1206_677148/1206x0_677150/.2021–8.

推翻。2008 年 12 月，美伊双方签署《美伊友好合作战略框架协议》和《驻伊美军地位协议》，并于 2009 年 1 月起生效。2009 年至 2011 年，美国逐步从伊拉克撤出作战部队。

2003 年，美驻伊拉克当局任命 25 名伊各派人士组成伊拉克临时管理委员会（简称"临管会"），并于次年成立伊拉克临时政府。2014 年，联合国安理会一致通过决议全面恢复伊拉克主权，结束对伊拉克占领。2005 年 12 月，伊拉克选举产生战后首届正式议会。目前，伊拉克已组建战后第三届政府。总统巴尔哈姆·萨利赫，2018 年 10 月 2 日当选。

伊拉克共和国人口数量为 4022 万，其中阿拉伯民族约占 78%（什叶派约占 60%，逊尼派约占 18%），库尔德族约占 15%，其余为土库曼族、亚美尼亚族等。官方语言为阿拉伯语和库尔德语。居民中 95% 以上信奉伊斯兰教，少数人信奉基督教等其他宗教。旅游资源丰富，主要旅游点有乌尔城（公元前 2060 年）遗址、亚述帝国（公元前 910 年）遗迹和哈特尔城遗址（俗名"太阳城"），位于巴格达西南 90 千米处的巴比伦是世界著名的古城遗址，"空中花园"被列为古代世界七大奇迹之一。

20 世纪 70 年代石油收入增长，伊拉克在城乡建立了比较健全的医疗系统，人民生活也有较大幅度提高。海湾战争后，人民生活水平急剧下降。伊拉克战争后，由于经济重建进展较为缓慢、安全局势恶化，人民生活水平提升仍相当缓慢。目前有 20% 人口生活在贫困线（每天 2 美元）以下，供电能力只有需求的一半，还有 20% 的地方未通自来水。货币为新伊拉克第纳尔（NID）。[①]

（三）经济

伊拉克战争后，经济重建任务繁重。联合国安理会于 2003 年 5 月通过第 1483 号决议，取消对伊拉克除武器禁运以外的所有经济制裁。伊拉克重建重点是恢复和发展能源、教育、卫生、就业、供电、供水、食品等领域。但由于安全局势不稳，基础设施严重损毁，经济重建进展缓慢。2020 年经济增长率为 −11.2%。2020 年国内生产总值（GDP）为 1639 亿美元，人均国内生产总值为 5361 美元，外汇及黄金储备达到 488 亿美元。

能源产业占国民经济主导地位，石油出口收入约占国内生产总值的 45%，是政府收入的 90%。伊拉克战争结束后，石油生产逐渐恢复，迄今已举行 4 轮油气田开发招标。2017 年 4 月，原油日产量 442.6 万桶，石油日均出口量约 325.2 万桶。农业方面，可耕地面积占国土面积四分之一，农业人口占全国总人口的 1/3，主要农作物有小麦、大麦和椰枣等，但粮食不能自给。此外，伊拉克战后实行了开放的外贸政策，对大部分进口商品免征关税。近几年外贸进出口额呈现逐年下降的趋势，其中 2016 年出口额为 447 亿美元，进口额为 433 亿美元。[②]

---

① 中国一带一路网.伊拉克 [EB/OL]. https://www.yidaiyilu.gov.cn/gbjg/gbgk/853.htm.2019–6–21.

② 中华人民共和国外交部.伊拉克共和国概况 [EB/OL].http://www.fmprc.gov.cn/web/gjhdq_676201/gj_676203/yz_676205/1206_677148/1206x0_677150/.2021–8.

（四）教育

早在公元 8 世纪至 13 世纪，巴格达就成为西亚和阿拉伯世界的政治经济中心和文人学士荟萃之地，但海湾战争后，伊拉克教育经费不足，师资严重匮乏。同时，由于人民生活困难，伊拉克适龄儿童和青年（6—23 岁）入学率大幅下降，教育严重滑坡。15 岁以上拥有读写能力的人口占总人口的 78.5%。[①]伊先实施 6 年制义务教育，适龄儿童小学入学率为 98%，但中等和高等院校入学率仅为 45% 和 15%。成人识字率为 74.1%。全国有 20 所大学和 44 所专科院校，大学有巴格达、巴士拉、摩苏尔等大学。[②]

目前，伊拉克政府在大力发展教育，资助除私立大学以外的所有教育机构。伊拉克的教育体系包括两个部门。一是教育部，工作重点为幼儿园、小学和中学的学生事务；二是高等教育和科学研究部，工作重点为本科生、研究生和博士生。

根据教育层次分类，教育部门在幼儿教育阶段为 4—5 岁的儿童提供服务，占该年龄段儿童总数的 7%。初等教育从 6 岁开始，学制 3 年。中等教育包括初中和高中，年限各 3 年。高等教育分 5 个专业，分别是科学、文学、工业、农业和贸易。通过教育部考试的学生可以进入大学或专科学院学习，也可以凭借考试总成绩通过竞争选择自己喜欢的学院或系。理科中的医学和工程专业及文科中的法律和文学专业竞争非常激烈。[③]

二、职业技术教育与培训的战略与法规

（一）战略

伊拉克曾经一度是阿拉伯国家地区职业教育的先驱，然而，其职业教育体系在 20 世纪 90 年代被毁，现在正在慢慢重建。2003 年战争以来，由于政治形势动荡，伊拉克政府一直没有发布官方的职业教育政策或战略。虽然如此，政府仍希望通过其职业教育体系解决社会失业率高居不下的问题。在联合国教科文组织、联合国人居署及德国政府等多方世界力量协助下，规划了最终实现"终身教育"目标的职业技术教育与培训战略体系。战略体系主要包括三个方面，分别是构建多方协作的职业技术教育与培训治理体系、提升职业技术教育与培训质量及增进职业技术教育与培训和劳动力市场的对接。具体措施包括：

·多方共同协商制定职业技术教育与培训发展战略，构建职业技术教育与培训的"协作机制"，促进高等教育研究机构、教育部及社会各部门相互合作，促进私营企业和雇主团体积极参与；

·建立职业技术教育与培训质量保证机构；

·结合劳动力市场，制定合理的课程开发机制；

---

① 中国驻伊拉克大使馆经济商务参赞处．对外投资合作国别（地区）指南——伊拉克：商务出版社，2014.

② 中国一带一路网．伊拉克 [EB/OL]. https://www.yidaiyilu.gov.cn/gbjg/gbgk/853.htm.2019-6-21.

③ 中华人民共和国外交部 [EB/OL].http://www.fmprc.gov.cn/web/gjhdq_676201/gj_676203/yz_676205/1206_677148/1206x0_677150/.2021-8.

·加强职业技术教育与培训在职教师培训，为杰出教师制定奖励机制；

·完善职业技术教育与培训硬件设备设施，包括建筑、多媒体设备等；

·鼓励社会多方对职业技术教育与培训的参与和投资；

·加强职业技术教育与培训信息化建设，促进专业知识交流等。

（二）法规

伊拉克的职业教育立法框架通常包含在应对教育问题的法律法规之中。例如：2005年的《宪法》规定所有伊拉克公民具有免费接受所有阶段教育（包括职业教育）的权利。教育部《1998 年法案 34 号（2005 年修正法 28 号）》对该部的组织结构（包括其技术教育部）做出了规定。教育部包括部长办事处、三个副部长办事处（高管、技术和行政）、法律事务局、十二个中央总局（包括课程总局和评估考试总局）和一些部门、团体、机构以及办公室。①

三、职业技术教育与培训的体系与质量保障

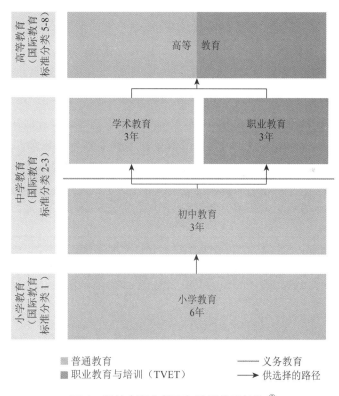

图 1　伊拉克职业教育与培训体系结构②

---

①　联合国教科文组织国际职业教育与培训中心：伊拉克 . http://www.unevoc.unesco.org/wtdb/worldtvetdatabase_irq_en.pdf.2017-8-1.

②　UNESCO-UNEVOC 国际职业技术教育及培训中心编制方案。选自伊拉克教育部的教育研究中心：《教育发展》伊拉克国家报告，巴格达，2011。

（一）体系

伊拉克从中学教育的预备阶段开设职业教育课程，供完成初中阶段的学生选择。职业学校提供工业研究、商业研究、农业研究和家庭科学领域的课程，涉及 21 个专业。职业课程为期 3 年（10—12 年级），通过国家考试后颁发职业高中文凭。国家考试前 10% 的学生可以继续攻读技术学院的学位课程。

中学后职业教育课程的特点是注重实践应用，占学习时间的 50%—70%，在各机构的车间、实验室或是企业、办公室或医疗机构的实习场所进行学习。教学领域覆盖 60 个区域，涉及工程、管理、医学、农业和应用艺术专业。完成中学教育（职业或正规学校），学生们可以选择不同的职业教育方向：技术学校，学制 2 年，颁发技术文凭；技术学院，学制 4 年，颁发技术学士学位。

传统大学和技术学院所授课程的主要区别是后者的理论课较少，应用课多，并接收中学教育阶段成绩相对较低的学生。技术学院还提供授予硕士学位的 2 年课程。从技术学院获得学士学位的学生可以攻读任何一所传统大学的硕士学位，而持有技术学院的硕士学位的学生则可以继续在任何一所大学攻读博士学位。此外，技术大学提供不同专业领域为期 4 年的课程，毕业后授予理科学士学位。[1]

（二）保障

2015 年，在联合国教科文及欧盟的协助下，伊拉克开始建构自己的国家资格框架，以此提供给学生多向教育选择的机会。国家资格框架认可所有职业技术教育与培训课程证书，并将其纳入普通教育制度之中。

此外，采用累积学分的方式，增强高等职业技术教育体系的灵活性，促进学生自由选择课程与院校，合法认可他们的绩效技能。同时，这也简化了职业技术院校与大学之间的学分转换。目前，伊拉克共和国中等职业教育及中等后职业教育对应资格如表 1 所示：

表 1

课程	时间	资格	课程	时间	资格
职业学校	3 年	职业高中文凭（职业教育学位）	技术学院	2 年	硕士学位
技术机构	2 年	技术文凭	技术大学	4 年	理学学士
技术学院	4 年	技术学士（文学学士、理学学士和工学学士）			

而质量保障对伊拉克职业教育部门来说是一个新概念。2005 年，新的质量研究单位作为技术学院管理机构的一部分在巴格达创建，其目标是[2]：发展管理、财会、经济和统

---

① 联合国教科文组织国际职业教育与培训中心：伊拉克. http://www.unevoc.unesco.org/wtdb/worldtvetdatabase_irq_en.pdf.2017-8-1.

② 同上。

计领域的科学研究；经营培训机构，为产业公共服务组织提供质量保证。为达成质量保障的目标，课程设计、教师能力、学习资料、硬件设施、信息化建设等影响因素的发展被放入伊拉克职业技术教育与培训发展战略规划中逐步推进。

四、职业技术教育与培训的治理与教师

（一）治理

伊拉克《宪法》规定将更多的权力下放到多方多部门，教育和培训等服务机构履行行政权力，中央行政机构持有总体规划、监督和评估权力，以促进职业技术教育改革。目前，中央行政机构主要包括：高等教育和科学研究部，代表机构是其旗下的技术教育基金会；教育部，代表机构是其旗下的技术教育部。高等教育和科学研究部负责制定高等教育政策、监督负责高等教育系统运作的组织机构。技术教育基金会负责管理 27 个技术学校、16 个技术学院和高等教育机构。

教育部负责建立和管理职业学校并具有以下职能：制定教育政策并规划和监督执行、课程开发、教师和其他教育人员管理、教育研究和创新、职业指导标准开发与咨询、评价和考试标准的制定，以及与地方、国家和国际合作伙伴和投资人的协调和合作。18 个省的教育总局负责提供教育服务、教师培训和就业、学校的重建与维护，并与省教育委员会协调工作，地区设有教育办事处。

其他一些部门如劳工和社会事务部、工信部、国防部、卫生部、交通运输部、农业和灌溉部以及石油部也面向不同的目标群体运营机构或开设职业课程。例如，劳工和社会事务部在全国各地专业中心开设很多培训班。交通部、石油部也开办颁发文凭的技术机构。[①]

（二）教师

职业教育教师应持有大学学历。大多数职业教育的专业教师会在获得技术机构的为期 2 年的文凭后，前往巴格达直属技术教育部的技术大学继续深造 3 年。Zafaraniya 技术机构是国内唯一培训工业教师的机构。同样，农业教师在农学院接受培训，商业教师在商业管理或经济学院进修。通常专业授课培训需要 5 年（10—14 年级）或 2 年（13—14 年级）。通常教师培训机构招收初中毕业生。在他们完成 9 年级学业后，为其提供 5 年教师预备课程：包含 3 年普通教育和 2 年专业课程。

教育部的目标是提高教师教育的质量，它将教师机构纳入师范院校，并在教师职前培训机构中开设了教学实践课程。该部还关注在职培训课程，并为教师提供培训机会。这些职业教育教师培训课程主要包括：教学方法、教育心理学、学科教学论和学校管理。

---

① 联合国教科文组织国际职业教育与培训中心：伊拉克[EB/OL].http://www.unevoc.unesco.org/wtdb/worldtvetdatabase_irq_en.pdf.2017-8-1.

教育部为培养合格教师，主要采取了以下步骤[①]：（1）强化教育培训与发展机构以及政府部门的职前和在职培训，并提供所需的人力、财力和物资源；（2）培训类型和方法多样化并采用现代技术，并与科学和专业协会、工会、高校以及培训中心协调合作；（3）采纳创新项目，例如通过函授和视频方式进行培训；（4）发展省级手工和科学中心；（5）利用现代测评技术提高课程效率；（6）加强培训课程和校方之间的联系。

五、职业技术教育与培训的诉求与发展趋势

伊拉克的职业技术教育与培训制度多年来受限于乏力的政策制定和有限的预算分配。目前面临的主要问题包括教育基础设施和设备不足，课程设置与劳动力市场需求不相关，缺乏实质的技术培训，不同部门的责任分散，教师质量低下，没有知识和技能更新，学生数量减少，青年和成年人在终身职业教育培训中的机会不足，组织结构和伙伴关系薄弱，资源调动、分配和利用率低下等等。

近年，伊拉克政府和一些国际组织多方合作，包括联合国教科文组织、美国国际开发署、美国军方、英国文化协会、德国国际合作组织以及意大利和法国的一些组织，致力于重建基础设施和增强技术教育基础。其他组织为失业的青年和前民兵成员等特殊群体进行培训。国际组织现在正将关注重点转向资金筹集、培训岗位、政策对话和战略计划。例如，联合国教科文组织一直在帮助高等教育和科学研究部下属技术教育基金会和劳动和社会事务部下属职业技术中心提高伊拉克职业教育体系的质量，以帮助伊拉克解决青年失业问题、职业技术教育发展规划问题及相应的职业教育质量改善问题。

未来，伊拉克发展职业技术教育与培训的重点工作：一是在于加强职业教育系统和劳动力市场的联系，通过重新审议和建立职业教育机构和劳动力市场伙伴关系，重新梳理现行的职业教育体系；二是设计满足劳动力市场需求的职业教育课程，以确保职业技术教育与培训质量；三是提升职业教育师资的能力，为增强职教吸引力增加砝码；四是建立新的职业教育财政系统，为学校基础设施建设提供财政保障；五是加强网络信息化建设，运用现代教学手段促进专业交流，[②] 以将职业教育转变为伊拉克经济增长，增加就业和改善社会凝聚力的关键推动因素。

（深圳职业技术学院　技术与职业教育研究所　李亚昕）

[①] 伊拉克劳动力市场需求报告 [EB/OL].http://www.unevoc.unesco.org/fileadmin/user_upload/pubs/Report_Iraq.pdf.July,2016.

[②] 同上。

主要参考文献

[1] 中华人民共和国外交部 .http://www.fmprc.gov.cn/web/gjhdq_676201/gj_676203/yz_676205/1206_677148/1206x0_677150/.

[2] 中国一带一路网 . https://www.yidaiyilu.gov.cn/gbjg/gbgk/853.htm.

[3] 联合国教科文组织国际职业教育与培训中心：伊拉克 [EB/OL].http://www.unevoc.unesco.org/wtdb/worldtvetdatabase_irq_en.pdf.2017-8-1.

[4] Arsalan A. (2006). Technical Colleges in Iraq. Stockholm: Swedish National Agency for Higher Education. Accessed: 04 November 2013.

[5] 伊拉克劳动力市场需求报告 [EB/OL].http://www.unevoc.unesco.org/fileadmin/user_upload/pubs/Report_Iraq.pdf.July, 2016.

[6] British Council (2013). Overview of Vocational Education Training System. London: British Council. Accessed: 04 November 2013.

[7] Ministry of Higher Education and Scientific Research and Foundation of Technical Education (2011). Development and Future Vocational Training Plans in Iraq, the Possibilities for Cooperation with German Institutions and Education Providers. Berlin: Arab-German Chamber of Commerce and Industry e.V. Accessed: 04 November 2013.

[8] Nuffic (2012). Country Module Iraq, Evaluation of Foreign degrees and Qualifications in the Netherlands. The Hague: Netherlands Organisation for International Cooperation in Higher Education. Accessed: 04 November 2013.

[9] UNESCO (2013). TVET Technical and Vocational Education and training, Projects. UNESCO Office for Iraq in Amman: UNESCO. Accessed: 04 November 2013.

伊朗伊斯兰共和国

一、国家概况

（一）地理①

伊朗伊斯兰共和国（The Islamic Republic of Iran），简称伊朗，位于亚洲西南部，同土库曼斯坦、阿塞拜疆、亚美尼亚、土耳其、伊拉克、巴基斯坦和阿富汗相邻，南濒波斯湾和阿曼湾，北隔里海与俄罗斯和哈萨克斯坦相望，素有"欧亚陆桥"和"东西方空中走廊"之称。海岸线长 2700 千米。境内多高原，东部为盆地和沙漠，属大陆性气候，冬冷夏热，大部分地区干燥少雨。伊朗共有 31 个省，首都德黑兰，平均海拔 1220 米。年气温最高的月份为 7 月，平均最低和最高气温分别为 22℃和 37℃；年气温最低的月份为 1 月，平均最低和最高气温分别为 3℃和 7℃。

（二）人文②

伊朗是具有四五千年历史的文明古国，史称波斯。公元前 6 世纪，古波斯帝国盛极一时。公元 7 世纪以后，阿拉伯人、突厥人、蒙古人、阿富汗人先后入侵并统治伊朗。18 世纪后期，伊朗东北部的土库曼人恺伽部落统一伊朗，建立恺伽王朝。19 世纪以后，伊朗沦为英、俄的半殖民地。1925 年，巴列维王朝建立，推进西化行动。1978—1979 年，霍梅尼领导伊斯兰革命，推翻巴列维王朝。1979 年 2 月 11 日，霍梅尼正式掌权，并于 4 月 1 日建立伊斯兰共和国，实行政教合一的制度。1980 年爆发两伊战争，1988 年战争结束；1989 年 6 月 3 日霍梅尼病逝，原总统哈梅内伊继任领袖，原议长拉夫桑贾尼当选总统，并于 1993 年获连任，伊总统文化事务顾问、前文化和伊斯兰指导部长哈塔米当选总统，并于 2001 年 6 月大选中获选连任。2005 年 6 月，德黑兰市长艾哈迈迪内贾德当选，并于 2009 年获得连任。现任总统是易卜拉欣·莱希（Seyed Ebrahim Raisi），于 2021 年 8 月当选。

伊朗现有人口 8385 万（2020 年 5 月）。人口比较集中的省份有德黑兰、伊斯法罕、

---

① 中华人民共和国外交部．伊朗国家概况 [EB/OL].http://www.fmprc.gov.cn/web/gjhdq_676201/gj_676203/yz_676205/1206_677172/1206x0_677174/.2021–09–25.

② 同上。

法尔斯、呼罗珊拉扎维和东阿塞拜疆。全国人口中波斯人占 66%，阿塞拜疆人占 25%，库尔德人占 5%，其余为阿拉伯人、土库曼人等少数民族。官方语言为波斯语。伊斯兰教为国教，98.8% 的居民信奉伊斯兰教，其中 91% 为什叶派，7.8% 为逊尼派。主要节日有伊斯兰革命胜利日（2 月 11 日）、伊朗历新年（3 月 21 日）。

（三）经济 [①]

伊朗石油、天然气和煤炭等矿物资源蕴藏丰富。截至 2019 年底，已探明石油储量1580 亿桶，居世界第四位，石油年产量 1.75 亿吨，居世界第五位，天然气储量 33.8 万亿立方米，居世界第二位。天然气年产量 1666 亿立方米，居世界第三位。目前，已探明矿山 3800 处，矿藏储量 270 亿吨；其中，铁矿储量 47 亿吨；铜矿储量 30 亿吨（矿石平均品位 0.8%），约占世界总储量的 5%，居世界第三位；锌矿储量 2.3 亿吨（平均品位20%），居世界第一位；铬矿储量 2000 万吨；金矿储量 150 吨。此外，还有大量的锰、锑、铅、硼、重晶石、大理石等矿产资源。目前，已开采矿种 56 个，年矿产量 1.5 亿吨，占总储量的 0.55%，占全球矿产品总产量的 1.2%。

伊朗盛产石油，石油产业是其经济支柱和外汇收入的主要来源之一，石油收入占外汇总收入的一半以上。近年，伊朗经济总体保持低速增长。2020 年，伊朗 GDP 估算值约 6106 亿美元，人均 7527 美元。

工业方面，伊朗除石油开采业外，另外还有炼油、钢铁、电力、纺织、汽车制造、机械制造、食品加工、建材、地毯、家用电器、化工、冶金、造纸、水泥和制糖等，但基础相对薄弱，大部分工业原材料和零配件依赖进口。伊朗农耕资源丰富，农业在国民经济中占有重要地位。全国可耕地面积超过 5200 万公顷，占其国土面积的 30% 以上，农业人口占总人口的 43%，农民人均耕地 5.1 公顷，粮食生产已实现 90% 自给自足。伊朗拥有数千年文明史，自然地理和古代文明遗产丰富，德黑兰、伊斯法罕、设拉子、亚兹德、克尔曼、马什哈德是主要旅游地区。伊朗主要出口商品为油气、金属矿石、皮革、地毯、水果、干果及鱼子酱等，主要进口产品有粮油食品、药品、运输工具、机械设备、牲畜、化工原料、饮料及烟草等。2019 年，伊朗进出口总额约 851.07 亿美元，其中出口额 413.7 亿美元，进口额 437.37 亿美元。

（四）教育

伊朗拥有悠久的历史，在阿契美尼德王朝（前 550 年—前 330 年）时政府就开始大力推进国家的教育发展，在经历了外族入侵、宗教信仰的改变之后，伊朗由传统的波斯教育转化为伊斯兰宗教教育。现代以来，伊朗教育可以分为三个阶段：恺伽王朝时期为其起步发展阶段，该时期伊朗的教育有一些变化，但还是以伊斯兰式的传统教育为主；巴列维王朝时期是现代化教育体制正式建立时期，但是这一时期教育现代化之路充满了

① 中华人民共和国外交部. 伊朗国家概况 [EB/OL].http://www.fmprc.gov.cn/web/gjhdq_676201/gj_676203/yz_676205/1206_677076/1206x0_677174/.2017–09–20.

西方化与民族化两种思想；伊朗伊斯兰共和国时期进行全面改革，推行伊斯兰化教育。[①]
伊朗在政治制度、经济制度、社会生活伊斯兰化的同时，对教育也进行了伊斯兰化，用
伊斯兰价值观作为指导思想对学生进行教育。[②]

根据伊朗现行学制，小学 2012 年改革后为 6 年（之前为 5 年），入学年龄为 6 岁；
中学分为初中 3 年和高中 3 年，小学和初中教育被称为通识教育。高中分为 3 类：普通
高中（理论类）、职业技术类以及工作 + 学习类（兼顾学习和工作，灵活型课程）。高中
主要根据学生初中阶段考试成绩录取，其中，普通高中最受欢迎。学生高中毕业，完成
为期一学年的大学预科课程后（2 年制副学士学位课程不需参加大学预科课程学习），通
过入学考试可以进入大学学习，伊朗高等教育体系由综合性和专业性大学以及科技大学
构成，提供大专（副学士学位）至博士阶段教育。大专副学士学位课程一般需要两年时
间完成，本科学士学位课程通常为 4 年（建筑 5 年、兽医和牙医 6 年、医学 7 年）。硕
士学位需要 2 年，博士课程 4 至 5 年。伊朗高等教育。伊朗教育体系如下图所示。（图 1）

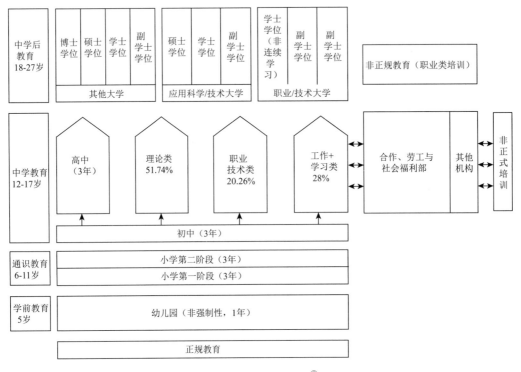

图 1　伊朗教育体系 [③]

在经费支持上，根据 2014 年世界银行发布的联合国教科文组织统计数据，伊朗教育
投入占 GDP 的 2.95%，占政府总支出的 19.7%（属国际上比较高的比例，全球 2012 年

①　付国凤.伊朗教育的现代化历程 [J]. 赤峰学院学报（汉文哲学社会科学版），2012 (11): 216–218.
②　白娴棠.神圣与世俗的融合：土耳其与伊朗中小学的宗教教育实施现状 [J]. 世界宗教文化，2016(5): 56–60.
③　根据伊朗技术与职业教育组织官方网站编译：http://english.irantvto.ir/. 2017–09–20.

在教育上的投资平均占总支出的 14.25%）。

根据地区标准，与其他发展程度类似的国家相比，伊朗是一个教育程度很高的国家，有较高的识字率，成年人识字率为 84.6%（2013 年联合国教科文组织数据，世界平均识字率为 85%），邻邦阿拉伯国家平均识字率为 78%；伊朗 15-24 岁的年轻人中识字率高达 98%。6 岁以上受教育人口占全国人口的 82.5%。目前全国共有高等院校 346 所，大学生近 340 万人。德黑兰大学是伊朗著名的高等学府。[①]

二、职业技术教育与培训的战略与法规

（一）战略

伊朗的职业技术教育与伊朗的近代化教育同时起步。19 世纪下半叶，随着伊朗殖民地半殖民地化的加深，工商业、手工业等得到发展，职业教育开始兴起，设立有工艺美术、地毯编织、农业、商业和银行等专业。20 世纪 60 年代，随着伊朗土地改革的进行和现代工业的发展，职业教育得以迅速发展，并与苏联、美国、德国、英国、法国、日本、意大利等国签订合同，准许其在伊朗国内开办职业技术学校或培训中心。设立了冶金、机器制造、化学、汽车装配、冰箱制造、建筑、贸易及其他专业的中等专业技术学校。

伊朗伊斯兰共和国成立后，政府对教育的重视以宪法形式肯定下来，成立了职业技术指导委员会[②]。第二个五年计划期间（1994—1999），伊朗把发展职业技术教育纳入全国教育发展的重要内容，同时要求到 1999 年，职教发展规模必须达到年培养 3.5 万名技术员，年职业培训人数达到 12 万人，政府还决定在中等教育阶段，职教与普教在校生之比在第二个五年计划结束时达到 5：5；在发展规模的同时，伊朗政府还使职业教育成为终身教育体系中的有机组成部分，使职业教育与高等教育相沟通，让职业学校的毕业生经过努力可以升入高等学校。[③]

随着伊朗由传统经济向现代化经济和由能源经济向经济多元化的"双重转型"，2006 年伊朗开始实施职业技术教育"迁徙计划"。该计划通过政府政策和财政支持，吸引城市剩余科技人员到农村帮扶农民提高生产技术，缩小贫富和城乡差别，维护伊朗的伊斯兰教义系统，实现民族安全。[④]

① 中华人民共和国外交部 . 伊朗国家概况 [EB/OL].http://www.fmprc.gov.cn/web/gjhdq_676201/gj_676203/yz_676205/1206_677076/1206x0_677174/.2017-09-20.

② 吴成 . 职业技术教育在伊朗社会发展中的作用 [J]. 河南职业技术师范学院学报（职业教育版），2007(2): 75-77.

③ 曾子达 . 伊朗职业技术教育的改革与发展 [J]. 职教论坛，1995(2):49-49.

④ 吴成 . 简论伊朗职业技术教育的"迁徙计划"[J]. 河南职业技术师范学院学报（职业教育版），2007(4): 71-73.

（二）法规[①]

伊朗作为宗教国家，其实教育相关法规由伊斯兰教义和国家宪法、教育相关法规构成，并体现在国家五年发展规划中。

1.《古兰经》

伊斯兰教为伊朗国教，伊斯兰教十分重视教育。穆罕默德在圣训中谈及知识及教学时明确指出"知识是伊斯兰教的生命、信仰的支柱"。《古兰经》作为伊斯兰教的宗教经典，要求穆斯林们尊重知识、尊重教师，鼓励求知，鼓励终身学习，学习无大小，不分男女老少，并且将求知与信仰结合在一起，赋予了教与学行为的神圣宗教意义，推动了伊斯兰教育迅速发展。

2.《伊朗伊斯兰共和国宪法》（1979年颁布）

《宪法》明确规定：政府尽一切努力和能力为全民提供免费教育和体育设施，并进一步简单化和普及高等教育。《宪法》第30章规定，政府有义务为所有人提供免费教育。

3.《五年发展规划》

伊朗第二个五年发展计划第62条，提出需要提供必要的设施让学龄段小孩入学，并让40岁以下的不识字的人群参加相应的课程；根据第四个经济、社会发展计划，教育部规定义务教育包括小学和初中阶段；虽然高中阶段并非义务的或强制的，但在公立学校都免费。

伊朗现在正推行第六个五年发展计划（2016—2021），现任政府所面临的问题是，把五年计划中有关改革的事项列为优先事项并稳步实施。其中包括提高劳动力市场效率来推动改革，促进非石油行业发展。另外，该计划多次提到要使金融部门现代化。这些目标的实现，为职业教育进一步发展提供了机遇。

4.《教育部与其他部委、组织合作法》（1992年颁布）

为充分利用其他资源办教育，"合作法"规定将教育责任延伸至其他部委和组织，以此方式利用其他组织的能力。目前，伊朗教育部负责中小学；科学、研究与技术部，健康与医学教育部，文化部，石油部，农业部等分别负责参与相关类型教育的管理；劳动与社会事务部负责非正规职业教育与培训（由其下属技术与职业培训组织：Technical and Vocational Training Organization：TVTO 负责实施）。

5.《成人学校和示范性公立学校法》（1993年）

该法律促进全民教育的发展，尤其是非正规教育培训，促进了伊朗职业教育的发展和教育程度的提高。伊朗全国有600个公立培训中心、边远地区的移动培训队伍、企业培训、教师培训中心以及14000个私立培训学校培训业界需求的技术人员，如工业、农业和服务业等。

[①] UNESCO International Bureau of Education. World Data on Education. VII Ed. 2010/11. [DB/OL].http://www.ibe.unesco.org/fileadmin/user_upload/Publications/WDE/2010/pdf-versions/Islamic_Republic_of_Iran.pdf. 2010-09-20.

三、职业技术教育与培训的体系与质量保障

（一）体系

伊朗职业教育与培训从纵向上由高中阶段和大学阶段教育组成，从横向上包括正规教育（Formal Education）和非正规教育（Non-formal Education）。

高中阶段职业技术教育主要包括有三个领域，即技术、农业和职业类，共 30 个专业。工作＋学习类职业高中，提供 400 个工种的技术培训，以培训技术工人为目的，毕业生可以获取国家技术资格证书。据 2006 年数据，伊朗高中入学率约为 60.9%，其中职业技术类和工作＋学习类学生占 22.9%；另外约有 69.9 万人参加非正规职业培训，180 万人（其中 70.5% 为女性）参加非政府类职教学校，2440 人参加特殊高中教育，11304 人参加职业技术教育。[①]

伊朗高等职业技术教育包括技术大学和地区职业教育中心，由职教组织负责管理；还包括授权的私立培训中心，提供非正式短期职业培训课程。据 2002—2003 年的数据，伊朗共有 143 所职教类大学（Technical-Vocational Colleges，TVCs），约 13 万学生，一般为 2 年的课程，涵盖 40 个领域，毕业生可获得技术人员副学士学位（Associate Degree）。

（二）保障

1. 职业技能证书

在证书方面，伊朗有本科、硕士、博士学位，而比本科学位类低一级的是类似于专科类的毕业证书，该毕业证书由普通大学、高等学院和技术学校授予，可以为 5 年的综合课程（3 年高中＋2 年大学）或 2—3 年的大学课程，毕业生可以继续通过 2 年的学习获得本科学位。进入 5 年的"专科"课程需顺利完成 9 年的基础教育，课程包括 3 年职教类高中（可以获得技术类高中毕业证书）和 2 年大学，学生在完成 3 年职教高中后也可以选择普通大学。

2. 质量保障[②]

伊朗职业教育质量由严格的课程开发标准和技术评价系统进行保障，并经技能竞赛进行评价和反馈。

（1）伊朗职业教育体系在新课程的开发方面有严格的步骤。课程开发涵盖知识、技术、态度、安全、环境、设备、工具以及资料等各个方面元素。

（2）课程开发遵循严格的步骤和流程。（图 2、图 3）

---

① UNESCO International Bureau of Education. World Data on Education. VII Ed. 2010/11. [DB/OL].http://www.ibe.unesco.org/fileadmin/user_upload/Publications/WDE/2010/pdf–versions/Islamic_Republic_of_Iran.pdf. 2010–09–20.

② 根据伊朗技术与职业教育组织官方网站编译：http://english.irantvto.ir/. 2017–09–20.

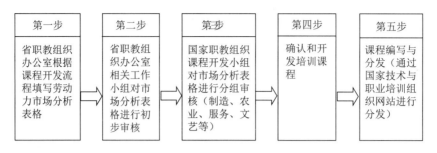

图2 伊朗职业教育课程开发步骤图

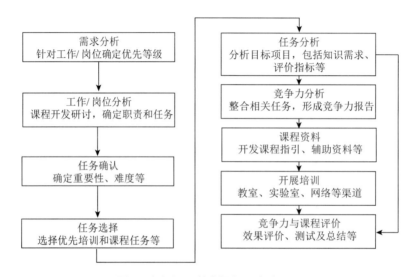

图3 伊朗职业教育课程开发流程图

（3）在技术评测方面，检测技术知识、实践能力和专业表现等各个方面，并进行评价。（图4）

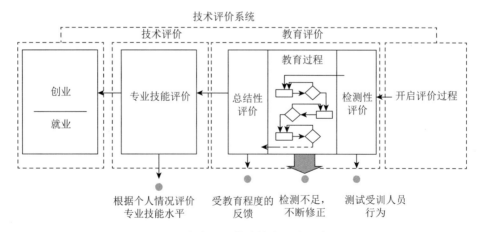

图4 伊朗职业教育技术评价系统

鉴于高技术人力资源在生产、制造和产品价值创造方面的重要作用，为促进技术培训质量并与国际技术标准接轨，伊朗技术与职业培训组织每年会负责组织国家级技能竞赛，由商业、培训企业提供经济和技术支持。这样，不仅可以促进社会、经济、文化和教育方面的进步，还可以了解和学习各技术领域的顶级水平。通过技能竞赛，职教组织与各教育机构、生产厂商间的合作变得更加密切，使职业教育与培训更加符合劳动力市场需求，同时也促进了伊朗职业教育在世界技能竞赛中的知名度。通常情况下，伊朗国家技能竞赛由 22 岁以下的年轻人参加，分为市、省、国家三级选拔，胜出者将参加训练营，代表伊朗参加国际比赛。下表为历史上国家技能竞赛情况，以及参加国际竞赛情况。在 2007 年的国际竞赛中，伊朗获得一枚铜牌（信息技术／硬件领域）和 3 枚奖牌（信息技术、图像设计等），在 46 个参赛国中排名第 21 位。（表 1、表 2）

表 1　伊朗技能竞赛参赛情况

年度	市级参赛人数	行业参赛数	国家赛参赛人数	男性参赛人数	女性参赛人数	各行业平均参赛数
2000	5162	35	369	111	258	10/54
2001	14599	52	598	184	414	11/5
2002	24154	54	816	234	585	15/11
2003	10700	20	345	36	309	17/25
2004	3800	20	411	58	353	20/55
2005	10500	20	413	53	360	20/65
2006	12131	23	481	68	413	20/91
2007	13443	25	551	102	449	22/04
2008	2228	26	495	95	400	19/04

资料来源：根据伊朗技术与职业教育官方网站：http://english.irantvto.ir.

表 2　伊朗参加世界技能大赛成绩

年度	主办国家	参赛国家数	参赛人数	参赛行业数	伊朗参赛数	成　　绩
2001	韩国	35	661	44	16	非常有益的经验，促进伊朗国家技能竞赛的开展
2003	瑞士	36	637	45	6	1个优胜奖（信息技术/硬件）
2005	芬兰	38	650	45	15	4个优胜奖（信息技术/软件、网页设计等）
2007	日本	46	812	47	15	1个铜奖（信息技术/软件）3个优胜奖（信息技术/硬件、数控加工等）
2009	加拿大	46	756	45	12	1个银奖（制冷）、5个优胜奖（信息技术/软件、网页设计等）

资料来源：根据伊朗技术与职业教育官方网站：http://english.irantvto.ir.

四、职业技术教育与培训的治理与教师 [①]

（一）治理

伊朗教育体制源于法国旧式的教育体系，属中央集权类型。[②] 伊朗教育实施分层、分类管理，其职业技术教育与培训的管理涉及多个部门，最高教育委员会是国家最高教育立法机构，负责非大学教育的法律和政策；教育部负责全国中小学管理和财政拨款；科学、研究和技术部（前文化和高等教育部）负责科技、艺术和科技高校；健康与医学部负责监管医学院校并组织医疗人员的培训；劳动和社会福利部负责职业教育非正式培训，具体由其下属技术与职业培训组织负责进行管理；此外，农业、石油、工业等部委也进行专业类高等教育的管理，经科学、研究和技术部许可授予学位。

伊朗要由教育部及劳动和社会福利部分别负责正规和非正规职业教育与培训的管理。

伊朗教育部实行垂直管理，主要通过省级教育部门和地区办事处履行其管理职责，省级教育部门负责人由教育部和各省长任命。省级教育部门的主要职责是：根据国家教育计划框架，监督教育项目的设计和实施；监督全省教师和行政人员培训；监管非公立学校，并提供必要的资助；制订可行方案，管理省及区县级以下地区教育委员；按照教育部批准的计划框架，根据各地区的特殊需要设计教育方案和课程。地区办事处负责人由省教育部门任命，在促进各级政府和非政府机构参与教育管理方面发挥重要作用。学校校长由地区办事处任命，负责学校所有教育、财务和行政活动，校理事会、教师委员会、学生会和家长-教师协会参与学校决策。

伊朗劳动和社会福利部的技术与职业培训组织（TVTO）由该部职业培训指导中心、学徒基金和学徒社会三个机构合并而成。根据伊朗有关法律和第3、第4个五年发展计划，职教组织主要负责短期的职教培训，也是非正规职教培训特殊委员会的领导机构，共16名委员，来自各个部门、组织以及雇主／雇员协会。职教组织中心办公室和各省分支机构包括：位于德黑兰的中央办公室、31个地方办公室、位于卡拉季（Karaj）的教师培训中心、702个（永久性的）培训中心、12304所私立学校。

技术与职业培训组织（TVTO）的职责和使命主要有8项，包括：编制职教发展计划；筹建和发展教育中心；依据国家和行业标准开发课程、教学资料；按照职业、技术模型保证体系内的所有教育机构遵照行业标准，如培训人员、空间、设备／设施等；为培训参与者提供教育、职业咨询；依照规则监管所负责的教育中心；组织、协调世界技能竞赛；在国家、职教组织的人力需求方面进行基本的、实质有效的探索和

---

① UNESCO International Bureau of Education. World Data on Education. VII Ed. 2010/11. [DB/OL].http://www.ibe.unesco.org/fileadmin/user_upload/Publications/WDE/2010/pdf-versions/Islamic_Republic_of_Iran.pdf. 2010-09-20.

② Aliakbar Behbahani. Technical and Vocational Education and the Structure of Education System in Iran. Procedia Social and Behavioral Sciences 5(2010). 1071-1075.

研究。

（二）教师

伊朗尊师重教，重视教师的培养和选拔，伊朗小学和初中教师需有副学士学位，由教师培训中心培养，学制 2 年；高中教师须有本科学位，并由大学或教师培训类大学负责培训；伊朗还有专门负责大学教师培训的大学：University of Tarbiat Modarres，该学校在伊朗教育部排名第二，开设有硕士、博士学位课程。教师培训只在公立高校进行。伊朗对教师要求高，除入职资格要求外，教师需通过面试和公开选拔。

伊朗 5 月 2 日为教师节，每年教师节，全国评选模范校长和教师，男女各 136 名，并在德黑兰举行特别仪式，政府领导向模范人物赠送礼物和感谢信。为了吸引最好的教学人员，使教师能够集中力量进行教育，教师薪酬与公职人员相同。教师薪酬根据 1990 年"国家雇员协调支付法"提供，并给予特别待遇，教师每四年晋升一档工资，另外，教师每年加薪一次，加薪标准根据教师绩效进行评估，为工资（不包括津贴）的 3% 至 5%。此外，教师还享有一定工资比例的教育津贴：小学 25%，初中和理论类高中 25%，职业院校 35%，教师培训中心 45%。

教师的假期与公职人员相同，其中包括周末、法定假日、年初假，以及带薪年假。教师并不像学生那样享受长假，但在学生长假期间，教师没有教学任务，通常要参加校外的培训。教师一周的工作量是 24—28 小时。

五、职业技术教育与培训的诉求与发展趋势

1979 年，伊朗爆发了伊斯兰革命，伊朗的世俗化受到了巨大冲击，伊朗建立起教法学家统治的政权，教权统治与民主政治相结合。伊朗教育实行"全面伊斯兰化"的宗教课程，伊斯兰教相关内容成为重要的教学内容，依据学生不同的年龄和性格来培养他们伊斯兰价值观以及相应的技能，以使学校教育为伊朗的民族发展奠定基础。据统计分析，小学 2 至 5 年级的教科书中，涉及伊斯兰信仰的占 40%[1]。

现代民族国家在形成与发展过程中，大都经历了教育世俗化，即教育的控制权由教会转向国家，并将宗教内容排除在公共教育之外。[2]职业技术教育与培训，以培训第一线的技术应用人才为目标，相比其他教育类型，目标更加清晰和明确，可进行更深刻的世俗化改革。

伊朗现任总统鲁哈尼（2013 年 8 月上任）推行温和务实的政策，并加大了对外开放的力度。伊朗的政治体制在稳定的前提下呈现出一定的活力和弹性。[3]伊朗职业教育应该以更加开放的姿态，加强国际交流与合作，引进国际相关通用标准，开发课程标准和培

① 白娴棠.神圣与世俗的融合：土耳其与伊朗中小学的宗教教育实施现状 [J].世界宗教文化.2016(5): 56–60.
② 同上。
③ 冀开运等.伊朗蓝皮书：伊朗发展报告（2015—2016）[M].社会科学文献出版社.

训体系，提升职业教育的现代化水平。

（深圳职业技术学院　技术与职业教育研究所　罗　欢

深圳职业技术学院　联合国教科文组织职业技术教育与培训联系中心　王冰峰）

主要参考文献

[1] 中华人民共和国外交部. 伊朗国家概况 [EB/OL].http://www.fmprc.gov.cn/web/gjhdq_676201/gj_676203/yz_676205/1206_677172/1206x0_677174/.2021–09–25.

[2] 付国凤. 伊朗教育的现代化历程 [J]. 赤峰学院学报 (汉文哲学社会科学版). 2012 (11) : 216–218.

[3] 白娴棠. 神圣与世俗的融合：土耳其与伊朗中小学的宗教教育实施现状 [J]. 世界宗教文化 . 2016 (5) : 56–60.

[4] 吴成. 职业技术教育在伊朗社会发展中的作用 [J]. 河南职业技术师范学院学报 (职业教育版). 2007 (2) : 75–77.

[5] 曾子达. 伊朗职业技术教育的改革与发展 [J]. 职教论坛 , 1995 (2) : 49–49.

[6] 吴成. 简论伊朗职业技术教育的"迁徙计划"[J]. 河南职业技术师范学院学报 (职业教育版), 2007 (4) : 71–73.

[7] UNESCO International Bureau of Education. World Data on Education. VII Ed. 2010/11.[DB/OL].http://www.ibe.unesco.org/fileadmin/user_upload/Publications/WDE/2010/pdf–versions/Islamic_Republic_of_Iran.pdf. 2010–09–20.

[8] 伊朗技术与职业教育组织官方网站 . http://english.irantvto.ir/. 2010–09–20.

[9] UNESCO International Bureau of Education. World Data on Education. VII Ed. 2010/11.

[10] Aliakbar Behbahani. Technical and Vocational Education and the Structure of Education System in Iran. Procedia Social and Behavioral Sciences 5 (2010). 1071–1075.

[11] 白娴棠. 神圣与世俗的融合：土耳其与伊朗中小学的宗教教育实施现状 [J]. 世界宗教文化 . 2016 (5) : 56–60.

[12] 冀开运等 . 伊朗蓝皮书：伊朗发展报告 (2015—2016) [M]. 社会科学文献出版社 .

以色列国

一、国家概况

（一）地理①

以色列国（The State of Israel），简称以色列。根据 1947 年联合国关于巴勒斯坦分治决议的规定，以色列国的面积为 1.52 万平方千米，目前以色列实际控制面积约 2.5 万平方千米，北部与黎巴嫩、东北部与叙利亚、东部与约旦、西南部与埃及接壤，西濒地中海，形状狭长。以色列有温带气候，也有热带气候，日照充足。主要有两个差别明显的季节：从 11 月至次年 5 月的多雨冬季，以及接着延续 6 个月的干燥夏季。以色列位于沙漠地带的边缘，为了解决各区域可利用水分布不均的状况，于 1964 年建成国家输水工程，通过由巨型泵、输水道、运河、水库、隧道、蓄水坝和抽水站组成的大动脉，把水从北部和中部地区一直送往南部的半干旱地带。

（二）人文②

截至 2020 年 10 月，以色列人口为 926 万，其中犹太人约占 74.4%，阿拉伯人约占 21%，其余为德鲁兹人等。犹太人多信奉犹太教，其余信奉伊斯兰教、基督教和其他宗教。以色列官方语言是希伯来语和阿拉伯语，通用英语。以色列犹太人远祖是古代闪族的支脉希伯来人，原居住于美索不达米亚平原，公元前 13 世纪末开始从埃及迁居巴勒斯坦地区。公元前 1000 年左右，建立以色列国。此后先后被亚述、巴比伦、波斯、古希腊和罗马帝国征服。公元 70 年被罗马人赶出巴勒斯坦地区，开始长达近 2000 年的流亡生活。19 世纪末，犹太复国主义运动兴起，犹太人开始大批移居巴勒斯坦。第一次世界大战结束后，英国对巴勒斯坦实行委任统治。1917 年，英国政府发表《贝尔福宣言》，表示赞成在巴勒斯坦为犹太人建立民族家园。1947 年 11 月 29 日，联合国大会通过决议，决定在巴勒斯坦地区分别建立阿拉伯国和犹太国。1948 年 5 月 14 日，以色列国正式成立。

以色列 90% 的人口生活在城市地区。由于预期寿命高，婴儿死亡率低，预计人口将

---

①②　主要参考：中华人民共和国外交部. 国家和组织.以色列 [EB/OL].http://www.fmprc.gov.cn/web/gjhdq_676201/gj_676203/yz_676203/gz_1206_677196/. 2021-07-28. 中国一带一路网.各国概况.以色列 [EB/OL] https://www.yidaiyilu.gov.cn/. [2021-09-28].

继续增长，人口老龄化现象严重。在行政方面，以色列和被占领土分为 7 个区，每个区（除耶路撒冷）由若干个分区组成。以色列国旗呈长方形，长与宽之比约为 3:2。旗地为白色，上下各有一条蓝色宽带。蓝白两色来自犹太教徒祈祷时用的披肩的颜色。白色旗面正中，是一个蓝色的六角星，这是古以色列国王大卫王之星，象征国家的权力。以色列国徽为长方形盾徽。蓝色盾面上有一个七杈烛台，据记载此烛台为耶路撒冷圣殿中点燃祭坛的物件。烛台两旁饰以橄榄枝，象征犹太人对和平的渴望。烛台下方用希伯来文写着"以色列国"。以色列国歌为《希望之歌》。

（三）经济[①]

以色列工业化程度较高，高附加值农业、生化、电子、军工等部门技术水平较高。以色列经济发展迅速，在许多方面位居发达经济体的行列，总体经济实力较强，竞争力居世界先列。以色列被认为拥有世界级的创新能力，拥有高度创新的商业部门和世界上最好的应用研究机构。2020 年，以色列国内生产总值 3854.5 亿美元，国内生产总值增长率 -2.4%，人均国内生产总值 4.57 万美元。截至 2021 年 6 月，以色列失业率为 4.8%。以色列主要发展能耗少、资金和技术密集型产业，注重对科技研发的投入，在电子技术、计算机软件、医疗设备、生物技术、信息和通信技术、钻石加工等领域，技术达到世界尖端水平。以色列农业发达，科技含量较高，其滴灌设备、新品种开发举世闻名。以色列国内市场相对狭小，经济对外依存度高，是世贸组织和经济合作与发展组织成员国，与美国、加拿大、土耳其、墨西哥及欧盟、欧洲自由贸易联盟、南方共同市场签有自由贸易协定。欧盟是以色列最大贸易伙伴，美国是最大单一贸易伙伴国。

在"一带一路"倡议下，以色列的创新技术能够更好地输出到有需求的国家和地区，为发展中国家在很多项目上提供帮助。中国和以色列已建立了政府间的合作平台，如"中以经济特别小组""创新合作联合委员会"等，这些平台连接了中以两国政府相关部门，包括医疗健康、农业、教育、科技等，为这些领域的创新提供了合作机会。目前，中国企业在以色列正在建设阿什杜德新港及特拉维夫第一条地铁线路——红线轻轨；上海国际港务集团获得了以色列北部海法港 25 年的运营权。以色列已经开始大量引进中国的机械设备，多家中国公司正在向以色列提供大巴汽车。

---

① 主要参考：中华人民共和国外交部．国家和组织．以色列 [EB/OL].http://www.fmprc.gov.cn/web/gihdq_676201/gj_676203/yz_676205/1206_677191[2021-09-20]; 中国一带一路网．各国概况．以色列 [EB/OL]. https://www.yidaiyilu.gov.cn/[2017-09-28]; 人民网．"一带一路"倡议惠及整个中东 [EB/OL]. http://world.people.com/[2021-09-28].

（四）教育[①]

教育是以色列的最宝贵遗产，教育投入长期保持在国内生产总值的 8.5% 左右。以色列最值得骄傲的大学有七所：耶路撒冷希伯来大学、特拉维夫大学、海法大学、以色列工程技术学院、魏茨曼科学研究院、巴伊兰大学和本·古里安大学。

以色列的科技研发主要是在七所大学、数十个政府和公共研究机构和数百个军用、民用企业里进行的。政府和公共机构是研究与开发经费的主要来源，为以色列半数以上的研发活动提供了财政资助。以色列书籍和期刊主要出自大学，涉及所有领域，其中科学出版物在世界出版物中约占 1%。以色列各大学把开展科学研究和推动技术创新结合在一起，并将成果及时付诸应用。大学教师中有很大比例以顾问身份为产业部门提供技术、行政、财务和经营管理方面的咨询服务。

以色列建国之前已经有一个能够完全运作的教育系统，由前犹太社区发展和维护，教学语言为希伯来语。建国之后，全国教育面临着整合大量移民儿童的巨大挑战，超过 70 个国家的儿童跟随父母返回家园。以色列教育从建国开始就是义务的、强制的，3—18 岁是义务教育阶段。[②]

按学制划分，以色列教育可分为四个主要阶段（或级别）：学前教育（3—6 岁），小学教育（6—12 岁），中等教育（初中 13—15 岁，高中 16—18 岁），大专及以上学历教育（18 岁以上）。大专教育涵盖非学历培训，注重实践，目的是使培训对象能够直接进入劳动力市场。大专院校颁发的资格证书有注册护士、公估人、工程师、技术员等等。高等教育包括高等教育委员会认可的本科生、研究生，其学术研究在大学、学术性学院和教育学院进行。重视劳动教育和职业教育也是以色列中小学教育制度的一大特点。学生从小学 1 年级就开始安排手工课，让孩子们从小学会动手，接受系统的劳动教育。到了小学高年级和初中，就要让学生们学习各种技术课程和家政课。[③]

以色列目前就业率最高的是商业服务业（14.6%），其次是制造业（14.2%）。有关按职业和教育年龄计算的就业人口数据显示，在商业服务部门雇用的雇员中，超过 73% 的人受过至少 13 年的教育，在建筑行业，大多数就业人员的教育年限最多为 11 至 12 年。30 岁以下的学生，只要他们获得预科证书即可以继续学习本科学位课程。那些在较高水平的技术教育（5 个学习单元）上学习的人，在大学入学时可以获得奖学金，这就增加了他们接受高等教育的机会。

以色列从小学到研究生的学校教育制度如表 1 所示。

---

① 主要参考：中国一带一路网.各国概况.以色列 [EB/OL].https://www.yidaiyilu.gov.cn/gbjg/gbgk/9975.htm, [2021-09-28]；在线教育数据库（classbase）.以色列国家教育体系（Education System in Israel）[EB/OL]. https://www.classbase.com/Countries/Israel/Education-System2017-09-28.

② 〔以〕米希尔·葛兰.以列列教育体制：现状与挑战 [J].郭潇莹等译.世界教育信息，2015(2)11-15.

③ 李玉芳.以色列中小学教育制度及启示 [J].教育理论与实践.2008(3)21-23.

表1　以色列国家学制

教育	校级	年级	年龄	年限	备　　注
初等	小学	1—6	6—12	6	入学年龄从5岁到16岁不等，18岁以后免费
中等	初中	1—9	12—15	3	
中等	高中	10—12	15—18	3	学术高中、职业高中、综合高中。职业高中设备精良，是国家工业实力的基础之一。要么为学生提供实用技能，要么提供技术上的高等教育基础，例如工程和科学。
高等	本科生教育			3	学士学位（最低学习年限3年）。需要获得全预科证书（以色列高考）并通过心理测量学的入学测试，多类似于美国的SAT。学生通常从第一学期开始就专注于他们的专业领域。
高等	硕士研究生教育			2	硕士学位。许多大学为获得硕士学位提供了两个方案：一是要求写硕士论文，并要求学生在本系攻读博士学位；二是无须论文，这是为那些不打算攻读博士学位的学生设计的。
高等	博士研究生教育			4	博士学位。通常要求硕士学位的平均成绩至少达到80分，毕业论文的分数为85或更高。完成博士学位课程通常需要4年或更长时间。

资料来源：https://www.classbase.com/Countries/Israel/Education-System

二、职业技术教育与培训的战略与法规

（一）战略[①]

以色列把职业技术教育作为一个人通往美好未来的关键之一。政府部门正在采取行动，使学校和成人培训课程适应工业需要，通过为各个层次（特别是弱势群体，重点是妇女、极端正统派和阿拉伯人）提供职业基本技能和知识的教育与培训，使人们学会更好地照顾自己、尊重世界，智慧地利用资源。

在以色列，职业技术教育与培训包括两个不同的路线，即两个负责职业技术教育与培训的官方机构，一个是教育部，另一个是工贸与劳动部。教育部的战略目标是：增加接受职业技术教育与培训的学生人数，提高科技领域所有学生的知识技能；做好基础设施的准备，提高职业技术教育与培训水平，满足学习者的学位要求；将职业技术教育与培训与国际标准相适应，加强环境保护和绿色能源的内容；通过职业技术教育与培训促进青年人和极端人群的危机应对能力。工贸与劳动部的战略目标是：改变因技能人才短缺而造成的工业经济障碍；消除因专业工人基本技能匮乏而造成的诸多问题；通过就业

① 主要参考：MASHAV International Educational Training Center (METC) [EB/OL]. http://www.mashav.mfa.gov.il/MFA/mashav/Courses/Documents/(2016-06-10)[2017-9-28].NALYTICAL FRAMEWORK FOR REVIEWS OF VOCATIONAL EDUCATION AND TRAINING SYSTEMS AND POLICIES IN ISRAEL. [EB/OL]. http://www.etf.europa.eu/webatt.nsf/0/(2012-09)[2017-9-28].

培训，改善弱势人群的不利状况；设置和调整专业培训标准；对培训课程、职业资格和职业晋升制度提供计划和组织监督以及教学支持；根据行业（如替代能源、水和环境、塑料、木材、金属等）的需求开展专题培训；与雇主合作开发新课程以及更新现有课程；建立一个获得实践经验的高级工作坊系统；改变职业教育形象；根据相关国际协议，与学徒咨询委员会、教育部、学术界和工业界代表一起，积极更新国家职业资格规模。

（二）法规

以色列没有成文的宪法。根据规定，以色列议会制定的若干个基本法，合起来构成国家的宪法。这些年来，以色列议会共制定了 13 部基本法，即《议会法》（1958）、《国家土地法》（1960）、《总统法》（1964）、《政府法》（1968）、《国家经济法》（1975）、《国防军法》（1976）、《首都耶路撒冷法》（1980）、《审判法》（1984）、《国家监察长法》（1988）、《职业自由法》（1992）、《人的尊严和自由法》（1992）、《直接选举总理法》（1992）和《立法程序法》（1993）。这些基本法律，明确了以色列政体中立法机构、行政机构和司法机构的关系和权限，规范着各个国家机关的活动。[1]

1948 年以色列教育部起草了《义务教育法》，该法律于 1949 年颁布，用法律把教育的重要地位固定下来。《义务教育法》规定，以色列所有 5—14 岁（到 2001 年修正为 3—18 岁）的儿童都必须接受免费的义务教育，父母可以在世俗学校和宗教学校之间为其子女做出选择。[2] 1953 年，以色列又颁布了《国家教育法》，提出"以色列教育的目的，一方面是让学生学习知识和技能，以适应国家发展的需要；另一方面是促进来自世界不同地区的犹太人之间的融合，消除他们之间的文化差异，以形成一种新的犹太国民文化"。1958 年颁布《高等教育理事会法》，该法确定"高等教育包括教学、科学与研究"，"高等教育理事会成员由国家总统任命"。1968 年，以色列对全国教育体制进行过一次较大的改革，这次改革包括修改《义务教育法》，把义务教育从原来的小学和初中扩大到高中。1969 年，以色列颁布了《学校审查法》，规定了学校的开办和运营、学校工作者的录用以及各类指导等。1988 年通过的《特殊教育法》，为残疾、低能儿童接受教育提供了保障。[3] 接受特殊教育的人，其义务教育的年龄段是 3—21 岁。[4]

以色列特别强调教育与社会生产相结合，学生在中学毕业时，已获得了基本的劳动知识，掌握了基本的劳动技能技巧，形成了一定的劳动素养，有的还有了一技之长。以色列针对职业技术教育与培训制定了《职业培训法》，该法对各类不同求职者规定了不同的培训办法，如对义务教育中不能正常完成学业的、年满 11—14 岁的青少年实行每周三天上学，三天到工厂实习培训的制度。这部分人约占以色列初中生的 10% 左右。对

---

① 以色列议会的立法工作及其程序 [EB/OL]. http://www.jsrd.gov.cn/rmyql/(2005–09–10)[2017–09–19].

② 人民网 . 学术气氛宽松人才流动自由，给学者最高地位 [EB/OL].http://www.people.com.cn/(2004–01–12)[2017–09–19].

③ 杨春霞 . 以色列"教育立国"之路为何走得如此坚定 [J]. 外国教育研究 , 2002(8).

④ 李玉芳 . 以色列中小学教育制度及启示 [J]. 教育理论与实践 . 2008(3)21–23.

他们的这种培训，教育部不再负责，而是直接由劳工部人力资源发展局进行管理，其学制为四年，所需经费大多由国家投入，少量由企业投资。对成年人，尤其是失业工人、新移民和退役军人和部分在职工人，则实行免费培训。以色列劳工部人力资源发展局是以色列专门从事职业培训的机构。该局下设教材开发编辑部、计划组织部、成人培训部、技术培训研究所等4个部门，并在地方设有4个分支机构和一个全国性的职业培训中心，由局长直接领导。在以色列，从普通劳动者至大学毕业生，甚至按国家法规退役的军人，就业完全是通过劳动力市场来实现的，政府只是利用法律、法规和建立相应的服务机构来促进充分就业。除了政府的作用外，社会各方面都十分重视职业培训工作。如以色列的工会组织、雇主组织以及各种大小企业都建有自己的各类职业培训中心。此外，在政府的鼓励下，以色列还建有许多专业性和私营职业培训中心。目前，在以色列已基本形成了一个不同层次、不同门类、专业和技能较为齐全的职业培训网络。[①]

三、职业技术教育与培训的体系与质量保障

（一）体系

以色列职业技术教育与培训体系的建立，起始于以色列建国之初的技术性职业培训，当时亟需技术性人才，全国青年人当中的十分之一都参加了相关培训。1951年，这一数据上升到五分之一。1953年，以色列职业教育与培训的管理体系形成了教育部和工贸与劳动部两条线，教育部负责职业学校教育部分，工贸与劳动部接管职业技术培训部分。1958年，以色列议会通过法案正式确立了职业技术教育体系，该体系包含了小学的手艺课程、初中的技术工艺课程和高中的工艺和技术教育课程，当然也包含了大量的非学校系统的技术培训和继续教育课程。时任教育部长依盖尔·阿龙指出，要把职业技术教育与培训作为提高以色列生产力的重要推动力。20世纪70年代后期，根据时代发展需要和市场发展需求，以色列职业技术教育与培训体系的结构和目标向大众化方向做了调整，即建立"使每个学生都进入学校完成12年级学习的职业体系"，以提供更广泛的大众教育，职业技术教育与培训体系自此得以完善。[②]

由于有完善的职业技术教育与培训体系，以色列90%以上的青年人至少有高中学历，其中有60%继续接受一般学术高中教育，大约40%的人接受技术和职业教育（其中有三分之一的人选择学习技术教育课程）。以色列从幼儿园到中学（义务教育），一直有科技教育的内容（见图1）。学校提供课程，学生根据自己的愿望和态度做出选择。以色列拥有世界上最大的科技教育研发与培训中心之一，该中心的一个重要内容是专门为世界

① 国外职业技能培训的基本情况 [EB/OL]. http://www.wxphp.com/wxd_1vgwt0mzv24vbt01g9ph_12.html.[2017–09–15]

② 本段内容参考了百度学术的相关英文资料 (Nirit Raichel, Between the dream and the reality: vocational education in Israel.1948–92[EB/OL].http://xueshu.baidu.com/s?wd=paperuri) 和郭晓明的相关文章（理想与现实的冲突——以色列职业教育发展史 [J]. 高等职业教育探索 ,2005(12)）。

级教育项目提供方案，包括机器人、纳米技术、生物医学工程、脑科学、航空技术等创新课程。多年来，以色列在美国、俄罗斯、非洲和欧洲在内的世界各地建立了创新教育解决方案和领先项目。①

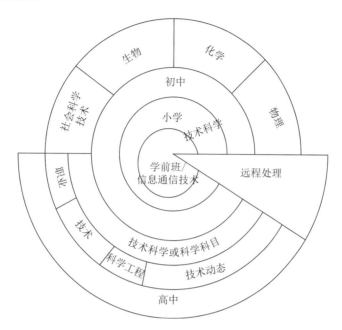

图1 按年龄层次划分的科技教育体系

资料来源：Serbia – National Torino Process Report for 2012：ANALYTICAL FRAMEWORK FOR REVIEWS OF VOCATIONAL EDUCATION AND TRAINING SYSTEMS AND POLICIES IN ISRAEL.

（二）保障

1.职业资格证书②

在以色列，由工贸与劳动部负责青少年及成人的专业认证培训并颁发证书。以色列职业技能证书涉及20个主要职业和大约25个培训类型，有400多个资格证书。20个主要职业分支是：制图、建筑、计算机、运输、印刷、摄影、媒体制作、美容护理、救生、行政、保姆、水和能源、机械、汽车电子、酒店业、电子通信、时装设计与制作、木工技术与和家具、辅助医疗、编写程序。主要的培训类型有：基本培训或初步培训、升级培训、高级研修培训、学术进修和失业人员再培训、针对不同人口和区域的专门培训、培训课程和专门支持培训、自我认证培训。以色列针对以下人群实施专门的培训计划：失业人群、领取福利人群、犹太教极端正统派、少数民族、单亲家庭、新移民、囚犯、残疾人等。

---

① NALYTICAL FRAMEWORK FOR REVIEWS OF VOCATIONAL EDUCATION AND TRAINING SYSTEMS AND POLICIES IN ISRAEL.[EB/OL]. http://www.etf.europa.eu/webatt.nsf/(2012–09).

② Emile Melloul. Vocational Training in Israel [EB/OL]. http://isfoloa.isfol.it/bitstream/handle/123456789/(2012–03).

以色列的职业资格培训分为基础培训和升等培训两类，从认证程序上来看，基础培训的认证包括：学校或培训机构准备申请资料、开设培训课程、进行内部考试和外部考试（理论和实操）、其他条件审核；升等培训的认证包括：相关的专业经验、相关证书、课程考试、外部考试（理论和实操）、其他条件审核。认证条件符合，即颁发国家职业资格证书。从 2010 年以色列培训机构的培训数据（表2）看出，以色列私营培训机构是培训的主要力量，参加人数最多；在经费预算方面，学徒培训花费最多。

表2　以色列职业培训机构培训数据

培训类别和培训机构	经费（千·新谢克尔）	参加人数（人）
学徒培训	340000	
实用工程和技术人员培训	167445	22326
政府培训中心	24296	3037
对外培训中心	51320	6415
私营培训中心	0	63067

资料来源：Emile Melloul. Vocational Training in Israel [EB/OL] http://isfoloa.isfolit/bitstream/123456789/ (2012–03).

2. 质量保障

无论是政府教育机构还是私立培训机构，任何一个职业技术教育与培训机构都要对自己所提供的培训质量负责。所谓"质量"，即是在职业技术教育和培训机构接受教育的学生，有能力在市场中获得就业机会并可持续发展。以色列教育部在全国各地区均设有职业教育工作项目，由学校负责实施，教育部检查每一个项目的落实情况，并通过各个职业指导委员会与制造业协会建立就业方面的联系。工贸与劳动部的职业培训和人力资源开发高级事务局负责对全国培训机构的质量进行监督，确保培训能够按计划执行。[1] 私营职业教育培训机构与地方政府相关部门进行合作，这些机构的培训质量当然也受地方政府的监督。例如，以色列的最早的私营职业训练组织 ORT（Organization for Professional Work Training）是与世界商业化专业工作协会合作的，主要是帮助犹太人获得从业需要的基本技能。最早培训医疗技术、机械操作、电器维修、护理、理发、制衣等等。从 1985 年开始，ORT 在以色列开展大学层次的职业教育，内容涉及高科技、工艺技术、各种工业设计，以及各种分类管理的岗位培训等。这些培训项目有的来自劳动部、国防部、教育部，有的来自地方经济局、保险局等等。政府对委托项目进行过程监督和结果验收。[2]

---

① Pauline Musset, Małgorzata Kuczera and Simon Field. A Skills beyond School Review of Israel[M]. OECD Publishing.2004:60.

② 陈腾华. 为了一个民族的中兴：以色列教育概览 [M]. 华东师范大学出版社,2005:222–224.

由于管理严格、质量有保障，所以在以色列取得国家职业资格证书并不容易，所有参加培训的申请人必须经过严格考核和审批。如果是雇主提出的职业资格证书申请，需要由工贸与劳动部职业培训和人力资源开发高级事务局审核后，再由政府、工会和雇主三方组成专门的委员会进行审核。如果是个人失业培训，获取职业资格证书需要首先向私营培训中心或地区就业服务局申请。

四、职业技术教育与培训的治理与教师

（一）治理 [①]

1. 体系的治理

在以色列，职业技术教育与培训体系的管理是分散的，教育部门和经济部门分别出资、管理和维护着两类不同的职业教育（技术教育和职业培训）。职业技术教育与培训的这两类管理体系属于没有层次关系的两个并行系统，没有一套正式机制来协调两个部门的工作。教育部和工贸与劳动部两个系统通过自己的地区办事处开展业务。教育部科技司管理的科技教育，着重发展学生的理论知识以及未来就业的专业能力、主动性和灵活性。隶属于工贸与劳动部的职业培训和人力资源开发高级事务局负责其他职业技术教育与培训内容，主要是随各专业技术发展而更新成人的知识和能力，满足就业需要的培训和"充电培训"。工贸与劳动部的职业培训通过日间课程（资格认证学习）、晚间课程（主要在商业相关学科）完成，一般是在工作场所进行培训，一个是为失业者安排的工厂学习，一个是为在职员工安排的培训，培训内容围绕就业市场需要，如焊接、各种类型的机械加工和木材行业等等。

以色列职业技术教育与培训管理的另外一个特色是网络化经营管理，全国40%的职业院校由最大的网络管理计划统一管理，该计划对职业教育进行改革，也对课程教学、教师培训、资金使用等进行安排。阿迈勒教育网是以色列一个领先的学校网络，也是一个创新创业的公司，专注于创新思维和创新技能训练。进入该网络运行的机构由教育部和工贸与劳动部监督。

地方政府也在职业教育组织中发挥着重要作用，他们收集有关劳动力市场的数据，管理隶属于教育部的学校，并承担一些资金责任。在以色列，中学后的非学术文凭学习（成人培训，18岁以上）受到政府的鼓励，直接融入劳动力市场，这些机构隶属于工贸与劳动部管理。成人培训包括五个路径：学术专业再培训，成人继续教育，工业项目培训，妇女支持计划和发展工作技能。这些培训的大部分经费纳入政府专门预算。

作为雇主，以色列制造业协会在职业技术教育与培训中也发挥着积极和创新的作用。

---

① NALYTICAL FRAMEWORK FOR REVIEWS OF VOCATIONAL EDUCATION AND TRAINING SYSTEMS AND POLICIES IN ISRAEL. [EB/OL]. http://www.etf.europa.eu/webatt.nsf/0/8F8BA9A9645042F9C1257B5C00295AE0/$file/TRP%202012%20Israel_EN.pdf(2012-09)[2017-09-15].

制造业协会成立于1921年，是被政府认可的以色列经济中所有工业部门的唯一代表机构，其目的是促进决策者和协会成员之间的联系。它是职业技术教育与培训政策制定、实施和改革的重要参与者。近年来，制造业协会一直积极参与广泛的长、中、短期的项目和活动，更结合市场重大变化趋势，提供新职业的新课程以及有吸引力的项目给青年人，以扩大职业教育学生规模。

2. 经费的管理[①]

以色列职业技术教育始终存在经费预算不足、教育部门和企业行业合作不尽如人意，以及专任教师缺乏等诸多问题。虽然以色列教育经费投入很大，仅次于军费，但是在职业技术教育投入上相对较弱。职业技术教育经费有三个主要来源：国家层面，地方政府，职业教育网络供应商。根据经费预算方案，教育部或工贸与劳动部向不同地方和学校分配资金，对于那些必须为基础设施和设备提供经费的地方政府，可以申请增加国家拨款。教育部和工贸与劳动部都使用类似的公式分配经费给职业技术教育提供者，但是各部管理自己的预算。工贸与劳动部目前采用管理方式之一，是给就业服务机构提供培训券，培训券的价值是课程成本的80%，该款项分三次支付，一是在学生注册时，二是在学生完成课程时，三是学生完成了三个月的工作安排后（其目的是为了鼓励学生积极融入工作）。因此，有些经费支付给了希望雇用少量工人的小型公司。

总体来说，国家层面的职业技术教育经费是逐年增加的。比如科技部科技管理局的经费预算，2011年为2.5亿新谢克尔，现在已经增加到4亿新谢克尔；工贸与劳动部2010年经费预算为6亿新谢克尔，2011年是6.01亿新谢克尔，2012年为6.05亿新谢克尔。这些经费主要用于职业技术教育基础设施设备以及学校和公共培训机构的公共投资。一般来说，国家和地方政府经费通过人均预算方式分配给职业技术教育提供者，职业技术教育提供者通过人均预算法，根据提供项目的不同种类估计成本，每个学生的预算根据指定课程的课程费率计算。每个学校或每个培训班的经费预算是由学生人数乘以每名学生的预算来确定的。此外，对于符合条件的特殊项目，比如培训受福利保障人群、阿拉伯人（尤其是女性）和极端正统派，则额外分配资金。

职业教育网络供应商和大型雇主具有独立的经费来源，他们可以通过多种方式直接向学校提供资金，比如让学校在他们的场所培训他们所需要的人才。工贸与劳动部主要负责职业培训，包括学徒制培训，它的经费使用与培训规定以及劳动力市场就业紧密相关。另外，以色列整个教育系统的经费融资约有20%来自家庭，但是家庭付费主要在普通高等教育领域，对于职业技术教育的付费是比较少的。

---

① MAPPING VOCATIONAL EDUCATION AND TRAINING GOVERNANCE IN ISRAEL. [EB/OL]. http://www.etf.europa.eu/webatt.nsf/0/D8E3540B1A709147C1257DC80032DE24. (2015-10-15).

（二）教师[①]

以色列教育部要求职业技术教育教师有学历证书、教师资格证和教学证书，并且积极参加进一步培训和知识更新。例如工程师从事职业技术教育教学工作，必须获得教育部颁发职业技术教育科目的许可证。但是，由于技术教育课程的教师不足，职业技术教育师资老龄化严重，所以持有工程文凭的实习生在实际工作中也是被接受的。

教育部正在为技术教育教师提供一系列专业发展课程，包括教师指导、创新促进计划、专业更新等等。教育部还为来自企业界的教师提供了个人发展计划，由教育部科技司具体领导和组织。工贸与劳动部也负责对职业技术教育师资的专业发展进行培训，工贸与劳动部分别在卡米尔、阿什凯隆、耶路撒冷和塔姆拉有四个培训中心。

职业技术教育的师资培训包括讲座和实践经验两部分，为教师提供理论知识和教学能力。培训鼓励广泛的对话和分析决策的过程，使参加者了解新的概念、方法和工具，分享和交流经验，适应基于新技术的教学环境，使学员最大限度地提高学习效果。课程包括职业教育技术教学策略、国家的社会经济现实、探讨不同地区不同课程模式、促进学校的专业课程、从简单材料到先进仪器的使用等等。

教育部开发了独特的综合考虑教育学和创造性方面的整体方法，使参与者能够实际地使用理论。这种方法包括首席专家讲座和讨论、车间实践、书面材料、专业访问、小组讨论、团体竞赛、在不同机构和教学资源中心进行游学等等。职业技术教育的师资培训必须接触以色列工业的工作流程和各学科领域最先进的技术，目的是使教师了解专业领域的先进技术，深化教育的创新能力，减少现在的课程教学和未来行业需求之间的差距。比如，很多教学活动都是在工业厂房进行的，讲师是行业专家、技术工程师，这类课程涵盖120小时再加上工厂专业人员40余小时的项目指导，共15次活动。

五、职业技术教育与培训的诉求与发展趋势

据以色列中央统计局的数据，按现在价格计算，2016年以色列国内生产总值（GDP）为12227.83亿新谢克尔，GDP同比增长4.0%，明显高于2014年、2015年的2.6%和2.5%的增长率。以色列的经济成绩单之所以表现不俗，其中一个重要原因是，高科技产业作为以色列经济增长的主要动力，其表现在2016年继续强劲。[②]与此相应，以色列对于创新型高技能人才的需求持续上升。

2016年9月底，以色列教育部发布《2017—2022年高等教育发展规划》，提出要大

[①] 主要参考：MAPPING VOCATIONAL EDUCATION AND TRAINING GOVERNANCE IN ISRAEL. [EB/OL]. http://www.etf.europa.eu/webatt.nsf/0/D8E3540B1A709147C1257DC80032DE24/.2015–10–15; NALYTICAL FRAMEWORK FOR REVIEWS OF VOCATIONAL EDUCATION AND TRAINING SYSTEMS AND POLICIES IN ISRAEL.[EB/OL]. http://www.etf.europa.eu/webatt.nsf/0f. 2012–09.

[②] 莫莉.以色列经济持续增长"创新国度"活力依旧.金融时报 – 中国金融新闻网 [EB/OL]. http://www.financialnews.com.cn/. 2017–09–14, 09:4.

幅度增加高等教育教学和科研投入，进一步提升人才培养和科研创新竞争实力，而且要加大高水平技术技能人才的培养力度。特别强调，高等教育要"服务经济发展和就业市场需求，扩大工程技术和计算机科学专业的师生规模。增加14亿新谢克尔，其中至少50%用于鼓励更多学生选择学习电子工程、软件工程、计算机科学与信息系统学科"[①]。由此可见，以色列职业技术教育与培训的层次和水平都必须提高，培养满足新经济需要的技术人才。

但是，以色列职业技术教育与培训目前仍然存在以下问题：职业技术教育与培训在以色列仍然被认为是理论课程弱的学生学习的，所以地位比较低；父母通常不鼓励子女学习职业教育；职业技术教育与培训课程的学习时间长（每周40—50小时）；高质量的教学力量严重短缺，学校有时不开设新课程，这一问题较为普遍；在技术和职业教育中没有教师培训框架体系；职业技术教育与培训的公众营销和宣传不足；没有预测职业教育未来需要的有效机制；有些培训场所不符合基本职业培训标准；职业教育和工业变化的互动性不够，行业参与职业教育不充分；职业技术教育与培训缺乏完善的立法支持。

这是科学技术决定未来的时代，也是职业更新极快的时代，更多的学生将选择接受职业技术教育，而就业机会和高工资也将因职业技术教育获得更多更好的机会。职业技术教育为特殊群体，特别是阿拉伯人和极端正统犹太人提供了流动和融入的机会。为了改变职业技术教育与培训的不利状况，以色列管理职业教育系统的各部委顺应当前和未来经济需要，积极采取多种措施，加大职业教育规模并提升质量。以色列职业技术教育与培训将在以下方面获得持续改进：建立改善各部（特别是教育部和工贸与劳动部两个系统）之间的联络和协调机制，以便于有效安排课程、考试和检查效果，提高职业教育经费使用效率；把职业技术教育与培训作为优先事项，通过设立一个协调理事会或委员会来改善主要利益相关者之间的协调关系，重点是消除影响青年人、妇女和少数群体的不平等和不利因素；职业教育与行业企业的对话及伙伴关系更加正式和系统化；制造商协会和工会联盟应该加强其能力，帮助满足当地劳动力市场技能需求，并支持弱势群体的就业能力；迫切采取行动，缓解教师短缺问题并改善师资管理制度，适应迅速变化的教育教学环境所需要的专业技能；建立劳动力市场需求分析和改进职业教育的信息系统，扩大预测范围和提高预测的准确性；在职业教育现象宣传、师资培训和建立严格的职业培训标准以及完善立法等方面，各利益相关方之间加强联系和沟通，积极建立相互合作的机制。比如，在军事和经济需求量大的职业上提供良好的就业前景，吸引更多能力较强的学生入读。但是，提升职业技术教育与培训质量是一项长期工作，未来任重而道远。

（深圳职业技术学院　技术与职业教育研究所　徐平利）

---

① 姜言东.以色列制定高等教育未来5年发展规划.以色列时报[EB/OL].http://mp.weixin.qq.com/.2016-10-14.

主要参考文献

[1] 中华人民共和国外交部. 国家和组织 [EB/OL].http://www.fmprc.gov.cn/web/gjhdq_676201/gj_676203/yz_676203/gz_1206_677196/. 2021-07-28.

[2] 中国一带一路网. 各国概况. 以色列 [EB/OL] https://www.yidaiyilu.gov.cn/. [2021-09-28].

[3] 人民网. "一带一路"倡议惠及整个中东 [EB/OL].http://world.people.com.cn/ [2017-09-28].

[4] 人民网. 学术气氛宽松人才流动自由, 给学者最高地位 [EB/OL].http://www.people.com.cn (2004-01-12) [2017-09-28].

[5] 以色列议会的立法工作及其程序 [EB/OL]. http://www.jsrd.gov.cn/rmyql/ (2005-09-10) [2017-09-28].

[6] 在线教育数据库 (classbase). 以色列国家教育体系 (Education System in Israel) [EB/OL]. https://www.classbase.com/Countries/Israel/Education-System [2017-09-28].

[7] 杨春霞. 以色列"教育立国"之路为何走得如此坚定 [J]. 外国教育研究.2002 (8).

[8] 国外职业技能培训的基本情况 [EB/OL]. http://www.wxphp.com/wxd_1vgwt (2011-12-1) [2017-09-28].

[9] 郭晓明. 理想与现实的冲突——以色列职业教育发展史 [J]. 高等职业教育探索.2005 (12).

[10] NALYTICAL FRAMEWORK FOR REVIEWS OF VOCATIONAL EDUCATION AND TRAINING SYSTEMS AND POLICIES IN ISRAEL [EB/OL]. http://www.etf.europa.eu/webatt.nsf/0/ (2012-09) [2017-09-28].

[11] Emile MELLOUL. Vocational Training in Israel [EB/OL]. http://isfoloa.isfol.it/2012-03 [2017-09-28].

[12] 陈腾华. 为了一个民族的中兴: 以色列教育概览 [M]. 华东师范大学出版社,2005: 222-224.

[13] Pauline Musset, Małgorzata Kuczera and Simon Field. A Skills beyond School Review of Israel [M]. OECD Publishing. (2004-06) [2017-09-28].

[14]〔以〕米希尔·葛兰. 以以列教育体制: 现状与挑战 [J]. 郭潇莹等译. 世界教育信息,2015(2)11-15.

[15] MAPPING VOCATIONAL EDUCATION AND TRAINING GOVERNANCE IN ISRAEL. 以色列职业教育与培训管理地图 [EB/OL]. http://www.etf.europa.eu/webatt.nsf/ (2015-10-15) [2017-09-28].

[16] 莫莉. 以色列经济持续增长"创新国度"活力依旧. 金融时报 – 中国金融新闻网 [EB/OL]. http://www.financialnews.com.cn/.(2017-09-14, 09:4) [2017-09-28].

[17] 姜言东. 以色列制定高等教育未来 5 年发展规划. 以色列时报 [EB/OL]. http://mp.weixin.qq.com/. (2016-10-14) [2017-09-28].

印度共和国

一、国家概况

（一）地理

印度共和国（Republic of India），简称印度，是南亚次大陆最大国家。印度东临孟加拉湾，东北部同中国、尼泊尔、不丹接壤，孟加拉国夹在印度东北国土之间，其东部领土与缅甸为邻，东南部与斯里兰卡隔海相望，西濒阿拉伯海，西北部与巴基斯坦交界。印度领土面积大约 298 万平方千米，不包括中印边境印占区和克什米尔印度实际控制区等，居世界第 7 位。印度行政区划包括 27 个邦（省）一级行政区域、6 个联邦属地和 1 个国家首都辖区。每一个邦都有各自的民选政府，而联邦属地及国家首都辖区则由联合政府指派政务官管理。[①] 印度海岸线长 5560 千米，森林 67.83 万平方千米，覆盖率为 20.64%。大体属热带季风气候，一年分为凉季（10 月至翌年 3 月）、暑季（4 月至 6 月）和雨季（7 月至 9 月）三季。[②]

（二）人文

印度是世界四大文明古国之一。公元前 2500 年至前 1500 年之间创造了印度河文明。公元前 4 世纪崛起的孔雀王朝统一印度，公元前 3 世纪阿育王统治时期达到鼎盛，把佛教定为国教。公元 4 世纪笈多王朝建立，形成中央集权大国，1526 年建立莫卧儿帝国，成为当时世界强国之一。1600 年英国开始入侵印度。1757 年印度沦为英殖民地，1849年全境被英占领。1947 年 6 月，英国通过"蒙巴顿方案"，将印度分为印度和巴基斯坦两个自治领。同年 8 月 15 日，印度独立。1950 年 1 月 26 日，印度宪法正式生效，印度成立共和国，同时仍为英联邦成员。[③]

2014 年 4 月 7 日至 5 月 12 日，印度举行第 16 届人民院选举，印度人民党赢得人民院过半数席位，成为第一大党，在中央单独执政，纳伦德拉·莫迪出任总理。以总理为

---

① 中华人民共和国外交部.印度国家概况 [EB/OL].http://www.fmprc.gov.cn/web/gjhdq_676201/gj_676203/yz_676205/1206_677220/1206x0_677222/.2021–2.

② 中国一带一路网.印度 [EB/OL]. https://www.yidaiyilu.gov.cn/gbjg/gbgk/11111.htm.2017-9-15.

③ 中华人民共和国外交部.印度国家概况 [EB/OL].http://www.fmprc.gov.cn/web/gjhdq_676201/gj_676203/yz_676205/1206_677220/1206x0_677222/.2021–2.

首的部长会议是最高行政机关。总理由总统任命人民院多数党的议会党团领袖担任，部长会议还包括内阁部长、国务部长。总理和内阁部长组成的内阁是最高决策机构。2019年4月11日至5月19日，印度举行第17届人民院选举，印人党领导全国民主联盟赢得过半数席位，莫迪总理成功连任。

印度全国人口13.24亿，居世界第2位。印度有100多个民族，其中印度斯坦族约占总人口的46.3%，其他较大的民族包括马拉提族、孟加拉族、比哈尔族、泰固族、泰米尔族等。世界各大宗教在印度都有信徒，其中印度教教徒和穆斯林分别占总人口的80.5%和13.4%。首都设在新德里，官方语言为印地语和英语，货币为卢比。①

（三）经济

印度拥有世界1/10的可耕地，面积约1.6亿公顷，人均0.17公顷，是世界上最大的粮食生产国之一。独立后经济有较大发展，农业由严重缺粮到基本自给。印度工业已形成较为完整的体系，自给能力较强。20世纪90年代以来，服务业发展迅速，占GDP比重逐年上升，2016年服务业对国民总增加值的贡献率为66.1%，成为印度创造就业、创汇和吸引外资的主要部门。印度也是全球软件、金融等服务业重要出口国。2006年，推出"十一五"计划（2007—2012），提出保持国民经济10%的高速增长，创造7000万个就业机会，将贫困人口减少10%，大力发展教育、卫生等公共事业，继续加快基础设施建设，加大环保力度。世界银行预测印度有望超过中国成为增长最快的主要经济体。印度资源丰富，有矿藏近100种。云母产量世界第一，煤和重晶石产量居世界第三。主要工业包括纺织、食品加工、化工、制药、钢铁、水泥、采矿、石油和机械等。汽车、电子产品制造、航空和空间等新兴工业近年来发展迅速。农村人口占总人口72%。由于投资乏力、化肥使用不合理等因素，近年来农业发展缓慢。

（四）教育

印度独立为其教育的发展创造了客观条件。为使教育适应印度国民经济发展需求，印度政府对整个教育体系进行了反思与改革，具体表现在两个方面：一是对学制进行了调整与变革，积极探索适应独立后新发展形势的学制，如当前实行的12年一贯制中小学教育，如下图1所示。

其中，高等教育调整为8年，包括3年学士课程、2年硕士课程和3年博士课程。还包括各类职业技术教育、成人教育等非正规教育。二是致力于对个阶段的教育内容进行改革，这种教育领域中整体与部分相结合的改革为以后印度教育的发展奠定了制度上的基础。当前，印度共有高等院校31868所，其中综合性大学544所，著名的包括德里大学、尼赫鲁大学、加尔各答大学等。② 在此过程中，社会经济发展对高素质技能型人才

---

① 中国一带一路网. 印度 [EB/OL].https://www.yidaiyilu.gov.cn/gbjg/gbgk/11111.htm.2017-9-15.

② 中华人民共和国外交部. 印度 [EB/OL].http://www.fmprc.gov.cn/web/gjhdq_676201/gj_676203/yz_676205/1206_677220/1206x0_677222/.2017-9-15.

的需求不断加大，为印度高等技术教育提供了巨大的发展潜力。高等技术教育数量和规模增加的同时，打破了文法类普通高等学校"一统天下"的格局，使得高等技术教育的内部结构日趋合理。

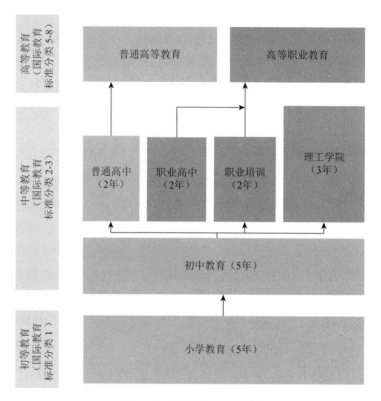

图 1　印度教育体系结构[①]

自 20 世纪 80 年代，印度更是致力于对高等技术教育领域的改革，以优化高等教育结构，在现有印度理工学院和地区工程学院的基础上，分别增设这两类机构的数量，并于 2010 年增加了 10 所国立技术学院，以壮大工程技术院校的力量。随着印度改革开放政策的实施及公立院校财政压力的加剧，为私立高等教育的发展提供了空间，尤其是私立高等技术学院的设立，因其与市场经济的联系更加紧密，能迅速根据市场变化调整自身的教育内容，所以印度私立的高等技术教育机构蓬勃发展，成为高等技术教育领域的重要组成部分。

二、职业技术教育与培训的战略与法规

（一）战略

在科学技术与国家发展理念的指导下，印度政府将职业技术教育作为帮助国家经济

---

① World TVET Database India, Compiled by: UNESCO–UNEVOC International Centre for Technical and Vocational Education and Training[EB/OL].http://www.unevoc.unesco.org/wtdb/worldtvetdatabase_ind_en.pdf.2017-9-13.

和社会发展的重要途径，大力发展高等技术教育以增强综合国力，其战略目标即为将不断增加的劳动力培养成有技能的劳动力大军。印度政府在《第十二个五年计划》(Twelfth Five Year Plan 2012—2017，以下简称计划)中特别强调了发展职业教育的重要性，第三卷特别指出了职业教育对社会、经济和政治转型的重大意义。《计划》制定了相应的职业教育发展战略，包括加强教育部与劳动和工业部的合作，使职业技术教育与培训项目与劳动力市场更加紧密地结合。同时，提高职业教育项目的覆盖率，促进教育平等，扩大职业教育项目的数量，鼓励和帮助学生选修中等教育水平的职前课程，以增加学生对职业教育的认知。《计划》还明确了要促进私人结构和职业教育机构课程之间的衔接，提高职业教育教师的素质，以提升高等技术教育的质量。[1]

(二)法规

印度自独立以来在教育领域颁布了多项法律，如 1968 年的国家《教育法》涉及了农业职业教育的内容，规定每个邦至少要有一所农业大学；另外，以下法案都对职业教育进行了相关论述。

1.《学徒法案》(1961)

该法案规定了学徒培训的课程的标准，还规定了教育和培训机构要遵循中央学徒委员会的要求，按照规定的教学大纲进行教学并保证在培训截止时达到应有的培训效果；法案还指出此类公共机构应享有政府财政支持和帮助的权利。

2.《全印度技术教育委员会法案》(1987)

该法案是与印度职业技术教育发展最为相关的法案，制定了技术教育的系统标准。法案中的技术教育主要是指工程技术、建筑、城镇规划、管理、医药卫生、应用艺术与手工艺及其他政府与全印度委员会商定，并经政府公告公布的职业教育领域与培训。

法案规定了印度技术教育的组织结构，指出其由执行委员会、研究理事会、区域委员会组成。执行委员会履行委员会职能，负责监督委员会相关决议的实施与行动，保证相关决议的实施成效。研究理事会由全印度职业教育理事会、全印度技术教育理事会、全印度工程和技术专业大学研究理事会、全印度工程和技术专业研究生教育和研究理事会、全印度管理研究理事会等相关机构和部门组成，每个理事会都应该就其相关领域的规范与标准、课程模式与结构等事宜向执行委员会提出建议。区域委员会应当就本区域内部技术教育规划、质量提高、规范等问题，向委员会提出建议与协助，并根据委员会反馈，结合各地实际情况采取合适且有效的手段与措施。

除上述规定外，该委员会还执行与技术教育有关的审查功能，为确定技术结构和大学的资金需求、教学标准或研究是否按规定执行，委员会有权对技术机构进行审查；委员会应事先告知技术机构的审查时间，技术机构亦有权了解可能的审查方式；委员会应

---

[1] Twelfth Five Year Plan(2012–2017).Planning Commission Government of India[EB/OL].http://planning commission.gov.in/plans/planrel/12thplan/pdf/12fyp_vol1.pdf.2017.9–15.

当就审查结果与技术机构进行沟通并告知其应当如何修正。所有沟通都是在委员会和技术机构的行政机关进行的，行政机关则应当就审查后被要求的行动执行情况向委员会报告。

三、职业技术教育与培训的体系与质量保障

（一）体系

印度的职业技术教育与培训始于为期 10 年的基础教育之后，提供高中和大学教育阶段的课程。

高中阶段的职业教育为期 2 年，职业课程通常是为准备就业或是准备就读理工学院的学生而设置，而学术类课程是为准备就读高等院校的学生而设置。该阶段的职业培训课程由国有工业培训机构和私营工业培训中心提供，为期 1 到 2 年。根据技工培训方案，培训课程面向对象为八年级以上水平的学生。课程包括：打字、秘书实务、计算机操作和编程、建筑制图、电工、电子、制冷和空调、水暖、图书馆助理、剪裁和制衣等等。

此阶段还有相应的学徒项目，其根据国家学徒培训方案而设置，项目面向人群为已经毕业的工程师、技工和职业高中院校的学生。学徒培训涉及工程技术类 122 个学科和职业类 122 个学科。不同时期的学徒课程也不尽相同，学徒获得津贴来支付全部课程费用。

高等职业教育阶段的课程由理工学院和大学开办，专业课程包括工程、医学、农业、牙科学和建筑等大类，理工学院提供的职业教育课程通常为期 2—3 年，也有的为 5 年。只有高中毕业生才可以就读由理工学院和大学开设的课程。

除却上述公立职业教育院校外，社会经济压力对劳动力与专业技术人才的需求的不断增长，推动了印度私立高校的发展，尤其是那些专门进行专业教育的私立工程技术院校进入大发展阶段。但囿于印度独特的国情，印度私立工程技术院校也呈现出相对复杂的结构，从资金来源上可分为受助私立工程技术学院、自筹经费工程技术学院、自筹经费准大学和私立工程技术大学四类。就地理分布而言，私立大学在印度南北分布并不平均，北方邦囿于政府本身的鼓励，使得私有大学更容易出现和发展，而南方各邦由于格雷尔高校同业协会的出现，限制了新类型私立高校的发展，因此也可以说未来制度上的因素将对私立高等技术教育的发展产生直接的影响。

（二）保障

国家技能发展局是负责印度职业技术教育与培训发展质量的主要部门，其他与质量相关的政府机构还包括劳动和就业部下属的就业培训总局、国家职业培训委员会、教育和培训国家认证委员会、全印度技术教育委员会以及全印度职业教育委员会、国家技术教师培训委员会，该委员会隶属人力资源开发部。上述部门在实践中通力协作，共同制定职业教育的标准，为印度职业教育与培训发展质量提供保障。

同时，由各行业主导的技能委员会也会通过参与制定国家职业标准来为印度职业教育与培训提供质量保障，同时《全印度技术教育委员会法案》中明确指出各协会也是印度质量保证责任主体之一。除了上述法案中那些具有正规质量保证授权的机构外，一些负责执行重要技能培训方案的部委也会参与到印度职业教育与培训的质量上来。例如，负责远程教育的质量的远程教育委员会；隶属于农业部负责农业教育质量（包括园艺、渔业和动物科学）的农业研究委员会；隶属于人力资源开发部与邦教育部一起负责其各自所在邦的教育质量的评定和监督的技术教育局。[①]

四、职业技术教育与培训的治理与教师

（一）治理

印度的教育由联邦政府和州政府分层管辖。在联邦一级，人力资源开发部负责国家教育政策和管理，包括推进和普及各级各类教育。具体来说，人力资源开发部下属的高教部负责中学和中学后教育。高教部又分为若干个局，其中的技术教育局负责其各自所在邦的正规和非正规职业教育机构。该局还负责修订课程大纲、保证职业教育教师的质量和招生。此外，其他联邦级别的职业教育管理机构还包括：劳动和就业部及其下辖的就业和培训总局，与人力资源开发部合作提供学徒课程；农业部、矿业部以及卫生部也提供相应的职业教育培训。在邦一级，邦教育局负责管理中等教育课程，具体由中等和高中教育委员会监管其各自所在区域的中等职业教育与培训的运行。除上述治理机构外，其他参与职业教育治理的机构还包括：

• 中等教育中央委员会：隶属于人力资源开发部，负责学术事宜和考试，中等教育中央委员会还负责制定初中和高中阶段的创新和改革方案。

• 印度学校证书考试委员会：于1958年建立，负责管理职业教育考试资格证书、印度中等教育证书和印度学校证书。

• 国家教育研究培训委员会：负责提出学校改善计划、教师培训计划和教育质量提升方案。与该委员会合作的机构包括中央教育技术机构、区域教育机构和中央职业教育机构。

• 全印度技术教育委员会：负责职业教育课程的管理，负责审批新的技术学校和认证新的技术课程，并报备国家认证委员会。

• 国家职业培训委员会：负责向从事工程和建筑行业领域的技工颁发水平证书。该委员会是以劳动部长为领导的三方机构，其成员有联邦和邦政府部门的代表、雇主和工人组织、专业和学术团体、全印度技术教育委员会以及其他组织。邦职业培训委员会协助国家职业培训委员会就职业教育政策和课程、新行业的批准及质量标准等问题提出

① World TVET Database India, Compiled by: UNESCO–UNEVOC International Centre for Technical and Vocational Education and Training[EB/OL].http://www.unevoc.unesco.org/wtdb/worldtvetdatabase_ind_en.pdf.2017–9–13.

建议。

• 国家教师教育委员会：负责制订教师培养规范和程序，以确保教师的教育质量，该委员会通过四个区域委员会行使职能。

• 国家教师教育委员会：负责制订教师培养规范和程序，以确保教师的教育质量，该委员会通过四个区域委员会行使职能。

除上述政府机构外，部分非政府、非营利性的行业组织也发挥了重要作用。比如印度工业委员会也在印度职业教育体系内发挥了重要作用，该委员会在职业教育相关的政策问题上与联邦政府紧密合作，在提高和保障职业教育的效率和竞争力上扮演着不可或缺的角色。此外，印度工商联合会也和印度政府密切合作，在制订国家经济政策包括教育和职业教育政策方面紧密合作。

（二）教师

印度职业教育与培训教师的入职标准由国家教师教育委员会负责制定，中等职业教育阶段的教师的入职资格是完成师范院校的四年课程，获得学士学位；高等技术教育阶段的教师需在师范院校和大学获得相应专业的硕士学位，还要有一定年限的工作经验。

教师的工资由各邦根据学术资格、培训和经验分别进行规定，有些邦还提供很多福利，包括固定的医疗补贴或报销医疗费，教师子女享受免费教育以及本人退休福利等等。在职教师培训由联邦政府和各邦政府提供，并由人力资源开发部下辖的国家教育研究和培训委员会和国家教育规划管理办公室执行。此外，国家教师教育委员会也负责部分职后教师的培训工作，具体由地区教育培训机构、师范学院、高级教育研究机构负责执行。[1]

五、职业技术教育与培训的诉求与发展趋势

印度人口基数大，市场规模不容小觑。鉴于印度的人口增长趋势，适龄劳动力数量将持续增加，平均年龄也将进一步降低，甚至其人口数量将有望超越中国，成为世界第一人口大国。基于其庞大的劳动力市场，印度政府正在大力促进就业及实施"印度制造""技术印度""新兴印度"等相关项目，所以职业技术教育与培训在印度经济发展中的作用也必将越来越重要。当前，印度职业技术教育经历半个多世纪的发展，一方面严格遵循为国家服务的宗旨与目标，致力于培养高端科学技术人才，另一方面也紧密与当地经济与社会发展相连接，准确定位其在国家和地方经济发展中的作用。因此，印度未来的职业技术教育将继续坚持产学融合、重视解决实际问题的发展路径，并进一步提升其高等技术教育的发展质量。

与此同时，印度在职业技术教育发展的过程存在一系列问题，如两极分化的教育质

---

① World TVET Database India, Compiled by: UNESCO–UNEVOC International Centre for Technical and Vocational EducationandTraining[EB/OL].http://www.unevoc.unesco.org/wtdb/worldtvetdatabase_ind_en.pdf.2017–9–13.

量，即国家层面的精英模式与邦立和私立学院的普通教育，这会进一步加剧私立学院毕业生的失业率问题；还有教育机构地区性分布的失衡，高等技术教育系统师资的紧缺等问题，都会影响印度职业技术教育的发展。印度在《第十二个五年计划》（2012—2017）的框架下，也指出应通过建立公共—私有伙伴关系，支持民营职业教育机构和非政府组织在非正规职业教育方面的发展。因此，在印度职业技术教育后续的发展中，如何建立多元的高等技术教育质量监控体系，营造合理有序的职业教育生态环境，倡导公立与私立教育并行的制度体系是印度职业技术教育下一步发展的关键。具体而言，印度高等技术教育的诉求与发展趋势主要表现在如下几方面：

（一）建立多元的高等教育质量监控体系

随着印度高等教育规模的不断膨胀，如何提升其质量已引起各界的广泛关注。印度学者已对此问题进行了深入探索，提出各种建议与路径。事实上，印度高校为保障学术质量与标准，一直在探索合适的评估认证机制，在多个团体同时展开高校评估认证工作，并努力使这些团体相互协调，从更广泛的社会视角来看待和解决高等教育的相关问题。尽管目前有多元化的中介结构进行质量监管，印度仍在努力构建完备的质量监控体系。但总体而言，如何避免政府主导质量监控体系的弊端，调动中介组织与社会机构的积极性，确保高等技术教育质量监控中的公正性，并在此基础上实现对普通高等教育与专业高等教育的分类监管是印度高等技术教育发展中的一大诉求。

（二）寻求全面的教育财政政策支持

印度职业教育的经费来源中，除公共拨款外，学费是最大来源。但印度长期以来学费非常低，使得高等技术教育带有了明显的福利性质。特别是20世纪90年代后期，印度将教育资助重心转向基础教育，缩减了对高等技术教育的经费预算，相关委员会开始建议增收学费。由于高等技术教育相关专业的学费历来高于普通教育，所以高等技术教育领域学费的比例提升很快。在印度高校的收费政策上，一二级高校的收费由中央政府及各高校法案规定。邦立和私立院校的收费政策由邦教育主管部门、附属大学等协同规定，以对其收费原则、构成、程序、费用管理等做出相关规定。未来，印度高等技术教育的财政政策需要做出相应调整，增加公共财政的支持力度，以更好地满足经济发展对高技能人才的需求。

（三）促进教育公平，平衡教育机构的地区性分布

教育机构的非均衡分布是印度高等技术教育发展中始终存在的问题，所以促进教育公平始终是印度高等技术教育发展中的重大课题。就整体情况而言，精英技术教育主要由印度政府统筹，在全国范围内分布较为合理，体现着国家促进教育公平及总体宏观调控的理念，但对于占主体部分的邦立及私立工程技术而言，其建立和发展更多受市场因素影响，普遍较多接受市场机制调节。因而其布局与某一地区的经济发展水平及类型密切相关，且主要集中在安德拉邦、卡拉塔卡邦、马哈拉斯特邦和泰米尔纳德邦。更为突

出的问题是，在经济发达的南部地区，教育机构数量远多于其余各地区。由于印度高等技术教育管理体制的特性，院校管理权多集中于各邦政府相关部门，各邦政府为本邦经济发展及相关利益诉求，会激励推动本邦教育发展，而不会从国家整体层面出发实行相关的改革举措。因而，在今后相当长的时期内，如何促进教育公平并平衡教育和培训机构的地区性分布将是印度高等技术教育发展亟须解决的重大课题。

（深圳职业技术学院　技术与职业教育研究所　李亚昕）

主要参考文献

[1] 中华人民共和国外交部 . 印度国家概况 [EB/OL].http://www.fmprc.gov.cn/web/gjhdq_676201/gj_676203/yz_676205/1206_677220/1206x0_677222/.2021-2.

[2] 中国一带一路网 . 印度 [EB/OL]. https://www.yidaiyilu.gov.cn/gbjg/gbgk/11111.htm.2017-9-15.

[3] World TVET Database India, Compiled by: UNESCO-UNEVOC International Centre for Technical and Vocational Education and Training[EB/OL].http://www.unevoc.unesco.org/wtdb/world tvetdatabase_ind_en.pdf.2017-9-13.

[4] Twelfth Five Year Plan (2012-2017)：Planning Commission Government of India[EB/OL].http://planning commission.gov.in/plans/planrel/12thplan/pdf/12fyp_vol1.pdf.2017.9-15.

[5] 国家青年政策草案 .Government of India (2012). Draft National Youth Policy 2012. Accessed: 12 September 2014.

[6] 劳动和就业部 . 国家技能发展政策 [EB/OL].Ministry of Labour and Employment . National Policy on Skill Development. Accessed: 12 September 2014.

[7] 国家教师教育委员会 [EB/OL].Webpage of the National Council for Teacher Education. Accessed: 12 September 2014.

印度尼西亚共和国

一、国家概况

（一）地理

印度尼西亚共和国（The Republic of Indonesia），通称印度尼西亚，简称印尼，是东南亚国家，首都为雅加达。印尼与巴布亚新几内亚、东帝汶和马来西亚等国家相接。国土面积1904443平方千米。[①]印尼多岛屿，主要岛屿有爪哇岛、苏门答腊岛、苏拉威西岛、加里曼丹岛（南部）和伊里安岛（西部）。岛屿之间构成许多海峡和内海，其中巽他海峡、马六甲海峡、龙目海峡等是沟通太平洋和印度洋的重要通道。内海主要有爪哇海、苏拉威西海、佛罗勒斯海和班达海等。地形以山地和高原为主，苏门答腊、爪哇、加里曼丹、伊里安岛地区平原辽阔，多沼泽，其他岛屿仅在沿海有狭长的平原。印尼属热带雨林气候，年平均气温25℃~27℃。每年5月至10月为旱季，11月至翌年4月为雨季。年平均降雨量2000多毫米，湿度为70%到90%。[②]

（二）人文

印度尼西亚是海上交通的要冲，它有着悠久的历史和宗教底蕴。16世纪，欧洲人抵达印尼群岛，发现了这些小国，开始在此建立殖民地。第一次世界大战完结之后，当地人开始争取自治。到了第二次世界大战时，日本占领了荷属印度尼西亚。"二战"结束，印尼宣告脱离荷兰东印度公司的管治。1947年7月，荷兰向印尼发动了名为"警察行动"的大规模军事进攻，又于1948年12月发动了第二次"警察行动"，并逮捕了苏加诺。当联合国再次讨论这个问题后，荷兰承认印度尼西亚独立。最终东印度公司在1949年宣布放弃对印尼的管治权，使印尼得以正式独立，苏加诺被任为印尼第一任总统。[③]

1997年亚洲金融危机对印尼造成全面冲击，引起局势动荡。1998年5月，执政长

---

① 中华人民共和国外交部.印度尼西亚国家概况[EB/OL]. http://www.fmprc.gov.cn/web/gjhdq_676201/gj_676203/yz_676205/1206_677244/1206x0_677246/. 2021–10–01.

② 中华人民共和国驻印度尼西亚共和国大使馆经济商务参赞处.自然地理.印度尼西亚国家概况[EB/OL]. http://id.mofcom.gov.cn/article/ddgk/200305/20030500088482.shtml. 2017–10–01.

③ 联合国工业发展组织咨商机构.印尼概况[EB/OL]. http://www.globalsmes.org/news/index.php?catalog=38&detailid=1081&func=detail&lan=gb. 2017–09–23.

达 32 年的苏哈托总统辞职，副总统哈比比接任总统。1999 年 10 月，印尼人民协商会议（简称人协）选举瓦希德为总统，梅加瓦蒂为副总统。2001 年 7 月 23 日，人协特别会议以渎职罪罢免瓦希德总统职务，梅加瓦蒂接任总统。2004 年 7 月，印尼举行历史上首次总统直选，原政治安全统筹部长苏希洛和人民福利统筹部长尤素夫·卡拉（Muhammad Jusuf Kalla）通过两轮直选胜出。2009 年 7 月，印尼举行第二次总统直选，苏希洛和原央行行长布迪约诺（Boediono）竞选搭档首轮胜出。2014 年 7 月 9 日，印尼举行第三次总统直选，雅加达省长佐科·维多多（Joko Widodo）和前副总统尤素夫·卡拉搭档胜出，于 10 月 20 日宣誓就任新一届正副总统。佐科政府提出建设海洋强国战略，以维护国家安全、发展经济及反腐倡廉为施政重点。[①]

印尼现行宪法为《"四五"宪法》。该宪法于 1945 年 8 月 18 日颁布实施，1999 年 10 月至 2002 年 8 月间先后进行过四次修改。宪法规定，印尼为单一的共和制国家，"信仰神道、人道主义、民族主义、民主主义、社会公正"是建国五项基本原则（简称"潘查希拉"）。实行总统制，总统为国家元首、行政首脑和武装部队最高统帅。2004 年起，总统和副总统不再由人民协商会议选举产生，改由全民直选；每任五年，只能连任一次。总统任命内阁，内阁对总统负责。[②]

2018 年，印度尼西亚总人口 2.68 亿，其中青年人口[③]4394.5 万，平均人口年龄 28.4 岁，人口年增长率为 1.28%。[④] 全国有 100 多个民族，其中爪哇族人口占 45%，巽他族 14%，马都拉族 7.5%，马来族 7.5%，其他民族占 26%。民族语言共有 200 多种，官方语言为印尼语。约 87% 的人口信奉伊斯兰教，是世界上穆斯林人口最多的国家。6.1% 的人口信奉基督教，3.6% 信奉天主教，其余信奉印度教、佛教和原始拜物教等。[⑤]

（三）经济

印尼富含石油、天然气以及煤、锡、铝矾土、镍、铜、金、银等矿产资源。矿业在印尼经济中占有重要地位，产值占 GDP 的 10% 左右。据官方统计，印尼石油储量约 97 亿桶（13.1 亿吨），天然气储量 4.8~5.1 万亿立方米，煤炭已探明储量 193 亿吨，潜在储量可达 900 亿吨以上。

印尼也是东盟最大的经济体。农业、工业、服务业均在国民经济中发挥重要作用。1950~1965 年 GDP 年均增长仅 2%。20 世纪 60 年代后期调整经济结构，经济开始提速，1970~1996 年间 GDP 年均增长 6%，跻身中等收入国家。1997 年受亚洲金融危机重创，

① 中华人民共和国驻印度尼西亚共和国大使馆.印度尼西亚国家概况 [EB/OL]. http://www.fmprc.gov.cn/ce/ceindo/chn/indonesia_abc/gjgk/. 2017-09-26.
② 中国新闻网.印度尼西亚国家概况 [EB/OL]. http://www.chinanews.com/gj/zlk/2014/01-15/118.shtml. 2017-09-20.
③ 指 14—25 岁人口。
④ 世界银行数据.印度尼西亚人口 [EB/OL].https://data.worldbank.org.cn/country/ID. 2017-10-02.
⑤ 中华人民共和国驻印度尼西亚共和国大使馆.印度尼西亚国家概况 [EB/OL]. http://www.fmprc.gov.cn/ce/ceindo/chn/indonesia_abc/gjgk/. 2017-09-21.

经济严重衰退，货币大幅贬值。1999 年底开始缓慢复苏，GDP 年均增长 3%~4%。2003年底按计划结束国际货币基金组织（IMF）的经济监管。

苏希洛总统 2004 年执政后，积极采取措施吸引外资、发展基础设施建设、整顿金融体系、扶持中小企业发展，取得积极成效，经济增长一直保持在 5% 以上。2008 年以来，面对国际金融危机，印尼政府应对得当，经济仍保持较快增长。2014 年以来，受全球经济不景气和美联储调整货币政策等影响，印尼盾快速贬值。2016 年印尼国内生产总值 12406 万亿印尼盾，同比增长 5.02%。贸易总额 2535 亿美元，同比下降 13.5%。全年通胀率 3.02%。[①]

外贸在印尼国民经济中占重要地位，政府采取一系列措施鼓励和推动非油气产品出口，简化出口手续，降低关税。主要出口产品有石油、天然气、纺织品和成衣、木材、藤制品、手工艺品、鞋、铜、煤、纸浆和纸制品、电器、棕榈油、橡胶等。主要进口产品有机械运输设备、化工产品、汽车及零配件、发电设备、钢铁、塑料及塑料制品、棉花等。主要贸易伙伴为中国、日本、新加坡、美国。[②]

（四）教育

印度尼西亚独立后进行了教育改革，借鉴美国式的教育制度。印尼各类学校的学制是：学前教育 2 年；初等教育 6 年（学生的年龄 7—12 岁）；中等教育分为初中和初中中级（学生的年龄 13—15 岁）以及高中和高中中级（学生的年龄 16—18 岁），学制均为 3 年；高等教育学制 5 年（学生的年龄 19—23 岁）。所以印尼的学制可以概括为"6-3-3-5"制，从小学到大学共 17 年。大学毕业生毕业后还可考入研究生班。

值得注意的是，印度尼西亚有两种类型的高中：一类是 SMA（Sekolah Menengah Atas），即普通中学；另一类是 SMK（Sekolah Menengah Kejunuan），即职业高中。前者的学生可以继续升入大学，后者的学生在高中毕业不能进入大学，而是直接参加工作。此外，印度尼西亚还有伊斯兰学校体系，其中伊斯兰学校体系中的 MA（Madrasah Aliyah）相当于普通高中（SMA），伊斯兰学校体系中的 SAL（Madrasah Aliyah Kejunuan）相当于职业高中（SMK）。初中毕业生可以进入普通高中（SMA）或高级职业技术学校（SMK），也可以进入伊斯兰学校体系中的 MA 和 SAL。学生进入高中前还要参加学业水平测试和心理测试。

印尼的学校分为国立和私立两类。国立学校由政府主办，多数为中小学，幼儿园和高等院校较少，办学质量较高。私立学校主要由政党、社团、私营企业和基金会创办，中小学较少，幼儿园和高等院校较多，接受政府文教部和创办单位的双重领导。印尼政

---

① 中华人民共和国外交部. 印度尼西亚国家概况[EB/OL]. http://www.fmprc.gov.cn/web/gjhdq_676201/gj_676203/yz_676205/1206_677244/1206x0_677246/. 2021-10-01.

② 中国金融信息网. 世界主要经济体概况：印度尼西亚 [EB/OL]. http://world.xinhua08.com/a/20141211/1424343.shtml. 2017-09-20.

府对教育经费的投入不断增加，而且占国家总投资的比率也较高。根据印尼中央统计局提供的数据，印尼2006年教育预算开支4.69万亿盾，占GDP的1.5%。2010年，印尼提出推广12年义务教育制计划。[①]

独立以来，印度尼西亚的高等院校也获得了很大发展。目前，印尼国立高等院校已发展到49所，私立高等院校950所。主要的国立大学有印度尼西亚大学、班查查兰大学、加查马达大学、艾尔朗卡大学、勿达雅纳大学以及哈沙努丁大学等，这些大学都是综合性的文理科大学。此外，较为闻名的学院有万隆的万隆工学院、雅加达附近的印尼工学院以及茂物的农学院等。主要的私立大学有雅加达的印尼基督教大学、万隆的天主教大学、伊斯兰大学等，这些大学也是综合性的文理科大学。[②]

二、职业技术教育与培训的战略与法规

（一）战略

印度尼西亚正在经历一个向知识经济过渡的时期，迫切需要提升竞争力。职业技术教育与培训的战略是逐渐加大对教育和培训体系的投资，使印度尼西亚的职业教育体系转变为一个由需求驱动的、重视实践的体系，从而提高民众的就业能力，并让更多的人参与到终身学习中来。

（二）法规

1.《劳动法》（2003）

职业教育培训的实施是通过政府、民间以及企业的职业教育培训机构进行的。2003年修改的《劳动法》第13号第9条明确规定了国家职业教育培训政策的基本方针是"为提高劳动者的能力、效率和生活质量而全面实施职业能力的开发"。

2.《国家教育系统法案》（2003）

2003年通过的《国家教育系统法案》对印度尼西亚的教育体系（包括职业教育）进行了阐述。它详细解释了各个阶段的教育及其结构；积极构建职业教育培训体系，并通过构建完备的政策和法律制度来保证职业技能资格制度的有效实施，以提高劳动力的质量。

3.《人力法》（2003）

2003年的《人力法》第13条对国家培训体系（就业培训）做出了相关规定。

4.《教师法》（2005）

2005年的《教师法》及其相应条款对教师行业组织和其资质做出了规定。

---

① 网易教育.印尼：雅加达将九年义务教育增至12年[EB/OL]. http://edu.163.com/12/0511/13/ 817Q0M2G00293I4V. html. 2017-09-16.

② 中华人民共和国驻印度尼西亚共和国大使馆经济商务参赞处.印度尼西亚文化教育[EB/OL]. http:// id.mofcom.gov.cn/article/ddgk/201005/20100506903966.shtml. 2017-09-16.

三、职业技术教育与培训的体系与质量保障

（一）体系

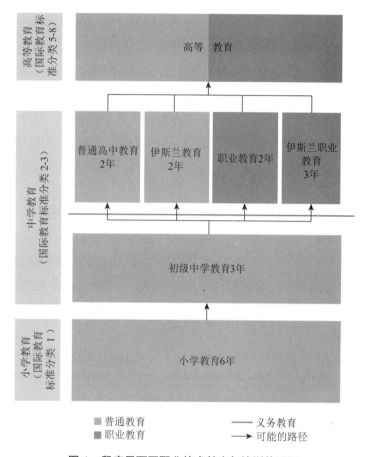

图1 印度尼西亚职业技术教育与培训体系图

资料来源：UNESCO–IBE (2011). World Data on Education VII Ed. 2010/11. Indonesia. Geneva: UNESCO–IBE.

印尼的职业技术教育与培训系统非常庞大，主要由正规职业技术教育与培训和非正规职业技术教育与培训构成。

正规教育是职业技术教育与培训最重要的部分，其教育过程是一个"输入——过程——输出"的模式。主要步骤包括：6—7岁的学龄儿童经过6年的小学学习后，再经过3年的中学学习，然后进入高级职业学校。高级职业学校学习的时间一般是3年，旨在把毕业生培养成具有中等技能水平的劳动力，使其拥有在社会中工作或者自我创业的一般技能，以及相应的职业态度。为了保证质量，正规的职业教育途径的课程在国家能力标准的基础上设计，学生完成课程学习后，还要参加相应的能力测验，才能从职业证

书机构或行业中获得职业资格证书。[①]

非正规职业技术教育与培训体系也是重要组成部分。2003年的《国家教育系统法案》规定："非正规教育是为需要教育服务的社区人员而设立的，它作为正规教育的替代、补充或增补，以支持终身教育。"[②] 非正规教育的目的是开发学生的潜力，强调知识与基本技能的习得。《国家教育系统法案》也规定："非正规教育包括生活技能教育、幼儿教育、青少年教育、妇女教育、素质教育、职业培训和实习，同等学历和其他旨在提高学生能力的各种教育。"非正规教育包括非正规的小学、初中和高中同等学历，被称之为 Pakets A、B 和 C。Pakets 从属于同等学历，允许那些不能进入正规教育系统学习的学生取得正规资格证书。Pakets A 和 B 构成基础教育，这些学历特别针对那些生活在偏远地区的学生。另外，私人和公共机构还提供短期非正规的职业培训，其重点是帮助工人和学员提高技能以进入就业市场。

为了使通过正规教育或从学校辍学没有充足技能的青年人能够谋生，印度尼西亚主要通过在政府培训中心实施的各种专业培训项目提高他们的能力，从而使其顺利进入工作领域或自我创业。同时，一些非政府培训中心也通过时间不等的培训项目培养青年学生进入工作领域的必需技能，这种培训中心在性质上一般属于营利组织。然而，行业领域往往对求职者的素质不太满意，他们接受新工人后，往往还在自己的公司内部为新员工开展岗前培训。[③]

公共非正规职业培训机构也分为3类：A类（位于市区的最大培训机构）；B类（位于小城市中心的培训机构）；C类（分布在农村的最小培训机构）。较大的培训中心提供工业和服务技能培训，而较小的培训机构为个体经营人员提供不同的技术和技能培训。

印尼的职业技术教育与培训主要在以下三大场所进行。

首先是高级职业学校及高等院校。印度尼西亚主要是通过正式的教育系统中的高级职业学校来为青少年就业做准备的。高级职业学校有三方面的目的：第一，使学生成为生产型的人，有独立工作的能力，作为中等层次的工人，能够胜任各行各业的职位，并具有与特定领域相关的专业知识和技能；第二，为学生选择职业生涯、适应工作环境及发展职业态度做准备；第三，培养学生的知识、技能和工作精神，从而使其在未来能独立或通过高等教育得到发展。[④]

高等院校也是职业技术教育与培训的重要场所。印度尼西亚的高等职业教育机构有以下5种类型：①单科学院，只提供某一领域的教学，主要提供的是应用科学、工程或艺术研究方面的课程，课程结束后颁发技术类文凭和证书（公立和私立学校）；②高等

① 李玉静，程宇. 印度尼西亚：促进劳动力进入工作世界 [J]. 职业技术教育，2007 (9):40—41.
② 印度尼西亚共和国政府《国家教育系统法案》（2003）。
③ 李玉静，程宇. 印度尼西亚：促进劳动力进入工作世界 [J]. 职业技术教育，2007 (9):40—41.
④ 罗承日著. 朱丽佳译. 新千年亚洲职业培训的现状与发展方向 [J]. 职业技术教育，2012 (13):84—89.

学校，在某一特定的学科提供学术和专业大学等级教育；③理工学院，附属于大学并提供副学位初级技工培训；④机构，由合格教师提供几个研究领域的教育课程并且与那些有权授予学位的大学处于同一级别；⑤大学，提供多个学科的培训和高等教育。

其次是农业学校。最开始，农业教育是在农业部的领导下，强调教授农业相关信息。在第三个五年计划期间，地方农业发展学校在所有的省份建立起来。在第五个五年计划期间，印度尼西亚有30所农业开发学校。此外，还有处于省级政府管理之下的地方性的农业开发学校。对于这些地方性的农业发展学校而言，农业部提供其发展所需的设施、教师培训和监督机制。同时，学校运营所需要的费用、长期发展和学校的维护成本都是省政府的责任。随着社会情况变化，许多学校也逐渐向农业社区大学和农业社区发展学院方向发展。①

最后是非正规的劳动力准备系统。除了正规的教育系统之外，印度尼西亚还通过1周到6个月的专业化短期培训项目培养人力资源，这些项目主要由社会上的培训提供者承担。②非正式的劳动力准备系统所开展的职业技术教育与培训主要在以下场所进行。一是社区学院和生涯中心。社区学院和生涯中心主要为那些没有获得技能型工作的高级职业学校毕业生提供更加专业的技能培训。二是人力资源部管理的技能培训中心。技能培训中心实施一些常规的培训，其培训项目由人力资源技能培训中心根据培训需要设置，受训者可以是达到一定年龄的小学、初中、高中毕业生或者是失业的大学毕业生，也可以是学校的辍学者。三是教育和培训机构。教育和培训机构在国家教育部的管理之下，其主要的职能是实施学校教育层面之外的各种培训，以满足国家教育和普通公众的需要。四是私立课程机构。私立课程机构主要是为社区内的求职者提供多种专业化课程，其主要特点是所提供课程的学习时间不长，学习费用主要由参与人员自己承担。五是私立培训中心。印度尼西亚比较大的私立公司一般都有自己的培训中心。因此，如果这些公司招收高级职业学校毕业生或同等学历水平人员，将会对他们进行再培训，以提高他们的工作技能。③

（二）保障

1.国家资格框架

印度尼西亚的学生完成高中教育后，学校颁发毕业证书。此后，学生可继续进入高等教育阶段学习。他们在所选择的高等教育机构毕业后，学校会授予相应的证书。如果从专科院校或理工学院毕业，则会获得学位等级证书。如在国家认可的大学、机构或高校4年全日制学习后，则会获得学士学位证书（S1资格证书）。再进行为期2年的学习后，会获得硕士学位证书。公立非正规职业培训机构的学生在完成学业后可获得资格证书。

① 刘思雯.印度尼西亚职业技术教育发展研究[D].广西师范大学硕士学位论文.2014:17.
② 袁玉平，秦红群，吴涛.印度尼西亚矿产资源与开发形势分析[J].国土资源情报，2011 (7):44-48.
③ 刘思雯.印度尼西亚职业技术教育发展研究[D].广西师范大学硕士学位论文.2014:18-19.

他们也可以参加公司学员考试或专业协会的考试，以获取公司或协会颁发的资格证书。

印尼政府依据 2003 年第 13 号新劳动法的规定对原《国家资格制度》进行了调整，明确了国家资格制度的核心体系，即：按照职业教育培训所的职业教育培训进程和实务经验，规定各类职业资格的分级为：操作人员 3 级、技术员 3 级、专家 3 级，合计 9 级（如下图）。①

资格级别	实施内容	知　识	责任与义务
1	限定范围内一定内容的熟练操作。	规定知识的表达及其应用；不需要有新的理解。	执行规定的方针，在监视下实施，不对他人负有责任和义务。
2	较广的范围内熟练操作，限定一定知识，提供可选择的方案。	基础知识的运用，需要灵活运用必要信息解决基本问题，需要有新的理解。	执行规定的方针，间接监视下的有效管理，对他人负有指导责任和义务。
3	广范围内基本技术的实施和选择，把握各种日常所需内容。	关联专门知识的运用，可利用的情报的解释、预测和检讨，各种基本的解决方法的适用。	自觉贯彻规定方针，间接监视下的有效管理，根据成果大小负担对应的责任和义务，一定职务成果下的责任义务。
4	更广范围内的实施及特别技术的运用，基本常识的掌握和选择，异常事态下的应对和日常化的内容	更多关联专门知识的熟练运用，有用信息的分析和解释，具体问题或者异常事态下各种问题的解决。	自定计划的实施；全面指导和评估下的实施；根据成果全面负担责任和义务；职务成果质量下的责任义务。
5	更广范围内的实施及专门通用技术的运用，解决复杂问题的各种方案，习惯化与非习惯化问题的解决。	职业领域的深入研究和对知识的全面掌握与运用，所有信息的分析和解释；对涉及逻辑要素问题的解决方法的选择。	自主活动并指导他人，按要求实施各种共通机能，高水平和质量的责任义务，成果合作的责任义务。
6	更广范围内的实施及特有的专门通用技术的运用，复杂问题交织的各种解决方案，稳定的非合法化习惯状态的快速应对。	相关职业领域的特定化知识，所有信息的再生和评价，提出解决具体、抽象问题的步骤。	实行程序化管理，在许多分类中的操作，确定个人或团队工作目标成果的责任义务。
7	对他人的有关技术、知识方面的责任义务：把握职业领域的研究趋势，独立开展学术研究与学术调查；对职业领域的重要人物的理论系统进行说明，并使他人理解其理论观点。		
8	对他人的有关技术、知识方面的责任义务：对职业领域总体的熟练把握和理解；国际化的学术研究及活动项目的计划和实施。		
9	对他人的有关技术、知识方面的责任义务：基于一定的国际标准，对专业人才进行评价；通过学术活动进一步推动知识的发展。		

图2　印度尼西亚国家职业资格制度框架及其分类图表

资料来源：Standardization of Competency and Training Program Directorate〈www.sk kni.com〉accessed on 25 February, 2009.

---

① 贾秀芬.印度尼西亚职业教育培训的实施与评价 [J]. 职教论坛，2010 (4):90-91.

2. 质量保障

政府根据 2003 年的《教育系统法案》对教育机构进行评定以监控教育质量。国家学校认证委员会和国家高等教育认证委员会是负责认证的机构。

2005 年印度尼西亚建立了国家职业资格委员会。这是一个半独立的政府机构，印尼对劳动力的质量控制主要通过国家职业资格委员会，其主要职能是确定标准化政策和职业证书及能力标准，实施能力测验认证，对颁发证书机构给予认证、发展标准信息系统和职业资格，把职业标准和职业资格结合起来，促进职业标准及职业资格实施，控制印尼劳动力职业标准的实施及职业资格认证。[①]

在国家职业资格委员会的基础上，印度尼西亚还建立了职业证书机构。职业证书机构是由职业协会和行业团体共同建立的独立机构，其主要职责是：帮助国家职业资格委员会发展能力标准；实施能力测验和能力认证；对职业培训机构和能力测验机构实施认证；开发能力测验系统工具。

职业证书机构的合法性由国家职业资格委员会认证。能力测验一般在正规教育系统中的政府或者私立机构中进行，其主要的作用是：在国家能力标准的基础上，与国家职业资格委员会合作开发能力测验工具；对求职者实施能力测验，然后颁发证书。[②]

四、职业技术教育与培训的治理与教师

（一）治理

1. 职业技术教育与培训的治理机构

（1）中央政府

文化教育部负责规划和实施教育服务。文化教育部的中央下属单位包括总秘书处、国家教育研究与发展研究所、基础教育和中等教育总局、高等教育委员会、非正规和非正式教育总局以及教师和教育人员素质发展总局。人力和移民部负责全国培训系统，为准备就业的公民服务。专业认证的国家机构负责颁发资格证书。

政府的职业教育培训主要在机械工程、电子工业、熔接、农业、商业（IT、计算机关联业）、建筑及其他（如服务）等 7 个专业领域进行。培训的对象以初、高中毕业生为主，同时包括全部失业者和在职者。还有针对那些远离市中心需要乘车参加职业教育培训者的"移动培训进程"，以及由企业和劳动者自由选择培训内容的"应用需求型进程"等多种形式的培训程序。上述任何一种形式的培训都由政府提供补助金。此外，农业学校的管理任务交给农业部，但是中央政府依然对其有监督权，包括给予设计指导方针方面的支持、咨询和监督的功能。

① 李玉静，程宇.印度尼西亚：促进劳动力进入工作世界 [J].职业技术教育，2007 (9):40–41.
② 刘思雯.印度尼西亚职业技术教育发展研究 [D].广西师范大学硕士学位论文，2014:19.

（2）地方政府

虽然职业教育培训的规则和方针是由中央政府制定的，但职业教育培训的实施却以地方政府为中心进行。政府在34个省市建立了省教育局（截至2009年6月），在497个地区和市设立了区办公室。这些机构由地方进行管理，并执行教育部的相关政策。《国家职业教育培训制度》是依据2000年的地方分权法关于推进权限向地方转移的方针而设立的。以雅加达职业教育培训所为例，地方政府管辖下的职业教育培训分为"定期职业教育培训"、"临时、自费、第三者协助的职业教育培训"和"专门的职业教育培训"三种。

（3）海外劳动力职业教育培训中心

为解决国内高失业率问题，印尼政府鼓励劳动力输出，并制定了相应的法律规定，如《关于人力资源和劳动力国外输出的法令》《关于印度尼西亚人国外劳动者的职业介绍和保护的法令》等。还设有海外劳动力职业教育培训中心（1983年设立，现在的名称为海外职业开发培训中心），最初由劳动部和工业部共同管辖，1992年以后完全由劳动部管辖。其职能是职业教育培训程序的制订与评估以及海外劳动力的培训。[①]

2. 职业技术教育与培训的推行机构

在印尼推行职业政策的机构是劳动部，下设两个职能部门。

一是职业教育培训与国内雇佣总局，负责管辖农业职业教育培训所、工业职业教育培训所等6个国家级的职业教育培训所，具有传播中央政府各种职业教育培训政策的作用。由于地方分权制的推行，大多数的职业教育培训所由地方管辖。另外，该总局下设5个分局，即职业教育培训基准与能力评价局、职业教育培训开发局、劳动者能力开发局、雇佣开发局以及劳动力就业促进局。其中，职业教育培训基准与能力评价局的职能是调整国家资格制度、不断扩充职业资格认定中的能力基准。职业教育培训开发局的职能是职业教育培训程序的开发、教师能力的开发以及职业教育培训机构基本要求的确定等。[②]

二是职业教育培训与能力促进委员会，该委员会下设海外劳动者培训开发中心、制造业与服务业培训开发中心以及劳动者能力发展中心等。这些组织的主要职能是针对职业教育培训教师、高端技术者、公务员等人员进行职业教育培训。

此外，还有职业教育培训调整机构，它是由中央政府、经营者团体和职业教育培训等机构参加的，对职业教育培训各种问题进行调整、评价的职能机构。其设置是为了统一国家职业教育培训的总体方向，以消除职业教育培训中投资浪费的问题。[③]

---

① 贾秀芬. 印度尼西亚职业教育培训的实施与评价 [J]. 职教论坛, 2010 (5):90.
② 同上文, 2010 (5):89-90.
③ 同上文, 2010 (5):89.

3. 经费

根据 2003 年的《国家教育法案》的规定，教育经费由中央政府、当地政府和社区负责承担。印尼教育经费在财政预算中占重要比例，仅次于农田水利和交通运输。《国家教育法案》规定：教育支出（不包括教师工资）至少应占国家预算的 20% 以及地方预算的 20%。政府任命的教师工资由国家预算支出。国家政府以拨款的形式向教育机构发放经费，也以同样方式向地方政府发放教育经费。除了国家财政预算通过划拨资金给予职业教育支持之外，跨国海外公司也为职业教育投资，包括国际财政机构，例如世界银行、亚洲开发银行、美洲银行和国家间的双边合作（以贷款或者是拨款的形式）。[①]

（二）教师

印度尼西亚的主要教师培训机构是大学内的教师培训机构。2005 年教师法要求这些机构开设 4 年制学位课程。根据 2005 年教师法，所有教师必须完成认证流程，此流程要求他们在 2015 年之前必须具备 4 年制高等教育学位。教师资格认证应按照国家标准委员会制定的标准进行。

五、职业技术教育与培训的诉求与发展趋势

（一）诉求

印尼职业教育与培训面临一些急需解决的问题，具体体现在：职业教育机构的实际培训和技能教学与劳动力市场需求之间缺乏足够的对应性；职业教育机构的学术型教师与实践型教师之间人数不平衡，后者人数较少；职业学校中教师员工的实践能力不高，职业学校中的各种设施设备，包括教学楼、办公设施、实验室设施等非常不足，然而这些又是提高学校教育效率的重要因素，这些方面的缺失使得毕业生很难实现就业所要求的标准。

（二）发展趋势

在未来，印尼发展职业教育有许多优势。

首先，职业教育需求越来越大。根据 2010 年人口普查，印度尼西亚有 2.376 亿人口，为世界第四人口大国，人口增长率为 1.9%，全国有 58% 的人口居住于爪哇岛，为世界上人口最多的岛屿。虽于 1960 年开始实施家庭人口计划，但在 2020 年到 2050 年，印度尼西亚的人口有可能达到 2.65 亿或 3.06 亿。因此，它有着大量的劳动力资源，这些劳动力对职业教育与培训的需求会越来越大。

其次，职业教育迎来更大发展机遇。印度尼西亚是以农业立国的发展中国家，可供农业使用的土地，包括种植用的干地、淡水池、林地及湿地等，占全部土地面积的 75% 左右。它作为东南亚的新兴市场，具有潜在的投资吸引力。2013 年，印尼国民生产总值

---

① 刘思雯. 印度尼西亚职业技术教育发展研究 [D]. 广西师范大学硕士学位论文，2014：22.

增长 5.78%，全年固定资产投资增长 4.71%，外国直接投资同比增长 22.4%，国内投资增长 39.0%。^① 国内经济的平稳增长为职业教育发展带来更大机遇。

最后，政府更加重视职业教育。政府扩大了财政对于职业教育的支持力度，也采取了扩招学生数量的措施。在改革的过程中，政府在改变对于职业教育和培训系统固有的思维模式方面付出了巨大的努力。政府规划和出版了《2020 年我们所需的技能》，这充分说明印度尼西亚的一些重要的机构和院校在职业教育和培训上面做出了巨大努力。

为解决职业学校教育在实施过程中存在的问题，印尼政府主要采取以下措施：在国家职业资格委员会颁布的国家能力标准的基础上设计课程，能力标准是由行业、教育部门、商业联合会、人力资源部合作制定的，已经被相关团体所接受。此外，高等职业学校的课程还需要适应地方劳动力市场的需要。

（深圳职业技术学院　技术与职业教育研究所　袁　礼）

主要参考文献

[1] 中华人民共和国外交部. 印度尼西亚国家概况 [EB/OL]. http://www.fmprc.gov.cn/web/gjhdq_676201/gj_676203/yz_676205/1206_677244/1206x0_677246/. 2021-10-01.

[2] 中华人民共和国驻印度尼西亚共和国大使馆经济商务参赞处. 自然地理：印度尼西亚国家概况 [EB/OL]. http://id.mofcom.gov.cn/article/ddgk/200305/20030500088482.shtml. 2017-10-01.

[3] 联合国工业发展组织咨商机构. 印尼概况 [EB/OL]. http://www.globalsmes.org/news/index.php?catalog=38&detailid=1081&func=detail&lan=gb. 2017-09-23.

[4] 中华人民共和国驻印度尼西亚共和国大使馆. 国家概况：印度尼西亚 [EB/OL]. http://www.fmprc.gov.cn/ce/ceindo/chn/indonesia_abc/gjgk/. 2017-09-26.

[5] 世界银行. 印度尼西亚人口 [EB/OL]. https://data.worldbank.org.cn/country/ID. 2017-10-02.

[6] 中国金融信息网. 世界主要经济体概况：印度尼西亚 [EB/OL]. http://world.xinhua08.com/a/20141211/1424343.shtml. 2017.09.20.

[7] 中华人民共和国驻印度尼西亚共和国大使馆经济商务参赞处. 印度尼西亚文化教育 [EB/OL]. http://id.mofcom.gov.cn/article/ddgk/201005/20100506903966.shtml. 2017-09-16.

[8] 李玉静，程宇. 印度尼西亚：促进劳动力进入工作世界 [J]. 职业技术教育，2007 (9)：40-41.

[9] 罗承日著. 朱丽佳译. 新千年亚洲职业培训的现状与发展方向 [J]. 职业技术教育，2012 (13): 84-89.

---

① 北京济研咨询有限公司. 2015 年印度尼西亚投资环境现状研究及发展趋势报告 [EB/OL]. http://www.ynshangji.com/z3000000005827054/. 2017-08-10.

[10] 刘思雯 . 印度尼西亚职业技术教育发展研究 [J]. 广西师范大学硕士学位论文 , 2014: 17.

[11] 袁玉平 , 秦红群 , 吴涛 . 印度尼西亚矿产资源与开发形势分析 [J]. 国土资源情报 , 2011 (7) : 44-48.

[12] 贾秀芬 . 印度尼西亚职业教育培训的实施与评价 [J]. 职教论坛 , 2010 (4) : 90-91.

[13] 李玉静、程宇 . 印度尼西亚 : 促进劳动力进入工作世界 [J]. 职业技术教育 , 2007 (9) : 40-41.

[14] 北京济研咨询有限公司 .2015 年印度尼西亚投资环境现状研究及发展趋势报告 [EB/OL]. http://www.ynshangji.com/z3000000005827054/.

[15] Government of the Republic of Indonesia (2003). Law on National Education System. National Gazette Republic of Indonesia.

[16] World Bank (2010). Indonesia Skills Report. Washington: the World Bank.

[17] UNESCO-IBE (2011). World Data on Education VII Ed. 2010/11. Indonesia. Geneva: UNESCO-IBE.

约旦哈希姆王国

一、国家概况

（一）地理

约旦哈希姆王国（The Hashemite Kingdom of Jordan），简称约旦，位于亚洲西部，阿拉伯半岛西北部，西与巴勒斯坦、以色列为邻，北与叙利亚接壤，东北与伊拉克交界，东南和南部与沙特阿拉伯相连，西南一角濒临红海的亚喀巴湾是唯一出海口。约旦首都安曼（Amman），是全国最大的城市，位于阿杰隆山地东侧、安曼涧河流过的地区。约旦国土面积为 8.9 万平方千米，分 12 个省，包括首都省、伊尔比德省、马安省、扎尔卡省、拜勒加省、马夫拉克省、卡拉克省、塔菲拉省、马德巴省、杰拉什省、亚喀巴省、阿吉隆省。每一个省长都是由国王任命的，每一个省分成 52 个街道。约旦东部和东南部为沙漠，占全国面积 78%。西部高地属亚热带地中海型气候，气候温和，平均气温 1 月为 7℃~14℃，7 月为 26℃~33℃。[1]

（二）人文

约旦原是巴勒斯坦的一部分。公元 7 世纪初属阿拉伯帝国版图。1517 年归属奥斯曼帝国。第一次世界大战后沦为英国委任统治地。1921 年英国以约旦河为界，把巴勒斯坦一分为二，西部仍称巴勒斯坦，东部建立外约旦酋长国。1946 年 3 月 22 日英承认外约旦独立，5 月 25 日改国名为外约旦哈希姆王国。[2]

约旦是世袭君主立宪制国家，国王是国家元首、三军统帅，权力高度集中。最新一届政府于 2017 年 6 月 18 日成立，后经微调，现有阁员 29 名，主要包括首相兼国防大臣哈尼·穆勒吉（Hani Mulki）、首相府事务国务大臣马姆杜赫·阿巴迪（Mamdouh Abbadi）。约旦人口数约为 1023 万（含巴勒斯坦、叙利亚、伊拉克难民），98% 的人口为阿拉伯人，还有少量切尔克斯人、土库曼人和亚美尼亚人。国教为伊斯兰教，92% 的居民属逊尼派，2% 的居民属于什叶派和德鲁兹派。信奉基督教的居民约占 6%，主要属

---

[1] 中国一带一路网 [EB/OL]. https://www.yidaiyilu.gov.cn/gbjg/gbgk/10040.htm.2017-9-15.

[2] 中华人民共和国外交部 [EB/OL]. http://www.fmprc.gov.cn/web/gjhdq_676201/gj_676203/yz_676205/1206_677268/1206x0_677270/.2021-7.

希腊东正教派。官方语言为阿拉伯语，通用英语。旅游业发达，主要旅游景区有安曼、死海、杰拉什、佩特拉、阿杰隆古堡、亚喀巴、月亮谷等。货币为约旦第纳尔。[①]

（三）经济

约旦系发展中国家，经济基础薄弱，资源较贫乏，矿产资源主要有磷酸盐、钾盐、铜、锰、铀、油页岩和少量天然气。磷酸盐储量约 20 亿吨。死海海水可提炼钾盐，储量达 40 亿吨。油页岩储量 700 亿吨，但商业开采价值低。可耕地少，依赖进口。国民经济主要支柱为侨汇、旅游和外援。阿卜杜拉二世国王执政后，大力推行经济改革，改善投资环境，积极寻求外援，扭转了约旦经济长期负增长或零增长的局面。1999 年约旦加入世界贸易组织。2004—2008 年间经济增长率超过 8%。至 2020 年，GDP 为 437.45 亿美元，经济增长率为 -1.8%。

2009 年以来，受国际金融危机影响及西亚北非地区局势动荡冲击，约旦经济增长速度下滑，约旦政府加大对经济调控力度，并在金融、基建、招商引资、争取外援等方面采取相应措施，取得一定成效。工业系统中多属轻工业和小型加工工业，主要有采矿、炼油、食品加工、制药、玻璃、纺织、塑料制品、卷烟、皮革、制鞋、造纸等。有磷酸盐、钾盐、炼油、水泥、化肥 5 个规模较大的工业产业。农业不发达，农业人口 11.04 万，约占劳动力的 12%。可耕地面积仅占国土面积 7.8%，已耕地面积约 50 万公顷，多集中在约旦河谷，全部私人经营。水资源缺乏是约发展农业的主要障碍。目前建有 10 个主要水坝，总容量 3.27 亿立方米，其中 91% 位于干旱地区。主要农作物有小麦、大麦、玉米、蔬菜和橄榄等。农产品不能满足国内需求，粮食和肉类主要依靠进口。与世界100 多个国家和地区有贸易往来。主要进口原油、机械设备、电子电器、钢材、化学制品、粮食、成衣等，主要进口国为沙特、中国、美国、德国和埃及。此外，旅游业为约旦三大经济支柱之一和主要外汇来源之一。[②]

（四）教育

约旦建国不过七十多年，自然资源极度贫乏。它既不像埃及、伊拉克等阿拉伯世界的文明古国有着深厚的文化教育基础，也没有阿拉伯产油国滚滚而来的石油财富。然而，约旦却在十分不利的自然条件下，从建国时起就把教育当作"最重要的工业"来发展，把人力资源作为"最宝贵的资源"加以开发。通过对教育的超常投资，约旦在较短时间内建立起完备的现代教育体系，在教育领域取得了令阿拉伯世界瞩目的成就。

当前，约旦基础教育为 10 年一贯制，高中教育是建立在一般文化基础上的非义务性专业学习，学制为两年。截至 2020 年，全国有各类学校 5348 所，教师近 5.9 万人，学生 153 万人。学龄儿童入学率为 95%。有 10 所公立大学：约旦大学、亚尔穆克大学、约旦科技大学、哈希姆大学、穆塔大学、贝塔大学、侯赛因大学、拜勒卡应用大学，另有

---

① 中国一带一路网 [EB/OL]. https://www.yidaiyilu.gov.cn/gbjg/gbgk/10040.htm.2017-9-15.

② 同上。

19 所私立大学，在校生 70546 名，其中包括 7914 名外国留学生。有 52 所社区学院，相当于我国的中等专业学校，有学生 22471 名。全国文盲率约为 8.7%。[①]

二、职业技术教育与培训的战略与法规

（一）战略

约旦政府在建国之初就确定了教育立国的基本国策。阿卜杜拉二世国王陛下在《国家议程》（2006—2015）中提出，职业技术教育旨在解决重要的经济和社会发展问题。当前，其主要战略目标是通过大力加强职业培训来重塑劳动力技能，消除结构性失业。具体而言，针对就业规划及职业技术教育与培训发展，采用双支柱战略，一个支柱是劳动力市场的特点和需求，另一个支柱是学员的能力和需求。同时，增强各职业教育与培训机构在自身发展规划及资源拓展方面的能力，加强这些机构在就业跟进、监督、评价、建立相关体系等方面的能力。还要增加职业教育与培训服务单位数量，丰富职业教育与培训服务单位类型，确保各单位间的协同合作，进一步加强女性在职业技术教育和培训领域的比例，鼓励她们进行职业技术教育与培训及就业的规划和参与，通过加强职业技术教育与培训的媒体宣传，使人们对职业技术岗位持更加积极的态度。

在制度建设方面，约旦提倡建立相关机制体制，开拓渠道实现职业技术教育与培训的供需平衡，比如：建立信息和资源拓展系统、建立职业划分标准、提供职业咨询和就业服务等等。同时，通过与大学和其他利益相关方合作，促进职业技术教育与培训领域的研究。重点是充分利用各立法途径和工具，为职业技术教育与培训建立强有力的法律框架。建立和提升职业教育的组织架构，将普通教育与职业技能教育与培训联系起来，进一步增强职业技能教育与培训系统的灵活性。约旦还设立人力资源发展高级委员会，主要职责是制定国家人力资源发展方面的规划、政策及战略，协调就业与职业技术教育与培训领域发发展规划。

2012 年，阿卜杜拉国王陛下发起了"国家就业战略"及 2011—2020 年国家就业实施方案，其重点是帮助年轻人找到合适的工作。"国家就业战略"旨在支持那些为毕业生提供资金的计划，帮他们在全国开展试点项目，建立初创企业。此外，通过开展及增加校企间有偿培训的合作项目，"国家就业战略"提出了关于失业问题的解决办法和践行机制。

（二）法规

在约旦，教育方面的基本法律是 1994 年的第三号《教育法案》。该法案制定了国家教育目标和政策，规定了教育部和教育委员会的职责。此外，该法案还形成了一个框架，规定了课本、课程、考试以及私有和国外教育机构的运行要求。近年，《教育法案》的范围扩大到多元化的中等教育领域，包括多项职业教育条款。此外，约旦的劳动力市场还

[①] 中华人民共和国外交部：约旦国家概况 [EB/OL]. http://www.fmprc.gov.cn.2021-7.

受到另外三种法律的约束：（1）1996 年第 8 号劳动法修正案；（2）2007 年的民事服务法第 30 号法案；（3）2010 年的社会安全法第 7 号临时法案。[①] 虽然上述法案都对公司培训与雇佣劳动力做出了相应规定，但据世界银行的调查显示，约旦只有 14% 的公司会考虑职业与劳动法律对公司雇佣的影响。相对于拉丁美洲和亚洲地区，约旦的相关职业教育法律对于公司雇佣的冗余指数较低，表明其在通过法律法规提升职业教育与培训的质量方面有待进一步加强。

三、职业技术教育与培训的体系与质量保障

（一）体系

约旦义务教育年限为 10 年，涵盖基础（小学）教育。在此之前，孩子可以上公立、私立或者由非政府组织开办的幼儿园。中等教育学制 2 年，分两种类型：综合教育（学术教育和职业教育）和应用教育。教育部管理综合教育，而职业训练局管理应用教育。

就读综合教育的学生，在顺利完成中等教育后，可通过普通中等教育考试进入大学。不再继续深造的学生，将获得毕业资格证书，开始工作。应用教育学制 2 年，主要通过开设培训课程，教导学生实际应用能力；综合教育的学校则通过学校的讲习班培养学生实践能力。

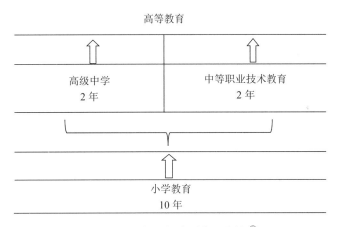

图 1　约旦教育与培训体系结构[②]

在约旦，有很多提供非正规职业技术教育与培训的公立和私立机构。它们提供各种教学计划，旨在帮助学生提升教育和职业水平，提高工作效率和表现，以及促进职业转变。虽然有许多的非正规职业技术教育与培训计划，然而，政策前后不一致以及战略框架不足却导致了教学计划重复、教学质量评估不足、正规和非正规职业技术教育与培训

---

① Department of Statistics, Employment Survey 2011 (enterprise-based survey), Ministry of Planning and International Cooperation, Amman, 2013c.

② 本表参考联合国教科文组织国际教育局 (2011)：《世界教育数据》（约旦），第 7 版，2010/2011。

之间联系薄弱等问题。

对此，《就业与职业技术教育与培训战略》（2005）制定了一系列指导意见，旨在提高非正规职业技术教育与培训的作用：

（1）非正规职业技术教育与培训需要纳入国家社会经济发展计划，尤其是人力资源发展计划；

（2）制定和不断调整非正规职业技术教育与培训的相关立法；

（3）建立对非正规职业技术教育与培训机构的认证、许可及质量控制体系；

（4）加强非正规与正规职业技术教育与培训系统的联系，加强整个职业技术教育与培训的系统性；

（5）为非政府组织提供奖励，鼓励其开设非正规职业技术教育与培训计划，尤其是为那些有特殊需求的学生开设此类教学计划；

（6）建立非正规职业技术教育与培训的资金体系，既满足学员又满足雇主的需求；

（7）合理划分非正规职业技术教育与培训计划分布的地理区域；

（8）针对非正规技术教育与培训体系、服务和计划，就业与职业技术教育与培训委员会将负责相关规划及政策制定、发展和评估。

尽管非政府组织的技术培训规模尚无确切数字，但是私营的职业技术培训服务单位不会重复公立培训单位的教学计划，而是提供短期课程（一般少于一年）帮助学员获取市场上认可的资格证书。这些培训中心历来被称为"文化中心"，主要由个人创办。

（二）保障

职业技术教育与培训委员会负责约旦职业技术教育和培训系统的整体质量保障和评估。理事会正在着手研究和制定职业技术教育与培训监测和评估系统框架，该框架的目标是根据全国绩效目标，确立职业技术教育与培训体系的绩效指标，设计数据收集工具和报告机制，最终建立一个职业技术教育与培训绩效评估体系，用以对职业技术教育与培训进行绩效分析，确保将反馈纳入政策评估周期。

根据就业与职业技术教育与培训改革，认证和质量保证中心将负责职业技术教育与培训的质量保证系统。该中心即将开始规定就业与职业技术教育与培训服务的质量标准，以满足劳动力市场需求。该中心将由劳工部监管，目标是建立职业技术教育与培训的标准，以保证教育和培训质量；审查职业技术教育与培训机构的许可和认证；对参与职业技术工作的人员进行职业测试，并颁发职业资格证书。

同时，约旦也根据国际标准职业分类，建立符合本国实际的国家资格框架体系，该体系预采用统一的职业定义和标准体系；制定并通过立法和组织框架，为个人和企业的特定职业提供许可，并成立一个负责测试和认证的自主机构，以建立全面的职业测评系统，确保政府和非政府机构采用国家职业分类和标准体系。按照"就业与职业技术教育与培训战略"，2008年通过的阿拉伯职业资格，通过规定工作类型和技术层次要求，确立了一个收集和管理职称的体系，并在一定范围内达成了劳动力职业资格的共识。

四、职业技术教育与培训的治理与教师

（一）治理

约旦分为 41 个教育区，每个区由当地的教育局管理。然而，约旦教育体系高度集中，教育部起主要作用，其设立体系，规定全国的课程、课本、教师招聘、法律法规、资金等。教育委员会由公立和私立机构的利益相关方组成，审核教学课程及课本内容，探讨教育政策，并为教育部建言献策。

负责管理职业技术教育与培训的政府部门有三个：教育部，高等教育科学研究部和职业训练局。不过，在职业技术教育与培训委员会的支持下，劳动部则是负责职业技术教育与培训系统的协调、政策制定和整体监管的部门。

《国家议程》规定，职业技术教育与培训委员会是负责政策和战略制定的主要单位，而且委员会向发展协调单位建言献策。发展协调单位的职权范围涵盖技术援助、联系顾问，联络职业技术教育与培训委员会、秘书处和其他利益相关方。此外，职业技术教育与培训委员会的职权还包括：加快委员会的政策执行，并为相关执行单位提供支持；协调年度预算、计划、报告和审计；准备季度报告；协调和参与捐助；确保财政管理体系运行良好。不过，职业技术教育与培训委员会职责仅限于协调不同的职业技术教育与培训相关方，并进行监督和报告，以确保与职业技术教育与培训改革目标保持一致。

职业训练局是劳动部下属的半自治机构。职业训练局成立于 1976 年，主要职责是通过技术提升教学计划、密集的短期课程和培训计划，以提供职业技术教育和培训。在约旦，职业技术教育和培训的其他服务单位还有：拜勒加应用大学、私立教育单位、企业、私营部门、非政府组织等。

《就业与职业技术教育与培训战略》（2005）指出，需要加强上述机构间的合作，提供不同类型和不同层次的职业教育和培训，并为职业技术教育和培训服务单位和劳动力市场建立联络渠道。

《国家议程》还指出应建立人力资源发展高级委员会、就业与职业技术教育与培训委员会、就业与职业技术教育与培训基金、独立的质量保证机构，并将职业训练局重组为一个自治机构等等。[①]

就业与职业技术教育与培训基金是本系统的主要资金来源。最初，资金主要是来源于征收私有企业净利润的 1%。然而，该税收已被废除。取而代之的是向那些雇用非约旦人的雇主收取费用。基金的目的是为职业技术教育与培训计划提供支持并促进其发展，促进公有和私营行业培训发展，增加大众对职业技术教育与培训的意识。

---

① 安曼劳动部：Ministry of Labour (2012). E-TVET Sector Reform. Amman: Ministry of Labour. Accessed: 16 March 2012.

欧洲培训基金（2006）对三个职业技术教育与培训机构进行了比较分析。分析结果表明，政府在这些机构中的预算份额正在减少，使得这些机构避免因政府预算的限制而受到打击。自筹资金、国外捐助以及贷款可让这些职业技术教育与培训机构拥有更多的自主权，可以自行配置资源，免去了之前获得和支出公共资金时的复杂程序。

（二）教师

无论哪一教学环节，所有教师都必须持有大学学位。基础教育的教师，需至少拥有学士学位，而中等教育的教师则必须拥有一年制的硕士及以上学位。此外，教师还需要接受现代教学方法、课程和教科书的全面在职培训。教育部下属的培训总局负责计划安排这些培训。通过与教育专家、地区和国际组织合作，培训总局旨在加强对教学和行政人员的培训、认证、监督和能力培养。职前培训的重点是形成有效的教学方法、培养工作相关技能、批判性思维、合作教学以及对学术思想的实际应用。虽然大约80%的教师都拥有大学学位，满足了基础教育的要求，但迄今为止大多数教师尚不符合实际教学的要求。只有经过多年的经验积累，具体的教学实践和职后锻炼，教师的水平才会不断提升。

五、职业技术教育与培训的诉求与发展趋势

如何满足劳动力市场是约旦职业教育发展的重要诉求与趋势，为此，约旦于2008年实施了以雇主需求为导向的技能提升计划，并获得了世界银行项目的资助，这也是就业与职业技术教育与改革的一部分。该计划的主要目标是通过相应的操作机制来实施职业技术教育与培训政策。在该计划内，雇主主要参与政策制定，制度发展和改革以及技能提升方案的设计和实施。

为实现其目标，以雇主需求为导向的技能提升计划重点为提升职业技术教育与培训理事会及其秘书处的政策制定、运作和机构管理能力。以雇主需求为导向的模式，提供了更高效的业务和培训服务。此外，该计划也为职业技术教育与培训基金提供了支持，帮助变革了基金组织的架构，完善了职业技术教育与培训系统的资金筹措机制。

未来，劳动部将约旦职业技术教育与培训领域的诉求分列如下：加强职业技术教育与培训行业的汇聚效应；激发私有部门的参与活力；加强职业技术教育与服务单位同劳动力市场的关联；建立更为高效的资金机制；调整职业教育法律法规，增进高素质教师和教员进入公立职业技术教育与培训系统；加强教育指导和咨询体系建设；改善职业技术教育与培训学校的设备设施；建立终身学习体系；增进职业技术教育与培训机构自主权，尤其是在发展继续培训方面，以提升国家职业教育治理能力。

约旦面临的另一个挑战是女性在劳动力和职业技术教育与培训方面的参与度不高。"事实证明，接受完基础教育后，继续进行职业教育深造的女性人数只有男性人数的一半左右，而且女性在职人员只占劳动力的13%左右。另一方面，女性的就业方向仅仅集中

于一些服务部门，特别是教育部门。"①尽管普遍认为造成职业技术教育与培训中女性数量较少的原因是文化因素，但缺少安全的、定期往返的、免费的公共交通工具也是重要原因。萨斯喀彻温省科学技术研究所进行的一项研究表明，无法进入公共交通系统、时间限制和运输成本等因素阻碍了她们进行职业技术教育与培训，因此增进性别平等也将是约旦职业教育发展中的一大诉求。

（深圳职业技术学院　技术与职业教育研究所　李亚昕）

主要参考文献

[1] 中华人民共和国外交部 [EB/OL]. http://www. fmprc. gov. cn/web/gjhdq_676201/gj_676203/yz_676205/1206_677268/1206x0_677270/.

[2] 中国一带一路网 [EB/OL]. https://www. yidaiyilu. gov. cn/gbjg/gbgk/10040. htm.

[3] European Training Foundation (2006). Technical and Vocational education and Training in Jordan—Areas for Development Cooperation. Turin:ETF. Accessed:19 March 2012.

[4] European Training Foundation (2011). Torino Process 2010 – Jordan. Turin:ETF. Accessed:16 March 2012.)

[5] Ministry of Labour (2012). E-TVET Sector Reform. Amman:Ministry of Labour. Accessed:16 March 2012.

[6] 国家人力资源发展中心：就业与职业技术教育与培训战略 . National Centre for Human Resource Development (2012). E-TVET Strategy. Amman:NCHRD. Accessed:16 March 2012.

[7] 就业与职业技术教育与培训中的性别：提高女性参与度并提出变革策略 . Perspective (2009). Gender in E-TVET:Extent of women`s participation and proposed strategies for change. Amman:Ministry of Labour.

[8] 联合国教科文组织 (2010): 阿拉伯国家的创业教育 . UNESCO (2010). Entrepreneurship Education in the Arab States. Bonn:UNESCO–UNEVOC. Accessed:19 March 2011.

[9] 联合国教科文组织国际教育局 (2011):UNESCO–IBE (2011). World Data on Education VII Ed. 2010/11. Jordan. Geneva:UNESCO–IBE. Accessed:16 March 2012.

[10] Department of Statistics, Employment Survey 2011 (enterprise–based survey), Ministry of Planning and International Cooperation, Amman, 2013c.

---

① National Centre for Human Resource Development (2012). E-TVET Strategy. Amman: NCHRD. Accessed: 16 March 2012.

越南社会主义共和国

一、国家概况 [①②]

（一）地理

越南社会主义共和国（The Socialist Republic of Viet Nam），简称越南，位于东南亚中南半岛东部，紧邻南海，北与中国广西、云南接壤，西与老挝、柬埔寨交界。越南国土面积 32.9556 万平方千米，地形狭长，呈 S 形，南北最长处达 1600 千米，东西最宽处有 600 千米，最窄处仅 50 千米。地势西北高，东南低，境内四分之三的面积为山地和高原。主要有红河三角洲和湄公河三角洲两大平原，面积分别为 2 万和 5 万平方千米，为越南主要的农业产区。北部和西北部多为高山和高原，中部长山山脉横贯南北。越南河流密布，长度在 10 千米以上的河流多达 2860 条，主要有红河、湄公河、沱江、泸江和太平河等。越南地处北回归线以南，高温多雨，属热带季风气候，年平均气温 24℃左右，年平均降雨量为 1500—2000 毫米。北方四季分明，南方分为雨旱两季，大部分地区 5—10 月为雨季，11 月—次年 4 月为旱季。

越南共有 729 座城市，包括河内、胡志明市、海防、岘港和芹苴 5 个直辖市。其城市分为 6 类，包括河内和胡志明市两个特别城市、15 个一类城市、16 个二类城市、45 个三类城市和 66 个四类城市，其余为五类城市。首都河内，位于红河三角洲西北部，面积 3344.7 平方千米，截至 2019 年人口约为 805 万，是全国政治、文化中心，为越南面积最大、人口第二大城市。河内地处亚热带，临近海洋，气候宜人，四季如春，夏季平均气温 28.9℃，冬季平均气温 18.9℃，降雨丰富，名胜古迹较多，历史悠久，水陆交通便利。胡志明市是越南最大的港口城市和经济中心，位于湄公河三角洲东北部，南临南中国海，东南距海口仅 80 千米，由原西贡、堤岸、嘉定三市组成，面积 2090 平方千米。西贡港年吞吐量可达 450—550 万吨。据越南官方统计，胡志明市有华人约 48 万，市内第五郡（原堤岸市）是华人相对集中的地区。

---

① 越南国家概况. 外交部网站（最近更新时间：2020 年 9 月；访问时间：2021 年 9 月）. http://www.fmprc.gov.cn/web/gjhdq_676201/gj_676203/yz_676205/1206_677292/1206x0_677294/.

② "国家概况"内容主要来自：商务部. 对外投资合作国别（地区）指南——越南.

（二）人文

公元 968 年，越南成为独立的封建国家。1884 年沦为法国保护国。1945 年 9 月 2 日宣布独立，成立越南民主共和国。同年 9 月，法国再次入侵越南。1954 年 7 月，关于恢复印度支那和平的日内瓦协定签署后，越南北方获得解放，南方仍由法国统治，后成立由美国扶植的南越政权。1961 年起越南开始进行抗美救国战争，1973 年 1 月越美在巴黎签订结束战争、恢复和平的协定，美军开始从南方撤走。1975 年 5 月南方全部解放，1976 年 4 月组建统一的国会，7 月宣布越南全国统一，定国名为越南社会主义共和国。1986 年开始实行改革开放政策，2001 年越共九大确定建立社会主义市场经济体制。2016 年 4 月，越南召开第十三届国会第十一次会议，选举产生新一届政府。

截至 2019 年，越南人口约为 9620 万，其中城镇人口占 32%，农村人口占 68%；劳动人口 6433 万，占 70%。人口密度最大的是红河平原，平均每平方千米 1217 人；密度最小的为西北地区，平均每平方千米 69 人。

越南是一个多民族国家，共有 54 个民族，其中京族（也称越族）占总人口的 86%，岱依族、傣族、芒族、华人、侬族人口均超过 50 万；主要语言为越南语（也是官方语言和主要民族语言）；主要宗教有佛教、天主教、和好教与高台教。[①]

在越南社会中，传统儒家思想和东方价值观占主导地位。在日常生活中注重礼节，讲究称谓和问候，对长辈称大爹、大妈或伯伯、叔叔，对平辈称兄、姐，对群众称乡亲们、父老们、同胞们（越南人之间）。京族人不喜欢别人用手拍背或用手指着人呼喊。越南人饮食较清淡，以清水煮、煎炸、烧烤为主，喜欢生、冷、辣食品；粮食以大米为主，也包括杂粮；尤其喜欢"鱼露"，一种用鲜鱼加工的食品，是京族人日常生活中不可缺少的调料；蔬菜以空心菜为主，也有白菜、黄瓜、南瓜等。越南人忌讳三人合影、一根火柴（或打火机）连续给三个人点烟，认为不吉利；忌讳被人摸头顶。

（三）经济

越南实行改革开放以来，经济保持较快增长速度，经济总量不断扩大，产业结构趋向协调，对外开放水平不断提高，基本形成了以国有经济为主导、多种经济成分共同发展的格局。2019 年国内生产总值（GDP）约为 2620 亿美元，比上年增长 7.02%，人均 GDP 为 2786 美元，其中农业占国民经济的 17%，工业和建筑业占 33.3%，服务业占 39.7%。2019 年越南失业率约为 2% 其中城市失业率为 2.93%，农村为 1.51%。主要工业产品有煤炭、原油、天然气、液化气、水产品等，粮食作物包括稻米、玉米、马铃薯、番薯和木薯等，经济作物主要有咖啡、橡胶、腰果、茶叶、花生、蚕丝等。

2019 年对外贸易总额约为 5169.6 亿美元，其中出口总额 2634.5 亿美元，进口总额 2535.1 亿美元，贸易顺差 99.4 亿美元。主要贸易对象包括中国、美国、欧盟、东盟、日

① 越南国家概况．外交部网站（最近更新时间：2020 年 9 月；访问时间：2021 年 9 月）.http://www.fmprc.gov.cn/web/gjhdq_676201/gj_676203/yz_676205/1206_677292/1206x0_677294/.

本及韩国。主要出口商品有：原油、服装纺织品、水产品、鞋类、大米、木材、电子产品、咖啡，主要出口市场有中国、欧盟、美国、东盟、日本；主要进口商品有：汽车、机械设备及零件、纺织原料、成品油、钢材、电子产品和零件，主要进口市场为中国、东盟、日本、韩国、欧盟、美国。

越南矿产资源丰富，种类多样，主要有近海油气、煤、铁、铝、锰、铬、锡、钛、磷等，其中煤、铁、铝储量较大；海洋生物种类繁多，如鱼类、蟹类、贝类、虾类等。森林面积约 1000 万公顷。

据世界银行发布的《2020 年营商环境报告》，越南在全球 190 个经济体中排名第 70 位；据世界经济论坛《2019 年全球竞争力报告》，越南在全球最具竞争力的 141 个国家和地区中排第 67 位。2016 年 4 月，越南第十三届国会第十一次会议通过《关于 2016—2020 年 5 年经济社会发展规划的决议》，其中提到 5 年内 GDP 保持 6.5%—7% 的年均增长率；到 2020 年人均 GDP 达 3200—3500 美元，工业和服务业占 GDP 比重达 85%；经过培训的劳动力比例达 65%—70%，其中拥有毕业证、资格证书的比例达 25%；重点产业包括能源、电力、交通运输、煤炭、纺织、汽车、通信等领域。

（四）教育

越南有较为完善的教育体系，分为学前教育、基础教育和大学教育三个阶段，著名的大学有河内国家大学、百科大学和胡志明市国家大学等。2000 年，越南宣布完成扫盲，并普及小学义务教育；2001 年，开始普及 9 年义务教育。近年来，部分国家政府和国际组织向越南提供援助，支持其发展教育事业，特别是农村和少数民族地区教育。截至 2015 年，越南 63 个省、直辖市中，有 37 个省、直辖市达到普及 5 岁幼儿园教育水平；63 个省、直辖市普及适龄小学教育。2015—2016 年，共有幼儿园教师 23.1 万人，普通教师 82.9 万人，其中包括 36.5 万小学教师、31.3 万中学教师和 15.1 万高中教师；全国幼儿园共有 390 万名小孩，小学共有 770 万名学生，中学 510 万和高中 240 万。截至 2015 年底，全国共有 1467 所专业学校，包括 190 所大专学校、280 所中专学校、997 家专业培训中心和近 1000 个专业机构，有专业教师 4.06 万人。

二、职业技术教育与培训的战略与法规

越南早在 1993 年第 7 届党代会中央委员会第 4 次会议决议中提出，教育的主要目标是提高人民的基本知识，丰富人力资源和培养人才；在《教育发展策略 2001—2010、2011—2020》中，继续明确指出，一个高质量的人力资源对于社会经济的高速、可持续发展十分重要，是提升工业化、现代化进程中的主要驱动力之一；在 2005 年的教育法中，指出，教育的目标是"全面教育好人民，使他们拥有伦理、知识、健康、美学和专业，……塑造、培养国民素质、竞争力、社会能力，……教育发展是国家第一优先项，……须与社会经济发展需求联系在一起，与科技进步相联系，……须将教育与就业联系在一

起。"①

《国家社会经济发展计划 2011—2015》提出，国家发展愿景是成为现代化、工业化的国家，并将"教育、培训、科学和技术符合国家工业化和现代化的要求"作为主要目标之一，并提出了到 2020 年需达到的社会、经济发展指标，包括年均增长率、受过培训的人员需占劳动力人口的 55% 以上。在该计划中虽然没有明确规定职教体系在整个教育体系中的优先等级，但指出"培养高质量的人力资源是越南长期和主要的竞争需要"，所以，职教体系的一个重要任务是提供国际竞争所需要的高层次技术人才。

在职业教育方面，《教育法》规定，其内容需着重于职业技能的培养、按各职业要求提升技术、提升教育质量；在方法上须综合实践技能的开发和理论教学，让学生可以按各专业的需求去实践和发展；课程上需反映职业教育的目标，在知识、技能、广度、内容结构上设置标准；设立培训方法和形式，为各科目、领域设立培训结果评估方法；确保可以与其他教育课程互换互通。在职业教育管理上，基于职业高中教育课程审查委员会的认可，教育部与其他相关部门一起，设定职教高中课程的核心框架，包括结构、课程数目、课程时长、理论和实践的比例，确保各科目和专业的目标得以实现，而职业学校可以依据核心框架确定各自的培训课程。在各省份，则由相应的负责职业培训的部门和其他有关部门一起，为各培训层次定义核心课程。

2006 年专门颁布了《职业培训法》，阐明政府的相关政策，包括：

1）鼓励投资职业培训网络和提升培训质量；

2）通过更新课程、教学方法、人力资源开发、设备的现代化以及科研提升职业教育的质量；

3）建设几所世界级的培训学校；

4）依据市场需要设置专业；

5）鼓励建立私立培训学校；

6）教育机会平等，关注边远地区、特殊人群等。

2012 年颁布了《职教发展策略规划 2011—2020》，设置了具体的目标、策略任务、方案以及实施、财政指导原则，内容涵盖职教管理、师资培训、资格证书框架、培训课程和教学内容、设施、质量保证、与企业、劳动力市场关联、国际合作等多个方面。规划提出要重视 5 个核心要素：

1）提供合适的技术；

2）更有效的技术教学；

3）进一步改革职教体系的组织和管理；

4）培训机会均等；

---

① 联合国教科文组织的报告. 原文出自：世界教育数据：越南. 编制：联合国教科文组织 UNESCO 国际教育部.（IBE: International Bureau of Education, www.ibe.unesco.org），World Data on Education, 7th edition,2010/2011.

5）进一步促进基于企业的培训。[①]

三、职业技术教育与培训的体系与质量保障

（一）体系

越南的基础教育实行 5-4-3 学制，即 5 年小学、4 年初中和 3 年高中。小学教育是义务的，针对 6—11 岁的人群；入读高中需要通过入学考试。完成小学教育的学生可以参加职业培训学校为期 1—3 年的教育；完成初中的学生可以修读 3—4 年的职业教育，而高中毕业生则可以参加 1—2 年（对某些技术专业，则需要 3 年）的职业教育。中等职业教育的毕业生可以继续学习高等教育，但是他们通常需要进入 3 年的初级（或专科）大学（junior colleges）。初级大学着重于实践学习，专业主要为医科、管理和金融类，最后获取副学士学位证书（associate degree）。这样的毕业生还可以继续 1—2 年的学习获得学士学位。普通大学通常为 4 年（工程、兽医、药剂和建筑学通常为 5 年，牙医和医药学则需要 6 年）。越南职教体系结构如图 1 所示。

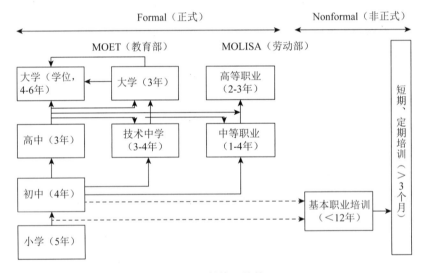

图 1　职教体系结构

资料来源：MOET = Ministry of Education and Training: MOLISA = Ministry of Labour–Invalids and Social Affairs. Source: Ministry of Labour–Invalids and Social Affairs (MOLISA).

在地区分布上，越南培训学校主要位于城镇，有些地区没有培训中心。所以，在边远地区，很难通过提供技术培训帮助人们提高产业能力和收入。另外，自从 1998 年私立培训被批准以来，私立职业教育与培训有了较大的增长，目前在整个国家职业培训学校

---

① 内容来自：越南职教体系评估 . 亚洲开发银行 .https://www.adb.org/sites/default/files/publication/59724/tvet-viet-nam-assessment.pdf.

中占了很大的比重。私立培训集中在低成本的领域，如信息技术通信、商业、语言等。政府依赖私立培训提供方吸收了大量的学生。根据《职教策略规划 2020》，私立培训服务的学生人数将从 2015 年的 20% 增长到 2020 年的 40%。

（二）保障

为了保障教学质量，国家成立了相应的评估机构对职教学校进行评估，并负责起草相应的政策文件。目前，已培训了 180 个评估人员，对 35 个学校（共 63 所）进行了评估。

在资格证书方面，政府制定了严格的法律法规，由劳动部负责管理，确保实施。职业教育总署须在教育培训机构的管理中，紧密联系国家技术标准，履行以下职责：

1）制定、实施有关职业培训的策略、方案、方针政策以及管理框架；

2）发布、实施职业培训的法律文件；

3）设立培训的目标、内容、方法、课程；为培训者设立标准、层次、设施标准以及资格框架；

4）管理培训的质量与实施；

5）维护有关统计信息；

6）组织师资、管理人员的培训；

7）充分利用、管理有关资源，协调相关研究、技术活动和国际合作；

8）监管有关法律事项，处理投诉、违法等事宜。

为了制定国家技术标准，劳动部已颁布了一系列原则，这些原则对于设立和实施一个国家标准的职业培训系统十分关键，包括一个职业在各个层次的知识、技术要求，以及标准的形式、内容，并规定了一个 5 级框架，每一级有最低的要求和核心条件，包括：

1）相关工作的范围、难度和复杂性；

2）执行工作的灵活性和创造性；

3）执行工作的协作性和责任。

为了资格证书体系的顺利运行，企业的参与和职责很重要。为此，越南政府设立了国家技术标准开发委员会，将企业和相关政府部门联合在一起，探讨、分析各种工作、技术，制定技术标准。目前，全国大约有 20 个标准开发委员会，有企业和商贸、交通、基建、农业、郊区发展及劳动等部门参与，并要求有关雇主、雇主联合会、劳工组织和技术专家学者参与。[①]

四、职业技术教育与培训的治理与教师

（一）治理

在管理方面，越南的教育与培训部负责监管教育系统，为各层次教育设置大的政策

---

① 本节内容摘自：越南职教体系评估. 亚洲开发银行 .https://www.adb.org/sites/default/files/publication/59724/tvet–viet–nam–assessment.pdf.

方向。但是，具体管理事项，如学校建筑、师资和财政资源分配等已逐步实施分散管理：高中和职业中学由各省教育部门管理，初中、小学由地区教育和培训署管理，而大学则由中央教育与培训部负责。据统计，在具体管理上，中央政府和机构负责管理大约一半的大学（48%）、26% 的中学和 5% 的小学，95% 的小学由地方政府管理。

在职业教育管理上，以下几个部门对公立职教学校实施管辖权，包括：

（1）劳动部；

（2）教育与培训部；

（3）各行业部门，如工业与贸易、农业与郊区发展部、交通、建筑、国防、医疗以及文化、体育和旅游部；

（4）劳工联合会；

（5）妇女联合会；

（6）企业联合会；

（7）国有企业；

（8）省、市、地区政府。

目前按管理层划分，越南的职教学校主要有两类，即教育与培训部负责的短期职业培训、技术中学和技术大学，以及劳动部负责的学校，包括职业培训小学（部分为职业培训中心）、职业中学和职业大学。在越南，早些的技术中学与职业中学的主要区别在于课程中理论部分与实践部分所占比例的不同，技术中学的课程中一般实践占 40%，理论占 60%，而职业中学的比例为实践 70%、理论 30%。另外，技术中学的毕业生可以继续上技术大学和普通大学，而职业学校的毕业生则不可以。这种情况目前已经得到改善，理论、实践内容比例在两类职教中学中更为标准化，职业中学的毕业生也可以上普通大学。这是在融合两个部门管理的教育、培训系统方面的重要进步。

近年来，政府在教育投入方面有很大的增加。据 2009 年的数据，教育与培训的支出占政府总支出的 20%，GDP 的 6%，与其他许多中等收入国家类似。而在职教方面的预算，包括省、地区资源，占教育总预算的比例从 2006 年的 9.3% 上升到 2011 年的 13.5%，其中大部分资金来自于政府投入，占 63%，其余来自学费（占 21%）和私立企业（占 16%）。

（二）教师

根据职教总署 2007 年的数据，越南职教体系共有 20195 名教师，包括职业大学、中学和培训中心。其中，大学有 4678 名，中学有 9583 名，5934 名在其他培训学校；24% 为女性，1.1% 为少数族裔。在教学科目分类上，21% 的职教教师负责理论课程，33% 的负责实训课程，而理论、实训课程双兼的教师占 46%。在资格证书方面，60% 的教师有本科或以上学历，13% 有大学层次的资历，26% 有中学和其他层次的资历。

在师资管理上，理想的情况是有专门的教师培训方面的技术类大学，但在越南，这类大学只有 4 所。大部分教师是通过拥有本科学历、接受为期 6 个月的教师认证课程后受聘的。越南职教法规定，大学（或中学）的理论科目教师必须具有本科学位，实训课程教师须具有副学士学位证书①，或为工匠艺人、高级技术技能人员。事实上，由于教师通常需要同时教授这两类课程，所以本科学位成为必备的资格条件。在大学层次，职教资格证书课程一般为期 6 个月，不需要付学费，培训结束后也可以选择其他职业。在越南，大家都知道职教体系的教学质量有待提高，对此，职教总署也非常清楚。大部分教师缺少工业界或实际技术经验，一般职业院校在这方面对教师也没有要求；教师培训课程没有与业界的经验、职业标准相关联，在对教师的评测中，技术技能和应用通常被忽略或没有衡量，许多教师培训学校并没有足够的技术设施可以开发受训教师的技术技能。所以，学习只集中于基本的技术概念，而没有具备政府或工业界所需求的高技能技术。另外，企业在职教体系中的参与非常有限，也减少了教师获取业界技术或实践的机会。

教师的招聘大部分通过学校系统，而不是从企业招聘，导致教学活动无法基于技术探索、以技术内容为导向，而只能以教室为中心的方式去学习、获取技能。在这方面，私立大学则采取了更为灵活的雇佣方式，如聘用工业界人员（包括退休人员）为兼职教师。这种方式也已经为公立学校所采纳，但仍有待推广。在薪资方面，目前职教教师的薪水相对较低，对职业技术技能的提高也没有鼓励或奖励，所以很难从业界聘请到有技术的人员或生产管理人员。在越南，教师职业并没有很高的社会地位，这需要更好的政策支持。在教师数量上，由于政府大力提倡职业技术教育，越来越多的学生进入职教体系，使得教师数量不足，目前的师生比（1∶30）已经超过了政府政策所倡导的标准（1∶20）。这种状况要求政府更广泛地考虑教师招聘，并通过政策提高企业参与度，还需要进一步提升职教体系的社会地位。

在教学技术提升方面，基于工作场所的学习方式要求教师采用与一般教室教学不同的技术教学、评测方式。在越南，将知识、技术融合在一起，通过项目驱动、以问题为导向、以国家技术标准为依托的教学在职教体系是全新的模式。目前的岗前培训、在职培训相对来说效果不佳，需建立更有效的师资培训系统。

职教总署了解教师发展上的不足，目前已设立了职教教师技能证书课程。该课程针对那些没有大学学位而想成为教师的人群，提供的核心模块包括：职教心理学、教学技巧、教学体系管理以及特定科目教学方法。学员可以从以下内容中选择两个，以满足证书要求，包括：职业教育的科学方法、课程开发技巧、技术教学方法以及信息技术在教学中的运用。课程一般为期 6 个月，可以在大学或教师培训学校注册学习。②

---

① 越南：年轻人的高等教育和技术发展 .Vietnam: Higher Education and Skills for Growth. 世界银行人力资源开发部（东亚和太平洋地区），2008 年 6 月。

② 本节内容来自：越南职教体系评估 . 亚洲开发银行 .https://www.adb.org/sites/default/files/publication/59724/tvet-viet-nam-assessment.pdf.

五、职业技术教育与培训的诉求与发展趋势

越南自 20 世纪 80 年代实行政治、经济革新政策以来，其经济已取得快速的成长和发展，将越南从世界上最穷的国家之一转变为一个（低阶层次的）中等收入国家。自 1990 年以来，越南 GDP 增长在全球属于最快的国家之一，在 2000 年间年平均增长速度为 6.4%。尽管全球经济处于不稳定状态，越南经济却保持持续的增长，这得力于其强劲的国内需求和以出口为导向的制造业。[①]

经济的增长促进了财富的积累、企业雇佣需求的变化以及持续的以技能为导向的技术变化，使大学毕业生在大部分领域都能找到就业机会，对产业发展做出自己积极的贡献。除传统就业领域（如教育培训类、公共管理、服务等）之外，一些新兴发展领域的就业机会出现增长，如制造业、电力、煤气、水力等；其他如化工、电子、纺织等行业则需要更多掌握高端技术的人才。

越南的职教体系在过去 10 年来有了很大的发展，职教培训中心数量几乎增长了 5 倍，达到 684 个，职教学校（包括职教中学、大学）增加了 2 倍以上，学生人数也增长了 3 倍。更重要的是，一个强有力的法律、政策框架已经形成，包括 2006 年的职教法律、职教策略规划，实施和开发了许多提升培训质量的措施，如技术标准、课程框架、学习评测等；财政资助方面也拓宽了渠道；非政府类培训机构成为一个重要部分；中、高等层次的设施已经遍布全国；政府也采取了有力措施促进农业、边远地区的培训。[②]过去 10 年职教体系尽管已经取得重大进展，但依然面对诸多挑战，包括：

（1）快速的人口增长；

（2）边远地区失业率上升；

（3）经济领域不能提供足够的工作机会；

（4）经济结构的变化带来新的职业上的需求；

（5）国内、国际的劳动力迁移；

（6）融入地区、全球经济。[③]

职教体系依旧存在某些深层次的问题，其中问题最为突出的，即企业对培训的支持不够，以及学生获得的实践技能的有效性存在很大差异，问题主要在于缺少有实践技能的教师、对毕业生的独立评价、对成效的评测标准缺失或不完善等；系统也缺少有效的管理和组织。越南《国家职教发展策略 2020》要求，职教体系要加强知识基础、协调管

---

① 越南国家概况.世界银行.http://www.worldbank.org/en/country/vietnam/overview.最近更新时间：2017 年 4 月，资料获取时间：2017 年 9 月。

② 越南职教体系评估.亚洲开发银行.https://www.adb.org/sites/default/files/publication/59724/tvet-viet-nam-assessment.pdf.

③ 基于条件选择、提升职业技术院校.Selection and Promotion of TVET Institutes based on Criteria，越南 - 德国合作组织职业培训项目.越南职教总署。

理，提升效能，政府将通过财政措施鼓励企业参与培训。

根据《国家职教发展策略 2020》，越南将在以下 9 个方面采取行动，提升职教体系的成效，包括：

（1）职业培训管理上的创新；

（2）教师和管理人员的发展；

（3）开发国家职业资格证书框架；

（4）开发培训课程、教学资料；

（5）加强培训设施、设备；

（6）促进质量保障；

（7）增强职业培训与劳动力市场、企业间的联系；

（8）提升职业培训的社会影响力；

（9）促进国际合作。[①]

《2011—2020 社会经济 10 年发展规划》明确指出，越南将把"促进技术发展，为现代工业和创新服务"作为 3 个突破方向之一（另两个方向为：提高市场分析研究和基础设施开发），从而把职业技术摆在了前所未有的高度。我们可以展望，越南的职业教育在不久的将来会出现大幅度的改观。

（深圳职业技术学院　技术与职业教育研究所　罗　欢）

主要参考资料

[1] 越南职教体系评估 . 亚洲开发银行 . 2014. https://www.adb.org/sites/default/files/publication/59724/tvet–viet–nam–assessment.pdf.

[2] 全球教育数据：越南 . 联合国教科文组织 (UNESCO) 国际教育部 (IBE: International Bureau of Education, www.ibe.unesco.org), World Data on Education, 7th edition, 2010—2011.

[3] 越南：年轻人的高等教育和技术发展 . Vietnam: Higher Education and Skills for Growth, 世界银行人力资源开发部 (东亚和太平洋地区), 2008 年 6 月 , http://siteresources.worldbank.org/INTEASTASIAPACIFIC/Resources/Vietnam–HEandSkillsforGrowth.pdf

[4] 基于条件选择、提升职业技术院校 . Selection and Promotion of TVET Institutes based on Criteria. 越南 – 德国合作组织职业培训项目 . 越南职教总署 , http://www.planco.org/sites/default/files/downloads/guideline_–_criteria–based_promotion_of_tvet_institutes_vietnam.pdf.

---

① 越南职教体系评估 . 亚洲开发银行 . https://www.adb.org/sites/default/files/publication/59724/tvet–viet–nam–assessment.pdf.

[5] 对外投资合作国别 (地区) 指南——越南 . 商务部国际贸易经济合作研究院等 . 2016 年 6 月 .

[6] 越南国家概况 . 外交部网站 (最近更新时间 : 2020 年 9 月 ; 访问时间 : 2021 年 9 月), http://www.fmprc.gov.cn/web/gjhdq_676201/gj_676203/yz_676205/1206_677292/1206x0_677294/.

[7] 东南亚国家政策结构挑战 : 越南 . Structural Policy Challenges for South East Asian Countries–Vietnam, 经济合作与开发组织 OECD, 2013 年 , http://www.oecd.org/countries/vietnam/Viet Nam.pdf.

AN OVERVIEW OF TVE IN
"BELT AND ROAD" COUNTRIES

"一带一路"沿线国家 职业技术教育概览

修 订 本

| 第二册 |

李建求 卿中全 主编

商务印书馆
The Commercial Press
创于1897

目　录

阿尔巴尼亚共和国

一、国家概况

（一）地理

阿尔巴尼亚共和国（The Republic of Albania），简称阿尔巴尼亚，由于鹰被认为是民族英雄的象征，故号称"山鹰之国"。阿尔巴尼亚位于东南欧巴尔干半岛西部，北部和东部分别与塞尔维亚和黑山及北马其顿接壤，南部与希腊为邻，西临亚得里亚海，隔奥特朗托海峡与意大利相望。境内山地、丘陵占总面积的 77%，平原为 23%。森林覆盖率为 36%，可耕地面积占 24%，牧场占 15%。该国海岸线全长 472 千米，国土总面积为28748 平方千米。[①] 全国共分为 12 个大区，下属 61 个市，首都是地拉那市，人口约 80 万，是阿尔巴尼亚的政治、经济、文化中心。属东 1 时区，比北京时间晚 7 小时，每年 3 月到 10 月夏令时比北京时间晚 6 小时。阿尔巴尼亚属亚热带地中海式气候。降雨量充沛，年均为 1300 毫米。平均气温最冷季 1 月 1℃~8℃，最热季 7 月 24℃~27℃。[②]

（二）人文

阿尔巴尼亚在公元前 5 世纪就建立起了奴隶制王朝，但在公元 9 世纪以后，分别受到拜占庭帝国、保加利亚王国、塞尔维亚王国和威尼斯共和国的统治。1190 年建立独立的封建制公国，1415 年遭土耳其入侵，被土耳其统治近五百年。19 世纪下半叶，阿尔巴尼亚的民族解放运动日渐高涨。1912 年 11 月 28 日宣告独立。第一次世界大战期间，被奥匈、意、法等国军队占领，1920 年阿尔巴尼亚再次宣告独立。1924 年成立资产阶级政府，1925 年成立共和国，1928 年改行君主制，索古为国王直至 1939 年 4 月意大利入侵。第二次世界大战期间，先后被意、德法西斯占领（1943 年德国法西斯侵入）。1944 年 11 月 29 日，阿全国人民在共产党的领导下进行的反法西斯民族解放战争夺取政权，并解放全国。1946 年1 月 11 日，阿尔巴尼亚人民共和国宣告成立。1976 年修改宪法，改称为阿尔巴尼亚社会主

[①] 中华人民共和国外交部 . 阿尔巴尼亚概况 [EB/OL].http://www.fmprc.gov.cn/web/gjhdq_676201/gj_676203/yz_676205/1206_676668/1206x0_676670/.2021–7.

[②] 人民网 . 阿尔巴尼亚简介 [EB/OL].http://nb.people.com.cn/n/2015/0513/c371020–24846147.html.2017–05–13.

义人民共和国。1991年4月通过宪法修正案，改国名为阿尔巴尼亚共和。[①]

阿尔巴尼亚实行三权分立的政治制度，目前登记在册的党派约有80个，执政党为社会党，执政联盟党为争取一体化社会运动党和社会民主党，主要的在野党有民主党、共和党、民主联盟党和红黑联盟党。

阿尔巴尼亚人是巴尔干半岛上的古老居民伊利亚人的后裔。截至2020年共有人口285万，其中阿尔巴尼亚族占82.6%。少数民族主要有希腊族、马其顿族等。官方语言为阿尔巴尼亚语。56.7%的居民信奉伊斯兰教，6.8%信奉东正教，10.1%信奉天主教。国家首都位于地拉那（Tirana）。11月28日为国庆节暨独立日，11月29日为反法西斯解放日。[②] 阿尔巴尼亚人以点头表示不同意，以摇头表示同意，熟人相见一般要行贴脸礼，也分不同程度，普通的只是左右脸贴脸，稍微亲热一些要相互左右贴脸，十分亲热的可以相互拥抱并亲吻脸颊。在交谈过程中，阿尔巴尼亚人十分善于使用表情和手势，诸如耸肩、摆手、嘘声等。

（三）经济

据世界经济论坛《2015—2016年全球竞争力报告》显示，阿尔巴尼亚排名93/140，在世界银行的《2016年营商环境报告》中，阿尔巴尼亚排名97/189，在中东欧国家中，阿尔巴尼亚的经济排名相对比较靠后。总体而言，阿尔巴尼亚经济总量较小，欧债危机前一直保持低速稳定增长。2015年阿农业、工业和服务业在国民经济中的比重分别为22.3%、15.0%和62.6%。农业是阿尔巴尼亚重要的经济部门，有将近一半的人口以农业为生，主要农产品有土豆、蔬菜、水产品、瓜果等。工业以轻工业为主，主要工业品有服装、鞋、矿石等。服务业一直在阿尔巴尼亚国民经济中占比较大，商贸、旅游、餐饮等是其特色产业，具有很大发展潜力。[③]

受欧债危机冲击，自2010年以来，阿尔巴尼亚实际GDP增长率连续下降。2013年，阿尔巴尼亚实现GDP约128亿美元，实际GDP增长率1.4%，创下自1997年以来的最低值。近年阿尔巴尼亚通胀率不断下降，2013年，受世界原油和其他大宗商品价格下降等因素影响，阿尔巴尼亚通胀率继续降至1.9%。2014年阿尔巴尼亚GDP约为133.7亿美元，人均国内生产总值为4619美元。2020年阿尔巴尼亚GDP约为153亿美元，人均国内生产总值为5276美元。[④] 近两年阿尔巴尼亚商品贸易总额较为稳定，逆差逐年缩小。阿尔巴尼亚是中国在中东欧地区的传统合作伙伴。自1983年两国恢复贸易关系以来，两国经贸合作持续发展。2012年中阿尔巴尼亚贸易总额为4.87亿美元，同比增长11.6%。

[①] 凤凰网.阿尔巴尼亚概况 [EB/OL].http://news.ifeng.com/gundong/detail_2013_05/09/25115121_0.shtml.2017–05–09

[②] 中华人民共和国外交部.阿尔巴尼亚国家概况 [EB/OL].http://www.fmprc.gov.cn/web/gjhdq_676201/gj_676203/oz_678770/1206_678772/1206x0_678774/.2021–7.

[③] 阿尔巴尼亚国家统计局 [EB/OL].http://www.instat.gov.al/en/figures.aspx.2017–9–13.

[④] 同上。

其中中方出口 3.44 亿美元，同比增长 22.2%；进口 1.43 亿美元，同比下降 7.6%。目前，我国在阿尔巴尼亚注册成立并开展经营活动的中资公司有三十多家，其中大型企业主要有华为公司、中兴公司、中建材有限公司等。[①] 自 20 世纪 90 年代初起，阿尔巴尼亚从计划经济体制向市场经济体制转轨。2020 年国内生产总值 153 亿美元。

（四）教育

从 2008 年开始，阿尔巴尼亚实行 9 年制义务教育，包括小学 5 年，中学 4 年。中等教育持续 4 年，分为普通高中与职业高中。阿尔巴尼亚基础教育的净入学率为 85%，2014 年，教育支出占国家年度预算的 10.4%，占国内生产总值的 3.3%。全国共有公立高校 16 所，私立高校 45 所。其中，地拉那大学是阿尔巴尼亚唯一一所综合性大学。注册学龄前儿童 81448 名，教师 4462 名；注册小学生 377074 名，教师 25051 名；注册中学生 151937 名，教师 8516 名；注册大学生 176173 名，教师 4904 名。[②] 公立中小学实行免费教育，公立高校年收费约 1000 美元，私立学校年收费在 1—4 万美元不等。

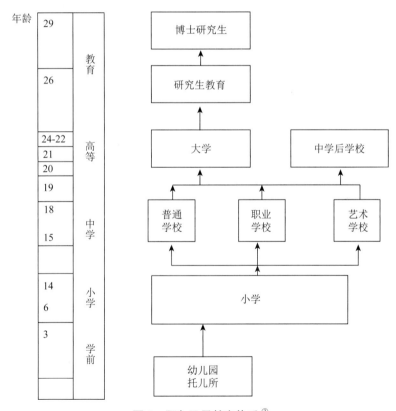

图 1　阿尔巴尼教育体系 [③]

①　一带一路沿线国家.阿尔巴尼亚 [EB/OL].http://www.askci.com/news/finance/2015/11/09/133713qbo5.shtml. 2015–11–09

②　中华人民共和国外交部.阿尔巴尼亚概况 [EB/OL].http://www.fmprc.gov.cn/web/gjhdq_676201/gj_676203/yz_676205/1206_676668/1206x0_676670/.2021–7.

③　Nordic Recognition Network (NORRIC). The educational system of Ukraine. April 2009.

二、职业技术教育与培训的战略和法规

（一）战略

职业技术教育与培训对阿尔巴尼亚劳动力市场的贡献有目共睹，这不仅是阿尔巴尼亚人民的共识，也反应在广泛的中小学教育改革中，比如历次的教育改革与师资培训中。阿尔巴尼亚的职业教育发展战略集中体现在《就业和技能发展战略 2014—2020 愿景》框架中，其总体目标为通过建立一个优质的、有包容性的并且能对市场经济需求做出反应的、灵活的职业教育与培训制度，创造和提供更多高质量、高技能的工作机会，通过协调一致的政策行动，满足市场对劳动力的需求，缩小劳动供给和社会需求之间的差距，最终通过有效的劳动力市场政策，为青年和成人提供优质的职业教育与培训，促进社会的包容和凝聚力。[①]

（二）法规

阿尔巴尼亚在 1992 年举行的多党选举后，陆续推出了包括《宪法》在内的多项法律法规。通过这些新的法案，教育部门的行动在各方联合与协调的基础上得到了规范，与职业技术教育与培训相关的法律主要包括：

1.《教育法》（1995）

该法规定了公民受教育的权利，即在同等条件下，每个人都可以上学接受教育。作为该法的补充，后续又颁布了《教育法》及之后的第 7952 条修正案、《公立学校规范性规章》、《阿尔巴尼亚共和国劳动法》、《私立教育法》和 1998 年 2 月 25 日颁布的《高等教育法》及其第 8461 条修正案，上述法律对阿尔巴尼亚学生的小学入学、评估和奖励、中学入学标准、课程标准和在职教师培训等各重大问题都做出了相应的规定。

2.《职业教育与培训法》（2002）

2002 年 3 月颁布的《职业教育与培训法》定义了职业教育与培训领域中政府机构、社会伙伴和其他职业教育与培训领域的利益相关者的基本权利、行动原则、组织结构、管理方式和发展方向。2006 年 2 月，《职业教育与培训法》第 8872 条修正案规定了通过外部评估在中等教育结束时建立的国家结业考试的规定，并指出职业技术教育的招生考试由统一考试和自主考试组成，只有通过国家统一学业考试的学生才有权接受更高一级的职业教育。

三、职业技术教育与培训体系与质量保障

（一）体系

阿尔巴尼亚的职业教育属于中等教育体系，始于 9 年的小学和初中教育之后。阿尔

---

① Employment and Skills Strategy(2014–2020). compiled by: Republic of Albania Ministry of Social Welfare and Youth[EB/OL].http://www.seecel.hr/UserDocsImages/Documents/EMP–SKILLS–STRATEGY_Albania.pdf.2017-10-1.

巴尼亚学生完成初中阶段的教育后，有三类学校提供中等教育：第一类是普通中学；第二类是职业类学校，包括体育、技术；第三类是艺术、体育、外语和师范类学校。继9年制基础教育之后，普通中等教育持续3年。中等艺术学校在音乐、艺术和芭蕾舞等领域培养学生。

从2009—2010年度开始，职业类学校职业教育有三种层级，目的是更好地为基础教育毕业生提供职业理论及实践教育，为他们的工作和进修做好准备。第一层级提供2年制课程，这是为半熟练工人和助理人员提供培训，培养合格的学员，使之获得基本职业培训证书，凭此可直接进入劳动力市场或继续从事下一阶段的培训。在第二层级，技术人员要接受为期1年的项目培训，并可获得专业培训证书。在第三层级，技术人员需完成1年的职业培训方案，该培训一般由劳动与社会事务部下属的公共职业培训中心或私人培训中心持续提供。课程结束时，学员们将参加国家结业考试和专业实践考试，凭此学员可选择直接就业或接受更高等级教育的机会。

阿尔巴尼亚的高等职业教育由职业培训学院提供，且专业文凭的课程期限不得少于2年。高等职业教育一般由理工学院、艺术学院和高等培训机构提供。随着欧洲资格框架的实施，阿尔巴尼亚需要建立本国劳动力市场同整个欧洲劳动力市场的连接，需要承认各种正式与非正式学习成果的获取方式，以更好地服务本国经济发展，迎接欧洲经济一体化的挑战。

（二）保障

2002年5月，阿尔巴尼亚国家议会提出制定《职业教育培训法律框架》以支持和保障国家职业教育与培训的发展。[1]同年5月29日该法案出台，之后有不断补充修改。其中，《职业教育培训法律框架》第8872号法令确定职业教育与培训体制的组织结构和管理框架，以明确政府机构、社会参与者和行业企业等利益相关者的权责，促进各方的联合行动，保障职业教育与培训的发展质量。

2003年5月，阿尔巴尼亚教育部通过了建立全国职业教育培训局的议案，并明确全国职业教育培训局将成为一个在战略规划、政策制定和资源分配方面为政府提供建议的官方机构。职业教育培训局将充分考虑行业企业及社会合作者的需求，通过对接经济和服务社会使职业教育与培训水平得到提升，职业教育培训局还将审查和检测当前国家职业教育培训机构、捐助者和公共部门之间出现的职能重叠问题，以促使职业教育体系更好的运行。[2]

---

① Duda, Aleksandra; Xhaferri, Elona; Skikos, Helene.Teacher education and training in the Western Balkans: report on Albania[EB/OL].https://publications.europa.eu/en/publication-detail/-/publication/7be56db6-2cfd-49f3-a567-b70784544b71,March,2017.

② Anonymous. Reviews of National Policies for Education South Eastern Europe Volume 1, Albania, Bosnia-Herzegovina, Bulgaria, Croatia, Kosova I Albania. Source OECD Transition Economies, March 2003.

四、职业技术教育与培训的治理

根据阿尔巴尼亚《宪法》，政府和议会决定教育政策，它们制定并通过法律法规，依法进行职业教育领域管理。教育科学部、市政当局或相关公共机构具体执行并确保教育领域工作的开展。教育科学部负责国家教育制度的管理工作。教育科学部的职能包括：执行议会和政府批准的法律和其他条例；法律事项决策、管理和专业监督；批准法规、课程和其他文件，执行专业工作，并负责工作改进规划的制定。教育部根据中小学的规模结构、决定是否建立大专院校和大学、制定高等教育领域的财政政策，培养标准以应对经济和社会的发展需求。

职业和技术教育由教育科学部负责，职业培训则是在劳动与社会事务部的监督下进行的。职业教育与培训委员会是一个部级咨询机构，负责就职业教育与培训政策和发展提出建议。

2006年，阿尔巴尼亚部长理事会正式通过成立全国职业教育培训局的决定，根据决议，该机构的主要任务是：（1）修订国家职业资格、水平和标准；（2）制定课程；（3）确定职业资格评估和认证的原则和标准，并管理证书的发放；（4）认证职业技术教育与培训机构；（5）确保能力标准完全符合国际的最佳做法，特别是欧洲资格框架和欧洲职业教育的学分系统；（6）协调职业教育利益相关者的行动。

高等职业教育理事会是教育科学部的咨询机构，就高等职业教育政策问题、发展和推广优质高等职业教育提供咨询意见。理事会下属的高等职业教育公共认证机构于2000年1月成立，该机构是一个由国家资助的公共机构，负责对教育部的工作，以及对私立和公立高等职业教育学校与培训机构进行外部评估。[①]

此外，阿尔巴尼亚教育科学部规定中等职业学校的实际教学，应当由具有高等教育的教师提供。而且，他们必须在高等教育毕业后完成相关的专业教育实践方可有资格任教。为应对经济全球化与欧洲一体化的发展，阿尔巴尼亚所有大学都提供职前教师教育课程，政府已承诺进一步规范职业教育师资培训，并承诺增加资金和制定相关政策，以实现职教师资的培训和管理的专业化发展。

五、职业技术教育与培训的诉求与发展趋势

为应对经济和社会发展需要，阿尔巴尼亚在过去数年已实施了一系列的教育改革，包括修订课程，增加师资，以及在一些特定的专业领域实施新的改革等等。在新的社会经济形势下，职业技术教育与培训担负着赋予学生知识和技能的重任，以让其在自由市场经济和民主社会中发挥重要的作用。为此，阿尔巴尼亚还制定了相关措施以指导学生

---

① EURYDICE. Focus on the structure of higher education in Europe 2006/07. National trends in the Bologna Process. EURYDICE, European Unit, Brussels, March 2007.

选修职业教育相关课程，并增加学科集群的培养模式以使其学习更具灵活性。虽然课程框架和国家标准由教育部集中设置，但校董会和地方政府也拥有较多的灵活性，例如教育部会优先批准学校课程政策，并考虑学校申请的资助项目。①

经过持续的改革和发展，阿尔巴尼亚的职业教育已有了明显进展，但改革中的缺失和不足也与之并存。在阿尔巴尼亚教育部看来，其职业教育仍没有完全发挥出预期的作用；不同的职业院校之间在财政、人力资源和学校设施方面仍存在明显差异，大部分职业学校的物质基础仍然比较匮乏；政府虽然一直提倡实现职业教育的权力下放，但职业教育课程仍保留着传统教学方式，不切合职业教育的现实状况；对学生的评估也缺乏有效性和客观性，尤其是在职业教育实践方面，而这种有效性和客观性评估的缺乏反过来又会导致大部分职业学校颁发的资格证书难以拥有高认可度与高信誉度。②

在 2011—2012 学年，阿尔巴尼亚普通高中阶段有 40927 名学生毕业，但职业学校毕业生人数只有 2844 名学生，其中 877 人为女性。③ 可见相比较于普通教育，职业教育的生源数量不仅比例较低，且呈现下降趋势。部分原因是小学和中学的学生人数减少，但主要原因是职业技术教育与培训系统的吸引力降低，学生与家庭的流动也是原因之一。还有参与职业教育的主要是男生，这表明职业教育还受到性别因素的影响，对女性的刻板印象会成为阻碍其参与职业教育的重要因素，加之交通与安全问题的存在，都会降低职业教育对女性的吸引力。因此，未来阿尔巴尼亚政府在提高职业教育与培训吸引力上重点要做好如下工作：

（一）提升职业教育资源在教育体系中的分配比例

阿尔巴尼亚的整个教育是一种非均衡化的发展模式，职业教育与普通高等教育的资源分配严重失调，在职业教育体系内部这个问题也十分凸显，其中有部分原因是教育资源本身的限制。但是，在职业教育内涵化发展的过程中，在职业教育与普通教育之间的资源均衡是政府的重要责任，只有相对公平地分配资源，才能避免部分职业教育与普通教育之间的身份固化，才能有一个适合职业教育发展的良好环境。但公平并不是绝对的公平，只是一种相对的均衡状态，在一些基本条件上给予职业院校相对平等的资源，同时还要赋予它们一定的自主发展权利，这样才能在均衡发展的同时实现职业教育与培训的特色发展。

（二）推进职业教育现代化进程，服务社会经济发展

阿尔巴尼亚的职业教育教学过程还在采用传统的教学模式，理论与实践的不统一，所学与所用的不协调是现阶段职业教育无法发挥预期作用的关键原因。虽然阿尔巴尼亚

---

① Ministry of Education and Science. National Education Strategy 2004–2015. Tirana, December 2005.
② 马燕超 . 阿尔巴尼亚职业教育改革措施与发展趋势 [J]. 世界职业技术教育，2015（2）.
③ Employment and Skills Strategy(2014–2020). compiled by: Republic of Albania Ministry of Social Welfare and Youth[EB/OL].http://www.seecel.hr/UserDocsImages/Documents/EMP–SKILLS–STRATEGY_Albania.pdf.2017–10–1.

在 20 世纪末就已经修订法案，支持学校针对社会经济形势的变革开发新的课程，但事实上，阿尔巴尼亚现有的职业教育课程与经济市场的需求之间还没有实现完全对接。所以，现阶段改革推进的方式应该是将所学与所用对接起来，首先要改革理论教学内容，不能使用陈旧的知识体系，要让学生能够建立起适应现代技术的理论框架；其次要强化实践教学模块，注重对学生进行操作技能的训练，尤其是能够对接现代经济社会发展的高新技术技能训练；再次要注重引入信息技术，利用高新科技推动职业教育的现代化。

（三）对接劳动力市场需求，增强职业教育质量

职业技术教育与培训同劳动力市场绩效紧密相关，但前提是两者间的需求相匹配。阿尔巴尼亚的技能与劳动力市场存在严重的错位，其主要表现为两种：一种是大材小用，使高端的劳动力做与之研究领域无关的工作；另一种是业务与技能需求之间不匹配。此外，课程主要是以理论为主，缺乏实用技能。另一方面，毕业生人数过多。由此，产生的结果是劳动力市场供需严重扭曲。因此，阿尔巴尼亚职业教育发展的重要诉求就是制定符合市场需求的职业标准和教学方案，改进教学质量的评估方法，建立职业教育与劳动力市场之间的有效连接，吸引雇主参与，提高基础设施质量和教师培训质量。在阿尔巴尼亚的企业中，超过 96% 是中小企业，所以职业教育的课程中还应加强创新创业教育，认真对待创业方面的培训。同时，尽快建立国家资格框架，将各种非正规学习结果纳入其中，以建立终身学习的职业教育体系。

（深圳职业技术学院　技术与职业教育研究所　李亚昕）

主要参考文献

[1] 中华人民共和国外交部.阿尔巴尼亚概况 [EB/OL].http://www.fmprc.gov.cn/web/gjhdq_676201/gj_676203/yz_676205/1206_676668/1206x0_676670/.2021-7.

[2] 阿尔巴尼亚国家统计局 [EB/OL].http://www.instat.gov.al/en/figures.aspx.2017-9-13.

[3] 一带一路沿线国家.阿尔巴尼亚 [EB/OL].http://www.askci.com/news/finance/2015/11/09/133713qbo5.shtml.2015-11-09.

[4] Nordic Recognition Network (NORRIC). The educational system of Ukraine. April 2009. Employment and Skills Strategy (2014-2020). compiled by: Republic of Albania Ministry of Social Welfare and Youth[EB/OL].http://www.seecel.hr/UserDocsImages/Documents/EMP-SKILLS-STRATEGY_Albania.pdf.2017-10-1.

[5] Duda, Aleksandra; Xhaferri, Elona; Skikos, Helene.Teacher education and training in the Western Balkans: report on Albania[EB/OL].https://publications.europa.eu/en/publication-detail/-/

publication/7be56db6-2cfd-49f3-a567-b70784544b71,March,2017.

[6] Anonymous. Reviews of National Policies for Education South Eastern Europe Volume 1, Albania, Bosnia-Herzegovina, Bulgaria, Croatia, Kosova I Albania. Source OECD Transition Economies, March 2003.

[7] EURYDICE. Focus on the structure of higher education in Europe 2006/07. National trends in the Bologna Process. EURYDICE, European Unit, Brussels, March 2007.

[8] Ministry of Education and Science. National Education Strategy 2004-2015. Tirana, December 2005.

[9] 马燕超. 阿尔巴尼亚职业教育改革措施与发展趋势 [J]. 世界职业技术教育 , 2015 (2) .

爱沙尼亚共和国

一、国家概况

（一）地理

爱沙尼亚共和国（the Republic of Estonia），简称爱沙尼亚，位于波罗的海东岸，东与俄罗斯接壤，西南濒里加湾，南与拉脱维亚相邻，北邻芬兰湾，与芬兰隔海相望，边界线长 1445 千米，海岸线长 3794 千米，国土总面积为 45339 平方千米。爱沙尼亚属海洋性气候，冬季平均气温 -5.2℃，夏季平均气温 17.7℃，年平均降水量 500—700 毫米。爱沙尼亚的森林覆盖率达国土面积的 55%。爱沙尼亚是千湖之国，共有 1521 个岛屿，最大的岛屿包括撒拉玛岛、希乌玛岛、穆呼岛。

首都塔林，始建于 1248 年丹麦王国统治时期，1991 年恢复独立后成为爱沙尼亚共和国首都。塔林市位于爱沙尼亚西北部，濒临波罗的海，历史上曾一度是连接中东欧和南北欧的交通要冲，被誉为"欧洲的十字路口"。共分 8 个区，总面积为 159.4 平方千米。春季凉爽少雨，夏秋季温暖湿润，冬季寒冷多雪，年均气温 6.8℃。塔林港是爱沙尼亚最大的港口。[①]

（二）人文

爱沙尼亚族形成于 12—13 世纪。曾先后被普鲁士、丹麦、瑞典、波兰、德国、沙俄和苏联占领统治。1918 年 2 月 24 日爱沙尼亚宣布摆脱沙俄统治独立，成立了爱沙尼亚共和国。同年 2 月德国乘虚而入占领爱沙尼亚。同年 11 月，苏维埃俄国宣布对爱沙尼亚拥有主权。在此期间，爱沙尼亚为争取民族独立进行了坚持不懈的武装斗争。1920 年 2 月，苏维埃俄国承认爱沙尼亚独立。1940 年 6 月，苏联出兵爱沙尼亚，同年 7 月成立爱沙尼亚苏维埃社会主义加盟共和国。1991 年 8 月 20 日，爱沙尼亚脱离苏联，宣布恢复独立。同年 9 月 17 日，联合国宣布接纳爱沙尼亚为成员国。爱沙尼亚于 2004 年 3 月 29 日加入北约，5 月 1 日加入欧盟，2007 年 12 月 21 日加入申根区，2011 年 1 月 1 日加入欧元区。

---

① 中华人民共和国外交部官网 . 爱沙尼亚国家概况 [EB/OL].(2021-07-01) [2021-09-26].http://www.fmprc.gov.cn/web/gjhdq_676201/gj_676203/oz_678770/1206_678820/1206x0_678822/.

爱沙尼亚官方语言为爱沙尼亚语，但是芬兰语、英语、俄语、德语在爱沙尼亚同样被广泛使用。共有人口 133 万（2021 年 1 月）。主要民族有爱沙尼亚族、俄罗斯族、乌克兰族和白俄罗斯族。主要信奉基督教路德宗、东正教和天主教。

爱沙尼亚是议会民主制国家，国家元首为总统。自 1991 年恢复独立以来，政治局势总体稳定，但党派斗争激烈。2019 年 3 月，爱沙尼亚举行第十四届议会选举，最终由中间党、保守人民党和祖国联盟党组成新一届政府。中间党主席于里·拉塔斯（Juri Ratas）连任总理。总统柯斯迪·卡留莱德（Mrs. Kersti Kaljulaid）于 2016 年 10 月当选，任期 5 年。[①]

（三）经济

爱沙尼亚自然资源匮乏，但是森林覆盖率高达 48%，旅游业较为发达。农林牧渔业中以畜牧业和种植业为主，而主要的工业部门则包括机械制造、木材加工、建材、电子、纺织和食品加工业。世界银行将爱沙尼亚列入高收入国家。[②] 自恢复独立以来，爱沙尼亚一直奉行自由经济政策，大力推行私有化，实行自由贸易政策，经济发展迅速，年均经济增速在欧盟成员国内位列前茅。爱沙尼亚是一个高度电子化的国家，更是当今全球数字信息技术发展较为成功的国家之一。[③] 2020 年，爱沙尼亚国内生产总值 271.6 亿欧元，人均国内生产总值 20442 欧元，国内生产总值增长率 -2.9%，失业率 7.4%。[④]

（四）教育

爱沙尼亚的教育体系包括学前教育、基础教育、普通中等教育、职业教育和高等教育。基础教育实行义务教育（1 至 9 年级），儿童年满 7 岁必须入学。完成基础教育之后，可以继续进行中等教育（10 至 12 年级）或者职业教育。职业教育由中等职业学校和中学后职业学校提供。中学后职业学校提供高等职业教育。而高等教育分为两个平行部分——文凭课程和高等学术教育，其中高等学术教育包括本科、硕士和博士教育。[⑤]

爱沙尼亚实行 9 年制义务教育。2020 年，共有学前教育机构 612 所，各类中小学校 506 所，各类技术职业学校 37 所，高等教育机构 18 所，其中大学 7 所（6 所国立、1 所私立），各类职业高等教育机构 12 所。中小学学生 16.08 万人，各类技校及职业学校学

---

① 中华人民共和国外交部官网 . 爱沙尼亚国家概况 [EB/OL].(2021-07-01) [2021-09-26].http://www.fmprc.gov.cn/web/gjhdq_676201/gj_676203/oz_678770/1206_678820/1206x0_678822/.

② 世界银行 . 爱沙尼亚 .http://data.worldbank.org.cn/country/estonia.2017-09-25.

③ Estonia is a digital society.https://www.visitestonia.com/en/why-estonia/estonia-is-a-digital-society,2017-09-25.

④ 中华人民共和国驻爱沙尼亚共和国大使馆经济商务参赞处 . 爱沙尼亚 12 月份通胀率高居欧元区之首 [EB/OL].(2017-01-20) [2017-09-25].http://ee.mofcom.gov.cn/article/jmxw/201701/20170102505476.shtml.

⑤ Tallinn University. Estonian Educational System.http://www.tlu.ee/en/studies/Practical-Information/Estonian-Educational-System.2017-09-26.

生 2.55 万人，大学学生 4.53 万人。著名高等学校有塔尔图大学和塔林大学。[①]

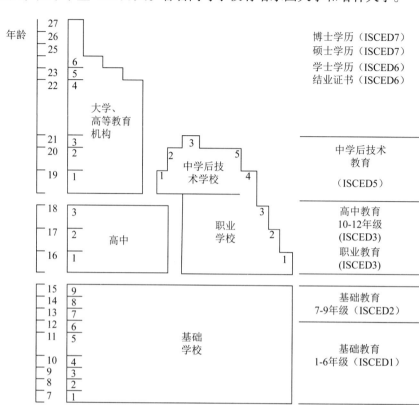

图 1　爱沙尼亚教育体系图[②]

二、职业技术教育与培训的战略与法规

（一）战略

爱沙尼亚的职业教育旨在促进人们知识、技能和态度的形成，专业化地了解如何工作，为步入职场、参与社会生活以及终身学习做好准备。爱沙尼亚的职业教育由中等职业教育机构和高等职业教育机构组织实施。

爱沙尼亚教育和研究部与民间社会组织、爱沙尼亚合作大会和爱沙尼亚教育论坛合作，于 2009—2011 年期间，发起了"爱沙尼亚教育五大挑战——2012—2020 年教育战略"项目，汇集来自教育和劳动力市场等领域的专家，共同规划未来教育的发展方向。

①　中华人民共和国外交部官网. 爱沙尼亚国家概况 [EB/OL].(2021–07–01) [2021–09–26].http://www.fmprc.gov. cn/web/gjhdq_676201/gj_676203/oz_678770/1206_678820/1206x0_678822/.

②　UNESCO Internatoinal Bureau of Education.World Data on Educatio VII Ed 2010/11. [DB/OL]. http://www.ibe. unesco.org/fileadmin/user_upload/publications/WDE/2010/pdf–versions/Estonia.pdf. 2017–09–22.

2014 年 2 月 13 日，政府正式批准通过《爱沙尼亚终身学习战略 2020》。该战略起草的总体目标是为爱沙尼亚全体人民提供适合自己需求的学习机会，以便最大限度地赋予个体在社会、工作以及他们的家庭生活中，拥有有尊严的自我实现的机会，并具体提出以下关键指标[①]：

表 1

		2020目标	初始水平（2012）
1.成年人终身学习的参与率（在调查前四周内声称接受过教育或培训的25—64岁人口百分比）		20%	12.9%
2.只接受普通教育的成年人（25—64岁）的百分比（没有接受专业或职业教育）		不超过25%	30.3%
3.早期毕业生（18—24岁的人口中，至少有中等教育水平，而不是进修）		低于9%	10.5%
4.基础技能最佳成就者（表现最好的人数百分比）	阅读	10%	8.4%
	数学	16%	14.6%
	科学	14.4%	12.8%
5.毕业生就业率（20—34岁毕业生离职后一至三年）		至少82%	73.9%
6.数字能力（16—74岁的计算机技能人数百分比）		80%	65%
7.普通教育教师的薪酬比较（全日制、全职职工薪酬与25—64岁高等教育人群薪酬的比值）		≥1.0	0.64（2011）
8.利益相关者对终身学习的满意度（中央，定期调查）		增长	

（二）法规

1.《爱沙尼亚教育法》

1992 年，《爱沙尼亚教育法》获得通过，教育法赋予了爱沙尼亚公民享有平等的受教育权，即无论年龄、健康与否、社会地位如何，均有权接受不同阶段和类型的教育。

2.《爱沙尼亚职业教育组织法》

2013 年，爱沙尼亚国会通过并颁布《爱沙尼亚职业教育组织法》。该法案为职业技术教育机构的建立、运行、转型、重组、终止提供了法律保障，为实施机构所提供的教学、管理、组织权提供法律依据，对于学校的责任和权力，以及国家对学校的监督权、财政资助等给予明确规定。该法案从根本上改变了爱沙尼亚职业教育体系的管理，主要包括以下方面：（1）依据爱沙尼亚国家任职资格框架重新确定职业培训的种类；（2）基于结果导向的原则来建立和评估教育教学、职业培训和课程方面资格标准；（3）确立提供

[①] Republic of Estonia ministry of education and research. Lifelong learning strategy 2020[R]. https://www.hm.ee/en.2017-10-14.

指导权；（4）为衡量学习量，确立和实施新的学分制度。[①]

3.《成人就业培训和发展活动规划》

近年来，在欧洲社会基金的资助下，爱沙尼亚推动终身教育的发展，面向成人提供免费的就业培训课程。该规划通过对某地区的人力资源状况和市场需求进行调查分析，确立培训项目的目标、内容和目标人员，由职业教育和专业高等教育机构根据各阶段人员的不同教育培训需求，向全体公民提供不同形式的教育培训机会，以提升受教育人员的就业能力。

三、职业技术教育与培训的体系与质量保障

（一）体系

1.中等职业教育

基础教育（小学和初中教育）包括三个阶段：1至3年级、4至6年级、7至9年级。其中，7至9年级的学生有机会在基础学校获得职前培训。对于没有完成基础教育和那些年龄至少17岁（没有完成义务教育但是比义务教育阶段的孩子年龄大）的学生可以接受职业教育。职业教育课程学习时长从20个学习周到2.5年不等。完成初中教育之后进行职业教育的学生，则需要接受6个月至2.5年不等的培训。证书的获得依赖于是否能够达到职业教育第4等级。在所有这些学习中，实践培训和工作场所培训至少占课时总量的一半。职业教育机构的结业考试可以由国家任职资格机构举行的职业资格考试所替代。考试合格者获得职业资格证书。而职业培训也是基础教育或者普通中等教育中的一部分，一半是与职业教育机构合作进行，培训周期一般为15至40个学习周不等。[②]

完成基础教育之后，学生可以选择进行普通高中教育或者职业教育。高中教育包括普通高中教育和职业高中教育，各持续3年（10年级到12年级），完成12年级的学业，需要参加五门课的结业考试，其中，三门课是国家统一考试科目（其中母语是必考科目之一），另外两门学生可以自由选择基于学校的考试科目。考试合格的学生获得中学毕业证书和国家考试合格证书。成功完成职业教育项目的学生也会获得一张证书。中学后职业技术学校是职业教育的更高阶段，为高中毕业生提供2.5年的学习训练，或者为完成基础教育的学生提供5年的学习训练。

2.课程设置

正规职业培训课程包括两类——国家课程和学校课程。国家课程为高中职业培训提供计划蓝图。国家课程由国家教育研究部牵头执行，与社会机构合作设置。学校课程则是由职业教育机构执行设置，学校的正规学习课程（除了职业中等教育课程）都是基于

[①] Republic of Estonia ministry of education and research. https://www.hm.ee/en/activities/vocational-education,2017-09-25.

[②] UNESCO Internatoinal Bureau of Education.World Data on Educatio VII Ed 2010/11. [DB/OL]. http://www.ibe.unesco.org/fileadmin/user_upload/publications/WDE/2010/pdf-versions/Estonia.pdf. 2017-09-22.

职业教育标准和相关职业标准设置。中等职业教育课程则基于国家课程设置。

职业培训课程决定：职业和专业学习的目标；可获得性学习成果；与爱沙尼亚任职资格框架相关联；开始学习和结束学习的要求；学习期间具备某种任职资格；学习模块的可选择性和条件；课程模块和学习量都与学习结果和评估标准有关。

自 2013 年，职业培训的工作量采用爱沙尼亚职业教育学分制来衡量。学生需要花 26 个小时来学习技能和知识，才能获得 1 学分，工作场所培训的一学年等同于 60 学分。[①]

3. 基于学习的工作场所培训

基于学习的工作场所培训构成了职业教育的专业化形式，在公司进行实习的比例至少占整个课程的三分之二。学生主要通过完成公司任务作为课程学习成果，其他学习则在学校进行。基于工作场所的学习需要学校、学生和雇员之间签订实习合同，保障各方的权利和义务，以及学习过程中的详细环节。雇员也要按照实习合同给予完成任务的学生一定的报酬。协议报酬不能少于国家法定最低工资。雇员和学生之间已经签订了有效合同，不需要支付额外的费用。2017 年 1 月，爱沙尼亚在职业教育机构下的工作场所学习的学生人数已经增加到了 1500 人。

4. 多功能职业教育培训中心

在爱沙尼亚，多功能职业教育中心的一个很重要的功能是为有特殊教育需要的人员提供特定形式或内容的培训服务。对于那些在某些方面有障碍的学生，如言语障碍、行为障碍或者情绪问题的学生（SEN 儿童），多功能职业教育培训中心会根据不同的教育需求开发个人课程，并提供协助做好生活安排。

（二）保障

1. 国家资格框架

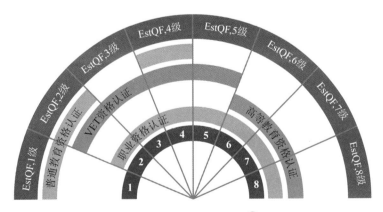

爱沙尼亚国家资格框架[②]

---

① Republic of Estonia ministry of education and research..https://www.hm.ee/en/activities/vocational-education, 2017-09-25.

② Estonian Qualifications Framework. http://www.kutsekoda.ee/en/kvalifikatsiooniraamistik/ekr_tutvustus.2017-09-25.

爱沙尼亚资格框架的建立，开始于 2005 年，契合欧洲终身学习框架的要求，遵循《爱沙尼亚职业资格法》，最终于 2008 年形成。依据《职业资格法》，爱沙尼亚任职资格框架涵盖 8 个层次，其中第 1 层次的水平最低，第 8 层次的水平最高。这是一个综合性的框架体系，包括普通教育资格、职业教育和培训资格、高等教育资格、职业资格。下表，将正规教育资格与获得的职业资格进行了比对联系。

表 2　爱沙尼亚正规教育资格与职业资格比对联系表

正规教育资格	等级	职业群体和职业资格
基于简单课程的基础教育证书	1	
基础教育证书；VET等级2证书（没有完成基础教育的要求）	2	初级劳动者（比如保洁人员）
VET等级3证书	3	手艺人、机械操作员、服务和销售人员、文书（比如伐木工人、面包师等）
普通高中证书；VET等级4证书（职业高中）	4	
VET等级5证书	5	技术员、工艺大师、基层管理人员（比如会计等）
本科学历、职业高等教育证书	6	专家、主管（比如能源审计、职业顾问等）
硕士学历	7	专家、经理（执证工程师）
博士学历	8	高级专家、高级经理人（比如首席建筑师、特许工程师等）

2. 质量保障

根据爱沙尼亚《职业教育机构法》，教育和研究部长应授予在职业教育机构的特定课程组基础上进行研究的权利，并确保课程组应受到正规认证，其中一部分是学校内部评估。在认可职业教育机构课程小组后，有关教与学、领导和管理、人力资源管理、利益集团合作和资源管理等方面的绩效与可持续性都由课程小组实施评估。最终由教育和研究部的代表、有关专业研究人员、雇主代表和其他利益团体组成的评估委员会做出认证决定。职业教育课程群的认证由爱沙尼亚高等职业教育质量中介机构协调，该机构是阿基米德基金会的组成单位之一。

在专业资格的认证和管理上，爱沙尼亚资格管理局负责开发资格系统，组织制定专业资格标准，协调专业考试的组织等。以方便学习与劳动力市场之间的联系，并确保系统的正常运行。教育质量由爱沙尼亚资格管理局组织的职业教育委员会进行监督检查。

在成人教育机构中，继续教育机构的管理人员规定了确保继续教育课程质量的条件和程序、参与继续教育的成人教育工作者和在保证学习组织质量和继续教育机构活动的基础上，建立良好的教学环境。

四、职业技术教育与培训的治理与教师

（一）治理

爱沙尼亚从 1996 年开始进行职业教育改革。1996 年伊始，爱沙尼亚重建职业教育与培训部。职业教育与培训分为两部分：教育管理服务和成人教育服务。课程服务一开始是第三部分，后来于 1997 年被并入国家考试和资格中心。最终，2001 年 6 月创建爱沙尼亚任职资格部门，以便与国家任职资格体系相协调。[①] 为了加速由《职业教育组织法》和最新的职业教育标准所推动的改革，2013—2014 年，爱沙尼亚对于职业教育课程和行政管理也进行了改革。

爱沙尼亚的职业教育机构分为中央直属、地方直属和私立部门三大类。职业教育机构由国家教育研究部统筹管理。国家教育研究部每年都会征求正规职业教育机构的需求，确保学生能够在职业教育机构中获得针对工作机会的专业培训。这些职业教育的需求都是依据劳动力市场的需求、国家政策以及课程中心发展规划、附属特定领域研究、学校能力和学生个人发展等方面来确定的。[②]

1997 年 1 月成立的国家雇员资格认证中心成为爱沙尼亚职业教育改革中的重要举措之一。该中心负责项目申请、资格认定、考试、定级和评估。通过职业委员会，商业团体和雇主代表也将参与到职业教育与培训中。[③]

爱沙尼亚保证至少每个县有一所职业教育机构。2016—2017 年度，爱沙尼亚有 33 所职业技术教育机构，5 所职业高等教育机构，提供了约 160 个专业。职业教育的发展所需经费，由中央和地方财政部多方面筹资。从 2008 年至 2015 年，爱沙尼亚利用欧洲区域发展基金，开始"推进职业教育机构学习环境的现代化"。所以，现在爱沙尼亚所有县的职业教育机构几乎都能提供现代化的学习和教学环境。[④]

（二）教师

职业学校的大部分教师都是来自实践部门的专业人员，很多教师缺乏正规的教育培训，他们很多人不熟悉现代技术和教学方法，需要加强理论演讲形式的培训，以增加实践经验和课程教学的融合。

2004 年，爱沙尼亚组织开发了教师专业标准。根据标准要求，大学必须按照标准重新安排培训课程。为此，有关大学开发了教师能力模型。自 2004 年，完成初始培训的教

---

① UNESCO Internatoinal Bureau of Education.World Data on Education. VIE 2006/07. [DB/OL]. http://www.ibe.unesco.org/site/default/files/Estonia.pdf. 2017–07–26.

② Republic of Estonia ministry of education and research https://www.hm.ee/en/activities/vocational-education.2017–09–25.

③ UNESCO Internatoinal Bureau of Education.World Data on Education. VIE 2006/07. [DB/OL]. http://www.ibe.unesco.org/site/default/files/Estonia.pdf. 2017–07–26.

④ Republic of Estonia ministry of education and research. https://www.hm.ee/en/activities/vocational-education.2017–09–25.

师必须完成为期一学年的在职资格培训。在这期间，这些未来教师要接受来自大学专家和企业师傅的共同培训。在一学年期满结束后，这些新教师被称为认证教师。再工作至少3年，才能申请更高的职业等级。

初始教师培训一般由高等教育机构、中学后技术教育机构或者通过一些课程进行。其中高等教育机构在教师培训过程中发挥重要作用。依据成人教育法，教师培训费用由国家财政资助，约占教师年工资金额的3%。教育部会将其中一部分资金分配到国家层面进行培训，而另一部分则分配到地方和区域培训机构。[①]

五、职业技术教育与培训的诉求与发展趋势

（一）诉求

近年来，由于爱沙尼亚与欧盟大市场相互融合导致了劳动力开始大量外流，受工资水平差异的影响，爱沙尼亚本国的劳动力纷纷以投亲靠友的方式出国谋求发展，不但造成国内有技能的专业人才匮乏，就连普通的工作岗位也难以找到合适人选。在建筑行业，约一半的人员没有受过专业培训，即使如此，现有的建筑技术人员还在不断流失。综合爱沙尼亚劳动力市场的变化趋势是：人口老龄化，生育率下降，在新增的劳动人口中，社会类专业的毕业生比例大大高于自然科学类的毕业生，而且高素质、高技能人才外流严重。

据统计，自1989年至2017年，爱沙尼亚的平均失业率为8.43%，受金融危机的影响，2010年失业率19.5%，达到历史最高点。最新数据显示，2017年第一季度爱沙尼亚的失业率下降到5.6%，去年同期为6.5%。[②]在爱沙尼亚，25岁至64岁的成人中三分之一的人缺乏专业教育或职业教育。爱沙尼亚政府希望到2020年，能将这一比例降低到25%，新政府将着重保证所有年轻人至少接受中等教育或者获得专业任职资格。因此将2017年定为爱沙尼亚的技能年（The Year of Skills），旨在发展工匠精神，以及劳动力市场所需的技能。[③]

根据爱沙尼亚统计局的数据，2019年，爱沙尼亚劳动力参与率为71.6%，就业率68.4%，失业率4.4%。劳动力市场活跃人数70.26万人，就业人员67.13万人，待业人数6100人；全年失业人员平均3.13万人。2019年，长期失业人数为6200人。[④]

① UNESCO Internatoinal Bureau of Education.World Data on Education. VIE 2006/07. [DB/OL]. http://www.ibe.unesco.org/site/default/files/Estonia.pdf. 2017-07-26.

② Estonia unemployment rate[EB/OL]. https://tradingeconomics.com/estonia/unemployment-rate.2017-07-25.

③ European Centre for the Development of Vocational Training, Estonia-2017 is the Year of Skill[EB/OL]. http://www.cedefop.europa.eu/en/news-and-press/news/estonia-2017-year-skills.2017-07-25.

④ 商务部国际贸易经济合作研究院等. 对外投资合作国别（地区）指南——爱沙尼亚 [R]. 商务部《对外投资合作国别（地区）指南》编制办公室, 2020,12: 37.

（二）发展趋势

为了降低失业率，爱沙尼亚政府主要从两个方面着手：第一是实施技能评估；第二是由相关部门进行劳动力供给与需求预测。其中，由欧洲社会基金资助的"劳动力市场监督和未来技能预测体系"（简称 OSKA）于 2015 年启动。^①将调动劳动力市场的相关机构参与，更好地预测劳动力市场所需的技能，从而将教育与培训目标与未来技能培养相匹配，让劳动者获得与劳动力市场相匹配的正确技能，从而降低失业率。

此外，雇主与职业教育机构之间无法充分合作成为职业教育发展过程中的另一个重要问题。在这方面，爱沙尼亚一直在不断努力，但是由于并不是所有的教育机构都与雇主开展了实际合作关系。而推行雇主在职业教育机构委员会内的任职，以及对这些学校的管理和规划方面的参与，将确保学生能够在课程中学到最新的劳动力市场所需要的知识和技能。因此，对于爱沙尼亚来讲，如何增加基于学习的工作场所训练也成为未来职业教育培训系统的重要改革议题。

（深圳职业技术学院　技术与职业教育研究所　魏　明）

主要参考文献

[1] 中华人民共和国外交部官网 . 爱沙尼亚国家概况 [EB/OL].(2021-07-01) [2021-09-26].http://www.fmprc.gov.cn/web/gjhdq_676201/gj_676203/oz_678770/1206_678820/1206x0_678822/.

[2] 世界银行 . 爱沙尼亚 .http://data.worldbank.org.cn/country/estonia. 2017-09-25.

[3] Estonia is a digital society.https://www.visitestonia.com/en/why-estonia/estonia-is-a-digital-society. 2017-09-25.

[4] 中华人民共和国驻爱沙尼亚共和国大使馆经济商务参赞处 . 爱沙尼亚12月份通胀率高居欧元区之首[EB/OL]. (2017-01-20)[2017-09-25].http://ee.mofcom.gov.cn/article/jmxw/201701/20170102505476.shtml.

[5] Tallinn University. Estonian Educational System.http://www.tlu.ee/en/studies/Practical-Information/Estonian-Educational-System. 2017-09-26.

[6] UNESCO Internatoinal Bureau of Education.World Data on Educatio VII Ed 2010/11[DB/OL].

---

① Skills anticipation in Estonia[EB/OL].http://skillspanorama.cedefop.europa.eu/en/analytical_highligths/skills-anticipation-estonia.2017-07-25.

http://www.ibe.unesco.org/fileadmin/user_upload/publications/WDE/2010/pdf-versions/Estonia.pdf. 2017-09-22.

[7] Republic of Estonia ministry of education and research. Lifelong learning strategy 2020[R]. https://www.hm.ee/en. 2017-10-14.

[8] Estonian Qualifications Framework. http://www.kutsekoda.ee/en/kvalifikatsiooniraamistik/ekr_tutvustus. 2017-09-25.

[9] UNESCO Internatoinal Bureau of Education.World Data on Education. VIE 2006/07[DB/OL]. http://www.ibe.unesco.org/site/default/files/Estonia.pdf. 2017-07-26.

[10] Statistics Estonia. http://www.stat.ee/en. 2017-09-25.

[11] Estonia unemployment rate[EB/OL]. https://tradingeconomics.com/estonia/unemployment-rate. 2017-07-25.

[12] European Centre for the Development of Vocational Training, Estonia-2017 is the Year of Skill[EB/OL]. http://www.cedefop.europa.eu/en/news-and-press/news/estonia-2017-year-skills. 2017-07-25.

[13] Skills anticipation in Estonia[EB/OL].http://skillspanorama.cedefop.europa.eu/en/analytical_highligths/skills-anticipation-estonia. 2017-07-25.

奥地利共和国

一、国家概况[①]

（一）地理环境

奥地利共和国（The Republic of Austria，Republik Österreich）地处中欧南部，属于内陆国家，国土面积 83878 平方千米，北部与德国和捷克接壤，西面是瑞士和列支敦士登，南部与意大利相邻，东南方与斯洛文尼亚连接，东部的邻国有匈牙利和斯洛伐克。奥地利境内山地占全国面积的 70%，为著名的山国。连绵起伏的阿尔卑斯山横贯境内，美丽的多瑙河由西向东流经东北部几个联邦州，长约 350 千米。

奥地利属海洋性向大陆性过渡的温带阔叶林气候，西部受大西洋影响，冬夏温差和昼夜温差小且多雨，东部为大陆型气候，温差相对较大，雨量亦小。阿尔卑斯山地区寒冬季节较长，夏季比较凉爽，7 月平均气温为 14℃～19℃，最高温度一般为 32℃。冬季从 12 月到次年 3 月，山区 5 月仍有积雪，气温为零度以下。

奥地利分为 9 个联邦州、84 个专区、2355 个乡镇。9 个联邦州是布尔根兰、克恩顿、下奥地利、上奥地利、萨尔茨堡、施蒂利亚、蒂罗尔、福拉尔贝格、维也纳。州以下设市、区、镇（乡）。首都维也纳属东一时区，比北京时间晚 7 小时。从每年 3 月最后一个星期日到 10 月最后一个星期日实行夏时制，期间维也纳时间比北京时间晚 6 小时。

（二）人文

截至 2020 年月 1 日，奥地利总人口为 890 万，其中外国人 148.7 万人，占 16.7%；超过 20% 的人口集中在维也纳及周边地区。全国人口中，奥地利民族占 88.8%，非奥地利民族占 11.2%，其中德国人占 1.5%，波黑人占 1.1%，土耳其人占 1%，塞尔维亚人占 1%。

奥地利的官方语言为德语。奥地利 78% 的居民信奉天主教，5% 信奉基督教。此外有穆斯林教徒 34 万人，东正教信徒 18 万人，耶和华见证会教徒 2 万人，犹太教徒 8100人。12% 居民不信教。

---

① 中华人民共和国外交部 . 奥地利国家概况 [EB/OL]. (2021-07) [2021-08-16]. https://www.fmprc.gov.cn/web/gjhdq_676201/gj_676203/oz_678770/1206_678868/1206x0_678870/16.html; 中华人民共和国商务部 . 对外投资合作国别（地区）指南——奥地利（2020 年版）[R/OL]. [2021-8-16]. http://www.mofcom.gov.cn/dl/gbdqzn/upload/aodili.pdf.

奥地利为联邦制共和国，实行三权分立的政治制度，立法权、行政权和司法权相互独立，互相制衡。立法权在议会，由国民议会和联邦议会组成。国民议会和联邦议院联合组成联邦大会，其职能主要有接受总统宣誓就职、在特殊情况下决定对外宣战或弹劾总统。联邦政府是奥地利最高国家行政机构，由联邦总理、副总理和各部部长组成。每届联邦政府的任期与国民议会相同。总统是国家元首，行使国家最高权力，由普选产生，任期6年。现任总统亚历山大·范德贝伦于2016年12月当选。总理由总统任命，副总理和部长由总统根据总理提名而任命。奥地利有三个法院系统：宪法法院，审理涉及宪法的案件；行政法院，负责行政纠纷案件；最高法院，负责刑事和民事案件，是普通法院系统中的最高级别法院。

奥地利实行多党制，注册登记的政党超过700个。目前在议会占有席位的党派有：奥地利人民党、奥地利绿党、奥地利自由党、奥地利社会民主党、新奥地利党。

奥地利以"音乐之乡"闻名于世，历史上的古典音乐大师几乎都在奥地利留下印迹，其中海顿、莫扎特、舒伯特、贝多芬、施特劳斯父子等音乐家享誉全球。每年元旦举行的维也纳新年音乐会被包括中国在内的世界许多国家转播。萨尔茨堡国际艺术节是奥地利最具国际声誉的大型文化活动之一。

在奥地利，重要节日有新年（1月1日）、复活节（3月21日至4月25日之间）、五一国际劳动节（5月1日）、国庆日（10月26日）、圣诞节（12月25日）。

（三）经济

奥地利属经济发达国家，人均国内生产总值在欧洲位居前列。奥地利服务业发达，在金融和旅游等领域有较强竞争力。奥地利的工业部门技术先进，注重创新，主要面向国际市场，以其在特殊领域独有的技术优势在国际市场上占有一席之地。奥地利注重环保，大力发展绿色工业，使节能环保、绿色能源等成为奥地利新的优势产业。中小企业占全国企业总数的99%以上。进入21世纪以来奥地利经济总体保持稳定增长，增速高于欧盟成员国平均水平。

2019年奥地利出口增长2.5%，进口增长1.2%；居民收入保持稳定，居民消费增长1.4%；固定资产投资增速2.8%；失业率比上年下降0.4%，为4.5%，属欧盟最低之列；财政状况有所改善，基本实现2019年度财政预算平衡。2019年奥地利实际GDP增长1.6%。

奥地利的矿产资源主要有石墨、镁、褐煤、铁、石油、天然气等。森林、水力资源丰富，森林面积375万公顷，森林覆盖率43%。木材蓄积量11.35亿立方米。在工业产值上，奥地利2019年工业产值1026.3亿欧元，同比增长3.3%。主要门类包括采矿、建筑、机械制造、电子和汽车制造等。同年，奥地利农、林、渔业产值为45.1亿欧元，同比增长2.1%。2019年农业用地133万公顷，占全国面积的16%。农业发达，机械化程度高。

奥地利旅游业十分发达。2019年接待游客过夜量1.5亿人次，其中外国游客1.1亿人次。全国有各类旅馆66400家，共有床位110万张。外国游客主要来自德国、荷兰、英国、意大利、瑞士和比利时等国。

（四）教育

奥地利各联邦州和联邦政府对教育承担责任。3 岁到 6 岁的儿童可以享受幼儿园教育。中小学实行 9 年制义务教育，学费、书费和上学交通费由国家负担。中等教育有两种主要方式：普通中学和中等专科学校。中等教育结束时要通过高中会考，然后进入职业教育或高等教育。奥地利的高等教育基本免费。据经济合作与发展组织（OECD）评估，奥地利的教育水平在成员国中排在第 18 位，高于成员国的平均水平。2018/2019 年度有各类中小学、职业学校 5778 所，在校学生 110 万人，各类高等院校 189 所，大学生 37.7 万人。著名的维也纳大学创立于 1365 年，系德语国家最古老的大学之一。

奥地利高等教育机构主要有大学和高等专业学院。目前奥地利有 22 所国立大学、12 所私立大学、20 所高等专业学院（包括一所远程教育高等专业学院及高等专业学院课程教学点）。国立大学是奥地利高等教育的主体，由联邦政府举办。奥地利私立大学规模较小，举办私立大学须经奥地利国家认证理事会评估认证后，由联邦政府高等教育主管部门批准。高等专业学院出现于 1993 年后，目前的高等专业学院多为州政府和社会团体或个人开办，无联邦政府开办的。奥地利大学和高等专业学院均可颁发学士学位和硕士学位证书以及大学毕业文凭，博士学位证书只有大学才有权颁发。[①]

二、职业技术教育与培训的战略与法规

（一）战略

1. 国家 LLL（Lifelong Learning）战略 [②]

2000 年，奥地利总统和总理呼吁欧盟各成员国制定连贯的终身学习策略。受此启发，奥地利委托一个专家小组详细阐述奥地利"LLL 战略"（终身学习战略）的基石。截至 2007 年 1 月，LLL 战略制定了 5 项基本方针。

（1）生命阶段导向：奥地利 LLL 战略的生命阶段旨在解决个人的生命计划和现实，并通过提供适合不同年龄群体的相关教育方案来满足巨大生命周期的需要和要求。因此，教育课程、访问和授权系统以及教育项目的组织结构都需要以个人的生活状况、重点和不同生活阶段的观点为导向。此外，需要发展有关的筹资结构，使个人能够获得与年龄无关的具体资格。

（2）以学习者为中心：LLL 战略是面向个人的。其目标是：会同教育机构和主要利益相关者，如关联雇主和雇员；创建新的和透明的形式的规定；加强教师职业化；建立新的咨询服务和支持个人通过实施适当的有系统的教育教学方法参与 LLL 战略。

---

① 中华人民共和国教育部教育涉外监管信息网. 奥地利 [EB/OL]. [2021-8-21]. http://jsj.moe.gov.cn/n1/12047.shtml.

② Tritscher-Archan, Sabine (ed.). VET in Europe. Country Report Austria. Report within the Framework of ReferNet Austria [R/OL]. Vienna: ReferNet Austria, 2009 [2021-08-26]. https://www.cedefop.europa.eu/files/2009_cr_at.pdf.

（3）终身指导：教育机构和教育咨询、职业指导的主要参与者应确保学习者在咨询关于终身指导战略时是容易获得的、独立的，并且这些咨询应涵盖所有受教育者，尤其是那些不太能接受教育的人。终身指导在教育部门、雇员的转变过程、人的整个生命周期都是特别重要的。

（4）能力导向：教育行动者和相关利益相关者应共同开发一个系统，在该系统中，学习成果意义上的能力可用于提高不同部门之间的透明度和可比性。学习成果是国家资格认证框架（NQF）和欧洲职业资格认证学分转换系统（ECVET）的关键起点。

（5）促进参与LLL战略：奥地利LLL战略的目标是与教育机构和主要利益相关者（如雇主和雇员协会）共同建立全国性的、以需求为导向的教育计划，促进各个教育机构之间以及与劳动力市场之间的更密切的联系与合作，并要求公共、非营利和私人教育部门（包括企业教育）的学习成果得到相互承认。

尽管关于未来LLL战略实施过程的政治决定仍然未解决，但已存在一系列支持该指导方针背后理念的具体措施：

（1）以就业人群为目标，为其设计在校的教育项目；

（2）促进二次教育；

（3）重返职业生涯的支持措施；

（4）"新中学"试验计划的推行及扩展；

（5）"数学、科学和技术创新"（IMST）计划的扩展；

（6）推行"工艺和技术领域的女性"项目；

（7）制定学校教育咨询和职业指导顾问资格标准；

（8）国家资格框架的发展；

（9）高职院校教育标准的制定。

与职业教育培训有关的主要政策有以下几个方面：

（1）治理和融资：奥地利学校治理体系在国际上被认为是低效的。产生这一观点的主要原因是管辖权分配的复杂结构。治理改革的措施已经开始出现在LLL战略发展的方针政策和行政改革的讨论中。改革模式旨在提高学校自主权、系统性成果控制和精简行政结构。

（2）教育咨询和职业指导：教育政策的一个主要目标是实施终身指导战略，这是全面的LLL战略的基石之一。

（3）教师教育和培训：近年来教师培训领域的一个重要改革步骤是教师培训学院向大学教育学院的转变。

（4）改革课程，创新教学和评价方法：关键目标是不断调整职业培训课程以适应经济的要求。此外，课程应为学校在特别重点方面的自主提供空间，以便对商业领域的地方或区域框架条件做出最佳反应。

（5）满足未来的资格需求：自 2009 年 10 月起，就特定的职业领域（例如建筑、电气工程、化学、旅游等）组织了界别重点小组（"常设委员会"）。这些重点小组由奥地利公共就业服务处（AMS）与奥地利经济资格和培训研究所合作协调。

2. 奥地利人工智能策略（2018 年）[①]

2018 年，联邦交通创新和技术部（BMVIT）和联邦数字和经济事务部（BMDW）联合发表了《人工智能奥地利 2030 使命》。[②] 文章介绍了人工智能应用产生的多种可能性，但也定义了七个未来领域（包括资格认证和培训、研究和创新、人工智能在经济中的应用），这些领域在未来几年需要加大与人工智能的相关性。2019 年上半年，在这七个确定的未来领域中设立了平行工作组，包含来自科学界、学术界、商界和行政部门的约 150 名专家。在若干讲习班上，专家们制订了战略行动领域以及具体的行动备选办法，并在提交联邦政府的一份专家文件中提出。这将成为制定奥地利人工智能战略的基础。该专家文件总结了未来职业技术资格和培训领域的五个行动领域：

（1）加强数学、信息、自然科学和技术（Mathematics, Informatics, Natural Science and Technology, MINT）培训和人工智能能力建设（直至高中水平）；

（2）将人工智能纳入教师培训；

（3）在高等教育机构的研究和教学中推广和进一步发展人工智能；

（4）教师和学习者应用人工智能；

（5）促进科学与学术界、商界和社会的合作。

3. 数字化战略（2020 年）[③]

奥地利普遍认为普通教育和职业技术教育体系必须解决数字创新引发的不断变化的技能要求。例如，社会合作伙伴致力于管理就业和职业技术培训系统的数字转型。这主要是一个专门的政策措施及其在教育和培训以及劳动力市场领域的执行问题。政治行动可以解决教育系统的基本结构（如增强社会渗透率），确定学习场所的 IT 基础设施的最低标准和 IT 能力，调整课程，提供基础的数字素养，增强电子学习方法，为培训师和教师提供进一步教育和培训等。奥地利联邦教育科学和研究部（BMBWF）提出了整个正规教育系统的数字化总体规划，其中以学校为基础的高等教育和高等教育（职业）教育和培训是系统的组成部分。这个总体规划旨在制定教育领域的全面策略，包括三个方面

---

① Löffler, R., Mayerl, M. Vocational education and training for the future of work: Austria [R/OL]. Cedefop ReferNet thematic perspectives series. öibf (Cedefop ReferNet Austria), 2020 [2021-08-26]. http://libserver.cedefop.europa.eu/vetelib/2020/vocational_education_training_future_work_Austria_Cedefop_ReferNet.pdf.

② BMVIT. Artificial Intelligence Mission Austria 2030-Shaping the future of artificial intelligence in Austria [R/OL]. Vienna: BMVIT, 2018 [2021-08-26]. https://www.bmvit.gv.at/dam/jcr:8acef058-7167-4335-880e-9fa341b723c8/aimat_ua.pdf.

③ Löffler, R., Mayerl, M. Vocational education and training for the future of work: Austria [R/OL]. Cedefop ReferNet thematic perspectives series. öibf (Cedefop ReferNet Austria), 2020 [2021-08-26]. http://libserver.cedefop.europa.eu/vetelib/2020/vocational_education_training_future_work_Austria_Cedefop_ReferNet.pdf.

的行动，以加强教育和培训的数字化：

（1）调整学习者获得的学习成果：该行动计划修订所有课程，将发展数字能力作为所有类型学校的学习成果考虑在内。另一方面是数字化学习材料的开发和使用；

（2）（进一步）教育和培训教学工作人员以及编制教育和培训课程；

（3）使资讯科技基础设施和学校行政现代化：计划在学校推行统一标准的资讯科技设备和流动设备。最先进的基础设施是数字工具在学校使用的先决条件。学校行政当局应加强使用现代资讯科技应用，以简化学校组织和提供学校服务。

（二）法规[①]

（1）1952 年，奥地利颁布《学校管理法》，明确了职业学校和学徒制企业的权利和义务。

（2）1969 年，奥地利颁布了《职业教育法》，正式确定了职业学校与企业联合培养人才的模式，标志着现代学徒制正式建立。

（3）1993 年，奥地利颁布《高等专科学校法》，规定在各州开始建立学制为 3—5 年的应用技术大学（Fachhochschulen，简称 FH），并优先录取学徒制毕业生。将对应用技术大学的管理和运行正式纳入应用技术大学委员会的管辖，建立起中等职业教育的管理机构框架。

（4）1997 年，奥地利政府为建立学徒制培训体系与高等教育的桥梁，便将在学徒制培训体系中实行技术人员高考考试制度纳入修订的《联邦职业教育法》中。次年，为了把一年制的九年级职前职业教育学校打造成学徒制培训的一部分，又在《联邦职业教育法》的修订版中规定，要把该类学校重新组合，转型为部分时间制职业学校的预备学校，此外，还强调要在中小学必修课程中开设职业指导课。[②]

（5）2005 年，奥地利重新修订《联邦职业教育法》，对每个学徒培训的基础知识、技能培训以及考核要求进行统一规定，提出学徒培训管理包。

（6）2008 年，奥地利在《联邦职业教育法修订版》中提出，对学徒培训体系进行模块化改革；

（7）2015 年，奥地利颁布《联邦职业教育法——联邦学徒职业教育法》，针对学徒及其义务、具备学徒教育资格者及其义务、培训师、教育职业及其目录、未成年学徒父母或其他教育权利人的义务、学徒教育关系与合同，以及学徒教育的管理结构、评估机构、咨询委员会等内容进行了详细的解释与职责规定。该法案对参与学徒模式建设的每个参与项都设定了具体可行的条目与明细规则，进行了清晰的职责与义务的划分，规定了具体的可履行步骤。同时，对于达不到实施要求的，也都明确了改进和调整措施，以及具体的

---

① 潘海生，杨尚云. 新经济新技术背景下的职业教育战略选择：基于比较的视角 [J]. 高等工程教育研究. 2018 (06)：118-119.

② 张彩娟，张棉好. 奥地利现代学徒制法案的文本分析 [J]. 职教通讯,2016(28)：53-56.

惩罚和问责机制。整体而言，该法案在内容上全面详细，权责明确，可操作性强。[①]

三、职业技术教育与培训的体系与质量保障

（一）体系[②]

1. 正规的教育体系

奥地利的教育体系非常完善，分为五个资格水平级别。学生在完成小学1—4年级后，便开始不同的学习发展。在第二资格水平学习中，他们有丰富的选择：（1）进入初级学术中学，完成4年的学习；（2）进入中等现代学校（5—8年级），完成4年的学习；（3）完成小学5—8年级；（4）完成4年的初中学习；（5）在新中学完成4年的学习。在第二阶段的学习结束后，奥地利学生可选择继续在高级学术中学学习4年或中等现代学校学习2年。此外，学生在本阶段可以开始进入职业教育和培训学习，可以选择：（1）高等职业技术学院（1—3年级）；（2）中级技术和职业学校；（3）学徒制；（4）直接参与第四阶段的职业技术教育培训。

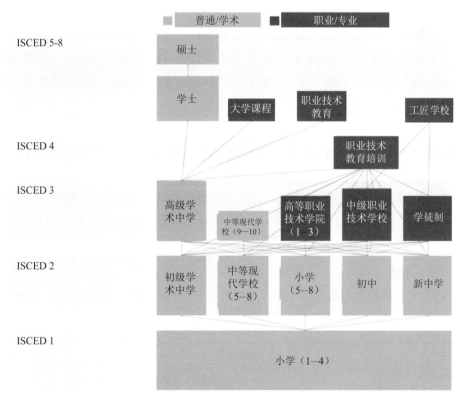

图 1　奥地利正规教育体系

---

①　张彩娟，张棉好. 奥地利现代学徒制法案的文本分析 [J]. 职教通讯,2016(28)：53–56.

②　UNESCO–UNEVOC. TVET Country Profiles: Austria [EB/OL]. [2021–08–26]. https://unevoc.unesco.org/home/Dynamic+TVET+Country+Profiles/country=AUT.html.

2.非正规职业技术教育与培训

非正规的继续教育和培训（CET）在非国家层面的继续教育机构进行。它可以面向继续职业教育培训，旨在加强或确保员工的工作岗位；还可以与普通成人教育有关，因此主要用于扩展知识和提高认识。关于非正规继续教育课程，主要可从以下几方面进行概览：

（1）机构/提供者：与正式 CET 一样，非正规 CET 在非国家（营利性和非营利性）机构中存在。在奥地利，大型非营利机构的教育和培训机构组成了一个密集的网络，这些机构参与奥地利成人教育机构会议（KEBÖ）。这些机构举办的活动范围从个人讲座到关于课程结构的课程。

（2）现状：成年人出于广泛的原因会参与教育和培训活动，无论是否与工作相关，动机都具有相关性，而且通常难以区分。例如，在电子数据处理（EDP）和外语领域，与工作相关的期望和其他期望经常重叠。因此，可以假设很大一部分非正规 CET 是出于个人学习兴趣。从这个角度来看，非正规 CET 在教育领域尤为重要。

（3）课程：课程由 CET 机构自己开发。在大多数情况下，课程材料由课程负责人自己编写。

（4）对非正式和非正式学习的认可：在奥地利，为了获得正式资格，有多种可能性可以认可非正式和非正式学习。例如，学徒期文凭也可以通过所谓的"学徒期休假考试例外录取"选项获得。因此，相关专业实践和参加相关课程活动的时间被视为可以替代正式学徒培训。

（二）质量保障[①]

2008 年《欧洲终身学习资格框架建议》（EQF）直接触发了欧洲国家资格框架的发展，奥地利已将其国家资格体系或框架与 EQF 正式挂钩。

奥地利的国家资格框架（NQF）共有八个级别，被"设计为一个综合框架，涵盖正规和非正规部门的所有类型和级别的资格证书，并重视非正式学习的成果"。该框架有助于从所有教育和培训子系统以及学习环境中映射国家资格，从而明确资格级别。它旨在通过突出现有途径和开发新途径，以开辟新的进展可能性来加强不同子系统之间的协调。奥地利 NQF 的一个重要特点是第 6 至 8 级对高等教育之外获得的职业教育和培训资格开放。

表 1 奥地利国家资格框架

NQF水平	资格类型		EQF水平
8	博士（博士级）	卫生部门8级专业资格 例如：临床心理学	8
7	硕士学位		7

① Cedefop. National qualifications frameworks developments in Europe 2019 [R/OL]. Luxembourg: Publications Office of the European Union, 2020 [2021-08-26]. https://www.cedefop.europa.eu/files/4190_en.pdf.

续表

NQF水平	资格类型		EQF水平
6	学士学位	高级工匠 工程师	6
5	职业技术学院/学校毕业证书——五年制课程（BHS） 联邦部门颁发的5级职业资格证书——国防部参谋士官 联邦司法部颁发的5级职业资格——执行司法官员		5
4	职业教育和培训学校资格——3年及4年课程 学徒证书 联邦部门颁发的4级职业资格证书——防卫科职业军士军官 地方政府颁发的农业4级职业资格证书 技术学校——3年		4
3			3
2			2
1			1

奥地利国家资格框架是在 2016 年 3 月《国家资格框架联邦法案》（NQF 法案）[①] 生效时建立的。2016 年 9 月通过了 NQF 手册，描述了将资格分配到 NQF 级别的过程和标准，并且已经建立了全面的资格登记册。奥地利教育与研究国际合作机构（Österreichischer Austauschdienst）被任命为主要的实施协调机构，设立了一个 NQF 指导委员会作为中央治理机构，广泛代表所有主要利益相关者，并设立了一个 NQF 顾问委员会，就分配决策向协调机构提供建议和信息。[②]

四、职业技术教育与培训的治理与教师

（一）治理

1. 联邦教育科学和研究部（BMBWF）

联邦教育科学和研究部（BMBWF）负责奥地利职业教育。学校的法律由政府学校主管部门执行，即省级区域教育委员会。除了从第九学年开始的广泛通识教育之外，职业教育培训学校和学院还提供不同期限和不同级别的初级职业教育和培训（IVET）课程。职业教育培训部门的某些领域属于其他部委的职权范围，例如联邦经济、家庭和青年部（例如基于公司的学徒培训和专业资格认证）、联邦卫生部（例如学校保健和护理），以及联邦农业、林业、环境和水资源管理部。

在社会组织对职业技术教育和培训的治理作用上，奥地利的经济和社会组织关系体

① Federal Act on the National Qualifications Framework (NQF Act, Federal Law Gazette No. 14/2016) [Z/OL]. [2021-09-20]. https://ilo.org/dyn/natlex/natlex4.detail?p_lang=en&p_isn=104194&p_country=AUT&p_count=1019.html.

② Cedefop. National qualifications frameworks developments in Europe 2019 [R/OL]. Luxembourg: Publications Office of the European Union, 2020 [2021-08-26]. https://www.cedefop.europa.eu/files/4190_en.pdf.

系是建立在法定利益集团和自愿利益集团之间以及与政府代表之间的自愿合作基础上。法定利益集团有雇主（联邦经济商会）、雇员（联邦劳工商会）和农业（农业商会主席常务会议）的代表。自愿利益团体包括奥地利工业联合会和奥地利工会联合会。在校本教育领域，社会伙伴参与立法和法令的制定过程（例如新课程）。

与商业领域的合作对于职业教育与培训学校和学院领域的所有相关人员都发挥着重要作用。一方面，课程和特殊重点因此适应经济的要求，另一方面，企业提供特定学科的专业学徒培训和（或）强制性工作安置场所。研究和开发的结果以实践为导向的方式在学校和行业之间的联合项目中实施，例如以文凭项目或在培训公司开展的项目的形式。几乎所有职业相关和实践导向学科的教师都拥有私营部门的实践经验。

职业教育与培训学校和学院的教育指导和咨询由经过专门培训的教师提供，他们可以为学生提供信息和指导、决策准备、帮助和个人建议。每所学校都有一到三名教师积极参与教育指导和咨询，具体取决于那里的学生人数。

联邦政府承担公立职业教育与培训学校和学院的设施和维护费用，但农林学校和非全日制职业学校除外（费用由各自的地区政府承担，该地区政府也对这些学校负责）。联邦政府还支付职业教育与培训学校和学院教师的工资，包括具有公法地位的私立学校的教师。兼职职业学校和农林学校教职工的费用由联邦和地区政府分担。①

2. 社会组织

奥地利现行的与职业教育有关的产业团体（相当于我国行业协会），主要有农会、商会（以上两会是代表三类产业的企业主的协会）以及工会（代表职工个人的团体）三种社会组织。下面将以奥地利商会为例。

奥地利商会（WKO），它是奥地利共和国于 1946 年在《经济贸易协会法》颁布之后成立的协会，是国家立法要求所有企业参加的非政府组织，因而属于公法性团体。商会由联邦法律确定其公法性团体地位，是具有组织性、民间性、非营利性、自主性和志愿性的社会团体，具有公益性的服务职能。因而地方各州都建立了分支机构，而且法律要求所有的工商企业都必须参加，因而商会成为了覆盖全国工商企业的大行业协会。正因为如此，联邦商会下设的经济促进学院（WIFI，负责职教培训事宜）能在全国范围顺利发展，目前已发展到 80 多个分支机构，且在国际化背景下开始发展到中欧如匈牙利、捷克、斯洛伐克等地，目前已成为一种国际性的培训服务品牌。

在政府职能转变之后，把让渡出来的公共服务承接起来，努力扩大服务，提高服务效率，为了保证这种服务功能与法律法规相协调，奥地利商会首先自行制定了行业协会内部运行规章，经联邦经济部认同后自主独立运作，而政府部门不再插手。以职业教育为例：联邦经济部建立职业教育和培训的国家制度性的规章；联邦教育部负责职业学校

---

① UNESCO–UNEVOC. TVET Country Profiles: Austria [EB/OL]. [2021–08–26]. https://unevoc.unesco.org/home/Dynamic+TVET+Country+Profiles/country=AUT.html.

的课程管理；联邦商会负责行业职业资格的技术标准制订、培训和考试标准制定以及职业资格认证和证书的发放；机构（例如 WIFI）提供直接服务；商会通过行业内部章程，促进企业规范运行。

（二）教师 [①]

奥地利拥有一个高效的教师培训体系，所有的职教师资培训转移到中学后教育阶段，至少需要学习三年的课程。奥地利职业技术教育的管理体制特点是分层负责。义务职业学校（BPS）由九个联邦州负责，技术职业中学（BMS）和技术职业高中（BHS）由国家管理。不同职业学校的教师由不同部门负责，义务职业教育教师是相关的州的雇员，技术职业中学（BMS）和技术职业高中（BHS）的教师对联邦教育和工艺部负责。不同层次的职校教师的培训内容也随之发生变化，职校教师的培训分为职前培训和在职进修两个方面。在职进修体现在两个方面：

1. 教师的职前培训

奥地利的职校教师培训由不同的机构负责，随之出现不同类型的教育课程：

（1）义务职业学校（BPS）、技术职业中学（BMS）和技术职业高中（BHS）这三类学校的实习教师都在培训学院中接受培训。这些学院要求参加师资培训的申请者首先具备以下的条件：具有师傅资格加上 6 年以上的专业工作经历，或者具有至少 13 年的学校教育经历加上 2 年以上的职业经历。满足这些条件后，申请者可先参加进修机构为职业教师提供的专门介绍课程（信息处理和家政学的准教师除外），然后进入专门的技术与职业教育教师培训学院学习，全部课程通常持续 3 年并以正式考试结束。

（2）技术职业中学（BMS）和技术职业高中（BHS）这两类学校的教师在专门的技术职业大学或者教师培训学院接受培训。学习至少 9 个学期的课程后可以拿到硕士学位。教师经过两年的相关教学工作后可流动。普通学科和专业学科对教师的要求不同，这两者的教师培训分为两类。

① BMS+BHS 的普通学科教师（如德语、英语、数学）的培训在大学或人文学院进行。教师资格课程是文凭课程学习，为期 9 个学期。学生要通过两次证书考试和提交毕业论文，才可以获得一个学位（"Magister"）。课程中有一门学术培训，通常由两门学科组成，即最后 5 个学期的教育学培训、一个 4 星期的见习期和 8 星期的教学实习。"Magister"学位资格的拥有者不能获得一个终身教师席位。在申请终身教席前，毕业生要完成 1 年的学校教学和课程补修。奥地利教育部门要求学生在学校进行教学方法的培训，作为选修科目。

② BMS+BHS 的技术理论学科教师（如电机工程、电子学、机器结构等）的培训内容主要是教育学方面，他们需要通过参加各种教学方法的研究会和演讲来阐释其对教学

---

① 胡怡芳. 奥地利职校师资培训体系 [J]. 世界职业技术教育,2006(04):13–15.

的理解。主要采取自愿参加原则，并且比其他形式的教师培训宽松，没有期末考试。不同的专业学科对教师的培训要求也是不一样的：普通学科、商业和管理、技术理论等教师必须具备大学入学资格与2年专业的工作经历，或者具有师傅资格与至少6年的工作经验。

2. 教师的继续培训

职校师资的培训一般分为教育学领域和专业培训领域。课程涉及教育学和心理学、方法学科课程、专业学科课程、教育热点等问题。职校师资培训体系在每个州建立一所教育学院。教育学院在继续教育和新教师培训方面起着越来越重要的作用，根据不同的教育类型，学院有不同的系和远程教育学院（IFF）。教育学院的主要任务是组织在职培训。此外，教育学院也提供学术型新入职教师和职业教育职前教师的培训。法律明确规定教师必须在自愿的基础上参与在职培训。当学校引入改革措施时（如新教师），在职培训则成为必修。教师参加培训的时间占正常工作时间的三分之一，一般小学、初中教师申请参加培训的积极性较高。

五、职业技术教育与培训的诉求与发展趋势

（一）诉求

近年来，数字化、工业4.0、气候变化和全球化等问题使得奥地利职业教育培训系统面临着不断增长的挑战，对人们工作和技能发展有很大影响。因此，职业教育系统必须快速灵活地响应工作和生产过程中经济、技术发展、数字化、可持续性和生态方面的新要求。数字化反映了劳动力市场目前和预期的结构变化进程。奥地利实证研究表明，数字化与奥地利劳动力市场的区域就业增长之间存在正相关关系。根据目前的数字经济和社会指数（DESI），奥地利在数字化方面的排名位于欧盟成员国中间，在人力资本分类指数的排名为前三分之一。该指数还反映了一个关键趋势：尽管通用信息技术（ICT）工人的就业增加了，但ICT毕业生的数量却下降了，这表明奥地利劳动力市场上的技术工人短缺。

数字化发展对职业教育培训系统来说是一个重要的挑战，因为数字化过程改变了劳动力市场的技能需求：工业4.0需要职业教育4.0。职业教育4.0的核心要求是：（1）加强职业教育培训中的社会和跨学科能力（如解决问题、团队合作）；（2）设计结合不同资历（例如数码商业、媒体设计、机电一体化）的专业技术培训课程；（3）提高职业教育培训专业资格证书的水平；（4）为以高比例工作为基础的学习（例如双学徒制、校本职业技术培训）的熟练工人提供高质素的初期培训；（5）创新双学徒制培训制度，以满足数字化的技能需求。重要的是，不仅要提供导向具体IT行业的职业教育培训课程，而且要在其他职业概况中使用IT作为内容和工具。

2018年联合发表的《人工智能奥地利2030使命》也体现了人工智能应用产生的多

种可能性。可以看到，未来几年，奥地利职业教育发展是与人工智能紧密相关的。[①]

（二）发展趋势

1. 加强信息技术培训，调整学习者获得的学习成果。在职业教育所有课程上，将发展数字能力作为所有类型学校的学习成果考虑在内，同时加强数字化学习材料的开发和使用，在学校中促进教师和学生使用电子学习平台，让学生准备好在他们的工作场所中使用数字技术的方式。此外，将信息科技基础设施应用于学校行政现代化中，在学校推行统一标准的信息科技设备和流动设备，以简化学校组织和提供学校服务。

2. 在校本培训中为教师和培训人员提供数字化教育和培训的选择。奥地利近年来举办了一系列针对教师的活动，深入探讨了职业教育和培训（VET）和工业4.0（Industry 4.0），目标是实现对工业4.0和VET 4.0要求的共同理解，并在此基础上开发项目。

3. 奥地利非营利组织进一步密切合作，共同促进奥地利数字转型的实施，刺激VET系统的创新，以解决数字技能需求。例如，（1）适应学徒计划和课程（基于学校的VET，多技能VET项目）；（2）多元化的学习空间：整合数字化学习方法，使用数字化工具，促进传统环境下的探索性、合作性学习安排，整合大型网络开放课程（MOOC）和小型网络开放课程（sMOOC）；（3）获得职业技术培训：考虑到年轻人的需要，促进探索性学习方法；（4）优化学习条件：改善资讯科技基础设施，更注重横向能力；（5）加强所有利益相关方之间的合作；（6）废除传统的性别角色：宣传积极的榜样，加强对年轻女性的教育咨询。

4. 加强现代化的学徒式培训，将数字能力作为能力需求加以实施，并促进数字媒体和资源在学徒培训中的应用。学徒培训强调现代化的学徒计划或引入新的学徒计划，以满足数字化的要求，对现有的学徒计划进行了现代化改造，包括建筑工程助理、电子商务商、玻璃工艺工程、媒体专家、应用开发编码和信息技术等新兴职业。

（深圳职业技术学院　管理学院　林　悦

深圳职业技术学院　人工智能学院　刘　峰）

主要参考文献

[1] 中华人民共和国外交部. 奥地利国家概况 [EB/OL]. (2021-07) [2021-08-16]. https://www.

[①] Löffler, R., Mayerl, M. Vocational education and training for the future of work: Austria [R/OL]. Cedefop ReferNet thematic perspectives series. öibf (Cedefop ReferNet Austria), 2020 [2021-08-26]. http://libserver.cedefop.europa.eu/vetelib/2020/vocational_education_training_future_work_Austria_Cedefop_ReferNet.pdf.

fmprc.gov.cn/web/gjhdq_676201/gj_676203/oz_678770/1206_678868/1206x0_678870/16.html.

[2] 中华人民共和国商务部. 对外投资合作国别（地区）指南——奥地利（2020 年版）[R/OL]. [2021-8-16]. http://www.mofcom.gov.cn/dl/gbdqzn/upload/aodili.pdf.

[3] 中华人民共和国教育部教育涉外监管信息网. 奥地利 [EB/OL]. [2021-8-21]. http://jsj.moe. gov.cn/n1/12047.shtml.

[4] Tritscher-Archan, Sabine (ed.). VET in Europe. Country Report Austria. Report within the Framework of ReferNet Austria [R/OL]. Vienna: ReferNet Austria, 2009 [2021-08-26]. https://www. cedefop.europa.eu/files/2009_cr_at.pdf.

[5] Löffler, R., Mayerl, M. Vocational education and training for the future of work: Austria [R/OL]. Cedefop ReferNet thematic perspectives series. öibf (Cedefop ReferNet Austria), 2020 [2021-08-26]. http://libserver.cedefop.europa.eu/vetelib/2020/vocational_education_training_future_work_ Austria_Cedefop_ReferNet.pdf.

[6] BMVIT. Artificial Intelligence Mission Austria 2030-Shaping the future of artificial intelligence in Austria [R/OL]. Vienna: BMVIT, 2018 [2021-08-26]. https://www.bmvit.gv.at/dam/jcr:8acef058- 7167-4335-880e-9fa341b723c8/aimat_ua.pdf.

[7] 潘海生，杨尚云. 新经济新技术背景下的职业教育战略选择：基于比较的视角 [J]. 高等工程教育研究. 2018(06)：117-123.

[8] 张彩娟、张棉好. 奥地利现代学徒制法案的文本分析 [J]. 职教通讯，2016(28):53-56.

[9] UNESCO-UNEVOC. TVET Country Profiles: Austria [EB/OL]. [2021-08-26]. https://unevoc. unesco.org/home/Dynamic+TVET+Country+Profiles/country=AUT.html.

[10] Cedefop. National qualifications frameworks developments in Europe 2019 [R/OL]. Luxembourg: Publications Office of the European Union, 2020 [2021-08-26]. https://www.cedefop. europa.eu/files/4190_en.pdf.

[11] Federal Act on the National Qualifications Framework (NQF Act, Federal Law Gazette No. 14/2016) [Z/OL]. [2021-09-20]. https://ilo.org/dyn/natlex/natlex4.detail?p_lang=en&p_isn=104194&p_ country=AUT&p_count=1019.html.

[12] 胡怡芳. 奥地利职校师资培训体系 [J]. 世界职业技术教育，2006(04):13-15.

白俄罗斯共和国

一、国家概况

（一）地理

白俄罗斯共和国（The Republic of Belarus），简称白俄罗斯，是位于东欧平原的内陆国家，地处东、西欧国家及黑海、波罗的海沿岸国家交通运输的十字路口，是连接欧亚大陆至欧盟及大西洋港口的重要公路、铁路运输走廊。东北部与俄罗斯联邦为邻，南与乌克兰接壤，北、西北部与立陶宛和拉脱维亚毗邻[①]，国土面积20.76万平方千米，东西长650千米，南北宽560千米，边境线全长2969千米。首都明斯克，主要城市有布列斯特、维捷布斯克、戈梅利等。属温带大陆性气候，温和湿润。境内地势低平，平均海拔160米，森林覆盖率达40%，河流、湖泊众多，享有"万湖之国""万河之国"的美誉。白俄罗斯属温带大陆性气候，境内温和湿润，1月份平均气温为-6.7℃，7月平均气温18℃。[②]

（二）人文

历史上白俄罗斯人是东斯拉夫族的一支。公元9世纪末与现在的俄罗斯人和乌克兰人一起并入基辅罗斯，建立了波洛茨克、图罗夫－平斯克等封建王国。白俄罗斯一词始见于1135年编年史。13世纪上半叶形成白俄罗斯语言文字。13—14世纪，其领土属于立陶宛大公国。1569年起隶属波兰立陶宛王国。18世纪末并入沙皇俄国。1917年建立苏维埃政权，1919年1月1日，成立白俄罗斯苏维埃社会主义共和国。1945年，白俄罗斯成为苏联加入联合国组织的三个成员国之一。1991年9月19日改国名为"白俄罗斯共和国"，简称白俄罗斯，12月8日作为创始国加入独联体。[③]

白俄罗斯现有人口939.78万（2020年4月）。1995年后，白俄罗斯语和俄语被设为

---

① 中华人民共和国外交部.白俄罗斯国家概况[EB/OL].(2021-08-01)[2021-09-27]. http://www.fmprc.gov.cn/web/gjhdq_676201/gj_676203/oz_678770/1206_678892/1206x0_678894/.

② 商务部国际贸易经济合作研究院等.对外投资合作国别（地区）指南——白俄罗斯[R].商务部《对外投资合作国别（地区）指南》编制办公室,2020,12:3-4.

③ 中华人民共和国驻白俄罗斯共和国大使馆.白俄罗斯概况[EB/OL].[2017-07-18]. http://www.fmprc.gov.cn/ce/ceby/chn/xnyfgk/t650846.htm.

国语，白俄罗斯的宪法并未明确规定国教，但大多数人信仰俄罗斯东正教，其次则是罗马天主教。基督教的不少节日如复活节等被设为国定假日。白俄罗斯自 1994 年开始实行总统制，首任总统卢卡申科连任至今。根据白俄罗斯宪法，总统可以连选连任，没有限制，每任任期 5 年。[①]

（三）经济

白俄罗斯工业基础较好，机械制造业、冶金加工业、机床等比较发达和先进，拥有玛斯载重汽车、别拉斯矿山自卸车、轮式牵引车等机械制造类企业；在电子、光学和激光技术等领域也具有世界领先水平。此外，白俄罗斯的农业和畜牧业、种植业亦很发达。2005—2012 年，种植业占农业总产值达 51.7%。近年来，白俄罗斯加快引进高技术产业，重点发展电子信息、精细化工、生物医药、新材料等新兴领域，并加强与中国合作共建经济、科技平台，中白工业园是两国目前合作规模最大、层次最高的项目，是推进"丝绸之路经济带"建设的标志性工程。2019 年国内生产总值 660 亿美元，同比增长 1.2%。2020 年国内生产总值约 603.7 亿美元，同比下降约 0.9%。2021 年第一季度，白俄罗斯国内生产总值约 141.7 亿美元，同比增长 0.9%。[②]

白俄罗斯全面发展与独联体和周边国家关系，继续发展同俄罗斯的战略联盟关系，与俄罗斯和哈萨克斯坦共同建立了关税同盟，与俄罗斯和哈萨克斯坦的经济、军事等一体化趋势正逐渐加强。铁路和公路交通网较发达，是欧洲交通走廊的组成部分。白俄罗斯是新欧亚大陆桥的组成部分，中欧班列使得白俄罗斯鲜奶能够直达中国武汉。[③]

（四）教育

1991 年 10 月 29 日，白俄罗斯颁布了《白俄罗斯共和国教育法》，2002 年 3 月 19 日通过了《白俄罗斯共和国教育法修正案》。教育法规定实施免费义务教育，高等院校学制 4—5 年，分为免费和缴费两种形式。白俄罗斯共有各级各类教育机构 1 万所，学生 200 多万，教育经费不低于 GDP 的 5%。[④] 白俄罗斯大多数儿童在 6 岁开始上学，接受免费的基础教育至 15 岁，之后绝大多数学生还将留在学校，直到 18 岁完成高中教育，或升入职业技术教育机构学习，获取职业资格证书。完成高中教育或取得职业资格证书的学生则可以申请进入大学继续接受教育。[⑤]

---

① 中华人民共和国外交部. 白俄罗斯国家概况 [EB/OL]. (2021–08–01)[2021–09–27]. http://www.fmprc.gov.cn/web/gjhdq_676201/gj_676203/oz_678770/1206_678892/1206x0_678894/.

② 同上。

③ 白俄罗斯鲜奶首次通过中欧班列运抵武汉 [EB/OL]. (2021–08–01)[2021–09–27].http://wulumuqi.house.qq.com/a/20161013/033837.htm.

④ 商务部国际贸易经济合作研究院等. 对外投资合作国别（地区）指南——白俄罗斯 [R]. 商务部国际贸易经济合作研究院等, 2020,12:11.

⑤ BELARUS.BY. Education in Belarus[EB/OL]. http://www.belarus.by/en/about–belarus/education,2017–09–28.

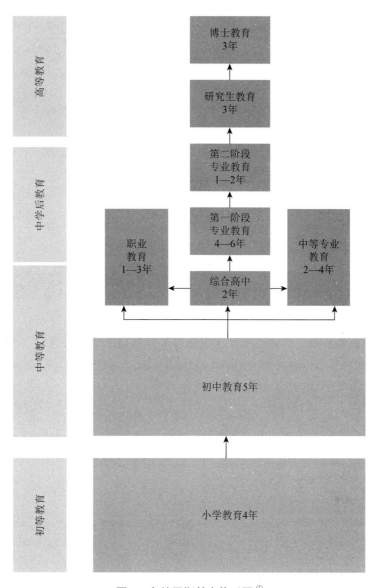

图 1　白俄罗斯教育体系图 [①]

2020—2021 学年，白俄罗斯有学前教育机构 3799 所，在校生 42.4 万人；普通中等教育机构数 3009 所，在校生 105.8 万人；职业技术教育机构 176 所，在校生数 6.1 万人；中等专业教育机构 223 所，在校生数 11 万人；高等教育机构 50 所，在校生数 26.3 万人。著名大学有：白俄罗斯国立大学、白俄罗斯国立技术大学、白俄罗斯国立师范大学、白俄罗斯国立经济大学、白俄罗斯国立农业大学、明斯克国立语言大学等。

[①]　UNESCO International Bureau of Education. World Data on Education. VII Ed. 2010/11. [DB/OL]. http://www.ibe.unesco.org/fileadmin/user_upload/publications/WDE/2010/pdf–versions/Belarus.pdf. 2017–07–18.

表 1　2015—2021 学年度白俄罗斯教育发展主要指标[①]（学年开始的数据）

	2015/2016	2016/2017	2017/2018	2018/2019	2019/2020	2020/2021
学前教育机构数	3951	3879	3812	3803	3798	3799
注册在学人数（千人）	409.8	418.1	426.3	435.1	436.6	424.1
普通中等教育机构数	3230	3155	3067	3035	3020	3009
注册在学人数（千人）	969.1	982.3	994.5	1010.4	1031.7	1058.3
职业技术教育机构数	206	196	185	180	176	176
注册在学人数（千人）	72.2	70.3	66.9	65.7	63.4	60.8
中等专业教育机构数	231	230	226	226	224	223
注册在学人数（千人）	121.3	117.8	114.1	131.3	112.5	110.4
高等教育机构数	52	51	51	51	51	50
注册在学人数（千人）	346.6	325.0	299.3	282.8	272.8	263.4

依据 2008 年新通过的《高等教育法》，白俄罗斯的高等教育实行"专业"（4 年）+ "硕士"（1—2 年）两阶段模式，大学将颁发专业证书和硕士学位证书，均不颁发学士学位。新的《高等教育法》保留了公费生分配制度：毕业生需要到指定单位工作两年，不服从分配的学生要退返培养费。[②]

中白两国教育合作与交流形势良好，在白俄罗斯的中国留学生人数逐年增加，2007 年初已达 1700 多人。白俄罗斯学习汉语的人数亦不断增长，仅首都明斯克就有 350 多名学生在学习汉语。有 6 所大学开设了汉语课，白俄罗斯国立大学还建立了孔子学院。[③]

二、职业技术教育与培训的战略与法规

（一）战略

白俄罗斯共和国 1991 年宣布独立后便开始了经济和社会重组。白俄罗斯大部分对国家发展关系重大的机构都是国有的，劳动力市场主要是为满足这些机构的需求。白俄罗斯在制定和完善国家职业技术教育与培训体系时，优先考虑的是为国家培养专业技术人才。近年来，白俄罗斯越来越多地活跃在国际舞台，使得越来越多的外国资本和企业进入国民经济中来，越来越多的先进技术和方法在本国组织中得到应用，这也加剧了技术工人与劳动力市场的实际供需关系不匹配的问题。调整国家职业技术教育与培训系统以满足劳动力市场的需求，听取雇主和社会合作伙伴关于职工资质和技能培训的观点和建议，都是白俄罗斯国家教育改革发展的主要目标。

---

① 白俄罗斯共和国国家统计局 .http://www.belstat.gov.by/en/ofitsialnaya-statistika/Demographic-and-social-statistics/Education/2021-09-27.

② 贝文力 . 白俄罗斯通过新的《高等教育法》[J]. 世界教育信息，2008(7).

③ 鲁桂成大使会晤白俄罗斯教育部长 .[EB/OL].http://www.fmprc.gov.cn/ce/ceby/chn/jylx/t542323.htm, 2009-03-14.

为此，在促进职业技术教育与培训发展方面，实施的战略主要有：（1）为职业技术教育与培训教师提供更多资金支持、社会福利和培训机会，从而使得这些教师更有动力留在职业技术教育与培训行业，为学生提供最新的、高质量的培训和信息。（2）为刚毕业的职业技术教育与培训院校学生提供更多的就业机会，提升职业技术教育与培训的吸引力，使其不再被视为是家庭不富裕或者学习成绩欠佳学生的选择。（3）引进更高效的资源配置系统，寻求其他（非公立）资金支持；加强国际资源对职业技术教育与培训发展项目的投入。（4）建立国家资格框架，开发职业标准，优化青年技术工人和专业人员的资格结构，消除劳动力培训与市场需求不均衡的状况，以满足劳动力市场的实际需求；提供创新科技设备和研究材料，以满足亟待发展行业当前的发展需求；进一步促进再培训体系的建立和发展，使那些技术资格落伍的职工可以重新接受培训，获得与劳动力市场需求相符的技能等方面。（5）扩大基于网络的教育培训和远程教育的范围和规模，建立科学、教育与产业协同发展的集群机制，保障教育事业的发展跟进国际先进水平。

（二）法规

《白俄罗斯共和国宪法》赋予了公民享有免费接受普通中等教育和职业技术教育的权利。1991 年颁布的《教育法》第 14—23 条规定了国家教育体系的构成及职业技术教育与培训在其中的地位，第 36—37 条法规规定了教育系统的资金来源机制。有关的一系列法律法规构成了白俄罗斯共和国职业技术教育与培训的法律框架，主要有：《职业技术教育法》（2003 年颁布实施，2009 年修订，规定了职业技术教育与培训的标准、组织架构、经济和社会基础）；《初等职业技术培训法》（2004 年颁布实施）；2008 年实施的《劳动力需求预测法令》旨在改进由国家或地方基金支持的职工和技工培训计划；2010 年实施的《教育典章》，旨在制定一个统一的发展战略，使各教育阶段建立更密切的联系，内容包括职业技术教育、中专教育、高等教育、成人再教育；以及 2010 年通过的《2011—2015 年国家职业技术教育发展计划》等。

近年来，政府有关推动职业技术教育与培训发展的政策措施主要有：

2014—2015 年，为提高就业人员的劳动能力和工作效率，采取了若干立法措施。2014 年 7 月 31 日部长理事会第 744 号决议关于"劳动报酬"的有关规定，以及 2014 年 12 月 15 日"关于加强企业管理人员和行政雇员工作的要求"的第 5 号总统令的发布，旨在提高企业的经济管理效率，确保劳动生产率与工资增长同步协调。新修订的《白俄罗斯共和国人口就业法》旨在提高全国就业数据库中有关空缺岗位的信息，并提高公共就业局和其他提供招聘服务机构的服务绩效。

2015 年 4 月 2 日"关于防止社会依赖"的第 3 号总统令，有助于查明和减少隐瞒失业和非正规就业等现象，激励个人寻找工作。但由此也增加了向公共就业服务机构申请协助就业的人数，其中大部分人员被宣布为失业人员，从而也导致失业人员登记率上升至经济活动人口的 1.0%。

此外，白俄罗斯积极参与欧盟培训基金和欧盟委员会支持建设的东部伙伴关系成员国组织活动。2015年，在伙伴关系组织活动的背景下，白俄罗斯国家工作组起草了"国家法案和行动路线图"，确定了为建设一个更加综合和有效的劳动力市场信息系统的主要优先事项和理由，并已获得欧盟委员会和欧洲培训基金会的同意和支持。

三、职业技术教育与培训的体系与质量保障

（一）体系

1. 正规职业技术教育与培训

完成初中教育后，白俄罗斯的学生可选择两种教育方式：（1）在职业教育学校或专业教育学校接受教育培训；（2）在普通教育机构接受普通高中教育。

白俄罗斯共和国形成了广泛的职业教育机构网络，包括职业技术培训学校、专业教育学校和专业学院。这些职业技术教育机构所提供的项目旨在培养学生在各自相关领域的能力，学生能够获得必要的普通技工专业资格并颁发职业技术教育毕业证书。职业教育的学制取决于职业教育学校的类型。职业技术学校提供1年制、2年制或3年制项目，专业教育学校提供2—4年制的项目。专业学院根据学生入学前的受教育水平，为学生提供4—6年的教育。此外，白俄罗斯还建有专门的职业技术教育培训基地，为相关行业培训合格的产业工人。

在就业保障方面，目前白俄罗斯政府面向在高等教育、中等专业教育和职业技术教育学校中的全日制学生提供毕业安置服务，这对于职业学校毕业生来说，就业安置被视为他们获得第一份工作的保障。而且，通过就业安置获得工作的毕业生还可以获得政府提供的保证金和生活补贴，其费用根据其获得的专业和认定的资格从国家或地方预算中拨付。

2. 继续教育与培训

目前，高等职业技术学校主要提供商学、银行学、环境保护学、生物化学生产、设计和社会工作等领域的培训。而一些提供中等专业教育的中等技术学校和技术学院作为继续教育系统的一部分，正在开展中专教育改革，以开展新的学科专业教育和资格认证工作。此类教育学校的未来发展方向是建立既可以开展职业技术教育，又可以开展普通教育的综合化机构。

在劳动力组织培训方面，白俄罗斯开发了一个专门的劳动力市场数据收集和应用系统。由劳动和社会保障部和教育部等部门联合设立了三个大型数据库，用于预测劳动力市场和员工培训，其特点及有关内容在欧洲培训基金会的报告《白俄罗斯的劳动力市场信息系统和技能预期》中有详细阐述。

国家公共就业局支持失业人员建立自己的公司，为此，公共就业局向失业人员提供企业家培训项目，培训完成后，受训人员将他们的商业计划书交给相关的产业部门以供讨论修改。此培训项目向所有人开放，但只有被公共就业局认定的失业人员才可以接受

免费的培训，成功接受培训并提交了商业计划书的人员还将有资格获得一批贷款用于公司的创建工作。

在成人教育培训方面，为了更有效地扩大经济活动人口的覆盖范围，确保人员培训与经济实体等用人单位的需求相一致，主要采取了以下措施：（1）协调职业和教育标准（与教育机构和企业代表合作制定国家资格框架和职业标准）；（2）鼓励雇主增加劳动力培训支出（例如通过报销雇主费用来培训在结构改革框架内雇用的新员工）；（3）加强成人继续教育领域内的公私伙伴关系。

（二）保障

1. 资格认证

完成基础教育课程，并获得相关证书，学生便可以申请就读职业教育项目。在职业技术学校完成 1 到 2 年的课程后，学生便会拿到初级职业资格证书，而如果在同样的教育机构完成学制 3 年的学习，学生便可获得职业培训文凭，完成普通中等教育。而在职业技术学院完成 3 到 4 年学制的培训项目后，学生便可获得中等专业资格认证。

白俄罗斯共和国国家分类标准"专业和资格认证"内含一个职业技术教育专业和资格认证系统目录，职业技术教育与培训机构所有合格劳动力的培训都按照该系统目录进行。

国民经济结构的发展促使职业技术教育与培训系统的内容做出了相应调整，新的资格认证引入了雇主和社会合作伙伴，让他们更多地参与其中。

2. 质量保障

《白俄罗斯共和国教育法》规定，各类教育机构是国家资格认证的主体，其提供的教育内容和质量需要接受国家监管，而且毕业生拿到的教育资格认证需要与教育标准一致。

教育部教育质量控制局是管理和控制教育质量的主要部门。质量控制的标准和方法需要遵循教育标准，而教育标准包括不同教育阶段的通用标准，以及根据不同教育阶段的学制、教育机构类型、专业的不同设定相应的证书格式和教育文凭等。有认证资质的机构有权颁发教育文凭和证书。在确定教育机构遵循相关法律法规的程序后，白俄罗斯共和国总统将指派有资质的当局做出决定，决定是颁发、拒绝颁发还是撤销认证。

在职业教育评价方面，评价职业教育与培训质量的主要因素包括课程和设备的现代化、教师和培训师的教学技巧是否不断更新和提升等。除了外部质量控制程序外，《教育法》还将自我评价作为确保教育质量的另外一个途径。自我评价是教育机构根据教育部法规对自身进行的评价。评价是以教育机构对自身问题的评估为基础，以综合分析的形式评价教育活动。各教育机构的负责人制定自我评估的规则和频率。

四、职业技术教育与培训的治理与教师

（一）治理

白俄罗斯职业技术教育与培训的管理由白俄罗斯共和国总统及政府、教育部、其他中央机构、在政府管理下的国家组织、地方行政和管理部门负责。

教育部下属机构以及部长理事会主要负责职业技术教育与培训政策的制定与实施。此外，有关教育项目发展和教育优先发展领域的问题，教育部还会咨询政府及非政府机构、国企、银行和私人基金会等组织。

促进职业技术教育与培训社会合作关系发展的教育部下属主要机构有：职工继续教育和再培训理事会、职业技术培训协调委员会和中等专业培训机构委员会。其中，职业技术培训协调委员会和职工继续教育和再培训理事一直在推动国家经济和社会部门的代表参与到制定职业技术教育与培训机构资格框架的相关工作中来。

职业技术教育与培训机构也受到地方政府部门的监管，地区机构主要负责制定地方职业教育政策，选择优先发展领域和需要进行改革的领域。同时，它们还参与制定和诠释国家有关职业教育的标准及配套工具。

在推进就业与继续教育培训工作的组织管理方面，教育部和劳动与社会保障部共同合作为职工提供职业技术继续教育与培训，向未就业人员提供基本的技能培训和就业指导。资金支持方面，白俄罗斯成立了国家失业改善基金，成为此类职业技术教育与培训的主要资金来源。

经费方面，白俄罗斯公立职业技术教育与培训机构的资金主要来自于地区预算，还有一部分来自于国家预算。近年来，由政府监管的职业技术教育与培训机构举办的预算外活动得到越来越多的关注，这些活动旨在弥补国家预算资金的不足。为此，教育部制定实施了新的法规，为所有阶段的职业教育提供付费教育服务。比如，职业技术教育与培训机构可以根据其所提供的商品、操作和服务收取额外的费用，以作为机构资金；职业技术教育与培训机构会通过向高级培训和深层次专业研究、职业技术学院开展的中专教育培训、职工培训、再培训和进修收取费用，以筹措资金。

（二）教师

中等职业技术教育学校的教师一般毕业于工业教育学院和大学。想要被这些学院和大学录取，还需要通过竞争入学考试，并事先完成职业技术教育或中等学校教育。大学毕业后，学校会授予教师认证资格或者工业培训硕士学位。

白俄罗斯共和国职业教育学院主要承担教师培训工作，旨在为职业院校教师提供更多更好的教学方法和技术支持，为教师和教育工作者提供基础培训和高级培训。在教师培训授课中，会特别注重教师心理学方面的知识培训。此外，有关高级职工接受研究生文凭教育方面的法规已经得到修订，未来越来越多的注意力开始转向以市场为导向专业的职业技术教师再培训。

国家人力资源部门也出台了一些支持教师继续教育培训的政策，包括为公立学校教师进行资格升级和再培训项目提供财政预算资金，以及在各级政府部门建立教育机构辅助委员会，在国家和区域政府成立教育培训工作的方法指导协会等，用以提高教师技能和培训绩效。尽管为支持教学人员采取了一系列措施，但白俄罗斯在教育和职业教育系统方面还存在教学声望不高、教学人员老龄化、教师工资待遇低下（根据 2016 年 5 月的数据，教师工资收入只有工业部门平均工资的 68.3%）以及有关专业技术教师流失造成教学人员短缺等现象。[①]

白俄罗斯教师培训发展战略由教育部根据最近通过的一些反映国际发展趋势的文件制定，包括该国进入博洛尼亚进程。《2015—2020 年教师教育发展规划》及其实施行动计划经过广泛讨论，已经制定和并获得通过。根据规划要求，国家继续教师培训制度向集群发展模式转变，集群发展模式是以集群组织建设为主导，以开展职业培训、再培训和资格认证升级为主要工作任务，促进教师继续教育与培训的研究和创新集群的建立。集群的主要目标是汇集成员在培训、研究和创新能力等方面的专业知识，提高向现代教育者提供培训的质量。为此，教育部批准通过了关于"教师继续教育工作的培训、研究和创新集群条例"。

五、职业技术教育与培训的诉求与发展趋势

（一）诉求

1. 白俄罗斯经济发展规划对高技术人才和绿色技能人才的需求

随着欧亚经济联盟的启动运行，成员国之间的贸易壁垒将逐步消除，形成更大的统一市场，市场空间和市场需求潜力巨大，白俄罗斯经济发展以及中白经贸合作面临新的机遇。2014 年以来，受乌克兰危机与俄罗斯经济下滑的影响，白俄罗斯外债增加，与俄罗斯、乌克兰贸易受损严重，经济增长缓慢。2015 年 2 月，白俄罗斯部长会议通过决议，批准了《2030 年前白俄罗斯社会经济稳定发展国家战略》，战略规划主要分为两个阶段：第一阶段（2016—2020 年）提出要在优先发展高新技术产业的基础上，向经济的稳定和均衡增长过渡；第二阶段（2020—2030 年）加快发展知识密集型产业和服务业，进一步形成绿色经济发展态势。

2. 白俄罗斯的劳动力市场状况对培训专业领域的需求

据白俄罗斯国家统计委员会的数据，2019 年，白俄罗斯劳动力人口 433 万人，约占总人口的 46%，失业人数 0.88 万人。首先，近年来，随着白俄罗斯建筑业的发展，对建筑类相关专业的技术工人需求缺口巨大。其次，目前白俄罗斯的劳动力成本较低，与其他欧盟国家相比，白俄罗斯的最低工资标准排名相对较低[②]，2019 年，白俄罗斯的平均工资为 1090.9 白卢布（折合 521.6 美元）[③]，这也间接地说明通过接受培训从而提升劳动力价值的前景广阔。

---

① ETF. TORION PROCESS 2016–17: BELARUS–Executive Summary [DB/OL]. http://www.etf.europa.eu/webatt.nsf/0/43A6BOFB63F891FAC12581330040EAE4/$file/TRP%202016–17%20Belarus.pdf, 2017–09–28.

② 中华人民共和国驻白俄罗斯共和国大使馆经济商务参赞处.最低工资水平映衬出白俄罗斯劳动力成本比较优势 [DB/OL]. (2009–08–12)[2017–07–18].http://by.mofcom.gov.cn/aarticle/jmxw/200908/20090806454680.html.

③ 商务部国际贸易经济合作研究院等.对外投资合作国别（地区）指南——白俄罗斯 [R]. 商务部《对外投资合作国别（地区）指南》编制办公室,2020,12.

3. 白俄罗斯的经济活动人口分布状况对培训行业的需求

从白俄罗斯的 GDP 构成来看，2019 年，白俄罗斯第一产业（农业、打猎和林业）占 6.8%；第二产业占 31.3%（其中工业占 25.7%，建筑业占 5.6%）；第三产业（服务业）占 48.8%（其中交通运输占 5.9%，信息和通信占 6.2%，不动产交易占 5.4%，其他经济活动占 31.3%）。[①] 这些数据可以看出白俄罗斯的经济活动人口主要集中的行业，也能反映出这些行业可能存在较多的劳动力从业和培训需求。而且，白俄罗斯的工农业基础较好，机械制造和加工业发达，拥有 600 多家企业，机械制造业是其工业的支柱和主导部门。未来产业的发展对该领域的劳动力需求，尤其是较高素质和掌握高技术的人才需求将会持续，这些都为职业技术教育与培训的发展提供了市场空间。

（二）发展趋势

综合分析和当前的经济、劳动力市场发展状况，结合白俄罗斯国家职业技术教育发展计划的有关内容要求，需要进一步同步社会、经济和职业教育发展的进程，制定和实施符合国家经济特点和现代国际趋势的职业教育与培训发展策略。主要包括：

1. 将教育培养计划与国家发展相联系，保障技术型劳动力的持续供给

自苏联时期开始，且政府目前仍在实行的一个政策是分配和就业安置。学生与公立职业技术教育与培训机构签署培训协议，毕业后便被分配到特定企业。同时，职业技术教育与培训系统应将长期教育培养计划与国家经济发展的优先次序配合，确保技术型劳动力供应。为此，白俄罗斯教育领域的一项计划是将专业人员的培训与国民经济需求联系起来。在该计划的框架下，白俄罗斯教育部引入了一个应用体系，使企业可以提前与职业学校签署协议，从而雇佣到合格的职工。该体系旨在帮助更多职业学校学生实现就业，保证技能人才供给与市场需求一致。

2. 加强与企业的培训合作，提高人员培训的针对性和灵活性

职业技术教育与培训机构正在越来越注重加强与企业的合作，主要是采取措施满足企业对技术人才的需求，措施包括组织在职培训和实践、在教育机构内开展再培训和进修、制定和调整教育标准、吸引更多企业资金等。《职业技术教育法》增加了雇主为应对职业变化而制定计划的可能性。在该法框架内，许多教育标准、培训项目、专业计划和课程，在雇主、培训机构和社会合作伙伴的帮助下被制定出来。

3. 建立多方参与机制，提高资源利用和运行效率

职业技术教育与培训领域的创新也是重中之重，导致职业技术教育与培训系统未能很好地灵活适应劳动力市场需求的主要原因之一是财政预算资金不足。企业很少愿意向职业技术教育与培训机构投资，尽管这些机构是为企业培训职工。此外，在与职业技术教育与培训机构签署职工培训协议后，很多企业并不履行协议。基于此，白俄罗斯共和

---

① 商务部国际贸易经济合作研究院等.对外投资合作国别（地区）指南——白俄罗斯[R].商务部《对外投资合作国别（地区）指南》编制办公室,2020,12:17.

国职业教育局正在研究调查雇主对雇员能力的要求。职业教育局正在邀请更多感兴趣的组织、教育和政府机构参与其中。另一方面，提高现有可利用财务资源的使用效率，进一步优化职业教育培训机构的组成；而且，加强国家对教育机构提供物质和技术基础设施的支持力度，并通过立法、法规和体制机制，提供短期的职业技术继续教育与培训课程。

（深圳职业技术学院　技术与职业教育研究所　魏　明）

主要参考文献

[1] 中华人民共和国外交部.白俄罗斯国家概况 [EB/OL]. (2021–08–01)[2021–09–27]. http://www.fmprc.gov.cn/web/gjhdq_676201/gj_676203/oz_678770/1206_678892/1206x0_678894/.

[2] 商务部国际贸易经济合作研究院等.对外投资合作国别（地区）指南——白俄罗斯 [R].商务部《对外投资合作国别（地区）指南》编制办公室, 2020.

[3] 中华人民共和国驻白俄罗斯共和国大使馆.白俄罗斯概况 [EB/OL].[2017–07–18].http://www.fmprc.gov.cn/ce/ceby/chn/xnyfgk/t650846.htm.

[4] 白俄罗斯鲜奶首次通过中欧班列运抵武汉 [EB/OL]. (2016–10–13) [2017–07–13].http://wulumuqi.house.qq.com/a/20161013/033837.htm.

[5] BELARUS.BY. Education in Belarus[EB/OL]. http://www.belarus.by/en/about–belarus/education, 2017–09–28.

[6] UNESCO International Burean of Education. World Data on Education. VII Ed. 2010/11. [DB/OL]. http://www.ibe.unesco.org/fileadmin/user_upload/publications/WDE/2010/pdf–versions/Belarus.pdf. 2017–07–18.

[7] 白俄罗斯共和国国家统计局 .http://www.belstat.gov.by/en/ofitsialnaya–statistika/social–sector/obrazovanie/godovye–dannye_5/the–republic–of–belarus–in–figures–1995–2012_3/,2017–09–28.

[8] 贝文力 .白俄罗斯通过新的《高等教育法》[J].世界教育信息, 2008 (7).

[9] 鲁桂成大使会晤白俄罗斯教育部长 .[EB/OL].http://www.fmprc.gov.cn/ce/ceby/chn/jylx/t542323.htm, 2009–03–14.

[10] 中华人民共和国驻白俄罗斯共和国大使馆经济商务参赞处.最低工资水平映衬出白俄罗斯劳动力成本比较优势 [DB/OL]. (2009–08–12) [2017–07–18].http://by.mofcom.gov.cn/aarticle/jmxw/200908/20090806454680.html.

[11] ETF. TORION PROCESS 2016–17: BELARUS–Executive Summary [DB/OL]. http://www.etf.europa.eu/webatt.nsf/0/43A6BOFB63F891FAC12581330040EAE4/$file/TRP%202016–17%20Belarus.pdf, 2017–09–28.

保加利亚共和国

一、国家概况

（一）地理①

保加利亚共和国（The Republic of Bulgaria），简称保加利亚，首都为索非亚，位于欧洲巴尔干半岛东南部，北与罗马尼亚隔多瑙河相望，西与塞尔维亚、北马其顿相邻，南与希腊、土耳其接壤，东临黑海，面积 11.1 万平方千米，海岸线长 378 千米。北部属大陆性气候，南部属地中海式气候。平均气温 1 月 −2℃~2℃，7 月 23℃~25℃。共有 28 个大区和 265 个市。

（二）人文②

色雷斯人是保加利亚最古老的居民。公元 395 年并入拜占庭帝国。681 年斯拉夫人和古保加利亚人在多瑙河流域建立斯拉夫保加利亚王国（史称第一保加利亚王国）。1018 年被拜占庭侵占。1185 年建立第二保加利亚王国。1396 年被奥斯曼土耳其帝国侵占。1877 年俄国对奥斯曼土耳其宣战，土耳其战败，保加利亚于次年摆脱其统治宣布独立。1944 年 9 月 9 日成立了以共产党和农民联盟为主体的祖国阵线政府并宣布保加利亚为人民共和国。此后保加利亚共长期处于执政地位。1989 年保加利亚政权更迭，改行多党议会民主制。1990 年 11 月 15 日，改国名为保加利亚共和国。

根据保加利亚宪法（1991 年），保加利亚为议会制国家，总统象征国家的团结并在国际上代表国家，议会称国民议会，行使立法权和监督权，并有对内政外交等重大问题做出决定的权力，议会实行一院制，共 240 个议席，按比例通过民选产生，任期 4 年。议长称国民议会主席。现任总统为鲁门·拉德夫，于 2016 年 11 月 13 日当选，2017 年 1 月 22 日就职，任期 5 年。

保加利亚现有人口 695 万（2019 年），其中保加利亚族占 84%，土耳其族占 9%，罗姆族（吉卜赛）占 5%，其他（马其顿族、亚美尼亚族等）占 2%。保加利亚语为官方和

---

① 中华人民共和国外交部. 保加利亚国家概况 [EB/OL].http://www.fmprc.gov.cn/web/gjhdq_676201/gj_676203/oz_678770/1206_678916/1206x0_678918/. 2021-09-29.

② 同上。

通用语言，土耳其语为主要少数民族语言。居民主要信奉东正教，少数人信奉伊斯兰教。

保加利亚首都为索非亚，是全国第一大城市，有"欧洲花园都市"之称，市区内有大量温泉，并保存有建于公元 5 世纪的罗马浴室，还是中欧通往西亚的交通要冲。全国主要城市还有：普罗夫迪夫、瓦尔纳、布尔加斯等。[①] 保加利亚著名景点有亚历山大·涅夫斯基大教堂，该教堂位于首都索非亚，为新拜占庭式建筑，是保加利亚主教的主座教堂，也是东正教在世界上最大的教堂之一，还是索非亚的主要象征。重要的节日有国庆节（3 月 3 日）、保加利亚教育文化和斯拉夫文字节（5 月 24 日）。保加利亚还是一个玫瑰的王国，每年 6 月的第一个星期举办玫瑰节会。

（三）经济

1989 年剧变前，保加利亚国民收入的 90% 靠进出口贸易来实现，进出口主要依赖于前经互会国家。1989 年后开始向市场经济过渡，发展包括私有制在内的多种所有制经济，优先发展农业、轻工业、旅游和服务业。2004 年底，保加利亚大部分国有资产已完成私有化。2001 年至 2008 年经济增长平均保持在 5% 以上，2009 年以来，受金融危机影响，保加利亚经济有所衰退，2010 年经济逐步企稳回升。2013 年国内生产总值 399.4 亿欧元，同比增长 0.9%，人均国内生产总值 5493 欧元。2014 年国内生产总值 417.3 亿欧元，同比增长 1.7%，人均国内生产总值 5739 欧元。2015 年国内生产总值 434 亿欧元，同比增长 3.0%，人均国内生产总值 5930 欧元。2020 年保加利亚国内产生总值 606.4 亿欧元，人均国内生产总值 8748 欧元[②]。

保加利亚主要矿物有煤、铅、锌、铜、铁、钡、锰和铬，还有矿盐、石膏、陶土、重晶石、萤石矿等非金属矿产。森林面积 408 万公顷，约占全国总面积的 37%。保加利亚重点和特色产业包括纺织服装业、化工业、玫瑰油产业、葡萄酒酿造业、乳制品加工业、旅游业等。保加利亚属外向型经济，总体规模小，对外依赖度高。希腊不仅是保加利亚邻国，也是其重要贸易伙伴和外资来源地之一，2009 年底爆发的希腊债务危机对保加利亚经济产生一定影响。[③]

（四）教育

保加利亚是一个教育相对比较发达的国家，在东欧剧变之前，居世界前列[④]。东欧剧变后，保加利亚迅速演变成为所谓政治民主化、经济市场化、文化多元化和教育分权化的国家，整个社会包括教育都发生了深刻的变化。随着经济的复苏和好转，尤其是在 2006 年加入欧盟前后数年间，保加利亚抓住机遇，进行了一系列教育改革，从加强国家

---

① 刘毅. 世界分国地图集 [M]. 北京：中国地图出版社，2017.

② 中华人民共和国外交部 [EB/OL]. http://www.fmprc.gov.cn/web/gjhdq_676201/gj_676203/oz_678770/1206_6789 16/1206x0_678918/. 2021−09−29.

③ 深圳市人民政府政策研究室、深圳市人民政府发展研究中心 [EB/OL]. http://www.sz.gov.cn/szsfzyjzx/ylyd/201708/t20170822_8218428.htm. 2017−10−05.

④ 葛志强. 保加利亚开展教育改革 [N]. 光明日报. 2008−7−15(008).

政策、增加教育投入，实施"终生学习战略"，加强国际合作等各个层面着手促进了教育事业发展。

保加利亚普及 12 年制义务教育，包括小学（1—4 年级）、初中（5—8 年级）和高中（9—12 年级）各 4 年，其中小学（5—6 岁入学）和初中被称为基础教育，学生完成第 6、7、8 年级后可以参加职教课程。职业中学（高中）分为 3 类：4 年制技术学校（9—12 年级）、5 年制技术学校（外语）（8—12 年级）和 3 年制职业学校（9—11 年级）。保加利亚高中也有 3 类，即 4 年制专业高中（自然科学、数学、人文、体育等，9—12 年级）、5 年制专业高中（外语）（8—12 年级）和 3—4 年制普通高中（9—11/12 年级）。除普通基础教育外，还有为残疾儿童设立的特殊学校和宗教机构经批准开办的学校。

保加利亚 1995 年底建立了新高等教育体系，包括：技术学院（3 年）、大学本科（4—5 年，学士学位）、硕士学位（1—2 年）、长周期计划的大学高等教育（5—6 年）、博士学位（全日制 3 年，在职 4 年）。欧洲学分转换系统（ECTS：European Credits Transfer System）于 2004 年引入。（图 1）

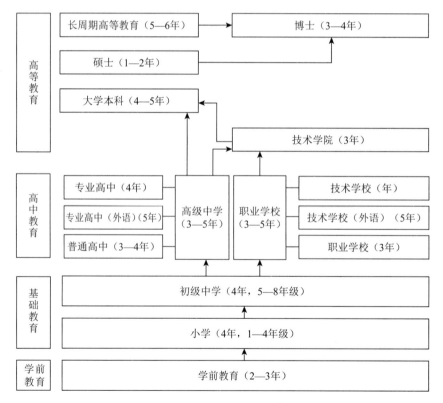

图 1　保加利亚学制图 ①

---

① UNESCO International Bureau of Education. World Data on Education. VII Ed. 2010/11 [DB/OL].http://www.ibe.unesco.org/fileadmin/user_upload/Publications/WDE/2010/pdf-versions/Bulgaria.pdf. 2017-10-05.

保加利亚 2018—2019 学年有各类学校 4699 所，在校生 1186933 人，教师 106244 人。其中，中小学校 1964 所、中等专业技术学校及职业技术培训中心 847 所，高等院校 54 所。著名高等学府有索非亚大学、普洛夫迪夫大学、大特尔诺沃大学、新保加利亚大学、国民和世界经济大学等。

保加利亚谋求扩大教育国际合作，尤其注重与西方发达国家的教育合作，积极加入欧洲教育一体化。在办学方针上，大多数重点大学力求与西方名牌大学的教育大纲和教学计划接轨，有些专业的教学已逐步采用西方权威大学的教学方法和教材，多方借鉴发达国家的办学经验，不断取消过去形成的苏联高等教育体制。[①]

二、职业技术教育与培训的战略与法规

（一）战略

保加利亚有着重视职业教育的传统。第二次世界大战结束后，保加利亚职业教育发展加快，20 世纪 70 年代以来，保加利亚产业结构向专业化方向发展，需要采用先进的科学技术，这就要求工人和技术人员具有掌握现代科学技术的能力。为此，从 1973 年起保加利亚开始试行把普通教育和职业教育结合起来的新体制。保加利亚党和政府于 1979 年、1981 年和 1984 年曾先后举行有关教育工作的会议，对中等教育体制进行改革。经过几次教育体制的改革，保加利亚确立了新的统一的中等综合技术学校。这种统一的中等综合技术学校，既是普通教育学校，又是综合技术学校，它是保加利亚历史上形成的普通教育和职业教育这两种教育形式的统一和结合[②]。到 1980—1981 学年，全国的职业学校已增至 500 多所，另有专门培养和提高工人技能的 560 所职业教育中心和 90 个培训中心。90 年代中期，新改组的保加利亚教育科技部再次进行了教育改革，强调发挥学生个人潜能，培养学生民主、自由、竞争和公民意识。该改革统一了中等职业技术学校课程安排，还明确了在初中 4 年学习期间后 3 年开设职业技术班。[③]

21 世纪以来，尤其是在加入欧盟以来，发展教育始终是保加利亚政府工作计划中的重要部分。根据欧盟"加大人力资本投入"的要求，并从本国教育体系的实际情况出发，保加利亚政府将改善职教学培训的条件，根据劳动力市场的要求，不断提高劳动力素质和就业能力作为教育改革的重点。

2004 年，保加利亚通过了《国家持续职业教育发展战略》，建立了职业资格认证体系，并根据全欧标准为非学历教育的认证提供了依据。同年，保加利亚把《高等教育法》中的有关条文进行了修改，增加了技能教育内容，国家还制定了符合欧盟和联合国教科

① 中华人民共和国驻保加利亚大使馆. 保加利亚概况 [EB/OL]. http://www.chinaembassy.bg/chn/kjwh/jyjl/bjlyjygk/t130974.htm. 2017–10–01.
② 白月桥. 保加利亚的教育体制及历史教学的改革 [J]. 课程·教材·教法, 1986(07):54–56.
③ 祝仰修. 东欧国家职业教育概况 [J]. 外国教育动态, 1983(02):34–360.

文组织要求的《关于颁发学历证书的具体规定》、《关于在高校实施远程教学的要求规定》、《关于在高校实施学分制度的规定》等一系列文件。目前，还正在制定把职业教育学分制度和高等教育学分制度合并为一的规定条文。这些文件为加强职业教育和提高高等教育质量打下了坚实的基础。①

2010—2011年，保加利亚共有484所职业院校，其中包括422所职业学校、21所艺术学校、5所职业培训学校和36所技术学院。职业教育共有161536名学生（其中61%为男生），教师共13818人。另外，60所私立培训学校（包括26所艺术学校和职业学校以及34所技术学院），共有学生4044人（主要在技术学院，占职业教育学生总数的2.5%）。②

根据《职业教育法》，1999年保加利亚成立了国家职业教育训练局，负责职业培训中心、信息和职业指导中心授权和监管。授权的培训中心包括国家和地方培训中心，还包括私立和外国参与或完全为外国资助的各类培训机构。2016年，有授权许可的培训中心达到1013个。

（二）法规

保加利亚职业教育有着较长的历史，国家也重视通过立法的形式来保障职业教育的发展。保加利亚现行职业教育相关法规主要有：

1.《国家教育法》（2010年）③

保加利亚《国家教育法》于1991年颁布，后经多次修订。根据该法第4条规定，公民有受教育的权利，有权通过教育不断提高自身技能；第7条规定，从6/7岁到16岁的教育为义务教育；第26条对包括职业教育的各类教育的招生进行了规定。

2.《全民教育法》（1998年）④

保加利亚全民教育法于1991年颁布，后经多次修订。该法规定，国家教育系统应为公民接受终身教育打基础，使公民掌握人类基础知识及其规律，学习本民族及全人类的优秀品质和文化，激发公民的个性和潜力，培养尊重法律、人权、有文化、有道德和积极进取的人。

3.《职业教育与培训法》（1999年）

《职业教育与培训法》规定了职教学校和培训机构及其职责，为职业教育与培训相关机构及其发展奠定了基础。此外，新修订的职业教育与培训法还制定了初级职业教育、

① 葛志强.保加利亚开展教育改革[N].光明日报,2008-7-15(008).

② UNESCO International Bureau of Education. World Data on Education. VII Ed. 2010/11. [DB/OL].http://www.ibe.unesco.org/fileadmin/user_upload/Publications/WDE/2010/pdf-versions/Bulgaria.pdf. 2017-10-05.

③ United Nations. Republic of Bulgaria. National Education Act. [DB/OL]. http://unpan1.un.org/intradoc/groups/public/documents/UNTC/UNPAN016454.pdf. 2017-10-01.

④ 中华人民共和国驻保加利亚大使馆[EB/OL]. http://www.chinaembassy.bg/chn/kjwh/jyjl/bjlyjygk/t130974.htm. 2017-10-01.

继续职业教育培训的规则。其中，初级职业教育主要从 6 年级或 13/14 岁开始，继续培训主要针对 16 岁以上的辍学青少年和成年无业人员。

4.《就业促进法》（2003 年）

该法于 2002 年 1 月开始实施，2003 年又出台了修正案，在帮助和促进成人就业和再就业，改善就业状况，提高职业培训和就业能力，缩短失业期限、加强失业预警以及振兴企业等方面具有积极作用。

5.《国家持续职业教育发展战略》（2004 年）[①]

保加利亚《国家持续职业教育发展战略》建立了职业资格认证体系，并根据欧盟标准为非学历教育的认证提供了依据。

6.《高等教育法》（2004 年）

《高等教育法》于 1995 年 12 月颁布，2004 年，保加利亚把《高等教育法》中的有关条文进行了修改，增加了技能教育内容。根据该法，国家将制定新的高等教育学分制度，统一职业教育学分和高等教育学分，促进高等职业教育发展，提高高等教育质量。

7.《职业资格认定法》（2008 年）

《职业资格认定法》规范了对在欧盟其他成员国家或第三方国家获得的职业资格的认定。

8.《国家终身学习战略（2008—2013）》（2008 年）[②]

2000 年，欧盟在里斯本召开了首脑会议，把"终身学习"理念作为欧盟国家教育计划的关键因素纳入经济和社会改革。据此，保加利亚制订了《全国终身学习战略》，倡导基础职业教育、补充教育和 16 岁以上辍学青少年、失业人员及就业人员的再教育，保证职业培训适应劳动力市场和国家经济社会的需求，改变教育与劳动力市场要求之间的脱节现象，提高就业率，以达到欧盟关于人力资源开发的要求，顺应人口、经济和全球化的挑战。

9. 国家改革计划框架（2011—2015 年）

保加利亚国家改革计划框架（2011—2015）提出将保加利亚转变成一个基于知识和创新的经济社会。明确教育的主要优先事项包括：提升质量，将课程与经济实际需求联系起来；促进教育机会平等；教育灵活应对劳动力市场变化；创造终身学习条件。

三、职业技术教育与培训的体系与质量保障

（一）体系

保加利亚职业教育与培训体系由基础教育、高中教育和高等教育及继续教育组成。

[①]　UNESCO International Bureau of Education. World Data on Education. VII Ed. 2010/11 [DB/OL].http://www.ibe.unesco.org/fileadmin/user_upload/Publications/WDE/2010/pdf–versions/Bulgaria.pdf. 2017–10–05.

[②]　Republic of Bulgaria: National Strategy for Lifelong Learning for the Period 2008–2013 [DB/OL]. http://www.erisee.org/downloads/2013/2/b/LLL_Strategy_2008–2013%20ENG.pdf. 2017–10–05.

1. 基础教育阶段的职业教育

保加利亚基础教育包括小学和初中教育，全民教育法规定，公民在接受基础教育之后或在基础教育同时接受职业教育，其中包括在初等教育（小学）毕业后进行最初的职业训练。职业教育的实施方案由教育和科学部与有关部委共同制定。每种职业和专业培训要保证其更高级别培训的连续性。[①]

2. 高中阶段的职业技术教育与培训

保加利亚的高中阶段各类职业学校学制一般为3—5年，职业教育与培训按层次和类别可分为以下几类：

（1）5年技术（专业）学校。7—12年级，除开展文化和专业领域的学习外，还包括强化的外语课程；

（2）4年技术学校。8—11年级，为学生提供专业教育；

（3）3年职业学校。8—10年级，为学生提供职业高中教育；

（4）职业培训学校。为没有完成8年教育的学生，提供学习专业知识的机会以完成基础教育。依据学生的入学年级，学业年限为1—3年。

（5）另外，在人口稀少、缺少职教体系的地区，开办综合性学校提供职业技能训练课程。

3. 高等教育阶段的职业技术教育与培训

学生在完成高中阶段课程后，将获得毕业证书，通过国家入学考试的学生有机会获得高等教育的机会。高级中学和职业学校的学生都可进入技术学院接受职业教育，学生毕业后可进入大学教育体系。

保加利亚高等职业教育与专业教育相通。例如，保加利亚外交学院，是直属于保加利亚外交部的一所高等职业院校，由保加利亚总统办公室、外交部及相关部门创建，旨在为保加利亚在外交、国际问题研究和涉外经济、法律等领域培养高级复合型人才。普罗夫迪夫医科大学是保加利亚一所国立性质的高等职业教育院校，是保加利亚医学领域最有威信的教育机构，也是保加利亚医学教育的中心。

4. 成人教育与培训[②]

成人教育为16岁及以上各年龄阶段的人开设，其中主要教育对象包括：在职人员、失业人员、16岁以上未完成中等教育（包括职业教育）的青少年和退休人员。

根据保加利亚国家统计院2000—2007年25—64岁居民受教育情况的统计数据，居民受教育层次主要集中在高中及以下。（表1）

---

① 中华人民共和国驻保加利亚大使馆. 保加利亚概况 [EB/OL]. http://www.chinaembassy.bg/chn/kjwh/jyjl/bjlyjygk/t130974.htm. 2017–10–01.

② Republic of Bulgaria: National Strategy for Lifelong Learning for the Period 2008–2013. [DB/OL]. http://www.erisee.org/downloads/2013/2/b/LLL_Strategy_2008–2013%20ENG.pdf. 2017–10–05.

表1 保加利亚2000—2007年25—64岁居民受教育情况百分比一览表

年份	初中及以下（%）	高中（%）	大学及以上（%）
2000	32.9	48.7	18.4
2001	28.9	49.8	21.3
2002	28.5	50.3	21.1
2003	28.8	49.9	21.3
2004	28.4	50.0	21.7
2005	27.6	50.8	21.6
2006	25.6	52.5	21.9
2007	22.5	55.1	22.4

资料来源：Bulgaria National Strategy for Lifelong Learning for the period 2008—2013.

保加利亚目前正通过增加成人教育机会使更多的人获得学位和职业资格，针对性地开展职业技能培训，鼓励企业开设相关培训项目等措施发展成人教育与培训。

（二）保障

1. 职业技能证书 [1]

保加利亚加入了博洛尼亚进程，为此，保加利亚统一并制订了涵盖各教育阶段和培训体系的综合性国家资格框架，并将其作为实施欧盟资格框架的先决条件。

保加利亚国家资格框架包括9个等级（0至8级）：0级（准备级），指小学前的教育体系，也是国家资格框架的组成部分（未与欧盟资格框架建立对应关系）；其余8个等级，涵盖中学及中学后教育（包括技术学院、大学学士、硕士和博士教育）。另外，自2002年起，保加利亚国家职业教育与训练局为16岁以上接受继续职业教育与培训的人员设立了A-F级框架课程，对应相应的国家职业资格等级。由上述教育与培训类型形成的国家资格框架（1—8级）对应欧盟资格框架，共同形成了保加利亚终身教育体系。（表2、表3、表4）

保加利亚国家资格框架建立在结果导向学习法之上，包括三个方面内容：

·知识：理论和/或实践；

·技能：认知（包括运用逻辑、直观和创造思维）实践（包含技术和使用方法、材料、工具等）；

·能力：职业素养和职业能力，主要表现在自我管理和责任、学习能力、沟通和社交能力、专业能力四个方面。

---

① National Qualification framework of the Republic of Bulgaria and the European Qualifications Framework for Lifelong Learning. [DB/OL]http://www.swfm-qf.eu/main/wp-content/uploads/BUL-2_national-report-VET-system-and-training-program.pdf. 2017-10-05.

表2　保加利亚国家基本职业技术资格框架

机构	级别	说　明	对应欧盟资格框架等级
职业学校、艺术学校、技术学院、职业训练中心	1级	获得专业技能，在指定、不变的条件下可以实施常规操作。完成6年级课程学生可参加此等级训练。	1级
	2级	在变化的条件下可以实施复杂的操作。	2级
	3级	在变化的条件下可以实施复杂的操作，并可承担岗位相关的工作。	3级

资料来源：National Qualification Framework of the Republic of Bulgaria and the European Qualifications Framework for Lifelong Learning.

表3　保加利亚国家职业技术资格框架（4—8级）

机构	级别	说　明	对应欧盟资格框架等级
职业学校、技术学院	4级	在某一工作领域或专业内，具有较宽泛的实用技能和理论知识。具备自主设立目标、规划和执行的能力，能自我进行职业规划和评估，且具备监管他人工作、独立处理公共事务的能力。	4级
	5级	仅进行职业训练。在某一工作领域或专业内，具有较宽泛且深入的实操技能和理论知识。具备计划、组织及生产控制能力，能独立进行的复杂的操作，监督并指导员工，进行团队管理和质量测评。	5级
大学	6级	学士和专业学士教育。学士学位需掌握某一领域高级和综合性理论和实操技能，进行团队管理，并为复杂情境下的决策提供建议；专业学士能掌握并能运用具体的理论和实践经验进行批判性分析，能胜任团队管理、资源协调。	6级
	7级	硕士学位教育。在相关领域具备高度的专业知识，并能融合多领域知识，通过研究和创新解决复杂问题，同时具备知识转移等能力。	7级
	8级	博士学位教育。博洛尼亚进程第三段高等教育，学制3—4年。	8级

资料来源：National Qualification Framework of the Republic of Bulgaria and the European Qualifications Framework for Lifelong Learning.

表4　保加利亚继续职业教育与培训资格框架

机构	课程	说　明	对应国家资格框架等级
国家职业教育与训练局	A	初级职业训练	1级
	B	职业训练	2级
	C	职业训练，获得2级或3级职业资格	2/3级
	D	职业训练	4级
	E	初级职业训练和岗位资格	/
	F	继续职业教育与培训以提升业已获得的相关资格等级（包括1、2、3级）	/

2. 质量保障[1]

保加利亚职业教育质量保障体系由相关法律和评估机制共同组成。

2001 年，保加利亚通过《就业促进法》规定有关就业和促进就业方面的政策，以促进就业并提高劳动力的技能水平和职业资格层次，在劳动力市场方面实现了从社会协助到积极参与的转变，促进了职业教育发展和质量提高。2008 年《职业教育资格认定法》规范了职业教育与培训相关资格认证的条件和规则。此外，根据《职业教育法》，教育部还制定了《国家教育条例》，规定获取专业资格证书需达到的基本条件、课程等，以保证职业教育与培训的质量。

保加利亚 2005 年成立教育质量控制和评估中心，隶属于教育部，为学校评估开发模型和机制、制定质量监控体系，审核考试资料、标准考试以及入学考试，负责高中学校的内、外部评估及质量控制系统。在学校外部评估方面，由教育部下属的地区巡查员负责，并在全国建立了 28 个地方监管中心。在职教资格证书考试方面，教育部还针对每个专业设立了一个国家考试项目，制订学习效果评测规则。在继续职业教育方面，为保障质量，劳动部建立了一套机制，包括：（1）开发继续教育与培训项目，并规范了组织、实施、控制、认证系列流程；（2）制定了系列规则评测培训学校的质量；（3）基于信息搜集和分析，进行评价，包含培训组织、实施、认证方面的优、劣势；（4）总结并采取措施在学校层面和整个系统提升成人培训的质量和成效。

四、职业技术教育与培训的治理与教师[2]

（一）治理

在保加利亚职业技术教育与培训的治理方面，教育部负责教育政策的制定，而对于课程开发，则有多个部门和相关人员参与，包括议会、教育部、青年与科学部、巡查员、各大学、保加利亚科学院以及学校教师、管理人员等。青年与科学部负责依据国家标准审批小学、初中和职教类学校的课程计划，包括特殊需求课程。对于职教体系，由两个部门负责，包括教育部和劳动部，其中教育部不仅是职教政策制定者，也是预算和监控机构。

保加利亚学校教育的治理分为 4 级：国家、地区、城市和学校。近年来，保加利亚教育管理的主要特性是逐步采取分散、非集中的方式。财政支持计划方面的分散式管理始于 2003 年，建立了财政支持标准，如员工数量、工资和社会保障分配、生均经费等。

在继续职业教育与培训方面，由教育部和劳动部依据《职业教育法》和《就业促进法》

---

① EQAVET National Reference Point of Bulgaria [DB/OL].http://www.eqavet.eu/Libraries/Website_Update_2016_Reports/2_BG_final_Template_for_updating_info_on_the_EQAVET.sflb.ashx. 2017-10-05.

② UNESCO International Bureau of Education. World Data on Education. VII Ed. 2010/11. [DB/OL].http://www.ibe.unesco.org/fileadmin/user_upload/Publications/WDE/2010/pdf-versions/Bulgaria.pdf. 2017-10-05.

共同分管，保证其质量符合劳动力市场需求。在这两个法律的基础上，授权正式学校、公立／私立培训中心、社会组织和企业开展继续职业教育与培训。

（二）教师

1996 年底，保加利亚颁布了第 5 号条例，提高公共教育体系中教学人员的资格条件，并颁发了新的教师资格制度，要求从教人员获得专业学位。根据保加利亚现行要求，教师需接受专门高等教育（3 至 4 年制）或大学（4 至 5 年制）。初中和高中教师需接受 4 至 5 年的大学教育。1—12 年级（小学、初中和高中）通识课教师和学前教育教师必须至少具有学士学位。

2003—2004 年，保加利亚公共教育体系共有教职人员 60338 人，其中女教师 50215 人，本科和硕士学位教师共有 50326 人，专科学位教师 9367 人，高中毕业教师 645 人。约 21% 的教师年龄在 50—59 岁。

教师的专业培训主要由索非亚大学、扎格拉大学和瓦尔纳大学以及其他专业性大学和教学机构负责，培训形式包括：短期和长期培训班、年度专业培训班、研讨会、讲座等。通过培训，教师可获得更高级别资格，并获得更高的报酬。

保加利亚《劳动法》规定了教师义务教学负担的标准，年平均在 648 和 720 学时之间。随着 2007 年、2008 年教育权利的下放，教师工资不再集中定薪，公立学校教师薪酬新条例只规定了总体薪酬规则、结构和最低工资。教师实际工资由学校决定，通过劳动合同或内部薪资标准确定。

五、职业技术教育与培训的诉求与发展趋势

保加利亚是连接欧亚大陆的桥梁，同时也是进入欧洲大市场的门户，地理优势明显，贸易活跃，近年来经济企稳回升，主要经济指标有所改善。[1]根据保加利亚国家经济现状和教育情况尤其是职业教育与培训发展的历史与现状，可从以下几个方面促进保加利亚职业教育与培训的发展。

1. 大力发展私立职业教育与培训

根据世界银行发布的改善教育的系统方法（Systems Approach for Better Education Results），2013 年保加利亚国家教师报告（SABER Teachers: Bulgaria Country Report 2013）显示仅有少于 1% 的学生入读私立学校。[2]职业教育注重学校和企业合作，重视教学与实践的结合。而私立职业教育与培训，尤其是由企业开办的职业教育与培训机构，在开展校企结合更有优势，能提高教育公平和效率，同时丰富终身教育体系。

---

① 深圳市人民政府政策研究室、深圳市人民政府发展研究中心 . 一带一路沿线国家之保加利亚 [EB/OL]. http://www.sz.gov.cn/szsfzyjzx/ylyd/201708/t20170822_8218428.htm. 2017–10–05.

② SABER teacher country report: Bulgaria 2013. [DB/OL].http://wbgfiles.worldbank.org/documents/hdn/ed/saber/supporting_doc/CountryReports/TCH/SABER_Teachers_Bulgaria_CR_Final_2013.pdf. 2017–10–05.

2.提高教育质量

近年来,尽管保加利亚在教育效率以及入学率取得了很大成绩,但教育质量问题已经引起人们的警觉。根据国际教育成就评价协会开展的国际阅读素养进步研究,保加利亚 4 年级学生阅读评估成绩从 2001 年的第 4 名下降到 2011 年的第 22 名;15 岁学生阅读、数学和科学素养方面,保加利亚从 2001 年第 32 位下降至 2009 年第 46 名(综合得分),国际学生评估项目 2012 年对保加利亚职业学校 15 岁学生的测评中,53.2% 的学生数学不能达到最低要求[①]。教育质量亟待提高。

3.改革职业教育分流

保加利亚学生在 7—8 年级进行分流,部分学生选择接受职业教育,过早的教育分流,对选择职业教育的学生接受通识教育以及掌握一般及可迁移性技能都有影响[②]。在OBED(经济合作与发展组织)成员国中,有 14 个国家选择在学生 16 岁时进行初次的教育分流;分流时点不早于 14 岁的成员国共有 24 个,占比超过了七成。总体上说,延迟初次教育分流的年龄时点是世界各地教育改革中的普遍潮流。[③]

(深圳职业技术学院　联合国教科文组织职业技术教育与培训联系中心　王冰峰

深圳职业技术学院　技术与职业教育研究所　罗　欢)

主要参考文献

[1] 中华人民共和国外交部 . 保加利亚国家概况 [EB/OL].http://www.fmprc.gov.cn/web/gjhdq_676201/gj_676203/oz_678770/1206_678916/1206x0_678918/. 2021–09–29.

[2] 刘毅 . 世界分国地图集 [M]. 北京 : 中国地图出版社 , 2017.

[3] 中华人民共和国驻保加利亚共和国大使馆经济商务参赞处 . 欧盟统计局—保加利亚今年二季度 GDP 增长环比增加 1% [EB/OL].http://bg.mofcom.gov.cn/article/ddgk/zwjingji/201709/20170902641618.shtml.2010–10–02.

[4] 中华人民共和国驻保加利亚大使馆 . 保加利亚概况 [EB/OL].http://bg.mofcom.gov.cn/article/jmxw/201709/ 20170902652347.shtml. 2021–10–05.

[5] 深圳市人民政府政策研究室、深圳市人民政府发展研究中心 [EB/OL].http://www.sz.gov.cn/szsfzyjzx/ylyd/201708/t20170822_8218428.htm. 2017–10–05.

---

① SABER Workforce Development Bulgaria Country Report 2014. [DB/OL].http://wbgfiles.worldbank.org/documents/hdn/ed/saber/supporting_doc/CountryReports/WFD/SABER_WFD_Bulgaria_CR_Final_2014.pdf. 2017–10–05.

② 同上。

③ 陆伟、孟大虎 . 教育分流制度的国际比较 [J]. 清华大学教育研究 , 2014(06): 48–58.

[6] 葛志强 . 保加利亚开展教育改革 [N]. 光明日报 . 2008-7-15 (008).

[7] 白月桥 . 保加利亚的教育体制及历史教学的改革 [J]. 课程・教材・教法 , 1986 (07) : 54-56.

[8] 祝仰修 . 东欧国家职业教育概况 [J]. 外国教育动态 , 1983 (02) : 34-36.

[9] 葛志强 . 保加利亚开展教育改革 [N]. 光明日报 , 2008-7-15 (008).

[10] UNESCO International Bureau of Education. World Data on Education. VII Ed. 2010/11 [DB/OL].http://www.ibe.unesco.org/fileadmin/user_upload/Publications/WDE/2010/pdf-versions/Bulgaria.pdf. 2017-10-05.

[11] United Nations. [DB/OL].http://unpan1.un.org/intradoc/groups/public/documents/UNTC/UNPAN016454.pdf. 2017-10-01.

[12] Republic of Bulgaria: National Strategy for Lifelong Learning for the Period 2008-2013 [DB/OL].http://www.erisee.org/downloads/2013/2/b/LLL_Strategy_2008-2013%20ENG.pdf. 2017-10-05.

[13] National Qualification framework of the Republic of Bulgaria and the European Qualifications Framework for Lifelong Learning [DB/OL] http://www.swfm-qf.eu/main/wp-content/uploads/BUL-2_national-report-VET-system-and-training-program.pdf. 2017-10-05.

[14] EQAVET National Reference Point of Bulgaria [DB/OL].http://www.eqavet.eu/Libraries/Website_Update_2016_Reports/2_BG_final_Template_for_updating_info_on_the_EQAVET.sflb.ashx. 2017-10-05.

[15] SABER teacher country report: Bulgaria 2013 [DB/OL].http://wbgfiles.worldbank.org/documents/hdn/ed/saber/supporting_doc/CountryReports/TCH/SABER_Teachers_Bulgaria_CR_Final_2013.pdf. 2017-10-05.

[16] SABER Workforce Development Bulgaria Country Report 2014 [DB/OL].http://wbgfiles.worldbank.org/documents/hdn/ed/saber/supporting_doc/CountryReports/WFD/SABER_WFD_Bulgaria_CR_Final_2014.pdf. 2017-10-05.

[17] 陆伟、孟大虎 . 教育分流制度的国际比较 [J]. 清华大学教育研究 , 2014 (06) : 48-58.

波兰共和国

一、国家概况

（一）地理

波兰共和国（The Republic of Poland），简称波兰，位于欧洲中部，西与德国为邻，南与捷克、斯洛伐克接壤，东邻俄罗斯、立陶宛、白俄罗斯、乌克兰，北濒波罗的海。波兰总面积约 32.26 万平方千米。海岸线长 528 千米。波兰属海洋性向大陆性气候过渡的温带阔叶林气候。1 月份平均气温 -5℃ ~-1℃，7 月份 17℃ ~19℃。[①]

全国从北向南延伸 876 千米，东西延伸 689 千米。从北部波罗的海到南部喀尔巴阡山脉几乎都是完整的平原，地形变化呈东西走向。波兰领土中的 47% 为耕地，林地和森林占地面积为 29%。[②]

（二）人文

波兰国家起源于西斯拉夫人中的波兰、维斯瓦、西里西亚、东波美拉尼亚、马佐维亚等部落的联盟。公元 9、10 世纪建立封建王朝，在早期阶段，该联邦发展迅速，并不断繁荣。14、15 世纪进入鼎盛时期，18 世纪下半叶开始衰落，主要是由于战争和政治体制的恶化所造成的。1772 年、1793 年和 1795 年三次被沙俄、普鲁士和奥匈帝国瓜分。第二次波兰共和国建立于 1918 年，但 1939 年被纳粹德国和苏联的入侵所摧毁。直到 80 年代后期，波兰开启改革运动，实现了从共产主义国家到资本主义经济体系和自由议会民主的和平过渡，并于 1989 年第三次成立波兰共和国，这确保了现代波兰国家的建立。1989 年 12 月 29 日，议会通过宪法修正案，改国名为波兰共和国，将 5 月 3 日定为国庆日。[③]

波兰是民主制国家，总统是国家元首，总理是多党制的政府首脑。行政权由总统和

[①] 中华人民共和国外交部 . 波兰国家概况 [EB/OL].(2021–07–01) [2021–09–26]. http://www.fmprc.gov.cn/web/gjhdq_676201/gj_676203/oz_678770/1206_679012/1206x0_679014/.

[②] "Concise Statistical Yearbook of Poland, 2008" (PDF). Central Statistical Office (Poland). 28 July 2008. Archived from the original (PDF).

[③] 中华人民共和国外交部 . 波兰国家概况 [EB/OL].(2021–07–01) [2021–09–26]. http://www.fmprc.gov.cn/web/gjhdq_676201/gj_676203/oz_678770/1206_679012/1206x0_679014/.

政府行使，由总理领导的部长理事会组成。立法权属于议会和参议院，议员按比例代表选举，非少数民族各方必须获得至少 5% 的全国投票才能进入下议院。总统作为国家元首，是武装力量的最高司令，有权否决议会通过的立法，可以在某些条件下解散议会。总统每 5 年选举一次，如果没有一名候选人在第一轮获得最多的选票，就会在两名候选人中进行选举。2015 年 5 月，波兰举行总统选举，最大反对党法律与公正党总统候选人杜达胜选。

波兰人口 3816.9 万（2021 年 5 月）。其中波兰族约占 97.1%，此外还有德意志、白俄罗斯、乌克兰、俄罗斯、立陶宛、犹太等少数民族。官方语言为波兰语。全国约 87% 的居民信奉罗马天主教。① 近年来，由于移民的增加和出生率的下降，波兰的人口减少。波兰居民主要是向英国、德国和爱尔兰移民，寻求海外更好的工作机会。

（三）经济

1989 年剧变后，"休克疗法"导致经济一度下滑。1992 年起经济止跌回升，并逐步成为中东欧地区发展最快的国家之一。加入欧盟后，经济更是突飞猛进，2007 年，增幅达 6.5%。2009 年，受国际金融危机影响，经济明显下滑。2010 年，经济继续增长，增幅为 3.8%。2020 年，国内生产总值 5230 亿欧元，经济总量居欧盟成员国第 6 位。②

自然资源方面，主要矿产有煤、页岩气、硫黄、铜、锌、铅、铝、银等。波兰是居俄罗斯之后欧洲第二大、世界第九大产铜国。2018 年铜矿储量 19.35 亿吨，其中已开采量占 88.3%。铜矿主要分布在下西里西亚地区，深度为地下 1200 米。铜矿含银量较大，开采收益率高。波兰白银生产占世界第六位，欧洲第一位。波兰拥有大量的私营农场，几乎成为欧盟领先的食品生产国。工业较为发达，制造的产品和货物包括电子、公共汽车和电车、直升机、火车、船舶、药品等；其中化学工业企业数量多，产品范围广，但产业基础薄弱，产能有限，但产品需求旺盛，多数产品需要进口。汽车零部件产业蓬勃发展，已成为欧洲汽车零部件的主要生产国之一。近年来，电子工业兴起，波兰已成为电视机显示器和液晶显示器以及多数品牌家用电器的重要生产地。轻工业方面，纺织、服装和皮革等企业较多，约占工业总产值的 2.3%。③ 波兰主要出口机械、家具、食品、服装、鞋类和化妆品等，最大的贸易伙伴是欧盟各国，其中与德国的贸易量最大。

（四）教育

波兰从 2017 年 9 月起，实行新的教育体制，把原来的小学 6 年、初中 3 年、高中 3 年改为 8 年小学和 4 年中学。波兰实行免费教育，且 18 岁之前为义务教育，管理部门为

① 中华人民共和国外交部 . 波兰国家概况 [EB/OL].(2021-07-01) [2021-09-26]. http://www.fmprc.gov.cn/web/gjhdq_676201/gj_676203/oz_678770/1206_679012/1206x0_679014/.

② 同上。

③ 商务部国际贸易经济合作研究院等 . 对外投资合作国别 (地区) 指南——波兰 [R]. 商务部《对外投资合作国别 (地区) 指南》编制办公室 ,2020,12:16.

国民教育部以及科学与高等教育部。①

2018 年，国民基础教育支出约 38.89 亿兹罗提（约合 9.3 亿美元），高等教育与科研经费支出约为 161 亿兹罗提（约合 38.5 亿美元），分别占 GDP 的 0.2% 和 0.8%。著名高等学府有克拉克夫雅盖隆大学（1364 年）、华沙大学（1816 年）、波兹南密茨凯维奇大学（1919 年）、华沙工业大学等。②

二、职业技术教育与培训的战略与法规

（一）战略

2012 年 9 月 1 日，波兰以最新修订的《教育法》为依据，对职业技术教育与培训进行了改革。这一改革旨在全面提高接受职业技术教育与培训的人数，为波兰人提供灵活的职业技术教育与培训体系，保障波兰人民掌握特定职业的技能，在国内外激烈的职业竞争环境中不被淘汰。突出强调了组织机构、课程和考试评价等方面的改革。在组织机构改革方面，主要将已有的职业学校进行重组或转型发展；在课程改革方面，与普通高中课程衔接，保障学生在接受职业教育培训的同时，能够接受普通教育的核心课程，提升文化知识水平；在考试评价方面，学生在接受职业技术教育与培训之后需要通过不同的资格考试，从而获得资格证书。资格考试是根据不同教育水平而设立的，学生更容易依据自身水平获得资格证书，并从事适合自己的职业。

（二）法规

目前，波兰仍未单独为职业技术教育与培训颁布法律，但已有的法律文件中涉及了相关内容，成为未来职业技术教育与培训的法律基础。

1.《教育体系法》（1991）对保障青年和成人的职业和继续教育做出了基本规定；《教育体系法》（2009 年修订版）对职业技术教育与培训相关人员的上岗就业及其他问题做出了规定；

2.《关于促进就业和发展劳动力市场机构的法案》（2004）要求为失业者和其他求职者提供培训和职业指导与咨询服务；

其他有关规定主要包括：2005 年 4 月 7 日，社会政策部发布关于社会服务工作者大学教育水平的规定；2010 年 12 月，教育部长发布关于职业学校学习的规定；2012 年 1 月，教育部长发布关于校外考察的规定；2012 年 1 月，教育部长发布关于继续教育失学形式的规定；2012 年 9 月，教育部长发布对工匠审查进行的熟练程度考试、硕士考试和认证考试的规定；2013 年 9 月，发布关于教师获得高级职业水平的条例；2014

---

① 商务部国际贸易经济合作研究院等.对外投资合作国别（地区）指南——波兰 [R]. 商务部《对外投资合作国别（地区）指南》编制办公室,2020,12:10.

② 中华人民共和国外交部.波兰国家概况 [EB/OL].(2021-07-01) [2021-09-26]. http://www.fmprc.gov.cn/web/gjhdq_676201/gj_676203/oz_678770/1206_679012/1206x0_679014/.

年4月，发布关于成人职业准备的劳动条例；2014年6月，发布关于劳动基金退还给年轻雇员的薪金的规定；2015年4月，发布关于确定职业资格的具体条件和方式的规定。

三、职业技术教育与培训的体系与质量保障

（一）体系

1. 职业技术教育与培训的使命与愿景

波兰职业技术教育与培训的使命是为国家社会经济发展提供支持，具体在于通过职业技术教育与培训，提升波兰人的职业能力水平，满足当前国内外竞争激烈的劳动力市场需求。波兰的职业技术教育与培训针对不同的人群有不同的培训类型，为不同层次的人提供了接受职业技术教育与培训的机会，特别是加强对职业中弱势群体的照顾，保证了波兰人民的个人发展，在实现个人价值的基础上，为国家的经济和社会发展做出贡献。[①]

2. 波兰职业技术教育与培训的构成

（1）正规的职业技术教育与培训体系

改制前，波兰的职业教育与培训是在学生完成初中教育之后开始的。在波兰，学生在接受初中教育之后，有四种教育类型可以选择，分别是普通高中教育、特殊教育、基础职业教育和中等职业技术学校。

·中等职业技术学校：4年制，主要接收初中毕业的学生和从基础职业学校毕业的学生，该学校中最受欢迎的职业是会计、机械师、电子工程师和销售人员。

·基础职业学校：2年或3年制。最受欢迎的职业是：营业员、厨师、园丁、汽车修理工、理发师和面包师。

·特殊教育学校：3年制，主要接收精神或身体有残疾的学生，帮助他们为未来的工作做好准备。

·普通高中教育：3年制，包含了职业技术教育与培训，学生专注于知识的学习，为继续接收高等教育而做准备。

除此之外，初中阶段的学校也会为学习有困难的学生提供初级的职业技术教育与培训，为进入下一阶段做准备。提供正规继续职业技术教育与培训的机构还包括继续教育中心、实践培训中心、职业技能提升和继续教育中心、成人学校、高等教育研究机构、手工艺机构等。

（2）非正规和非正式职业技术教育与培训体系

非正规和非正式的职业技术教育与培训主要是满足当前劳动力市场的需求，顺应继续职业技术教育和培训的政策要求。非正规和非正式的职业技术教育主要在以下机构中进行：

---

① CEDEFOP ReferNet (2011). Poland VET in Europe–Country Report. Thessaloniki: European Centre for the Development of Vocational Training.

公共教育机构、私营培训公司、企业以及协会、基金会等其他团体和个人。

波兰的中小企业中实行学徒制，学徒与雇主签订协议。学徒制包含两种形式：职业培训学徒制（ISCED 3）和特定工作培训学徒制（ISCED 2）。波兰还建立了义务学工（OHP）培训组织，主要面向弱势青年群体开展培训，接受教育的场所主要是劳动队、培训指导中心和教育指导中心。

（二）保障

1.资格认证和国家资格框架

波兰要求学生必须完成初中学业之后，才能进入提供职业技术教育与培训的高中。在高中阶段，不同类型的职业技术教育与培训机构为学生提供的资格证书也有不同。

表 1　波兰职业资格认证情况

培训机构	学制	任职资格	备注
中等技术学校	4年	技师职业资格	有权继续接受高等教育
基础职业学校	2—3年	熟练工人职业资格	不授予中学毕业证书
特殊教育学校	3年	从事某一特殊类型工作的职业资格	没有全面职业资格的证书
普通高中	3年	中学毕业证书	继续接受高等教育（包括高等职业机构）

在波兰的学徒制资格体系中，特定工作培训学徒制（ISCED 2）是证明学生已经获得从事某一职业的特殊技能，并保证学生可以继续接受职业教育，从而获得资格证书；职业培训学徒制资格（ISCED 3）是学生已经成为熟练工人，具有从事某一职业的资格。

除此之外，不同机构可以为继续职业技术教育与培训提供不同的文凭和证书。例如，成人学校为学生颁发毕业证书，手工艺机构颁发学徒证书和能工巧匠文凭。

2006 年，波兰开启了国家资格框架的开发工作，该工作主要分为了两个阶段，第一阶段为 2008—2010 年，统计波兰劳动力市场职业能力和资格及监理国家资格框架的模式。第二阶段为 2013 年至今，国家资格框架和国家终身学习注册资格拟定实施的参考范围。该项目的主要工作内容是：

· 监理对非正规教育所获能力的认证系统；

· 由社会伙伴和非政府组织代表监督考试和资格认证的一致性；

· 与欧洲资格框架规定的资格质量原则和博洛尼亚进程协定保持一致；

· 实行欧洲职业教育与培训学分制度；

· 确保教育培训学分制度和欧洲学分转换制度之间的兼容性。

波兰资格框架与欧洲资格框架一样都有 8 个等级。每个级别通过一般特征描述，称为描述符，表征知识、技能和社会能力的要求，必须由具有某一级别资格的人员履行。根据国家资格框架，还可以制定部门资格框架，进一步详细说明特定经济部门职业资格的典型描述。开发部门资格框架的主要原因之一是将国家资格框架有关等级的描述转化为特定行业的语言。[①]

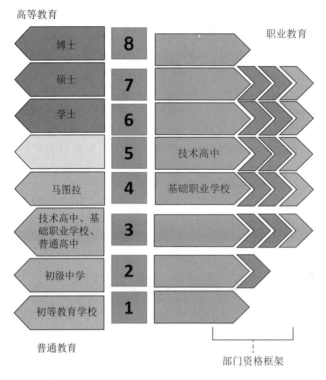

图1　波兰国家资格框架

2. 质量保障

波兰学校教育的质量保障主要在三个层面实施:（1）教学督导制度。目前的教育督导制度是在2009—2010学年根据关于教学督导的条例引入的，教学管理上主要是根据2015年8月27日《国民教育部长条例》的有关要求进行教学监督。其目的是支持学校的发展，从而提高教育质量和平等的教育机会，使学生和教师得到全面发展，并支持国家当局发展和根据整个教育系统的可比数据推行教育政策。（2）教师评价。教师评价工作部分纳入教学督导制度，部分是教师专业晋升制度。它包括两类评价：教师绩效评估和教师专业成就评估。作为内部教学督导的一部分，学校校长进行强制性绩效考核；因此，它直接服务于质量改进的目的，是内部质量保障的机制之一。（3）外部评估。外部评估系统的目的是提高教育质量，支持评估学生成绩的过程，并确保全国范围内的结果可比性。外部和内部质量保障作为教学督导的一部分，对职业教育阶段学生职业考试的结果进行客观的衡量和评估。

---

① Polish Qualifications Framework. http://www.kwalifikacje.edu.pl/en/polish-framework/1218-polish-qualifications-framework,2017-10-16.

四、职业技术教育与培训的治理与教师

（一）治理

自进入 21 世纪以来，波兰推动教育管理体制改革，管理权限逐步下移，实行中央政府与地方部门相结合的方式。在中央一级，由教育部统筹教育管理工作，其他部委协同参与；地方部门主要负责基础教育阶段和特殊教育学校的管理工作。此外，所有类型的学校也可以由宗教社会团体等非公共机构建立和管理。

国家教育部负责制定职业技术教育与培训的政策。参与监管职业技术教育与培训工作的其他政府部门包括：（1）农业部；（2）文化部；（3）国家遗产和环境部。继续职业技术教育与培训由国家教育部及劳动和社会政策部承担。[①]

国家教育部下设的国家职业和继续教育支持中心专门为教师专业发展提供服务，是国家级的中央公共机构，具体职责内容包括：（1）与职业学校和成人学校合作举办教师专业发展相关的活动；（2）参与教育投资，促进波兰教育转型发展。

除政府机构外，各类社会合作伙伴也保障了波兰职业技术教育与培训的正常运转。例如，社会经济事务三方委员会由公共行政部门、雇主、工会和某些部门的工会代表组成，专门为职业技术教育与培训提供咨询，并协助制定法律措施。中央就业委员会是劳动部下属的一个咨询机构，由公共行政部门、雇主组织、工会和领土自治政府的代表组成，主要负责开展社会对话工作。除此之外，还有区域和地方级别的主管机构、义务劳工培训组织等也参与职业技术教育和培训的工作。

（二）教师

波兰的法律规定，职业教育培训的专业教师必须具备相应培训类型的职业资格，其他具体要求由各个职业技术教育与培训机构自行决定。教师可以通过在职培训获得晋升，教师工作机构和各种外部机构（如在职教师培训机构、高等教育机构、继续职业教育与培训机构、教师培训学院等）负责组织在职教师的培训工作。

对于从事初级职业技术教育与培训和继续职业技术教育与培训的培训师（包括教师、学术教师、实践职业培训教师和培训专家）来说，国家要求具备特定学科或职业的教育资格，但对于这些培训师的其他入职条件和未来职业发展方面未做明确要求。[②]

如果培训师想成为培训方面的教学方法学顾问或教师顾问，还必须满足以下条件：一是持有硕士学位和教学资格；二是已晋升为专任教师或特许教师的职业等级；三是具有至少 5 年的教学经验。

[①] CEDEFOP ReferNet (2011). Poland VET in Europe–Country Report. Thessaloniki: European Centre for the Development of Vocational Training.

[②] 同上。

五、职业技术教育与培训的诉求与发展趋势

（一）诉求

自 2004 年加入欧盟以来，波兰经济以较快速度增长，政府通过灵活的财政政策、有争议的福利和税收改革制度帮助波兰保持了财政健康。波兰的经济在 2015 年的增长速度达到 2010 年以后的最高水平，失业率也创下新低。根据波兰中央统计局的经济发展数据，2015 年波兰全年经济增速为 3.6%，主要受益于欧元区经济复苏带动了波兰工业的增长。进入 2016 年，波兰的经济增速有所放缓，但是仍然维持较好的势头。根据波兰经济发展部在 2016 年 8 月发布的报告，2016 年上半年波兰经济增长仍然在 3.5% 以上。近年，随着外需改善和基础设施投入的增加，波兰经济继续保持稳定发展的态势。中长期来看，波兰劳动力优势明显、工业基础和技术实力较好，东部基础设施建设和教育投入有助于促进区域协调发展。此外，波兰政府还通过吸引外国直接投资，从国家层面及欧盟层面为投资者提供现金补助，以支持新的投资和创造就业岗位，并通过不断的市场自由化、资产私有化、改进基础设施建设等提高对外资的吸引力。

尽管如此，目前波兰的人均 GDP 仍然低于欧盟的平均水平，失业率仍然高于欧盟的平均水平。2019 年，波兰的失业率为 5.2%，波兰加入欧盟后，大量劳动力进入欧盟成员国，出现了结构性劳动力短缺，尤其是熟练技工等。波兰经济研究所（PIE）预计到 2025 年波兰劳动力市场将缺少 150 万名工人。[①] 但是，波兰的劳动力短缺也受职业技术教育与培训不足的影响，与英国等发达国家相比，波兰的职业技术教育与培训无法满足当前竞争激烈的国际劳动力市场，造成劳动力流失到国外。因此，从英国回来的工人有利于提供波兰的劳动力质量，熟练和有经验的工人的加入，将大大带动波兰的职业技术教育与培训的发展。

波兰国家的发展还面临很多挑战，包括道路和基础设施建设、僵化的劳动法规、发展创新性产业和防止人才流失等方面，而且，随着持续的低生育率、移民潮以及婴儿潮出生一代的人步入老年，波兰正面临老龄化的挑战。

（二）发展趋势

当前，受当前全球化背景下职业流动、经济合作加强、新信息技术的涌现等方面的影响，对受雇员工的能力水平要求发生变化。除此之外，当前欧洲职业技术环境也在不断发生变化，国家教育部逐渐认识到职业技术教育与培训的重要性。因此，波兰需要适应当前竞争激烈的就业环境，为本国人民提供更多的职业技术教育与培训的服务。波兰推行了职业技术教育与培训的改革：（1）提高用于波兰国内和欧洲劳动力市场上的资格和能力认证的透明度；（2）进行中学教育改革，实行新的教育体制；（3）将职业学校的教

---

① 商务部国际贸易经济合作研究院等. 对外投资合作国别（地区）指南——波兰 [R]. 商务部《对外投资合作国别（地区）指南》编制办公室 ,2020,12:36.

育加入综合知识的教育，为继续教育奠定基础；（4）增加成人资格课程体系，按照雇主要求确定再培训课程；（5）与雇主合作，加强职业教育的实践培训；（6）开展实践职业教育，雇主可以参与教育过程并评估学生等。

波兰政府还制定了终身学习战略，旨在将终身学习作为职业教育和培训中不可或缺的一部分。该战略是由国家教育部部长委员会主席设立的终身学习和国家资格框架的跨部门团队制定的，通过对当前形势进行全面分析，制定战略和目标，提出实施和监测的方法。

以终身学习的发展战略为依据，国家职业和继续教育支持中心也有针对性地对职业技术教育与培训进行了一些改革：（1）加强作为职业技术教育现代化关键的核心课程建设；（2）为实施职业技术教育与培训模块化课程的学校和机构提供制度支持；（3）为终身学习中传播和实施远程教育建立模式体系。

（深圳职业技术学院　技术与职业教育研究所　魏　明）

主要参考文献

[1] 中华人民共和国外交部 . 波兰国家概况 [EB/OL].(2021-07-01) [2021-09-26]. http://www.fmprc.gov.cn/web/gjhdq_676201/gj_676203/oz_678770/1206_679012/1206x0_679014/.

[2] 商务部国际贸易经济合作研究院等 . 对外投资合作国别（地区）指南——波兰 [R]. 商务部《对外投资合作国别（地区）指南》编制办公室 , 2020.

[3] CEDEFOP ReferNet (2011). Poland VET in Europe–Country Report. Thessaloniki：European Centre for the Development of Vocational Training.

[4] Chłoń-Domińczak, A. et al. (2016). Vocational education and training in Europe–Poland. Cedefop ReferNet VET in Europe reports. http://libserver.cedefop.europa.eu/vetelib/2016/2016_CR_PL.pdf. 2017-10-12.

[5] Polish Qualifications Framework. http://www.kwalifikacje.edu.pl/en/polish-framework/1218-polish-qualifications-framework. 2017-10-16.

波斯尼亚和黑塞哥维那

一、国家概况

（一）地理

波斯尼亚和黑塞哥维那（Bosnia and Herzegovina），简称波黑，位于巴尔干半岛中西部，介于克罗地亚和塞尔维亚两共和国之间，东邻塞尔维亚，东南部与黑山共和国接壤，西部及北部紧邻克罗地亚，南部极少部分濒临亚得里亚海，海岸线长约21.2千米。国土面积5.12万平方千米。北部为温和的大陆性气候，南部为地中海型气候。南部1月平均气温为6.3℃，7月27.4℃，北部1月平均气温-0.2℃，7月22.7℃。年平均气温11.2℃。[①]

波黑大部分地区位于迪纳拉高原和萨瓦河流域，萨瓦河（多瑙河支流）为波黑北部与克罗地亚的边界。地形以山地为主，平均海拔500米，迪纳拉山脉（也叫狄那里克阿尔卑斯山脉）的大部分自西北向东南纵贯全境，最高山峰为马格里奇山，海拔2387米。境内多河流，主要有奈雷特瓦河、博斯纳河、德里纳河、乌纳河和伐尔巴斯河。最长的内河德里纳河346千米，最大的湖泊布什科湖55.8平方千米。[②]

（二）人文

波黑自新石器时代就有人类居住，早期居民为伊利里亚人。公元6世纪末7世纪初，部分斯拉夫人南迁到巴尔干半岛，在波斯尼亚和黑塞哥维那等地定居。12世纪末，斯拉夫人建立独立的波斯尼亚公国。1918年第一次世界大战结束后，南部斯拉夫民族成立了塞尔维亚人－克罗地亚人－斯洛文尼亚人王国，1929年改称南斯拉夫王国，波黑是其中的一部分。1963年南斯拉夫社会主义联邦共和国成立，波黑是其中的一个共和国。从20世纪90年代开始，波黑因种族矛盾而爆发战争。1995年11月21日，在美国主持下，南斯拉夫联盟各共和国总统共同签署代顿波黑和平协议，波黑战争结束。[③]

---

① 中华人民共和国外交部．波斯尼亚和黑塞哥维那国家概况 [EB/OL].(2021-07-01) [2021-09-24]. http://www.fmprc.gov.cn/web/gjhdq_676201/gj_676203/oz_678770/1206_678988/1206x0_678990/.

② 商务部国际贸易经济合作研究院等．对外投资合作国别（地区）指南——波黑 [R]. 商务部《对外投资合作国别（地区）指南》编制办公室，2020,12:3.

③ 中华人民共和国外交部．波斯尼亚和黑塞哥维那国家概况 [EB/OL].(2021-07-01) [2021-09-24]. http://www.fmprc.gov.cn/web/gjhdq_676201/gj_676203/oz_678770/1206_678988/1206x0_678990/.

世界银行网站数据显示，2019年波黑人口为330.1万[①]。主要民族为：波什尼亚克族、塞尔维亚族和克罗地亚族，三族分别信奉伊斯兰教、东正教和天主教。官方语言为波什尼亚语、塞尔维亚语和克罗地亚语。波黑的首都为萨拉热窝，人口27万人（2016年）。其他主要城市有巴尼亚卢卡、图兹拉与莫斯塔尔等。[②]

波黑宪法规定：波黑正式名称为"波斯尼亚和黑塞哥维那"，由波黑联邦和塞族共和国两个实体组成。波黑主席团行使国家元首职责，由波什尼亚克、塞尔维亚和克罗地亚三族各一名代表组成，任期4年。主席团主席为轮值制，由三族代表每8个月轮换一次。波黑政府称部长会议，由部长会议主席和部长组成，任期4年。部长会议主席由主席团任命，经议会代表院批准。部长由部长会议主席任命。[③]

（三）经济

波黑在南斯拉夫时期便是联邦内较贫穷的地区之一，独立后又发生了内战，经济受到严重损害。战争结束后至今，波黑经济正在渐渐复苏，同时还要进行从计划经济到市场经济的转型。波黑货币为可兑换马克，或称波黑马克，曾经和德国马克保持一比一的汇率。德国马克由欧元所取代后，可兑换马克继续和欧元保持固定的汇率。2020年，国内生产总值199.46亿美元，人均国内生产总值5740美元，国内生产总值增长率为-3.2%。2019年进出口贸易总额177.4亿美元，其中，出口65.8亿美元，进口111.6亿美元。主要出口商品有基础金属和制品、机电产品、木产品、矿产品等。主要进口商品有机械、食品、石油、化工、交通工具等。重要贸易伙伴为：克罗地亚、德国、塞尔维亚、意大利、斯洛文尼亚。[④]

波黑主要工业产品为电力和煤，矿产资源丰富，主要有铁矿、褐煤、铝矾土、铅锌矿、石棉、岩盐、重晶石等，其中煤炭蕴藏量达55亿吨。图兹拉地区食用盐储量为欧洲之最。波黑拥有丰富的水资源，潜在的水力发电量达170亿千瓦。森林覆盖面积占波黑全境面积的53%，其中65%为落叶植物，35%为针叶植物。[⑤]

金属加工业、木材加工业以及农业和食品加工业是波黑的重要经济产业，其中金属加工业占波黑制造业比重的20%，是波黑制造业的支柱产业，主要产品为钢铁、电解铝、氧化铝、铅、锌及铜加工产品。2020年1月，波黑部长会议通过了2020—2022年波黑经济社会改革计划。该计划包含17项优先改革举措，涉及电力、天然气市场发展、能效提升、可再生能源的利用、交通基建、农业、水利等领域以及旅游相关法律框架，优先

---

① 商务部国际贸易经济合作研究院等.对外投资合作国别（地区）指南——波黑[R].商务部《对外投资合作国别（地区）指南》编制办公室，2020,12:6.

② 中华人民共和国外交部.波斯尼亚和黑塞哥维那国家概况[EB/OL].(2021-07-01)[2021-09-24].http://www.fmprc.gov.cn/web/gjhdq_676201/gj_676203/oz_678770/1206_678988/1206x0_678990/.

③ 同上。

④ 同上。

⑤ 中华人民共和国外交部.波斯尼亚和黑塞哥维那国家概况[EB/OL].(2021-07-01)[2021-09-24].http://www.fmprc.gov.cn/web/gjhdq_676201/gj_676203/oz_678770/1206_678988/1206x0_678990/.

目标之一是通过同欧盟和国际金融组织开展合作加快波黑加入欧盟进程。

（四）教育

波黑的教育体系主要分为：前高等教育（Pre-higher education），包括初等教育和中等教育；高等教育（Higher education）。

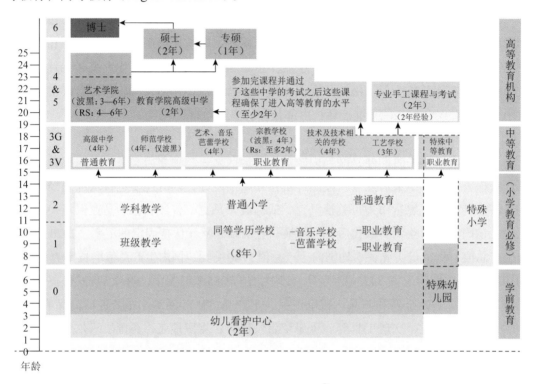

图 1   波黑教育体系图[①]

（1）初等教育。波黑的初等教育为义务教育阶段，是面向 6—15 岁儿童实施的教育，一般从 5—6 岁的小学生开始入学，共持续 9 年。（2）中等教育。中等教育由普通教育学校、职业学校、艺术学校和技术中学等提供。该阶段的学生年龄始于 15 岁，职业中学开设为期 3 年的课程，其中包括一定时长的实习期。技术学校开设为期 4 年的课程。其中，普通教育学校、艺术学校、神学学校以及技术中学的毕业生只要通过相应的资格考试获得文凭，便可以进入任何高等教育专业学院学习。（3）高等教育。波黑的高等教育体系包括：萨拉热窝大学、图兹拉大学、莫斯塔尔大学、巴尼亚卢卡大学等共 8 所大学。大学教育分为三个阶段，本科教育通常为 3 至 6 年制，完成课程学习可获得高等教育文凭；研究生教育课程持续两年，并通过论文答辩可获得硕士学位；博士是最高的科学学

---

① Badescu M, Kennedy A. Key Indicators on Vocational Education and Training. Central and Eastern Europe. Report. [J]. SourceOECD Education & Skills, 2002:I–201.

位，是独立研究的学习结果，需要经过公开的博士论文答辩获得博士学位。①

2019 年，波黑教育经费投入占 GDP 总额的 4.23%。2019—2020 学年度，波黑共有 30587 名儿童就读于 326 所学前教育机构；小学 1785 所，学生 273795 人，教师 24151 人；中学 315 所，学生 112933 人，教师 12716 人；高等教育学校 46 所，全日制学生 79886 人。②

二、职业技术教育与培训的战略与法规

（一）战略

波黑职业技术教育与培训的发展，通过与决策者和成人教育机构合作提供更多的教育和培训机会，特别是为弱势群体提供改善生活的条件，帮助农村地区的孩子进入职业学校，解决社会问题，提升社会凝聚力，形成良好的社会结构。

《波黑职业教育与培训战略》共有十个主要专题章节。根据欧盟各国的积极趋势和经验，结合国内职业教育与培训发展的背景、职业教育培训现状分析，并遵从"里斯本公约"、"哥本哈根宣言"、"欧洲资格框架"和"绿皮书"等历届国际会议和国际组织制定的文件精神，在尊重更广泛的环境特点以及现实要求的基础上，确定了波黑职业教育和培训发展的总体方向以及国家各部门、有关教育机构和个人在发展战略中的主体责任和作用。

《波黑创业学习战略》的主要目标是在考虑到实现全球经济共同进步，并保持与现存战略承诺一致的前提下，培育并促进对波黑社会和经济发展有积极影响的创业观念。为了回应教育部门和商业界针对共同和个别的议程提出的疑问，《波黑创业学习战略》分别提出在教育和企业层面的具体目标，并设定了其在不同层级和类型的教育中的目标③：

表 1　《波黑创业学习战略》的具体目标

各级教育层面的具体目标	中小企业层面的具体目标
·鼓励在整个教育系统中获得创业技能 ·提高各级教育过程中对创业精神的认知水平和意识 ·将"主动意识和创业精神"作为教育系统的关键能力 ·促进教育与社区（地方当局、非政府组织、包括企业在内的社会伙伴）之间的有效联系 ·加强波黑教育部门和企业界之间的合作	·创造条件支持学校和企业部门之间的联系 ·促进处于起步阶段的中小企业创业在数量和质量上显著增长 ·促使波黑现有中小企业结构在创业思维方面的态度转变 ·培养企业家的兴趣和才能，创造企业家和家族企业兴旺发达的环境 ·促进地方经济增长和降低失业率

① The European Education Directory. Bosnia & Herzegovina[EB/OL]. http://www.euroeducation.net/prof/boherco.htm. 2017-10-14.
② 商务部国际贸易经济合作研究院等. 对外投资合作国别（地区）指南——波黑 [R]. 商务部《对外投资合作国别（地区）指南》编制办公室, 2020,12:11.
③ Ministry of Civil Affairs. etc.Strategy of Entrepreneurial Learning in Education Systems in Bosnia and Herzegovina for the period 2012–2015.Sarajevo,2011,2.

表2 《波黑创业学习战略》在不同层级类型教育中的目标

初等、中等教育和培训的目标
·增强初等和中等教育对创业意识的培养 ·在初等和中等教育课程中引入"主动和创业意识"作为关键能力 ·承认教师在促进创业学习中的核心作用，逐步引入创业教育，作为职前和在职教师继续教育与培训的组成部分 ·促进创业学习的校本合作伙伴关系
非正规/成人教育的目标
·鼓励成年人自谋职业和创业 ·鼓励在中小企业内部实施技能培训和开发 ·确保成年学生能够获得合适质量的创业学习培训

（二）法规

在立法方面，绿皮书和白皮书提出了在波黑一级的框架法。2001年，白皮书将职业教育法定义为：规范职业教育改革的"共同框架、原则、价值观和指导方针"。尽管绿皮书和白皮书已经得到了选区的共识，但却无法取代法律。不过基于此，可以很容易地起草法律，因为白皮书几乎包括了法律应该包含的所有问题：原则、职业学校的自主权、劳动力市场、融资和机构建设等。

目前，几部有关的主要法律有：2003年6月通过的《初等和中等教育框架法》，规定了课程设置、教育标准、学业成就评估等内容，是保障波黑基础教育发展的基本法律。2007年，《学前、初等和中等教育机构法》成为教育新设机构的基础依据；2008年8月，《中等职业教育与培训框架法》（修订版）重获生效。

1.《中等职业教育与培训框架法》确定的教育目标为：（1）在相同的条件下，确保学生有权根据自己的兴趣和能力选择进行中等职业教育和培训；（2）为学生提供选择正确的职业和融入社会生活的支持；（3）培养学生对进一步接受教育和培训需要的意识；（4）为传统工艺的开发和推广提供条件；（5）协调与劳动力市场的发展要求和趋势；（6）参照欧盟成员国的教育水平提供职业教育和培训。[①]

2.《成人教育法》指出成年人的教育和终身学习作为教育系统的一部分，为成年人提供了个人和职业发展、工作和就业以及社会责任行为所需的能力和资格。成人教育包括正规教育、非正规教育和非正式学习。其中正规成人教育包括小学和中学教育，是基于小学和中学教育的课程实现有组织的学习过程，以及其他形式的定制需求和劳动力市场的需求，制定的专业培训计划。法律主要规定了成人教育的原则和目标、能力、资历和资格标准，成人教育活动中成年的概念、教学语言的使用，以及保障和改善成人教育机构的质量等内容。

---

① Framework Law on Secondary Vocational Education and Training in Bosnia and Herzegovina. http://www.erisee.org/downloads/2013/2/bh/Framework%20Law%20on%20VET%202008%20BH.pdf,2017-10-12.

三、职业技术教育与培训的体系与质量保障

（一）体系

1. 正规职业技术教育和培训体系

初等教育完成后，无论其小学教育在哪里完成，每个学生都可以在平等条件下，按照他们在工作和升学方面所具备的知识和技能的能力，参加中等教育阶段一年级的公立或私立学校教育。

正规中等教育包括技术和职业教育，是完全免费的，由有关教育当局的预算提供经费，可供所有人平等地接受。根据《中等职业教育与培训框架法》要求，应促进并确保在相同条件下运用较高的教育标准，根据学生的年龄、能力、社会和身体素质，实施适合其个性发展特征的教育。中等教育可能持续 3 至 4 年。

根据课程学习内容的特点，学校包括以下几种类型：职业技术学校；职业学校；特殊教育学校；成人教育学校；或者是由几个学校组成的教育中心，以提供更多的方向、职业和专业。

在学制上，主要有三年制和四年制两种形式提供：三年制的职业教育，包括手工艺和技术学校，一般从事特定行业的职业教育；四年制的技术学校，覆盖更加广泛的技术领域；入读职业教育或高等教育。学生在这些学校可以接受到数百个职业的培训。课程学习完成后，学生需要通过马图拉考试后，才能继续进行下一个教育水平的学习。[①]

2. 非正规和非正式职业技术教育和培训体系

通过正式、非正式或非正规形式的教育和学习获得的知识、技能和能力，由主管当局按照既定标准和标准证实了学习成果，发放相应的教育文凭或证书。成人教育学习者可能是 15 岁以上未完成小学的人或 18 岁以上未完成中学的人。入学要求是一般的和具体的，并规定了以前的教育经验、心理和身体健康标准。非正规培训和发展的学生须在注册项目学习结束后参加相应的考试，考试与评估的内容标准等则要根据教育领域的有关规定执行。在正式成人教育计划完成后——小学和中学教育或其各自的部分，以及培训和再培训、教育和培训，参加者将获得与正规教育或公共部门获得的证书具有相同效力的证书和文凭。

（二）保障

1. 国家资格框架

波斯尼亚和黑塞哥维那部长会议于 2011 年 3 月 24 日通过了《关于通过波黑资格基准框架的决定》，正式推出了建立和实施符合欧洲资格框架的各级教育资格框架的进程。该决定讨论通过了将波黑资格框架分为 8 个级别，并明确了相应级别所在的位置以及各

[①] Stoica, Adrian. "Vocational Education and Training Reform in Romania and Bosnia-Herzegovina: strategy, legislation, and implementation." European Journal of Education 38.2(2003):213–222.

个级别包括的知识、技能和能力的要求。基于此次会议决议，波黑 2013 年成立了一个由教育部门、劳动和就业、统计、雇主和工会代表组成的跨部门委员会，以期起草和提出在波黑执行资格框架的重大活动的议程，包括方法、标准、期限、执法机构和必要的资金等。波黑《2014—2020 年度发展与执行资格框架的行动计划》于 2014 年 2 月 11 日获得部长理事会通过。[①]波黑资格框架的实施将使每个公民有机会获得与欧洲资格框架相当的受信任和认可的资格，增加个人竞争力和社会融合度。这也将有助于发展与劳动力市场有关的教育制度，以及促进波黑经济和社会发展。

2. 质量保障

负责质量保证的机构是有关的教育部门和教学机构，以及中小学的教学机构。根据有关规定，为提高中小学教育的质量，可以设立教育发展委员会，作为教育部长的协商机构。

学校对教育工作质量进行内部和外部评估。内部评估由学校成立治理工作组实施，外部评估由通常在教学机构工作的专家顾问实施。为了保障教育质量，根据法律规定，专业教育监督的行使内容包括：专家顾问审查学校教学运行和工作组织以及教师、专业人员、教育工作者和董事的工作，可以直接进入课堂观察课堂教学，对教学有直接的了解，为教师、专业人士、教育工作者和董事提供辅导教学支持，并建议部长和主管当局采取措施改善教育工作，消除其中的不规范或缺陷。

在成人教育与培训方面，建立质量保证体系的要素包括：制定明确且可衡量的成人教育质量标准；建立连接内部和外部评估一致的评估方法；建立质量改进机制和程序；确保评估结果的广泛可用性。其中，主管教育当局和专业机构在以下领域中制定关于成人教育质量的内外部评价标准：成人教育计划和方案；管理和行政；教育方案；教学过程；学生的教育成就；学生的信息、咨询和职业指导；人力和其他资源；公共通信和信息。成人教育与培训内部评价是根据所有确定的评价领域的既定标准和质量标准，以及教育当局规定的方式和程序进行的。外部评价是对所有具有明确标准的领域进行质量评估，包括对已建立的标准和标准的遵守情况的验证以及主管认证机构的认证建议。内部和外部质量评估每 5 年进行一次。

四、职业技术教育与培训的治理与教师

（一）治理

波黑职业教育的治理结构分为三个层面：（1）国家层面：民政部、教育部是职业教育和教育机构成立的，且处于初期、中期的教育机构部门。根据波黑部委和其他行政机构管理法，民政部负责在波黑联邦政府的管辖范围内开展教育活动的组织、协调和战

---

① Eurydice. Bosnia and Herzegovina:National Qualifications Framework.(2015-12-28) [2017-10-13].https://webgate.ec.europa.eu/fpfis/mwikis/eurydice/index.php/Bosnia_and_Herzegovina:Overview.

略制定等。（2）地区层面：波黑联邦教育部；塞族共和国教育部；布尔奇科区教育部。（3）波黑联邦教育部层面：十个州的教育部。[①]

在国家一级，波黑民政部协调教育领域的活动。根据关于波黑各部和其他行政机构的法律，民政部负责在波黑管辖范围内开展活动和任务，以确定活动协调的基本原则，统一实体机构的计划，并在国际一级以及在教育领域中确定战略。同时，教育部门的协调机构也已形成：即波黑教育部长会议和普通教育委员会会议。在塞族共和国，塞族共和国教育和文化部负责教育政策、立法、行政和经费筹措，并作为和波黑协调教育发展过程中的实体代表，执行国家和国际一级和其他方面通过的文件。

波黑联邦教育和科学部负责行政、专业和其他活动，包括与各州的合作和协调活动，主要涉及：学前教育、小学和中学教育；教育标准和规范；教材；职业教育和师资培训；高等教育标准和规范；改进教育工作的研究工作；学生的标准等。

在地方和机构层面，布尔奇科区的教育部负责布尔奇科区教育系统的组织和运作。各州教育部门负责各州的教育工作（其中很多负责教育、科学、文化和体育）。其他由各部组成的教学机构，也参加了实体机构和州的管理系统。各部委和教学机构监督各级机构实施教育方案的情况。有关规章对教育部门地方层级的管辖权进行了不同的规定，包括教育过程的组织、学校设施的维护、参与创建对当地社区重要的课程和教育融资等方面。此外，区域政府和教育机构具有参与任命中等教育各机构的校长和其他雇员的法律权力和责任。

（二）教师

波黑学校教育的教师（包括学前教育至中等教育）必须完成高等教育的第一个周期，获得180个或240个学分。另外，在学校教育中第一次受雇的教育者被聘为见习生，实习工作是与导师合作进行的，为期一年。实习完成后，实习生进行专业考试。专业考试是根据主管部所通过的方案采取的，其目的是要确定受训学员能够开展独立教育教学的专业能力，专业考试需要主考委员会的审查。考试委员会的人数、组成和成员以及将进行专业考试的学校名单由教育部确定。而且有专业的国家考试记录，由考官委员签字。在通过专业国家考试的学校工作的实习人员，获得专业考试证书。[②]

而对于那些在其初始教育中没有获得教学能力，并打算在教育机构从事工作的人，根据法律规定，首先必须要完成教育学、心理学和教学方法的教育培训。

此外，正规成人教育教师必须完成较高学历和教育教学能力的教育。根据《成人教育法》，有关职业工作者还有接受专业培训的权利和义务。

① European Training Foundation.BOSNIA AND HERZEGOVINA:VET GOVERNANCE[R].(2016).http://www.etf.europa.eu/webatt.nsf/0/1826A30413AF0A20C125813100393859/$file/Bosnia&herzegovina.pdf.

② Eurydice. Bosnia and Herzegovina:Initial Education for Teachers Working in Early Childhood and School Education.(2016-09-06) [2017-10-13].https://webgate.ec.europa.eu/fpfis/mwikis/eurydice/index.php/Bosnia_and_Herzegovina:Overview.

五、职业技术教育与培训的诉求与发展趋势

（一）诉求

1. 国家经济恢复稳定发展要求增加行业技术人才供给

在国际社会的援助下，波黑内战结束以后经济恢复取得了一定进展。2003—2008年波黑经济取得了较快发展，GDP年平均增长率超过5%。然而2008年金融危机的爆发对波黑的外贸打击巨大，导致2009年波黑GDP负增长。2010年波黑政府发表了《波黑发展战略》（2010—2020），将解决就业困境设立为经济社会发展的主要目标，并将积极支持发展旅游业等重点产业，同时增加生产性投资和基础设施建设。[①]

2013年以后，随着产品出口和工业生产的增长，受外部需求强劲带动，波黑经济逐步恢复稳定。2015年，波黑国内生产总值名义增长率为4.52%，实际增幅为3.03%。服务业和工业快速发展，国家服务型经济服务业占国内生产总值的近三分之二（2015年为65.8%）。其中增幅较大的行业依次为：艺术、娱乐和休闲服务业（11.49%）；专业、科学及技术活动（11.30%）；制造业（11.17%）；农业、林业和捕鱼业（9.36%）。[②]由于服务业在国内生产总值占有很高的比例而且发展相对稳定，创造了大量的工作岗位和机会。大约有一半以上的劳动力在服务行业中就业，这一比例从2012年的49%上升为2015年的53%，另有约20%的工人从事工业，农业从业人数约占17%。[③]以上行业部门的快速发展必然会带来相应劳动力的就业岗位的增加和就业人员的教育培训方面的需求。

2. 劳动力市场不成熟和严峻的就业问题凸显教育培训的紧迫性

波黑的劳动力市场发展状况正面临着诸多问题，劳工立法的滞后、劳工税率高、技能不匹配、就业服务和措施不佳等因素导致了青年失业率高和长期失业率上升。

首先，失业已成为该地区国家的主要问题。最新统计数据显示，截至2019年底，波黑就业人数（15—74岁）为82.3万人；2019年，全国失业率为32.6%，青年失业率为33.8%。[④]

其次，现有劳动力的技术水平较低，接受较高程度教育的人数较少。由于战后现有的基础设施、法律依据和持续培训融资制度尚未更新，公共就业服务中心运营的培训中

---

① 商务部国际贸易经济合作研究院等.对外投资合作国别（地区）指南——波黑[R].商务部《对外投资合作国别（地区）指南》编制办公室,2020.

② Eurydice.Bosnia and Herzegovina:Political and Economic Situation[EB/OL].(2016-09-05)[2017-10-13].https://webgate.ec.europa.eu/fpfis/mwikis/eurydice/index.php/Bosnia_and_Herzegovina:Overview.

③ European Training Foundation.Bosnia and Herzegovina:country strategy paper 2017-20[R]. http://www.etf.europa.eu/wpubdocs.nsf/0/CFE23E177A246F01C12580BC00568179/$File/CSP%20Bosnia%20and%20Herzegovina%202017-2020_External%20Distribution%20Jan%202017.pdf.2017-10-13.

④ 商务部国际贸易经济合作研究院等.对外投资合作国别（地区）指南——波黑[R].商务部《对外投资合作国别（地区）指南》编制办公室,2020,12:29.

心和公司的在职培训设施不足以满足需求，仍然存在有就业后不培训的现象，或者不能及时提供更新的职业技能培训。[①]在失业人口中，只有少量的注册失业人员受益于培训和就业服务。国家和职业教育与培训机构没有对劳动力需求进行协调，亟待劳动力资源的配置。[②]

为此，提高现有劳动人口的素质，增加其就业竞争力，面向更多的机构人群开展职业技术教育与培训工作，成为当下波黑面临的紧迫而又重要的任务。

（二）发展趋势

独裁政权倒闭之后，中欧和东欧国家开始重新融入民主国家社会。此后，各国政府努力寻求适当的过渡战略和机制，以便从集中、低效的经济演变为分散化、面向市场的经济。经济改革主要采取宏观调控、结构调整和私有化，以及实现经济社会目标的人力资源开发。而实现这一进程目标的关键要素之一就是改革教育，包括推动职业教育的发展。战争之后，波黑职业教育的开展主要依赖国外项目实施的资助，国际捐助者在波黑实施改革项目，从而帮助波黑教育制度改革。目前，波黑在职业教育培训方面仍然面临重大挑战，需要推动全面改革。总体上来看，波黑职业教育系统还具有分散化和多样化等特点，如何促进职业教育培训系统的合理化和专业化的发展是未来的战略重点。主要包括：

（1）根据个人和社会的需要，建立灵活的职业教育与培训制度，确保职业教育的发展质量；（2）调整招生政策，以适应当地社区和劳动力市场的需要；（3）进一步发展国家资格框架，特别强调在终身学习和保障所有学习者受教育均等机会的背景下对非正式和非正规学习进行验证；（4）通过基于工作的学习或其他形式的实践培训加强创业教育，确保职业教育与劳动力市场之间的必要联系；（5）促进成人教育计划的建立，以获取基本知识和技能，增加就业机会。

其中，针对波黑劳动力市场发展中存在的问题，欧洲培训基金计划在2017—2020年间对波黑劳动力市场的系统发展提供援助，例如开展技能鉴定和匹配，以更好地实现从教育到工作的过渡。主要包括：建立广泛的绩效指标体系，用于监测劳动力市场计划的绩效；建立基于当代欧盟实践的技能需求鉴定方法；运用就业服务网络和劳工部门的力量，分享和报告整个波黑的经验和发展情况；支持发展青年从教育转向工作的系统方法；开发技能匹配的培训方案等。

（深圳职业技术学院　技术与职业教育研究所　魏　明）

[①] Badescu, Mircea, and A. Kennedy. "Key Indicators on Vocational Education and Training. Central and Eastern Europe. Report." SourceOECD Education & Skills (2002):I-201.

[②] Gashi, A., & Serhati, J. (2013). Mapping of VET Educational Policies and Practices for Social Inclusion and Social Cohesion in the Western Balkans. Turkey and Israel: country report for Kosovo (Torino, European Training Foundation).

主要参考文献

[1] 中华人民共和国外交部 . 波斯尼亚和黑塞哥维那国家概况 [EB/OL]. (2021–07–01) [2021–09–24]. http://www.fmprc.gov.cn/web/gjhdq_676201/gj_676203/oz_678770/1206_678988/1206x0_678990/.

[2] 商务部国际贸易经济合作研究院等 . 对外投资合作国别 (地区) 指南——波黑 [R]. 商务部《对外投资合作国别 (地区) 指南》编制办公室 , 2020, 12.

[3] The European Education Directory .Bosnia & Herzegovina[EB/OL]. http://www.euroeducation. net/prof/boherco.htm. 2017–10–14.

[4] Badescu M, Kennedy A. Key Indicators on Vocational Education and Training. Central and Eastern Europe. Report.[J]. SourceOECD Education & Skills, 2002: I–201.

[5] Ministry of Civil Affairs. etc.Strategy of Entrepreneurial Learning in Education Systems in Bosnia and Herzegovina for the period 2012–2015.Sarajevo, 2011, 2.

[6] Stoica, Adrian. "Vocational Education and Training Reform in Romania and Bosnia–Herzegovina: strategy, legislation, and implementation." European Journal of Education 38.2 (2003) : 213–222.

[7] European Training Foundation.BOSNIA AND HERZEGOVINA: VET GOVERNANCE[R]. (2016).http://www.etf.europa.eu/webatt.nsf/0/1826A30413AF0A20C125813100393859/$file/ Bosnia&herzegovina.pdf.

[8] Eurydice. Bosnia and Herzegovina: Initial Education for Teachers Working in Early Childhood and School Education. (2016–09–06) [2017–10–13].https://webgate.ec.europa.eu/fpfis/mwikis/eurydice/ index.php/Bosnia_and_Herzegovina: Overview.

[9] European Training Foundation.Bosnia and Herzegovina: country strategy paper 2017–20[R]. http://www.etf.europa.eu/wpubdocs.nsf/0/CFE23E177A246F01C12580BC00568179/$File/CSP%20 Bosnia%20and%20Herzegovina%202017–2020_External%20Distribution%20Jan%202017.pdf. 2017–10–13.

[10] Gashi, A., & Serhati, J. (2013). Mapping of VET Educational Policies and Practices for Social Inclusion and Social Cohesion in the Western Balkans. Turkey and Israel: country report for Kosovo (Torino, European Training Foundation).

北马其顿共和国

一、国家概况

（一）地理^①

北马其顿共和国（The Republic of Noth Macedonia），位于欧洲巴尔干半岛中部，面积为 25713 平方千米。西邻阿尔巴尼亚，南接希腊，东接保加利亚，北部与塞尔维亚接壤，首都为斯科普里。气候以温带大陆性气候为主，大部分农业地区夏季最高气温达 40℃，冬季最低气温达 -30℃，西部受地中海气候影响，夏季平均气温为 27℃，全年平均气温为 10℃。2004 年 8 月，北马其顿议会通过《新行政区划法》，共设 85 个地方行政单位。

（二）人文^②

斯拉夫人于公元 7 世纪迁居马其顿地区，10 世纪下半叶至 1018 年，萨莫伊洛建立了第一个斯拉夫人的马其顿国。14 世纪开始，马其顿地区长期处于拜占庭和土耳其统治之下。1912 年第一次巴尔干战争结束后，塞尔维亚、保加利亚、希腊军队占领马其顿地区。经过 1913 年第二次巴尔干战争，塞尔维亚、保加利亚和希腊重新瓜分马其顿地区。地理上属于塞尔维亚的部分称瓦尔达尔马其顿，属于保加利亚的部分称皮林马其顿，属于希腊的部分称爱琴马其顿。第一次世界大战后瓦尔达尔马其顿作为塞尔维亚的一部分并入塞尔维亚人－克罗地亚人－斯洛文尼亚人王国，1929 年改称南斯拉夫王国。第二次世界大战后，南斯拉夫联邦人民共和国成立，1963 年改称南斯拉夫社会主义联邦共和国，原属塞尔维亚的瓦尔达尔马其顿成为南斯拉夫联邦的组成单位之一，称"马其顿共和国"。1991 年 11 月 20 日，马其顿从原南联邦宣布独立。1993 年 4 月 7 日，马其顿以"前南斯拉夫马其顿共和国"的暂用名加入联合国。2019 年 2 月，更改国名为"北马其顿共和国"。

北马其顿共和国是实行议会制的民主国家，行政权由北马其顿议会（一院制）的政

---

① 中华人民共和国外交部. 北马其顿国家概况 [EB/OL]. http://www.fmprc.gov.cn/web/gjhdq_676201/gj_676203/oz_678770/1206_679474/1206x0_679476/.2021-09-25

② 同上。

党所组成的联合政府掌握，国家元首为象征性的总统，政府首脑为总理。[①]北马其顿有注册政党 80 多个，主要有北马其顿内部革命组织民族统一民主党、阿族融合民主联盟、北马其顿社会民主联盟。现任总统斯特沃·彭达罗夫斯基（Stevo Pendarovski），2019 年 5 月当选，任期 5 年。

北马其顿有人口 206.8 万（2020 年），主要民族为马其顿族（64.18%）、阿尔巴尼亚族（25.17%）、土耳其族（3.85%）、罗姆族（2.66%）和塞尔维亚族（1.78%）。官方语言为马其顿语。居民多信奉东正教，少数信奉伊斯兰教。国庆节为 9 月 8 日。

（三）经济[②]

独立后，北马其顿经济深受前南斯拉夫危机影响，后又因国内安全形势恶化再遭重创。近年来，随着国内外环境的改善和各项改革措施的推进，北马其顿经济有所恢复和发展。为促进经济发展，加快融入欧盟一体化，北马其顿政府大力推进基础设施建设，带动了相关行业的发展，成为欧洲发展速度较快的国家之一。2020 年国内生产总值 122.7 亿美元下降 4.5%，人均国内生产总值 5926 美元。北马其顿货币名称为代纳尔。汇率为 1 美元等于 54.95 代纳尔。

北马其顿矿产资源比较丰富，有煤、铁、铅、锌、铜、镍等，其中煤的蕴藏量约 9 亿吨。还有非金属矿产炭、斑脱土、耐火黏土、石膏、石英、蛋白石、长石等。森林覆盖率约为 35.5% 至 38.8%。

北马其顿主要产业有工业和农业。2020 年工业产值约占国内生产总值的 25.5%。主要工业部门有矿石开采、冶金、化工、电力、木材加工、食品加工等。2020 年农业产值约占国内生产总值的 10.3%。农业用地面积为 126.4 万公顷，其中耕种面积为 51.9 万公顷，畜牧面积 74.4 万公顷。

（四）教育[③]

北马其顿的文化部分继承了希腊罗马的文化传统，文化教育比较发达[④]。经过多次改革，北马其顿义务教育由 8 年增加到现在的 13 年（包括小学、初中和高中），全国教育分为三个层次。第一层次为初等教育，为期 9 年，其中小学 5 年（6—11 岁），初中 4 年（11—15 岁）。第二层次为中等教育，主要包括普通高中、艺术高中、职业高中，为期 4 年（15—19 岁），学生在学业结束后，通过国家组织的大学入学考试可以选择进入大学或高等职业学院接受高等教育。此外，为初等教育毕业生还开设有 2—3

---

① 中国社会科学院欧洲研究所.北马其顿 [EB/OL].http://ies.cssn.cn/wz/yjzl/ozgggl/201207/t20120731_2460469.shtml. 2017-10-06.

② 中华人民共和国外交部.北马其顿国家概况 [EB/OL]. http://www.fmprc.gov.cn/web/gjhdq_676201/gj_676203/oz_678770/1206_679474/1206x0_679476/.2021-09-25

③ 中华人民共和国外交部.北马其顿国家概况 [EB/OL]. http://www.fmprc.gov.cn/web/gjhdq_676201/gj_676203/oz_678770/1206_679474/1206x0_679476/.2021-09-25

④ 中国社会科学院欧洲研究所.北马其顿 [EB/OL].http://ies.cssn.cn/wz/yjzl/ozgggl/201207/t20120731_2460469.shtml. 2017-10-06.

年的职业教育（另开办有 1 年制的职业培训，属于成人教育），3 年制职业教育的学生在毕业后可以参加为期 1—2 年的职业培训。第三阶段为高等教育，分为三个阶段，第一阶段为大学本科 4—6 年，包括医药类学科 6 年，理工类学科 5 年，文科 4 年，完成学业可获学士学位；大学内部还开设有高职课程，与职业学院学制相同，为期 3 年；第二阶段为硕士教育为期 2 年，第三阶段为博士教育，学生需通过论文答辩方可获得学位。[①②]（图 1）

2019 年，北马其顿教育经费占 GDP 的 3.7%。2018—2019 学年度共有初级学校（小学和初中）988 所，在校学生 18.8 万人，教师 1.76 万人。中等学校（高中、职业学校）117 所，在校学生 7.06 万人，教师 7341 人。高等学校 21 所，在校学生 5.69 万人，教师 3616 人。[③] 主要高校有斯科普里大学、比托拉大学、泰托沃大学等。

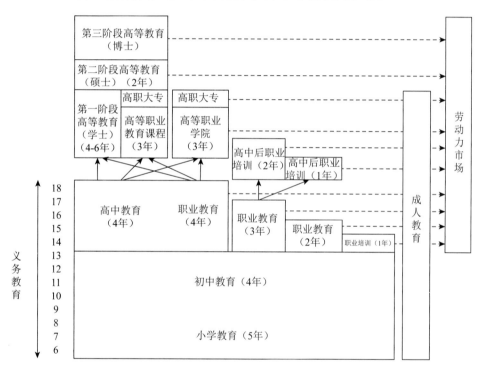

图 1　北马其顿教育体系

①　欧洲教育网 . Macedionia [EB/OL].http://www.euroeducation.net/prof/macenco.htm. 2017–10–08.

②　Strategy for Vocational Education and Training in a Lifelong Learning Context 2013–2020 and Action Plan [DB/OL].http://www.seecel.hr/UserDocsImages/Documents/VET%20STRATEGY%20AND%20ACTION%20PLAN_EN.pdf. 2017–10–08.

③　中华人民共和国驻北马其顿共和国大使馆经济商务参赞处 . 对外投资合作国别（地区）指南 [EB/OL]. http://images.mofcom.gov.cn/mk/201708/20170825230749213.pdf. 2017–10–06.

二、职业技术教育与培训的战略与法规

（一）战略[①]

2005 年，北马其顿获得欧盟候选国地位，并积极为加入欧盟而努力。在教育方面，北马其顿积极引进国际和欧盟教育理念，加快改革，积极推进博洛尼亚进程。

在过去的二十多年中，北马其顿对职业教育进行了系列改革，主要包括：

·加强职业教育立法；

·改革职业教育与培训体系：延长义务教育时间，将中等教育纳入义务教育；建立不同学制的职业教育与培训体系和资格层次，以及相对应的课程标准；开办成人教育，完善教育体系；引入私立教育与培训机构，完善公办职业教育与培训体系；

·制订 2 至 3 年制职业教育与培训岗位、职业资格标准和教育大纲；

·启动建设国家职业资格框架；

·推进职业教育分权管理与治理改革。

根据北马其顿教育和科学部《终身学习背景下职业教育与培训 2013—2020 战略及行动计划》，职业教育与培训在人力资本的开发、经济增长、减少失业，更好地就业以及社会融合等方面做出了突出的贡献。与此同时，北马其顿认识到全球经济一体化、科技创新、人口老龄化等诸多因素为职业教育与培训带来巨大压力。

该计划根据《布鲁日公报》（2011—2020）欧洲职业教育与培训一体化目标和欧盟《教育与培训 2020 规划》以及终身学习战略，确立了北马其顿职业教育与培训战略，重点包括：

·发展职业教育与培训，促进就业，提高职业教育与培训在促进社会包容和凝聚力中的作用；

·提供灵活多样的学习机会，帮助青年和成年人获得职业发展所需的技能，激发创业热情，进一步提高国民自觉接受职业教育与培训的意识；

·提高职业教育与培训的质量和相关性，发挥职业教育在企业经营、市场竞争和创新方面的促进作用；

·加强治理和政策扶持，促进职业教育与培训的能力建设。

（二）法规

1.《中等教育法》（1995 年颁布，2010 年修订）

修订的《中等教育法》第三章规定将中等教育纳入义务教育，实现义务教育达到 13 年，并且规定在公立学校免收学费。

---

① Strategy for Vocational Education and Training in a Lifelong Learning Context 2013–2020 and Action Plan [DB/OL]. http://www.seecel.hr/UserDocsImages/Documents/VET%20STRATEGY%20AND%20ACTION%20PLAN_EN.pdf. 2017–10–08.

2.《职业教育与培训法》（2006 年颁布，2008 年修订）

《职业教育与培训法》第一次对实施职业教育与培训的学校和机构进行了规定，并定义了教育机构、雇主的权利和义务。该法律还保障了接收学生实践和培训的公司的权利：雇主有权提议修改现有的职教体系教学大纲和课程并提出修改意见。另外，《职业教育与培训法》规定，在培训期间，职教机构、雇主和学生之间需签订培训协议，协议的内容、形式和程序由有关机构确定。

3.《成人教育法》（2008 年）

2008 年 1 月通过的《成人教育法》，在终身学习的视角下，全面规范了成人教育体系的组织、结构、经费和管理。该法律规定成立成人教育委员会和成人教育中心。

4.《高等教育法》（2000 年颁布，2008 年修订）

《高等教育法》为高校和高等教育改革创造了新的法律基础。该法律规定，国家大学和高等教育机构需制订五年发展规划。根据博洛尼亚进程的原则，2003 年通过的高等教育修订法为高等教育体系建立了一个新的法律框架，将高等教育分为三个教育阶段，该法在 2008 年进行了最后的修订。

5.《国家资格框架法》（2013 年）[①]

北马其顿议会 2013 年 10 月通过了《国家资格框架法》，明确了国家资格框架的原则和目标、结构和等次、质量保障。该法对已有职业资格进行了梳理并与欧洲资格框架建立了对应。根据该法，北马其顿成立了国家资格框架委员会负责职业资格的开发、认证和管理。

6.《终身学习背景下职业教育与培训 2013—2020 战略及行动计划》

该计划由欧洲培训基金会支持，分析了北马其顿国家职业教育的成就和面临的主要挑战，并从发展职业教育促进社会包容，提升职业教育吸引力，提高教育质量和相关性等四个方面制订了详细的行动计划。

三、职业技术教育与培训的体系与质量保障

（一）体系

北马其顿职业教育与培训体系从层次上包括高中职业教育和高中后职业培训和大学职业教育三个部分。此外，还包括成人职业教育与培训。

1. 高中阶段职业教育

高中职业教育与培训分为三类，主要分为 4 年制、3 年制和 2 年制职业教育。北马其顿现有 99 所公立高中（包括国立学校 10 所、首都斯科普里直属学校 21 所、其余市属学

---

① EQF Referencing Report of the Macedonian Qualifications Framework and Self-Certification to the QF-EHEA. [EB/OL].https://media.ehea.info/file/The_Former_Yugoslav_Republic_of_Macedonia/97/3/EQF_Report_Macedonia_2016_667973.pdf. 2017-10-09.

校68所）和13所私立高中。在所有公立高中之中，其中16所为普通高中，40所为职业高中，另有34所学校同时开设普通高中和职业高中教育，4所特殊职业教育学校和5所艺术学校。职业高中主要开设专业有机电工程（25所）、电器技术（20所）、纺织和皮革制造（17所）、化工技术（15所）。在13所私立高中之中，共有6所为职业学校，主要专业有经济、贸易、法律、餐饮、旅游等。北马其顿2007—2012年高中阶段各类教育学生人数及占比见表1。

4年制普通高中、艺术学校和职业学校学生在毕业时参加学校结业考试和全国大学入学考试后可选择大学第一阶段学士学习或选择3年制职业教育（包括职业学院和大学开设的职业教育课程）。

2年和3年制职业教育学生在毕业时参加职业考试，获得技术证书，再接受1—2年的高中后职业培训。

表1　北马其顿2007-2012年高中阶段各类教育学生人数及占比

教育类型	2007/2008年	2008/2009年	2009/2010年	2010/2011年	2011/2012年
	总人数	总人数	总人数	总人数	总人数
高中阶段教育总人数	94545	93843	95343	94155	93064
普通高中	38214	38373	38527	38013	37646
艺术学校	854	1015	1221	1071	1080
职业学校	55477	54455	55595	55071	54338
职业教育总人数占比（%）	58.70	58.00	58.30	58.49	58.39

资料来源：EQF Referencing Report of the Macedonia Qualifications Framework and Self-Certification to the QF-EHEA.

2. 高中后职业培训

《职业教育法》规定了两种形式的高中后职业教育，分为2年制和1年制职业培训，2年制培训叫"技师项目"，培养职业教育培训师；1年制培训项目为培养专业人员。

3. 高等职业教育

北马其顿高等职业教育学制3年，包含两种形式，一是职业学院的职业教育，二是大学开设的职业教育课程。职业学院一般为独立的私立学校或隶属于现有的公立大学，为数不多，2010—2011学年共2102人选择职业学院接受职业教育，其中1853人选择公立职业学院，249人选择私立职业学院，共占高等教育学生人数的3.32%。近年来，国家鼓励大学开办职业教育课程，2011—2012学年第一学期，公立大学中职业教育课程学生人数占高等教育学生总人数的5.01%。高等职业教育学生毕业时可获得高级资格证书，主要选择就业。

4.继续教育技术培训

北马其顿开设为期1年的成人基本职业技能培训，参加培训的人员一般没有相应职业资格，通过培训，学员可获初级职业资格。2011年的培训项目中，共163人参加本项目，占当年职业教育学生总人数的0.29%。

（二）保障

1.职业技能证书[①]

北马其顿建立了国家资格框架，并以此推动教育改革，鼓励人们终身学习，支持在知识和技能社会中，提高劳动力素质和经济竞争力，增加社会包容性，协调社会发展。

北马其顿建立的国家资格框架基于以下原则：

·体现知识和理解能力，技术和学习能力；

·设立类别和分级；

·学分的可转移性；

·与欧洲资格框架体系衔接；

·质量保证；

·通过职业资格学习和认证保障民众平等接受终身教育；

·提高劳动力素质，提升国家经济竞争力；

·建立对非正式和非正规学习的认证制度。

北马其顿资格框架按级别、类型和领域进行分类。

（1）北马其顿职业资格框架共包括8级（第5、6、7级分别分A、B两个级别）对应欧洲资格框架8个等级。见表2。

表2 北马其顿国家资格框架体系[②]

国家资格框架级别	学历/能力水平	学　分	欧洲资格框架级别
1	完成初等教育（中学），并取得毕业证书	/	1
2	完成高中2年职业教育，并取得职业教育证书	60–120分职业教育学分	2
3	完成高中3年职业教育，并取得职业教育文凭	180分职业教育学分	3
4	完成4年普通高中、艺术学校或职业教育，并取得相应文凭	240分职业教育学分或北马其顿通识教育学分	4

① EQF Referencing Report of the Macedonian Qualifications Framework and Self–Certification to the QF–EHEA. [EB/OL].https://media.ehea.info/file/The_Former_Yugoslav_Republic_of_Macedonia/97/3/EQF_Report_Macedonia_2016_667973.pdf. 2017-10-09.

② National Framework for Higher Education Qualifications for Republic of Macedonia. [EB/OL].http://www.mon.gov.mk/images/documents/nacionalna_ramka/National%20Framework%20for%20Higher%20Education%20Qualifications%20for%20Republic%20of%20Macedonia%20–%20Guide.pdf. 2017-10-09.

国家资格框架级别	学历/能力水平	学 分	欧洲资格框架级别
5	5A:完成3年高等职业教育课程并取得文凭	60-120分欧洲学分转换系统学分	5
	5B:完成高中后1-2年职业教育，通过技师资格考试并取得文凭，或通过特殊教育并取得文凭	60分职业教育学分	
6	6A:完成大学4年学业且取得学士学位	240分欧洲学分转换系统学分	6
	6B:完成3年制高职教育且取得毕业文凭	180分欧洲学分转换系统学分	
7	7A:大学毕业后完成2年研究生教育，取得硕士学位	60-120分欧洲学分转换系统学分	7
	7B:取得高等专业教育学位	60分欧洲学分转换系统学分	
8	完成博士课程学习，取得博士学位	/	8

（2）北马其顿资格框架按类别分为教育资格和职业资格两大类，其中教育资格指学校教育，以毕业文凭和相关证书为形式，其目的是为了接受更高等级的教育；职业资格以就业为主要目标，通过成人教育完成部分课程模块，以职业证书为形式。

（3）按领域分，北马其顿高等教育根据国际学科标准进行分类，职业教育资格根据行业领域分为16种。见表3。

表3　北马其顿职业教育领域分类

序号	领 域	序号	领 域
1	地质、矿产、冶金	9	机械工程
2	土木工程与测量	10	交通运输和仓储
3	图形行业	11	纺织、皮革
4	经济、法律与贸易	12	餐饮和旅游业
5	电气工程	13	化工技术
6	医疗保健和社会保障	14	林业和木业加工
7	农业、渔业和兽医学	15	运动休闲
8	个人服务	16	艺术

2. 质量保障

北马其顿职业教育与培训的质量保障包括国家教育和培训体系和国家资格框架两个部分，均体现了全过程的特点。

（1）国家教育和培训体系的质量保障

教育与培训质量保证体系由国家立法进行规范。主要由教育和科学部教育发展局、职业教育与培训中心、成人教育中心、高等教育认证与评估委员会负责，对职业教育与培训进行全过程监督和管理，具体包括输入、过程和输出三个环节。其中输入环节主要包括机构和课程的审核和认证。过程环节，根据法律规定，各类教育与培训机构需进行自评，并由上述机构及国家教育检查组进行指导和监督。结果阶段主要通过考试和考核进行质量保障。

（2）国家资格框架的质量保障

北马其顿职业教育与培训国家资格框架通过严格的设计和实施过程保障其质量。第一，《国家资格框架法》明确了实施主体、职业资格结构、等级等；第二，各相关方参与协商和讨论，共同制订资格框架规范、原则并参加公开答辩；第三，根据劳动力市场要求，开发了具体可行的资格体系标准和课程体系；第四，建立了规范的评估标准和认证程序。

四、职业技术教育与培训的治理与教师

（一）治理

北马其顿教育体系的管理归属于教育和科学部，职业教育主要由其下属职业教育和培训委员会和职业教育与培训中心成人教育委员会负责规划和管理。

职业教育和培训委员会主要负责政策制订与协调，包括：对职教的发展战略提出意见；向教育和科学部提出国家资格和职业标准的修订、补充意见；与各市政府合作，向教育和科学部提出发展职教网络的建议。

职业教育与培训中心是一个专业机构，其目标是发展职教体系，满足当代技术和社会发展的需要，工作其职责主要包括：为各类职业教育进行理念引导；开展劳动市场研究；制定职业岗位标准和教学大纲；及时监测教育质量，确保职业教育机构及教育培训符合规定要求和标准。

成人教育委员会是一个咨询机构，就成人教育战略和实施以及国家资格和职业标准提出建议；成人教育中心负责成人教育的规划发展和监督评估，并促进教育与培训同社会伙伴的关系。

根据北马其顿地方自治法，各市对辖区内的劳动力市场需求进行分析，有权对当地职教体系的质量进行监督。

（二）教师

自1995年起，根据北马其顿教育和科学部规定，新入职的教师须通过考试，所有教师学历要求为大学本科及以上，职业教育与培训方面的教师还需在技术等方面接受专业训练。[①]

近年来，教育发展局启动了教育现代化项目，并实施了教师在职创新培训项目。2009年，为改变学生在国际数学和文化素养测试中的不佳表现，北马其顿实施了相关新

---

① UNESCO International Bureau of Education. World Data on Education. VII Ed. 2010/11 [DB/OL]. http://www.ibe.unesco.org/fileadmin/user_upload/Publications/WDE/2010/pdf-versions/The_Former_Yugoslav_Rep_of_Macedonia.pdf. 2017-10-14.

的专业发展计划。

北马其顿教师起薪是 18000 代纳尔，低于全国平均水平工资 21000 代纳尔，公务员平均起薪标准约为 16000 代纳尔（警察 12000 代纳尔，医生 24000 代纳尔），教师工作 8 年左右方可达到全国平均工资。[①]

五、职业技术教育与培训的诉求与发展趋势

近年来，北马其顿积极引进欧洲职业教育理念和标准，建立了对应的资格框架结构；教育和科学部制定了《终身学习背景下职业教育与培训 2013—2020 战略及行动计划》，将职业教育与培训作为终身教育的重要手段并以此作为职业教育改革的抓手，符合全球倡导的终身教育和全民教育趋势。

在技术进步和全球化的大背景下，近年来，北马其顿还面临着高失业率和人口老龄化的问题，为职业教育发展带来巨大压力。[②]北马其顿职业技术教育与培训需要解决的主要问题是完善职业教育治理体系。

根据北马其顿教育体系，职业教育与培训归属教育和科学部管理，具体主要由职业教育与培训中心管理。作为职业教育与培训最重要的部门，相比其所承担的责任和使命，该中心的权力和地位不能完全与其对等，中心没有独立的财政权（财政权隶属于教育发展局）和自主权，缺乏专业教育人员，甚至连必要的工作软硬件都亟待改善。

近年来，北马其顿在教育管理方面进行权力下放，但权力下放并不仅仅是国家和地方教育权力的重新分配，地方政府除承担管理职责外还需要明确与国家在教育投入方面相应的投入。

根据北马其顿财政部预算和资金司统计，近年来，国家在教育的投入占 GDP 的 5%—6%，属于经合组织发达国家水平，但经费整体投入到各层次教育，对职业教育与普通教育的投入没有进行区分，也没有对职业教育经费投入进行统计。

因此，一方面需要转变职业教育与培训管理中心的功能，使其由专业机构转变为全国职教与培训的管理机构，不仅具备原有职业教育规划方面的职能，还是对全国职业教育与培训实施政策管理、经费支持的权力部门；另一方面，需要明确国家和地方政府在职业教育管理及经费上的责任与义务。

（深圳职业技术学院　技术与职业教育研究所　罗　欢
深圳职业技术学院　联合国教科文组织职业技术教育与培训联系中心　王冰峰）

① SABER Country Report: FYR Macedonia Teachers.[DB/OL].https://openknowledge.worldbank.org/bitstream/handle/10986/20152/779190WP0SABER00Box385305B00PUBLIC0.pdf?sequence=1&isAllowed=y. 2017-10-14.

② Strategy for Vocational Education and Training in a Lifelong Learning Context 2013–2020 and Action Plan. [DB/OL].http://www.seecel.hr/UserDocsImages/Documents/VET%20STRATEGY%20AND%20ACTION%20PLAN_EN.pdf. 2017-10-08.

主要参考文献

[1] 中华人民共和国外交部 . 北马其顿国家概况 [EB/OL]. http://www.fmprc.gov.cn/web/gjhdq_676 201/gj_676203/oz_678770/1206_679474/1206x0_679476/.2021–09–25

[2] 中国社会科学院欧洲研究所.北马其顿[EB/OL].http://ies.cssn.cn/wz/yjzl/ozgggl/201207/ t20120731_2460469.shtml. 2017–10–06.

[3] 中华人民共和国驻北马其顿共和国大使馆经济商务参赞处 . 对外投资合作国别指南 [EB/ OL].http://images.mofcom.gov.cn/mk/201708/20170825230749213.pdf. 2017–10–06.

[5] 欧洲教育网 . Maledonia [EB/OL].http://www.euroeducation.net/prof/macenco.htm. 2017–10– 08.

[6] Strategy for Vocational Education and Training in a Lifelong Learning Context 2013–2020 and Action Plan [DB/OL].http://www.seecel.hr/UserDocsImages/Documents/VET%20STRATEGY%20 AND%20ACTION%20PLAN_EN.pdf. 2017–10–08.

[7] EQF Referencing Report of the Macedonian Qualifications Framework and Self–Certification to the QF–EHEA. [EB/OL].https://media.ehea.info/file/The_Former_Yugoslav_Republic_of_ Macedonia/97/3/EQF_Report_Macedonia_2016_667973.pdf. 2017–10–09.

[8] National Framework for Higher Education Qualifications for Republic of Macedonia. [EB/OL]. http://www.mon.gov.mk/images/documents/nacionalna_ramka/National%20Framework%20for%20 Higher%20Education%20Qualifications%20for%20Republic%20of%20Macedonia%20–%20Guide.pdf. 2017–10–09.

[9] UNESCO International Bureau of Education. World Data on Education. VII Ed. 2010/11 [DB/ OL].http://www.ibe.unesco.org/fileadmin/user_upload/Publications/WDE/2010/pdf–versions/The_ Former_Yugoslav_Rep_of_Macedonia.pdf. 2017–10–14.

[10] SABER Country Report: FYR Macedonia Teachers. [DB/OL].https://openknowledge. worldbank.org/bitstream/handle/10986/20152/779190WP0SABER00Box385305B00PUBLIC0. pdf?sequence=1&isAllowed=y. 2017–10–14.

俄罗斯联邦

一、国家概况

（一）地理

俄罗斯联邦（The Russian Federation），简称俄罗斯，位于欧亚大陆北部，横跨欧亚大陆，东西最长 9000 千米，南北最宽 4000 千米，国土面积为 1709.82 万平方千米，是世界上面积最大的国家。[①] 邻国西北面有挪威、芬兰，西面有爱沙尼亚、拉脱维亚、立陶宛、波兰、白俄罗斯，西南面是乌克兰，南面有格鲁吉亚、阿塞拜疆、哈萨克斯坦，东南面有中国、蒙古和朝鲜。东面与日本和美国隔海相望。海岸线长 33807 千米。[②] 俄罗斯领土的 36% 位于北极圈内，主体部分处于北温带，地形以平原和高山为主，地势南高北低，西低东高。俄罗斯以大陆性气候为主，温差普遍较大，1 月气温平均为 -40℃ ~ -5℃，7 月气温平均为 11℃ ~27℃。[③] 俄罗斯由 83 个联邦主体组成，包括 21 个共和国、9 个边疆区、46 个州、2 个联邦直辖市、1 个自治州和 4 个民族自治区。[④]

（二）人文

俄罗斯最初是东斯拉夫人的罗斯部族。历经莫斯科大公国、俄罗斯帝国、俄罗斯苏维埃联邦社会主义共和国等时代更迭，现称为俄罗斯联邦。16 世纪初莫斯科大公国建立，多民族封建国家形成。1547 年，伊凡四世改大公称号为沙皇；1721 年，彼得大帝将国号改为俄罗斯帝国。1917 年 11 月 7 日（俄历 10 月 25 日）爆发十月社会主义革命，建立了世界上第一个社会主义国家政权——俄罗斯苏维埃联邦社会主义共和国。1922 年 12 月 30 日，俄罗斯联邦、外高加索联邦、乌克兰、白俄罗斯成立苏维埃社会主义共和国联盟（后扩至 15 个加盟共和国）。1990 年 6 月 12 日，俄罗斯苏维埃联邦社会主义共和国最高苏维埃发表《国家主权宣言》，宣布俄罗斯联邦在其境内拥有"绝对主权"。1991 年 8 月，苏联发生"8·19"事件。9 月 6 日，苏联国务委员会通过决议，承认爱沙尼亚、

[①]　中华人民共和国外交部.俄罗斯国家概况 [EB/OL].(2020-10-01)[2021-09-24].http://www.fmprc.gov.cn/web/gjhdq_676201/gj_676203/yz_676205/1206_676572.

[②]　中国一带一路网.俄罗斯概况 [EB/OL].[2021-09-24].https://www.yidaiyilu.gov.cn/gbjg/gbgk.

[③]　俄罗斯：俄罗斯地理概况 [EB/OL].(2020-10-01)[2021-09-24].http://globserver.cn/.

[④]　俄罗斯：俄罗斯地理概况 [EB/OL].(2020-10-01)[2021-09-24].http://globserver.cn/.

拉脱维亚、立陶宛三个加盟共和国独立。12 月 8 日，俄罗斯联邦、白俄罗斯、乌克兰三个加盟共和国领导人在别洛韦日签署《独立国家联合体协议》，宣布组成"独立国家联合体"。同年 12 月 21 日，除波罗的海三国和格鲁吉亚外的苏联 11 个加盟共和国签署《阿拉木图宣言》和《独立国家联合体协议议定书》。12 月 26 日，苏联最高苏维埃共和国院举行最后一次会议，宣布苏联停止存在。至此，苏联解体，俄罗斯联邦成为完全独立的国家，并成为苏联的唯一继承国。俄罗斯成为联合国安全理事会五大常任理事国之一。1993 年 12 月 12 日，经过全民投票通过了俄罗斯独立后的第一部宪法，规定国家名称为"俄罗斯联邦"。目前，俄罗斯也是金砖国家之一。[①]

俄罗斯实行联邦民主制，以宪法和法律为基础，根据立法、司法、行政三权分立又相互制约、相互平衡的原则行使职能。俄罗斯联邦政府是最高国家执行权力机关。俄罗斯联邦会议是俄罗斯联邦的代表与立法机关。联邦会议采用两院制，上议院称联邦委员会（Federal Council），下议院称国家杜马（State Duma）。俄罗斯实行多党制，主要有以下政党：统一俄罗斯党、俄罗斯共产党、俄罗斯自由民主党、公正俄罗斯党、亚博卢联盟、右翼力量联盟等。总统是国家元首，有权任命包括总理在内的高级官员，但必须经议会批准。总统同时也是武装部队的首领以及国家安全会议的主席。总统不可以连任超过两届。现任总统弗拉基米尔·弗拉基米罗维奇·普京 2012 年 5 月 7 日就职，第三次当选总统。现任总理德米特里·阿纳托利耶维奇·梅德韦杰夫 2012 年 5 月 8 日获得任命[②]。

俄罗斯人口总数约为 1.46 亿，人口年龄中位数为 38.7（2015 年数据）。[③]建国以来，俄罗斯遭遇人口下滑问题，在政府提供的一系列生育政策，如"母亲基金"的激励下，2013 年实现了人口的自然正增长。俄罗斯是一个由 194 个民族组成的多民族国家，其中，俄罗斯族是主要民族，其人口占总人口的 77.7%，主要少数民族有鞑靼、乌克兰、巴什基尔、楚瓦什、车臣、亚美尼亚、阿瓦尔、摩尔多瓦、哈萨克、阿塞拜疆、白俄罗斯等族。俄语是俄罗斯联邦全境内的官方语言，各共和国有权规定自己的国语，并在该共和国境内与俄语一起使用。俄罗斯主要宗教为东正教，其次为伊斯兰教。[④]

（三）经济

俄罗斯自然资源十分丰富，种类多，储量大，自给程度高。森林覆盖面积 880 万平方千米，占国土面积 51%，居世界第一位。木材蓄积量 821 亿立方米。天然气已探明蕴藏量为 48 万亿立方米，占世界探明储量的 35%，居世界第一位。石油探明储量 109 亿吨，

① 商务部国际贸易经济合作研究院等. 对外投资合作国别（地区）指南——俄罗斯 [R]. 商务部国际贸易经济合作研究院等.2016.04:04.

② 中华人民共和国外交部. 俄罗斯国家概况 [EB/OL].(2020-10-01)[2021-09-24].http://www.fmprc.gov.cn/web/gjhdq_676201/gj_676203/yz_676205/1206_676572.

③ 联合国人口司《世界人口展望》编译，2015 年修订版 [EB/OL]. [2017-10-01]. http://esa.un.org/unpd/wpp/DVD/.

④ 商务部国际贸易经济合作研究院等. 对外投资合作国别（地区）指南——俄罗斯 [R]. 商务部国际贸易经济合作研究院.

占世界探明储量的 13%。煤蕴藏量 2016 亿吨，居世界第二位。铁蕴藏量 556 亿吨，居世界第一位，约占 30%。铝蕴藏量 4 亿吨，居世界第二位。铀蕴藏量占世界探明储量的 14%。黄金储量 1.42 万吨，居世界第四至第五位。此外，俄还拥有占世界探明储量 65% 的磷灰石和 30% 的镍、锡①。

俄罗斯的工业、科技基础雄厚，部门齐全，以机械、钢铁、冶金、石油、天然气、煤炭、森林工业及化工等为主，木材和木材加工业也较发达。航空航天、核工业具有世界先进水平。当前，俄罗斯政府确定财政拨款优先发展的经济领域包括：农业（包括农业服务）、加工业（包括食品生产）、化工、机械制造（航空、船舶、汽车生产等）和住房建设等。主要工业区包括：俄罗斯工业区、圣彼得堡工业区、乌拉尔工业区、新西伯利亚工业区。IT 业发展迅速，尤其是在软件开发方面已经走在世界前列，涌现出了 Yandex、卡巴斯基等世界著名的软件制造商。财政金融总体趋好。2006 年，黄金外汇储备居世界第三位，储蓄突破 2800 亿美元大关，成为世界上拥有最多外汇储蓄的国家之一。2016 年，俄罗斯完成国内生产总值 1.33 万亿美元，居欧洲第 5 位，世界第 13 位；2019 年俄罗斯国内生产总值同比增长 1.3%。截至 2020 年 5 月 1 日，国际储备 5673 亿美元。②

（四）教育

俄罗斯有着悠久的高质量教育传统，是世界上最好的大规模教育系统之一，其公民的识字率达 98%，超过了大多数西欧国家。俄罗斯自然科学和基础研究方面的高等教育水平居世界领先地位，航空航天、军事工业等工程技术领域亦属世界一流，人文和社会学科拥有优秀传统和鲜明的风格。俄罗斯的教育体系分成学前教育、义务教育和高等教育。

1. 学前教育。俄罗斯学前教育机构设有托儿所、幼儿园。托儿所一般招收 2 个月到 3 岁的儿童，幼儿园招收 3 岁到 7 岁的儿童接受学前教育。学前教育的主要任务是帮助家庭教育儿童，为孩子的母亲成为职业女性创造便利的条件。

2. 义务教育。俄罗斯 2001 年通过了教育改革方案之后，确立了 12 年一贯制的中小学义务教育。义务教育共分为三个阶段：第一阶段为小学，学制 4 年；第二阶段为初中，学制 5 年；第三阶段为高中（包括普通高级中学和职业高级中学），学制为 3 年。俄罗斯联邦《教育法》规定，义务教育为免费教育，而且学校免费为学生提供教科书和课间加餐。学生从接受完初中教育后开始分流，一部分升入高级中学接受完全普通教育，另一部分进入职业中学继续学习；其余学生直接就业或参加夜校和函授学校的学习。义务教育阶段的主要任务是：为学生个体的智力、道德、情感和身体的发展创造良好的条件，

---

① 中华人民共和国外交部 . 俄罗斯国家概况 [EB/OL].(2020–10–01)[2021–09–24].http://www.fmprc.gov.cn/web/gjhdq_676201/gj_676203/yz_676205/1206_676572.

② 中国一带一路网 . 俄罗斯概况 [EB/OL]. [2021–10–01]. https://www.yidaiyilu.gov.cn/gbjg/gbgk.

培养学生科学的世界观，使学生掌握自然、社会、从事劳动的系统知识以及独立活动的能力。①

3.高等教育。俄罗斯的高等教育由综合性大学、专科院校和研究院实施，教育层次包括学士、硕士和博士。高等教育阶段的主要任务是培养具有高深专业理论知识和实际技能的专家。在俄罗斯申请博士学位难度比较大，博士学位由国家最高学位评定委员会决定授予，取得博士学位者除了要对专业知识有深入的研究并通过博士论文答辩，还必须在工作领域取得卓越成绩。

截至 2015 年，俄罗斯全国共有公立义务教育机构 41906 所，在校生 1449.18 万人，其中，高校 896 所（国立高校 530 所，非国立高校 366 所），在校大学生总计 476.65 万人。高校在编教师 31.9 万人，其中，具有博士学位的 4.1 万人，具有副博士学位的 16.9 万人。

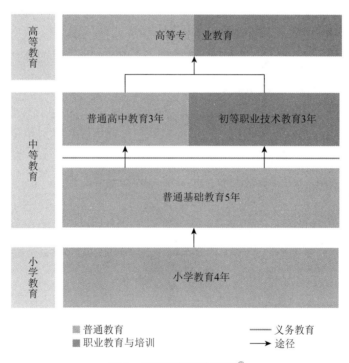

图 1　俄罗斯教育体系图②

图表来源：联合国教科文组织国际职业技术教育与培训（UNESCO–UNEVOC）中心数据。

俄罗斯拥有许多世界名校。莫斯科大学师资力量雄厚，俄罗斯的 18 位诺贝尔奖学金获得者中，有 11 人在莫斯科大学工作和学习过。此外，俄罗斯的优秀大学还有：圣彼得

---

① 俄罗斯 [EB/OL]. [2017–10–01]. http://www..com/a/995786.html.

② 中华人民共和国外交部. 俄罗斯国家概况 [EB/OL].(2020–10–01)[2021–09–24].http://www.fmprc.gov.cn/web/gjhdq_676201/gj_676203/yz_676205/1206_676572.

堡国立大学、莫斯科罗蒙诺索夫大学、俄罗斯人民友谊大学、莫斯科鲍曼国立技术大学、圣彼得堡国立技术大学、莫斯科动力学院、莫斯科门捷列夫化工学院、莫斯科航空学院、圣彼得堡海洋技术大学、圣彼得堡航空宇航制造学院、圣彼得堡精密技术信息大学、萨马拉航空技术大学、圣彼得堡矿业大学、莫斯科矿业大学、莫斯科国际关系学院、莫斯科普希金语言学院、莫斯科音乐学院、圣彼得堡列宾美术学院，等等。[①]

二、职业技术教育与培训的战略与法规

（一）战略

俄罗斯的职业技术教育有着悠久历史，其战略方针随时代的更迭和政治、经济、社会环境的变化而不断进行调整。

早在17世纪，为富国强兵，俄罗斯兴起了"彼得一世改革"，建立了早期的职业教育形态。莫斯科数学和航海学校、炮兵学校、军医学校、工程学校、外语学校、航海学校和一些矿业学校相继成立并建立学制。

1861年俄罗斯废除农奴制时，教育领域也展开了一场巨大的变革运动。1864年颁布的《初等国民学校章程》重新规定了初等学校不分等级、信仰，向所有儿童开放，男女儿童可以同校，省县都设立了教育委员会。

"十月革命"胜利后，苏维埃政权对旧的学校教育制度进行世俗化和民主化改造，废除了沙俄时期的等级学校制度，建立起社会主义的学校制度。1918年全俄中央执行委员会批准并公布了《统一劳动学校规程》和《统一劳动学校规则》，把劳动作为教学的基础。列宁在《俄共（布）纲领草案》中明确宣布，共产党在国民教育方面的迫切任务之一，是对未满16岁的男女儿童一律实行免费义务的普通教育和综合技术教育，把教育与儿童的社会生产劳动紧密结合起来。1931年发布的联共（布）中央《关于小学和中学的决定》，把学校工作的重点转到向学生传授系统的科学知识上。[②]

第二次世界大战后，在苏联计划经济条件下，职业技术教育由国家实行垂直统一管理。1958年苏联最高苏维埃主席团通过了《关于加强学校同生活的联系和进一步发展苏联国民教育制度的法律》，实施三种类型的完全中等教育。第一种是由青年工人学校和农村青年学校提供的夜校教育；第二种是由普通中学提供，学生学习文化理论知识又兼职生产劳动；第三种是由中等技术学校和中等专业学校提供的教育。1984年，苏共中央全会和苏联最高苏维埃通过了《改革普通教育学校和职业学校的基本方针》，把改革职业教育的结构作为新一轮教育改革的最重要任务，要求过去单纯实施职业教育和专业教

---

① 中华人民共和国外交部 . 俄罗斯国家概况 [EB/OL].(2020－10－01)[2021－09－24].http://www.fmprc.gov.cn/web/gjhdq_676201/gj_676203/yz_676205/1206_676572.

② UNESCO International Bureau of Education.World Data on Education. VII Ed.2011.[DB/OL].http://www.ibe.unesco.org/fileadmin/user_upload/publications/WDE/2010/pdf–versions.

育的学校都要同时兼施完全中等教育。①

20 世纪 90 年代，苏联解体，俄罗斯签署了《博洛尼亚宣言》并开始了一系列改革，将培养合格的专业人才确立为优先发展的战略，对职业技术教育与培训进修重组。这种对职教培训与国家发展具有重要性的新战略催生了大量旨在重塑职教培新体系的联邦项目。俄罗斯当前职业技术教育与培训改革的主要目标为：

第一，创建一个能够适应变化的灵活的能力本位职教培训体系，实施合格的、有积极性的培训者讲授的现代化教育方案；

第二，促进继续职业教育、培训和终身学习；

第三，加强职教培训与劳动力市场的联系；

第四，开发国家资格框架与国家资格框架体系，并使之制度化；

第五，提高职教培训质量，建立一个独立的职教培训质量保障体系。②

（二）法规

俄罗斯联邦与地方立法以及教育与科学部所颁布的法令、规则构成了规范国家职业教育与培训的法律体系。

1992 年《联邦教育法》、1996 年《联邦高等及大学后职业教育法》、1997 年《联邦初等职业教育法》：三部法律构成了职业教育体系的基本框架，为职业技术教育提供了基本法律保障。

1992 年《俄联邦教育部职业技术学校经费拨款问题的决定》：该决定确立了地方财政拨款制度。

1992 年《联邦初等职业教育法》：该法律确立了初等职业教育三个优先的原则。经费拨款优先；保护联邦、联邦各主体和地方政府三级财政预算对初等职业教育的所有支出项目；对投资发展初等职业教育的学校、自然人和法人提供税收优惠。

1996 年《高等及大学后续职业教育法》：对高等职业教育的层次进行了规范，明确了俄罗斯大学收费教育的合法性。

2000 年俄罗斯联邦政府批准《俄罗斯联邦国民教育要义》：要义中规定了国家在师资方面的职责。

2009 年修订的《联邦教育法》规定了俄罗斯教育体系的结构、原则与实施。

《俄罗斯联邦教育发展目标规划（2011—2015）》：规定了教育现代化的关键方面，调整职教培训以适应劳动力市场需求，该规划促进了 2011 年的职教培训能力新标准的出台。

① 朱小蔓，H.E. 鲍列夫斯卡娅 .B. 鲍利辛柯夫 .20-21 世纪之交中俄教育改革比较 [M].教育科学出版社，2006.

② RUSSIA，COUNTRY STRATEGY PAPER. [2017-10-01]. http://www.etf.europa.eu/wpubdocs.nsf/0/928810B88B1B5459C12580BC0057B580/$File/CSP%20Russia%202017-2020_External%20Distribution%20Jan%.

2009 年俄罗斯联邦政府颁布《关于在中等和高等职业学校开展应用型学士试验》的命令，决定于 2009—2014 年在中等职业学校和高等职业学校开展应用型本科教育实验，构建应用型本科教育体系。

《2010 年教育优先发展构想》则规划了教育和职业教育的发展远景。

《托里诺进程（ETF，2011）框架》中的《俄罗斯国家报》指出，面向职教培训毕业生的职业与就业咨询系统的开发与实施构想文件已经形成，它为高等和中等职教培训毕业生的职业与就业咨询中心的运转提供了框架。[①]

三、职业技术教育与培训的体系与质量保障

（一）体系

学生初中毕业后开始分流，学生可以选择进入继续就读普通高中或就读中等职业学校。中等职业学校毕业后，经过国家职业资格鉴定，可以进入企业工作，也可以到高等职业教育机构继续深造并取得应用型学士学位。高等职业教育的毕业生经过国家高职的职业资格鉴定，可以进入企业工作。就读普通高中的毕业生，也可以通过考试到高等职业教育机构深造，毕业时取得应用型学士学位。

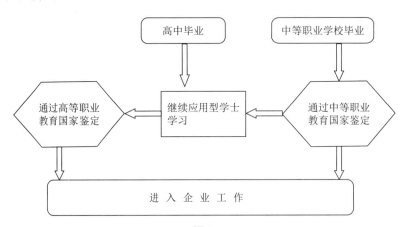

图 2

除了中职和高职院校，俄罗斯的职业教育还包括职业技术培训。培训分为初等职业技术培训和中等职业技术培训，初等职业技术培训由职业学会或职业学校提供，中等职业技术培训由大学和专科学院提供。[②]

俄罗斯正在创办新型中职院校——跨区域职业技能培训中心。俄罗斯为落实联邦教育发展规划（2016—2020），促进职业教育的现代化，联邦政府向地方政府拨付专项津

---

① UNESCO International Bureau of Education.World Data on Education. VII Ed.2011.[DB/OL].http://www.ibe.unesco.org/fileadmin/user_upload/publications/WDE/2010/pdf-versions.

② 国家学术认证和流动信息中心 - 俄罗斯教育系统 - 教育与科学部（2010）[EB/OL]. [2017-10-01]. http://www.ibe.unesco.org/fileadmin/user_upload/publications/WDE.

贴推动跨区域职业技能培训中心建设，力图将其打造成"技术精英培养领航者"。培训中心是具有自主办学权，与企业合作办学的中等职业教育机构，其任务是：研究优秀的专业技术人才培养方案和实践活动；针对社会紧缺专业和热门职业组织人才培养方案的试验性开发工作；研究制定大规模推广应用先进人才培养方案的机制和方法；选派大量具有创新潜质的技术精英参加相关国际竞赛尤其是世界技能大赛等。[1]

（二）保障

1. 资格框架

俄罗斯加入了博洛尼亚进程后开始制订国家资格框架并不断地对其进行修正。2012年，俄罗斯正式建立了与欧洲资格框架兼容的《俄罗斯联邦国家资格框架》。该框架从"权利和责任的范围"、"从事活动的复杂性"和"活动的科研程度"三个维度方面对学习结果做出等级评定，并从"培训与大纲要求"、"实践经验"、"受教育程度"三个维度界定了获得相应水平资格的途径。资格框架从低到高，分为9个等级，等级越高，对学习者在工作中的独立性、创造性和战略眼光的需求越高。[2]

俄罗斯联邦国家资格框架是联结教育领域与劳动力市场的桥梁，构架梳理了行业标准，确立了对劳动者的统一技能要求，也规定了学校职业教育标准和大纲，并对教育结果进行评价。国家资格框架的制定为各种类型的教育之间学分互认创造条件，对构建现代俄罗斯的职业教育体系具有重要的现实意义。[3]

表 1 俄罗斯国家资格框架表[2]

资格等级	资格水平描述	获得路径
1级水平	学习者能在他人的指导下工作，并能自负责任；完成对智力要求不高的普通任务（通常指体力劳动）；能运用日常知识和（或）一定范围的专业知识。	通过短期培训或辅导；在体力活动中获得实践经验；受教育程度应不低于小学。
2级水平	要求学习者能在他人指导下，完成熟悉的工作时能够表现出独立性，并能自负其责；能完成对智力要求不高的普通任务；能根据工作规程选择行动的方法；能根据完成任务的条件调整自己的行为；能运用重要的专业知识。	两周到1个月的职业培训；在体力活动过程中获得实践经验；受教育程度不低于初中。
3级水平	要求学习者在他人领导下，在完成典型任务时表现出独立性；能根据领导布置的任务，规划自己的活动并自负责任；能完成多种工作任务；在知识和实践经验的基础上，从熟知的工作方法中做出选择；能根据任务完成条件调整自己的行动并自负其责；在完成典型任务时能运用技术性或方法性原理；能够运用重要的专业知识。	为期1年的职业培训；没有受过完全中等教育的技能型工人（在职者）须按规定课程培训；在活动过程中获得实践经验；受教育程度不低于初中的水平。

① World tvetd-atabase http://www.unevoc.unesco.org/wtdb/worldtvetdatabase_rus_en.pdf.
② 刘金花，吴雪萍. 俄罗斯联邦国家资格框架解析 [J]. 教育科学，2014（4）.
③ 杨大伟，陈婉蕾. 俄罗斯国家资格框架的制订及内容解析 [J]. 中国职业技术教育,2017(3).
④ 联合国教科文组织国际教育局（2011）. 世界教育数据（第 7 版）2010/2011. 俄罗斯. 日内瓦：联合国教科文组织国际教育局。

续表

资格等级	资格水平描述	获得路径
4级水平	要求学习者在他人领导下，在完成需要分析工作情形及预见未来变化的工作时表现出独立性；能根据领导布置的工作任务，规划个人活动或工作小组的活动，并对完成领导布置工作的结果或小组工作的结果负责；完成各种典型实践任务；能够基于知识和实践经验，从熟知的方法中选择行动方法；能理解完成实践任务的技术性或方法性原理；能运用大量专业知识；独立搜集所必需的信息。	职业培训（为期1年的培训班和补充职业教育课程培训）或实践经验（在完全中等教育基地）；受教育程度要求达到中等职业教育水平。
5级水平	要求学习者能独立分析工作情形和预见工作未来的变化，完成典型的实践任务；参与管理并决定部门内的领导布置的工作任务；对领导布置工作任务的完成结果以及工作组或部门的活动结果负责；完成不同类型带有设计要素的实践任务；在变化的工作条件下选择解决工作问题的方法；监控、评估和调整工作的过程和结果；能运用技术性或方法性专业知识；能独立地搜集为完成职业工作所必需的信息。	中级专家课程的培训；在工作活动过程中获得实践经验（在完全中等教育基地）；受教育程度要求达到中等职业教育水平。
6级水平	要求学习者能按照工作目标，独立地确定个人的和（或）下属的工作任务；保障同事之间及相邻部门之间的协作；能对部门或组织的工作结果负责；能运用新的技术或方法，制定、引进、检查、评估、调整职业活动的各个组成部分；能运用技术性和方法性的、包括创新性的职业知识，包括创新知识；能独立搜集、分析、评估职业性信息。	学士学位获得者；学习培养中级专家规定的课程；具有实践经验，并得到行业水平的、公认的职业认可；受教育程度要求达到高等教育水平。
7级水平	要求学习者能确定战略，管理本部门或基础部门的工作过程和活动（包括创新活动）；对本部门以及基础部门活动的结果负责；能解决职业活动发展问题和（或）不同新技术的使用问题（其中包括创新的方法和技术），并创建新方法和新技术；能了解活动的方法论原理，在一定领域和（或）交叉领域创造具有实用性质的新知识。	硕士学位获得者或者经过专家级培训和（或）接受过补充的职业教育学士学位获得者；实践经验和得到行业水平的、公认的职业认可；受教育程度要求为高等教育。
8级水平	要求学习者能确定战略，管理本部门和基础部门工作的过程和活动（包括创新活动）；对基础部门活动的结果负责；能解决具有科学研究性质和设计性质的问题以提高管理效率；能创造具有跨学科和跨行业性质的新知识；能评估和选择发展工作所必需的信息。	教学专家、教授水平的课程培训；高级实习训练师水平的课程培训；硕士或者专家水平的培训和补充职业教育；具有实践经验和行业水平或国际行业水平的公认的职业认可；受教育程度要求达到高等教育水平。
9级水平	要求学习者能确定管理复杂的、专业的、生产和科学探索过程的战略；能在一定领域有显著的、原创性的贡献；对照国际水平，能对行业、国家行为结果负责；能解决方法性、研究性和设计性质的问题，以提高复杂的、社会科学生产过程效率。	教学专家、教授水平的课程培训；高级实习训练师水平课程培训；具有实践经验和俄罗斯国家水平和国际水平公认的职业认可。

2. 质量保障

俄罗斯在职业教育质量保障领域不仅创建了关注合格的政府评估体系，而且创建了关注排名的社会评估体系，政府评估与社会评估机构通力合作保障职业教育的水平和质量。

第一，政府评估体系。根据《俄罗斯联邦教育法》，负责教育质量控制和质量保证的主要机构是教育与科学部的联邦监管服务部门。教育领域的质量保证与控制机制包括国家标准、许可、国家认证三个组成部分。

·国家教育标准是一套国家批准并认可的要求，它规定了教育课程内容的法定最低限度、学生的最大课业负担、通识课业负担以及毕业生必须满足的要求。

·许可是对教育设施、实验室设备、教学人员的专业知识、教学材料是否符合国家要求进行的过程评估。

·国家认证是对不同层次（中等职业或高等教育机构）与种类（大学、学院、研究院）的教育机构，依据国家教育标准评价教育机构的教学水平和毕业生质量，从而确认教育机构的地位。国家对教育质量的控制采取计划和非计划的修正形式，旨在评估教育计划内容以及学生准备的质量是否达到联邦国家的教育标准要求。如有不当行为，会对教育机构发出警告，说明需要纠正的地方。所有违规行为应在 6 个月内加以更正。初等和中等职教培训认证是由教育部门的地方当局负责。认证程序包含来访专家组实施正式评估，以确保该机构符合国家和地方规定。职教培训机构每引入一个新计划，都应该进行评估与授权。

第二，社会评估体系。目前，在俄罗斯职业教育领域，初步成型的社会评估模式主要有两种：教育大纲质量的社会评估、教育机构工作质量的社会评估。俄罗斯于 2005 年创建了教育质量社会检查及事业发展署，它是俄罗斯第一所对高等教育质量进行专业社会评估的机构，它提供的服务包括：对教育大纲质量进行专业的社会评估；教育质量管理体系的审计与认证；管理咨询等等。[1]

表 2 教育质量社会检查及事业发展署的社会评估指标[2]

指　标	检 测 内 容
教育目标	教育目标的清晰度；教育目标是否与教育大纲消费者的需求相一致；是否具备可以检测不断变化的需求的机制；教育机构是否定期重新评估和调整教育目标。
教育大纲的结构与内容	大纲的内容与结构是否与声明的教育目标一致；达成预定教育结果的可能性。
教学方法材料	教学方法材料在多大程度上可以帮助学生取得预定的教育目标；为了促进教育大纲的顺利实施，是否有丰富的教学方法材料。
专职教师构成	教师的能力与资格水平；教育机构是否具备招聘或评价教师素质的程序和标准；教育机构编制内教师的能力与资格是否可以保障教学的顺利实施。
科学研究活动	科学研究活动是否有利于改进教学结果；科学研究活动在教学过程中的实施效果；科学研究作品的哪部分已经进入设计开发阶段。

① 欧洲培训基金会 – 俄罗斯联邦 [EB/OL].[2017–10–01]. http://www.efc.be.
② UNESCO International Bureau of Education.World Data on Education. VII Ed.2011.[DB/OL].http://www.ibe.unesco.org/fileadmin/user_upload/publications/WDE/2010/pdf–versions.

续表

指　　标	检测内容
教学和物质–技术资源	教育机构具备的教学和物质–技术资源是否可以支撑教育大纲的实施；在教学、自学和科研工作中，学生是对教育和物质–技术资源的准入；教学和物质–技术资源的改进。
教育大纲实施过程的组织与管理	是否创建了教育质量管理体系，包括对教学质量、学生取得的成就、教师素质的评估；在教学中，是否考虑到学生和毕业生、教师和雇主的意见。
雇主对教育大纲的参与	教育机构是否创建了吸引雇主参与实施教育大纲的机制；雇主是否有机会参与检查和制定教学科目、讲座、研讨会，是否指导学生准备毕业论文；雇主是否参与教育质量评估；雇主是否对教育大纲的实施给予物质—技术和财政支持。
学生参与制定教育内容和组织教育过程的机制	学生是否在院系一级参与管理；是否统计学生对教学资源质量的意见；是否考虑到学生对教学内容的建议；在院系一级是否建立了与学生的反馈机制。
学生服务	在学习期间对学生的支持；帮助学生发展自己的能力并成功；在多大程度上，教育机构依靠选拔有素质的中学生来保障教育质量。

资料来源：根据俄罗斯教育质量社会检查及事业发展署组织实施的职业院校教育大纲质量评估分析报告整理。

四、职业技术教育与培训的治理与教师

（一）治理

教育与科学部及其顾问委员会是负责包括职教培训在内的不同教育层次及机构实施国家政策和法律法规的唯一的联邦机构。教育与科学部的治理职能包括：制定国家政策框架、立法框架包括联邦教育标准、动员财政资源、评估和审查职教培训政策、研究和开发以及数据和统计方面的规定。教育与科学部顾问委员会负责制定国家政策框架，并提议改变监管和法律框架。隶属于教育与科学部的联邦教育与科学监督服务机构负责教育机构的质量控制、法律执行监督、学位的许可以及鉴定与认证等问题。俄罗斯教育系统的管理是联邦和各联邦国家以及地方市政机构的共同责任。联邦地区教育立法机构、市政机构与教育部共同监管区域内的教育机构。因为各联邦区域社会、文化、经济和自治权利方面有所差异，教育项目由地方政府在考虑到区域特异性基础上设定和实施的。[①]

在财政投入方面，大多数教育机构由联邦教育与科学部或领土教育部资助，一些具有行业特色的教育机构则由行业部门资助。例如，农业教育机构的财政支持由农业和渔业部负责，而医疗保健和社会发展部负责医学教育机构的财政投入。[②]除了从中央财政获

---

① RUSSIA，COUNTRY STRATEGY PAPER 2017–20 ETF [EB/OL] http://www.etf.europa.eu/wpubdocs.nsf/0/928810B88B1B5459C12580BC0057B580/$File/CSP%20Russia%202017–2020_External%20Distribution%20Jan%202017.pdf.

② RUSSIA，VET GOVERNANCE ETF PARTNER RUSSIA COUNTRY PROFILE [EB/OL] http://www.etf.europa.eu/web.nsf/pages/Russia.

得的支持之外，俄罗斯的国家高等教育机构和职教培训机构也正在从地方和市政预算中获得资助。资助计划基于"人均"财政投入，按照学生数额提供。联邦政府推出的"国家教育优先项目"旨在依靠由国家预算与企业或地区预算共同支持的创新项目拨款来促进职教培训学校和大学的现代化。目前该项目已由国家级转为地区级别，拨款也相应地来自于地区或国家预算以及地方企业。①

科研也是俄罗斯职教管理的途径之一。俄罗斯教科院下设两个职业教育研究所，即彼得堡的职业技术教育研究所和喀山的职业教育心理学与教育学研究所。彼得堡研究所构建了连续职业教育理论，强调技术人才职业观的培养，其研究和实践促进俄罗斯的职业教育体系的纵向连续和沟通。喀山研究所构建了职业教育发展—体化理论，该理论在教育实践中主要体现为横向的联合，即教学机构之间，以及教学、科研、生产机构的联合，从而实现资源共享，以提高职业教育的质量，形成了职业技术教育深厚的理论研究。②

（二）教师

俄罗斯在 2011 年出台了《师范教育标准》，该《标准》明确了俄罗斯教师培养的总教育目标——加深并巩固准教育工作者在职业和专业课程领域的理论素养、专业技能和方法的培养。具体包括七个方面的要求：

（1）加强未来教师在高等师范院校理论知识的学习，并且有能力在参与教育教学工作后有效地运用这些知识。

（2）培养未来教师领导学生进行认知活动的能力，并且有效地掌握教育教学法。

（3）培养未来教师胜任独立自主进行统筹、开展、协调课内外教育教学工作的能力。

（5）必须以现代化教学技术武装未来教师，使其有能力掌控课堂秩序，激发学生的学习热情。

（6）未来教师应当学会良好的人际沟通方式，以便在遇到教学问题时，能及时有效地与学生进行沟通。当教育过程中出现特殊情况时，未来教师应当及时发现，并且能够及时处理特殊教育情况。

（7）未来教师除了传授知识外，还应具备教育科研能力，通过对日常教学的研究不断积累现代化的教育经验。③

俄罗斯《教育法》规定，职教教师应当具有高等教育的学历。职教教师入职后必须每五年参加至少一次的在职培训课程，内容包括专业深造、其他专业的拓展和现代化教

---

① RUSSIA，COUNTRY STRATEGY PAPER 2017–20 ETF [EB/OL] http://www.etf.europa.eu/wpubdocs.nsf/0/928810B88B1B5459C12580BC0057B580/$File/CSP%20Russia%202017–2020_External%20Distribution%20Jan%.

② RUSSIA，VET GOVERNANCE ETF PARTNER RUSSIA COUNTRY PROFILE [EB/OL] http://www.etf.europa.eu/web.nsf/pages/Russia

③ Общественное участие в управлении школой.Школьные советы[Z].М.:АльянсПресс,2004.14.

学手段等方面的培训。①

职教系统资金投入不足和教师工资偏低一直是限制俄罗斯职业技术教育与培训发展的一个障碍。俄罗斯中等职业教育领域机构的教师平均工资只有 1.5 万多卢布。在个别经济欠发达地区，职业教育机构教师工资甚至达不到全国最低工资水平，难以维持家庭生活。对此，普京总统指出，"应提高职业教育系统教师工资，各联邦主体应当切实重视职业教育，致力于解决这一问题。"②目前，俄罗斯联邦政府正在对教师教育进行改革，计划加大资金投入并实施一定的财政激励计划来激发教师接受继续教育的积极性。

五、职业技术教育与培训的诉求与发展趋势

（一）诉求

俄罗斯作为市场化经济转型大国，在发展过程中面临着严峻的增长可持续性问题。根据 WEF 的《全球竞争力报告》显示，随着俄罗斯经济转轨的深化，资源经济的潜力已经发展到了极致。与此同时，俄罗斯仍然存在苏联在科技和军事领域遗留的缺陷：科技与经济严重脱节，军事科技极强而民用科技落后；人才培养与社会需求脱节，高技能人才缺乏等，这些问题制约着俄罗斯经济社会的持续健康发展。俄罗斯不可能仅依靠丰裕的自然资源和发达的军事科技来维持世界强国地位，因此，需要把技术创新问题提到国家战略的高度。尤其在遭遇了金融危机之后，俄罗斯进一步认识到只有依靠科技创新才是拉动经济增长的根本出路。当前的俄罗斯正处于从效率驱动型国家向创新驱动型国家过渡的时期，发展创新经济成为俄罗斯经济转轨理论与实践内在的、逻辑的和历史的必然选择。2008 年，普京提出了发展创新型经济的思想纲领。随后，梅德韦杰夫把发展创新型经济与实现俄罗斯的全面现代化联系在一起，指出调整优化产业结构，转变经济发展方式，由能源主导型经济向创新经济发展是俄罗斯 2020 年前国家发展战略的基本原则。《俄罗斯联邦经济发展中期纲要（2006—2008）》强调，为保障创新型经济的增长，必须提高技术人员的地位，使创新型人力资源成为创新型经济增长的重要源泉。③ 2011 年 12 月俄罗斯政府批准《2020 年前俄罗斯创新发展战略》。俄罗斯《国家战略文件 2017—2020》指出，俄罗斯政府将在 2017—2020 年间重点支持和创新发展的国家工业项目包括：航空、交通、通信、制造业、国防、开采、电子、造船、制药和医疗行业。政府将通过全面现代化的职业技术教育治理、资源支持和质量保证来解决这些行业合格

---

① TVET Teacher–Training Requirements in the Russian Federation. https://link.springer.com/chapter/10.1007/978–1–4020–5281–1_80.

② 中国驻俄罗斯大使馆教育处冯相如供稿《俄罗斯总理普京：应提高职业教育系统教师工资》[J]，《世界教育信息》，2012 年第 2 期。

③ 美俄大国人才发展概况及政策评析（国家智库报告.2016–06）[EB/OL]. [2010–10–01]. https://wenku.baidu.com/view/f1743b31ad51f01dc281f1fe?pn=51.

技术人员短缺的问题。^①在此背景下，为解决高技能人才的缺乏问题，一些大型企业开始尝试建立自己的技能培训体系。2000—2010年，企业大学数量明显增多。然而大量的中小企业由于缺少高技能人才制约了生产技术更新。培养大批创新型高素质技术技能人才是实施技术创新型增长战略的首要突破口。^②

此外，俄罗斯职业技术教育与培训体系本身也存在强烈的发展诉求。俄罗斯当前的绝大多数职业教育机构培养的仍然是传统生产企业的技术人才，而且培养数量不足，这与俄罗斯新兴技术、新兴行业对职业教育的新要求之间存在着矛盾。特别是在核工业和航空航天业领域，尽管俄罗斯在这些领域拥有先进技术，在世界上占有重要地位，但是，随着社会劳动分工日益专业化，高新技术领域出现了熟练技术工人短缺的情况。对此，俄罗斯政府强调依托原有的职业教育体系，加强高新技术教育，注重创新能力，培养高端熟练技工。

（二）发展趋势

职业教育改革是俄罗斯教育体系改革的一项重要内容，其职业教育的发展与社会生产进步和居民就业紧密相关。自苏联解体后，俄罗斯进入社会转型初期，由于工业受到重创，工人和技术人员的需求减少，曾经为苏联经济发展做出重大贡献的职业教育发展极不平衡，初等和中等职业教育曾一度被忽视。到20世纪90年代末期，职业教育暴露出了许多问题，2001年制定的《2010年前俄罗斯教育现代化构想》确定了初等和中等职业教育优先发展的方针，但由于多种原因，这一方针事实上并没有得到落实。直到2004年初，普京总统在国情咨文中强调：应当使职业教育的人才培养与社会生产相联系。职业教育才开始真正受到社会普遍关注。

俄罗斯在《教育的创新发展——提高俄罗斯竞争力的基础》这一重要报告中，将教育的开放看作是国家竞争力的前提——要提高在世界经济全球化条件下的国家竞争力，关键问题是人才竞争，也就是说俄罗斯教育系统与世界教育发展的对接。教育竞争力已经成为国际竞争力的重要指标，恢复俄罗斯教育国际地位确定为俄罗斯教育的目标之一。2008年3月，《2020年前的俄罗斯教育——服务于知识经济的教育模式》这一重要的纲领性文件指出，在今天，俄罗斯仍存在实际的风险——今天的教育不能满足社会和经济发展要求，因此，必须在维护国家教育传统中有生命力的部分的同时，吸取世界教育实践中的所有有益经验，发展面向21世纪后工业经济和社会所需的全新教育制度和教育模式。俄罗斯当前改革和主要项目的许多职教项目已经在进行当中：

第一，国家教育优先项目在俄罗斯联邦共设300个创新资源中心，使初、中等职教

① RUSSIA, COUNTRY STRATEGY PAPER 2017-20 ETF [EB/OL]. [2010-10-01]. http://www.etf.europa.eu/wpubdocs.nsf/0/928810B88B1B5459C12580BC0057B580/$File/CSP%20Russia%202017-2020_External%20Distribution%20Jan%202017.pdf

② 俄罗斯技能人才需求 [EB/OL]. [2010-10-01]. http://dpd.xupx.edu.cn/info/.

培训项目得到有效实施；拟开发一个有效的职教培训机构网发展，作为地区社会经济发展的工作中心；^①

第二，《俄罗斯联邦教育法》的新草案已经完成，目前正在修订之中，其中有涉及职教培训现代化进程的条款。主要关注目标是：调整职教培训体系以满足劳动力市场需求；加快职教培训体系治理与管理的"去中心化"（decentralization）；职业定位与指导体系现代化；为职教培训开发人力资源；建立一个独立的职教培训质量外部评估体系；

第三，建立一个主要的现代高等教育机构网络以及区域职教培训机构网络；引入企业协会参与的独立的职教培训质量评估体系；进一步实施、推广应用本科课程。这些课程以企业需求为导向，由高等和中等职业技术教育机构共同实施；

第四，构建私人企业与职教培训领域的教育机构之间的战略合作伙伴关系，发起和支持继续教育计划的实施，增加财务独立和教育机构的透明度；建立捐赠基金（例如：莫斯科管理学校—斯科尔科沃），实施计划改善移民和残疾人参与职教培训。

（深圳职业技术学院　技术与职业教育研究所　宋　晶）

主要参考文献

[1] 1992 年《俄联邦教育部职业技术学校经费拨款问题的决定》

[2] 1992 年《联邦初等职业教育法》

[3] 1992 年《联邦教育法》

[4] 1996 年《联邦高等及大学后职业教育法》

[5] 1996 年《高等及大学后续职业教育法》

[6] 1997 年《联邦初等职业教育法》

[7] 2000 年俄罗斯联邦政府批准《俄罗斯联邦国民教育要义》

[8] 2009 年修订的《联邦教育法》

[9]《俄罗斯联邦教育发展目标规划 (2011—2015)》

[10]《关于在中等和高等职业学校开展应用型学士试验》

[11]《2010 年教育优先发展构想》

[12]《托里诺进程 (ETF, 2011) 框架》

[13] 中华人民共和国外交部 . 俄罗斯国家概况 [EB/OL].(2020-10-01)[2021-09-24].http://www.fmprc.gov.cn/web/gjhdq_676201/gj_676203/yz_676205/1206_676572.

[14] 中国一带一路网 . 俄罗斯概况 [EB/OL]. [2021-09-24]. https://www.yidaiyilu.gov.cn/gbjg/gbgk.

---

① 俄罗斯拨款支持区域职业教育发展计划 [J]. 世界教育信息，2017(17).

[15] 俄罗斯：俄罗斯地理概况 [EB/OL].(2020–10–01)[2021–09–24]. http://globserver.cn/.

[16] 商务部国际贸易经济合作研究院等 . 对外投资合作国别（地区）指南——俄罗斯 [R] . 商务部国际贸易经济合作研究院等 .2016.04: 04.

[17] 中华人民共和国外交部 . 俄罗斯国家概况 [EB/OL].(2020–10–01)[2021–09–24].http://www.fmprc.gov.cn/web/gjhdq_676201/gj_676203/yz_676205/1206_676572.

[18] 联合国人口司《世界人口展望》编译，2015 年修订版 [EB/OL]. [2017–10–01]. http://esa.un.org/unpd/wpp/ DVD/.

[19] 联合国教科文组织国际教育局 (2011). 世界教育数据（第 7 版）. 俄罗斯 . 日内瓦：联合国教科文组织国际教育局 .

[20] 朱小蔓，H.E. 鲍列夫斯卡娅 .B. 鲍利辛柯夫 .20–21 世纪之交中俄教育改革比较 [M] . 教育科学出版社 , 2006.

[21] 教育与科学部 (2010). 国家学术认证和流动信息中心——俄罗斯教育系统 . 莫斯科：教育与科学部 .

[22] World tvetd–atabase http://www.unevoc.unesco.org/wtdb/worldtvetdatabase_rus_en.pdf

[23] 刘金花，吴雪萍 . 俄罗斯联邦国家资格框架解析 [J] . 教育科学，2014（4）.

[24] 欧洲培训基金会 – 俄罗斯联邦 [EB/OL].[2017–10–01]. http://www.efc.be. 国家学术认证和流动信息中心 – 俄罗斯教育系统 – 教育与科学部（2010）.

[25] RUSSIA, COUNTRY STRATEGY PAPER 2017–20 ETF [EB/OL] http://www.etf.europa.eu/wpubdocs.nsf/0/928810B88B1B5459C12580BC0057B580/$File/CSP%20Russia%202017–2020_External%20Distribution%20Jan%202017.pdf

[26] RUSSIA, VET GOVERNANCE ETF PARTNER RUSSIA COUNTRY PROFILE [EB/OL]. http://www.etf.europa.eu/web.nsf/pages/Russia.

[27] RUSSIA, COUNTRY STRATEGY PAPER 2017–20 ETF [EB/OL]. http://www.etf.europa.eu/wpubdocs.nsf/0/928810B88B1B5459C12580BC0057B580/$File/CSP%20Russia%202017–2020_External%20Distribution%20Jan%.

[28] RUSSIA, VET GOVERNANCE ETF PARTNER RUSSIA COUNTRY PROFILE [EB/OL]. http://www.etf.europa.eu/web.nsf/pages/Russia.

[29] Общественное участие в управлении школой.Школьные советы[Z] .M: АльянсПресс, 2004.14.

[30] TVET Teacher–Training Requirements in the Russian Federation. https://link.springer.com/chapter/10.1007/978–1–4020–5281–1_80.

[31] 美俄大国人才发展概况及政策评析（国家智库报告 .2016–06)[EB/OL]. https://wenku.baidu.com/view/f1743b31ad51f01dc281f1fe?pn=51.

[32] RUSSIA, COUNTRY STRATEGY PAPER 2017–20 ETF [EB/OL]. http://www.etf.europa.eu/wpubdocs.nsf/0/928810B88B1B5459C12580BC0057B580/$File/CSP%20Russia%202017–2020_External%20Distribution%20Jan%202017.pdf

[33] 俄罗斯技能人才需求 [EB/OL]. http://dpd.xupx.edu.cn/info/.

[34] 俄罗斯拨款支持区域职业教育发展计划 . 世界教育信息 .2017（17）.

黑山共和国

一、国家概况

（一）地理

黑山共和国（The Republic of Montenegro），简称黑山，是位于巴尔干半岛中西部、亚得里亚海东岸的欧洲南部的一个多山国家。黑山东北部与塞尔维亚毗连，东南部与阿尔巴尼亚接壤，西北部与波黑及克罗地亚交界，西南部濒临亚得里亚海，海岸线总长度为293千米。国土面积约1.39万平方千米，中西部为丘陵平原，北部和东北部为高原和山地，南部为狭长的海岸。气候依地形自南向北分为地中海式气候、温带大陆性气候和山地气候。冬季寒冷多雨，夏季炎热干燥。森林覆盖率近40%，年均降水量1798毫米。[①]

（二）人文

黑山人起源于伊利里亚人。公元前3世纪以来先后被古罗马、哥特人、拜占庭帝国统治。公元6世纪末和7世纪初，部分斯拉夫人移居到巴尔干半岛。9世纪，斯拉夫人首次在黑山建立"杜克利亚"国家。11世纪，"杜克利亚"改称"泽塔"，并在12世纪末并入塞尔维亚，成为塞尔维亚的行政省。15世纪，奥斯曼土耳其帝国占领现波德戈里察及其以北地区，泽塔王朝陷落。1878年柏林会议承认黑山为独立国家。第一次世界大战后，黑山加入"塞尔维亚人－克罗地亚人－斯洛文尼亚人王国"，1929年改称南斯拉夫王国。"二战"胜利后，1945年11月29日，南斯拉夫联邦人民共和国宣告成立，1963年改称南斯拉夫社会主义联邦共和国。20世纪90年代初，南斯拉夫联邦解体，黑山和塞尔维亚共和国联合组成南斯拉夫联盟共和国。2003年2月4日，南斯拉夫联盟共和国议会通过《塞尔维亚和黑山宪法宪章》，改国名为塞尔维亚和黑山。2006年5月，黑山就国家独立举行公民投票并获通过。同年6月3日，黑山正式宣布独立。6月28日，

[①] 中华人民共和国外交部.黑山国家概况[EB/OL].(2021-07-01) [2021-09-24].http://www.fmprc.gov.cn/web/gjhdq_676201/gj_676203/oz_678770/1206_679258/1206x0_679260/.

黑山加入联合国。[1]

2007 年 10 月 19 日，黑山共和国议会以多数票通过独立后的第一部宪法，规定国家正式名称为"黑山"。独立后，黑山政局稳定。2018 年 4 月，黑山举行总统选举，社会主义者民主党主席久卡诺维奇当选。本届政府于 2020 年 12 月组成，除副总理来自联合改革运动外，总理及各部部长均为无党派背景的专家。黑山议会实行一院制，本届议会于 2020 年 9 月 23 日组成，共有 81 个议席。议员通过直选产生，任期 4 年。[2]

截至 2020 年 1 月，黑山总人口 62.2 万，其中黑山族占 45%，塞尔维亚族占 29%，波什尼亚克族占 8.6%，阿尔巴尼亚族占 4.9%。官方语言为黑山语，主要宗教为东正教。[3]

（三）经济

黑山是前南斯拉夫较为落后的共和国，经济基础薄弱。旅游业和制铝工业是黑山的经济支柱，前南斯拉夫解体后，黑山因受战乱、国际制裁影响，经济一路下滑。制造业薄弱，大量的工业产品、农产品、能源及日用消费品依赖进口。独立后，黑山进行大规模的私有化，促进房地产与旅游业发展，服务业、旅游业也成为黑山目前的重点产业。著名旅游景点有被联合国教科文组织列入世界自然文化遗产的扎布利亚克国家公园和科托尔老城、奥斯特罗格教堂、圣斯泰凡岛、布德瓦老城等。2019 年，黑山国内生产总值 48 亿欧元，国内生产总值增长率 4.2%，失业率 16.4%。

黑山主要贸易伙伴为：塞尔维亚、意大利、希腊、克罗地亚、中国等。2019 年黑山对外贸易总额为 30.2 欧元，同比增长 2.1%；其中出口额 4.2 亿欧元，进口额 26 亿欧元。[4]近年来随着外部环境改善及各项经济改革推进，黑山经济逐步恢复，总体呈增长态势。政府继续推动经济转型发展，吸引外国投资者参与旅游新建投资和大型基础设施项目，目标建设成为优质旅游地并加入欧盟。

（四）教育

黑山形成了完整的教育体系，包括学前教育、初等教育、中等教育、高等教育、成人教育和特殊教育。全国普及 8 年制义务教育。黑山大学为国立综合性高等学府，另有下戈里察大学和地中海大学两所民办大学。[5]

---

[1] 中华人民共和国外交部 . 黑山国家概况 [EB/OL].(2021–07–01) [2021–09–24].http://www.fmprc.gov.cn/web/gjhdq_676201/gj_676203/oz_678770/1206_679258/1206x0_679260/.

[2] 中华人民共和国驻黑山大使馆 . 黑山概况 [EB/OL].(2020–12–05) [2017–09–24].http://me.chineseembassy.org/chn/hsgk/.

[3] 中华人民共和国外交部 . 黑山国家概况 [EB/OL].(2021–07–01) [2021–09–24].http://www.fmprc.gov.cn/web/gjhdq_676201/gj_676203/oz_678770/1206_679258/1206x0_679260/.

[4] 中华人民共和国驻黑山大使馆 . 黑山概况 [EB/OL]. (2020–12–05) [2021–09–24].http://me.chineseembassy.org/chn/hsgk/.

[5] 中华人民共和国驻黑山大使馆 . 黑山概况 [EB/OL]. (2020–12–05) [2017–09–24].http://me.chineseembassy.org/chn/hsgk/.

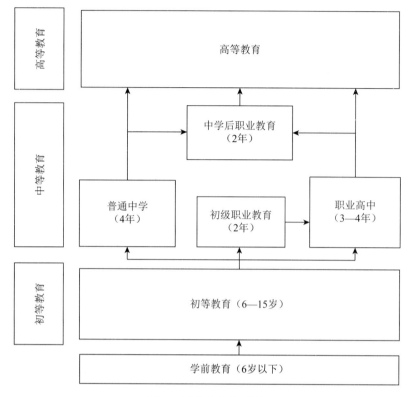

图1 黑山教育体系图

黑山大学是参照现代欧洲大学的形式成立的，成立于1974年4月29日，是黑山唯一的也是最大的国立大学，有19个学院（其中实力较强的学院为法学、经济学、语言学、电子等），2个科学研究所。自2004年起，黑山大学的课程和考试都依照《博洛尼亚宣言》的原则进行设置。大学总部位于首都波德戈里察，学院分布在全国的8个城市。黑山大学也是欧洲大学联盟的一个成员。另外，黑山有15所外语学校，不仅英语广泛使用，法语、俄语、意大利语和德语也在教育机构中流行。

二、职业技术教育与培训的战略与法规

（一）战略

黑山职业技术教育与培训是为促进经济与社会的高质量、高速度以及灵活发展提供关键性的支持，为培养专业的、具有竞争性知识、技能和能力的人力资源做贡献，使这些人能够满足劳动力市场的需求，为每一个个体提供平等的个人发展与职业发展机会。同时，推动职业教育体系的建设完善，发展与社会合作组织的合作关系，并根据当代教育的发展水平，培养出能够胜任高效工作的人才，促进个人和社会的发展。

根据《黑山经济发展改革计划（2021—2023）》，其中有关教育改革的内容涉及如下方面：其一，建立持续监控雇主培训质量的系统；其二，实施以学徒制为重点的学士和

硕士学习改革计划，以期通过教育培训的综合改革帮助年青群体顺利实现从学校向劳动力市场过渡，平衡社会人口在就业、减贫、医疗等社会保障方面的机会。①

（二）法规

黑山共和国教育体系是由教育和科学部统一管理，教育和科学部负责制定全国性的教育政策，准备教育和科学领域的立法，并负责推动各级各类教育机构有关的法律实施。新世纪以来，黑山加强教育制度与法律体系的建设，推动教育管理体制分权制改革，为此，黑山建立了新的机构和部门，并将教育和科学部的部分权力转移给了新机构。新成立的机构有职业教育与培训中心、教育服务管理局、考试中心和职业教育委员会等。黑山教育法制建设的目标是：在改进职业教育体系目标的前提下，及时根据职业教育体系当前的需要来更新法律；在国家职业教育发展战略的基础上，发展区域性的职业教育战略；为了实现国家职业教育发展战略的总目标，建立起不同部门之间密切和实时的合作关系。黑山职业教育有关的法律法规主要包括：

1.《职业教育法》

《职业教育法》（2002）先后分别于2007年和2010年进行了两次修订。在最初的2002年版的职业教育法中规定职业教育既可以由学校教育提供，也可以是基于企业的职业教育。2010年7月新修订的《职业教育法》则规定，职业教育只能是由学校提供，或者由学校和雇主合作提供，在后一种形式中学校方面要起到主要的作用。而且当雇主参与时，法律规定双方要签订一份明确的合同（协议），规定所有参与各方（学校、公司和学生）的权利和义务。②

2.《国家职业资格法》

2008年，《国家职业资格法》获得通过并于2009年再次修订。《国家职业资格法》为非正式职业教育在正规教育中获得承认开辟了道路。在劳动市场中不具备相应学历资格证书的成年人，可以通过认证程序得到在劳动市场上获得更好地位的资格。这使得没有受过正规教育但是有适当知识的成年人得以证明他们拥有这些知识，并获得国家职业资格证书的公开有效证书。

另外，《普通教育法》在加强社会组织的参与职业教育合作方面规定，雇主委员会和国家就业办公室不仅要参与职业教育与培训中心的管理工作，还要参与对中心进行资助。③

---

① 黑山共和国政府.黑山经济发展改革计划（2021-2023）[EB/OL].[2021-03-01].[2021-09-24]. https://wapi. gov. me/down/oad-preview/993fbbc7-bace-4ec7-b49a-f58419ec9804? version=1.0.

② International Bureau of Education.World Data on Education: Seventh edition 2010-11. Montenegro[R].http://www. ibe.unesco.org/.2017-09-12.

③ MoES.Montenegrin Vocational Education Development Strategy（2010-2014）[EB/OL]. (2010-02-15) [2017-09-24]. http://www.mpin.gov.me/files/1266232198.pdf,P11.

三、职业技术教育与培训的体系与质量保障

（一）体系

在黑山的教育体系中，学生完成小学义务教育后，可以选择去普通学校或职业学校继续学习。黑山的中等教育主要由文科中学、综合中学（提供普通教育和职业教育）、职业学校和艺术学校组成。文科中学和艺术学校（音乐、艺术和舞蹈）提供4年制教育，职业学校分别有2年（初级水平）、3年和4年制（中级水平）。2年制职业学校的学生完成课程学习并通过资格考试就可以升入3年制学校的合适水平，3年制和4年制职业学校学生教育完成后分别需要参加相应的实操能力测试和职业水平考试。所有中等教育毕业生都需要参加马图拉毕业会考（学术型或者技术型），技术高中也可以向中级水平的职业教育毕业生提供为期2年的中学后水平的教育。据有关统计资料，2008年，中等教育学校共有49所，其中包括12所文理中学、26所职业学校和11所综合学校。中等职业教育学生总数31133名，其中职业学校学生21495名[①]，约占所有中学学生总数的69%。

如果分析不同学制的职业教育学校，还可以发现不同层级的学生对某些特定领域感兴趣：在3年制的职业学校中，学生对服务行业的兴趣最大，特别是电气工程、交通和管理等领域；而对林业、机械工程和金属加工业、纺织业、皮革行业和建筑行业的兴趣要低得多，这些行业的学生人数呈现下降趋势。在为期4年的职业学校中，学生对医学、经济和旅游领域的兴趣最高，每年都有大量的学生申请这些专业。电气工程和交通运输领域也是如此。在其他领域，职业学校需要招收的学生数量要远远大于申请人数。

此外，根据在国家层面建立起来的指导性政策文件，正规职业教育与培训的课程是根据一个或几个职业标准制定的。课程是由适当的教师会议和课程委员会讨论，由职业教育委员会采纳，并由教育和科学部颁布。

（二）保障

1.国家资格框架

黑山国家资格框架于2014年批准，契合欧洲资格框架和高等教育框架要求。国家任职资格的战略目标如下：根据学生的学习结果，通过清晰界定知识、技能和能力水平并促进资格的分类，来增强任职资格的一致性；增强对非正规教育和非正式学习的认可度，并能够鼓励终身学习；使得任职资格的获得更为透明；发展职业教育质量保障机制。目前黑山国家资格框架包括8级任职资格，在1级、4级和7级任职资格上又分了几个次级。第1—4级包括初等、中等普通教育和职业教育；第5级是介于中等职业教育和高等职业教育之间的中间层级；第6—8级属于高等教育层级，由高等教育机构颁发相应资格证书。[②]

①　International Bureau of Education.World Data on Education: Seventh edition 2010–11. Montenegro[R].http://www.ibe.unesco.org/.2017–09–12.

②　CEDEFOP(2017).Montenegro–European inventory on NQF 2016[EB/OL].http://www.cedefop.europa.eu/en/publications–and–resources/country–reports/montenegro–european–inventory–nqf–2016,2017–09–12.

表 1　黑山国家资格框架

黑山国家资格框架层级	正规教育/教育资格	职业资格证书	欧洲资格框架层级
8	博士学位文凭	国家职业资格证书	8
7.2	硕士学位文凭（**）	国家职业资格证书	7
	硕士学位文凭		
	研究生专业学术和应用研究文凭		
	高等教育文凭（**）		
7.1	学术与应用研究文凭的第一阶段（**）	国家职业资格证书	
6	学术与应用研究的第一阶段	国家职业资格证书	6
5	中学后职业教育文凭	国家职业资格证书	5
4.2	"工匠大师"考试文凭	国家职业资格证书	4
	高中毕业文凭（普通高中，高级中学）		
4.1	高中毕业文凭（职业高中，4年）	国家职业资格证书	
3	中等职业教育文凭（3年）	国家职业资格证书	3
2	低等职业教育文凭（2年）	国家职业资格证书	2
1.2	完成初等教育证书（9年）	国家职业资格证书	1
1.1	完成初等教育第一阶段或完成扫盲教育证书	国家职业资格证书	

（**）前博洛尼亚文凭，直到通过《高等教育法》（2002）。

资料来源：改编自黑山共和国教育部，2014 年。

2. 质量保障

首先，有外部的法律和规章制度来进行质量保障，如《普通教育法》、《职业教育法》、教育机构成立的质量手册、各级职业学校教师手册等。其次，由职业教育培训中心和教育服务局成立的联合小组在职业学校中建立起了教育工作质量标准。在职业学校接受评价和自我评价的过程中，质量保障主要体现在以下领域：根据教育标准达成学生的知识和技能，学校规划课程和课外活动的质量，教学质量、社区教育的理念和人力资源管理等。此外，为了有效组织和实施自我评估，每一所学校都建立了一个质量小组。最后，建立了审批职业教育提供者的程序。根据职业教育审批机构的规则手册规定，职业教育的提供者必须达到设定的条件才能获得营业执照。

四、职业技术教育与培训的治理与教师

（一）治理

黑山的《普通教育法》规定了教育机构、学校和团体组织在教育发展中的应承担的职责。教育与科学部负责黑山职业教育与技术培训的统筹管理，包括制定全国性的教育政策，设置教育体系框架，建立教育管理分支机构，与其他部门机构协调实施教育政策，提供包括教职员工的工资、学校运营成本、能源支出、投资维护和资本支出等教育资金，以及在教育和科学领域制定并执行立法，开展国际教育合作，支持和协调有关教育机构开展研究、开发和咨询等活动。

有关职业教育的监管机构主要包括：1. 职业教育与培训中心主要承担咨询、研究职业与成人教育领域内的有关专业活动，这些活动具体包括监督、研究分析并推动教育体系的发展，组织专家编写课程标准和知识目录，制定职业标准、规范和教学辅助设备标准，为职业教育专业学科的教育教学提供方法指导，制定教师专业标准，组织校长和教师培训等。2. 考试中心主要负责对所要求达到的知识与技能标准进行测试，包括依法组织、实施专业测试工作、对考试机构进行培训、提供与测试有关的服务、研发与测试有关的知识评价以及开展教育体系质量的国际比较和法律章程规定的其他任务。3. 职业教育委员会作为职业教育的专业机构主要负责：审核通过各类考试的考试大纲、各种职业教育课程的开设及面向有特殊需要的青年和孩童的课程审核；对职业教育课程中的通用内容部分的设计、国家职业标准、知识和能力标准目录的制定提供建议，其中职业标准由劳动和社会福利部负责制定颁布。

除了以上政府部门外，各教育机构由自己的教育董事会负责管理，审核年度工作计划和实施方案，建立教育章程和内部组织管理文件，规范财务和人事管理工作；社会公共教育机构通常由专业的教学管理人员（校长）承担管理工作，他们设计、组织并管理着公共机构的正常运行；每一个教育机构都设立了教师理事会、教师大会等机构来负责相应的管理事宜；学生家长也建立了家长委员会，所有班级的学生也联合成立了学生共同体，其承担的相应职责在学校章程中均有说明。①

（二）教师

黑山政府将发展教育体系，开发人力资源作为政府工作的重点目标之一，迄今为止，《教育改革的战略规划》、《成人教育战略（2005—2015）》等所有的战略文件都为整体的教育改革奠定了基础。根据有关法律规定的职责，职业教育与培训中心负责实施教师培训，并负责所有职业学校的校长培训。校长培训和专业化是通过7个必修模块和1份期末论文来完成的，而职业教育教师的培训和专业化主要是在以下两个方向进行的：1. 培

---

① MoES.Montenegrin Vocational Education Development Strategy（2010–2014）[EB/OL]. (2010–02–15) [2017–09–24]. http://www.mpin.gov.me/files/1266232198.pdf,pp29–30.

训教师以提高他们的教学知识，并运用现代方法来传授知识；2. 在理论课程中培训教师，以改进他们的教学方法论方面的知识。①

在黑山，成人教育与培训领域中只有极少数的人员在大学获得了初步的理论知识。这意味着，前期学习的知识和经验，不是开始成人教育工作和获得第一批教学执照的先决条件。但是，根据成人教育法，成人教育工作者必须经过培训，因为与成年人的工作需要特殊的、具有教学意义和有条理的知识和技能。因此，有关人员在这一领域开展工作后，将按照成人教育工作的教师的培训计划进行教育和专业培训。该计划由职业教育中心编写，并于 2006 年由成人教育委员会通过。到 2014 年，根据成人教育法，在黑山成人教育机构 / 组织工作的约 250 名教师和专业人员按照现有计划进行了培训。②

五、职业技术教育与培训的诉求与发展趋势

（一）诉求

随着欧盟有关标准和规范的建立，黑山经济逐渐趋于稳定向好发展，主要领域的投资增加和服务业的发展带动了就业人数的增长。在黑山的一些欠发达地区和劳动密集型产业的集中区域，国内生产总值中工业份额的减少和服务业所占份额的增加，导致对某些行业的需求不足，等待就业的时间更长，结构性失业现象长期存在。如此也造成地区间的差异越来越明显，从而引起地区间人口的大量转移。黑山就业办公室数据表明，黑山劳动力市场的供需存在结构性失衡，而且青年人（18—24 岁）在失业人群中所占比例较高，2016 年为 35.9%，2017 年为 31.7%，2018 年为 29.4%，这意味着学生在教育系统中获得的技能和知识与劳动力市场所需之间存在不匹配。③

黑山的劳动力受教育程度相对较低，只有大约四分之一的人口持有高等教育资格。由于就业需求不足，更多的高等教育毕业生有可能在低于正式资格的职位上就业。据统计，低技术资格（文凭）和高技术资格（文凭）的工人之间的失业率差距会很大，2015 年这一差距值为 20%，表明由于经济和就业结构造成的技术失衡严重。

① MoES.Montenegrin Vocational Education Development Strategy（2010-2014）[EB/OL]. (2010-02-15) [2017-09-24]. http://www.mpin.gov.me/files/1266232198.pdf,pp25-26.
② Eurydice.Initial Education for Teachers and Trainers Working in Adult Education and Training[EB/OL].(2014-10-25).[2017-09-23]. https://webgate.ec.europa.eu/fpfis/mwikis/eurydice/index.php/Montenegro:Initial_Education_for_Teachers_and_Trainers_Working_in_Adult_Education_and_Training.
③ 黑山共和国政府 . 黑山经济发展改革计划（2021-2023）[EB/OL].[2021-03-01].[2021-09-24]. https://wapi.gov. me/down/oad-preview/993fbbc7-bace-4ec7-b49a-f58419ec9804? version=1.0.

表2　黑山和欧盟教育和就业目标的比较（％）①

欧盟2020年教育和就业的目标		黑山		欧盟		欧盟2020目标
		2010	2014	2010	2015	
总体目标	早期辍学者（18-24岁）	6.6	5.1	13.9	11	<10
	接受高等教育人口比例（30-34岁）	18.7	28.3	33.8	38.7	≥40
	就业率（20-64岁）	m	55.6	68.6	70.1	≥75
其他目标	培训参与率（25-64岁）	3.2	2.6	9.1	10.7	≥15
	低学业成就（15岁）　阅读	49.5	43.3	19.7	17.8	<15
	数学	58.4	56.6	22.3	22.1	<15
	科学	53.6	50.7	17.8	16.6	<15
	最近毕业生的就业率（20-34岁）	47.9	48	77.4	76.9	≥82

（二）发展趋势

着力加强黑山职业教育与培训体系建设，促进黑山职业教育与培训体系的现代化，主要着重从以下几个方面入手：

一是推动地方分权制改革。地方分权的目标是改进职业教育的决策制定程序，这对于职业教育的整体发展而言有着战略意义（包括职业教育的经费分担、管理、职业资格的发展、质量保障、招生政策、教科书发行等方面）。主要涉及教育与科学部、劳动与社会福利部、黑山就业办公室、黑山共和国商会和黑山工会联合会等政府部门以及其他社会合作伙伴关系团体和组织，包括德意志联邦共和国的联邦经济合作部、欧盟（EU）、欧洲职业培训发展中心等。职业教育的地方分权主要在以下几个领域实施。第一，为了教育决策制定的改进和教育体系的发展，黑山建立了如职业教育与培训中心、考试中心等新的机构。第二，虽然在教育经费分担方面，教育部门也在努力进行分权，但是黑山的整体教育体系仍然是由中央政府资助的。第三，学校可以自主制定年度计划和工作方案，包括教育工作的组织、内部质量保障、招生计划等。

二是完善对职业教育全面发展具有战略性意义的决策程序，包括经费筹措、资格框架发展、质量保证、招生政策、教材出版等方面。

三是促进职业教育与劳动力市场之间的联系，主要采取的措施包括：（1）提高劳动力培养与市场需求情况的匹配度；（2）改善困难就业群体的就业情况；（3）增强劳动力的区域性流动能力；（4）增强对职业教育与员工培训的投资力度；（5）根据劳动力市场需求

---

① Eurostat – online database; PISA results – OECD, Programme for International Students Assessment. 转引自：ETF.Montenegro:country strategy paper 2017–2020[R]. http://www.etf.europa.eu/web.nsf/pages/Montenegro_EN,2017–09–12.

相对应地改进课程体系;(6)建立正规教育与非正式学习之间的衔接机制;(7)建立起职业指导与咨询机制。

四是提高教育经费的使用效率。为了成功资助每一个学生,实现学校的更高的自治权,促进学校的发展,使各级机构承担相应责任并激发学校内在动机,国家在教育经费方面需要采取以下措施:(1)消除教育体系中的低效率,并将资金直接用于教育改革;(2)引进计算各个教育层级所需经费的新方法;(3)确保非预算资金能够较高程度地参与到教育中,并为每个学生提供预算资助的条件。

五是加强与社会合作组织的关系。加强与社会合作组织关系的目标是让其参与制定职业教育政策和规划,实施、监督并评估职业教育。主要任务如下:让雇主参与到劳动力市场需求分析的活动以及教育机构负责实施的教育计划中来;鼓励社会合作组织积极参与职业资格的开发,确保通过实验室和工厂等开展课程的物质条件;鼓励雇主组织与工作有关的实践教育——允许学生在实际工作场所接受部分实践教育等。

(深圳职业技术学院　技术与职业教育研究所　魏　明)

主要参考文献

[1] 中华人民共和国外交部.黑山国家概况 [EB/OL]. (2021–07–01) [2021–09–24].http://www.fmprc.gov.cn/web/gjhdq_676201/gj_676203/oz_678770/1206_679258/1206x0_679260/.

[2] 中华人民共和国驻黑山大使馆.黑山概况 [EB/OL]. (2017–02–21) [2017–09–12].http://me.chineseembassy.org/chn/hsgk/.

[3] Global EDGE.Montenegro: Statistics[EB/OL].https://globaledge.msu.edu/countries/montenegro/statistics.2017–09–12.

[4] MoES.Montenegrin Vocational Education Development Strategy (2010–2014) [EB/OL]. (2010–02–15) [2017–09–12].http://www.mpin.gov.me/files/1266232198.pdf.

[5] International Bureau of Education. Montenegro[EB/OL].World Data on Education: Seventh edition 2010–11. http://www.ibe.unesco.org/fileadmin/user_upload/Publications/WDE/2010/pdf–versions/Montenegro.pdf. 2017–09–12.

[6] CEDEFOP (2017).Montenegro – European inventory on NQF 2016[EB/OL].http://www.cedefop.europa.eu/en/publications–and–resources/country–reports/montenegro–european–inventory–nqf–2016, 2017–09–12.

捷克共和国

一、国家概况

（一）地理

捷克共和国（The Czech Republic），简称捷克，东面毗邻斯洛伐克，南面接壤奥地利，西面与德国相邻，北面邻接波兰，面积 78866 平方千米，其中陆地面积 77276 平方千米，水域面积 1590 平方千米。全国由波希米亚、摩拉维亚和西里西亚 3 个部分组成，行政上共划分为 14 个州级单位，其中包括 13 个州和首都布拉格市。各州下设市、镇。捷克森林资源丰富，覆盖面积达 265.5 万公顷，森林覆盖率为 34%，占全国总面积约三分之一，在欧盟居第 12 位。主要树种有云松、冷杉、橡木和桦木等。捷克属海洋性向大陆性气候过渡的温带气候。夏季炎热，冬季寒冷多雪。其中 7 月最热，1 月最冷。布拉格平均气温 7 月份约为 25℃，1 月份平均气温约为零下 5℃。[①]

（二）人文

公元 5—6 世纪，斯拉夫人西迁到今天的捷克和斯洛伐克地区，9 世纪末、10 世纪上半叶在今捷克地区成立了捷克公国。第一次世界大战后奥匈帝国瓦解，捷克与斯洛伐克联合。1939 年 3 月捷被纳粹德国占领。1945 年 5 月 9 日，捷在苏军帮助下获得解放。1948 年 2 月，捷克斯洛伐克共产党开始执政。1960 年 7 月改国名为捷克斯洛伐克社会主义共和国。1989 年 11 月，捷克政权更迭，实行多党议会民主制。1990 年改国名为捷克和斯洛伐克联邦共和国，同年 6 月举行首次自由选举并组成联邦政府。1992 年 12 月 31 日，捷斯联邦解体。1993 年 1 月 1 日起，捷克和斯洛伐克分别成为独立主权国家。现政府于 2014 年组阁，总理为博胡斯拉夫·索博特卡。2018 年 6 月，由 AND 2011 运动和社民党组成的少数联合政府正式成立，巴比什再次出任总理。

截至 2020 年，捷克人口约为 1070 万。其中约 90% 以上为捷克族，斯洛伐克族占 2.9%，德意志族占 1%，此外还有少量波兰族和罗姆族。官方语言为捷克语。主要宗教为罗马天主教。首都为布拉格，面积约为 496 平方千米，人口 131 万，年平均气

[①] 中华人民共和国外交部．捷克共和国概况 [EB/OL].http://www.fmprc.gov.cn/web/gjhdq_676201/gj_676203/oz_678770/1206_679282/1206x0_679284/.2021-7.

温 9.5℃。捷克系北约、欧盟成员国,奉行经济靠欧盟、安全靠美国的对外政策,积极参与欧盟共同外交和安全政策及北约行动,并将"经济外交"和"人权外交"作为重点。①

(三)经济

捷克工业基础雄厚,2009 年受国际金融危机影响经济下滑,2010 年和 2011 年实现恢复性增长,2014 年起实现缓慢复苏。2019 年 GDP 为 2465 亿美元,同比增长 2.6%;受新冠疫情影响,2020 年 GDP 同比下降为 5.6%。捷克经济结构主要以机械制造、各种机床、动力设备、船舶、汽车、电力机车、轧钢设备、军工、轻纺为主,化学、玻璃工业也较发达。纺织、制鞋、啤酒酿造均闻名于世。捷克褐煤、硬煤和铀矿蕴藏丰富,其中褐煤和硬煤储量约为 134 亿吨,分别居世界第三位和欧洲第五位。石油、天然气和铁砂储量甚小,依赖进口。其他矿物资源有锰、铝、锌、萤石、石墨和高岭土等。森林面积 265.1 万公顷,约占全国总面积的 34%。

捷克 2018 年粮食产值 78903 百万克朗,畜牧业产值 52819 百万克朗。农业用地面积 352.3 万公顷,其中耕地面积 246.1 万公顷。森林覆盖率 34%。农业人口 14.8 万,占全国劳动人口的 3.0%。捷克的出口对象主要是德国,其次还有斯洛伐克、波兰、奥地利和美国。1999 年捷克人均啤酒消费量达到 161.1 升,比啤酒消费大国德国多 30 升。以人均啤酒消费量计,捷克连续 7 年位居世界榜首。目前该国经济大多已经私有化,包括银行和电信业。目前捷克拥有一个高度工业化的经济体,可以说是东欧和中欧的新兴民主国家中最为发达的地区之一。②

(四)教育

捷克实行九年制义务教育,基础教育学制大致可分为两种类型:第一种是 5-2-3 分段,即小学 5 年,初中 2 年,之后可升入高中、职业学校等不同专业教育;第二种是 5-4-3 分段,即 5 年小学,4 年初中,3 年高中,之后进入普通高等教育序列。区别于国内的一考定终身,捷克实施的是将高等教育的竞争下移到中学阶段的政策。因为进入5-4-3 序列都是学习较好的学生,所以扩大 5-4-3 序列规模和提升 5-2-3 分段的质量就成为捷克社会各界的迫切需求。

当前,捷克高中、大学实行自费和奖学金制,但国家对学生住宿费给予补贴。根据1990 年颁布的有关法律,允许成立私立和教会学校。著名大学有查理大学、捷克技术大学、马萨里克大学、布拉格经济大学和帕拉茨基大学。2013 年,捷克共有 71 所大学,其中 26 所公立大学,45 所私立大学。大学在校生 36.8 万,其中外国留学生 4 万。位于首都的查理大学是中欧最古老的学府,创办于 1348 年,现有 16 个院系(其中 4 个在外

① 中国一带一路网.捷克 [EB/OL].https://www.yidaiyilu.gov.cn/gbjg/gbgk/852.htm.2019-6-21.
② 中华人民共和国外交部.捷克共和国概况 [EB/OL].http://www.fmprc.gov.cn/web/gjhdq_676201/gj_676203/oz_678770/1206_679282/1206x0_679284/.2021-7.

地）。创办于 1707 年的捷克技术大学，在中欧同类大学中也拥有最悠久的历史。①

二、职业技术教育与培训的战略与法规

（一）战略

2008 年，捷克教育、青年和体育部颁布了国家行动计划，旨在支持职业教育与培训的发展，该计划的实施促进了职业技术教育与培训参与机制的发展。国家行动计划的具体战略实施内容和目标如下：（1）提升职业技术教育与培训的知识可转移性；（2）提升职业咨询，并为公众提供信息；（3）加强校企间在职业技术教育与培训内容、资金和实施上的合作，包括为校企合作提供激励措施。

2013 年，根据国家行动计划，捷克政府发布了一个政府文件——《促进职业教育与培训的新举措》，该文件规定了未来几年，政府在职业技术教育与培训的组织、管理和立法上采取的主要措施，以加强各方在职业技术教育与培训方面的参与度，提升职业教育发展的整体质量。

（二）法规

捷克较早涉及职业教育的法案是 1997 年《第 347 号教育法案修订案》，虽然该法案主要涉及的是关于（地方）高级行政单位的设立，但法案也规定了职业技术教育与培训管理框架，并规定了地方机构在职业技术教育与培训领域的核心职责。

2004 年《第 561 号教育法案修订案》对学前教育、基础教育、中等教育、高等职业教育和其他教育都进行了重新修订，包括各类学校的基础建设、教学设施、教育和培训条件、教育领域自然人的权利和义务、教育系统内国家机构和自治机构的职责范围等等。同时，《法案》也制定了职业技术教育与培训的基本原则和目标，在职业技术教育与培训课程中引入了新的教学方法并规定了地方政府的职权和责任。

同年颁布的《第 563 号教育法案修订案》主要是关于教职员工的修订案。其规定了教职员工的定义，包括职业技术教育与培训教师、教职员工履行职责的先决条件、继续教育和职业发展规划等等。法案还规定了教职员工有义务进行继续教育，以不断更新、提升和补充其教学资格并改进其教学策略。

2006 年《第 179 号教育法案修订案》主要是确认和认证继续教育、包括非正规和非正式学习成果的修订案。法案规定了评估能力的方法、管理认证机构授权的规则以及相关部门的职责。在此法案下，建立了国家职业资格注册标准，包括部分行业领域完整的认证以及评价标准。②

---

① 中华人民共和国外交部 . 捷克共和国概况 [EB/OL].http://www.fmprc.gov.cn/web/gjhdq_676201/gj_676203/oz_678770/1206_679282/1206x0_679284/.2021-7.

② 联合国教科文组织世界教育数据：捷克 [EB/OL].http://www.unevoc.unesco.org/wtdb/worldtvetdatabase_cze_en.pdf.2017-9-15.

三、职业技术教育与培训的体系与质量保障

（一）体系

捷克的职业技术教育与培训体系分为初等和中等两个阶段（参见图1）。初中阶段职业技术教育与培训项目主要是为那些有特殊需求的学生以及学业上面临诸多困难的弱势学生而开设的。项目学制1—2年，由中等职业学校或应用学校提供。这些应用学校会针对弱势学生提供特殊的教学方法，学校不提供职业资格认证，而是帮助学生获得手工技艺、培养工作习惯，并教他们完成生产或服务中所需的简单辅助工作。

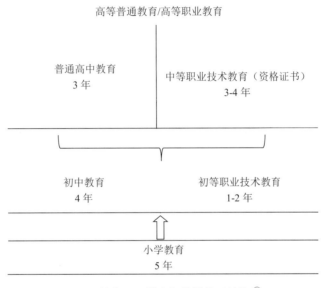

高等普通教育/高等职业教育

| 普通高中教育 3 年 | 中等职业技术教育（资格证书）3-4 年 |

| 初中教育 4 年 | 初等职业技术教育 1-2 年 |

小学教育 5 年

图1　捷克职业教育与培训体系结构 [①]

中等阶段职业教育院校的学生数量占中等教育阶段学生数量的3/4，各种不同类型的中等教育学校会提供高中阶段的职业技术教育与培训项目。一般而言，这些不同类型的学校会合并为一个法人实体，以综合学校的形式提供不同的学习项目。通常而言，中等职业学校提供3—4年学制的学习项目，顺利完成学业便可直接就业。这些项目的职业培训一般是在第二年或第三年开始，而学生可在培训机构、学校工作坊或实验室或者实际的工作环境中接受培训。完成项目便可获得学徒证书资格认证。

相对于普通教育，中等职业教育阶段的证书更加注重实践性。项目所提供的普通教育所占比例也较少。学生通过毕业考试，就表明他们具备了就业的资格。不过，学生也可以在毕业后继续学习，参加为期2年的进修课程，通过大学入学考试，接受高等教育。

此外，中等技术学校提供4年学制的职业技术项目，学生通过高等教育考试便可毕

---

① 联合国教科文组织世界教育数据：捷克 [EB/OL].http://www.unevoc.unesco.org/wtdb/worldtvetdatabase_cze_en.pdf.2017-9-15.

业。这些项目提供的普通教育比例可占所有课程的 50%。毕业后，学生可以继续接受高等教育，或选择就业。该项目主要是帮助学生去企业和其他机构就业。中等技术学校还提供学院项目，该项目提供的课程中，70% 是普通教育，旨在满足日益增长的对普通教育的需求。

直到 1995 年，捷克才出现高等职业学校，以提供与普通高等教育不同内容的高等教育。高等职业学校提供三年或三年半学制的项目。这些项目起初是职业技术学校设立的，现在许多项目已具备颁发高等职业教育学位的资格。学生须完成高中阶段教育，并通过高等教育考试才能入学。高等职业学校项目中，某一领域的实践培训是重要组成部分。该培训可持续一年，学校会安排学生在特定岗位进行实习，期间学生需要完成一篇论文或者一个项目。高等职业学校和相关企业或机构对论文或项目进行评估。

在正规学校教育系统内，也会提供非正规课程，只是不会颁发资格认证而只是颁发结业证书。学校系统外提供的职业技术继续教育与培训并没有正规的结构，它们主要是根据市场需求或者特别部门需求设立特别的课程，比如公共就业服务行业再培训或行业法定培训，结课时获得结业证书，而非资格认证。如果这些机构也想获得全国范围内通用的职业技术继续教育与培训证书资格，可以通过如前所述的 2006 年《第 179 条教育法案修订案》的程序进行相应的认证。[①]

（二）保障

捷克学校督察署是负责外部评估的国家机构。在欧盟举办的相关论坛中，捷克学校督察署代表捷克共和国参加论坛。督察署还向教育机构发布评估标准，并每年审核一次。此外，还有针对不同学校类型或特定专题的系统调查。捷克学校督察署在每年的报告中还发布国家教育系统的总结性评价。[②]

此外，教育、青年和体育部每年会准备一个国家教育系统报告，每 4 年会准备一个教育系统长期发展计划。此外，教育、青年和体育部还发布战略报告，以制定和明确质量保证的基本原则和程序，其中就包括制定战略目标，界定教育过程中各参与者的职责，学校应根据国家课程制定和实现自身发展目标等等。

目前，捷克共和国尚未决定是否建立一个全面的国家资格框架。不过已经建立了职业资格和高等教育资格部分或行业框架，且已投入使用。当前对基础和中等教育的定义提议也属于框架内容，目前讨论的热点是一个总体框架是否有助于协调和连接这些不同的资格框架。但总体而言，建立一个全面的国家资格框架既可以促进各利益相关方的沟通与合作，提升其职业技术教育质量，也符合如前所述的捷克共和国的教育战略

---

① 联合国教科文组织世界教育数据：捷克 [EB/OL].http://www.unevoc.unesco.org/wtdb/worldtvetdatabase_cze_en.pdf.2017-9-15.

② EQAVET (2013). Description of the Vet System in Czech Republic. Dublin: European Quality Assurance in Vocational Education and Training.

目标。

四、职业技术教育与培训的治理与教师

（一）治理

负责全国职业技术教育与培训的主要国家机构是教育、青年和体育部。教育、青年和体育部的职责为：制定全国教育战略和优先发展领域；制定课程政策；根据教育目标和内容，确保职业技术教育与培训的质量；协调公共行政与资金关系。

国家教育研究所是教育、青年和体育部的职能单位，接受国家预算拨款。其负责包括高等职业教育在内的职业技术教育与培训的协调、咨询与研究，制定和修改所有中等职业技术教育与培训项目框架；通过职业指导中心提供咨询服务并提供职业咨询的研究和信息分享；支持与市场需求紧密相关的专业发展；促进国际资格框架和国家职业资格注册标准的制定。

捷克区域管理局是国家行政机关的区域管理机构，其负责国家政策在地区的执行，包括建立一个长期的区域教育系统发展规划；发布本区域内教育现状的报告。区域管理局将国家预算拨款至学校并发放教师工资，管理教育支出方向并监管学校支出。捷克公立学校的职业技术教育与培训是免费的，而私立学校和公立高等职业学校则是收费的。公立高等职业学校收取的最高学费是由法律规定的，而且不同的专业也不同。

中等职业学校和高等职业学校的资金由教育、青年和体育部和创始人一起承担。教育、青年和体育部的预算主要是用来负责学校的非投资支出，并通过区域预算拨给学校，部分预算也会支持私立学校。根据学校类型和研究专业类型，公共预算的资金只是用来直接支持学校运营，设定人均标准。教育、青年和体育部也会向职业院校的发展项目进行预算拨款。在公立中等职业技术教育与培训学校的资金来源中，私有资金占很少的一部分。①

（二）教师

通常，师范项目学制5年，并授予硕士学位，其中3年学士，2年硕士。基础教育教师在师范学院学习课程，而普通教育教师则在哲学、数学和物理学、自然科学、体育和运动等学院参加专业硕士学位项目。中等技术学校的专业教师则在其他的高等教育机构接受教育和培训。学习某一专业或者完成4学期的大学辅助教学，便可获得该专业的教师资格证书。

教师法案规定，按照继续教育计划，校长负责组织教师的继续教育。教职员工有义务参加继续教育，以更新、提升和补充自身的教学资质。教育、青年和体育部旨在采取各种措施来提高教师的教学能力。如1996年，教育、青年和体育部建立了一个新的体

---

① 欧洲职业教育培训发展中心欧盟职业教育培训参考与专业评价网(2012)；欧洲国家捷克共和国职业技术教育与培训报告。

系，为基础教育、高中和高等职业学校的教师提供继续教育服务。2004年，教育、青年和体育部设立了一个委员会，负责初级教师培训改革，主要解决教师培训标准；培训项目的各项内容比例；确定强制培训项目及毕业生应具备的资格等等。2004年，捷克专门成立了国家继续教育署，其前身为教育中心。国家继续教育署由13个地区机构组成，以协调和组织在职教师培训和学校管理。其提供包括获取所需资格的课程，获取更高级别资格的课程及完善专业资格的课程。[①]

五、职业教育与培训的诉求与发展趋势

近年，捷克政府确立了优先发展的产业，第一类诸如传统汽车、电子、机械等传统行业；第二类如微电子、半导体、生物医药等高科技行业；第三类如信息通讯、软件开发、共享服务等高科技服务行业，上述行业的发展最为根本的就在于有相应的人才支撑，加之欧洲一体化进程的加快与经济全球化的竞争，职业技术教育在捷克经济发展与产业升级中的作用将会越来越重要。但另一方面，捷克的职业教育体系还不够完整，在职业教育系统和劳动力市场对接上仍存在诸多问题，其发展诉求大致表现在如下几个方面：

（一）完善职业技术教育与培训体系

职业技术教育与培训一直是捷克教育系统的重要组成部分，在过去几十年来虽然得到快速发展，但其资源投入相对于经济贡献而言仍略显不足。事实上，职业教育在任何一国的运行都是公共资源和社会资源共同整合的结果，所以捷克职业技术教育与培训体系的完善需要社会资本的积极参与，以弥补公共资源不足的问题。

（二）开发新的就业工具以提升指导能力

当前，捷克劳动与社会事务部已同教育、青年和体育部密切合作，制定了国家职业系统，该系统制定了一个捷克共和国的职业表，包含所有职业类型。国家职业系统记录了劳动力市场对每一个职业的要求，旨在向公众提供一个可以查询的职业数据库。国家职业系统正在成为人力资源和各阶段职业技术教育与培训的重要信息来源，将来需要开发新的信息工具用以更好地吸引职工在职业技术教育与培训中的参与度，最终为其灵活就业奠定更加坚实的基础。

（三）建立国家资格框架，对接欧洲劳动力市场

随着欧洲一体化的到来，捷克共和国需要尽快建立自身的国家资格框架系统，并将其与欧洲资格框架联系起来。一个完整的国家资格框架不仅有助于本国劳动力质量的提升，而且也有助于捷克对接国际劳动力市场。虽然现有的资格框架尚不完善，但已有的教育框架类型分类和国家职业框架注册都为其链接欧洲资格框架提供了参考。因此，建

① 联合国教科文组织世界教育数据捷克[EB/OL].http://www.unevoc.unesco.org/wtdb/worldtvetdatabase_cze_en.pdf.2017-9-15.

立一个全面的国家资格框架，以囊括所有的资格认证标准就成为捷克职业技术教育未来发展的重要诉求。

（深圳职业技术学院　技术与职业教育研究所　李亚昕）

主要参考文献

[1] 中华人民共和国外交部 [EB/OL].http://www.fmprc.gov.cn/web/gjhdq_676201/gj_676203/oz_678770/1206_679282/1206x0_679284/.

[2] 中国一带一路网 [EB/OL].https://www.yidaiyilu.gov.cn/gbjg/gbgk/852.htm.

[3] 联合国教科文组织世界教育数据：捷克 [EB/OL].http://www.unevoc.unesco.org/wtdb/worldtvetdatabase_cze_en.pdf.2013.

[4] CEDEFOP (2010). Spotlight on VET Czech Republic. Thessaloniki: European Centre for the Development of Vocational Training.

[5] CEDEFOP Refernet (2012). Czech Republic VET in Europe-Country report. Thessaloniki: European Centre for the Development of Vocational Training.

[6] Education and Culture DG Lifelong Learning Programme and The Ministry of Education, Youth and Sports (2011). National Referencing Report of the Czech Republic. Prague: the National Institute for Education, Education Counselling Centre and Centre for Continuing Education of Teachers.

[7] EQAVET (2013). Description of the Vet System in Czech Republic. Dublin: European Quality Assurance in Vocational Education and Training.

[8] Nuffic (2012). Country Module-Czech Republic. The Hague: Netherlands Organisation for International Cooperation in Higher Education.

[9] OECD (2010). Vocational Education and Training in the Czech Republic Strengths, Challenges and Recommendations. Paris: Organisation for Economic Co-operation and Development.

克罗地亚共和国

一、国家概况

（一）地理

克罗地亚共和国（The Republic of Croatia），简称克罗地亚，位于欧洲中南部，中欧东南边缘，巴尔干半岛的西北部。处于地中海及巴尔干半岛潘诺尼亚平原的交界处，隔亚得里亚海与意大利相望，岛屿众多，有"千岛之国"之称，海岸线长1880千米。克罗地亚北部的邻国是斯洛文尼亚和匈牙利，东面和东南部与塞尔维亚、波斯尼亚和黑塞哥维那、黑山为邻。国土面积5.66万平方千米。[①]

克罗地亚北部为丘陵和平原地区，中部和中南部为高原和山地。特殊的地理位置使克罗地亚境内呈现两种不同的气候类型，沿海地区为地中海式气候，夏季炎热干燥，冬季温和多雨；内陆逐渐向温带大陆性气候过渡，四季分明。中部和中南部为高原山地气候，夏季凉爽，气温不超过18℃，冬季严寒，降雪频繁，平均气温低于-2℃。首都萨格勒布，位于克罗地亚的北部，坐落在萨瓦河西岸，梅德韦德尼察山脚下，面积1291平方千米。萨格勒布属温带大陆性气候，年均气温13℃，年均降水量853.6毫米。[②]

（二）人文

克罗地亚属南部斯拉夫民族。公元6世纪末和7世纪初，斯拉夫人移居到巴尔干半岛定居。8世纪末和9世纪初，克罗地亚人曾建立早期封建国家。10世纪，克罗地亚王国建立。1102—1527年，克罗地亚处于匈牙利王国的统治之下。1527—1918年，克罗地亚受哈布斯堡王朝统治。第一次世界大战中，奥匈帝国战败崩溃，克罗地亚与其他南部斯拉夫民族联合成立"塞尔维亚人－克罗地亚人－斯洛文尼亚人王国"，王国于1929年更名为南斯拉夫。第二次世界大战期间，1941年德国、意大利法西斯入侵，扶持建立了"克罗地亚独立国"，克罗地亚成为了轴心国的傀儡国。反法西斯战争胜利后，1945

[①] 中华人民共和国外交部 . 克罗地亚国家概况 [EB/OL].(2021–07–01) [2021–09–25]. http://www.fmprc.gov.cn/web/gjhdq_676201/gj_676203/oz_678770/1206_679306/1206x0_679308/.

[②] 商务部国际贸易经济合作研究院等 . 对外投资合作国别（地区）指南——克罗地亚 [R]. 商务部《对外投资合作国别（地区）指南》编制办公室 ,2020,12:3–4.

年 11 月 29 日成立南斯拉夫联邦人民共和国，1963 年改称南斯拉夫社会主义联邦共和国。1991 年 6 月 25 日，克罗地亚脱离南斯拉夫社会主义联邦共和国宣布独立。2020 年 1 月，社会民主党人米拉诺维奇当选总统，2 月 19 日就职。总理安德烈·普连科维奇获得连任。[①]

克罗地亚这个国家的名字源自民族名，斯拉夫语意为"山冈之人"。主要民族是克罗地亚族（90.42%），其他为塞尔维亚族、波斯尼亚族、意大利族、匈牙利族、阿尔巴尼亚族、捷克族等。克罗地亚共和国的国庆日为 6 月 25 日，官方语言是克罗地亚语（与塞尔维亚语、波斯尼亚语、黑山语相通），英语较普及，会讲德语和意大利语的人也较多。2020 年，克罗地亚人口总共有 404.7 万，其中城市人口占近 70%。由于受战争、政治、经济等因素影响，自 15 世纪开始，克罗地亚移民浪潮不断，目前克罗地亚海外侨民高达 250 万。全国 86.28% 的居民信奉罗马天主教，少部分居民信奉东正教、伊斯兰教、基督教新教、希腊天主教或犹太教。

（三）经济

克罗地亚森林和水力资源丰富，全国森林面积 268.9 万公顷，森林覆盖率为 47%，主要矿产资源有石油、天然气、煤、铝矾土。同时克罗地亚还出产优质的泥灰石，其他矿产还有铁、锰、石墨等。亚得里亚海里有丰富的石油储藏，并通过石油管道，通往克罗地亚、波黑、斯洛文尼亚、塞尔维亚、匈牙利、捷克和斯洛伐克等国的炼油厂。

克罗地亚是一个发达的资本主义国家，也是前南斯拉夫地区经济较为发达的国家。2003 年至 2007 年，克罗地亚经济保持稳定增长，年均增长率超过 4.8%。2008 年全球金融危机后，克罗地亚经济增速放缓，2009 年至 2014 年陷入衰退，2015 年走出衰退期，第二、三产业复苏态势明显，全年经济增长 1.6%。克罗地亚经济以第三产业为主，第二产业为副，旅游业是国家经济的重要组成部分，2019 年经济增长 2.9%。[②]

克罗地亚经济基础良好，克罗地亚工业以造船、食品加工、制药、资讯科技、生化、木材加工为主，旅游、建筑、造船和制药等产业发展水平较高。最大贸易伙伴为欧洲联盟。此外，克罗地亚旅游业也很发达，是国家支柱产业，成为经济的重要组成部分和外汇收入的主要来源。重要的旅游资源有亚得里亚海沿岸及 1000 多个岛屿，8 个国家公园和 10 个自然公园、历史文化遗产，主要风景区有秀丽迷人的亚得里亚海海滨、普利特维采湖群和布里俄尼岛等国家公园。旅游业一直是克罗地亚政府着力发展的重点行业，其在克罗地亚经济发展中占据重要的地位。

---

① 中华人民共和国外交部.克罗地亚国家概况 [EB/OL].(2021-07-01) [2021-09-25]. http://www.fmprc.gov.cn/web/gjhdq_676201/gj_676203/oz_678770/1206_679306/1206x0_679308/.

② 商务部国际贸易经济合作研究院等.对外投资合作国别（地区）指南——克罗地亚 [R].商务部《对外投资合作国别（地区）指南》编制办公室,2020,12:13.

（四）教育

克罗地亚具备较为完整的教育体系，包括学前教育、初等教育、中等教育、职业教育、高等教育、成人教育和特殊教育等。全国面向 6~15 岁儿童普及实施八年制免费初等义务教育，州立学校的小学和中学教育是免费的。克罗地亚国民识字率达 99.2%，国民文化教育程度较高。克罗地亚的小学教育自六七岁开始，分成八个学级，2007 年时又通过一项法律，增加免费的、非义务性的教育到 18 岁为止。

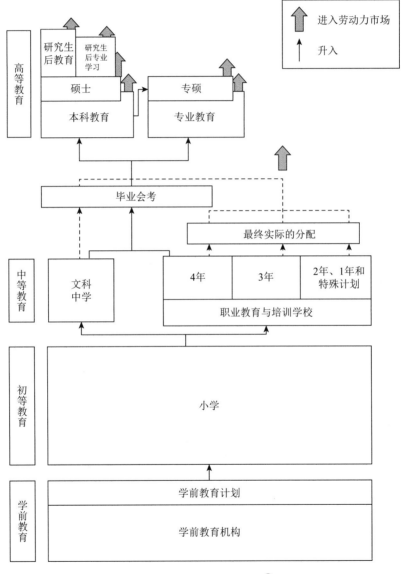

图 1　克罗地亚教育体系 [①]

---

① 转引自：UNESCO International Bureau of Education. World Data on Education. VII Ed. 2010/11. [DB/OL]. http://www.ibe.unesco.org/fileadmin/user_upload/publications/WDE/2010/pdf–Versions/Croatia.pdf. 2017–07–26.

克罗地亚的中学教育提供"文理中学"和"高级职业学校"两种。在初等和中等教育上，克罗地亚允许使用多种少数民族语言，包括捷克语、匈牙利语、意大利语、塞尔维亚语和德语。2009 年至 2010 年间还引入了适用全国中等教育学生的毕业会考制度，包括三门必修科目（克罗地亚语、数学和外语）和选修科目，作为接受高等教育的先决条件。

2016—2017 学年，克罗地亚学前教育学校 1727 所，学生 143878 人，教师 12396 人；初等教育（小学和初中）学校 2118 所，学生 319204 人，教师 33345 人；中等教育（高中）743 所，学生 162556 人，教师 27465 人。[1]

目前，克罗地亚共有 7 所高等学府：萨格勒布大学、里耶卡大学、奥西耶克大学、斯普利特大学、扎达尔大学，以及杜布罗夫尼克大学和普拉大学。优质的高等教育是成功社会的先决条件。因此，科学、教育和体育部的主要任务之一就是要在克罗地亚现有的大学和高等教育学院的基础上，把克罗地亚的高等教育建立成为人才培养的知识核心。[2]

二、职业技术教育与培训的战略与法规

（一）战略

克罗地亚职业教育体系的建设与发展旨在为学生提供高质量的学习机会和进入劳动力市场所需的技能。克罗地亚认为职业技术教育与培训计划对所有居民来说都是必不可少的，通过为青少年设定相关的现代化职业教育课程，提供必要的就业支持和继续教育与培训的机会，以及让学生参与终身学习过程，从而获得必要的职业知识、技能和能力。

2016 年 9 月 28 日，克罗地亚共和国政府通过了"2016—2020 年度职业教育体系发展计划"（以下简称计划）。计划提出将职业教育和培训体系发展成为一个优质、高效、有吸引力和创新型的系统，并为个人在能力增进和专业发展、参与继续教育和终身学习等方面提供便利。

该计划确定了系统开发的几个优先事项：加强职业教育培训和劳动力市场上的联系，实施新职业课程，促进和改进工作型学习模式；发展职业教育培训质量保障体系，提高职业教育培训质量；促进职业教育和培训国际化，支持学生和教师的国际流动，完善教师专业发展体系和增加流动性的目标和措施以及提升学生在职业教育中的就业能力等。

该计划基于对国家职业教育和培训体系现状的分析，以现有的战略和法律框架为依据，提出的具体措施包括：通过并实施国家职业教育课程，保障获得相应的职业资格；使得现有的职业学校和培训机构布局合理化，建立区域能力培训中心；建立独特的质量保障体系，优化现存的自我评估模式，将其与教育机构的外部评估体系相结合；基于可

[1] 商务部国际贸易经济合作研究院等 . 对外投资合作国别（地区）指南——克罗地亚 [R]. 商务部《对外投资合作国别（地区）指南》编制办公室 , 2020, 12:10.

[2] Ministry of science and education of the republic of Croatia. https://mzo.hr/en/rubrike/education.2017-09-29.

衡量的指标，实施监测并提高教育系统运行的质量和效率；加强职业教育机构落实独特的质量保障体系的能力；加强职业教育专业教师和实践指导教师能力的发展；促进学生技能的提升；提高学生和教师流动的能力；支持职业教育与培训的国际化发展等。[①]

（二）法规

1.《职业教育法》

克罗地亚议会在 2009 年 2 月通过了《职业教育法》。本法案规定了职业教育活动由职业教育机构进行；职业教育机构有义务设立质量委员会；欧盟成员国国民与克罗地亚人享有同等的职业教育权；职业教育部门可以制定有关学校课程性质的规定。其他相关主题还涉及：学校资助的水平；教师的培训和认证；评估方法和学生考试标准；学校管理结构改革与校董会的设立以及课程材料的设计等。

2.《克罗地亚资格框架法》

2007 年 2 月，《克罗地亚资格框架法》（官方公报，22/13）获得通过，该法是教育和经济部门所有主要利益相关者进行密集对话和沟通合作的积极成果。法律通过将部分普通资格置于特定的资格等级之中，赋予其正式的法律地位，从而成为克罗地亚资格框架的组成部分。法律还规定，克罗地亚资格框架应参照欧洲资格框架和欧洲高等教育区的资格框架制定，并规定了克罗地亚资格框架最终实施的有关制度条款。

3.《职业教育与培训法修正案》

2016 年 6 月 29 日，科技、教育和体育部就职业教育与培训法修正案面向社会公开征询意见。此次法案的修订旨在：消除"职业教育法"和现行"克罗地亚资格框架法"之间的不相容和重叠部分；保障新兴职业教育课程的设置符合劳动力市场需求；促进关键利益攸关方监测职业教育发展现状，参与进一步的规划；建立更好的质量保证体系，以及建立一个有助于终身学习和流通的体系。

三、职业技术教育与培训的体系与质量保障

（一）体系

1. 正规职业技术教育与培训

完成初等教育后，儿童可以根据课程划分选择进入文科中学，职业学校（技术、工业和工艺）或艺术学校（音乐、舞蹈、艺术），继续进行中等教育。中等教育的课程计划主要包括：中学文凭课程；中等职业学位课程；基础专业学位课程以及资格和培训类课程。[②]文科中学提供持续 4 年的课程。职业学校的教育时间取决于课程类型，可持续 1 至

---

① CROATIA'S GOVERNMENT ADOPTS VET SYSTEM DEVELOPMENT PROGRAMME.(2016-10-06).[2017-07-30].http://www.asoo.hr/default.aspx?id=3861.

② Ministry of science and education of the republic of Croatia.https://mzo.hr/en/rubrike/secondary-education.2017-10-06.

5年。职业学校毕业后，学生可以进入劳动力市场就业，也可以在完成某些条件要求的基础上进入高等教育阶段学习。职业中学的提供的教育主要包括以下类型：（1）4年制或5年制教育，准备进入劳动力市场或继续接受更高级别的教育；（2）为学生提供进入工业、经济和工艺领域工作的3年制课程；（3）根据组织和个人特点，提供类似于3年制的职业教育；（4）为残疾学生提供低等或中等教育的特殊教育计划。

2015—2016学年度，克罗地亚共和国职业教育体系职业技术学校类型和学生人数分布具体如下：7所可以获得较低资格的中等教育学校（203名）；109所提供为期3年课程教学计划的学校，为学生进入工业领域工作准备（19683名）；46所提供为期3年课程教学计划的学校，为学生进入工艺领域工作准备（14450名）；122所4年制教育计划学校（74189名）以及1所为期5年的护理专业人才培养学校（5816名）。①

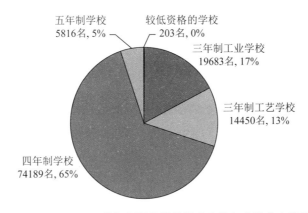

图2　2015—2016学年各职业学校学生人数与占比分布情况

2. 继续教育与培训

对于在学校系统之外提供的继续职业技术教育与培训，一般没有明确规定的教育途径。非正式的学习培训通过某些有组织的学习活动使得个人获得社会和专业方面的知识、技能，不会获得职业教育证书。克罗地亚的成人教育做法与许多发展中国家的特点相一致。克罗地亚建有统一的全国成人教育机构网络，以及大量开展成人教育培训计划的各种私立机构和非政府组织。这些培训机构除了部门常规活动以外，还向成人推出各种培训项目，特别是非正规教育的范围非常广泛，一般而言是在法律规定的范围内，根据公民个人或实体机构的教育需要而创建的。②克罗地亚的非正规职业技术与培训一般是以个别部门指导的自由市场计划或特别方案，例如在公共就业服务部门的法定培训中进行再培训。

---

①　Ministry of science and education of the republic of Croatia.https://mzo.hr/en/rubrike/vocational-schools.2017–10–06.

②　Eurydice.Croatia:Organisation of the Education System and of its Structure[EB/OL].(2014-12-29) [2017-10-07]. Https://webgate.ec.europa.eu/fpfis/mwikis/eurydice/index.php/Croatia:Organisation_of_the_Education_System_and_of_its_ Structure.

（二）保障

1. 资格框架

职业标准和职业资格由职业培训和教育局（以下简称：机构）制定。职业标准和职业资格由部长根据职业教育机构的建议提出，经相应的理事会部门批准。而且要定期更新职业标准和职业资格，通常为每5年一次。

克罗地亚国家资格框架的制定是基于以下要素考虑通过，主要包括克罗地亚的教育传统、目前的状况和经济社会发展水平、个人和整个社会的需要和欧洲资格框架以及国际规则等方面，克罗地亚国家资格框架的建立和发展完善是实现制度管理的重要前提条件。国家资格框架从满足市场、个人和社会的需求出发，旨在通过基于学习成果制定的资格标准，规范各级资格体系的统一发展。学习成果是克罗地亚国家资格框架的核心要素，对学习成果的认定和评估着重于考察个体通过学习过程而获得的能力，而并不关注学习过程本身和获取成果的方式。因此，国家资格框架的建立为先前学习的认定提供了依据和标准。除了建立资格标准，国家资格框架还引入了职业标准，即对从事某种职业所需要的能力要求进行了明确地阐述[1]。

克罗地亚国家资格框架包含8个参考级别，另外还有4个子级别，更高层次的学习成果应该包括较低级别的学习成果，每个参考水平根据学生的工作量、水平、可衡量的学习成果、能力来描述。克罗地亚的国家资格框架旨在为每个学位课程提供一个广泛的框架，以便在其范围内提供学位证书。在克罗地亚职业教育法案中规定，如果学生通过所需数量的强制性和可选课程，则会颁发相应的文凭或资格证书。高等教育机构根据机构的性质和方案的长短提供学位、文凭、证书和证明。大学学院专注于学位课程，但也提供文凭和证书，职业技术教育与培训机构等通过有关协议提供大学文凭、证书。其他证书，如副学士学位、特殊类别的应用学位，以及与本科和研究生学习有关的证书和文凭，都需要在各省/地区层面进行阐述[2]。

表1 克罗地亚资格框架[3]

克罗地亚资格框架等级	获得资格需要完成的工作量	获得资格的其他要求	欧洲资格框架等级
8.2	—	在第8级完成至少3年的研究，并在国际同行评议期刊发表论文（准入条件：7.1参考等级）	8
8.1	—	在第8级完成至少1年的研究（准入条件：7.1参考等级）（注：部分类别）	

---

[1] The CROQF concept[EB/OL].http://www.kvalifikacije.hr/about-croqf. 2017-10-07.

[2] METHODOLOGY FOR DEVELOPMENT OF VET OCCUPATIONAL STANDARDS, QUALIFICATIONS AND CURRICULA. http://www.asoo.hr/default.aspx?id=1250.2017-07-28.

[3] Prof. Mile Dzelalija, PhD etc.CROATIAN QUALIFICATIONS FRAMEWORK Introduction to Qualifications[R]. Government of the Republic of Croatia Ministry of Science, Education and Sports,2016-03-17.

克罗地亚资格框架等级	获得资格需要完成的工作量	获得资格的其他要求	欧洲资格框架等级
7.2	至少60 学分（ECTS）	在第7级或更高级别上至少获得60 学分（ECTS）（准入条件：7.1参考等级）	8
7.1	至少60 学分（ECTS）	在第7级或更高级别上至少获得60 学分（ECTS），共至少获得300学分（准入条件：第6级或者4.2参考等级）	7
6	至少180学分（ECTS）	在第6级或更高级别上获得至少120学分（ECTS）（准入条件：4.1或者4.2参考等级，取决于个人的资格证明材料）	6
5.2	至少120学分（ECTS）	在第6级或更高级别上获得至少60学分（ECTS）（准入条件：4.1参考等级）	
5.1	至少60学分（ECVET）	在第6级或更高级别上获得至少30学分（ECVET）（准入条件：4.1参考等级）	5
4.2	至少240学分（ECVET/G）	在第4参考级或更高级别上获得至少180学分（ECVET/G）（准入条件：第1参考等级）	
4.1	至少180学分（ECVET）	在第4参考级或更高级别上获得至少120学分（ECVET）（准入条件：第1参考等级）	4
3	至少60学分（ECVET）	在第3参考级或更高级别上获得至少60学分（ECVET）（准入条件：第1参考等级）	3
2	至少30学分（ECVET）	在第2参考级或更高级别上获得至少30学分（ECVET）（准入条件：第1参考等级）	2
1	至少120学分（ES）	—	1

注：1 ECTS/ECVET/1(ES/G) 相当于 25–30 小时。

2. 质量保障

克罗地亚职业教育质量保障框架包括三个要素：学校外部评估、学校自我评估、教育成果评估。具体包括基于学校自我评估的学校内部质量保障，以及由独立机构实施的基于客观标准的学校外部评估。评估的对象主要包括两个方面，一是对教育机构的运行程序、物质构成和人力资源组成，二是教育计划制定与实施的相关性和对学生学业成果的评价。①

克罗地亚职业教育质量的保障主要通过以下的方式，即建立合理的职业教育机构网络，用于实施信息技术监控和系统管理的数据库建设，确立评估体系并进行评估结果的收集整理和分析。职业教育机构有义务进行自我评估和外部评估，职业教育质量指标和使用方法由有关部门组织确定。每年职业教育机构应当出具年度分析报告，并提交给质量委员会。

---

① Ministry of science and education of the republic of Croatia. https://mzo.hr/en/rubrike/quality-assurance,2017-10-07.

四、职业技术教育与培训的治理与教师

（一）治理

克罗地亚的教育体系是由科学、教育和体育部进行统一管理。该部的任务是为确保个体在整个一生中平等接受各级教育制定教育方案和项目，开发有助于提高个体社会适应能力的教育计划、内容和战略，并建立基于信息技术和现代研究成果上的透明的教育体系。并与社会和劳动力市场的需求相协调，建立有效的教育机构和资格体系、计划、课程，并制定各级教育质量保障体系，改进职业教育和成人教育工作，促进全纳教育的发展。①

教育和培训机构（原为教育研究所），为教育发展提供专业的咨询服务、实施教育监督、参与课程的制定与实施等工作。机构的主体由管理委员会、专家委员会和理事会组成。管理委员会包括主席和6名成员，由克罗地亚共和国政府任命，为期4年。其中职业教育培训机构开展下述工作：职业教育领域的工作分析、教育发展和研究活动；为克罗地亚共和国、克罗地亚国会提供职业教育的相关信息，为职业教育发展起草文件报告；监督、合作和参与职业教育领域的方案制定；提供职业教育咨询服务；对职业教育教师进行专业培训和高级培训教育；对职业教育的教学进行监督；建立和维护职业教育信息化系统，参与评估、自我评估和外部评估等。②

除政府机构外，各类社会合作伙伴也为职业技术教育与培训系统的正常运行做出贡献。参与职业技术教育与培训促进工作的其他政府部门还包括：财政部；卫生、劳动和社会事务部；基础设施和地区发展部等部门。

经费来源方面，职业教育与培训系统由克罗地亚政府、教育与科学部以及其他部门进行预算和提供资金，非政府组织也为克罗地亚的职业教育提供资金支持。

（二）教师

中等职业学校教师必须持有高等教育学位（通常为学士学位）。已经完成学业的教师还必须要花一年时间在学校做执业教师；在一年结束时，如果得到肯定评价，就可以成为有资格的教师。教师的在职培训工作由科学、教育和体育部统一组织，经常与学院和各种专业组织一起参与各种活动。

职业教育的教师具体包括执教理论科目的文化课教师、实习指导教师、职业教育培训师和助教。理论科目教师要求已经完成大学学习或者已经获得18学分以上，并且完成了所需的教育学、心理学课程，获得60学分（以下简称教学能力）；实习训练和练习的指导教师也要求已经完成大学本科或至少获得180个学分；职业教育培训师要求至少完

---

① Eurydice.Croatia:Organisation of the Education System and of its Structure[EB/OL].(2014-12-29) [2017-10-07]. Https://webgate.ec.europa.eu/fpfis/mwikis/eurydice/index.php/Croatia:Organisation_of_the_Education_System_and_of_its_ Structure.

② UNESCO International Bureau of Education. World Data on Education. VII Ed. 2010/11. [DB/OL]. http://www.ibe. unesco.org/fileadmin/user_upload/publications/WDE/2010/pdf–Versions/Croatia.pdf. 2017–07–26.

成中等职业教育的有关课程，具备相应的教学能力和至少五年相应专业的工作经验；教学助理则要求已经完成中等教育的课程学习，并具有至少五年相关的工作经验。另外，根据"教育职工法"规定，校长按照继续教育计划一方面要求教师接受继续教育，同时作为教学人员也有义务进一步接受教育培训，以更新、改进和补充教育管理人员的资格。①

职后培训方面，教师到指定的高等教育机构接受培训。学习与培训期间，不仅需要研究各自承担的学科课程，还要接受教育学、心理学和教学方法方面的培训。

五、职业技术教育与培训的诉求与发展趋势

（一）诉求

目前，克罗地亚的经济发展正面临诸多困境，首先，从集权式的计划经济向自由市场经济转型的过程中，在克服计划经济后，国家面临上市公司员工盈余过剩、工业化程度下降、市场失灵等一系列问题。其次是国家财政支出与国内生产总值之间形成巨大的反差，克罗地亚的财政赤字达到国内生产总值的45%，对国家信用评级形成严重威胁。第三，在农业生产部门，农业劳动人口占到了国家劳动力的15%，但却面临生产效率低下的严重问题。此外，在地方社区的管理上也是问题重重。②然而，作为欧盟成员国，克罗地亚于2011年6月30日完成欧盟谈判，2013年7月1日成为欧盟全体成员国（第28届欧盟国家）。随着欧盟经济一体化的实现，克罗地亚必将需要更多技术技能人才以促进经济社会发展。克罗地亚职业教育技能人才培养的诉求主要有：③

其一，近年来，克罗地亚的职业教育知识和技能不足问题比较突出。大部分年轻人不具备就业市场所需要的适当技能，特别是实用的、技术操作技能。但与此同时，伴随着全球经济危机和工业化发展，廉价进口商品和劳动力的增长，社会上对于手工制品的需求减少，造成国家工艺品的价格缺乏竞争力，最终导致工艺店关门。这使得克罗地亚的一些工艺职业完全消失，因为多年没有人注册或参加这些职业课程。

其二，随着克罗地亚经济改革的推进，特别是制造业、旅游餐饮业、建筑业和农业发展，克罗地亚的职业教育必须适应经济发展的需要，办学机构的设立应该适应产业发展的要求，需要建立起相关的课程教学和培养更加实用的技能。

其三，根据相关调研结果，工作态度、沟通能力、团队协作和解决问题能力的不足是克罗地亚当今劳动力市场人力资源中普遍存在的主要问题。为了弥补技能不足和纠正技能错位的现象，克罗地亚的职业技术教育与培训机构不仅需要开展与国家发展紧密相

---

① Education and Teacher Training Agency.http://www.azoo.hr/.2017-07-28.

② Eurydice.Croatia:Political and Economic Situation[EB/OL].(2012-12-21) [2017-10-07].https://webgate.ec.europa.eu/fpfis/mwikis/eurydice/index.php/Croatia:Political_and_Economic_Situation.

③ Agency for vocational education and training and adult education.http://www.asoo.hr/default.aspx?id=93.2017-07-30.

关行业所需要的专业教学，还要培养国家支柱产业发展所需要的职业技能与通用的、可迁移的软技能。

（二）发展趋势

1. 多举措推动综合改革，多元化教育选择途径

职业技术教育与培训是克罗地亚职业教育体系的基本组成部分，在过去几十年中政府一直在不断采取多种措施致力于促进和推动其发展。主要采取的措施包括：多元化职业技术教育与培训的实施途径，包括发展高等职业教育等多种选择。在学徒计划中引入新的资格制度和国家标准化考试；发起一项重大的新成人教育计划，认识到非正规和非正式职业技术教育与培训的学习成果；开发新的工具来改善职业指导等。2016 年 1 月，科学、教育和体育部通过了"关于接受较高级别继续教育的条件和方法"，使得业已完成较低资格水平（国际教育标准分类第 3 级）的学生（主要与职业教育有关）可以继续接受更高级别的免费教育，以达到更高的资格水平，甚至获得入读高等教育所需的资格。

2. 明确重点领域工作，制定课程改革方案

根据克罗地亚职业教育法以及相关教育改革计划的内容，针对职业技术教育与培训的学生掌握 21 世纪所需要的知识、技能和态度，克罗地亚的职业教育体系正在进行广泛的课程改革，制定新的教育方案体系。按照已批准的国家课程，学校需要在 2 年内制定自己的学校课程。课程开发的目标是：允许进一步灵活地根据区域需求制定毕业生计划，制定劳动力市场所需领域的培养方案，满足学生的兴趣和能力。在 2015 年推出的课程改革方案中，明确指出课程学习所培养的学生能力不能仅限于认知能力，即知识的学习；还包括技能、态度和创新思维等未来职业岗位工作所需要的多项关键能力。

3. 顺应社会发展趋势，促进整体质量的提升

未来随着科学技术的发展，知识更新换代加速，加之劳动力流动更加频繁，以及人口老龄化社会的到来，在这个不断变化的环境中，克罗地亚应该更加注重学生的职业教育专业能力培养，加强职业教育的质量保障工程建设，在国际化和不断变化的环境中充分把握职业教育面临的机遇和挑战。

（深圳职业技术学院　技术与职业教育研究所　魏　明）

主要参考文献

[1] 中华人民共和国外交部. 克罗地亚国家概况 [EB/OL].(2021-07-01) [2021-09-25]. http://www.fmprc.gov.cn/web/gjhdq_676201/gj_676203/oz_678770/1206_679306/1206x0_679308/.

[2] 商务部国际贸易经济合作研究院等 . 对外投资合作国别（地区）指南——克罗地亚 [R]. 商务部《对外投资合作国别（地区）指南》编制办公室 ,2020,12.

[3] Ministry of science and education of the republic of Croatia. https://mzo.hr/en/rubrike/education.2017–09–29.

[4] UNESCO International Bureau of Education. World Data on Education. VII Ed. 2010/11. [DB/OL]. http://www.ibe.unesco.org/fileadmin/user_upload/publications/WDE/2010/pdf-Versions/Croatia.pdf. 2017–07–26.

[5] CROATIA'S GOVERNMENT ADOPTS VET SYSTEM DEVELOPMENT PROGRAMME. (2016–10–06).[2017–07–30].http://www.asoo.hr/default.aspx?id=3861.

[6] Eurydice.Croatia:Organisation of the Education System and of its Structure[EB/OL].(2014–12–29).[2017–10–07]. Https://webgate.ec.europa.eu/fpfis/mwikis/eurydice/index.php/Croatia:Organisation_of_the_Education_System_and_of_its_Structure.

[7] The CROQF concept[EB/OL].http://www.kvalifikacije.hr/about–croqf. 2017–10–07.

[8] Prof. Mile Dzelalija, PhD etc.CROATIAN QUALIFICATIONS FRAMEWORK Introduction to Qualifications[R]. Government of the Republic of Croatia Ministry of Science, Education and Sports, 2016–03–17.

[9] METHODOLOGY FOR DEVELOPMENT OF VET OCCUPATIONAL STANDARDS, QUALIFICATIONS AND CURRICULA. http://www.asoo.hr/default.aspx?id=1250.2017–07–28.

[10] Education and Teacher Training Agency.http://www.azoo.hr/.2017–07–28.

[11] Agency for vocational education and training and adult education. http://www.asoo.hr/.2017–07–30.

拉脱维亚共和国

一、国家概况

（一）地理

拉脱维亚共和国（The Republic of Latvia），简称拉脱维亚，位于波罗的海东岸，东与俄罗斯接壤，东南毗邻白俄罗斯，南接立陶宛，西邻波罗的海，北与爱沙尼亚相邻，国土面积 64589 平方千米，其中陆地面积 62046 平方千米，内水面积 2543 平方千米，国界线总长 1862 千米。平均海拔 87 米，地貌为丘陵和平原。拉脱维亚的行政区划由 110 个自治市和 9 个直辖市组成。拉脱维亚属温带阔叶林气候。年降水量 550—800 毫米，较湿润。夏季白天平均气温 23℃，夜晚平均气温 11℃，冬季沿海地区平均气温 −3℃～−2℃，非沿海地区零下 −7℃～−6℃。平均年降水量 633 毫米。湿度大，全年约有一半时间为雨雪天气。[①]

（二）人文

公元 10 世纪，拉脱维亚建立了早期的封建公国。1583—1710 年，先后被瑞典、波兰—立陶宛公国瓜分。1710—1795 年，被沙皇俄国占领。1795—1918 年，拉脱维亚东部和西部分别被俄罗斯和德国割据。1918 年 11 月 18 日，拉脱维亚成为独立的共和国。1940 年 7 月 21 日成立拉脱维亚苏维埃社会主义共和国，8 月 5 日并入苏联。1990 年 5 月 4 日，拉脱维亚最高苏维埃通过关于恢复拉脱维亚独立的宣言，并改国名为拉脱维亚共和国。1991 年 8 月 22 日，拉脱维亚最高苏维埃宣布拉脱维亚共和国恢复独立，同年 9 月 6 日，苏联国务委员会承认拉脱维亚独立并加入联合国。

当前，拉脱维亚政体为议会共和制国家，议会是国家最高立法机构，实行一院制，由 100 多名议员组成，任期 4 年。现政府于 2014 年 11 月成立，是拉脱维亚恢复独立以来的第 18 届政府，莱姆多塔·斯特劳尤马担任总理，下设国防部、外交部、经济部、财政部、教育和科学部等。截止到 2021 年，拉脱维亚人口数量为 189.37 万，其中，拉脱维亚族占 62%，俄罗斯族占 25.4%，白俄罗斯族占 3.3%，乌克兰族占 2.2%，波兰族占

[①] 中华人民共和国外交部. 拉脱维亚概况 [EB/OL]. http://www.fmprc.gov.cn/web/gjhdq_676201/gj_676203/oz_678770/1206_679330/1206x0_679332/.2021-6.

2.1%。此外还有犹太、爱沙尼亚等民族。拉脱维亚官方语言为拉脱维亚语，通用语言为俄语。主要信奉基督教路德教派和东正教。①首都为里加，为拉脱维亚全国的政治、经济、文化中心，也是波罗的海地区重要的工业、商业、金融和交通中心。

（三）经济

1991年恢复独立后，拉脱维亚按照西方模式进行经济体制改革，推行私有化和自由市场经济。1998年被正式接纳为世界贸易组织成员。2014年，拉脱维亚加入欧盟之后，开始执行欧盟共同政策。因私人资本有限，外国直接投资成为其经济发展的主要动力。为吸引外国直接投资，拉脱维亚政府和各地区政府通过与各种商业组织的合作，以多种方式为在拉脱维亚投资的企业改善投资法律环境和管理水平。同时，辅之以各种税收优惠政策、经济特区优惠政策、进口增值税和关税优惠等来吸引外国直接投资移民者。

2020年，拉脱维亚国内生产总值达到293亿欧元，国内生产总值增长率-3.6%，失业率8.1%，工业支柱产业有采矿、加工制造及水电气供应等。2020年工业产值同比下降23.7%，其中制造业同比下降0.9%，工业占GDP比重15.7%，包括种植业、畜牧业、渔业等行业。2018年农业占国内生产总值的比重为3.8%。服务业是拉脱维亚的支柱产业，2018年服务业占国内生产总值的比重为73.1%。拉脱维亚与世界120多个国家和地区有贸易关系，主要贸易伙伴为周边欧盟成员国和独联体国家，主要出口国为立陶宛、爱沙尼亚、俄罗斯；主要进口国家为立陶宛、德国、俄罗斯，对周边国家依赖程度依然较高。主要出口商品是木材、木制品及木炭、钢铁、矿物燃料；主要进口商品为矿物燃料、机械用具及车辆零配件。②

（四）教育

自1991年拉脱维亚脱离苏联以来共进行过三次教育改革，1990—1995年为第一阶段改革，主要改革理念是脱离原有的苏联时期的意识形态的影响，加强教育行政管理上的民主化，为进一步的教育改革铺平道路；第二阶段是1996—2001年，主要是在民主化与去集权化的思想指导下，进一步深化体制改革，并在法律制度上建立保障机制；第三阶段是2002年至今，这一阶段的特点是在原有体制及措施基础上，深化改革，目标为"努力建设一个以知识为基础的民主的和具有社会包容力的拉脱维亚社会"。③通过上述改革措施，拉脱维亚基本完成了本国教育的民主化改革，加快了拉脱维亚教育同欧洲和世界的接轨。现在，教育水平决定拉脱维亚的生活水平和未来发展已然成为了人民的共识。

当前，拉脱维亚实行九年义务教育，允许私人办学校。大学实行公费和自费两种制

---

① 中国一带一路网.拉脱维亚概况 [EB/OL]. https://www.yidaiyilu.gov.cn/gbjg/gbgk/10059.htm.2020-9.

② 拉脱维亚中央统计局 [EB/OL].http://www.csb.gov.lv/.2017-9-19.

③ Kangro A，James D. Rapid reform and unfinished busi-ness: the development of education in independent Latvi-a，1991—2007 [EB/OL]. European Journal of Education:43. http://eprints.uwe.ac.uk /10438 /2 / Rapid _ reform _ and_unfinished_business.pdf.

度。2012—2013 学年度在校学生 43.2 万人。其中学前班人数为 9.3 万，普通学校 21.2 万，职业学校为 3.2 万，高等院校 9.4 万人。主要高等院校有拉脱维亚大学、里加工业大学、拉脱维亚农业大学、波罗的海俄罗斯学院、拉脱维亚医学院、拉脱维亚海洋学院、拉脱维亚音乐学院、拉脱维亚艺术学院等。创办于 1919 年的拉脱维亚大学是建校最早的大学，现有 13 个院系。①

二、职业技术教育与培训的战略与法规

（一）战略

1991 年恢复独立后，拉脱维亚按西方模式进行经济体制改革，教育领域也依此进行改革。经过三个阶段的教育体制改革，拉脱维亚已然从集权式向民主转变，教育秩序的良好运行使得拉脱维亚的教育尤其是职业技术教育与培训的战略可以最大化地服务本国民众与经济发展。拉脱维亚共和国部长内阁指出，职业技术教育与培训重要的是与劳动力市场的需求保持一致，所以职教机构与用人单位之间要实现深入合作。2009 年，政府通过了一份关于提高职业技术教育与培训社会合作伙伴关注度与参与度的指导政策，其将职业技术教育与培训的战略目标确定为：完善职业教育与培训项目，执行部门资格框架，提高合作伙伴在制订和实施职业技术教育与培训政策，特别是质量保障政策方面的参与度。

（二）法规

1999 年《职业教育法》确立了职业教育的法律基础，定义了职业教育的三大等级：（1）基础职业教育；（2）中等职业教育；（3）高等职业教育，包括高等职业教育初级（大专教育）和高等职业教育二级。该法还规定了两种正规类型的职业继续教育：职后教育和专业进修。2012 年 8 月部长内阁要求教育与科学部于 2014 年 1 月重新制订并提交《职业教育法》。

此外，《高等教育机构法》（1995 年）规范了高教机构与其他国家机构的合作关系，以协调高教机构与国家和社会利益关系。其中，特别规定了高教机构的法律主体地位，设立并保护高教机构自主权。2007 年发布的《终身学习政策指导》对教育与科学部编制的主要政策规划及相关执行项目进行了规范。②

---

① 中华人民共和国外交部 . 拉脱维亚概况 [EB/OL].http://www.fmprc.gov.cn/web/gjhdq_676201/gj_676203/oz_678770/1206_679330/1206x0_679332/.2021–6.

② Ministry of Education and Science (2013). Education Law. Riga: Ministry of Education and Science. Accessed: 07 October 2013.

三、职业技术教育与培训的体系与质量保障

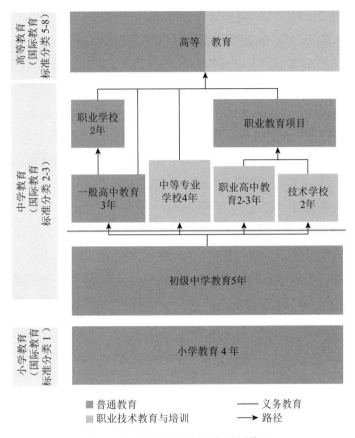

图1 拉脱维亚职业教育与培训体系

（一）体系

由上图1可知，拉脱维亚实行小学4年制、初中5年制教学。初中阶段的职业技术教育与培训项目目标群体为因故辍学、文化水平低、缺少基本技能的年轻人，目的是促使其回归教育系统。学生入学条件是年满15周岁，之前的教育状况不在考察范围。未能完成基本教育项目或者学习通识科目有困难的学生可以选择适配教学项目。

高中阶段的职业技术教育主要有两大类：职业教育项目与职业高中教育项目。初中毕业生可选择这些途径深造。这些职业教育项目学制较短，不可直接进阶高等教育。有深造意向的学生可选择一般性高中一年过渡期项目。中等专业教育项目学制较长，包括通识科目的集中考试，毕业生可以直接升入高等教育。

在学校正规教育体系之外，拉脱维亚政府也设立了非正规或非正式教育，用以帮助青年获取技术和能力的学习和认证，个人只需提交职业能力评估申请，通过职业资格考试，即可颁发相应的职业资格证书。此外，地方政府还负责对其辖区内的非正规教育机构提

供资金支持和协助。由于市场需求，面向成人的非正规学习机构也越来越多。①

（二）保障

国家教育质量管理局负责职业技术教育与培训项目的许可和认证工作，以此来保障拉脱维亚职业技术教育与培训的质量。国家教育质量管理局还负责所有职教机构及考试中心的认证工作，其中既包括国家机构和地方政府机构，也对社会私营机构实施资助，但只有经认可的职教机构才可申请国家资金。自 2010 年以来，国家教育质量管理局加入欧洲职业教育与培训质量保障机构工作组，并于 2013 年被列为拉脱维亚常驻机构。

国家教育质量管理局召集各方专家开展职业技术教育与培训的项目批准和认证工作。专家组成员既有来自国家教育质量管理局的专家，也包括各领域协会组织代表和经拉脱维亚工艺协会授权的用人单位代表。他们从国家教育标准、职业标准、职业分类、法律要求等角度对教学项目进行评价，以确保项目内容可以为学生提供必要的知识、技术和能力。

此外，为对接欧洲资格框架，拉脱维亚资格框架于 2010 年发布实施。拉脱维亚资格框架共分 8 个级别，从知识（包括理解能力）、技术（分析、综合运用和评估）和能力（分析、综合运用和评估）三方面描述学习成果，与欧洲资格框架相一致，拉脱维亚资格框架的 8 个级别如下表所示：②

表 1 拉脱维亚资格框架等级

LQF/EQF 级别	对应教育资格类型
1	基础教育证书（特殊教育项目，针对严重智力发育障碍学生群体）
2	基础教育证书（特殊教育项目，针对智力发育障碍学生群体）
3	基础教育与初级职业教育证书
4	一般性中学教育证书/职业教育证书（不可直接进入高等教育）/中等职业教育文凭（可以升入高等教育）
5	高等专业教育一级文凭（全日制学习，学制 2—3 年）
6	大学本科文凭/专业本科文凭/高等专业教育文凭/高等专业资格文凭（高等专业教育二级，全日制学习，学制至少 4 年）
7	硕士文凭/硕士专业文凭/高等专业教育文凭/高等教育文凭/高等专业资格文凭（高等专业教育二级，全日制学习，学制至少 5 年）
8	博士文凭

---

① Academic Information Centre (2012). Referencing of the Latvian Education System to the European Qualifications Framework for Lifelong Learning and the Qualifications Framework for the European Higher Education Area. Self-Assessment Report Second Version. Riga: Academic Information Centre.

② State Education Development Agency (2007). Latvia System of Education. Riga: Euro Guidance.Accessed: 07 October 2013.

四、职业技术教育与培训的治理与教师

（一）治理

经过三次重要的教育改革，拉脱维亚的教育治理体系已颇具雏形。部长内阁负责制定该国职业技术教育与培训领域的政策与战略，确定颁发国家承认学历的框架以及进行国外学历认证。教育与科学部负责制定职业技术教育与培训框架规范，认证办学机构，建立健全职业标准注册登记，建议并提交国家预算分配。国家教育中心隶属于教育与科学部，其负责制定教学大纲，安排国家统一考试，完善职业技术教育与培训的标准和实施教师进修计划等。国家教育质量管理局同样隶属于教育与科学部，如前所述该局负责审批职业技术教育与培训项目并对项目进行质量评估。国家就业保障局接受福利部监督。该局负责落实面向失业人员的劳动力市场政策和项目。福利部及其劳工处负责管理、协调劳动力市场政策。国家职业教育和就业三方合作委员会成立于2000年，该合作委员会负责审查国家发展计划草案、评估提案，并向政府和非政府组织提出建议和意见，其成员包括福利、经济、财政、司法、农业、教育与科学、区域发展和地方政府事务等部委，以及拉脱维亚自由工会联合会和雇主联合会。

2011年，拉脱维亚成立了由12个不同部门组成的专家工作委员会，该委员会负责拟订部门资格框架和职业标准要求，招纳质量保证专家，负责资格考试、职业技术教育与培训学校和项目的认证，审查学生录取计划，并向办学机构的学生提供企业实习机会。专家工作委员会成员分别来自教育与科学部、经济部、拉脱维亚雇主联合会、自由工会联合会、福利部、国家就业保障局等等。

在经费方面，因大多数职业技术教育与培训机构为国家所有，因此国家预算是其主要经费来源。另外，根据职业技术教育与培训机构所有权的不同归属，其经费也可来自地方政府补贴或私人渠道。职业技术教育与培训机构可以接受捐赠，也可以通过提供有偿服务创收，但这部分收入必须用于机构发展。资金的主要来源包括欧盟、瑞士和挪威的财政援助机制，另一来源是学生学费。[①] 当前，政府正致力于变革该种资金模式，计划将资金模式变为"钱跟学生走"，类似于我国的生均拨款制度，目的是促使地方政府实施一种基于办学机构绩效的财政规划。与此同时，新模式鼓励相关企业加入职教机构筹资渠道，以优化教育网点在拉脱维亚的布局。

（二）教师

职业教育基础阶段教师任职资格为受过师范教育的技师。中等职业教育教师任职资格需要具备高等职业教育学历、相关专业高等教育学历或高等职业教育（师范类）学历。此外，受过职业高中教育、技能教育和职业师范教育的专业人士也可申请中等职业教师

---

① Ministry of Education and Science (2010). The guidelines for optimisation of vocational education establishments network for 2010–2015. Riga: Ministry of Education and Science.

任职资格。2010 年 9 月，政府修订职业教育教师条例，要求没有教师资格的教师需参加高等教育机构组织的 72 小时培训项目。

2011 年 6 月，拉脱维亚政府又制订了教师进修程序，要求教师完成至少数小时的在职培训项目方可上岗。此外，政府还从 2007—2014 年度结构资金中拨款，对其所在专业和其他专业，包括信息技术、教学法、外国语言、创业、职业安全和健康领域的教师进行特别培训。同时，拉脱维亚本国企业和国外企业也会向这些教师提供实践机会[①]。

五、职业技术教育与培训的诉求与发展趋势

经过三次重要的教育改革，拉脱维亚的职业技术教育与培训体系已步入正轨。进入 21 世纪以来，拉脱维亚在文茨皮尔斯等市设立了多个经济特区，通过税收和关税优惠等来刺激本国经济发展。其可投资领域包括电子、机械制造、木材加工等多个产业，特别是旅游服务、卫生健康等行业，都需要大量的职业技能人才。因此，职业技术教育与培训对拉脱维亚的经济发展至关重要，其职业教育体系也需要持续改革，以进一步提升广大青年的就业前景。据经合组织网站 2015 年 8 月发布《投资青年》（Investing in Youth）系列国别报告显示，拉脱维亚不仅青年比例下降，且失业率高达 16.4%，大约有三分之一的青年既没有在公共就业服务机构注册，也没有积极寻找就业机会，70% 既不上学也不就业的状态均超过了 6 个月。[②]尽管拉脱维亚政府积极提升现代职业教育体系的吸引力，但是教育体系与劳动力市场之间的脱节使得政府的努力并未实现预期成效。所以，未来拉脱维亚职业技术教育与培训发展的诉求主要在以下几点。

（一）开发能够适应劳动力市场需求的培训项目

职业技术教育与培训是拉脱维亚教育系统的重要组成部分，在过去几十年来虽然得到快速发展，但其资源投入相对于经济贡献而言仍略显不足，究其原因就在于职业技术教育体系未能完全基于劳动力市场的需求，这不仅会降低职业教育体系本身的运行效率，也会对整体的社会经济运行产生影响。因此，拉脱维亚应继续改革职业教育体系，强化基于工作的培训，开发能够适应劳动力市场的培训项目，在增强职业技术教育资源汇聚能力的同时，更好地发挥其在社会经济发展中的作用。

（二）落实职业技术教育财政支持政策

受到欧洲危机等的影响，拉脱维亚的教育财政一度陷入僵局，导致教学设备老化，教师工资待遇较差，优质师资流失严重。虽然近几年财政好转，但职业技术教育与培训的财政问题一直未能得到很好解决。这一方面是由于职业教育财政负担本身就很大，另一方面也是因为其受苏联影响，一直属于国家财政直接拨款，社会资本参与度较低。因

---

① Ministry of Economics (2011). National reform programme of Latvia for implementing strategy "EU 2020". Riga: Ministry of Economics.

② 王俊. 经合组织：拉脱维亚须加强职业培训以促进青年就业 [J]. 世界教育信息，2015（19）.

此，拉脱维亚落实职业技术教育财政政策一是要改革拨款机制，加大社会资本在职业技术教育上的投入；二是要通过各种经济和财政手段刺激企业等私有资本加入，以落实职业技术教育的财政支持政策。

（三）完善拉脱维亚资格框架，建立资格标准等级制度

随着欧洲一体化的到来，拉脱维亚国家资格框架已同欧洲资格框架对接，但仍需进一步完善，这不仅可以为职业技术教育与培训的项目模块实施和学分制的引入提供条件，以囊括非正规体系所获取的知识和技能，也可以对接国际劳动力市场，为职业教育的参与者提供更为完整的职业生涯发展和规划。另一方面，各级资格标准需要制度化的约束，以指导职业技术教育与培训项目制定，且各级资格标准还需要不断更新，以使职业技术教育与培训项目也做出相应的调整。上述措施对提升职业技术教育质量，增强职业教育吸引力以及社会合作伙伴的参与度都将产生积极作用。

（深圳职业技术学院　技术与职业教育研究所　李亚昕）

主要参考文献

[1] Academic Information Centre (2012). Referencing of the Latvian Education System to the European Qualifications Framework for Lifelong Learning and the Qualifications Framework for the European Higher Education Area. Self–Assessment Report Second Version. Riga: Academic Information Centre.

[2] CEDEFOP ReferNet (2012). Latvia VET in Europe–Country report. Thessaloniki: European Centre for the Development of Vocational Training.

[3] EQAVET (2013). Description of The VET System in Latvia. Dublin: European Quality Assurance in Vocational Education and Training. Accessed: 07 October 2013.

[4] Ministry of Education and Science (2013). Education Law. Riga: Ministry of Education and Science. Accessed: 07 October 2013.

[5] Ministry of Education and Science (2013). The Education System in Latvia. Riga: Ministry of Education and Science. Accessed: 07 October 2013.

[6] Ministry of Education and Science (2013). Vocational Education. Riga: Ministry of Education and Science. Accessed: 07 October 2013.

[7] State Education Development Agency (2007). Latvia System of Education. Riga: Euro Guidance. Accessed: 07 October 2013.

[8] Ministry of Economics (2011). National reform programme of Latvia for implementing

strategy "EU 2020" . Riga: Ministry of Economics.

[9] Ministry of Education and Science (2009). Raising attractiveness of vocational education and involvement of social partners within vocational education quality assurance Concept.Riga: Ministry of Education and Science.

[10] Ministry of Education and Science (2010). The guidelines for optimisation of vocational education establishments network for 2010–2015. Riga: Ministry of Education and Science.

[11] Ministry of Welfare (2010). Strategy for the Shift from Short–Term Active Labour Market Policy Measures for Combating Consequences of Crisis to the Traditional Active Labour Market Policy Measures. Riga: Ministry of Welfare.

[12] The Cabinet of Ministers (1998). The Education Law (Izglītības likums). Riga: The Cabinet of Ministers.

[13] The Cabinet of Ministers (2000). Regulations on demands for necessary teacher education and professional qualifications. Riga: The Cabinet of Ministers.

[14] The Cabinet of Ministers (2007). Procedure of developing occupational standards. Riga: The Cabinet of Ministers.

[15] 中华人民共和国外交部 [EB/OL].http://www.fmprc.gov.cn/web/gjhdq_676201/gj_676203/oz_678770/1206_679330/1206x0_679332/.

[16] 中国一带一路网 [EB/OL]. https://www.yidaiyilu.gov.cn/gbjg/gbgk/10059.htm.

[17] 王俊. 经合组织 : 拉脱维亚须加强职业培训以促进青年就业 [J]. 世界教育信息 , 2015 (19).

立陶宛共和国

一、国家概况

（一）地理

立陶宛共和国（The Republic of Lithuania），简称立陶宛，位于波罗的海东岸，北接拉脱维亚，东连白俄罗斯，南邻波兰，西濒波罗的海和俄罗斯加里宁格勒州。立陶宛的总面积约为 6.53 万平方千米，国境线总长 1644 千米，海岸线长 90 千米。属海洋性向大陆性过渡气候。最高点海拔 293.6 米。1 月平均气温 -1℃，7 月平均气温 19℃。[①]

立陶宛的森林和水资源较为丰富。森林面积 219 万公顷，森林覆盖率为 33.5%，人均森林面积 0.8 公顷；木材蓄积量为 4.9 亿立方米，多为针叶林，主要为松木。立陶宛湖泊较多，水域面积超过 880 平方千米，内陆地区有许多小型湖泊和沼泽地，面积超过 0.5 公顷的湖泊有 2834 个，其中最大的德鲁克夏伊湖面积 4479 公顷（42.26 平方千米）。此外，立陶宛有 722 条河流，其中长于 100 千米的河流有 21 条，最长的河流是涅姆纳斯河，全长 937 千米，其中立陶宛境内长度为 475 千米。[②]

（二）人文

关于立陶宛的第一次书面记录可以追溯到公元 1009 年，当时立陶宛人征服了临近的土地，1240 年成立统一的立陶宛大公国。维陶塔斯大公执政期间（1392—1430）是立陶宛鼎盛时期，成为当时欧洲面积最大的国家之一。1795 年后逐步被沙俄吞并。第一次世界大战期间，立陶宛曾一度被德国占领。1939 年 8 月，苏联和德国签订秘密条约，立陶宛被划入苏联势力范围，次年初苏军进驻立陶宛境内。1941 年苏德战争爆发后，立陶宛被德国占领。1944 年苏联军队进入立陶宛，立陶宛苏维埃社会主义共和国成立并加入苏联。1990 年 3 月 11 日，立陶宛通过恢复独立宣言，宣布脱离苏联独立。1991 年 9 月 6 日，苏联国务委员会承认立陶宛独立，9 月 17 日立陶宛加入联合国。2001 年 5 月，立陶宛成

---

① 中华人民共和国外交部 . 立陶宛国家概况 [EB/OL].(2021-07-01) [2021-09-26]. http://www.fmprc.gov.cn/web/gjhdq_676201/gj_676203/oz_678770/1206_679354/1206x0_679356/.

② 商务部国际贸易经济合作研究院等 . 对外投资合作国别（地区）指南——立陶宛 [R]. 商务部《对外投资合作国别（地区）指南》编制办公室 , 2020, 12: 5.

为世界贸易组织的第 141 位成员，在 2004 年加入了北约联盟和欧洲联盟。立陶宛政局总体稳定。格里包斯凯特总统保持较高民意支持率，于 2014 年 5 月连选连任，在国家政治和社会生活中继续发挥着较为重要的作用。2020 年新一届议会选举中，祖基党、自由运动党和自由党联合组成新一届执政联盟。①

立陶宛人口在 20 世纪末开始骤减，从 1990 年的约 380 万人降到 2014 年的约 290 万人，人口持续呈现负增长。截至 2019 年 7 月 1 日，立陶宛总人口为 279.2 万人，人口密度为 42.8 人 / 平方千米，城镇居民占三分之二。立陶宛主要信奉罗马天主教，少部分居民信仰东正教和路德教等。主要民族有：立陶宛族占 84.2%，波兰族占 6.6%，俄罗斯族占 5.8%，白俄罗斯族占 1.3%。立陶宛语是官方语言，也被公认为欧盟的官方语言之一。立陶宛语是与拉脱维亚语相关的波罗的海语言，它是用拉丁字母写的，通常被认为是最保守的印欧语言，保留了欧洲其他印欧语言的许多特征。②

（三）经济

立陶宛是欧盟成员国之一，也是波罗的海三国最大的经济体。立陶宛是 1990 年第一个宣布独立于苏联的国家，从中央计划到市场经济迅速转变，实行了许多自由主义改革，加入欧盟后，经济增长迅速，有"波罗的海老虎"之称。受经济危机影响，2009 年，国内生产总值下降了 15%，2010 年国家失业率达 17.8%，2015 年恢复为 9.1%。2019 年，立陶宛第一产业产值占当年 GDP 的 3.3% 左右；第二产业（采矿业、制造业、电力、燃气及水的生产和供应、建筑业）约占当年 GDP 的 29.1%；第三产业产值占当年 GDP 的 68.6%。③

产业发展方面，食品加工业、交通物流业、生物技术产业、激光产业是立陶宛的重点产业。其中木材加工业是立陶宛发展最快、前景最好的制造业产业之一，主要包括木材及制品业、家具业和造纸业。立陶宛的服务业占国内生产总值的最大份额，主要行业是信息和通信技术，来自波罗的海国家的 20 家最大的 IT 公司中有 11 家位于立陶宛。立陶宛拥有世界上高能量皮秒激光器市场的 50% 以上，是生产超快参数光发生器的全球领先企业。④

据立陶宛国家统计局数据显示，2020 年进出口总额为 576 亿欧元，其中出口总额 286 亿欧元，同比下降 3.3%；进口总额 290 亿欧元，同比下降 8.8%。主要出口商品为矿产品、机电设备、电气设备、木材等，主要进口商品为矿产品、机电设备、电气设备、

① 中华人民共和国外交部 . 立陶宛国家概况 [EB/OL].(2021-07-01) [2021-09-26]. http://www.fmprc.gov.cn/web/gjhdq_676201/gj_676203/oz_678770/1206_679354/1206x0_679356/.
② 商务部国际贸易经济合作研究院等 . 对外投资合作国别（地区）指南——立陶宛 [R]. 商务部《对外投资合作国别（地区）指南》编制办公室 , 2020, 12: 6, 11.
③ 同上 , 2020, 12: 17.
④ 立陶宛经济 [EB/OL]. https://en.wikipedia.org/wiki/Economy_of_Lithuania. 2017-08-20.

化工产品、蔬菜及水果等。主要贸易伙伴为俄罗斯、拉脱维亚、波兰、德国。[①]

（四）教育

立陶宛实行 10 年基础教育，初等小学（1—4 年级）、基础中学（5—10 年级）。基础中学毕业后，学生可以选择进入高级中学（2 年）、职业学校（3—4 年）、音乐学院（6年）或职业教育中心。高中毕业后可进入高校进行为期 4-5 年的本科学习。此外，还有为残障儿童设立的特殊学校和以及青年学校等。[②] 立陶宛国家教育法规定，6 岁至 16 岁为免费义务教育阶段。立陶宛的职业技术教育是从基础教育的第 5 年开始的（14—15 岁之间），随后进行 2 到 3 年的职业高中教育，也可以继续参加"马库拉"考试，进入高等教育阶段。但是，为了达到大学教育的水平，职业教育的学生必须接受 2 年的"中学后"阶段的教育。

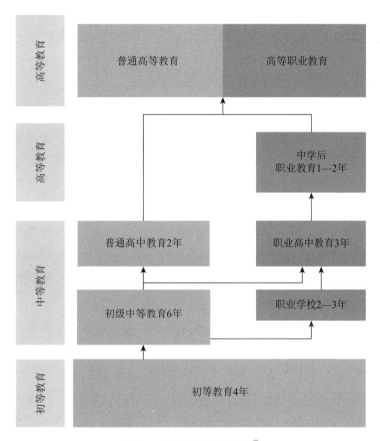

图 1　立陶宛教育体系图 [③]

①　中华人民共和国外交部 . 立陶宛国家概况 [EB/OL].(2021–09–01) [2021–09–26]. http://www.fmprc.gov.cn/web/gjhdq_676201/gj_676203/oz_678770/1206_679354/1206x0_679356/.

②　商务部国际贸易经济合作研究院等 . 对外投资合作国别 (地区) 指南——立陶宛 [R]. 商务部《对外投资合作国别 (地区) 指南》编制办公室 , 2020, 12: 12.

③　UNESCO–UNEVOC from CEDEFOP (2013). Vocational Education and Training in Lithuania, Short Description. Luxemburg: Publication Office of the European Union.

高等教育阶段分为大学和专业学院，大学主要提供本科、硕士和博士学位，专业学院主要提供职业教育。2006 年，立陶宛开始实施博洛尼亚进程。职业教育也可以提供专业学士学位。主要高等院校有：维尔纽斯大学、维尔纽斯科技大学、维尔纽斯师范大学、立陶宛农业大学和立陶宛军事学院等。维尔纽斯大学是北欧最古老的大学之一，也是立陶宛最大的大学之一。考纳斯理工大学是波罗的海国家最大的技术大学和立陶宛第二大大学。立陶宛高等教育人口为 54 万，占就业人数的 35% 以上，这一比例表明，立陶宛的劳动力是中欧和东欧受教育程度最好的国家之一，是欧盟 15 国平均水平的两倍。立陶宛人约 90% 可以至少使用一门外语，一半人可以说两种外语，三分之一人可以说英语。①

2019—2020 学年，立陶宛共有各类学校 1056 所，注册学生总数为 459443 人。全国共有大学 19 所，在校大学生 105942 名，教师 7536 名。立陶宛高等教育实行国家免费和个人收费相结合，学费因学校、专业不同而有所差异。②

二、职业技术教育与培训的战略与法规

（一）战略

立陶宛《2003—2012 年国家教育战略》中指出，职业教育培训方案应符合国际标准和劳动力市场需要。促进个人文化发展的人文社会科学课程成为学习计划的一部分。在立陶宛颁布的各项关于职业技术教育与培训的国家政策中，核心内容主要是：开发人力资源从而提升职业教育与培训的质量；满足对劳动力市场的需求；增强职业教育与培训的吸引力。具体来说：1. 增强流动性，主要是指职业技术教育与普通教育的流动以及职业技术教育与高等教育的流动性；2. 增强社会参与性，确保社会伙伴可以在职业技术教育与培训的课程设计和评价中充分参与进来；3. 增强自治性，为实施职业技术教育与培训的机构和个人保证充分的自由，创造机会，实行管理的自治。

2014 年 9 月 29 日，教育和科学部长批准了《2014—2016 年度职业教育与培训发展行动计划》。这个行动计划的主要目标是开发一个能反映学习者、社会和国家需要的现代化的职业教育体系，并确保职业教育机构毕业生的专业活动。本行动计划有 6 个目标，为实施这些目标制定了具体目标和活动：优化职业教育机构网络，根据区域需要有效利用基础设施；系统化职业教育培训计划的供应，提高品质；改进学生获得的能力评估制度；建立职业技术教育培训体系和持续专业发展水平；改进职业教育与培训机构的管理和教学质量；增加职业教育的吸引力。

为了更有效地使用培训资金和资源，2015 年以来，初级职业教育和继续职业教育与

① 立陶宛教育 [EB/OL]. https://en.wikipedia.org/wiki/Education_in_Lithuania. 2017-08-20.
② 中华人民共和国外交部. 立陶宛国家概况 [EB/OL].(2021-07-01) [2021-09-26]. http://www.fmprc.gov.cn/web/gjhdq_676201/gj_676203/oz_678770/1206_679354/1206x0_679356/.

培训机构提供者开始实施机构网络改革，优先开发更大范围的区域性职业教育机构，加强建立部门使用培训中心的机构，合并分散和规模较小的机构，将职业教育培训机构纳入自治系统。[①]

（二）法规

1.《职业指导法案》（2012）对提供职业技术教育与培训的机构进行了规定，认为普通教育学校和职业技术教育与培训机构应该承担主要职业教育任务。机构所属地区的政府部门应为这些机构提供服务。

2.《职业教育与培训法》（2007年修订版）对职业技术教育与培训一般性内容做出了规定。（1）规定了立陶宛职业技术教育与培训系统的主要构成，包括初级职业技术教育与培训、继续职业技术教育与培训、一般性的职业指导等；（2）调整职业技术教育与培训体系的组织和结构；（3）设定职业技术教育与培训体系的管理和质量保障原则，界定国家资格框架，引进学徒训练计划，创造法律条件为初级和继续职业技术教育与培训搭建桥梁。

3.《非正规成人教育法》（1998年）对非正规教育进行了规定，非正规教育包括基于个人或社会兴趣的自我教育。2014年7月，最新修订的《非正规成人教育和继续教育法》获得通过，并于2015年1月1日起开始生效。新版法律的目的是为一个人实施他/她的终身学习的自然权利提供法律保障，确保获得知识和能力的机会，发现生命的新意义，成为民主社会的积极成员。新版法律主要有以下变化：（1）强调了规划、信息提供、质量保障以及能力认证等问题；（2）在制定和实施非正规成人教育和终身学习政策的过程中，加强了非正规成人教育委员会的作用；（3）非正规成人教育融资机制是由政府通过的新规定引入的；（4）为个人非正规教育活动提供最多5天假期，假期必须与雇主达成一致（"劳动法典"第181和210条已经修改为此）。

三、职业技术教育与培训的体系与质量保障

（一）体系

1. 职业技术教育与培训的使命与愿景

根据立陶宛《2003—2012年国家教育战略》[②]，职业技术教育与培训（TVET）的使命是帮助个人获得与现代技术、文化和个人技能水平相对应的职业资格，创造条件，使终身学习成为可持续满足认知需求的条件，寻求获得必要的新能力和资格，为职业生涯和有意义的生活做准备。

① Kvalifikaciju ir profesinio mokymo pletros centras. (2016). Vocational education and training in Europe–Lithuania. Cedefop ReferNet VET in Europe reports. http://libserver.cedefop.europa.eu/vetelib/2016/2016_CR_LT.pdf

② PARLIAMENT OF THE REPUBLIC OF LITHUANIA. RE. PROVISIONS OF THE NATIONAL EDUCATION STRATEGY 2003–2012[EB/OL]. http://www.smm.lt/uploads/documents/Lithuanian%20Education%20Strategy%202003–2012.pdf,2017–10–13.

2. 立陶宛职业教育的构成

（1）正规的职业教育与培训系统

立陶宛正规的职业技术教育与培训是从初中教育的第 5 年开始的。主要分为初级的职业技术教育与培训和继续职业技术教育与培训。

初级的职业培训由国家预算资助，培训计划由两部分组成。第一部分是全国所有学校统一的，限定了专业活动的领域、能力、教学目标和评价规则。第二部分是可选择性的，涉及教学方法、科学课程、教具等，该部分必须包括创业、民事保护、生态学、信息技术和特定用途外语等科目或模块。职业学科的 60%—70% 的时间应用于实践培训，通常在学校或在公司中进行实践培训。按照学习者的水平，也可以将初级职业技术教育与培训分为三种，详见表 1。

表 1　立陶宛国家初级职业教育与培训计划

教育项目	教育年限	证书获取/教育出口	备　注
初级教育项目	2—3年	获得职业资格证书或基础学校证书，继续接受教育或准入劳动力市场	专为14岁以上学生设计
中级教育项目	2—3年	获得会考毕业证书，继续进入高等教育或劳动力市场	
高级教育项目	1—2年	获得高等教育/学院、大学学习计划或劳动力市场的准入资格	

继续职业教育和培训针对 18 岁以上的学员，通常开设短期（1 年以下）的课程内容，60%—80% 的课程是实践培训课程，主要通过公司、机构、就业基金或其他基金资助来进行。接受继续职业技术教育与培训的人们可以获得职业资格，或者获得执行法律规定的工作或职业的能力。

（2）非正规和非正式职业技术教育与培训体系

在立陶宛，非正规和非正式的职业技术教育与培训主要存在于继续职业技术教育与培训机构中，旨在为成人提供职业资格和从事某项职业的能力。非正规和非正式的职业技术教育与培训的形式主要包括在工作场所学习、非正式培训课程和远程学习等。参加非正规和非正式职业技术教育与培训的群体包括公司或机构所雇佣的员工、国家预算资助的员工（如公务员）、失业人员等。

（二）保障

1. 资格证书和国家资格框架

立陶宛要求学生在进入中学阶段的第 5 年才进入职业技术教育与培训，因此，可以分为中等教育阶段的职业教育和中学后阶段的职业教育。[①]

①　CEDEFOP (2013). Vocational Education and Training in Lithuania, Short Description. Luxemburg: Publication Office of the European Union.

（1）中等教育阶段

表2　立陶宛中等职业教育资格认证情况

职业技术教育与培训计划	ISCED级别	平均持续时间	获得证书	EQF级别	进修和职业机会
初中教育水平计划	2C	2—3年	职业资格证书	2	准入劳动力市场
初中教育水平计划	2A	3年	职业资格证书；基础学校证书	2	职业资格证书；基础学校证书
高中教育水平计划	3C	2—3年	职业资格证书	3	准入劳动力市场
高中教育水平计划	3A	3年	职业资格证书；马库拉会考证书	4	准入高等教育/学院、大学学习计划或劳动力市场

（2）中学后阶段①

表3　立陶宛中学后教育阶段的资格认证情况

职业技术教育与培训计划	ISCED级别	平均持续时间	获得证书	EQF级别	进修和职业计划
高等教育水平计划	4	1—2年	职业资格证书	4	准入高等教育/学院、大学学习计划或劳动力市场
CVET计划	2、3、4	1年	职业资格证书	1、2、3	准入劳动力市场

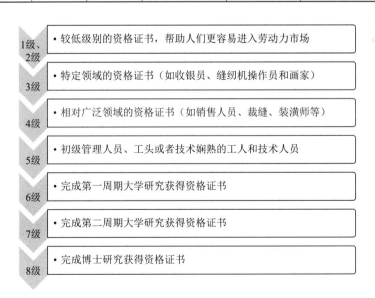

图2　立陶宛国家资格框架

---

① 自2016—2017年以来，正在试点实施EQF5级的2年计划。

2010 年，立陶宛政府开始实施国家资格框架，该框架分 8 级，涉及所有教育部门。其中职业技术教育与培训资格属于立陶宛资格体系中的前 5 级，后 3 级主要是接受大学阶段的教育资格认证。通过完成职业技术教育和 / 或普通教育计划，获得 1—4 级的资格证书。劳动力市场上最受欢迎的职业技术教育与培训的资格框架级别是 3 级和 4 级。

2. 质量保障

2008 年，立陶宛确立职业技术教育与培训质量保障体系，质量保障的内容中包括自我评估和外部评估。为了提升国家的职业技术教育与培训质量，应做到：设计和批准职业技术教育与培训标准；设计和开发培训计划，并颁发许可证；监督计划的实施；评价获得资格证书所需要的知识、技能和能力；保证所有利益相关者和社会合作伙伴的参与机会；保证资格证书的各阶段工作保持透明；实施立陶宛资格框架并与欧洲资格框架协调一致。

四、职业技术教育与培训的治理与教师

（一）治理

立陶宛国家中，参与职业技术教育与培训的机构和管理工作的部门主要包括教育和科学部、资格和职业技术教育培训发展中心、经济部、其他部委、咨询机构等，这些部门和机构的职责有所不同，共同保障职业技术教育与培训的健康运行。[①]

表 4　立陶宛职业技术教育与培训的管理部门和职责

管理部门或机构		职　责	备　注
教育和科学部		开发、审批和授权初级职业技术教育与培训的年度计划和正规的培训程序	
资格和职业技术教育培训发展中心		组织开发职业技术教育与培训的培训标准和资格标准，评估培训质量，欧洲终身学习资格框架（EQF）的国家协调点	前身为职业技术教育与培训方法学中心，成立于1996年，2010年更名。
经济部		制定和实施人力资源开发政策和职业技术教育与培训政策	
其他部委		提出教育培训法律行为提案，参与起草法律行为的工作组，也参与部分职业培训的课程开发	
咨询机构	职业技术教育与培训委员会	负责职业技术教育与培训的战略问题	学院机构，主要向国家教育部门提供咨询
	中央专业委员会	负责协调有关资格体系开发的战略问题	
	社会合作伙伴	制定职业技术教育与培训课程内容，评估培训是否满足劳动力市场需求	通过职业技术教育与培训理事会和中央专业委员会参与政策制定

---

① CEDEFOP (2013). Vocational Education and Training in Lithuania, Short Description. Luxemburg: Publication Office of the European Union.

（二）教师

立陶宛的法律规定，职业技术教育与培训的教师必须具有相关的职业资格，或者有相关的课程经历，学习过教育学和心理学等课程。如果没有获得职业资格的教师，则需要接受共约 120 个小时的教育学和心理学课程培训，这些课程主要是由具有国家认证资格的机构和公司来组织，其中大学也参与提供职业技术教育与培训的教师培养计划。[①] 在 2012—2015 年度，立陶宛实施了职业教育教师专业发展的相关项目，与雇主及其所在机构合作，约 700 名职业技术教育教师和大学讲师参与其中，主要培训内容是最先进的技术设备培训。[②]

五、职业技术教育与培训的诉求与发展趋势

（一）诉求

立陶宛国家经济的发展对外依赖程度较高，受外部环境的影响较大。2014 年由于立陶宛重要的贸易与投资伙伴——欧盟与俄罗斯的经济均陷入困境，导致立陶宛的经济收到了较大的影响。2015 年立陶宛的经济状况有所好转，工业、批发零售、汽车修理、运输仓储和住宿餐饮等行业发展较快。国际货币基金组织 2016 年 11 月关于中、东、南欧的经济发展报告指出，立陶宛的 GDP 实际增长与增长潜力之间仍然存在 1.5%—3% 的差距，也就意味着 GDP 的增长仍有空间，报告分析指出，立陶宛 GDP 增长空间主要来自目前相对较高的失业率，随着失业率的降低，立陶宛经济将进一步发展。

根据立陶宛政府经济发展的最新战略规划，实现能源独立和发展交通物流业作为政府的优先发展方向，战略的主要内容为：提升本国能源产能，实现能源进口渠道的多样化，以及发展可再生能源和有效降低能耗，以期在 2020 年前形成合理的能源结构。在交通物流的发展上，为突出地理位置优势，围绕与欧盟和波罗的海区域展开互联互通。以项目建设的关键节点为核心，或为打通障碍而铺设新的铁路，或是升级现有的设施进而实现现代化，建设成为欧盟和波罗的海区域交通的重要组成部分。上述国家优先发展领域的产业建设必然会带来大量的劳动力需求，需要职业技术教育的强力支撑。

立陶宛的经济发展主要面临以下结构性的问题：首先，贸易与投资受外部环境的变化影响较大，比如对俄罗斯的出口占到了立陶宛出口总额的 20%，俄罗斯的经济不景气及俄罗斯对欧制裁就会导致立陶宛对俄罗斯的出口萎缩，严重影响了立陶宛的经济发展。其次，劳动力短缺问题日益明显，立陶宛的人口大量外迁，导致适龄劳动力人口数量大大减少。其三，劳动生产效率有待提高。根据欧盟统计局 2016 年的数据显示，立陶宛

---

① CEDEFOP ReferNet (2012). Lithuania VET in Europe–Country report.Thessaloniki: Centre for the Development of Vocational Training.

② Kvalifikaciju ir profesinio mokymo pletros centras. (2016). *Vocational education and training in Europe–Lithuania*. Cedefop ReferNet VET in Europe reports. http://libserver.cedefop.europa.eu/vetelib/2016/2016_CR_LT.pdf

2016 年第二季度每小时的劳动力成本同比上升 6.6%，比上季度增长 6.1%。[①] 未来，立陶宛的工资增幅可能会超过生产率，因此立陶宛可能会因此逐渐失去竞争力。

（二）发展趋势

1. 实施系统的人力资源开发计划

目前，立陶宛在职业技术教育与培训上仍面临一些挑战。例如，立陶宛需要迫切提高成人参与继续职业技术教育与培训；开发职业指导；提高基于工作的学习效果；提高职业技术教育与培训教师的能力。将职业技术教育与培训与普通教育相融合，提升劳动力的技术技能水平，增强竞争力，提高生产效率。为此，系统的人力资源开发计划的主要目的在于提升职业技术教育与培训的灵活性和质量，为学习者进入职场创造条件，为职业技术教育与培训的不断完善创造条件。

2. 加快学校教育向劳动力市场的过渡

为推动职业教育与培训发展行动计划，教育科学部部长签发了《模块化职业教育计划实施方案》等文件，形成模块化的职业技术教育与培训。模块化职业教育的原则将允许学生在短时间内获得特定的能力。它确定了学生不必依次系统地进行知识学习的条件，可以根据单独的模块的部分进行学习来实现，新的学习模式将能够更快融入劳动力市场和学习新的能力。近年来，部分职业教育和培训机构将对模块化培训计划进行测试，承担分析和提供模块化职业教育计划的内容和实施工作。

（深圳职业技术学院　技术与职业教育研究所　魏　明）

主要参考文献

[1] 中华人民共和国外交部 . 立陶宛国家概况 [EB/OL]. (2021-07-01) [2021-09-26]. http://www. fmprc.gov.cn/web/gjhdq_676201/gj_676203/oz_678770/1206_679354/1206x0_679356/.

[2] 商务部国际贸易经济合作研究院等 . 对外投资合作国别（地区）指南——立陶宛 [R]. 商务部《对外投资合作国别（地区）指南》编制办公室 , 2020, 12.

[3] Kvalifikaciju ir profesinio mokymo pletros centras. (2016). *Vocational education and training in Europe – Lithuania*. Cedefop ReferNet VET in Europe reports. http://libserver.cedefop.europa.eu/vetelib/2016/2016_CR_LT.pdf

[4] PARLIAMENT OF THE REPUBLIC OF LITHUANIA. RE. PROVISIONS OF THE

---

① 中华人民共和国商务部 . 立陶宛第二季度劳动力成本上升 6.6%[EB/OL].(2016-10-11) [2017-10-13]. http://www.mofcom.gov.cn/article/i/jyjl/m/201610/20161001407400.shtml.

NATIONAL EDUCATION STRATEGY 2003–2012[EB/OL]. http://www.smm.lt/uploads/documents/
Lithuanian%20Education%20Strategy%202003–2012.pdf. 2017–10–13.

[5] CEDEFOP (2013). Vocational Education and Training in Lithuania, Short Description.
Luxemburg：Publication Office of the European Union.

[6] CEDEFOP ReferNet (2012). Lithuania VET in Europe–Country report.Thessaloniki：Centre for
the Development of Vocational Training.

[7] Kvalifikaciju ir profesinio mokymo pletros centras. (2016). *Vocational education and training
in Europe–Lithuania*. Cedefop ReferNet VET in Europe reports. http://libserver.cedefop.europa.eu/
vetelib/2016/2016_CR_LT.pdf

卢森堡大公国

一、国家概况

（一）地理

卢森堡大公国（The Grand Duchy of Luxembourg，Le Grand-Duché de Luxembourg）位于欧洲西北部，国土面积 2586.3 平方千米，人口 63.4 万（截至 2020 年 12 月 31 日），其中卢森堡人占 52.6%，外籍人口占 47.4%（来自于 170 多个国家，其中 84% 为欧盟成员国，主要为葡、法、意、比、德、英、荷侨民）。卢森堡东邻德国，南毗法国，西部和北部与比利时接壤，每天通过边境进入卢森堡工作的人数高达 20 万。首都卢森堡市面积 51.2 平方千米，人口 12.5 万。卢森堡 97% 的居民信奉天主教。

（二）人文

卢森堡是多语种国家，根据 2018 年卢森堡国家教育、儿童和青年部（以下简称教育部）对本国语言使用情况的调查结果，多数卢森堡人至少掌握四门语言，98% 的卢森堡人会说法语、80% 会说英语、78% 会说德语、77% 会说卢森堡语。1984 年卢森堡颁布的《语言法》规定法语、德语和卢森堡语为国家的官方语言。不同领域倾向于使用不同的语言。行政机构使用至少三门语言：卢森堡语、法语和德语。在政治舞台上口语交流常用卢森堡语，文件书写则大多用法语。职业领域里法语是最主要的交流语言，随后是卢森堡语、德语、英语和葡萄牙语。此外，斯拉夫语言或北欧语言，因其有数量较多的移民，也得到一定的使用。

卢森堡多语种共存，移民占比高的现象与其地理位置和国家历史有较大关系。公元前，卢森堡曾是高卢人的居住地。公元 400 年后日耳曼人入侵，这块土地先后成为法兰克王国和查理曼帝国的一部分。公元 963—1354 年，先后为神圣罗马帝国阿登伯爵、卢森堡伯爵和卢森堡公爵的自治领地。15—18 世纪历受西班牙、法国和奥地利统治。1815 年维也纳会议决定将卢森堡公国升为大公国，由荷兰国王兼任大公，同时又是德意志同盟的成员。1839 年伦敦协定承认卢森堡为独立国家。1867 年成为中立国。1868 年实行君主立宪制。1890 年，前拿骚公爵阿道夫成为卢森堡大公，彻底摆脱荷兰国王的统治。两次大战中均被德国入侵。1945 年成为联合国创始国，1948 年放弃中立政策，1949 年加入北约，20 世纪 50 年代参与创建欧共体（后成为欧盟），并与荷兰、比利时结成经济联盟。1995 年 3 月 26 日成为首批申根区国家之一，1999 年 1 月 1 日成为首批欧元国之一。[①]

（三）经济

卢森堡为发达资本主义国家，国小民富。人均国内生产总值连续多年位居世界第一。但是自然资源贫乏，市场狭小，经济对外依赖性大。钢铁工业、金融业和卫星通信业是卢森堡经济的三大支柱产业。2020 年，国内生产总值 732.64 亿美元，经济增长率 -1.3%，货币名称欧元（Euro），通货膨胀率 2.2%（2021 年 8 月），失业率 6.32%（2020 年）。[②]

（四）教育

卢森堡国家虽小，但却拥有优质的教育资源，这主要得益于政府制定的教育政策以及大量的财政投入。教育支出一直高居卢森堡财政预算比例的前三位。卢森堡的义务教育为 11 年，包括学前教育、小学教育和中等教育三个阶段。其中，学前教育和小学教育又称基础教育。在教育费用方面，国家和市政（社区政府）负担学前教育和小学教育阶段的费用，中等教育的全部费用（私立学校除外）由国家承担。此外，学校提供免费校车服务，国家为每位 6 岁至 18 岁在校学生提供开学补贴，减轻家长负担。家庭有困难的学生可申请教育补贴，符合条件的大学生可申请国家提供的奖学金，以及申请低息贷款。

二、职业技术教育与培训的战略与法规

（一）战略

卢森堡的职业教育在国民经济中扮演重要角色，与社会经济发展紧密关联，特色鲜明。为适应社会不断向知识型转变的趋势，同时满足企业对员工更大灵活性和更强竞争性的需求，卢森堡政府于 2008 年 12 月 19 日修订了《职业培训改革法》，对本国的职业教育进行了深刻的重组，该法案一直延续至今。法案经修订后在发展战略方面有如下规定：

（1）向职业培训对象提供教育和培训，使其能更好地融入社会和经济生活，并根据自身能力和需求进行拓展；

（2）提高职业培训人员的数量和质量；

（3）优化获得终身职业培训的机会；

（4）促进职业培训的男女平等。

（二）法规

1.《职业培训改革法》

（1）涵盖的培训项目

---

① 中华人民共和国外交部.卢森堡国家概况 [EB/OL]. (2021–07–01) [2021–09–14]. https://www.fmprc.gov.cn/web/gjhdq_676201/gj_676203/oz_678770/1206_679402/1206x0_679404.html.

② 同上。

1）基础职业培训：提供基础实用的职业培训，以使学生获得正式职业资格证书；

2）初始职业培训：提供一般性的理论和实践培训，颁发官方认可的职业资格证书；

3）继续职业培训：使学生获取、保持和拓展职业知识与技能，适应社会和技术发展要求，获得职业晋升；

4）职业转型培训：为求职者和面临失业、就业困难的工人提供职业再培训和通识教育课程、再适应性课程，使其最终可以实现职业转型。

（2）机构间协同合作

根据法案规定，职业培训系统建立在国家、雇主专业协会和薪资专业协会合作的基础之上，此三者是培训的载体。其中，如各专业协会之间存在不可调和的意见分歧，将由部长做出最终决定。三者的合作关系体现在以下方面：

1）分析和确定培训需求；2）提供培训指导和培训信息咨询；3）定义基础职业培训和初级职业培训所涵盖的职业或行业；4）提供培训；5）组织培训；6）拟定培训方案——培训框架；7）评估培训和培训体系；8）核证；9）对职业习得经验的验证。

（3）职业培训委员会

在规划和实施的同时，设立职业培训委员会，其任务如下：

1）就制定职业培训政策向政府提供咨询；2）协调职业培训目标与不同经济部门需求之间更好的匹配，同时考虑到男女平等的诉求；3）协调有关部委和专业机构的行动，特别是在预期职业培训需求方面。

职业培训委员会由以下几类人员构成：

1）政府部门中与职业教育、就业、经济、国民教育有关的人员；2）职业教育主任；3）成人培训处处长；4）学校心理和指导中心主任；5）一名就业管理局职业指导处代表；6）行业协会各派一名代表；7）代表不同经济部门的雇主联合会各委派一名代表；8）最具全国代表性的工会组织各委派一名代表；9）两名技术中学校长委员会代表；10）一名学生家长代表；11）一名全国学生大会代表；12）一名社会部门雇主代表；13）一名卫生和保健部门雇主代表。[①]

2. 法律法规的修订

卢森堡的《职业培训改革法》较为充分地吸纳了各利益相关体的意见，学校、企业、学生、家长、行业协会等的意见和建议。因此，设立的培训项目和制定的培训标准与企业和社会需求的吻合度相对较高。但也不断暴露出一些问题，社会各界也对此次改革的实施情况有不同的反馈和批评意见，这也促使卢森堡不断对职业教育法规进行反思与改进，以更好地呼应企业的真正需求。

2019年6月19日，卢森堡众议院修订了《劳动法》和2008年的《职业培训改革法》。

---

① Service central de législation Luxembourg. Mémorial Journal Officiel du Grand-Duché de Luxembourg : Réforme de la formation professionnelle [Z]. Service central de législation Luxembourg, 2010 : 3064-3066.

此次修订是在与职业协会达成共识的基础上，对 2008 年《职业培训改革法》做出的技术性调整。目的是持续提高职业培训质量，增加学生的成功概率，以及更好地满足职业领域的要求，同时增加职业培训的吸引力。

新法修订的内容主要有以下 5 个方面：

（1）重新引入升级制，实施半年制学校汇报，并针对每位参加职业培训的学生建立培训描述单。新法采用了发布学期成绩单的方式，使家长和学生更清晰地了解学生的技能掌握情况。各知识模块、各能力项的掌握情况最终均以分数进行评估。从 2019—2020 年，对职业能力证书 (CCP)、职业能力文凭 (DAP)、技术员文凭 (DT) 三个级别的培训课程逐步重新引入 60 分制评估方式。

（2）规定延长培训期限和最长培训期限的条件：学生为完成培训可申请将培训期限延长一年；如确有需要，在培训机构同意的情况下，培训期限可再次延长最多一年。

（3）建立在职职业培训模式。允许不具备所从事职业相关证书的员工进行半工半读，进而获得文凭。

（4）加强对学徒/受训人员的法律保护。将学徒合同和实习协议的条款纳入《劳动法》。该法具体规定职业或行业培训提供方需遵守一系列要求，才能获得培训许可。

（5）开展教育创新项目。允许开展已在中等教育中实施的教育创新项目，进而探索职业教育与培训的创新。[①]

三、职业技术教育与培训的体系与质量保障

（一）公立教育体系概述

卢森堡教育体系比较复杂，分为多个分支体系，借助下图可以有相对比较清楚的了解。

1. 基础教育

根据 2009 年 1 月 21 日的教育法，卢森堡的基础教育包括学前教育和小学教育两个阶段（如表 1 所示）。基础教育分为四个学习周期。第一周期（为期 3 年）为学前教育，面向 3—5 岁的儿童。其中 3 岁为非强制早期教育阶段，可以选择让孩童在家里或机构接受教育。从 4 岁开始，所有的孩童须入学接受教育。该阶段的学习更多聚焦于让孩童认知社会，了解其他语言和文化。

---

① Site du Ministère de l'Éducation nationale, de l'Enfance et de la Jeunesse. [EB/OL]. (2019-06-20) [2021-09-23]. https://men.public.lu/fr/actualites/communiques-conference-presse/2019/06/19-fp.html.

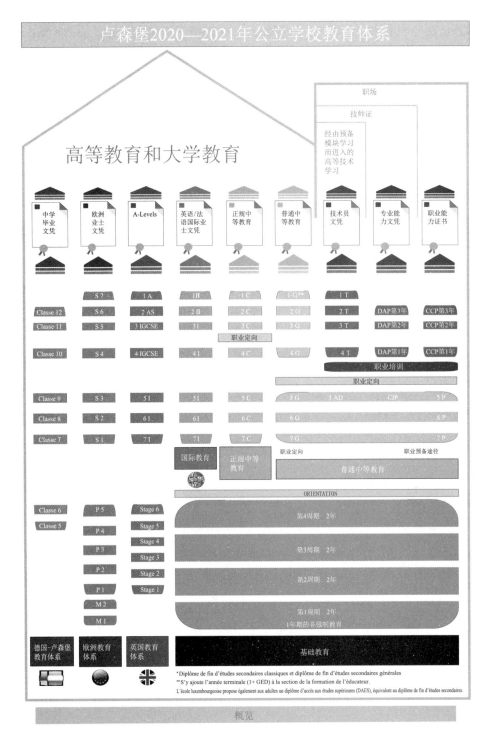

图 1　2020—2021 年卢森堡公立教育体系概览 [①]

① Ministère de l'Éducation nationale, de l'Enfance et de la Jeunesse. Offre scolaire 2019-2020[EB/OL].(2020-08-12).[2021-08-15]. https://men.public.lu/fr/publications/divers/informations-generales-offre-scolaire/systeme-scolaire-public-luxembourgeois.html.

第二至第四周期为小学教育，各两年。每个周期结束时，学生须完成被称为基础能力的既定学习目标。6—7岁为第二周期，8—9岁为第三周期，10—11岁为第四周期。基础教育由市镇和国家组织。根据学生、教师和学校数量，全国共划分为15个学区进行管理。基础阶段的教育技能主要包括以下几方面：识字和语言（德语、法语和卢森堡语）；数学；提高对科学、人文和自然科学的认识；肢体表达和运动能力；提高对文化、艺术和音乐的认识；共同生活和社会价值观。

表 1　卢森堡基础教育

基础阶段	年龄段	教育性质	教育场所	所属学习周期
学前教育	3岁	非强制教育	家庭或托儿所	第一周期
	4岁—5岁	强制义务教育	托儿所	
小学教育	6岁—7岁	强制义务教育	学校	第二周期
	8岁—9岁	强制义务教育	学校	第三周期
	10岁—11岁	强制义务教育	学校	第四周期

2020—2021学年，卢森堡基础教育阶段共有181所学校。其中公立学校167所，私立学校14所。2019学年，基础教育阶段的教师人数有6359人。卢森堡由于国家比较小，教育资源相对不足，因此善于引入国外教育来进行补充。学生可以选择参加国内教育体系或国际教育体系。2020—2021学年，基础阶段参加国内体系的学生有50890人，参加国际体系的有7603人。[①]

基础阶段的教学以掌握能力为目标，学生应具备根据所学知识完成任务项目的能力。每个周期原则上为两年，但视情况也可以一年完成一个学习周期，或者三年学完一个周期所需掌握的知识模块。卢森堡法律规定六年级之前不得以等级或分数来评定学生的学习效果。学生学业考核不再采用对每门课程打分的方式进行，取而代之的是对学生所掌握和获取的知识与技能进行详细描述。每季度末组织中期总结，教师与家长单独会面，向家长介绍学生的学习进展以及是否达到预定目标。学生在整个学习周期内进行学业评估是为了更好地指导学生学习，而在周期结束时进行认证评估则是为了确认学生是否具备进入下一周期学习所需的技能。

在第四周期之初，学生要开始接受学业指导。在其后的几次学业指导过程中，教师和家长就学生基础教育之后的学业方向交换意见（进入普通中等教育、正规中等教育或欧洲教育体系等）。在该周期末，家长和教师将制定学生未来的学业计划。该计划以家长意见、测试结果（全国学生统一测试）、学业结果，以及学校心理测试结果为基础。

---

① Ministère de l'Éducation nationale, de l'Enfance et de la Jeunesse. L'Enseignement au Luxembourg en chiffres, Année scolaire 2020 /2021 [EB/OL]. (2021-05) [2021-06-20]. https://men.public.lu/fr/publications/statistiques-etudes/themes-transversaux/20-21-enseignement-chiffres.html.

如果出现意见不一致的情况，则可请学业指导委员会来决定。

2. 中等教育

中等教育面向 12 岁以上的青少年。教学任务由全国 50 多所教育机构承担，其中包括公立学校、执行教育部官方教学项目的私立学校、执行其他教学项目的私立学校以及一些欧洲学校。该阶段至关重要，它关乎学生未来学习方向和职业生涯的选择。而卢森堡的高中也为此提供了种类繁多的方案、课程和文凭。学生和家人可根据各种公开的资料和卢森堡教育部网络平台的信息选择最适合的教育机构。

卢森堡的中等教育分为两个体系：中等教育和中等职业教育。中等教育分初中和高中两个阶段。初中学制三年（七年级至五年级，对应中国的初一到初三），高中学制四年（四年级至一年级，比中国高中多一年）。而根据 2017 年的改革，之前的中等教育（enseignement secondaire，ES）变为正规中等教育（enseignement secondaire classique，ESC）；之前的中等技术教育（enseignement secondaire technique，EST）变成普通中等教育（enseignement secondaire général，ESG）。

2020—2021 学年卢森堡中等教育阶段共有 53 所学校，其中公立学校 40 所，私立学校 13 所。本学年，中等教育阶段共有教师 4532 人，参加国内教育体系的学生有 39108 人，参加国际教育体系的有 9515 人。[①]

（1）正规中等教育（ESC）

正规中等教育主要教授人文科学、数学和自然科学领域的基础知识，学生完成学业后可获得正规中等教育（ESC）中学文凭，随后进入高等教育阶段学习。在七年正规中等教育过程中，前三年教学语言为德语，后四年均为法语（除德语和英语外）。从六年级起，学生可以选修英语、拉丁语和中文（中文只在卢森堡 Athénée 学校开设）。进入五年级后，所有学生都要上英语课。在四年级末（高一），学生在以下八个方向中进行选择。方向 A：语言；方向 B：数学—计算机；方向 C：自然科学—数学；方向 D：经济学—数学；方向 E：造型艺术；方向 F：音乐；方向 G：人文和社会科学；方向 I：信息和通信技术。

每季度末（或学期末），学校会告知学生的成绩、可能采取的补救措施、缺勤情况和在校的行为表现。在一学年结束时，会告知学生是否可以升入高一年级，在此过程中，都包含了对学生未来职业定向的建议。

（2）普通中等教育（ESG）

普通中等教育与正规中等教育的学制均为七年。学生在完成该阶段学习后获得中等教育文凭。随后学生可直接进入职场或继续进入高等教育阶段（大学或非大学教育）。

---

① Ministère de l'Éducation nationale, de l'Enfance et de la Jeunesse. L'Enseignement au Luxembourg en chiffres, Année scolaire 2020/2021 [EB/OL]. (2021-05) [2021-06-20].https://men.public.lu/fr/publications/statistiques-etudes/themes-transversaux/20-21-enseignement-chiffres.html.

普通中等教育也分为两个阶段，但与正规中等教育有所不同，初中阶段三年（七年级至五年级），五年级需经历职业定向或职业预备；高中阶段四年（四年级至一年级）。职业预备阶段遵循模块化教学的组织形式，每个学生都可根据自身的节奏进行学习。根据升学安排，在五年级（初三）结束时，学生可以继续基础或初始职业培训、五年级适应班或者职业入门班的学习。在普通定向五年级班（或普通适应五年级班）结束时（相当于中国的初中升高中），学生可继续参加初始职业培训，或从行政与贸易、卫生与社会、一般技术、艺术、酒店和旅游五个大类中选择一个。每个大类涵盖多个分类。学生在一年级（即高中最后一年）结束时参加普通中等教育毕业考试以获得毕业证书。

（3）中等职业教育

卢森堡的中等职业教育体系分三种类型：技术类、技师类、职业类。此教育制度旨在使每个学生都有机会根据自身能力和兴趣，获得尽可能高的资格证书。学校在开设教学项目方面拥有一定的自主权，可根据自身情况设定特色教学项目，实现教学创新。每个项目需明确设定未来几年要达到的教学目标，以及明确如何进行能力评估、如何更好地进行区域定位、如何提供整体解决方案或激发学生学习动力。该举措的目的是使每所高中能够开设更有针对性及创新性的教学项目，以满足学生的具体需求。例如，艺术和职业高中（Lycée des Arts et Métiers）与乔西巴特尔高中（Lycée Josy Barthe Mamer）分别开设动画设计高级技术员课程以及建筑、设计与可持续发展专业课程，并颁发证书，而这些科目在其他学校则并未开设。每位学生均可找到最符合自己兴趣和职业规划的学校。①

（4）国际学校和私立学校

在正规中等教育、普通中等教育和中等职业教育三个国民中等教育类别之外，还存在执行国际体系的公立中学和执行卢森堡教育部课程体系的私立中学。卢森堡的四所国际公立中学分别实施欧洲教育体系、国际教育体系、英国教育体系和德国—卢森堡教育体系。在卢森堡，即使私立中学也可获得政府资助。同时，卢森堡政府还为外国学生和有特殊需求的中学生提供帮助和个性化的课程，以使其更快更好地接受教育。②

3. 高等教育

卢森堡高等教育由本科教育和研究生教育组成，授予学士、硕士和博士学位。第一阶段为本科教育，学制6—8个学期，授予学士学位；第二阶段为硕士研究生教育，学制2—4个学期，授予硕士学位；第三阶段为博士研究生教育，学制3年。卢森堡是

---

① 相关内容参见卢森堡国家教育、儿童和青年部（Ministère de l'Éducation nationale, de l'Enfance et de la Jeunesse）的官方网站（https://men.public.lu/fr.html）。

② Le système éducatif luxembourgeois - un aperçu [R/OL]. MENJE, 2021 [2021-09-20]. https://men.public.lu/dam-assets/catalogue-publications/divers/informations-generales/systeme-educatif-lu-UnApercuFR.pdf.

博洛尼亚进程和欧洲学分转换体系（European Credit Transfer and Accumulation System，ECTS）的成员。本科阶段学习一般须在 6 个学期内取得 180 个 ECTS 学分。在特殊情况下，须在 8 个学期内取得 240 个 ECTS 学分。硕士阶段学习一般须在 2 年内取得 120 个 ECTS 学分。也有一年制硕士学习，须完成 60 个 ECTS 学分。申请一年制硕士学习的学生须在本科阶段完成 240 个 ECTS 学分，即本科和硕士加起来须完成 300 个 ECTS 学分。

卢森堡大学成立于 2003 年，是一所年轻的多学科综合研究型大学，也是卢森堡目前唯一的大学。该校授课通常采用双语或三语（德语、英语和法语），或者完全使用英语。学生构成高度国际化：来自全世界 125 个国家，国际学生占比超过 50%。该校有三个学院：科学、技术和通讯学院；法律、经济和金融学院；语言、文学、人文艺术和教育学院以及两个跨学科研究中心。虽然成立时间不长，但在计算机科学、生物医学、欧洲法律和教育科学领域的研究闻名世界。卢森堡大学可授予学士、硕士和博士学位，多个学士和硕士项目为跨国项目，在两个或三个国家之间合作进行。此外，院校与金融机构之间的紧密联系使学生从一开始就可以融入未来的职业领域。

除卢森堡大学外，卢森堡还有两所私立高等教育机构：卢内克斯（Lunex）学院（体育和物理治疗）和卢森堡商学院（商务管理）。卢森堡本身的高等教育资源并不丰富，但善于利用国外教育资源，引入国外大学在卢森堡设立分校，鼓励不同文化和国家的学生交流。此外，还发展成人培训，提供包括语言学习和职业技能的培训。所有卢森堡和非卢森堡的高校学生均可申请政府财政补贴。

（二）职业教育培训的体系与质量保障

卢森堡职业教育提供 120 多种培训，为手工业、工业、卫生、贸易等各个领域培养所需人才。过去十多年间，为更好地切合学生利益，同时满足企业需求，该国职业教育与时俱进，不断推进转型。为使所有青年人和未成年人都能拥有更好的就业前景，卢森堡教育部与各行业协会共同制定了职业培训方案。该方案旨在提供现代化、高质量、更贴近实际需求的职业培训，从而激发青年人的学习兴趣，提高企业的满意度。同时，卢森堡成熟的职业教育提供了针对各领域的广泛的职业培训，使人们有更多获得职业资格认证的机会。职业教育不仅为年轻人提供了更好的未来，也为社会的繁荣发展提供了保障。卢森堡的职业教育培训体系经过改革后分为四种类型：

1. 基础职业培训

基础职业培训是中等技术教育职业体系的一部分，该培训针对在进入初始职业培训前或初始职业培训期间成绩不够理想的学员。学员在培训合格后将获颁职业能力证书（CCP）。

该证书在不同文献中有不同分类，有些文献将其划分到基础职业培训，有些则直接并入初始职业培训。该职业能力培训使学生能够掌握基础的专业和社交技能，对于首次进入就业市场至关重要。培训原则上为期3年，但可根据学生个人的学习进度，最长可延至4年。培训以模块化组织，进行形成性考核，并以累计单元学分制形式组织。基础职业培训应由至少一个含通识教育模块的考核积分单元与多个含职业理论与实践教学模块的考核积分单元组成。考核积分单元由学校和职业部门合作开发，由卢森堡大公国条例确定。

按行业或职业组织划分的基础职业培训内容包括：

（1）实践模块和职业理论模块，为学员提供职业活动的实用技能和基本知识；

（2）通识教育模块，使学员能够了解职场和社会的运作；

（3）为学徒提供必要的社会技能，使其能融入社会和职业生活。也可以在培训开始之前提供类似指导。

基础职业培训实行形成性考核，考核内容包括：

（1）学校教师或企业导师对实践培训技能和辅助职业理论的掌握情况进行评估；

（2）由学校教师对通识教育技能的培养情况进行评估。相关培训人员在校长或其代表的主持下举行会议，商议学员的学业进展和未来职业定向。顾问职能机构指派相关学习顾问参会，并汇报学员在职业场景下的实践单元测评结果。如职业资格证书（CCP）的必修模块不合格，但总分不低于20分，可由中期综合项目或最终综合项目替代。学员完成基础职业培训后，将获得职业能力证书（CCP）。卢森堡还专门设立了就基础职业培训向部长提供咨询意见的特别委员会，监督培训方案的实施情况并向部长报告。

基础职业培训需签学徒合同，以工学交替方式进行。大部分的培训在机构进行，其余时间则在学校（每周1—3天）进行。获取专业能力证书后，可继续接受培训，并获得同一专业的职业能力文凭（DAP）。未达到职业能力证书（CCP）所要求水平的学生可参加由国家继续职业培训中心（CNFPC）或技术高中组织的职业指导和入门课程（COIP）。

接受基础职业培训的学员可领取实习津贴。国家向培训中心的学员支付60%的学习津贴。领取失业补助金的人员在接受基础职业培训期间可领取学习津贴和失业津贴间的差额补贴。该差额补贴由就业基金支付。[①]

2. 初始职业培训

初始职业培训为年轻人提供一般的理论和实践教育，使其能够获得正式文凭或证书。在卢森堡，初始职业培训是中学教育的一部分，在公立或私立中学的中、高阶段开设（五年级末，对应中国的初三），提供对应专业领域的约120门培训课程。初始职业培训致力于：

---

① Service central de législation Luxembourg. Mémorial Journal Officiel du Grand-Duché de Luxembourg : Réforme de la formation professionnelle [Z]. Service central de législation Luxembourg, 2010: 3064-3066.

• 让人们拥有更好的学历，方便其融入经济和社会生活；

• 促进获得终身学习的机会；

• 降低学业失败率，减少离校而未获得职业资格证书的年轻人数量。

该培训以工学交替方式进行，可由公立和私立技术中学、培训机构、公立和私人培训中心组织完成。初始职业培训包括以下阶段：

• 以能力获得为目标的学校培训期；

• 职业场景下提升专业技能的实习期；

• 职业场景下的实践培训期或学徒期，旨在使学员获得行业或职业能力。

初始职业培训实行累计单元学分制，签署学徒合同或培训实习合同。该培训可对应专业能力文凭和技术员文凭。

（1）职业能力文凭（DAP）

职业能力学习属于技术中学中级阶段，正常学习时间为3年。整个培训过程要完成至少12周的实习。获取职业能力文凭后，学生可直接进入就业市场，也可以继续攻读技师证（Brevet de maîtrise）或参加技术员培训，获得技术员文凭（DT）。该证书可覆盖农业、手工艺、商业、旅馆和旅游、工业、家庭、保健和社会等领域。

（2）技术员文凭（DT）

技术员文凭学制4年，包含非常广泛的培训课程。获得技术员文凭后可直接进入企业工作，同时攻读技师证（Brevet de maîtrise），也可以进入普通中等教育阶段学习，原则上可进入二年级（卢森堡高中学制4年，二年级相当于高中第3年），最终获得高中毕业证书，也可以开始相关专业的高等阶段学习，以获得高级技术员证书（Brevet de technicien supérieur，BTS）。技术员文凭（DT）可涉及以下专业领域学习：行政和商业司、农业、艺术、生物、化学、电气工程、土木工程、旅馆和旅游、信息技术、机械、保健和社会、后勤管理、建筑设备。

初始培训的教学均以模块形式组织，实行可累计学分制。每个模块面向具体职业应用场景，旨在提升多个能力项。模块类型共有三种：基础模块；附加模块；任选模块，包括为未来进入高等技术教育阶段做准备的预备模块。基础模块和附加模块为必修模块。基础模块之间为相互关联与逐步推进的关系。培训需按规定时间表完成。每个培训必须包含一个中期综合项目和一个最终综合项目，两者构成一个基础模块。非渐进性附加模块之间彼此独立，任选模块可拓宽初始职业培训范围。高等技术教育的预备模块可在在校期间或毕业后完成。此三种职业培训的教学均由通识教育和职业教育两大模块构成。职业教育模块均为与行业或职业领域紧密相关的特殊模块，职业能力文凭与技术员文凭培训的通识模块包括语言、公民教育和体育健康教育三个，而职业资格证书的通识模块则只有公民教育和健康教育两个。

模块学习的评估方式为形成性考核。校内学习评估在教学期间进行，职场学习评估在实操培训和实习期完成。校内和职业情境下的形成性考核模式和指导方针由各课程团队和国家培训委员会共同制定。综合项目由相关课程小组进行评估。学员所参加的各课程模块负责人在班级的定向委员会召开会议，商讨学员的学业进展及未来职业定向。受顾问职能局委托的相关学习顾问参会，并汇报学生在职业情境下的实操模块评估结果。

2019—2020 学年，卢森堡职业教育开始实施新的评估机制，引入 60 分制，它使学期成绩更具可读性和易懂性。能力评估可对学生学业进步有更清晰的了解，且能更具针对性地满足学生需求，因此得以保留。此两种评估模式互为补充。学期成绩单由分数和评语两部分构成。单个模块的总分为 60 分，30 分以上为及格。各模块由多个能力项构成，各能力项均要接受评估。单个能力项可按总分 6、12、18 或 24 分计，各项得分相加得出模块成绩。如果学生通过该模块评估，将会进行下一个模块。如果未能通过考试，将在培训期间再次学习该模块，而不必重复整个学年。如果职业能力文凭（DAP）和技术员文凭（DT）中的附加模块不合格，但总分不低于 20 分，可由中期综合项目或最终综合项目替代。

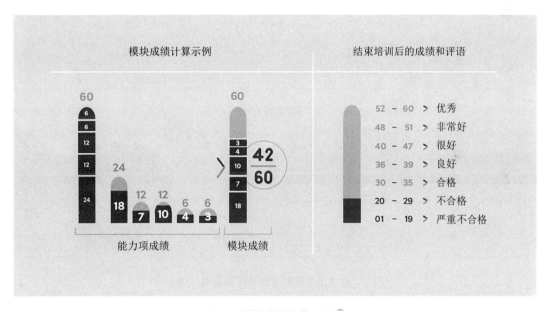

图 2　模块成绩计算示例 [①]

职业能力文凭（DAP）和技术员文凭（DT）持有者在完成所有规定预备课程模块后可进入相关专业的高等技术教育阶段学习。技术员文凭持有者在完成规定预备课程模块后可与获得中学毕业证书的学生一样拥有从事特许职务或进入公共部门就业的权利。在

　① Ministère de l'Éducation nationale, de l'Enfance et de la Jeunesse. DT l'Évaluation à la formation professionnelle, Année scolaire 2019/2020 [R/OL]. [2021-07-17]. https://men.public.lu/content/dam/men/catalogue-publications/formation professionnelle/informations-generales/dt-L'%C3%A9valuation-de-la-formation-professionnelle-fr-en-de-lu-pt.pdf.

学习期间，雇主根据卢森堡大公国的相关法律和职业能力协会的意见，向学员支付一笔学徒津贴。该津贴随各项生活费用指数的变化而定。当失业补助金高于学徒津贴时，因失业而参加初级职业能力培训的人员可享受两者间的差额，直至其用尽所有的补贴权益。这笔差额补贴由职业基金负担。

下图可使我们对卢森堡基础职业培训和初始职业培训及其所颁发的证书和文凭有更为清晰和直观的理解。

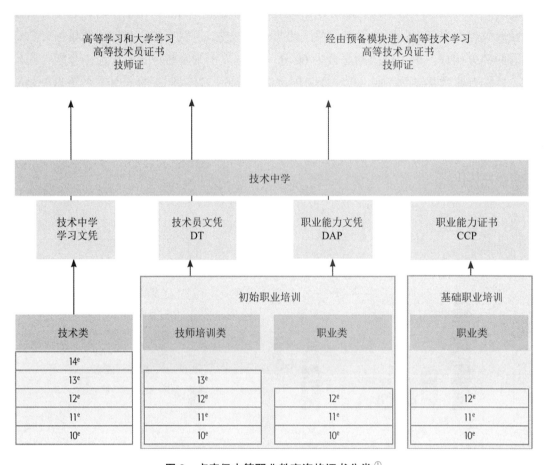

图3　卢森堡中等职业教育资格证书分类①

总体上，卢森堡的职业培训大致按照下列三种模式组织：

（1）同步模式：一部分职业培训在机构（附带学徒合同）完成，另一部分（每周1—3天）在高中完成。机构主要负责职业技能培训，学校负责职业理论培训。三年的职业教育过程中，这两种培训同步交替进行，互为补充；

① Ministère de l'Education nationale et de la Formation professionnelle. L'enseignement luxembourgeois en chiffres, Année scolaire 2019/2020. Les statistiques globales et analyses des résultats scolaires [R/OL]. [2021-06-10]. http://statistics. myschool.lu/prof2011/prof2011_all.zip.

（2）混合模式：学徒第一年为全日制在高中职教班上课，其余培训部分以第一种模式，即同步模式完成；

（3）全日制：培训在高中进行，包含累计至少 12 周的实习（有实习合同）。

后两种培训中，职业教育的理论占比高于第一种培训。

3. 职业教育继续教育和职业转型培训

职业教育继续教育和职业转型培训使所有人都可根据个人需求和经济、技术、社会环境变化，享有终身拓展知识与能力，提高个人职业能力的权利。这些培训面向希望获得或拓展职业资格证书，或面临潜在失业风险，或正处于失业或无法继续工作的个体。继续职业教育和职业转型培训可由公立高中和公立技术高中、公立培训中心、职业协会、私立高中和私立技术高中以及取得卢森堡相关授权的基金会，贸易公司和私人协会进行组织。

有意愿组织相关培训的机构和个人需提供培训目标、教学组织与方法、学员学业指导、教学评估标准与方法、培训师资质、培训实操组织等相关书面资料，以证实其培训质量，获得为期三年的培训质量认证。如无法满足条件，将被收回办学资质。

4. 经验习得认证

2008 年的职业教育与培训改革法规定所有人均享有认证经验习得、获取职业资格证书的权利。该认证可授予中等技术教育证书及文凭、中等技术教育高级证书和技工证。所有参加过最少三年正式、非正式及完全非正式培训的人员均可申请认证。认证可覆盖部分或全部职业资格证书，其效力等同于以其他知识考核方式所获取的职业资格证书、文凭或技能证书，并享有与其他资格证书同等的权利。

认证申请人应在规定时间和条件范围内提交其经验习得的资格认证申请。同时，需提交一份文件，明确其所希望申请的资格证书、学历证书或技能证书类型，文件需包括：

（1）一份自我介绍，阐明申请人的动机及目的，所受培训及职业经历。该文件包含的业余活动均可作为申请的补充佐证材料；

（2）描述从事过的不同职业及其发挥的职责、完成的任务。申请人介绍其工作开展条件，尤其是工作组织、自主程度、工作职责等。还需提供其培训、工作和业余活动的证明材料。申请人可向已获授权的任何一家咨询和指导机构寻求帮助以完成申请材料的准备。

申请材料需提交给认证委员会，后者将就申请人所提交的材料做出审定。如有必要，资料审核完毕后，委员会可提议进行面试或者在真实或模拟职业情境下进行实操。委员会可对申请人的知识、技能和能力进行部分认定，并告知其知识存在缺陷或有待进一步评估的方面。委员会做出的核证决定由部长通知候选人。

各资格、学历或技能认证委员会成员由部长任命，任期五年。他们由相关职业商会推荐的雇主和雇员代表及教育界代表组成，认证委员会可请教专家。鉴定程序、鉴定委员会的组成和运作以及成员和专家的报酬由卢森堡大公国法规决定。[①]

四、职业技术教育与培训的治理与教师

（一）治理

卢森堡职业教育的治理主要来自于立法层面。政府从立法层面规定了职业教育的参与主体，将企业、行业、职业协会、雇主联合会、工会组织等都纳入职业教育与培训的利益相关方，成立职业培训委员会。这些举措使该国的职业教育能紧跟社会和经济发展节奏，真正以企业需求为导向，培养紧需人才，也从源头上保障了职业教育的质量。

（二）教师

在卢森堡，为更好地从事教学工作，新入职教师需接受入职培训。培训可使新入职教师得以迅速成长，使其具备独立完成备课、课堂管理、学生评价和考核以及与家长沟通等一系列工作的能力，避免在职业生涯初期就发生职业倦怠。

卢森堡国家公职人员改革引入了 3 年的职业融合实习期，教师和社会教育者也同样需要参加此类实习。目前，中学和技术中学实施的是为期 2 年的入职培训方案，也称教学培训。教师需在卢森堡大学的监管下参加培训课程（自 2015 年开始，该培训由国民教育学院承担），实操部分则需接受教育部监管。未来国民教育培训学院将与高中紧密合作，重新制订为期 3 年的实习方案。

未来，国民教育将引入新的实习机制，该实习将在三个层面对教师提供帮助：

（1）个人层面（身份认同、自信心和职业动机培养）；

（2）社会层面（融入学校和教育界）；

（3）专业层面（将知识从初始培训转化到专业实践）。

实习组织将围绕通识教育（与实习教师的需求及专业实践相关的理论课程，如法规、教育学、教学法课程）、专业实践培训（课程观摩、分组）和学校融合课程进行。这些不同的要素使实习教师能就自身的学习发展出结构化思维，有利于职业技能的发展。下图显示了实习的三个部分以及教师入职培训在职业生涯中的位置：

[①] Service central de législation Luxembourg. Mémorial Journal Officiel du Grand-Duché de Luxembourg : Réforme de la formation professionnelle [Z]. Service central de législation Luxembourg, 2010: 3064-3066.

图4　教师入职培训课程类型及时间安排 ①

五、职业技术教育的诉求与发展趋势

（一）诉求

卢森堡职业教育提供法语、德语或英语授课的120多种课程，为学生提供与国民经济和民生发展密切相关的多个领域的培训。2008年职业教育法规改革后至今的十多年里，卢森堡的职业教育始终与时俱进，与青年人的切身利益和企业需求保持同步，不断转型发展。教育部积极与各商会合作制定各项教育政策，提供高质量的职业培训，并不断使职业教育更加现代化，使之与真实工作场景最大限度贴合，通过更灵活和渐进的课程导向更高的资格认证。面对职业和行业不断出现的深层次变化，职业教育持续进行技术革新。卢森堡的职业教育注重倾听专业人员的意见建议，并对新的需求迅速做出回应。面向未来，职场需要更多高素质的熟练劳动力，而年轻人则需要获取更多支持与帮助来适应未来发展趋势，这就使得职业教育必须跟上时代发展的步伐，洞悉时代发展的脉搏，在不断求变中满足企业和个人的需求。

（二）发展趋势

1. 为青年人提供更多职业教育机会

卢森堡的职业教育类型划分比较早，但并不代表一经选定之后就无法改变。相反，卢森堡的职业教育体系比较灵活，未来将为学生提供多种学习可能。

（1）双赢机制：双学位

卢森堡未来将建立 DAP（职业能力文凭）＋ BAC（业士文凭，相当于高中毕业文凭）的双文凭机制。该机制将首先应用于汽车和摩托车的机电一体化工程师培训。现有的教

---

① Ministère de l'Éducation nationale, de l'Enfance et de la Jeunesse. Épauler les enseignants dans leur développement professionnel : Institut de Formation continue de l'Education nationale [R/OL]. (2014-12-10) [2021-07-16]. https://men. public.lu/dam-assets/catalogue-publications/dossiers-de-presse/2014-2015/institut-de-formation-education-nationale-ifen.pdf.

育体系要求学生在可通往大学教育的普通中学教育和职业教育之间做出取舍。推出双文凭后，学生将可以同时获得职业能力文凭和普通中学毕业文凭，既可接受非常实用的职业培训，也可获得考取大学所必不可少的理论知识。

（2）以渐进方式打通不同文凭

职业教育使终身学习成为可能，只要具备初始文凭就可通过培训进入更高级别文凭的学习，在职业能力证书（CCP）、职业能力文凭（DAP）、技术员文凭（DT）、高级技术员文凭（BTS）、学士、研究生各种文凭间实现跨越发展。

（3）技师证更易获取

进一步加快技师证培训改革的步伐。为激励企业精神、鼓励创业，技师证培训将以行业大类来组织，这将使更多有意愿成为独立手工艺人的年轻人受益。为此，技师证培训也将免费。

2. 职业培训迈向数字化

世界经济不断向数字化纵深发展，职业培训也不例外。数字技术正快速影响所有的专业门类。为应对未来趋势，卢森堡也开始加大对职业教育数字化的投入，基于数字游戏的学习正处于测试阶段，旨在鼓励学生自学的在线教程和自动更新课程也已开始筹备。为更好地适应数字世界的需要，新的初始培训课程开始涌现，如2019年出现的智能技术（Smart Technologies）技术员和即将面世的电商管理技术员。

3. 培训语言更加多样化以适应社会发展

卢森堡人口中外来移民占比非常高，因此卢森堡的教育体系应该为所有学生的学业成功提供教学语言保障。卢森堡的职业培训体系所采用的语言也将同样遵循多样化的原则，此举适合该国的语言使用现状。每年卢森堡都提供更多的法语和英语培训，某些职业培训也采用德语进行，未来多语种的培训趋势将更加明显。

4. 职业培训的内容更加现代化

技术进步是不同经济领域加速变革的核心所在。部分行业和职业将会消失，部分会经历深刻变革，一些新的职业和行业则会应运而生。职业培训应该始终与社会变革保持同步，以满足就业领域需求。培训内容的不断修订和现代化应持续进行。这将使人们更好地满足未来社会对高技术人才的需求。

（1）调整培训计划

自2017年以来，卢森堡对初始职业培训计划进行了分析和调整，以便适应经济领域的现实需求。这项工作是在与商会、各领域利益相关者（教师、培训公司和校友）的通力合作下完成的。这种调整将成为使职业培训不断现代化的常态化过程。

（2）开发新的培训项目

行业和职业的兴衰成败使职业培训必须能适应挑战和技术、社会变革，以及数字经济飞速发展的要求。若要与企业保持同步，则需要不断开发全新的培训课程。教育部与商会及相关部委合作，对就业市场进行监测，以便及时、快速地设计培训课程。

（3）特殊行业技能认证

特殊行业技能认证融入培训计划本身，可同时颁发证书与文凭。

（4）语言教育向实用化转变

语言和交际在职场发挥重要作用。因此，未来语言类课程在强化基础语言能力的同时，将更加向企业界所需的技术类语言培训倾斜。

（5）可持续发展

年轻一代高度关注气候变暖和资源节约。他们希望可以选择不同的生活和生产方式，以节约资源，降低垃圾产出。手工业者同样有此意识，并将可循环经济的理念融入设计理念。可持续发展的理念也将深入植根于职业教育。

5. 终身学习更易获取

为帮助个体更好地进行职业定位，教育部着力为不具有任何资格证书的青年人和成年人提供能满足其需求的培训项目。最终确保每个个体均可根据职业需求变化提升自身能力，获得相应资质。国家职业培训中心将与企业界紧密合作，提供更多的资格证培训项目，职业指导中心也将会提供支持与帮助。受数字化进程影响，行业和职业转型对成年劳动力造成困境，国家将提供技能提升培训使员工熟悉新工具，获得新的职业资质。随着就业培训的多样化，终身培训将更加容易。职业资格认证也将更为简化，以帮助更多人将自己的职业习得经验认证为证书，重新获得就业岗位。

同时，为解决培训项目多样化，但个人比较难于选择的问题，负责终身教育的网站（如 www.lifelong-learning.lu）可提供学习者的具体要求提供个性化的搜索服务。

6. 促进职业接触向低龄化发展，推进行业和职业的多样化细分

卢森堡教育部将采取在校园开放更多非正式教育空间，让学生接触更广泛的职业领域和实操项目，更早地激发孩子对手工劳动的兴趣，使父母、教师和公众能了解职业和行业教育在日常生活中的角色。知识工作坊（Wëssens-Atelier）是达芬奇协会于2015年倡导的教学项目，它旨在借助创造性和创新活动，与父母一起参观企业等举措，使8—12岁的儿童对技术产生兴趣。每周三和周四下午，孩子一起从事手工、钻孔、拧螺丝、焊接等实操活动，初步接触电工、机械、水利、机器人等领域。为使基础教育阶段的学生对手工劳动感兴趣，未来将设计更多的工作坊活动，惠及更多儿童。同样从2015年开始，卢森堡30余个创客空间（Makerspaces）成为大众借助新媒体，以创新模式实现自身数字项目的发掘和创作空间。① 创客空间所提供的活动激起了人们对技术工具的兴趣，并激发人们在相关领域进行更多投入。2019年发起的技能联盟（Skills United）活动激励

① Ministère de l'Éducation nationale, de l'Enfance et de la Jeunesse. Formation professionnelle : un engagement pour la qualité [R/OL]. [2021-09-24]. https://men.public.lu/dam-assets/catalogue-publications/dossiers-de-presse/2018-2019/formation-professionnelle.pdf.

年轻人去发现和发挥自身天赋，展现职业教育的积极性和竞争性，鼓励更多年轻人参加国内和国际赛事，来超越自我，追求卓越。

（深圳职业技术学院　商务外语学院　牛巧霞）

主要参考文献

（一）文献

[1] 中华人民共和国外交部 . 卢森堡国家概况 [EB/OL]. (2021–07–01) [2021–09–14]. https://www.fmprc.gov.cn/web/gjhdq_676201/gj_676203/oz_678770/1206_679402/1206x0_679404.html.

[2] Service central de législation Luxembourg. Mémorial Journal Officiel du Grand–Duché de Luxembourg : Réforme de la formation professionnelle [Z]. Service central de législation Luxembourg, 2010 : 3064–3066.

[3] Site du Ministère de l'Éducation nationale, de l'Enfance et de la Jeunesse. [EB/OL]. (2019–06–20) [2021–09–23]. https://men.public.lu/fr/actualites/communiques–conference–presse/2019/06/19–fp.html.

[4] Ministère de l'Éducation nationale, de l'Enfance et de la Jeunesse. Offre scolaire 2019–2020[EB/OL].(2020–08–12).[2021–08–15]. https://men.public.lu/fr/publications/divers/informations–generales–offre–scolaire/systeme–scolaire–public–luxembourgeois.html.

[5] Ministère de l'Éducation nationale, de l'Enfance et de la Jeunesse. L'Enseignement au Luxembourg en chiffres, Année scolaire 2020 /2021 [EB/OL]. (2021–05) [2021–06–20]. https://men.public.lu/fr/publications/statistiques–etudes/themes–transversaux/20–21–enseignement–chiffres.html.

[6] Le système éducatif luxembourgeois – un aperçu [R/OL]. MENJE, 2021 [2021–09–20]. https://men.public.lu/dam–assets/catalogue–publications/divers/informations–generales/systeme–educatif–lu–UnApercuFR.pdf.

[7] Ministère de l'Éducation nationale, de l'Enfance et de la Jeunesse. DT l'Évaluation à la formation professionnelle, Année scolaire 2019/2020 [R/OL]. [2021–07–17]. https://men.public.lu/content/dam/men/catalogue–publications/formation professionnelle/informations–generales/dt–L'%C3%A9valuation–de–la–formation–professionnelle–fr–en–de–lu–pt.pdf.

[8] Ministère de l'Education nationale et de la Formation professionnelle. L'enseignement luxembourgeois en chiffres, Année scolaire 2019/2020. Les statistiques globales et analyses des résultats scolaires [R/OL]. [2021–06–10]. http://statistics.myschool.lu/prof2011/prof2011_all.zip.

[9] Ministère de l'Éducation nationale, de l'Enfance et de la Jeunesse. Épauler les enseignants dans leur développement professionnel : Institut de Formation continue de l'Education nationale [R/OL]. (2014–12–10) [2021–07–16]. https://men.public.lu/dam–assets/catalogue–publications/dossiers–de–presse/2014–2015/institut–de–formation–education–nationale–ifen.pdf.

[10] Ministère de l'Éducation nationale, de l'Enfance et de la Jeunesse. Formation professionnelle: un engagement pour la qualité [R/OL]. [2021-09-24]. https://men.public.lu/dam-assets/catalogue-publications/dossiers-de-presse/2018-2019/formation-professionnelle.pdf.

（二）网站

[1] 中华人民共和国外交部（https://www.fmprc.gov.cn/web/）

[2] L'annuaire des sites internets publics luxembourgeois（https://etat.public.lu/fr.html.）

[3] Portail de l'Education nationale ressources et service online（https://portal.education.lu/）

[4] Service informatique pour l'éducation（https://ssl.education.lu/mengschoul/）

[5] Education system in Europe（https://bit.ly/2GgvBtO.）

[6] Ministère de l'Éducation nationale, de l'Enfance et de la Jeunesse（https://men.public.lu/fr.html）

罗马尼亚

一、国家概况

（一）地理①

罗马尼亚（Romania），位于东南欧巴尔干半岛东北部，首都为布加勒斯特。北和东北分别与乌克兰和摩尔多瓦为邻，南接保加利亚，西南和西北分别与塞尔维亚和匈牙利接壤，东南临黑海。罗马尼亚地形奇特多样，境内平原、山地、丘陵各占国土面积的三分之一，面积238391平方千米。罗马尼亚山河秀丽，蓝色多瑙河、雄奇的喀尔巴阡山和绚丽多姿的黑海是罗马尼亚的三大国宝。多瑙河流经境内1075千米，其国土上蜿蜒流淌的大小数百条河川，多与多瑙河汇流，形成"百川汇多瑙"的水系。罗马尼亚有1个直辖市（首都布加勒斯特）和41个省，下设市和乡。罗马尼亚属温带大陆性气候，平均气温1月为-3℃~5℃，7月为22℃~24℃，年平均温度在10℃左右。

（二）人文②

罗马尼亚人的祖先为达契亚人。约公元前1世纪，布雷比斯塔建立了第一个中央集权和独立的达契亚奴隶制国家。公元106年，达契亚被罗马帝国征服后，达契亚人与罗马人共居融合，形成罗马尼亚民族。14世纪先后组成瓦拉几亚、摩尔多瓦和特兰西瓦尼亚3个公国。16世纪后成为奥斯曼帝国的附属国。1859年，瓦拉几亚公国和摩尔多瓦公国合并，称罗马尼亚，仍隶属奥斯曼帝国。1877年5月9日，罗马尼亚宣布独立。1881年，改称罗马尼亚王国。1918年12月1日，特兰西瓦尼亚公国与罗马尼亚王国合并。至此，罗马尼亚形成统一的民族国家。

"二战"期间，安东尼斯库政权参加德、意、日法西斯同盟。1944年8月23日，罗马尼亚举行反法西斯武装起义。1945年3月6日，罗马尼亚成立联合政府。1947年12月30日，成立罗马尼亚人民共和国。1965年，改国名为罗马尼亚社会主义共和国。1989年12月22日，齐奥塞斯库政权被推翻，罗马尼亚救国阵线委员会接管国家一切权

---

① 中华人民共和国外交部.罗马尼亚国家概况[EB/OL]. http://www.fmprc.gov.cn/web/gjhdq_676201/gj_676203/oz_678770/1206_679426/1206x0_679428/. 2021-09-25.

② 同上。

力，改国名为罗马尼亚，定国庆日为 12 月 1 日。罗马尼亚 2007 年 1 月 1 日加入欧盟，现任总统为克劳斯·约翰尼斯，总理为卢多维克·奥尔班。

2020 年 1 月，罗马尼亚全国人口共 1932 万人。罗马尼亚族占 88.6%，匈牙利族占 6.5%，罗姆族（即吉卜赛人）占 3.2%，日耳曼族和乌克兰族各占 0.2%，其余民族为俄罗斯、土耳其、鞑靼等。城市人口所占比例为 56.4%，农村人口所占比例为 43.6%。官方语言为罗马尼亚语，主要少数民族语言为匈牙利语。主要宗教有东正教（信仰人数占总人口数的 86.5%）、罗马天主教（4.6%）、新教（3.2%）。

（三）经济[①]

1989 年后罗马尼亚开始由计划经济向市场经济过渡。2000—2008 年经济连年增长。受国际金融危机影响，2009 年、2010 年经济连续负增长。2011 年经济止滑回升，同比增长 2.5%。罗马尼亚 2020 年 GDP 为 131 亿欧元，下降 3.9%。

罗马尼亚主要工业部门有冶金、汽车制造、石油化工和仪器加工等。2016 年工业产值比上年增长 1.7%，其中加工业增长 2.6%。农业在罗马尼亚经济中占有重要地位。土地肥沃，雨水充足，农业生产条件良好，全国农业面积 1480 万公顷，其中耕地面积 1000 万公顷，主要种植小麦、玉米、向日葵、土豆、苹果、葡萄等。矿藏有石油、天然气、煤、铝土矿、金、银、铁、锰、锑、盐、铀、铅等，森林面积为 656 万公顷，约占全国面积的 29%，水力资源蕴藏量为 565 万千瓦，内河和沿海产多种鱼类。

罗马尼亚目前同全球约 180 个国家和地区有经贸往来。截至 2021 年 7 月，外汇储备 390 亿欧元，另有黄金储备 103.6 吨。外债 1270 亿欧元。2020 年，进出口总额 1428 亿欧元，同比下降 8.1%。其中进口 806 亿欧元，出口 622 亿欧元。主要出口产品有：鞋类、服装、纺织品。主要进口产品有：机电、家电、矿产品、石油产品。主要贸易国：德国、意大利、法国。

（四）教育

罗马尼亚教育有着较为悠久的历史，民间教育的起源可以追溯到公元前 1 世纪。公元 2—3 世纪在罗马人统治时期，罗马尼亚人开始有组织地讲习拉丁语、读写和算法。12—14 世纪陆续出现一批教会学堂、城市和乡村学堂。中世纪罗马尼亚各公国经济、社会和文化的发展，特别是宗教的传播对教育起到了推动作用。16—17 世纪，开始出现高等书院，学习欧洲先进的文化和科学，并开始使用本民族语言授课。1864 年，第一部《公共教育法》颁布，此后，民族语言教育不断得到发展，高等教育学科领域逐步拓宽。在社会主义年代（1948—1989），罗马尼亚的教育得到长足发展，建立了完整的国家各级各类教育体系[②]。

---

① 中华人民共和国外交部．罗马尼亚国家概况 [EB/OL]．http://www.fmprc.gov.cn/web/gjhdq_676201/gj_676203/oz_678770/1206_679426/1206x0_679428/．2021–09–25．

② 2016 年罗马尼亚大学世界排名 [EB/OL]．http://www.liuxue86.com/a/2675909.html．2017–10–11．

罗马尼亚现行教育体制分学龄前、小学、初中、高中、职业教育、高等教育和大学后教育（图 1），全国已普及 10 年义务教育，包括小学和中学教育。全国共有小学 5630 所，在校学生 226.5 万人，教师 15 万人；中学 1566 所，在校学生 67.4 万人，教师 5.5 万人；大学 99 所，在校学生 53.5 万人，教师 2.7 万人。[①]

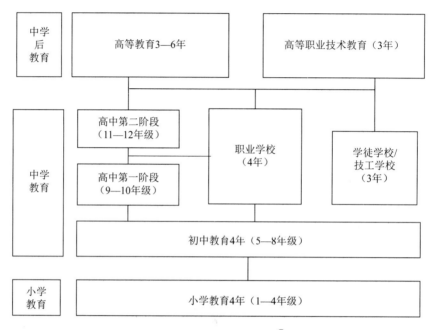

图 1　罗马尼亚教育体系 [②]

罗马尼亚全国著名高等学府有：布加勒斯特大学、布加勒斯特理工大学、布加勒斯特经济学院、克卢日巴贝什·博尧伊大学、雅西大学等。2017 年教育预算为 56 亿欧元，占国内生产总值的 3.1%。[③] 从专业人才培养角度来看，罗马尼亚培养了不少人才，比如，布加勒斯特医药大学的脑外科、泌尿外科，布加勒斯特大学的数学，克鲁日医药大学的胸外科，克鲁日农业和畜牧兽医大学的葡萄酒专业，布加勒斯特音乐大学钢琴、小提琴专业等均达到欧洲水平，在国内外享有良好声誉。

面对 21 世纪的挑战，针对社会政治、经济、文化和科技发展的需要与教育中存在的问题，罗马尼亚的教育改革方兴未艾，其改革与发展趋势包括：改革教育投资体制，大力发展私立教育、大力发展高等教育、加强国际教育交流与合作、推进教育信息化和加强创新人才的培养。[④]

---

① 中国驻罗马尼亚使馆教育组. 罗马尼亚教育亟需 "深刻的改革". 中国教育报 [N]. 2007 年 12 月 10 日第 008 版.

② UNESCO International Bureau of Education. World Data on Education. VII Ed. 2010/11. [DB/OL]. http://www.ibe.unesco.org/fileadmin/user_upload/Publications/WDE/2010/pdf-versions/Romania.pdf. 2017-09-11.

③ 中华人民共和国外交部. 罗马尼亚国家概况 [EB/OL]. http://www.fmprc.gov.cn/web/gjhdq_676201/gj_676203/oz_678770/1206_679426/1206x0_679428/. 2021-09-25.

④ 刘宝存, 肖甦. 罗马尼亚教育的转型改革与发展趋势 [J]. 当代教育科学, 2004(5)：28-31.

二、职业技术教育与培训的战略与法规

（一）战略

罗马尼亚的职业技术教育与培训（VET，包括 TVET 和继续职业教育与培训 CET）在整个教育体系中占有相当重要的地位，主要通过职业学校来进行，其目的是培养适应国民经济需要的各种行业的熟练工人。[①]

20 世纪 90 年代，罗马尼亚实施了一项宏伟的计划以改革该国的职业教育与培训事业。这项计划耗资 2500 万欧元，由欧洲联盟费尔基金资助，是教育领域内最大的一个项目。其目标是，到 1998 年，在全国建立起 75 所现代化的职业教育与培训学校。职业教育与培训计划接纳了中等教育 105 万名学生中的三分之二，根据这项计划，对 14 岁的学生实施专门化教育，以便为大型国有企业培养一定数量的具有专门技能的人才。实施这项计划的目的，就是把 132 个专门训练加以缩减，将其合并为 20 个职业培训大类，包括电子、交通、旅游、化工等。该计划还将对课程重新进行编写，提供更为广泛的教育内容，以反映现代社会对毕业生应具有多种技能的要求。[②]

罗马尼亚 2005 年发布《2007—2013 年国家发展计划》。该计划的愿景是通过建立教育和培训体系框架，提高国民劳动技术和素养，使罗马尼亚成为具有竞争力、活力和兴旺的国家。2008 年，罗马尼亚全国职业院校达到 1316 所，学生数量为 618116 人，录取 65% 的中学生（第二和第三阶段）。[③]

2016 年 11 月，在企业的推动下，罗马尼亚通过政令建立"职业与技术教育"双职业教育学制，企业以预期的雇主和实习的伙伴身份，与教育单位和区域行政单位签署伙伴合同，并在此基础上与教育单位和学生签署实习合同。企业还需为双职教育提供与国家水平相等的奖学金。这种学制已经在全国各地的数所学校得到落实。"双职业教育"教学大纲规定，在上学的第 1 年，理论课程占 40%，实践课程占 60%；第 3 年，实践课程增加到 75%。罗马尼亚教育部将 2017 年宣布为促进职业和技术教育年。[④]

---

① Madlen Serban. Spotline on TVET in Romania institutions and networking– roles and responsibilities [EB/OL]. http://www.erisee.org/downloads/tirana_08_presentations/11.Madlen%20Serban%20Spotline%20on%20TVET%20in%20 Romania%20institutions%20and%20networking-%20roles%20and%20responsibilities.pdf. 2017–09–11.

② 章鹏远. 罗马尼亚技术职业教育培训质量保证的新举措 [J]. 海外职业教育，2009(10)：152–154.

③ Madlen Serban. Spotline on TVET in Romania institutions and networking– roles and responsibilities [EB/OL]. http://www.erisee.org/downloads/tirana_08_presentations/11.Madlen%20Serban%20Spotline%20on%20TVET%20in%20 Romania%20institutions%20and%20networking-%20roles%20and%20responsibilities.pdf. 2017–09–11.

④ Radio Romania International – 2017 年 7 月 12 日：罗马尼亚的双职业教育 [EB/OL].http://www.rri.ro/zh_cn/20 17%E5%B9%B47%E6%9C%8812%E6%97%A5_%E7%BD%97%E9%A9%AC%E5%B0%BC%E4%BA%9A%E7%9A%8 4%E5%8F%8C%E8%81%8C%E4%B8%9A%E6%95%99%E8%82%B2-2560009. 2017–09–11.

（二）法规[①]

罗马尼亚重视运用法律手段保障教育改革，先后制定了一系列法律、法规等巩固、促进职教培训事业的发展与成果。

1.《罗马尼亚国家教育法》

2011 年 1 月颁布通过修订的新《教育法》。其第二条规定教育是国家重点工作，国家确保人民平等地进入各级和各种形式的教育，而不受任何歧视。第四条规定，儿童、青少年和成年人教育的最终目标是发展能力，包括多种技能以及知识迁移的能力。此外，新法界定了终身学习教育和职业教育培训的概念，以及通过正规、非正规教育获得的技能认证。此外，该法规定地方当局设立终身学习社区中心，旨在实施社区一级的终身学习政策和战略。

2.《第 84 号教育法》

1995 年 7 月颁布，并将第 268/2003 号法和第 354/2004 号法律予以修改，规定了国家教育制度的各级组织及其运作。

3.《第 228 号教育法》

2004 年 6 月颁布，补充了 2005 年 11 月的第 346 号法律以及 2004—2006 年颁布的若干部级命令、政府决定和条例，建立了符合博洛尼亚进程的新的高等教育。（博洛尼亚进程，是 29 个欧洲国家于 1999 年在意大利博洛尼亚提出的欧洲高等教育改革计划，该计划的目标是整合欧盟的高教资源，打通教育体制。）

4.《成人培训法》

2002 年颁布，规定了职业培训机构的认证，以提高培训项目的质量。该法还规定了对通过非正规学习获得的能力的评估和认可，并以此替代培训形式的学分。

5.《教学人员章程》（第 128 号法）

1997 年 6 月颁布，规定了教师职业、所需资格以及在职教师培训、教师评估等。

6.《教育质量保证法》

2006 年颁布，通过了 2005 年 7 月关于教育质量保证的第 75 号政府紧急条例，规定设立罗马尼亚高等教育质量保证机构作为公共自治机构，同时规定罗马尼亚大学前教育质量保证机构设立在教育部之下。

---

① UNESCO International Bureau of Education. World Data on Education. VII Ed. 2010/11. [DB/OL]. http://www.ibe. unesco.org/fileadmin/user_upload/Publications/WDE/2010/pdf-versions/Romania.pdf. 2017-09-11.

三、职业技术教育与培训的体系与质量保障

（一）体系[①]

1. 实施机构

根据罗马尼亚教育法，罗马尼亚职业教育与培训的体系包括全日制或夜校两种形式，通过职业学校、技工学校以及技术大学实施，这些学校可以独立办学或附属一些学校集团。从层次上来，职业教育与培训体系包括中等职业技术教育和高等职业技术教育。

2. 招生与入学

罗马尼亚学生在初中毕业后，通过参加国家考试，进入高中阶段学习。学生面临升入高中阶段学习或进入艺术、贸易相关学校学习职业技能并就业两个选择。高中阶段教育分为两个阶段，在第一阶段（9—10年级，分为三类：通识、学术、职业技术），在第二阶段（11—12/13年级），公办学校可参加实习，不要求在校学习，而且免费。高中毕业后，学生通过参加各高校自主招生考试进入大学、学院和技术大学学习。

3. 继续教育与培训

《罗马尼亚教育法》第一百三十三条为保证终身教育的实施，教育部等有关部委以及大众传媒、宗教界、业余大学、文化基金会、其他协会通过合作，为各年龄段的全体公民学习技术和文化提供便利，以使他们适应社会生活中的重大转变。第一百三十五条规定，国家部委、企业法人或自然人等可单独或同教育单位共同举办成人职业培训班和进修班，除与劳动和社会保障部联合为失业者提供社会保障和重新就业而组织的培训外，不需要教育部的认可，如这些培训系根据教育部审批的计划开办，在结束时则颁发教育部承认的职业培训证书。第一百三十六条还规定，经教育部批准，可利用现代信息技术，组织开放教育或远程教育学校及网络。

（二）保障

1. 资格框架[②]

在罗马尼亚国家资格框架下，职业技术教育等级分为1—3及3+。完成艺术、商业学校或职业中学低段，达到职业资格1级；完成艺术、商业学校或职业中学高段学业达到2级；通过高中第二阶段分流进入并完成职业中学（高段）学业达到3级，完成职业中学高段学业，通过考试并完成高中后教育达到职业资格3+级。此外，自博洛尼亚进程以来，罗马尼亚对本国教育进行了调整，上述资格等级分别对应欧盟2—5级。（图2）。

① 章鹏远. 罗马尼亚技术职业教育培训质量保证的新举措 [J]. 海外职业教育，2009(10)：152-154.
② Madlen Serban. Spotline on TVET in Romania institutions and networking– roles and responsibilities. [EB/OL]. http://www.erisee.org/downloads/tirana_08_presentations/11.Madlen%20Serban%20Spotline%20on%20TVET%20in%20Romania%20institutions%20and%20networking–%20roles%20and%20responsibilities.pdf. 2017-09-11.

年龄	年级	教育层次				资格等级	欧盟参考等级
>19		高等教育-终身教育			博士阶段教育	5	7
					硕士阶段教育		7
		高等教育			学士阶段教育	4	6
		高中后教育 （高等教育/第三阶段教育-非大学教育）				3+TVET	5 TVET
18	13	高中 第二阶段	艺术、商业学校 （高段）	职业中学 （高段）	职业中学 （高段）	3 TVET	4 TVET
17	12				完成学业	2 TVET	3 TVET
16	11						
15	10	高中 第一阶段	艺术、商业学校 （低段）	职业中学 （低段）	艺术和商业学校	1 TVET	2 TVET
14	9						
10–13	5–8	初中教育				—	1
6–9	1–4	小学教育					

图 2　罗马尼亚职业教育资格等级

2. 质量保障框架 [①]

自 1994 年以来，罗马尼亚就已经在欧盟"灯塔计划"的支持下，广泛开展了职业教育培训系统的改革，并希望以国家资格框架（NQF）和国家质量保证框架（NQAF）为主体，建立起一个逐渐接近欧洲发展水平的国家级 TVET 质量保证体系，并构建了两个框架的措施及机构配置。

为了应对 TVET 质量保证系统所面临的巨大挑战，自 1998 年以来，罗马尼亚政府陆续建立了一些职能机构，以便配合政府教育与劳动部门，促进职业技术教育与培训健康发展。例如，责成国家资格局（NAQ）与欧洲资格框架（EQF）密切合作，以各专业部门委员会的工作为基础，积极促进国家资格框架（NQF）发展；责成罗马尼亚大学前教育质量保证机构（ARACIP）和罗马尼亚大学教育质量保证机构（ARACIS）以欧洲 TVET 共同质量保证框架（CQAF）为基础，共同承担构建国家质量保证框架（NQAF）责任。

罗马尼亚教育部还成立了国家技术和职业教育与培训发展中心（NCTVET），制定职业技术教育与培训政策和战略，它在质量保证方面发挥重要作用。其主要功能包括：VET（IVET）课程的设计、制定、实施和修订；IVET 评估和认证体系设计；阐述 IVET

---

① 章鹏远 . 罗马尼亚技术职业教育培训质量保证的新举措 [J]. 海外职业教育，2009(10)：152–154.

教师培训的方法；在国家、区域和地方层面发展社会伙伴关系，以及培训标准、课程和评估的设计和制定。

四、职业技术教育与培训的治理与教师

（一）治理

国民教育体系是教育、研究、青年和体育部（原教育、研究和创新部，以下简称教育部）的整体责任。教育部通过与其他机构和部委协商，制定和执行整体教育战略；协商设置教育目标；协调和监测国民教育体系和组织公众教育学校网络；批准成立中等和中等以上的学校、学院和大学；协调教育研究活动等。此外，罗马尼亚教育部在履行其职责时，可以建立专门的机构，如国家评估和考试中心、高等教育质量保障中心等。相关机构、部委承担以下职能（图3）。

功能	教育部	交流协会	社会劳动部	部门委员会	地区发展委员会	地区联盟	省教育监察局	地区职教育合作委员会	市教育局	企业	院校领导班子
资格核准	建议	咨询	建议	决策				建议		建议	建议
课程大纲	决策	咨询		咨询			咨询	咨询		决策	决策
评估认证	决策	咨询	决策	咨询						咨询/代表	咨询/代表
校外实习							咨询	咨询		决策	决策
教师培训	决策			决策			决策	咨询		决策	决策
院校管理									管理成员	管理成员	管理
财务管理	决策	咨询							决策	奖学金	计划外资助
方案规划	决策	咨询			决策	咨询	决策	咨询		建议	建议

图3　罗马尼亚职业技术教育相关机构、部委职责[①]

此外，罗马尼亚教育部成立职业教育与培训发展国家中心（NCTVET），全面负责职业教育和培训（VET／TVET／CVT）和发展战略、政策和法规，批准课程和国家评估

[①] Madlen Serban. Spotline on TVET in Romania institutions and networking– roles and responsibilities. [EB/OL]. http://www.erisee.org/downloads/tirana_08_presentations/11.Madlen%20Serban%20Spotline%20on%20TVET%20in%20Romania%20institutions%20and%20networking–%20roles%20and%20responsibilities.pdf. 2017–09–11

标准，以及学校网络。

（二）教师①

罗马尼亚中学阶段职业教育和培训系统教师需通过大学短期（3年，专科）或长期计划（4—6年本科及研究生）培训，在其任教的科目（最多两科）接受培训。职业高中第二阶段（高阶）的教师必须完成长期计划（4—6年）培训；技术教育由理工大学毕业的工程师授课。技工学校和学徒学校教师必须毕业于短周期计划（3年）高校。根据其所研究和学习专业领域，罗马尼亚中等职业教育与培训教师有资格教授一至两门课程。

在高等教育层面，职业技术大学教师职称包括初级助理讲师、助理讲师、讲师、副教授、教授和咨询教授。教师通过竞聘获得任职资格和等级。

在工作量方面，中学及中学后教师周学时均为18学时。此外，教师承担其他工作，包括每周4—5学时批改作业、每周1小时的课外辅导、每周1—2次学校坐班等等。

罗马尼亚依据教师法和相关具体法案建立了全国教师工资标准，从国家和地方预算支付。中学阶段教师工资由教学岗位、学历、职称和工龄等确定。此外，根据法律和教育部规定，省教育监察局、学校管理层可根据教学质量等对教师进行奖励。目前大学普通教师的月平均工资为450欧元，全职教授为1000欧元，中小学教师的平均工资为300欧元。

五、职业技术教育与培训的诉求与发展趋势

罗马尼亚职业技术教育与培训经历了社会主义时期和迈向欧洲标准两个阶段，进行了多次改革，对职业教育与培训产生了重大影响。1999年在加入博洛尼亚进程之后，罗马尼亚采取了一系列高等教育改革措施，包括完善高等教育质量保障体系、推进高等教育立法改革、加大财政支持鼓励区域间学生流动等②。面对社会政治、经济、文化和科技发展的需要与教育中存在的问题，罗马尼亚的教育改革方兴未艾，其改革与发展趋势包括：大力发展私立教育，特别是在高等教育领域；加快融入西方的进程，大力开展国际教育合作与交流；推进教育信息化，大力发展信息技术教育；加强创新人才的培养，重视学生批判思维能力和个性的发展。③

自从1989年剧变以来，罗马尼亚的教育制度一直处于改革与转型之中，加上政局的动荡和经济发展的起伏不定，使得罗马尼亚教育面临许多问题，罗马尼亚需从以下几个方面解决职业教育面临的问题。

---

① UNESCO International Bureau of Education. World Data on Education. VII Ed. 2010/11 [DB/OL].http://www.ibe.unesco.org/fileadmin/user_upload/Publications/WDE/2010/pdf–versions/Romania.pdf. 2017–09–11.

② 张广山、熊健民.博洛尼亚进程中罗马尼亚高等教育改革及启示 [J]. 教育探索, 2016(07).

③ 刘宝存, 肖甦.罗马尼亚教育的转型改革与发展趋势 [J]. 当代教育科学, 2004(5)：28–31.

1. 加大教育经费投入与保障

自1989年以来，伴随经济衰退，罗马尼亚教育经受了空前的危机，办学经费一减再减，欧盟多次呼吁罗马尼亚政府注意"改善教育环境"①。虽然近年来，罗马尼亚经济持续向好，但教育长期没有足够的经费投入，欠账太多，需要政府长期加大投入。

2. 提高职业教育与培训的质量

21世纪之初，为解决教育经费不足的问题，罗马尼亚大力发展私立教育，1999—2000学年，私立高等学校数且多于公立学校数量，私立高等学校学生注册人数也占总人数的四分之一。罗马尼亚前教育部部长米尔奇亚·米克勒阿牵头起草的《罗马尼亚的教育和研究活动》的报告痛斥罗马尼亚教育的问题，报告认为，罗马尼亚教育的问题集中体现为四点：无效果、无针对性、公平缺失、质量差。

3. 加大职业教育培训力度

近年来，罗马尼亚经济状况持续好转，对技术人才的需求加大，另一方面，长期经济低迷和教育停滞不前，使罗马尼亚技术人才储备严重不足。此外，罗马尼亚还面临农村教育落后，2007年，仅有24%的学生可以上高中，其中能上大学的学生只有2%至3%，80%的罗姆族儿童处于失学状态，全国的辍学率逐年上升。对罗马尼亚而言，加大职业教育培训力度对解决经济发展人才需求显得十分迫切。

（深圳职业技术学院　技术与职业教育研究所　罗　欢

深圳职业技术学院　联合国教科文组织职业技术教育与培训联系中心　王冰峰）

主要参考文献

[1] 中华人民共和国外交部.罗马尼亚国家概况[EB/OL].http://www.fmprc.gov.cn/web/gjhdq_676201/gj_676203/oz_678770/1206_679426/1206x0_679428/.2021-09-25.

[2] 中华人民共和国商务部.罗马尼亚2017年上半年GDP增长5.8%[EB/OL].http://www.mofcom.gov.cn/article/i/jyjl/m/201708/ 20170802628759.shtml.2017-09-11.

[3] 2016年罗马尼亚大学世界排名[EB/OL].http://www.liuxue86.com/a/2675909.html.2017-10-11.

[4] UNESCO International Bureau of Education. World Data on Education. VII Ed. 2010/11. [DB/OL].http://www.ibe.unesco.org/fileadmin/user_upload/Publications/WDE/2010/pdf-versions/Romania.pdf. 2017-09-11.

---

① 中国驻罗马尼亚使馆教育组.罗马尼亚教育亟需"深刻的改革".中国教育报[N].2007年12月10日第008版.

[5] Madlen Serban. Spotline on TVET in Romania institutions and networking– roles and responsibilities. [EB/OL].http://www.erisee.org/downloads/tirana_08_presentations/11.Madlen%20Serban%20Spotline%20on%20TVET%20in%20Romania%20institutions%20and%20networking–%20roles%20and%20responsibilities.pdf. 2017–09–11.

[6] Radio Romania International – 2017 年 7 月 12 日：罗马尼亚的双职业教育 [EB/OL].http://www.rri.ro/zh_cn/2017%E5%B9%B47%E6%9C%8812%E6%97%A5_%E7%BD%97%E9%A9%AC%E5%B0%BC%E4%BA%9A%E7%9A%84%E5%8F%8C%E8%81%8C%E4%B8%9A%E6%95%99%E8%82%B2-2560009. 2017–09–11.

[7] 中国驻罗马尼亚使馆教育组 . 罗马尼亚教育亟需 "深刻的改革" . 中国教育报 [N]. 2007 年 12 月 10 日第 008 版 .

[8] 刘宝存 , 肖甦 . 罗马尼亚教育的转型改革与发展趋势 [J]. 当代教育科学 , 2004 (5)：28–31.

[9] 章鹏远 . 罗马尼亚技术职业教育培训质量保证的新举措 [J]. 海外职业教育 , 2009 (10)：152–154.

[10] 张广山、熊健民 . 博洛尼亚进程中罗马尼亚高等教育改革及启示 [J]. 教育探索 , 2016 (07).

马耳他共和国

一、国家概况

（一）地理

马耳他共和国（The Republic of Malta），简称马耳他。[①] 马耳他是位于地中海中部的岛国，被称为"地中海的心脏"，介于欧亚非三大洲之间，战略地位重要。邻近意大利和突尼斯，距意大利西西里岛南端仅 93 千米，距突尼斯东端 288 千米。国土面积 316 平方千米，全境由五个岛屿及多处礁石组成，其中马耳他岛最大，有 245.73 平方千米，多天然良港，海岸线长 190 余千米；第二大岛为戈佐岛，有 67.08 平方千米。[②] 马耳他诸岛地势起伏，岩石四布，无原始森林，无入海河流。马耳他属亚热带地中海式气候，全年分夏季（5 月—10 月）和冬季（11 月—次年 4 月）两季，夏季炎热干燥，冬季温和湿润。年平均气温 19.7℃，最高气温 40℃，最低气温 5℃。年平均降水量 560 毫米。[③] 全国共有 68 个地方市政委员会，其中马耳他岛 54 个，戈佐岛 14 个。首都瓦莱塔（Valletta）是一座被列入联合国世界文化遗产的历史名城，位于马耳他岛东北端马耳他湾的一个狭长半岛上，以圣约翰骑士团第六任首领拉瓦莱特（1557—1568 年在位，瓦莱塔城始建者）的名字命名，是全国政治、文化和商业中心。

（二）人文

公元前 5000 年，马耳他岛开始出现人类活动。在公元前 10—前 8 世纪，腓尼基人到此地定居，其后马耳他被希腊人占领，公元前 4 世纪又被迦太基占领。公元前 218 年始被罗马人统治，在迦太基、罗马共和国时代，因地中海贸易而繁荣。9 世纪起马耳他相继受东罗马帝国、阿拉伯帝国、诺曼人统治。1192 年西西里国王坦克雷迪封自己的姑父海军将领马加里托为首任马耳他伯爵。1523 年，圣约翰骑士团自爱琴海的罗得岛移居

[①] 中华人民共和国驻马耳他共和国大使馆. 马耳他国家概况 [EB/OL].(2021-1-27)[2021-05-13]. http://mt.china-embassy.org/chn/metgk/t1430466.htm.

[②] 商务部国际贸易经济合作研究院等. 对外投资合作国别（地区）指南——马耳他 [R]. 商务部国际贸易经济合作研究院等，2020: 3.

[③] 商务部国际贸易经济合作研究院等. 对外投资合作国别（地区）指南——马耳他 [R]. 商务部国际贸易经济合作研究院等，2020: 3-4.

此地，并获神圣罗马帝国皇帝查理五世的承认。该骑士团后更名马耳他骑士团。1565年马耳他骑士团击败奥斯曼帝国军队围攻，成功阻止奥斯曼帝国向西欧扩张，此战成为马耳他史上的重大事件。1798年，拿破仑率法国军队将骑士团逐出马耳他。1800年英国占领马耳他，1814年正式成为英国殖民地。"二战"时期受意大利空军多次的轰炸和围攻，但岛上居民顽强抵抗，因此意大利未能占领马耳他。1964年9月21日宣布独立，成立马耳他国，为英联邦成员国，英国女王仍为国家元首，向马耳他派遣总督。1974年马耳他议会通过宪法修正案，改君主立宪制为共和国制，成立马耳他共和国。1979年3月31日，英国被迫从马耳他撤出军事基地。2004年5月1日，马耳他正式加入欧盟，2007年12月加入申根区，2008年1月1日加入欧元区。①

1974年经修改宪法，马耳他成为共和国，但仍保留在英联邦之内。总统为国家元首，由总理提名经议会投票产生，任期5年。现任总统乔治·维拉（H.E. Dr George Vella），于2019年4月4日就职，任期5年。马耳他议会实行一院制，称众议院，由普选产生，任期5年，系该国立法机构。本届议会于2017年6月选举产生，共67席，其中工党（执政党）占36席，国民党（反对党）占28席，独立议员3席。②议长安格鲁·法鲁贾（Angelo Farrugia）于2013年4月就职，2017年连任。2020年1月罗伯特·阿贝拉（Robert Abela）当选工党新领袖并就任总理。内阁其他成员包括副总理兼卫生部长克里斯·费恩（Chris Fearne），欧洲与外交事务部长埃瓦里斯特·巴尔托洛（Evarist Bartolo）等20名部长和6名国务秘书。高等法院为最高司法机构，由1名首席大法官和16名大法官组成，由总统根据总理推荐任命，任职到65岁退休。③

马耳他现有人口51.5万（2019年），主要是马耳他人，占总人口的95%以上，其余为阿拉伯人、意大利人、英国人等。官方语言为马耳他语和英语。马耳他语是以阿拉伯语为基础，融合英语、意大利语、法语等而形成的一种语言。④意大利语普及率也较高。天主教为国教，信奉人数占98%，其余主要信奉基督教新教和东正教。⑤

马耳他文化是数世纪以来不同文化在马耳他岛上相互接触融合的产物，包括邻近的地中海地区的文化以及1964年马耳他独立前曾长期统治管理该地的诸多国家的文化。马耳他菜便是其中颇具代表性的例子，它是几个世纪以来岛上居民与来马耳他定居的外来者在烹调习惯上互相影响的结果，这种结合使马耳他菜混合了地中海周围各地的饮食口

① 商务部国际贸易经济合作研究院等. 对外投资合作国别（地区）指南——马耳他 [R]. 商务部国际贸易经济合作研究院等，2020: 3.

② Parliament of Malta. Parliamentary Groups [EB/OL]. (2021-09-10)[2019-12-31]. https://parlament.mt/en/13th-leg/political-groups.html.

③ 商务部国际贸易经济合作研究院等. 对外投资合作国别（地区）指南——马耳他 [R]. 商务部国际贸易经济合作研究院等，2020: 6.

④ 同上，2020: 9.

⑤ 中华人民共和国驻马耳他共和国大使馆. 马耳他国家概况 [EB/OL].(2021-1-27)[2021-05-13]. http://mt.china-embassy.org/chn/metgk/t1430466.htm.

末。马耳他的节日较多，多与宗教有关。法定假日包括：1 月 1 日新年、2 月 10 日圣保罗海难纪念日、3 月 19 日圣约瑟夫纪念日、3 月 31 日自由日、5 月 1 日劳动节、6 月 7 日独立运动纪念日、6 月 29 日圣彼得和圣保罗节、8 月 15 日圣母升天节、9 月 8 日维多利亚圣母日、9 月 21 日独立日、12 月 8 日圣灵怀胎节、12 月 13 日共和国日、12 月 25 日圣诞节。[1]

（三）经济

马耳他政府宏观经济政策的主要目标包括：实现经济可持续增长；创造就业，降低失业率；改善、强化公共财政状况，确保税收稳定增长；保持稳定适当的通货膨胀率，防止紧缩。[2] 马耳他自然资源贫乏，技术人员短缺，工业基础薄弱，粮食基本依赖进口，对外贸易长期逆差。旅游、造船和修船等行业是其传统产业。2004 年加入欧盟以来，政府调整经济结构，推出系列改革措施，并获得欧盟大笔援款，宏观经济状况不断改善。受 2008 年国际金融危机影响，进出口业务和内需下降，经济陷入衰退。为缓解危机影响，马耳他政府投入约 9000 万欧元用于刺激经济，采取提高存款准备金率、实施旅游业贷款利息补贴、为企业量身定制资金帮扶等一系列措施，用以稳定市场、保障就业、吸引投资、刺激经济。2010 年起经济开始复苏，逐步恢复增长。2020 年，马耳他国内生产总值约 128.23 亿欧元，受疫情影响同比降低 5.7%，人均 GDP 为 24870 欧元，失业率 2%。[3]

根据世界银行数据，2018 年马耳他第一产业占 GDP 比重为 13%，第二产业占 GDP 比重为 12%，第三产业占 GDP 比重为 75%。固定资本形成总额为 6.5 亿欧元。根据马耳他统计局数据，2019 年内需拉动经济增长贡献率为 4.5%，出口降低 0.2%，农渔业下降 0%，工业带动增长 3.7%，基建增长 13.9%，服务业增长 7.8%。马耳他中央银行预计，2021 年的投资增长预计为 7.5%，私人消费的增长为 3.7%。[4]

马耳他经济产业主要包括农业、工业、服务业（主要是旅游业、金融业）。农业：因其可耕地面积仅 1.1 万公顷，且严重缺水，制约了农业发展。农业、林业、渔业产值占马耳他总体经济产值不足 1%，全职农业人口不足 2000 人。农业产业主要包括饲料、蔬菜、水果、花卉、土豆、牲畜、副产品等。大部分粮食、牛奶、植物油、水果等依赖进口。工业：马耳他目前共有 15 个工业园区。近年来制造业产值不断下降，目前仅占 GDP 的 8% 左右，低于西方国家总体水平；从业人员占总劳力的比重不足 20%。主要产品有电子、化工、机械设备、医药、食品饮料等。2019 年 12 月，马耳他工业生产指

---

[1] 商务部国际贸易经济合作研究院等 . 对外投资合作国别（地区）指南——马耳他 [R]. 商务部国际贸易经济合作研究院等，2021.01: 12.

[2] 同上，2021.01: 15.

[3] The Malta Chamber. Malta's GDP For 2020 Down By 5.7% [EB/OL]. (2021-09-10) [2021-03-01]. https://www.maltachamber.org.mt/en/malta-s-gdp-for-2020-down-by-5-7.html.

[4] 商务部国际贸易经济合作研究院等 . 对外投资合作国别（地区）指南——马耳他 [R]. 商务部国际贸易经济合作研究院等，2021.01: 14.

数为108.2，同比增长7.3个百分点。2020年2月，工业生产价格指数为110.3，同比上涨10.1个百分点，马耳他全国现有650多家生产性企业，员工2.2万人。其中，外资企业250家，外资企业出口占马耳他出口总额的90%，解决就业约40%。服务业：旅游业是马耳他经济支柱产业之一，也是主要外汇来源。有各类星级宾馆130多座，此外还有120多座度假公寓等。旅游业直接就业人数约1万人，每年接待外来游客约为本国人口的5倍。2019年，赴马游客人数约280万，同比增长5.9%，其中欧盟国家人数230万。游客在马旅游消费约22亿欧元，同比增长5.7%，人均消费807欧元。英国、意大利、德国、法国等欧盟国家为赴马游客的主要来源国。受新冠肺炎疫情的影响，2020年3月游客数量同比下降56.5%，2020年第一季度游客总数量为37万人次，同比下降13.1%；游客消费约2.2亿欧元，同比下降17.5%。金融服务业是马耳他率先对外资开放的行业，近年来发展迅速，马耳他政府正在力争将马耳他打造成地中海金融中心，近年来金融业年均增长25%。马耳他签署了70个避免双重征税协议。目前境内投资基金超过580只，基金总值100亿欧元，金融服务业就业人数约1万人，金融企业超过6.5万家，2019年金融保险业产值达6.57亿欧元，占GDP的4.98%。[①]

（四）教育

马耳他由国家、教会和私立机构面向16岁以下人员提供义务教育。国家负责促进教育教学发展并为所有马耳他公民提供平等和普遍的入学机会。马耳他的教育目标包括提高学生的智力水平和道德情操，同时鼓励他们为国家经济发展做贡献。尽管在公元870—1090年阿拉伯帝国统治期间，马耳他民众开始接受教育，但之后四个世纪出台的宗教法令才真正把宗教教育带给马耳他的富裕家庭。在马耳他骑士团治理时期建立了马耳他大学，围绕该大学，一些小学、中学和高等教育机构慢慢建立起来。在1789年法国人驱逐骑士团之后，公办小学教育开始出现，之后小学教育在马耳他遍地开花。1878年，英语取代意大利语成为主要教学语言。为了应对第一次和第二次世界大战之间由贫困导致的儿童辍学问题，从1946年开始马耳他推行义务教育。从1988年开始，义务教育的起始年龄降到了5岁。[②]

马耳他的教育体系分四个层次：学前教育（3—5岁）、初等教育（5—11岁）、中等教育（11—18岁）和高等教育（如图1所示）。学前教育由家长自愿选择，政府提供全额资助。初等教育结束后学生根据学习成绩进入不同的后续学习通道。11岁时学生参加"11+"考试（eleven plus exam）后被分流到不同的中学学习。成绩优秀的学生进入优质的初中学园（junior lyceum），成绩一般或者没有参加考试的学生进入竞争力不强的中学。学生在16岁参加中等教育证书（NEC）考试，在18岁参加大学入学考试（matriculation examinations）以判定是否有资格进入大学。

---

① 商务部国际贸易经济合作研究院等. 对外投资合作国别（地区）指南——马耳他[R]. 商务部国际贸易经济合作研究院等，2021.01: 14-15.

② Education in Malta[EB/OL]. (2021-03-19)[2021-05-18]. https://en.wikipedia.org/wiki/Education_in_Malta.html.

马耳他公立和私立机构开办的幼儿教育与托管中心接受3个月到2岁9个月的幼儿。2014年4月开始，全职、兼职工作或者在上学的父母可以享受免费幼儿托管。2岁9个月到5岁的儿童可以入读公立幼儿园、教会幼儿园或私立学校开办的幼儿园。马耳他面向5—16岁的儿童和青少年提供11年的义务教育。义务教育包括两个阶段（two cycles）：小学阶段（5—11岁）和初中阶段（11—16岁）。初中又分两个阶段：第一阶段（middle schools，11—13岁）和第二阶段（secondary schools，13—16岁）。义务教育阶段大约50%的学生入读公立学校（state schools），36%的学生入读宗教学校（church schools），大约14%的学生入读独立学校（independent schools）。①

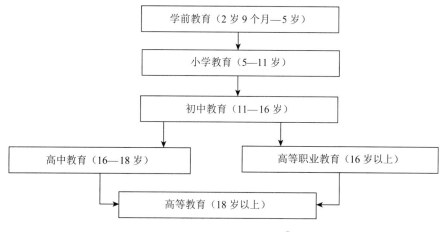

图1 马耳他教育体系图②

小学教育提供六年的通识教育与职业教育相关课程。在小学的最后两年对学生进行分流，六年级时学生参加全国小学标准评价（National End of Primary Benchmark Assessment）以判定他们的受教育水平。所有的初中为学生提供通识教育课程，同时也为打算选取职业教育的学生提供其他课程。初中学习结束后，学生获得初中毕业证书与档案（SSC&P）。学生需要参加初中毕业证书考试，作为学生在高中教育（upper-secondary）和中学后教育（post-secondary level）的录取条件。义务教育之后（16—18岁）学生可以选择接受普通高中教育或者高等职业教育（vocational post-secondary education）。普通高中教育和部分职业教育的设置是为学生升入普通高等教育（tertiary education）做准备的。马耳他大学（University of Malta）提供从文凭课程直到博士学位的多层次高等教育。马耳他艺术科技学院（Malta College of Arts, Science and Technology）和马耳他旅游学院（Institute of

---

① Vocational education and training in Europe [EB/OL]. (2019-04-27)[2021-06-07]. https://www.cedefop.europa. eu/en/tools/vet-in-europe/systems/malta.html.

② Malta：Organization of the Education System and of its Structure [EB/OL]. (2019-12-11)[2021-06-07]. https://eacea.ec.europa.eu/national-policies/eurydice/content/organisation-education-system-and-its-structure-49_ en#:~:text=Education%20in%20Malta%20is%20compulsory%20for%20all%20children,education%20followed%20by%20 five%20years%20of%20secondary%20education.html.

Tourism Studies）负责开展高等职业教育（tertiary vocational education）。私立机构（private organisations）也提供初中后教育和普通高等教育。①

二、职业技术教育与培训的战略与法规

（一）战略

马耳他教育与就业部于 2014 年 2 月发布《马耳他教育战略框架 2014—2024》（Framework for the Education Strategy for Malta 2014-2024）。该战略根据欧洲和世界教育的参照标准设定了未来十年要达到的四个可量化的教育目标：（1）缩小教育成果的差距，减少后进生数量，提高文化、数学、科技能力的标准；（2）支持有贫困风险和经济社会层次较低家庭的儿童提高学习成效，降低早期退学学生相对较高的比例；（3）提高学生在继续教育、职业教育和高等教育中的保持率和学习成效；（4）提高终身学习与成人教育的参与度。在教育目标中与职业教育相关的具体内容包括：提供基于学习成果导向的相关课程；提供基于马耳他职业资格框架的各种学习机会和资格证书考试；探索不同路径来增强对劳动力市场的适应性；通过中学后教育培养高技能人才。在未来十年中，教育与就业部将积极升级现有普通教育与职业教育专业并改进学习评价方法。国家将继续支持职业教育体系的现代化，支持在终身教育体系中推动学徒制、培训制和基于工作环境或岗位的学习项目。体验式学习和工作本位学习将需要获得认证。服务于终身教育的国家职业资格框架将促进所有学习形式（包括非正规教育、学徒制）的质量保障、认证与透明度。②

马耳他依据《布鲁日公报》对马耳他职业教育的评估结果并经过咨询职业教育利益相关人，于 2015 年出台《国家职业教育与培训政策》（The National Vocational Education and Training Policy）。该政策提出了有关职业教育的 11 项战略目标：（1）通过在提供初中义务教育中提供各种职业教育课程，增强中等职业教育的吸引力；（2）通过构建质量保障框架（Quality Assurance framework）提升中等职业教育和继续职业教育（CVET）的教学质量及其与行业发展的相关性；（3）为人们参加培训和获取职业资格证书提供灵活的路径；（4）采取措施将中等职业教育和继续职业教育融入教育体系并提升职业教育的国际流动性；（5）在中等职业教育和继续职业教育中推行创新创业以及信息与通信技术（ICT）教育；（6）推动中等职业教育和继续职业教育扩展其包容性，帮助人们管控其生涯发展，在社会上发挥积极作用；（7）支持职业教育利益相关人参与职业教育的治理和教学，凸显欧洲职业教育合作的成果；（8）协调欧盟与本国的治理措施，保障政策的透明度、认可度、质量保障和流动性；（9）强化职业教育政策与其他领域政策的融通；

---

① Malta Overview. [EB/OL]. (2021-06-06)[2021-06-07]. https://eacea.ec.europa.eu/national-policies/eurydice/content/malta_en.html.

② Ministry for Education and Employment. Framework for the Education Strategy for Malta 2014-2024 [R]. Ministry for Education and Employment, 2014: 3-5.

（10）提升欧盟职教政策制定所需数据的质量和可匹配性；（11）充分利用欧盟支持。[①]

《国家职业教育与培训政策》还确定了一些需要职业教育利益相关人关注的战略领域，以便提升马耳他职业教育的办学质量。这些战略领域包括：

（1）建立全国职业教育指导机构，统整职业教育办学与治理的利益相关人；

（2）确保职业教育专业办学与劳动力市场的需求相对接；

（3）充分搜集和运用数据促进职业教育治理；

（4）增加职业教育中本科与研究生专业数量和研究项目数量；

（5）职业教育办学要与普通教育并行同步发展；

（6）支持私立职业教育的发展；

（7）探索开拓职业教育的资助通道；

（8）建立职业教育与国内外其他行业的联系；

（9）加强职业教育机构与国外大学和学院的合作；

（10）提升职业教育质量保障水平；

（11）完善职业教育学分认证系统（Credit System for VET）；

（12）推动基于工作环境的学习；

（13）促进非正规学习的认证工作并加强它与职业教育体系的联系；

（14）通过提供终身学习机会促进职业教育发展，以达到欧盟提出的到2020年15%的成人参加教育与培训的目标；

（15）提供更加全面的生涯教育与指导；

（16）提升职业教育的包容性；

（17）促进教师培训与专业发展；

（18）提升课程与教学的现代化水平。[②]

（二）法律法规

马耳他没有专门制定《职业教育法》，但1964年制定的宪法和1988年出台的《教育法》（Education Act）及其后续的修订为马耳他职业教育体系确定了法律框架并列出职业教育的目标。[③]马耳他《教育法》确定了马耳他的教育体系，规定公立职业院校（马耳他艺术科技学院和马耳他旅游学院）免费开展教育服务，并明确了以上两所院校的职责范围和组织架构。《教育法》还授权这两所院校颁发国家职业资格证书。

《教育法》的附属法规对于职业教育相关内容也做出规定：附属法规327.431——马耳他终身学习职业资格框架（Malta Qualifications Framework for Lifelong Learning

---

① Ministry for Education and Employment. National Vocational Education and Training Policy [R]. MCAST, 2015: 20–23.

② 同上，2015: 24–31.

③ Ministry for Education and Employment. Education Act (Chapter 327 of the Laws of Malta) [Z]. Malta Parliament, 1988.

Regulations）；附属法规 327.432——非正规教育认证规则（Validation of Non-Formal and Informal Learning Regulations）；以及附属法规 327.433——继续与高等教育认证和质量保障规则（Further and Higher Education［Licensing Accreditation and Quality Assurance］Regulations）。另外，2012 年发布的第 295 条法律公告对于非正规教育的认证以及在国家职业资格框架之下的认证颁发做出了规定。马耳他国家继续和高等教育委员会（NCFHE）有权设立行业能力委员会（Sector Skills Committee）管控认证流程。行业能力机构（Sector Skills Units）可以制定职业标准和各自的认证流程。[①]

1990 年出台的《就业与培训服务法》（The Employment and Training Services Act）及后续的修订案对于马耳他公共就业服务机构（Jobsplus）的职能做出界定，明确了它在教育与培训以及颁发职业资格方面的职责。[②]

三、职业技术教育与培训的体系与质量保障

（一）体系

1. 职业技术教育与培训的使命与愿景

根据马耳他国家职业教育与培训政策，马耳他的专业教育与培训具有社会职能和经济职能。促进职业教育与培训的发展是促进社会和谐、应对更广泛的社会问题的策略。职业教育与培训通过开展继续教育和技能培训可以提升人们的就业能力。根据特定行业需求开展能力培训与培养已经成为马耳他解决劳动力市场问题的重要方法。[③]

2. 职业技术教育与培训的构成

（1）义务教育阶段的职业教育课程开设

从 2015 年开始，义务教育阶段 14—16 岁的学生可以选择两门职业教育课程。国家工业发展战略和劳动力市场需求决定了开设的课程：农业综合经营（agribusiness）、工程技术（engineering technology）、健康与社会服务（health and social care）、酒店管理（hospitality）和信息技术（information technology）[④]。

（2）义务教育后的职业教育与培训体系

在义务教育后的教育中，公立学校马耳他艺术科技学院和马耳他旅游学院负责开展中职及以上层次的职业教育与培训。马耳他艺术科技学院提供从中职、高职、本科到硕士研究生层次的职业教育。马耳他旅游学院提供中高职到本科层次的职业教育。马耳他艺术科技学院开设中职层次的学徒制专业，需要学生、雇主和学院签署三方协议开展办学。高等职业教育的工作本位学习以学生实习或者创业培训的形式进行。马耳他旅游学

---

① UNESCO-UNEVOC. World TVET Database: Malta [R]. Bonn. UNESCO-UNEVOC, 2015: 6–7.

② Parliament of Malta. Employment and Training Services Act (1990 and subsequent amendments)[R]. Parliament of Malta, 1990.

③ UNESCO-UNEVOC. World TVET Database: Malta [R]. Bonn. UNESCO-UNEVOC, 2015: 5.

④ Cedefop. Vocational education and training in Malta [R].Thessaloniki: Cedefop, 2017: 23–24.

院的酒店管理专业要求学生必须有一年的国外实习经历；马耳他艺术科技学院的本科层次职业教育给学生提供国外实习机会并提供创业培训机会。[①]

3.继续职业技术教育与培训

马耳他教育与就业部终身学习司（DLL）主要为成年人开设业余学习课程。该司的成人学习处（Adult Learning Unit）在社区学习中心和社区中心开设 500 门欧洲职业资格框架中的 1—5 级课程。这些课程包含继续职业教育与培训课程。马耳他艺术科技学院为不能参加全日制学习的成人在业余时间开设了 300 门课程，支持成人的职业发展或者助其从事更加专业的工作。马耳他旅游学院开设夜校课程，提高成人的酒店管理能力和旅游从业能力。[②] 此外，马耳他就业与培训公司（ETC）负责为失业人员提供技能培训。

（二）资格框架与质量保障

1.马耳他国家职业资格框架

为保障职业教育与培训的质量，建立职业教育和培训与学术教育和普通教育的沟通机制，便于马耳他国内及其与欧盟之间开展横向对接与衔接，马耳他职业资格证书委员会（Malta Qualifications Council）于 2007 年开始推行马耳他国家职业资格框架（Malta Qualifications Framework）。该框架覆盖中职教育、高职教育和继续职业教育，包括通过各种学习形式取得的 8 个级别的职业资格证书。2009 年马耳他在欧盟率先实现与欧盟职业资格框架（EQF）和欧盟高等教育区域资格框架（QF-EHEA）的对接。2012 年发布的法律公告（Legal Notice 2012/294）确立了国家职业资格框架的法律地位并指定继续与高等教育委员会（NCFHE）负责全面实施马耳他国家职业资格框架。

马耳他国家职业资格框架是促进终身学习的重要工具，在教育与培训机构以及劳动力市场得到广泛应用。公立和大部分私立教育与培训机构在其专业说明或介绍中注明其国家职业资格等级和对应的学分数量。学习者越来越了解不同学习形式对应的职业资格等级。获得外国职业资格的人士寻求职业资格认证信息中心的帮助，以对接本国的国家职业资格框架。私营企业运用国家职业资格框架开展招聘工作和员工生涯发展规划。公立机构也在招聘时说明对于国家职业资格的要求。政府运用国家职业资格框架指导设计政策和推动改革。国家职业资格框架是马耳他的公共就业服务机构（Jobsplus）颁发工作许可证的参照标准之一，此外，国家职业资格框架还用作颁发奖学金和减税等激励项目的参照。

马耳他国家职业资格框架为职业资格 1—5 级的职业教育与培训专业学习设定了总体的量化参数。框架对于 8 项核心能力、行业技能以及理论设定了面授和学习时间的分配，并确定了工作本位学习的原则。[③]

---

① Cedefop. Vocational education and training in Malta [R].Thessaloniki: Cedefop, 2017: 25–27.

② 同上，2017: 30–31.

③ 同上，2017: 43–44.

表1　马耳他国家职业资格框架与职业教育对照表

国家框架级别	国家职业资格		职业教育与培训职业资格中的面授与学习时间分配（1—5级）		
8	博士学位（Doctoral degree）		核心能力（%）	专业能力（%）	理论知识（%）
7	硕士学位（Master degree） 研究生文凭（Post graduate diploma） 研究生证书（Post graduate certificate）				
6	学士学位（Bachelor degree）				
5	本科文凭（Undergraduate diploma） 本科证书（Undergraduate certificate）	高等职业文凭（VET Higher diploma） 预科学位（Foundation degree）	10	45	45
4	大学入学证书（Matriculation certificate） 普通教育高级证书（Advanced level） 普通教育中级证书（Intermediate level）	职业教育文凭（VET diploma）	20	40	40
3	普通教育（3级）（General education［level 3］） 初中教育认证考试1—5级（SEC grade 1 to 5	职业教育3级（VET level 3）	40	30	30
2	普通教育（2级）（General education［level 2］） 初中教育认证考试6—7级（SEC grade 6-7）	职业教育2级（VET level 2）	60	20	20
1	普通教育（1级）（General education［level 1］） 初中毕业证书（School leaving certificate）	职业教育1级（VET level 1）	70	15	15

资料来源：Cedefop. Vocational education and training in Malta [R]. Thessaloniki: Cedefop, 2017:45.

备注：本表格职业资格级别自下而上逐级上升，同一层次普通教育和职业教育的级别等同。

2. 职业教育质量保障

马耳他国家职业资格框架的开发强化了职业教育强调质量的文化。马耳他教育与就业部在国家职业资格框架之下推动了职业教育的标准建设。马耳他全国继续与高等教育委员会（NCFHE）负责全国职业教育和高等教育的质量保障工作。2015年马耳他在欧盟率先发布的《国家质量保障框架》（The National Quality Assurance Framework）是促进全国职业教育和高等教育质量保障的重要举措。该框架覆盖高中层次职业教育、高等职业教育（higher VET）和继续职业教育（CVET）以及其他类型的公立和私立继续、高等和成人正规教育。该框架依法律的形式（附属法规 2012/327.433）对于内部质量保障和定期外部质量审查做出了规定。

该质量保障框架建基于欧盟职业教育质量保障机构（EQAVET）发布的欧盟质量保障标准、指标和指导原则。办学机构的内部质量保障体系、全国继续与高等教育委员会组织开展的认证，以及对于办学机构及其开设专业起初及后续的外部质量审查，都是颁发办学许可证的强制条件。根据 2012 年第 295 号法律公告，马耳他艺术科技学院、马耳他旅游学院和马耳他大学具有对自己开设课程进行认证的法律地位。上述三所高等教育机构之外的机构所开设的所有课程均须接受全国继续与高等教育委员会的认证。[①] 马耳他艺术科技学院、马耳他旅游学院两所高等职业院校和马耳他大学都在 2015 年接受了外部质量保障审查。

在办学机构层面开展的质量保障包括马耳他艺术科技学院质量保障办公室网上开展的用人单位满意度调研及其与行业机构的日常沟通。职业院校采用欧盟职业教育质量保障机构的质量指标规划高质量的专业建设。全国继续与高等教育委员会鼓励职业院校评估专业教学成果，并运用评估发现的问题促进教学持续改进。现有的经验表明需要继续完善质量保障框架，开发工作本位学习和网上学习的认证及质量保障指标。[②]

四、职业技术教育与培训的治理与教师

（一）治理

马耳他由于国家较小，而且职业教育与培训主要集中在高等职业教育的两所公立学校中，因此其治理架构相对简单。马耳他教育与就业部负责管理全国义务教育阶段的职业教育与培训以及马耳他艺术科技学院的管理。马耳他旅游学院归马耳他旅游部管理。教育与就业部的教育质量与标准司（DQSE）负责全国教育质量保障工作。该司下设的质量保障处负责中小学的定期外部审查。马耳他职业资格委员会（Malta Qualifications Council）和全国高等教育委员会于 2012 年合并成全国继续与高等教育委员会（NCFHE），成为全国义务后教育的官方治理机构。该委员会在马耳他国家职业资格框架之下开展研究、认证、质量保障和职业资格审批工作，促进职业教育与培训的高质量发展。委员会也在政府与职业院校和高等教育机构充当中间人，促成利益相关人开展对话，监控国家职业资格框架的实施。[③]

公立职业院校的社会合作伙伴参加学校校董会工作。由于马耳他国家较小，办学机构的治理架构就可发挥更为重要的作用。马耳他艺术科技学院下设的六个分院代表不同

---

① NCFHE. National Quality Assurance Framework[R].NCFHE, 2015: 6-13.

② Cedefop. Vocational education and training in Malta [R].Thessaloniki: Cedefop, 2017: 46-47.

③ NCFHE: About us［EB/OL］.(2016-05-15) [2021-06-24]. http://ncfhe.gov.mt/en/aboutus/Pages/default.aspx. html.

的专业方向，可以为利益相关人提供更为聚焦的对话，也为行业企业的领导与员工参与学校治理提供了平台。[①]

（二）教师

马耳他全国继续与高等教育委员会（NCFHE）负责制定职业教育与培训教师或培训师的最低职业资格标准。根据该委员会 2014 年 10 月 15 日发布的通知，职业教育师资的最低标准要求如下：

（1）对于马耳他国家职业资格 1—4 级，即中职层次的职业教育课程，相应的教师与培训师需要具有国家职业资格 5 级以上的国家职业资格。

（2）对于国家职业资格 5 级和 6 级，即高职和本科层次的职业教育，相应的教师需要具备比教学层次对应的职业资格高一级的国家职业资格。

（3）如果要开展国家职业资格 5 级（即高职）以上的职业教育，有证据表明缺乏相应资格的职教师资，全国继续与高等教育委员会建议采用双师制，即一位教学经验丰富但是资质不足的教师需要配备一位具有资质的教师做导师，指导其开展教学，或双方合作开展教学，确保办学质量和学习评价水平。

（4）如果开展国家职业资格 7 级，即硕士研究生层次的职业教育，相应的教师需要具备国家职业资格 8 级，即博士学位获得者。这个层次的职业教育应用性课程也可以由国家职业资格 7 级（即硕士研究生层次）的专业人士承担，但需具备 10 年以上的专业管理或高层次的从业经验。这个层次的学术或理论课程必须由具有 8 级国家职业资格（即具有博士学位）的人士承担。[②]

职业院校通常为从事职业教育的教师和培训师提供继续教育机会，比如，马耳他艺术科技学院为没有接受过教学培训的教师开设职业教育教学的研究生证书课程。也有职业教育教师或培训师自己在当地大学、外国大学进修学习，提升教学技能或者获取更高等级的职业资格。[③]

五、职业技术教育与培训的诉求与发展趋势

（一）国家发展对职业教育与培训的诉求

1. 为应对人口结构变化需要职业教育与培训的变革与支持

马耳他是世界上最小的国家之一，也是欧盟最小的国家。与欧盟其他国家一样，马耳他人口也在迅速老龄化。2016 年初，马耳他四分之一的人口年龄都在 60 岁以上。[④] 从 1990 年以来，马耳他的老年人口（65 岁以上）比例在持续增加，而同期的青少

---

① Cedefop. Vocational education and training in Malta [R].Thessaloniki: Cedefop, 2017: 33.

② NCFHE. Qualification Level for Tutors[R]. NCFHE, 2014: 1–2.

③ UNESCO–UNEVOC. World TVET Database: Malta [R]. Bonn. UNESCO–UNEVOC, 2015.

④ Lascaris, Valletta. News release (No. 108/2016) [EB/OL].(2016–07–11)[2021–06–25]. https://cdn-others. timesofmalta.com/e417f899ff524f68d5caf34463dd04012906ebf7.pdf.

年（0—14岁）比例在持续减少。未来十年，青少年的比例预期稳定。但是工作年龄阶段人口数量将从2015年的67%减少到2060年大约56%。在过去十年中，马耳他是欧盟中65岁以上人口比例增长最快的国家。老年依赖比率（old-age dependency ratio）是适龄劳动人群的一项人口压力指标，预计从2015年的28%增加到2060年的51%，增长23个百分点。人口年龄结构的变化将会对经济社会发展带来深远影响。

根据人口老龄化的发展趋势，马耳他政府需要职业教育与培训的介入，以应对老龄化带来的社会挑战和问题。《国家老龄化应对战略》（National Ageing Strategy）强调发挥继续职业教育与培训的作用，建议扩大继续职业教育与培训的覆盖范围，使其更加适应老年人的学习需求与学习方式。[①]同时，要扩大针对雇员技能提升的业余职业教育与培训项目，鼓励面向大众提供更多的终身教育机会，要给予非正规教育更多的认证机会。

2. 经济与产业结构调整需要职业教育与培训的响应与支持

马耳他属于岛国，自然资源贫乏，因此马耳他的小规模经济必须走多元化策略，以适应全球经济的波动。马耳他经济在近年来应对宏观经济环境变化方面已经展现出一定的韧性。近年来的经济增长主要依靠服务业。马耳他自2004年加入欧盟以来，一方面服务业快速发展，同时另一方面制造业总附加值萎缩近半。建筑业对于经济的贡献度也显著下降。本来已经边缘化的农业更是雪上加霜，使得全国的食品供给严重依赖进口。这些行业萎缩的部分正在被网上游戏、金融服务、法律和会计服务以及飞机养护等服务业所取代。长期以来，马耳他经济依赖旅游业、零售和批发业以及公共服务业，这些行业的业务扩展正在成为国家经济新的增长点。这些行业长期的发展趋势会改变行业在经济架构中的重要性，从而驱动就业市场向服务业倾斜。马耳他服务业的就业比率从2000年的67%增长到2014年的78.9%。马耳他是欧盟中向服务业为主导的经济结构转型最快的国家。[②]行业结构的变化与增加的就业机会变化相吻合。马耳他公共就业服务机构得到的就业登记数据表明，从2002年开始马耳他全日制工作增长了30%。除了农业、制造业、建筑业出现了就业人数下降之外，所有其他行业的全日制工作机会都出现增长的趋势。业余的就业机会从2002年开始翻了一番，主要原因是这种就业在服务业中变得更加普遍，近期的就业形式也强化了这种长期趋势。管理与服务、艺术与文化娱乐就业机会都在增长，特别是赌博业的就业机会增加最多。根据2016年马耳他公共就业服务机构对2002年到2015年的不同行业全日制就业工作统计可以看出：就业机会快速增长的行业包括艺术及文化娱乐行业、公共管理、国防、教育、公共卫生、社会工作、科技管理与服务行业等；就业机会增长的行业包括金融与保险业、房地产业、旅馆与餐饮业、批发与零售业、交通与储运业、信息沟通行业；就业机会萎缩的行业包括建筑业、制造业、

① National Commission for Active Aging. National strategic policy for active ageing: Malta 2014–2020 [R]. Valetta: National Commission for Active Aging, 2014.

② Cedefop. Vocational education and training in Malta [R].Thessaloniki: Cedefop, 2017: 11.

采石业、农业、林业和渔业。①

马耳他的经济转向服务业要求职业教育与培训的人才培养、专业设置与课程开发向服务业转移，以适应经济转型带来的工作世界的转变，适应工作世界转变带来的工作能力的变迁，从而培养和培训适合当下和未来职场需求的人力资源，与社会协同共振，促进经济社会的可持续发展。

3. 数字化发展需要职业教育与培训的响应与支持

马耳他认为数字化是实现经济增长、社会进步和环境保护的催化剂。马耳他期待发展成为数字化社会并大力发展知识经济。② 2014 年马耳他启动《数字马耳他战略》（Digital Malta Strategy），其中明确提出马耳他政府的愿景——在各行各业推动数字化发展，促进国家繁荣昌盛。该战略简称为"数字马耳他"，制定了马耳他未来几年的行动方案，要求人人学习，获取更多技能以充分驾驭新技术。该战略明确了三大战略主题，即数字公民（Digital Citizen）、数字商务（Digital Business）和数字政府（Digital Government）。考虑到信息与通信技术（ICT）对于社会经济发展的重要性，该战略提出了一套 ICT 建设的指导原则与行动方案，提出了 ICT 改变经济、就业、产业发展和小型企业的方式，指出了 ICT 赋能市民和变革政府的方式。该战略旨在通过更优质的教育、更强劲的商业、更有效的政府、可持续的经济增长等，让马耳他公民认识到 ICT 在提升生活质量上发挥的作用。该战略认为，不论年龄、性别、性取向、健康程度、教育程度、经济水平或种族，人人都可以享受到知识经济带来的福利。③

技术进步以及制造业与服务业的快速发展给职业教育与培训的教师和培训师提出了新的挑战。工业发展的速度非常快，而教育发展和教育变革却是一个缓慢的过程，让教育与产业、技术和人工智能以同样的速度发展几乎是不可能的事情，因此教育与产业发展之间总是存在时间差。教育与培训优势是促进经济繁荣发展的重要手段。教育工作者务必紧跟产业发展并且分析出产业发展需要什么技术人才和技术能力。对于新技术和新的工作组织范式，应该通过能力预测系统更快地捕捉信息并将其转变为职业教育与培训的技能、课程与职业资格证书。④

在过去 20 年中，无论在义务教育还是继续与高等教育中，马耳他职业教育和工作本位学习的价值一直在增长。职业教育与培训在主动适应和满足当地工业需求方面发挥着

① Jobsplus. Full-time employment by economic sector (2002–15) [R].Malta: Jobsplus, 2016.
② Ministry for the Environment, Sustainable Development and Climate Change. Malta's sustainable development vision for 2050[R]. Floriana: Ministry for the Environment, Sustainable Development and Climate Change, 2019.
③ Parliamentary Secretariat for Competitiveness and Economic Growth. Digital Malta: national digital strategy 2014–2020[R]. Malta: Parliamentary Secretariat for Competitiveness and Economic Growth, 2014.
④ Advisory Committee on Vocational Training. Opinion on the future of vocational education and training post 2020[R]. European Commission, 2018.

重要作用，已经成为促进马耳他经济发展的重要力量。[①]

（二）发展趋势

根据马耳他人口结构变化、行业发展趋势和未来职场对于人才的能力需求，通过分析未来数年职业教育与培训发展目标，可以窥见马耳他职业教育与培训的未来发展趋势：

1.适应行业发展趋势，培养劳动力的终身就业能力

2000年之后马耳他职业教育与培训的学生和学员人数增加了两倍多，职业教育与培训已经成为义务教育后越来越多学习者的选择。2015年选取职业教育与培训的学生数量首次超过普通学术教育的学生数。[②]为找到工作做足准备固然重要，但这并不是找到对口工作的保障。职业教育毕业生毕业两年的工作对口率在逐步上升，但是许多毕业生，特别是仅具有低技能层次的毕业生仍然抱怨不能找到对口的工作，还有的就是找不到与其职业资格领域相对应的工作。2015年的数据表明，职业教育学生专业学习毕业两年内找到对口工作的还是占大多数的。[③]

培养职业教育的毕业生必须要考虑劳动力市场和其他相关社会趋势对整个能力需求谱系带来的挑战。目前马耳他就业市场处于准饱和状态，但却难以找到具有适当能力的人员填补护理、金融和ICT等高技能岗位的空缺，也难以找到宾馆和旅游业需要的低技能从业人员。这些行业发展趋势与劳动力市场发展趋势为职业教育与培训发展提供了导向。政府应加大投入，扩大具有技能的劳动力供给，满足经济发展对于技能的需求，保持教育持续发展的动力。为避免技能培养成为经济发展的瓶颈，需要从小培养公民的就业能力，并使其在生涯发展中保持就业能力的长久不衰。[④]这也是应对中小学高辍学率和年长工人懒散钝化的有效措施。

2.增加中等教育路径，强化与劳动力市场和社会能力的关联

马耳他教育与就业部根据《马耳他教育战略框架2014—2024》提出了"我的旅途：条条路径皆有成"（My journey：achieving through different paths）改革项目。该项目于2016年末提出，于2019年开始实施。[⑤]"我的旅途"基于目前义务教育体系最后三年的课程设置，保留现有的核心能力和传统的学术学习课程。它提供了适应不同学生学习需要的可选路径和学习方法，因此它又有别于目前的教育体系。因此，改革后的教育体系更具平等性、包容性和综合性。通过提供平等的学习机会，这项改革使学生可以集中更多时间投入高质量的深度学习，增加学生的学习机会，打通学习的断头路，使学生毕业

① Caruana, H. Vocational education and training for the future of work: Malta[R]. Cedefop ReferNet thematic perspectives series, 2019:21.

② NCFHE. Further and higher education statistics 2014–15[R]. San Gwann: National Commission for Further and Higher Education, 2016.

③ MEDE. Employability index 2015 [R]. Floriana: Ministry for Education and Employment, 2015.

④ MEDE. The national employment policy [R]. Floriana: Ministry for Education and Employment, 2014.

⑤ MEDE. My journey: achieving through different paths: equitable quality education for all [R]. Floriana: Ministry for Education and Employment, 2016.

后更容易进入劳动力市场。这项改革体现了三个转变：由知识大纲主导转变为成果导向学习；由终结性评价转变为形成性评价；由"为考而教"转变为以学生为中心的教学，即组织学生开展探究式学习、创新学习（比如混合式学习），学习评价也意在发现学生学到的知识或者取得的技能。

马耳他教育部为初中第二阶段（后三年）的学习提供了三种同等重要的学习路径，旨在帮助不同能力的学习者都能获得欧洲职业资格框架中三级的资格。考虑到学生需求、能力和偏好的多样性，为学生提供的三种路径：（1）普通学术学习路径（general academic learning programmes）帮助学生在高中阶段和高职阶段继续学习普通学术课程；（2）应用学习路径（applied learning programmes）为学生创造先进的学习环境，提供实用知识与技能学习，为学生就业工作做准备，同时也给学生提供机会，继续参加欧洲职业资格框架中1—3级学习，甚至参加4级及以上的教育水平的学习；（3）职业学习路径（vocational learning programmes）将普通学术教育与基本的技术知识和技能学习结合起来，培养学生行业所需的技能。这条路径可以让学生继续参加高中阶段的普通教育和高职教育，也可以毕业后直接就业。这种改革与现有教育体系最大的不同就是所有的学生都有更多机会选择职业教育课程和其他课程。学生可以从不同路径中选取适合自己的各种课程，使得学习表现较差的学生有了同等权重的课程选择权。

马耳他开发的针对初中教育的不同类别同等质量的教育体系是对传统体系的创新，适应当今社会发展需要，同时对全球化视野之下的未来挑战提出应对之策。该系统旨在建构21世纪的义务教育，强化学校教育与劳动力市场的联系，同时培养学生参与社区、社会和民主生活所需的技能，使得教育与教室之外的世界联系起来。包容、综合、同样优质的教育途径成为义务教育的基础，其背后是包容性、社会正义、平等性、多样性和工具性的价值观，其目的是实现《马耳他教育战略框架2014—2024》确定的目标。[①]

3. 顺应时代发展需要，加强数字能力、绿色能力和就业能力培养

马耳他教育与就业部根据欧盟相关政策以及马耳他国家发展的实际情况于2014年制定了《马耳他国家终身学习战略2020》（Malta National Lifelong Learning Strategy 2020），提出了五大战略目标、十大战略和四十个项目。该文件的十大战略中的第1、2、4、5、6项战略均提到要求职业教育与培训等相关机构采用数字教学技术与方法，加强培养数字能力。[②] 要求马耳他艺术科技学院和其他教育机构开发数字素养课程（digital literacy courses），传授数字媒体和社交网络理论，传授网上参与政治和行业活动的实用技术，学习专业沟通和社交的创新技术，学习网上监管技术，等等。同时要求马耳他艺术科技

---

① MEDE. Framework for the education strategy for Malta 2014–2024: sustaining foundations, creating alternatives, increasing employability[R]. Floriana: Ministry for Education and Employment, 2014.

② MEDE. Malta National Lifelong Learning Strategy 2020[R]. Floriana: Ministry for Education and Employment, 2015:56–57.

学院等教育机构依据网上开放资源与面授相结合的指导原则，积极开发混合式学习项目和在线课程，满足学生或学员居家学习、远程学习的需要。

该战略规划的第 10 项战略强调对于绿色及可持续发展相关专业与课程的开发，培养学生和学员的"绿色能力"。战略提出，国家成立一个工作组，通过不同平台开发绿色职业教育的教学资源，要求职业教育与培训等教育机构探索开展绿色职业教育试点项目，开发线上和线下的绿色教育课程，解决有关社会可持续发展的能源、回收利用、污染、废物处理和全球公民意识的问题。

该战略规划第 2 项战略提出将职业教育与培训作为提升就业能力、个人专业发展和促进经济健康发展的最佳路径，其中特别强调要培养人才的就业能力，或称作关键能力（key competences）。这些能力可以保障在变幻莫测的社会环境中教育的相关性与适应性，保证学生适应各种工作岗位的需求。现在的职业教育与培训除了培养学生专业知识与能力外，还要提高学生的学习动机，培育学生的反思能力、自我评价能力、自我指导能力、批判性思维能力、跨界思维能力、团队协作能力和问题解决能力。职业教育与培训还应培养学生学会应对复杂的社会需求，学会理解他人，学会与人沟通，学会提前谋划，学会做出创新性决定，敢于冒险并接受结果。这些能力的培养需要职业院校采用系统的思维和组织，以保障它们能在课程教学内容与师生角色上产生显著的变化，为就业能力的培养做好制度和教学设计。[①]

2019 年马耳他推出《国家数字能力战略 2019—2021》（National eSkills Strategy 2019-2021）和《马耳他人工智能愿景与战略 2030》（A Strategy and Vision for Artificial Intelligence in Malta 2030），两份战略均从不同角度提出了对于数字能力和人工智能能力的培养要求。《国家数字能力战略 2019—2021》指出，数字行业及相关行业、政府和社会都需要在数字经济的洪流中依赖数字能力得以繁荣发展。马耳他在现有 ICT 人才数量和社会需求之间存在巨大差距，基本的数字技能也存在不足。该战略提出要强化 ICT 专业教学人员的素质。其中一项行动就是安排行业专家进课堂为学生传授详尽的行业经验，同时在教学中注入行业的资源与力量，使得包括职业院校在内的教育机构及时洞察行业技术动态与需求。该战略支持在职业院校等教育机构的课程设计中融入数字化的内容，并引入欧盟的自我反思工具（self-reflection tools）来评定学生的数字能力水平。[②]《马耳他人工智能愿景与战略 2030》提出了"教育与劳动力"的战略推动项目，预判新技术与自动化对于马耳他劳动力市场的影响，提出举措帮助工人获得新的数字技能，增加人工智能的专家数量，培养职业院校和其他高等教育机构学生的人工智能知识与技能。据

---

① MEDE. Malta National Lifelong Learning Strategy 2020[R]. Floriana: Ministry for Education and Employment, 2015:26.

② eSkills Malta Foundation. National eSkills Strategy 2019–2021[R]. Blata l-Bajda HMR: eSkills Malta Foundation, 2019:8–9.

此战略，马耳他艺术科技学院制定了学校的《2020—2025年人工智能战略与行动方案》：确定人工智能将融入马耳他艺术科技学院的日常运行；学生将获得人工智能的知识与能力，为人工智能行业的发展做足准备；运用人工智能的技术与工具提升学生学习效率，为教师教学提供支持并提升管理绩效；提升教师理解和运用人工智能开展教学、研究和解决行业问题的能力。

（深圳职业技术学院　联合国教科文组织职业教育计划亚非研究与培训中心　杨文明）

主要参考文献

[1] 马耳他《教育法》(马耳他法律第 327 章) (1988)

[2] 马耳他《就业与培训服务法》(1990)

[3]《马耳他教育战略框架 2014—2024》(2014)

[4] 马耳他《国家老龄化应对战略》(2014)

[5]《数字马耳他战略》(2014)

[6] 马耳他《国家职业教育与培训政策》(2015)

[7] 马耳他《国家终身学习战略 2020》(2015)

[8]《马耳他人工智能愿景与战略 2030》(2019)

[9] 马耳他《国家数字能力战略 2019—2021》(2019)

[10] 马耳他《可持续发展愿景 2050》(2019)

[11] 中华人民共和国驻马耳他共和国大使馆 . 马耳他国家概况 [EB/OL].(2021-1-27)[2021-05-13]. http://mt.china-embassy.org/chn/metgk/t1430466.htm.

[12] 商务部国际贸易经济合作研究院等 . 对外投资合作国别 (地区) 指南——马耳他 [R]. 商务部国际贸易经济合作研究院等，2020.

[13] Parliament of Malta. Parliamentary Groups [EB/OL]. (2021-09-10)[2019-12-31]. https://parlament.mt/en/13th-leg/political-groups.html.

[14] The Malta Chamber. Malta's GDP For 2020 Down By 5.7% [EB/OL]. (2021-09-10) [2021-03-01]. https://www.maltachamber.org.mt/en/malta-s-gdp-for-2020-down-by-5-7.html.

[15] Advisory Committee on Vocational Training. Opinion on the future of vocational education and training post 2020 [R]. European Commission. 2018.

[16] Caruana, H. Vocational education and training for the future of work: Malta [R]. Cedefop ReferNet thematic perspectives series, 2019.

[17] Cedefop. Vocational education and training in Malta [R].Thessaloniki: Cedefop, 2017.

[18] Jobsplus. Full-time employment by economic sector (2002–15) [R].Malta: Jobsplus, 2016.

[19] Malta：Organization of the Education System and of its Structure [EB/OL]. (2019-12-11) [2021-06-07]. https://eacea.ec.europa.eu/national-policies/eurydice/content/organisation-education-system-and-its-structure-49_en#:~:text=Education%20in%20Malta%20is%20compulsory%20for%20all%20children,education%20followed%20by%20five%20years%20of%20secondary%20education.html.

[20] Malta Overview. [EB/OL]. (2021-06-06) [2021-06-07]. https://eacea.ec.europa.eu/national-policies/eurydice/content/malta_en.html.

[21] National Commission for Further and Higher Education. Graduate tracer study: final report [R]. San Gwann: National Commission for Further and Higher Education, 2016.

[22] MEDE. Employability index 2015 [R]. Floriana: Ministry for Education and Employment, 2015.

[23] MEDE. My journey: achieving through different paths: equitable quality education for all[R]. Floriana: Ministry for Education and Employment, 2016.

[24] MEDE. The national employment policy [R]. Floriana: Ministry for Education and Employment, 2014.

[25] NCFHE: About us［EB/OL］. (2016-05-15) [2021-06-24]. http://ncfhe.gov.mt/en/aboutus/Pages/default.aspx.html.

[26] NCFHE. Further and higher education statistics 2014-15 [R]. San Gwann: National Commission for Further and Higher Education, 2016.

[27] NCFHE. National Quality Assurance Framework[R]. NCFHE, 2015.

[28] NCFHE. Qualification Level for Tutors [R]. NCFHE, 2014.

[29] TEP OEUN. Current Status and Future TVET Policy Direction[R]. MLVT, 2011.

[30] UNESCO-UNEVOC. World TVET Database: Malta [R]. Bonn. UNESCO-UNEVOC, 2015.

[31] Vocational education and training in Europe. [EB/OL].(2019-04-27)[2021-06-07].https://www.cedefop.europa.eu/en/tools/vet-in-europe/systems/malta.html.

[32] Lascaris, Valletta. News release (No. 108/2016) [EB/OL].(2016-07-11)[2021-06-25]. https://cdn-others.timesofmalta.com/e417f899ff524f68d5caf34463dd04012906ebf7.pdf.

[33] Ministry for Education and Employment. Framework for the Education Strategy for Malta 2014-2024 [R]. Ministry for Education and Employment, 2014.

[34] Ministry for Education and Employment. National Vocational Education and Training Policy [R]. MCAST, 2015.

摩尔多瓦共和国

一、国家概况

（一）地理

摩尔多瓦共和国（Republic of Moldova），简称摩尔多瓦，位于东南欧北部的内陆国家，与罗马尼亚和乌克兰接壤，东、南、北三面被乌克兰环绕，西与罗马尼亚为邻，国土面积为3.38万平方千米（包括德涅斯特河沿岸共和国，4163平方千米），2003年6月，摩尔多瓦实行新行政区划，全国共分32个区、3个直辖市（基希讷乌、伯尔兹、本德尔）及2个地方行政区（加告兹自治行政区、德涅斯特河左岸行政区）。^①摩尔多瓦大部分国土介于普鲁特河和德涅斯特河之间，位于欧洲两大政治、经济体的结合部，首都城市基希讷乌东距乌克兰敖德萨港口140千米，西离罗马尼亚边界100千米，地理位置得天独厚。境内丘陵起伏，平均海拔147米，北部和中部属森林草原带，中部是科德腊高地，南部为辽阔的草原。摩尔多瓦属于温带大陆性气候，四季分明，年平均气温8℃~10℃，年平均降水量北部地区为560毫米，西南部地区为300毫米^②。

（二）人文

摩尔多瓦人的祖先为达契亚人，古代的摩尔多瓦的国名为达契亚－图拉真国。13—14世纪，蒙古鞑靼人和匈牙利人入侵，达契亚人逐渐分为三支：摩尔多瓦人、瓦拉几亚人、特兰西瓦尼亚人，分别形成了罗马尼亚、摩尔多瓦和特兰西瓦尼亚三国。1359年，摩尔多瓦人在喀尔巴阡山以东至德涅斯特河之间的大部分领土上建立摩尔多瓦公国。1487年，摩尔多瓦公国沦为奥斯曼帝国附庸。16—18世纪，它一直处于奥斯曼帝国统治之下。1812年，沙俄通过对土耳其战争的胜利，将摩公国部分领土，即比萨拉比亚划入俄国版图。1918年1月比萨拉比亚宣布独立，3月与罗马尼亚合并。1940年6月，苏联进驻比萨拉比亚，将其大部分领土与德涅斯特河左岸的摩尔达维亚自治共和国合并，

---

① 中华人民共和国外交部.摩尔多瓦国家概况 [EB/OL]. (2021–08–01) [2021–09–26].http://www.fmprc.gov.cn/web/gjhdq_676201/gj_676203/oz_678770/1206_679498/1206x0_679500/.

② 商务部国际贸易经济合作研究院等.对外投资合作国别（地区）指南——摩尔多瓦 [R].商务部《对外投资合作国别（地区）指南》编制办公室, 2020, 12: 3–6.

成立了摩尔达维亚苏维埃社会主义共和国，使其成为苏联 15 个加盟共和国之一。1941年，比萨拉比亚被划归罗马尼亚。1944 年 9 月，苏罗停战协定规定恢复 1940 年的苏罗边界，比萨拉比亚被重新划归苏联，再次成为摩尔达维亚苏维埃社会主义共和国的一部分。1990 年 6 月，摩尔达维亚苏维埃社会主义共和国更名为"摩尔多瓦苏维埃社会主义共和国"，1991 年 5 月 23 日再次更名为"摩尔多瓦共和国"，1991 年 8 月 27 日宣布独立。

摩尔多瓦自 2000 年实行议会制，2014 年 11 月 30 日举行独立以来第八次议会选举，社会主义者党、自由民主党、共产党人党、民主党和自由党进入议会。2016 年 1 月新政府成立。根据摩尔多瓦宪法规定，经过全民投票选举，2020 年 12 月 24 日，现任总统玛雅·桑杜。2021 年 8 月 6 日，摩尔多瓦新一届政府组成，总理为纳塔利娅·加夫里利察。

截至 2020 年 1 月，摩尔多瓦共有人口 259.71 万，首都基希讷乌人口 83 万。摩尔多瓦是一个多民族国家，其中主要人口为摩尔多瓦族，占全国人口总数的 75.8%，其他民族有乌克兰族、俄罗斯族、加告兹族、罗马尼亚族、保加利亚族等。独立后的摩尔多瓦摆脱苏联时期的框架，宣布官方语言为摩尔多瓦语，通用俄语，大多数公民懂两种以上语言，劳动力资源相对较丰富。摩尔多瓦当地人多信仰东正教，生活习惯与俄罗斯、罗马尼亚、乌克兰比较接近。[①]

（三）经济

摩尔多瓦独立后，经济形势一直不景气。摩尔多瓦缺乏能源资源是一个关键弱点，使其高度依赖进口物资。在矿产方面，摩尔多瓦得益于褐煤、磷矿石和石膏的主要矿藏。国内也有大量的用于建筑材料的自然资源，包括石灰石、花岗岩、石头、黏土和沙子。此外，全国面积的四分之三是黑土地，土壤肥沃，结构优良，保水能力强。因此，特别适合发展农业生产和种植。[②]

从经济结构上看，摩尔多瓦是一个以农业为主的国家，2020 年第一季度，摩尔多瓦国内生产总值约 26.5 亿美元，同比增长 1.8%，外贸额 22.6 亿美元，同比增长 11%。[③]

尽管农业资源丰富，但工业基础薄弱，工业产值中，食品加工工业、重工业、轻工业分别占据前三位。工业技术落后，产业结构单一，基础设施不完善，依赖于外部提供原料、能源和技术联系。国内就业压力大，急需投资以发展本国经济、扩大就业、改善民生。

《摩尔多瓦 2020 年国家发展战略：经济增长和减少贫困的七个解决办法》提出未来经济增长率实现年均达 4.5%—5% 的目标，重点解决教育、基础设施、融资和商业环境、

---

① 中华人民共和国外交部.摩尔多瓦国家概况 [EB/OL]. (2021-08-01) [2021-09-26]. http://www.fmprc.gov.cn/web/gjhdq_676201/gj_676203/oz_678770/1206_679498/1206x0_679500/.

② Country Reports – Moldova, Republic of Moldova Country Monitor. Mar2017, pp.1-33. 33p. http://web.b.ebscohost.com·ehost/pdfviewer/pdfviewer?vid=2&sid=2db37159-6381-4085-ad57-c8070b133aeb%40sessionmgr104,2017-09-15.

③ 中华人民共和国外交部.摩尔多瓦国家概况 [EB/OL]. (2021-08-01) [2021-09-26]. http://www.fmprc.gov.cn/web/gjhdq_676201/gj_676203/oz_678770/1206_679498/1206x0_679500/.

能源效率、政府财政、腐败和司法公正等方面的问题。[①]

（四）教育

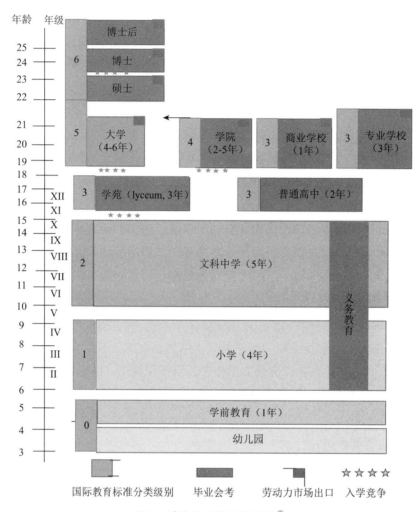

图 1　摩尔多瓦教育体系图 [②]

摩尔多瓦的教育结构体系包括以下层级和阶段：学前教育、初等教育、中等教育、高等教育和研究生教育。此外，特殊教育、辅助教育和成人教育也是教育体系的组成部分 [③]。目前，主要高等院校有国立大学、国立理工大学、国立医科大学、自由国际大学、农业大学、基希讷乌国立师范学院、经济学院、艺术学院、音乐学院等。

2000—2011 年间，摩尔多瓦国内人口的教育水平随着新老交替和教育普及化程度的提高而显著增加，成人接受高等教育的比率从 2000 年的 9.0% 升至 2011 年的 15.8%。

---

①　商务部国际贸易经济合作研究院等 . 对外投资合作国别（地区）指南——摩尔多瓦 [R]. 商务部《对外投资合作国别（地区）指南》编制办公室 , 2020, 12: 21.

②　Ministry of education of Moldova.www.edu.md/?lng=en&MenuItem=3&SubMenu0=1.2017–07–23.

③　Eugen C, Anatol G A A. Educational system in the Republic of Moldova – national report[J]. 2006.

2011 年，完成中等教育或职业教育的人口达 31%，在就业人口中完成中等职业教育人员占 23.1%（详见下表）。①

表 1　按受教育程度划分的 15 岁以上成人人口分布（2011 年）

（单位：%）

教育类型	人口总数	就业人口	失业人口	非经济人口	移民	
					在国外*	退休**
高等教育	15.8	23.7	21.3	10.0	10.6	11.3
中等特殊教育	12.9	16.5	12.6	9.8	12.7	13.4
中等职业教育	18.2	23.1	25.0	11.8	24.7	24.8
普通中等教育	22.3	19.9	23.1	23.5	25.9	25.4
中等教育	24.2	16.1	17.5	31.3	25.5	24.4
初等教育或未接受教育	6.6	0.8	0.6	13.7	0.5	0.8

数据来源：摩尔多瓦国家统计局，* 表示进行劳动力调查时在国外的人口，** 表示进行劳动力调查时在家的人口。

2018—2019 学年度，摩尔多瓦共有小学及中学 1246 所，在校生 33.42 万人；职业教育机构 89 个，其中包括 13 个示范中心，34 个学院和 42 所职业学校，在校生共 4.43 万人；高等院校 31 所，其中 19 所为国立大学，12 所私立大学，在校生共 8.4 万人。②

二、职业技术教育与培训的战略与法规

（一）战略

摩尔多瓦的《教育法（2010 修订）》规定了教育发展的优先地位，旨在打造一个立足于国家本土文化和普世价值基础上的灵活开放的教育体系，其教育目标包括了促进个人技术的发展，培养适应社会化发展与专业成就所需要的技术技能。教育部参照欧洲标准制定了国家教育标准，《教育法典草案》"The（draft）Education Code"规定了各级各类教育中学生所需满足的最低限度的知识、技能和态度。

① Cantarji, Vasile, Mincu, Georgeta. Costs and Benefits of Labour Mobility Between the EU and the Eastern Partnership Partner Countries. Country Report: Moldova. CASE Network Studies & Analyses. 2013, Issue 459, pp.1–89. 89p. 2 Diagrams, 15 Charts, 37 Graphs.

② 商务部国际贸易经济合作研究院等 . 对外投资合作国别（地区）指南——摩尔多瓦 [R]. 商务部《对外投资合作国别（地区）指南》编制办公室 , 2020, 12: 15.

近年来，摩尔多瓦政府重视并着力推动国内教育事业的改革与发展，积极争取与有关国际组织和国家的开展教育合作计划。2012 年，世界银行推行了一系列行动资助教育的发展，比如，世界银行支持"儿童早期发展虚拟大学"的建设，在摩尔多瓦、蒙古等国开展儿童早期教育[①]。2014 年 4 月 14 日，时任教育部部长袁贵仁与摩尔多瓦共和国教育部长迈娅·桑杜共同签署了《中华人民共和国教育部和摩尔多瓦共和国教育部教育合作协议》，会谈中还具体探讨了中摩关系发展、学生学者交流、语言教学合作、教育改革发展等主题内容。2014—2017 年间，世界银行向摩尔多瓦提供超过 5.7 亿美元的贷款，用以提高摩尔多瓦国家的人力资本水平，建设绿色摩尔多瓦，以增强国家的竞争力。

但对摩尔多瓦职业教育发展来说，最重要的就是《2013—2020 职业技术教育发展战略》。其发展重点包括重组教育机构网络；将职业教育与劳动力市场需求相结合；建立国家评估和认证中心；将培训课程与国家质量方针进行对照；提高职业培训质量，使其更具吸引力和便利性等。并阐述了发展职业教育的中长期目标和任务，重点关注国家背景和欧洲与全球职业教育发展趋势，实现欧洲一体化愿景。

（二）法规

摩尔多瓦独立后教育改革的首要任务就是建立健全教育法律法规体系。1994 年 7 月 29 日通过的《宪法》第 35 条赋予了公民接受义务教育、职业教育、高等教育以及其他形式的教学与训练的权利，在免费义务教育完成后，可根据个人特长选择职业教育或者专业学院等。1995 年，摩尔多瓦颁布了《摩尔多瓦教育法》和相关的若干法律修正案、规章条例等，1996 年出台了《国家教育发展纲要 1996—2005》。1997 年 7 月第 1275 号法律和 1999 年 6 月第 423 号法律规定了摩尔多瓦共和国关于教育机构的评估与认证。2005 年 2 月，共和国总统签署建立现代化教育体系的战略规划，顺应博洛尼亚进程倡议的改革计划，发展建立新型的教育体系结构。

2013 年批准的《教育法典》是职业教育制度化改革的法律依据。随着《教育法典》的生效，文科中学之后的职业技术教育路线有两个选择：中等职业技术职业教育（职业学校）和中学后职业技术职业教育（大学）。而且，从 2018 年开始，义务教育年限延长至 18 岁。

另外，教育法典规定，教育机构应更多地参与到培训和再培训工作中去，建立教育与市场的合作机制，为中等教育与劳动力市场之间的联系建立互动框架，为继续职业培训和再教育的创建等工作扩展合作伙伴关系，为保障高质量的员工培训提供实习机会、吸引更多优秀的人力资源。

---

① World Bank Education Overview[EB/OL].(2012−12−11).[2017−09−25]. http:web.worldbank.orgWBSITEEXTERNALTOPICSEXTE DUCATION0, contentMDK 20575742~menuPK282393~pagePK210058~piPK210062~theSitePK282386,00.html.

三、职业技术教育与培训的体系

摩尔多瓦的中等教育有两部分组成：初级中学教育（gymnasium，文科中学）和高级中学教育（lyceum，"学苑"）。文科中学教育（5—9 年级）的目的是培养基本的技能和智力水平，为学生升入"学苑"、明确职业定位或者接受职业技术教育而准备的。其中，"学苑"教育侧重于基本理论传授和宽广的文化背景知识，以便将来继续接受更高水平的教育或者进入技术职业教育机构学习。[1] 高级中学教育（10—12 年级）学制 3 年，对于在普通中学学习 2 年的学生授予成人证书，而对于在 12 年级学年末参加国家统一考试成绩通过的学生颁发中学毕业文凭。

职业教育主要由中等商业职业学校提供，面向不希望再继续学习的学生（包括预科班毕业生、学苑教育毕业生和普通高中生）而设的。课程学习期限从 6 个月至 1 年半，并颁发证书。此类职业教育学校提供的培训项目分为三个层次：一是培训 2 年取得技工证书，证书持有者可以继续升入第二阶段的学习或者注册为 11 年级的"学苑"学生；第二级教育提供更专门的培训，同样也是为期 2 年，证书获得者将可以选择接受第三层级的教育或者进入"学苑"的最后一年级学习（12 年级学生）；第三层级的教育为期 1 年，毕业期满可以获得技师资格证书。

据摩尔多瓦国家统计局数据，2009 年，75 所中等职业学校，共注册在学人数 22161 名，其中包括 23 所中等商业职业学校学生 2536 名。10—12 年级高级中学教育和文科中学教育学生总数为 62757 名。中职教师总数 2234 人，大学本科以上文凭人员占 60%，专科文凭教师占 33%，只有中职学历的教师占 7%。[2]

在摩尔多瓦共和国，并没有独立的专门负责教育质量监测和保障的机构，教育的监管只是由各级政府部门的分支机构执行。[3]

在欧洲培训基金会的资助下，欧盟组织在欧洲中东部地区建立了国家观测网，旨在加强与伙伴关系国家之间的密切联系合作，对有关职业教育发展情况的基础统计数据、职业教育体系建设和政府当下实施的主要改革项目等提供精准和新近的进展信息。

---

[1] Ministry of Education and Youth. *National education system in the Republic of Moldova*. Presented at the 48th session of the International Conference on Education, Geneva, 2008.

[2] National Bureau of Statistics. *Statistical Yearbook 2010*. Chisinau, 2010.

[3] National Project Team: Coroi Eugen, Gremalschi Anatol,Vicol Nelu,Cara Angela. NATIONAL REPORT REPUBLIC OF MOLDOVA. Chisinau, October 2005. http://pdc.ceu.hu/archive/00002969/01/educational_system_Moldova.pdf,P4.

四、职业技术教育与培训的治理与教师

（一）治理

职业教育治理和政策制定的主要部门是教育部及其当局和机构，包括技术、职业和中等专业教育总局；职业教育发展中心和国家职业教育质量保证局。其他行为者包括劳动社会保障和家庭部，与教育部和财政部合作，保障职业教育资金的来源。在社会合作伙伴中，工商会主要负责咨询工作。

教育部（原教育与青年部）掌管全国的教育事务，制定教育战略、发布教育政策、组织监督各级教育发展进程。

职业教育发展中心在制定新的职业教育与培训战略的发展中发挥了重要作用。国家职业教育质量保证局负责评估职业教育的质量，并制定和审查国家参考标准，绩效指标评估和认证培训提供者的方法。国家就业局协调年度劳动力市场预测，组织为失业人员提供资格和技能培训的课程。使用劳动力市场预测来进行有关财务的规划，最终学生的劳动力需求信息，成人培训课程的要求等。在欧盟的支持下，国家就业局制定了一项年度劳动力市场预测和一项反映劳动力市场趋势的行业"晴雨表"，并探讨了如何将技能供求联系起来。

部门委员会负责审查现有的职业标准和开发新的职业标准。引导公－私制度化伙伴关系的建设，参与制定职业标准的方法和资格，并确定培训需求。摩尔多瓦中小企业发展组织在政策执行方面非常积极，围绕创业技能和培训开展项目和方案。国际利益攸关者支持和资助若干改革倡议和与职业教育有关的项目。

此外，全国课程和评价委员会成立于1997年，负责设计、实施和评估课程政策，并从课程改革、师资培训、评价方法、财政机制等方面协调推动教育改革。劳动和社会保障部则负责掌管失业成人的培训组织和再培训项目。

（二）教师

摩尔多瓦的职前教师培养是由高等专科学院（面向学前和小学教师）和大学承担。中等职业教育和中学后专业教育的教师和教育工作者都由大学负责职前培养。[①]高等专科学院教育可授予专业文凭，并获得相应专业的中级资格证书，毕业生可以在幼儿园和小学任教，也可以继续选择接受更高层级的高等教育学习。对接受不同程度教育的毕业生，所需教师培训的周期不同，从中专或高中毕业后为期2年，文科中学毕业生则需要4年。据2006—2007年度的数据表明，在大学前教育阶段任教的教职人员中，约有81%的人拥有大学学位，初始学历为师范专业教育及其以上的教师比例低至6.6%。大约40%的

---

① National Project Team: Coroi Eugen, Gremalschi Anatol, Vicol Nelu, Cara Angela. NATIONAL REPORT REPUBLIC OF MOLDOVA. Chisinau, October 2005. http://pdc.ceu.hu/archive/00002969/01/educational_system_Moldova.pdf, P8.

教师是在 20—30 年前从大学毕业，这一比例在农村地区更高。在师范院校的毕业生中，只有大约 50% 的学生进入教师行业。[1] 2009 年，教育系统的平均工资只有全国劳动力平均工资的 77.7%，这部分解释了教师队伍不充足的原因，特别是在缺少足够的生活和工作基础设施的农村地区。此外，摩尔多瓦经济稳健与恢复计划原定于在 2009—2011 年间，实施增加教师工资并逐步增长机制计划的延迟，则降低了更多短期潜在的教学人员加入教育体系的吸引力。[2] 培训课程方面，职前教师教育方案是在高等教育课程框架下设计的，该框架主要由核心课程、学术课程和专业课程组成，课程还包括一定周期的教学实践。通过与地方教育部门或大学预科教育机构签订合约，围绕开展课堂实践、未来教师的权利和职责、导师的角色和学校管理责任等方面综合设计而成。

根据教科文组织（1997）的建议，摩尔多瓦教师的地位有待进一步提升；为了提高师资队伍的绩效，明确教师的权利和义务，加强在职教师的培训工作，应在高等教育机构中建立教师培训基地，制定完善相应的机制并投入实施。根据规定，摩尔多瓦在职教师每 5 年必须至少培训一次，以提高教师的资格水平，跟进学校教育在课程和教学方法等方面的创新。2004 年 11 月，政府批准通过在职培训条例，明确摩尔多瓦在职培训系统的组成，制定培训战略和实施方案，并按照国家发展政策提供在职培训课程。其中，中央政府负责制定相关的法律制度、规程、组织框架以及方案、课程、认证和评价标准等，促进教育部、经济部、劳动和社会保障部以及其他有关的责任部委之间的协调沟通，教师培训的具体工作主要是由教学和领导人员在职培训中心负责。教育科学研究所也承担部分教师在职培训的任务，同时是一个兼有研究生教育培养功能的研究机构，隶属于教育部，并享有部分自主权。在教师培训方面，其主要是与国内其他教师培训机构一起，面向教师提供在职培训和专业发展服务。在职培训活动的课程类型主要包括：由雇主或职业培训机构组织提供的培训课程、专业发展和资格再认证课程、专业研讨会或者讨论组、远程教育课程等。[3]

五、职业技术教育与培训的诉求与发展趋势

（一）诉求

首先，由于摩尔多瓦目前正处于经济转轨时期，一方面现有企业本身可提供和创造的就业岗位较少，而岗位消失的速度很快，导致劳动力就业水平不高。2019 年，摩尔多

① Ministry of Education and Youth. National education system in the Republic of Moldova. Presented at the 48th session of the International Conference on Education, Geneva, 2008.

② Government of the Republic of Moldova; United Nations Agencies in Moldova. *The Second Millennium Development Goals Report. Republic of Moldova*. Chisinau, September 2010.

③ C. Eugen et al. "National Report: Moldova." In: P. Zgaga (ed.), *The prospects of teacher education in South East Europe*. South East European Educational Cooperation Network (SEE-ECN), Center for Educational Policy Studies, University of Ljubljana (Slovenia). 2006.

瓦劳动人口为 91.93 万，同比下降 28.77%，其中男性占比 51.7%，女性占比 48.3%，就业人口为 87.24 万，同比下降 30.31%；失业人口为 4.69 万，同比上升 18.1%，失业率为 5.1%。[①]

其次，新兴的私有企业和小型企业由于行政管理障碍等因素的影响，产生了较高的经营成本，从而也影响了企业的组建和成长，更加造成了就业机会持续减少。于是大量劳动力外出打工，由于有效劳动力人口流失严重，摩尔多瓦目前缺乏高级蓝领和熟练技术人员，也由此形成了巨大的培训需求市场。由于劳动力外流，摩尔多瓦失业率一直保持在合理的水平。根据国际劳工组织的统计方法，自 2000 年以来失业率维持在 10% 以下，虽然在经济困难的时候偶尔上升。但另一方面，外流的人员往往都是接受过良好培训和较高教育水平的人，由此人才流失可能危及国家的中长期增长前景。[②]

（二）发展趋势

在此背景下，摩尔多瓦政府已经将教育事业的发展列为国家的优先事项，增加国家政府对教育投入的支出水平。但由于摩尔多瓦各级教育招生率的偏低，进而导致教育支出水平偏低，影响经济潜力的恢复提升。[③]研究认为，尽管摩尔多瓦共和国教育系统已经在过去若干年里经历过各项改革和重组，但教育还没有成为在全球竞争环境下促进国家现代化发展的一个有效的、起决定性作用的因素。

根据"都灵进程"确定的未来几年摩尔多瓦职业教育改革发展的优先事项是：（1）根据摩尔多瓦的社会经济要求，继续改革和重组职业教育机构网络；（2）建立和加强职业技术教育系统的质量保证体系；（3）加强与企业的合作与伙伴关系，提高职业技术教育与社会需求相关性。

为此，摩尔多瓦未来的教育改革侧重于关注质量和绩效、竞争力和相关性、自治和问责制、透明度和参与式管理等关键词汇。在要求形象转变和呼吁增强吸引力的背景下，落后的职业教育体系或者单方面的结构调整已经不能满足劳动力市场的需要。当前的职业教育改革必须考虑应用国际相关领域最先进的经验做法培训高质量的工人；尤其是应加强教育机构网络重组，以适应区域发展的最新趋势要求；重新评估职业培训内容，使得教育环境更加接近于企业的实际等方面。[④]另外，改革学校教育的评价机制，建立资格

① 商务部国际贸易经济合作研究院等. 对外投资合作国别（地区）指南——摩尔多瓦 [R]. 商务部《对外投资合作国别（地区）指南》编制办公室, 2020, 12: 37–38.

② Country Reports – Moldova, Republic of. Moldova Country Monitor. Mar2017, pp.1–33. 33p. http://web.b.ebscohost.com/ehost/pdfviewer/pdfviewer?vid=2&sid=2db37159–6381–4085–ad57–c8070b133aeb%40sessionmgr104,2017–09–15.

③ Bucos T. QUANTITATIVE AND QUALITATIVE DIMENSIONS OF MOLDOVAN EDUCATION SYSTEM OPERATION IN THE FRAMEWORK OF ECONOMIC POTENTIAL[J]. Economy & Sociology Theoretical & Scientifical Journal, 2013:113–118.

④ Bulat G, Moldovan–Batrinac V, Savga L. New Dimensions of Education Reform in the Republic of Moldova: Equity, Relevance, Efficiency and Sustainability[J]. Revista De Management Comparat International/review of International Comparative Management, 2010, 11(3):445–453.

认证制度。重新审视目前有关学生能力和学校教育结果的评价机制，通过在终身学习中引进职业能力证书制度，以便于融入国际教育认证体系和劳动力市场。

（深圳职业技术学院　技术与职业教育研究所　魏　明）

主要参考文献

[1] 中华人民共和国外交部. 摩尔多瓦国家概况 [EB/OL]. (2021-08-01) [2021-09-26]. http://www.fmprc.gov.cn/web/gjhdq_676201/gj_676203/oz_678770/1206_679498/1206x0_679500/.

[2] Country Reports – Moldova, Republic of Moldova Country Monitor. Mar 2017, pp.1-33. 33p. http://web.b.ebscohost.com/ehost/pdfviewer/pdfviewer?vid=2&sid=2db37159-6381-4085-ad57-c8070b133aeb%40sessionmgr104. 2017-09-15.

[3] Eugen C, Anatol G A A. Educational system in the Republic of Moldova – national report[J]. 2006.

[4] Cantarji, Vasile, Mincu, Georgeta. Costs and Benifits of Labour Mobility Between the EU and the Eastern Partnership Partner Countries. Country Report: Moldova. CASE Network Studies & Analyses. 2013, Issue 459, pp.1-89. 89p. 2 Diagrams, 15 Charts, 37 Graphs.

[5] Ministry of Education and Youth. National education system in the Republic of Moldova. Presented at the 48th session of the International Conference on Education, Geneva, 2008.

[6] National Project Team: Coroi Eugen, Gremalschi Anatol, Vicol Nelu, Cara Angela. NATIONAL REPORT REPUBLIC OF MOLDOVA. Chisinau, October 2005. http://pdc.ceu.hu/archive/00002969/01/educational_system_Moldova.pdf, P4.

[7] Government of the Republic of Moldova; United Nations Agencies in Moldova. The Second Millennium Development Goals Report. Republic of Moldova. Chisinau, September 2010.

[8] C. Eugen et al. "National Report: Moldova." In: P. Zgaga (ed.), The prospects of teacher education in South East Europe. South East European Educational Cooperation Network (SEE-ECN), Center for Educational Policy Studies, University of Ljubljana (Slovenia). 2006.

[9] 商务部国际贸易经济合作研究院等. 对外投资合作国别（地区）指南——摩尔多瓦 [R]. 商务部《对外投资合作国别（地区）指南》编制办公室, 2020, 12.

[10] Bucos T. QUANTITATIVE AND QUALITATIVE DIMENSIONS OF MOLDOVAN EDUCATION SYSTEM OPERATION IN THE FRAMEWORK OF ECONOMIC POTENTIAL[J]. Economy & Sociology Theoretical & Scientifical Journal, 2013: 113-118.

[11] Bulat G, Moldovan-Batrinac V, Savga L. New Dimensions of Education Reform in the Republic of Moldova: Equity, Relevance, Efficiency and Sustainability[J]. Revista De Management Comparat International/review of International Comparative Management, 2010, 11 (3): 445-453.

塞尔维亚共和国

一、国家概况

（一）地理

塞尔维亚共和国（The Republic of Serbia），简称塞尔维亚，是位于欧洲东南部，巴尔干半岛中北部的内陆国，国土总面积为8.85万平方千米（科索沃地区1.09万平方千米）。塞尔维亚与8个国家为邻，东北与罗马尼亚，东部与保加利亚，东南与北马其顿，南部与阿尔巴尼亚，西南与黑山，西部与波黑，西北与克罗地亚，北部与匈牙利相连。[①] 塞尔维亚在巴尔干半岛上的地理位置形成了西欧、中欧、东欧，以及近东和中东之间的天然桥梁和交叉路口。

塞尔维亚大部分地区山丘起伏，中部和南部多丘陵和山区。而北部则是平原。东、西部分别为斯塔拉山脉和迪纳拉山脉的延续；北部的伏伊伏丁那平原为多瑙河中游平原的组成部分，河网稠密，土壤肥沃；南部多山脉、丘陵，由科索沃盆地和梅托西亚盆地组成。塞尔维亚最高点位于阿尔巴尼亚和科索沃边界的贾拉维察山，海拔2656米。欧洲第二大河多瑙河的五分之一流经其境内，多瑙河在此与支流萨瓦河、蒂萨河汇合后，折向东南流，构成与罗马尼亚的界河；另一支流大摩拉瓦河南流纵贯。

塞尔维亚北部属温带大陆性气候，南部受地中海气候影响，四季分明，夏季7—8月气温最高35℃，平均气温为25℃~28℃，春秋平均气温15℃，冬季平均气温约0℃~5℃，最低-10℃左右，雨量充沛，平均降雨量平原地区为660—880毫米，山区为880—1200毫米。[②]

（二）人文

公元9世纪起，移居巴尔干半岛的部分斯拉夫人开始建立塞尔维亚等国家。第一次世界大战后，塞尔维亚加入南斯拉夫王国。第二次世界大战后，塞尔维亚成为南斯拉夫社会主义联邦共和国的6个共和国之一。1992年，塞尔维亚与黑山组成南斯拉夫联盟共

---

① 中华人民共和国外交部. 塞尔维亚国家概况 [EB/OL].(2021–07–01) [2021–09–24].http://www.fmprc.gov.cn/web/gjhdq_676201/gj_676203/oz_678770/1206_679642/1206x0_679644/.

② 商务部国际贸易经济合作研究院等. 对外投资合作国别（地区）指南——塞尔维亚 [R]. 商务部《对外投资合作国别（地区）指南》编制办公室,2020,12:4.

和国。2006 年 6 月 5 日，塞尔维亚共和国宣布继承塞黑的国际法主体地位。

2017 年 4 月，塞尔维亚举行总统选举，前进党主席、总理阿莱克桑达尔·武契奇当选总统，并于 5 月 31 日宣誓就职。2017 年 6 月，塞尔维亚新一届政府成立，阿娜·布尔纳比奇出任总理，2020 年 10 月 28 日连任。塞尔维亚全国总人口 692 万（不含科索沃地区，2020年）。官方语言塞尔维亚语。主要宗教为东正教。[①]塞尔维亚是一个多民族的国家，大部分人口是塞尔维亚族，其余有匈牙利族、波斯尼亚克族、罗姆族及斯洛伐克族等。按行政区划，塞尔维亚设有 2 个自治省（伏伊伏丁那自治省和科索沃自治省）、29 个大行政区、首都贝尔格莱德直辖区。其中辖有 24 个市、197 个县（区），193 个镇，6158 个村。自治省和大行政区是塞尔维亚最高一级的地方行政单位。首都贝尔格莱德市是全国的政治、经济、文化及科研中心。[②]

（三）经济

塞尔维亚矿藏有煤（储量 134.1 亿吨）、天然气（储量 43.5 亿吨）、铜和铅锌（储量 27.1 亿吨）、锂（储量 7.3 亿吨）、辉钼矿（储量 28.5 亿吨）。森林覆盖率 29.1%，水力资源丰富。主要产业方面，农业是塞尔维亚传统优势产业之一，共有农业土地 509 万公顷，其中耕地 330 万公顷。农业土地主要集中在北部的伏伊伏丁那平原和塞尔维亚中部地区。土地肥沃，雨水充足，农业生产条件良好。在农业生产中，种植业占 63.2%，畜牧业占 36.8%。其次，信息通信技术产业是塞尔维亚具有比较优势的产业之一，政府计划将其打造成塞尔维亚经济的支柱产业，微软也在塞尔维亚设立了研发中心。目前共有 1600 余家 ICT 企业，约 4.5 万名从业人员。另外，汽车工业曾是塞尔维亚的辉煌产业，2001 年以来，共有 60 家外资企业在塞尔维亚投资汽车组装、零配件生产等。[③]

新政府积极推行经济改革，建立良好的市场环境，并鼓励创业，促进中小企业的发展，加强基础设施建设。2020 年国由生产总值 464.67 亿欧元，人均国内生产总值 6708 欧元，国内生产总值增长率 -1.0%，失业率 9%。2020 年主要出口产品为车辆、电器及电子产品、谷物、蔬菜和水果，主要进口产品为汽车、石油及其制成品、天然气、电器及电子产品等。主要外贸关系国家有中国、意大利、德国、波黑、俄罗斯、罗马尼亚和匈牙利等。[④]

（四）教育

塞尔维亚的教育体系包括早期儿童看护教育、小学教育、中等教育和高等教育。早期儿童看护教育适用于 6 个月直至初等教育开始的婴幼儿教育，包括托儿所（6 个月—3

---

① 中华人民共和国外交部 . 塞尔维亚国家概况 [EB/OL].(2021-07-01) [2021-09-24].http://www.fmprc.gov.cn/web/gjhdq_676201/gj_676203/oz_678770/1206_679642/1206x0_679644/.

② 商务部国际贸易经济合作研究院等 . 对外投资合作国别（地区）指南——塞尔维亚 [R]. 商务部《对外投资合作国别（地区）指南》编制办公室 ,2020,12:4.

③ 同上书 ,2020,12:16.

④ 中华人民共和国外交部 . 塞尔维亚国家概况 [EB/OL].(2017-07-01) [2017-10-05].http://www.fmprc.gov.cn/web/gjhdq_676201/gj_676203/oz_678770/1206_679642/1206x0_679644/.

岁）、幼儿园（3岁—5岁半）、学前准备教育（5岁半—6岁半）。①

初等教育为8年制免费义务教育，入学要求是年龄在6岁半至7岁半的适龄儿童，需要有学前准备教育证书。初等教育阶段包括两个学习周期：1—4年级和5—8年级。

中等教育则一般从15岁开始，分为4年制普通教育和2—4年的职业教育。中等教育中，文法中学的毕业生可以申请进入任意一家高等教育学院接受教育，职业中学毕业生可以根据专业选择进入高等专科学院继续学习，3年制的职业教育与培训计划的学生则要通过额外的考试才能获得大学入学考试的资格。

高等教育为所有公民提供平等接受教育的机会，分别提供学术型教育和应用型教育两种形式。全国主要大学有贝尔格莱德大学、诺维萨德大学、尼什大学、克拉古耶瓦茨大学和普里什蒂纳大学。2019—2020年度各级教育在校学生人数分别为：小学生51.8万人，中学生25万人，大学生24.9万人；各类教师共计约10万人。②

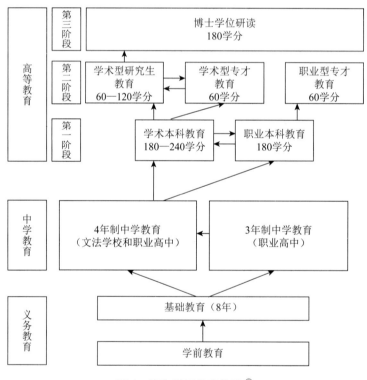

图1　塞尔维亚教育体系③

① Eurydice. Serbia: Key features of the education system[EB/OL].(2017-02-20) [2017-10-03].https://webgate.ec.europa.eu/fpfis/mwikis/eurydice/index.php/Serbia:Overview.

② 商务部国际贸易经济合作研究院等.对外投资合作国别（地区）指南——塞尔维亚 [R]. 商务部《对外投资合作国别（地区）指南》编制办公室,2020,12:9.

③ UNESCO International Bureau of Education. World Data on Education. VII Ed. 2010/11. [DB/OL]. http://www.ibe.unesco.org/fileadmin/user_upload/publications/WDE/2010/pdf-Versions/Croatia.pdf. 2017-10-05.

二、职业技术教育与培训的战略与法规

（一）战略

塞尔维亚职业教育培训的总体目标列在"2020 年技能愿景"之中，与"欧盟 2020 战略"和塞尔维亚自己的需求相一致，优先考虑劳动力市场需求。职业技术教育与培训事业发展的优先事项在于：一是参考欧洲资格框架，制定和实施统一的国家资格框架；二是根据劳动力市场需求，加强职业教育多方利益相关方的治理；三是为行业技能委员会制定有利于可持续的管理结构。

塞尔维亚政府在 2012 年 10 月 25 日的会议上通过了《2020 年塞尔维亚教育发展战略》（以下简称"战略"）。该战略发表在"第 127/12 号"塞尔维亚共和国政府公报上，战略涉及塞尔维亚共和国教育制度发展的宗旨、目标、方向、手段和机制。"战略"的目标是在职业教育与劳动力市场与经济之间建立更紧密的联系，推动有利于就业的资格认证工作和终身学习体系的发展，促进创新创业能力的培养。"2020 年塞尔维亚发展教育战略"行动实施计划规定了"战略"目标和优先事项确定的主要活动，制定了活动的实施方式、最后期限、主要利益攸关方和执行人员、监测工具、进展指标以及实施程序和评估措施等。

塞尔维亚政府基于现行的经济改革计划，在今后的工作方案中设定了未来教育领域实施的优先事项，主要包括：（1）建立国家资格框架，提供劳动力市场需要的教育情况记录，使得教育方案符合劳动力市场需求，确保在正规教育以外获得的技能和知识得到承认；（2）在开展职业教育新型综合教学计划的背景下，注重创业技能以及实践型、应用型的知识的开发；（3）改革单一体制的教育模式，将教育体系的发展与劳动力市场的需求相结合。

（二）法规

1.《教育制度基础法》

《教育制度基础法（2009 年）》重点强调应防止教育中的种族歧视和隔离，实施个人教育计划，采用引进新的评价体系和评估政策，引进教学助理，向学校提供支持和新的财务政策，将特殊需要的儿童教育纳入正规学校。

2.《中等教育法》

中等教育作为塞尔维亚共和国统一教育体系的组成部分，法律规定了中等教育的培养目标、中等教育活动的执行，语言的使用，教育方案和考试的内容形式，学生的权利、义务和责任，个体教育成长记录以及与中等教育过程中相关的其他问题。

3.《中等职业教育和培训的原则》

经过广泛邀请利益相关者和社会伙伴参与多次修改，《中等职业教育和培训的原则》于 2007 年开始实施。内容包括中等职业教育与培训改革目标方案、职业教育与培训发展的基本方法、中等职业教育与培训体系的结构、中等职业教育与培训课程、职业教育与培训的有关标准等。

4.《成人教育法》

成人教育和终身学习作为塞尔维亚共和国统一教育体系的一部分，法律规定了：成人教育原则和目标、能力和资格标准、成年的概念、语言的使用、保障和改善成人教育机构的质量、有关人员参与成人教育计划、成人教育年度计划的监督以及法律规定的成人教育的其他重要议题。

三、职业技术教育与培训的体系与质量保障

（一）体系

1. 学校类型

塞尔维亚实行 8 年义务教育，学生接受完 8 年的基础教育之后进入中学，从中学阶段开始分流。中学教育提供继续深造和就业所需要的普通知识和职业知识与技能，分为普通高中（包括大学预科）、职业学校和艺术学校。普通高中教育和职业高中（科学、数学、语言）提供 3 至 4 年的课程，艺术学校提供 4 年的课程，包括音乐、视觉艺术和芭蕾舞等。职业教育体系详见下图：

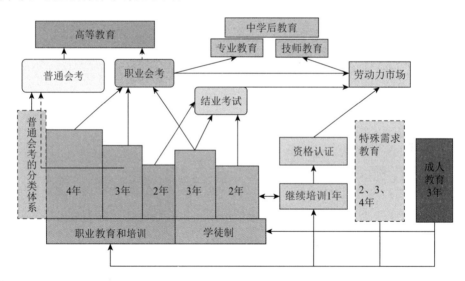

注：

直线箭头：直接流动。

虚线箭头：需要满足特定的条件才能流动。

双线箭头：根据不同的可能性，职业教育和培训、学徒制和培训认证都有不同的处理。

图 2　塞尔维亚职业技术教育和培训体系 [①]

---

① Concept of vocational education and training in Serbia. Republic of Serbia ministry of education and sport, Belgrade, January 2004.

职业教育体系包括职业教育和培训、学徒制和职业培训和资格认证三大类。具体来说:(1)中等职业学校提供普通课程和职业课程(理论和实践),有2年制、3年制(2年制和3年制原则上说,不能直接进入高等教育继续深造)和4年制,主要是为学生就业或将来继续深造做准备。(2)学徒制是要经过教育和体育部以及职业教育和培训中心通过,根据劳动力市场和个体的需要而设置的。学徒制教育的课程主要是基于实践技术和各种活动,一般需要2年或3年。(3)成人的中等职业教育一般需要3年。对于某些学生特定需求的职业教育则需要2—4年不等,主要取决于学校的课程。

2.教育目标

塞尔维亚中等职业教育和培训的一般目标是为年轻人和成年人提供获得工作就业、继续深造所需要的技能、知识、态度(或工作能力)的机会。更具体来说,中等职业教育需要提供:(1)获得技能和职业认证,特定领域所需要的知识和技能,相关的能力和态度;如中等教育法规定,中等教育应进一步发挥公民在当代社会中的积极作用,培养社会发展所需要的关键能力;培养学生成功就业所需要的专业能力;问题解决和团队合作沟通的能力;以及个体发展所需的主动学习、自我评价和自主表达的能力等[①]。(2)获得初始的和持续的职业教育和培训。(3)获得就业和经济独立所必要的先决条件。(4)培养并发展受教育者个体的能力、天赋、潜能和自我满足。学生进入哪种中学学习取决于入学考试的成绩,2008年全球金融危机后,塞尔维亚经济经历了严重的衰退,呈负增长。但职业教育和培训入学人数不断增加,占中等教育总注册人数的40%左右[②]。

3.课程设置

课程的设置是为了实现在教育过程中的个体发展,提高个体的知识、技能,满足工作过程中有关职业态度和工作能力的需要。职业教育提供正式教育和非正式教育的不同课程,包括中等职业教育的课程、培训认证的短期课程、中学后教育和专业化教育的课程。

3年或4年制的职业学校平均每周30—32学时的课程。从课程内容上分,包括普通课程和职业课程(理论和实践),让学生为就业和继续深造做准备。普通课程一般占30%—40%的比例,职业课程占60%—70%的比例。从课程设置上分还可以分为国家课程和学校特殊课程。国家课程是基于国家课程框架,包括一般的标准知识、中等职业教育必修的核心课程(比如塞尔维亚语、数学、外语等);学校特殊课程是学校的自主选择,主要是基于学生和家长的需要,学校和当地政府的需要,又可以分为必修科目、选修科目、模块课程等。

---

① Law on Secondary Education[EB/OL].http://www.mpn.gov.rs/wp-content/uploads/2015/08/%D0%97%D0%B0%D0%BA%D0%BE%D0%BD-%D0%BE-%D1%81%D1%80%D0%B5%D0%B4%D1%9A%D0%B5%D0%BC-%D0%BE%D0%B1%D1%80%D0%B0%D0%B7%D0%BE%D0%B2%D0%B0%D1%9A%D1%83-%D0%B8-%D0%B2%D0%B0%D1%81%D0%BF%D0%B8%D1%82%D0%B0%D1%9A%D1%83.pdf,2017-10-05.

② ETF.Serbia[EB/OL]. http://www.etf.europa.eu/web.nsf/pages/Serbia,2017-10-03.

职业教育课程主要涵盖建设、机械工程、农业、林业、健康、经济、餐饮和贸易等。课程类型有模块课程、VET课程、必修课程、专业实践、不同形式的学习培训还有各个VET学校特殊的课程。

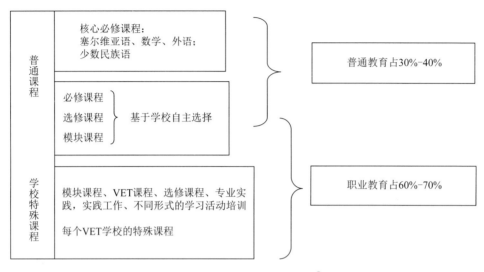

图3　中等职业教育学校课程 [①]

多样化的课程设置可以在普通教育和职业教育，理论学习和专业实践之间取得平衡；在一个或多个工作领域的框架内实现横向和纵向的流动；并且便于实现中等教育与高等教育的联系，为接受高等教育提供机会。

4.考试

职业教育与培训考试包括职业会考和结业考试。具体来说：（1）职业会考。根据入学条件的规定，学生在结束3年或4年的中等职业教育之后，可以参加职业会考，以获得升入高等教育的资格。职业会考包括理论部分和实践部分，主要是检查学生的通识知识、职业理论知识、职业技能、获得特定工作的专业能力，是否熟练掌握实用的职业技能。考试根据职业和成人教育培训中心和教育部相关规定进行，职业和成人教育培训中心开发了一套知识目录和考试目录，为准备职业会考提供了参考。职业会考考试委员会的成员由那些不直接教授学生的教师以及一些利益相关者、社会伙伴的代表。（2）结业考试。结业考试是2年制职业学校以及2年或3年学徒制教育的学生所参加的考试。结业考试主要是检查学生的知识和实践态度，考试的实践部分可以在学校以外的机构中进行。考试的组织、内容、条件和评估、考试委员会组成等由职业和成人教育培训中心制定提出，并经教育、科学和技术发展部批准。

---

① Concept of vocational education and training in Serbia. Republic of Serbia ministry of education and sport, Belgrade, January 2004.

（二）保障

1. 资格认证和国家资格框架

教育认证制度是将非正规教育和职业资格证书有效结合起来，通过证书认证系统获得资格是基于认可的职业标准和教育标准，以这种方式确保他们在不同的工作环境和全国劳动力市场得到认可。塞尔维亚的国家资格框架是在满足相应程度的学习要求基础上制定的，用于资格认定、创建和分类的工具，目的在于规范通过教育和培训取得的资格制度，更好地满足社会经济发展的要求，支持落实终身学习理念，提高劳动力受教育水平的透明度和流动质量，促进劳动力流动。实现了整个教育系统横向和纵向的流动，使得人们能够灵活地就业，将教育和工作联系起来，可以更容易适应工作环境的变化，满足劳动力市场的需求。

塞尔维亚国家资格框架对现有资格和资格制度进行了整合和协调（高等教育资格制度、职业教育资格制度、成人教育资格制度、私营部门资格制度等），从而形成了全面的国家资格体系，总体有 8 个层次。目前对于每个资格级别（I-V），已经建立了对执行工作或进一步学习所必需的知识、技能、能力和态度的描述。

国家资格框架包括了对各级教育的正规教育、非正规教育以及对先前学习（个体之前学习经历和水平）的认证，其中先前学习的认证是根据个体的学习经历来评估先前学习的相关价值，并提高具有工作经验但没有证书的人的自尊心和自信心。例如，在第 4 级中，对于一个从文科中学毕业并有 2 年企业管理经验的人可以通过先前学习认证获得企业管理员的职业资格证书；或者在第 5 级中，具备文科中学毕业且拥有 2 年的导游经验即可获得导游资格证书。

2. 质量保障

按照《教育制度基础法》的规定，在学前和中小学教育层面，教育、科学和技术发展部监督规定的教育目标和标准的实现，并建立国家教育督查和教育顾问专家组，评估教育机构和质量计划的不同方面。管理事务上主要由地方当局负责学校教育的专业教学监督，支持发展规划，课程开发和质量保证。学校教育机构通过与当地政府和教育管理部门合作，负责改进和评估工作质量，制定教育计划、方案和实现条件。

由于正规中小学和学校也提供成人教育项目，成人教育质量保障的负责机构与学校教育部分所述相同，值得关注的是作为教育改进机构分支的职业和成人教育培训中心有关方面的工作和要求。在具体业务的管理上，职业和成人教育培训中心负责确定成人教育的标准、编制课程和期末考试计划、确定教科书和教材的标准，并通过质量保证程序评估所有标准的实现。另外，该中心对应于教育部的职业和成人教育委员会，其主要负责确定与成人教育和培训有关的标准。其他相关部门还有，教育质量评估研究所负责制定成人教育的一般和特别成就标准。教育和护理局负责根据国际文书和标准，承认学习者以往的学习经历，对成人教育进程的评估和外国文凭的验证。

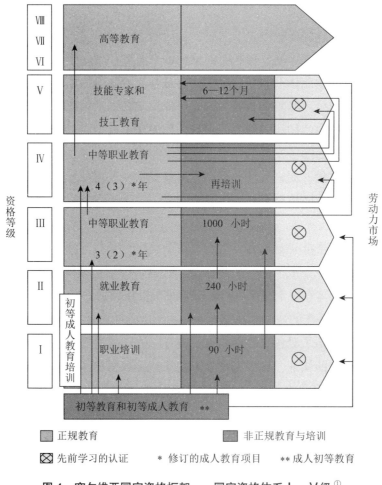

图4 塞尔维亚国家资格框架——国家资格体系Ⅰ–Ⅴ级①

四、职业技术教育与培训的治理与教师

（一）治理

塞尔维亚教育、科学和技术发展部全面负责教育系统的运行和管理，包括确立国家层面的教育目标任务、规划和监测各级教育的发展、组织实施教育教学人员的专业发展和培训、制定国家资格框架等；此外，国家教育委员会是教育发展和质量保障的最高权力机构，其中，职业教育培训和成人教育委员会于2010年正式成立。

在国家层面，各机构在参与职业教育培训的管理方面的职能主要包括：国家教育委员会参与制定国家政策框架，提供立法和规章制定建议，评估和审查职业教育与培训政策；教育改进机构在为职业教育培训工作起草技术文件发挥了关键作用，其下

---

① Institute for Improvement of Education, Centre for Vocational Education and Training.National Qualifications Framework in Serbia–National Qualifications System Levels I to V. Belgrade, October 2013.

设的职业与成人教育中心主要负责各类职业教育与培训工作的质量监管；教育质量和评估研究所有助于确定教育标准，并参与教育领域内有关工作的评估和审查、研究与开发活动；职业教育与成人教育委员会承担除了申请财政经费之外的其他一切工作；职业教育与成人教育委员会在政策制定和执行中扮演协调员的角色，所有的主要社会伙伴和利益相关者均为会员；职业教育的举办者（包括职业教育与培训学校、成人教育机构、非政府机构、终身学习中心和雇主）则在设计课程时具有一定的自由度。

在地方层面，在权力下放的政策框架下，市级及地方政府的作用仅限于调拨财政资源，其他具体事务则由地方政府设立的区域学校管理办公室负责，承担满足学校发展和当地雇主需求的责任，监督和评估学校的发展，并参与职业教育公私合作计划、研发项目的管理。而在学校层面由学校董事会和校长共同实施管理。

其他职业教育参与者及其所扮演的角色详见下表：

表1　塞尔维亚职业教育的利益参与者[①]

关键问题	标　准	关键人物
职业中所需要的知识、技能和态度（工作能力）	职业（专业）标准	社会伙伴和利益相关者
如何获得成功？	学习（专业）标准	教师和其他教育专业
教育和学习在什么样的环境下进行？	学校和其他教育机构的规范和标准	政府在这一教育领域的代表
用什么样的方式来检验学到了什么，以及学习的程度	学习获得的（专业）标准	教育领域的专家、雇主

塞尔维亚职业教育培训事业的发展主要通过费用分摊计划获得资助，包括国家/部门培训基金，对公司和工人进行税收激励措施以及贷款。其中，职业技术教育与培训计划主要由政府公共资金资助，资金由国家（整体教育）根据学校类型、学生人数和教职员工的薪金等分配。另有部分来自国际利益相关方组织和公司的非正式资助。

（二）教师

根据塞尔维亚教师职业的有关规定，担任初等教育（5—8年级）和完全中学阶段的各学科教师需要在高等教育的教师教育学院完成相应科目的专业学习（如数学、生物、化学等），小学和中学教师必须持有硕士学位；而且，进入学校教育工作的教师在首次就业从教一年后，必须通过教师资格考试，才能继续从事教师职业工作。[②]

根据《教育制度基础法》的要求，必须保障教师持续的专业发展。教师必须将其工

---

① Concept of vocational education and training in Serbia. Republic of Serbia ministry of education and sport, Belgrade, January 2004.

② Eurydice. Serbia: Key features of the education system[EB/OL]. https://webgate.ec.europa.eu/fpfis/mwikis/eurydice/index.php/Serbia:Overview.2017–10–03.

作时间的一部分时间用于专业发展培训，以维持其从教职位和教师资格。塞尔维亚要求职业教育教师的专业发展需要经历以下过程：教师准入系统；在学科或专业领域的初步准备和培训；教育、教学、心理训练与提升；继续教育培训和专业晋升。最初的教师教育、心理训练和提升是中等职业教育和成人教育教师进入教师职业的前提。这是教师获得基本的知识和关键技能，从而实现中等职业教育的目标。

为促进教师专业的持续发展，来自教育部、科学和技术开发部和教育质量评估机构的巡视评估员，根据相关的报告和文件内容，直接对教师教学进行检查评估，评估人员至少需要参加教师课堂教学 40% 的时间，每次听课不少于 20 分钟，再会同学校校长和有关教师讨论，才能给出最终的评估结果。其实，对教师持续专业发展的效果很难进行监测，而且问题的关键更在于如何才能做到这一点。例如，是否应基于教师行为的变化，或学生成绩或沟通技巧或专业能力，目前在国家层面还没有认可的测量工具。

五、职业技术教育与培训的诉求与发展趋势

（一）诉求

1.塞尔维亚经济发展对职业教育与培训专业结构调整的需求

近年来，塞尔维亚经济状况稍有好转，国民经济呈现出稳中有升的态势。主要工业部门有冶金、汽车制造、纺织、仪器加工等。塞尔维亚劳动力资源充足，适龄工作人口（15—64 岁）约 456.5 万，包括了大批高级技工、工程师等。在塞尔维亚每年各类教育培养的毕业生中，约有 30% 的学生毕业于技术专业[①]。早年的有关教育统计数据显示，2004 年，约有 84% 的中学适龄学生升入中学，剩下的 16% 中，还有 1.5% 继续接受基础教育，其余的几乎都辍学了。另据调查，在接受职业学校教育的学生中，例如机械工程和农业专业的学生，70%—80% 的职业教育与培训学校毕业生一般可以在三个月内找到工作，最终的就业率通常只能维持在 88% 左右[②]。从以上分析可以看出，一方面，塞尔维亚的中学辍学率仍然较高，有将近 15% 的学生辍学。另一方面，虽然接受职业教育的学生占有一定数量的比例，但在专业领域、就业工作还需要加强，为此，职业教育应增强吸引力，并进一步扩大规模，增加教育供给，以减少学生辍学率；同时调整专业设置，根据经济社会发展状况，及时增减专业和课程，并提高人才培养的质量，适应雇主的需求，使毕业生更好地就业。

2.塞尔维亚劳动力市场发展对于技能人才培训规模和质量的需求

在 2008 年至 2014 年失去 40 万个工作岗位后，塞尔维亚的就业最终在 2015 年出现

---

① 商务部国际贸易经济合作研究院等.对外投资合作国别（地区）指南——塞尔维亚 [R]. 商务部《对外投资合作国别（地区）指南》编制办公室 , 2020,12:32.

② Concept of vocational education and training in Serbia. Republic of Serbia ministry of education and sport, Belgrade, January 2004.

了反弹。"劳动力调查"数据显示，2015 年第二季度至 2016 年第二季度就业人数增加了 174000 人（6.7%）。虽然大部分为非正规就业，但总体而言，失业率持续下降。2016 年第二季度下降至 15.2%，明显低于 2012 年的 23.9%。目前对于雇主来说，一个日益增长的问题是缺乏经过充分培训的人力资源，这也部分解释了青年失业率居高不下的原因，也表明在经济产业部门和职业教育培训系统之间缺乏系统和持续的合作。2016 年 6 月，国际劳工组织进行的劳动力市场调研发现，只有初级资格的青年失业率最高（40.7%），而受过中等教育的年轻人则为 29.9%，大学毕业生为 32.9%。相较而言，具有中等教育和中学后教育职业资格的年轻人中，失业率最低，分别为 6.0% 和 18.4%，表明技术技能与劳动力市场需求更为密切相关。[①] 但未来随着国有企业私有化程度的加深及新政府计划削减公共部门冗余人员，失业率还有进一步攀升的可能。

（二）发展趋势

为适应国家经济发展和劳动力市场不断变化的需求，提高教育人才培养质量，从教育管理系统和财政系统向所有的利益相关者和社会合作伙伴转移，在教育过程中充分尊重民族、文化和语言差异，使参与者的知识和技能得到有效转移，塞尔维亚教育和体育部开始对职业教育与培训系统进行改革重组。早在 2000 年初，塞尔维亚政府和教育部门即推出了一系列改革措施。主要内容有：（1）职业教育和培训要紧跟未来经济发展的需求，进一步明确职业教育和培训发展的概念，从普通教育系统指向社会和个体的需求和发展的可能性；（2）将教育管理权下放到地方政府，建立分权和民主式的学校管理模式；（3）重视课程改革传递的新理念的理解和实施，如批判思维、团队合作、知识的创造性应用，加强问题解决能力和创业精神的培养。

近年来，塞尔维亚继续推动职业技术教育与培训的改革，综合国家有关职业教育与培训的改革计划和塞尔维亚当前面临的形势，需要在以下几个方面加强职业教育与培训的发展：

1. 加强学校与企业雇主间的合作，制定关键环节的积极政策

根据《2011—2020 年国家就业战略》，职业技术教育应提高劳动者就业能力，缓解劳动力市场的供需矛盾，帮助教育培训体系和劳动力市场需求之间的更好匹配，建立终身学习的通道，改善弱势群体的不利处境。为此，塞尔维亚政府发布了一系列相关文件，要求职业教育培训学校和雇主代表之间建立持续和系统的合作关系，围绕入学条件、组织实习培训和毕业考试等环节制定积极的政策。具体内容包括：（1）建立有效的机制，提高中等教育在入学政策、实践技能培养和毕业考试间的相关性；（2）成立行业技能委员会，以确保企业参与职业教育与培训项目的计划、制定和供给；（3）明确实施程序并制定方法，以便有系统地对已就业人员和职业学校辍学人员进一步地继续教育与

---

① European Training Foundation.(2017).Torino Process 2016–17: Serbia – Executive Summary[R]. http://www.etf. europa.eu/webatt.nsf/0/A55C44A221EC34F2C1258125005DE420/$file/TRP%202016–17%20Serbia.pdf.2017–10–03.

培训。

2. 促进就业和社会融合，保障弱势群体的社会地位

为进一步提高就业和促进社会融合，塞尔维亚国家就业服务部门推出了有关就业扶助的一揽子计划，针对部分在劳动力市场上处于不利地位的就业困难人员提供特别的服务和帮助，目的在于激发此部分人员的活力。帮扶对象包括：青年群体、被解雇员工、残疾人士、无职业资格者、低技能和长期失业人员。这对于那些教育水平不足或较低效能的人员来说，起到了较好的效果。

其他需要进一步推动的改革计划项目还包括：社会合作伙伴参与课程设计和资格标准制定；行业委员会和实践社区参与制定政策建议；更多地强调由行业部门实施技能开发计划，参与职业教育委员会工作，制定满足经济和劳动力市场需求的职业教育培训项目；开发职业教育培训的学分制体系；提高利益相关者参与职业教育政策制定的积极性；为国家、区域和部门层面的职业教育政策制定者提供培训；由地方政府和行业部门联合建立国家职业教育与培训数据库；畅通各级管理部门和利益相关者之间信息联系和沟通的渠道等。

（深圳职业技术学院　技术与职业教育研究所　魏　明）

主要参考文献

[1] 中华人民共和国外交部. 塞尔维亚国家概况 [EB/OL].(2021–07–01) [2021–09–24].http://www.fmprc.gov.cn/web/gjhdq_676201/gj_676203/oz_678770/1206_679642/1206x0_679644/.

[2] 商务部国际贸易经济合作研究院等. 对外投资合作国别（地区）指南——塞尔维亚 [R]. 商务部《对外投资合作国别（地区）指南》编制办公室, 2020,12.

[3] UNESCO–IBE.World Data on Education, 7th edition, 2010/2011.Serbia.Revised Version, November 2011.

[4] Concept of vocational education and training in Serbia. Republic of Serbia ministry of education and sport, Belgrade, January 2004.

[5] Institute for Improvement of Education, Centre for Vocational Education and Training.National Qualifications Framework in Serbia–National Qualifications System Levels I to V. Belgrade, October 2013.

[6] European Training Foundation. (2017).Torino Process 2016–17: Serbia – Executive Summary[R]. http://www.etf.europa.eu/webatt.nsf/0/A55C44A221EC34F2C1258125005DE420/$file/TRP%202016–17%20Serbia.pdf. 2017–10–03.

塞浦路斯共和国

一、国家概况

（一）地理

塞浦路斯共和国（The Republic of Cyprus），简称塞浦路斯，为地中海最东面部的一个岛国，扼亚、非、欧三洲海上交通要冲，为地中海第三大岛，国土面积仅次于西西里岛和撒丁岛[①]。塞浦路斯东西长 241 千米，南北宽 97 千米，海岸线长 537 千米，面积 9251 平方千米。1974 年希腊、土耳其两族分裂后，希族和土族分别占据领土的 60% 和 37%，另有 3% 属于英国的两个主权基地。塞浦路斯北部为狭长山脉，多丘陵；南部为特鲁多斯山，西南部为山脉，地势较高；中部是肥沃的美索利亚平原。岛上无常流河，只有少数间歇河。最高点奥林匹斯峰海拔 1951 米。国土的 36%~38% 被森林覆盖。塞浦路斯北距土耳其 80 千米，东到叙利亚 104 千米，西至希腊克里特岛 530 千米，南到苏伊士运河 439 千米。塞浦路斯与希腊、土耳其、叙利亚、黎巴嫩、以色列、埃及隔海相望，自古以来就是连接中东、非洲和欧洲的交通要道。[②]首都是尼克亚拉，属亚热带地中海型气候，夏季炎热干燥、冬季温和多雨，全年有阳光辐射的天数达 300 天左右。高温时期少雨，低温时期多雨，雨季通常在 11 月份和次年的 3 月份之间。

（二）人文

大约在 9000 年以前塞浦路斯岛就已经有人类生活。公元前 2000 年，希腊人来到塞岛，后曾被埃及、波斯等国征服。公元前 30 年并入罗马帝国；公元 330 年至 1191 年归属拜占庭帝国；此后在十字军东征时代塞浦路斯先后被法国人及威尼斯人占领；1571—1878 年被奥斯曼土耳其帝国统治；1878 年土耳其将塞浦路斯租让给英国，1925 年成为英国"直辖殖民地"。

20 世纪 50 年代初期，塞浦路斯爆发反英独立运动，其主要原因为希族与希腊合并，遭到土族抵制，由此引发近代希土两族矛盾的激化。1959 年 2 月，塞浦路斯与英、

[①] 塞浦路斯共和国驻华使馆 . 塞浦路斯简介 [EB/OL]. http://www.mfa.gov.cy/mfa/embassies/embassy_beijing.nsf/DMLcy_ol/DMLcy_ol?Opendocument. 2017–8–12.

[②] 华欧旅游 . 塞浦路斯简介 [EB/OL]. http://www.ecconnect.co.uk/cyprusoverview.html#location.2017–8–13.

希、土三国签订苏黎世—伦敦协议，确定了独立后国家的基本结构和内部两族权力分配。1960 年塞浦路斯同上述三国签订"保证条约"，由它们担当其独立、领土完整和安全的"保证国"，并同希、土订立有"同盟条约"，规定它们在塞浦路斯有驻军权。1960年 8 月 16 日塞浦路斯宣布独立，成立塞浦路斯共和国，确定每年的 10 月 1 日为国庆日。1961 年 3 月加入英联邦。1963 年底，马卡里奥斯总统提出修改宪法建议，遭土族拒绝，两族发生武装冲突。1964 年联合国维和部队进驻塞岛。

1974 年 7 月，希腊军人集团在塞浦路斯策动政变，企图推翻马卡里奥斯政权，土耳其以保护土族为由出兵塞岛，占领北部 37% 的领土，并将土族居民全部北移。战争中希族人约 20 万南迁。1975 年 2 月和 1983 年 11 月 15 日，土族先后宣布成立"塞浦路斯土族邦"和"北塞浦路斯土耳其共和国"，形成两族南北分治局面。"北塞浦路斯土耳其共和国"仅得到土耳其的承认。自 1975 年以来，两族领导人在联合国秘书长主持下展开了时断时续的谈判，但迄今未取得突破性进展。[1]

截至 2019 年，塞浦路斯共和国总人口有 88.8 万人，其中城镇人口占 67.4%，农村人口占 32.6%，本国公民占 79.4%，非本国公民占 20.3%，其他情况占 0.3%。全岛人口希腊族占 71.8%，土耳其族人口占 9.5%，外国居民占 18.7%。官方语言为希腊语和土耳其语，通用语言为英语。[2] 随着欧洲和亚太移民的不断涌入，在多元文化的交汇中，塞浦路斯的种族语言更为多样化。从地理方位来看，塞浦路斯属于亚洲，但由于它是个英联邦国家，政治、文化体系继承了英国传统，所以它通常被视为欧洲国家。

（三）经济

20 世纪 60 年代，农业一直是塞浦路斯国民经济的支柱。但自 70 年代中期塞浦路斯分裂以来，经济结构发生较大变化，从 70 年代至 80 年代中期，加工制造业迅速发展。之后，船运、旅游、金融业等服务业取代制造业，成为拉动经济增长的主力。20 世纪 90年代，塞浦路斯加快经济发展步伐，第三产业成为拉动经济增长的主要产业，农业和加工制造业保持稳定增长，实现经济的全面发展[3]。90 年代后期，塞浦路斯成为欧盟成员候选国，开始按照入盟要求对经济政策、结构进行调整。2004 年 5 月 1 日，正式加入欧盟，2008 年 1 月 1 日顺利加入欧元区，进一步融入欧洲经济体。塞浦路斯得益于以市场为主导的经济体系，以及政府健全的宏观经济政策，轻工业和服务业得到快速发展。以度假旅游为特征的旅游业，2010 年以来成为国家外汇收入主要来源和拉动经济增长的支柱产业，包括旅游业的服务业占国内生产总值近八成，雇用超过七成劳动人口。2012 年 6 月，受希腊债务危机影响陷入财政危机，不得不向欧盟申请救助。2013 年 3 月，塞浦路斯与

① 中华人民共和国驻塞浦路斯共和国大使馆．塞浦路斯共和国概况 [EB/OL].http://cy.china-embassy.org/chn/splsgk/t310223.htm.2021-7.

② 中华人民共和国驻塞浦路斯共和国大使馆经济商务参赞处．塞浦路斯人口与民族 [EB/OL].http://cy.mofcom.gov.cn/article/ddgk/zwrenkou/201407/20140700647434. 2017-8-12.

③ Republic of Cyprus From 1960 to the Present Day, The Press and Information Office, Republic of Cyprus, 2002.

欧洲联盟、国际货币基金组织和欧洲央行达成100亿欧元救助性协议，条件是对境内第一、第二大银行超过10万欧元以上的存款进行重组。[①]

（四）教育

塞浦路斯实行小学和初中的义务教育，15岁以上人口受教育率为97%。多年来，教育经费占政府预算的13%左右。塞浦路斯有各类学校1270所，在校学生179650人，其中约70%就读于公立学校，其余30%就读于私立学校。有一所综合性大学，其余为30所各种高等专科学校。近50%的高中毕业生升入本国高等专科学校，其余到国外留学，每年在国外的留学生约1万人。专科学校主要根据本国特色，开设旅游、酒店管理以及MBA等课程，其文凭被欧洲国家认可。大学毕业生占人口比例的23%，中小学和高等专科学校的师生比例为1:12.2。[②]

就教育体制而言，塞浦路斯有公立教育和私立教育两种教育形式。公立教育对学生免费，包括六年制小学教育和六年制中学教育。基础教育实施的是英式教育，学校主要以希腊语授课，教师需要持有英国的教师资格证才能上岗，学生毕业后也可进入英国的大学读书；私立学校主要以英语授课，教育费用一律由学生自己承担。

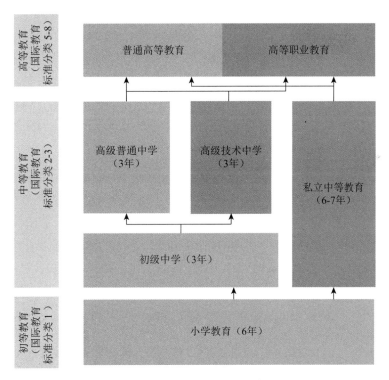

图1　塞浦路斯教育体系 [③]

---

① 中国驻塞浦路斯大使馆经济商务参赞处.对外投资合作国别（地区）指南——塞浦路斯：商务出版社.2014:7

② 中华人民共和国外交部.塞浦路斯[EB/OL].http://wcm.fmprc.gov.cn/pub/chn/gxh/cgb/gj/yz/1206_26/1206x0/.2017-8-7.

③ 联合国教科文组织国际职业技术教育及培训中心编制(UNESCO-IBE).世界教育数据（第7版).2010/2011.

二、职业技术教育与培训的战略

在《2011年塞浦路斯国家改革计划》的框架下正在进行的教育改革致力于提升教育体制各个层面的变革与创新，塞浦路斯职业教育与培训的战略目标就是满足劳动力市场的需求，其战略发展计划的重点主要包括：完善职业教育和培训体系，建立终身学习机制；紧密联系当代科技与信息技术，瞄准劳动力市场的需求；为参与者提供多重技能，以增强就业的灵活性与适应性。同时，通过公立和私立部门之间的合作，加强培训基础设施建设；建立国家资格框架，以承认各种非正规教育的形式，全面提升职业教育与培训的吸引力，满足学生的未来的需求以及社会的挑战。[①]

三、职业技术教育与培训的体系与质量保障

（一）体系

塞浦路斯的职业技术教育与培训始于初级中学之后，公立职业教育持续时间为3年。自2001年以来，职业技术教育提供理论和实践两个方向，第一年的学习在两个方向中都是类似的，学生在第二年和第三年就要专业化。理论方向是完全以学校为基础的，将普通教育科目和科学（约占计划的58%）与技术研讨课题相结合。实践方向的第一年和第二年也完全以学校为基础，将普通教育科目（约42.5%的课程）与技术和研讨课题相结合，而第三年的学生每周要花费三天的时间在工作场所进行监督培训。夜间技术学校提供相当于常规职业技术与培训的课程，学习是免费的，项目的持续时间是1至4年，这取决于学生的教育背景，毕业生获得毕业证书，相当于从公立技术学校获得证书。

高等教育机构包括公立大学和提供专业课程的高等教育机构，以及一些私立高等专业教育机构，学习持续1至3年的专业方向课程会分别颁发一年课程证书、两年制文凭或高级文凭（三年课程）。2007年11月部长会议通过了建立新现代学徒制的建议。它旨在为年轻人提供一种可行的替代形式的培训和发展，该建议已于2015年全面投入运行。新现代学徒制度将针对年龄在14至25岁之间的青少年进行，目标是针对年满14周岁却未完成初中阶段学习的学生，由其自主选择进入学徒制系统，通常是在8年级之后，学习的时间为两年。学徒证书可从事所学领域的工作，但不能作为升入高等教育体系的凭证，但已与国家职业资格认证体系挂钩。[②]

---

① VOCATIONAL EDUCATION AND TRAINING AND EMPLOYMENT SERVICES IN CYPRUS：Prepared by: Iacovos Aristidou–Intercollege, Cyprus[EB/OL].http://www.etf.europa.eu/webatt.nsf/0/C12578310056925BC125716C00446 BB9/$file/ENL_MON_CY_03_EN.pdf.2017–10–11.

② CEDEFOP (European Centre for the Development of Vocational Training). Cyprus.Vocational Education and Training (VET) in Europe. Country Report 2011. Prepared by Refer Net Cyprus.

（二）保障

2016年，塞浦路斯成立高等教育质量保证与认证委员会，负责包括职业技术教育与培训在内的教育质量保障事宜，塞浦路斯的质量保障体系包括以下三个方面：

1. 塞浦路斯高等教育学历认证委员会

学历认证委员会是对塞浦路斯职业教育及高等院校在国内外颁发的毕业文凭进行认证的国家主管机构。作为国家教育信息中心，它是由国家教育文化部资助和行政支持的一个独立机构。由于在塞浦路斯可选择的各种质量和种类的高等教育机构日益增多，此类机构的学生和毕业生数量又不断增长，该委员会的成立可以为高等教育和职业教育机构授予的学历进行认证，以避免劳动力在塞浦路斯国内和欧盟区域内流动所带来的学历和技能迁移问题，其机构由一名塞浦路斯大学教授担任主席，一名司法部高级法律专员，以及其余多位行业专家组成。

2. 职业技术教育评估－认证委员会

该委员会隶属塞浦路斯教育部，主要针对职业技术教育与培训机构的办学资质、课程体系与师资配置等进行评估，并对其课程实施的具体过程进行监管。教育评估－认证委员会是一个独立的机构，委员会主席经教育和文化部部长推荐，由内阁委任。

3. 私立大学评估委员会

私立大学评估委员会基于私立大学法案，是审议塞浦路斯私立大学的建立申请、运行和控制的主管部门。委员会办公室有7名成员，任期为5年。委员会经教育和文化部部长推荐，由部长会议通过而设立。私立大学评估委员会以召开会议的方式履职，包括审议和评估私立职业教育与培训机构的相关事宜。委员会可委任专家小组来审查某些申请程序，但最终决定由评估委员会做出。私立职业教育机构被授权后，每5年要接受一次办学资质评估。

四、职业技术教育与培训的治理与教师

塞浦路斯教育管理是集中式的，由教育文化部授权，教育决策的最高权力机构是部长理事会。该部负责教育管理、教育法律的执行，并与司法部长办公室合作以及编制教育法案，议案提交议会辩论，由众议院批准。此外，还有如下机构共同参与塞浦路斯的职业教育治理：

1. 中等技术职业教育咨询委员会

中等技术职业教育咨询委员会是一个处理中等技术和职业教育问题的专业机构，并负责向教育文化部提供咨询意见和建议。自2005年5月起，原属该委员会的学徒制管理被分配给劳动和社会保障部下辖的塞浦路斯生产力中心负责。

2. 人力资源开发局

该局的前身是于1979年成立的工业培训局，由政府、雇主和工会代表组成，其主要任务是通过培训提升塞浦路斯的人力资源质量，以提高他们在整个欧盟区域的就业竞争能力。[①]

3. 教育委员会

教育委员会是教育文化部的一个咨询机构，由规划局的代表、人力资源与社会保障部的行政负责人，以及教会代表、教育的议会委员会、家长协会、教师工会和对教育事宜感兴趣的 7 名知名人士组成。

塞浦路斯高等教育认证委员会是一个负责高等教育机构资格认证的独立机构，下辖教育评估和认证委员会、质量保证和认证委员会，前者负责向教育文化部提供关于高等教育机构的建立，监督和运作的建议，而后者负责所有高等教育机构的外部评估。[②]

此外，在塞浦路斯教师是很有吸引力的职业，因为教师整体的薪金水平和附加福利，包括养老金和健康保险都比较健全，加之与私营部门相比，学校有更长的假期和相对短的工作时间，所以与企业员工相比，教师的工作是非常有吸引力的，但从事中等教育的最低条件是持有学士学位文凭。鉴于大多数新进教师没有经过任何训练，塞浦路斯教育与文化部又开设了相关的教师培训项目，方式是通过类似于顶岗实习的方式进行，将新教师置于教师团队之中，以解决其经验不足的问题。

五、职业技术教育与培训诉求与发展趋势

《2011 年塞浦路斯国家改革计划》为教育系统的发展指明了方向，职业技术教育与培训在改革中实践着不断完善系统的战略指向，在全球化和信息化的发展新阶段，职业技术教育系统致力于满足学生和社会的需求。职业技术教育领域的需求包括：引进新学校课程；引入新学科；引进最新的技术和升级的信息技术；发展新的职业分支和专业；引进终身学习项目；学徒学习计划的重组和现代化；加强中等技术和职业教育与其他教育部门的密切联系；对技术教育师资进行系统的在职培训等等。[③]具体来说，塞浦路斯的职业技术教育发展诉求主要体现在以下几点：

（一）优化教育环境，制定面向国际的职业技术教育与培训政策

教育政策关系到一个国家教育的整体环境，辐射于整个社会的生活和文化，关系着社会发展的前途和命运，影响着受教育群体的信念与未来，因此教育政策的制定要极其慎重。基于塞浦路斯多民族的民族结构和多元文化并存的现实考虑，优化教育的整体环境，制定职业技术教育与培训政策应注意以下几点：首先，政策的制定要具有一定的可操作性，应该充分尊重各民族的民族习惯和特色，避免引发民族矛盾和争议；其次，在经济全球化和欧盟一体化的背景下，教育政策规划需要以国内不同民族风俗习惯和文化

① EURYDICE, CEDEFOP and ETF. Structures of education and training systems in Europe: Cyprus. European Commission, 2009/10 edition.

② CEDEFOP (European Centre for the Development of Vocational Training). Cyprus.Vocational Education and Training (VET) in Europe. Country Report 2011. Prepared by Refer Net Cyprus.

③ 塞浦路斯教育和文化部 .Innovations in the field of STVE.http://www.moec.gov.cy/mtee/en/innovations.html.

构成为前提，注重教育的公平性，允许各民族在塞浦路斯都能享受到受教育的权利和自由；最后，从塞浦路斯的职业技术教育与培训的现实情况考察来看，本国的受教育者出国留学的比重较大，高等学校教育生源结构也非常国际化，由此基于对受教育者未来的发展考虑，教育与培训政策的制定和规划应该立足国际，着眼于未来，侧重于让受教育者毕业后有更好的未来方向和选择。这不仅是塞浦路斯保持民族与文化特色的要求，也是其面向未来面向国际的教育改革大势所趋。

（二）根植教育教学，推进职业技术教育与培训的信息化

伴随着信息化的浪潮，各国教育已经渐趋走向国际，全球范围内的教育革新声势浩大。信息化像是可以打开世界之门的窗户，能够大大提升教育与培训的效果和效率，但是对于职业技术教育而言仍然是一个任重而道远的新课题。目前，塞浦路斯的技术和职业教育系统需要的是教学方法和教学内容的革新，目的是使学校毕业生能够更开阔地面对新形势和新机会。今天的毕业生完成了他们的学习课程，他们被投到就业市场，没有足够的知识基础来与其他欧洲毕业生在平等机会的基础上竞争。考虑到必要的教育基础，他们应该在他们所选择的职业或他们所期望的研究领域中取得更大的发展空间[1]。得益于当前信息技术的飞速发展，在中等和高等职业技术教育与培训中引进信息技术已经不是难题，2001—2002 学年开始，塞浦路斯在 STVE 课程和教学方法上都有了重要的变化。增加的预算以建立现代化的教育基础设施，包括最新的图书馆和车间设备技术。因此，在今后的教育规划中，将信息技术贯穿于教育教学全过程，以及全面、有效地提升（职业技术）教育的信息化水平将是塞浦路斯实现教育革新的重要内容。

（三）立足市场，服务区域职业技术教育与培训市场需求

长期以来，旅游业都是塞浦路斯振兴社会经济的重要手段。20 世纪 90 年代，塞浦路斯对旅游开发进行规范，主要包括市场营销、旅游设施和住宿开发等内容。作为旅游强国，塞浦路斯大学的旅游系在世界排名前列，而且从高中开始开设的就有旅游和旅游业等课程，供学生们学习。很多专科学校专门设有酒店管理、旅游业以及和旅游相关的 MBA 等课程。随着近年来海岛旅游的兴盛，游客对多样化旅游产品需求不断攀升，以旅游业带动的经济市场范围不断扩大，区域或地区对旅游相关的专业（职业技术）教育与培训资源的需求也逐年增长，这就为塞浦路斯（职业技术）教育与培训发展提供了良好的发展契机。立足塞浦路斯得天独厚的旅游业发展优势，如何发挥职业技术教育的服务功能，如何以满足市场需求为前提，培养区域发展需要的职业技术教育人才，为经济发展提供人力资源是塞浦路斯经济进一步发展对教育的提问，也是职业教育面对市场的挑战需要解决的问题。

（深圳职业技术学院　技术与职业教育研究所　李亚昕）

---

[1]　塞浦路斯教育和文化部 .http://www.moec.gov.cy/mtee/en/index.html.

主要参考文献

[1] 中华人民共和国外交部 . 塞浦路斯 [EB/OL]. http://wcm.fmprc.gov.cn/pub/chn/gxh/cgb/gj/yz/1206_26/1206x0/

[2] 中华人民共和国驻塞浦路斯共和国大使馆 . 塞浦路斯共和国概况 [EB/OL]. http://cy.china-embassy.org/chn/splsgk/t310223.htm 2017–7.

[3] 塞浦路斯教育和文化部 .http://www.moec.gov.cy/mtee/en/index.html.

[4] 联合国教科文组织国际职业技术教育及培训中心编制 (UNESCO-IBE)：世界教育数据 (第 7 版).2010/2011 年 .

[5] 中国驻塞浦路斯大使馆经济商务参赞处 . 对外投资合作国别 (地区) 指南——塞浦路斯：商务出版社 .2014:7.

[6] CEDEFOP (European Centre for the Development of Vocational Training). Cyprus. Vocational Education and Training (VET) in Europe. Country Report 2011. Prepared by Refer Net Cyprus.

[7] Cyprus Statistical Service. Statistics on education 2009/10. Nicosia, November 2011.

[8] EURYDICE. National system overview on education systems in Europe: Cyprus. European Commission, 2011 edition, October 2011.

斯洛伐克共和国

一、国家概况

（一）地理

斯洛伐克共和国（the Slovak Republic），简称斯洛伐克，位于欧洲中部，面积为49037平方千米，首都为政治文化中心、石油工业中心布拉迪斯拉发。斯洛伐克东临乌克兰，南接匈牙利，西连捷克、奥德利，北毗波兰，是一个典型的内陆国家。该国地势较高，西喀尔巴阡山横贯北部和中部，平均海拔为1000—1500米，南部为多瑙河平原。多元和流经斯国南部边境，是其与匈牙利和奥地利的界河。该国属于海洋性向大陆性气候过渡的温带气候，四季交替明显。年平均气温9.8℃，1月最冷时为-16℃～-10℃，7月最热时为36℃，年平均降水量800—1300毫米。[①]

（二）人文

公元5—6世纪，西斯拉夫人开始大批迁至今捷克、斯洛伐克地区定居，并于此处建立西斯拉夫人的第一个国家——萨莫公国。公元830年，大摩拉维亚帝国建立，位于捷克东部的摩拉维亚与斯洛伐克，并于906年灭亡，为奥匈帝国吞并。在第一次世界大战期间，捷克和斯洛伐克积极谋取建立独立统一的国家。1918年，随着奥匈帝国的解体，捷克斯洛伐克于10月28日独立，建立捷克斯洛伐克共和国。1939年3月，被纳粹德国占领，后建立傀儡的斯洛伐克共和国。1945年5月9日，捷克斯洛伐克在苏联红军的帮助下复国。1948年2月，捷克斯洛伐克共产党开始执政，并于1960年改国名为捷克斯洛伐克社会主义共和国，后又于1969年改为由捷克与斯洛伐克两个民族共和国组成的联邦共和国。1989年11月，捷克斯洛伐克政权更迭，改行多党议会民主和多元化政治体制。1990年4月，改国名为捷克和斯洛伐克联邦共和国。1992年12月31日，捷克和斯洛伐克联邦解体。自1993年1月1日起，斯洛伐克共和国成为独立主权国家。[②]

---

① 商务部国际贸易经济合作研究院等.对外投资合作国别（地区）指南——斯洛伐克[R]. 商务部《对外投资合作国别(地区)指南》编制办公室, 2020,12:3–5.

② 商务部国际贸易经济合作研究院等 . 对外投资合作国别（地区）指南——斯洛伐克 [R]. 商务部《对外投资合作国别（地区）指南》编制办公室 , 2020,12:2.

斯洛伐克实行三权分立，多党议会民主的政治制度。总统是国家元首，是斯洛伐克武装力量的最高统帅。国民议会是最高立法机关，实行一院制，本届议会于 2020 年 2 月 29 日大选产生。政府由总理、副总理和各部部长组成，宪法法院、最高法院是国家最高司法机关，总检察院是国家最高检察机关，其院长、副院长、总检察长、副总检察长均由议会选举产生，总统任命。①

斯洛伐克全国划分为 8 州 79 个县，截至 2019 年 9 月，总人口为 546 万。其中，斯洛伐克族占 81.15%，匈牙利族占 8.43%，罗姆（吉卜赛）人占 2.01%，其余为捷克族、乌克兰族、日耳曼族、波兰族和俄罗斯族。斯洛伐克现有华人华侨 3000 多人，其中华人 800 余人，大多分布在大中城市，特别是首都布拉迪斯拉发。②

在语言方面，斯洛伐克的官方语言为斯洛伐克语，主要外语为英语、德语和俄语，主要少数民族语言为匈牙利语。在宗教方面，根据最近的调查显示，斯洛伐克 62% 的居民信奉罗马天主教，居民还信奉新教、希腊天主教与东正教等。在习俗方面，斯洛伐克人喜食肉制品和奶制品，不喜海鲜；石竹花和玫瑰花被视为国花，喜欢用数字 8、12、14 等，忌讳 13。③

（三）经济

斯洛伐克早年为农业区，基本没有工业。捷克斯洛伐克共产党执政期间在斯洛伐克逐步建立了钢铁、石化、机械、食品加工及军事工业，缩小了同捷克在经济上的差距。1989 年剧变后，斯洛伐克开始"休克疗法"经济改革，导致经济大衰退。斯洛伐克独立后开始推行市场经济，加强宏观调控，调整产业结构，经济复苏。新世纪初，斯洛伐克不断完善法制建设与企业经营环境，大力吸引外资，逐渐形成了以汽车、电子产业、制造业为支柱，以出口为导向的外向型市场经济。总体而言，近年来，斯洛伐克经济稳定。2019 年 GDP 为 941.8 亿欧元，同比增长 2.3%。2020 年 GDP 为 911 亿欧元，同比下降 5.2%，人均 GDP1.67 万欧元。④

斯洛伐克三大产业布局合理，稳步发展。农业用地 192.75 万公顷，可耕地面积为 136 万公顷，森林覆盖率约 41%，农业资源丰富。2019 年，三大产业占比分别为 3%、28% 和 69%。⑤汽车工业、电子工业与冶金和机械制造业是斯洛伐克重要的特色产业，其中汽车工业是斯洛伐克的主要支柱产业。旅游业是斯洛伐克第三产业的重要组成。斯

① 中华人民共和国外交部.斯洛伐克国家概况 [EB/OL]. (2021-07-01) [2021-09-25].http://www.fmprc.gov.cn/web/gjhdq_676201/gj_676203/oz_678770/1206_679714/1206x0_679716/.

② 商务部国际贸易经济合作研究院等.对外投资合作国别（地区）指南——斯洛伐克 [R]. 商务部《对外投资合作国别（地区）指南》编制办公室,2020,12:5.

③ 同上书，2020,12:14.

④ 中华人民共和国外交部.斯洛伐克国家概况 [EB/OL]. (2021-07-01) [2021-09-25].http://www.fmprc.gov.cn/web/gjhdq_676201/gj_676203/oz_678770/1206_679714/1206x0_679716/.

⑤ 商务部国际贸易经济合作研究院等.对外投资合作国别（地区）指南——斯洛伐克 [R]. 商务部《对外投资合作国别（地区）指南》编制办公室,2020,12: 19.

洛伐克旅游资源丰富，自然风光静谧质朴，拥有多个国家公园；历史文物景点众多，为世界上城堡数量最多的国家。自斯洛伐克加入欧盟和申根协定后，游客倍增。旅游业已经成为斯洛伐克发展迅猛、前景广阔的重要产业。

（四）教育

斯洛伐克的教育体系主要可以分为五个组成部分：（1）学龄前教育，这是教育体系的第一阶段，开设有面向3—6岁幼儿的幼儿园；（2）初等和初中级别的教育，初等教育学制为4年，初中级别教育学制为5年；（3）高中级别教育，学生开始在此阶段明确分流；（4）高等教育，被划分为学士、硕士与博士三个层次的修业项目；（5）成人教育，旨在为成人继续教育、提升专业能力等提供重要途径。[①]

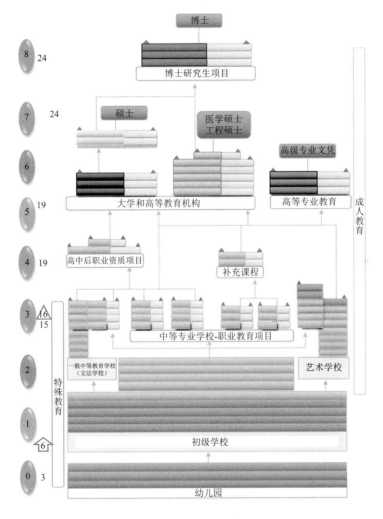

图1　斯洛伐克教育体系

---

① Eurydice. National system overview on education systems in Europe–Slovakia [EB/OL]. https://webgate.ec.europa.eu/fpfis/mwikis/eurydice/index.php/Slovakia:Overview.2016–11–9.

斯洛伐克的教育系统有两点非常显著的特色。一是国家实行 10 年制义务教育。义务教育面向 6—16 岁的学龄儿童，也就是说，学生会受到免费的初等教育、初中级别教育和一年的高中级别教育。二是中等教育阶段开始分流。斯洛伐克中学教育有三种主要学校类型，即：一般中等学校（文法学校，Grammar Schools），中等职业学校（Secondary Vocational Schools）和艺术学校（Conservatories）。文法中学提供普通的教育，包括 4 年制、5 年制、8 年制。中等职业学校不仅可以为就业做准备，同时也可以继续深造接受高等教育。

2019 年，斯洛伐克共有学龄前学校 2750 所，九年制小学 1897 所，高中 235 所，中专 438 所，大学 20 所。这些学校主要为公立学校，还有少量的私立学校和教会学校，这两类学校主要集中于中等教育阶段。①

在教育管理方面，斯洛伐克采取的是相对分权式的管理。在中央层面，教育、科学、研究和运动部主管教育事务的行政机构。总体而言，教育部通过制定国家层面的教育政策对教育促进并监管教育事业的发展，如建立有关学生学习目标的框架、明确政府经费投入的水平与条款、制定有关教育从业人员的专业能力要求的政策等。在中央层面，内政部与国家学校督学在学校经费支持与监管方面扮演着重要角色。州主要负责提供高中及同等级别的教育以及学徒制培训中心。市镇则负责提供绝大部分的学龄前教育、初等教育与初中级别教育。在经费投入方面，国家根据教职员工数量、经济需求等因素确定经费标准，并为公立学校提供经费支持。但是国家也会同样地给予私立学校和教会学校经费支持。②

经合组织通过国家比较认为，斯洛伐克成人的中等教育程度高、教育经费投入体系完善、学校享有较高程度的自治、建立起了非常突出的职业教育与培训的传统，但是斯洛伐克教育中的教育公平与融合问题也非常突出。③

二、职业技术教育与培训的战略与法规

（一）战略

斯洛伐克具有重视职业教育与培训的重要传统，其在多项战略法规和改革之中涉及职业教育与培训，并出台了专门性的法案。

斯洛伐克政府宣称，把从传统教育向现代教育体系转变作为一个主要的和长期的目

---

① Eurydice . Statistics on Organisation and Governance–Slovakia [EB/OL]. (2016–12–19) [2017–10–13].https://webgate.ec.europa.eu/fpfis/mwikis/eurydice/index.php/Slovakia:Statistics_on_Organisation_and_Governance#Number_of_schools_according_to_the_type_and_their_number_of_children.2C_pupils_and_students_in_2000.2C_2005.2C_2010_and_2015.

② Santiago, P., *et al*. OECD Reviews of School Resources: Slovak Republic 2015[R]. Paris, OECD Publishing, 2016: 41–42.

③ Angel Gurría . Launch of two OECD education reviews of the Slovak Republic [EB/OL]. (2016–02–19) [2017–10–13].http://www.oecd.org/slovakia/launch-of-two-oecd-education-reviews-of-the-slovak-republic.htm.

标。现代教育体系和终身教育体系，将使人在新的条件下为生活和工作做好准备。优先考虑的是实现教育事业自由选择的权利，从而为每个人创造条件，让他们过上有价值的生活，并在欧洲劳动力市场找到工作。

（二）法规

2008 年，教育和培训法案第 245 号要求把中等职业学校和中等专业学校合并。同时，国家教育研究所和国家职业教育研究所联合出台国家教育计划。同时，该法案也启动了课程改革，课程改革最初给予职业教育与培训学校在教学计划的制定方面更大的空间。但是从 2015 年开始，基于"教育计划框架"的一系列严格的规定出台，加强了对职业教育与培训的科目设置的控制。[①]

2009 年，职业教育与培训法案第 184 号补充了 2008 年教育法案，要求加强雇主代表和公司在职业教育与培训中的参与。国家职业教育与培训委员会、州委员会和技能委员会逐步建立，依托这些组织，雇主们可以在职业教育与培训项目的开发与学生的毕业考试方面的发挥影响力。[②]

2015 年，斯洛伐克颁布了修订的职业教育与培训法案 61 号。该法案支持深化校企合作，并鼓励向市场需求导向的职业教育与培训。斯洛伐克在制定双元制的职业教育与培训的政策和措施时充分考虑了本国实际，主要表现在：企业负责提供培训，还要负责吸引年轻人，并与学习者个体及其所在职业院校签订合同。合同明确规定各方职责。企业没有义务为学习者提供就业岗位。与传统学徒不同，斯洛伐克双元制职业教育与培训中的学习者是学生，而非提供培训企业的雇员。企业甚至可能会将部分（最高 40%）培训委托给职业学校。[③]

三、职业技术教育与培训的体系与质量保障

（一）体系

斯洛伐克的职业教育与培训主要集中于高中级别教育阶段，在初中级别教育以及高中后的参加职业教育与培训项目相对较少。国家通过政策法规与课程对于职业学校进行有力的宏观调控。

1. 初级职业教育与培训

未完成初中教育的学生可以进入由中等职业教育与培训的学校提供的 2—3 年的职

---

① Parliament of the Slovak Republic . Zákon č. 245/2008 Z. z. z 22. mája 2008 ovýchove a vzdelávaní (školský zákon) a o zmene a doplnení niektorých zákonov [Law No 245/2008 Coll. of 22 May 2008 on education and training (Education Law) and on the amendment to some other acts]EB/OL]. https://www.minedu.sk/data/att/9287.pdf.2008.

② Parliament of the Slovak Republic. Zákon 184/2009 Z. z. z 23. apríla 2009 oodbornom vzdelávaní a príprave a o zmene a doplnení niektorých zákonov [Law No 184/2009 Coll. of 23 April 2009 on vocational education and training and on the amendment to some other acts][EB/OL]. (2009–04–23).[2017–10–13].https://www.minedu.sk/data/att/6583.rtf

③ 佚名. 欧盟发布《斯洛伐克职业教育和培训》报告 [J]. 职业技术教育，2016(28): 6–6.

业教育与培训项目，获得一些较为简单工作的职业资质。只有 0.5% 的学生进入该级别的职业教育与培训。[①]

2. 高级职业教育与培训

该阶段的职业教育与培训主要由学校提供，面向基础教育毕业生，主要可以分为：（1）基于学校的 4 年制项目，项目关注职业教育与培训的理论，较少关注基于工作的学习。学生毕业后将获得离校证书，可以以此申请高等教育学校。同时，学校还会颁发职业教育与培训资格证书，这些证书往往都是对理论知识要求比较高的行业，如机械与电气行业。（2）基于工作的学习高达 50% 的 4—5 年制项目。学生毕业后会获得离校证书，此外其在完成 1400 小时培训课程后还会获得学徒训练证书。（3）基于工作的学习高达 60% 的 3—4 年制项目，学生在项目学习结束后获得学徒训练证书。起初，这些项目是针对手工艺人与公司蓝领工人，满足其考取资格证书的需要，现在项目涉及的领域十分广泛，学生还有可能进入高等教育。[②]

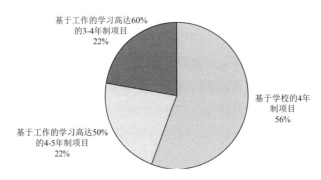

图 2　2015—2016 学年毕业于不同高中阶段职业教育与培训项目的学生的比例

3. 高中后职业教育与培训

高中后职业教育与培训常常由中等职业学校提供，可以分为 5 种基本类型：（1）补充项目。该项目针对 3—4 年制职业教育与培训项目的毕业生，通过 2 年的学习，他们可以获得成熟离校证书，从而有可能升入大学。（2）可获得（第二个）职业资格证书的项目。该项目往往为时 2 年，学习者可以获得职业资质，从而在劳动力市场中更有竞争力。（3）复习进修项目。该项目至少需要 6 个月，学习者需要通过最终的考试。（4）专门项目。该项目为时 2 年，完成者会获得非大学证书，获得 DiS（diplomovaný špecialista）的头衔；（5）"高等"专业项目。该项目与专门项目类似，但是该项目为时 3 年，且学生可以并非在之前修习该专业。[③]

---

① Cedefop. Vocational education and training in Slovakia: short description[R]. Luxembourg: Publications Office, 2016: 22.

② Cedefop. Vocational education and training in Slovakia: short description[R]. Luxembourg: Publications Office, 2016: 23–25.

③ 同上书, 2016: 26.

4. 高等专业教育

高等专业教育由高等专业教育机构提供，这类机构有别于大学与高等教育机构，往往只提供学士课程项目与应有研究项目。在 2016 年 5 月，教育部宣布支持一种新的高等专业教育形式，即建立应用科学大学。

5. 职业教育与培训的规模

斯洛伐克职业教育与培训在整个教育体系中所占比重较大。据斯洛伐克国家统计局的数据库，2019 年，斯洛伐克普通中学 235 所，职业中学 433 所。[①] 中等专业学校数量是普通中学的将近两倍。

另有相关研究比较发现，2012 年，斯洛伐克中等教育中普通高中学生入学率 29.7%，中等职业教育学生入学率高达 70.3%，职业教育入学率明显高于 OECD 平均值（45.7%）和欧盟平均值（52.7%）[②]。

表 1　2012 年经合组织国家高中阶段学生入学率比较

国　　家	普通高中比例(%)	中等职业教育比例(%)
澳大利亚	49.5	50.5
奥地利	24.7	75.3
比利时	27.2	72.8
智利	68.2	31.8
捷克	27.3	72.7
丹麦	53.9	46.1
爱沙尼亚	65.9	34.1
芬兰	29.9	70.1
法国	55.8	44.2
德国	51.7	48.3
希腊	66.9	33.1
匈牙利	72.7	27.3
冰岛	66.4	33.6
爱尔兰	67.8	32.2
以色列	60.9	39.1
意大利	40.8	59.2

① 中国一带一路官网.各国概况.斯洛伐克 [EB/OL]. https://www.yidaiyilu.gov.cn/gbjg/gbgk/870.htm. 2021-09-25.
② 赵长兴.国际职业教育的若干新趋势、新做法与新经验 [J]. 中国职业技术教育，2016(3): 82-87.

续表

国　　家	普通高中比例(%)	中等职业教育比例(%)
日本	76.9	23.1
韩国	80.6	19.4
卢森堡	39.3	60.7
墨西哥	91.2	8.8
荷兰	30.5	69.5
新西兰	72.6	27.4
挪威	48.0	52.0
波兰	51.8	48.2
葡萄牙	56.4	43.6
斯洛伐克	29.7	70.3
斯洛文尼亚	33.8	66.2
西班牙	54.5	45.5
瑞典	50.6	49.4
瑞士	34.8	65.2
土耳其	56.1	43.9
英国	61.4	38.6
OECD平均	54.3	45.7
欧盟21国平均	47.3	52.7

（二）保障

斯洛伐克在国家和州层面对于教育质量保障方面的方式方法仍然较为传统，欧洲职业教育与培训质量保障的原则还未真正落实。但是，相应的政策部署已经启动，教育部正在形成。[①]

职业教育与学校的质量保障体系是整个教育体系的质量保障体系的一部分，在此主要介绍州层面的学校质量保障体系。

州学校督学主要负责监管职业教育与培训的质量。州督学系统由总督学领导，总督学由教育部长任命，一般任期为 5 年。根据法律规定，督学独立开展工作，不受同级行

---

① Ministry of Education, Science, Research and Sport. Správa o zavádzaníkvality v odbornom vzdelávaní a príprave v nadväznosti na odporúčanie Európskeho referenčného rámca pre zabezpečovanie kvality v oblastiodborného vzdelávania a prípravy EQAVET [Report on implementation of quality in vocational education and training in response to recommendation on EQAVET][EB/OL]. http://www.minedu.sk/data/att/9671.pdf.[2016].

政力量的干扰。学校主管对学校的教育质量负责，总督学有权要求州政府更换学校主管，以此督学可以对学校教育教学产生重要的影响。根据教育与培训法案之规定，国家认证教育测量所也负责监控和评价教育质量。但是该所监控与评估的首要重点是一般教育，而非职业教育与培训。无论是州督学还是国家认证教育测量所都不同程度地存在人员短缺的问题，使得对职业教育与培训的质量做出及时、准确的评价显得较为乏力。[①] 也正因如此，公司的部门（技能）代理人在检查实践性培训的质量方面扮演着重要角色。

新近的一些政策法规对于保障职业教育的质量具有重要的意义，包括：（1）加强企业代表在设计形成职业培训与教育项目与毕业考试方面的影响；（2）对职业教育与培训项目设定设施设备与人力资源方面的基本要求；（3）与州政府和部门代理人合作，创立职业教育与培训中心，从学习环境、设备和教职员工方面对教育质量做出评价，在各部门和各州遴选出"灯塔学校"。[②]

四、职业技术教育与培训的治理与教师

（一）治理

自治州负责高中阶段职业教育与培训的日常运行和调控本州内就读于职业教育与培训项目的学生人数。教育部则负责出台职业教育与培训的内容、教学法和教职员工资质的规章来进行宏观调控。一些职业教育与培训学校由内政与教育部负责。

职业教育与培训治理体系于2009年建立，于2015年调整，主要包括以下协调与咨询机构：[③]

（1）国家职业教育与培训委员会。该委员会隶属于中央政府，根据研究领域共分为17个工作小组，旨在为职业教育与培训项目的调整提供支持，使其可以更好地适应劳动力市场的需求。

（2）州职业教育与培训委员会。该委员会由来自州证书、雇工、雇主等群体的代表组成，主要负责准备州层面有关职业教育与培训的政策。

（3）部门（技能）委员会。该委员会旨在为政策制定者提供专业方面的支持，并为国家职业教育体系的建设提供支持。

（4）职业领域组织。该组织于2015年成立，由议员和雇主协会选拔人员组成。雇主协会的代表在该机构中扮演着重要角色，促进职业教育与培训更为符合劳动力市场的需求。

（5）双元制雇主委员会。该组织于2016年2月逐步制度化，旨在协调雇员协会的具

---

① Cedefop. Vocational education and training in Slovakia: short description[R]. Luxembourg: Publications Office, 2016: 50–51.

② 同上。

③ Cedefop. Vocational education and training in Slovakia: short description[R]. Luxembourg: Publications Office, 2016: 31

体事务。

自 2009 年，雇工在职业教育与培训政策的执行方面影响力逐渐增长，可以参与到职业教育培训与开发、学校课程、最终测试的开发之中。

（二）教师

在最初的职业教育与培训项目中，教师或培训者包括：一般学科的教师、职业学科的教师、学校中的培训者（实践训练导师）和公司中的培训者（指导者，他们为公司雇员）。

1. 职业教育与培训教师的职前教育与继续教育

教师的职前教育由大学负责。大学毕业生如果未选修过教师教育类项目课程，需要先行修习此类课程才能获得职业教育与培训教师的资质。博洛尼亚进程启动后，逐渐形成了针对职业与培训的培训者的本科教育项目。虽然职业教育与培训学校并未严格要求教师拥有学士学位，但是很多学生仍然在获得该学位后方去从教，以期获得更高的薪酬。通过业余修习教师教育项目从而获得从教资质的方式，正逐步失去其原有的吸引力。[1]

依据专业标准的要求，教师需要完成继续教育项目并获得相应的学分后才能在专业水平上有所进阶（教师与培训者被分为新手教师、独立教师、一级认证教师与二级认证教师）。但是这样的改革问题也十分突出：教师纷纷选修那些可以获得学分的继续教育项目，一方面对于不能获得学分的专业提升学习缺乏积极性，另一方面选修并非自己专业发展所需的继续教育项目。[2]

2. 公司培训者的培训

公司里的培训者虽然属于公司员工，但是他们也为职业教育与培训的学习者提供培训，也需要接受相应的培训。自 2015 年开始，公司培训者需要拥有在相应领域的学徒制证书。与学校培训者不同，对他们的学历要求与教师教育课程研究状况并没有要求。但是公司培训者需要在提供培训的领域拥有至少 3 年的全职工作经验，并在他们得到任命的 1 年内完成指导者培训。[3]

五、职业技术教育与培训的诉求与发展趋势

斯洛伐克已经建立起了较为完善的职业教育与培训体系，但是职业教育与培训也需要因应经济社会发展的需要，直面其存在的问题，进行深度变革。

---

① Cedefop. Vocational education and training in Slovakia: short description[R]. Luxembourg: Publications Office, 2016: 33.

② Galáš, P., Rehúš, M . Bez kreditov neodídem [I'm not leaving without credits][EB/OL].. http://www.minedu.sk/data/att/9665.pdf.2016-03.

③ Vantuch, J., Jelínková, D. Supporting teachers and trainers for successful reforms and quality of vocational education and training: mapping their professional development in the EU[EB/OL]. http://libserver.cedefop.europa.eu/vetelib/2016/ReferNet_SK_TT.pdf.2016-06-14.

（一）诉求

一是为学习者提供激励与指导，使职业教育与培训的劳动力输出更为合理。一方面，激励与指导更多失业者参与职业教育与培训项目。2016 年第三季度，虽然长期失业人数占总失业人数的比例从 67% 下降到 59%，但仍然是欧盟国家中最高值之一。长期失业也与失业者的专业技能水平密切相关。超过一半的低技能的求职者找到工作需要 1 年左右的时间，而超过三分之一需要 2 年以上。多达 77% 的失业人员是不具有相关资格证书的劳动力。[①] 政府需要提供激励与指导，让更多的失业人员或低端行业从业者参与职业教育与培训，增加就业机会，提高职业水平。另一方面，虽然技术领域的专业人才缺口较大且薪酬富有竞争力，但是学生仍然偏好人文社会科学。工业，特别是汽车工业、机械制造业等，是斯洛伐克的支柱产业，需要大量的技术领域专业人才。这导致当前劳动力市场存在严重的结构性失调。CEDEFOP 指出，虽然人们已经就解决该问题的政策干预已经进行了深入的探讨，如通过经济手段激励学习者和加大职业指导，但是至今仍然缺乏真正的政策行动。[②]

二是增强职业教育培训的师资力量。（1）提高职业教育与培训教师职业的吸引力。自 2010—2011 学年到 2015—2016 学年，职业教育与培训教师的数量均出现负增长，这说明从教人数正在逐步减少。其中的原因是多方面的，但是很重要的一个原因便是由于工资缺乏比较优势，不愿意从事教师职业。当然，这不是仅职业教育与培训领域存在的问题，而是斯洛伐克教育系统各级各类教育均需面对的共同问题。TALIS 2013 年的数据显示，只有 4% 的教师相信教师职业是得到社会尊重的。[③]（2）改革职业教育与培训教师的专业要求与继续教育。对当前职业教育与培训教师的专业要求较低，特别是对于在公司的培训者，并未出台非常明确的从业标准。而且当前教师在职后教育方面也存在问题，教师的职后教育向"分"看齐，并未真正从自己的专业发展需求出发。

（二）发展趋势

斯洛伐克政府确定了教育系统改革的具体目标，职业教育与培训方面的改革目标主要有：（1）进一步推进双元制的职业教育与培训与中等职业教育的专门化；（2）调动中小规模企业的积极性，让其更大程度地参与到双元制的职业教育与培训之中；（3）在初等学校和中等学校提供有效的职业生涯教育；（4）通过开发职业取向的高中后职业教育与培训项目，增加就业机会，包括职业高等教育；（5）扩大雇主在教师与培训者培训中的

① Ministry of Finance of the Slovak Republic. National Reform Programme of the Slovak Republic 2017.[EB/OL]. (2017-04-01) [2017-10-13].http://www.finance.gov.sk/en/Default.aspx?CatID=450..

② ReferNet Slovakia. Slovakia: serious skills mismatch ahead if policy is not turned into action[ED/OL]. (2017-05-25) [2017-10-13].http://www.cedefop.europa.eu/en/news-and-press/news/slovakia-serious-skills-mismatch-ahead-if-policy-not-turned-action.

③ OECD. Teachers love their job but feel undervalued, unsupported and unrecognised [EB/OL]. (2014-06-25) [2017-10-13].http://www.oecd.org/newsroom/teachers-love-their-job-but-feel-undervalued-unsupported-and-unrecognised.htm.

参与，包括增加在公司中的实习比重。一些目标已经转化为具体的措施行动。

综合而言，斯洛伐克的未来职业技术教育与培训工作的发展还需要在以下几个方面加强：

1. 继续推动国家职业教育与培训的改革

经合组织便盛赞斯洛伐克具有非常深厚职业教育传统。[①] 从体系来看，斯洛伐克的教育体系属于低重心、以中等职业教育为主的教育体系，职业教育在整个教育体系中所占比重较大。从规模来看，学生经过第一、第二阶段 9 年的基础教育之后开始分流，大部分的学生选择了职业教育，中等职业教育就读的学生约占整个中等教育学生的 66%（2014 年统计数据）。从教育改革的重视程度来看，在斯洛伐克诸多的教育政策与法规中，职业教育与培训往往都是非常重要的组成部分，在 2009 年出台、并于 2015 年修订的《职业教育与培训法案》更是深刻地影响着斯洛伐克教育的整体改革与发展。

2. 加强职业教育与普通教育相互融通

虽然学生在义务教育后期开始进行分流，但是就读职业学校的学生可以通过修习课程并通过考试，获得成熟离校证书。学生可以借此获得升入高等教育的可能。随着改革的推进，职业教育与普通教育之间的融通进一步加深，一些年制的职业教育项目也提供了升入高一级普通教育学校的可能。

3. 扩大职业教育与培训的双元制教学

随着《职业教育与培训法案》的修订，斯洛伐克职业教育的双元制改革正在大力推进。一方面，重视学校与行业、企业的合作，学生越来越多地需要进行基于工作的学习，越来越多的公司雇员参与到学校的实践教学之中，越来越多的教学活动转移至公司之中。另一方面，雇主与公司越来越多地参与到职业教育与培训的项目开展、最终考试等方面，这样有利于让职业教育与培训项目更为符合劳动力市场的需求，让职业教育毕业生更好地就业、更快地适应工作。

4. 进一步融入欧盟一体化职业教育体系

欧盟具有完善的职业教育与培训体系，并为欧盟成员国的职业教育与培训的改革与发展提供智力、经费等多个方面的支持。欧盟还专门制定了"教育与培训 2020"计划，在其综合性教育项目"新伊拉斯谟计划"中大大增加了职教投入，并成立欧洲职教联盟，倡导加强职业教育，对于整个欧盟及其成员国职业教育的发展做出了整体规划和指导，以上这些都为斯洛伐克未来职业教育的持续发展提供了良好的条件支撑。

（深圳职业技术学院　技术与职业教育学院　魏　明）

---

① Angel Gurría . Launch of two OECD education reviews of the Slovak Republic [EB/OL].(2016–02–19) [2017–10–13].http://www.oecd.org/slovakia/launch–of–two–oecd–education–reviews–of–the–slovak–republic.htm.

主要参考文献

[1] 商务部国际贸易经济合作研究院等 . 对外投资合作国别（地区）指南——斯洛伐克 [R]. 商务部《对外投资合作国别（地区）指南》编制办公室 , 2020,12.

[2] 中华人民共和国外交部 . 斯洛伐克国家概况 [EB/OL]. (2021-07-01) [2021-09-25].http://www.fmprc.gov.cn/web/gjhdq_676201/gj_676203/oz_678770/1206_679714/1206x0_679716/.

[3] Cedefop. Vocational education and training in Slovakia: short description[R]. Luxembourg: Publications Office, 2016.

[4] Eurydice. National system overview on education systems in Europe–Slovakia [EB/OL]. (2016-11-09) [2017-10-13].https://webgate.ec.europa.eu/fpfis/mwikis/eurydice/index.php/Slovakia: Overview.

[5] Ministry of Education, Science, Research and Sport. Legislatiya. http://www.minedu.sk/12269-sk/regionalne-skolstvo/.2017-10-13.

[6] Santiago, P., *et al.* OECD Reviews of School Resources: Slovak Republic 2015[R]. Paris, OECD Publishing, 2016.

[7] Vantuch, J., Jelínková, D. Supporting teachers and trainers for successful reforms and quality of vocational education and training: mapping their professional development in the EU[EB/OL]. (2016-06-14) [2017-10-13]. http://libserver.cedefop.europa.eu/vetelib/2016/ReferNet_SK_TT.pdf.

斯洛文尼亚共和国

一、国家概况

（一）地理

斯洛文尼亚共和国（The Republic of Slovenia），简称斯洛文尼亚，位于中欧南部，巴尔干半岛西北端。斯洛文尼亚西邻意大利，西南濒亚得里亚海，东部和南部与克罗地亚接壤，北邻奥地利和匈牙利。地处欧洲四大地理地区的交界处：阿尔卑斯山脉、迪纳拉山脉、多瑙河中游平原以及地中海沿岸，海岸线长 46.6 千米，面积 2.03 万平方千米。特里格拉夫峰为境内最高的山峰，海拔 2864 米。最著名的湖泊是布莱德湖。气候分山地气候、大陆性气候和地中海式气候。夏季平均气温 21.3℃，冬季平均气温 -0.6℃，年平均气温 10.7℃。[①]

（二）人文

公元 6 世纪末，斯拉夫人迁移到现斯洛文尼亚一带。9 世纪至 20 世纪初，斯洛文尼亚一直受德意志国家和奥匈帝国统治。1918 年底，斯洛文尼亚与其他一些南部斯拉夫民族联合成立塞尔维亚人—克罗地亚人—斯洛文尼亚人王国，1929 年改称南斯拉夫王国。1941 年，德国、意大利法西斯入侵南斯拉夫。1945 年，南斯拉夫各族人民赢得反法西斯战争的胜利，并于同年 11 月 29 日宣告成立南斯拉夫联邦人民共和国（1963 年改称南斯拉夫社会主义联邦共和国），斯洛文尼亚为其中的一个共和国。1991 年 6 月 25 日，斯洛文尼亚议会通过决议，宣布脱离南斯拉夫社会主义联邦共和国成为独立的主权国家。1992 年 5 月，斯洛文尼亚加入联合国。2004 年 3 月和 5 月，斯洛文尼亚先后成为北约和欧盟正式成员。[②]同年 6 月 28 日加入汇率兑换机制，2007 年 1 月 1 日正式加入欧元区。

斯洛文尼亚人口 211 万（2020 年），全国分为 12 个地区，共有 212 个市级行政单位。主要民族为斯洛文尼亚族，约占 83%。少数民族有匈牙利族、意大利族和其他民族。官

---

① 中华人民共和国外交部 . 斯洛文尼亚国家概况 [EB/OL].(2021-07-01)[2021-09-25]. http://www.fmprc.gov.cn/web/gjhdq_676201/gj_676203/oz_678770/1206_679738/1206x0_679740/.

② 同上。

方语言为斯洛文尼亚语。[1]居民主要信奉天主教，东部地区有少量信奉东正教和伊斯兰教。

（三）经济[2]

斯洛文尼亚矿产资源贫乏，主要有汞、煤、铅、锌等。森林和水力资源丰富，森林覆盖率为 49.7%。工业方面，化工、汽车、纺织、建筑、制革、橡胶等工业较发达，电子、木材加工、食品、非金属矿产加工、有色金属、印刷等工艺水平较高。农产品以马铃薯、谷物、水果为主，林、畜牧业亦重要，主要饲养牛、猪、马、羊、家禽等牲畜。斯洛文尼亚旅游业比较发达，主要旅游区是亚得里亚海海滨和阿尔卑斯山区，拥有特里格拉夫山区国家公园、布莱德湖、波斯托依那溶洞等旅游景点。

2019 年斯洛文尼亚国内生产总值 480 亿欧元，较上年增长 4.6%，人均 GDP 高达 22966 欧元，同时该国也是世界贸易组织的创始国之一。出口在国民经济中占有重要地位，出口产值占国民生产总值的一半以上。主要贸易对象是欧盟国家，其次为原南地区和中欧自由贸易协定国。主要出口运输车辆、电力设备、机械设备、服装、家具、药品和制药设施、有色金属制品等。主要进口石油制品、生活用品、食品、钢铁、纺织品等。主要贸易伙伴是德国、意大利、法国、克罗地亚等。

斯洛文尼亚的产业构成中，服务业所占比重最大，其次是制造业，占比最小的是农业，2019 年分别占 GDP 的 56.2%、20.4% 和 2.0%。在服务业构成中，知识型服务业比重较大。电信业、商业、金融和房地产服务业是增长最快的部门。制造业中，汽车产品制造业、金属加工业、化学与医药制造业、电气电子等是该国的优势产业，其中，化学、电子设备、机械制造和交通运输业贡献了制造业 45% 的附加值。

（四）教育

斯洛文尼亚的教育主要分为四个阶段：学前教育、基础教育、高中教育和高等教育，其教育体系详见图 1。根据《斯洛文尼亚共和国宪法》的规定，基础教育（包括小学和初中教育）属于义务教育阶段，由国家资助，面向 6 至 15 岁年龄的学生提供。学校一般在当地社区建立，以方便孩子入学。大部分学生在公立学校就读，只有不到 1% 的学生参加私立的基础教育学校，另有部分为特殊儿童提供教育的机构。

2018—2019 学年度，斯洛文尼业共有在校学生人数分别为：小学生和初中生 18.8 万人，高中生 7.3 万人，大学生 6.6 万人。各类教师共计 3.9 万人。全国共有国立综合性大学 4 所，高中 111 所，小学和初中 772 所。[3]

---

① 中华人民共和国外交部. 斯洛文尼亚国家概况 [EB/OL].(2021-07-01)[2021-09-25]. http://www.fmprc.gov.cn/web/gjhdq_676201/gj_676203/oz_678770/1206_679738/1206x0_679740/.

② 商务部国际贸易经济合作研究院等. 对外投资合作国别（地区）指南——斯洛文尼亚 [R]. 商务部《对外投资合作国别（地区）指南》编制办公室，2020, 12:13-18.

③ 中华人民共和国外交部. 斯洛文尼亚国家概况 [EB/OL].(2021-07-01)[2021-09-25]. http://www.fmprc.gov.cn/web/gjhdq_676201/gj_676203/oz_678770/1206_679738/1206x0_679740/.

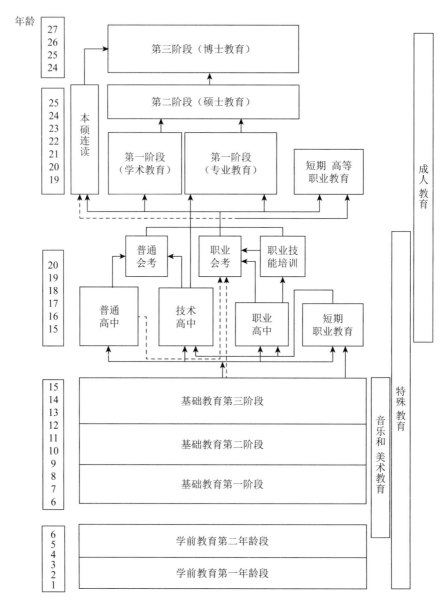

图1　斯洛文尼亚教育体系图[①]

二、职业技术教育与培训的战略与法规

（一）战略

实施优质的技能教育和技术人才培养是促进就业和经济增长的关键，应把技能开发置于国家和国际发展议程的重要位置。作为欧盟成员国，斯洛文尼亚职业教育发展一方

[①] STRUCTURE OF THE EDUCATION SYSTEM IN THE REPUBLIC OF SLOVENIA[EB/OL].http://www.mizs.gov.si/fileadmin/mizs.gov.si/pageuploads/ministrstvo/Zgradba_sistema_izobrazevanja_2014_15_an.pdf. 2017-09-28.

面坚持欧盟倡导的职业教育发展战略，包括响应欧洲职业培训发展中心《实现职业教育与培训的现代化》的研究建议，重视《欧盟 2020 教育和培训工作计划》中对于弱势群体教育机会的关注等；同时也根据国家的实际情况制定自己各类教育的发展战略和人才培养目标。

2017 年初，在推动职业教育现代化发展方面，斯洛文尼亚政府出台一系列发展举措，主要有：（1）通过举办职业学校间比赛活动，加强广告宣传和其他宣传，提高职业技术教育的声誉和认可度。重点加强学校和企业之间的合作，促进职业教育和社会部门合作伙伴关系的发展。（2）实施职业教育现代化发展计划，包括试点实施学徒制项目。提高劳动力市场参与者的实践技能，逐步缩减其所获得的职业能力与雇主需求之间的差距，并为教育参与者更快实现就业提供帮助。（3）持续推动现代职业教育发展方案的实施，使具有职业高中或技术高中教育资格的学生，能够获得或提高他们应对未来在工作场所出现新技术变化时所需要的能力，进而提高个人和组织的竞争力。

成人教育与培训方面，《2013—2020 年成人教育总体规划》是斯洛文尼亚公民利益表达和确立成人教育与培训方面政策的战略发展文件，也为国家成人教育年度计划的制定提供了参考依据。该规划要求对成人教育事业的发展进行系统的设计与规约，确定成人教育与培训领域的优先发展事项和相关活动内容，支持由参与联合规划的部委实施公共资金的使用和分配。

（二）法规

1.《教育组织与财政法》

斯洛文尼亚《教育组织与财政法》设定了国家教育发展的目标，内容包括：让所有公民获得受教育资格，不论性别、社会背景或文化特征、宗教、种族、族裔或民族血统，教育旨在促进个人身心健康的最佳发展，以实现就业，并推动终身学习的发展等。提供符合个人发展水平和年龄的教育，允许各级教育选择的可能性。法案还规定了各级教育的主办者，其中职业教育应由短期职业教育学校和职业高中提供，也可以由为特殊教育儿童举办的教育机构提供；高中技术教育则由技术高中提供。[①]

2.《关于青年部门公共利益的法案》

法案主要规定了有关青年利益的保护与实施要求，涉及的有关主题包括：青年自治；非正式学习、培训和提高青年能力；青年就业机会和青年企业的发展；青年流动和国际一体化发展；形成健康的生活方式，预防青少年的社会依赖；让青年接触文化产品，促进青年人的创造力和创新能力的培养；以及让青年人参与社会公共事务的管理等方面。[②]

---

① Republic of Slovenia,ministry of education,science and sport.Organisation and Financing of Education Act[EB/OL]. http://www.mizs.gov.si/fileadmin/mizs.gov.si/pageuploads/ANG/Organisation_and_Financing_of_Education_Act_Oct_2016. pdf.2017-09-30.

② Republic of Slovenia,ministry of education,science and sport.Act on the Public Interest in Youth Sector[EB/OL]. http://www.ursm.gov.si/fileadmin/ursm.gov.si/pageuploads/pdf/ZJIMS/ZJIMS_ENG.pdf.2017-09-30.

3.《职业教育法案》

《职业教育法案》中规定了职业和专业教育在人才培养方面应承担的任务：具有国际可比性的前沿知识、技能和专业能力，这是职业和进修的必要条件；促进终身学习和可持续发展；发展独立的评判和负责任的行为；促进对个人完整性的认识；提高对国家归属和民族特性的认识，了解斯洛文尼亚共和国的历史及其文化，发展和保持自己的文化传统；尊重他国的文化，促进国际理解力和交流能力的培养；允许与欧洲劳工司合并；发展建立一个自由民主和社会公平国家的意愿；提高人们对权利和责任的认识；提高对自然环境和自身健康的责任感；以及为艺术作品和艺术表现的经验培养培训人才。①

4.《马图拉会考法案》

《马图拉会考法案》（2007 年修订）规定了普通会考和职业教育会考的考试内容、能力要求以及完成程序等，学生的权利和义务，考试主办方的职责以及考试的操作流程等。②

5.《国家职业资格法案》

《国家职业资格法案》（2009 年修订）介绍了新的职业资格认证系统，规定个人获得专业资格是专业教育项目的一部分，作为就业或再学习的依据，根据教育或学习计划范围内的专业标准，为所有专业提供职业或专业资格，并且可以评估和验证在校外获得的与职业相关的知识、技能和经验，对于未完成教育义务的个人，应当由学校出具相关证明。在职业学校学习的不同课程可能最终会获得一个或者多个职业资格认证。③

三、职业技术教育与培训的体系与质量保障

（一）体系

1.学校类型

学生在接受完九年义务教育之后，到高中阶段开始实行分轨。斯洛文尼亚高中教育分为普通教育和职业教育两类。普通高中教育为四年制，而职业教育学校又分为以下几种类型：

（1）技术高中。如科技、医药等，学制为 4—5 年，主要是学习专业课程和进行实践技能培训，学生毕业后可进入劳动力市场就业也可以选择接受高等教育。

（2）职业高中。学制为 3—4 年。主要是面向工业、工艺和服务业等领域提供职业技能培训和职业认证。学生从 3 年制的职业学校毕业之后还可以继续接受 2 年的职业技能培训，相当于在技术高中学校毕业。

（3）短期职业教育学校。主要面向已经完成基础教育的学生，一般作为学生就业前

---

① Zakon o poklicnem in strokovnem izobraževanju (ZPSI-1) [EB/OL]. http://pisrs.si/Pis.web/pregledPredpisa?id=ZAKO4325.2017–09–26.

② Zakon o maturi (ZMat) [EB/OL]. http://pisrs.si/Pis.web/pregledPredpisa?id=ZAKO2064.2017–09–27.

③ Zakon o nacionalnih poklicnih kvalifikacijah (ZNPK) [EB/OL]. http://pisrs.si/Pis.web/pregledPredpisa?id=ZAKO1626.2017–09–27.

的职业训练，提供 2—3 年的学习课程，学生毕业后也可以选择继续就读于职业高中或技术高中。技术高中以及职业学校学生毕业都需要参加会考，进而可以升入高等教育院校。

2. 课程设置

斯洛文尼亚国家课程委员会于 1996 年成立，由其负责对课程和科目做出规定。职业教育课程以职业标准作为课程设置的基准，职业标准由劳动部根据职业技术教育专家委员会的提议再进行确认通过。如果某个课程是基于多个职业标准设置的，那么该课程就会被分为几个模块，获得多个职业认证。课程结构包括普通课程、技能教育课程、实践训练和课外活动。其中实践训练以校内的实践课为主，在学校工作坊或者特殊的教室、实验室，或校内的工作场所进行，部分实践训练课程还包括工作实践。

斯洛文尼亚职业学校和普通中学前两年都施以共同的核心课程，因此大多数专业第一年的课程内容几乎相同。但在接下来的几年里，根据不同专业的职业导向和特定领域的专业而有所不同，会有一些选修课程。最后一年则以实践训练课程为主。前期共同的课程设置可以便于学生在普通教育和职业教育之间的转换，搭建了沟通普通教育和职业教育之间的桥梁。

3. 成人教育培训

根据斯洛文尼亚有关法律规定，获得基本的学校教育资格是任何年龄的人在任何时间的权利。不仅职业学校提供技能培训，与学校合作的一些企业或者雇主也会提供持续的学徒训练和培训项目。在这方面，斯洛文尼亚政府通过增加资金鼓励雇主开展更多的面向年轻人的培训，以帮助他们继续学习。

希望获得学校教育资格的成年人可参加成人基础学校课程的学习或者参加专门为成人开设的高中教育课程。斯洛文尼亚每年出版有成人教育培训项目的目录，该目录包含有关成人学习者可参加的教育项目的具体信息，以及有关成人教育项目提供者的信息。2016—2017 学年的目录包含 194 个提供者和 3455 个教育计划项目，其中大多数是私人提供者项目，其次是公立高中和公立专业成人教育中心提供的项目。学习课程多为非正式的语言课程和管理培训、计算机基础课程以及个人成长和沟通类课程。在 2014—2015 学年，有 13327 名成年人入读成人高中教育课程。在已完成高中教育的成年人中，技术高中毕业比例约为 76%，职业高中毕业约为 24%。[①]

（二）保障

1. 资格认证与国家资格框架

斯洛文尼亚国家资格框架是与斯洛文尼亚共和国的普通教育、职业教育或补充资格教育达成统一的资格制度，由学习成果定义的由低到高的 10 个级别组成。国家职业资格是根据职业标准应雇主要求制定的，该制度由劳动、家庭和社会事务部管理。斯洛文

---

① Eurydice Slovenia.THE EDUCATION SYSTEM in the Republic of Slovenia 2016/2017[R]. Tiskarna Radovljica: Ljubljana, February 2017: 54.

尼亚国家资格框架符合欧洲资格框架和欧洲高等教育资格框架，斯洛文尼亚职业教育和培训研究所是负责国家资格框架和欧洲资格框架的协调中心。斯洛文尼亚已经建立了承认非正式学习的制度，并建立了国家职业资格认证体系，以确认劳动力市场的能力，通过非正式方式获得具体知识和技能的人可以申请认证。在这个程序中，他们必须证明具有职业资格相关目录规定的知识，并进行测试。成功完成后，即可以获得相应的国家职业资格证书。如技能大师职业资格考试的对象要求为：（1）职业高中教育证书以及至少3年相关的工作经验；（2）技术高中教育证书和至少2年相关的工作经验；（3）短期高等职业教育证书和至少有1年相关的工作经验。

表 2　斯洛文尼亚国家资格框架 [①]

斯洛文尼亚资格框架	资格证书/文凭	欧洲资格框架
1级	基础教育学校离校证书（完成基础教育第二阶段）	1级
	完成7年级或基础教育学校8年级证书	
2级	基础教育学校离校证书（完成基础教育第三阶段）	2级
3级	毕业考试证书，短期职业学校教育	3级
4级	毕业考试证书，职业高中教育	4级
5级	职业会考证书，技术高中教育	
	普通会考证书，普通高中教育	
	工匠师傅考试证书，技术高中教育	
	管理考试证书，技术高中教育	
	工头考试证书	
6级	短期高等职业教育文凭	5级
7级	专业学士，第一阶段专业教育	6级
	学术学士，第一阶段学术教育	
	博洛尼亚进程前的高等专业教育	
	高等职业教育后的专业教育文凭	
8级	硕士	7级
	博洛尼亚进程前的高等学术教育（4-6年）	
	博洛尼亚进程前的高等专业教育文凭（学士以上）	

---

① Slovenian Qualifications Framework[EB/OL]. http://www.nok.si/en/,2017–09–30.

斯洛文尼亚资格框架	资格证书/文凭	欧洲资格框架
9级	高等学术教育后的专业教育文凭（1–2年）	8级
	博洛尼亚进程前的硕士学位（2–3年，120学分）	
	高等专业教育后的专业教育文凭	
10级	博士（3年，180学分）	
	博洛尼亚进程前的博士（4年，240学分）	

注：斯洛文尼亚于1999年加入了博洛尼亚进程改革，2004年开始高等教育学习分为三个阶段，实施学分制管理。

2. 质量保障

按照斯洛文尼亚法律规定，国家成立教育质量评估委员会，负责协调学前教育、基础学校教育和高中教育的发展和评估，评估结果向部长报告。质量评估委员会确定评估活动的过程，明确评估的基本困境，建议评估研究委员会组成，并提出招标和评估研究机构的选择。通常来说，在基础教育阶段6年级和9年级结束时，有关部门会进行有组织的国家评估。各级各类教育机构、学生和教职员工等信息由斯洛文尼亚共和国统计局负责收集和管理。而在高中阶段末期，职业高中和技术高中学生则会接受马图拉职业教育会考。每年考试结束后，国家考试中心根据科目、地区和学校进行最终考试结果的全面分析。分析结果上报教育部并通知各学校，有关学校学生成绩的信息并不公开。学校可以将自己学校学生的成绩与国家同类学生的平均成绩以及最高成绩进行比较，根据考试结果的信息来评估其工作的质量水平。

在学校层面，各技术高中和职业学校建立质量保障委员会，其成员广泛吸收来自社会合作伙伴和利益相关者参与，学校质量保障委员会定期发布网络年度质量报告。

斯洛文尼亚共和国职业教育和培训研究所负责监督职业技术教育质量评估和保障的整个过程。此外，教育暨体育部还成立理事会监督国家教育评估研究的过程，并向职业技术教育专家委员会、部长和其他专业人员报告。

斯洛文尼亚职业教育发展综合水平较高。2009年，有研究选取36个经合组织成员国家和中国共37个国家进行比较发现，斯洛文尼亚职业教育国际竞争力综合排名为第15位，选取各维度的评价指标及其具体排名如下：

表3　斯洛文尼亚职业教育国际竞争力各指标排名情况 [①]

指　　　标	排名（位）
结构（多样化指标、分级类型）	26
规模（职业教育注册学生比例、毛入学率）	3
质量（职业教育学生毕业率、职普学生学习成绩比）	27
效益（接受职业教育人口就业率、收入水平）	28
机会（职业教育转换、性别均等指数）	19
投入（职业教育年度生均经费投入占人均GDP比率）	7
综合排名	15

四、职业技术教育与培训的治理与教师

（一）治理

在国家教育治理方面，斯洛文尼亚教育、科学和体育部统筹各级学校的教育管理工作，地方教育行政管理部门负责监督学校发展。此外，劳动部、家庭部和社会事务部也参与部分管理工作，比如国家职业资格认证，以及与社会合作办学方面的有关管理规定等。各级各类学校则根据举办者（国家、私人）和组织（独立学院、公司企业机构）的不同设立了各自的治理机制和管理组织。学校董事会（或战略委员会）是治理的主体，管理工作一般由董事长或学校校长担任。董事会成员除了创始人和雇员代表外，还包括学生和雇主的代表。

斯洛文尼亚共和国政府还设立了职业技术教育专家委员会，在国家教育决策和制定规章方面提供专家支持。委员会由1名主席和14名委员组成，在职业技术教育专家委员会的委员组成人员中，要求至少有三分之一的成员是职业高中和高等职业院校的教育工作人员。

根据斯洛文尼亚《教育组织与财政法》的规定，职业技术教育专家委员会的主要职责为：指定职业技术教育的教学科目和考试知识目录、内容；明确职业教育中的教育范围和内容；在理事会授权的地区制定成人教育计划的等效教育资格标准；建立私立学校职业技术教育计划；批准职业技术教育课程教材；推荐职业技术教育课程；为特殊教育青少年推荐适应性教育计划；为学校教育设备的规范和标准制定提供建议；履行法律规定的其他职责。

（二）教师

根据斯洛文尼亚《教育组织与财政法》规定，要求教师从业者必须大学毕业，精通斯洛文尼亚语言，并且通过国家教师资格考试。而且在大学毕业之后，在参加教师资格

---

① 陈衍，李玉静，房巍，程宇，张祺午 . 中国职业教育国际竞争力比较分析 [J]. 教育研究 ,2009,(6).

考试之前，还需要在学校参加实践培训，实践培训需要有专门导师提供指导和监督管理，期间要经过一些必须的培训和教学技能的正式评估。

公立职业技术学校教育人员包括普通科目教师、专业课教师、实践教学和技能教师、大师（mojster）、咨询员、学校图书管理员、实验室助理、兴趣活动组织者等。各类教育人员的任职资格要求如下：

表4　斯洛文尼亚公立职业技术学校教育人员类型及其任职资格要求 [①]

教育人员类型	任 职 资 格 水 平 要 求
普通科目教师	完成高等教育第二阶段的学习计划（a second cycle study programme）并取得资格，或依据法律在相关领域中类似的教育水平，以及教育教学资格证书
专业科目教师	至少完成高等教育第一阶段的学习计划（at least a first cycle study programme）并取得资格，或依据法律在相关领域中类似的教育水平，以及教育教学资格证书
实践课程和技能教学教师	至少具有相关领域的技术高中教育资格（an upper secondary technical educational qualification），且至少有三年相关工作经验以及教育教学资格证书，或通过大师资格考试
大师	根据法律规定通过大师资格考试
成人教育的组织者	完成高等教育第二阶段的学习计划（a second cycle study programme）并取得资格，或依据法律在相关领域中类似的教育水平，以及教育教学资格证书
课外兴趣活动的组织者	具有公立职业技术学校普通科目或专业科目教师的教育资格要求
工作实习的组织者	至少具有在相关领域中短期高等职业教育资格（a short higher vocational educational qualification），以及教育教学资格证书
实验室助理和实践课程的组织者	至少具有技术高中教育资格（an upper secondary technical educational qualification），以及教育教学资格证书

在教师培训方面，经合组织提出，要确保职业教育教师和培训人员具有充足的行业部门的工作经验，并提出应鼓励职业教育与培训机构教师到行业企业进行实地工作实践。欧盟也提出各国应加大投资，为职业教育教师、培训者和咨询者提供灵活的培训机会，鼓励职教教师和培训者进入企业实践。根据斯洛文尼亚的有关政策和文件要求，未来职业教育人员和培训工作者的发展需要着重于以下方面：转向学习者为中心的教学理念和组织模式，注重对学习结果的反馈和评价，加强信息通信技术在教学中使用的培训，以及随着未来技术的快速发展和多样化的劳动力需求，对教师培训工作带来的挑战等。[②]

---

① Republic of Slovenia,ministry of education,science and sport.Organisation and Financing of Education Act[EB/OL]. http://www.mizs.gov.si/fileadmin/mizs.gov.si/pageuploads/ANG/Organisation_and_Financing_of_Education_Act_Oct_2016. pdf.2017-09-30.

② 苟顺明.欧盟职业教育政策研究[D].西南大学,2013.

五、职业技术教育与培训的诉求与发展趋势

（一）诉求

2009 年以来，受世界经济危机的影响，斯洛文尼亚 2005 年 6 月通过的经济和社会发展战略的实施中断，而且，经济危机抵消了原本向好的经济发展趋势下较高的国内生产总值和高就业所带来的经济和社会发展进程。在此期间，斯洛文尼亚未能抓住机遇进行实质性变革，实现重要的技术性突破，推动经济社会的可持续发展。回顾斯洛文尼亚的经济发展历程发现，其经济增长是基于技术上不够强大的工业活动和传统服务活动。这两者都被认为是限制了斯洛文尼亚经济竞争力提升的重要因素。当前，斯洛文尼亚职业技术教育的进一步发展主要存在以下诉求：

1. 外部市场的诉求：劳动力市场供求失衡要求加强制度与结构调整

斯洛文尼亚教育发展水平较高，劳动力素质普遍较好，但由此也造成斯洛文尼亚的劳动力成本较高。而且，据有关媒体报道，斯洛文尼亚是世界上就业和再就业体系较不灵活的国家之一，一旦雇佣关系形成，解聘将异常困难。2019 年，斯洛文尼亚全年劳动力调查失业率为 4.0%。[①] 随着经济结构的调整变化，制造业、贸易交通、餐饮住宿服务业发展较快，人员需求增多。但由于劳动力成本高，就业体系转换缺乏灵活性等因素导致人力资源短缺，部分岗位出现供求失衡的状况。

2. 教育自身的诉求：巩固职业教育现有规模，扩大优质人才供给

斯洛文尼亚有着非常好的工业、科技基础，随着经济水平的不断提高和产业结构的调整，斯洛文尼亚对劳动力的质量、数量、结构将会有更高的要求，高新技术型产业和服务业的人才需求会不断增加。目前，斯洛文尼亚中等职业教育比重达 60% 以上，在经合组织以及欧盟中都属于较高水平，高于法国、德国、日本等发达国家。[②] 因此，斯洛文尼亚职业教育在数量上已初具规模。今后，职业教育的发展应以提高质量和调整结构为重点，持续发挥其固有优势并进一步扩大优质供给。

（二）发展趋势

1. 持续推动职业教育现代化改革

根据政府职业教育改革的相关政策要求，职业教育培训现代化改革的重点在于加强与企业界的联系，发展更加贴合实际的培训模式，以适应斯洛文尼亚的情况和需要。同时，加大对学校的投入建设，实施新一轮的职业教育学校建设改造，包括短期职业高中、职业高中、技术高中教育以及短期高等职业教育建设计划。另外，教育部授权专家组对学徒制法案的修订工作提出建议，以切实提高个体的实践工作能力以及提高职业教育和

---

① 商务部国际贸易经济合作研究院等 . 对外投资合作国别（地区）指南——斯洛文尼亚 [R]. 商务部《对外投资合作国别（地区）指南》编制办公室 , 2020, 12:33.

② 赵长兴 . 国际职业教育的若干新趋势、新做法与新经验 [J]. 中国职业技术教育 ,2016,(03):87-92.

培训的吸引力。

2. 加强教育与劳动力市场的衔接与过渡

斯洛文尼亚教育、科学和体育部面向社会公开征集教育项目,项目开展的目的是为在校学生提供尽可能多的社会实践机会,将学校与周边其他生活领域的不同利益相关者联系起来,教导年轻人如何积极、自主地在学校的环境中迁移和运用个人的专业知识,以促进学生创业能力和从学校到周边地区灵活过渡能力的提升。在项目运行中,年轻人将获得更多成功进入劳动力市场的能力,并开拓属于自己的发展路径,从而使得教育制度和外部环境之间的过渡变得更加灵活。

3. 注重发展对职业人才的需求预测

加强对劳动力市场发展状况的监控和人才需求的预测一直是欧盟职业教育发展的核心领域之一,欧盟提出要运用国家监督制度,对职业教育毕业生向劳动力市场及继续教育与培训的过渡进行监测。为此,加强对职业教育发展数据的收集整理,对有关职业教育政策的实施情况进行及时监测评估,增强职业教育与培训对劳动力市场的适应性,重视对技术性人才需求的预测是斯洛文尼亚未来重要的战略选择,由不同层面开展长短期的技能人才需求预报,以匹配劳动力市场的发展,对于缓和并稳固当前市场状况,推动经济社会可持续发展具有重要作用。

(深圳职业技术学院 技术与职业教育研究所 魏 明)

主要参考文献

[1] 中华人民共和国外交部. 斯洛文尼亚国家概况 [EB/OL]. (2021-07-01)[2021-09-25]. http://www.fmprc.gov.cn/web/gjhdq_676201/gj_676203/oz_678770/1206_679738/1206x0_679740/.

[2] 商务部国际贸易经济合作研究院等. 对外投资合作国别 (地区) 指南——斯洛文尼亚 [R]. 商务部《对外投资合作国别 (地区) 指南》编制办公室, 2020, 12.

[3] Eurydice Slovenia.THE EDUCATION SYSTEM in the Republic of Slovenia 2016/2017[R]. Tiskarna Radovljica: Ljubljana, February 2017.

[4] Republic of Slovenia,ministry of education,science and sport.Organisation and Financing of Education Act[EB/OL]. http://www.mizs.gov.si/fileadmin/mizs.gov.si/pageuploads/ANG/Organisation_and_Financing_of_Education_Act_Oct_2016.pdf,2017-09-30.

[5] Republic of Slovenia,ministry of education,science and sport.Act on the Public Interest in Youth Sector[EB/OL]. http://www.ursm.gov.si/fileadmin/ursm.gov.si/pageuploads/pdf/ZJIMS/ZJIMS_ENG.pdf,2017-09-30.

[6] 苟顺明 . 欧盟职业教育政策研究 [D]. 西南大学 ,2013.

[7] 陈衍 , 李玉静 , 房巍 , 程宇 , 张祺午 . 中国职业教育国际竞争力比较分析 [J]. 教育研究 ,2009, (6).

[8] Slovenian Qualifications Framework[EB/OL]. http://www.nok.si/en/,2017–09–30.

[9] 赵长兴 . 国际职业教育的若干新趋势、新做法与新经验 [J]. 中国职业技术教育 ,2016, (3).

乌克兰

一、国家概况

（一）地理

乌克兰（Ukraine）位于欧洲东部，黑海、亚速海北岸。北邻白俄罗斯，东北接俄罗斯，西连波兰、斯洛伐克、匈牙利，南同罗马尼亚、摩尔多瓦毗邻。大部分地区属东欧平原。西部喀尔巴阡山脉的戈维尔拉山海拔2061米，为最高峰；南部有克里米亚山脉罗曼－科什山。东北为中俄罗斯高地的一部分，东南有亚速海近岸丘陵和顿涅茨岭。

乌克兰境内有3000多个自然湖泊，主要有亚尔普格湖、萨赛克湖、卡古尔湖和阿利别伊湖等。受大西洋暖湿气流影响，大部分地区为温带大陆性气候，克里米亚半岛南部为亚热带气候。1月平均气温-7.4℃，7月平均气温19.6℃。年降水量东南部为300毫米，西北部为600—700毫米，多集中在6、7月份。[①]

国土面积为60.37万平方千米，东西长1300千米，南北长900千米，是欧洲除去俄罗斯之外领土面积最大的国家，但是它一直到1991年才独立。乌克兰地理位置重要，是欧洲联盟与独联体特别是与俄罗斯地缘政治的交叉点。乌克兰人属于东斯拉夫人，与俄罗斯人、白俄罗斯人血缘密切。全国有24个州，1个自治共和国，2个直辖市，共27个行政区划。[②]

（二）人文

乌克兰历史上是基辅罗斯的核心地域，也是近代俄国资本主义发展最早的地区之一。10世纪前后，东斯拉夫各部落在今乌克兰地区结合形成古罗斯部族，并建立了基辅罗斯国家。12—14世纪，由于封建割据，古罗斯部族逐渐分裂成俄罗斯人、乌克兰人和白俄罗斯人3个支系。约从14世纪起，乌克兰人开始脱离古罗斯而形成为具有独特语言、文化和生活习俗的单一民族。13—15世纪，乌克兰曾先后抗击蒙古人、日耳曼人及土耳其

---

① 中国国际劳务信息网.乌克兰地理位置概况介绍[EB/OL]. http://www.ciwork.net/news/a200811755390. htm.2017-10-02.

② 中华人民共和国驻乌克兰大使馆.乌克兰概况[EB/OL]. http://www.fmprc.gov.cn/ce/ceuukr/chn/zwgx/wklgg/.2017-10-13.

人的入侵，从 14 世纪起历受立陶宛大公国和波兰等国的统治。18 世纪，俄罗斯又相继把乌克兰和黑海北岸大片地区并入自己的版图。到 1795 年，除加利西亚（1772—1918 年属于奥地利）以外，乌克兰其余地区均在沙皇俄国统治之下。

1917 年底东乌克兰地区建立苏维埃政权，成立乌克兰苏维埃社会主义共和国。1922 年苏联成立，东乌克兰加入联盟，成为苏联的创始国之一。1985 年，戈尔巴乔夫在苏联上台后，历史和现实积累的各种矛盾开始表面化，民族主义和民族独立倾向迅速抬头，全国政局开始急剧动荡，同时，乌克兰开始了其独立步伐。1989 年 9 月，乌克兰人民争取改革运动成立，成员迅速扩大到百万人。1990 年 7 月 16 日，乌议会通过《乌克兰国家主权宣言》。1991 年 8 月 24 日，乌克兰政府发表国家独立宣言，正式宣布独立，改国名为乌克兰。1996 年乌克兰通过新宪法，确定乌克兰为主权、独立、民主的法治国家，实行共和制。①

2013 年 11 月底，当局宣布暂停同欧盟签署联系国协议，引发大规模抗议示威活动并升级为流血冲突，反对派通过"颜色革命"暴力夺权，亚努科维奇被解除总统职务，导致危机爆发。2014 年 3 月 16 日，根据克里米亚地区（含塞瓦斯托波尔市）全民公投结果，俄罗斯迅速接收该地区为新联邦主体。②

乌克兰政府机构由总理、第一副总理、副总理、16 名部长组成。本届政府产生于 2014 年 12 月，亚采纽克出任总理。③1996 年 6 月 28 日，乌克兰议会通过独立后的第一部宪法，确定乌为主权、独立、民主的法治国家，实行共和制。总统为代表国家的最高元首；最高拉达（议会）为立法机关；内阁为行政机关，向总统负责。2014 年 2 月，乌克兰议会通过恢复 2004 年宪法效力的决议，乌克兰又重回议会总统制。宪法规定，乌克兰语为官方语言，总统是代表国家的最高元首，由直选产生，任期 5 年，可以连任，但连任不能超过两届。根据乌克兰政府法，政府是国家最高权力执行机构，向总统负责。④

乌克兰 4141 万（2021 年 6 月，不含克里米亚地区）。首都基辅（Kyiv, Киев）人口 296 万。⑤ 共有 130 个民族，其中，乌克兰族占总人口的 77.8%，俄罗斯族占 17.3%，其他少数民族总共只占 4.9%。⑥ 乌克兰宪法规定，国家实行宗教信仰自由，不干涉宗教活动。乌克兰宗教主要有东正教、天主教、浸礼教、犹太教和马蒙教。其中，东正教是乌

① 中国国际劳务信息网. 乌克兰介绍 [EB/OL]. http://www.ciwork.net/news/a200811755390.htm.2017-10-13.
② 中国一带一路网. 乌克兰 [EB/OL].https://www.yidaiyilu.gov.cn/gbjg/gbgk/905.htm. 2017-10-13.
③ 中华人民共和国驻乌克兰大使馆经济商务参赞处. 乌克兰政府 [EB/OL]. http://ua.mofcom.gov.cn/article/d/201201/20120107920429.shtml. 2017-10-13.
④ 商务部国际贸易经济合作研究院. 对外投资合作国别（地区）指南——乌克兰 [EB/OL]. https://www.yidaiyilu.gov.cn/wcm.files/upload/CMSydylgw/201702/201702100303004.pdf.2017-10-13.
⑤ 中华人民共和国外交部. 乌克兰国家概况 [EB/OL]. https://www.fmprc.gov.cn/web/gjhdq_676201/gj_676203/oz_678770/1206_679786/1206x0_679788/.2020-09-25.
⑥ 中华人民共和国驻乌克兰大使馆经济商务参赞处. 民族和语言 [EB/OL]. http://ua.mofcom.gov.cn/article/d/201201/20120107920416.shtml. 2017-10-13.

克兰第一大宗教,其教徒约占全国信教人数的85%。天主教是乌克兰第二大宗教教派,在乌克兰独立之后发展较快。

(三)经济

乌克兰已探明有80多种可供开采的富矿,主要有煤、铁、锰、镍、钛、汞、石墨、耐火土、石材等,分布在全国7000多个地区,其中4000多个地区已经开发。锰矿石超过21亿吨,位居世界前列;铁矿石藏量约275亿吨;煤、燃料矿石、陶土地蜡和石墨储量也较丰富。燃料资源中煤占80%,最大煤田是顿涅茨煤田,储量488亿吨。石油和天然气资源相对匮乏,其中80%蕴藏在第聂伯罗彼得罗夫斯克州和黑海沿岸。国内天然气消费的70%和石油消费的90%依赖进口。

农业资源非常丰富,黑土面积占世界黑土总量的25%。境内有大小河流2.3万条,湖泊2万多个,水利资源充足。森林资源较为丰富,森林覆盖率达14%。乌克兰有自然保护区和天然国家公园23个(面积为77.19万公顷)。乌克兰约有3万种低级和高级植物,植物资源丰富。动物资源也极其丰富,包括黑海和亚速海的领海水域在内,大约有44800种动物。[①]

乌克兰严重的政治危机显现在经济和金融领域中,实际上,国家已处于违约边缘。2014年GDP下降7.5%,通胀率为21%。2015年1—11月通胀率高达43.3%。2015年11月份消费者价格指数为102%,而自年初至今的消费者价格指数为142.3%。[②]2015年国内生产总值654.89亿美元,同比下降9.9%,通胀率12%,外汇储备130亿美元。经济运转基本靠美欧和国际货币基金组织借款和援助维系。[③]2020年,受新冠疫情影响,乌经济受到重创,GDP同比下降4%,通胀率5%,失业率9.9%。[④]

乌克兰耕地资源丰富,适宜开展农业生产。乌克兰主要农作物包括谷类粮食、油料作物、糖类作物和土豆等。目前乌克兰已是全球第一大葵花籽油出口国、第三大谷物出口国。2015年乌克兰粮食产量为6012.58万吨,较2014年下降5.7%,收获甜菜1033.08万吨,下降34.3%;葵花籽1118.11万吨,增加10.3%;油菜籽921.4万吨,减少4.4%。乌克兰是世界上第十大产钢国,占世界钢铁生产总量的2%。

乌克兰军事工业非常发达,是苏联军事工业的重要基地。据估计,乌克兰军事工业占苏联国防工业的30%。乌克兰许多企业和科研机构与国防工业有关,主要集中在机器制造业、燃料动力业及高技术部门,主要生产火箭装置、宇航装置、军用舰船、飞机和

---

① 中华人民共和国驻乌克兰大使馆经济商务参赞处. 国情概况 [EB/OL]. http://ua.mofcom.gov.cn/article/d/201201/20120107922391.shtml. 2017–10–13.

② 中华人民共和国商务部欧亚司.2015年1–11月乌克兰通胀率高达43.3%[EB/OL]. http://oys.mofcom.gov.cn/article/oyjjss/201512/20151201213152.shtml. 2017–10–13.

③ 中国机构编制网.乌克兰国家概况 [EB/OL]. http://www.scopsr.gov.cn/hdfw/sjjj/oz/201203/t20120326_56261.html.2017–10–13.

④ 中华人民共和国外交部.乌克兰国家概况 [EB/OL]. https://www.fmprc.gov.cn/web/gjhdq_676201/gj_676203/oz_678770/1206_679786/1206x0_679788/.2021–09–25.

导弹等军工产品。乌克兰是世界第五大 IT 服务出口国，也是中东欧最大的软件开发编程和 IT 外包服务市场。2008 年，乌克兰成为世界贸易组织第 152 名成员。自此，外国企业在乌克兰市场遇到较少障碍。[①]2014 年，乌克兰遭遇独立以来最严重的政治、经济、社会动荡。[②]

（四）教育

乌克兰实行国家管理和社会自治相结合的教育管理体制。作为国家教育主管部门，教育科学部负责制定国家教育、科学和干部职业培训法规，制定教育发展纲要、国家教育标准和教育工作的具体政策，统筹全国教育工作。地方教育由地方权力执行机构及地方自治机构负责管理并建有专门的管理机构，学前教育、基础教育、校外教育机构及中等师范学校均隶属上述机构。地方教育管理机构负责向其所属学校拨款，为教育工作者及青少年提供社会保障，为学生就近入学并接受教育创造必要条件。高等教育的主要投资方式是国家预算拨款，国家每年按照不低于国民收入 10% 的比例提供教育拨款。

乌克兰基础教育为全日制 11 年制义务教育。教育体制主要由学前教育、普通中等教育、职业技术教育、高等教育（包括副博士研究生教育、博士研究生教育）组成，此外还有校外教育、继续教育、自学教育。现行高等教育机构和学位制度包括专家资格教育和学位教育两种。2015 年，乌克兰高等教育机构中，一级、二级教育机构 371 所，在校学生 23 万人；三级、四级教育机构 288 所，在校学生 137.5 万人。当年，一级、二级教育机构毕业人数 7.3 万人，三级、四级教育机构毕业人数 37.4 万人，其中硕士生 28487 人，博士生 1821 人。[③]2011 年，高校有 1047 所，其中多所大学具有百年以上的历史，国立基辅大学更是"欧洲十大名校"之一，普通学校 21500 所，职业技术学校 737 所[④]。

乌克兰的教育举世闻名，世界著名大学多达 100 多所。如位列欧洲十大名校、世界高校 20 强的基辅大学；有昔日拥有闻名于世的门捷列夫教授，如今仍然在化学工程、新型材料等学科方面独步世界的基辅工学院（现为乌克兰国立科技大学）；建于 1805 年的哈尔科夫大学，不仅是苏联建校最早的第二所大学（第一所大学为莫斯科大学），而且直到今天，俄罗斯莫斯科大学物理系的教授们也几乎全部出自该校；还有基辅美院和利沃夫美术学院；蜚声世界的柴可夫斯基音乐学院、基辅音乐学院等等。[⑤]

① 香港贸发局. 乌克兰市场概况 [EB/OL]. http://china-trade-research.hktdc.com/business-news/article/%E4%B8%80%E5%B8%B6%E4%B8%80%E8%B7%AF/%E7%83%8F%E5%85%8B%E8%98%AD%E5%B8%82%E5%A0%B4%E6%A6%82%E6%B3%81/obor/sc/1/1X3CGF6L/1X0A3JD2.htm.2017-10-13.

② 商务部国际贸易经济合作研究院. 对外投资合作国别（地区）指南——乌克兰 [EB/OL]. https://www.yidaiyilu.gov.cn/wcm.files/upload/CMSydylgw/201702/201702100303004.pdf.2017-10-13.

③ 同上.

④ http://www.chinabaike.com/z/dili/2011/0115/150910.html.

⑤ 搜狐教育. 乌克兰留学：国家概况介绍 [EB/OL]. http://www.sohu.com/a/120405044_243003.2017-10-13.

二、职业技术教育与培训的战略与法规

（一）战略

《1999 年普通中等教育法》第三条规定：普通中等教育的目的是为了人类、家庭、社会和国家利益，确保以人类的普遍价值观、科学方法原则、多元文化导向、教育的社会本质、人文主义、民主、公民意识、民族间的相互尊重为基础的个人素质的全面发展。

乌克兰职业技术教育与培训的战略是：将乌克兰的教育纳入世界水平；重振乌克兰的原始民族性格；完全更新教育内容、形式方法和组织结构；丰富乌克兰的智力潜力和公民的福祉；把经济和科学提高到更高的水平。

（二）法规

1.《宪法》（1996）

按照"宪法"第五十三条的规定，人人有权利享受国家和市级教育机构的免费教育。综合中等教育（1 至 9 年级）是免费的和强制性的。公民也有权在竞争的基础上，在国家和市级教育机构接受免费高等教育。本条也保证，少数民族公民有权在国家和市级教育机构接受母语教学。

2.《教育法》（1996）

乌克兰职业教育制度受联邦立法行为的制约。教育机构在活动中遵循 1996 年通过的《宪法》和 1996 年颁布的《教育法》规定的指导原则。依照法律规定，教育应优先于国家社会、经济、精神文化的发展。此外，职业教育也受到一些议会决议、总统法令和条例、部长内阁决议和条例以及教育部的规定。

3.《职业教育培训法》（1998）

1998 年 2 月 10 日，政府通过了《职业教育培训法》，这部法律专门对国家职业教育与培训体系做了详细的阐述，同时也提出了全面的改革方案。

4.《普通中等教育法》（1999）

1999 年《普通中等教育法》（在 2000 年正式通过）规定了从 2001 年开始，10 年以上的基础和高中教育在结构、时间和内容方面的重大变化。法律规定：小学教育学制为 4 年，入学年龄为 6 岁；基础（中学）教育学制 5 年，完成普通中等教育课程；高中教育课程为期 3 年，将主要提供专业培训。所有学生 12 年的课程都将是强制性的。[1]《1999 年普通中等教育法》第 6 条规定，所有乌克兰公民应在国家和市级教育机构得到保障，免费完成普通中等教育。

5.《二十一世纪教育发展的国家教义》（2002）

《二十一世纪教育发展的国家教义》已于 2002 年 4 月 17 日由"乌克兰总统令第

---

[1] Ministry of Education. *Education for All 2000 Assessment: National report of Ukraine.* (Under the co-ordination of Y. Polischuk). Kiev, 1999.

347/2002 号"通过。这一文件的颁布为乌克兰新世纪的教育发展指明了方向。

三、职业技术教育与培训的体系与质量保障

（一）体系

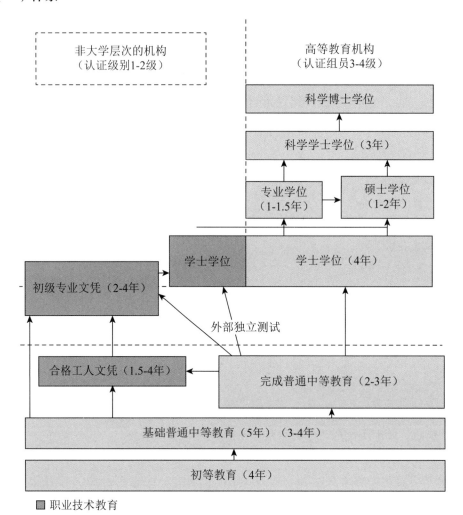

图 1　乌克兰职业技术教育制度的结构

资料来源：Nordic Recognition Network（NORRIC）. *The educational system of Ukraine.* April 2009.

1.初等职业教育

1999 年颁布的《普通中等教育法》在基础教育和高中教育的结构、持续时间和内容方面做了改革。改革始于 2001 年。法律规定：小学教育应持续 4 年，入学年龄为 6 岁；基础教育（以下简称中等教育）为期 5 年；高中教育为 3 年制，主要提供专业培训。所

有学生强制接受 12 年制课程。9 年级毕业的学生参加期终考试，如果通过就获得普通中学基础证书。基础学校毕业生有可能继续在高级普通中学、专业贸易学校、技术学校或职业学校接受教育。完成普通中等教育后，学生将进行期终考试，如果通过，则会获得全面普通中学证书。

2. 中等职业教育

乌克兰有许多职业和专业机构正在运作。学生在职业技术学校学习期间，还可以接受普通中等教育和职业培训。基础学校毕业生可以继续在高中（包括尖子生的体育馆和学院）、技术职业学校或专业贸易学校接受教育。大约 55% 的基础学校毕业生继续在高中就读，22% 的毕业生进入贸易学校，14% 的毕业生进入技术职业学校。[1] 普通高中教育传统上涵盖 10 到 11 年级。高中毕业（11 年级或 12 年级）的学生参加国家考试的五个科目，通过考试的学生获得完全普通中等教育证书。

3. 高等职业教育

高等职业教育主要在大专院校完成。在乌克兰，高等教育机构是根据不同认证水平来划分的。职业技术院校（独立或附属于其他高等教育机构）在 I-II 级水平；高等教育机构、学院和大学在 III-IV 级水平。初级专科文凭的课程不超过 3 年便能完成。师范学院提供的课程是初级教师专业文凭课程。中等教育的学习时间为 3 年，基础中等教育为 4 年，本科为 3 至 4 年，学位课程通常在 I-II 级水平。其中 4 年制的本科为 III-IV 级水平（药学 5 年；医学为 6 年）。专科学位的课程一般需要在取得学士学位后再进行 1 至 1 年半的学习。硕士学位是 1 到 2 年制。硕士或专科学位后，再经过 3 年的研究，可获得科学学士学位。要取得科学博士学位，通常需要另外再学习 3 年。[2]

（二）保障

全国总共有 58 所高等教育机构认证级别为 I-II，有 59 所高等教育机构认证级别为 III-IV。[3] 成立于 2010 年 5 月的乌克兰标准化外部测试计划联盟，在乌克兰实施外部独立测试。新成立的乌克兰教育质量评估中心负责制定和实施测试计划，该测试将取代目前由各大学管理的入学考试，并为所有高等院校实施统一考试奠定立法基础。2007 年，乌克兰首次参加了"国际数学与科学研究趋势"项目。根据结果，特别是 4 年级和 8 年级学生的国际考试成绩，乌克兰排在俄罗斯联邦、哈萨克斯坦、亚美尼亚和波罗的海国家以下。[4]

① Ministry of Education. *Development of education in Ukraine 1990-1991*. Presented at the 43rd session of the International Conference on Education, Geneva, 1992.

② State Statistics Committee of Ukraine. Statistical Yearbook of Ukraine for 2009. Kiev, 2010.

③ Ministry of Education and Science. *National report on the development of education*. Presented at the 48th session of the International Conference on Education, Geneva, 2008.

④ Ministry of Economy. *Millennium Development Goals, Ukraine 2010. National report*. Kiev, 2010.

四、职业技术教育与培训的治理与教师

（一）治理

教育和科学部是监督和管理教育部门的中央机构，但也有某些教育机构属于其他部委和部门，例如卫生部、文化部、农业部等，这些部门的教育机构由它们自主管理，但他们遵循教育部的命令、指示和决定。教育和科学部分析和预测未来发展，规范国家教育机构网络，阐述其活动的规范和立法基础。该部还在其职权范围内制定、通过和出版了 50 多条规则、指令和其他规范性文件。该部还详细阐述了国家对教育内容和水平、典型教育计划和方案的要求和标准。它还组织编写和出版教科书与教具，确定学生入读教育机构的条件。1993 年，该部引入了衡量毕业生成就的测试方法。

各地区教育体系的管理由地方政府进行。人民代表大会负责从地方预算中向教育机构（幼儿园、普通教育学校和其他机构）提供资金，发展网络及其物质技术基础，确保教育过程参与者的社会保障。

中等和高等教育机构及其他国家教育机构由国家预算资助。国家教育机构可能会有额外的融资来源，如教育服务收入、科研成果、商业活动收入或各种形式的补贴和贷款。对一个教育机构活动的直接管理由董事会与校长（校长、董事、教区长）按照机构的法令来实行。这些法规是根据政府批准的规定制定的。

（二）教师

据估计，88% 以上的教师具有专业学位或硕士学位。[1]

学前和小学教师在师资培训机构接受了认证级别 I-II（初级教育专家、教育工作者和教师）的培训。中学教师接受了认证级别 III-IV 的高等教育机构培训。高等教育教师是在高等学校和高等教育机构中按领域或学科进行培训的。

师范院校为幼儿小学教师、体能训练和职业教育教师提供教师培训项目。师范学院还提供 4 年制教育学士学位课程（兼职和函授学生 5 年制课程）。师范大学培养初中和高中教师。学士学位课程通常是 4 年（初级专业文凭持有者是 3 年）。专业和硕士学位的课程通常需要 1 年时间完成。在师范学院或大学完成本科学位课程后，学生是根据其第一专业授予资格证书（如英语教师）；在师范学院或大学在完成专业或硕士学位后，根据学生研究的两项专业授予学生资格证书。[2]

中学教师必须持有初级专业文凭，大学教师至少必须具有硕士学位。除了在高等教育机构工作外，大学教师也有权在各级职业学校、学院工作。

学士学位、专科和硕士学位的教师培训方案的课程是由所有大学级师范机构制定的

---

[1] Ministry of Education and Science. *High-level education for all youth*. Presented at the 47th session of the International Conference on Education, Geneva, 2004. Ministry of Education and Science. *National report on the development of education*. Presented at the 48th session of the International Conference on Education, Geneva, 2008.

[2] Nordic Recognition Network (NORRIC). *The educational system of Ukraine*. April 2009.

标准确定的,这些标准包括对主题和课程结构的指导。国家允许机构自行确定部分课程。教师培训课程由以下部分组成:(1)学科专业化,提供专业领域的理论培训,例如语言、历史、生物学、数学、化学、体育、信息学、音乐等;(2)教育和心理学研究,包括教育教学、教学理论、教育学史、心理学和教育学;(3)教学方法的研究,包括学习专业课程的教学方法以及进行课外活动的方法(这些研究通常在整个学习期间传授);(4)信息技术培训,包括基于信息技术的教学方法;(5)在职教师培训,包括课程教学和课外工作的实践培训(实习培训从第三学期开始,涵盖60%—65%的课程;例如,4年制学士学位课程有14—16周的学校教师实习);(6)人文社会科学和自然科学的基础研究。[①]

五、职业技术教育与培训的诉求与发展趋势

(一)诉求

1.及时改革职业技术教育与培训内容

当前,教育制度管理的权力下放和民主化为引进新型的职业专业培训创造了机会,新型的职业培训机构有:学校-国家-农场、专业学校结构中的教育生产综合体、由学生管理的小型生产单位等。在未来,如何及时改革职业技术教育与培训质量及其教学方式,使之更好地符合社会发展需求,则成为主要任务。

2.对职业技术教育与培训的需求需要扩大

1996年至2000年间,乌克兰许多行业的需求下降,导致职业机构数量从1177所减少到989所,学生人数从55.2万人下降到52.7万人。1999年,职业培训机构的专业化和更新工作进展顺利。2003年1月,教育和科学部统计,全国共有职业教育和培训机构957个,其中高等职业院校135所,职业技术教育中心11个,农业商学院2所,职业艺术学校6所,职业技术学院94所。还有70个职业培训制造综合体,其中包括职业技术教育计划。入学总人数约47.8万人。[②]据国家统计委员会统计,2009—2010年度有975所职业教育机构(其中971所教育科学部门,有4个在其他部门),约有42.43万名学生入学。[③]

2015年1月乌克兰总统波罗申科签署了《乌克兰——2020年稳定发展战略》总统令。该战略确定了国家的发展目标、成就指标、发展方向和优先领域。设立改革目标为达到欧洲生活标准,乌克兰在世界上获得尊重的国家地位。

---

① Nordic Recognition Network (NORRIC). *The educational system of Ukraine*. April 2009.

② Ministry of Education and Science (with the support of UNDP). *Reform strategy for education in Ukraine. Educational policy recommendations*. Kiev, 2003.

③ State Statistics Committee of Ukraine. *Statistical Yearbook of Ukraine for 2009. Kiev, 2010.*

（二）发展趋势

1. 职业技术教育与培训的宏观环境不太乐观

"颜色革命"之后，亲西方的尤先科政府并没有实现彻底改革，导致乌克兰经济存在诸多隐患。2004 年乌克兰国内动乱，引发了政治动荡和经济衰退，通货膨胀严重，财政赤字时有发生。之后，政府采取紧缩的财政与货币政策，以平抑汇率、稳定经济，同时寻求外部援助。短期来看，受战争和经济影响带来的经济困难、执政更迭频繁、政局动荡、与邻国关系紧张、基础设施建设较差等问题制约乌克兰发展，导致乌克兰宏观经济不稳定，商业环境恶化，金融系统破产频发。

2. 职业技术教育与培训的基础将继续发挥作用

政府已经采取措施削减开支，并对能源、金融领域进行改革。① 由于乌克兰工农业基础雄厚，也有东欧最大的消费市场，劳动力素质高，交通便利，地理位置优越，土地资源丰富，因此，乌克兰的投资市场仍有很大吸引力。世界经济论坛《2016—2017 年全球竞争力报告》显示，乌克兰在全球最具竞争力的 144 个国家和地区中，排名第 85 位。

（深圳职业技术学院　技术与职业教育研究所　袁　礼）

主要参考文献

[1] 中华人民共和国驻乌克兰大使馆 . 乌克兰概况 [EB/OL]. http://www.fmprc.gov.cn/ce/ceukr/chn/zwgx/wklgg/.2017–10–13.

[2] 中国国际劳务信息网 . 乌克兰介绍 [EB/OL]. http://www.ciwork.net/news/a200811755390.htm.2017–10–13.

[3] 中国一带一路网 . 乌克兰 [EB/OL].https://www.yidaiyilu.gov.cn/gbjg/gbgk/905.htm.2017–10–13.

[4] 中华人民共和国驻乌克兰大使馆经济商务参赞处 . 乌克兰政府 [EB/OL]. http://ua.mofcom.gov.cn/article/d/201201/20120107920429.shtml. 2017–10–13.

[5] 商务部国际贸易经济合作研究院 . 对外投资合作国别（地区）指南——乌克兰 [EB/OL]. https://www.yidaiyilu.gov.cn/wcm.files/upload/CMSydylgw/201702/201702100303004.pdf. 2017–10–13.

[6] 中华人民共和国外交部 . 乌克兰国家概况 [EB/OL]. https://www.fmprc.gov.cn/web/gjhdq_676201/gj_676203/oz_678770/1206_679786/1206x0_679788/.2020–09–25.

[7] 中华人民共和国商务部欧亚司 .2015 年 1—11 月乌克兰通胀率高达 43.3%[EB/OL]. http://oys.mofcom.gov.cn/article/oyjjss/201512/20151201213152.shtml. 2017–10–13.

---

① 本部分参考：深圳市政府政策研究室 . 中东欧五国国情研究 .2016:165–169.

[8] 中国机构编制网 . 乌克兰国家概况 [EB/OL]. http://www.scopsr.gov.cn/hdfw/sjjj/oz/201203/t20120326_56261.html. 2017–10–13.

[9] 商务部国际贸易经济合作研究院 . 对外投资合作国别（地区）指南——乌克兰 [EB/OL]. https://www.yidaiyilu.gov.cn/wcm.files/upload/CMSydylgw/201702/201702100303004.pdf. 2017–10–13.

[10] Ministry of Economy. *Millennium Development Goals, Ukraine 2010. National report*. Kiev, 2010.

[11] Ministry of Economy and European Integration of Ukraine. Millennium Development Goals, Ukraine. Kiev, 2003.

[12] Ministry of Education. Development of education in Ukraine 1990–1991. Presented at the 43rd session of the International Conference on Education, Geneva, 1992.

[13] Ministry of Education. The development of education in Ukraine 1992–1993. Presented at the 44th session of the International Conference on Education, Geneva, 1994.

[14] Ministry of Education. Ukraine's national higher education system. Kiev, 1998.

[15] Ministry of Education. Education for All 2000 Assessment: National report of Ukraine. (Under the co-ordination of Y. Polischuk). Kiev, 1999.

[16] Ministry of Education. National report on the development of education. Presented at the 46th session of the International Conference on Education, Geneva, 2001.

[17] Ministry of Education and Science. National Observatory report on vocational education and training in Ukraine. Kiev, MES and European Training Foundation, 2001.

[18] Ministry of Education and Science (with the support of UNDP). Reform strategy for education in Ukraine. Educational policy recommendations. Kiev, 2003.

[19] Ministry of Education and Science. High-level education for all youth. Presented at the 47th session of the International Conference on Education, Geneva, 2004.

[20] Ministry of Education and Science. National report on the development of education. Presented at the 48th session of the International Conference on Education, Geneva, 2008.

[21] Nordic Recognition Network (NORRIC). The educational system of Ukraine. April 2009. State Statistics Committee of Ukraine. Statistical Yearbook of Ukraine for 2009. Kiev, 2010.

[22] J. Stetar and O. Panych. "Ukraine." In: P.J. Wells, J. Sadlak and L. Vlasceanu (eds.), The rising role and relevance of private higher education in Europe, pp. 519–584. Bucharest, UNESCO–European Centre for Higher Education (CEPES). 2007.

[23] Ministry of Education and Science: http://www.mon.gov.ua/ [In Ukrainian. Last checked: August 2011.]

希腊共和国

一、国家概况

（一）地理

希腊共和国（The Hellenic Republic），简称"希腊"，国土面积 131957 平方千米，其中 15% 为岛屿，是地处欧洲东南角、巴尔干半岛的南端的共和制国家。全国由半岛南部的伯罗奔尼撒半岛和爱琴海中的 3000 余座岛屿共同构成。希腊为连接欧亚非的战略要地，本土从西北至正北部分别邻阿尔巴尼亚、北马其顿、保加利亚三国，东北与土耳其国境接壤。周围则自东而西分别濒临爱琴海、地中海本域与伊奥尼亚海。海岸线长约 15021 千米，领海宽度为 6 海里。属亚热带地中海气候。希腊首都雅典（Athens），人口约为 381.2 万人。平均气温冬季 0℃~13℃，夏季 23℃~41℃。[①]

（二）人文

古希腊是西方文明的发源地，拥有悠久的历史，创造过灿烂的古代文化，并对欧、亚、非三大洲的历史发展有过重大影响。公元前 3000 年，爱琴文明繁荣。后因北方落后部落侵入，爱琴文明衰落。公元前 2000 年左右到前 30 年的古代希腊是以巴尔干半岛、爱琴海诸岛和小亚细亚沿岸为中心，在包括北非、西亚和意大利半岛南部及西西里岛的整个地中海地区建立的一系列奴隶占有制国家。公元前 11 世纪进入荷马时代。前 8 世纪起，希腊各地先后建立数以百计的奴隶制城邦。前 5 世纪希波战争后，希腊城邦进入繁荣阶段，经济贸易兴盛，文化成就卓越。伯罗奔尼撒战争后，走向衰落。前 4 世纪希腊半岛被马其顿王国征服，前 2 世纪归罗马统治。[②]15 世纪中期被奥斯曼帝国统治，1821 年爆发争取独立的战争，1832 年成立王国，1974 年通过全民公投改为共和制。此后由新民主党和泛希腊社会主义运动（简称"泛希社运"）轮流执政。[③]

希腊也是奥林匹克运动的发源地。奥林匹克运动正是一种祭神的庆典活动。奥林匹

---

① 中华人民共和国外交部 . 希腊国家概况 [EB/OL]. http://www.fmprc.gov.cn/web/gjhdq_676201/gj_676203/oz_678770/1206_679834/1206x0_679836/.2021-7.

② 刘增泉 . 希腊史——欧洲文明的起源 [M]. 台北：三民书局 ,2003. 4.

③ 中华人民共和国驻希腊共和国大使馆 . 希腊概况 [EB/OL]. http://www.fmprc.gov.cn/ce/cegr/chn/xlgk/t1309807.htm.2021-7.

亚有世界上最古老的运动场。之后，奥林匹克运动会虽然改在各国轮流举行，但仍然沿用这一名称，并且在这里点燃各届运动会的圣火。公元前464年，周边城邦也派代表参加，使这种活动发展为和平与友谊的象征。希腊有无数的神庙，静静地述说着它久远的历史。这些神庙都是为了祭奠天神而建，历经了岁月的沧桑，游客们现在只能看到断壁残垣。但是，那些精美的石雕、科学的布局、恢弘的气势仍然能够震撼人的心灵。[1]

截至2020年，希腊全国总人口为1070.9万人。[2]其中98%以上为希腊人，其余为穆斯林及其他少数民族。官方语言为希腊语，东正教为国教。首都位于雅典（Athens），人口315.3万人。[3]旅居希腊的华侨华人总数将近2万，也主要集中在雅典和萨洛尼卡，华侨华人有三分之一来自浙江省青田县，三分之一来自福建省，还有三分之一来自浙江温州和中国其他省市。[4]

（三）经济

2008年以前，希腊经济保持增长，增速高于欧盟平均水平，但2008年国际金融危机所引发的欧洲债务危机使希腊经济遭受重创。2013年，希腊连续第六年经济衰退，名义GDP为1821亿欧元，实际GDP为1610亿欧元，同比减少3.9%。其中，消费、投资和净出口对GDP的贡献率分别为87.2%、17.8%和-4.8%。2020年国内生产总值1685亿欧元。

希腊工业基础较薄弱，规模较小，技术较落后。2013年工业产值234亿欧元，占国内生产总值的12.9%，主要工业有采矿、冶金、食品加工、纺织、造船、建筑等。2013年农业产值为59.3亿欧元，占国内生产总值的3.3%。2013年服务业总产值为1367.5亿欧元，约占国内生产总值的80.2%。2013年，希腊财政赤字53亿欧元，占GDP的2.9%。

截至2013年12月31日，希腊政府债务累计达4170亿欧元，其中政府债务、央行、金融机构债务额分别为2679亿欧元、516亿欧元和707亿欧元。贷款来源主要为欧委会、欧洲央行和国际货币基金组织的救助贷款。2014年一季度希腊公共债务预计为3148亿欧元。尽管希腊在3月底实现了约5亿欧元的基本盈余，但公共债务规模依然居高不下，据欧盟统计局的数据，希腊公共债务规模约为GDP的174.1%。[5]2018年6月22日，欧元集团宣布完成对希腊的履约评估，8月20日，希腊正式退出求助计划、希债危机已基本结束。

（四）教育[6]

希腊教育从学前阶段开始，学前教育和护理由儿童和婴儿中心，或称日托中心或托

① 希腊华人网.希腊概况 [EB/OL]. http://www.grpressbeijing.com/shxx/467.html.2017-7-13.

② 世界银行数据.希腊GDP、人口 [EB/OL]. http://data.worldbank.org.cn/country/greece?view=chart.2017-8-12.

③ 中华人民共和国驻希腊共和国大使馆.希腊概况 [EB/OL]. http://www.fmprc.gov.cn/ce/cegr/chn/xlgk/t1309807.htm.2021-7.

④ 中华人民共和国驻希腊共和国大使馆经济商务参赞处.希腊概况 [EB/OL]. http://gr.mofcom.gov.cn/article/ddgk/201506/20150601021850.shtml.2017-8-12.

⑤ 中华人民共和国商务部.希腊经济简况 [EB/OL]. http://www.mofcom.gov.cn/article/i/dxfw/jlyd/201505/ 20150500979773.shtml.2017-7-11.

⑥ World Data on Education-Greece:Compiled by UNESCO-IBE,Updated version, July 2012 [EB/OL]. http://www.ibe.unesco.org/.2017-10-11.

儿所提供，包括私立和公立部门，供年龄在 2 个月到 5 岁之间的儿童学习。小学教育是义务性的，持续 6 年，包括 1—6 年级。

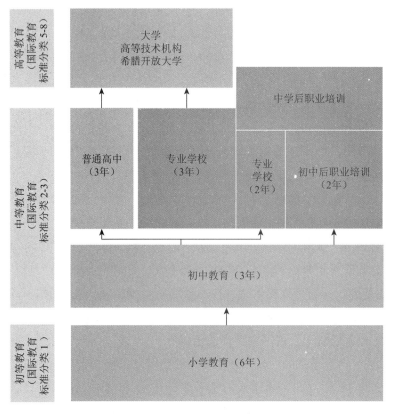

图 1　希腊教育体系 [①]

初中教育和高中教育各持续 3 年，高中夜校为 14 岁以上的学生提供职前教育，学生成功地完成初中课程可获得初中毕业证书。在高中阶段，1997 年改革引入了统一的提供 3 年课程项目的学院，从第二年开始有人文、自然科学和技术三个主要科目。

目前，希腊实行 9 年制义务教育，公立中小学免费，大学实行奖学金制。全国共有高等教育机构 32 所，其中 18 所为综合性大学，14 所为技术教育学院，著名大学有雅典大学、萨洛尼卡大学、克里特大学、佩特雷大学、雅典工学院等。与综合大学相比，技术教育学院的专业设置和课程安排更强调实用性和技术性，所培养的专业技术人才更能适应社会多方面需要。希腊的高等教育水平比其他西欧国家低，许多学生选择到西欧国家接受高等教育。[②]

---

① CEDEFOP (European Centre for the Development of Vocational Training). Greece. Vocational Education and Training (VET) in Europe. Country Report 2009. Prepared by Refer Net Greece.

② 中华人民共和国驻希腊共和国大使馆经济商务参赞处 . 希腊概况 [EB/OL]. http://gr.mofcom.gov.cn/article/ddgk/201506/20150601021850.shtml.2017-7-12.

二、职业技术教育与培训的战略与法规

（一）战略

按照希腊的《国家战略参考框架》，职业技术教育与培训战略旨在配合经济与财政部项目，使希腊成为一个外向型的具有国际影响力的国家，一个富有经济竞争力和生产力的国家，一个重视教育和年轻人、重视质量、技术和创新环境的国家。因希腊的职业技术教育与培训面临诸多挑战，包括技术和社会的变化、人口统计的变化、瞬息万变的劳动力市场和持续存在的社会冲突，这就要求希腊的职业技术教育与培训战略必须关注上述社会和经济变化。具体而言，希腊职业技术教育与培训战略分为制度、国家和全球三个层面：制度层面通过持续的机构改革，加强职业技术教育与培训自身的发展；国家层面通过协调一致的政策，加强利益相关者之间的联系；全球层面为通过国际间跨区域、跨部门合作，促进资源整合。①

（二）法规

教育权作为公民的基本权利早已写入希腊《宪法》，希腊还颁布了多项法律与法令，规范和促进职业技术教育与培训的发展，主要如下：

1.《第 3475 号法令》（1997 年）

该法令确立了中等职业技术教育与培训的基本结构和组织管理模式，主要是统一了之前关于高中学校（学院）等其他一系列条款中的规定，包括与之相关的《第 2525 号法令》和《第 2640 法令》中关于职业技术教育学校的部分规定，法令也对希腊职业教育的组织和运行进行了相应的改革，建立了职业学院和职业培训学校的基本法制框架。

2.《第 2916 号法令》（2001 年）

该法令是针对中等后职业技术学院或技术培训机构所颁布的，囊括了之前的《第 1404 号法令》并辅以其他法规，将职业技术教育机构纳入高等教育水平，定性为技术类非大学机构，还提出了要建立国家职业教育培训体系，修订了中学后的职业培训框架。法令还建立了劳动力市场的需求记录制度，促进了职业资格框架的形成，明确了开发初级和继续培训课程的程序。②

3.《第 3685 号法令》（2008 年）

在 2005—2006 年期间，在博洛尼亚进程的实施框架内通过了几项立法措施，《第 3685 号法令》的颁布是对上述措施的综合，其规定了研究生学习的层级框架，根据这一法令，在某些条件下职业技术教育机构可以授予研究生文凭。法令还在确定了整个大学

① Greece TVET: Qualifications needs and implementation strategies.Published by UNESCO-UNEVOC International Centre for Technical and Vocational Education and Training UN Campus Platz der Vereinten Nationen 1 53113 Bonn Germany[EB/OL]http://unesdoc.unesco.org/images/0022/002294/229474e.pdf.2017-10.11.
② CEDEFOP (European Centre for the Development of Vocational Training). Greece.Vocational Education and Training (VET) in Europe. Country Report 2009. Preparedby Refer Net Greece.

和职业技术教育机构在组织运行和质量保证上的改革方向，以及在组织治理和高等教育机构资源分配上的调整，法令还规定在博士课程方面使用欧洲学分互认体系。

三、职业技术教育与培训的体系

希腊的职业技术教育与培训体系自高中阶段开始，中等职业教育主要由专业学校提供，而普通教育学院提供人文、自然科学等普通类课程。此外也有其他类型的文化团体，如教会、音乐、艺术、特殊教育与体育学院等提供初中后职业培训。[①]

部分专业学校还提供持续 2 年的课程，而在职培训通常需要 3 年，包括理论和车间实习两个部分。学生在成功完成了第一年的课程后才能进入第二年的车间实习阶段，在成功完成专业的学习后，学生将获得高中毕业证书，而后可直接进入劳动力市场就业。

高等职业教育与培训部分由社会机构提供，层级为非大学层次的中学后课程，通常持续两年，对于接受类似课程的职业教育的毕业生，后续培训通常持续两个学年，每个培训年包括两个单独学期，该机构对报名者没有年龄限制，但需达到初级中学毕业生条件。

高等职业教育的另一大部分则由理工学校和艺术高等学院、非大学技术教育机构和其他非大学高等学院提供，其大都以职业为导向，持续 2 到 3 年，学生只有通过国家考试系统的测试，才能进入高等职业教育序列。在该类职业技术教育机构要获得技术教育的文凭一般要学习 4 年，包括一个学期的实践培训，职业培训机构的课程均由各个领域的专业人士设计。[②]

为保障职业教育体系的质量，希腊政府于 2006 年成立质量保证和认证委员会，致力于提高系统效率、责任感和透明度，并通过法律形式完善关于教师评估和继续培训的实施，并着手建立职业技术教育与培训的质量保证框架。[③]

四、职业技术教育与培训的治理与教师

（一）治理

2009 年起，希腊教育部开始负责制定教育系统总体政策与规划，在此之前，是由教育、终身学习和宗教事务部负责，2009 年教育部开始全面负责希腊教育与职业教育的相关事宜，具体负责职业技术教育与培训治理的部门包括：

---

① EURYDICE. National system overview on education systems in Europe: Greece.European Commission, 2011 edition, September 2011.

② EURYDICE, CEDEFOP and ETF. Structures of education and training systems in Europe: Greece. European Commission, 2009/10 edition.

③ 刘承波，范文曜 . 希腊高等教育治理体制与学校自治制度 [J]. 大学教育科学 ,2006(6).

1. 质量保证和认证委员会

质量保证和认证委员会负责职业教育和培训的组织和运行，并负责就相关议题提交提案到省负责职业教育和培训的部门。2010 年，该委员会下的国家资格认证组织成立。此外，教育部也监督国家职业教育和培训与就业制度的运作。

2. 国家教育委员会

国家教育委员会是教育部下辖的一个顾问组织，负责对政府在教育方面的政策和规划提出相关建议。其由大学教育理事会、高等技术教育理事会和初级教育理事会组成。2010 年，该理事会负责组织对于非正规学习结果的认证标准，以更好地提升高等技术教育在国内和欧洲范围内的认可度。

3. 国家教育研究院

国家教育研究院是教育部下属的一个有关课程发展与教材管理的咨询机构，也发布各个教育阶段包括职业教育领域的年度咨询报告。该研究院在 1996 年成立了教育评价部，特别针对教育活动和学生评价提出反馈与建议。此外，教育研究院还成立了职业教育师资培训部，并在 2011 年成立教育政策研究部，以为教育部的政策制定提供相关咨询与建议。

4. 区域职业教育理事会

该理事会是负责中等职业技术教育监督的非官方机构，其总部位于首都雅典。区域教育理事会不仅监督公立教育机构，也对私立教育机构的培训进行监督。其有专门的职业技术教育办公室，负责对各区域职业学校的运行进行监督指导。此外，理事会还负责对教师的教学活动和各机构的行政管理进行监督，其下辖的社区教育委员会由各个团体和家长代表组成，其会从资源分配与公平正义的角度来汇聚民众对职业教育系统的意见和建议，并呈报教育部相关部门。[①]

（二）教师

希腊中等职业技术教育的教师通常在大学完成 4 年课程，获得学士学位，并且在某一技术领域有至少 1 年的工作经历，有的专业还要求有至少 1 年的技术教育学校教学经验，且获得相应的证书。对有的艺术类专业教师，比如音乐教师则需要 5 年的培训时间或更长。

高等技术教育机构的师资任职资格：大学职前教师培训项目的时间为 4 年，而在专业领域项目即理工学校持续 4 到 5 年。1982 年的大学改革形成了两类的教职人员。第一类是辅助教师，包括学术助理、助理和研究生学者，其一般不是博士学位持有者。第二类是终身教学和研究教员，包括助理教授、副教授、教授。

教师的培训由区域教师进修中心提供。2002 年，希腊颁布的《第 2986 号法令》决

---

① 刘承波, 范文曜. 希腊高等教育治理体制与学校自治制度 [J]. 大学教育科学, 2006(6).

定建立教师发展委员会，其由教育部负责监管，主要职责为规划包括职业教育师资在内的培训，协调教师进修的形式和实施方案，认证教师培训成果。

五、职业技术教育与培训的诉求与发展趋势

自 2009 年始，在希腊主权债务危机蔓延的情况下，连续的财政紧缩政策造成的经济衰退持续拖累劳动力市场，希腊就业人口不断下降，失业人口快速上升。截至 2013 年一季度，希腊全国就业人口 359.6 万人，失业人口 135.5 万人，失业率高达 27.4%。其中，学历低、年龄小与女性劳动力的就业形势更加严峻。截至 2013 年一季度，从学历上看，无学历的人口失业率高达 42.9%，小学学历的失业率为 27.9%，大学学历失业率为 17.6%，硕士及以上学历人口失业率最低，为 15.3%；从年龄上看，失业率与年龄呈明显反比关系，随着就业人口年龄的增长，失业率逐步下降，15—24 岁年轻人失业率高达 60%，30—44 岁为 26.1%，45—64 岁人口则为 19.7%；从性别上看，女性平均失业率高达 31%，远高于男性 24.7% 的水平。[①]

从产业分布来看，第三产业是希腊经济支柱产业，也是吸纳劳动力就业最多的部门。截至 2013 年一季度，希腊第三产业吸收了希腊 70.4% 的劳动力就业，其中商业批发零售及机动车修理行业就业人数最多，达 65.1 万人。第二产业吸收了 16% 的劳动力，其中制造业就业人数最多，为 33.9 万人。第一产业吸收了 13.6% 的就业人口。与 2012 年同期相比，第一产业就业人数同比略增 0.4%，第三产业同比下降了 2.5%，第二产业吸纳能力下降最快，同比下降了 3.7%。[②]因此，希腊职业教育与培训的工作重点将在年轻人的技能提高与更新上，尤其是第三产业与第二产业领域的人才培养，需要提升员工的适应性，以解决雇主与劳动力之间结构的不对称问题，其职业教育与培训发展的诉求与发展趋势应包括以下方面：

（一）重新定位职业技术教育与培训的角色

重振制造业是希腊提升就业率的关键，这就对技能型人才提出了新的要求，也为职业教育与培训创造了新的需求。根据泛希腊出口商协会和雅典工商会共同进行的一项调查显示，希腊的工业产出从 2008 年到 2013 年总共下降了 30.3%，同期制造业失去五万多个就业岗位。1995 年至 2007 年间，即危机爆发前，希腊工业总产值年平均增长率仅为 0.6%，而 2008 年至 2013 年，年均下降幅度达到 6.3%。从 1995 年到 2010 年，平均劳动力成本上涨了 117%，生产率仅增长了 9%，这意味着希腊工业产品的竞争力大幅度下降。这种收缩是由于在单位劳动力成本大幅度提高的情况下，劳动生产率并没有相应

① 吴婷婷，张夏欣.再议希腊债务危机：成因、影响与启示 [J].金融理论与教学,2017(9).
② 驻希腊经商参处.希腊劳动力就业情况分析 [EB/OL].http://gr.mofcom.gov.cn/article/ztdy/201308/20130800231165.shtml.2017–8–13.

增长。希腊制造业增长的机会被错过了，必须寻求摆脱危机的路径。① 在这种情况下，要重振制造业，必须提高劳动生产率，而要提高劳动生产率，必须提高劳动力的劳动技能。因此，希腊职业技术教育与培训的需求与重要性不言而喻，这也为其发展提供了契机。

（二）重点发展特色产业所需的高技能人才

希腊旅游业是获得外汇来源和维持国际收支平衡的重要经济部门。自 20 世纪 60 年代以来，旅游业发展迅速，入境游客人数连年增长。近年来，希腊政府将旅游业发展重心从增加游客数量转向提高游客消费水平，取得了较好的经济和社会效益。2004 年雅典奥运会为希腊旅游业打下了良好的基础，特别是基础设施建设明显提升，加之雅典卫城、德尔菲太阳神庙、奥林匹亚古运动场遗址、克里特岛迷宫、埃皮达夫罗斯露天剧场、维尔吉纳马其顿王墓、圣山、罗得岛、科孚岛等景点的持续吸引力，2013 年全年希腊入境旅游人数 1791 万人次，同比上升 6.0%。此外，希腊也是世界航运大国，海运业是国家经济的重要支柱产业，2012 年，希腊海运业实现外汇收入 133 亿欧元，同比下降 5.75%。截至 2012 年，希腊船东拥有千吨级以上船舶 3428 艘，总载重吨（DWT）2.45 亿吨，占世界总载重吨 15.56%，居世界第一位。② 希腊类似特色产业的职业技能型人才有着巨大的需求缺口，所以职业技术教育与培训也需要对接产业发展需求，以为希腊经济恢复提供人力资源保障。

（三）加强职业技术教育与培训投入的保障

希腊债务危机以来，国家经济萎靡不振，制造业水平一直无法提升。究其原因，希腊劳动力结构严重不均衡，劳动生产率低下是其关键所在。全国总人口只有 1100 万的希腊，公共部门雇员居然达到了 100 万人。公共部门不仅庞大，公务员还获得高薪且工作属终身制，享受着"特权福利"。在这种官僚主义之下，不劳而获的文化和贿赂的文化盛行。③ 在这种环境中，职业教育和培训不被重视，在欧洲处于落后地位。希腊的教育投入由政府财政预算和个人投入两部分组成，政府投入占大部分，但近年其投入规模不仅缩小，比例也远低于欧盟其他成员国的平均水平，而用于职业教育与培训的投入更是少之又少。所以，加大职业技术教育与培训的财政投入将是希腊职教发展的基本保障，也是希腊经济振兴的重要途径。④

（深圳职业技术学院　技术与职业教育研究所　李亚昕）

---

① 驻希腊经商参赞.出口促进希腊制造业增长[EB/OL].http://gr.mofcom.gov.cn/article/jmxw/201709/20170902648750.shtml.2017-8-16.

② 驻希腊经商参处.希腊经济简况[EB/OL].http://gr.mofcom.gov.cn/article/ztdy/201505/20150500979773.shtml.2017-8-12.

③ 许春华.希腊的"腐败怪异文化"[J].廉政瞭望,2013,(12).

④ 楼世洲，陈明昆.希腊职业教育改革和发展趋势[J].比较教育研究，2005（9）.

主要参考文献

[1] Greece TVET: Qualifications needs and implementation strategies.Published by UNESCO–UNEVOC International Centre for Technical and Vocational Education and Training UN Campus Platz der Vereinten Nationen 1 53113 Bonn Germany [EB/OL] http://unesdoc.unesco.org/images/0022/002294/229474e.pdf.2021–7.

[2] EURYDICE. Focus on the structure of higher education in Europe 2006/07. National trends in the Bologna Process. EURYDICE, European Unit, Brussels, March 2007.

[3] World Data on Education–Greece:Compiled by UNESCO–IBE,Updated version, July 2012. [EB/OL] http://www.ibe.unesco.org/.2017–10–11.

[4] EURYDICE, CEDEFOP and ETF. Structures of education and training systems in Europe: Greece. European Commission, 2009/10 edition.

[5] General Secretariat for Adult Education；Ministry of National Education and Religious Affairs. The development and state of the art of adult learning and education. Athens, May 2008.

[6] Hellenic Statistical Authority. Statistical yearbook of Greece 2009 and 2010. Athens, 2011.

[7] Ministry of National Education and Religious Affairs. National report: Greece. Presented at the 48th session of the International Conference on Education, Geneva, 2008.

[8] Ministry of National Education and Religious Affairs. National report of Greece. Presented at the 47th session of the International Conference on Education, Geneva, 2004.

匈牙利

一、国家概况

（一）地理

匈牙利（Hungary）是中欧的内陆国家，东邻罗马尼亚、乌克兰，南接斯洛文尼亚、克罗地亚、塞尔维亚，西靠奥地利，北连斯洛伐克，边界线全长2246千米。匈牙利国土面积93023平方千米。全国划分为首都和19个州，设立24个州级市、274个市、2854个乡。首都布达佩斯是全国的政治、经济、文化和科技中心。匈牙利属大陆性气候，凉爽湿润，年降雨量约为630毫米。[①]

匈牙利的大部分地区海拔不超过200米，该国的最高点是凯泽斯，达1014米，最低点是77.6米，位于匈牙利南部。匈牙利的主要河流是多瑙河和蒂萨河。匈牙利有三个主要湖泊，其中巴拉顿湖为最大，长78千米，宽3—14千米，面积为592平方千米，被匈牙利人称为匈牙利海，也是中欧最大的淡水湖泊和重要的休闲区。[②]

（二）人文

公元896年，马扎尔游牧部落从乌拉尔山西麓和伏尔加河湾一带移居多瑙河盆地。1000年，圣·伊什特万建立封建国家，成为匈第一位国王。1526年土耳其入侵，匈封建国家解体。1541年匈牙利一分为三，分别由土耳其苏丹、哈布斯堡王朝和埃尔代伊大公统治。1699年起全境由哈布斯堡王朝统治。1848年爆发革命自由斗争。1849年4月建立匈牙利共和国。1867年成立奥匈二元帝国。1919年3月建立匈牙利苏维埃共和国。1949年8月20日宣布成立匈牙利人民共和国并颁布宪法。1956年10月爆发匈牙利事件。1989年10月23日国名改为匈牙利共和国。2012年1月，新宪法更国名为匈牙利。[③]

2018年4月，匈牙利举行国会换届选举，执政党青年民主主义者联盟（简称青民

---

① 中华人民共和国外交部.匈牙利国家概况[EB/OL].(2021-07-01)[2021-09-25].http://www.fmprc.gov.cn/web/gjhdq_676201/gj_676203/oz_678770/1206_679858/1206x0_679860/.

② 匈牙利地理[EB/OL].https://en.wikipedia.org/wiki/Geography_of_Hungary.2017-08-15.

③ 中华人民共和国外交部.匈牙利国家概况[EB/OL].(2021-07-01)[2021-09-25].http://www.fmprc.gov.cn/web/gjhdq_676201/gj_676203/oz_678770/1206_679858/1206x0_679860/.

盟）和基督教民主人民党（简称基民党）组成的竞选联盟获胜，并赢得超过三分之二议席；社会党、尤比克党和绿党进入国会。新一届国会于 2018 年 5 月 8 日成立。5 月 18 日，政府完成组阁，宣誓就职。青民盟主席欧尔班连任总理。匈牙利人口为 973.0 万（2021 年 1 月）。主要民族为匈牙利（马扎尔）族，约占 90%。少数民族有斯洛伐克、罗马尼亚、克罗地亚、塞尔维亚、斯洛文尼亚、德意志等族。官方语言为匈牙利语。居民主要信奉天主教（66.2%）和基督教（17.9%）。①

匈牙利语是匈牙利的官方语言，是欧洲第 13 个最广泛使用的第一语言，是欧盟的 24 种官方语言和工作语言之一。在匈牙利，英语和德语是使用广泛的第二语言。匈牙利语是乌拉尔语族的成员，与任何邻国语言无关，与芬兰和爱沙尼亚语密切相关。

（三）经济

匈牙利自然资源比较贫乏。主要矿产资源是铝矾土，蕴藏量居欧洲第三位，此外有少量褐煤、石油、天然气、铀、铁、锰等。森林覆盖率为 20.4%。经济属中等发达国家，经合组织（OECD）成员国。经济目标是建立以私有制为基础的福利市场经济。目前匈牙利经济转轨顺利，私有化基本完成，市场经济体制已经确立。私营经济的产值约占 GDP 的 86%。2020 年国内生产总值（GDP）为 1581 亿美元，同比增长 2%，失业率为 4.3%。②

匈牙利的制造业在国民经济中占有重要的地位，2019 年制造业产值为 1019.3 亿美元，在工业中占比高达 83.2%。汽车工业是匈牙利的支柱产业，2019 年产值超过 291.2 亿美元，在制造业中占比高达 23.7%。近年来，在政府的大力扶持下，匈牙利的生物技术产业迅速发展，跃居欧盟新成员国前列。另外，匈牙利是中东欧地区最大的电子产品生产国和世界电子工业的主要生产基地，近年年产值保持在 100 亿欧元左右，占中东欧和欧盟电子工业总产值的 30% 和 4.5%。2019 年，计算机电子工业产值达 121.9 亿美元，创造了 11 万个就业岗位。2016 年，匈牙利经济部发布伊里尼计划，目标为到 2020 年成为欧盟工业化程度最高的国家之一，并创造更多的就业岗位，完成工业结构转型升级，加强工业技术、高等教育和专业技能培训的支持力度。2019 年 2 月，匈牙利财政部发布《匈牙利竞争力提高项目》，旨在通过完善教育研究体系，推动"创新和研发"项目，培养高技术人才。③

（四）教育

匈牙利的教育主要由教育部负责管理。学前幼儿园教育主要为 3—6 岁的儿童提供。随后自 6 岁起至 18 岁，实行义务教育，义务教育包括小学 8 年和中学 4 年（包括

---

① 中华人民共和国外交部. 匈牙利国家概况 [EB/OL].(2017-02-01) [2017-10-15]. http://www.fmprc.gov.cn/web/gjhdq_676201/gj_676203/oz_678770/1206_679858/1206x0_679860/.

② 同上.

③ 商务部国际贸易经济合作研究院等. 对外投资合作国别（地区）指南——匈牙利 [R]. 商务部《对外投资合作国别（地区）指南》编制办公室, 2020, 12:15—22.

职业中学）。大学一般4—6年，医科大学7年。国家义务提供第一个学位的学习费用。2019—2020学年，全国大学在校本科生和硕士生共20.36万人，其中18.68万为全日制学生。[①]

匈牙利的公立高等教育体系包括大学和其他高等教育机构，既提供博士学位课程和相关学位，也有助于研究活动的开展。学生在校期间可以获得免费的健康保险。英语和德语是高等教育阶段的常用语言，很多课程都是以这两种语言来开设的。匈牙利比较著名的大学有佩奇大学、奥步达大学、伊斯坦布尔大学等。

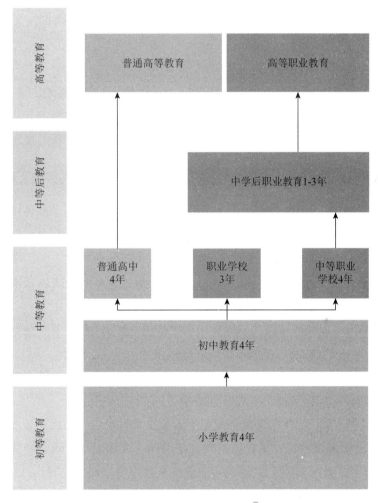

图1　匈牙利教育体系图[②]

①　商务部国际贸易经济合作研究院等. 对外投资合作国别（地区）指南——匈牙利 [R]. 商务部《对外投资合作国别（地区）指南》编制办公室, 2020, 12:12.

②　Cedefop (2011). Vocational education and training in Hungary: short description. Luxembourg: Publications Office. http://www.cedefop.europa.eu/EN/Files/4103_en.pdf.

二、职业技术教育与培训的战略与法规

（一）战略

匈牙利职业技术教育与培训致力于培养出满足市场需求的人才，确保人们具备各项职业所需要的知识和能力，一方面为匈牙利提供更多的选择机会，另一方面提升国家的就业率，促进经济发展。为了促进国家就业和经济的增长、帮助匈牙利人应对更广泛的社会挑战并寻求更多的职业发展机会，匈牙利不断改变职业技术教育与培训的结构和财务制度，提高职业教育的质量和效率；以劳动力市场需求为依据提供职业技术教育与培训的课程；采用不同的学习形式进行职业技术教育与培训，为人们提供便利条件。[①]

（二）法规

匈牙利的职业技术教育与培训受法律保护，为此颁发了很多相关法律。

1.《成人教育和培训的新法案》（2013年）对成人职业技术教育与培训的评价认证进行了详细规定。为了保证培训的质量，对培训机构的管理提出了新的要求，要求每个机构都应具备适当的质量保障体系等。

2.《国家公共教育法》和《职业教育与培训法》（2011年12月）对以学校为基础的职业教育进行了规定。《公共教育法》和《职业培训法》共同规定了非传统教育路径对学生的认可和入学要求。这些法律规定提高了教育制度的灵活性，并允许学生在各个方面改变自己。例如，职业学校有职业资格的学生有机会在职业中学上课，准备通过中学考试。同时，从普通中学毕业的中学生可以在延长一年的课程学习之后获得国家正式的职业资格证书。

3.《职业教育培训改革与经济发展相协调之构想》（2011年）重新规划了职业技术教育与培训的体系，以更加满足市场经济的发展需求。

4.《CCIV法案》（2011年）对高等教育阶段的职业技术教育与培训进行了规定，界定了高等教育阶段应如何传授具有竞争性的知识。

5.《职业经费法》（2003年）主要规定了职业技术教育与培训以及企业培训的征税条件，通过税收政策来鼓励发展职业技术教育与培训。该法案与《职业经费与支持发展培训法案》（2011年）相互配套，共同监管职业技术教育与培训的发展。

6.《职业教育与培训法案》（1993年）颁布较早，对匈牙利的职业技术教育体系进行了界定，主要对机构、资格认证、管理结构、评价内容、财政经费等方面进行了说明。

---

① Farkas, P (2013). Vocational Education and Training in Hungary. Budapest: National Labour Office.

三、职业技术教育与培训的体系与质量保障

（一）体系

1. 正规的职业教育与培训系统

在匈牙利，学生在完成小学4年和初中4年的教育阶段之后，有三种选择接下来的发展阶段，一是进入高级中学阶段（4年），为进入大学做准备，二是进入中等职业学校（4年），三是进入职业学校（3年），后两者为进入劳动力市场做准备。[①]详细内容见表1。

表1　匈牙利职业教育阶段年限、要求和特点

编号	职业教育选择类别	年限	要　　求	特　　点
1	中等职业学校	4年	9—12年级达到某一特定领域的职业理论和实践培训资格，参加中等职业学校毕业考试，获得资格证书	毕业后可以从事相关领域工作。 与普通教育平行，学生也可以选择继续进入大学学习
2	职业学校	3年	课程内容包含普通教育和最基础的职业教育与培训	提供"桥接课程"： 桥接I课程：为没有获得进入职业学校资格的学生提供课程，帮助他们掌握继续学业必备的基本技能； 桥接II课程：为无法完成学业并需要考取职业学校的学生提供课程，帮助他们提升职业必需的技能。
3	特殊职业项目	3年	学生读完小学8年级之后就可以学习职业培训课程	已在2013年废止
4	中学后职业技术教育与培训	1—3年		不同的学制获得的资格也不同
5	高等职业技术教育与培训课程		针对中学的毕业生，通过学分转移的方式，完成从职业技术教育与培训到高等教育的转型。	从2013—2014年起，由高等教育机构提供

2. 非正规和非正式职业技术教育与培训体系

在匈牙利，存在以成人培训为主要形式的非正规职业技术教育与培训，一般不颁发国家认可的职业资格证书（很少数例外情况可以颁发国家资格证书），培训机构可以自行确定录取标准、学制和课程内容。

（二）保障

在匈牙利，国家注册资格是包含所有国家认可的职业资格证书的清单，2006年颁布，并于2012年更新。在职业教育学校，学生通过职业考试后就可以获得国家注册资格证书。国家认可的职业资格证书主要包含以下四种：（1）通过正规职业技术教育与培训学校学习获得的职业资格证书；（2）在（或没有在）正规职业技术教育与培训学校校内

[①] 匈牙利职业教育与培训在欧洲 [EB/OL].http://www.cedefop.europa.eu/en/publications–and–resources/country–reports/vet–in–europe– country–reports.2017–8–15.

学习获得的职业资格证书；（3）在学校教育系统外的职业技术教育与培训机构学习获得的职业资格证书；（4）附加职业资格和部分职业资格证书。

匈牙利国家资格框架一共包含8个等级。国家资格框架在很大程度上是用于各种资格证书之间的互通认证，框架的运行过程中并不涉及资格管理部门的权力转移。该框架也可以对非正式培训部门的资格进行分类。

表2　匈牙利国家资格框架

学校教育类型	国家资格框架等级
没有完成普通教育	1
完成初等教育（8年级）	2
桥梁计划①	3
特殊职业学校毕业技能证书	2
特殊职业学校毕业证和职业资格证	3
中等教育资格证明	4
中学离校考试②	4
国家注册资格中的641级资格	3、4、5、6
"部分资格"③	2、3、4
附加资格	3、4、5
高等职业教育资格	5
学士	6
硕士	7
博士	8

匈牙利的质量保障框架是与欧盟委员会相互合作，并未形成独立的质量保障框架。匈牙利商会和行业协会也在职业教育质量保障方面发挥一定的职能。

四、职业技术教育与培训的治理与教师

（一）治理

自2013年1月以来，匈牙利中央部门取代地方来治理学校，职业技术教育培训和成人培训由国民经济部统筹管理，全国有关部门负责职业资格的认证和管理工作，并与人

---

① 在匈牙利，公共教育和职业教育的桥梁方案帮助学生加入高中教育、职业教育或进入工作世界，以及获得开始独立生活所需的知识。

② 职业培训学校曾经提供4年或5年的课程，但自2013年以来，已经减少到3年制课程（9—11年级），相当于国际教育标准分类三级资格。完成职业学校后，学生可以选择再学习2年，最终通过中学离校考试，因此，职业培训学校又称为"3+2"年制学校。

③ 在职业学校可获得ISCED 3级资格证书，或所谓"部分资格"。自2013年以来，职业学校和职业中学都推出所谓的"桥梁"计划。职业桥梁计划在两年内提供"部分资格"。

力资源部长共同教育承担关于学习成果和框架课程的责任。自 20 世纪 90 年代以来，工商界一直参与国家咨询机构，越来越多地参与职业教育与培训相关问题的决策。目前，匈牙利的商会在塑造职业教育和成人培训方面发挥主导作用。详细内容见表 3。

表 3　匈牙利职业技术教育与培训的管理部门及主要职责

管理部门或机构		主 要 职 责
政府		颁发《国家注册资格》和国家认可的职业资格要求、职业考试规范。
国家经济部		监督匈牙利的职业技术教育与培训。负责规范职业技术教育与培训的课程、定义职业技术教育与培训的学习成果和课程框架。
匈牙利商会和行业协会		负责制定职业技术教育与培训政策，例如制定核心课程和考试程序、保障职业培训的质量。
社会伙伴	国家经济和社会委员会	为职业技术教育与培训提供战略支持。
	全国职业和成人教育委员会	由部长负责的咨询顾问机构，参与《国家注册资格》的发展和国家就业基金的分配。
	国家资格认证委员会	对《国家注册资格》的发展提出建议。
	县级发展和培训委员会	行使县级职业技术教育与培训的职能，提供咨询、评论和制定方案的服务。

（二）教师

匈牙利对不同类别的培训教师和培训人员的资格和职责制定了具体的要求，具体见表 4。

表 4　匈牙利职业技术教育与培训教师的资格标准和在职培训[①]

资格	资格标准（岗前培训）	在职培训	职位和职责
职业教师	硕士学位和教学资格（国际教育标准分类5A）	最少每7年至少一次120小时的强制性培训（80%国家支持）	专业理论课教学
职业培训人员	本科/学士学位和教学资格（国际教育标准分类5A）	最少每7年至少一次120小时的强制性培训（80%国家支持）	监督学校工厂职业实践教学
实践教师	特定领域的职业资格至少五年的专业经验		监督企业实践培训教学

匈牙利对有关职业技术教育与培训的教师做出新规定：（1）职业教育学校的教师培训工作以两种结构进行，一是学士/硕士的双层模式，也可以是单一的接受长期教育；（2）教学实践扩展到在外部训练站点接受 1 年的培训；（3）由外部督学监督评价教师的教学质量。

---

① Cedefop ReferNet Hungary (2012). VET in Europe: country report Hungary. http://libserver.cedefop.europa.eu/vetelib/2012/2012_CR_HU.pdf.2017–10–13.

五、职业技术教育与培训的诉求与发展趋势

（一）诉求

受全球金融危机影响，2008 年匈牙利 GDP 衰退 6%，成为首个接受国际国币基金组织援助的国家。为摆脱危机影响，匈牙利政府采取了一系列扭转经济的措施，如加大政府投资、提高外援资金的使用效率、促进消费与出口等。2013 年，匈牙利经济开始恢复，主要产业均有所好转。2014 年 GDP 增速达 3%。根据匈牙利政府的最新产业发展规划，匈牙利经济部正在制定专门的行业发展战略，加强对信息产业的支持，该行业在 2015 年为匈牙利提供了 40 万个工作岗位。为此，战略规划在今后 3 年内，要在现有发展规模的基础上再增加 2 万人的新增就业，如此再加上溢出效应，预计可以创造出 5—6 万个工作岗位的需求。如此庞大的劳动力市场需求必将为职业技术教育与培训带来更大的发展机遇。

据 2016 年美国人力资源公司公布的调查数据显示，匈牙利有近 57% 的公司无法招募到工人[①]，有 11.67 万匈牙利居民选择在国外工作[②]。2019 年，匈牙利就业人口 451.2 万人，2/3 的劳动力接受过高中以上教育。匈牙利就业情况地区差异明显：东北部和西南部地区经济发展水平严重滞后，年轻劳动力外流现象严重，失业率普遍高于全国平均水平，而布达佩斯和西北部地区失业率仅有 2% 左右，北部平原失业率达 7.1%。2019 年全年平均失业率为 3.4%。[③] 因此，匈牙利的公司一方面需要与邻国的公司进行竞争，另一方面还要通过更好的待遇条件来吸引工人。有些公司已经开始自己给员工进行培训来吸引劳动力。可见，匈牙利的职业技术教育与培训仍无法满足当前劳动力市场的需求。巨大的劳动力短缺需要匈牙利政府加强对职业技术教育与培训的重视，扩大覆盖面，形成系统的框架，为匈牙利人提供更多的培训机会。

匈牙利的劳动力供需不匹配也影响了劳动力的生产效率。从 20 世纪 90 年代起，匈牙利就有大量的低技术劳工找不到工作，无法适应技术的进入，而年轻的高技术劳工选择移民。因此，为了提升劳动力市场的效率，加强职业技术教育与培训迫在眉睫，并且是一项艰巨的任务，必须放在教育改革的首位。

（二）发展趋势

1. 推动非正规教育与培训的发展

匈牙利在职业技术教育与培训方面仍面临很大挑战，匈牙利非正规的职业技术教育

[①] 匈牙利遭遇史上最严重劳动力短缺危机 [EB/OL].(2016-11-03) [2017-10-15].http://www.ccpit.org/Contents/Channel_4114/2016/1103/713717/content_713717.htm

[②] 匈牙利劳动力短缺问题亟待破解 [EB/OL].(2016-08-25) [2017-10-13].http://finance.china.com.cn/roll/20160825/3875618.shtml.

[③] 商务部国际贸易经济合作研究院等 . 对外投资合作国别（地区）指南——匈牙利 [R]. 商务部《对外投资合作国别（地区）指南》编制办公室 , 2020, 12:45.

与培训系统不完善，单纯依靠正规的职业技术教育与培训机构，无法满足市场发展的需求，也无法为所有需要的人提供职业技术教育与培训。另外，匈牙利较高的青年失业率与技能短缺两大问题并存，工商界批评职业技术教育与培训的质量和职业的相关性问题。

2. 增强职业教育的吸引力

为应对国家经济发展和劳动力市场出现的问题，匈牙利政府和教育管理部门积极推动职业技术教育发展改革，2010年，匈牙利发起了职业学校的学生奖学金项目。该项目的推出，吸引了更多学生来选择参与职业技术教育与培训，增加了职业教育和技术工人这一职业对学生的吸引力，也缓解了特定职业的熟练技工的短缺现象。

3. 开展有针对性的职业教育培训项目

另外，通过推进桥接培训项目、促进弱势群体融入教育、对特定群体的培训以及降低职业技术教育与培训的辍学率，目的在于提升国家职业技术教育与培训的效率、缩小青年和成人职业技术教育与培训课程之间的质量差距。具体包括：了解技能需求预期，并提供奖励以更好地匹配技能和工作需要；加强培训机构与企业、行业的合作；减少职业学校的辍学率等。①

（深圳职业技术学院　技术与职业教育研究所　魏　明）

主要参考文献

[1] 中华人民共和国外交部. 匈牙利国家概况 [EB/OL]. (2021–07–01) [2021–09–25]. http://www.fmprc.gov.cn/web/gjhdq_676201/gj_676203/oz_678770/1206_679858/1206x0_679860/.

[2] 商务部国际贸易经济合作研究院等. 对外投资合作国别（地区）指南——匈牙利 [R]. 商务部《对外投资合作国别（地区）指南》编制办公室, 2020, 12.

[3] Cedefop (2011). Vocational education and training in Hungary: short description. Luxembourg: Publications Office. http://www.cedefop.europa.eu/EN/Files/4103_en.pdf.

[4] Farkas, P (2013). Vocational Education and Training in Hungary. Budapest: National Labour Office.

[5] 匈牙利职业教育与培训在欧洲 [EB/OL].http://www.cedefop.europa.eu/en/publications–and–resources/country–reports/vet–in–europe– country–reports.2017–8–15.

[6] Cedefop ReferNet Hungary (2012). VET in Europe: country report Hungary. http://libserver.cedefop.europa.eu/vetelib/2012/2012_CR_HU.pdf.2017–10–13.

[7] Spotlight on VET Hungary[EB/OL]. http://www.cedefop.europa.eu/en/publications–and–resources/publications/8081.2017–8–15.

---

① Spotlight on VET Hungary[EB/OL]. http://www.cedefop.europa.eu/en/publications–and–resources/publications/8081.2017–8–15.

意大利共和国

一、国家概况 [①]

（一）地理

意大利共和国（Repubblica Italiana）位于欧洲南部，包括亚平宁半岛以及西西里岛、撒丁岛等岛屿，国土面积301333平方千米。北面与法国、瑞士、奥地利和斯洛文尼亚接壤，东、南、西三面临亚德里亚海、爱奥尼亚海和第勒尼安海。海岸线长约7200千米。

大部分地区属亚热带地中海气候，平均气温1月2℃～10℃，7月23℃～26℃，年平均降水量500—1000毫米。全境35%为山地，41%为丘陵，平原仅占23%。境内的勃朗峰海拔4810米，是意大利的最高峰。

自然资源贫乏，仅有水力、地热、天然气等能源和大理石、粘土、汞以及少量铅、铝、锌和铝矾土等矿产资源。石油和天然气产量仅能满足4.5%和22%的国内市场需求，能源和主要工业原料供给依赖进口。

（二）人文

意大利是一个建立在1948年宪法基础上的议会共和制国家，行政、立法、司法三权分立，总统为国家元首，总理行使管理国家职责，由总统任命，对议会负责。总统任期7年，无连任限制。现任总统为塞尔焦·马塔雷拉（Sergio Mattarella），于2015年2月3日宣誓就职。

意大利人口约5926万（2021年数据），其中，94%为意大利人，少数民族有法兰西人、拉丁人、弗留利人、日耳曼人和斯拉夫人等。官方语言为意大利语，西北部的瓦莱·达奥斯塔、东北部的特伦蒂诺－上阿迪杰和弗留利－威尼斯朱利亚等少数民族地区分别讲法语、德语和斯洛文尼亚语。意大利居民70%以上信仰天主教，其余信仰新教、东正教、犹太教、伊斯兰教和耶和华见证会及佛教。首都罗马为第一大城市，人口约300万，还有米兰、那不勒斯、佛罗伦萨、都灵等大城市。

[①] 中华人民共和国外交部. 意大利国家概况 [EB/OL]. (2021–07) [2021–09–10]. https://www.fmprc.gov.cn/web/gjhdq_676201/gj_676203/oz_678770/1206_679882/1206x0_679884.html; 中华人民共和国商务部. 对外投资合作国别（地区）指南——意大利（2020年版）[EB/OL]. [2021–09–10]. http://www.mofcom.gov.cn/dl/gbdqzn/upload/yidali.pdf; 梅伟惠. 意大利教育战略研究 [M]. 杭州：浙江教育出版社，2013：117，98.

意大利全年约 1/3 的日子是休息日，除双休日外还有宗教节日、民间传统节日、国家纪念日等。全国性的节日、纪念日有：1 月 1 日，新年；1 月 6 日，主显节，也是意大利的儿童节；每年春分月圆后的第一个星期日，复活节；2 月，意大利各地都会举行狂欢节，尤以威尼斯著名；6 月 2 日，国庆节；8 月 15 日，八月节；11 月 2 日，万圣节；12 月 25 日圣诞节。此外，意大利人每年 8 月还有 2—3 周的假期。

（三）经济

意大利是发达工业国，欧洲第四大、世界第八大经济体。中小企业发达，被誉为"中小企业王国"，中小企业数量占企业总数的 98% 以上。地区经济发展不平衡，北方工商业发达，南方以农业为主，经济较为落后。

实体经济发达，是欧盟内仅次于德国的第二大制造业强国。各类中等技术含量消费品和投资产品在世界市场上占有相当份额，但高技术产品相对较少。中小企业专业化程度高，适应能力强，传统上以出口为导向，在制革、制鞋、服装、纺织、家具、厨卫、瓷砖、丝绸、首饰、酿酒、机械、大理石开采及机械工业等领域具有较强的国际竞争力。

服务业发展较快，始终保持上升势头，在国民经济中占有重要地位，产值占国民生产总值 2/3，多数服务业与制造业产品营销或供应有关。旅游业发达，是世界第五大旅游国。农、林、渔业占国内生产总值比例为 2.4%，境内 56% 的土地属农业用地，意大利是世界传统农业大国和农业强国。

巨额赤字和公共债务一直是意大利经济的两大难题。近 10 年来，意大利分别于 2008 年、2012—2014 年、2019 年历经三次经济衰退。2020 年意大利上半年公债率上升至近 160%。新冠肺炎疫情对意大利经济造成严重冲击，意大利国家统计局估算 2020 年全年 GDP 下降 8.8%。2020 年 5 月，意大利政府颁布了资金规模达 550 亿欧元的"复兴法案"，旨在帮扶受疫情影响陷入困境的个人、家庭和企业，支持引导经济快速重启。

（四）教育

意大利教育体系分为三个阶段，即 5 年初级教育（小学）、8 年中级教育（3 年初中，5 年高中）、大学或专科院校等高等教育，16 岁以下未成年人可享受义务教育。

小学和初中教育被统称为意大利教育的第一阶段。小学每周的学时是 24 小时，每个班由一位教师负责讲授不同的学科。主要科目包括：意大利语、英语、历史、地理、数学、科学、信息与通信技术、艺术和绘画、运动科学、天主教等。每个班级学生最多 25—27 人，最少 10 人。根据 2004 年第 59 号法案，小学的主要目标是：培养个性发展；掌握基本知识；发展各种技能，如信息与通信技术素养、意大利语、英语等；了解现实世界，掌握社会技能；讲授共同生存的基本原则等。初中阶段采取分科教学，每周教学时间为 30 小时。每个班级学生不超过 25 人，不少于 15 人。初中的主要目标是：作为提供义务教育的学校，初中采用民主原则，提升每一位公民的教育水平以及意大利民众整体的教育水平。小学和初中都采用 10 分制对学生进行评估，学生只有获得 6 分以上，才能进入高一级别的学习。

高中教育被称为意大利教育的第二阶段。意大利高级中等教育包括四大类：普通高中、技术高中、职业高中、职业教育与培训。普通高中是学术类高中，主要为进入大学做准备，学制为5年。技术高中学制5年，主要培养既具有文化基础又拥有专门技术的技能型人才，毕业生可以进入大学学习，也可以直接进入劳动力市场求职。职业高中主要培养服务业人才，目前意大利的职业高中主要包括服务部门以及工业与手工业部门两个部门，职业高中学制为3—5年。职业教育与培训体系由大区负责，包括为期4年的专业技术培训以及为期3年的职业培训。职业教育与培训至少3年，完成相应学习的学生可以获得职业资格证书。学生凭借职业资格证书进入劳动力市场，或者进入后资格证书课程再学习1年，以获得高级中等职业文凭。学生可以凭借该文凭进入高等技术教育和培训体系，或者经过附加1年的学习，获得进入大学的资格。

意大利高等教育主要包括大学教育、高等艺术与音乐教育系统、高等技术教育与培训以及其他机构提供的非大学高等教育。意大利教育水平较高，尤其注重教学与科研联合。国家每年对教育的资金投入与补贴位列欧洲前列。意大利公立学校占比90%左右，私立学校占比10%左右。著名大学有罗马大学、米兰"博科尼"大学、米兰理工大学、都灵理工大学、帕多瓦大学、比萨大学等。意大利的公共大学教育是免费的，外国学生同样可免费入学，但自2000年起，由于留学生大量涌入，意大利教育、大学和科研部开始对公立院校实行象征性收费，具体收费水平因学生家庭年收入而异。

在意大利获得教师资格并非易事，意大利对教师有着非常高的要求。目前学前教育和小学阶段的教师必须有"初等教育学"的本科文凭。中学阶段的教师必须先获得硕士文凭，然后在中等教师专业学校完成两年的专业课程学习，通过特殊的考试后才能被授予教师证书。大学为教师提供在职培训，帮助教师专业成长。

二、职业技术教育与培训的战略与法规

（一）战略 [①]

为了推进教育系统、实习系统与工作系统的整合，教育、大学和科研部及劳动、健康与社会政策部于2009年9月共同推出"意大利2020计划"，即"通过整合工作与学习提升青年就业能力行动计划"（Piano di azione per l'occupabilità dei giovani attraverso l'integrazione tra apprendimento e lavoro）。该计划的重点是填补教育、培训以及工作之间的差距，通过重新启动学徒制，加强技术与职业教育，从而更好地保障学生顺利地从学校系统过渡到工作系统。该计划旨在排除教育与培训的障碍，整合从不同机构获得的资格证书。同时，该计划希望确保青少年能够更好地在欧洲劳动力市场自由流动，通过各级教育与培训以及各种正式、非正式、非正规的学习方法，享受终身学习机会。

---

① 梅伟惠.意大利教育战略研究[M].杭州：浙江教育出版社,2013:117,98.

"意大利 2020 计划"共提出六大战略重点：

（1）促进从学校系统到工作系统的过渡。学校难以使学生从教育与培训系统过渡到工作系统是意大利在所有国际学术排名中备受批评的重要方面。减少过渡时间以及消除工作不对口现象，需要综合化和结构化的积极就业政策。同时可以运用一些"杠杆"改变从学校系统到工作系统的学习和培训路径。为了整合学生从学校、学徒期间及工作岗位中获得的学习体验，有必要充分运用"公民训练日志"这一工具。

（2）振兴职业技术教育。中等以及高等职业技术教育的缺乏也是意大利在国际竞争中处于劣势的主要原因。意大利经济的复苏需要制造业部门的复兴及"意大利制造"品牌的重新崛起，这一方面需要加强对学生的就业指导，另一方面需要重组并振兴技术教育。职业技术教育必须适应新的需求并进行改善，避免不同教育与培训路径的重叠。职业技术教育需要在教学方法上进行创新。

（3）重启学徒制合同。意大利是青年失业率最高的欧盟国家之一。青年进入劳动力市场主要通过灵活合同，学徒制被认为是促进青年进入劳动力市场的重要途径。2010 年 11 月 27 日，意大利中央政府、大区政府、省政府以及社会伙伴签署了重启学徒制合同的协议，旨在将学徒制打造成为青年进入劳动力市场的最重要方式。该协议明确了学徒制在法律和体制方面的问题，保证所有学徒获得职业培训课程，鼓励企业内部的培训以及社会伙伴更多地参与。

（4）反思培训实习和工作经验的使用。实习和就业指导在拉近教育及培训系统与劳动力市场的距离方面发挥关键作用。需要在现有法律框架下重新思考实习和就业指导的安排，加强实习和就业指导的功能。

（5）反思大学学习的作用。意大利还需要进一步反思大学的理念和职能。"欧洲 2020 战略"将智能经济发展、可持续发展以及就业作为未来十年欧洲的主要目标。这些思想的核心，除了构建与职业技术教育相联结的高等职业培训系统，还要充分发挥科学研究以及大学系统的作用。为了应对这一挑战，更好地参与全球市场竞争，大学系统需要将创新和发展作为人力资源开发的重要目标，改善意大利的大学在国际排名上的落后局面。

（6）研究博士学位向生产部门和劳动力市场开放。意大利大学培养的博士均为学术型的研究博士，与产业发展联系并不紧密。在赋予大学教育新的观念和支持生产系统创新职责的背景下，该战略考虑研究博士以及博士后教育如何更好地满足劳动力市场和职业要求所具有的重要意义。此外，博士学位应有国际化的维度，并且不断促进青年的流动。

（二）法规[①]

1. 第 81/2015 号法案（Legislative Decree No.81/2015）

意大利学徒制的最新改革是 2015 年 6 月颁布的第 81/2015 号法案。该法案确定了三

① UNESCO-UNEVOC. TVET Country Profiles: Italy [EB/OL]. [2021-09-10]. https://unevoc.unesco.org/home/Dynamic+TVET+Country+Profiles/country=ITA.html; 梅伟惠. 意大利教育战略研究 [M]. 杭州：浙江教育出版社，2013：117, 98.

种学徒类型：

一级（具有相关专业资格证书，中学二年级以上学历）；

二级（职业导向型学徒）；

三级（高等学徒）。

一级和三级分别属于教育和职业培训制度，教育由国家负责，职业培训按宪法下放给各区域。第二级的责任主要分配给社会合作伙伴（工会和雇主协会），而地区负责此范围外公司的培训。

2. 第 25/01/2008 号法案（Decree of the President of the Council of Ministers of 25 January 2008）

该法案代表了在意大利创建高等职业技术教育体系的第一个里程碑（Istituti Tecnici Superiori，ITS）。它为巩固试点工作、确定各区域的作用、系统的可持续性、专业化领域提供了基本准则：节能；可持续交通；生物技术；意大利制造技术；文化科技；信息和通信技术。

3. 第 53/2003 号法案（Law No.53/2003）

该法案为在区域层面启动和认可职业职教制度创造了条件。该法案旨在推行至少 12 年的义务教育，认可职业技术教育在减少青少年过早离校方面的重要性，以及它作为意大利教育体系一部分的官方作用，引入并推广以工作为基础的学习。

该法案旨在对职业教育与培训系统进行重新安排，尤其强调：加强职业教育与培训的地方相关性；保障质量的最低标准；构建学分转换系统。

4. 比亚吉法案（第 30/2003 号法案）

该法案旨在加强教育系统与劳动力市场的联系，促进教育机构的多样性，增加学生的选择性，将原来单一的学徒制发展为三类学徒制，并且引入了更为灵活的就业合同制，以鼓励青少年通过各种途径获得经验和能力。在新的学徒制体系下，学徒一方面在企业工作和学习，另一方面参加由大区培训中心或经过认证的培训机构开设的相关课程。这样安排的目标是，通过充分满足学徒和企业的需求，提高培训质量。

5. 2007 年财政法

2007 年财政法为义务教育年限延长至十年（至 16 岁）提供了经费保障；同时指出高级中等教育的前两年里，所有类型的教育与培训（普通教育和职业教育）应该提供给学生相通的知识和能力。

6. 吉尔米尼改革

玛丽亚·吉尔米尼于 2008—2011 年担任意大利教育、大学和科研部部长。吉尔米尼主要开展了以下改革：

（1）对技术高中和职业高中做了更为清晰的划分，前者主要培养学生掌握各种技术，后者主要培养学生良好的职业能力；

（2）根据欧洲能力模型，为学生提供坚实的科学、技术以及职业文化基础；

（3）年度学习时间增加至 1056 学时，即每周约 32 学时；

（4）技术高中和职业高中均为五年制，按照 2 个两年加 1 个一年进行课程组织；

（5）每年为不同专业的学生提供相同的通识教育；

（6）针对课程而言，学校拥有 20% 的自主权，在最后一年，技术高中拥有 35% 的自主权，职业高中拥有 40% 的自主权。

三、职业技术教育与培训的体系与质量保障

（一）体系 ①

意大利教育体系如下图所示：

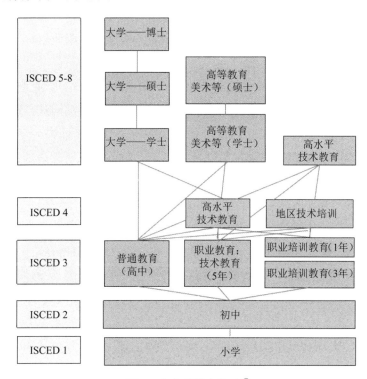

图 1 意大利教育体系 ②

意大利职业技术教育与培训体系由中等职业教育与培训、高等职业教育与培训以及继续职业教育与培训三部分组成。

1.中等职业教育与培训

意大利中等教育层次主要有四种类型，包括由国家负责的普通高中、技术高中、职

---

① 梅伟惠.意大利教育战略研究 [M]. 杭州：浙江教育出版社，2013: 117, 98.

② 资料来源：UNESCO–UNEVOC. TVET Country Profiles: Italy [EB/OL]. [2021–09–10]. https://unevoc.unesco.org/home/Dynamic+TVET+Country+Profiles/country=ITA.html.

业高中以及由大区负责的初级职业培训（3年）。

国家负责的高级中等学校提供全日制的职业教育与技术教育，大区提供初级职业技术培训。初级职业技术培训由经过认可的职业培训中心提供，更为充分地考虑到大区实际需求及就业框架，基于项目的组织也使其能更加灵活地应对劳动力市场的变化。其目标是培养学生掌握工作世界所需的理论与实践技能。培训主要有两个层次：（1）第一层次培训，主要针对完成初中教育的学生。学制3年，学生完成全部课程后可获得大区的资格证书。获得证书的学生既可直接进入劳动力市场，也可在同一领域接受更为专门的课程培训。（2）第二层次培训，主要针对完成初中教育或获得第一层次职业资格的学生，一般持续1年，主要是为帮助学生追求更高要求和更高薪的职业。

2. 高等职业教育与培训

意大利高等职业教育与培训系统的设计遵循了欧洲资格框架，该框架强调应该由基于地区发展的系统来发展中等后教育职业资格培训，从而使得职业培训更符合地区的经济和社会需求。

参与高等职业教育与培训系统的机构共有四类：中小学校、职业培训机构、大学、企业。大区根据当地实际需要，遵循国家的基本标准，对这些机构进行组织和管理。进入高等职业教育与培训系统，学生必须获得高级中等学校毕业证书，学习年限为2—4学期；对于就业的工人来说，学习的时间可以更长。每个学期划分为理论、实践、工作坊活动三大类。在企业开展实践及培训的时间至少占所有时间的30%。不低于50%的教师在某个部门至少工作了5年，拥有专门的职业经验。

大区规划高等技术教育与培训的课程，并根据国家和大区联合会议通过的协议，保证这些课程更好地与教育系统相整合。培训成果以学分的形式进行统计，以备将来在意大利或其他国家接受培训或工作时能够顺利得到认证。经过由中小学校、大学、职业培训机构、专家组成的考试委员会的最终评估后，大区对考试合格的学生授予高等技术专业证书。

意大利教育、大学和科研部从2011—2012学年起将58所高等技术学院作为中等后教育与培训的组成部分。这些机构是混合的公立、私立机构，与政府、学校和企业不同主体协同发生作用。主要由技术高中和职业高中、由大区认证的提供高等职业培训的培训机构、与高等技术学院属于同一生产领域的企业、大学或从属于技术/科学研究系统的其他任何机构组成。这些机构通过创建立体交叉多层次合作网络，旨在帮助学生顺利进入劳动力市场并取得成功，提高终身学习和职业指导的有效性，并为学生提供与学术性高等教育相平行的学习路径。

3. 继续职业教育与培训

在意大利，主要有两种类型的继续职业教育与培训。一是针对所有公民的成人教育，帮助成人获得基础的和一般的技能，也包括职前工作技能等。这种类型的成人教育由公立学校内部的终身学习中心提供，其目标和优先关注领域由地区当局决定。二是继续职业培训，包括重新培训以及更新工人的技能。继续职业培训主要由地方管理部门认可的培训机构、大学和研究机构、高级中等学校、公司、就业中心、雇主以及贸易协会、职业协会等提供。这些培训主要涉及语言技能、计算机技能、管理技能以及创新能力，并且绝大多数都是在 ISCED 4 和 ISCED 5 层次。

国际职业教育与培训对意大利产生了重要影响。职业教育与培训既可以在企业环境中提供，也可以在院校环境中提供，企业与院校的整合是目前国际职业教育与培训发展的趋势。学徒制是一种历史悠久、高度结构化的培训机制，不仅包括一般性、理论性的教学，也包括在某个企业开展的实践工作，学徒制需要雇主、学校、培训机构之间的紧密合作。意大利在这方面积累了较好的经验，学生一方面在学校环境中学习，另一方面，通过学校与不同的企业签订协议，在商业界与产业界进行实践学习。在不同的职业和大区，合作的形式会有所不同。

（二）质量保障

构建"共同质量保证框架"（CQAF）是《赫尔辛基公报》通过以来欧盟各国关注的目标。但是意大利职业教育与培训系统一直强调"质量控制"而非"质量改进"。职业教育与培训机构往往将质量保证视为政府的一种强迫措施，而非寻求自身发展的机会。为了有效改进意大利职业教育与培训系统的质量，意大利在欧盟共同质量保证框架下，努力构建认证系统，支持职业教育与培训教师的专业成长，将质量保障与自身改进结合起来。

1. 预测技能需求 ①

近年来，意大利的各国家机构对技能需求进行了定量和定性的调查。以下是劳工和社会政策部多年来资助进行的一些调查。

自 1997 年以来进行的调查，重建了公司表示劳动力需求和技能需求的预期框架。对于预期招聘，会收集有关公司拟招聘人员特点的分析信息，例如，熟练劳动力、所需的学历和培训水平、进一步培训的需要、过往经验、信息技术和语言技能。从定性的角度看，2006 年工人职业培训发展研究所（ISFOL，现为 INAPP）开始进行研究活动，旨在分析现有的专业和行业，提供短期（未来 12 个月）和中期（未来 5 年）工作内容变化的详细描述。他们采用了一些调查方法来采访企业家、企业人力资源经理或行业专家，他们可以概述经济发展关键行业的趋势。例如，针对专业需求的审计调查，通过收集约 35000 家公司的样本，旨在收集公司需求的具体技能和专门技能的定性信息。因此，企业家们不能只反思过去进行的培训，还必须预测在不久的将来要进行的培训应满足什么

---

① Angotti, R. Vocational education and training in Europe: Italy. Cedefop ReferNet VET in Europe reports 2018 [R/OL]. Cedefop ReferNet, 2019 [2021-09-10]. http://libserver.cedefop.europa.eu/vetelib/2019/Vocational_Education_Training_Europe_Italy_2018_Cedefop_ReferNet.pdf.

具体需要。

探索劳动力市场和培训需求的定量和定性调查的信息是一项巨大的资产，它为复杂教育系统的所有利益攸关方提供了有用的指示，负责规划和实施与生产世界的需求尽可能协调的专业培训和进修途径。在这方面，努力使劳动力与培训供应的世界结合起来。例如，技术委员会定期审查和更新与大多数职业培训供应链密切相关的专业概况的标准（例如，与职业培训［IeFP］和高等职业技术教育［ITS］途径有关的概况），以及通过具体的研究和分析，试图把所表达的专业需求与教育培训的实践联系起来。

2. 构建认证系统[①]

2000—2006 年，意大利在劳动部第 166/2001 号法令下实施"指导与培训组织认证系统"（Accreditamento delle Strutture Formative ed Orientative），由意大利大区和自治省政府提供公共的培训。这种事前评估系统将国家最低标准作为衡量培训机构质量的指标，以及作为这些机构申请公共经费资助的基本要求。但是在实施过程中，这一认证系统遭到很多批评，如全国层面的培训过于分散，地方过于关注控制培训的过程而非结果，等等。因此，2006 年意大利劳动部对先前的活动进行检查，并制定新的认证系统。在新的框架下，认证并不仅仅是事前的评估工具，而是监管与保证职业培训长期发展和整体质量的重要机制。

2008 年 3 月，国家与各个大区签署合作协议，制定新的认证系统的最低标准，以保证全国层面职业培训的质量水平。各个大区还可以根据社会经济发展现状，增加额外的要求和制定更高的标准。同时，意大利积极引入国际标准的质量认证，如 ISO 9000：2000 标准在意大利职业培训系统中发挥显著作用。目前，已经有 81.9% 的组织参与该认证系统。

3. 建立国家资格框架（National Qualification Framework，NQF）[②]

根据劳动和社会政策部以及教育、大学和研究部签署的一项法令，意大利国家资格框架于 2018 年 1 月依法成立。这项框架的建立经历了漫长的过程，涉及国家和区域各级广泛的利益攸关方的协调、改革和技术工作。

自 2003 年以来，针对基于学习成果的国家资格框架（NQF）原则，在高中通识教育、职业教育和高等教育中实施了改革。关于劳动力市场改革的第 92/2012 号法令和第 13/2013 号法令是这方面工作的重要里程碑，包括规定建立国家能力认证和服务体系，以验证非正规和非正式学习，并建立国家教育资料库，在国家和区域一级颁发培训和职业资格证书，并根据学习成果加以说明。

---

① 梅伟惠. 意大利教育战略研究 [M]. 杭州：浙江教育出版社，2013：117，98.

② Cedefop. National qualifications frameworks developments in Europe 2019. Qualifications frameworks: transparency and added value for end users [R/OL]. Luxembourg：Publications Office, 2020 [2021–09–10]. https://www.cedefop.europa.eu/files/4190_en.pdf.

2015 年，利益攸关方就国家承认区域资格和相关技能的业务共同框架——国家区域资格框架达成协议，随后颁布了一项部际法令。通过建立资格图表集，作为一种方法和信息工具，使数量和种类众多的区域技术教育培训资格合理化，迄今已对 4000 多个技术教育培训区域资格进行分类和纳入。

自 2017 年以来，由新成立的国家积极劳动力市场政策机构（ANPAL）主办的欧洲资格框架国家协调小组（EQF NCP）负责实施国家资格框架（NQF），并将国家资格框架应用到欧洲资格框架（EQF）。它由国家公共政策分析研究所（INAPP）支持，该研究所是独立评估机构。

目前正在制定将资格水平纳入国家资历架构的指导方针。由教育部和大学颁发的正式国家资格证书（普通教育、职业教育和高等教育资格证书），以及在国家—地区协议框架内由各地区颁发的资格证书，均使用教育资格证书等级描述，直接参照 8 个教育资格证书等级。第一份参考报告于 2013 年 5 月提交给 EQF 咨询小组。在 2018 年通过全面的 NQF 后，将于 2021 年提交更新的参考报告，其中还将涵盖最初参考中未包括的地区资质。

4. 支持职业教育与培训系统的教师和培训者的专业发展 [1]

社会经济的快速发展和科技革新的突飞猛进要求教师和培训者不断更新已有的知识和能力。意大利职业教育与培训系统以及成人教育系统内部的教师和培训者的专业发展主要受欧洲社会基金、国家操作计划（NOPs）和大区操作计划（ROPs）资助。这些培训注重从需求分析、项目设计、培训提供以及培训评估等不同阶段优化管理，关注教师和培训者专业能力的发展。培训的内容涉及与培训学分和能力认证相关的新学习方法和新知识新技术的使用、在线学习、职业教育与培训机构认证以及设计有针对性的培训路径等。

四、职业技术教育与培训的治理与教师

（一）治理 [2]

意大利实行分权的教育管理制度，国家、大区、地方政府以及社会伙伴共同承担职业技术教育与培训的责任。

2001 年之后，大区政府对职业教育与培训发挥着主导作用。第 3/2001 号法案对宪法第 5 条进行修订，明确区分了不同层级的政府对普通教育以及职业教育与培训的职能。该法案规定，教育、大学和科研部的职责包括确定教育系统的一般原则；确定大学与研究政策；劳动部负责定义以及确保职业培训系统服务的必要水平；大区以及自治省负责规划、执行辖区内职业教育与培训，负责学校基本表现水平、立法的基本原则等；职业

---

① 梅伟惠. 意大利教育战略研究 [M]. 杭州：浙江教育出版社，2013：117，98.
② 同上。

教育与培训主要由大区负责。"基本表现水平"指的是能力的最低标准，由国家—大区会议共同制定，以符合国家与欧盟标准。

自 2018 年以来，根据劳动部和财政部，经济发展部（MISE）协调投资培训的公司的税收减免。大区必须确保学生获得基本水平的语言、数学、科学、技术以及社会能力，同时符合当地企业的要求以及国家所规定的职业水平。其他地方政府负责实施大区确定的职业培训政策与战略。社会伙伴对于意大利职业教育与培训的发展也发挥着至关重要的作用。重要的社会伙伴包括意大利雇主协会、意大利总工会、意大利劳动人民工会联合会和意大利劳工联盟等。它们在不同的层次发挥着不同的职能。在全国层面，社会伙伴在学徒制和继续培训方面有着战略作用；在大区层面，社会伙伴参与三方委员会，批准大区的就业规划，其中包括职业教育与培训系统的发展战略；在企业层面，工人代表参与相关继续培训的决策。

（二）教师[①]

教师受雇于教育部，教育部负责对教师的监管框架。职业技术教育与培训的教师一般在州立职业学校和成人教育中心（CPIA）工作。

在职前培训方面，大学与学校合作，代表教育部提供教师的初步培训。进入教学专业的最低要求是特定教学课程（数学、化学、外语）的五年学士学位。

近年来，在初级培训和教师招聘方面不断发生变化和改革，2018 年建立了一个新的招聘系统。最新的关键特征是，要求教师不仅需要学位，还需要心理学和教学学科方面的知识以及教学方法和技术，并通过特定的大学考试来确认。另一个基本的新特点是参与学位后的初始培训和实习（Formazione iniziale e tirocinio，FIT），这是一个付费的、为期 3 年的培训，教师在被授予教学职位前必须参加。FIT 旨在使教师逐步融入课堂环境。第一年，提供理论培训；第二年，提供综合培训机会，包括在学校工作和开始特定的培训活动；第三年，教师获得一个空缺的教学职位，承担所有相关的责任。

对教师的职前培训旨在提高他们的心理素质以及教学、组织和社会技能，并按欧盟的建议提高他们的语言和数字技能。多年来，根据国家集体劳动协议，教师的永久培训被认为是一项个人权利，但现在是强制性的，遵循第 107/2015 号法案（The Good School Reform Act）的规定。该法规定教师在职培训是强制性的，提供激励。教师的在职培训必须符合学校计划和教育部的优先事项。所有固定学期的合同教师也必须参与培训。

在 2016—2019 三年计划中，已经建立了教师培训的优先领域，这也是第 107/2015 号法案的一部分。它们包括：（1）组织和教学自主权；（2）基于能力的学习、方法创新和基本技能；（3）数字技能和新的学习环境；（4）外语技能；（5）包容；（6）社会凝聚力和

---

① Angotti, R. Vocational education and training in Europe: Italy. Cedefop ReferNet VET in Europe reports 2018 [R/OL]. Cedefop ReferNet, 2019 [2021–09–10]. http://libserver.cedefop.europa.eu/vetelib/2019/Vocational_Education_Training_Europe_Italy_2018_Cedefop_ReferNet.pdf.

预防一般青年危机；（7）融合、公民身份和全球公民技能；（8）学校和工作；（9）涉及整个学校社区的评价和发展。

五、职业技术教育与培训的诉求与发展趋势

（一）诉求[①]

意大利职业技术教育与培训主要有以下优先事项和挑战需要解决：

1. 保障公众有效参与职业教育与培训，推进职业教育与培训系统的终身学习。提高公众对非正规和非正式学习的潜在好处的认识，特别针对可能受益最多的目标群体；提高验证非正规和非正式学习程序的成本效益；支持工人参加培训，消除妨碍他们接受培训的障碍，激励低技能和50岁以上的工人参加培训活动；巩固通过继续职业培训获得的技能认证；改善国家和区域一级参与终身学习的各利益攸关方之间的协调和联系。

2. 改善职业教育与培训系统的质量。制定创新的教学方法；培训教师和培训师；通过执行国家教育和培训质量保证计划，采纳符合欧洲职业教育和培训质量保证参考框架的建议，促进对教育和培训结果的评估；参与验证非正规和非正式学习的所有阶段和程序的培训人员；改进对培训结果的监测，并根据每个学习者的培训需求调整培训提供；制定对培训政策影响的评估分析工具；进一步发展现有的技能预测工具和方法，使提供的培训与技能需求相匹配；提高培训提供者提供高水平技术特别是数字技能方案的能力。

3. 加强职业教育及培训系统与劳动力市场的联系。通过加强学徒制，将年轻人的培训和就业纳入双重体系；加强高等职业教育培训的学徒制；简化现行立法，提高企业学徒制的吸引力；加强社会伙伴参与与培训有关的企业决策。

（二）发展趋势

1. 提高公众参与职业教育与培训的学习水平和关键能力，促进公平入学，加大初级职业教育与培训和继续职业教育与培训的覆盖面和参与率；提高职业教育与培训学习者的平均水平，促进卓越以及确保所有人掌握最低水平和更新知识及技能的能力；加大职业技术教育学校和培训系统信息的传播、获取以及使用力度。

2. 提升、整合与改善职业教育和培训系统的质量。改善职业教育的质量和学习结果，确保关键能力培训与认证机会，使能力的认可更为便利。提高政府执行力，整合教育系统、培训系统和工作系统，职业培训（IeFP）和职业教育培训（IPS）之间的联系将进一步加强。

3. 加强职业教育及培训与劳动力市场的衔接和双向联系。改进继续培训系统，促进劳动者更好地适应社会需求。继续发展不同层次的职业教育培训的学徒制，尤其是高等

① Angotti, R. Vocational education and training in Europe: Italy. Cedefop ReferNet VET in Europe reports 2018 [R/OL]. Cedefop ReferNet, 2019 [2021-09-10]. http://libserver.cedefop.europa.eu/vetelib/2019/Vocational_Education_Training_Europe_Italy_2018_Cedefop_ReferNet.pdf.

职业教育培训的学徒制。支持培训政策以及增进企业竞争力的政策。满足不断升级的就业市场，促进职业教育向人工智能4.0迈进。

（深圳职业技术学院　管理学院　王　丰

深圳职业技术学院　人工智能学院　刘　峰）

主要参考文献

[1] 中华人民共和国外交部. 意大利国家概况 [EB/OL]. (2021-07) [2021-09-10]. https://www.fmprc.gov.cn/web/gjhdq_676201/gj_676203/oz_678770/1206_679882/1206x0_679884.html.

[2] 中华人民共和国商务部. 对外投资合作国别（地区）指南——意大利（2020年版）[EB/OL]. [2021-09-10]. http://www.mofcom.gov.cn/dl/gbdqzn/upload/yidali.pdf.

[3] 梅伟惠. 意大利教育战略研究 [M]. 杭州：浙江教育出版社，2013：117，98.

[4] UNESCO-UNEVOC. TVET Country Profiles: Italy [EB/OL]. [2021-09-10]. https://unevoc.unesco.org/home/Dynamic+TVET+Country+Profiles/country=ITA.html.

[5] Angotti, R. Vocational education and training in Europe: Italy. Cedefop ReferNet VET in Europe reports 2018 [R/OL]. Cedefop ReferNet, 2019 [2021-09-10]. http://libserver.cedefop.europa.eu/vetelib/2019/Vocational_Education_Training_Europe_Italy_2018_Cedefop_ReferNet.pdf.

[6] Cedefop. National qualifications frameworks developments in Europe 2019. Qualifications frameworks: transparency and added value for end users [R/OL]. Luxembourg : Publications Office, 2020 [2021-09-10]. https://www.cedefop.europa.eu/files/4190_en.pdf.

AN OVERVIEW OF TVE IN
"BELT AND ROAD" COUNTRIES

"一带一路"沿线国家
职业技术教育概览

修 订 本

| 第三册 |

李建求 卿中全 主编

商務印書館
创于1897
The Commercial Press

目　录

阿尔及利亚民主人民共和国

一、国家概况 [①]

（一）地理

阿尔及利亚民主人民共和国（The People's Democratic Republic of Algeria，République Algérienne Démocratique et Populaire），简称阿尔及利亚，是非洲面积最大的国家。位于非洲西北部，北临地中海，东邻突尼斯、利比亚，南与尼日尔、马里和毛里塔尼亚接壤，西与摩洛哥、西撒哈拉交界。海岸线长约 1200 千米。北部沿海地区属地中海气候，中部为热带草原气候，南部为热带沙漠气候。每年 8 月最热，最高气温约 29℃，最低气温约 22℃；1 月最冷，平均最高气温 15℃，最低气温 9℃。

（二）人文

阿尔及利亚为统一的民主人民共和国。总统每届任期 5 年，可连选连任，总统在国家政治生活中居主导地位。现任总统为阿卜杜勒马吉德·特本，于 2019 年 12 月当选。国家高级法院拥有审判总统、总理背叛行为或渎职罪的权利。

截至 2020 年 12 月，阿尔及利亚人口总数约为 4370 万。以阿拉伯人为主，其次是柏柏尔人（约占总人口 20%），少数民族有姆扎布族和图阿雷格族。

官方语言为阿拉伯语，通用法语。伊斯兰教为国教。居民中穆斯林约占 99%。全国有清真寺 1.4 万个。此外还有少量天主教徒。

阿尔及利亚共有 5 个法定节日，即元旦（1 月 1 日）、劳动节（5 月 1 日）、革命振兴日（6 月 19 日）、独立日（7 月 5 日）、革命日（11 月 1 日），各放假 1 天。

（三）经济

阿尔及利亚经济规模位居非洲前列。石油与天然气产业是国民经济的支柱，多年来其产值一直占 GDP 的 30%，税收占国家财政收入的 60%，出口占国家出口总额的 97%

[①] 中华人民共和国外交部. 阿尔及利亚国家概况 [EB/OL]. (2021-07) [2021-09-09]. https://www.fmprc.gov.cn/web/gjhdq_676201/gj_676203/fz_677316/1206_677318/1206x0_677320.html; 中华人民共和国商务部. 对外投资合作国别（地区）指南——阿尔及利亚 (2020 年版) [R/OL]. [2021-09-09]. http://www.mofcom.gov.cn/dl/gbdqzn/upload/aerjiliya.pdf.

以上。粮食与日用品主要依赖进口。

自 1989 年开始，阿尔及利亚施行市场经济改革，1995 年通过私有化法案，加快经济结构调整。2005 年以来，国际油价走高，阿尔及利亚油气收入大增，经济稳步增长。阿尔及利亚政府对内实施财政扩张政策，全面开展经济重建，在"五年经济社会振兴规划"（2005—2009 年）和南部、高原省份发展计划框架下，斥资近 2000 亿美元用于国企改造和基础设施建设，推动国有企业和金融体系改革，加大对中小企业的扶持；对外扩大经济开放，出台"新碳化氢法"，鼓励外企参与阿尔及利亚油气开发，密切开展与欧美的经贸合作，加紧开展"加入世贸组织"谈判。

2009 年国际金融危机爆发，虽未对阿尔及利亚金融体系造成较大冲击，但随着危机蔓延，其石油收入锐减。为减弱金融危机影响，阿尔及利亚加强对金融机构的监督和引导，加大对油气领域投资，加快实施能源多元化战略。2010 年、2014 年，阿尔及利亚分别启动了旨在振兴经济、加快发展、改善民生的国家投资计划。

2020 年，国内生产总值 1548 亿美元，人均国内生产总值 3542 美元，经济增长率 −8.5%，通货膨胀率 2.1%，失业率 15.1%，外贸总额 754 亿美元（2019 年数据）。货币名称为第纳尔（Dinar），汇率是 1 美元约合 126 第纳尔。

（四）教育

阿尔及利亚实行 9 年制义务教育，推行教育民主化、阿尔及利亚化、阿拉伯语化。小学入学率 97%，中学入学率 66%，全国有 1/4 的人口为在校学生。中、小学生教育免费，大学生享受助学金和伙食补贴。历年教育经费开支占行政预算的 25%—30%。教育开发费在经济开发投资中占 15% 左右。2019—2020 学年，阿尔及利亚中、小学数量增至 27355 所，在校中、小学生数量达 911 万人，全国共有教师近 47.9 万人。各类高等教育机构近百所，2019—2020 学年在校大学生约 180 万人，全国共有大学教师近 5.5 万人。主要大学有：阿尔及尔大学、胡阿里·布迈丁科技大学、君士坦丁大学等。

根据阿尔及利亚国家成人教育及扫盲局 2016 年 9 月报告，自 2007 年开始实行国家扫盲计划，2018 年阿尔及利亚文盲率下降至 9.44%。自 2007 年以来共计减少文盲 407.2 万人。2017—2018 学年，扫盲学校登记学员 43.2 万人，其中大部分为女性。

二、职业技术教育与培训的战略与法规

（一）战略 [①]

2020 年 2 月，新当选的政府制定了《行动计划》（"Plan d'actions"）。该计划的目标之一是使职业教育（VET）系统现代化。该文件列出的优先事项包括：

（1）提高职业教育质量，加强技术、科技培训和教育；

---

① ETF. Algeria Education, Training and Employment Developments 2020 [R]. European Training Foundation, 2020.

（2）在重点经济部门建立卓越中心；

（3）发展学徒培训和远程学习；

（4）加强部门间协作机制，通过"à la carte"培训和学习政策提高求职者的就业能力；

（5）促进和发展持续职业培训，以提高企业的综合能力和竞争力；

（6）制定和实施年度和多年培训计划，以支持职业培训部门员工的升级和再培训；

（7）使职业技术教育与培训活动管理现代化和数字化，包括开发内部和外部统计数据系统；

（8）通过为职业教育学校和中心提供新设备来改善工作条件。

该行动计划还设想了"职业学士学位"（baccalauréat professionnel）的发展，为此已任命一个官方的跨部委的委员会来准备其申请条款。在 2002 年和 2005 年，政府曾尝试引进职业学士学位，但由于没有法律支持，最终以失败告终。此外，尽管 2017 年 9 月通过了新规定，但实现中学生升学率达到 30%—40% 的目标尚未实现。

（二）法规[①]

1.《国家教育法》（The National Education Act）

《国家教育法》为提供教育和培训提供了框架。在学校系统中，课程、方法和时间表是集中的，而各类机构和工作人员的管理是分散的。

2.《2008 年职业技术教育与培训法》（Law No. 08–07 of 23 February 2008 on VET—Loi d'orientation sur la formation et l'enseignement professionnels）

《2008 年职业技术教育与培训法》对职业技术教育与培训进行了监管和说明。职业技术教育与培训的标准工作程序包括：居民培训（formation residentielle），主要在职业技术教育与培训机构和中心进行；学徒培训，通过培训中心和企业合作进行；远程学习，主要通过函授课程，定期进行面对面培训；夜校课程，主要针对那些希望继续接受培训或为职业发展而专门进修的员工。此外，职业技术教育与培训还提供短期课程（针对需要再培训才能进入劳动力市场的年轻人）的培训机会，针对弱势群体的培训，以及针对农村妇女和家庭主妇的专门培训课程。

3.《学徒法》（The Law on Apprenticeships）

《学徒法》于 2018 年出台，是提高和完善学徒培训的重要文件，加强了对学徒计划的教育支持。在实施行业五年计划（2015—2019）的背景下，该法律应运而生，将学徒培训作为满足企业人力资源需求、促进毕业生就业和专业融合的关键点。实际上该法律旨在发展学徒制度的作用，促使雇主和当地利益相关者更多参与学徒制的管理，建立对学徒制的教学监督和支持系统，扩大在外资企业、工商公共事业中学徒制的范围，保障

---

① ETF. Algeria Education, Training and Employment Developments 2020 [R]. European Training Foundation, 2020.

学徒的权利。职业技术教育与培训部的目标是逐步提高学生中的学徒比例。对职业教育毕业生的追踪机制将有助于分析该系统的效率和质量。欧盟的"培训—就业—资格支持项目"（AFEQ）致力于通过提高培训质量来促进阿尔及利亚的学徒制度。

此外，该法律还做出多种决定，如：根据不同专业的培训需求，与雇主协会合作安排学徒，建立以获取技能为基础的学徒制度，并在学习计划中培训学徒教师，以便更好地监督学徒。成立检查员小组，负责通过学徒制进行职业培训，提供教学评估和监督；设立地方调解委员会，负责和平解决、妥善处理在履行学徒合同中产生的任何争端；在工作场所保护学徒人身安全，由医生定期诊察；保障学徒的权利，特别是产假的权利，并保留其享有版权和专利权。

三、职业技术教育与培训的体系与质量保障

（一）体系

1. 正式的职业技术教育体系①

阿尔及利亚小学教育为期 5 年，完成学业后，学生可进入初级中等教育阶段，阿尔及利亚的正式职业技术教育体系从此阶段开始，旨在实现两个经济和社会目标：确保熟练劳动力的培训符合劳动力市场的要求；以职业继续培训为手段，对劳动者进行培训、高级培训和再培训。

（1）专业职业训练证书（CFPS）

学习时间：1 年；

入学条件：在进入初中四年级之前的任何时间；

培训地点：职业人士和学徒培训中心（CFPA）；

毕业生可就业（进入企业或自主创业）或继续学习，以获得职业能力倾向证书（CAP）。

（2）职业能力倾向证书（CAP）

学习时间：1 年；

入学条件：面向已经完成初级中等教育（ISCED 二级）的学生；

培训地点：职业人士和学徒培训中心（CFPA）；

毕业生可就业（进入企业或自主创业）或继续学习，以获得专业掌握证书（CMP）。

（3）专业掌握证书（CMP）

学习时间：1 年；

入学条件：面向已经完成初级中等教育（ISCED 二级），且获得职业能力倾向证书（CAP）的学生；

---

① UNESCO–UNEVOC. TVET Country Profiles: Algeria [EB/OL]. [2021–09–09]. https://unevoc.unesco.org/home/Dynamic+TVET+Country+Profiles/country=DZA.html.

毕业生可就业（进入企业或自主创业）或继续学习，以获得技术员证书（BT）。

（4）技术员证书（BT）

学习时间：2 年；

入学条件：面向已经完成 11 年学校教育，且获得专业掌握证书（CMP）的学生；

毕业生可就业（进入企业或自主创业）或继续学习，以获得高级技术员证书（BTS）。

（5）高级技术员证书（BTS）

学习时间：2 年；

入学条件：面向已经完成 12 年学校教育，且获得技术员证书（BT）的学生；

毕业生可就业（进入企业或自主创业）。

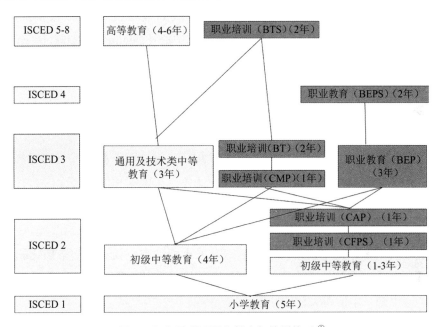

图 1　阿尔及利亚职业教育与培训体系[①]

2. 非正式的职业技术教育体系[②]

尽管阿尔及利亚有非正式的职业技术教育体系，但关于非正式职业技术教育与培训（TVET）系统的资料非常稀有。职业培训主要由公共部门负责。据统计，2017 年，私人培训仅占总供应量的 4%。传统的学徒制是最流行的非正式培训形式，培训的时间因职业而异。

---

①　资料来源：UNESCO–UNEVOC. TVET Country Profiles: Algeria [EB/OL]. [2021–09–09]. https://unevoc.unesco.org/home/Dynamic+TVET+Country+Profiles/country=DZA.html.

②　ETF. Quality Assurance in Vocational Education and Training in Algeria [R]. European Training Foundation, 2020.

（二）质量保障

质量保障是职业教育和培训部的优先事项之一，为此，该部门特设工作小组。对该系统的总体评估由国民议会负责，下设委员会，专门负责监管职业技术教育与培训、审计院和财政监察长等，还有职业教育和培训部监察长。

到目前为止，职业培训的质量已经进行了内部和外部评估。内部评估由监管机构展开，根据年度方案进行，或者根据对某些管理问题或争端的回应（以调查的形式）进行。他们也可以对各省的省长和机构进行内部审计。这项评价以规章制度和具体工作方法为基础，其结果是就培训制度的效力和效率提出咨询意见和建议。审查往往伴随改革而来，以便能够执行该部门所进行的改革。

关于此部门的内部和外部表现通常可以通过以下机构发布的研究内容获取，如：全国人口发展研究与分析中心（Centre national d'études et d'analyses pour la population et le développement，CENEAP）；应用经济学发展研究中心（Centre de recherche en économie appliquée pour le développement，CREAD）；全国职业教育与培训研究中心（Institut national de la formation et de l'enseignement professionnels，INFEP）。[1]

这些研究主要涉及：使职业教育部门的毕业生融入劳动力市场；雇主对职业教育毕业生的满意度；对社会经济需求的响应（培训和就业之间的联系）。

2008 年通过的《职业教育和培训框架法》规定，设立职业教育和培训观察站，负责评估资格框架的定量和定性需求，并完成以下任务：在国家和地区层面建立有效的职业培训和劳动力市场信息系统；作为职业教育发展的政策工具，参与培训和资格需求的确认；为职业教育的决策制定、评估和改进提供工具。

该观察站尚未投入使用，这就解释了缺乏关于劳动力市场需求的结构化和概括性信息的原因。职业教育系统缺乏表现性数据——特别是在其主要目标之一，对经济需求的响应方面，这也是一个值得关注的问题。

有关培训机构的质量保障，公共培训机构的自主权似乎相当有限。它们的表现可能由职业教育与培训部的检查员进行评价。私人机构受规定的约束，这些规定决定了它们的创建、开放和审查的条件。私人机构认可院校的学员须参加职业教育与培训部举办的考试，以取得有关文凭和证书等。

四、职业技术教育与培训的治理与教师

（一）治理

阿尔及利亚的教育部门由三个部门管理：国家教育部、高等教育和研究部、职业培训和教育部。跨部门合作较少，公立与私立的合作也非常少。[2] 目前国家已经在这方面采

---

[1]　ETF. Quality Assurance in Vocational Education and Training in Algeria [R]. European Training Foundation, 2020.

[2]　ETF. Algeria Education, Training and Employment Developments 2020 [R]. European Training Foundation, 2020.

取了一些重要举措，包括在职业培训和教育部与私立商业企业之间签署一些协议，以加强联系，深入合作。通过修改职业教育伙伴委员会（Conseil de Partenariat de la Formation et de l'Enseignment Professionnels）[①]的权利和成员，正式明确此决定。其主要目标如下：通过意见和建议对国家职业培训和教育战略做出贡献；为制定国家职业培训和教育蓝图做出贡献；确保提供的培训符合劳动市场的需要；确保职业培训和教育系统的所有参与者和合作伙伴之间的定期和永久对话和协商。[②]

职业培训和教育部（MFEP）负责职教培训，包含一系列国家和地区机构院校。

国家层面的机构院校如下：

（1）国家职业培训研究所（INFP），负责教育工程和职业培训机构管理人员和专业培训人员的培训，以及与培训方法和教育方案有关的研究。

（2）国家远程学习中心（CNEPD），以各种方式组织远程学习。

（3）专业和资格研究中心（CERPEQ），其使命是进行资格研究，并实施观察培训专业毕业生的融合体系。

（4）发展和促进继续教育国家办事处（ONDPFC），其任务包括回应公共和私营机构和组织的工人的要求，协助和咨询企业，执行和（或）制订再培训和改进行动方案。

（5）国家学习和继续教育发展基金。

（6）职业培训和教育观察站，负责根据数量和质量方面的资格需求进行预见性活动。

（7）国家职业培训设备部（ENEFP）。

地区层面的机构院校如下：

（1）职业训练和教育区域局（DRFEP），是职业培训和教育部（MFEP）下属的服务机构，负责促进和协调区域一级职业训练机构的活动。

（2）职业培训机构（IFP），共6个机构，为职业培训机构的培训人员、管理人员和维护人员提供培训，并参与制订教育方案和设备计划。

（3）国家职业培训机构（INSFP），合计100所，提供四级、五级培训。

此外，还设立了咨询机构来支持职业教育和培训，包括全国职业培训教育会议和伙伴关系理事会。其中，全国职业培训教育会议主要负责：确定职业培训和教育机构活动的发展前景；建立一个协商、协调和评价国家层面的职业教育机构活动的特权框架；执行关于职业教育与培训的国家政策。全国职业培训教育会议每年举办，届时职业训练和教育区域局（DRFEP）负责人共聚一堂，对话协商。它由区域一级的会议转达。

---

① Journal officiel de la République algérienne N°24 [Z/OL]. Secrétariat Général du Gouvernement, le 25 avril 2018 [2021-09-09]. http://ilo.org/dyn/natlex/docs/ELECTRONIC/107073/131665/F557543066/DZA-107073.pdf

② Conseil de Partenariat de la Formation et de l'Enseignement professionnels. Les attributions du Conseil de Partenariat [EB/OL]. [2021-09-09]. https://www.mfep.gov.dz/fr/conseil-de-partenariat.html.

伙伴关系理事会由大会、办公室、专门技术委员会组成，其中专门技术委员会根据地区的主要经济部门和委员会情况组成。[①]

（二）教师

截至 2020 年 12 月，全国共有中小学教师近 47.9 万人，大学教师近 5.5 万人。[②]

招聘职业教育与培训讲师最重要的原则是通过竞争性测试。至于专业经验及候选人必须具备的资格则因师而异、因事而异。在特殊情况下，特别是在某些传统工艺方面，可以通过专业考试招聘候选人。工匠大师必须能够证明他们在该领域工作了至少 5 年，并有能力教授该专业。

新教师必须接受预备教师培训，在此之后，新教师在被任命为常设教师之前必须接受检验和审查。官方统计数据显示，在进行教师招聘时，并未在招聘条件内明确说明对教师的职业培训计划。

一项关于阿尔及利亚职业培训机构教师继续职业培训的欧洲培训基金会（ETF）研究显示，大约 30% 的女教师和 20% 的男教师在开始工作前没有接受任何岗前培训。在院校校长方面，27% 的校长从未接受过领导能力培训，另有 30% 的校长从未接受过任何教师培训。教师测评的依据是教师的教学能力和行政水平，不过测评的唯一目的似乎是为了完成上级要求。

五、职业技术教育与培训的诉求与发展趋势

尽管阿尔及利亚政府已经采取若干措施来改进职业教育体系，但由于政局动荡、基础薄弱等原因，职业教育水平较为低下。[③] 主要存在以下问题：

1. 职业教育辍学率高，吸引力低

阿尔及利亚的劳动力技能相对较低。根据目前官方统计的最新数据，2015 年成年人口受教育水平，68.2% 为较低，19.3% 为中等，12.5% 为高等。教育程度较高的人口比例从 2010 年的 9.8% 上升到 2015 年的 12.5%。过去几十年的广泛努力促进了教育和培训方面相当积极的发展。识字率和受教育程度不断提高：根据可获得的最新数据，2018 年成人识字率为 81.4%，初等教育净入学率为 97.64%，小学到中学的升学率为 98.7%。[④] 总的来说，职业教育与培训的参与人数自 21 世纪初以来翻了一番。尽管如此，职业教育在社会上留给人们的印象仍然很差，被认为是辍学者的第二选择。教育部的一项统计数据分析证实，特别是小学后教育，在每个周期的最后一年辍学率显著，2015—2017 年，只有

① UNESCO–UNEVOC. TVET Country Profiles: Algeria [EB/OL]. [2021–09–09]. https://unevoc.unesco.org/home/Dynamic+TVET+Country+Profiles/country=DZA.html.
② 中华人民共和国商务部. 对外投资合作国别（地区）指南——阿尔及利亚 (2020 年版)[R/OL]. [2021–09–09]. http://www.mofcom.gov.cn/dl/gbdqzn/upload/aerjiliya.pdf.
③ ETF. Country Strategy Paper [R]. European Training Foundation, 2020.
④ ETF. Algeria Education, Training and Employment Developments 2020[R]. European Training Foundation, 2020.

约 40% 的学生获得了初中毕业证书。①

职业教育吸引力低。其一，普通教育和职业教育之间或者职业教育和高等教育之间不存在任何转化途径。职业教育培训并没有作为一个独立、平行和互补的体系发挥作用，为需要发展专业和实践技能的年轻人提供指导。因此，基本指导只集中在概念知识上，年轻人参加职业培训课程的热情不足。其二，职业教育和年轻人就业意愿存在较大不匹配性。这种不匹配指的是年轻人更愿意在被劳动力市场和社会"认可"和"青睐"的职业上接受培训，比如：技术、IT、食品、制药、航空航天等技术含量较高的行业等，然而，市场上急需劳动力的行业大部分是：维修、机电、建设和施工、金属结构、制冷空调、卫生管道、木工、电工、农业、餐饮、旅游等。这种不匹配是文化、社会、专业和经济因素共同作用的结果。由于基础设施薄弱，在社会需求的行业中缺乏职业远景和体面的工作条件，以及存在较大的社会偏见，这种情况需要制订具体计划，以提高各类职业在事业、社会和公共领域中的地位。

2. 职业教育基础设施薄弱，尤其是网络设施

从 2020 年起，阿尔及利亚同世界各国一样，不得不应对新冠疫情。阿尔及利亚政府应对危机采取了一系列经济措施。但是，这些限制性措施对包括教育、培训和就业在内的所有方面都产生了严重影响，新的《行动计划》所规定的活动不得不暂停。所有教育机构在 2019—2020 学年关闭，中学期末考核推迟到秋季。学校部分教育是远程进行的，并努力使通识教育的学生能够通过电视和互联网（YouTube）学习课程。此外，国家远程教育和培训办公室（ONEFD）与国家教育部通力合作，为中学生提供一系列网站和电子平台，使他们能够访问在线辅导课程。然而，对一些学生来说，电脑或智能手机的供应有限，互联网连接不良和停电问题，严重影响学习效率和学习效果，尤其是在最贫困的地区，这些仍然是关键问题。

3. 职业教育师资力量薄弱，缺乏完善体系

此外，参与职业教育与培训的教师总体数量不足，使得绝大多数教师处于超负荷工作状态，从而影响教学质量。另外，教师实践能力不高，缺乏专业实践经验及应用技能。师资培训体系不健全，参与职业教育与培训的教师缺乏长期的、系统性的、合适的培训，这些均在一定程度上影响了职业教育的质量。

针对以上问题，阿尔及利亚职业教育与培训主要诉求和发展方向体现在如下方面：

1. 健全职业教育体系，提升吸引力

健全职业教育体系是新时代职业教育发展的核心任务，也是职业教育建设的重要环节，如建设由中等职业教育、高等职业教育和技术应用型本科教育构成的内部贯通的职业教育体系。

---

① ETF.Work-based Learning in Algeria[R]. European Training Foundation, 2020.

普及职业教育意识，转变人们对于职业教育的刻板印象，营造开放、包容、友好的社会环境，要真正确立职业技术技能人才的观念，营造社会平等支持不同类型人才从业和发展的制度环境。另外，也需要重视媒体宣传，营造舆论环境，如推广"工匠大师""技能大师"等。一方面，扩大职业教育生源，使更多的学生愿意主动选择职业教育；另一方面，有助于改善职业教育社会形象，促进就业。

提升整体经济发展水平，加大对年轻人具有较大吸引力的行业和领域的投入，如科技、技术、制药等，使更多的年轻人在接受职业教育与培训后，可被吸纳到这些行业中，学以致用，贡献力量，以提升职业教育吸引力。

2. 完善基础设施，尤其网络设施

在全球新冠肺炎的新形势下，职业教育基础设施的完善极为重要。应大力加强网络信息化建设，加强网络基础设施建设，运用现代化教学手段推进职业教育的发展，如提高智能手机或电脑的供应，免费发放给学生；推广网络直播课程、慕课课程；确保网络畅通高速；保证电力稳定供应等。由此，确保所有地区，尤其是经济较落后地区的学生均可通过网络授课等形式顺利获取教学资源，学习职业教育知识，提升职业教育技能。

3. 提高职业教育师资力量，完善培训体系

制定长期的、全面的、综合的教师培训计划，根据市场需求，完善校企合作，倡导教师深入企业，深入岗位，提升动手实践能力。从企业中吸纳大批量优秀专职教师或兼职教师，提升教学针对性。此外，完善教师评价考核机制，提高教师教学积极性。注重职业教育师资的专业化发展，以保障职业教育发展的整体水平。

（深圳职业技术学院　人工智能学院　刘　峰

深圳职业技术学院　管理学院　白　星）

主要参考文献

[1] 中华人民共和国外交部. 阿尔及利亚国家概况 [EB/OL]. (2021–07) [2021–09–09]. https://www.fmprc.gov.cn/web/gjhdq_676201/gj_676203/fz_677316/1206_677318/1206x0_677320.html.

[2] 中华人民共和国商务部. 对外投资合作国别（地区）指南——阿尔及利亚 (2020 年版)[R/OL]. [2021–09–09]. http://www.mofcom.gov.cn/dl/gbdqzn/upload/aerjiliya.pdf.

[3] ETF. Algeria Education, Training and Employment Developments 2020 [R]. European Training Foundation, 2020.

[4] UNESCO–UNEVOC. TVET Country Profiles: Algeria [EB/OL]. [2021–09–09]. https://unevoc. unesco.org/home/Dynamic+TVET+Country+Profiles/country=DZA.html.

[5] ETF. Quality Assurance in Vocational Education and Training in Algeria [R]. European Training Foundation, 2020.

[6] ETF. Country Strategy Paper[R]. European Training Foundation, 2020.

[7] ETF. Work–based Learning in Algeria[R]. European Training Foundation, 2020.

阿拉伯埃及共和国

一、国家概况

（一）地理

阿拉伯埃及共和国（The Arab Republic of Egypt），简称"埃及"。国土面积 100.145万平方千米，呈不规则的四方形。地形平缓，多为沙漠、低高原与丘陵山地，没有高山。尼罗河三角洲和北部沿海地区属地中海型气候，气候相对温和，平均气温 1 月 12℃，7 月 26℃。其余大部分地区属热带沙漠气候，夏季气温较高，昼夜温差较大，炎热干燥，沙漠地区气温可达 40℃。每年 4—5 月常有"五旬风"。埃及跨亚、非两大洲，大部分位于非洲东北部，只有苏伊士运河以东的西奈半岛位于亚洲西南部。西连利比亚，南接苏丹，东临红海并与巴勒斯坦、以色列接壤，东南与约旦、沙特阿拉伯相望，北濒地中海。海岸线长约 2900 千米。全境干燥少雨。埃及既是亚、非之间的陆地交通要冲，也是大西洋于印度洋之间海上航线的捷径，战略位置十分重要。[①]

（二）人文

埃及是世界四大文明古国之一。公元前 3200 年，美尼斯统一埃及建立了第一个奴隶制国家。当时国王称法老，主要经历了早王国、古王国、中王国、新王国和后王朝时期，30 个王朝。古王国开始大规模建金字塔；中王国经济发展、文艺复兴；新王国生产力显著提高，开始对外扩张，成为军事帝国；后王朝时期，内乱频繁，外患不断，国力日衰。

公元前 525 年，埃及成为波斯帝国的一个行省。在此后的一千多年间，埃及相继被希腊和罗马征服。公元 641 年阿拉伯人入侵，埃及逐渐阿拉伯化，成为伊斯兰教一个重要中心。1517 年被土耳其人征服，成为奥斯曼帝国的行省。1882 年英军占领后成为英国"保护国"。1922 年 2 月 28 日英国宣布埃及为独立国家，但保留对国防、外交、少数民族等问题的处置权。1952 年 7 月 23 日，以纳赛尔为首的自由军官组织推翻法鲁克王朝，成立革命指导委员会，掌握国家政权。

1953 年 6 月 18 日宣布成立埃及共和国。1958 年 2 月同叙利亚合并成立阿拉伯联合

[①] 中华人民共和国外交部.埃及国家概况 [EB/OL].(2021–07)[2021–09–10].http://www.fmprc.gov.cn/web/gjhdq_676201/gj_676203/fz_677316/1206_677342/1206x0_677344/.html.

共和国。1961 年叙利亚发生政变，退出"阿联"。1970 年纳赛尔总统病逝，萨达特继任总统。1971 年 9 月 1 日改名为阿拉伯埃及共和国。[①]1978 年与以色列签订和平条约。1982 年取回西奈半岛主权。2012 年民选总统穆罕默德·穆尔西上台。2014 年 6 月阿卜杜勒法塔赫·塞西就职总统，2018 年 6 月连任。2016 年 10 月 28 日，埃及当选联合国人权理事会成员，任期从 2017 年至 2019 年。

埃及是阿拉伯世界中人口最多的国家，人口达 1 亿，主要是阿拉伯人。人口增长很快，且居住高度集中，绝大多数生活在河谷和三角洲地区。埃及人口剧增带来严重的贫困问题，据埃及政府的数据显示，2010—2011 财政年度里，埃及的贫困率为 25.2%，比 2008—2009 财年的 21.6% 上升了 3.6 个百分点。农村的贫困率更高达 51.4%。而按照联合国每天生活费低于 2 美元的标准计算，埃及的贫困人口比例则高达 40%，大约有 1500 万人栖身于贫民窟或棚户区内。

伊斯兰教为国教，其信徒主要是逊尼派，占总人口的 84%。科普特基督徒和其他信徒约占 16%。官方语言为阿拉伯语，通用英语和法语。[②]

2008 年 4 月，埃及有两个新省成立，分别是十月六日省及赫勒万省。2009 年 12 月，卢克索省成立，省的数目增至 29 个。2011 年 4 月，十月六日省及赫勒万省分别被并入吉萨省及开罗省，省的数目减至 27 个。

（三）经济

埃及经济的多元化程度在中东地区名列前茅，各项重要产业如工业、农业、服务业和旅游业有着几乎同等的发展比重。埃及被认为是一个中等强国，在地中海、中东和伊斯兰信仰地区尤其有广泛的影响力。

埃及经济属开放型市场经济，拥有相对完整的工业、农业和服务业体系。工业以纺织与食品加工等轻工业为主，重工业以石油化工业、机械制造业与汽车工业为主，工业约占国内生产总值的 16%，工业产品出口约占商品出口总额的 60%，工业从业人员 274 万人，占全国劳动力总数的 14%。工业企业过去一直以国营为主体，自 20 世纪 90 年代初开始，埃及开始积极推行私有化改革，出售企业上百家。

埃及三分之一以上的职业人口从事农业。全国可耕地面积为 310 万公顷，约占国土总面积的 3.7%，绝大部分为灌溉地。耕作集约，年可二熟或三熟，是非洲单位面积产量最高的国家。主产长绒棉和稻米，产量均居非洲首位，玉米、小麦居非洲前列，还产甘蔗、花生等。农业在埃及国民经济中占有重要的地位。农村人口占总人口的 55%，农业占国内生产总值 14%。政府极为重视农业发展和扩大耕地面积。主要农作物有棉花、小

---

① 中国网.埃及国家概况 [EB/OL].[2011−02−23].http://www.china.com.cn/international/txt/2011−02/23/content_21987274.htm.

② 中国人大网.埃及概况 [EB/OL].[2017−03−19].http://www.npc.gov.cn/npc/zt/ws/wzgcf/2010−03/19/content_1564385.htm.

麦、水稻、高粱、玉米、甘蔗、亚麻、花生、水果、蔬菜等。

服务业以旅游业为主，约占国内生产总值的50%，主要旅游景点有金字塔、狮身人面像、卢克索神庙、阿斯旺高坝、沙姆沙伊赫等。2012年旅游收入约100亿美元。2012—2013财年第三季度，旅游收入增长18%。石油天然气、旅游、侨汇和苏伊士运河是四大外汇收入来源。埃及同120多个国家和地区有贸易关系，主要贸易伙伴是美国、法国、德国、意大利、英国、日本、沙特、阿联酋等。

2011年初以来的埃及动荡局势对国民经济造成严重冲击。埃及政府采取措施恢复生产，增收节支，吸引外资，改善民生，多方寻求国际支持与援助，以度过经济困难，但收效有限。2013年7月临时政府上台后，经济面临较大困难，在海湾阿拉伯国家的大量财政支持下，经济情况较前有所好转。2014年6月新政府成立后，大力发展经济，改善民生。[1] 2016年埃及国民生产总值达2.71万亿美元，人均国内生产总值为3640美元。[2]

（四）教育

纵观埃及近代以来的教育发展，从19世纪教育的世俗化改革到20世纪50年代以来的大众化改革，无不体现着教育与经济之间的因时互动。1952—1970年的纳赛尔时期，为了适应不同生产领域对训练有素劳动力的需要，大力发展科学教育、技术教育和职业教育，成为革命以来的最惊人的教育进步。为了推动技术与工程教育，埃及于1961年和1962年分别成立了开罗综合技术学院和高等工业学院。至1970—1981年的萨达特时期，更加注重发展职业技术教育，并且开始成立专门机构来规划职业教育发展，以使职业教育人才培养与社会经济结构相适应，如埃及于1970年成立中央技术教育委员会制定各类技术教育的长期发展计划，甚至包括在声誉卓著的普通中学内设置相关职教课程。计划中的一部分是要把技术教育与工业生产和服务相联系，以使得课程标准能够最大程度与专业标准对接。与此同时，埃及政府开始注重对人力资源的总体规划，并于1974年由劳动人事部对职业分类起草了第一份科学规划。1981年至今的穆巴拉克时期，为适应时代需求和劳动力市场的需要，埃及教育部在增加技术教育学校与提高技术教育质量方面取得显著进步。仅1999年就建立了53所新的技术学校，毕业生总数达到569901人，投资拨款2795.7万埃镑。此外，巴哈丁提出的面向未来的教育发展战略强调教育的目标不仅仅是培养适应本时代的人才，更要培养适应未来几个时代的人才，这样才能够保证埃及的持续发展。

---

① 中华人民共和国外交部.埃及国家概况[EB/OL].(2021-07)[2021-09-10].http://www.fmprc.gov.cn/web/gjhdq_676201/gj_676203/fz_677316/1206_677342/1206x0_677344/.html.

② 全球宏观经济数据.阿拉伯埃及共和国[EB/OL].[2017-7-10].http://finance.sina.com.cn/worldmac/nation_EG.shtml.

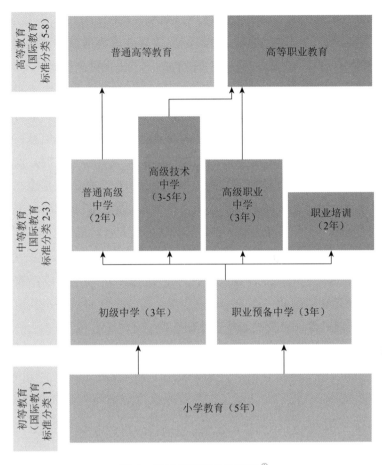

图 1　埃及的教育体系结构[①]

当前，埃及学前教育（幼儿园）是一个独立的教育阶段，教育对象为4—5岁的孩子，一般持续两年。义务基础教育从6岁开始，包括初级和预备教育。埃及实行普及小学义务教育制度。全国共有基础教育（含小学、初中、高中和中等技术教育）学校42184所，其中公立学校37218所，私立学校4966所。共有大学34所，其中公立大学18所，私立大学16所。著名的有开罗大学、亚历山大大学、艾因·夏姆斯大学、爱资哈尔大学等，高等教育中大学的平均入学率达32%。[②]

二、职业技术教育与培训的战略与法规

（一）战略

埃及的民主进程目前正在推进，其中的社会不平等与青年失业问题非常突出，职业

---

　①　UNESCO–UNEVOC International Centre for Technical and Vocational Education and Training. World TVET Database: Egypt [EB/OL].[2017–10–10].https://unevoc.unesco.org/wtdb/worldtvetdatabase_egy_en.pdf.

　②　中国新闻网 . 埃及国家概况 [EB/OL].[2017–8–11].http://www.chinanews.com/gj/zlk/2014/01–15/4.shtml.

教育作为其中的一环至关重要，其重要性不言而喻。《2007—2011 埃及国家发展战略》对职业技术教育与培训的战略目标表述如下：完善职业教育考试和评估体系；整合中等职业教育院校和专业设置；为未来职业技术教育的发展提供创新模式。[①]

2011 年，由教育部制定的《技术教育战略（2011—2016）》为埃及职业技术教育的发展制定了一个具体的框架计划，具体措施包括改善学校基础设置，提升教学水平以保证职业教育质量；扩大招生规模，利用信息及时从劳动力市场获取信息；建立校企合作机制，实施分权和自我管理；吸引非传统和外部的职业教育经费来源，发展继续教育培训，增强职业教育吸引力。《技术教育战略（2011—2016）》的目的是建立一个在经济和社会中起关键作用的职业技术教育体系，通过提供高质量的职业教育促进社会经济创造性和批判性的发展。[②]

（二）法规

埃及《1971 年宪法》第 18 条规定，教育是社会发展的基本手段，教育是国家所保障的权利。初等教育周期是义务性的，国家应努力将义务教育延伸至其他教育周期。在职业技术教育与培训方面，相关的法规主要如下：

1.《第 209 号部长令》（1988）

1988 年颁布的《第 209 号部长令》规定，在预备阶段设立职业学校，并向小学毕业生开放，该类职业预备学校学制 3 年，作为普通教育与中等职业教育的过渡教育类型，起到一个承上启下的作用。

2.《2655 号部长级法令》（2006）

2006 年的《2655 号部长级法令》制定了有关技术学院的运行规范，重点是重新组织了 8 所技术学院的组织管理机构，并决定建立技术学院理事会管理制度。同年的《第 82 号法律》在总理的授权下，通过了设立国家教育质量保证和认证机构的决议。

三、职业技术教育与培训的体系与质量保障

（一）体系

埃及的职业教育体系始于基础教育阶段的初级学习，但初中只是作为预科阶段，正规的职业教育要从高中阶段开始。埃及的中职分为中等职业教育和中等技术教育两种类型，中等职业教育持续 3 年，主要集中在服务领域的课程。中等技术教育主要在工业、农业和商业领域，其分为 3 年和 5 年两个层次：3 年课程是为中级技术人员准备的；5 年课程是为高级技术人员准备的。在普通中等教育结束时通过考试的学生被授予

---

① UNESCO-UNEVOC International Centre for Technical and Vocational Education and Training. World TVET Database: Egypt [EB/OL].[2017-10-10].https://unevoc.unesco.org/wtdb/worldtvetdatabase_egy_en.pdf.

② Louisa Loveluck. Education in Egypt: Key Challenges[EB/OL].[2010-10-8].https://www.chathamhouse.org/sites/files/chathamhouse/public/Research/Middle%20East/0312egyptedu_background.pdf.

普通中等教育证书。为期 3 年的技术课程结束时通过考试的学生在商业、工业、农业等领域获得中学技术文凭；在 5 年计划结束时通过中央考试的人，可获得高级技术研究的文凭。

高等教育由大学和非大学高等教育机构提供，对所有持有普通中等教育证书的学生、拥有高等技术文凭的学生或有高级技术研究文凭的学生开放。高等院校提供 4 年制专业课程，获得与学士学位同等的学位；再过 2 年，获得硕士学位。一些高等院校也提供了 3 年的课程，以获得更高的技术文凭。大学提供学术和专业的课程。取得学士学位或"执照"课程的持续时间一般为 4 年，但在牙科、药剂学、兽医学、工程和美术方面需要 5 年的时间；药物治疗需要 6 年或更长的时间。取得高等学位证书的课程一般在取得学士学位后花 1 到 2 年的时间才能完成；硕士学位通常是在 2 年的学习之后授予的；博士学位课程的持续时间通常为 3 年，最多在 5 年内完成。

（二）保障

为了推动建设职业院校内部质量保障制度以及国家职业技术教育质量保障与认证制度，埃及成立了一系列质量保障机构，对职业技术教育的办学质量进行认证、监督与管理。2007 年，国家教育质量保障与认证委员会成立，这是一个包括普通教育与职业教育在内的共同管理机构，根据 2006 年《第 82 号法令》的法律，作为全国所有类型和水平的教育认证机构，其主要作用是对教育与职业教育的治理能力和教育制度的有效性进行自我评价。

在此基础上，国家教育质量保障与认证委员会下设职业教育质量与认证理事会，承担职业教育质量的认证工作，对职业教育质量保障与认证计划进行监督与管理，是职业教育质量保障与认证计划的实施主体。职业教育质量与认证理事会秉承价值中立的立场与原则，主要负责编制认证指标体系、组织专家组对职业院校或专业设置的资料评审、鉴定评审结果与报告、组织资格认证等。其中，认证指标体系包括院校的教学目标达成度、课程、学生测评、学生成绩；还包括教与学的方法、学生满意度、学习资源等教学辅助资源的质量；科研学术活动规模、研究特色、与其他活动的适切性与相关性、院校社会服务、对社会的贡献、覆盖范围、典型案例等；院校的质量管理、质量提升的有效性、院校领导与管理、制度建设及现实影响等等。

2006 年，在埃及贸易与工业部的组织下成立了工业培训委员会，其宗旨是促进协调所有与职业教育与培训相关的实体、项目和政策的制定与落实。另外旅游培训委员会和建筑培训委员会也已经相继成立，用以监督和治理埃及的职业技术教育与培训体系。①

---

① UNESCO-UNEVOC International Centre for Technical and Vocational Education and Training. World TVET Database: Egypt [EB/OL].[2017-10-10].https://unevoc.unesco.org/wtdb/worldtvetdatabase_egy_en.pdf.

四、职业技术教育与培训的治理与教师

教育部为全国最高教育行政管理机构，负责职业技术教育与培训政策、计划、预算、实施和监督的所有事项。另外，它还负责统筹经费、确定课程、教材和教育资源，并批准教师的必要资格。

教学材料发展课程中心负责职业教育课程领域的教科书、工作手册和教师指南的开发。中央检查部门、全国考试和教育评估中心、学科顾问和监督人员、财务和治理人员负责对教育体制内的监督与评价，以保障内部体系的有效运作。[1] 政府下辖的教育局负责所有与学校有关的实际事务，包括任命和安置员工、学校的卫生保健问题等等。[2]

另外，教师职业发展规划由教育部制定，以努力促进教师培训的发展，提高教师队伍的能力。在 2002 年和 2003 年期间，总共有 712133 名教师接受了基本技能培训，其中一些教师参加了更高层级的培训。共有 242000 名教师接受了计算机高级技术技能和各种应用程序使用的培训。2004 年至 2007 年期间通过视频会议网络接受培训的教师总数达到 93.2 万人，通过 63 个培训中心覆盖全国。[3]

2016 年 12 月 16 日来自埃及卢克索地区的 100 多名技术学校教师参加了由联合国工业发展组织与埃及教育部组织的为期两周的创业教育讲习班。创业教育培训是联合国资助的创业课程计划的一部分，旨在促进和培养中等技术学校学生的创业文化，为自己及所在地区创造价值与发展机会。创业教育讲习班仅是创业课程计划第一阶段的一部分，该计划的目标是推广至埃及南部地区。早在 2014—2015 学年，埃及的创业课程计划就已在凯纳市成功实施，超过 100 名教师与 2000 名学生接受了创业培训，课程实施效果显著。

五、职业技术教育与培训的诉求与发展趋势

虽然埃及的中学教育制度提供了学术路线和职业技术两种路线，但学术路径已然是埃及学生的首选。究其原因，是职业技术教育的路径不仅升学困难，而且由此进入劳动力市场还会有很大限制，所以职业教育就成了由于考试分数低的被迫选择。另一面，埃及每年会有大概 85 万人新进入劳动力市场，但由于职业教育系统与劳动力市场的要求不匹配，导致埃及的失业率持续升高，其劳动力竞争指数持续下滑。然而，随着全球化和技术的不断发展变化，职业教育不再是一种相对较低的教育，各国发展经验也说明，在动荡的和复杂的经济体中，职业教育往往处于终身学习体系的核心，职业技术教育与培训也有助于缩小收入差距，提升青年就业所需技能。

---

① UNESCO Cairo Office. UNESCO National Education Support Strategy (UNESS). The Arab Republic of Egypt. Prepared in collaboration with the UNESCO Regional Bureau for Education in the Arab States. Cairo, October 2008.

② OECD and The World Bank. Review of national policies for education. Higher education in Egypt. Paris, April 2010.

③ UNESCO–UNEVOC International Centre for Technical and Vocational Education and Training. World TVET Database: Egypt [EB/OL].[2017–10–10].https://unevoc.unesco.org/wtdb/worldtvetdatabase_egy_en.pdf.

　　为了顺应职业技术教育与培训的发展趋势，埃及出台了一系列措施，包括：设置新兴专业满足劳动力市场需求，改革传统专业使职业技术教育与社会生产及经济发展计划密切联系；在学校建设与学生培训等方面加强与产业界的合作，并建立高质量的培训中心，提高实践教学的系统化、制度化与常规化；引进国外先进的职业技术改革与发展经验，在学生培训、教学设备与专业人员等方面开展广泛合作。这些措施使得埃及职业技术教育获得进一步发展，已培养的紧缺人才推动了社会进步与经济发展。然而，社会经济发展的快速性与连续性要求埃及职业技术教育在今后的发展过程之中不断加快自身改革，一方面需要提高自身发展质量，加强与社会发展需求之间的对接，在学科建设、专业设置、课程体系、培养目标与教学手段等方面改革传统，解决职业技术教育与劳动力市场脱节的严重问题，以实现职业教育发展与现代技术进步相协调；另一方面需要调整协调与普通教育之间的关系，在发挥学校主体的基础性作用的同时更应注重国家在政策扶持与资金保障等方面的统筹性地位与角色，努力提升职业技术教育的社会地位与认可度。

（深圳职业技术学院　技术与职业教育研究所　李亚昕）

主要参考文献

[1] 中华人民共和国外交部. 埃及国家概况 [EB/OL].(2021–07)[2021–09–10].http://www.fmprc.gov.cn/web/gjhdq_676201/gj_676203/fz_677316/1206_677342/1206x0_677344/.html.

[2] UNESCO–UNEVOC International Centre for Technical and Vocational Education and Training. World TVET Database: Egypt [EB/OL].[2017–10–10].https://unevoc.unesco.org/wtdb/worldtvetdatabase_egy_en.pdf.

[3] Institute of National Planning and UNDP. Egypt Human Development Report 2010. Cairo, 2010.

[4] OECD and The World Bank. Review of national policies for education. Higher education in Egypt. Paris, April 2010.

[5] Egyptian Universities Network: http://www.eun.eg/ In Arabic and English. Last checked: May 2012. Site under maintenance.

[6] Information Technology Institute: http://www.iti.gov.eg/ In English. Last checked: May 2012. Site under maintenance.

[7] Ministry of Education Portal: http://www.moe.gov.eg/ In Arabic. Last checked: May 2017.

[8] Ministry of Higher Education: http://www.egy–mhe.gov.eg/ [In Arabic and English; some information in French. Last checked: May 2017.

[9] National Authority for Quality Assurance and Accreditation of Education: http://en.naqaae.org.eg/ In Arabic and English. Last checked: May 2017.

[10] Professional Academy for Teachers: http://academy.moe.gov.eg/ [In Arabic. Last checked: May 2017.

[11] Supreme Council of Universities: http://www.scu.eun.eg/wps/portal In Arabic. Last checked: May 2017. Site partially under construction.

[12] For updated links, consult the Web page of the International Bureau of Education of UNESCO: http://www.ibe.unesco.org/links.htm.Last checked: May 2017.

埃塞俄比亚联邦民主共和国

一、国家概况 [①]

（一）地理

埃塞俄比亚联邦民主共和国（The Federal Democratic Republic of Ethiopia）是非洲东北部内陆国，位于非洲之角的中心，东与吉布提和索马里相邻，南与肯尼亚接壤，西与苏丹和南苏丹接壤，北与厄立特里亚交界。国土面积 110.36 万平方千米，地处非洲高原，高原占全国面积的三分之二，平均海拔近 3000 米，最高处 4620 米，素有"非洲屋脊"之称。最低点低于海平面 125 米。东非大裂谷将埃塞俄比亚高地分成南北两部分。埃塞俄比亚属于东三时区，当地时间比北京时间晚 5 小时，不实行夏时制。采用儒略历，每年 13 个月，前 12 个月每月为 30 天，余下 5 天或 6 天（闰年）为第 13 个月。

埃塞俄比亚全国分为包括首都亚的斯亚贝巴市和商业城市迪雷达瓦在内的 2 个直辖市和 10 个民族州。亚的斯亚贝巴是直辖市和全国政治、经济和文化中心，位于国境中心，面积 540 平方千米，平均海拔高度 2450 米，终年气候凉爽，平均气温 16℃，人口约 400 万。亚的斯亚贝巴是埃塞俄比亚第一大城市，联合国非洲经济委员会（UNECA）和非洲联盟（Africa Union）总部的所在地，有"非洲政治首都"之称。

（二）人文

埃塞俄比亚是非洲人口第二大国。2019 年，埃塞俄比亚人口约为 9760 万（埃塞俄比亚中央银行 2018/19 财年官方数据），人口自然增长率为 2.07%。其中，城市人口占 20.3%，其余为农村人口。总人口中，工作年龄人口约 5360 万人，劳动力丰富。首都亚的斯亚贝巴为人口最密集城市。

埃塞俄比亚是东部非洲地区重要的国家之一，在近代史上是非洲没有被殖民过的两个国家之一；在现代史上，埃塞俄比亚是第一个跻身自由民族之林的非洲国家。埃塞俄比亚是有 3000 多年历史的文明古国。公元前 8 世纪，建立努比亚王国。公元前后，建立

[①] 中华人民共和国外交部 . 埃塞俄比亚国家概况 [EB/OL]. (2021-02) [2021-06-17]. https://www.fmprc.gov.cn/web/gjhdq_676201/gj_676203/fz_677316/1206_677366/1206x0_677368.html; 中国一带一路网 . 对外投资合作国别(地区)指南——埃塞俄比亚 (2020 年版)[R/OL]. (2021-02-05) [2021-04-11]. https://www.yidaiyilu.gov.cn/zchj/zcfg/164041.htm.

埃塞俄比亚帝国，又称阿克苏姆王国，曾是非洲伟大的文化中心。10世纪建立扎格王朝。13世纪建立阿比西尼亚王国。19世纪初分裂成若干王国。1889年，孟尼利克二世称帝，统一全国，建都亚的斯亚贝巴。1928年海尔·塞拉西即位，于1930年11月加冕为一世皇帝。1974年废黜帝制，成立"临时军事行政委员会"。1977年门格斯图·海尔·马里亚姆中校发动政变上台，自任国家元首。1979年成立以军人为主的"埃塞俄比亚劳动人民党组织委员会"，推行一党制。1987年9月，门格斯图宣布结束军事统治，成立埃塞俄比亚人民民主共和国。1988年埃塞俄比亚爆发内战。1991年5月28日，埃塞俄比亚人民革命民主阵线（简称"埃革阵"）推翻门格斯图政权，7月成立过渡政府，埃革阵主席梅莱斯·泽纳维任总统。1994年12月制宪会议通过新宪法。1995年5月举行首次多党选举。8月22日，埃塞俄比亚联邦民主共和国成立。

埃塞俄比亚约有80多个民族，主要有奥罗莫族（40%）、阿姆哈拉族（30%）、提格雷族（8%）、索马里族（6%）、西达玛族（4%）等。埃塞俄比亚有83种语言和200多种方言。主要民族语言为阿姆哈拉语、奥罗莫语及提格雷语。阿姆哈拉语为联邦政府的官方工作语言。常用的外国语有英语、意大利语、法语、阿拉伯语等。在政治和经济活动中通用英语。

埃塞俄比亚居民中45%信奉埃塞俄比亚正教（基督教一性论教派），40%—45%信奉伊斯兰教，5%信奉新教，其余信奉原始宗教。

（三）经济

据埃塞俄比亚政府统计，其国内生产总值已连续多年保持较高增速，远高于撒哈拉以南非洲地区，是非洲经济增长最快的经济体之一。埃塞俄比亚自2019年开始实施为期三年的内生经济改革计划，积极争取国际援助，吸引投资，促进出口，努力克服外汇短缺等经济发展瓶颈问题，坚决推行税制改革，打击偷税漏税，总体经济发展态势良好。2018/19财年（埃塞俄比亚财年起止时间为当年7月8日至次年7月7日），埃塞俄比亚国内生产总值（GDP）约为961亿美元，增长率为9.0%。另据埃塞俄比亚政府预测，受新冠疫情影响，2019/20财年本国经济增长率将降至6%，预计2019/20财年GDP总量将超1000亿美元，人均GDP将达1000美元。

2018/19财年，埃塞俄比亚农业、工业和服务业三大产业占GDP的比重分别为33.3%、28.1%和39.8%，增长率分别为3.8%、13.3%和10.7%。近几年，埃塞俄比亚对农业的依赖有所下降。相比之下，工业和服务业占GDP的比重比前几年有所上升。

埃塞俄比亚地理具多样性，因而发展多样化农业的潜力巨大。农业系国民经济和出口创汇的支柱，约占GDP的三分之一。农牧民占总人口85%以上，主要从事种植业和畜牧业，另有少量从事渔业和林业。

埃塞俄比亚政府近年未公布失业率数据。据总理阿比披露，2019年埃塞俄比亚全国失业人口约1100万，每年新增就业人口约200万。2019/20财年，埃塞俄比亚新增就业岗位338.7万个，但新冠疫情让国家流失33万个就业岗位。随着疫情影响的深化，埃塞俄比亚就业形势将更加严峻。

（四）教育

埃塞俄比亚现代教育可追溯到 1900 年政府建立的第一所现代学校，即孟尼利克二世学校。学校最初的培养目标是社会所需的神职人员和政府急需的行政管理人员。埃革阵执政后，将发展教育、提高国民文化素质和培养技术人才作为政府工作重点之一。据埃塞俄比亚官方最新统计，目前共有幼儿园 4117 所，入园学生约 296 万人，幼儿园教师 19706 人，入学率约 39%；共有小学约 3.3 万所，在校生超过 1869 万人，小学教师约 39.6 万人，入学率已接近 100%；中学 2830 所，中学教师约 8.2 万人，在校中学生约 210 万人，初中入学率 39.8%，高中入学率 10.6%；公立高校 37 所，在校本科生约 72.9 万人，研究生约 3.3 万人，高校教师约 2.8 万人。亚的斯亚贝巴大学是埃塞俄比亚规模最大的综合性大学。目前，埃塞俄比亚成年男性识字率为 50%，女性为 23%。

埃塞俄比亚是农业大国，80% 的人口生活在农村。中国自 2001 年向埃塞俄比亚派遣农业职教组，旨在通过传输中国先进的农业技术，推进埃塞俄比亚农业现代化进程，惠及埃塞俄比亚最广大的民众。目前已累计派出 20 期，教师人数近 500 人。

在埃塞俄比亚，初等教育 6 年，初级中等教育 4 年，高级中等教育 2 年；小学教育 6 年与初级中等教育的前 2 年为八年义务教育。学生在 10 年级毕业后，可选择继续接受高级中等教育，也可以开始接受职业技术教育与培训。埃塞俄比亚正规教育系统如图 1 所示。

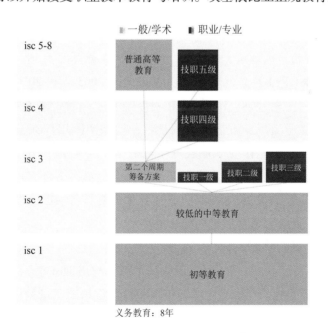

图 1 埃塞俄比亚正规教育系统 [①]

① 资料来源：UNESCO–UNEVOC. TVET Country Profiles: Ethiopia [EB/OL]. [2021–06–17]. https://unevoc.unesco.org/home/Dynamic+TVET+Country+Profiles/country=ETH.html.

二、职业技术教育与培训的战略与法规

1.《教育与培训政策》（1994 年）[①]

1994 年，埃塞俄比亚政府颁布《教育与培训政策》（以下简称《政策》），从教育体制改革、课程改革、教育质量、教育规模四个方面对埃塞俄比亚教育系统提出发展目标。包括重点发展基础教育；更改学制为 8 年小学、2 年初中、2 年高中；规范正规教学语言为阿姆哈拉语、英语和各民族本土语言；更新现代化教材；鼓励私人、非政府组织、社会团体和外国人在埃塞俄比亚办学；教育权利下放到地方，扩大职业教育和电视教育；增加政府教育投入。《政策》指出职业教育的定位："职业技术教育和培训是与普通教育平行的教育，它旨在为各个学习水平的辍学学生提供多元化的职业技术教育和培训"。同时还提到职业教育的培养层次："为未完成初等教育就辍学的适龄人员提供培训，以学徒制的方式培养农业、手工业、建筑业和基础会计业的劳动者"，"为完成初等教育而没有完成中等教育的青年提供农业、工艺美术、建筑、商业和家庭科学方面的职业技能培训"。

《政策》呼吁社会积极参与职业教育，指出"职业教育和高等教育的学生顺利毕业前需要必要的实践经验，社会应当为他们提供便利"，同时为了更好地促进职业教育的发展和增加社会参与的主动性，又提出"政府机构和非政府机构能按照自己的需要制定培训计划"。《政策》的出台使得职业教育成为埃塞俄比亚的教育体系中不可或缺的一部分。

2.《教育部门发展规划》（1997 年）[②]

为了推进《教育与培训政策》的落实，埃塞俄比亚教育部于 1997 颁布了第一个《教育部门发展计划（ESDP-1）》，此后相继在 2002 年、2005 年和 2010 年颁布了第二、第三和第四个教育部门发展计划。ESDP-1 在对职业技术教育的教育内容方面进行调整，强调职业技术教育要适当减少理论说教的学习，增加实践培训在整个教学过程中的比例。在埃塞俄比亚，以往能接受职业教育学习的学生必须完成 10 年级，且表现优异。ESDP-1 降低了接受职业教育的准入学历，使得社会上更多劳动力可以接受职业教育的学习。为保证教育质量，ESDP-1 强调职业教育教师要具备实践经验，只有高水平高质量的师资才能促进职业教育教育质量的稳步提高。

3.《国家职业技术教育与培训战略》（2008 年）[③]

2008 年，埃塞俄比亚发布了《国家职业技术教育与培训战略》，倡导建立全面综合的职教体系。该战略反映了埃塞俄比亚近年来职教注重培训质量的变化。目标是通过促

---

① Federal Democratic Republic of Ethiopia. Education and Training Policy [R]. Addis Ababa：St. George Printing Press, 1994：16–17.

② 章剑波 . "埃革阵"执政以来埃塞俄比亚职业教育发展研究 [D]. 金华：浙江师范大学 , 2016：14–15.

③ Ministry of Education, Education Strategy Center (ESC).Ethiopian Education Development Roadmap (2018–30) [R]. Addis Ababa: ESC, 2018.

进需求驱动、高质量的职业教育和所需要的技术转移，培养有能力、有动力、有适应能力和创新的中低水平专业人才，为国家的整体社会经济发展做出贡献，从而改善整个社会的民生水平，并为减贫提供持久动力。埃塞俄比亚政府对职教的重视主要为了满足工业化的需要和促进青年人口就业。

该战略引入了以结果作为基础和职业标准的课程，通过独立机构、能力中心办公室对职业技术教育毕业生进行职业能力评估。此外，还引入了若干职业技术教育能力建设计划，提高教学质量，例如开发模式课程、升级基础设施、利用埃塞俄比亚政府自己的资金和国际支持升级教师和领导人。成立了能力中心办公室。已经为不同级别的资格开发了职业评估工具。培训分为1级、2级、3级、4级和5级。该策略要求学员完成第一阶段并通过能力中心办公室的评估后才能进入下一阶段，以确保职业技术教育培训的质量。

4.《埃塞俄比亚教育发展路线图》（2018—2030年）[①]

为了实现到2030年成为中低收入国家的愿景，埃塞俄比亚开发了第二轮增长和转型计划（GTP II），以行业政策、战略和方案以及联合国可持续发展目标为基础。GTP第二阶段的目标是实现11%的年平均实际国内生产总值增长率，采取积极措施，通过应用科学、技术和创新、教育帮助实现这些发展目标，以实现快速工业化和结构调整，加快人力资本和技术能力建设，确保可持续发展。根据GTP II，经济生产的效益将主要来自工业和制造业，随之而来的教育系统应提供中等和更高水平的技术人力资源。埃塞俄比亚政府意识到，要实现这些愿景，就需要进一步扩大高质量的基础教育、普通教育和高等教育的覆盖面，培养服务于各行业的大学毕业生。《路线图》对发展职业技术教育的背景、重要性和现有成果进行了梳理，同时也提出了在教育机构、合作培训、资金问题等方面的不足和挑战，以及相应的改革意见。

三、职业技术教育与培训的体系与质量保障

（一）体系

埃塞俄比亚旧社会工匠的社会地位不高，政府也不重视，职业技术教育与培训的发展缓慢。埃塞俄比亚第一所纳入正规教育体系的职业技术学校是1942年成立的亚的斯亚贝巴技术学校，后更名为泰格巴瑞德职业技术教育与培训学院，开设有机械技术、建筑、电工、木工、会计和管理等专业。2008年以来，国家对职业技术教育的学年制进行改革，引入职业资格标准，该校培养1—4级职业能力的中级技术工人，目前主要提供3级和4级职业能力课程。另一所具有代表性的学校为巴哈达尔职业技术学院，1963年在苏联援助下建立，主要为农业和工业领域培养熟练技工，开设农业机械、化工、冶金、木工

---

① Ministry of Education, Education Strategy Center (ESC).Ethiopian Education Development Roadmap (2018–30) [R]. Addis Ababa: ESC, 2018.

和纺织等专业。2000年月6日与巴哈达尔师范学院合并，升格且更名为巴哈达尔大学，是利用巴哈达尔职业技术学院原有职教师资和设备而成立的工学院（二级学院），以本科教育为主，承担部分职教师资培养培训任务。

埃塞俄比亚的职业教育体系分为5个等级，由低到高依次为1级、2级、3级、4级、5级。学生在完成普通中等教育（10年）后，便可以选择进入职业技术学院，进行1—3年的职业技术教育学习（如表1所示）。

表1 埃塞俄比亚职业教育体系

证书级别	学习年限	教学地点	相关领域	入学要求
1级	1年	中职	包括但不限于：美容、烹饪、助产士、编织	普通中等教育
2级	2年	中职	包括但不限于：电工、管道	普通中等教育
3级	3年	高中	包括但不限于：护理、商业会计	普通中等教育
4级	4年	埃塞俄比亚职业技术学院	计算机科学、高等工艺、花匠、机械师、机械技工等	普通中等教育
5级	4年	埃塞俄比亚职业技术学院	计算机科学、高等工艺、花匠、机械师、自动机械等	普通中等教育

（二）质量保障

1.职业标准

埃塞俄比亚政府为了使职业教育内容满足劳动力市场的需求，促进各种职业发展，率先在建筑、电子、会计、自动化等行业设定职业标准和相应的职业培训标准。职业标准根据具体工作的要求而设定，为职业教育的培训者、培训机构和雇员提供一个人力资源市场所需人才的基本标准。埃塞俄比亚的大多数职业标准引自国外，再根据现实的工作需要，进行架构调整、优化，形成不断提升的职业标准，职业教育机构将这种职业标准作为职业能力评价的基础。

2.职业资格证书

职业资格证书体系为各行业提供统一标准，只有通过职业技能鉴定的劳动者才被允许进入就业岗位。职业资格证书按等级可分为基础水平、初级水平和中级水平，具体的证书获得的条件不同，所要求受教育者达到的能力也不相同，具体要求如下[1]：

---

① 章剑波."埃革阵"执政以来埃塞俄比亚职业教育发展研究[D].金华：浙江师范大学,2016：29-30.

表2　埃塞俄比亚职业资格证书体系

正式的入学要求	职业教育时间	可获得证书类型	职业资格水平和能力要求
基础教育证书（四年级毕业）或五至八年级退学	4个月	基础水平的职业资格证书	为了改善基本生活条件，具有谋生的能力，可在农村从事简单工作
初级教育证书（八年级毕业）或九至十年级退学者及基础水平证收+附加课程+考试	6个月	初级水平的职业资格证书	在某一特定职业领域，具备岗前准备工作的知识和技能，能完成一些简单工作
普通教育毕业证书（十年级毕业）或初级水平职业资格证书	1年	中级水平的职业资格证书（一）	在某一特定职业领域，具有进行简单工作的知识和技能，经过一定的指导，在程序化工作中具有开展多种职业活动的能力（如简单的设备操作和维护能力等）
中级水平的职业技术证书（一）	2年	中级水平的职业资格证书（二）	在一个特定职业领域，具有中等职业技术能力，在非程序化工作中，能独立完成许多工作（如从事生产工作、操作和维护相当复杂的设备、系统等）
中级水平的职业技术证书（二）	3年	中级水平的职业资格证书（三）	在一个特定职业领域，具有中等职业技术能力，在非程序化工作中，能独立完成许多工作，并能指导他人开展工作（如对工作进行分析、评估，操作和维护相当复杂的设备、系统等），并具备一定的沟通、协调和管理能力

3.测评体系

每一级都有对应的职业标准，根据每一级别的职业标准进行培训，最终将由被认证的职业评测中心指派的被认证的评测专家，运用相应的职业评测工具进行考核。埃塞俄比亚联邦职业技术教育与培训局一直致力于质量评测体系的建设，在埃塞俄比亚第三、第四、第五个教育发展五年计划中，对职业标准、评测工具、评测中心、评测专家都有明确的数量目标要求，如到第五个教育发展五年计划完成时，埃塞俄比亚将建立起强大的质量保障体系。[①]

四、职业技术教育与培训的治理与教师

（一）治理 [②]

1.联邦职业技术教育与培训委员会

联邦职业技术教育与培训委员会代表了整个国家广泛的利益。参与部门包括：教育部、能力建设部、劳动和社会保障部、农业和农村地区发展部、贸易和工业部、卫生部、

---

①　杨立学.埃塞俄比亚职业教育的现状、问题与发展路径 [J].中国职业技术教育，2019(15):92.
②　姜大源.当代世界职业教育发展趋势研究 [M].北京：电子工业出版社，2012.

青年和体育部、财政和经济发展部、工程和市发展部、水利部、妇女事务部。另外，联邦职教委员会也包括各州职教行政部门的代表。联邦职教委员会的成员包括公立和民办的相关利益主体，各类职教机构、雇员、农民、妇女、民事团体和非政府组织等的代表和专业协会，囊括了公立和民办各类组织机构的代表，主席和成员均由部长联席委员会任命。联邦职教委员会下设办公室，专门负责协调组织相关的会议和活动；下设不同的分支机构，分担和履行不同的职责。

2. 联邦职业技术教育与培训局

联邦职业技术教育与培训局是联邦职教委员会的执行机构，对其主管机构负责。它扮演着联邦职教委员会的秘书角色，具体负责起草并实施职教委员会的决议和指导方针。同时，它还负责在埃塞俄比亚职业技术教育与培训战略规划的大原则框架内，给予相应的州立职教行政机构和职业技术院校或职业培训机构以必要的支持。在 2008 年以后，埃塞俄比亚开始成立相对独立的、垂直管理的联邦和州立职教行政机构，这些机构受相关各级职教委员会的指导。联邦职业技术教育与培训局隶属教育部，相对独立，统辖全国的职教系统工作，总体协调推动职业技术教育与培训的持续发展。

3. 州职业技术教育与培训委员会

州职业技术教育与培训委员会是管理各州职业技术教育与培训的最高行政机构，由各州与职业技术教育和培训相关的利益全体代表组成，并下设具体负责日常事务的执行机构。各州政府在《国家职业技术教育与培训战略》框架内，根据相关的法律文件规定，具体明晰本州职教政机构的职责范围、功能、责任和组织架构。同时，州政府也可以制定本州的地方性职业技术教育与培训战略规划，以确保埃塞俄比亚国家职业技术教育与培训战略能够与各州的经济和劳动力市场情况相适应。

4. 州职业技术教育与培训局

各州仿照联邦级别行政建制，也成立相应的职业技术教育与培训局，具体负责州级职业技术教育与培训的政策、法规、发展规划和计划，协调和确保州职教系统与其他州立发展部门的关系，组织安排州内的质量管理事宜，监控本州的职业技术教育与培训的实施等。

根据分权原则，主要的运行权责将逐步下放给各职业技术院校。在相关的联邦法律框架内，各公立职业技术院校在财务管理、教学培训项目的设置、计划安排以及课程的调整安排方面享有自主权。

（二）教师[①]

1. 概况

埃塞俄比亚的职教教师教育始于 1975 年。1976 年在首都亚的斯亚贝巴开始经济类

---

① 姜大源. 当代世界职业教育发展趋势研究 [M]. 北京：电子工业出版社，2012.

和工业类的师范学历教育（2 年制）。1993 年拿撒勒大学（今阿达姆大学）建立后，开始实行工业和建筑业方向的师范学位教育（4 年制本科）。2001 年科特伯职业技术教育与培训学院开始提供家政类的同等学历培训。从 2003 年始，该领域的培训工作由阿瓦萨大学承担，最初只有学历升级课程，现今已经开设了包括食品和饮料、酒店管理类学位课程。在埃塞俄比亚，职教教师不仅要有接受系统职业技术教育与培训的经历，具备良好的经济学和教育学素养，还要求在本学科的理论知识、实践技能、教育学理论和教学方法方面具有突出的实力。

目前，职教教师的不足已经成为埃塞俄比亚职教发展的一大瓶颈，尤其是水平资质不高、实践技能不强，严重制约了职教的质量。从 1994 年开始政府不断推行教育和培训新政策，加强对教师队伍的培训。为解师资短缺的问题，教育部在阿达姆大学建立教育和人力资源发展中心，制定了培养具有本科学历师资的计划，并为在职教师的知识和能力提供终身学习机会。2008 年，《国家职业技术教育与培训战略》文件明确指出了发展职教师资的重要性，强调对职教教师和指导人员的培训不局限于获取本科学历，还要创造终身学习、获取所需资质的环境，进一步培养教师在实践技能、教学方法、教学技能、职业理论和专业技术方面的综合能力。作为国家能力建设战略的部分，埃塞俄比亚也会采用大学培养、启用在本国的外国专家等方法建设一支素质良好的职教教师队伍。阿达姆大学是埃塞俄比亚开展职教教师培养最具代表性的高校。

2. 教师资格证书

埃塞俄比亚职业教育教师分为 ABC 三个等级。C 级教师在具有 3 级职业资格的基础上，需要通过培训和考核获得 C 级教学法证书，C 级教师具有开展 1—3 级职业教育的资格；B 级教师在具有 4 级职业资格的基础上，还需要获得 B 级教学法证书，B 级教师具有开展 1—4 级职业教育的资格；A 级教师在具有 5 级职业资格的基础上，还需要获得 A 级教学法证书，A 级教师具有开展 1—5 级职业教育的资格。

3. 职教教师教育项目

为了给职教教师提供更多培训和继续教育的机会，埃塞俄比亚加强了高等教育机构培养和培训职教教师的功能。在阿达姆大学、巴哈达尔大学，莫克雷大学、吉马大学和阿瓦萨大学共五所高校中开设了职业技术教师教育机构，涉及 5 个专业门类的 14 个专业方向，设置专门的职教教师学士学位培养项目。埃塞俄比亚能力建设项目列出的优先职业包括：建筑业、农产品加工业、纺织业、皮革和药品制造业。其中，建筑业因为可以提供大量就业岗位并对经济发展贡献巨大的促进力而位居第一。其他如电力、机械、汽车也亟需职教教师的重点行业。

五、职业技术教育与培训的诉求与发展趋势

（一）诉求

目前，埃塞俄比亚政治局势稳定，经济不断发展，是一个正在复兴的国家，其目标是实现和平、促成多样化的统一、广泛和迅速的社会经济增长、民主制度和善政的建立。政府一直致力于埃塞俄比亚社会转型，使本国走上到 2030 年成为中等偏下收入经济体的轨道。在过去几年中，埃塞俄比亚经济每年增长近 10%，是世界上增长速度最快的国家之一。在此期间，埃塞俄比亚十分重视改善经济和社会基础设施，职业技术教育也受到了空前的重视。埃塞俄比亚职业教育强调以劳动力市场的实际需求为导向，通过一系列的新政策、新措施，逐步形成完整的职业教育体系与制度框架，但还是存在学生就业和师资素质等方面的问题。

1. 职教学生技能弱、就业率低

埃塞俄比亚职业教育在校生大部分在 2 级职业资格阶段学习，高级别职业资格阶段学习的学员明显不足。5 级职业资格入学人数和毕业人数在 1—5 级总人数中所占比例极低，反映出高级技能人才极为短缺。[①]学习能力较强的学生并不会考虑进入职业教育，所以职业教育生源质量不高。同时工业不发达，所提供的技术类就业岗位有限，且很多岗位工作环境差、劳动强度大、薪酬待遇低、社会地位不高，这势必影响到职业院校的生源质量，而生源质量低下成为高级技能人才培养的重要障碍。

2. 高素质职教师资短缺、结构不合理

埃塞俄比亚职业院校中，高层次的教师主要是普通院校毕业的硕士、博士，通过在校兼修或校外培训获得 C 级及以上职业教师资格，他们缺乏企业实践经验，缺乏职业学校经验，不了解职业教育学生的基础和优势，所讲授的内容偏理论、轻实践，与企业需求对应性不强。同时，在企业中，用于技能培训的职教师资极其短缺，企业很少依据职业标准对技术员工进行培训，因此技术员工技能达标率极低。目前埃塞俄比亚职教师资数量不足，高素质职教师资尤其短缺而且结构模式不合理，难以满足当下职业教育发展的需要。

（二）发展趋势

第一，改变社会对职业教育的传统观念，提高职业技术教育的形象。虽然埃塞俄比亚在职业技术教育的设计上是从顶层设计出发的，政府在政策措施上给予大力支持，但是由于埃塞俄比亚的经济基础和职业教育的基础比较薄弱，所以反映出政府热、民间冷的状况。目前埃塞俄比亚处于工业化初级水平阶段，现代化工业体系尚未建立；同时又长期接受援助，虽然政府有先进的职教理念与见识，但是缺乏民众和社会对相关理念的认识以及与之相适应的社会发展基础，埃塞俄比亚政府将会通过一系列的推广计划，使

---

① 杨立学. 埃塞俄比亚职业教育的现状、问题与发展路径 [J]. 中国职业技术教育，2019(15):94.

政府决策者、行政人员、公众和学生认识到职业技术教育的重要性，同时也增强对职业技术教育目标群体的吸引力。

第二，建立适合国情的专业培训课程体系与教材。埃塞俄比亚政府长期受西方教育思想的影响，重教学大纲，轻教材内容，基本没有与职业教育相适应的专用教材。而且学校图书馆资料多为国外捐赠或者是陈旧的图书，与教学实际需求脱节严重，因此学生的专业理论素养薄弱。随着埃塞俄比亚职业资格标准的落实，并与中国的职业技术教育模式进行交流与借鉴，教材与学习资源的建设也慢慢发展起来。但是由于教育观念的影响，系统化地关注教材建设，建立起符合本国国情的教材体系仍需较长时间的努力。

第三，职业教育机构的多元化发展。由于公办职业技术教育学校的经费有限，管理体制和机制僵化，公办院校的办学效果并不突出。在政府的政策支持下，民办职业教育机构开始兴起，因采用市场化管理与运行机制，灵活性大、适应性强、反应速度快而发展迅速。资金充足、教学设备先进、教职工人员的稳定等优势都让民办职业技术教育蓬勃发展。公办职业教育机构代表着社会公民的根本利益和社会公平，埃塞俄比亚政府将处理好公办和民办职业教育机构的协调发展，利用和配置好社会资源，实现多元化和谐发展。

第四，开展多种形式的境外合作职业教育办学。在"一带一路"倡议下，沿线国家合作加强，尤其是国际产能合作。国际产能合作是"一带一路"倡议推动形成全面开放新格局的重大举措之一，职业教育是率先回应国际产能合作保障需求的领域。[①] 近年来，中国与埃塞俄比亚的产能合作发展迅速，为满足行业发展的需求，埃塞俄比亚需要做好"一带一路"沿线国家职业教育交流学习，开展人才培养培训工作，开展多层次职业教育和培训，培养本土急需的各类"一带一路"建设者。2003 年，埃塞俄比亚成立埃塞—中国职业技术学院，是埃塞俄比亚在职业教育上一个重要的办学实践，境外合作职业教育有利于埃塞俄比亚职业教育快速地与国际产能合作的需求衔接，不断调整、升级专业标准和课程体系，提高本国的职业教育质量，从而促进职业教育现代化和国际化进程。

第五，借鉴中国职业教育经验，加强卓越职教师资的培养。目前埃塞俄比亚投入到职业教育的资金主要用于实训设备、教学设备等硬件方面建设，而用于职教师资水平提升方面的资金有限。教师的设备操作能力和开发能力不足，势必影响职业教育的质量。中国和埃塞俄比亚同属发展中国家，埃塞俄比亚可以借鉴中国职业教育在促进经济发展方面的成功经验，打造"双证书一体化"职教师资队伍。"双证书"是指教师既具有学历证书，又具有职业资格证书，如"本科＋高级工""硕士＋技师"等；"一体化"指既能进行理论课程教学，又能指导技能课程实践。"双证书一体化"培养包括职业道德、课程开发能力、教学能力、教学实训组织管理能力、与行业企业合作的能力以及指导学生就

---

① 蓝洁，唐锡海."一带一路"倡议下职业教育服务国际产能合作的行动与展望 [J]. 中国职业技术教育，2018 (06):5-12.

业创业的能力等多个方面的能力培养。埃塞俄比亚未来需要以其经济社会发展所需要的技术为导向，融合中国"双证书一体化"职教师资的培养经验，构建高质量的职教师资培养体系。

（深圳职业技术学院　人工智能学院　刘　峰

深圳职业技术学院　管理学院　林　悦）

主要参考文献

[1] 中华人民共和国外交部 . 埃塞俄比亚国家概况 [EB/OL]. (2021–02) [2021–06–17]. https://www.fmprc.gov.cn/web/gjhdq_676201/gj_676203/fz_677316/1206_677366/1206x0_677368.html.

[2] 中国一带一路网 . 对外投资合作国别 (地区) 指南——埃塞俄比亚 (2020 年版)[R/OL]. (2021–02–05) [2021–04–11]. https://www.yidaiyilu.gov.cn/zchj/zcfg/164041.htm.

[3] Federal Democratic Republic of Ethiopia. Education and Training Policy [R]. Addis Ababa:St. George Printing Press,1994.

[4] 章剑波 . "埃革阵"执政以来埃塞俄比亚职业教育发展研究 [D]. 金华 : 浙江师范大学 ,2016.

[5] Ministry of Education, Education Strategy Center (ESC).Ethiopian Education Development Roadmap (2018–30) [R]. Addis Ababa: ESC,2018.

[6] 杨立学 . 埃塞俄比亚职业教育的现状、问题与发展路径 [J]. 中国职业技术教育 ,2019(15):90–96.

[7] 姜大源 . 当代世界职业教育发展趋势研究 [M]. 北京 : 电子工业出版社 ,2012.

[8] 蓝洁 , 唐锡海 . "一带一路"倡议下职业教育服务国际产能合作的行动与展望 [J]. 中国职业技术教育 ,2018(06):5–12.

吉布提共和国

一、国家概况 [①]

（一）地理

吉布提共和国（The Republic of Djibouti，La République de Djibouti）简称吉布提，首都为吉布提市，国土面积 2.32 万平方千米，地处非洲东北部亚丁湾西岸，扼红海进入印度洋的要冲曼德海峡，东南同索马里接壤，北与厄立特里亚为邻，西部、西南及南部与埃塞俄比亚毗连。陆地边界线长 520 千米，海岸线长 372 千米。沿海为平原和高原，主要属热带沙漠气候，终年炎热少雨。内地以高原和山地为主，属热带草原气候。全年分凉、热两季。4 月至 10 月为热季，平均气温 37℃，最高气温达 45℃以上；11 月至次年 3 月为凉季，平均气温 27℃。全国共分 1 个市和 5 个地区：吉布提市（Djibouti-ville）、塔朱拉地区（Région de Tadjourah）、奥博克地区（Région d'Obock）、阿里萨比赫地区（Région d'Ali-Sabieh）、迪基勒地区（Région de Dikhil）和阿尔塔地区（Région d'Arta）。

（二）人文

吉布提人口约 100 万。主要有伊萨族和阿法尔族。伊萨族占全国人口的 50%，讲索马里语；阿法尔族约占 40%，讲阿法尔语。另有少数阿拉伯人和欧洲人。官方语言为法语和阿拉伯语，主要民族语言为阿法尔语和索马里语。伊斯兰教为国教，94% 的居民为穆斯林（逊尼派），其余多为基督教徒。

吉布提风俗习惯带有明显的阿拉伯文化的特征。吉布提人的姓名与北非阿拉伯人的姓名极其相似，多由三节组成，第一节为本人名，第二节为父名，第三节为姓，例如，"哈桑·古莱德·阿普蒂敦"。在正式场合和书信里提到人要称其全名。吉布提禁食猪肉，不可饮用酒精饮料，禁食自死动物、动物血液、无鳍水产品等。

在政治方面，殖民者入侵之前，吉布提由豪萨、塔朱拉和奥博克三个苏丹王统治。法国 1850 年开始入侵，1888 年占领吉布提全境，1896 年法国在吉布提成立"法属索马

---

① 中华人民共和国外交部 . 吉布提国家概况 [EB/OL]. (2021-08) [2021-09-20]. https://www.fmprc.gov.cn/web/gjhdq_676201/gj_676203/fz_677316/1206_677704/1206x0_677706.html; 中华人民共和国商务部 . 对外投资合作国别（地区）指南——吉布提 (2020 年版)[R/OL]. [2021-03-10]. http://www.mofcom.gov.cn/dl/gbdqzn/upload/jibuti.pdf.

里"殖民政府。1946年，吉布提成为法国海外领地，1967年改名为"法属阿法尔和伊萨领地"，法国政府给予其实际上的自治地位。1975年12月31日，法国宣布承认吉布提独立。1977年6月27日吉布提宣告独立，定国名为吉布提共和国，实行总统制，总统兼任政府首脑，并任命总理，总理负责协调各部工作。

（三）经济

吉布提是世界最不发达国家之一。自然资源贫乏，工农业基础薄弱，95%以上农产品和工业品依靠进口。交通运输、商业和服务业（主要是港口服务业）在经济中占主导地位，约占国内生产总值的80%。

20世纪90年代初，吉布提经济形势趋于恶化。1996年，吉布提政府开始执行经济结构调整计划。1998年，埃塞俄比亚与厄立特里亚发生边界武装冲突后，埃塞俄比亚原经厄立特里亚转运的货物均转道吉布提港，港口收入大幅增加，经济有所恢复。2001年，吉布提政府将本国港口和机场的经营管理权转让给迪拜环球港务公司。2018年2月22日，吉布提政府依据2017年9月颁布的《国家战略基础设施保护法》单方面强行终止迪拜环球港务公司对吉布提多哈雷集装箱港口的特许经营权。近年来，吉布提政府积极调整经济政策，争取外援外资，重点发展第三产业，并加紧实施基础设施建设，积极参与地区一体化进程，2013年，吉布提政府制定2035年远景规划，着力发展交通、物流、金融、电信、旅游、渔业等行业。目前，经济保持低速增长。近年来财政赤字保持在3%以内。

在产业结构方面，港口和铁路运输在国民经济中占重要地位。水运：吉布提港是东非重要港口之一，现有四个港区，分别为吉布提老港、多哈雷集装箱码头、多哈雷油码头、多哈雷多功能新港。2014年老港散货吞吐量为427.3万吨，集装箱吞吐量7.1万标箱。多哈雷集装箱码头于2008年底投入运营，年吞吐能力为160万标箱。多哈雷油码头分为码头和油罐区两部分，2005年建成，2013年油料吞吐量为360万吨。多哈雷多功能新港于2017年5月举行开港仪式，设计年吞吐散杂货708万吨、集装箱20万标箱。铁路：吉布提与埃塞俄比亚首都亚的斯亚贝巴原有窄轨铁路相通，全长850千米，吉布提境内长约194千米。2006年，吉布提与埃塞政府决定将此段铁路私有化，交予南非的COMAZAR公司管理25年。因设备老化，铁路货运量逐年下降，2012年停运。由中国融资兴建的标轨亚吉铁路吉布提段于2017年1月举行通车仪式，2018年1月投入商业运营。

（四）教育

吉布提独立初期沿袭了法国的教育制度和教科书。2000年教改后，教育体系分为基础教育、中等教育和高等教育，学制为小学5年、初中4年，高中3年，对6—15岁的青少年实行免费义务教育。除公立学校外，国家允许设立民办中小学，二者数量之比约为4∶1。2017年，学前班入学率为6.6%，小学入学率为63.95%，中学入学率为44.1%。截至2013年底，全国共有公立小学111所，私立小学23所。此外，吉布提还设有私立初、高中共 41 所。吉布提高中毕业生参加全国统一考试，合格者获毕业证书，优秀者可获得总统颁发的国家奖学金，同时，还有机会获得外国政府设立的奖学金赴国外接受高等教育。

目前全国共有两所大学：吉布提大学和吉布提医学院。2006 年 1 月，吉布提大学在原吉布提高教中心的基础上成立，下设理学院，文学院，经济、法律和管理学院及工程学院，拥有按照国际标准授予学士、硕士和博士学位的资格。吉布提医学院 2007 年 11 月成立，是第一所国家医科大学，具有授予医学博士学位的资格，主要合作伙伴为突尼斯、摩洛哥和法国。2014 年，人口文盲率为 30%。

二、职业技术教育与培训的战略与法规

（一）战略

自 1977 年获得独立以来，政府一直高度重视教育和职业培训，在以下三个时期，国家教育政策有显著不同：

（1）1977—1989 年"教育系统过渡"时期，延续殖民时期的教育系统。

（2）1990—1999 年"教育结构变化"时期，当时宏观经济制约因素严重影响了本已脆弱的教育系统。

（3）2000—2010 年"全球教育体系改革"时期，其中普及教育已成为联合国千年发展目标（Millennium Development Goals）的基本目标。

《吉布提 2035 年愿景》[①] 的明确目标之一就是改善教育系统，促进教育的发展。它提出"人人享有教育"计划，此计划围绕三个原则：（1）教育系统优化在教育发展中起关键作用；（2）提升教育系统开放度，降低经济门槛；（3）基础教育系统的建设要动员安全的人力和财力，需要更好的管理、监控和定期的重新评估。

面对通识教育需求和人力需求的压力，《吉布提 2017—2020 教育行动计划》提出扩大职业技术教育规模，并发展学生就业体系。在政府内部和公众之间，仍需要在职业技术教育与培训改革的宣传方面做出更多努力。在学生指导工作中要着重鼓励学生，尤其是女学生继续学业。

对职业教育系统的反思和整改也一直在进行。高中职业教育的各类课程已规划完成，但是仍需根据教师和研究人员的反馈进行调整和修改。此外，政府还将着力开发针对考取职业能力证书（Certificat d'Aptitude Professionelle，CAP）和职业培训证书（Certificat de Formation Professionnelle，CFP）的短期培训课程，以及教师培训。

为了提高吉布提劳动力就业能力，美国国际开发署（USAID）将支持吉布提政府完善 CAP 和 CFP 课程，通过组织公司实习和师资培训，培养学生的创新创业能力。该项

---

① Republic of Djibouti. Djibouti 2035 Vision [EB/OL]. [2021-09-20]. https://djiboutiembassykuwait.net/assets/files/djibouti-2035-en.pdf.

目还将支持对辍学的年轻人和高中毕业生进行有关就业能力和创业能力的基本技能的培训和就业创业指导工作，并将性别平等的概念纳入课程。

职业技术教育与培训局还致力于与私营部门和专业组织建立伙伴关系。截至 2016年，已经与私营部门建立了一个统筹团队（由 11 个国家部级部门和 14 个来自各领域公司的业务代表组成的 36 人委员会），并且已经与私营部门签署了十二项框架协议。与私营部门的伙伴关系对于开发适应劳动力市场需求的培训至关重要。在日后的工作中，他们将会继续和加强这种合作，并成立指导委员会，通过明确定义职业教育发展中所有参与者的角色和责任，更好地构建伙伴关系。

吉布提职业技术教育总体目标是使国家职业技术教育系统为国家社会和经济发展做出贡献。具体战略目标如下：

（1）强化职业技术教育的领导和管理工作；

（2）保证职业技术教育的开放性和公平性；

（3）提高教育质量；

（4）与私营部门建立合作。

其中，短期目标如下：

（1）制定并通过国家职业技术教育政策，其中包括制定职业技术教育相关法律政策，建立国家职业教育委员会，开发监督和评估职业技术教育系统有效性和效率的机制。

（2）提高职业技术教育学生入学率，其中包括提升学校承载力并加强关于职业技术教育的宣传。

（3）根据市场需求，增加职业技术教育专业，在各专业中都要强调信息技术技能的培养。

（4）职业技术教育中加入私营部门的参与，加强校企合作。

（5）建立更高质量的教学团队、督导团队和顾问团队。

（二）法律法规

吉布提教育系统最初是为满足有限的教育需求而开发的。它的原初设计本质上是精英阶层教育，并且大量借鉴了法国教育体系，但法国体系并没有适应吉布提的现实状况。虽然 20 世纪 90 年代入学人数增加，但仍低于其经济社会发展的需求。1999 年，政府重新制定了教育政策，并启动了包括政府、教师、家长、国民议会和非政府组织在内的咨询程序。根据共识和随后的建议，政府制定了十年教育总体计划（2000—2010 年）。2000 年 8 月，国家通过了《教育计划法》。[①]

《教育计划法》与旧制度有很大的不同，规定了吉布提教育的开放性、全民性和教育管理民主化，并指明各层次教育的最终目的和发展方向。它实行由九年制（5 年的初

---

① Loi n°96/AN/00/4èmeL portant Orientation du Système Educatif Djiboutien [Z/OL]. Journal officiel, 2000–08–15 [2021–05–20]. http://www.ilo.org/dyn/natlex/docs/ELECTRONIC/66970/63444/F2041984911/DJI–66970.pdf.

等教育，4年的初中教育）组成的基础教育体系。进入高中教育系统需要基础教育证书。自从实施了《中期发展计划》和《教育计划法》以来，吉布提动用了外部和内部资源来筹集校园基础设施建设、设备购买和教师招聘的资金，各阶段的教育都取得了一定进展。

《教育计划法》对职业教育主要有如下规定：

第2篇第8条规定根据社会经济环境来发展教育和职业培训。

第3篇第1章第2节和第2章32条规定初中和高中教育均分为普通教育和职业教育两大方向；第1章第30条规定初中职业教育由国家职教中心负责，接收符合条件的小学毕业生。初中职业教育结束后，学生会获得职业技能证书。

第3篇第2章32条规定高中教育分为普通高中教育和职业技能教育两大方向。规定了入学学生条件以及毕业时所获得的文凭。

第7篇第1章第79条规定，除正规教育外，国家亦建设职业学习中心，向城乡居民和弱势群体开放。

三、职业技术教育与培训的体系与质量保障

吉布提教育实行12年教育制，包括5年小学、4年初中、3年或4年高中，职业教育从初中开始，为期4年，高中职业教育同样为期4年。

截至2020年，吉布提共有12所职业学校，其中私立学校2所。总计学生4898人，女性占比38%。目前吉布提职业教育分为三大方向：职业技术教育、工业职业教育以及第三产业职业教育。根据2020年数据，工业职业教育学生人数最多，第三产业职业教育次之。

1989年吉布提成立国家教育部（Ministry of National Education），后于1999年更名为国家教育和职业培训部（Ministère de l'Education Nationale et de la Formation Professionnelle，MENFOP），以确保教育的高质量、安全的教育环境以及在教育工作中不断创新。每年在官网公布教育统计数据，确保教育教学改革成功实施。

到2016年，政府已成功为80%的人口提供受教育机会。目前也在与世界银行和联合国儿童基金会等国际发展组织合作，努力保证所有的国民都能接受教育。除了确保普及教育之外，国家教育和职业培训部当前的工作重点包括教师的评估和师资培训、将信息技术纳入课堂以及加强技术和职业教育系统。为实现这些目标，2018年国家预算的24%用于教育，同时国家继续接纳难民和移民人口，为他们提供住宿、学校和医疗保健等社会服务。

各非洲国家也在职业教育领域进行合作。非洲职业培训发展联盟于2017年成立，始创国包括摩洛哥、贝宁、布基纳法索、喀麦隆、科特迪瓦和吉布提等15个国家，目前共有20余个成员国。

该联盟旨在促进伙伴国家职业培训运营机构之间的对话，并为这些国家之间分享经

验、技术诀窍和专业知识提供框架。国家的合作还旨在加强合作伙伴之间的交流，以制定适应和满足伙伴国家经济部门需求的职业培训战略，并促进伙伴国家的初始和继续教育系统的调整和升级，特别是在工程师的培训和技术援助方面。

西方国家和中国的一些援助项目在保障吉布提职业教育质量方面也起了重要作用。例如法国开发署于 2013 年向吉布提的"人人享有教育"计划（Education Pour Tous à Djibouti）捐款 800 万欧元，致力于提升中学阶段的入学率和教育质量，促进职业教育与吉布提经济发展需求接轨，政企合作开发短期培训，推进青年就业。[①] 2019 年中国在吉布提成立非洲首个鲁班工坊，采取政府、学校、企业多方合作模式，由天津市人民政府、吉布提教育部、天津铁道职业技术学校、天津市第一商业学校、吉布提工商学校、中国土木工程集团有限公司共建，提供铁道、物流、贸易等专业的培训。[②]

四、职业技术教育与培训的治理与教师

吉布提的职业技术教育和培训体系归属于国家教育和职业培训部（MENFOP）管理。

吉布提国家教育和职业培训部对技术教育和职业培训部门进行了改革，并建立技术教育和职业培训总局（Direction Générale de l'Enseignement technique et de la formation professionnelle），旨在改善政策的管理和实施，同时提升技术教育和专业培训的质量。但尚未推出结构化和学术化的关于建立和组织技术教育和职业培训的法律法规文件。[③] MENFOP 正在进行广泛的政策改革，特别是在教师评估、职业道德和问责制方面。此举措的目标是有效发挥教育部和教育行业的工作人员的作用，以提高吉布提教育系统的质量。

2019—2020 年吉布提职业技术教育系统中，共有专任教师 380 人，行政人员 184 人。国家教育和职业培训部（MENFOP）已经认识到师资水平的重要性，国际援助组织在为当地教育工作者提供培训课程方面也发挥了重要作用。2010—2014 年，美国国际开发署（US Agency for International Development）联合 MENFOP 协助制定国家教师培训计划，在此过程中培训了 1200 多名小学教师，同时还建立了 12 个学校图书馆，为 120 名校外青年提供了就业培训。

国家教育和职业培训部下设的基础教育教师培训中心（Centre de Formation des Enseignants de l'Enseignement Fondamental，CFEEF），也一直积极与国际机构合作，以

---

① Agence Française de Développement. Cartographie des projets et études soutenus par l'AFD en matière de formation et d'insertion professionnelle des jeunes [R/OL]. [2021–05–03]. https://pefop.iiep.unesco.org/fr/system/files/resources/Pef000134_AFD_Cartographie_Projets_Insertion_FPT_Global_2014_0.pdf.

② 人民网. 非洲首家鲁班工坊在吉布提揭牌 [EB/OL]. (2019–03–29) [2021–05–20]. http://world.people.com.cn/n1/2019/0329/c1002–31003594.html.

③ Ministère de l'éducation nationale et de la formation professionnelle. Plan d'action de l'éducation 2017–2020 [R/OL]. [2021–04–20]. http://planipolis.iiep.unesco.org/sites/planipolis/files/ressources/djibouti_pae_version_revisee_2017–2020.pdf.

提高当地学术界的教学专业知识。CFEEF 通过为当地教师和学术人员提供技能发展的支持以及教育方面和职业技术方面的培训，在教育系统中发挥着核心作用。2016 年 11 月，CFEEF 和蒙彼利埃大学建立了为期五年的合作伙伴关系，旨在培训教师和学术人员。该合作计划由法国开发署（French Development Agency）资助，在前两年将通过 44 节课程培训教师，并在接下来的三年支持新培训中心的运营。但以上的培训仅针对基础教育阶段教师。吉布提职业教育师资队伍建设比较薄弱，许多教师缺乏新技术知识和以就业为导向的教学方法。吉布提国家教育和职业培训部也计划建立更高质量的教师队伍、督导团队和顾问团队。

职业技术教育和青年创业的资金和物质支持来源主要是公共资助、国际组织和海外资源。政府也正在努力建立政府间合作和公私合作的网络，旨在提高对服务业发展最关键的职业技能。国家教育和职业培训部（MENFOP）尤其关注港口相关产业、建筑和旅游业的发展潜力。此举也符合《吉布提 2035 年愿景》。与此同时，隶属于 MENFOP 的技术教育和职业培训总局正在运营 11 所致力于发展职业专业技能的机构，其中包括 7 所技术高中和 4 所高等职业培训中心。这些机构以突尼斯和摩洛哥的技术培训模式为基础。

吉布提在将难民儿童纳入国家教育系统方面取得了重大进展，联合国难民署与吉布提国家教育和职业培训部（MENFOP）于 2017 年签署了一份谅解备忘录，为在该国的难民儿童打开了教育大门，让他们接受与吉布提儿童相同的质量的教育。吉布提正在与国际社会合作，使国家的教育部门不断壮大。随着政府继续向吉布提所有学生提供教育机会，增加信息技术设备，加强教育中信息化建设也是当务之急。然而，目前主要的挑战将仍是如何加强建设吉布提的中等和高等教育以及职业技术教育，以满足经济增长的需求。

五、职业技术教育与培训的诉求与发展趋势

（一）诉求

吉布提是最不发达国家之一。自然资源贫乏，工农业基础薄弱，95% 以上的农产品和工业品依靠进口，80% 以上的发展资金依靠外援。交通运输、商业和服务业（主要是港口服务业）在经济中占主导地位。

近年来，吉布提经济形势有所改善，经济增长主要得益于外国直接投资在港口、旅游和建筑业上的增长。外国直接投资占 GDP 的比重连年攀升，目前这一比例接近 30%。根据世界银行统计数据，2018 年吉布提农业、工业和服务业增加值占 GDP 的比重分别为 1.4%、12.4% 和 79.1%。

目前吉布提教育水平仍处于较初级阶段，目前教育发展的重点仍在基础教育阶段，教育资源仍然不足。2016 年，由于缺乏物理空间，一些学生的学业被推迟了一年。为了解决这个问题，实施了教师每天两班倒的双流制，但是，随着学龄人口在中期预计每年

增加 3.5%，吉布提的教育发展需要更多的教学空间和配套设施。

基础教育阶段入学人数的增长对其他层次的教育产生较大压力，然而学校的承载力和社会的就业机会却相当有限。因此，吉布提政府也计划通过发展职业技术教育及相关培训来使学生的选择更加多样化，将职业技术教育与培训作为吉布提经济发展的杠杆，促进人力资本发展，消除贫困。其策略之一是发展信息宣传和指导服务，以改善职业技术教育的形象。在初中阶段要鼓励年轻人继续学业，并向他们提供有关职业选择以及就业现状的明确信息，以便他们选择相关的专业并取得文凭。因此，吉布提国家教育和职业培训部将加强学校指导服务，并为学生提供更多资源，对学生和家长进行有关职业选择的宣讲。国家教育部研究中心还将制作有关教育指导的广播和电视节目。此外，考虑到职业技术教育和培训的改革，吉布提国家教育和职业培训部将对学生的教育指导进行反思。

职业技术教育与培训的资金和预算也是一个挑战。2017—2020 年期间的资金缺口约为 39 亿吉布提法郎，约合 1900 万美元。这占吉布提 2017—2020 教育行动计划实施的四年中总预算的 5.4%。外部资金援助主要来自世界银行（World Bank）、日本国际协力机构（JICA）、美国国际开发署（US Agency for International Development）和联合国儿童基金会（UNICEF）等主要伙伴的财政支持，但它们对职业技术教育领域的支持较少。由于缺乏资金，国家教育和职业培训部的各项行动受到限制，进而难以提升职业技术教育的承载力以及根据劳动力市场的需求开设新课程。为此，吉布提政府也将加倍努力以寻求其他伙伴的经济支持。吉布提职业技术教育资金来源如下表所示。

表 1　吉布提职业技术教育资金来源

（单位：吉布提法郎）

	2017年	2018年	2019年	2020年	共计
国家拨款	79000	87000	92500	85000	343500
合作伙伴	58945	67465	8000	8000	143310
待筹集	93000	98900	103150	78650	373700
共计	231845	253365	203650	171650	860510

资料来源：吉布提 2017—2020 教育行动计划 [①]

（二）发展趋势

吉布提独立以来，借助港口运输业在经济上取得了持续发展，而与之相对应的人才

---

① Ministère de l'éducation nationale et de la formation professionnelle. Plan d'action de l'éducation 2017-2020 [R/OL]. [2021–04–20]. http://planipolis.iiep.unesco.org/sites/planipolis/files/ressources/djibouti_pae_version_revisee_2017–2020.pdf.

培养和就业模式仍未建立。近年来，吉布提也努力建立多元化的职业技术教育体系，丰富职业教育课程。

吉布提要改革职业技术教育体系，使其为国家的社会和经济发展做出贡献，目前仍然面临诸多挑战。如：资金匮乏，国家职业教育政策不够完善，职业技术教育培训体系与市场的接轨程度较低，教师专业水平有待提升，等等。因此，吉布提在发展国内经济、募集外资的同时，也要积极变革职业技术教育体系，灵活应对市场需求和社会发展趋势。课程的开发和培训内容也需要依据市场需求进行更新，让私营部门参与课程设计和教学计划，依据市场信息预测未来发展趋势。

吉布提可继续借助其地理优势，大力开发第三产业，根据产业发展趋势和需求，对职业技术教育进行优化和调整。为了应对经济发展和职业教育变革的诉求，吉布提政府部门已与私营部门和专业组织建立伙伴关系，促进校企合作；推动职业教育不断向前发展。

（深圳职业技术学院　商务外语学院　曹雨婷）

主要参考文献

[1] Republic of Djibouti. Djibouti 2035 Vision [EB/OL]. [2021-09-20]. https://djiboutiembassykuwait.net/assets/files/djibouti-2035-en.pdf.

[2] International Bureau of Education. World data on education. 7th edition [DB/OL]. [2021-04-20]. http://www.ibe.unesco.org/fileadmin/user_upload/Publications/WDE/2010/pdf-versions/Djibouti.pdf.

[3] Ministère de l'éducation nationale et de la formation professionnelle. Plan d'action de l'éducation 2017-2020 [R/OL]. [2021-04-20]. http://planipolis.iiep.unesco.org/sites/planipolis/files/ressources/djibouti_pae_version_revisee_2017-2020.pdf.

[4] 中华人民共和国外交部. 吉布提国家概况 [EB/OL]. (2021-08) [2021-09-20]. https://www.fmprc.gov.cn/web/gjhdq_676201/gj_676203/fz_677316/1206_677704/1206x0_677706.html.

[5] 中华人民共和国商务部. 对外投资合作国别 (地区) 指南——吉布提 (2020 年) [R/OL]. [2021-03-10]. http://www.mofcom.gov.cn/dl/gbdqzn/upload/jibuti.pdf.

加蓬共和国

一、国家概况 [①]

（一）地理

加蓬共和国（The Gabonese Republic, La République Gabonaise），简称加蓬（Gabon）。加蓬位于非洲中部，跨越赤道，西濒大西洋，东、南与刚果（布）为邻，北与喀麦隆、赤道几内亚交界。加蓬国土面积为 26.8 万平方千米。海岸线长 800 千米。属典型的热带雨林气候，全年高温多雨，年平均气温约 26℃。

（二）人文

截至 2019 年 12 月，加蓬人口总数约为 210 万。其中，约 79.9 万人居住在首都利伯维尔（Libreville）。加蓬共有 40 多个民族，主要有芳族（占全国人口 40%）、巴普努族（占全国人口 22%）等。官方语言为法语。民族语言有芳语、米耶内语和巴太凯语。居民 50% 信奉天主教，20% 信奉基督教新教，10% 信奉伊斯兰教，其余信奉原始宗教。

在历史政治方面，12 世纪，班图人从非洲东部迁入，在奥果韦河两岸建立了一些部落王国。15 世纪，葡萄牙航海者抵达该地区。18 世纪沦为法国殖民地，1911 年被转让给德国，第一次世界大战后复归法国。加蓬于 1960 年 8 月 17 日从"法兰西共同体"中脱离，宣告独立，莱昂·姆巴任首任总统。1967 年，副总统奥马尔·邦戈接替病逝的姆巴任总统。在接下来的 20 多年里，加蓬实行一党制，政局长期稳定。1990 年 3 月改行多党制，政局一度动荡，但奥马尔·邦戈和执政的加蓬民主党仍保持对政权的控制。1998 年奥马尔·邦戈蝉联总统。2003 年，参众两院联席会议通过宪法修正案，取消对总统连任次数限制。2005 年，加蓬举行总统选举，奥马尔·邦戈以 79.18% 的得票率连任总统。2009 年 6 月，奥马尔·邦戈总统在西班牙病逝。同年 8 月，在新一届总统选举中，奥马尔·邦戈总统之子阿里·邦戈当选。反对派质疑选举结果，在少数城市发动骚乱和暴力示威活动，被当局平息。2011 年底，加蓬举行立法选举，阿里·邦戈领导的加蓬民

---

① 中华人民共和国外交部. 加蓬国家概况 [EB/OL]. (2021–08)[2021–09–10]. https://www.fmprc.gov.cn/web/gjhdq_676201/gj_676203/fz_677316/1206_677800/1206x0_677802.html; 中国一带一路网. 加蓬国家概况 [EB/OL]. (2020–09) [2021–09–10]. https://www.yidaiyilu.gov.cn/gbjg/gbgk/66271.htm.

主党获得国民议会 95% 的席位，2013 年 12 月又以较大优势赢得地方选举。2014 年 6 月，阿里·邦戈总统同加蓬反对党、总统多数派阵营的政党领导人以及 3 名独立人士签署了《社会契约宪章》，致力于改善民生、消除贫困和社会不平等。2016 年 8 月，加蓬举行总统大选，邦戈获胜，至今一直担任该职务。

（三）经济

加蓬资源丰富，主要有石油、木材、锰矿、铌矿、铁矿和森林等资源。已探明石油储量约 22 亿桶。锰矿蕴藏量 2 亿吨，占全球已探明储量的四分之一，产量仅次于南非，居世界第二。铌矿储量约 40 万吨，占世界总储量 5%。铁矿储量 8 亿—10 亿吨，品位在 60% 以上。因此，采掘业、矿业、冶金工业、林业和农副产品加工业等是加蓬的主要支柱产业。其中，以石油为主的采掘业是加蓬重要经济支柱。石油开发始于 20 世纪 60 年代初，2018 年加蓬原油产量 964.6 万吨，原油出口 870.6 万吨。1985 年人均国内生产总值达到 3177 美元，被列为非洲法语国家中唯一"中等收入"国家。80 年代后期因油价疲软经济陷入困境，被迫同国际货币基金组织签署协议，实施结构调整计划。1995 年后经济缓慢复苏，外贸增长，国际收支状况改善。但 90 年代末受亚洲金融危机和国际油价下跌的打击，经济再度恶化，1998—2001 年出现负增长。

近年来，加蓬政府积极实施经济多元化战略，着力发展农、林、渔、服务业和旅游业，积极开发铁、锰、木材等非石油资源，鼓励发展中小企业，收到一定成效。阿里·邦戈就任总统后，制定了以"绿色加蓬、服务业加蓬、工业加蓬"为发展方向、2025 年成为新兴国家为目标的整体发展战略，出台了诸多政策措施，如：增加基础设施（如水、路、空运交通建设，电信基础设施建设）投资，继续扩大对外贸易，吸纳外资，但在出口中注意提高能源、资源产品就地加工比例，逐步禁止原木出口等。2020 年主要经济指标估算如下：国内生产总值达 140.61 亿美元，人均国内生产总值达 6696 美元，经济增长 -3.2%，通货膨胀率为 1.5%。

（四）教育

在独立以前，加蓬曾一度属于法国殖民地。法国当时在加蓬推行法国本土的基础教育体系，为自己的殖民统治服务。因此，在 1960 年独立后，加蓬的教育制度大体继承了殖民时代的法国框架，将国民教育建设分为 4 个阶段：学前教育、小学教育、中学教育和高等教育。其中，学前教育并非强制，视家庭经济状况和需求而定；小学教育 5 年，面向 6 岁及以上的儿童开放；中学教育 7 年，初中 4 年，高中 3 年；高等教育分为本科、硕士和博士 3 个等级，其中本科 3 年、硕士 2 年、博士 2—4 年。根据 1983 年教育改革时颁布的法令，加蓬面向 6-16 岁的儿童和青少年实施免费义务教育。

现今，加蓬教育的主管部门是加蓬教育、培训和研究国家委员会（CNEFOR），该委员会主席由加蓬共和国总统或其代表担任，副主席由共和国总理担任，管辖高等教育部、科研创新部、技术教育与职业培训部、文化部等 13 个部门。

加蓬的教育体系有五大特征。其一，由于小学的超高普及率，加蓬的成人识字率高达 86%，这一比例在撒哈拉以南的非洲名列前茅。其二，受法国学制的影响，加蓬教育的官方语言融合了法语和地方语言，并且按照规定，学前教育阶段即可开设英语课。其三，由于沿袭法国学制"宽进严出"的特征，加蓬小学和中学的留级率都很高，理想状况下小学和中学学制是 12 年（5 年小学 +4 年初中 +3 年高中），然而 2010 年的统计数据表明，一个加蓬学生拿到初中毕业文凭平均需要 17 年的时间。其四，加蓬城市居民和农村居民受教育水平很不均衡，城市和经济较发达地区居民受教育水平较高，农村居民受教育情况并不理想。其五，由于加蓬高等教育起步较晚，1970 年才建成自己的第一所大学，直到现在也只拥有 2 所大学。但加蓬对高等教育的投入也不少，政府每年会为在加蓬读大学或国外读大学的学生提供相对高额的奖学金。据统计，加蓬留学生的首选地是法国等法语国家，但近年来在中加两国合作不断加强的情况下，加蓬赴华的留学生也呈不断上涨趋势。

二、职业技术教育与培训的战略与法规

在 1960 年独立前，加蓬的教育发展具有浓厚的殖民色彩，并没有成型的职业教育发展体系，更没相关法律法规来保障职业技术教育与培训的发展。

1966 年，加蓬在国家最高法——《宪法》[①] 中规定，所有国民都有权享有免费教育，至少是初级的、基础的教育。小学教育应当是义务教育；技术和职业教育应当被普及；高等教育应当公平地向民众开放。至此，职业教育与培训才开始起步。

1983 年的教育改革在提出面向 6—16 岁的儿童提供免费的义务教育的同时，也提倡发展职业技术教育。但在 21 世纪前，加蓬的经济一直高度依赖石油开采，石油开采领域并不属于劳动和技术工人密集型产业，大量的加蓬青年涌向政府和公共部门领域就业。由于政府和民众对职业技术教育的重视程度并不够，不少行业对技术人员的需求基本依赖国外引进，宪法提及的"技术与职业教育应当被普及"的理念并没有落到实处。2011 年前，加蓬并没有专门的主管职业教育与技术培训的部门，这一领域由多个部门共同监管，但各部门之间十分缺乏管理的协同性。[②]

2011 年，加蓬总统阿里·邦戈针对彼时的经济疲软困境和贫富差距悬殊的问题，提出以"新兴加蓬"战略计划[③] 作为全国的施政方针。根据该计划，加蓬力争于 2025 年成为非洲前五的经济体之一；将于 2025 年实现可持续发展模式，实现国民福祉、社会公

---

① Cabinet du Président de la République Gabonaise. Loi N° 3/91 du 26 Mars 1991, La Constitution de la République Gabonaise [Z]. Libreville: Cabinet du Président de la République Gabonaise, 1991: 53–54.

② Bureau international du Travail. Évaluation des emplois générés dans le cadre du Document de stratégie de croissance et de réduction de la pauvreté au Gabon[R]. Geneva: BIT, 2017.

③ Cabinet du Président de la République Gabonaise. Plan Statégique Gabon Emergent [R]. Libreville: Cabinet du Président de la République Gabonaise, 2010.

平、可持续性发展和环境保护的统一。为了实现这一宏伟目标，该计划在第 6 条目标第 58 项行动中规定，"必须增强职业技术培训与教育，加快建设职业技术与培训中心，优化教师队伍建设，改革学制和教学大纲，实现为国民提供多样化的、符合市场需求的职业教育与技术培训。"

2012 年 2 月 11 日正式实施的《2011 年第 21 号教育、科研、培训法》[①] 则为职业技术教育与培训提供了更加详细的法律支撑。该法在第 2 部分第 2 章第 17 条明确规定技术教育和职业培训部主管职业教育与培训相关事宜，隶属于加蓬共和国教育、培训和研究国家委员会（CNEFOR）；此外，该法还在第 3 部分第 1 章第 3 节中对职业高中和技术教育培训中心的职责、生源构成、硬件设施配备（包括教室、实验室、宿舍容量等）、文凭认定和颁发等方面都做出了详细规定；在第 4 部分第 77 条中对教师资质做出了详细规定；在第 8 部分第 111、112、113 和 114 条中对政府、企业、国际组织（如联合国教科文组织、世界银行等）以及其他外来资金合作开办职业技术学校和培训中心的合作模式做出了详细规定。

近年来，为应对全球经济发展速度放缓和新冠疫情带来的一系列社会问题，加蓬再度提出了"强化职业教育和培训体系发展，每年解决一万名青年就业"的战略方针，另设劳工、公共领域和职业培训部，加快新的职业高中与培训中心的建设步伐，以应对农业、林业、生态旅游业、通信行业等领域的人才需求。

三、职业技术教育与培训的体系与质量保障[②]

（一）体系

从培训时长来说，加蓬的职业技术教育与培训目前存在职业学校（含职业高中和职业大学）和培训中心两种体系；从教育和培训的提供者来说，加蓬的职业技术教育与培训则分为公办和私立两个领域。

一个学生如果选择职业学校体系，需得完成 5 年小学学习和初中前 2 年的学习才能进入职业高中，在这里完成 2—4 年的技能学习后，成为一些技术含量较低的工人或技师。另一方面，也可以选择在完成为期 4 年的初中学业后，进入职业高中进行 3 年的学习，再参加技术向高考，成功通过该考试后开启 3 年的职业大学学习，后成为高等技师或工程师。

---

① Cabinet du Président de la République Gabonaise. Loi N° 21/2011 Portant Orientation Générale de l'Education, de la Formation et de la Recherche[Z]. Libreville: Cabinet du Président de la République Gabonaise, 2011.

② Bureau international du Travail. Évaluation des emplois générés dans le cadre du Document de stratégie de croissance et de réduction de la pauvreté au Gabon[R]. Geneva: BIT, 2017: 12-20; Stevie Mounombou. Formation professionnelle: Les centres de Nkok et Akanda ouvrent leurs portes en 2021[J/OL]. Gabon Review, 16 septembre, 2020 [2021-9-22]. https://www.gabonreview.com/formation-professionnelle-les-centres-de-nkok-et-akanda-ouvrent-leurs-portes-en-novembre.html.

除此之外，为了增加就业，尤其是增加受教育程度较低的青年人的就业，政府也会组织一些短期的技能或职业培训。

从教育和培训的提供者来说，加蓬的职业技术教育与培训则分为公办和私立两个领域。

截至 2010 年，加蓬各级政府共开办了 11 所职业高中（学生总数不超过 7000 人）、1 所商学院以及 9 家职业与技术培训中心，主要分布在大城市。至于私立领域，由于有些学校或培训中心的建立并未得到政府的许可，所以相关数据不详。

总体而言，2011 年前，在加蓬的职业教育中，政府占据了绝对主导地位。然而，自 2010 年起加蓬提出"新兴加蓬"战略计划以来，尤其是在近几年全球经济下行和新冠疫情肆虐全球的情况下，为缓解加蓬不断飙升的青年失业率（2020 年，加蓬 15—24 岁年龄群失业率达 35.7%，24—34 岁年龄群失业率达 26%），加蓬共和国不断鼓励私营领域进入职业教育与培训领域，很多大型企业和行业协会都被鼓励开展本企业或本行业的培训中心，对新入职的员工和老员工进行培训，提高他们的技能。

同时，加蓬共和国也在积极引入外部资金办学。2010—2021 年，加蓬共和国获得中国进出口银行的资助，在中国航空技术国际控股有限公司的协助下，在利伯维尔的恩科工业区、弗朗斯维尔和让蒂尔港建立了 3 个职业培训中心；同期，加蓬还获得来自世界银行和非洲发展银行的资助，计划建造 2 个职业培训中心并且翻新本国的职业高中和职业培训中心。这三笔外来资金共达 1660 亿中非法郎（10000 中非法郎 =124 元人民币），开设的 5 个职业培训中心预计能提供 2500—5000 个学位。

（二）质量保障

从理论上而言，选择职校体系的学习者在走向工作岗位前，应获得相应的资格证书或文凭。其中，秘书、建筑木工、汽车修理工和维修技工等相关工种的学生，通过 3 年的学习并通过考核可获得专业资格能力证书（CAP）；机动设备、建筑木工、室内装修、金属工程、管理会计，电气技术和管道安装等工种的学生通过 4 年的学习并通过考核可获得专业研究文凭（BEP）；冷藏、空调和柴油发动机技工等工种的学生通过 3 年的学习并通过考核可获得技术员文凭（BT）；商学院的学生学习 4 年成功毕业后则可获得商业专业文凭。

对于那些进入培训中心学习的人来说，由于培训时长不超过 2 年，参训人员并不会因此获得相关文凭。他们收获的往往是一份培训参与证书。由于这些证书并非由国家权威机构统一发布，颁发条件也不一，雇主们很难通过这些证书对应聘人员的技术水平和能力做出合理判断，这些培训参与证书的含金量并不高。为应对这一问题，自 2010 年提出"新兴加蓬"战略计划以来，加蓬政府考虑逐步强化培训质量保证，计划从新近建成的几所培训中心着手试验，建立一套全国性的培训质量评估体系和证书颁发标准。

四、职业技术教育与培训的治理与教师

（一）治理 [①]

尽管加蓬的教育普及率很高，识字率高达 86%，但职业教育和培训的起步比较晚；同时，选择职业教育和培训的总人数很少，往往是无法考入普通高中的人才会选择这条学习或培训路径。据世界银行的统计，加蓬 2010 年每 10 万人中选择职业教育体系的仅为 377 人，职业教育体系的教职工在全国教职工中占比仅为 8%。此外，国家在职业技术教育与培训方面的预算投入不够，职业学校和培训中心不仅基础设施状况不佳，而且培训和教材内容也十分陈旧、单一，与市场需求并不相符，学生或受训人员的文凭或证书并不能成为学员走向企业的敲门砖。下表便很好地反应上述问题。

表 1　2010 年加蓬技工 / 工程师需求情况一览表

	市场上求职人数	岗位招工人数	岗位需求达标者
中层管理者/工程师	971	188	64
高级技工	1324	321	149
中级技工	302	217	68
初级技工	1086	82	19
有专长的工人	835	142	67
普通工人	142	42	25

数据来源：加蓬国家就业局，2013 年。

还值得注意的是，进入职业高中和培训中心的人员中，还存在男女比例不均、城乡比例失衡的问题。从 2010 年的数据来看，每 100 个职高学生和受训人员中，男生占比高达 70%，女生只占 30%。而从城乡结构看，每 100 个职高学生和受训人员中，城市居民占比达 65%，来自农村的学员仅占 35%。

针对目前出现的问题，加蓬共和国首先通过立法的形式对职高和培训中心的职责和基础设施建设做了详细的规定，具体体现在《2011 年第 21 号教育、科研和培训法》第 3 部分第 1 章第 3 节。根据这一法律条例，每个职业高中最低配备：10 个教室（高一 4 个、高二 3 个、毕业班 3 个）、3 个科学实验室（物理、化学、生命和土地实验室）、1 个语言中心、1 个多功能报告厅、1 个植物园、1 个动物园及养殖基地、1 个教学辅助中心、1 个档案及信息中心、350 个寄宿床位、1 个医务室和 1 个学生食堂。每个培训中心最低配备：

[①]　Bureau international du Travail. Évaluation des emplois générés dans le cadre du Document de stratégie de croissance et de réduction de la pauvreté au Gabon [R]. Geneva: BIT, 2017: 21-25; Cabinet du Président de la République Gabonaise. Loi N° 21/2011 Portant Orientation Générale de l'Education, de la Formation et de la Recherche [Z]. Libreville: Cabinet du Président de la République Gabonaise, 2011: 3-6.

5个教室、每个专业和方向相对应的技术操作平台、1个语言中心、1个档案及信息中心、1个医务室、1个学生食堂、1座宿舍和足够的教师宿舍。虽然现实和法律规定有一些差距，但加蓬政府正在积极加大政府投资，同时积极引入外部资金，翻新现有职业高中和技术培训中心。

在新开设的职业培训中心，加蓬正在努力克服职业教育与培训内容过时单一、跟不上市场步伐的问题。其中，于2021年4月建成的恩科职业培训中心就起到了很好的示范作用。恩科职业培训中心，全名为恩科多领域职业教育与培训国际中心，旗下有一个普通职业培训和提升中心、一个职业高中和一个高等职业培训中心。该中心总面积达14公顷，交通便利，水电供应充足，32栋楼分布在4个区域（行政区、教学区、教工和学生宿舍区以及运动区）；面向加蓬国内外招生，能提供制冷和空气调节、工业绘画、机械工程、焊接工程、汽车机械、汽车维修、农业机器与设备维修、建筑工程机器操作、电力及电子、细木工制品和轮胎制造和维修这11个加蓬高速发展的工业领域的专业培训。在培训所用教材和聘用教师方面，也是紧跟国内发展的前沿，旨在吸引优质学员，实现从培训到就业的良好衔接。

在财政预算方面，加蓬共和国于2010年前在职业技术教育与培训方面的投入并不多。2009年，教育预算占政府总支出的13.4%，占国内生产总值的2.7%。用于职业教育和培训的费用占国内生产总值的0.5%还不到，这个数字低于撒哈拉以南非洲国家的平均水平。但加蓬于2019年宣布了改革其现有的财政方案，有望增加用于职业教育与培训的资金。此外，一些国际或地区组织，如世界银行、国际劳工组织、非洲发展银行、欧盟、法国开发署也在加大对加蓬职业教育与培训的援助和文凭认证等方面的投资。

最后，在男女学员人数不均衡和城乡差距较大的问题上，2010年以来，加蓬政府也在不断做出努力，鼓励女性和农村居民积极进入职校或培训中心学习和培训。

（二）教师队伍建设 [①]

2010年前，由于加蓬对职业技术教育与培训方面的财政投入并不高，职业技术教育与培训的教师在全国教师总数中占比不超过10%；与此同时，职教教职工人数在全国教职工的占比中一直呈下降趋势，1985年占比19.6%，1995年占比9.5%，2010年占比仅有8%。另外，教师的教学能力也参差不齐。许多职业技术教育与培训的教师缺乏新知识，缺乏以就业为指导的教学方法，教学大多停留在理论方面，因此教育和培训出来的很多学生进入职场后都会出现"水土不服"的情况。

根据加蓬《2011年第21号教育、科研和培训法》，职业中学的教师分为5个级别，

---

① Cabinet du Président de la République Gabonaise. Plan Statégique Gabon Emergent [R]. Libreville: Cabinet du Président de la République Gabonaise, 2010: 48-55; Cabinet du Président de la République Gabonaise. Loi N°21/2011 Portant Orientation Générale de l'Education, de la Formation et de la Recherche[Z]. Libreville: Cabinet du Président de la République Gabonaise, 2011: 8-10.

从低至高依次是助理教师、教师、研究辅导员、教学督查、研究员。其中，助理教师需持有国家技术教育高等师范学院（ENSET）、教育科学大学或其他相应大学的本科文凭；教师需持有国家技术教育高等师范学院（ENSET）、教育科学大学或其他相应大学的硕士文凭，并在助理教师岗位上任职超过 5 年；研究辅导员、教学督查则必须获得国家技术教育高等师范学院（ENSET）、教育科学大学或其他相应大学的博士文凭；研究员则是职业学校教师培训的教师，由富有经验且考核优秀的研究辅导员和教学督查担任。职业技术教育培训中心的培训教师则分为 2 个级别，分别是助理培训员和培训员。其中，助理培训员需持有专业资格能力证书（CAP）、研究文凭（BEP）、技术员文凭（BT）或同等效力的文凭，参加过所教授模块的相关培训并获得开办讲座的能力认定；培训员则需通过职业高考，并且在国家技术教育高等师范学院（ENSET）、教育科学大学或其他相应大学完成 2 年的学业。

此外，根据"新兴加蓬"战略计划，加蓬在优化职业技术教育与培训教师队伍，借鉴其他国家的优秀经验，引进优秀教师的同时，也积极培训引导现有教师评估市场需求、开发新兴课程和优化教学实践，一定程度上提高职高和培训中心教师待遇和社会地位。然而，目前尚未有精确数据显示这些措施取得了理想的效果。

五、职业技术教育与培训的诉求与发展趋势

（一）诉求

目前，加蓬共和国在职业技术教育与培训上最大的目标就是帮助加蓬青年人更好地就业，同时促进加蓬产业结构升级，摆脱对石油产业的高度依赖，形成多产业同步发展的可持续性经济发展模式。为实现这一目标，加蓬政府必将继续在职业教育和培训体系的财政投入、基础教学设施的建设、师资配备、教学内容与教材的更新、培训专业多样化、职业文凭证书认可度和职教现代化（如信息技术改革和远程教育）等方面做出更多的努力。

同时，为缩小国内城乡差距和促进男女平等，加蓬在职业技术教育与培训的发展中也需要兼顾地区平衡，需要鼓励更多的农村地区青年和妇女参与培训。

（二）发展趋势[①]

在加蓬共和国"新兴加蓬"战略计划和《2011 年第 21 号教育、科研和培训法》贯彻实施的过程中，加蓬的职业技术教育与培训的发展逐渐出现以下趋势。

首先，外部资金引入与合作办学模式越来越成熟。上文提及的恩科多领域职业教育与培训国际中心已不再是单个的职业培训中心，而是集职业培训中心、职业高中、高等职业教育培训于一体的培训小集团，旨在为受训人员提供更多样的选择，更好地满足市

---

① Bureau international du Travail. Évaluation des emplois générés dans le cadre du Document de stratégie de croissance et de réduction de la pauvreté au Gabon[R]. Geneva: BIT, 2017: 55-65.

场需求。这一"培训小集团"模式也在很多的外资引入项目中得到复制，如加蓬 2017 年在世界银行的支持下，启动"技能和就业能力发展"（PRODECE）项目，目标人群为 18—34 岁、未受过任何教育或受到很少教育的年轻人。为满足多样化的需求，该项目设置了一个培训中心和一个职业高中，培训中心主要培养建筑和公共工程领域的技工，职业高中则致力于建筑和公共工程领域技工和工程师的培养。

另外，为了让学生和受训人员实现从学校、培训中心到职场的"无缝衔接"，加蓬除了在教师队伍优化培训、教学材料更新等方面做出努力外，还开始尝试推行"学徒制"。自 2016 年起，加蓬开始实施的"一个年轻人 = 一份工作"计划。该计划旨在使 16—35 岁的"街头青年"能够通过 3 个月的学徒培训课程重新融入社会。迄今为止，该计划已经成功推出了几个项目，如加蓬能源与水公司（SEEG）计划和青年学徒合同（CAJ）计划。第一个计划选拔了 30 位 18—34 岁之间的年轻加蓬职校毕业生进入加蓬能源和水公司实习，并接受水能、电能和客户关系等方面的专业培训。第二个计划主要由世界银行进行资助，涵盖技术和贸易领域的相关行业，尤其是工业和加工行业，该计划原定于 2020 年 3 月完成，但现在由于一些现实问题，该项目仍在进行中。

同时，尽管目前加蓬绝大多数的职业中学和技术培训中心都分布在大城市，但加蓬共和国也开始面向农村青年开展相关的职业培训，例如，加蓬农业部在非洲开发银行的资助和国际劳工组织的技术援助下，开展了名为"种子"的职业培训项目。该项目旨在建立农村发展学院，并开发农业相关方面的课程，培训适龄农村青年，为其进行现代农业活动打好理论基础。该计划于 2017 年 9 月提出，于 2019 年 10 月 4 日启动。另外，考虑到加蓬森林木材资源的丰富程度，加蓬政府也有意在相关地区开展木业行业的职业培训，这一计划正在落实。

最后，在"一带一路"倡议的大背景下和新冠疫情的影响下，加蓬共和国在职业教育发展和培训方面与中国的合作呈逐渐增多的形式。上文中提到的耗资 25 亿的恩科多领域职业教育与培训国际中心、佛朗斯维尔以和让蒂尔港新培训中心，就是由中国进出口银行提供融资，由中国航空工业下属中航国际帮助建造的。这一项目耗时 4 年，为中加在职业教育合作发展方面提供了很好的范例。相信在"一带一路"倡议的大框架下，中加两国可以在职业教育培训方面开展全方面的互利友好合作。

（深圳外国语学校　廖小慧）

主要参考文献

[1] 中华人民共和国外交部 . 加蓬国家概况 [EB/OL]. (2021–08)[2021–09–10]. https://www.fmprc. gov.cn/web/gjhdq_676201/gj_676203/fz_677316/1206_677800/1206x0_677802.html.

[2] 中国一带一路网 . 加蓬国家概况 [EB/OL]. (2020–09) [2021–09–10]. https://www.yidaiyilu. gov.cn/gbjg/gbgk/66271.htm.

[3] Cabinet du Président de la République Gabonaise. Loi N° 3/91 du 26 Mars 1991, La Constitution de la République Gabonaise [Z]. Libreville: Cabinet du Président de la République Gabonaise, 1991.

[4] Bureau international du Travail. Évaluation des emplois générés dans le cadre du Document de stratégie de croissance et de réduction de la pauvreté au Gabon[R]. Geneva: BIT, 2017.

[5] Cabinet du Président de la République Gabonaise. Plan Statégique Gabon Emergent [R]. Libreville: Cabinet du Président de la République Gabonaise, 2010.

[6] Cabinet du Président de la République Gabonaise. Loi N°21/2011 Portant Orientation Générale de l'Education, de la Formation et de la Recherche[Z]. Libreville: Cabinet du Président de la République Gabonaise, 2011.

[7] Stevie Mounombou. Formation professionnelle: Les centres de Nkok et Akanda ouvrent leurs portes en 2021[J/OL]. Gabon Review, 16 septembre, 2020 [2021–9–22]. https://www.gabonreview.com/ formation–professionnelle–les–centres–de–nkok–et–akanda–ouvrent–leurs–portes–en–novembre.html.

喀麦隆共和国

一、国家概况

（一）地理

喀麦隆共和国（The Republic of Cameroon，La République du Cameroun），简称喀麦隆，首都雅温得。位于非洲中部，西南濒几内亚湾，西接尼日利亚，东北接乍得，东与中非共和国、刚果（布）为邻，南与加蓬、赤道几内亚毗连。海岸基准线长约360千米。西部沿海和南部地区为赤道雨林气候，北部属热带草原气候。年平均气温24℃~28℃。全国划分为10个大区（极北、北部、阿达马瓦、东部、中部、南部、滨海、西部、西南、西北），58个省，360个市镇。[①]

喀麦隆南宽北窄，状同三角，犹如鸭形。南北直线最长距离1268千米。东西最宽处822千米，最窄处仅22千米。全境大致可划分为五个地形区：（1）滨海森林平原区。（2）西部山区。自西南向东北，山脉连绵，火山聚集，平均海拔高度1200—1800米。喀麦隆山为境内最高山峰和活火山，海拔4095米，最近一次喷发于1999年3月27日。（3）东南赤道雨林区。（4）中部阿达马瓦高原区，平均海拔高度1100米。（5）北部热带草原区。主要河流有：萨纳加河（920千米）、尼永河（690千米）、恩代姆河、穆恩戈河、伍里河（约260千米）等。[②]

（二）人文

喀麦隆于公元5世纪起历经外来部族的大量迁入，并先后形成一些部落王国和部落联盟。1884年沦为德国的"保护国"。第一次世界大战期间，喀麦隆东、西部分别被法、英军队占领。1922年国际联盟将东、西喀麦隆分交法、英"委任统治"。第二次世界大战后，联合国将东、西喀麦隆分交法、英"托管"。1960年1月1日法托管区根据联合国决议独立，成立喀麦隆共和国，阿赫马杜·阿希乔出任总统。1961年2月，英托管区

---

① 中华人民共和国外交部. 喀麦隆国家概况 [EB/OL]. (2021-03-01)[2021-05-06].https://www.fmprc.gov.cn/web/gjhdq_676201/gj_676203/fz_677316/1206_677848/1206x0_677850.html.

② 中华人民共和国驻喀麦隆共和国大使馆经济参赞处. 喀麦隆自然地理概况 [EB/OL].(2016-09-23)[2021-05-06].http://cm.mofcom.gov.cn/article/ddgk/201609/20160901400285.shtml.

北部和南部分别举行公民投票，6月1日北部并入尼日利亚，10月1日南部与喀麦隆共和国合并，组成喀麦隆联邦共和国。1972年5月20日，喀麦隆公民投票通过新宪法，取消联邦制，成立中央集权的喀麦隆联合共和国。1982年11月阿希乔辞职，保罗·比亚继任总统。1984年1月改国名为喀麦隆共和国。[①]

目前喀麦隆约有240个部族，这些部族都有各自的语言和习惯，主要部族如下：（1）班图族系：包括俾格米、贝蒂、巴萨、杜阿拉、杨巴萨等，分布在南部大区、滨海大区、西南部大区、中部大区、东部大区等；（2）半班图族系：包括巴米累克、巴穆恩、巴利等，主要分布在西部大区和西北部大区；（3）苏丹族系：包括穆恩当、杜布利、卡伯西利等，主要分布在阿达马瓦大区、北部大区和极北部大区；（4）波尔或富尔贝人：主要分布在北部大区；（5）绍阿阿拉伯人：主要分布在乍得湖盆地。

喀麦隆40%的人口信奉天主教和基督教新教（主要集中在南部及沿海地区），20%信奉伊斯兰教（富尔贝族和西北部），40%信奉原始宗教（内地及边远地区）。喀麦隆官方语言为法语和英语，讲法语的居民占70%，讲英语的占30%。全国共有200多种民族语言，主要有埃温多语、富拉语、杜阿拉语，绝大多数民族语言没有文字。[②]

（三）经济

喀麦隆地理位置和自然条件优越，资源丰富。农业和畜牧业为国民经济主要支柱。工业有一定基础。独立后实行"有计划的自由主义"、"自主自为平衡发展"和"绿色革命"等经济政策，国民经济发展较快，20世纪80年代初期经济增长率百分比曾达到两位数，人均国内生产总值一度达到1200美元。1985年后，由于受国际经济危机的影响，经济陷入困难。喀麦隆政府采取了一些措施，但收效甚微，与国际货币基金组织签署的四期结构调整计划均未完成。1994年非洲法郎贬值后，喀麦隆经济形势开始好转，通货膨胀得到控制，外贸结构改善，工农业增产，财政收入大幅增加。喀麦隆政府加大经济结构调整力度，加强财政管理，推进私有化，国内生产总值连续保持增长。2000年，喀麦隆顺利完成第五期结构调整计划，并被批准加入"重债穷国"减债计划。2000—2003年，喀麦隆在国际货币基金组织资助下实施第二个"减贫促增长"计划。2006年，世界银行、国际货币基金组织确认喀麦隆达到"重债穷国减债计划"完成点，喀麦隆外债获大幅减免。2008年，受国际金融危机影响，喀麦隆财政关税和出口产品收入骤减，外部投资和信贷收紧，失业人数增多。2009年，喀麦隆政府先后公布《2035年远景规划》以及经济增长和就业战略发展规划（2010—2020），重点是发展农业，扩大能源生产，加

① 中华人民共和国外交部.喀麦隆国家概况[EB/OL].(2021-03-01)[2021-05-06].https://www.fmprc.gov.cn/web/gjhdq_676201/gj_676203/fz_677316/1206_677848/1206x0_677850.html.

② 中华人民共和国驻喀麦隆共和国大使馆经济参赞处.喀麦隆自然地理概况[EB/OL].(2016-09-23)[2021-05-06].http://cm.mofcom.gov.cn/article/ddgk/201609/20160901400285.shtml.

大基础设施投资，努力改善依赖原材料出口型经济结构，争取到 2035 年将喀麦隆建设成为"民主、统一、多样的新兴国家"。近年来，由于经济增长未达到年均 5.5% 的预期目标，喀麦隆政府于 2014 年底出台加快经济增长三年紧急计划（2015—2017），主要目标是尽快将经济增长率提升至 6%，为此要着力改善营商环境，实现生产设施现代化，推动喀麦隆国内工业崛起。

喀麦隆独立后工业发展较快，已有一定基础和规模，工业水平居撒哈拉沙漠以南非洲前列。全国 15% 的劳动力从事工业，2018 年工业产值约占国内生产总值的 26%。喀麦隆素有"中部非洲粮仓"之称，2018 年农业产值约占国内生产总值的 15%，占出口总额的 25%，为 60% 的劳动人口提供了就业。喀麦隆旅游资源丰富，有"微型非洲"之称，2017 年喀麦隆旅游业收入占国内生产总值的 3.2%，旅游业领域就业人口 60.45 万。[①]

（四）教育

喀麦隆重视发展教育事业，近年来教育经费在政府预算中保持一定增长。2015 年，教育领域财政预算占全年预算的 13.1%。喀麦隆教育分为学前教育、初等教育、中等教育和高等教育四个阶段，目前，全国共有 15123 所小学、2413 所初中和高中、8 所国立大学。据联合国儿童基金会统计，适龄儿童入学率已达 90%，全国人口文盲率为 24.1%。[②]

因受法国和英国殖民统治，喀麦隆的教育体制在统一的教育体系下，有着两种不同文化传统和结构组织的子系统——法式和英式教育子系统（如图 1 所示），教学语言相应地是法语和英语。（1）英式教育系统：完成七年的小学教育后，学生继续接受七年的中学教育。在中学阶段，学生首先完成五年制初中教育课程，然后再完成两年制高中教育课程。（2）法式教育系统：完成六年的小学教育后，学生继续接受七年的中学教育。在中学阶段，学生首先完成四年制初中教育课程，然后再完成三年制高中教育课程。[③]

---

① 中华人民共和国外交部.喀麦隆国家概况 [EB/OL]. (2021-03-01)[2021-05-06].https://www.fmprc.gov.cn/web/gjhdq_676201/gj_676203/fz_677316/1206_677848/1206x0_677850.html.

② 同上。

③ UNESCO-UNEVOC International Centre for Technical and Vocational Education and Training. World TVET Database: Cameroon [R/OL]. (2015-10-01)[2021-05-08]. https://unevoc.unesco.org/wtdb/worldtvetdatabase_cmr_en.pdf.

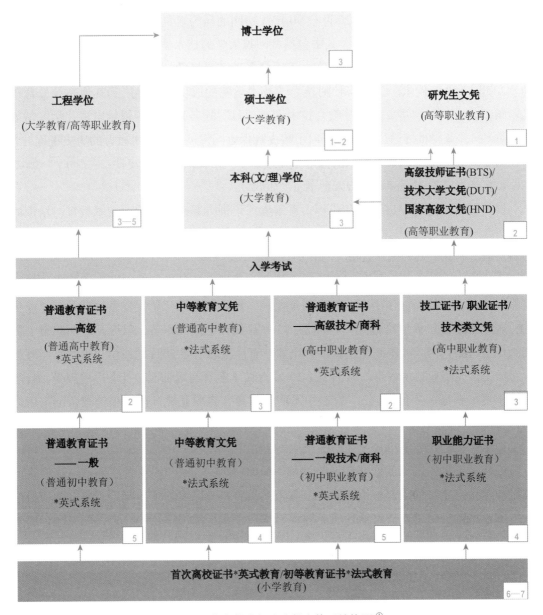

图 1　喀麦隆英式与法式教育体系结构图 ①

二、职业技术教育与培训的战略与法规

（一）战略

喀麦隆的职业技术教育与培训旨在帮助个人充分融入社会，为不同的就业部门培养劳动力，并增进对技术的理解。在战略上，职业技术教育与培训被认为是加速喀麦隆教

---

① Education system Cameroon: described and compared with the Dutch system [R/OL]. (2016–10–01)[2021–05–10]. https://www.nuffic.nl/sites/default/files/2020–08/education–system–cameroon.pdf.

育系统专业化的重要途径。在 20 世纪 90 年代初期的高等教育改革中，喀麦隆有三所公立大学建立了技术学院（IUT），其中包括杜阿拉大学的技术学院，该学院充分利用了这次改革所提供的政策环境，通过实施真正适合于劳动市场的教学计划，在创新中取得成功。20 世纪 90 年代末，为了将杜阿拉大学技术学院的成功经验推广到其他高等教育机构，喀麦隆政府以"喀麦隆高等教育技术训练项目"的名义向世界银行申请"学习与创新贷款"，并获得批准通过，由此开启了喀麦隆探索与发展职业技术教育的历史进程。[①]

喀麦隆职业技术教育与培训的推广主要依靠下列战略与政策的支持：

1. 国家教育计划——面向大众的教育（2002）

该计划试图通过促进青年和成年人平等参加培训方案来解决职业技术教育与培训的问题。[②]

2. 教育行业战略计划（2006—2012）

该战略计划旨在通过增加对职业技术教育与培训等项目的教育财政预算和投入来改善教育体系。该战略强调了职业教育的重要性，承认职业教育是喀麦隆教育系统专业化的一种重要手段。该战略计划的目标是：（1）制订职业教育方案，以提高培训质量、提高工作场所生产力，并限制学生辍学（比如，有计划地引导 50% 的小学、中学和高等教育辍学者接受职业技术教育与培训）；（2）职业技术教育与培训能被社会广泛接受，且学习费用可被普通家庭负担；（3）发展中等职业教育，将职业教育作为小学教育结束后的一种选择。[③]

3. 职业教育战略（2008）

该战略计划由国家就业与职业培训部（MINEFOP）于 2008 年批准生效。该战略计划将职业教育定义为在课外培训中心、非正式学习环境以及如学徒制等职业培训项目中获得专业培训资格。该战略承认职业教育是实现正常化和加速化的社会—职业融合以及提高国民收入的途径。该战略建议，为改善职业技术教育与培训项目，各类职业教育活动需在国家就业与职业培训部（MINEFOP）的监督下集中开展。

4. 喀麦隆教育计划（2013—2020）

该计划在新的社会背景下，针对如何发展和提振喀麦隆的职业教育与培训事业，并就职业教育与培训领域的重大问题开展专项研究和部署。这项计划与其他多项计划一起，旨在共同号召并扩大职业技术教育与培训项目的规模及多样性。

（二）法规

1995 年，喀麦隆召开全国教育大会，大会重点聚焦于教育的权力下放、组织和管

---

① 郑崧.喀麦隆高等教育研究 [M].北京：中国社会科学出版社,2010:107-108.
② UNESCO-UNEVOC International Centre for Technical and Vocational Education and Training. World TVET Database: Cameroon [R/OL]. (2015-10-01)[2021-05-08].https://unevoc.unesco.org/wtdb/worldtvetdatabase_cmr_en.pdf.
③ 同上。

理、资金和伙伴关系，以及对政府和私立教育工作人员的培训等议题，会后制定了一系列有关教育改革和发展的教育新政策。

1998 年颁布的《喀麦隆教育框架法》提出为喀麦隆教育系统建立一个总的司法框架。法案明确了强化教育系统建设是国家当前的重要优先事项，确立在各级教育系统中开展双语教育（英法双语）是一项维护国家统一及一体化战略的重要事业。该法案还要求为初等教育（小学）阶段后的中、高等教育（中学、大学）引入适当的职业技术教育与培训方案。

此外，根据 2001 年 4 月 16 日颁布的关于高等教育定位的第五号法令，喀麦隆高等教育是"国家承认的，由公立或私立高等教育机构所提供的中学后教育及培训"。该项法令还指明了喀麦隆高等教育的基本使命在于"为国家发展与人类进步而生产、组织并传播科学知识、文化知识和专业知识及道德伦理"。[1]

三、职业技术教育与培训的体系

喀麦隆的职业技术教育与培训，纵向上由中等职业教育和大学阶段教育组成，横向上包括正规教育（Formal Education）和非正规教育（Non-formal Education）。

（一）正规职业技术教育与培训体系

在喀麦隆，职业技术教育机构可分为三类：农村手工艺学校、家政学校和职业技术学院及高中。农村手工艺学校为辍学者或年龄太大而上不了中学的人提供两年制的木工、砖瓦工、制陶工和农业技术课程。高中毕业生则有机会进入包括本科和研究生在内的高等职业教育阶段继续深造。不同职业技术教育与培训机构的教学语言都是喀麦隆的官方语言，即法语和英语。

1. 中等职业教育

喀麦隆的中等教育分为普通中等教育与中等职业教育两个部分，其中，中等职业教育又分为英式与法式两个体系。

在英式教育体系中，毕业后得到的证书为普通教育证书（技术、商科），学习年龄为 12—19 岁，为期七年（5+2 年）。技术和商科的普通教育证书分为一般（五年）和高等（两年）两个水平分别颁发。考试由普通教育证书（GCE）委员会管理，在喀麦隆获得这类证书后可以选择继续接受高等教育。

在法式教育体系中，学生毕业后得到的证书为技工证书、职业证书或技术文凭，学习年龄为 12—19 岁，为期七年（4+3 年）。初中职业教育由工业技术学院（CETIs）授课。这个阶段的教育为期四年，毕业后授予商业或工业学习领域的职业能力证书（CAP），获得这种证书的学生将有资格被开展高中职业教育的学校录取。高中职业教育

---

① 顾建新，张三花. 喀麦隆高等教育的发展与改革——历程、政策与经验 [J]. 西亚非洲,2005(06):63-69+80.

由私立的工业技术学院（CETIs）或技术高中承担，学业完成后可以获得相关技术或职业能力证书，但在喀麦隆仅凭此类证书还不具备进入高等教育的资格，还需要参加并通过 GCE 委员会主持的技术类文凭资格考试。在普通教育证书（GCE）测试中，数学或物理中的一门课程须达到高级水平，以及至少四门课程达到中级水平。在喀麦隆，获得技术类文凭的学生将可以进入高等职业教育机构的相似专业继续深造。技术类文凭修习的专业包括制造工程、汽车工程、测量或金属制造、土木工程、电子设备、电子技术、数学和技术、工业冷却系统或通用机械等，旨在使毕业生获得在细分的不同领域进行服务的资质，如道路交通、建筑施工、城镇规划、社区发展或农村工程等。①

2. 高等职业教育

喀麦隆的高等教育分为普通大学教育和高等职业教育两个部分，且提供英语和法语两种教学语言供选择。技术领域的大学教育和以行政管理、技术、社会服务和公共工程为重点的高等职业教育主要由专门的院校和机构提供。高等职业教育主要分为两个阶段，第一阶段的高等职业教育根据专业的不同，学生获得的证书（文凭）和学习年限也有所不同。高等技术证书（BTS）、大学技术文凭（DUT）和国家高级文凭（HND），学习周期一般为两年，每个学年包括两个学期，每个学期 14—16 周，每学期提供 45—60 课时的课程，完成后可在喀麦隆接受第三年的高等职业教育。在医学专业领域，其中的高级卫生技术员文凭（BTS）和护理员文凭类课程，学习期限通常持续 2—3 年不等，并由大学健康科学中心提供。而工程专业的现场工程师文凭（名义学习时长为三年）和设计工程师文凭（名义学习时长四年）则由国立高等职业技术学院授予。

在完成第一阶段学习并获得相应的文凭证书或学位之后，学生可参加一项名义学习时长为一年以上的高级课程学习，完成后可被授予研究生文凭和专业硕士学位。其中，农艺工程师文凭是由国家高等农艺学院（École Nationale Supérieure Agronomique）颁发，学生需参加一个为期两年的高级课程（或中学毕业后进行总共五年的学习）。

（二）非正规职业技术教育与培训体系

实体机构建设方面，喀麦隆的政府各部委（农业部、文化部、青年部）也会提供各种非正规的职业技术教育与培训课程。例如，青年部设立了青年培训方案，农业部组织学徒制培训等。国家就业基金组织通过为在职培训、正式培训、自主创业和其他基于劳动力市场需求的项目提供资金来促进就业。国家就业和职业教育观察站负责提供并分析与就业和职业培训有关的各类数据。

网络和信息化服务方面，"国家就业在非洲网络"是一个旨在解决失业和就业不足问题的机构，通过重点发展信息和通信技术，以及建立与就业相关的服务之间的协同交流，推广职业技术教育与培训。其他各类基层和非政府教育组织通过加入如"喀麦隆全民教

---

① Education system Cameroon: described and compared with the Dutch system [R/OL]. (2016-10-01)[2021-05-10]. https://www.nuffic.nl/sites/default/files/2020-08/education-system-cameroon.pdf.

育网"（CEFAN）等类型的的网络平台，积极参与教育和职业教育项目，促进全民实现受教育的权利。

此外，喀麦隆有许多非正规部门和组织，大量的职业培训是由这类机构组织承担的，但这些活动很少被记录在案。例如，由各类工匠组成的跨专业工匠联合组织（GIPA）提供传统学徒制培训，以提高其工匠师傅的教学技能和培训水平。[①]"非正规部门综合资助方案"计划通过支持并资助各类职业技术教育和培训，促进非正规部门向正规部门的转化。

四、职业技术教育与培训的治理与教师

（一）治理

喀麦隆职业技术教育与培训提供旨在提高生产力的正规和非正规培训，其各项活动的开展主要由就业与职业培训部（MINEFOP）集中管理，负责职业技术教育与培训重大事项的决策和政策制定等工作的开展。就业与职业培训部由中央行政部门、检查部门和各省市及地方代表团组成。在就业与职业培训部（MINEFOP）的监督下，负责传播职业技术教育与培训的公共机构包括：卓越职业培训中心、部门职业培训中心、专业人员培训中心、学徒中心、公共职业培训中心、农村家政工匠组织。其他涉及职业技术教育与培训的相关部门有农业部、文化部、公共工程部和青年部。例如，公共工程部负责土木工程学校；农业部监督学徒制；青年部发展青年培训方案。

正如喀麦隆整个教育系统一样，职业技术教育与培训的日常工作在国家、省、区及以下各级组织中都是分散管理的。中等职业教育由中等教育部（MINESEC）负责，高等职业教育由高等教育部（MINESUP）负责。各部门和地区代表团负责法规执行并协调各自区域内的职业技术教育与培训活动的开展。各高等院校都设立有学校管理委员会，负责组织和实施教职员工的人员招聘等，学校管理实施校长负责制，校长由政府任命产生，但新设院系、学位、课程以及条例修订等必须经上级有关部门批准。也有一些高等教育机构不受高等教育部直接管理，高等教育部仍须确保它们达到适当的学术标准。一些高等教育机构由其他部委直接负责，并在农业、卫生、邮政、电信、林业和公共工程领域提供专项培训等。[②]喀麦隆职业技术教育与培训的治理体系结构如下图：

① UNESCO-UNEVOC International Centre for Technical and Vocational Education and Training. World TVET Database: Cameroon [R/OL]. (2015-10-01)[2021-05-08].https://unevoc.unesco.org/wtdb/worldtvetdatabase_cmr_en.pdf.

② Education system Cameroon: described and compared with the Dutch system [R/OL]. (2016-10-01)[2021-05-10]. https://www.nuffic.nl/sites/default/files/2020-08/education-system-cameroon.pdf.

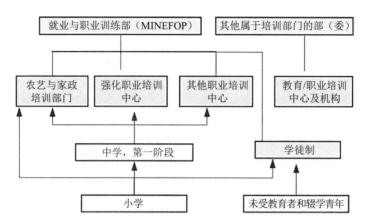

图 2　喀麦隆职业技术教育与培训体系结构图^①

职业技术教育与培训的资金主要有三项来源：公共财政、其他渠道的国家财政、外国援助。国家预算与财政部（MINFI）同基础教育部（MINEDUB）和中等教育部（MINESEC）合作，负责向包括职业技术教育与培训在内的不同教育部门分配资金，并确定区域分配比例。社区和家庭成员也可直接向学校及教师工资提供资金捐助。

（二）教师

职业技术教育与培训的从业教师和培训师通过两种方式招聘。第一种招聘方式是直接基于高等教育机构提供的学位和执照来认证，第二种招聘渠道是通过专门的教师培养单位（高等技术教育师范学院，即 ENSET）获得。为了从事职业技术教育与培训的工作，教师与培训师必须具备的证书有：技术教育师范文凭一级证书（DIPET 1）、技术教育师范学院文凭二级证书（DIPET 2），或技术教育教师证书（CAPIET）。在喀麦隆，高等技术教育师范学院的一个典型范例是杜阿拉大学，毕业生可获得技术教育师范学院学位或高等技术教育师范学位，凭借这类学位，毕业生就可以在喀麦隆从事职业教育与培训的教学工作。

教师能力提升方面，在 2021 年新近开展的中等技术教育提升计划项目（PEST）中，中等教育部（MINESEC）就新增的专业加强了对专业师资的培训工作，课程培训由专门研究这些领域的专业机构提供，同时再通过在知名企业进行为期两周的实习工作，以切实提高相关专业教师的质量和教学水平。^②

---

① ZOULIATOU M. TVET and Economic Development in Cameroon: Lessons from China[J].Journal of Education and Practice, 2017: 178–189.

② Modernisation of Secondary Education [EB/OL].(2021–05–19)[2021–05–26]. http://www.minesec.gov.cm/en/2021/05/19/modernisation-of-secondary-education.html.

五、职业技术教育与培训的诉求与发展趋势

（一）诉求

当前，喀麦隆大力推进教育改革项目，其重点就放在了职业教育。喀麦隆存在大量文化程度较低、缺乏职业技能的人口，对发展职业技术教育和培训有迫切需求。但喀麦隆职业教育面临着几个主要的问题：

首先，职业教育经费投入长期不足。在喀麦隆，职业技术教育与培训项目开展经费的主要来源是中央政府、发展援助团体、私人捐赠者和学生注册费等。受经济危机等因素的影响，教育经费日益急剧减少，教育总预算下降，导致仅占教育经费很小一部分的职业教育经费更加捉襟见肘。尽管政府努力从不同方面筹集资金，但可用资金与目标数额仍相差甚远。职业技术教育与培训的融资危机不仅因为职业技术教育与培训所需经费比普通教育系统更高，还归因于人口的快速增长，并由此导致社会对学校教育需求的增大、青年失业人数的增加、可用资源使用效率低下、教师工资上涨等一系列问题。[①]由于资金不足，职业技术教育与培训在喀麦隆仍不发达，对学生的吸引力也较低。

其次，职业教育与培训能力不足。2016年，喀麦隆中等教育部启动了一项提高职业技术教育与培训质量的项目，这个为期四年的项目旨在启动体制改革，以建立有效的培训体系，以及增加就业和培训之间的联系，降低劳动力不充分就业的比例，以契合喀麦隆国家政府提出的到2035年建立新兴经济体的目标。尽管中等教育部做了诸多努力，强调重视人的个体发展，培养学生具备必要的技能和能力，但实际上职业学校和培训机构数量不足，培训效率仍然低下，每年在喀麦隆职业技术教育与培训机构中能够接受训练的人员数量仍为数较少。

再次，在职业教育与培训体系内部，还存在中等职业教育和高等职业教育之间的衔接需要改善，行业指导和企业的参与也有待提高，课程设置与评估、教师的培训和评估需要改善等诸多诉求。

（二）发展趋势

目前，喀麦隆国家政府和各部门共同致力于开展广泛的国际合作和改革方案，其影响已经明显体现在教育服务的改善上，在职业技术教育与培训上也取得了显著的进展。例如，在中等职业教育和高等职业教育机构当中给学生更多的选择，以满足市场不断变化的需求。通过在企业和学校当中开设工作室或者研讨班，帮助学生更好地进行工学结合。国家中等教育部（MINESEC）已经启动了一项为期四年的"职业教育教学改革支持项目"，目的是为有效的培训体系创造制度条件。其他的职业及教育与培训项目包括在杜阿拉（Douala）、林贝（Limbe）和桑梅利马（Sangmélima）等城市建设职业教育与培

---

① MEGAN CHE S. Technical and Vocational Education in Cameroon and Critical Avenues for Development[J]. Research in Comparative and International Education, 2007, 2(4):333-345.

训中心，以扩大职业教育与培训的规模。

据有关统计资料显示，截至 2021 年 1 月 31 日，喀麦隆共有 443854 名注册难民，包括在雅温得和杜阿拉及其周边城市地区的 23450 名不同国籍的难民，以及从东部、极北等其他地区的 412859 名中非和尼日利亚难民，这些难民在获得体面劳动方面都面临着极大困难。为此，2021 年 2 月 24 日，喀麦隆就业和职业培训部（MINEFOP）与难民署和劳工组织共同签署了一项关于促进喀麦隆难民获得体面就业机会的伙伴关系协议。旨在通过联合劳动和社会保障部（MINTSS）、喀麦隆雇主组织（GICAM、ECAM、MECAM 等），甚至工人组织等，实施职业培训、学徒制项目等计划，将难民安置在喀麦隆的劳动力市场。①

另据法国发展署的报告，喀麦隆未来在职业技术教育与培训领域将重点实施以下关键性的计划，包括：提高参与培训的机会，通过兴建或翻新职业培训中心等方式，持续扩大职业技术教育的供给；加强职业教育与普通教育的联系，更好地将技术与职业教育纳入整个教育体系；加强职业技术教育和培训与劳动力市场之间的联系；增加职业培训资金，寻找创新机制来激励私人投资进入职业培训领域，等等。

（深圳职业技术学院　外事处　刘宏帆）

主要参考文献

[1] 中华人民共和国外交部 . 喀麦隆国家概况 [EB/OL]. (2021-03-01)[2021-05-06].https://www.fmprc.gov.cn/web/gjhdq_676201/gj_676203/fz_677316/1206_677848/1206x0_677850.html.

[2] 中华人民共和国驻喀麦隆共和国大使馆经济参赞处 . 喀麦隆自然地理概况 [EB/OL].(2016-09-23)[2021-05-06].http://cm.mofcom.gov.cn/article/ddgk/201609/20160901400285.shtml.

[3] Education system Cameroon: described and compared with the Dutch system [R/OL]. (2016-10-01)[2021-05-10].https://www.nuffic.nl/sites/default/files/2020-08/education-system-cameroon.pdf.

[4] UNESCO-UNEVOC International Centre for Technical and Vocational Education and Training. World TVET Database: Cameroon [R/OL]. (2015-10-01)[2021-05-08].https://unevoc.unesco.org/wtdb/worldtvetdatabase_cmr_en.pdf.

[5] 郑崧 . 喀麦隆高等教育研究 [M]. 北京 : 中国社会科学出版社 , 2010.

[6] 顾建新 , 张三花 . 喀麦隆高等教育的发展与改革——历程、政策与经验 [J]. 西亚非洲 , 2005(06):63-69+80.

---

① Convention de partenariat entre le MINEFOP, le HCR et l'OIT [EB/OL]. [2021-05-26]. https://www.ilo.org/africa/media-centre/pr/WCMS_775054/lang--fr/index.htm.

[7] ZOULIATOU M. TVET and Economic Development in Cameroon: Lessons from China[J]. Journal of Education and Practice,2017: 178-189.

[8] Modernisation of Secondary Education [EB/OL].(2021-05-19)[2021-05-26]. http://www. minesec.gov.cm/en/2021/05/19/modernisation-of-secondary-education.html.

[9] Convention de partenariat entre le MINEFOP, le HCR et l'OIT [EB/OL]. [2021-05-26]. https:// www.ilo.org/africa/media-centre/pr/WCMS_775054/lang--fr/index.htm.

[10] MEGAN CHE S. Technical and Vocational Education in Cameroon and Critical Avenues for Development[J]. Research in Comparative and International Education, 2007,2(4):333-345.

肯尼亚共和国

一、国家概况

（一）地理

肯尼亚共和国（The Republic of Kenya），简称肯尼亚，位于非洲东部，赤道横穿东西，东非大裂谷纵贯南北，与索马里、坦桑尼亚、乌干达、埃塞俄比亚和南苏丹毗邻。[①] 肯尼亚东南临印度洋，全境属于热带季风地带，境内多为高原。大部分地区气候是热带草原气候，年平均气温是10℃～26℃，1—2月、7—9月为旱季，其余月份为雨季，受季风和地形影响年降雨量从东北向西南由200毫米递增至1500毫米。肯尼亚自2013年从省级建制改为郡级建制，现全国划分为47个郡，国土面积58.3万平方千米。首都内罗毕为全国第一大城市，面积648平方千米，人口约440万，是全国政治、经济、文化、工业和交通中心。[②]

（二）人文

肯尼亚曾发现约250万年前的人类头盖骨化石，系人类发源地之一。公元7世纪在非洲东南沿海商业发展的带动下，阿拉伯人到肯尼亚经商和居住。16世纪，肯尼亚沿海地带被葡萄牙占领。1890年，肯尼亚被英国占领，并于1895年正式沦为英国"东非保护地"，1920年变为其殖民地。1962年肯尼亚非洲民族联盟（简称"肯盟"）和肯尼亚非洲民主联盟组成联合政府，肯盟在次年大选中获胜并成立自治政府宣告独立。1964年12月12日肯尼亚共和国成立，肯盟领导人乔莫·肯雅塔任首任总统，其后莫伊担任总统，肯盟执政长达38年，直至2002年为止。1964年肯尼亚颁布共和国宪法，1982年通过修宪改一党制为多党制。改制后历任领导人包括肯盟的莫伊（任职两届）、全国彩虹联盟的齐贝吉（任职两届）、朱比利联盟的乌胡鲁·肯雅塔（任职两届）。2017年时任总统乌胡鲁·肯雅塔（Uhuru Kenyatta）在新一届大选中击败全国超级联盟候选人奥利

[①] 中国一带一路网.肯尼亚国家概况[EB/OL].(2020-10)[2021-04-10]. https://www.yidaiyilu.gov.cn/gbjg/gbgk/66280.htm.

[②] 商务部国际贸易经济合作研究院等.对外投资合作国别（地区）指南——肯尼亚[R].商务部国际贸易经济合作研究院等,2020:3-4.

加，成功蝉联。[①]

肯尼亚实行总统内阁制，总统系国家元首、政府首脑兼武装部队总司令，内阁（即政府）由总统、副总统、各部部长组成。总统由直接普选产生，每届任期5年，连任不得超过两届。肯尼亚最高立法机构是议会，分设国民议会和参议院两院，议员任期5年。国民议会主要职能包括：立法、决定国家税收分配、监督政府和国家财政支出、批准战争、延长国家紧急状态、弹劾总统和副总统、批准重要人事任命等，现任国民议会议长贾斯廷·穆图里（Justin Muturi）。参议院主要职能包括：参与同各郡相关的立法、税收分配、财政支出、放权以及参与弹劾总统和副总统等，现任参议长卢萨卡。肯尼亚司法机构为四级法院，分别为地区法院、驻节法院、高等法院和上诉法院，现任首席大法官威利·穆通加（Willy Mutunga）。[②]

肯尼亚全国人口4756.4万（2019年人口普查结果）。国内贫富分化严重，全国38%以上的财富由仅仅10%的人口所拥有，而半数人口仍以日均低于2美元的消费水平生活在贫困线之下。肯尼亚是一个多民族国家，共计44个民族。主要民族按人口占比依次是基库尤族（17%）、卢希亚族（14%）、卡伦金族（11%）、卢奥族（10%）、康巴族（10%）和肯尼亚索马里裔（5.8%）等。同时也有少数欧洲人、阿拉伯人和印巴人等在肯尼亚生活。目前的执政党朱比利党主要代表基库尤族与卡伦金族联盟，主要反对党"全国超级联盟"则代表卢奥族与康巴族联盟。肯尼亚宗教信仰也较为多元，主要信奉的宗教包括基督教新教（45%）、天主教（33%）、伊斯兰教（10%），以及原始宗教和印度教。官方语言为斯瓦希里语和英语。[③]

（三）经济

由于东非门户的优势地理位置和稳定的政治局势，肯尼亚是撒哈拉以南非洲经济基础较好的国家之一，但在全球范围内仍属于中低收入国家，2019年全国GDP为955.03亿美元。[④]肯尼亚实行"混合型经济"体制，从20世纪90年代起实行自由化经济，并对国企进行私有化改造和开放外资企业，2019年私营经济占比超70%。2008年起肯尼亚实施"2030年发展愿景规划"，重点扶持农业、旅游业、制造业、批发零售业、金融服务业、业务流程外包等。2010年后肯尼亚政府更是推行了一系列经济促进政策，如2015年出台的《国家工业化发展规划》和《经济特区法》分别旨在推动工业化和经济转型。肯尼亚整体经济发展虽相对平稳，但较易受气候条件等影响。2018年经济增速为6.3%，

---

① 中华人民共和国外交部.肯尼亚国家概况[EB/OL].(2021-2)[2021-04-10]. https://www.fmprc.gov.cn/web/gjhdq_676201/gj_676203/fz_677316/1206_677946/1206x0_677948.html.

② 同上。

③ 同上。

④ 世界银行.开放数据.肯尼亚.[EB/OL].[2021-04-10].https://data.worldbank.org/country/kenya.html.

2019 年由于农、林、渔业产率受长时间降水影响，整体经济增速降为 5.4%。[①] 2020 年受新冠疫情、旱灾和蝗灾等影响，经济更是呈现负增长（-0.5%）。[②]

肯尼亚经济产业较为多元，三大支柱产业是农业、服务业和工业（主要是制造业），三大外汇来源是农产品、旅游和侨汇。[①] 出口外向型的农业是全国第一大产业，占肯 GDP 的 34.1%，是国际贸易和外来投资的重点产业领域。创汇农产品的前三位是茶叶、园艺产品和咖啡，但近年来三者出口额均有所下降。服务业较发达，尽管存在基础设施条件落后等制约因素，但由于东中非门户的优越地理位置、物流基建的建设升级、多样化的旅游景点，肯尼亚的交通业、通信业和旅游业发展良好。目前中国是肯尼亚第六大旅游客源市场，2019 年访肯中国游客为八万余人次。肯尼亚工业在东非地区处于领先地位，制造业相对发达且门类齐全，约占全国 GDP 的 7.5%。近年来由于资金不足、旱灾、腐败、外贸相关的政府部门效率低下等因素限制，肯尼亚制造业发展停滞不前，七成企业产能利用率低于 75%。[②] 肯尼亚 2030 年发展愿景第三个五年规划指出，"制造业振兴"是目前国家的"四大议程"之一。[③]

（四）教育

肯尼亚的教育体制在历史演进过程中受到英国殖民和本国政治环境变化的影响，学制几经更迭。肯尼亚历史上受英国统治长达半个世纪，其学制从萌芽到初期发展都打上了深深的英式烙印。肯尼亚现代教育萌芽于 19 世纪初欧洲传教士的神学教育。[⑥] 后来肯尼亚逐步沦为东非保护地和英国直辖殖民地，英国殖民者为降低劳动力成本雇佣肯裔，由此，殖民政府支持教会学校提供技术培训，形成了以实业教育为主的 4-4-2-4 学制（学前加低年级小学教育 4 年，高年级小学教育 4 年，初中教育 2 年，高中教育 4 年）。[⑦] 1952 年改成 4-4-4 学制（小学教育、中间教育、中等教育各四年），仍以实业教育为主。[⑧] "二战"之后，"非殖民化"浪潮席卷东非，肯尼亚走向教育自主，独立后实行 7-4-2-3 学制（小学教育 7 年，初中教育 4 年，高中教育 2 年，大学教育 2 年），课程偏学术化。1977 年东非共同体解散，肯尼亚学制不变，但学历证书从东非区域性证书变为肯尼亚证书。1985 年，总统莫伊推行新的 8-4-4 学制（小学教育 8 年，中学教育和

① 商务部国际贸易经济合作研究院等.对外投资合作国别（地区）指南——肯尼亚 [R].商务部国际贸易经济合作研究院等,2020.

② 中华人民共和国外交部.肯尼亚国家概况 [EB/OL].(2021-02)[2021-04-10].https://www.fmprc.gov.cn/web/gjhdq_676201/gj_676203/fz_677316/1206_677946/1206x0_677948.html.

① 商务部国际贸易经济合作研究院等.对外投资合作国别（地区）指南——肯尼亚 [R].商务部国际贸易经济合作研究院等,2020.

② 同上.

③ The National Treasury and Planning of the Republic of Kenya.2017 [R/OL].[2021-05-11].https://www.planning.go.ke/wp-content/uploads/2020/11/Medium-Term-Plan-III-2018-2022.pdf.

⑥ 高晋元.列国志·肯尼亚 [M].北京：社会科学文献出版社,2004:76-81.

⑦ 万秀兰.肯尼亚高等教育研究 [M].北京：中国社会科学出版社,2009:7.

⑧ 张玥,陈明昆.从学制更迭看肯尼亚教育体制的发展变化 [J].世界教育信息,2019(16):12-16.

大学教育各四年），增加课程实用性，以解决教育与就业的不匹配问题。①

在 21 世纪全球化浪潮影响下，加上技能不匹配问题仍未解决，肯尼亚再次调整教育体制。2017 年，肯尼亚开始试行全球通用的 2-6-3-3-3 学制，推行以能力培养为基础的课程。② 肯尼亚现行教育体系如图 1 所示。根据联合国教科文组织国际教育标准分类（ISCED），③ 肯尼亚早期儿童教育（ISCED 0）为期 2 年，主要科目包括语言、数学、环境、儿童心理与创造性、宗教；初等教育（ISCED 1）为期 6 年，小学低年级主要科目是识字、语言、数学、环境、卫生保健、宗教、创造力与行动，高年级主要科目是语言、家政、农学、科学技术、数学、宗教、创意艺术、健康教育、社会学；初级中等教育（ISCED 2）为期 3 年，十二门核心科目主要涉及语言、数学、综合科学、社会学、职业技术、宗教学和商科等学科，另外可选一到两门选修科目；高级中等教育（ISCED 3）为期 3 年，分特长方向、社会科学方向，以及科学、技术、工程、数学（STEM）方向；中学后非高等教育（ISCED 4）层次有手艺或技工课程；高等教育（ISCED 5-8）年限三年起步，分普通高等教育和高等职业技术教育两种类型。④

肯尼亚政府重视发展教育事业。2015 年至 2020 年近五年来，肯尼亚政府对教育的投入从 3.31 亿美元增大到 4.96 亿美元。⑤ 目前近九成国民具备识字能力，识字率位居非洲国家前列。⑥ 全国有学前教育机构 46530 所，小学 32344 所，中学 32344 所，职业技术教育与培训机构（包括院校）1932 所，大学 74 所。2019 年，超过一千万儿童入读小学，约 326 万学生入读中学，约 430 万学生入读职业院校，约 509 万学生入读大学。⑦ 虽然肯尼亚教育规模庞大，但仍有约 680 万青少年没有上学，全国 3 岁以上不在校人口中超过半数从未上学或未完成学业，而上学人口中教育重心依然停留在初等和中等教育。⑧ 近年

---

① MAKORI A. The Kenya's educational policy: Exploring some of the major impediments to redesigning pedagogy[C]//Proceedings of the International Conference. Singapore: Nanyang Technological University,2005.

② Business Daily. What 2-6-3-3-3 new curriculum offers learners[EB/OL]. (2019-01-17)[2021-05-10]. https://www.businessdailyafrica.com/bd/data-hub/what-2-6-3-3-3-new-curriculum-offers-learners-2235094.html.

③ 联合国教科文组织统计研究所. 国际教育标准分类法 2011 [M]. 蒙特利尔：联合国教科文组织统计研究所，2003.

④ Kenyayota. Breakdown of Kenya's new 2-6-6-3 education curriculum framework: Subject Taught[EB/OL].(2021-1-12)[2021-05-10]. https://kenyayote.com/breakdown-kenyas-new-2-6-6-3-education-curriculum-framework-subject-taught.html.

⑤ Kenya National Bureau of Statistics. Economic Survey[R/OL].(2020-05-11)[2021-05-10]. https://www.knbs.or.ke/?wpdmpro=economic-survey-2020.html.

⑥ 商务部国际贸易经济合作研究院等. 对外投资合作国别（地区）指南——肯尼亚 [R]. 商务部国际贸易经济合作研究院等，2020.

⑦ Kenya National Bureau of Statistics. Economic Survey[R/OL].(2020-05-11)[2021-05-10]. https://www.knbs.or.ke/?wpdmpro=economic-survey-2020.html.

⑧ Kenya National Bureau of Statistics. 2019 Kenya Population and Housing Census Vol. IV [R/OL].(2020-05-11)[2021-05-10]. https://www.knbs.or.ke/?p=5732.html.

来，肯政府推行了一系列教育政策，包括《国家教育战略规划2018—2022》（2018年）、[①]《肯尼亚可持续发展教育改革政策框架》（2019年）[②] 和《国家技能开发政策》（2021年）[③] 等，以期缓解高辍学率、技能不匹配等问题，提高教育的全纳性、相关性和教育质量。

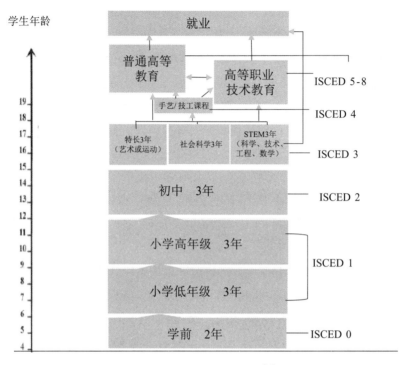

图1　肯尼亚教育体系图[④][⑤]

二、职业技术教育与培训的战略与法规

（一）职业技术教育与培训的战略

肯尼亚在国家发展战略上积极与国际接轨，随着科学、技术和创新（STI）成为联合国等国际机构倡导的社会发展动能，肯尼亚将与之密切相关的职业技术教育与培训纳入国家发展战略。早在2008年联合国千年发展目标期间，肯尼亚政府就提出了2030发

---

① Ministry of Education of the Republic of Kenya. National Education Sector Strategic Plan for the Period 2018–2022[Z]. Nairobi: Republic of Kenya, 2018.

② Ministry of Education of the Republic of Kenya. Sessional Paper No.1 of 2019: A Policy Framework for Reforming Education and Training for Sustainable Development in Kenya [Z/OL]. (2019–11–22)[2021–05–10]. https://education.go.ke/index.php/downloads/file/643–sessional–paper–no–1–of–2019.pdf.

③ Ministry of Education of the Republic of Kenya. National Skills Development Policy[Z]. Nairobi: Ministry of Education, 2021.

④ 同上。

⑤ UNESCO–UNEVOC.TVET Country Profiles: Kenya[EB/OL]. (2021–04)[2021–05–10]. https://unevoc.unesco.org/home/Dynamic+TVET+Country+Profiles/country=KEN.html.

展愿景，到 2030 年要把肯尼亚建成一个具备全球竞争力、繁荣且有高质量生活水平的国家。① 近年来，肯政府通过多项教育战略强调，发展职业技术教育与培训是实现肯尼亚 2030 发展愿景的重要手段之一。以下是与职业技术教育和培训直接相关的重要政策文件。

1.《职业技术教育与培训政策草案》（2014 年）

该政策由国家科学与技术部制定，旨在从六个方面提升本国职业技术教育与培训：（1）教育与培训的获得、公平性和质量；（2）职业技术教育与培训的管理与规划；（3）信息通信技术的运用；（4）研发投入与研发成果在教育培训上的应用；（5）融资与公私合作；（6）法律框架与质量保障。该政策还提出了行动框架，明确了各相关部门的权责，并提出通过五年规划（MTP）明确成果指标，逐步助推实现 2030 发展愿景。②

2.《2018—2022 年国家教育战略规划》（2018 年）

该规划由教育部制定，发布于《2018—2022 年肯尼亚 2030 发展愿景规划 III（MTP-III）》之后，提出第三个五年规划的教育愿景是"高质量和全纳的可持续教育、培训和研究"，使命是"提供、推广和实施以能力为基础的、以学生为中心的、公平的可持续发展教育、培训和研究"，并列出包括职业技术教育与培训在内的 14 个子领域的战略方向和行动。职业技术教育与培训领域的优先目标包括：（1）提升受教育机会，加强培养劳动力市场所需的技能；（2）加强公平性与包容性，保障女性和特殊教育学生的权益；（3）强化治理与问责机制，加强领导力建设。③

3.《基于能力的教育与培训政策框架》（2018 年）

该文件是由教育部和国家科学与技术部联合制定，目的是指导推行基于能力的教育与培训新体系，以满足行业企业对劳动力的需求。框架明确了肯尼亚职业技术教育与培训的治理架构、基于能力的教育与培训体系、国家职业资格框架、基于能力的课程开发、职业标准开发、质量保障、能力评估等八个方面的内容。④

4.《肯尼亚可持续发展教育改革政策框架》（2019 年）

该文件是肯尼亚 2019 年 1 号会议文件，是基于 2005 年 1 号会议文件而制定的，旨在根据新宪法调整国家教育体系。文件从受教育机会、教育公平、质量与相关性等维度，提

① The National Treasury and Planning of the Republic of Kenya. Kenya Vision 2030 [R/OL].[2021–05–11]. https://www.planning.go.ke/kenya–vision–2030.html.

② State Department of Science and Technology of the Republic of Kenya. Draft Technical and Vocational Education and Training (TVET) Policy[Z/OL].(2014–03)[2021–05–10]. https://education.go.ke/index.php/downloads/file/102–tvet–gc–policy?start=20.pdf.

③ Ministry of Education of the Republic of Kenya. National Education Sector Strategic Plan for the Period 2018–2022[Z]. Nairobi: Republic of Kenya, 2018.

④ Ministry of Education and State Department of Science and Technology of the Republic of Kenya. Competence Based Education and Training Policy Framework[Z/OL]. (2019–07–04)[2021–05–10]. https://education.go.ke/index.php/downloads/file/618–competency–based–education–and–training–competency–based–training–framework.pdf.

出了政府在学前教育、小学教育、中学教育、特殊教育、职业技术教育与培训，以及大学教育等各教育层次的战略和举措。这些举措涵盖了信息技术应用、国家职业资格框架、科研创新、教育治理、教师教育与发展、融资、法律框架，以及监测与评估等方面的内容。①

5.《国家技能开发政策》（2021 年）

该政策由教育部制定，旨在通过指导公共和私营部门规划和推进技能开发，打造贴合劳动力市场需求的技能开发体系，推动社会经济发展和 2030 发展愿景的实现。政策提出九项具体目标：（1）加强技能开发治理和利益相关者参与；（2）保障公平、高质量、符合劳动力市场需求的教育与培训；（3）提高可就业力；（4）加强创业教育；（5）做好劳动力市场信息调研和技能预测，增强教育与培训的适应性；（6）保障学有所得，技能变现；（7）技能开发与国家发展优先事项协同；（8）技能开发与正式经济和非正式经济日益提升的生产力相匹配；（9）加强非传统和新职业的技能开发。②

（二）职业技术教育与培训的法规

肯尼亚从教育体系萌芽到发展至今，一直重视教育的实用性，与职业技术教育和培训相关的法规也较为完善。2010 年 8 月 27 日，肯尼亚正式颁布新宪法，改原来的省、区、乡、村四级行政架构为中央和县两级架构，教育管理职能也由省级行政单位行使改为由 47 个县级行政单位承担。③ 根据新宪法，肯尼亚重新调整了本国教育和培训的相关法规，其中与职业技术教育和培训直接相关的法规如下。

1.《职业技术教育与培训法》（2013 年）

该法规定了职业技术教育与培训的治理体系与运行机制。它强调职业技术教育与培训课程应具备灵活性和适应性，职业院校和企业要合作开展技能升级和技术转化。该法建立了国家职业教育局（TVET Authority）以及职业技术教育与培训课程开发评估和认证委员会（TVET Curriculum Development, Assessment and Certification Council，简称 TVET CDACC），前者主管登记注册与质量保障，后者主管课程开发。④

2.《职业技术教育与培训规定》（2015 年）

该法规为《职业技术教育与培训法》（2013 年）的附属条例，对职业院校成立和职业技术教育专业开设的条件、职业技术教育与培训的质量保障体系、中外职业院校合作

---

① Ministry of Education of the Republic of Kenya. Sessional Paper No.1 of 2019: A Policy Framework for Reforming Education and Training for Sustainable Development in Kenya [Z/OL]. (2019-11-22)[2021-05-10]. https://education.go.ke/index.php/downloads/file/643-sessional-paper-no-1-of-2019.pdf.

② Ministry of Education of the Republic of Kenya. National Skills Development Policy[Z]. Nairobi: Ministry of Education, 2021.

③ MUGALAVAI V K. Challenges and reforms facing Kenyan education system in the 21st century: Integrating the principles of vision 2030 and constitution 2010[J]. Journal of Emerging Trends in Educational Research and Policy Studies, 2012, 3(4):471-478.

④ Ministry of Education of the Republic of Kenya. TVET Act No. 29 of 2013 [Z/OL]. (2013-01-25)[2021-06-05]. https://www.education.go.ke/index.php/downloads/file/120-technical-vocational-education-and-training-act-no-29-2013.pdf.

办学、国外学历与资格认证等做出了具体规定。①

三、职业技术教育与培训的体系与质量保障

（一）职业技术教育与培训体系

1. 职业技术教育与培训的发展历程

肯尼亚独立以来，政府逐步完善教育体系，以期满足人民和国家人力发展的需求，其中职业技术教育与培训的发展历程具体可分为四个阶段。第一阶段是 1963 年至 1973 年，各类职教机构相继成立，以尽快助力国家工业化进程。1964 年，肯尼亚将当时的两年制政府贸易学校转变为四年制技术中学。1970 年，肯尼亚开始通过社区管理的技术学院（"Harambee Institutes"）提供大专层次的职业技术教育与培训。②此外，一些非政府组织支持的职业培训机构也相继成立。第二阶段是 1974 年至 1989 年，职业技术教育正式纳入国家教育体系，职业教育发展规模扩大，以缓解 1973 年和 1978 年两次石油危机引发的普通教育就业难问题。在 1985 年建立的 8-4-4 学制下，小学增加了技术教育内容，中学增加了职业教育的内容，全国各地开办了中等技术学校，15 所公立技术中学转设为中等教育后技术学院。③第三阶段是 1990 年至 2000 年，第三次石油危机和世界政治局势转变导致肯尼亚经济增长由正转负，非正规部门（Jua Kali Sector）在职业培训方面的作用开始凸显，成为培养技能熟练劳动力的主力。④第四阶段即 21 世纪以来，肯尼亚提出了 2030 发展愿景，颁布了新宪法，改革了学制，提出教育应以能力为基础，注重职业技术教育与培训的适应性与相关性，逐步形成了当前的职业技术教育与培训体系。⑤

2. 职业技术教育与培训的使命与愿景

肯尼亚职业技术教育与培训的使命是：对接国家经济发展和国际竞争力提升的需求，提供全纳、灵活和公平的职业技术教育与培训。发展愿景体现在其职业技术教育与培训政策的目标：形成高质量的、协调统一的职业技术教育与培训体系，培养具备经济社会各行各业所需态度和价值观的优质技术技能人才。⑥

① Technical and Vocational Education and Training Authority, the Republic of Kenya. Technical and Vocational Education and Training Authority Regulations, 2015 [Z/OL]. (2015-11-04)[2021-06-05].http://www.tveta.go.ke/wp-content/uploads/2019/06/242-Technical_and_Vocational_Education_and_Training_Act_Regulations__2015-1.pdf.

② NGERECHI J B. Technical and vocational education and training in Kenya[J]. Conference on the Reform of Technical and Vocational Education and Training (TVET) Gaborone, Botswana, 2003.

③ RHARADE A,UNESCO-IBE. Education Reform in Kenya[J]. Prospects, 1997, 27(1):163-179.

④ BA RASA F S, KAABWE E. Fallacies in Policy and Strategies of Skills Training for the Informal Sector: Evidence from the Jua Kali sector in Kenya[J]. Journal of Education & Work, 2001, 14(3):329-353.

⑤ Ministry of Education of the Republic of Kenya. National Skills Development Policy[Z]. Nairobi: Ministry of Education, 2021.

⑥ Ministry of Education of the Republic of Kenya. TVET Act No. 29 of 2013 [Z/OL]. (2013-01-25)[2021-06-05]. https://www.education.go.ke/index.php/downloads/file/120-technical-vocational-education-and-training-act-no-29-2013.pdf.

3. 职业技术教育与培训的结构

（1）正规的职业技术教育与培训

如图2所示，学生在获得小学毕业证书（KCPE）后，在初中教育阶段可学习基础工业教育的相关内容，在高中教育阶段可学习专业工业教育。[①] 学生在获得中学毕业证书（KSCE）后，可学习手艺或技工课程（Artisan and craft programme），手艺课程为期1年，由职业培训中心（Vocational Training Centres，简称VTC）提供，技工课程为期2年，由技术学院（Technical Colleges，简称TC）提供，毕业后分别可获手艺证书和技工证书。[②③] 在中学毕业考试中成绩较优者可进入国立技术职业学院（National Polytechnics）或技术大学（Technical Universities）学习，毕业后分别可获得文凭和技术学士学位。[④]

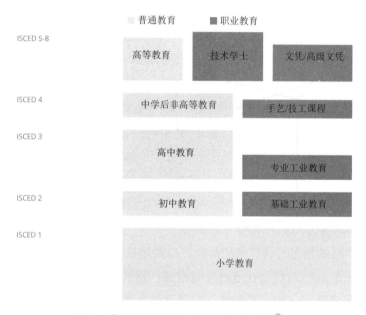

图2 肯尼亚正规职业教育与培训系统[⑤]

① UNESCO–UNEVOC.TVET Country Profiles: Kenya[EB/OL]. (2021–04)[2021–05–10]. https://unevoc.unesco.org/home/Dynamic+TVET+Country+Profiles/country=KEN.html.

② State Department of Science and Technology of the Republic of Kenya. Draft Technical and Vocational Education and Training (TVET) Policy[Z/OL].(2014–03)[2021–05–10]. https://education.go.ke/index.php/downloads/file/102–tvet–gc–policy?start=20.pdf.

③ Ministry of Education and State Department of Science and Technology of the Republic of Kenya. Competence Based Education and Training Policy Framework[Z/OL]. (2019–07–04)[2021–05–10]. https://education.go.ke/index.php/downloads/file/618–competency–based–education–and–training–competency–based–training–framework.pdf.

④ UNESCO–UNEVOC.TVET Country Profiles: Kenya[EB/OL]. (2021–04)[2021–05–10]. https://unevoc.unesco.org/home/Dynamic+TVET+Country+Profiles/country=KEN.html.

⑤ 同上。

（2）非正规的职业技术教育与培训

肯尼亚政府部委提供许多非正规职业技术教育与培训的机会，包括劳工部、东非事务与社会保障部、贸易与工业部、水利部、旅游部，以及公共服务、青年与性别事务部等组织的各类培训。例如，微型和小型企业管理局（Micro and Small Enterprises Authority）为小微企业的工匠提供在职培训项目，学员可通过劳动部下属的国家工业培训局（National Industrial Training Authority）获得证书，而且可通过教育部国家资格认证局（National Qualification Authority）认证学时从而获得资格证书；国家工业培训局为企业等私营机构的员工提供政府行业技能测试项目（第三期），学员可获得相应的技能证书；国家工业培训局还联合肯尼亚国家工商会（Kenya National Chamber of Commerce and Industry）为行业企业人员提供学徒制项目。以上三个项目均不限制学员的学历水平。[①]

4. 职业技术教育与培训机构

肯尼亚职业技术教育与培训机构分为四类。职业培训中心（Vocation Education Centres，简称 VTC）提供工匠层次及以下课程，授予毕业生手艺证书（Artisan Certificates）；职业技术学院（Technical and Vocational Colleges，简称 TVC）提供文凭及以下课程，授予毕业生技工证书（Craft Certificates）或文凭（Diplomas）；国立技术学院（National Polytechnics，简称 NP）提供高级文凭课程，授予毕业生技术文凭（Technical Diplomas）；技术大学（Technical Universities）提供学位课程，授予毕业生学士及以上学位。[②]其中，职业培训中心和职业技术学院由理事会（Board of Governors）管理，理事会成员通过教育部根据肯尼亚教育法提名；国立技术学院由县长委员会（Council of County Governors）管理，该委员会是基于县政府间协议建立的无党派组织；技术大学则根据2012年大学法规定进行管理。[③]据统计，2019年肯尼亚设有职业培训中心1274所，其中公立1200所，私立47所；设有职业技术学院933所，其中公立191所，私立742所；设有国立技术学院11所（技术大学数量未单独统计）。[④]

（二）资格框架与质量保障

肯尼亚是国际劳工组织区域示范能力标准（Regional Model Competency Standards）

---

① UNESCO-UNEVOC.TVET Country Profiles: Kenya[EB/OL]. (2021-04)[2021-05-10]. https://unevoc.unesco.org/home/Dynamic+TVET+Country+Profiles/country=KEN.html.

② Technical and Vocational Education and Training Authority of the Republic of Kenya. National TVET Standards[R]. Nairobi: Technical and Vocational Education and Training Authority, 2020.

③ Ministry of Education of the Republic of Kenya. TVET Act No. 29 of 2013 [Z/OL]. (2013-01-25)[2021-06-05]. https://www.education.go.ke/index.php/downloads/file/120-technical-vocational-education-and-training-act-no-29-2013.pdf.

④ Kenya National Bureau of Statistics. Economic Survey[R/OL].(2020-05-11)[2021-05-10]. https://www.knbs.or.ke/?wpdmpro=economic-survey-2020.html.

的签署国之一，其资格框架（KNQF）也是在该标准基础上所建立的。①2014年，肯尼亚国家法律报告委员会（National Council for Law Reporting）联合司法局（Authority of the Attorney-General）出台了《肯尼亚国家资格框架法》，次年建立了肯尼亚国家资格管理局（Kenya National Qualifications Authority，简称KNQA）。在肯尼亚大力推动"基于能力的教育与培训"的背景下，该局制定了现行的肯尼亚国家资格框架（KNQF），旨在融通学习者的所有资历和资格认证，构建高质量、有保障的国家级教育认证体系，促进包括职业技术教育和培训在内的多种类型的教育与培训以及终身学习，推动肯尼亚资格认证全国通用和国际互认。②该框架是一个基于学习成果的资格框架，涵盖所有类型的教育与培训的所有部门，包括正规、非正规和非正式的学习。框架由多个级别组成，每个级别有对应的知识、技能和能力指标，通过这些指标构建学习成果与资格证书之间的映射。③关于肯尼亚国家资格框架的级别与学习者资历、技能等级和学时的对应关系详见表1。

肯尼亚国家资格框架包含四项主要构成要素：级别、资历（学历、学位或职业资格证书）、能力和学时。级别以数字形式表示，用于描述学习者所取得的职业技术或学术成就，数字越大代表成就越高。框架明确了每一级别的人才培养目标、知识指标、技能指标、能力指标、学习门槛和学时要求。其中知识指标衡量理论知识和实践知识，技能指标衡量人际沟通能力等横向技能和该级别对应的技术技能，能力指标则衡量学习者对该级别所对应知识和技能的运用能力。资历指的是该级别所对应的学历、学位或资格认证。技能指的是该级别的学习者所具备的技能水平。学时用于描述学生取得学术或者职业技术资格应该完成的学习量。④

肯尼亚国家资格框架涵盖职业技术教育与培训的所有类型和层次，从短期课程到证书课程、文凭课程和学位课程均有覆盖，由学时多少决定资格认证的级别。肯尼亚国家资格管理局（KNQA）、职业技术教育与培训课程开发评估与认证委员会（TVET CDACC）和职业技术教育与培训（TVETA）等管理机构开展密切合作，联合设计资格框架中职业技术教育与培训的认证指标。⑤此外，这些机构也合作开发职业技术教育与培

---

① National Council for Law Reporting and the Authority of the Attorney-General of the Republic of Kenya. Kenya National Qualifications Framework Act [Z/OL]. (2014-12-24)[2021-06-10]. https://www.knqa.go.ke/wp-content/uploads/2018/10/KNQF-act.pdf.

② Ministry of Education and State Department of Science and Technology of the Republic of Kenya. Competence Based Education and Training Policy Framework [Z/OL]. (2019-07-04)[2021-05-10]. https://education.go.ke/index.php/downloads/file/618-competency-based-education-and-training-competency-based-training-framework.pdf.

③ Kenya National Qualifications Authority. National Qualification Framework[EB/OL]. [2021-06-10]. https://www.knqa.go.ke/index.php/background.html.

④ 同上。

⑤ Ministry of Education and State Department of Science and Technology of the Republic of Kenya. Competence Based Education and Training Policy Framework[Z/OL]. (2019-07-04)[2021-05-10]. https://education.go.ke/index.php/downloads/file/618-competency-based-education-and-training-competency-based-training-framework.pdf.

训课程，以保障课程内容与国家资格框架的适应性和相关性。①

表 1　肯尼亚国家资格框架（KNQF）②

级别	学历/学位/资格证书			技能等级	学时
10	博士学位			—	3600学时（KNQF 9级基础上）
9	硕士学位			—	2400（KNQA 7级基础上）
8	研究生文凭	专业学士学位		专业工匠	6000（KNQF 2级基础上）/ 1200（KNQA 7级基础上）
7	学士学位			工匠I级/管理类专业人士	4800（KNQA 2级基础上）/ 2400（KNQF 6级基础上）
6		国家级文凭（National Diploma）高中毕业证书		工匠II级/专业文凭	2400（KNQA 2级基础上）/ 1200（KNQF 5级基础上）
5			技工证书（Craft Certificate）国家级证书（National Certificate）国家四级职业资格证书（National Vocational Certificate IV）	工匠III级/专业证书	1200（KNQA 2级基础上）/ 600（KNQF 4级基础上）
4			国家三级职业资格证书（National Vocational Certificate III）/手艺职业资格证书（Artisan Certificate）	国家技能证书I级/政府行业技能测试I级	600（KNQA 2级基础上）/ 300（KNQF 3级基础上）
3			国家二级职业资格证书（National Vocational Certificate II）	国家技能证书II级/政府行业技能测试II级	300（KNQA 2级基础上）
2	中学毕业证书（KCSE）		国家一级职业资格证书（National Vocational Certificate I）	国家技能证书III级/政府行业技能测试III级	小学教育学时（KNQA 1级）
1	小学毕业证书（KCPE）			基础技能/生活技能	

① Kenya National Qualifications Authority. National Qualification Framework [EB/OL]. [2021-06-10]. https://www.knqa.go.ke/index.php/background.html.

① Kenya National Qualifications Authority. National Qualification Framework [EB/OL]. [2021-06-10]. https://www.knqa.go.ke/index.php/background.html.

② Ministry of Education and State Department of Science and Technology of the Republic of Kenya. Competence Based Education and Training Policy Framework [Z/OL]. (2019-07-04)[2021-05-10]. https://education.go.ke/index.php/downloads/file/618-competency-based-education-and-training-competency-based-training-framework.pdf.

四、职业技术教育与培训的治理与教师

（一）治理

1.职业技术教育与培训的治理架构

在以能力为基础的教育与培训改革大背景下，肯尼亚对职业技术教育与培训的技能开发治理体系进行了调整，现行治理架构如图3所示。肯尼亚职业技术教育与培训的治理呈现自上而下纵向三层治理架构。最上层是肯尼亚教育部下设的国家职业与技术培训部门，全面负责全国的职业技术与培训体系。第二层是组成国家职业与技术培训部门的技术教育理事会（Directorate of Technical Education，简称DTE）和职业教育和培训理事会（Directorate of Vocational Education and Training，简称DVET）。第三层是执行机构，包括肯尼亚国家资格管理局（Kenya National Qualification Authority，简称KNQA）、职业技术教育与培训基金会（TVET Fund）、职业技术教育与培训课程开发评估与认证委员会（TVET CDACC）、职业技术教育与培训管理局（TVET Authority，简称TVETA）。

2.职业技术教育与培训的治理机构

（1）技术教育理事会：负责促进职业技术教育与培训的可及性、公平性、相关性和质量。权责范围涵盖政策制定、实施、监测、审查、推行和指导，以及协调管理整个职业技术教育与培训体系。该理事会负责监管职业技术教育与培训的所有机构和相关者，以确保其遵守相应政策。此外，该理事会还开展能力建设，包括：基础设施建设、设备和培训设施配置，以及培训师和管理者能力建设。理事会旨在重塑技术教育的品牌，通过与行业的合作和联系促进职业技术教育与培训可持续发展。

（2）职业教育和培训理事会：负责促进职业培训中心（Vocational Training Centers，简称VTC）的可及性、公平性、相关性和质量。权责范围涵盖有关职业培训中心的国家政策制定、职业教育和培训课程的推广和评估、职业培训中心的建设、人力资源能力建设，以及与行业和发展伙伴合作开展职业培训中心业务。

（3）肯尼亚国家资格管理局：负责肯尼亚国家资格框架的开发和运行，旨对学习者的知识、技能和态度进行评估认证，确保标准和资格认证具有国际可比性和互认性。

（4）职业技术教育与培训基金会：负责职业技术教育与培训的资源调配、培训津贴和支出管理、专业建设融资。

（5）职业技术教育与培训课程开发评估与认证委员会：负责设计基于能力的课程，开展课程评估和认证。

（6）职业技术教育与培训管理局：负责职业技术教育与培训体系的监管、协调和质量保障。①

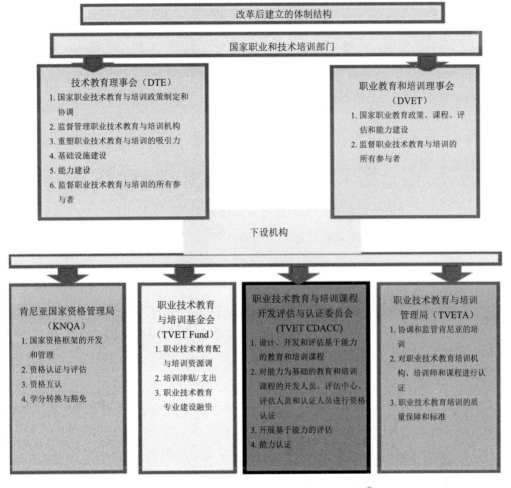

图3　肯尼亚职业技术教育与培训治理架构②

（二）教师

肯尼亚《职业技术教育与培训法》（2013年）第四部分第23条明确规定，职业技术教育与培训机构的教师（培训师）须向职业技术教育与培训管理局（TVETA）申请注册，以获得培训师资格证。③《职业技术教育与培训规定》（2015年）第16条明确规定，获得资格证的培训师应具备设计和开展基于能力的培训的能力，能够对学生进行基于能

①　Ministry of Education and State Department of Science and Technology of the Republic of Kenya. Competence Based Education and Training Policy Framework[Z/OL]. (2019-07-04)[2021-05-10]. https://education.go.ke/index.php/downloads/file/618-competency-based-education-and-training-competency-based-training-framework.pdf.

②　同上。

③　Ministry of Education of the Republic of Kenya. TVET Act No. 29 of 2013 [Z/OL]. (2013-01-25)[2021-06-05]. https://www.education.go.ke/index.php/downloads/file/120-technical-vocational-education-and-training-act-no-29-2013.pdf.

力的评价，能够维护培训设施，能够确保培训质量，且培训师须定期续新资格证，以确保其具备持续的专业发展能力。^①持证培训师名单公布在管理局的网站上，职业技术教育与培训机构只可招聘名单上的培训师。2019年，肯尼亚职业技术教育与培训管理局开发了培训师资格框架，由低至高把培训师分为技术导师（Technical Instructors）、培训师（Trainer）、高级培训师/开发者（Senior trainer/Developer）、培训长/主管（Principal trainer/Manager）四个级别，前两者分别对应肯尼亚国家资格框架的级别5和级别7，后两者均对应KNQF 9级。^②

2019年，肯尼亚全国共有12439名职业技术教育与培训教师或培训师，数量低于大学教师数量（15186）。2021年的《国家技能开发政策》指出，虽然职业技术教育与培训教师或培训师的数量在逐年上升，但是相对于每年增加的学生数量，仍不能满足需求。同时，基于能力的课程改革在小学和中学教育中增加职业技术教育与培训的内容，也增加了对教师和培训师的需求量。^③

五、职业技术教育与培训的诉求与发展趋势

（一）肯尼亚国家发展对职业技术教育与培训的诉求

1. 肯尼亚产业发展和人才升级需要增加职业技术教育与培训适应性

根据世界银行《全球营商环境报告2020》（*Doing Business 2020*），近年来肯尼亚经济发展快速，GDP位居世界第56位。^④虽然农业依然是肯尼亚规模最大的产业，但是肯尼亚的经济腾飞主要得益于制造业的飞速发展，以及近年来信息技术等新兴产业的崛起。制造业被认为是实现肯尼亚2030发展愿景最重要的产业，与当前就业联系最为紧密，而信息技术产业则被确定为最能助力肯尼亚在2030年之前成为中等收入经济体的产业，最具增长潜力。^⑤肯尼亚制造业主要涉及纺织品、皮革、建材、农产品加工和机械等，微型和小型企业是制造业的主要参与者，大部分企业岗位依然停留在劳动密集型、低技术技

① Technical and Vocational Education and Training Authority, the Republic of Kenya. Technical and Vocational Education and Training Authority Regulations, 2015 [Z/OL]. (2015-11-04)[2021-06-05].http://www.tveta.go.ke/wp-content/uploads/2019/06/242-Technical_and_Vocational_Education_and_Training_Act_Regulations__2015-1.pdf.
② Technical and Vocational Education and Training Authority, the Republic of Kenya. TVET Authority Develops Trainers Qualification Framework [EB/OL]. (2019-03-29)[2021-06-05].https://www.tveta.go.ke/2019/03/29/tvet-authority-develops-trainers-qualification-framework/.html.
③ Ministry of Education of the Republic of Kenya. National Skills Development Policy[Z]. Nairobi: Ministry of Education, 2021.
④ World Bank. Doing Business 2020[R/OL]. (2019-10-24)[2021-06-05]. https://www.doingbusiness.org/en/reports/global-reports/doing-business-2020.pdf.
⑤ The National Treasury and Planning of the Republic of Kenya. Kenya Vision 2030[EB/OL].[2021-05-11]. https://www.planning.go.ke/kenya-vision-2030/.

能的水平。^①故从短期和中期发展来看，制造业的升级是肯尼亚经济增长的必然要求。信息技术产业则是肯尼亚过去 10 年发展最快的产业，年均增速达 23%，规模达 10 年前的 6 倍之大，同时也在促进制造业等其他产业的数字化转型。^②故从中期和长期发展来看，肯尼亚实现可持续经济进步离不开数字化产业的发展。

产业发展本质上依靠人才升级，人才的技能提升则与职业技术教育与培训有着密不可分的联系。制造业和数字化产业均是肯尼亚实现 2030 发展愿景的重点产业，但当前肯尼亚的人才结构尚未支撑其产业发展。2010 年肯尼亚的工程师和技术人员占全国人口的比例是 1/6300，而要实现技术进步和产业突破发展，这个比例至少要达到 1/2000，中国该比例是 1/130，印度是 1/157，与经济快速增长的发展中国家相比，肯尼亚仍存在很大差距。^③对于像肯尼亚一样的典型发展中国家而言，工程师、技术人员、技工、业务员四类人才的理想结构是 1：3：12：60。^④预计到 2030 年，肯尼亚将需要有三万个工程师和技术专家维持经济运转。^⑤因此，肯尼亚要实现人才升级、产业发展和经济繁荣，要求职业技术教育与培训增强适应性，把重点从"能提供何种职业教育"变为"需提供何种职业教育"，增强职教课程与行业产业的相关性，更加注重制造业技术技能和数字化能力等重点产业能力的培养。

2. 肯尼亚青年就业和社会发展需要扩大职业技术教育与培训机会

肯尼亚面临严重的青年就业不充分问题。肯尼亚失业率为 10.4%，劳动力未充分利用率为 17.2%，而其中 20—24 岁和 25—29 岁年龄段的失业人数比例最高，分别为 22.8% 和 21.7%。此外，20—24 岁年龄段的劳动力未充分利用率最高，为 32.7%。此外，非就业、教育或培训群体中 15—34 岁的青年人的比例最高，为 18.2%。^⑥非就业、教育或培训青年尤其值得关注，因为他们既没有工作经验也不具备就业能力，他们作为年轻人为国家社会经济发展做贡献的潜力未得到利用。相反，据调查，青年就业不足还带来了贫困、不平等、自尊缺失、吸毒和药物滥用、人口贩卖、犯罪和暴力极端主义等负面

① Technical and Vocational Education and Training Authority of the Republic of Kenya. National TVET Standards[R]. Nairobi: Technical and Vocational Education and Training Authority, 2020.

② World Bank. Doing Business 2020[R/OL]. (2019-10-24)[2021-06-05]. https://www.doingbusiness.org/en/reports/global-reports/doing-business-2020.pdf.

③ State Department of Science and Technology of the Republic of Kenya. Draft Technical and Vocational Education and Training (TVET) Policy[Z/OL].(2014-03)[2021-05-10]. https://education.go.ke/index.php/downloads/file/102-tvet-gc-policy?start=20.pdf.

④ DU TOIT R, ROODT J. Engineers in a Developing Country—The Profession and Education of Engineering Professionals in South Africa[M]. Cape Town: HSRC Press, 2009.

⑤ State Department of Science and Technology of the Republic of Kenya. Draft Technical and Vocational Education and Training (TVET) Policy[Z/OL].(2014-03)[2021-05-10]. https://education.go.ke/index.php/downloads/file/102-tvet-gc-policy?start=20.pdf.

⑥ Kenya National Bureau of Statistics. Quarterly Labour Force Report[R]. Nairobi: Kenya National Bureau of Statistics, 2020.

的社会影响，成为威胁社会稳定发展的因素。① 所以，肯尼亚青年失业和就业不足问题亟待解决。

扩大青年的职业技术教育与培训机会是解决青年就业问题的一大良方。据调查，职业教育毕业生占失业人口比例非常小（0.8%），远低于中学毕业生（11.1%）和本科毕业生（9.1%）的失业比例。② 这表明正规的职业技术教育与培训对青年就业十分有利，同时也表明中学毕业生和大学毕业生需要接受继续教育或再培训以提升就业能力。由此分析，肯尼亚需要为青年人扩大职业技术教育与培训的机会，可通过建设更多的职业技术院校、对接市场需求设置匹配的专业、鼓励校企联合开展更多社会培训项目、推广职业资格培训与认证等，吸引青年人参加正规和非正规的职业技术教育与培训，使之获得谋生的技能，减轻青年就业不充分的问题，为肯尼亚社会稳定发展增强后备军力量。

3. 国际和区域发展趋势推动肯尼亚提升本国职业技术教育与培训

进入 21 世纪以来，经济全球化浪潮汹涌，新科技革命突飞猛进，职业技术教育与培训创新发展成为国际前沿话题，也成为肯尼亚关注的焦点之一。联合国教科文组织在 2015 年、2016 年、2017 年先后发布《关于职业技术教育与培训（TVET）的建议书》《职业技术教育与培训战略（2016-2021 年）》《国际职业技术教育大会唐山声明》等一系列指导职业技术教育与培训发展方向的战略文件。这些文件都共同倡导各国应该坚持包容性、公平性和可持续发展导向性的根本原则，建立多方参与、全球协作的治理模式，注重教育与培训的质量和相关性，要促进终身学习、本位学习，培养绿色技能、就业创业技能和可迁移技能，开展国际通用型的能力认证和资格认证，促进国际合作与交流。③④⑤ 非洲联盟也早在 2007 年专门出台了《非洲职业技术教育与培训振兴战略》，在 2015 年也提出了非洲《2063 年议程》，提出了非洲职业教育与培训整体振兴、重塑品牌的任务。⑥ 为顺应职业技术教育与培训的国际和区域发展趋势，肯尼亚可借鉴国际社会职业教育改革的最佳做法，一方面需落实好基于能力的课程改革，培养技术技能之外的创新、创业、人际沟通等可迁移技能，加强学生综合能力，另一方面需促进肯尼亚国家资格框架的国内落地和国际互认，保障职业技术教育与培训的质量，提高肯尼亚教育的国际认

① Republic of Kenya. Kenya Youth Development Policy[R]. Nairobi: Government Printer, 2019.
② Republic of Kenya. Kenya Integrated Household Budget Survey: Labour Force Basic Report[R]. Nairobi: Government Printer, 2016.
③ 联合国教育、科学与文化组织. 关于职业技术教育与培训 (TVET) 的建议书 2015 [R/OL].UNESCO, 2016 [2021-06-18]. https://unesdoc.unesco.org/ark:/48223/pf0000245178_chi.pdf.
④ 联合国教育、科学与文化组织. 职业技术教育与培训战略 (2016—2021 年)[R/OL].UNESCO,2016 [2019-10-15]. https://unesdoc.unesco.org/ark:/48223/pf0000245239_chi?posInSet=8&queryId=190a6986-b5b7-457e-b172-e27306efa3f0.pdf.
⑤ 中华人民共和国教育部. 国际职业技术教育大会有关情况 [EB/OL].(2017-07-03)[2021-06-18]. http://www.moe.gov.cn/jyb_xwfb/xw_fbh/moe_2069/xwfbh_2017n/xwfb_070703/170703_sfcl/201707/t20170703_308409.html.
⑥ African Union. Strategy to revitalize technical and vocational education and training (TVET) in Africa[C]. Addis Ababa: AU, 2007.

可度。

（二）职业技术教育与培训的发展趋势

根据肯尼亚《国家技能开发政策》（2021年），通过分析其中的职业技术教育与培训发展目标与战略，可以洞察肯尼亚职业技术教育与培训的未来发展趋势：

1. 强化职业技术教育与培训治理，统筹协调发展机制

审查和修订与技能开发相关的重叠法律；厘清从事技能开发的不同治理主体的职能和责任，以避免资源重复投入和多头管理；建立国家技能发展委员会；制定国家技能发展行动计划和制定教育—产业—政府合作战略；构建监测、评估和报告机制。

2. 扩大职业技术教育与培训规模，加大技能开发资源覆盖

增加职业技术教育与培训机构和院校的数量；促进私营部门提供教育和培训；加强教育供给与行业之间的联系，确保教育和培训机构管理委员会中有行业企业代表参与；制定国家战略保障教育和培训机构的关键性基础设施和设备；建立非正规教育培训数据库；提供足够的职业技术教育与培训教师和培训师；增加职业技术教育与培训岗前培训和在职培训机构的数量，借助校企合作促进教师和培训师的专业能力发展。

3. 提升职业技术教育与培训相关性，满足就业市场需求

强化劳动力市场信息系统和技能预测系统，构建技能—工作匹配数字化平台，提升技能开发与劳动力市场需求的匹配度；增强技能开发与肯尼亚"四大议程"（全民健康、可负担住房、食品安全与营养、制造业振兴）、肯尼亚本土产品与服务开发、正式经济与非正式经济、非传统行业与新行业的相关性，增强学生的可就业力；加强创业教育和培训，提高自主就业率；加强校企政三方合作，拓宽工作本位学习的渠道。

4. 增强职业技术教育与培训包容性，增加平等入学机会

增加获得优质教育和培训的儿童、青少年和成人的数量；确保男女儿童、青少年和成人平等获得各级教育和培训，消除教育和培训中的性别差异；为失学人群、残障人士、少数群体和边缘化群体等弱势群体提供高质量和相关的教育和培训。

5. 构建基于能力的国家资格框架，保障教育与培训质量

对接行业标准，为各级教育和培训制定国家质量标准；促进认证机构之间的合作，加强行业、专业评估机构和社会等不同主体对教育质量监管的参与；鼓励通过第三方独立评估来检验教育和培训是否符合质量标准；开展基于能力的资格认证，严格执行肯尼亚国家资格框架；建立并维护学习者资格数据库，记录学习者获得的各级资格和学历证书；促进肯尼亚国家资格框架与区域性和国际性资格的认证融通；鼓励雇主雇用持有资格证书的人员。

（深圳职业技术学院　联合国教科文组织职业教育计划亚非研究与培训中心　钟卓雅）

主要参考文献

[1] 高晋元.列国志·肯尼亚 [M].北京：社会科学文献出版社,2004.

[2] 联合国教育、科学与文化组织.关于职业技术教育与培训 (TVET) 的建议书 2015 [R/OL]. UNESCO,2016[2021–06–18]. https://unesdoc.unesco.org/ark:/48223/pf0000245178_chi.pdf.

[3] 联合国教育、科学与文化组织.职业技术教育与培训战略 (2016—2021 年)[R/OL].UNESCO,2016 [2019–10–15]. https://unesdoc.unesco.org/ark:/48223/pf0000245239_chi?posInSet=8&queryId=190a6986–b5b7–457e–b172–e27306efa3f0.pdf.

[4] 联合国教科文组织统计研究所.国际教育标准分类法 2011 [M].蒙特利尔：联合国教科文组织统计研究所,2003.

[5] 商务部国际贸易经济合作研究院等.对外投资合作国别 (地区) 指南——肯尼亚 [R].商务部国际贸易经济合作研究院等,2020.

[6] 世界银行.开放数据.肯尼亚 [EB/OL].[2021–04–10].
https://data.worldbank.org/country/kenya.html.

[7] 万秀兰.肯尼亚高等教育研究 [M].北京：中国社会科学出版社,2009.

[8] 张玥,陈明昆.从学制更迭看肯尼亚教育体制的发展变化 [J].世界教育信息,2019(16):12–16.

[9] 中国一带一路网.肯尼亚国家概况 [EB/OL].(2020–10)[2021–04–10]. https://www.yidaiyilu.gov.cn/gbjg/gbgk/66280.htm.

[10] 中华人民共和国教育部.国际职业技术教育大会有关情况 [EB/OL]. [2021–06–18]. http://www.moe.gov.cn/jyb_xwfb/xw_fbh/moe_2069/xwfbh_2017n/xwfb_070703/170703_sfcl/201707/t20170703_308409.html.

[11] 中华人民共和国外交部.肯尼亚国家概况 [EB/OL].(2021–2)[2021–04–10].
https://www.fmprc.gov.cn/web/gjhdq_676201/gj_676203/fz_677316/1206_677946/1206x0_677948.html.

[12] African Union. Strategy to revitalize technical and vocational education and training (TVET) in Africa[C]. Addis Ababa: AU, 2007.

[13] MAKORI A. The Kenya's educational policy: Exploring some of the major impediments to redesigning pedagogy[C]//Proceedings of the International Conference. Singapore: Nanyang Technological University,2005.

[14] NGERECHI J B. Technical and vocational education and training in Kenya[J]. Conference on the Reform of Technical and Vocational Education and Training (TVET) Gaborone, Botswana, 2003.

[15] BA RASA F S, KAABWE E. Fallacies in Policy and Strategies of Skills Training for Informal Sector: Evidence from the Jua Kali sector in Kenya[J]. Journal of Education & Work, 2001, 14(3):329–353.

[16] Business Daily. What 2–6–3–3–3 new curriculum offers learners[EB/OL]. (2019–01–17)[2021–05–10]. https://www.businessdailyafrica.com/bd/data–hub/what–2–6–3–3–3–new–curriculum–offers–learners–2235094.html.

[17] DU TOIT R, ROODT J. Engineers in a Developing Country–The Profession and Education of Engineering Professionals in South Africa[M]. Cape Town: HSRC Press, 2009.

[18] Kenya National Bureau of Statistics. Economic Survey[R/OL].(2020–05–11)[2021–05–10]. https://www.knbs.or.ke/?wpdmpro=economic–survey–2020.html.

[19] Kenya National Bureau of Statistics. 2019 Kenya Population and Housing Census Vol. IV [R/OL].(2020–05–11)[2021–05–10]. https://www.knbs.or.ke/?p=5732.html.

[20] Kenya National Bureau of Statistics. Quarterly Labour Force Report[R]. Nairobi: Kenya National Bureau of Statistics, 2020.

[21] Kenya National Qualifications Authority. National Qualification Framework [EB/OL]. [2021–06–10]. https://www.knqa.go.ke/index.php/background.html.

[22] Kenyayota. Breakdown of Kenya's new 2–6–6–3 education curriculum framework: Subject Taught[EB/OL].(2021–1–12)[2021–05–10]. https://kenyayote.com/breakdown–kenyas–new–2–6–6–3–education–curriculum–framework–subject–taught.html.

[23] Ministry of Education of the Republic of Kenya. National Education Sector Strategic Plan for the Period 2018–2022[Z]. Nairobi: Republic of Kenya, 2018.

[24] Ministry of Education of the Republic of Kenya. National Skills Development Policy[Z]. Nairobi: Ministry of Education, 2021.

[25] Ministry of Education of the Republic of Kenya. Sessional Paper No.1 of 2019: A Policy Framework for Reforming Education and Training for Sustainable Development in Kenya [Z/OL]. (2019–11–22)[2021–05–10]. https://education.go.ke/index.php/downloads/file/643–sessional–paper–no–1–of–2019.pdf.

[26] Ministry of Education and State Department of Science and Technology of the Republic of Kenya. Competence Based Education and Training Policy Framework[Z/OL]. (2019–07–04)[2021–05–10]. https://education.go.ke/index.php/downloads/file/618–competency–based–education–and–training–competency–based–training–framework.pdf.

[27] Ministry of Education of the Republic of Kenya. TVET Act No. 29 of 2013 [Z/OL]. (2013–01–25)[2021–06–05]. https://www.education.go.ke/index.php/downloads/file/120–technical–vocational–education–and–training–act–no–29–2013.pdf.

[28] MUGALAVAI V K. Challenges and reforms facing Kenyan education system in the 21st century: Integrating the principles of vision 2030 and constitution 2010[J]. Journal of Emerging Trends in Educational Research and Policy Studies, 2012, 3(4):471–478.

[29] National Council for Law Reporting and the Authority of the Attorney–General of the Republic of Kenya. Kenya National Qualifications Framework Act [Z/OL]. (2014–12–24)[2021–06–10]. https://www.knqa.go.ke/wp–content/uploads/2018/10/KNQF–act.pdf.

[30] Republic of Kenya. Kenya Youth Development Policy [Z]. Nairobi: Government Printer, 2019.

[31] Republic of Kenya. Kenya Integrated Household Budget Survey: Labour Force Basic Report[R]. Nairobi: Government Printer, 2016.

[32] State Department of Science and Technology of the Republic of Kenya. Draft Technical and Vocational Education and Training (TVET) Policy[Z/OL].(2014–03)[2021–05–10]. https://education. go.ke/index.php/downloads/file/102–tvet–gc–policy?start=20.pdf.

[33] RHARADE A,UNESCO–IBE. Education Reform in Kenya[J]. Prospects, 1997, 27(1):163–179.

[34] Technical and Vocational Education and Training Authority of the Republic of Kenya. National TVET Standards [R]. Nairobi: Technical and Vocational Education and Training Authority, 2020.

[35] Technical and Vocational Education and Training Authority, the Republic of Kenya. Technical and Vocational Education and Training Authority Regulations, 2015 [Z/OL]. (2015–11–04)[2021–06–05].http://www.tveta.go.ke/wp–content/uploads/2019/06/242–Technical_and_Vocational_Education_and_Training_Act_Regulations__2015–1.pdf.

[36] Technical and Vocational Education and Training Authority, the Republic of Kenya. TVET Authority Develops Trainers Qualification Framework [EB/OL]. (2019–03–29)[2021–06–05].https://www.tveta.go.ke/2019/03/29/tvet–authority–develops–trainers–qualification–framework/.html.

[37] The National Treasury and Planning of the Republic of Kenya. Kenya Vision 2030 [R/OL]. [2021–05–11]. https://www.planning.go.ke/kenya–vision–2030.html.

[38] UNESCO–UNEVOC.TVET Country Profiles: Kenya[EB/OL]. (2021–04)[2021–05–10]. https://unevoc.unesco.org/home/Dynamic+TVET+Country+Profiles/country=KEN.html.

[39] World Bank. Doing Business 2020[R/OL]. (2019–10–24)[2021–06–05]. https://www.doingbusiness.org/en/reports/global–reports/doing–business–2020.pdf.

[40] The National Treasury and Planning of the Republic of Kenya.2017 [R/OL].[2021–05–11]. https://www.planning.go.ke/wp–content/uploads/2020/11/Medium–Term–Plan–III–2018–2022.pdf.

利比亚国

一、国家概况

（一）地理

利比亚国（State of Libya），简称利比亚，位于非洲北部，与埃及、苏丹、突尼斯、阿尔及利亚、尼日尔、乍得接壤。北濒地中海，海岸线长 1900 余千米。沿海地区属地中海型气候，内陆广大地区属热带沙漠气候。目前，利比亚共划分为 28 个省及两个地区，首都为的黎波里。①

（二）人文

在人口方面，截至 2020 年，利比亚人口总数为 687 万。主要人口为阿拉伯人，其次是柏柏尔人。官方语言为阿拉伯语。绝大多数的居民信仰伊斯兰教。②

在政治方面，1951 年 12 月 24 日，利比亚宣告独立，成立联邦制的利比亚联合王国，后改名为利比亚王国。1969 年 9 月 1 日，以卡扎菲为首的"自由军官组织"发动政变，推翻伊德里斯王朝，成立阿拉伯利比亚共和国。1977 年 3 月改国名为阿拉伯利比亚人民社会主义民众国。1986 年 4 月改国名为大阿拉伯利比亚人民社会主义民众国。2011 年 2 月起，利比亚局势持续动荡，民众示威游行遭到镇压后，迅速演变为内战。同年 10 月，卡扎菲被俘身亡，11 月利比亚过渡政府成立。2013 年 5 月，国名定为利比亚国（State of Libya）。

2011 年 2 月利比亚局势动荡后，联合国安理会于 2 月 26 日一致通过制裁卡扎菲政权的第 1970 号决议，包括对利比亚实行武器禁运、资产冻结、禁止石油非法出口等。目前，联合国尚未解除对利比亚的武器禁运制裁。

（三）经济

2020 年，利比亚国内生产总值为 259.63 亿美元，人均国内生产总值为 3779 美元。利比亚长期实行单一国有经济，依靠丰富的石油资源，曾一度富甲非洲。1992 年开始至

---

① 中华人民共和国外交部 . 利比亚国家概况 [EB/OL]. (2021–07) [2021–09–08]. https://www.fmprc.gov.cn/web/gjhdq_676201/gj_676203/fz_677316/1206_678018/1206x0_678020.html.

② 同上。

2020年9月，利比亚因国际制裁和局势多次动荡，石油日产量大幅波动。2020年9月，国民军宣布恢复石油生产和出口。目前利比亚原油日产量约130万桶。

利比亚以石油和天然气为主，探明储量分别为484亿桶和1.54万亿立方米。其他有铁（蕴藏量20—30亿吨）、钾、锰、磷酸盐、铜、锡、硫碘、铝矾土等。渔业产品主要有金枪鱼、沙丁鱼、海绵等。

石油是利比亚的经济支柱，绝大部分出口收入来自石油，主要出口至意大利、德国、西班牙、法国等国。农业占国民生产总值约2.6%。农业人口占全国总人口的17%。可耕地面积占全国总面积的1.03%，水浇地不到1%。[①]利比亚农业非常落后，畜牧业占有重要地位。利比亚食品自给能力不足，近一半的粮食和畜牧产品依赖进口。

在对外贸易方面，主要出口产品是石油（产量80%以上供出口）。主要进口粮食、食品、机械、建材、运输设备、电器、化工和轻工产品以及武器装备。主要贸易对象是意大利、土耳其、德国、埃及、中国等。其中，在中利贸易上，2011年初利比亚局势动荡后，中国所有在建项目全部停工。受利比亚国内局势影响，当年中利双边贸易额同比下降57.7%。2020年，中利双边贸易额为26.93亿美元，同比下降63%，其中中方出口额为18.81亿美元，同比下降23.3%，中方进口额为8.12亿美元，同比下降83.1%。[②]

（四）教育

利比亚的教育系统分为两部分，分别是学校系统（School System）和大学系统（University System）。利比亚实行九年义务教育，小学共6年，初中3年，高中3年。中学系统分为文科和理科两种类型。利比亚高等教育和科学研究部不断实施利比亚教育系统的改革措施，使之紧跟现代利比亚社会的发展。新系统始于2004年，中学系统的两种类型划分是改革中的一个举措，另一举措是基于学生专业的大学的创立。[③]以下表格是利比亚目前的教育阶段。

表1　利比亚教育阶段

阶　段	年　龄	年　限
小学	6—12岁	6年
初中	12—15岁	3年
高中	15—18岁	3年（曾经是4年）
大学	18—22岁	4年

① 中华人民共和国外交部.利比亚国家概况[EB/OL].(2021–07)[2021–09–08].https://www.fmprc.gov.cn/web/gjhdq_676201/gj_676203/fz_677316/1206_678018/1206x0_678020.html.

② 中华人民共和国外交部.中国同利比亚的关系[EB/OL].[2021–09–08].https://www.fmprc.gov.cn/web/gjhdq_676201/gj_676203/fz_677316/1206_678018/sbgx_678022.html.

③ EL–HAWAT A. Globalization, Modernization and Education in Muslim Countries [M]. New York: Nova Science Publishers, 2006: 207–208.

根据利比亚高等教育委员会（现为利比亚高等教育和科学研究部）的政策，自 1990 年以来，利比亚的普通大学要求在全国学校考试中取得 65% 或更高的分数。一些学院，例如医学和工程学院，要求分数超过 75% 才可录取；平均成绩低于 65% 的其他学生，只要能获得职业高中或者普通高中的证书，则可以进入高等职业学校。政府鼓励专业高中的学生在高等教育阶段继续他们的专业领域（如医学、工程和经济学）。与其他国家一样，学位分为学士、硕士和博士学位。利比亚大学包含三个主要学科，分别是人文科学、理工科学和医学。人文专业毕业需要 4 年，理工专业需要 5 年，而医学则需要 5—7 年。①

在利比亚，普通高中的学生如果在第二、三年级时想要转入职业高中，那么他们必须从一年级重新开始学习；但是如果高等普通院校的学生想要转入高等职业院校，则他在前者所学的课程可以转化学分，可以不用从头学习。值得一提的是，在利比亚，获得高等职业院校的毕业证书后，可以和普通高等院校的学生一样，能直接申请攻读研究生学位。

利比亚全国有 15 所普通院校和 16 所职业技术学院。利比亚高等教育事业归高等教育人民委员会（高教部）管理，各大学和院系也都设有各级人民委员会，负责学校的具体管理。学生在大学第一年接受全科教育，从第二年开始自主选择各系学习，本科阶段一般为 4 年，研究生教育一般为 2—3 年。利比亚具有高等学历人口占总人口的 13%。

在利比亚，15 岁以上接受过教育的人口占总人口的 82.6%，为北非地区最高。女性平均受教育时间 10 年，男性平均 8 年。2011 年局势动荡前，全国各级学校教师总数为 30.31 万人，在校生人数 145.55 万人。初级师范学院 73 所，在校学生 1.14 万人。②

二、职业技术教育与培训的战略与法规

（一）战略

自 2011 年起，由于战乱和政治局势动荡，教育发展也受到了较大的影响。面对目前存在的挑战，诸如高质量教育设施的不足、课堂男女比例不平衡和技能人才供不应求等，利比亚政府于 2018 年在"国家扶贫与繁荣发展计划"（PAPD）中提出了为期五年的教育规划，其中包含 2018—2023 年职业教育计划的战略重点，如通过市场导向的职业教育提供终身学习的机会，并实施全国服务计划，招收在职学生接受职业培训，加大师资培养力度，将受过训练且合格的教师比例提升到 60%，加倍女性教师数量，为边缘地区的教师提供住房等，以期努力为国民提供优质教育，解决就业问题，实现国家的发展与繁荣。③

---

① EL-HAWAT A. Libyan education [M]// TEFERRA D, ALTBACH P G (Eds.). African Higher Education: An International Reference Hand Book. Bloomington: Indiana University, 2003.

② 中华人民共和国外交部. 利比亚国家概况 [EB/OL]. (2021-07) [2021-09-08]. https://www.fmprc.gov.cn/web/gjhdq_676201/gj_676203/fz_677316/1206_678018/1206x0_678020.html.

③ Republic of Liberia. Pro-Poor Agenda for Prosperity and Development [R/OL]. Victor Printing Services, 2018:25-28 [2021-09-08].https://ekmsliberia.info/wp-content/uploads/2019/11/PAPD-pro-poor-agenda-for-prosperity-and-development.pdf.

（二）法规

1.《1973 年第 37 号人力发展和培训法》

为了在数量和质量上提高人力发展，通过培训培养个人技能并提高生产效益，以最终实现经济和社会的发展，利比亚于 1973 年颁布了《人力发展和培训法》，制定了符合国家总体政策框架的人力发展计划。该法案明确了职业教育和培训必须和能够追踪教育水平的综合系统一致，使教育成果能够直接为应用和实践服务，并且能够提升个人的技能。①

2.《1989 年有关职业院校的第 95 号决议》

利比亚于 1989 年颁布了有关职业院校的第 95 号决议，对职业教育院校进行重组，划分为基础、中级、高级院校和职业院校师范院校。规定了不同等级院校的创立宗旨、目标，以及学生的入学条件、学习期限、学习考核、证书颁发和其他有关的事项。②

三、职业技术教育与培训的体系与质量保障

（一）体系

利比亚的职业教育和培训分为公立的职业技术教育与培训机构。前者主要在三类学校（职业高中、高等职业机构、职业技术学院）开展，由利比亚高等教育和科学研究部下设的国家技术和职业教育委员会负责。三类学校具体情况如下：

（1）职业高中：面向 15 岁及以上且完成九年义务教育的学生提供为期 3 年的学习项目，共有 382 所。

（2）高等职业机构：面向 18 岁及以上且获得职业高中毕业证书的学生提供学习项目，共有 91 所。

（3）职业技术学院：面向 18 岁及以上且获得有更高分数的职业高中毕业证书的学生，提供学习项目，共有 16 所。③

在完成小学和初中的九年义务教育后，学生可进入职业高中完成 3 年的学习。利比亚有两种职业教育的道路。第一种是高中之后可进入职业技术学院，学制 3—4 年，毕业后可获得职业学士学位，可继续深造 3 年，获得职业硕士学位或普通硕士学位，继而攻读博士学位（3 年或以上）。另一种是在高中之后进入高等职业机构，学制 3 年，毕业

---

① قانون رقم (37) لسنة 1973 في شأن تنمية القوى العاملة والتدري .مجلس قيادة الثورة لليبيا [EB/OL]. [2021-09-08]. https://security-legislation.ly/ar/node/31565.html.

② قرار رقم (95) لسنة 1989 بشأن تنظيم مؤسسات التكوين المهني .مجلس قيادة الثورة لليبيا [EB/OL]. [2021-09-08]. https://security-legislation.ly/ar/node/101060.html.

③ European Training Foundation. Mapping Vocational Education and Training Governance in Libya [R/OL]. European Training Foundation, 2014: 10 [2021-09-08]. https://www.etf.europa.eu/sites/default/files/m/424678AAE60C0A3BC1257D93005BCFFB_Libya_mapping%20VET%20governance.pdf.

后可获得短期职业教育文凭，但仅有此文凭，无法继续深造获得更高级的学位。[①]

利比亚的培训机构由劳工部管理负责。大多数培训机构为私立机构，主要提供英语、信息技术和管理等技能培训。另有四所由劳工部运营的公立机构，主要提供建筑、工程、软技能、信息技术和管理等技能培训。[②]

（二）质量保障

目前，利比亚尚无有效实施的国家资格框架。利比亚质量保障与职业教育和培训教师认证中心（简称质量保障和认证中心）致力于发展职业教师和培训教师的评估系统、质量保障和认证相关事宜，来提高教师的效率和质量，最终帮助学生实现发展目标，促进人才市场的竞争。

但是在目前的情况下，行政部门还尚无能力进行全方位的管理，未能充分执行之前所推出的措施。例如，利比亚目前缺乏人才市场空缺职位的机制活着数据库，仍然没有一份有关人才市场最新且完整的综合性报告。近年来，政府尝试开启在各行各业对寻求工作机会的人员进行分类、组织和计算的项目。劳动信息和文献中心负责收集人才市场数据，每年发布统计报告。该中心在各地区约 70 个办事处中设置人才市场信息部门。但实际过程中，由于人才市场信息系统缺乏所需的网络或软件，中心无法收集所有的人才市场信息。另外，在收集有关公共部门的雇员信息上，该中心也尝试未果。目前没有正式的程序来确定当前和未来的人力资源需求。公共部门需要建立人力资源部门来进行规划和管理，但实施过程具有一定的挑战。同样，该中心也无法收集私营企业的雇员信息。[③]

同样，在目前国家发展的情况下，利比亚劳工部也缺乏足够的数据来确认市场所需的技能需求，因而教学材料和内容都较为陈旧，教师也无法根据市场需求来改进课程设计和教学内容。

现在，质量保障和认证中心以及劳工部都在采取措施填补空白，以发展职业教育和认证的项目。一方面，质量保障和认证中心正在与英国文化协会合作建立行业技术委员会，首先从旅游和酒店行业开始。同时，培训质量保障理事会也正在和当地私营培训机构确定职业教育及培训所需的相关技能需求。但是目前仍未完成。另一方面，劳工部在2006 年设立了职业标准和认证中心。其中，2008 年设立的阿拉伯标准职业分类正在使用，而国家质量框架已经制定，但尚未实施。利比亚国家技术和职业教育委员会与质量保障和认证中心在 2014 年开始商定设立有代表性的委员会来监督框架的实施，但至今仍

---

① UNESCO-UNEVOC. TVET Country Profiles: Libya [EB/OL].[2021-09-08]. https://unevoc.unesco.org/home/Dynamic+TVET+Country+Profiles/country=LBY.html.

② European Training Foundation. Mapping Vocational Education and Training Governance in Libya [R/OL]. European Training Foundation,2014: 3 [2021-09-08]. https://www.etf.europa.eu/sites/default/files/m/424678AAE60C0A3BC 1257D93005BCFFB_Libya_mapping%20VET%20governance.pdf.

③ 同上。

未实现。①

四、职业技术教育与培训的治理与教师

（一）治理

利比亚的初级技术和职业教育与继续培训分开组织和管理。前者由高等教育和科学研究部的国家技术和职业教育委员会（NBTVE）负责，而后者由劳工部管理。就职业教育与培训的大多数政策方面而言，与其他方面的政策一样，尽管正在进行许多改革准备工作，但利比亚尚未实现平稳的治理发展。改革正在规划，但总体上尚未实施。

除上述两个部门外，在国家及以下层面还有不同的政府参与者，下表简要说明了主要参与者的作用及参与程度：②

表 2　利比亚职业教育与培训参与主体

参与者	关键角色	参与程度/作用
规划部	战略规划（国家层面）	高参与度。规划部经济和社会发展局协调国家规划、资助框架。
高等教育和科学研究部	系统管理（国家层面）	高参与度。通过国家技术和职业教育委员会管理公共职业教育事务。
劳工部	系统管理（国家层面）	高参与度。对继续培训事务负责。下属的人力资源发展局负责协调统筹公共和私立培训项目，并为之提供资金支持。
经济发展委员会	顾问（国家层面）	低参与度。
欧盟、联合国开发计划署	捐赠者（国际层面）	项目启动。国家技术和职业教育委员会与劳工部是其主要合作伙伴、受益人。通过合作协议启动和资助项目。
职业技术教育与培训学院——英国（TVET UK）	合作伙伴（国际层面）	正在进行。对关键受益人提供技术支持。
质量保障与职业教育和培训教师认证中心	质量保障和认证（国家层面）	尚未运作。确保职业技术教育与培训的质量。
职业标准和认证中心	评测者/质量保障（国家层面）	已立法设立，但尚未运作。隶属于劳工部，作为策略和管理的角色，旨在改进技能供需关系。
劳工部的地方办事处	管理区域内私立继续培训中心	高参与度。是劳工部的下属办事处。

---

① European Training Foundation. Mapping Vocational Education and Training Governance in Libya [R/OL]. European Training Foundation,2014: 12 [2021-09-08]. https://www.etf.europa.eu/sites/default/files/m/424678AAE60C0A3B C1257D93005BCFFB_Libya_mapping%20VET%20governance.pdf.

② 同上。

参与者	关键角色	参与程度/作用
职业技术教育的地方办事处	管理区域内职业技术教育提供者	高参与度。是国家技术和职业教育委员会的下属办事处。
部门技能委员会（旅游部）	合作伙伴	近期成立。有望成为社会合作伙伴关系发展的样本模式。
信息和文档中心	根据人才市场需求提供数据	由于缺乏数据及能力，参与度低。
私营企业	潜在联合创始人/合作伙伴	中等参与度。
公立院校和私有培训机构	提供培训	参与教学，制定课程安排。

（二）教师

教育和培训人员不足一直是利比亚高等教育中的一个问题。在 2018—2020 年，利比亚国家技术和职业教育委员会从全国各行各业招聘了约 2000 名教师加入职业院校。[①]尽管持续招聘，但是在教育和培训人员上仍有缺口。

职业院校方面，通常在学校内部有一个针对教师的评估系统。在教师入校工作起，评估也同步开始。教师工作第一年的试用期内，院校的管理人员和院系负责人通过报告对教师表现进行评估。此后，每两周和每月都会由院系中的导师来做出评估，并记录在报告里。每年会通过年度报告的形式记录教师的整体表现能力。年度报告将会作为他们未来深造和晋升的重要参考依据。

职业教育院校也为教师提供了个人深造发展的项目，包含了内部和外部的培训课程。这些课程还包括了晋升激励的课程。国家技术和职业教育委员会鼓励教师在国内或者出国深造，并负担学费。在 2012—2018 年，曾派送 5000 名教师出国学习。另外，现代教育课程学习也覆盖了很多地区的英语教师，全国 600 名英语教师中，有 145 名参与了该课程的学习。[②]事实证明，这些措施都是十分有效且可行的，可以提高教师能力。

此外，利比亚也面临着教学设施不足的问题。教学环境在发展职业教育的计划中发挥着很重要的作用，而教育和培训设施是教学环境好坏的主要影响因素。2018 年的数据显示，将近三分之二的学校（61.5%）没有图书馆。装备了电脑的多媒体中心实际上并不能使用。甚至 42% 的学校没有男女分开的卫生间。[③]很多公共设施，包括职业教育和培训的相关设施，都因国家安全问题而被盗。许多院校的建筑也遭到破坏。由于缺乏定期保养和维护，许多设备也无法正常运作，不能为教学所用。为了发展职业教育，政府

① European Training Foundation. Vocational Education and Training in Libya [R/OL]. European Training Foundation, 2020: 21 [2021-09-08]. https://www.etf.europa.eu/sites/default/files/2020-03/vet_in_libya.pdf.

② 同上。

③ Republic of Liberia. Pro-Poor Agenda for Prosperity and Development [R/OL]. Victor Printing Services, 2018:25-28 [2021-09-08].https://ekmsliberia.info/wp-content/uploads/2019/11/PAPD-pro-poor-agenda-for-prosperity-and-development.pdf.

部门也制定了提供满足标准教学课程需求的设施，包括工作室、教室和实验室等的政策，但由于上述困难，政府也限制了对部分院校提供的设施数量。

五、职业技术教育与培训的诉求与发展趋势

由于政局动荡，连年战乱，自 2011 年以来，利比亚的经济和教育都受到了极大的影响。不稳定的政治和安全状况导致国内犯罪事件大量增加，战区内许多学校设施遭到破坏或偷盗。在过去十年间，利比亚职业教育也面临了许多复杂的问题。

第一，职业教育和培训与市场需求匹配度低。由于缺少人才需求的分析机制，国家在促进国家经济发展和达到更高的就业率上缺乏清晰的目标，在人才培养上，难以将职业技术教育和培训与市场需求相联系，利比亚的职业教育与市场需求的相关性弱，且质量差，问题较为严重。据 2016 年世界银行针对利比亚劳动力市场的报告，30% 的企业曾抱怨难以招到合格的利比亚本土人才。此外，由于政府的财政赤字，在 2014—2016 年期间，也难以为建立中小型企业提供人才培训和经济支持。由于利比亚的职业教育发展难以对人才需求和提供的匹配度做出评估，进而很难了解调研市场主要需求。如果想在职业教育与培训方面做出提高，更多只能在教师和教学设施方面有所施展，而无法对企业做出更多有效的支持，来创造更多合适的工作机会。

第二，教学设计不佳，教学方法落后。由于利比亚高校内的众多教师英文水平较差，而大部分高等教育的教材资料使用英语书写，这导致众多教师在备课时依赖摘要，而无法阅读原文参考资料。教师能力不足，往往导致课程设计质量差，无法正常开展教学活动，满足学生所需。在课程中，学生也缺乏足够的训练，如批判性思维和问题解决能力等。因而，教学项目通常是欠发达的，也缺乏足够有竞争驱动力的课程。

其次，在中学课程和大学课程之间没有完备的教学计划，两者无法进行有机的衔接。例如，学生在中学时期的考试中作弊行为泛滥，大部分考入大学的学生能力不足，无法通过大学初期考试，进而导致大学低年级课堂上学生过多的问题。另外，使用理论考试评估学生表现，导致学生毕业后应用能力不足，无法满足就业所需能力。

第三，教学环境差，教学设施不足。如前文所述，战乱导致基础设施不足，这也在很大程度上影响教育的发展。由于教学环境在职业教育发展中的重要性，利比亚职业教育也需要更多在教学设施的支持。

根据利比亚教育部预测，预计 2030 年，利比亚将会有 62 万名技术人才的需求。[①] 面对目前存在的挑战和需求，利比亚政府也在积极采取措施，以改进职业教育发展状况。在 2013—2014 年，利比亚高教部开展了一系列的研讨会，旨在统一高等职业教育

---

① Republic of Liberia. Pro-Poor Agenda for Prosperity and Development [R/OL].Victor Printing Services,2018:27[2021-09-08]. https://ekmsliberia.info/wp-content/uploads/2019/11/PAPD-pro-poor-agenda-for-prosperity-and-development.pdf.

中的术语、项目和专业学科；在2018年推出的"国家扶贫与繁荣发展计划"中，提出了2018—2023年高等教育五年规划。其中包含如下要点：为高等职业教育转型制定战略性、系统性和可负担的长期计划；加强高等职业教育治理和管理体系建设；提高高等职业教育的文化和经济相关性、能力水平、可达性和参与度；提高高等职业教育教学和基础设施的质量，使之达到区域标准；使社区学院网络中提供的学科和学位授予课程的内容更加合理，达到市场需求等。此外，国家也在呼吁私营企业的参与，并且提供支持，以期推动商贸的发展，并且能够使人才能够满足市场的真实需求。私营企业在利比亚经济的重建和职业教育的建设上发挥重要的作用。

另外，在"国家扶贫与繁荣发展计划"中提出，针对人力资源发展，应该加快将利比亚的人口红利转变为增长和潜在驱动力的进程，而实现这个目标的首要任务就是通过工作和生活技能机会扩大社会包容性，扩大职业技术教育与培训等。[①]通过职业教育和培训，降低学习门槛，增加入学机会。不断扩大能够接触跨境市场和在职业培训的人才规模，让他们获得人才市场所需的技能。

综上，可以看出利比亚政府将在职业教育发展上投入更多的支持。2021年2月，利比亚国民代表大会批准新的民族团结政府成立，这也是恢复利比亚稳定、安全和繁荣的重要一步。可以预见，尽管利比亚目前经济发展和职业教育较为落后，内战后的利比亚仍然处于百废待兴的状态，但是在国家的重视和支持下，利比亚的经济和职业教育发展都将会朝着更好的方向发展。

（深圳职业技术学院　商务外语学院　唐子云）

主要参考文献

[1] 中华人民共和国外交部. 利比亚国家概况 [EB/OL]. (2021-07) [2021-09-08].https://www. fmprc.gov.cn/web/gjhdq_676201/gj_676203/fz_677316/1206_678018/1206x0_678020.html.

[2] 中华人民共和国外交部. 中国同利比亚的关系 [EB/OL]. (2021-07)[2021-09-08]. https://www. fmprc.gov.cn/web/gjhdq_676201/gj_676203/fz_677316/1206_678018/sbgx_678022/.

[3] EL-HAWAT A. Globalization, Modernization and Education in Muslim Countries [M]. New York: Nova Science Publishers, 2006: 207-208.

[4] EL-HAWAT A. Libyan education [M]// TEFERRA D,ALTBACH P G (Eds.). African Higher

---

① Republic of Liberia. Pro-Poor Agenda for Prosperity and Development [R/OL].Victor Printing Services,2018: 27[2021-09-08]. https://ekmsliberia.info/wp-content/uploads/2019/11/PAPD-pro-poor-agenda-for-prosperity-and-development.pdf.

Education: An International Reference Hand Book. Bloomington: Indiana University, 2003.

[5] Republic of Liberia. Pro-Poor Agenda for Prosperity and Development [R/OL]. Victor Printing Services, 2018 [2021-09-08].https://ekmsliberia.info/wp-content/uploads/2019/11/PAPD-pro-poor-agenda-for-prosperity-and-development.pdf.

[7] قانون رقم (37) لسنة 1973 في شأن تنمية القوى العاملة والتدري. مجلس قيادة الثورة لليبيا [EB/OL]. [2021-09-08].https://security-legislation.ly/ar/node/31565.html.

[8] قرار رقم (95) لسنة 1989 بشأن تنظيم مؤسسات التكوين المهني. مجلس قيادة الثورة لليبيا [EB/OL]. [2021-09-08]. https://security-legislation.ly/ar/node/101060.html.

[9] European Training Foundation. Mapping Vocational Education and Training Governance in Libya [R/OL]. European Training Foundation,2014 [2021-09-08]. https://www.etf.europa.eu/sites/default/files/m/424678AAE60C0A3BC1257D93005BCFFB_Libya_mapping%20VET%20governance.pdf.

[10] UNESCO-UNEVOC. TVET Country Profiles: Libya [EB/OL].[2021-09-08]. https://unevoc.unesco.org/home/Dynamic+TVET+Country+Profiles/country=LBY.html.

[11] European Training Foundation, Vocational Education and Training in Libya [R/OL]. European Training Foundation, 2020 [2021-09-08]. https://www.etf.europa.eu/sites/default/files/2020-03/vet_in_libya.pdf.

纳米比亚共和国

一、国家概况

（一）地理

纳米比亚共和国（The Republic of Namibia），首都为温得和克，国家北同安哥拉、赞比亚相邻，东部与博茨瓦纳相毗，南部与南非相邻，西边濒临大西洋。纳米比亚共和国总面积为 824269 平方千米，海岸线长 1600 千米，其全境大部分地区在海拔 1000—1500 米，北部为平原，西部沿海和东部内陆地区为沙漠，气候燥热少雨，年平均气温 18℃ ~22℃。[①]

（二）人文

纳米比亚原称西南非洲，在 15—18 世纪先后被葡萄牙、荷兰、英国等殖民者侵入，1890 年被德国占领。1915 年，南非参加协约国对德作战，出兵占领西南非洲。1920 年国际联盟委托南非统治西南非洲，1949 年，南非非法吞并西南非洲。1960 年 4 月，西南非洲人民组织（简称人组党）成立，开始了争取民族独立的斗争。1966 年，联合国通过决议，取消南非对西南非洲的委任统治，并于 1968 年根据西南非洲人民的意愿将西南非洲更名为"纳米比亚"。1989 年，纳米比亚在联合国监督下举行制宪议会和总统选举，人组党获胜，其候选人努乔马当选总统。1990 年 3 月 21 日纳米比亚正式宣布独立。纳米比亚是非洲大陆最后一个获得民族独立的国家。

纳米比亚实行三权分立、两院议会和总统内阁制。纳米比亚有西南非洲人民组织、大众民主运动、民主与进步大会等大小政党 40 多个。在 2014 年 11 月的纳米比亚总统和国民议会选举中，根哥布作为人组党总统候选人当选总统，并于 2019 年胜选连任。

纳米比亚主要民族有奥万博族、卡万戈、达马拉、赫雷罗，以及卡普里维、纳马、布须曼、雷霍伯特和茨瓦纳族，其中，奥万博族是人口最多的民族，占总人口的 50%。截至 2019 年，纳米比亚全国人口为 253 万，其中 88% 为黑人，白人和有色人约占总人口的 12%。纳米比亚 90% 的居民信仰基督教，其余信奉原始宗教。官方语言为英语，通

[①] 中华人民共和国外交部 . 纳米比亚国家概况 [EB/OL].(2021–08–01)[2021–09–08].https://www.fmprc.gov.cn/web/gjhdq_676201/gj_676203/fz_677316/1206_678260/1206x0_678262.html.

用阿非利卡语、德语和广雅语、纳马语及赫雷罗语。①

（三）经济

纳米比亚是世界上海洋渔业资源最丰富的国家之一，其矿产资源也十分丰富，素有"战略金属储备库"之称，主要矿藏有：钻石、铀、铜、铅、锌、金等。矿业、渔业和农牧业为纳米比亚三大传统支柱产业，种植业、制造业较落后。纳米比亚90%的矿产品出口；畜牧业较发达，85%的可耕地被用来发展畜牧业，收入占农牧业总收入的76%；纳米比亚渔业资源丰富，捕鱼量位居世界前十名，其中90%供出口；纳米比亚旅游业较发达，产值占国内生产总值的10%左右。纳米比亚制造业不发达，80%的市场由南非控制，制造企业约300家，90%以上为小规模私人企业；纳米比亚种植业较落后，70%的人口生活在农村地区，农业吸纳了国家65%的劳动力，农作物产出率低且不稳定，粮食不能自给，目前70%的粮食依靠进口，主要来自南非。纳米比亚主要出口矿产品、渔产品、畜牧产品及初级加工产品，其中钻石出口占出口收入总额的33%。②

独立后，人组党政府先后制定了5个五年经济发展计划并于2004年6月颁布2030年远景规划，大力吸引外资发展制造业、矿产品加工业、旅游业和金融服务业等，经济保持了平稳增长，2014年和2015年，经济增长率分别达6.4%和6.0%。2016年初以来，受国际大宗商品价格低迷和国内旱灾、基础设施薄弱等影响，经济一度陷入技术性衰退。③纳米比亚经济受油价、汇率、国际市场等外部因素影响较大，高失业、贫富悬殊、土地矛盾等问题深刻制约着经济发展。实现经济快速、可持续发展，解决社会、经济发展中的突出问题，仍将是纳米比亚政府经济政策的重点。

（四）教育

纳米比亚独立后面临的教育状况是整体水平低、文化落后。儿童入学率偏低，辍学率较高，教学质量偏低，学生不及格率较高，同时，纳米比亚极其缺乏技术人才。为了促进教育发展，纳米比亚成立了文化和教育部（MEC），将之前国内多种族教育部门进行整体合并，开始了全国教育管理的统一，较大地推动了国内教育事业发展。到21世纪初期，纳米比亚全国13个学区共有1703所中小学，其中，在读中小学生605627人，教师23039人。④

纳米比亚政府一直推动普及教育制度，2012年实现小学免费义务教育，纳米比亚建立了较全面的学制（如图1所示）。⑤纳米比亚的义务教育期为10年，初等教育学制为

① 中华人民共和国外交部.纳米比亚国家概况[EB/OL].(2021-08-01)[2021-09-08].https://www.fmprc.gov.cn/web/gjhdq_676201/gj_676203/fz_677316/1206_678260/1206x0_678262.html.
② 同上。
③ 中国一带一路网.纳米比亚国家概况[EB/OL].(2020-10-01)[2021-09-08].https://www.yidaiyilu.gov.cn/gbjg/gbgk/66275.htm.https://www.yidaiyilu.gov.cn/gbjg/gbgk/66275.htm.
④ 〔纳米比亚〕阿尔佛雷德·阿克纳,陶阳.纳米比亚教育愿景、路线图与技术的融合[J].世界教育信息,2013,26(21):18-19.
⑤ 赵银川.纳米比亚学制纳米比亚职业教育与培训改革研究[D].金华：浙江师范大学,2012:15.

7 年，中等教育学制为 5 年。[①] 纳米比亚大学是全国唯一的综合性大学，建于 1993 年，有学生 4000 多人；另有十几所中等技术学校和师范学校。近些年，纳米比亚教育投入持续增加，教育拨款从 2000 年的 18 亿纳元提高到 2018 年的 150.5 亿纳元，占预算总额的 24%。纳来比亚初等教育入学率达 93.6%，高中入学率为 49.5%，高等教育普及率为 24%。纳米比亚全国识字率从独立时不到 75% 上升至 2021 年的 90%。[②]

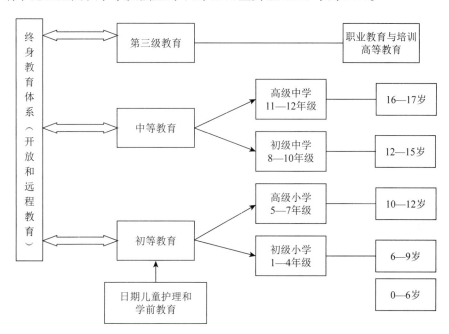

图 1 纳米比亚学制图

二、职业技术教育与培训的战略与法规

（一）战略

纳米比亚政府于 2004 年通过了 2030 年远景规划，共八个主题，目标是到 2030 年将纳米比亚人民的生活质量提高到发达国家水平，人们享受高标准的生活，拥有良好的生活质量，并有机会获得优质的教育、卫生和其他重要服务，为了支持实现 2030 年远景规划目标，纳米比亚需要进一步发展教育和培训体系。[③]

纳米比亚 2030 年远景规划前言中指出："纳米比亚将实行一个完全一体化、统一、灵活和高质量的教育和培训体系，使纳米比亚学习者能够利用迅速变化的全球环境"，

①　Namibia education[EB/OL]. [2021-09-08]. https://www.mapsofworld.com/namibia/education.html.

②　中华人民共和国外交部. 纳米比亚国家概况 [EB/OL].(2021-08-01)[2021-09-08].https://www.fmprc.gov.cn/web/gjhdq_676201/gj_676203/fz_677316/1206_678260/1206x0_678262.html.

③　中华人民共和国驻纳米比亚共和国大使馆经济商务处. 纳米比亚概况：纳米比亚 2023 年远景规划概述 [EB/OL]. (2014-09-24) [2021-09-08]. http://na.mofcom.gov.cn/article/ddgk/201409/20140900742609.shtml.

纳米比亚将加强全面的能力建设投资，为此，商界必须为教育和培训部门做出更多贡献，因为它是主要受益者。

2030 年远景规划对教育和培训，提出了相应目标和广泛战略，包括发展多样化、有能力和高生产力的人力资源和机构，充分利用人力资源潜力，实现并有效地提供高效的以客户为中心的服务；纳米比亚将转变为机会均等的工业化国家，具有全球竞争力，并且保持可持续、高效、灵活和有竞争力的经济；实现充分和有酬就业；在各级提供充分和适当的教育；实现公共组织、私营组织和民间社会组织在政策制定、规划和执行方面的合作，等等。在此基础上，纳米比亚国家发展计划 NDP2（2002—2007 年）提出了职业教育和培训的主要使命和目标：为服务型工业化国家提供合格且可雇佣的劳动力；建设一个稳定的、具有明确角色和责任的组织管理体系，通过教育部长向国民议会负责；强化政府、私营部门和民间社会之间的可持续伙伴关系，为职业教育和培训提供资源；建设基于资格框架的、满足现实需求的公平学习系统。①

为了实现职业教育与培训在 2030 年远景规划中的作用，为政府目标的贯彻做出贡献，教育部制定了指导职业教育和培训的发展的政策框架。主要包括：（1）在初级教育阶段培养学生基本的算术和识字技能，以鼓励和支持探究和创造力，作为终身学习和创业的先导；（2）所有职业教育培训方案都以能力为基础，根据工商业，特别是中小型企业的优先需求设立；（3）职业教育方案与教育培训系统的各个部分紧密关联，反映广泛的社会、经济和发展；（4）基于质量体系制定职业和行业的国家标准，在此过程中与工业、商业、教育和培训机构及其他社会伙伴充分合作；（5）各地区的社区、公共和私人培训机构提供不同层次的职业教育课程，以满足不同需求；（6）建立不同级别的职业教育资格认证，使职业教育培训形成持续体系，为满足多样化的现实职业需求提供路径；（7）学习者通过模块化课程学习获得不同层次、类型的国家资格，这些资格将得到相关主体的认可；（8）在农村和城市地区的公共和私营部门发展正规和非正规培训机构，配备高素质的师资和管理人员，提供开放和灵活的学习课程；（9）基于公平、公正和能力导向甄选职业教育和培训方案，确保鼓励女孩和妇女、身心残疾者以及低收入人群等边缘群体发展技能；（10）鼓励并增加对青年人、未成年人和失业者的相关培训；（11）通过培训税、社区和非政府组织的参与、捐助等建立可持续的财务支持系统；（12）在各级区域强化责任制，以确保通过有效管理取得预期学习成果；（13）建立评价机制，以确保调整职业教育和培训政策，不断解决实际问题，满足现实需要。②

① Namibia Vocational Education Training (VET) Policy 2005 [Z/OL]. [2021-06-10]. http://www.moe.gov.na/files/downloads/4e9_Vocational%20Education%20and%20Training%20policy.pdf.
② 同上。

（二）法规

虽然纳米比亚独立至今的发展时间非常短，但对职业教育异常重视，已经两次颁布和修订国家职业教育法案，初步形成了较全面、系统的国家职业教育和培训法规。

1. 1994 年法案：《国家职业培训法》①

纳米比亚于 1994 年颁布《国家职业培训法》。法案对学徒的雇佣及培训，对成立国家职业培训委员会、国家职业测试和资格认证中心等相关机构，对职业标准、资格认定、培训计划的制定及批准等相关事宜进行了规定，以引导职业教育和培训活动的发展。法案核心内容包括以下方面。

第一，成立国家职业培训委员会。法案设置国家职业培训委员会统筹管理职业教育事业。委员会共有 17 名成员，其中包括正副委员会主席各一名，包括 12 名各自代表国家利益、雇主利益、雇员利益和职业培训中心利益的成员，另外还包括 3 名拥有职业培训或发展方面专门知识或经验的人员。

国家职业培训委员会的权力、职责和职能包括：（1）针对与职业教育相关的各项事宜、与法案相关的各项事宜等向部长提出建议；（2）制定职业培训的基本标准，以规范和提高培训的效率，包括制定职业标准、行业测试程序和认证方案等；（3）统筹、鼓励和促进私营或国营机构在农业、工业和商业方面参与职业资格认证和职业培训实践；（4）评估职业培训需求，设计并规划职业培训计划，并展开相关研究和调查，以追踪职业培训领域的发展趋势；（5）与职业教育及培训各类从业者或机构进行沟通协商。

第二，确立行业职业标准，指导培训实践。法案授权职业培训委员会制定行业职业标准，通过职业标准明确学徒在理论知识及实践能力方面应达到的基本程度；明确学徒应接受实践培训的种类，以及相应的培训阶段；明确对实践能力和理论知识进行模块化测试的标准等。

法案对培训计划做了详细规定。任何行业的培训计划都必须以该行业认可的职业标准为基础，而且培训计划还应当明确学徒资格、行业的工作性质及相关理论和实践训练要求、学徒培训持续的期限、每门须完成的理论科目或课程的教学大纲和课时、实际培训详情，以及学徒期内每年的工作小时数和工作的细目、行业测试和认证的详情等。同时，培训计划也应当明确培训机构情况、明确支付学徒报酬的比率及相关事宜，并规定雇主的权利及相关权益等。

第三，成立国家职业测试和资格认证中心。法案规定成立国家职业测试和资格认证中心，任命首席测试官，负责领导国家职业测试和资格认证中心，同时任命具有一定资格和经验的官员作为特定行业的测试官，承担职业测试任务。职业测试和资格认证中心的职能包括：建立职业测试管理制度；以认可的职业标准为基础对相关行业展开职业测

---

① Namibia National Vocational Training Act 18 of 1994[Z/OL]. [2021-06-15].https://laws.parliament.na/cms_documents/gg-933-29e4db8888.pdf.

试；对在纳米比亚境外获得的职业资格进行评估；保证职业测试能满足职业培训和发展的现实需要；向相关人员提供原则和技术方面的培训；升级技术技能水平等。

第四，设立职业培训税和职业培训基金。法案规定征收培训税，国家根据不同行业、类别实际情况征收培训税，以鼓励和促进充分的职业培训。同时，设立职业培训基金，成立职业培训基金会。基金会的资金来源于劳工促进基金、培训税及相关罚款、议会的拨款及其他相关资金等。基金主要用途是支持职业培训项目，主要包括：支付相关培训工作人员的生活、差旅等费用；支付培训工作中关于进修等的费用，支付参与培训项目的雇主相关费用，如学费、材料或设备费用，相关薪酬或津贴等；资助展开培训或训练项目的组织者、机构及个人的相关费用等。

2. 2008 年法案:《职业教育和培训法》①

纳米比亚独立的初期面临各种发展困境，纳米比亚政府的总体发展战略是推动经济多样化和加速增长，同时通过推动高等教育机构多样化为青年提供基本技能和知识，因此 1994 年的《国家职业培训法》并没有得到有效执行，直到进入 21 世纪后，纳米比亚政府才越来越重视职业教育和培训的作用。为了大力推动职业教育与培训的发展，纳米比亚政府于 2008 年颁布了《职业教育和培训法》。新法案的主要内容包括设立纳米比亚国家培训局、培训局董事会和国家培训基金会；规范职业教育和培训实践，为职业教育和培训提供资金，征收职业教育和培训税，以及规定相关主体的资格认证与管理等内容。

法案对国家职业教育与培训的管理机构进行了设置。法案规定成立纳米比亚国家培训局，并对国家培训局的职能、管理运行机制等相关问题进行明确界定。纳米比亚国家培训局实施董事会管理制度，成立培训局董事会，整体管理和负责国家职业教育和培训相关的事务。国家培训局通过为职业培训机构和受训者提供支持、资助各种类型培训项目、制定培训计划、展开调查研究、加强相关主体的协作沟通等，来推动职业教育与培训的发展，确保职业教育与培训符合行业和经济发展需求，提高职业教育与培训的效率。

法案明确设立国家培训基金。国家培训基金的资金主要包括：国家为基金会、国家培训局的运转以及促进法案的推进所投入、筹集的资金；职业教育与培训相关的税款、利息和罚款等；培训局筹集到的各种款项，如捐款等；基金会的投资收入等。法案生效之日，根据 1994 年《国家职业培训法》设立的原职业培训基金即终止。国家培训基金的用途主要包括：促进职业教育和培训，向雇主、职业教育和培训提供者、学习者等其他个人或机构提供财政和技术援助，以及其他推动职业教育与培训事业的必要支出。法案对基金会的管理进行了详细的规定，为了保证财政支出的透明和高效，国家培训局和国家培训基金会需每年上交财政计划和报告。

法案规定征收培训税。1994 年法案提出的培训税并未在实践中有效实行，因此，

---

① Namibia Vocational Education and Training Act 1 of 2008 [Z/OL]. [2021-06-15].https://laws.parliament.na/cms_documents/vocational-education-and-training-f8cdf92d62.pdf.

2008年法案再次就征收职业教育培训税进行了规定，通过征收培训税来促进、鼓励职业教育和培训事业的发展。法案对征收税款的基本问题、征收税款的雇主类型、税款征收的计算方式、支付和征收方式等事宜进行了详细规定。培训税征收标准的确立依据主要是企业雇主的雇员数量、企业营业额等。法案规定企业雇主必须按规定进行相关数据记录、提供必要信息等，以配合培训税的征收。部长任命视察员职位，以监督和推动培训税征收工作的执行。培训税的征收有利于稳定和拓展职业教育和培训事业的经费来源和经费总量，为《职业教育和培训法》的有效实施提供资金支持。

制定基于法案的相关条例。根据2008年法案的内容和要求，纳米比亚制定了《关于使用职业和培训税资助职业教育和培训方案、项目以及提供技术和财政援助的条例》，更详细具体地明确了培训税征收事宜，同时对于征收到的税费的使用、支付培训补助金资格等进行了说明，规定了缴税雇主条件、免税条件、税率交纳时限和金额，以及交税方式、相关惩罚等。[①] 在之后的2014年第5号政府公告《关于使用职业和培训税资助职业教育和培训方案、项目以及提供技术和财政援助的条例》中，规定一个财政年度收到的税款的使用途径包括：支付培训局的相关行政费用，金额不超过该财政年度所收税款的15%；支付培训津贴，数额不超过该财政年度所收税款的50%；支付津贴，金额不超过财政年度税收的35%。同时明确了领取训练津贴的资格，按规定缴纳了税款的雇主可以申请支付训练津贴。[②]

根据法案，纳米比亚制定了《职业教育和培训机构注册条例》，对申请成为职业教育培训机构的程序、审核、具体要求及培训机构的责任义务等进行了规定。培训机构的责任和义务包括：（1）确保培训师资，培训教师应当具有相应的资格和经验，以实现每项职业教育和培训方案的目标；（2）确保每项教育和培训方案符合质量管理要求和程序；（3）确保足够的空间、设备和教学材料，提供足够标准的教育和培训，以实现每项职业教育和培训方案的目标；（4）为学习和培训的开展准备必要的资金；（5）确保注册人数和已有资源相匹配；（6）保存每个学员的入学、培训进度和学习成绩评估的完整记录等。[③]

---

① Regulations relating to Use of Vocational and Training Levies for Funding Vocational Education and Training Programmes and Projects and for Providing Technical and Financial Assistance：Vocational Education and Training Act, 2008 [Z/OL]. [2021-06-15]. https://laws.parliament.na/cms_documents/gg-5395-4ef908d87b.pdf.

② Regulations relating to Use of Vocational and Training Levies for Funding Vocational Education and Training Programmes and Projects and for Providing Technical and Financial Assistance Government Notice 5 of 2014 [Z/OL]. [2021-06-12]. https://laws.parliament.na/cms_documents/2014---regulations-relating-to-use-of-vocational-and-training-levies-for-funding-vocational-education-and-training-programmes-and-projects-and-for-providing-technical--and-financial-assistance--80eb3b89ba.pdf.

③ Regulations for registration of Vocational Education and Training Providers: Vocational Education and Training Act,2008 [Z/OL]. [2021-06-15]. https://laws.parliament.na/cms_documents/gg-5099-f84f090dd9.pdf.

三、职业技术教育与培训的体系与质量保障

纳米比亚共和国独立初期在教育的各个方面，尤其是技术和职业教育上存在严重缺陷，整个职业教育不成系统，支离破碎，且面临种族差异和师资匮乏的难题。在学校一级，黑人学校中的技术课程设置不能满足现实需要，质量低下且较偏重理论教育，而白人学校设备齐全，学校实验室开设了学术和技术课程；同时，几乎完全缺乏职业技术相关科目教师，因此纳米比亚职业教育发展面临巨大困境。面对这种状况，新政府希望在学校中引入更多的技术教育，建立有效的职业教育与培训体系。[①] 通过近三十年的努力，纳米比亚初步形成了自己的职业教育培训系统和质量保障机制。

（一）职业技术教育与培训体系

职业教育与培训在纳米比亚被认为是初等教育或中等教育的延伸，主要通过职业技能、技术和知识为主的培训满足社会对人力资源的需求，独立后纳米比亚职业教育和培训主要有两种形式：一种是在普通学校的核心课程中注入职业教育的因素，增设职业或职前教育科目；一种是专业化的职业学校，主要是职业培训中心和社区技能发展中心。[②]

1. 职业培训中心和社区技能发展中心

纳米比亚政府大力推动职业培训中心和社区技能发展中心的建设。到 2008 年时，全国约有 3000 名受训人员在 10 个职业培训中心（VTC）和 6 个社区技能发展中心（COSDEC）接受培训，培训人数也稳步增加。[③]

职业培训中心和社区技能发展中心提供多种行业技能培训，2002 年约有 20 种不同的培训，其中被大多数学生选择的项目有：木工 / 细木工 / 橱柜制造；汽车机械；砌砖；水管；通用电气；秘书；焊接 / 制造等，近些年培训中心也开始提供信息技术服务和创业培训。相较于职业培训中心，社区技能发展中心能提供的培训较为有限，社区技能培训中心需要更多地考虑所在地区，通常是农村地区的资金、资源和现实条件。职业培训中心所提供的培训中的一部分，社区技能中心也会提供，与此同时，社区技能中心也教授制砖、灌木家具生产、针线活儿、烘焙、皮革鞣制、皮革制品和太阳能烹饪等职业训练。

职业培训中心和社区技能发展中心的目标有所区别[④]：职业培训中心主要目标是使学生能够在正规劳动力市场就业，后来也逐渐转移到包括自营就业在内的其他就业渠道；相比之下，社区技能发展中心的主要目标是为人们在当地展开自营职业提供训练，特别

---

① TURNER J. Planning technical and vocational education and training: the case of Namibia[J]. The Vocational Aspect of Education, 1993, 45(3): 285–297.

② 赵银川. 纳米比亚学制纳米比亚职业教育与培训改革研究 [D]. 金华：浙江师范大学,2012: 4.

③ AfDB/OECD 2008：African Economic Outlook——Namibia, Strong demand for minerals has not created the jobs needed to address poverty and inequality[R/OL]. [2021–06–10].http://www.oecd.org/countries/namibia/40578314.pdf.

④ 同上。

是技术技能短期培训；另外，在纳米比亚，一些获官方认可（及公开赞助）的职业训练中心由企业经营（例如钻石开采、汽车维修），主要是为了企业自身业务发展的需要。

2. 普通学校的职业课程 ①

在普通教育中加入职业教育课程是南非职业教育与培训的一大特色，纳米比亚独立后在很大程度上延续了这一做法。在纳米比亚，学生从小学开始不仅学习文化课，同时接受一定程度的职业教育，初中毕业后可以进入职业培训中心接受专业的职业教育与培训。学生们可以选择农艺、家政、手工技术等科目，教学大纲规定，学生们要学习各种组合的技能，比如，绘画、木工、金属加工、皮革加工和编织等科目中的两种或三种，小学阶段的这些课程是为那些准备去初中或高中接受技术教育的学生准备的。在延续这种南非传统的基础上，纳米比亚政府进行了一系列课程改革，希望在普通教育中建设自己的职业课程体系，直到 2007 年，纳米比亚本土化通用职业教育课程才得以建立，职业教育课程变成了选修课，职业教育与培训更多的是在专门的职业培训中心进行，至此，对纳米比亚职业教育与培训体系有着深刻影响的南非模式最终结束了。

3. 较全面的职业教育与培训系统

建立一个完善有效的职业教育与培训体系一直是独立后纳米比亚政府的重要政策目标，政府希望通过努力，使从初等教育结束至高等教育结束这一阶段的职业教育和培训成为一个与劳动力市场密切相关的有效、可持续的技能形成体系，公平地提供社会发展所需的技能，促进提升青少年和成年人从事生产性工作和提高生活水平所需的能力。②

2005 年纳米比亚职业教育培训政策相较于独立初期零散的职业技术培训状况，经过长期改革和努力，纳米比亚已经初步建立起较完善的国家职业教育与培训体系。除了在全国各地建设专门的职业培训中心和社区中心以提供广泛的技能培训外，还成立了各级管理部门，推动培训机构的建设；探索建立国家职业教育标准、资格测试、认证标准和法律法规来引导职业教育与培训的发展；建立基金会，为职业教育与培训提供资金支持等。政府也特别关注特殊群体的技能培训，专门成立了为特殊群体提供职业教育的特殊学校，如先锋职业男子学校招收有学习障碍的男性学生，工业学校专门招收有行动障碍和学习困难的学生，为他们提供适当的职业教育与培训，促使他们能顺利地融入社会；另外，综合高中还招收才能出众、有理工特长的优秀学生，重点进行职业教育。整体上，纳米比亚建立了不同类型的学校，为不同的群体提供接受职业教育与培训的机会，拓展了职业教育与培训的覆盖范围和路径，完善了职业教育与培训的体系。③

① 赵银川 . 纳米比亚学制纳米比亚职业教育与培训改革研究 [D]. 金华：浙江师范大学 ,2012: 25-30.

② Namibia Vocational Education Training (VET) Policy 2005 [Z/OL]. [2021-06-10].http://www.moe.gov.na/files/downloads/4e9_Vocational%20Education%20and%20Training%20policy.pdf.

③ 赵银川 . 纳米比亚学制纳米比亚职业教育与培训改革研究 [D]. 金华：浙江师范大学 ,2012: 31.

（二）质量保障

实施国家质量资格认证。建立纳米比亚资格管理委员会（NQA），在法律上负责通过标准和资格设置，进行质量保证、认证、各种资格的评估，制定和维护国家资格框架。纳米比亚建立国家资格框架的目的是：为各行业、工作、岗位或任何职业状况中的职位制定标准；为达到职业结构中给定职业、工作、岗位或职位的职业标准，制定所需的课程标准；对职业教育培训机构或培训课程进行认证；对学生能力进行认证。[①]

设立质量体系审核员。根据 2008 年法案，培训局董事会任命质量审核员，董事会可指定任何具有相关专业知识的人员作为质量审核员，以协助促进和监督对法案所涉及的职业教育培训中各种认证、注册、技术或财务援助等条件的遵守。质量审核员可以进入职业教育及培训机构的任何处所；可以现场采访任何员工或学员；可以要求职业教育及培训机构披露与课程有关的任何纪录、文件或详情等；每一个职业教育和培训机构及其雇员在履行其职责时必须与质量体系审核员合作，提供必要协助。[②]

培训机构的注册认证。纳米比亚根据 2008 年法案出台了《职业教育和培训机构注册条例》，通过加强对培训机制的申请、认证和管理来保障职业教育与培训质量。职业教育和培训机构必须通过申请注册，且只能在国家培训局注册，国家培训局向职业教育和培训机构提供技术和专业建议以及财政支持。申请人提交申请，国家培训局委托质量审核员和相关专家进行审核评估，并提交评估报告。评估审核的主要内容包括：申请人基本资质和信息；申请人所提供的课程是否符合标准；拟进行的职业教育或培训方案及资格等。

培训机构的质量管理。每一个职业教育与培训的注册机构必须在首次注册之日起六个月内，其后在注册周年日起三个月内，提交一份报告，报告内容包括：对其主要工作、进展和成绩的概述；对其所面临挑战的概述；完整的注册学习者登记册，以及所提供的职业教育和培训课程状况；职业教育和培训方案的任何预期变化；根据培训局提供的自我评估表进行的内部审计报告。培训机构必须按照要求向公众和学习者公布相关信息，包括其聘用的专职和兼职培训人员的姓名和资格；职业教育和培训提供者的招生要求和程序、语言政策、教学模式等；职业培训计划的详情和学习者支持等。机构须注册职业教育和培训方案。培训机构必须做好每位学员的培训记录，并根据培训局的要求提供记录信息。[③]

---

① Namibia Vocational Education Training (VET) Policy 2005 [Z/OL]. [2021−06−10].http://www.moe.gov.na/files/downloads/4e9_Vocational%20Education%20and%20Training%20policy.pdf.

② Namibia Vocational Education and Training Act 1 of 2008[Z/OL]. [2021−06−15]. https://laws.parliament.na/cms_documents/vocational−education−and−training−f8cdf92d62.pdf.

③ Regulations for registration of Vocational Education and Training Providers: Vocational Education and Training Act,2008 [Z/OL]. [2021−06−15]. https://laws.parliament.na/cms_documents/gg−5099−f84f090dd9.pdf.

四、职业技术教育与培训的治理

纳米比亚教育部。作为负责国家教育事业的机构，在职业教育层面，教育部为职业教育和培训提供政策和法律框架；进行系统全面的管理和监督，为弱势群体提供资金支持；确保建立一个有效的治理结构，将教育和培训各部门及相关部门，特别是国家规划委员会、贸易和工业部、劳工和社会福利部、财政部等联合起来；向议会和其他利益相关者说明政策和法律框架、国家培训局的使命以及公共资源在职业教育和培训方面的使用情况；任命国家培训局董事会，并对其工作进行监督和评估；推动政府、国家培训局与地区和国家级咨询机构之间的公开、有效沟通等。[①]

国家培训局。在教育部的领导下，由国家培训局统一管理职业教育与培训，使以往分散的管理权实现了集中和统一。国家培训局不仅是职业教育与培训的管理机构，它本身也具有国有企业的性质，对国家培训局的管理都依据国有企业管理条例进行。[②] 国家培训局的权力和职能主要包括：（1）向国家提供与职业教育和培训相关的咨询意见、政策建议；（2）制定、实施职业教育和培训战略及计划。包括执行国家职业教育和培训政策，促进职业教育和培训的机会、公平性以及提升培训质量；促进纳米比亚职业教育和培训的有效性和效率；推动企业、工会、培训机构和其他利益相关者参与职业教育和培训体系；确保职业教育、培训方案和服务满足工商业和社会发展需求；为青年和失业者提供职业教育和培训机会；努力增加就业和自主创业机会；（3）明确标准、资格等相关工作。主要包括制定职业标准、课程标准和资格证书；制订职业教育和培训机构认证方案；组织评估人员进行职业教育培训相关评估和质量审核；颁发相关奖励和证书；推动职业教育和培训方案与其他教育、培训方案之间的衔接等；（4）推动职业教育及培训实践。包括向雇主、职业教育和培训提供者、雇员、学习者和其他相关者提供财政和技术援助；直接资助职业教育及训练计划及项目；制定职业教育和培训战略计划等一切有助于推动职业教育与培训的工作；（5）为了促进职业教育和培训实践，开展研究和相关调查；推动培训局各项工作，推动法案目标的实现，以及相关协议的签订；（6）法案所赋予的其他权力和职能或与法案目标所关联的权力和职能。[③]

国家培训局董事会。纳米比亚国家培训局实施董事会管理制度，成立培训局董事会，整体管理和负责国家职业教育和培训相关的事务。根据培训董事会章程，董事会成员由部长任命，成员必须包括由雇主代表提名的劳工顾问委员会五名；由工会代表在劳工顾问委员会提名的两名；代表政府的三名成员以及纳米比亚资格管理局理事会成员。部长

① Namibia Vocational Education Training (VET) Policy 2005 [Z/OL]. [2021-06-10].http://www.moe.gov.na/files/downloads/4e9_Vocational%20Education%20and%20Training%20policy.pdf.

② 赵银川. 纳米比亚学制纳米比亚职业教育与培训改革研究 [D]. 金华：浙江师范大学,2012: 44.

③ Namibia Vocational Education and Training Act 1 of 2008[Z/OL]. [2021-06-15]. https://laws.parliament.na/cms_documents/vocational-education-and-training-f8cdf92d62.pdf.

从董事会成员中任命董事长和副董事长，董事会成员任期三年，任期届满可以连任。董事会职能主要包括：协助履行并就推动国家职业教育相关评估、认证等工作向培训局提供建议；严格进行职员管理，推动培训局工作高效展开；管理国家培训基金及相关财务，确保资金有效使用；可以根据现实需要设立推动职业教育和培训发展的其他委员会，如常委会、行业技能委员会等，协助董事会推动职业教育和培训工作等。[1]

五、职业技术教育与培训的诉求与发展趋势

纳米比亚急需持续大力推动职业教育与培训的发展。纳米比亚劳动力市场中熟练劳动力严重缺乏，半熟练或非熟练工人普遍失业，大批具有专业资格的工人的供应持续出现重短缺，包括 IT 技术人员、专业护士、金融从业人员、技术人员、半专业人员、工程师、医生和牙医，等等。[2] 更为严峻的是，作为资源丰富的国家，由于缺乏具备专业技术知识和技能的人才，纳米比亚的资源更多的是以原材料的形式出口，产出价值低。因此，纳米比亚急需大力发展职业技术教育和培训来满足社会、行业发展需求。经过政府的努力，职业教育和培训体系已初步建立，法律法规也初步得以完善，但纳米比亚独立时间短，职业教育与培训的发展起步较晚，在具体实践层面，其职业教育与培训仍然面临巨大的挑战，其现实诉求主要突显于四个方面。

一是提升职业教育与培训的规模与数量。纳米比亚培训中心的数量无法满足现实需求。国家培训局成立初期，下辖五大职业教育与培训中心，分别是温得和克职业培训中心、欧卡卡哈拉职业培训中心、瓦勒姆博拉职业培训中心、鲁杜职业培训中心、赞比西职业培训中心。[3] 后来政府提出要在全国建立十六个职业培训中心。尽管纳米比亚政府一直加快职业培训中心和社区技能培训中心的建设，到 2008 年，每年约有 1500 名学生进入培训机构，约有 250 名毕业生，但是这远远不能满足每年 1.6 万名 10 年级离校生的需要，此外，12 年级离校生（每年约 3.1 万人）也尝试申请职业教育和培训。因此，职业培训中心收到的申请远远超过他们能接受的。[4] 纳米比亚需要更多培训和职业教育培训机构，以满足培训数量需求。

二是提高职业教育与培训的质量。在纳米比亚教育系统中，特别是在职业教育考试中，学生通过率低。2004 年，64 名职业教育和培训学生（旧的 4 级和新的 3 级毕业生）接受了（外部）考试，但只有 150 人（23%）通过了考试。而这种低通过率并不是提高

---

① Namibia Vocational Education and Training Act 1 of 2008[Z/OL]. [2021-06-15]. https://laws.parliament.na/cms_documents/vocational-education-and-training-f8cdf92d62.pdf.

② AfDB/OECD 2008：African Economic Outlook——Namibia, Strong demand for minerals has not created the jobs needed to address poverty and inequality [R/OL]. [2021-06-10]. http://www.oecd.org/countries/namibia/40578314.pdf.

③ 赵银川. 纳米比亚学制纳米比亚职业教育与培训改革研究 [D]. 金华：浙江师范大学,2012:40.

④ AfDB/OECD 2008：African Economic Outlook——Namibia, Strong demand for minerals has not created the jobs needed to address poverty and inequality [R/OL]. [2021-06-10]. http://www.oecd.org/countries/namibia/40578314.pdf.

了标准的缘故。[1]学生接受培训后的职业能力和技术水平仍不能达到实践需求，纳米比亚职业教育与培训的整体质量偏低，急需提高培训质量和教育水平。

三是职业教育师资力量薄弱。纳米比亚职业教育与培训教师处于短缺状态，一些培训教师并没有接受过专业教育和培训。这也是除了管理等因素外，导致教育和职业教育系统不能提供必要质量的技术培训的主要原因之一。职业教育和培训的师资短缺是纳米比亚各种类型职业教育与培训面临的突出问题。许多课程专家认为，纳米比亚中等学校的技术课教学要达到令人满意的效果是极其困难的，除了基础设备和条件外，最大的原因是很难找到合适的合格教师，而现实中，中等专业教师的培训几乎不存在，培养出所需数量的职业教育教师是一项艰巨而长期的任务。[2]

最后，关于职业教育与培训的社会认知也迫切需要改善。在纳米比亚，职业教育并没有真正得到社会各界以及家长的认可。纳米比亚职业教育和培训中心申请入学的更多的是贫困学生，多数职业教育与培训机构的基础设施落后陈旧，培训和学习条件较差，缺乏实践平台，这都严重影响着职业教育与培训的发展，也进而影响了人们对职业教育的认知。虽然社会急需技术技能人才，但人们对职业教育和培训的兴趣并不高，更多的家长仍然希望自己的孩子能接受大学教育，进行学术学习。

面对现实挑战，[3]纳米比亚政府一直在加大职业教育与培训发展的力度。主要措施首先包括持续加大投入。纳米比亚教育总支出一度约占 GDP 的 9%，约占政府总支出的 27%，其中约 2% 的政府教育开支用于职业培训。高等教育（含职业教育）支出呈上升趋势。除政府外，还有外国非政府组织（包括教会）和国家私人来源，他们以投资或经常性的方式为职业教育和培训（VET）提供资金。他们的一些职业收入不足由政府资助。

第二，提高管理水平和管理效益。纳米比亚政府一直重视加大对教育的投入，但投入成效不能令人满意。在 1998 年到 2008 年间，尽管纳米比亚投入教育的资源占 GDP 的比例比大多数非洲国家都高，但效果并不乐观，辍学率和留级率仍然很高，熟练劳动力缺乏和不良职业道德是制约纳米比亚竞争力的主要因素。为了解决这一问题，政府开始着手实施教育和培训部门改善方案，提高管理水平和效益将是未来一个阶段的发展重点。

第三，加强与社会、民间相关组织机构的合作。职业教育与培训实践的发展需要社会多主体共同协作。无论是资源条件还是教育内容，仅靠政府的力量很难有效面对职业教育与培训发展的根本诉求。纳米比亚政府通过法案、政策等形式要求并鼓励行业企业、社会机构和个人积极参与职业教育与培训事业。

① AfDB/OECD 2008：African Economic Outlook——Namibia, Strong demand for minerals has not created the jobs needed to address poverty and inequality [R/OL]. [2021-06-10]. http://www.oecd.org/countries/namibia/40578314.pdf.

② TURNER J. Planning technical and vocational education and training: the case of Namibia[J]. The Vocational Aspect of Education, 1993, 45(3): 285-297.

③ AfDB/OECD 2008：African Economic Outlook——Namibia, Strong demand for minerals has not created the jobs needed to address poverty and inequality [R/OL]. [2021-06-10]. http://www.oecd.org/countries/namibia/40578314.pdf.

整体上，纳米比亚政府力图建设一个体系完整、需求驱动，基于能力基础的综合职业教育与培训系统；在全国布局培训机构，建立开放和灵活的培训结构；加强社区作用，努力为学生就业和掌握技术提供路径；深化社会力量和相关主体的协作交流，建立合理有效的职业培训协调和促进机制。

主要参考文献

[1] 中华人民共和国外交部. 纳米比亚国家概况 [EB/OL].(2021-08-01)[2021-09-08].https://www.fmprc.gov.cn/web/gjhdq_676201/gj_676203/fz_677316/1206_678260/1206x0_678262.html.

[2] 中国一带一路网. 纳米比亚国家概况 [EB/OL].(2020-10-01) [2021-09-08].https://www.yidaiyilu.gov.cn/gbjg/gbgk/66275.htm.

[3] 〔纳米比亚〕阿尔佛雷德·阿克纳，陶阳. 纳米比亚教育愿景、路线图与技术的融合 [J]. 世界教育信息 ,2013,26(21):18-19+25.

[4] 赵银川. 纳米比亚学制纳米比亚职业教育与培训改革研究 [D]. 金华 : 浙江师范大学 ,2012.

[5] 中华人民共和国驻纳米比亚共和国大使馆经济商务处. 纳米比亚概况 : 纳米比亚 2023 年 远 景 规 划 概 述 [EB/OL]. (2014-09-24) [2021-09-08]. http://na.mofcom.gov.cn/article/ddgk/201409/20140900742609.shtml.

[6] 牛长松. 非洲教育研究综述 [J]. 西亚非洲 ,2011(05):47-51.

[7] Namibia Vocational Education Training (VET) Policy 2005 [Z/OL]. [2021-06-10].http://www.moe.gov.na/files/downloads/4e9_Vocational%20Education%20and%20Training%20policy.pdf.

[8] Namibia Vocational Education and Training Act 1 of 2008 [Z/OL]. [2021-06-15].https://laws.parliament.na/cms_documents/vocational-education-and-training-f8cdf92d62.pdf.

[9] Regulations relating to Use of Vocational and Training Levies for Funding Vocational Education and Training Programmes and Projects and for Providing Technical and Financial Assistance:Vocational Education and Training Act, 2008 [Z/OL]. [2021-06-15]. https://laws.parliament.na/cms_documents/gg-5395-4ef908d87b.pdf.

[10] Regulations relating to Use of Vocational and Training Levies for Funding Vocational Education and Training Programmes and Projects and for Providing Technical and Financial Assistance Government Notice 5 of 2014 [Z/OL]. [2021-06-12]. https://laws.parliament.na/cms_documents/2014---regulations-relating-to-use-of-vocational-and-training-levies-for-funding-vocational-education-and-training-programmes-and-projects-and-for-providing-technical--and-financial-assistance--80eb3b89ba.pdf.

[11] TURNER J. Planning technical and vocational education and training: the case of Namibia[J]. The Vocational Aspect of Education, 1993, 45(3): 285-297.

[12] UNICEF annual Report for Namibia [R/OL]. [2021-06-01]. https://sites.unicef.org/about/

annualreport/files/Namibia_COAR_2010.pdf.

[13] Namibia National Vocational Training Act 18 of 1994[Z/OL]. [2021–06–15].https://laws.parliament.na/cms_documents/gg–933–29e4db8888.pdf.

[14] AfDB/OECD 2008:African Economic Outlook——Namibia,Strong demand for minerals has not created the jobs needed to address poverty and inequality [R/OL]. [2021–06–10]. http://www.oecd.org/countries/namibia/40578314.pdf.

[15] Regulations for registration of Vocational Education and Training Providers: Vocational Education and Training Act,2008 [Z/OL]. [2021–06–15]. https://laws.parliament.na/cms_documents/gg–5099–f84f090dd9.pdf.

尼日尔共和国

一、国家概况 [①]

（一）地理

尼日尔共和国（The Republic of Niger，La République du Niger），简称尼日尔。尼日尔位于撒哈拉沙漠南缘北纬 11°~23°、东经 0°~16° 之间。国土面积为 1267000 平方千米，系西非的一个内陆国家，东邻乍得，西界马里、布基纳法索，南与贝宁、尼日利亚接壤，北与阿尔及利亚、利比亚毗连。北部属热带沙漠气候，南部属热带草原气候，全年分旱、雨两季，年平均气温 30℃，是世界上最热的国家之一。首都尼亚美（Niamey），年平均最高气温 41℃，最低气温 14 ℃，平均气温 28.9℃。

（二）人文

截至 2020 年，尼日尔人口总数约为 2420 万。全国有 5 个主要民族：豪萨族（占全国人口的 56%）、哲尔马－桑海族（22%）、颇尔族（8.5%）、图阿雷格族（8%）和卡努里族（4%）。官方语言为法语。各民族均有自己的语言，豪萨语可在全国大部分地区通用。88% 的居民信奉伊斯兰教，11.7% 信奉原始宗教，其余信奉基督教。

尼日尔主要旅游景点：南部的"W"自然保护区和尼日尔河谷，北部有阿伊尔高地、贾多高原、阿加德兹图阿雷格族城和泰内雷沙漠等。尼日尔非洲国际时装节为尼日尔重要旅游项目。1997 年以来尼日尔陆续开办"狩猎旅游""博物馆旅游"等特色旅游项目。

尼日尔独立日为 8 月 3 日；国庆日为 12 月 18 日。

在政治方面，尼日尔于 1990 年 11 月实行多党制。2011 年 1 月，尼日尔举行地方、立法和首轮总统选举。3 月，尼日尔争取民主和社会主义党候选人伊素福在第二轮总统选举中以 57.96% 的得票率获胜当选，并于 4 月 7 日宣誓就职。伊素福执政后，确立实现全国和解与稳定、确保国内安全、改善人文发展状况等施政重点，提出"尼日尔复兴计划"和"尼日尔人养活尼日尔人"粮食自给自足倡议，大力发展经济，改善民生，取得

[①] 中华人民共和国外交部.尼日尔国家概况 [EB/OL]. (2021–08)[2021–09–10]. https://www.fmprc.gov.cn/web/gjhdq_676201/gj_676203/fz_677316/1206_678332/1206x0_678334.html. 中国一带一路网.尼日尔国家概况 [EB/OL]. (2020–10) [2021–05–10]. https://www.yidaiyilu.gov.cn/gbjg/gbgk/108634.htm.

一定成效。

（三）经济

尼日尔以农牧业为主，农牧林业等第一产业是最主要的经济部门，2016 年农业产值占国内生产总值的 45.8%。全国 80% 以上的居民从事农业，有可耕地 1723.89 万公顷，已耕地 588.29 万公顷，有灌溉潜力土地 27 万公顷，水浇地 7 万公顷。粮食生产不稳定，主要粮食作物有小米、高粱、薯类和豆类等。

尼日尔工业基础薄弱，主要有石油炼制、电力、纺织、采矿、农牧产品加工、食品、建筑和运输业等。尼日尔已探明铀储量 42 万吨。磷酸盐储量 12.54 亿吨，但尚未开发。煤储量 600 万吨。初步探明石油储量约 4.99 亿吨。还有锡、铁、石膏、黄金等矿藏。尼日尔工业基础薄弱，2016 年工业产值占国内生产总值的 15%。根据 1998—1999 年经济改革计划，尼日尔开始对电信、能源、水、燃料等领域的国有企业实行私有化。主要的大型铀矿开采合营公司有阿伊尔矿业公司（SOMAIR）和阿库塔矿业公司（COMINAK），尼日尔政府分别占 33% 和 31% 的股份。2016 年、2017 年铀产量分别为 3479 吨、3449 吨。

尼日尔是联合国公布的最不发达国家之一。伊素福总统执政后，出台了 2012 年至 2015 年经济社会发展规划，积极推进基础设施建设，初步建成本国石油化工产业，同时在巴黎举办融资圆桌会议，争取外援和投资。2016 年伊素福总统连任后，继续推进"粮食自给自足倡议""复兴计划二期""2016—2020 经济社会发展规划"，大力发展农业、能源、电力、交通等产业，致力于整顿经济，改善民生，取得一定成效，经济保持小幅增长。但尼日尔经济基础薄弱，受自然灾害、国际市场波动和国内安全形势影响较大，总体仍十分困难。2020 年，受新冠肺炎疫情严重冲击，尼经济困难加剧。2020 年尼日尔主要经济数据如下：[①] 国内生产总值 136 亿美元；人均国内生产总值 562 美元；国内生产总值增长率 1.5%；通货膨胀率 2.7%。

（四）教育

2010 年尼日尔有小学 1.2 万所，学生 172 万人；中学、师范学校及各类职业学校 871 所，学生 29.4 万人；基础教育系统教职员工共 4.5 万人。2011 年伊素福总统执政以后，尼日尔政府每年教育投入达总预算的 20%。2011 年，小学、初中和高中文化普及率分别为 76.1%、19.8% 和 4.1%。成人识字率为 29%。16 岁以下义务教育得到普及。有尼亚美综合大学和伊斯兰大学两所高等学府。尼日尔高等教育覆盖率低（2017 年在 10 万居民中仅有 316 名学生）。

非正规教育通过电视台、电台，播放教育节目，开展扫盲活动和教师培训。国民教育部负责全国教育规划，指导学前教育机构和中小学工作。农村经济部、卫生部、民用

---

① 数据来自 2021 年第三季度《伦敦经济季评》。

劳动部负责职业技术教育。

二、职业技术教育与培训的战略与法规

（一）战略

尼日尔社会经济因人口激增而面临发展环境的极大挑战。尼日尔在2018年的人口为21546595，到2030年预计将达到34277414（RGPH［人口和住房普查］，2012年数据）。人口增长率在2015—2020年期间估计为3.8%；而生育率是世界最高的国家之一，2005年为7.6%，2005—2010年为7.6%，2015—2020年为7.2%（联合国开发计划署，2018年数据）。因此，如何更好地使年轻人甚至几代人融入劳动力市场是尼日尔未来发展面临的最紧迫挑战之一。尽管政府为促进国民能获得更多受教育的机会方面做出了巨大努力，但2012年该国人口的教育水平仍然极低，识字率仅达30.11%（RGPH，2012年数据）。城乡差距明显，受教育人员偏向城市地区（58.51%，而农村地区为23.68%）和男性（38.64%，女性为22.10%）。同年，已达到小学水平的人口比例为20.67%，而中学第一阶段（BEPC，即初中）为4.58%，中学第二阶段（BAC，即高中）为0.77%。受过职业培训的人口比例更低，中学技术教育和职业培训第一阶段（ETFP1）为0.34%，中学技术教育和职业培训第二阶段（EFTP2）为0.23%，高中则为0.22%。[①]

为了应对与日俱增的社会经济困境，尼日尔鼓励经济发展，并采取积极的就业政策，以及推行教育改革。

1. 经济发展和就业政策

2012年启动的经济和社会发展规划（ESDP）是尼日尔社会经济发展的重要参考文件。该计划的第二阶段（2017年至2021年）是政府于2017年5月9日通过的《尼日尔2035年可持续发展和包容性增长战略》（SDDCI）中的第一个五年运行的计划。

尼日尔经济发展和就业政策有五大战略驱动因素：（1）促进文化复兴；（2）促进社会发展和人口转变；（3）加速经济增长；（4）加强治理，促使社会和平与安全；（5）加强环境的可持续管理。特别是，这一阶段的目标是将贫困率从2016年的39.8%减少到2021年的31.3%；实现7%的平均经济增长率（尼日尔计划部，2017年数据）。

该战略在就业方面的重要措施包括：在国家宏观经济政策框架内创造就业机会；通过提供基本培训和技能升级来加强国民的就业能力；鼓励年轻人创业和自谋职业；为求职者制定职业指导；为留在家乡的年轻人增加就业机会；为企业发展建立有利的环境（如在行政、司法、财政、财务等方面进行改革）。

---

① Département de la politique de l'emploi, Bureau international du Travail. L'état des lieux du système de formation professionnelle [R]. Suisse: Organisation internationale du Travail, 2019–2020:7–53.

2. 教育系统全面改革[①]

（1）2021—2026 年经济发展和就业政策对教育改革的影响

1）在经济发展和社会需求下，教育部门的绩效改革势在必行，这取决于彻底的课程改革。改革将加强从学前教育到高等教育与研究——整个教育系统的教学有效性，这也是尼日尔政府在小学开始实施双语教育，把整个教育系统整合在一起的通盘考虑。

2）这项改革将有可能通过鼓励初次培训和加强持续培训来确保对年轻人的良好教育，同时通过建立一定量的培训中心以及强化对培训师的培训来确保科学的教学。最后，它将促使信息和通信技术在教学活动中和对培训人员的培训中得到发展。

3）此外，学校的管理是引领整个教育系统的基石，这就是加强教师培训、建立绩效合同，并考虑问责制和责任制的原因。教育信息管理系统的改革，以及整个部门预算的相对增加，无疑将改善尼日尔教育系统的管理。

（2）教育改革预期目标

根据上述影响，尼日尔提出的教育发展项目将被纳入"复兴计划"的整体目标中，以加速教育系统的全面改革。在 2021—2026 年期间，教育改革期望实现的目标有：

1）将学前总入学率从 2021 年的 13.5% 提高到 2026 年的 15.5%；

2）将进入学前班的儿童比例从 2021 年的 14.3% 提高到 2026 年的 15.4%；

3）将基础教育第一阶段的毛入学率从 2021 年的 83.3% 提高到 2026 年的 93.9%；

4）将在非正规教育中心的学习人数从 2021 年的 5 万人增加到 2026 年的 25 万人；

5）将高中毛入学率从 2021 年的 10.6% 提高到 2026 年的 16.9%；

6）将大学的毛入学率从 2021 年的 36.9% 提高到 2026 年的 42.3%；

7）将接受学习训练的年轻人数量从 2021 年的 505809 人增加到 2026 年的 805364 人；

8）将每十万居民的学生人数从 2021 年的 380 名增加到 2026 年的 450 名。

（3）教育改革主要举措

1）增加国人接受教育和培训的机会

需要结合下一个必须完成的任务目标来进行改革，以确保改革取得的成果能够增加机构接收培训者的能力。具体举措包括：寻找建造教室的替代模式，减少建造中小学教室的平均成本；在中小学建立重组中心，减少编制人员少的学校，使各类学校合理重组；在基础教育过程中，确定最终使用教室的建设材料，以便逐步取代茅草屋班级；按照学区分配，推广及加强对当地学校的改革，通过权力下放的方式将各地区的教育合理联系起来；在职业技术教育与培训方面，在维护当前培训部署分区图的基础上，通过在每个城市建造及改善职业培训中心（CFM）的设施，继续增加技术教育中心（CET）的数量，提升技术和专业机构接收新培训者的能力。

[①] La Primature de la République Nigérienne. Programme de renaissance acte 3 2021–2026 [Z]. Niamey: La Primature de la République Nigérienne, 2021: 60–65.

2）重视女童及妇女的教育

根据《加速女童及妇女教育与培训的国家战略》（SNAEFFF）的优先项目，政府将把干预措施集中在女性受教育和培训非常不发达的地方。国家将做到以下几点：促进农村地区女童获得教育的机会以及维护女童获得教育后保持受教育的状态；与农村地区重男轻女的性别暴力做斗争；促进对于残障女性的包容性；加强女性在科学、技术和专业领域的参与度；提高女性的就业能力。

3. 职业技能培训体系的改革政策

自 2013 年以来，为了适应整个经济和社会需求的发展，政府通过教育和培训部门计划（PSEF），制定了一项 2014—2024 年十年教育政策。针对职业技术教育与培训，已经确定三个战略支柱：

（1）通过增加建设国家一级机构的数量，发展符合年轻人水平和要求的学徒计划，通过支持与建议等方式，帮助年轻人更容易地进入职业市场（如实践培训、职业定位等）。

（2）为达到劳动力市场的期望，国家通过发展教学方法和更新材料以及提高培训员水平（培训培训员）等手段，发展实用的培训课程，提高教学质量。

（3）通过加强技术和职业教育与培训（EFTP）的质量控制，私营部门行为者更系统地参与对技术和职业教育与培训（EFTP）、学徒的职业技术教育与培训治理的建议和决策（如通过设立委员会的方式），从而达到整体改善管理的目的。

（二）法规

2010 年颁布的国家最高法——《尼日尔宪法》第 24 条规定："年轻人受到国家和其他公共团体的保护，使其免遭剥削和忽视。国家确保年轻人的物质和智力发展，确保并促进年轻人的培训和就业，以及他们的职业融合。"[1]

尼日尔政府长期重视职业技能与培训。其实，早在 1998 年正式实施的《教育培训法》[2] 中，已为职业技术教育与培训提供了强有力的法律支持。该法在第 3 部分第 1 章第 25 条明确规定技术和职业教育培训有以下任务：

（1）巩固基础教育的成果；

（2）为学生提供科学、技术和艺术领域的新知识；

（3）培养学生的观察和推理、实验和研究、分析和综合、判断和发明的能力；

（4）丰富学生的表达形式，提高学生的沟通技巧；

（5）培养合格的中级专业水平的学生；

---

① Présidence de la République du Niger. La Constitution de la République Nigérienne du 31 Octobre 2010 [Z]. Niamey: Présidence de la République du Niger, 2010.

② Ministère de l'éducation nationale du Niger. Loi n° 98-12 du 1er juin 1998 portant orientation du système éducatif nigérien [Z]. Niamey: Ministère de l'éducation nationale du Niger, 1998.

（6）为农业、畜牧业、手工业、工业、商业和经济的发展提供必要的技术知识和专业技能；

（7）提供有能力运用技术知识改善环境问题并能为社会问题寻找解决方案的人员；

（8）为工匠、技术人员和其他具有主动性和独立性的合格人员培养必要的技能；

（9）唤醒工程技术领域和其他技术领域职业使命感，使学习者专业水平获得进一步的提升；

（10）继续促进学习者的社会、道德和国民教育；

（11）为专业人员提供继续教育，并为年轻人在职业生活或接受高等教育中做好准备。

为了使职业技能培训有更好地发展，2017 年颁布的《尼日尔劳动法》[①]中规定尼日尔的职业和技术教育与培训包括以下形式：

（1）技术和职业教育；（第 67 条指出，职业指导的对象是：尚未从事专业活动的人；未上学或已辍学的人；有偿就业的工人，以及任何没有接受过职业培训的人；接受过职业培训且年龄至少为 14 岁的人。）

（2）初步职业培训；

（3）学徒培训；

（4）继续职业教育培训；（第 68 条指出，继续职业培训的目的是为了：促进工人融入或重新融入劳动力市场；使工人能够继续就业；促进他们的技能发展和获得不同级别的专业资格培训；持续的职业培训也应旨在促进生产部门的现代化，振兴区域经济结构，并确保成功的专业整合。）

（5）教育和职业信息与指导；（第 66 条指出：职业指导应包括向个人提供关于他个人和机构以及社会经济环境的信息，使他们能够在考虑他们的性别、能力、兴趣、个性、需求和价值观以及社会经济环境的情况下做出全面选择。它的目的是帮助年轻人和成年人选择职业道路、接受高等教育或制定职业计划。）

（6）职业支持和融合。

三、职业技术与培训的体系与质量保障

（一）体系

1. 基础教育体系[②]

尼日尔基础教育分为学前教育、初极教育和中学教育，如下表所示：

---

① Ministre de l'emploi, du travail et de la protection sociale. Décret n° 2017-682/PRN/MET/PS du 10 août 2017 portant partie réglementaire du Code du Travail [Z]. Niamey: Ministre de l'emploi, du travail et de la protection sociale, 2017.

② 顾明远. 教育大辞典（第 12 卷)[Z]. 上海：上海教育出版社 ,1998：346.

表 1　尼日尔基础教育体系

种类	种类细分	入学年龄	学制时长		毕业获得证书
学前教育		3–5岁	学制1–3年		
初级教育		6–7岁入学	学制6年		初等基础学习证书
中学教育	普通教育	12–13岁入学	学制7年	4年制初中	第一阶段学习文凭（BEPC）
				3年制高中	高中文凭/业士文凭（BAC）
	职业技术教育	12–13岁入学	学制2–3年		3年制业士文凭（BAC）；2年制职业能力证书（BEP）或3年制职业能力文凭（CAP）

2. 职业教育与培训层次

尼日尔职业教育与培训体系包括三个层次："正规"技术教育、"非正规"职业培训、"非正式"职业培训。

（1）"正规"技术教育：2016—2017 年，该国有 454 个正规的技术教育机构，其中 81.1% 归属公共部门。在这些正式机构中，有 428 个直接与职业技术教育部挂钩，在全国各地都有设点，主要为职业培训中心（CFM，占比 71.3%），其次是技术教育中心（CET，占比 22.0%），还有少数技术高中。这些机构共有 69169 名学员，比非正式机构（262829 名学员）少四分之一。导致这种情况出现的一部分原因是，这些机构的建立资质要符合国家标准，因而职业培训所需的费用也很高。2016—2017 年，职业培训体系第一阶段（职业学校毕业证书和职业能力证书）成功率分别为 68.8% 和 55.8%，第二阶段（职业培训证书和技术培训证书）的成功率分别为 50.4% 和 31.6%，而 2016—2017 年的辍学率为 0.53%（367 例）。

（2）"非正规"培训：2016—2017 年，非正规职业培训机构的数量为 360 个，其中 31.7% 为公共机构。这些机构针对最脆弱的群体（青年、农村居民、女孩等），主要在为其提供实践培训的基础上提供行业学习机会。非正规机构总共为 262829 名学生提供了教育，是正规技术教育人数的 3.8 倍。

（3）"非正式"职业培训：在尼日尔，学徒制和培训系统仍欠发达，主要归因于其"非正式"性质。它涵盖了接受职业技术培训总人数的 80%，其中大多数人在家庭范围内接受工作培训（尼日尔职业技术培训部，2015 年数据）。传统的学徒培训在作坊中进行，而大多数作坊属于非正规经济。尼日尔全国工匠联合会（FNAN）公布其共有 79913 名工匠大师，他们在 2014—2015 年培训了 41053 名学徒，其中 13604 名（33.1%）是女童（尼日尔职业技术培训部，2015 年数据）。

3. 职业教育与培训成果 [1]

职业技术培训机构从2010年的2所技术/职业高中、11所职业技术培训中心（CEPT）、19所技能培训和发展中心（CFDC），增至后来的8所技术/职业高中、15所职业技术培训中心（CFPT）和2015年的78个技术教育中心（CET）。同样，在多索大区（Dosso）和马拉迪大区（Maradi）建立了15种新型职业培训系统，称为综合农业训练场（SIFA）。在2016—2018年期间，随着其他24个职业培训中心的创建，尼日尔继续扩大职业技术教育的规模。因此，在2010—2018年期间，职业技术和培训机构的数量从32个增加到367个。在私人培训部门，机构数量从2010年的72个增加到2015年的82个；2011—2015年间，共建立了399个教室、234个讲习班、28个行政大楼、140间办公室、8个大区办公室。从2016年开始，值得关注的成果有：杜奇技术高中（Lycée Technologique de Doutchi）的建设、马拉迪（Maradi）丹·卡萨瓦（Dan Kassawa）的技术高中（Lycée Techinque）的改建和扩建、津德（Zinder）的职业培训和学徒中心（CFPA）、卡尔马哈罗技术中心（Centre Technique Kalmaharo）、尼亚美的伊萨·贝里（Issa Béri）职业高中，以及两个行业培训中心的建立和发展。

近年来，参加正规和非正规课程的学员人数急剧增加，从2012—2013年的68486人增加到2016—2017年的332025人（尼日尔职业技术培训部，2018年数据），增长率在5年内达到385%。这种受教育人数变化的趋势在未来几年将转化为经济和社会对职业培训需求的增加。

在针对年轻人的短期培训和职业培训中，对16646名年轻人进行了水暖、缝纫、皮革制品、珠宝、电力、建筑、机动车技术、木工、铺瓷砖、烹饪/餐饮、农牧业等方面的培训。通过诸如职业继续培训和学徒支持基金、尼日尔艺术与文化中心方案、技能发展促进增长项目、农村职业培训项目和"尼日尔017方案"（该方案的总体目标是通过提高人口在数量和质量上的教育和培训水平，加速发展和减贫战略，为减贫做出贡献）等计划，对成千上万的年轻人进行了培训。

在此期间，通过职业技术教育与培训的学习者所占比例来衡量的受教育程度呈正增长趋势，从2012年的12.68%增长到2017年的30.33%。如果这一趋势能继续保持下去，到2021年将达到40%的目标。

（二）质量保障 [2]

1. 职业技能认可分类

尼日尔职业技术培训部的考试、竞赛、认证和职业定位指导委员会（DEXCCO）

---

① La Primature de la République Nigérienne. Programme de renaissance acte 2 bilan 2016–2021 [Z]. Niamey: La Primature de la République Nigérienne, 2016.

② Département de la politique de l'emploi, Bureau international du Travail. L'état des lieux du système de formation professionnelle [R]. Suisse: Organisation internationale du travail, 2019-2020: 7-53.

主管职业培训资格认证和培训，对象主要是国家官方认可的技术和职业教育与培训（L'enseignent et la formation et professionnels，EFTP）机构，如果授予它们正式证书并授予正式培训资格，或者授予其"非正规"证书，则这些机构就被称为"正式"机构。"正式"代表文凭，"非正式"代表资历。它的认可基于三种类型的标准（职业标准、技能标准、评估标准）。专业资格证书和国家承认的专业资格证书列入国家职业技能认证范围内。

（1）正规技能的认证和认可

该培训分为两个培训周期，颁发四张文凭。"初级合格工人"的身份通过取得专业资格证书（CAP）或职业研究专利证书（BEP）而获得（培训时间为2—3年，分别可从小学五年级即CM2和中学第一阶段学习专利BEPC级别获得）。"中级合格工人"的身份通过技术或职业高中文凭而获得（培训时间为2年，从基本的职业研究专利级别证书获得）。

（2）"非正规"技能的认证和认可

主要侧重于实践培训，包括5个级别的职业资格，在获得前两个资格后，经过继续学习，可以再获得后三个更高级别的资格：

1）初始职业培训（FIP）构成入门级别，可获得基本资格（AQB），包含三种认可的职称（专业、技术或一般的基本资格）；

2）行业资格证书（CQM）可根据初始职业培训（FIP）或交替学徒获得；

3）职业培训文凭；

4）专业资格证书；

5）高级技师专利文凭（BPT），以及2年的连续培训项目。

（3）非正式获得技能的认可

目前尚无非正式获得技能的认可系统。这种情况影响了大多数受训者，以及许多技术和职业教育与培训改革的私人机构，这些机构不遵守职业技术培训部所制定的规则。因此，这些机构被认为是"非正规的"，仅颁发单独属于它们的证书或其他凭证。

2. 技能认可体系的质量保证

尼日尔全国工匠联合会（FNAN）试图对其成员和工匠培训师进行认证，在其强烈要求下，尼日尔职业技术培训部设想建立一个资格认可系统，该系统寻求与传统考试同时进行测试。

国家确保培训的提供、评价和国家认证质量机制的建立，通过主管部门组织常设会议、公共和私营部门共同举办考试、教育总监察局（IPG）的检查来确保执行机制的建立。在地方一级，公共和私营机构更为经常地受到区域职业技术培训部的监测。然而，认证质量的机制由于缺乏后勤和财政资源以及受到所涉地区地理范围的影响，成为教育改革合理过渡的障碍。为了提高所提供的服务质量、规范教学方法、鼓励正式承认机构，最近对资格认可系统的改革侧重于使用定义明确的定性和定量指标来进行。

3. 质量保障措施

（1）建立符合经济需要的职业培训和学徒制度

为更好地符合用人单位期望以及帮助掌握实践及技术的技能人员投入劳动力市场，该职业培训和学徒制度应优先考虑来自第一和第二产业的职业，其中包含与环境保护和可持续发展有关的部门。改革必须特别重视在实践阶段、在发展学徒制度的同时，使公司更便利地为受训者创造更多的实习机会，从而使受训者具有更强的能力来提高职业技能。尼日尔政府采取了许多举措，包括开设被确定为参考中心的培训机构（专门用于农业、采矿或建筑等有前途的领域中）。

随着需求的增长，通过加强培训系统的供应能力来预测市场需求是一项挑战。就地理位置而言，培训系统要提供与公众需求相匹配的部门培训，以及思考在结构设置环境的过程中带来的经济潜力相匹配的问题。该制度的第一大进步在于：发展职业技术教育，使之与培训机构联网，以及在装备最差的地区建立由私营部门开展积极开放的举措。作为计划改革的一部分，政府将优先与私营部门合作，并利用其经验，提高培训质量。

（2）加强规范和标准：制订培训方案、评估和认证方案

鉴于同一职业部门的培训机构提供的课程种类繁多，并且缺乏对许多非正式私营机构以及大多数学徒所授予资格的认可，"加强规范"这一点至关重要。对于受训人员来说，无论他们参加了哪个机构，培训是"正式"还是"非正式"，培训机构都需要特别注意使用标准化的教学方法和工具，以及使用对技能和资格的认可系统，为受训人员提供同等的机会融入劳动市场。最重要的是，国家必须制定法规以承认非正式职业培训（学徒制）。这些法规可包括，通过为受教育程度最低的人制定关于进入劳动力市场的融合前行动（如识字升级），使之更便利地获得职业培训的机会。企业利益攸关方对教育工具的革新和对学员评估标准定义的支持，能更好地满足经济的需要。

（3）完善职业培训体系

提高职业技术教育与培训设施监控系统的能力和效率，以便有关监控系统对职业培训体系所起的作用是积极的，以及系统获得的关于每个职业技术教育与培训中心所得成果的信息是可靠的。标准化评估指标的定义和设置将使非正式机构更接近于现行国家标准（职业技术培训部定制的标准），使非正式机构能提供公认度较大的培训。政府计划通过指导委员会与私营部门进行合作，以应对更多挑战，实现共同愿望和经验交流。

考虑到上述挑战，对职业技术教育与培训体系的改革将通过说服年轻人在经济增长部门提供机会的鼓励下留在当地，从而有助于减缓移民趋势。为年轻人创造体面的就业机会将对当地居民的生计产生积极影响，并将为该国最不发达地区的发展和升级做出积极贡献。

（4）支持年轻人融入劳动力市场，鼓励他们寻找出路

尼日尔部分年轻人缺乏职业规划，他们普遍认为，只有通过在公共服务部门接受公务员考试或接受兵役招募考试（军队或警察部队）来保证固定工资的这种途径才是最重要的。为了改变这种看法，就业、劳工和社会保障部（MET-PS）、职业技术培训部（MEP-T）以及一些私营部门的大型组织（商会，手工艺品商会）已经建立，目的在于激发年轻人的创业精神。通过加强和（或）增加职业指导成分，全国就业办事处和职业培训与学习支助基金（FAFPA）的权力得到扩展，如2012年成立的"企业之家"，从而更有效地提供各种服务（求职面试技巧、创业培训、工作等）。

尼日尔政府已经清楚地意识到将年轻人纳入劳动力市场的重要性，特别是作为发展当地经济和改善人民生活的途径，这是消除贫困和农村人口外流的一种手段。在《经济和社会发展计划》（PDES 2012—2021）中，尼日尔政府计划本着提高竞争力和促进贸易的精神，重视通过发展农业和私营企业来加强教育、培训和振兴国民经济的作用。通过部门教育和培训计划（PSEF 2014—2024），政府特别重视加强和改善技术与职业教育培训改革以及学徒制的结构。为了达到这些目的，政府与私营部门的参与者一起开发教学方法，并将技能认可作为优先考虑的重要事项。

四、职业技术教育与培训的治理与教师

为了提高职业技术教育的质量，尼日尔改革的重点是：加强各分部门、人员及专业整合的能力。其中包括招聘1031名公务员、696名合同教师和100名辅助人员。为了加强他们的能力建设，分部门的907位高管中的2人已获得多种培训，他们在成果管理制度、战略规划、工程学培训、沟通技术培训、监测评估和模型设计等领域的各种培训中受益。此外，国家对职业技术教育与培训地区委员会的37家机构负责人、667名区域行为者进行了培训。其他改革行动侧重于为8个行业制定技能计划和基准，以及分发18个相关指南手册。

作为促进各分部门管理改革方案的一部分，尼日尔的职业技能培训体系方面已经进行了重要的改革。这些改革包括：通过职业技术教育与培训的基本原则；开始运营国家就业和职业培训观察站（ONEF）；继续专业培训和学习方案，以及创建分支机构。

尼日尔在1970年开发了一个多层次的公共技术和职业教育与培训（EFTP）系统，自2006年以来，技术和职业教育与培训（EFTP）已由尼日尔职业技术培训部（MEP-T）负责。职业技术培训部由三个主要机构组成，即正规教育总局（DGEF）、就业指导和融合总局（DGOIP）、国家支持总局，基于覆盖整个国家的目的，该系统包含几个不同的等级。在2000年，私营部门也开设职业技术教育与培训机构。

五、职业技术教育与培训的诉求与发展趋势

尼日尔职业技术教育与培训体系的发展具有可观的前景，体现在以下方面：

1. 建立地方级别的预期技能发展制度

尼日尔政府的当务之急是通过加强经济活动，特别是农业的潜力来发展农村地区。考虑到特定的环境，开发适合当地教育水平的培训设施非常重要，该类培训设施能为每个地区解决提供培训和就业机会的需求。通过当地活跃的参与者对环境的了解，地方当局可以在培训机构与私营和公共部门企业之间发挥中介作用，特别是通过提供激励措施，鼓励并加强对职业培训的支持。如，可以在雇主组织的支持下，在培训中心与中小型企业和行业之间建立合作关系。国家下放的技术服务也可以在培训和指导学习者等方面发挥重要作用，特别是在农业、牧业和环境领域，还可以为受训人员提供工作经验和／或学徒计划。大型发展项目／方案（如建筑工地、劳动密集型工程）以及现代私人农场的发展，也正被推广以获取更多的工作经验。

2. 与时俱进，开发支持培训的设施

使受训人员获得当前最新的生产技术知识，受训人员的能力对于市场要求的能力而言不再是不合时宜的。尼日尔政府还可以对大公司实行激励措施（如免税、更容易获得为政府采购的机会等），以换取向受训人员提供工作的机会，并派专家参加对其进行培训的课程。此外，在向跨国公司（采矿、建筑等）准许参与政府采购项目时，可以对最为专业的培训中心资助培训设备，以此作为参与政府采购项目的交换条件。这项措施也将提供一个机会，使人们可以从这些公司的支持和建议中受益，从而进行最符合其要求的技能培训。此外，此类企业还可以欢迎来自国家技术和职业教育培训系统（EFTP）中心的培训师，以帮助企业为现代和创新的生产技术提供实用的专业培训。

3. 统一职业培训认可制度

对职业培训（职业技术教育与培训改革以及学徒制）认可制度的统一，意味着为每个学员提供同等进入劳动力市场的机会。为此，职业技术培训部将与私营、公共和准公共企业以及行业协会合作，为制订培训方案、改善教学工具、对技能和资格的认可制定统一标准。以各方协调一致的方式，建立正式承认和等同非正式培训的制度。在这种情况下，职业技术培训部（MEP-T）将采取措施，确保广泛涵盖所有类别的培训设施，以及在这种框架下能够迅速查明每种培训设施的优点和缺点。在同一背景下，不合规则的机构可以改变其咨询的方式，便于解决他们面临的困难，然后采取措施进行自我更新（通过重组、减少部门数量、调整供应，以适应他们的困境等）。

（深圳外国语学校　吴礼玲）

主要参考文献

[1] 中华人民共和国外交部 . 尼日尔国家概况 [EB/OL]. (2021–08)[2021–09–10]. https://www. fmprc.gov.cn/web/gjhdq_676201/gj_676203/fz_677316/1206_678332/1206x0_678334.html.

[2] 中国一带一路网 . 尼日尔国家概况 [EB/OL]. (2020–10) [2021–05–10]. https://www.yidaiyilu. gov.cn/gbjg/gbgk/108634.htm.

[3] Présidence de la République du Niger. La Constitution de la République Nigérienne du 31 Octobre 2010 [Z]. Niamey: Présidence de la République du Niger, 2010.

[5] Ministre de l'emploi, du travail et de la protection sociale. Décret n° 2017–682/PRN/MET/PS du 10 août 2017 portant partie réglementaire du Code du Travail [Z]. Niamey: Ministre de l'emploi, du travail et de la protection sociale, 2017.

[6] Ministère de l'éducation nationale du Niger. Loi n° 98–12 du 1er juin 1998 portant orientation du système éducatif nigérien [Z]. Niamey: Ministère de l'éducation nationale du Niger, 1998.

[7] Département de la politique de l'emploi, Bureau international du Travail. L'état des lieux du système de formation professionnelle [R]. Suisse: Organisation internationale du travail, 2019–2020.

[8] 顾明远 . 教育大辞典 (第 12 卷) [Z]. 上海 : 上海教育出版社 ,1998.

[9] La Primature de la République Nigérienne. Programme de renaissance acte 2 bilan 2016–2021 [Z]. Niamey: La Primature de la République Nigérienne, 2016.(《2019 尼日尔复兴计划》[政府规划文件])

[10] La Primature de la République Nigérienne. Programme de renaissance acte 3 2021–2026 [R]. Niamey: La Primature de la République Nigérienne, 2021.(《尼日尔复兴计划纲领 Ⅲ》[政府规划文件])

尼日利亚联邦共和国

一、国家概况 ^①

（一）地理

尼日利亚联邦共和国（The Federal Republic of Nigeria），简称尼日利亚，位于西非东南部，东邻喀麦隆，东北隔乍得湖与乍得相望，西接贝宁，北界尼日尔，南濒大西洋几内亚湾。边界线长约 4035 千米，海岸线长 800 千米。地势北高南低。境内河流众多。属热带季风气候，全年分为旱季和雨季，年平均气温为 26℃～27℃。

（二）人文

尼日利亚系非洲文明古国。公元 8 世纪扎格哈瓦（Zaghawa）游牧部落在乍得湖周围建立了卡奈姆－博尔努（Kanem-Bornu）王国，该王国延续了一千多年。从 10 世纪开始，约鲁巴族在尼日尔河下游建立了伊费、奥约和贝宁等王国。11 世纪前后，豪萨族在尼日利亚北部地区建立了七个城堡王国，又称"豪萨七邦"，16 世纪被西部的桑海帝国所征服。1472 年葡萄牙入侵。16 世纪中叶英国入侵。1914 年正式沦为英国殖民地。1960 年 10 月 1 日宣布独立，并成为英联邦成员国。1963 年 10 月 1 日成立尼日利亚联邦共和国。

尼日利亚实行三权分立的政治制度，立法权、司法权和行政权相互独立、相互制衡。根据尼日利亚 1999 年宪法，尼日利亚实行联邦制，设立联邦、州和地方三级政府。独立后多次发生军事政变，长期由军人执政。布哈里为现任总统。

尼日利亚人口约 2.05 亿，为非洲第一人口大国。尼日利亚人口分布不均衡，南部雨林区和北部草原区人口较多，尤其是南部沿海地带和三角洲地区，其面积占国土面积的 20%，却聚居着全国近一半的人口；中部地区人口相对稀少。人口分布比较集中的城市有拉各斯、卡诺、伊巴丹和首都阿布贾等。

尼日利亚是一个多民族国家，共有 250 多个民族，其中最大的是北部的豪萨－富拉尼族（占全国人口 29%）、西部的约鲁巴族（占 21%）和东部的伊博族（占 18%）。居民中 50% 信奉伊斯兰教，40% 信奉基督教，10% 信仰其他宗教。尼日利亚官方语言为英语。此外，尼日

① 中华人民共和国外交部 . 尼日利亚国家概况 [EB/OL].(2021–08) [2021–09–10].https://www.fmprc.gov.cn/web/gjhdq_676201/gj_676203/fz_677316/1206_678356/1206x0_678358.html; 中华人民共和国商务部 . 对外投资合作国别 (地区) 指南——尼日利亚 (2020 年版)[R/OL].[2021–09–10].http://www.mofcom.gov.cn/dl/gbdqzn/upload/niriliya.pdf.

利亚全国还有 500 多种部族语言，最主要的 3 种民族语言分别为豪萨语、约鲁巴语和伊博语。

（三）经济

尼日利亚原为农业国，20 世纪 70 年代起成为非洲最大的产油国。1992 年被国际货币基金组织列为低收入国家。1995 年起政府对经济进行整顿，取得一定成效。目前是非洲第一大经济体，2019 年经济总量全球排名第 26 位。石油业系支柱产业，其他产业发展滞后。粮食不能自给，基础设施落后。2017 年 4 月发布《2017—2020 经济复苏与增长计划》（ERGP），对近中期经济社会发展做出全面规划。尼日利亚当前正着手制定"2050 年议程"和"国家中期发展规划"，计划未来 10 年内使国家 1 亿人口摆脱贫困。2020 年主要经济数字如下：国内生产总值 4578 亿美元，人均国内生产总值 2277 美元，经济增长率 -3.7%，货币汇率 1 美元约合 306 奈拉，通货膨胀率 17.33%。

油气产业是尼日利亚最核心产业，是国家最重要的经济收入来源，为尼日利亚贡献了 94% 的外汇收入和 62% 的财政收入。因 2020 年 3 月国际油价暴跌，且因新冠肺炎疫情影响全球原油需求不振，油气产业遭受严重打击，尼日利亚国家石油公司已决定大幅增产以维持收入。独立初期，棉花、花生等许多农产品在世界上居领先地位。随着石油工业的兴起，农业迅速萎缩，产量大幅下降。近年来，随着尼日利亚政府加大对农业投入，农作物产量有所回升，年均增长 7% 以上。2019 年，农业占国内生产总值比重为 28.2% 左右。全国 70% 的人口从事农业生产。

（四）教育

尼日利亚教育体制基本以西式教育为主，小学教育主要是联邦政府出资，其他教育基本自费。学制为小学 6 年，初中 3 年，高中 3 年，大学 4 年。目前，全国共有大学 137 所，其中国立 43 所、州立 52 所、私立 79 所，著名大学有艾哈迈德·贝罗大学、拉各斯大学、伊巴丹大学、尼日利亚大学和伊费大学等。近年来，尼日利亚大学生失业问题日益严重，很多大学生难以找到合适的岗位，毕业生平均薪酬仅为 5—6 万奈拉（约合 139—167 美元）。截至 2016 年，尼日利亚共有各类技术院校 122 所，普通高中 16988 所，初中 32833 所，小学 96901 余所。大多数学校教学设施陈旧，师资不足。据联合国统计，2019 年，尼日利亚国内 5—14 岁的儿童中约有 1050 万未上学。6—11 岁的儿童中只有 61% 定期上小学，而 36—59 个月的儿童中只有 35.6% 接受了早期儿童教育。东北部和西北部一半以上的女孩没有上学。

二、职业技术教育与培训的战略与法规

（一）战略[①]

2018 年，尼日利亚教育部（Federal Ministry of Education）发布《教育改革：部长战

---

① ADAMU M A. Education for Change: A Ministerial Strategic Plan (2018–2022) [R].Minister of Education, 2018.

略计划（2018—2022）》（Education for Change：A Ministerial Strategic Plan，2018-2022）。该战略规划指出，教育是所有国家发展的核心。尼日利亚的教育系统必须让公民做好准备并使其具备能力，从而有效地为国家发展贡献自己的力量。教育必须能够培养具有推动国家追求可持续发展和增加国家繁荣所需的必要知识、技能和能力的中高级人才。

该战略规划针对失学儿童、基础教育、教师教育、职业技术教育、高等教育、课程设置等内容，分析其存在的问题，并提出对应策略。

（二）法规

尼日利亚的职业技术教育和培训旨在协助联邦和州教育当局振兴、改革和扩大技能、职业、科学和技术的发展，以满足国家目前和未来的社会经济需要。以下关键文件有助于指导尼日利亚职业技术教育与培训（TVET）的发展。

1.《国家技术教育委员第 9 号授权法案》（1977）（NBTE Enabling Act No. 9，1977）

依照该法案设立了国家技术教育委员会（NBTE），其任务是协调和监督大学教育以外的技术和职业教育的所有方面。这包括所有 TVET 机构，包括单科职业技术学院和多科职业技术学院。该委员会有权决定尼日利亚在工业、商业和其他相关领域的劳动力需求。它还就多科职业技术学院和其他技术机构的财政需要向联邦政府提出建议，并接受联邦政府拨款，分配给多科职业技术学院。

2.《国家教育最低标准及机构设置规定——教育部分》（1985）（National Minimum Standard and Establishment of Institutions Act—Education，1985）

该法案规定全国各多科职业技术学院和其他技术机构的最低标准。它还规定了所有职业技术教育和培训机构的项目认可机制。

3.《机构设置：第 9 号修正案》（1993）（Establishment of Institutions：Amendment Act No.9，1993）

该修正案呼吁国家技术教育委员会在尼日利亚建立私立多科职业技术学院和单科职业技术学院。

三、职业技术教育与培训的体系与质量保障

（一）体系

1. 正式的职业技术教育体系

所有职业技术教育与培训机构，包括多科职业技术学院和单科职业技术学院，都受国家技术教育委员会的监督。尼日利亚正式的职业技术教育与培训（TVET）体系结构如下：

（1）初级中等教育阶段（ISCED 2）

职业技术课程包括：焊接和制造、木工和细木工、服装制作和计算机科学；学习时间为 3 年；入学要求：小学毕业后通过普通入学考试或取得小学毕业证书；授课地点：教育部下属的技术学院。毕业生可选择就业，或升读高级中等教育（ISCED 3）的职业

技术教育课程。

（2）高级中等教育阶段（ISCED 3）

此阶段有两种选择方案：

其一，提供国家职业证书和技能测试课程。学习时间为1—3年；入学要求：通过初中证书考试；授课地点：教育部下属的技术学院/多科职业技术学院，创新型企业培训机构和职业型企业培训机构。毕业生在获得国家职业证书或技能测试后可直接就业。

其二，提供国家技术证书/国家商务证书课程。学习时间3年；入学要求：通过初中证书考试；授课地点：教育部下属的技术学院。毕业生可升读中等教育后且非高等教育程度（ISCED 4）的职业技术教育课程。

（3）中等教育后且非高等教育程度（ISCED 4）

此阶段有两种选择方案：

其一，提供国家文凭及国家创新文凭课程。学习时间为2年；入学要求：取得高中毕业证书；授课地点：教育部下属的单科职业技术学院和多科职业技术学院。毕业生可升读高等教育（ISCED 5）的职业教育课程。

其二，提供高级国家技术证书和高级国家商务证书课程。学习时间为1年；入学要求：获得国家技术证书或国家商务证书；授课地点：教育部下属的技术学院。毕业生可升读高等教育（ISCED 5）的职业教育课程。

（4）高等教育（ISCED 5）

提供高级国家文凭课程。学习时间为2年；入学要求：获得国家文凭、国家创新文凭、国家高级技术证书或国家高级商务证书；授课地点：教育部下属的单科职业技术学院和多科职业技术学院。毕业生可升读高等教育（ISCED 6）的职业教育课程。

（5）高等教育（ISCED 6）

提供专业文凭课程。学习时间为一年半；入学要求：获得国家高级文凭；授课地点：教育部下属的单科职业技术学院和多科职业技术学院。毕业生可升读高等教育（ISCED 7）的硕士课程。

2. 非正式的职业技术教育体系

国家技术教育委员会，国家大众扫盲、成人及非正式教育委员会（NMEC）和国家就业局（NDE）提供非正式的TVET项目。比如：国家大众扫盲、成人及非正式教育委员会为成年人、青少年和早期辍学学生提供工艺美术课程、制造和运用课程及禽畜管理课程。

国家技能资格认可非正式和不正式的先前学习经历。授予机构也可以决定给先前学习分配认可度百分比。在上述课程中，毕业生获得技能培训，毕业后获得行业技能证书，使他们能够规划自己的课程。这些认证属于国家大众扫盲、成人及非正式教育委员会的权限范围。

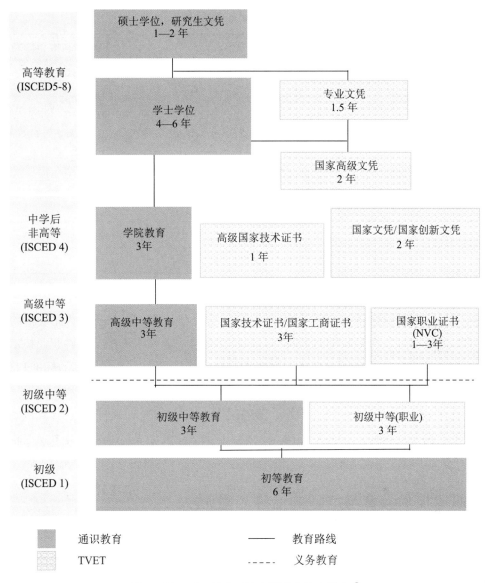

图 1　尼日利亚教育系统中的职业技术教育 [1]

（二）质量保障

1. 国家职业技能资格框架

尼日利亚技能资格框架（NSQF）由国家技术教育委员会监督和评估，有如下 6 个等级：

---

① UNESCO-UNEVOC: TVET Country Profiles: Nigeria [EB/OL].[2021-09-09].https://unevoc.unesco.org/home/Dynamic+TVET+Country+Profiles/country=NGA.html.

表1 尼日利亚职业技能资格框架

水平	学术资格	技术	国家技能资格（NSQ）
1	职前教育：初中证书3	劳工及贸易证书3	NSQ 1级 / NVC1
2		劳工及贸易证书2	NSQ 2级/ NVC 2
3	高中证书	全国技术证书/ 全国商业证书/ 劳工及行业证书1	NSQ 3级/ NVC 3
4		国家文凭（ND）/ 国家高级技术证书（ANTC）/ 全国高级商务证书（ANBC）	NSQ 4级/ 国家创新文凭
5	学士学位	国家高级文凭/学位	NSQ 5级
6	硕士/博士学位	技术专业硕士或博士学位	NSQ 6级

2. 质量保障

质量保证由国家技术教育委员会（NBTE）监督和评估。有关尼日利亚资格的不同方面的参考材料可在 NBTE 网站上获得，包括在多科职业技术学院、单科职业技术学院和类似的高等教育技术机构上发展国家级别和更高级别的国家文凭课程的标准和条件，以及在技术学院和类似的技术机构上执行的标准和条件。

目前有 10 个国家职业标准，包括：服装制作、家具制造、办公技术、计算机硬件维护、卫星电视安装和维护、GSM 维修与维护、空调和制冷、皮革制品、电机 / 三轮车的组装和维护、碾米。

四、职业技术教育与培训的治理与教师

（一）治理

尼日利亚职业技术教育独立于普通教育，实行联邦—州—地方三级管理体制。联邦教育部处于整个教育体系的核心地位，主要负责全国的教育政策的制定、推行和监督。联邦教育部直接管理国立职业技术教育机构，州政府教育部主要负责管理州立职业技术教育机构，而初等职业技术教育机构主要由地方政府管理。所有联邦教育部的直属机构都在州和地方建立了分部，方便传达和执行上级教育措施，监督州和地方教育活动开展。其中重要的机构包括：

1. 国家技术教育委员会（NBTE）[①]

NBTE 是一个联邦政府的半国营和监管机构，隶属教育部。委员会的管理层由执行秘书和领导委员会各部门的负责人组成。它为 TVET 课程提供标准化的最低指导，并通过认证程序，监督和规范由中等和高等教育水平的技术机构提供的课程。

---

① 谢炎炎 . 尼日利亚职业技术教育课程改革与发展 [D]. 金华：浙江师范大学，2008.

主要由两大部门组成，一是规划部，主要负责物质发展，包括发展以及资助国立职业技术教育机构建筑和设备；二是项目部，主要负责课程开发、科研、课程执行和课程认证与评估。教育部在对多科技术学院、技术学校和其他职业技术教育机构设定最低标准前，咨询技术委员会的意见；标准建立后，由技术教育委员会负责支持标准的执行。技术教育委员会有能力审批所有的职业技术教育机构开设的专业，授予国家资格证书和其他证书，负责国家和地区的职业技术教育机构的入学考试。

2. 联邦监察局（Federal Inspectorate Service）[1]

执行若干职能，包括设计监测和评价工具，以衡量教育质量。它还同尼日利亚教育研究和发展理事会、教育学院、教育研究所以及其他的国家和国际机构合作，制定中等技术和职业教育的课程、实施和教学办法。

3. 尼日利亚教育研究和发展理事会（Nigerian Educational Research and Development Council）[2]

为尼日利亚教育系统的小学和中学编制课程。

4. 国家商业和技术考试委员会（NABTEB）[3]

颁发和验证证书，并管理技术和商业考试。例如：国家技术资格证书（NTC）、高级国家技术资格证书（ANTC）、国家商业资格证书（NBC）、高级国家商业资格证书（ANBC）、行业模块资格证书（MTC）等。

5. 联合入学考试委员会（JAMB）[4]

负责尼日利亚所有综合大学、多科技术学院和教育学院的入学考试。联合入学考试委员会的成立，是尼日利亚教育体系独立和本土化的重要事件。它不仅增强了尼日利亚在考试准备和运行方面的自主权，还为国家节省了有限的外汇资源。同时，尼日利亚政府增加了该委员会的职能，授权其负责多科技术学院和教育学院的入学考试，这也是国家力图实现职业技术教育和普通教育平等发展的重大举措。

6. 工业培训基金会（ITF）[5]

1971 年，工业培训基金会（ITF）成立，宗旨定为促进"工业和商业知识的获得，培养本土的技术人力满足经济发展需求"。1973 年管理委员会的综合培训政策明确了 ITF 的职能，主要包括：

（1）鼓励更多企业雇主，特别是小型企业雇主参与培训项目的组织和发展；

（2）根据国家发展需要，建立 ITF 自己的培训设施；

---

① UNESCO–UNEVOC. TVET Country Profiles: Nigeria [R/OL]. UNEVOC; National Board for Technical Education, Nigeria, 2019 [2021–04–10].https://unevoc.unesco.org/home/UNEVOC+Publications/akt=detail/lang=en/qs=6310.

② 同上。

③ 谢炎炎. 尼日利亚职业技术教育课程改革与发展 [D]. 金华：浙江师范大学 ,2008.

④ 同上。

⑤ 同上。

（3）组织与培训相关的研究活动；

（4）建立国家职业和学徒培训项目；

（5）努力协调 ITF 的非正式培训项目和正式教育机构的课程项目；

（6）承担一部分尼日利亚培训费用。

通过履行这些职责，ITF 希望能提高人力业绩和生产力，提高工商业产品的附加值；同时帮助毕业生和其他年轻人培养自主创业的能力。

其他参与管理正式和非正式 TVET 的组织包括地方教育当局、政府间组织，如西非经济共同体（ECOWAS），以及私营部门行动者。

（二）教师

TVET 系统中的教师被指定为讲师 / 导师 / 技术人员。1989 年，为了满足日益增长的师资需求，尼日利亚政府设立了国家教育学院委员会（NCCE）。委员会建立的目的是为所有教师教育的课程项目设立最低标准；在获得教育部批准后，对教育资格证书和其他学术资格进行认证；对尼日利亚所有的教育学院的建立标准设定细则和指南。[①]

初级中等教育的讲师和导师需要获得国家教育证书（NCE）。高级中学和大专非高等教育水平的讲师和导师需要获得教育学士学位。要想在多科职业技术学院任教，讲师必须至少持有其学科的学士学位（ISCED 6）或拥有所在领域的完全专业资格条件；教师持有国家高级文凭、国家高级技术证书或同等学历（ISCED 5）。对于高等教育水平，讲师和导师需要获得教育学士学位和硕士学位（ISCED 6-7）。技术人员是持有国家高级文凭证书，负责机构的实验室 / 工作坊。教育学院（技术）、教师培训学院、技术学院（教育技术）和大学为 TVET 讲师和教师提供职前培训。TVET 机构和国家技术教育委员会（NBTE）为 TVET 讲师和教师提供在职培训。[②]

五、职业技术教育与培训的诉求与发展趋势 [③]

（一）诉求

经过 30 多年的职业教育课程改革与发展，尼日利亚基本形成了一个较为完整的职业技术教育体系。联邦教育部认为世界上大多数国家的先进成果都得益于他们的科学家、工程师、技术人员和数学家的聪明才智和辛勤工作，科学、技术、工程和数学（STEM）领域的教学和学习以及职业技术教育和培训（TVET）影响着日常生活的每一个部分，因此，必须使未来一代的领导人具备 21 世纪所必需的技能和能力。然而，尼日利亚的职业技术教育发展过程中仍存在着亟须解决的问题。

---

① 谢炎炎 . 尼日利亚职业技术教育课程改革与发展 [D]. 金华：浙江师范大学 ,2008.

② UNESCO–UNEVOC. TVET Country Profiles: Nigeria [R/OL]. UNEVOC; National Board for Technical Education, Nigeria, 2019 [2021–04–10].https://unevoc.unesco.org/home/UNEVOC+Publications/akt=detail/lang=en/qs=6310.

③ ADAMU M A. Education for Change: A Ministerial Strategic Plan (2018–2022) [R].Minister of Education, 2018.

第一，职业教育认可度较低，学生性别不平等。受英国殖民统治的精英教育影响，许多家庭更希望子女能够进入综合大学，毕业后从事经济、法律等行业，他们认为职业技术教育是低一等的教育类型。而政府也只是将职业教育作为缓解教育、减轻财政压力的手段，对职业技术教育的财政和政策支持小于综合大学。此外，TVET 中的性别不平等问题也是尼日利亚 TVET 长期存在的问题。大多数 TVET 课程的注册学生是男性，TVET 总注册学生只有不到 40% 的是女性。

第二，教育经费投入不足。TVET 的资金问题在尼日利亚是一个非常重要的问题。职业技术教育系统的预算由联邦政府进行分配与资助。高等教育信托基金（TETFUND）对尼日利亚所有注册公司的应税利润征收 2% 的教育税。联邦地税局（FIRS）评估和征收教育税，TETFUND 管理税收并将资源分配给联邦和州一级的高等教育机构。在正规教育体系中，TVET 并不是免费的。各院校之间没有统一的收费标准。各级政府收费标准各不相同。

但由于基础设施的缺乏和职业技术需求的增长，对于一些劳动力市场需求大但培养成本高的专业，如计算机、医学等，政府预算发挥的作用并不是很大，很难维持职业技术教育机构的可持续发展。

第三，基础设施落后。TVET 受到基础设施不足和过时的限制，即使有好的项目和教学计划也难以开展。实用实验室和讲习班的缺乏、教室数量有限等基础设施的不足，也限制了机构追赶最新技术发展的能力，从而导致了职业技术教育的质量低下。

第四，师资水平较低。由于教育经费不足，教育学院未能使教师供给与需求相匹配，教师很难接受相关培训并攻读更高的学位，导致教师并未具备与市场相适应的资历和知识，难以教给学生适合现在和未来劳动力市场的技能和知识。此外，薪酬低和福利差也是教师流失的重要因素。

第五，信息及通信技术（ICT）TVET 方面的不足。TVET 已经从简单的培训熟练的操作人员发展到培训知识渊博的专业人员。然而，由于教育机构往往没有足够的 ICT 设施来整合数字学习（e-learning），TVET 机构很难提高教学质量和学习结果。

（二）发展趋势

联邦教育部推出了 2018—2022 年的教育战略计划，努力以教育作为工具，促进所有尼日利亚公民的发展，更好地应对国家发展与挑战。

第一，政府更加重视职业技术教育，加大基础设施投资，改善教学环境。建立现代科学、数学和信息及通信技术（ICT）实验室和技术研讨会，促进有效的职业技术教学和学习，提高创新能力。

第二，建立更多的机构，提高职业技术教育质量。建设 16 个新的科技学院及重新整改 21 个现有的科技及教育服务中心；在 6 个地缘政治区域建立 6 所联邦科技大学；建立一个国家技术学院，作为 TVET 的卓越中心；改进 104 所联邦政府学院现有的技术讲习班；为中学和技术学院提供现代科学技术设备、教科书和其他教学材料；建设和装备高等院校中央科学与工程实验室。

第三，拓宽职业技术教育的出路。加强 TVET 毕业生或证书持有者的职业安置，特别是国家商业证书（NBC）和高级商业证书（ANBC）；扩大现有大学的设施，以容纳全国更多的职业技术教育学生，鼓励招生和发展，以减少尼日利亚学生涌入外国教育机构。

第四，提高培养教师的质量与教师素质。确保全国 151 个卓越中心（center of excellence，CoEs）和 200 个全国教师研究中心（National Teachers' Institute，NTI）成为教师教育改革的关键；确保 29 门国家教育证书（NCE）课程定期更新；提高教师职业的地位，使其吸引国内最优秀的人才；启动国家教师教育政策和通过持续的教师专业发展提高教师素质。

第五，引入开放和远程灵活学习（ODFL）。开放和远程灵活学习（ODFL）是一种灵活和开放的远程学习方法，以提高进入劳动力市场的机会。灵活技能发展计划（FSD）旨在利用资讯及通信科技工具改善教与学的质量，并提供接受正规和非正规教育的机会。FSD 是一个英联邦学习共同体（CoL）倡议，采用混合能力建设方法，包括在线培训讲习班和在线实践社区。

第六，改变观念，增大职业技术教育的吸引力。开展国家宣传活动，使公民了解 TVET 课程和培训方案；每年向本科生和研究生提供奖学金或助学金，鼓励更多学生主修 TVET 课程；定期举办职业研讨会，让职员和学生了解就业前景和劳动力市场问题。针对性别不均的问题，组织女童夏令营等项目和活动以提高女性入学率；开展关于性别敏感性和如何提高女性的 TVET 入学率的研讨会和会议；设立女生特殊奖学金或助学金，等等。

（深圳职业技术学院　人工智能学院　刘　峰

深圳职业技术学院　管理学院　林　悦

深圳职业技术学院　管理学院　白　星）

主要参考文献

[1] 中华人民共和国外交部 . 尼日利亚国家概况 [EB/OL].(2021-08) [2021-09-10].https://www.fmprc.gov.cn/web/gjhdq_676201/gj_676203/fz_677316/1206_678356/1206x0_678358.html.

[2] 中华人民共和国商务部 . 对外投资合作国别 (地区) 指南——尼日利亚 (2020 年版)[R/OL].[2021-09-10].http://www.mofcom.gov.cn/dl/gbdqzn/upload/niriliya.pdf.

[3] ADAMU M A. Education for Change: A Ministerial Strategic Plan (2018–2022) [R].Minister of Education, 2018.

[4] UNESCO–UNEVOC: TVET Country Profiles: Nigeria [EB/OL].[2021–09–09].https://unevoc. unesco.org/home/Dynamic+TVET+Country+Profiles/country=NGA.html.

[5] 谢炎炎 . 尼日利亚职业技术教育课程改革与发展 [D]. 金华 : 浙江师范大学 , 2008.

[6] 楼世洲 , 彭自力 . 尼日利亚职业技术教育体制改革的分析 [J]. 比较教育研究 ,2010(04):7–11.

[7] UNESCO–UNEVOC. TVET Country Profiles: Nigeria [R/OL]. UNEVOC; National Board for Technical Education, Nigeria, 2019 [2021–04–10].https://unevoc.unesco.org/home/ UNEVOC+Publications/akt=detail/lang=en/qs=6310.

塞内加尔共和国

一、国家概况

（一）地理①

塞内加尔共和国（The Republic of Senegal，La République du Sénégal），简称塞内加尔，位于非洲西部凸出部位的最西端，首都为达喀尔。北接毛里塔尼亚，东邻马里，南接几内亚和几内亚比绍，西濒大西洋。塞内加尔国土面积为 196722 平方千米，海岸线长约 500 千米。属热带草原气候，年平均气温 29℃，最高气温可达 45℃。11 月至次年6 月为旱季，7 月至 10 月为雨季。塞内加尔位于零时区，比北京时间晚 8 个小时，无夏时制。

（二）人文

10 世纪，图库列尔人建立泰克鲁王国，14 世纪和 16 世纪先后并入马里帝国和桑海帝国。1864 年沦为法国殖民地。1909 年划入法属西非洲。1958 年 11 月成为"法兰西共同体"内的"自治共和国"。1959 年 4 月与苏丹（今马里共和国）结成马里联邦。1960 年 4 月 4 日，同法国签署"权力移交"协定。6 月 20 日，马里联邦宣告独立。8 月 20 日，塞内加尔退出马里联邦，成立独立的共和国，列奥波尔德·塞达·桑戈尔为首任总统。独立后，桑戈尔总统领导的社会党长期一党执政。1974 年起实行多党制。

塞内加尔政局总体稳定，实行总统制。现行宪法于 2001 年经公民投票通过，后进行过多次修改，但政治制度未发生根本性改变。宪法规定：总统是国家元首和武装部队最高统帅，由直接普选产生，任期 5 年（2016 年 3 月通过的宪法修正案将原来的 7 年任期规定为 5 年），只能连任一次。如果总统缺位，由参议长代理，并在 2—3 个月内举行大选。塞内加尔现任总统为马基·萨勒。②

塞内加尔人口 1630 万（2020 年）。官方语言为法语，全国 80% 的人通用沃洛夫语。

---

① 中华人民共和国外交部 . 塞内加尔国家概况 [EB/OL]. (2021–08)[2021–09–10]. https://www.fmprc.gov.cn/web/gjhdq_676201/gj_676203/fz_677316/1206_678404/1206x0_678406.html.

② 同上。

与撒哈拉沙漠以南其他非洲国家相似，塞内加尔是一个多民族国家，全国有 20 多个民族，主要是沃洛夫族（占全国人口的 43%）、颇尔族（24%）和谢列尔族（15%）。[①] 但与周边国家不同的是，塞内加尔各民族之间没有尖锐的冲突。这与历届政府倡导发展民族意识，强调塞内加尔人民首先应将自己作为塞内加尔国民有一定的关系。

塞内加尔全国居民中有 94% 的人信奉伊斯兰教，多属逊尼派，5% 的人信奉天主教及一些新教教派，其余少数人信奉传统宗教。天主教信仰者限于城市上层社会的少数人，主要集中在西部和南部地区。非洲传统宗教信仰者主要集中在东部，而伊斯兰教信仰者则遍布全国。从民族分布看，信奉伊斯兰教的主要是一些人口众多的民族，信奉非洲传统宗教的主要是一些少数民族，信仰天主教的族群中谢列尔人占多数。[②]

（三）经济[③]

塞内加尔是最不发达国家之一，但经济门类较齐全，三大产业发展较平衡。粮食不能自给，是西非地区主要的花生、棉花生产国。渔业、花生、磷酸盐出口和旅游业是塞内加尔四大传统创汇产业。对外贸易方面主要出口渔业产品、水泥、磷酸盐、花生和棉花等，进口粮食、机电和日常消费品等。近年塞内加尔经济保持稳定增长。

塞内加尔矿产资源贫乏，主要有磷酸盐、铁、黄金、铜、钻石、钛等。磷酸钙储量约 1 亿吨，磷酸铝储量约在 5000—7000 万吨之间。锆石储量约 8 亿吨。内陆天然气储备约 100 亿立方米，沿海石油储量估计超过 10 亿桶。森林面积约 620.5 万公顷，占国土面积的 32%，水力资源丰富。

塞内加尔财政收入的主要来源是各种税收和外国援助。截至 2020 年，塞外汇储备约为 31.69 亿美元，外债总额约 159.13 亿美元。

（四）教育

在受殖民统治之前，塞内加尔主要通过口头传承方式进行文化教育的传播与继承。17 世纪开始，法国殖民者利用传教士将教育作为殖民征服的手段之一，建立了小学和中学。殖民主义的特点是殖民地国家被强迫采用其殖民宗主国的教育系统。

19 世纪早期，法国殖民者建立了塞内加尔的正规教育，教授旨在提高领导才能的教育内容。[④] 塞内加尔教育体制被设计为训练当地非洲人服从殖民管理并用法国文化同化非洲人，教育结构与教育内容严格按照法国的模式进行。殖民教育采用法语教学，带有明显的文化浸透和文化侵略的色彩。尽管殖民者的教育具有浓厚的同化塞内加尔人民的色彩，但客观上给塞内加尔带来了西方教育文化，造就了塞内加尔现代教育的起步，成为

① 中华人民共和国外交部 . 塞内加尔国家概况 [EB/OL]. (2021–08)[2021–09–10]. https://www.fmprc.gov.cn/web/gjhdq_676201/gj_676203/fz_677316/1206_678404/1206x0_678406.html.

② 潘华琼 , 张象 . 塞内加尔 [M]. 北京：社会科学文献出版社 , 2018.

③ 中华人民共和国外交部 . 塞内加尔国家概况 [EB/OL]. (2021–08)[2021–09–10]. https://www.fmprc.gov.cn/web/gjhdq_676201/gj_676203/fz_677316/1206_678404/1206x0_678406.html.

④ 〔瑞典〕胡森 ,〔德〕波斯尔斯韦特 . 教育大百科全书：第五卷 [M]. 重庆：西南师范大学出版社 , 2006:168.

原法属非洲国家中教育最发达的国家，西非教育发展基础较好的国家之一，也是最早建立教育体制的非洲国家。

1960 年塞内加尔独立后，在教育民主化运动和人力资本理论推动下决定发展自己的教育系统，初步建立国民教育体制。塞内加尔教育系统的特点是具有明确的历史划分阶段与突出的分隔。随着塞内加尔总统的更替，每届政府实施不同的教育政策。[1]

近年来，塞内加尔教育事业发展较快，成人识字率约为 58%。2013 年，小学、中学和高等教育入学率分别为 93%、89% 和 29%。全国有公立大学 5 所，高等专业院校 10 多所，私立高校 80 多所。在读大学生 11.2 万人。达喀尔谢赫·安达·迪奥普大学创立于 1957 年（前身是"法属黑非洲研究院"），是撒哈拉以南非洲历史最悠久的高等学府之一，设有 5 个系和 21 所学院及研究所，目前在校学生超过 8 万人，教师 1150 名，行政技术人员 1200 名。[2]

尽管教育事业有所发展，但塞内加尔在提供高质量教育方面仍然存在重大挑战。自 2010 年以来的国家数据显示，小学前三年级的大多数儿童阅读水平不符合年级水平。在塞内加尔南部受冲突影响的地区，儿童接受初中及以上教育的比率非常低。低质量和不公平的教育使塞内加尔的青年缺乏机会和基本生活技能。[3]

塞内加尔教育系统分为正规教育和非正规教育两类，正规教育系统包含学前教育、基础教育（小学）、中等教育（初中、高中）、高等教育四个阶段。非正规教育包括私立教育、社区教育、宗教教育和扫盲等。

学前教育为期 3 年，基础教育（小学）为期 6 年。中等教育则分为 3 年初中和 4 年高中，小学经过升学考试可以进入初中继续接受中等教育。高中教育有普通中等教育、中等职业技术教育、中等技术教育、专业培训和教师培训这五种类别的学校。在高中阶段，只有获得初级职业资格证书后才有资格进入高中阶段的职业技术学校学习，完成学业后才方可获取高级技术资格证书的专业教育文凭。[4]高等教育分为三个层次：大学预科（专科）、本科（学士）和研究生（硕士、博士）。大学预科学制为 1—2 年，本科为 4 年，研究生分为学术型和专业型两种类型，根据专业学习年限各有不同，博士课程学习的最低年限为 2 年。[5]

① 李卓颖.独立后塞内加尔基础教育政策的历史研究 [D].金华：浙江师范大学,2012:17-18.
② 中华人民共和国商务部.对外投资合作国别（地区）指南——塞内加尔 (2020 年版)[EB/OL].[2021-04-08]. http://www.mofcom.gov.cn/dl/gbdqzn/upload/saineijiaer.pdf.
③ USAID. Where We Work [EB/OL]. [2021-04-08]. https://www.usaid.gov/senegal/education.html.
④ Gouvernement de la République du Sénégal(塞内加尔政府网站)[EB/OL]. [2021-04-08]. https://sec.gouv. sn.html.
⑤ 楼世洲.塞内加尔高等教育研究 [M].浙江：浙江人民出版社,2014: 94-95.

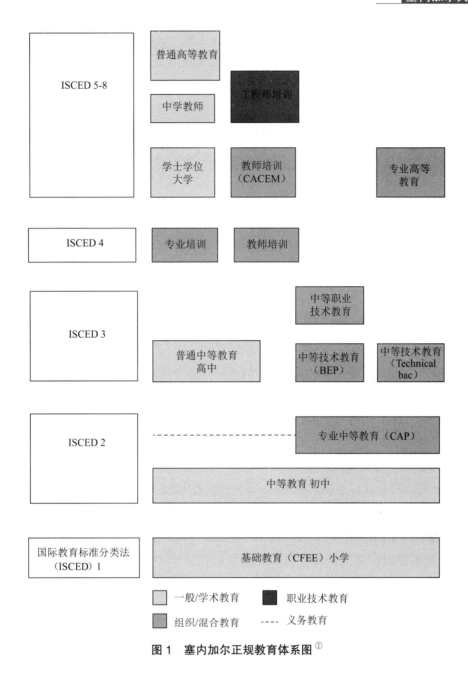

图 1　塞内加尔正规教育体系图 [①]

二、职业技术教育与培训的战略与法规

（一）战略

塞内加尔的职业技术教育与培训长期得不到重视，严重滞后于基础教育和高等教育

---

① UNESCO–UNEVOC. TVET Country Profiles: Senegal [EB/OL]. [2021–04–08]. https://unevoc.unesco.org/home/
Dynamic+TVET+Country+Profiles/country=SEN.html.

的发展。职业技术院校和培训学校在单一的管理体制下，由教育部负责统一管理中等技术教育，直到 1986 年，政府才设立了技术教育和职业培训部。①

20 世纪 70 年代以后，政府开始发展技术教育，希望通过给技术教育提供更多的奖学金的办法来激发人们对学习科学技术的兴趣，改变对技术教育的偏见。为了使技术教育和国家经济建设同步发展，塞内加尔建立了两个职业技术教育指导中心，分别在达喀尔和圣路易。在桑戈尔执政后半期，设定了使教育体系与塞内加尔人民生活相联系的改革目标，而不再是法国模式的精英教育，开展与生活相关的农村化教育计划来推广实用农业。1971 年修订了扫盲计划，成立"实用中等教育制度"。还在农村首创初级中等实用教育，对不能升学的小学毕业生实行农村技术教育。②

20 世纪 80 年代，政府开始加强科技教育，重视技术学校的发展。教育体系倾向于实用，旨在培养拥有发展计划（1981—1985）中所需技能的工作人员。1980 年 7 月，政府秘书长发布文件，做出一系列决定，包括：需要协调培训（设立一个全国性职业培训办公室）；与社会上专业同行展开合作（成立一个职业技术教育与培训咨询机构）；解决培训需求的评价问题；更好地确定培训目标——提高体力工作的重要性；改革培训类型，签订学徒契约；强调继续培训和进修培训的重要性，等等。③ 自 1985 年以来，政府着手调整职业培训项目。1990 年的革新目标是使职业培训在数量和质量上都能更加适应劳动力市场的需要。1996 年开始了新的课程改革建设，将基础教育的重点放在以技能为基础的课程。④

21 世纪初，政府将职业技术教育与培训作为教育政策上的优先项目，于 2002 年 2 月通过了相关政策文件，主要举措包括：成立全国职业培训办公室、职业技术教育与培训顾问团，实施多渠道合作办学；明确职业技术教育目标，改进培训方式，以满足国民经济中初级人员的需要等。⑤ 2000 年，政府在《国家教育和培训十年计划》（PDEF 2000-2010）中提出，将技术教育与职业培训的预算从 1% 提高到 6%，并制定了目标：第一，根据劳动力市场的需要，发展合格的劳动力队伍，发展工人、职工、技术人员、管理人员和高级技术人员；第二，促进青年知识、就业能力和创造力的发展，使他们成为劳动力大军中的重要角色；第三，增加专业技术人员的数量。经过 5 年的努力，全国技术教育和职业培训学校于 2004 年正式恢复对外招生，PDEF 计划在 5—6 个国民经济重点行业开发近 2 万个就业机会的培训。⑥

① 楼世洲.塞内加尔高等教育研究 [M].浙江：浙江人民出版社，2014:160.
② 徐立幼.非洲三国教育事业发展概况 [J].高等农业教育，1992(6)：60-61.
③ 〔德〕波斯特莱斯维特.最新世界教育百科全书 [M].石家庄：河北教育出版社，1991:495-496.
④ 〔瑞典〕胡森，〔德〕波斯特莱斯维特.教育大百科全书：第五卷 [M].重庆：西南师范大学出版社，2006:171.
⑤ DIAGNE A W. Case study: The Costs and Financing for reducing literacy in Senegal [R].UNESCO Institute for Lifelong Learning, 2007:11.
⑥ 楼世洲.塞内加尔高等教育研究 [M].浙江：浙江人民出版社，2014:160.

近年来，塞内加尔政府制定了一些政策以提高教育和培训水平，以便拥有高质量的劳动力资源。通过实施《塞内加尔发展计划》（PES 2014-2018），在撒哈拉以南非洲增长最快的国家中获得了一席之地。尽管做出了种种努力，但年轻人缺乏职业技能仍是造成高失业率的重要原因。事实上，83.7% 的失业人员没有接受过职业技术培训或其他技能的培训。不具备任何职业技能和资格的失业人员是职业技术教育与培训政策应关注到的一个主要目标群体。为了解决这一问题，塞内加尔政府制定了新的国家就业政策（NPNE），目标是促进体面就业。2017—2020 年，国家努力创造至少 32 万个就业岗位。为了将职业技术培训作为提高经济竞争力和创造财富的杠杆，塞内加尔国家统计局采纳了以下指导方针（MFPAA，2015）：促进面向劳动力市场的职业培训，包括开展持续培训、研究培训需求、分析工作情况、根据以能力为本的方法开发课程，并为采用这些方法创造条件，以及支持刚毕业的学员融入劳动力市场；将学徒制融入职业技术教育与培训体系，培养工匠大师，建立学徒制培训体系等。在这方面，塞内加尔发展职业技术教育与培训战略的基础是《提高质量、公平和透明度的计划》（PAQUET-EF）。该方案旨在促进职业技术教育与培训面向劳动力市场；通过发展和权力下放来增加职业机会和持续培训、多样化的培训领域；建设、改造职业技术学校与培训中心；针对职业技术培训的需求变化进行及时调整。[①]

（二）法规

1.《职业技术培训框架法》

《职业技术培训框架法》规定了提供终身培训，以帮助劳动者提高技能、接受再次培训或取得职业资格。其目的是促进劳动者融入劳动力市场、促进工作保留和内部晋升、促进职业技能发展和工作的流动性。职业技术培训由私营机构和公共部门提供。

2.《全国教育政策法》

1991 年 2 月塞内加尔颁布了《全国教育政策法》，规定初中毕业生经考试获第一阶段学习文凭，并通过方向指导升入普通高中或技术高中。未通过考试者可进入中等职业教育机构或师范学校。中等职业教育涵盖农业、商业、家政、工业、旅游、会计、护理、建筑、渔业等行业，学制 2—4 年不等。小学毕业生可进入中等职业教育机构，3 年可取得职业能力证书，4 年可取得技术业士证书，持该证书者可进大学技术学院深造。[②]

3.《教育法》（2004）

2004 年修订的《教育法》将职业技术教育与培训定义为：在学校和教育机构讲授职业技术课程，使学生获得一定水平的理论知识、职业技能。该法律还具体规定，未参加

① ILO. State of Skills: Senegal [R/OL].[2021–06–26]. https://www.ilo.org/wcmsp5/groups/public/---ed_emp/---emp_ent/documents/genericdocument/wcms_736688.pdf.

② 顾明远.教育大辞典：第 12 卷 [M].上海：上海教育出版社,1992:338.

普通教育系统的所有 16 岁以下未成年人都应加入职业技术教育与培训方案。[①]

三、职业技术教育与培训的体系与质量保障

（一）体系

塞内加尔的教育系统以传统教学为主，最初的职业技术教育与培训是在职业培训机构及某些商业机构中开展的，包括基础培训、一般教育和专业教育。接受职业技术教育与培训的人数只占学生总数的 5%。

在正式的职业技术教育与培训体系中，中学阶段的职业技术教育与培训由职业技术中学与职业培训中心提供，为学生就业或进行更高水平的职业培训做准备。组织方式有以下两种：一是中等技术教育，该项目持续三年，为毕业生接受高等职业技术教育做好准备；二是中等职业教育，课程分为两个周期，短周期为两年，长周期为三年，该课程帮助毕业生就业或接受高等职业技术教育。私营机构在提供职业技术教育与培训方面发挥着重要作用，全国 388 家机构中有 284 家是私人经营（即 73%），招收了占比为 55% 的学员。高级职业技术学校是指以高中学历或其他同等学力为入学条件的学校，其课程使学生能够获得从事某一行业或职业的技能和资格。

高等职业技术教育，在本科和研究生阶段授课。塞内加尔高等职业技术教育院校有达喀尔商学院、加拿大国际高等学院、泛非营销学院、非洲中央高等商业管理研究院、国际商学院、达喀尔国际高等电信学校等。[②]

塞内加尔也有大量非正式的职业技术教育与培训，由不同类型的利益相关者提供。这些组织包括私营机构的专业组织、商会、非政府组织（NGO）和宗教学校等，各政府部门也提供学徒制和职业技术教育与培训计划。除此之外，大多数没有机会接受正规教育的人还可以在工厂或当地工匠那里接受职业技术培训。[③]

（二）质量保障

塞内加尔已经立法并成立相应机构，以保障职业技术教育与培训体系的质量。学院督察（IA）和教育培训督察（IEF）负责职业技术教育与培训课程的质量，而教育和培训督察（DECPC）负责技术和职业教育与培训（TVET）相关考试的质量。专业及中学教育督察（IEMS）负责监察教与学的素质，以及协调和统一教育方法。[④]

为了使更多的人获得职业技能认可并验证他们的技能，塞内加尔引入了一种新的认证方法：预先学习认可（RPL）。这使人们能获得与他们所接受的最初培训同等地位的专

---

① UNESCO-UNEVOC. World TVET Database: Senegal [R/OL].[2021-06-26]. https://unevoc.unesco.org/wtdb/ worldtvetdatabase_sen_en.pdf.

② 楼世洲. 塞内加尔高等教育研究 [M]. 浙江：浙江人民出版社,2014:162.

③ UNESCO-UNEVOC. World TVET Database: Senegal [R/OL].[2021-06-26]. https://unevoc.unesco.org/wtdb/ worldtvetdatabase_sen_en.pdf.

④ 同上。

业技能和文凭。RPL 为每个人提供了申请职业资格或职业技能认证、文凭的可能性，无论他们的年龄、教育水平或地位如何。2014 年，RPL 整合到升级的学徒制中，鉴于对熟练工人的需求不断增长，缝纫、木制品、汽车机械、砌墙等领域的工作者可以从这种新的认证方法中受益。[①]

除此之外，塞内加尔政府也采取了一些措施保障职业技术教育与培训的质量。第一，继续修订课程：让熟悉能力本位教育（CBE）的专家、课程开发人员和教师培训师参与，按照 CBE 模式修订职业教育教师培训（正式和学徒制）和技术教育的课程；集中培训所有参与 CBE 的人员。第二，通过培训班、企业实习等方式，提高培训师和机构在本专业的能力；改善教师培训设施，提供必要的资源。第三，通过以下方式对培训机构进行升级：（1）通过系统的控制来保持基础设施和设备的质量；（2）为职业院校实施质量保证机制提供技术支持；（3）支持相应机构制定和实施学校计划；（4）注重能力建设；（5）支持民办职业培训机构注册。第四，政府还通过组织青年创业奥林匹克运动会、给予奖励等方式鼓励职业技术教育与培训机构的卓越表现。[②]

四、职业技术教育与培训的治理与教师

（一）治理

塞内加尔政府于 2019 年 4 月成立了就业、学徒及工艺部（MEFPA）。这个部门负责执行国家职业技术教育与培训领域的政策，促进职业培训与就业活动之间的协同。职业技术培训理事会负责执行职业技术教育与培训领域的政府政策，改善和发展国家层面的职业技术教育与培训结构。负责职业培训的部门由五个国家机构协助工作：

（1）职业技术培训基金会（3FPT）。通过发放培训券，使上万名塞内加尔青年能够获得职业技术培训，以促进他们融入社会经济。

（2）国家职业培训办公室（ONFP）。主要任务是提供拥有职业资格证书的工人或求职者（通过持续培训），开展研究工作，并预测技术需求，持续协调双边或多边援助组织的职业技术培训活动。

（3）工具屋国家机构（ANAMO）。它是一个公共机构，目前在塞内加尔经营着 9 个"工具屋"。它的任务是提高职业技术水平，并向劳动力市场引进合格的人力资源；它寻求通过青年培训来减少贫穷，特别是针对农村地区的年轻人。

（4）工艺促进和发展机构（APDA）。其主要目标是工艺部门的质量和数量变革。它旨在促进以手工艺为基础的企业的发展，加强对工匠的社会保护。

---

① ILO. State of Skills: Senegal [R/OL].[2021–06–26]. https://www.ilo.org/wcmsp5/groups/public/–––ed_emp/–––emp_ent/documents/genericdocument/wcms_736688.pdf.

② UNESCO–UNEVOC. World TVET Database: Senegal [R/OL]. [2021–06–26]. https://unevoc.unesco.org/wtdb/worldtvetdatabase_sen_en.pdf.

（5）国家青年就业促进局（ANPEJ）。与合作企业一起为年轻人提供实习和工作机会，还为小型项目提供资金。为了提升职业技术教育与培训系统的治理，塞内加尔选择了签订职业技术培训合作协议的方式，给当地政府和私营机构更大的空间。①

（二）教师

达喀尔职业技术学校（ENSEPT）负责培训初中和高中教育水平的职业技术教育与培训体系教师。这所学校的学生需通过入学考试才能就读，要成为职业技术教育与培训体系的教师和培训师至少需具备中等教育水平的资历。在 ENSEPT 就读可获取以下资格证书：

表 1　ENSEPT 提供的教育教学资格证书

资格证书	时长	可教授的教育等级
初中技术教育教学证书	4年	初中
高中职业技术教育教学证书	6年	高中

达喀尔家庭与社会经济培训学校（ENFEFS）提供家庭经济和社会领域的初级职业技术与继续培训。这里的未来培训师至少需获得一项初中教育等级教授资格，学生也需要通过考试和竞争进入该学校就读。

卡夫林国家技术和实践教师培训中心（CNFMETP）旨在培训手工艺领域的职业技术教师。该中心的毕业生通常会继续向学生和工匠教授技能，并管理手工艺发展中心。②

五、职业技术教育与培训的诉求与发展趋势

（一）诉求

尽管职业技术教育与培训是提高劳动生产率和减少工作不安全感的最有效手段，但塞内加尔的职业技术教育与培训制度并未完全符合经济和社会发展的要求，仍然面临以下主要问题。

1.职业技术培训与社会经济需求相比仍不足

尽管经济对技术型人才的需求日益增长，但接受职业技术培训的人数在受培训总人数中所占的比重仍然不高，其质量经常受到相关人员的质疑。此外，职业技术教育与培训体系没有充分考虑到终身培训的需求，该体系与其他教育培训体系间未建立正式联系。

2.职业技术教育与培训的资助体系不完善

对相应部门的财政资源分配不足，筹资在很大程度上依赖外部伙伴，这些机制尚未完善。

---

① ILO. State of Skills: Senegal [R/OL].[2021-06-26]. https://www.ilo.org/wcmsp5/groups/public/---ed_emp/---emp_ent/documents/genericdocument/wcms_736688.pdf.

② UNESCO-UNEVOC. World TVET Database: Senegal [R/OL].[2021-06-26]. https://unevoc.unesco.org/wtdb/worldtvetdatabase_sen_en.pdf.

3. 职业技术教育与培训的推广不力

尽管职业技术教育与培训被认为是提高经济竞争力和创造财富的有力手段，但塞内加尔在促进该领域发展的政治意愿很薄弱。

4. 职业技术教育与培训的制度和治理框架不完善

尽管颁布了一项《职业技术培训框架法》，但组织管理、指导职业技术教育与培训的部门没有协调政府落地政策，职业技术教育与培训的监测评估系统也不完善，在职业培训领域移交给地方政府的权力没有得到充分行使。虽然已经设立了伙伴机构进行职业技术教育与培训的试点，但它们尚未发挥作用。[①]

（二）发展趋势

根据塞内加尔《提高教育和培训部门质量、公平和透明度的计划》（PAQUET 2013-2025），通过分析未来数年职业技术教育与培训发展目标，可以窥见塞内加尔的职业技术教育与培训的未来发展趋势主要有以下几个方面：

1. 多样化职业技术培训提供方式

职业技术培训机构不仅提供传统的技能培训，还为求职者提供在职培训等形式多样的培训。与商会和专业组织合作改进并将传统的学徒制融入职业技术教育与培训体系，允许 30 万在非正规部门工作的年轻人验证他们的实际技能并获得资格证书。

2. 扩大职业技术教育与培训的容纳能力

增加职业技术教育与培训项目的注册学生数量，预计到 2025 年，至少 30% 的基础教育毕业生将进入职业技术教育与培训体系学习。

3. 完善国家化的职业技术教育与培训的质量保障体系

提升职业技术培训师资格，保障职业技术培训的质量。加强职业技术教育与培训同经济需求、潜在经济发展领域之间的联系，培养适应企业需要的劳动力。在国有、私营企业和专业组织之间发展形成强有力的伙伴关系。[②]

4. 支持职业技术教育与培训体系的毕业生就业

在职业技术教育与培训结构中设立工作援助单位，为那些已经完成职业技术培训的人提供援助，帮助他们寻找工作，并管理职业技术教育与培训毕业生的就业数据库。[③]

（深圳职业技术学院　技术与职业教育研究所　肖晗悦）

---

① ILO. State of Skills: Senegal [R/OL].[2021–06–26]. https://www.ilo.org/wcmsp5/groups/public/---ed_emp/---emp_ent/documents/genericdocument/wcms_736688.pdf.

② UNESCO–UNEVOC. World TVET Database: Senegal [R/OL].[2021–06–26]. https://unevoc.unesco.org/wtdb/worldtvetdatabase_sen_en.pdf.

③ ILO. State of Skills: Senegal [R/OL].[2021–06–26]. https://www.ilo.org/wcmsp5/groups/public/---ed_emp/---emp_ent/documents/genericdocument/wcms_736688.pdf.

主要参考文献

[1] 中华人民共和国外交部 . 塞内加尔国家概况 [EB/OL]. (2021–08)[2021–09–10]. https://www. fmprc.gov.cn/web/gjhdq_676201/gj_676203/fz_677316/1206_678404/1206x0_678406.html.

[2] 潘华琼 , 张象 . 塞内加尔 [M]. 北京 : 社会科学文献出版社 , 2018.

[3] 胡森 , 波斯尔斯韦特 . 教育大百科全书 : 第五卷 [M]. 重庆 : 西南师范大学出版社 ,2006.

[4] 李卓颖 . 独立后塞内加尔基础教育政策的历史研究 [D]. 金华 : 浙江师范大学 , 2012.

[5] 中华人民共和国商务部 . 对外投资合作国别 (地区) 指南——塞内加尔 (2020 年版)[EB/OL].[2021–04–08]. http://www.mofcom.gov.cn/dl/gbdqzn/upload/saineijiaer.pdf.

[6] 楼世洲 . 塞内加尔高等教育研究 [M]. 浙江 : 浙江人民出版社 , 2014.

[7] UNESCO–UNEVOC. TVET Country Profiles: Senegal [EB/OL]. [2021–04–08]. https://unevoc. unesco.org/home/Dynamic+TVET+Country+Profiles/country=SEN.html.

[8] 徐立幼 . 非洲三国教育事业发展概况 [J]. 高等农业教育 , 1992(6):59–61.

[9] 顾明远 . 教育大辞典 : 第 12 卷 [M]. 上海 : 上海教育出版社 , 1992.

[10] UNESCO–UNEVOC. World TVET Database: Senegal [R/OL].[2021–06–26]. https://unevoc. unesco.org/wtdb/worldtvetdatabase_sen_en.pdf.

[11] ILO. State of Skills: Senegal [R/OL].[2021–06–26]. https://www.ilo.org/wcmsp5/groups/public/–––ed_emp/–––emp_ent/documents/genericdocument/wcms_736688.pdf.

苏丹共和国

一、国家概况

（一）地理

苏丹共和国（The Republic of the Sudan）简称苏丹，位于非洲东北部，红海西岸。北邻埃及，西接利比亚和乍得，南毗中非和南苏丹，东接埃塞俄比亚和厄立特里亚，东北濒临红海，海岸线长约 720 千米。苏丹国土面积 1886068 平方千米。苏丹全国气候差异很大，全国年平均气温 21℃，自北向南由热带沙漠气候向热带雨林气候过渡，最热季节（4—7 月）气温可达 50℃，一般日间气温可达 40℃ 以上，首都喀土穆有"世界火炉"之称。常年干旱，年平均降雨量不足 100 毫米。雨季部分地区突发性降水，也会引起尼罗河水位高涨，导致洪灾发生。苏丹地处生态过渡带，极易遭受旱灾、水灾和沙漠化等气候灾害的影响。[①]

（二）人文

苏丹历史悠久，早在 4000 年前就有原始部落居住。公元前 2800—前 1000 年并入成为古埃及的一部分。公元前 750 年努比亚人在苏丹建立了库施王国。公元 6 世纪苏丹进入基督教时期。13 世纪阿拉伯人征服苏丹，伊斯兰教得以迅速传播，在 15 世纪出现了芬吉和富尔伊斯兰王国。16 世纪，苏丹被并入奥斯曼土耳其帝国势力范围。英国于 19 世纪 70 年代开始向苏丹扩张。1881 年，苏丹宗教领袖穆罕默德·艾哈迈德领导群众开展反英斗争，于 1885 年建立了马赫迪王国。1899 年苏丹成为英国和埃及的共管国。1953 年建立自治政府。1956 年 1 月 1 日宣布独立，成立共和国。1969 年 5 月 25 日，尼迈里发动军事政变上台，改国名为苏丹民主共和国。1985 年 4 月 6 日，达哈卜发动军事政变上台，改国名为苏丹共和国。1986 年 4 月苏丹举行大选，萨迪克·马赫迪出任总理。1989 年 6 月 30 日，巴希尔发动军事政变上台，成立救国革命指挥委员会（简称"革指会"）。1993 年 10 月，革指会解散，巴希尔改任总统。2005 年，苏丹北南双方签署《全面和平协议》（CPA），并据此成立民族团结政府，巴希尔任总统。2011 年 7 月 9 日，南

[①] 中华人民共和国外交部. 苏丹国家概况 [EB/OL]. (2021-07) [2021-09-25]. https://www.fmprc.gov.cn/web/gjhdq_676201/gj_676203/fz_677316/1206_678526/1206x0_678528.html.

苏丹共和国独立建国，苏丹即予承认。[①]

苏丹中央统计局测算 2018 年全国人口为 3928.0 万人。从年龄分布看，5 岁以下人口占比 13.9%，15 岁以下人口占比 37.5%，6—24 岁人口占比 42.1%，65 岁以上人口占比 3.2%。性别比为 103，15—49 岁女性人口达 1010.2 万人。2008—2018 年人口平均增长率为 2.41%。2020 年苏丹人口约为 4435 万。据苏丹中央统计局预测，2022 年全国人口将达到 4693 万人。

人口分布相对集中于喀土穆州（693.2 万人）和杰济拉州（458.2 万人），人口较多的城市有喀土穆市、迈达尼、苏丹港市、阿特巴拉和达马津等。阿拉伯人是总人口的主要构成部分，约占 80%，贝贾人、努比亚人、富尔人共占 10%—15%，其余为少数部族。[②]

（三）经济

苏丹是联合国公布的最不发达国家之一，经济结构单一，基础薄弱，工业落后，对自然环境及外援依赖性强。受益于石油大量出口及借助高油价的拉动，苏丹经济曾一度成为非洲经济发展最快的国家之一。2011 年南苏丹独立对苏丹经济产生冲击。近年来，苏丹国内物价上涨，货币贬值，财政收入锐减。为消除消极影响，苏丹政府一方面逐步加大对水利、道路、铁路、电站等基础设施以及教育、卫生等民生项目的投入力度；另一方面，努力改变财政严重依赖石油出口的情况，将发展农业作为长期战略。苏丹 2020 年国民生产总值为 325.8 亿美元，人均 GDP 为 734.6 美元，通货膨胀率达 141.46%。苏丹工业基础薄弱，主要工业有纺织、制糖、制革、食品加工、制麻、烟草和水泥等。近年来苏丹政府积极调整工业结构，重点发展石油、纺织、制糖等工业。1999 年，苏丹石油开发取得较大进展，成为石油出口国。2011 年南苏丹独立后，原苏丹 58% 石油储量被划归南苏丹，苏丹石油产量大幅减少。农业成为苏丹经济的主要支柱。农业人口占全国总人口的 80%。农作物主要有高粱、谷子、玉米和小麦。经济作物在农业生产中占重要地位，占农产品出口额的 66%，主要有棉花、花生、芝麻和阿拉伯胶，大多数供出口。长绒棉产量仅次于埃及，居世界第二；花生产量居阿拉伯国家之首，在世界上仅次于美国、印度和阿根廷；芝麻产量在阿拉伯和非洲国家中居第一位，出口量占世界的一半左右；阿拉伯胶种植面积 504 万公顷，年均产量约 6 万吨，占世界总产量的 60%—80%。[③]

（四）教育

1988 年 6 月，苏丹教育部决定取消中等和高等教育免费的规定，中小学仍为免费教

---

① 中华人民共和国外交部.苏丹国家概况 [EB/OL]. (2021-07) [2021-09-25]. https://www.fmprc.gov.cn/web/gjhdq_676201/gj_676203/fz_677316/1206_678526/1206x0_678528.html.

② 中华人民共和国商务部.苏丹概况 [EB/OL].(2019-05-29)[2021-09-25]. http://sd.mofcom.gov.cn/article/ddgk/zwrenkou/201905/20190502868048.shtml; 中华人民共和国外交部.苏丹国家概况 [EB/OL]. (2021-07) [2021-09-25]. https://www.fmprc.gov.cn/web/gjhdq_676201/gj_676203/fz_677316/1206_678526/1206x0_678528.html.

③ 中华人民共和国外交部.苏丹国家概况 [EB/OL]. (2021-07) [2021-09-25]. https://www.fmprc.gov.cn/web/gjhdq_676201/gj_676203/fz_677316/1206_678526/1206x0_678528.html.

育。全国有中小学校 13000 余所、综合大学 6 所、独立的高等学院 14 所、专科院校 23 所。在校学生约 500 万人，其中大学生约 25 万人，教师约 13 万人。喀土穆大学建于 1902 年，是苏丹最早建立的高等学府。[①] 1990 年苏丹改变旧有的 6-3-3 学制，改为两个阶段。

小学、初中一贯制：学制 8 年（6—13 岁）。

职业教育（3 年）：招生来源主要来自经过 8 年中小学学习的学生，层次相当于我国的中专，没有大专及以上的职业教育，办学层次较低。[②]

中学教育：学制 3 年。

中小学主要学习阿拉伯语和英语，但在大学期间主要以英语为主。学校集中在城市地区；南部和西部的许多地区已被多年的内战破坏或摧毁。2001 年，据世界银行估计，小学入学率为合格学生的 46%，中学入学率为 21%。入学率参差不齐，有些省份低于20%。由于要求男性在完成学业之前服兵役，因此中学和大学教育受到严重阻碍。根据世界银行（2002 年）的统计，15 岁及以上成年人的识字率为 60%，2000 年时约为 58%（男性为 69%，女性为 46%）；青少年文盲率（15—24 岁）约为 23%。[③]

二、职业技术教育与培训的政策与法规

（一）战略

2011 年，由于南苏丹的分离，苏丹失去 75% 石油储备，加上资源缺乏和人口增长，近年来，苏丹国内物价上涨，货币贬值，财政收入锐减。为消除消极影响，苏丹政府逐步加大对水利、道路、铁路、电站等基础设施以及教育、卫生等民生项目的投入力度并将发展农业作为长期战略。为面对未来的挑战，具备恰当素质和充足数量的技术人员和手工艺者十分重要。此外，偏远地区或非正规经济体系中的工人也要求具备职业所需的工作技能。这些是苏丹发展职业技术教育与培训的核心。[④]

苏丹摆脱政治危机后，逐步采取措施加强其教育和培训系统。面对诸如成年文盲率的增加以及青年失业率高等挑战，加强技术和职业教育与培训（TVET）是该国解决这些问题的方式之一。确保职业技术教育与培训系统能满足经济中不断变化的技能要求，并采用更可持续的机制来支持非正规经济体系中工人的技能发展，促进结构性转变。政府提出职业技术教育与培训应达到国内全部教育的 60%。因此，苏丹制定如下职业技术教育与培训的相关政策：

① 中华人民共和国外交部. 苏丹国家概况 [EB/OL]. (2021-07) [2021-09-25]. https://www.fmprc.gov.cn/web/gjhdq_676201/gj_676203/fz_677316/1206_678526/1206x0_678528.html.

② 徐喜波,潘雪义. 苏丹职业教育发展对我国职业教育"走出去"的启示 [J]. 湖南科技学院学报,2018,39(08):139-142.

③ 苏丹驻中国大使馆. Culture & Education [EB/OL]. (2021-4-11)[2021-09-25]. http://www.sudanembassybj.com/CultureEducation.php.html.

④ ILO. Sudan TVET Policy [R/OL]. Khartoum: [s.n.], 2013 [2021-09-25]. https://www.ilo.org/wcmsp5/groups/public/---africa/---ro-abidjan/---sro-cairo/documents/publication/wcms_243649.pdf.

1.《苏丹职业技术教育与培训政策（2013）》（Sudan TVET Policy［2013］）

该政策将技术和职业教育与培训（TVET）定义为"获取有关劳动的知识和技能"。技术教育和职业培训结合在一起，"培训"一词经常用于指"职业培训"和"技术教育"。该政策承认在正规培训系统之外获得的职业技能具备和正规系统培训的同等地位。[①]

苏丹职业技术教育与培训系统旨在以最低的成本为国民经济提供就业技能，以满足劳动力市场的需求（无论是质量还是数量）。国家职业技术教育与培训系统致力于为减轻贫困、消除性别和地区不平等做出贡献。

TVET政策中明确了职业技术教育与培训目标群体：

（1）第一类：职前培训

完成第一阶段或第二阶段正规教育并为初次就业做准备的年轻人。

（2）第二类：在职培训和再培训

在非正规或正规部门（公共和私营部门）工作的想要更新知识与技能或者更换职业的人；由于技术的重大变化或工作机构关闭而失业的人。

（3）第三类：社会范围

残障人士；由于地理位置而在劳动力市场上处于不利地位的人（例如，农村或游牧民族）；流离失所和失业者（例如，受冲突影响地区的人和复员的士兵）；因长期失业而处于不利地位的老年工人；辍学者。

该政策总共有四大支柱，表明了职业技术教育与培训体系的各个部分，并为需要进行的改革及改革领域提供了具体指导。这四大支柱分别为：加强职业技术教育与培训的治理和公平；提高职业技术教育与培训对劳动力市场的反应能力；加强社会伙伴的作用；提升职业技术教育与培训机构的交付质量。[②]

2.制定职业技术教育新政策（2020）

2020年2月11—12日，发展国家职业技术教育与培训战略国家小组在喀土穆举行了会议，与会人员讨论了苏丹职业技术教育与培训战略各个重点领域的战略目标，例如安全访问、教育公平、数据管理和资金。另外，苏丹将加强TVET数据收集力度，建立国家统一的TVET中心。[③]教育部技术教育厅主任哈桑·苏莱曼（Hassan Suleiman）表示将建立手工业和工业职业资格中心来吸引年轻人参加职业技术教育与培训。专家们就该战略的愿景声明达成了共识："建立有吸引力、协调和包容的以需求为导向的职业技术教育与培训系统，增强企业家精神、创新精神和终身学习，培养能够促进社会经济可持续

① ILO. Sudan TVET Policy [R/OL]. Khartoum: [s.n.], 2013 [2021-05-20]. https://www.ilo.org/wcmsp5/groups/public/---africa/---ro-abidjan/---sro-cairo/documents/publication/wcms_243649.pdf.

② 同上。

③ 李卉萌.苏丹制定职业技术教育与培训新战略[J].世界教育信息,2020,33(05):75.

发展和具备全球竞争力的苏丹劳动力资源。"①

（二）法规

苏丹关于职业技术教育与培训的相关法规主要体现在国家战略、教育法以及委员会中：

1.《国家综合战略》（1999）（National Comprehensive Strategy，NCS）

《国家综合战略》（NCS）强调要更加考虑社会经济价值，将通识教育与发展需求联系起来。增加技术教育比例，使其占教育整体的 60%。优先考虑发展技术教育，使其在社会经济价值上与学术教育保持一致。

2.《国家信息通信技术》（Information and Communication Technology，ICT）

苏丹国家信息通信技术战略于 1999 年制定。该战略侧重于五个主要领域，即技术基础设施建设、人力资源开发、软件行业发展、内容开发（主要是阿拉伯语）和地理信息。国家鼓励使用信息与通信技术（ICT）来制定地方政策，以确保将信息通信技术完全纳入各级教育和培训中，包括制定学校课程、师资培训以及管理和组织教育机构。ICT 教育政策于 2002 年启动。②

3.《职业培训和学徒法》（Vocational Training and Apprenticeship Act，2001）

该法于 2001 年 5 月颁布。2003 年，职业培训和学徒最高理事会（SCVTA）成立为决策机构，取代了以前的全国职业培训和学徒委员会。它制定国家公共服务和教育政策的计划及行政改革。

该理事会的作用主要体现在如下方面：

（1）设计并最终确定职业培训计划和方案，包括培训研究需求；

（2）跟踪并批准不同的培训计划；

（3）制定各种职业的标准；

（4）招募大学和高等学校毕业生；

（5）鼓励与职业培训相关的科学研究；

（6）颁布全国职业培训证书和学位证。

三、职业技术教育与培训的体系与质量保障

（一）体系

1.职业技术教育与培训的使命与愿景

苏丹职业技术教育与培训的使命在于以最低的成本为国民经济提供就业技能，以满足劳动力市场的需求（无论是质量上还是数量上）。国家职业技术教育与培训致力于减

---

① AHMED H. Building Capacity of Teachers and Trainers in Technical and Vocational Education and Training (TVET) in Sudan[D].Saxony: Technical University of Dresden-Germany, 2010: 1-26.

② 同上。

轻贫困以及消除性别和区域的不平等。苏丹职业技术教育与培训的发展愿景是使苏丹迈向以技能熟练和生产高效劳动力为基础，拥有高就业机会并不断减少贫困和不平等现象的 21 世纪知识社会。①

2. 苏丹职业技术教育与培训的构成

（1）正规的职业技术教育与培训系统

在完成 8 年的基础教育（苏丹小学、初中实行八年一贯制）后，学生进入 3 年的中学教育阶段。中学教育阶段有学术中学、技术中学和职业中学可供选择。中学教育阶段的职业技术教育涉及农业、工业、商业和家政领域。技术中学毕业获得技术证书，学生可直接进入劳动力市场，也可升入大学或技术学院继续学习。职业中学毕业获得职业证书，学生可直接进入劳动力市场，也可升入技术学院继续学习。理工大学或技术学院可提供高等教育层次的职业技术教育与培训。苏丹教育体系如图 1 所示。②

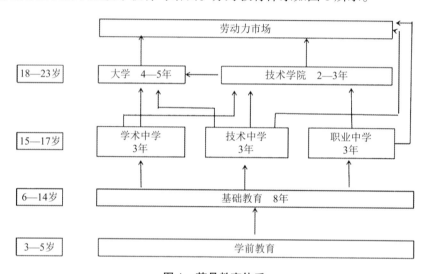

图 1　苏丹教育体系

（2）非正规和非正式职业技术教育与培训体系

除正规的职业技术教育与培训系统外，政府、非政府以及个人还可提供形式多样的非正规或非正式职业技术教育与培训。

苏丹职业培训和学徒最高理事会（SCVTA）是职业培训改革与发展的决策机构。为使职业技术教育与培训助力社会经济发展和解决失业问题，该委员会提供形式多样的职业培训项目。如：为期 3 个月的技能提升项目，旨在提升在职职工的生产能力和生产质量；为期 3 个月的短期课程，尤其面向农村和冲突地区的辍学青少年；为期 2—6 个月

① ILO. Sudan TVET Policy [R/OL]. Khartoum: [s.n.], 2013 [2021-05-20]. https://www.ilo.org/wcmsp5/groups/public/---africa/---ro-abidjan/---sro-cairo/documents/publication/wcms_243649.pdf.

② AHMED H. Building Capacity of Teachers and Trainers in Technical and Vocational Education and Training (TVET) in Sudan[D]. Saxony: Technical University of Dresden-Germany, 2010.

不等的妇女发展项目，通过为妇女量身定制食品业、工业、计算机和电子产品的技能和生产知识，使妇女参与社会发展进程；面向偏远农村人口和流离失所者的流动培训计划，培训时长根据所在地区的条件和需求而有所不同。[①]

3. 职业技术教育与培训机构

苏丹职业教育由劳工部和州政府两级办学和管理，职业学校正式名称为"中心"（Center）。劳工部最高委员会下辖的 5 所职业学校包括恩图曼友谊职业培训中心、苏韩职业培训中心、苏德职业培训中心、喀土穆第三职业培训中心、喀土穆巴赫里职业培训中心。这五所职业学校的招生由最高委员会统一下达年度招生指标，实行计划控制，招生人数、收费标准都需按规定执行，学制统一为 3 年，招生人数每年最多的有 500 人，最少的有 200 人。[②] 得益于部分国家和国际组织的援助，苏丹职业技术培训开始稳步发展且不断扩大，发展为 11 个政府职业培训中心和 19 个私人职业培训中心。截至 2019 年 2月，根据苏丹教育委员会的政府报告，职业学院和技术学校共 193 所，学生共 3013 名。[③]

（二）资格框架与质量保障

在苏丹，资格是根据教育背景而定的，职业资格的持有者包括熟练工人、技术员和工程师，工作机会受到相应资格的限制。资格和教育背景的关系如下：

表 1　资格与教育背景之间的关系

资格	教育背景
工程师（专家）	大学毕业（获学士学位）
技术员	技术学院毕业（获毕业证书） 社区学院（获毕业证书）
技术工人	职业培训中心（获毕业证书） 技术学校（获资格证书）

针对技术工人，苏丹在国际劳工组织的指导和支持下引入行业测试。行业测试标准是：（1）执行工作的时间；（2）工作的方法和方式；（3）工作的准确性；（4）工作的完成度；（5）较少的材料浪费；（6）工具的适当使用及维护；（7）安全。不过，行业测试的标准会依据技术的发展进行修订。针对技术工人的行业测试体系如表 2 所示：[④]

---

① AHMED H. Building Capacity of Teachers and Trainers in Technical and Vocational Education and Training (TVET) in Sudan[D]. Saxony: Technical University of Dresden-Germany, 2010.

② 徐喜波，潘雪义. 苏丹职业教育发展对我国职业教育"走出去"的启示 [J]. 湖南科技学院学报，2018，39(08):139-142.

③ 古萍，郭晓莹. 论苏丹职业教育的发展困境——兼论中国的职业教育援苏项目 [J]. 安徽电子信息职业技术学院学报，2020, 19(04):97-100.

④ Japan International Cooperation Agency. The Study on Vocational Training System Development in the Republic of Sudan [R/OL]. (2010-03) [2021-05-21]. https://openjicareport.jica.go.jp/pdf/12125738.pdf.

表2 技术工人资格系统

职位	行业体系（技术工人）
主管	7级
领班	6级
熟练工人	5级
熟练工人/职业培训中心毕业生	4级
熟练工人/技术学校毕业生	3级
半熟练工人	2级
不熟练工人	1级

四、职业技术教育与培训的治理与教师

（一）治理

1. 苏丹职业培训和学徒最高理事会

目前，苏丹职业培训和学徒最高理事会（Supreme Council for Vocational Training and Apprenticeship，SCVTA）制定了以下有关职业培训的管理条例：

（1）职业培训及学徒制度条例（Vocational Training and Apprenticeship Regulation）

本条例规定学徒进入职业训练局的程序，包括入职要求及注册程序。其中包含学徒计划、理论和实践培训体系以及设施内的培训条件。解释了入学、转学和毕业程序的细节，如入学考试、中心级别的学习和内部考试以及毕业考试（条款和程序）。除了解释学徒的权利和与学徒有关的规例外，条例亦解释了职业训练局的行政及其组成、会议及职权范围。

（2）职业培训中心短期训练课程条例（Regulation of Short Training Courses at Vocational Training Centres）

本规例旨在为职业培训中心（Vocational Training Centre）举办短期训练课程，包括以下几个方面：

① 定义培训课程：

• 针对年轻人、辍学者和从事某职业的初学者的短期（快速）课程；

• 针对公共和私营部门工人能力的升级课程部门；

• 针对旨在培养员工能力的机构和公司的合同课程；

② 如何实施培训课程；

③ 计算培训课程的费用；

④ 培训课程的财务和会计系统；

（3）职业培训中心生产性培训条例（Regulation of Productive Training at VTCs）

本条例旨在组织职业培训中心的生产性培训工作，致力于：降低培训成本；促进学员获得技能的机会；以富有成效的培训增强学员的信心；提供更先进的培训模式。

本法规涵盖系统和程序，包括执行的时间、富有成效的工作和从中心外寻求专业知识的可能性。此外，该法规详细解释了成本计算（直接和间接成本、工作量、时间和利润率）。

（4）职业培训中心运作及管理准则（VTC Operation & Management Guideline）

本准则旨在通过制定运营和管理标准，提高苏丹职业培训中心提供的培训服务质量。该准则涵盖以下方面：

① 管理的原则和价值观、职业培训中心的条例以及战略计划对中心的重要性。

② 机构管理包括职业培训中心的组织管理，主任及其助理的责任和职责，以及中心各部门和所有员工的职务说明。必要时，行政委员会（其组成、会议和职权范围）可以为中心的所有工作人员举行会议，并成立咨询委员会和家长委员会。

③ 提供培训服务包括培训时间、培训服务、各种培训计划（包括学徒计划）的标准以及各种短期培训课程（如培训许可、厂内培训、弱势群体培训）的详细信息，以及年度培训和职业安全计划。

④ 职业培训服务包括职业指导、就业服务、与职业培训有关的咨询服务、贸易测试、调查、信息收集、公共关系和职业培训提高认识活动。

⑤ 学员管理包括学员录取流程和根据学员记录处理缺勤情况。

⑥ 人事管理包括员工记录、人力资源开发计划、教师的数量和资格及其能力发展。

⑦ 设施管理表明，除了维护的重要性外，还有记录设施和设备（契约和资产）的重要性。

⑧ 财务管理指的是编制预算、收入和收入，除生产活动外，还规定学费和其他捐款。

该准则还强调了伙伴关系的重要性以及对职业培训中心进行评估和后续行动的必要性。

2. 总秘书处

除职业培训和学徒最高理事会（SCVTA）之外，苏丹还成立总秘书处（The General Secretariat），其职责如下：

（1）确定培训需求；

（2）与培训单位和机构协调执行年度培训计划；

（3）国家和区域两级培训机构之间的协调；

（4）对培训中心进行监测和评价；

（5）对培训中心进行技术监督。[①]

3. 国家职业教育技术委员会

苏丹国家职业教育技术委员会（NCTTE）于 2011 年成立，由 38 名成员组成，由全国学徒理事会副主席领导。是苏丹职业技术教育的中心机构，致力于提升苏丹职业技术教育水平。委员会的目标包括：

（1）制订和设计科学先进的以促进职业教育发展的方案和课程；

（2）满足中等职业学校学生和高成就者的需求，推动更高水平的技术教育发展；

（3）评估经济发展所需的技术人力与社会发展之间的关系；

（4）监测、审查和评价职业技术教育的产出和成果。[②]

（二）教师

目前，苏丹有 400 多名职业培训师，可分为三大类：第一类由经验丰富的工人组成，约占培训师总数的 5%。由于缺乏新的招聘，这一类人数正在减少。第二类包括职业训练中心（Vocational Training Centre）的毕业生，他们约占所有培训师的 70%。其中一些培训师通过研究生学习提升技能，以获得更好的工作岗位。第三类由大学或理工学院毕业生组成，他们负责培养剩下的 20% 的培训师。这种就业形式对大多数苏丹培训人员没有吸引力，这导致他们中的许多人移民。在教师培训方面，德意志联邦共和国从 1964—1995 年提供了培训方案，培训了大约 200 名教员。培训计划主要侧重于技术和教学培训。接受过这种培训的人中，约有一半仍在职业训练中心工作，而其余的人则有选择从事报酬更高的工作。职业培训项目与国际劳工组织都灵培训中心（International Training Centre of the ILO，ITCILO）进行了协调，使苏丹部分教师有机会在日本、意大利、埃及及韩国接受培训。在苏丹，自 1995 年以来才设立了职业技术培训机构。

1. 职前培训

大多数教师在教育学院或相关师范院校实习前接受过职前培训，他们在这些院校的附属小学接受了职业和教育知识以及实践培训。但仍有少数教师缺少教学知识、经验及职业教育的相关培训。尤其是中专学校的教师。大多数从事职业教育的教师毕业于教育学院或职业培训中心，但他们需要提升职业技能和教学技能。在大学或师范学院期间接受过初步服务培训的人可以评估课程组成。教师培训集中在两部分：学校教学实践和工业实习。但苏丹大多数教师没有经历过工业实习期，因此少有人具有使用现代设备的经验。参加实践培训的教师中有过半教师认为自己受到的培训是被动的，并没有提供真正的机会让他们通过操作和维护设备来提高其知识与技能。

---

① UNESCO-UNEVOC. Handbook of Vocational Training System in Sudan [R/OL]. Supreme Council for Vocational Training and Apprenticeship, 2021 [2021-09-25]. https://unevoc.unesco.org/up/HANDBOOK_OF_VOCATIONAL_TRAINING_SYSTEM_IN_SUDAN.pdf

② UNESCO-UNEVOC. TVET Country Profiles: Sudan [EB/OL].(2021-02-09)[2021-09-25]. https://unevoc.unesco.org/home/Dynamic+TVET+Country+Profiles/country=SDN.html.

2. 在职培训

在苏丹，教师的实习期非常短，只有 3 个月。教师在职培训有很多类型，如：结构化培训课程、研讨会、会议和与其他学校的交流项目等。培训内容的质量和学术水平将影响教师的专业发展。培训过程不仅有助于增加学员对自己专业领域的知识，而且有助于了解各个特定领域的新知识和新技能，并通过培训课程帮助参与者反思自己的教学和工作方法。大多数教师在国内工作实践中参加了在职培训。由于苏丹的捐助国或联合国机构在签署的职业教育相关文件中包含教师培训，所以少部分教师也能够接触到国外的培训。如在 20 世纪七八十年代，由于德国在苏丹建立并资助了大量的职业培训中心，所以苏丹教师曾到德国接受国外培训。由于成本低、邻里关系友好以及熟悉的语言和习惯，埃及也为苏丹提供了相关援助。另外也有部分教师到土耳其、马来西亚、韩国、约旦及印度等国家接受培训。但目前许多捐助国家由于政治因素已停止提供资金或培训机会，因此，越来越少的教师能够获得出国培训的机会。[①]

五、职业技术教育与培训的诉求与发展趋势

（一）诉求

目前苏丹职业教育的发展并不能适应经济社会发展对技能型人才的需求。主要体现在以下几个方面：一是招生人数少，苏丹首都 600 多万人口，5 所职业学校（恩图曼、苏德、苏韩、第三学校、巴赫里）每年招生人数是 1600 人，恩图曼学校在招生期间每天被报名者挤得水泄不通，报名人数是招生人数的 3—4 倍，还有人报不上名。苏丹职业学校的招生人数、在校生规模与经济社会发展还不匹配。二是专业受限，由于苏丹政府财政困难，对职业教育的投入有限，5 所职业学校近十年几乎没有开设过新专业，所设专业基本是与传统产业相关的，对新经济新产业无法提供人才支撑。三是层次低，只有中等层次的职业教育，没有高等职业教育，不能为经济社会发展提供高层次技能型人才。[②]

苏丹以工农业活动居多；社会医疗服务和自然资源开发找不到合格的技术人员来执行。此外，由于世界范围内技术的迅速发展，苏丹面对的挑战不断增加且变得更加复杂。技术人员的资格鉴定需要包含若干能力，包括建立设备完善的实验室和专业设置以及合格的教师，并根据劳动力市场和发展的需要审查课程。

因此，苏丹需要建立完善的职业教育制度，更新职业教育与培训的理念，增强职业教育与培训的硬件与软件设施，以满足广大学生的入学和就业需求，为经济建设储备高

---

① AHMED H. Building Capacity of Teachers and Trainers in Technical and Vocational Education and Training (TVET) in Sudan[D]. Saxony: Technical University of Dresden-Germany, 2010.

② 徐喜波, 潘雪义. 苏丹职业教育发展对我国职业教育"走出去"的启示 [J]. 湖南科技学院学报, 2018,39(08): 139-142.

层次人才。2020年2月11日和12日，由教育部、高等教育部、劳工部方以及主要合作方代表组成的苏丹新TVET战略制定国家小组在喀土穆举行会议。会议期间，与会者讨论了TVET战略各个重点领域的战略目标，如确保公平、数据管理和资金筹措。教育部哈桑·苏莱曼说，苏丹应通过建立先进的职业培训中心，提供工艺和工业职业资格，吸引年轻人参加职业技术教育。

教科文组织强调能力建设和伙伴关系建设的重要性，确保以参与性和可持续的方式支持苏丹。专家们就战略的愿景声明达成了一致意见："一个负担得起的、有吸引力的、协调一致的、包容性强的、需求驱动的TVET系统，能够增强创业精神、创新能力、创新能力和创新能力，终身学习将利于苏丹社会经济的可持续发展并培育具有全球竞争力的苏丹劳动力。"①

（二）发展趋势

根据《苏丹职业教育与培训政策（2013）》，通过分析其职业教育发展目标，可以窥见苏丹职业教育与培训未来的发展趋势是，在培养技能型和高效型劳动力、提高就业率、减少不平等和贫困的基础上，向21世纪的知识型社会迈进。

1.增强苏丹职业技术教育的公平性

目前绝大多数职业技术教育学院都集中在喀土穆州，青年人为求学或找工作被迫背井离乡，且导致其他地区的不满。因此，苏丹发展职业教育，一方面必须要注意向欠发展地区倾斜，保证硬件设备和教师资源的合理配置，从而为全国输送充足劳动力，促进地区经济的发展。第二，国家要保证学生在外求学的便利条件，如提供住宿等，减缓学生在外求学的阻碍，缓解国家内部矛盾。

2.提高职业技术教育对市场劳动力需求的敏捷性

保证职业教育的发展符合当前社会发展的需要，以防造成资源浪费。课程的开设和教学资源的配备要有前瞻性和先进性，实现符合当下社会生产力需要的学习效果，但也要避免造成学生就业的狭窄性。同时树立行业标准，为职业技术教育的开展提供目标和方向，保证教育的相关性和有效性。

3.加强社会合作伙伴的作用

社会合作伙伴对于确保标准的质量、教育相关性及劳动力市场的认可至关重要。因此可建立相关委员会，为职业教育的开展提供相关建议，帮助课程的开展及标准的建立，帮助职业教育的发展适应社会需要。

4.提高职业教育从业人员能力

首先，从职业教育从业人员自身出发，管理者必须掌握最先进的理念，洞察社会发展所需之人才，方可制定策略，保证教育为社会及个人发展所需。而作为教师必须掌握

---

① UNESCO-UNEVOC. TVET Country Profiles: Sudan [EB/OL].(2021-02-09)[2021-09-25]. https://unevoc.unesco.org/home/Dynamic+TVET+Country+Profiles/country=SDN.html.

实际工作能力，教师的选聘不能仅仅依靠学历，而忽视技能和实际工作经验。国家也要提供相关培训并完善硬件设施，为教师提供持续的学习机会，使教师能够始终接触新的技术技能。教师的培训不仅是理论的培训，更要创造让教师进入实际工作场所学习研究的机会，让教师了解真实的工作环境和要求，才能更加明确教育的目的和要求。信息化时代的发展，也给职业教育的从业者提出了更高的要求，教师要掌握利用现代化技术进行操作的能力，以帮助学生适应不断更新的时代要求。

其次，建立行业准入标准及从业人员考察制度，从根本上提高管理者和教师意识。

5. 加强资金支持

政府拨款要有明确的审查制度，确保资金使用的合理性，并追踪资金的使用结果。

加强院校与企业的合作，实行点对点的人才培养策略，企业向学校提供相应的设备、培训课程及实习机会，学生在结束学习后直接进入企业，减少不必要的资源浪费和人员流失，但要避免出现学生学习内容狭窄的问题，注重个人能力与适应经济需要能力的双发展。

6. 增强监控和评价管理

当前条件下，建立一个可持续的、全面的监督评测体系并非易事，为保证资源的合理利用，可建立基本的监控评测框架，监督政策的实施进程，并以此了解学习计划的实施效果，根据监控的效果调整课程设置，实现培养人才与劳动力市场需求相适应的目的。

（威海市城里中学　于鑫瑶）

主要参考文献

[1] 中华人民共和国外交部. 苏丹国家概况 [EB/OL]. (2021-07) [2021-09-25]. https://www.fmprc.gov.cn/web/gjhdq_676201/gj_676203/fz_677316/1206_678526/1206x0_678528.html.

[2] 中华人民共和国商务部. 苏丹概况 [EB/OL].(2019-05-29)[2021-09-25]. http://sd.mofcom.gov.cn/article/ddgk/zwrenkou/201905/20190502868048.shtml.

[3] 徐喜波, 潘雪义. 苏丹职业教育发展对我国职业教育"走出去"的启示 [J]. 湖南科技学院学报,2018,39(08):139-142.

[4] 苏丹驻中国大使馆. Culture & Education [EB/OL]. (2021-4-11)[2021-09-25]. http://www.sudanembassybj.com/CultureEducation.php.html.

[5] ILO. Sudan TVET Policy [R/OL]. Khartoum: [s.n.], 2013 [2021-09-25]. https://www.ilo.org/wcmsp5/groups/public/---africa/---ro-abidjan/---sro-cairo/documents/publication/wcms_243649.pdf.

[6] 李卉萌. 苏丹制定职业技术教育与培训新战略 [J]. 世界教育信息,2020,33(05):75.

[7] AHMED H. Building Capacity of Teachers and Trainers in Technical and Vocational Education and Training (TVET) in Sudan[D].Saxony: Technical University of Dresden–Germany, 2010.

[8] 古萍 , 郭晓莹 . 论苏丹职业教育的发展困境——兼论中国的职业教育援苏项目 [J]. 安徽电子信息职业技术学院学报 , 2020, 19(04):97–100.

[9] Japan International Cooperation Agency. The Study on Vocational Training System Development in the Republic of Sudan [R/OL]. (2010–03) [2021–05–21]. https://openjicareport.jica.go.jp/pdf/12125738.pdf.

[10] UNESCO–UEVOC. TVET Country Profiles: Sudan [EB/OL].(2021–02–09)[2021–09–25]. https://unevoc.unesco.org/home/Dynamic+TVET+Country+Profiles/country=SDN.html.

突尼斯共和国

一、国家概况

（一）地理

突尼斯共和国（The Republic of Tunisia，La République Tunisienne），简称突尼斯，位于非洲大陆最北端，国土面积162155平方千米。突尼斯地理位置独特，西与阿尔及利亚为邻，东南与利比亚接壤，北、东临地中海，隔海与意大利相望，海岸线全长约1300千米，兼具非洲、阿拉伯和地中海三重属性。突尼斯北部属地中海型气候，夏季炎热干燥，冬季温和多雨；南部属热带沙漠气候。8月为最热月，日均温21℃~33℃；1月为最冷月，日均温6℃~14℃。[①]

（二）人文

突尼斯人口总量为1181万（2020年），男性人口数量为586.07万人，女性人口数量为595.79万人。[②]其中90%以上是阿拉伯人，其余为柏柏尔人。阿拉伯语为国语，通用法语。伊斯兰教为国教，主要是逊尼派，少数人信奉天主教、犹太教。

全国分为24个省，下设264个行政区，350个市。首都突尼斯市（Tunis），是突尼斯第一大城市，也是全国的政治、经济、文化中心和交通枢纽。突尼斯市实际上是一个大区，由突尼斯、阿里亚纳、本·阿鲁斯和马努巴四个省份组成，总人口约260万。突尼斯市以第三产业为主；农业集中在郊区，以葡萄酒和橄榄油产业为主。突尼斯第二大城市斯法克斯（Sfax），是突尼斯东部港口城市，位于地中海加斯湾西岸，是全国最大渔港，现为农产品、矿产品输出港，主要输出磷灰石和橄榄油。突尼斯第三大城市苏塞（Sousse），位于地中海哈马迈特湾，被誉为"地中海的花园港"，是东北部地区农牧产品重要集散地和工业中心，港口主要输出磷灰石与橄榄油，其次是铁矿石、皮革等。[③]

1881年突尼斯成为法国保护领地。1956年3月20日法国承认突尼斯独立。1957年

---

① 中华人民共和国外交部. 突尼斯国家概况 [EB/OL].(2021-07)[2021-09-10]. https://www.fmprc.gov.cn/web/gjhdq_676201/gj_676203/fz_677316/1206_678598/1206x0_678600.html.

② 世界银行. 突尼斯专题 [EB/OL].[2021-09-10].https://databank.worldbank.org/home.html.

③ 中华人民共和国商务部. 对外投资合作国别（地区）指南——突尼斯(2020年版)[R].[2021-09-10]. http://www.mofcom.gov.cn/dl/gbdqzn/upload/tunisi.pdf.

·907·

7 月 25 日，宣布成立突尼斯共和国，布尔吉巴出任第一任总统，1975 年经议会批准，布尔吉巴成为终身总统。1987 年，总理本·阿里发动不流血政变，长期任总统。2011 年初，突尼斯政局剧变，本·阿里流亡沙特。自此，突尼斯进入政治过渡期。2014 年颁布新宪法，实行共和制，12 月埃塞卜西当选总统。2019 年 7 月，埃塞卜西总统因病逝世，10 月凯斯·赛义德当选新一任总统。[①]

（三）经济

突尼斯经济以工业、农业、服务业并重。工业以磷酸盐、制造业、纺织、制药为主。农业以燕麦、橄榄、椰枣等为主，是世界最大的橄榄油、椰枣产地和出口国之一，橄榄油是突尼斯主要的出口创汇农产品。旅游业是突尼斯第一大外汇来源，在国民经济中占重要地位。

2011 年初政局剧变以来，突尼斯经济尚处复苏阶段，高赤字、高通胀、高失业症状明显，外汇短缺严重。2020 年突尼斯国内生产总值（GDP）为 395.5 亿美元，同比增长 1%；通货膨胀率为 5.6%；失业率达到 14.9%；外汇储备为 100 亿美元。[②]

突尼斯主要贸易伙伴有法国、意大利、中国、德国、俄罗斯、西班牙等。突尼斯是首个成为欧盟准成员国的北非国家，欧盟是突尼斯最大的贸易伙伴，法国是突尼斯最重要的贸易伙伴，其后是意大利、德国及西班牙。在阿拉伯国家范畴，突尼斯是大阿拉伯自由贸易区（The Greater Arab Free Trade Area，GAFTA）的成员国，与埃及、摩洛哥、利比亚、沙特阿拉伯及阿联酋等主要阿拉伯国家均签订了一系列双边自由贸易协定。沙特是突尼斯第一大贸易伙伴，其次是阿联酋。中国与突尼斯于 2018 年 7 月签署共建"一带一路"谅解备忘录。双方在"一带一路"框架下开展了富有成效的合作。目前，中国有近 30 家企业在突尼斯开展贸易、援助、工程承包与投资合作业务。2020 年中突双边贸易额为 16.5 亿美元，同比增长 4.9%，其中中国出口到突尼斯商品总值为 14.27 亿美元，比增长 4.7%；从突尼斯进口商品总值为 2.23 亿美元，同比增长 6.5%。[③]

（四）教育

1956 年突尼斯赢得独立后，突尼斯的公共教育体系经历了三次改革，分别在 1958 年、1991 年和 2002 年。1958 年突尼斯颁布《教育法》[1958 年第 118 号法]，明确规定每一个儿童都有权利享受基础教育。这是突尼斯自独立以来的第一次教育改革，使突尼斯的基础教育网在 60 年代基本建立起来，学校数量、教师数量以及入学人数都有明显增长。然而教育质量却不如人意，正常毕业的学生人数相对减少。1991 年突尼斯颁布新的《教育法》[1991 年第 65 号法]，确定九年制义务教育。该法实施后，突尼斯学校教育质

① 中华人民共和国商务部.对外投资合作国别（地区）指南——突尼斯(2020 年版)[R].[2021-09-10]. http://www.mofcom.gov.cn/dl/gbdqzn/upload/tunisi.pdf.

② 世界银行.突尼斯专题[EB/OL].[2021-09-10].https://databank.worldbank.org/home.html.

③ 华经产业研究院.2015—2020 年中国与突尼斯双边贸易额与贸易差额统计[EB/OL].[2021-09-10].https://www.huaon.com/channel/tradedata/686032.html.

量有所提高，但教育改革之路仍任重道远。2002 年突尼斯颁布《学校教育指导法》〔2002年第 80 号法〕，强调学校的职责是培养学生坚实的、均衡的多维度能力，使学生能够有效融入社会、经济和文化生活，为学生提供终身学习机会，与时俱进。

根据突尼斯《教育法》〔1991 年第 65 号法〕相关规定，突尼斯的公共教育体系由基础教育、中等教育和高等教育构成。

普通基础教育针对 6—16 岁儿童实行九年制免费义务教育，旨在确保突尼斯所有儿童具备最低程度文化和能力，以降低文盲率；同时为确保他们能够继续中等教育、参加职业培训或直接工作。基础教育分为两个阶段：小学阶段学制六年，授课内容包括基础的口语、书写、阅读和数学；初中阶段学制三年，通过各种科目的学习，使学习者能够继续下一阶段的学习或能够从事职业活动。基础教育阶段的课业完成后，所有学生均须参加国家统一考试，通过者将获得普通基础教育毕业证书。

普通中等教育面向所有持有普通基础教育毕业证书的学生开放，学制四年，包括两个阶段，每个阶段持续两年。第一阶段，所有学生共同参与，从认知、科学和情感维度获得全面发展，本阶段重视语言、人文、理论科学、实践科学以及技术的培养；第二阶段，根据人数和科目划分为不同学科分支，为学生今后的大学学习或职场工作培养专业化的技能和素养。中等教育阶段的课业完成后，学生通过国家统一考试后将获得普通中等教育毕业证书。未通过考试者将获得结业证书，可用于就业、就读私立教育机构或进入职业教育和培训体系。

普通高等教育须遵循《高等教育法》〔2008 年第 19 号法〕，该法律明文规定公立高等教育面向持有普通中等教育毕业证书或持有同等学历外国证书的学生免费开放。高等教育包含三个阶段：本科阶段学制三年，将获得学士学位；硕士阶段学制两年，将获得硕士学位；博士阶段学制三年，将获得博士学位。工程、建筑、医学、药学、牙科和兽医学的学制视各专业具体情况而定。突尼斯的高等教育部门目前包括 178 所免费公立大学，其中 155 所大学由高等教育部直接监管；此外，还有 20 所私立大学、6 所高等师范学院和 24 所高等技术研究院。[①]

职业技术教育与培训包括基础职业技术培训和继续教育培训。基础职业技术培训旨在培养学生从事某个行业或专业领域工作所需的知识、技能和才能。基础职业技术培训分为五类，符合条件的学生可参加对应的培训并获得不同类型的能力证书。继续教育培训是突尼斯振兴人力资源发展最主要政策，其主要目标是提高劳动者的职业知识和职业技能，使他们能够吸收现代技术。继续教育包括针对企业提供的继续教育和针对个人提供的继续教育。

---

① OECD. Investing in Youth: Tunisia: Strengthening the Employability of Youth during the Transition to a Green Economy[M]. Paris: OECD Publishing, 2015.

表1　突尼斯教育学制

教育阶段		学龄	公共教育		职业技术教育与培训			
高等教育		21	博士					
		20						
		19						
		18	硕士					
		17						
		16	学士					
		15			高级技术证书（BTS）			
		14						
中等教育	高中	13	普通中等教育毕业证书	结业证书	专业技术证书（BTP）			
		12						
		11			专业能力证书（CAP）			
		10						
基础教育	初中	9	普通基础教育毕业证书（DFEB）		技术基础教育毕业证书（DFEBT）		能力证书（CC）	学徒证书（CFA）
		8						
		7	初中教育					
	小学	6	小学教育					
		5						
		4						
		3						
		2						
		1						

说明：DFEBT证书的持有者过去只能就读职业高中，自2013—2014学年开始，在满足对应年级的年龄要求的前提下，DFEBT证书的持有者可就读普通高中。

二、职业技术教育与培训的战略与法规

自 1993 年以来，突尼斯政府采取了一系列旨在提高职业技术教育与培训有效性的政策、计划和改革。1993 年突尼斯政府颁布《职业培训指导法》〔1993 年第 10 号法〕，确立了国家职业教育体系的框架。

1995 年，突尼斯政府启动职业教育体制改革，发布了职业培训和就业促进计划，旨在通过加强与私营部门合作来协调技能培训的需求与供应，将职业教育体制改革与当时的经济发展需求结合，以达到为国家的经济增长做出贡献的目的。1995 年的改革引入了三个培训认证级别，即专业能力证书（Certificat d'aptitude professionnelle，CAP）、专业技术证书（Brevet de technicien professionnel，BTP）和高级技术证书（Brevet de technicien superieur，BTS）。同时，还引入了当时国际上的一些现代教学方法，引进了更多的职业教育培训师以及基于能力的技能方法。

2008 年突尼斯政府颁布了《职业培训法》〔2008 年第 10 号法〕，对接国家经济发展战略，提出了基于能力的职业技术教育与培训方法。它将现有的三个培训认证级别（CAP、BTP 和 BTS）划分为三个能力阶段以形成基础职业技术培训体系，从而将其与继续教育培训明确区分开来。该法规定了能力证书（Certificat de compétences，CC）的相关内容，指出能力证书是针对受教育程度不足而无法获得 CAP 培训资格的学生而设计的。值得一提的是，该法案试图在普通教育体系和职业专业培训之间建立明确的途径，来提高职业技术教育与培训的吸引力。其中规定，通过创设专业学士学位取代普通学士学位为学生提供高等教育的机会。但是，法律所规定的"BTS 证书持有者可以进入大学"以及"专业学士学位"仍未实施。[①]

突尼斯政府部门对改革政策的低执行力，加上随后而来的 2011 年政局剧变，加剧了职业教育毕业生的失业率。尽管 2014 年提出新的职业技术教育与培训战略计划，但其实施成效远低于计划中的预期。该计划倡导公共机构和民办机构之间紧密合作，然而由于两者对职业教育和培训的就业数据交流不足，使得该计划所主张的重新设计职业教育课程体系这一措施未能有效执行。

2016 年突尼斯职业培训与就业部启动实施国家职业培训体制改革新方案，以应对经济、社会和体制方面的内外挑战。新改革方案计划的执行期为 2016—2022 年，旨在落实职业技术教育和培训体系与高等教育体系和人力资源体系相互融通；将职业技术教育和培训体系的培养目标与个人发展、经济发展和社会发展相结合；发展符合终身学习原则的基础职业技能培训和继续教育培训资助体系。

---

① Word Bank Group. Tunisia – Skills Development for Employment: The Role of Technical and Vocational Education and Training [R]. Word Band Group, 2020.

三、职业技术教育与培训的体系与质量保障

（一）体系

突尼斯的职业技术教育与培训体系从初中阶段开始一直贯穿至职场生涯。

突尼斯为完成六年制小学义务教育的学生提供普通初中教育，或者由技术学校为他们提供职业技术教育。经过九年基础教育之后，学生参加国家统一考试并通过后，可根据学生在第八年选择的课程获得普通基础教育毕业证书（DFEB）或者技术基础教育毕业证书（DFEBT）。获得普通基础教育毕业证书（DFEB）的学生可接受普通高中教育的机会。技术基础教育毕业证书（DFEBT）的持有者过去只能攻读职业高中，自2013—2014学年开始，在满足对应年级的年龄要求的前提下，技术基础教育毕业证书（DFEBT）持有者可就读普通高中。2010—2011年，89%的学生参加了普通高中课程；11%的学生参加了职业高中课程，从而获得职业能力证书（CAP）或 专业技术证书（BTP）。

此外，突尼斯为基础教育七年级以上的学生提供学徒制培训并颁发不同级别的学徒证书（Certificat de fin d'apprentissage，CFA）。此类学徒制培训包括课堂培训、理论和实践培训，无须额外课程即可获得CFA-F0证书，完成四门或八门科目学习的学生则获得CFA-F4或CFA-F8证书。

突尼斯的基础职业技术培训分为四类认证培训，符合条件的学生可报名参加对应的培训并获得不同类型的能力证书，包括：CC能力证书、CAP专业能力证书、BTP专业技术证书和BTS高级技术证书。

表2 突尼斯基础职业技术培训证书类型和对应申请条件

证书类型	申请条件
CC能力证书 （Certificat de compétences）	年满15岁且未达到参加CAP专业能力培训资格的学生，或特殊群体，或资格审查合格者，均可报名该阶段培训，考核通过后可获得证书。
CAP专业能力证书 （Certificat d'aptitude professionnelle）	完成九年基础教育（包括普通中学和技术中学）的学生可报名参加该阶段培训，考核通过后可获得证书。
BTP专业技术证书 （Brevet de technicien professionnel）	完成中等教育第二年学业后，或持有目标专业领域CAP证书的学生可参加该阶段培训，考核通过后可获得证书。
BTS高级技术证书 （Brevet de technicien superieur）	持有普通中等教育毕业证书或目标专业领域BTP证书的学生在通过规定科目的相关能力考核之后可参加该阶段培训，考核通过后可获得证书。

继续教育培训包括两种类型：一类是针对企业员工由经济机构组织的继续教育，目的是根据企业优先事项和需求对其雇员进行资格培训；一类是针对个人的由公共和私立培训机构组织的继续教育，旨在提高工人的技能。

（二）质量保障

突尼斯政府教育支出占国内生产总值（GDP）的比率达 6.599%（2015 年），1980—2015 年期间平均值为 6.202%，历史最高值出现于 2003 年，达到 6.817%。突尼斯政府教育支出占政府总支出的比率达 13.7%（2018 年）。[①]

表 3　2005—2015 年突尼斯政府教育支出占国内生产总值比率

年份	2005	2006	2007	2008	2009	2010	2012	2015
教育支出占比（%）	6.452	6.439	6.466	6.272	6.528	6.255	6.255	6.599

表 4　2016—2018 年突尼斯政府教育支出占政府总支出比率

年份	2016	2017	2018
教育支出占比（%）	18.7	15.1	13.7

四、职业技术教育与培训的治理与教师

（一）治理

突尼斯将职业技术教育与培训视为国家人力资源体系的重要组成部分，由突尼斯职业培训与就业部负责。突尼斯职业技术教育与培训的质保体系由多个公共部门和民办机构组成。

公共职业培训由职业培训与就业部进行教学监督和管理，涉及多个机构：

（1）突尼斯职业培训局：隶属于职业培训与就业部，是国家机构中最重要的公共机构，目前监管 300 多家专业领域的 136 个职业培训中心。（2）旅游职业发展局：隶属于旅游和传统工业部，目前监管 8 个提供旅游和酒店行业培训的职业培训中心。（3）农业推广和培训局：隶属于农业、海洋渔业和水资源部，目前监管 39 个提供农业和渔业培训的职业培训中心。（4）国防部：目前监管 13 个提供多个行业领域培训的职业培训中心。（5）国家培训师培训和培训发展中心：隶属于国家职业培训与就业部，专注于开发培训系统和培养职业培训师。（6）国家继续教育和专业提升中心：隶属于职业培训与就业部，负责继续教育和企业的职业培训。[②]

民办职业培训由职业培训与就业部认证成立，但并不监督民办机构的培训和教学质量。民办职业培训包括 1100 多家从事基础职业技术培训的机构和 2800 多家从事继续教

[①]　世界银行 . 突尼斯专题 [EB/OL].[2021–09–10].https://databank.worldbank.org/home.html.

[②]　突尼斯职业培训与就业部 . 突尼斯国家职业培训体系 [EB/OL].[2021–09–10]. http://www.emploi.gov.tn/index. php/ar/23/altkwyn–almhny.html.

育培训的机构，其中有 234 家机构提供相应证书的培训。①

（二）教师

据统计，突尼斯公立和私立高等教育机构的教师总人数为 22410 人（2012 年），此数据包括全职或兼职教师，其中女性教师人数为 10579 人，男性教师人数为 11831 人。②

五、职业技术教育与培训的诉求与发展趋势

（一）诉求

第一，突尼斯政府相关部门在职业技术教育与培训体系中的参与力度不够。尽管突尼斯在职业教育方面进行了多次改革尝试，但突尼斯政府未能成功地将相关机构的对话平台制度化，政府机构和民办机构之间的沟通会和对话严重脱节，使得民营机构的关切和建议无法全面反馈至政府机构，从而在政策的设计、实施以及评估方面都影响其质量和有效性。例如，来自工业、贸易、投资和金融领域的最重要的专业机构没有充分参与2014 年职业技术教育与培训战略计划的筹备工作；突尼斯公民企业联合会，作为突尼斯一个重要的新兴商会，却没有参与制定 2014 年战略计划；直到 2018 年，突尼斯政府、突尼斯总工会与突尼斯工业、贸易和手工业联合会之间的伙伴关系才正式确立。

第二，突尼斯职业技术教育与培训中的技能发展没有充分结合国家经济和社会发展需求。突尼斯政府相关部门对职业技术教育与培训的定位不明确，使得职业教育体系的适应性和有效性复杂化。当行业和企业无法通过有效渠道清楚地传达他们对人才能力构成的需求时，他们也无法从职业教育体系中获得有效且充分的响应。因此，突尼斯职业教育模式一方面未能促成毕业生找到高价值高薪水的工作，另一方面也未能达成促进知识型经济发展的目的。

第三，职业技术教育与培训的培训中心缺乏自主权和灵活性。突尼斯对职业技术教育与培训的管理权高度集中于政府部门，使得培训中心的自主管理策略不够全面和细化。培训中心缺乏灵活性来修改培训计划和培训内容，一方面增加了培训中心开发满足企业技能需求的课程体系的难度，一方面降低了职业技术教育与培训体系响应市场需求的效率。

第四，职业技术教育与培训缺乏社会认可度与吸引力。从职业声誉出发，突尼斯民众的职业选择更倾向于公共部门，而其入职资格通常是大学学历。因此，与学历教育相比，突尼斯的职业教育和培训被广泛认为是一种没有吸引力的选择。然而，许多学生不得不加入职业教育和培训体系，通常是因为他们考试失利后被划分到职业教育体系中，而非他们自主选择职业教育作为专业方向。由于这些学生难以进入大学教育，并且其中

① Word Bank Group. Tunisia – Skills Development for Employment: The Role of Technical and Vocational Education and Training [R]. Word Band Group, 2020.
② 世界银行 . 突尼斯专题 [EB/OL].[2021-09-10].https://databank.worldbank.org/home.html.

一部分可能来自弱势群体，所以，缺乏社会吸引力但表现良好的职业教育与培训体系将长期存在于劳动力市场和边缘化社会。职业教育和培训体系与劳动力市场需求脱节以及职业教育和培训体系的课程与劳动力市场需求不匹配等问题突出。

（二）发展趋势

突尼斯职业培训与就业部公布了国家职业培训体制改革方案（2016—2022 年），在此方案框架下，突尼斯计划形成一个更有效的职业教育与培训体系，以更好地利用劳动力市场人力资源，为弱势群体提供更多机会，进一步满足公民、企业、机构以及社会的需求。

根据此项改革方案，突尼斯计划在 2022 年之前实现五个主要目标：第一，职业技术教育与培训的指导率从 4% 提高到 30%；第二，职业技术教育与培训的毕业生就业率从 60% 提高到 80%；第三，职业技术教育与培训的辍学率从 35% 降至 10%；第四，去中心化，采用国家职业培训体系的治理模式，确定中央、区域和地方各级部门的任务和关系；第五，为相关各方建立有效的、平衡的、具有约束力的伙伴关系。

为此，突尼斯在改革方案中规划了 14 个方案和项目，例如，常设一个国家人力资源发展机构为国家在人力资源储备和发展方面制定愿景、蓝图、战略和政策；为个人、家庭和企业建立一个全国统一的信息传播和指导系统，提供职业介绍、教育和培训路径等相关信息，提供中小学教育指导、职业指导和大学教育指导，以便为年轻人的职业选择提供必要的帮助；制定辍学儿童培训计划，为小学阶段辍学儿童提供参加 CC 能力证书培训的资格；建立一个反馈市场需求能力和技能的专门网站；发展职业技术教育与培训课程体系和教学体系；建立标准化的国家认证和评估体系，激活职业培训部门的教学检查功能，修订公立和私立职业培训机构的认证体系；重组职业教育与培训中心，以满足生产部门和企业对技能的需求；建设住宿单位，发展文娱体育活动，激励年轻人加入职业教育；推进继续教育，反思继续教育资助制度，制定继续教育的标准和规范，提升培训人员的专业水平，提供多样化培训项目；建立国际职业教育与培训的管理体系，提升职业教育与培训的有效性，等等。这些方案和项目的最终目的皆在于建立一个迅速响应劳动力市场、个人、经济实体以及社会需求的有效体系。

（深圳职业技术学院　商务外语学院　谢娅琦）

主要参考文献

[1] 张振国 . 突尼斯小学教育与职业教育的结合 [J]. 外国教育动态 ,1985(05):47–48.

[2] 伊美娜 . 突尼斯基础教育从数量到质量模式转变研究——基于中国义务教育制度的比较 [D]. 沈阳 : 辽宁大学 , 2020.

[3] 邱立中 . 南部非洲国家职业技术教育发展的现实困境 [J]. 宁波职业技术学院学报 , 2015, 19(03):7–13.

[4] Word Bank Group. Tunisia – Skills Development for Employment: The Role of Technical and Vocational Education and Training [R]. Word Band Group, 2020.

[5] OECD. Investing in Youth: Tunisia: Strengthening the Employability of Youth during the Transition to a Green Economy[M]. Paris: OECD Publishing, 2015.

[6] 中华人民共和国商务部 . 对外投资合作国别 (地区) 指南——突尼斯 (2020 年版)[R].[2021–09–10]. http://www.mofcom.gov.cn/dl/gbdqzn/upload/tunisi.pdf.

[7] 中华人民共和国外交部 . 突尼斯国家概况 [EB/OL]. (2021–07)[2021–09–10]. https://www.fmprc.gov.cn/web/gjhdq_676201/gj_676203/fz_677316/1206_678598/1206x0_678600.html.

[8] 世界银行 . 突尼斯专题 [EB/OL].[2021–09–10].https://databank.worldbank.org/home.html.

赞比亚共和国

一、国家概况

（一）地理①

赞比亚共和国（The Republic of Zambia），简称赞比亚，是位于非洲中南部的内陆国家，国土面积 752614 平方千米，首都卢萨卡。东接马拉维、莫桑比克，南接津巴布韦、博茨瓦纳和纳米比亚，西邻安哥拉，北靠刚果（金）及坦桑尼亚。大部分地区海拔1000—1500 米，属热带草原气候，年平均气温 18℃～20℃。5 月至 8 月为干凉季，气温为 15℃～27℃，9 月至 11 月为干热季，气温为 26℃～36℃，12 月至次年 4 月为雨季。

（二）人文②

公元 9 世纪，赞比亚境内先后建立过卢巴、隆达、卡洛洛和巴罗兹等部族王国。1889—1900 年，英国人罗得斯建立的"英国南非公司"逐渐控制了东部和东北部地区。1911 年，英国将上述两个地区合并，命名为"北罗得西亚保护地"。1959 年，北罗得西亚联合民族独立党（简称"民独党"）成立，发动群众争取民族独立。1964 年 1 月，北罗得西亚实现内部自治，同年 10 月 24 日正式宣布独立，定国名为赞比亚共和国，仍留在英联邦内。民独党领袖卡翁达任首任总统。1973 年卡翁达取消多党制，实行由民独党执政的"一党民主制"。1990 年恢复多党制。

赞比亚实行立法、司法和行政三权分立的政治制度。总统为国家元首、政府首脑兼武装部队总司令，由全民选举产生，任期 5 年，可连选连任一次。现任总统为伦古，任期至 2021 年 9 月。

赞比亚人口 1840 万（2020 年），大多属班图语系黑人。有 73 个民族，奔巴族为最大部族，约占全国人口的 33.6%。官方语言为英语，另有 31 种部族语言。80% 的人信奉基督教和天主教。

---

① 中华人民共和国外交部. 赞比亚国家概况 [EB/OL].(2021–03)[2021–04–09]. https://www.fmprc.gov.cn/web/gjhdq_676201/gj_676203/fz_677316/1206_678698/1206x0_678700.html.

② 同上。

（三）经济[①]

赞比亚经济主要包括农业、矿业和服务业，其中以铜开采和冶炼为主体的矿业占重要地位。2011 年，世界银行将赞比亚列入低水平中等收入国家。近年来，赞比亚面临干旱、电力短缺、农业歉收、外债高企等不利因素，新冠疫情加剧了赞比亚的经济脆弱性。2020 年，赞比亚外债总额升至 120 亿美元，成为疫情发生以来非洲首个主权违约国家。

赞比亚自然资源丰富，以铜为主。铜蕴藏量 2000 万吨，约占世界铜总蕴藏量的 2.8%，素有"铜矿之国"之称。赞比亚对外贸易主要出口铜、钴、锌、木材、烟草、食糖、咖啡等，其中铜出口是其主要的外汇来源。主要进口机械设备、石油、化工产品、医药和纺织品等。主要出口国为瑞士、中国、南非、刚果（金）和埃及等，主要进口国为南非、刚果（金）、中国、印度等。2020 年，出口额为 67.63 亿美元，进口额为 45.27 亿美元。

（四）教育

1964 年独立时，赞比亚是英国前殖民地中教育体系最落后的国家之一，仅有 109 名大学毕业生，完成小学教育的人口不到 0.5%，其中几乎没有女性。此后，赞比亚对各级教育进行了大量投资。20 世纪 80 年代初开始实施七年制小学义务教育和五年制中等教育。

赞比亚的教育体系包括初等教育、中等教育与高等教育。初等教育主要指七年制小学教育，小学前有两年制的幼儿园和保育学校，儿童 6—7 岁入小学，小学分为 4 年初小和 3 年高小，一学年有 3 个学期，七年级结业时举行毕业考试，合格者获证书并可升入中学，有些农村只有一至四年级的简易小学。小学课程有自然科学、社会科学、语言（赞比亚语、英语）、宗教、国内经济、音乐和体育等。中等教育分为初中 3 年和高中 2 年，为非义务的免费教育。课程门类与小学相似，还增设了职业学科，如绘图、木工、金工、家庭工艺、农艺、商业等。除普通中学外，还有中等技术学校和专业学校。[②] 高中毕业后，学生要参加学校的证书考试，从而获得接受高等教育的机会。高等教育有两年制证书课程或三年制文凭课程，由大学、学院或专业机构提供，包括高中教师、大专生、本科生、研究生（硕士、博士）的培养，除普通大学外，也有高等职业技术学院。

近年来，赞比亚基本实现了初等教育的普及，联合国教科文组织数据显示，2016 年小学入学率为 93%。赞比亚的小学毕业率为 91.8%，接近全球普遍水平。而小学到中学的升学率较低，仅为 67.5%，主要原因是中学场地不够，不能容纳所有的小学毕业生就读。提高赞比亚的教育质量也是国家面临的挑战之一。尽管其国家评估数据显示在这方面有了显著改善，然而，提升教育质量的目标尚未实现，例如，通过九年级和十二年级

---

① 中华人民共和国外交部. 赞比亚国家概况 [EB/OL].(2021–03)[2021–04–09]. https://www.fmprc.gov.cn/web/gjhdq_676201/gj_676203/fz_677316/1206_678698/1206x0_678700.html.

② 顾明远. 教育大辞典 [M]. 上海：上海教育出版社，1998.

考试的学生人数占比较低，分别为 55.3% 和 64.8%。[①]

目前，赞比亚的成人识字率约为 75%。全国有基础学校 8801 所，高中 690 所，职业技术院校 268 所，大学 3 所（赞比亚大学、铜带省大学和穆隆古希大学）。赞比亚政府在各地设有文化村或文化中心，以保留和发展民间传统文化和艺术。近年来，政府利用外国援助，不断加大对教育部门的资金投入。2018 年，政府财政预算中的教育经费支出为 115.62 亿克瓦查（约合 16 亿美元），2019 年为 132.75 亿克瓦查（约合 11 亿美元），2020 年为 131.21 亿克瓦查（约合 7.1 亿美元）。[②]

二、职业技术教育与培训的战略与法规

（一）战略

自独立以来，赞比亚面临严重的人力资源短缺问题，尤其缺乏技术型劳动力。因而，职业技术教育与培训作为培养技术型人才的重要工具一直受到政府的高度重视，同时国际组织如联合国教科文组织、世界银行等也对其职业技术教育的发展给予重要支持。

1969 年，赞比亚政府出台了第一个职业技术教育政策《职业技术教育与培训政策》（TVET Policy），在各地相继设立职业技术学校，并专门成立独立机构——职业技术教育与培训部（DTVET）管理各职业技术学校及培训机构。此后，职业技术培训机构数量显著增加，一些大学也开设了更多与职业相关的实用课程，如制造业、商业培训等。

1991 年，赞比亚开始实行多党民主制，教育管理权被下放到各地区，实现了教育分权。1996 年，赞比亚政府出台了第二个职业技术教育政策《技术教育与职业、创业培训政策》（TEVET Policy），其中新增了"创业培训"的内容，旨在鼓励青年创业。这也是赞比亚一直沿用的职业技术教育与培训体系的主要政策。原来的"职业技术教育与培训"（TVET）也更名为"技术教育与职业、创业培训"（TEVET）。2000 年，职业技术教育与培训部解散，被技术教育与职业、创业培训管理局（TEVETA）取代，隶属于科学、技术与职业培训部（MSTVT）。在此期间，政府一方面推出针对自主创业的技能培训，营造创业氛围，鼓励青年自主创业，使培训内容和培训机构更加多样化，涵盖类型更广，涉及农业、护理、社区发展、工程等；另一方面加强与国际组织、其他国家的合作，2001 年与世界银行、丹麦及荷兰政府合作，启动了"技术教育与职业、创业培训开发计划"（TDP），提升赞比亚职业技术教育与培训的组织管理、基础设施、信息系统等方面的建设能力。[③]

2006 年，赞比亚政府出台《2030 年远景规划》，其中指出：职业技术教育与培训是

---

① 联合国儿童基金会 [EB/OL]. [2021-04-09]. https://www.unicef.org/zambia/education.html.

② 中华人民共和国商务部. 对外投资合作国别（地区）指南——赞比亚 (2020 年版)[R/OL]. [2021-04-09]. http://www.mofcom.gov.cn/dl/gbdqzn/upload/zanbiya.pdf.

③ 蔡丽娟. 赞比亚"技术教育以及职业和创业培训"的改革与发展研究 [D]. 金华：浙江师范大学, 2011:1.

教育和技能发展部门的组成部分，并承认其对经济发展的贡献。规划提出：要提高职业技术培训的产出，增加获得职业技术教育与培训机会的公平性，并保持本国质量验证的标准和国际认可。①

2017 年，赞比亚提出第七个国家发展计划（MNDP，2017-2021），其中指出了当前职业技术教育与培训发展的战略和目标，具体目标包括：到 2021 年，职业技术教育与培训体系的招生人数从 2016 年的 20367 人增加到 4 万人，并在 2021 年新增 8 所职业技术院校。该计划主要围绕以下任务展开：第一，增加民众获得高质量、公平的职业技术教育的机会。增加基础设施和学习设备的投资，并与教师培训相结合，尤其是通过改进信息通信技术来提高教育和培训的质量。第二，增加民众获得职业技术培训的机会。该计划旨在通过提高各类培训机构的教学水平来提升民众对职业技术教育与培训的认可，同时出台贫困学子职业技术教育奖学金计划。第三，加强私营机构的参与度及实力。目前，私营培训机构数量仅占整个职业技术教育与培训机构总数的 8.8%，还需进一步加强其参与度和实力。第四，不断更新课程，与时俱进。根据劳动力市场需求的变化，及时推出相应的职业技术培训课程。②

（二）法规

1966 年颁布的《教育法案》是指导赞比亚教育的主要法律文件，1969 年，赞比亚政府颁布《职业技术教育与培训法案》（TVET Act）。1998 年，出台《技术教育与职业、创业培训法案》，赞比亚的职业技术教育与培训以此法案为基础，之后政府对其进行审查，于 2005 年出台了《职业技术教育与创业培训修正法案》作为补充。

1.《职业技术教育与创业培训修正法案》

该法案规定成立技术教育与职业、创业培训管理局（TEVETA），并确定其作用和职能；规定建立政府经营的职业技术教育与培训机构，概述了其管理结构，以及所有职业技术教育与培训提供者的监管架构。③与此同时，还规定了所有职业的最低准入资格，批准注册机构的课程和证书标准，向通过本法规定的考试或评估人员颁发证书，为机构课程的开发提供指导，等等。

2.《技术教育与职业、创业培训法案》

该法案规范了所有提供职业技术教育与培训的机构，废止了原有的《职业技术教育与培训法案》。④

① UNESCO-UNEVOC. World TVET Database: Zambia [R/OL]. UNESCO, 2015 [2021-07-03]. https://unevoc.unesco.org/wtdb/worldtvetdatabase_zmb_en.pdf.

② ILO. State of Skills: Zambia [R/OL].[2021-07-03]. https://www.ilo.org/wcmsp5/groups/public/---ed_emp/---emp_ent/documents/genericdocument/wcms_736695.pdf.

③ UNESCO-UNEVOC. World TVET Database: Zambia [R/OL]. UNESCO, 2015 [2021-07-03]. https://unevoc.unesco.org/wtdb/worldtvetdatabase_zmb_en.pdf.

④ UNESCO-UNEVOC. TVET Country Profiles: Zambia [EB/OL].[2021-07-03]. https://unevoc.unesco.org/home/Dynamic+TVET+Country+Profiles/country=ZMB.html.

三、职业技术教育与培训的体系与质量保障

（一）体系

赞比亚的教育体系通过两种途径提供学习机会：一是学术，二是职业技能培训。学术途径即获得文凭等证书，培训途径则是获得一技之长。在此体系下，各中学、职业培训中心、行业培训机构、青年资源中心、社区发展中心和职业技术学院均设有职业技术相关课程。

赞比亚的职业技术教育与培训体系有正式和非正式的学习方式，所有的职业技术教育与培训机构都需要在技术教育与职业、创业培训管理局（TEVETA）注册备案。截至目前，赞比亚有 28 所职业技术教育学院，在 TEVETA 注册的机构数量为 295 家。[①] 正式的学习有针对工艺证书、高级技师证书、学前教师、小学教师、初中教师、护士、技术专家等资格的教育与培训，还提供了预先学习认可（RPL）的认证方式，这使人们能获得与他们所接受的最初培训同等地位的专业技能和文凭。RPL 为每个人提供了申请职业资格或职业技能认证、文凭的可能性，无论他们的年龄、教育水平或地位如何。[②]

非正式的学习方式是以社区为基础、由教会管理的组织和非政府组织提供的教育或培训，他们为辍学者和条件困难者开办课程，这些课程一般是商业和特定技能方面的短期课程。私营机构受市场需求驱动，主要位于城市地区。在赞比亚，大多数职业技术教育与培训都是以非正式的学习方式开展的。自 20 世纪 70 年代以来，国内不佳的经济状况限制了劳动力市场吸收职业技术教育与培训体系毕业生和辍学者的能力，从而导致了非正式学习方式的增长。[③]

（二）质量保障

赞比亚的职业技术教育与培训体系拥有质量保障制度，TEVETA 根据各培训机构提供教育和培训的能力对它们进行分类。截至 2018 年，53.0% 的机构属于第三级（质量等级体系中最低的）、37.0% 属于第二级（质量等级体系中次高的）、10.0% 属于第一级（质量等级体系中最高的）。这表明赞比亚的职业技术教育与培训体系一般倾向于提供较低质量的教育与培训。[④]

为了使职业技术院校及培训机构的课程与时俱进，适应国家工业发展需求，政府会

① UNESCO-UNEVOC. TVET Country Profiles: Zambia [EB/OL]. [2021-07-03]. https://unevoc.unesco.org/home/Dynamic+TVET+Country+Profiles/country=ZMB.html.

② Ministry of Higher Education. National Technical Education, Vocational and Entrepreneurship Training Policy [R/OL].Ministry of Higher Education, Republic of Zambia, 2020 [2021-07-03]. https://www.teveta.org.zm/archive/downloads/1607525522.pdf.

③ UNESCO-UNEVOC. World TVET Database: Zambia [R/OL]. UNESCO, 2015 [2021-07-03]. https://unevoc.unesco.org/wtdb/worldtvetdatabase_zmb_en.pdf.

④ Ministry of Higher Education. National Technical Education, Vocational and Entrepreneurship Training Policy [R/OL].Ministry of Higher Education, Republic of Zambia, 2020 [2021-07-03]. https://www.teveta.org.zm/archive/downloads/1607525522.pdf.

定期审查相应课程，努力为课程发展筹措资金。

赞比亚资格认证框架（ZQF）有 10 个等级，而职业技术教育与培训处于 3—6 级。由低至高依次为：技能证书的级别为 3 级，然后是工艺证书（4 级）、高级技师证书（5 级）和文凭（6 级）。获得这些证书的所需时间和培训内容各不相同。技能证书一般要 1 年的学习时间，而获得文凭的课程通常需要 3 年。TEVETA 负责职业技术教育与培训的成果评估、考试和颁发证书。长时间的评估通常由培训机构进行，而学员的最终能力测试则由外部评估人员和考官进行。这些考试必须在 TEVETA 注册，也接受外国考试机构的认证。截至 2016 年，已有 17 家国外考试机构获得 TEVETA 认证。[①]

四、职业技术教育与培训的治理与教师

（一）治理

1. 部门机构

赞比亚高等教育部（MHE）及科学、技术与职业培训部（MSTVT）负责政策制定、监督职业技术教育与培训机构以及公共资源的分配。而技术教育与职业、创业培训管理局（TEVETA）负责具体管理职业技术教育与培训机构，这是一个半自治的部门，其主要功能包括：为课程开发提供指导方针、设定职业技术教育与培训体系内的最低标准和资格、批准和执行国家考试、颁发证书以及注册培训机构等。[②]

2. 治理举措

（1）修订课程框架，引入学术与技能培训的双重体系

赞比亚政府于 2014 年修订了国家课程框架，在中学阶段引入学术与职业技能培训的双重体系，旨在增加学习者获得技能培训的机会，并使其获得受用终生的技能。双重体系具有灵活性，即使学习者离开了学校，也具备生产力并对经济发展做出贡献。此外，该体系提高了职业技能培训的知名度，使学习者能够将职业技能培训看作潜在的、平等的职业道路。[③]

（2）机构重组与更新换代

为了使赞比亚职业技术与创新教育有序发展，MSTVT 于 2010 年调整重组了全国的职业培训机构：理工学院进行学位等级教育；职业技术学院提供文凭教育与技术项目培训；贸易培训学院培训技师并提供高级技术证书；职业培训中心以短期培训为主，提供工艺证书。中小学以及大学的教室、宿舍等基础设施也正在加速建立和完善，在郊区、

---

① ILO. State of Skills: Zambia [R/OL].[2021-07-03]. https://www.ilo.org/wcmsp5/groups/public/---ed_emp/---emp_ent/documents/genericdocument/wcms_736695.pdf.

② 同上。

③ Ministry of Higher Education. National Technical Education, Vocational and Entrepreneurship Training Policy [R/OL].Ministry of Higher Education, Republic of Zambia, 2020 [2021-07-03]. https://www.teveta.org.zm/archive/downloads/1607525522.pdf.

农村同时加速建设教职工住房，以便提供优质的师资和学习环境。除了校舍建设，政府还加速更新信息通信技术以保证教学质量，优先发展职业教育，投资贸易培训机构的建立，支持其扩张。计划到至 2030 年，赞比亚 72 个地区将各有一所贸易培训学院。[①]

（二）教师

TEVETA 负责职业技术教育与培训体系内教师、培训师、评估员、审核员和审查员的认证，为此制定了一系列资格规定，认证按照相应技术和教学资格的要求来执行。根据规定，职业技术教育与培训体系内的教师有资格在不同级别的机构教学。职业技术师范学院是赞比亚唯一的一所提供职教教师培训的师范类院校，它提供全日制、兼读制、短期及远程课程。其中全日制课程包括：技术教师文凭；商业类中学教师文凭；高级教师文凭（商业设计与技术）；设计与技术教师文凭；指导、咨询和就业文凭；专业职业教师文凭。[②]

五、职业技术教育与培训的诉求与发展趋势

（一）诉求

赞比亚教育发展中存在的一个突出问题就是职业技术教育所占的比重过低。尽管政府在历次的国家发展计划中一再强调要发展职业技术教育，但是在整个国民心态上，仍存在歧视职业技术教育的偏见，这可能和国家的政策导向有关，如果仅仅是政策层面的强调而没有落实在具体政策中，没有倾斜性的安排，一切都只是纸上谈兵。[③]

目前，赞比亚急需扩大职业技术教育与培训体系的范围，并确保相应课程能跟上劳动力市场的需求。面对主要的挑战包括：

（1）缺乏系统的劳动力市场需求预测及技能发展的持续关注

相关系统性数据的缺失阻碍了政府政策的制定和执行。例如，没有调查研究表明劳动力市场需要哪些技能，而且对于从不同院校和机构毕业的职业技术教育与培训体系的学生，没有进行持续关注，不清楚他们的就业渠道。这些都导致了现有培训技能与劳动力市场需求不匹配的问题。

（2）社会合作伙伴在职业技术教育与培训体系治理中参与不力

参与职业技术教育与培训体系治理的大都是政府层面利益相关的人士，未来还需要纳入更多有行业经验的代表，如工人、企业家和学员，这样才有助于使该体系更贴近企业家和学员的需求。

① 邱立中. 赞比亚优先发展技术教育与职业培训的强国策略 [J]. 职教论坛 , 2014(4):91.

② UNESCO–UNEVOC. World TVET Database: Zambia [R/OL]. UNESCO, 2015 [2021–07–03]. https://unevoc.unesco.org/wtdb/worldtvetdatabase_zmb_en.pdf.

③ 汤小阳. 独立后赞比亚教育改革问题研究 (1964—2010) [D]. 上海：上海师范大学 ,2011: 32.

（3）获得政府财政预算的分配资金较少

与通识教育和大学教育相比，职业技术教育从政府预算中获得的资金非常少。增加对职业技术教育与培训的资金投入，将有助于减少青年失业。

（4）缺乏良好的教育培训能力

增强职业技术教育与培训的能力是必须解决的关键挑战之一，以便于利用国家人口红利和提高生产率。目前，赞比亚的职业技术教育培养制度只能满足少数学校毕业生的需求。还需加强初级和持续的职业技术培训，让更多公司参与职业技术培训活动。[①]

（5）缺乏相应设备，课程内容陈旧

除了以上几点，基础设施破旧、缺乏培训设备和资料、课程项目内容陈旧、学员资格证书水平较低、毕业生质量不佳、师资力量薄弱等都是赞比亚职业技术教育与培训普遍存在的问题。[②]

（二）发展趋势

近年来，赞比亚政府认识到对国家经济发展的重要性，制定了强有力的政策发展职业技术教育与培训，也引起了越来越多国家和国际组织注意。目前，赞比亚与联合国教科文组织、国际劳工组织、国际职业教育与培训协会（IVETA）、世界银行、南部非洲发展共同体（SADC）等组织进行了国际合作，引入了机构改革，以对话的形式与其他国家及社会组织进行磋商，有助于加强其体系建设，合作改进职业技术教育与培训制度。[③]2019年8月，中国援助赞比亚成立的中国－赞比亚职业技术学院，为"一带一路"沿线国家和地区的经济社会发展提供了新动力，为赞比亚职业教育提供了新思路。[④]可以预见的是，未来赞比亚的职业技术教育与培训水平将不断提升，体系将不断完善，职业技术教育与培训也将为赞比亚储备大量人力资源、培养大批技术型人才、促进产业振兴和经济发展做出重大贡献。[⑤]

（深圳职业技术学院　技术与职业教育研究所　肖晗悦）

---

① ILO. State of Skills: Zambia [R/OL].[2021-07-03]. https://www.ilo.org/wcmsp5/groups/public/---ed_emp/---emp_ent/documents/genericdocument/wcms_736695.pdf.

② 任雪娇, 张文亭. 赞比亚职业教育机械制造与自动化专业课程建设 [J]. 内燃机与配件, 2020(8):249.

③ ILO. State of Skills: Zambia [R/OL].[2021-07-03]. https://www.ilo.org/wcmsp5/groups/public/---ed_emp/---emp_ent/documents/genericdocument/wcms_736695.pdf.

④ 中国职业教育 "走出去" 开花结果：南京工业职业技术学院赞比亚分院正式开学 [J]. 江苏高职教育,2019(19): 03.

⑤ 邱立中. 赞比亚优先发展技术教育与职业培训的强国策略 [J]. 职教论坛, 2014(4):91.

主要参考文献

[1] 中华人民共和国外交部. 赞比亚国家概况 [EB/OL].(2021–03)[2021–04–09]. https://www.fmprc.gov.cn/web/gjhdq_676201/gj_676203/fz_677316/1206_678698/1206x0_678700.html.

[2] 顾明远. 教育大辞典 [M]. 上海：上海教育出版社,1998.

[3] 中华人民共和国商务部. 对外投资合作国别(地区)指南——赞比亚(2020 年版)[R/OL].[2021–04–09].http://www.mofcom.gov.cn/dl/gbdqzn/upload/zanbiya.pdf.

[4] UNESCO–UNEVOC. World TVET Database: Zambia [R/OL]. UNESCO, 2015 [2021–07–03]. https://unevoc.unesco.org/wtdb/worldtvetdatabase_zmb_en.pdf.

[5] 蔡丽娟. 赞比亚"技术教育以及职业和创业培训"的改革与发展研究 [D]. 金华：浙江师范大学,2011.

[6] ILO. State of Skills: Zambia [R/OL].[2021–07–03]. https://www.ilo.org/wcmsp5/groups/public/–––ed_emp/–––emp_ent/documents/genericdocument/wcms_736695.pdf.

[7] UNESCO–UNEVOC. TVET Country Profiles: Zambia [EB/OL].[2021–07–03]. https://unevoc.unesco.org/home/Dynamic+TVET+Country+Profiles/country=ZMB.html.

[8] Ministry of Higher Education. National Technical Education, Vocational and Entrepreneurship Training Policy [R/OL].Ministry of Higher Education, Republic of Zambia, 2020 [2021–07–03]. https://www.teveta.org.zm/archive/downloads/1607525522.pdf.

[9] 邱立中. 赞比亚优先发展技术教育与职业培训的强国策略 [J]. 职教论坛,2014(4):91–93.

[10] 汤小阳. 独立后赞比亚教育改革问题研究 (1964—2010) [D]. 上海：上海师范大学,2011.

乍得共和国

一、国家概况

（一）地理

乍得共和国（The Republic of Chad，La République du Tchad），简称乍得，是位于非洲中部、撒哈拉沙漠南缘的内陆国家，首都为恩贾梅纳。东邻苏丹，南与中非、喀麦隆交界，西与尼日利亚和尼日尔为邻，北接利比亚。北部属沙漠或半沙漠气候，中部属萨赫勒热带草原气候，南部属热带稀树草原气候，全年高温炎热。除北部高原山地外，大部分地区年平均气温在 27℃ 以上，北部可达 29℃。

（二）人文

乍得早期居民为萨奥人，"萨奥文化"是非洲文化宝库的重要组成部分。公元 9—17 世纪先后建立加涅姆 – 博尔努帝国、瓦达伊王国和巴吉尔米等穆斯林王国。1902 年沦为法国殖民地，1910 年成为法属赤道非洲的一个领地。1911 年，部分领土被法国出让给德国以换取德国承认法国对摩洛哥的"保护"。第一次世界大战后重归法国。1946 年成为法国海外领地。1957 年初成为"半自治共和国"。1958 年 11 月 28 日成为"法兰西共同体"内的"自治共和国"。1960 年 8 月 11 日宣告独立，弗朗索瓦·托姆巴巴耶（François Tombalbaye）任国家元首。1975 年 4 月，马卢姆发动军事政变，成立军政府。1978 年古库尼反政府武装大举进攻。1979 年马卢姆被迫辞职，此后政权几经更迭，政局持续动荡。1982 年 6 月哈布雷攻占首都，并出任总统。1989 年 4 月，乍得武装部队总司令伊德里斯·代比·伊特诺等人与哈布雷决裂，并于 1990 年 3 月创建政党"爱国拯救运动"（MPS）。同年 12 月，代比推翻哈布雷政权，出任国务委员会（临时政府）主席、国家元首，1991 年 3 月 4 日就任总统。自 2021 年 4 月 21 日起，乍得已故总统伊德里斯·代比的儿子——穆罕默德·伊德里斯·代比·伊特诺被任命为乍得共和国新一届总统。

乍得人口 1640 万（截至 2020 年）。全国共有 256 个民族。北部、中部和东部居民主要是阿拉伯血统的柏柏尔族、瓦达伊族、图布族、巴吉尔米族等，约占全国人口的 45%；南部和西南部的居民主要为萨拉族、马萨族、科托科族、蒙当族等，约占全国人口的 55%。官方语言为法语和阿拉伯语。南方居民通用苏丹语系的萨拉语，北方通用乍得化的阿拉伯语。居民中 58% 信奉伊斯兰教，18% 信奉天主教，16% 信奉基督教新教，4% 信奉原始宗教，其余信奉其他宗教或无宗教信仰。

（三）经济[①]

乍得是农牧业国家，经济落后，属最不发达国家行列。代比执政后，接受国际货币基金组织经济结构调整计划，重点整顿棉花公司等国营企业和公职部门；鼓励私人投资并发展中小企业；宣布实行企业私有化和自由经济；打击走私，保证税收；积极争取国际援助，鼓励外国投资。2000 年乍石油开发计划正式启动。2003 年 7 月，南部多巴油田顺利投产，西方加大对乍投资，乍得—喀麦隆输油管道开通，乍得石油生产及出口能力骤增，经济一度高速增长。乍得继续执行经济结构调整计划，推进国家减贫战略，加强和改善财政管理，大力促进私营经济发展，并颁布了新能源法。2011年，乍得政府将基础设施建设、工业、农牧业作为经济工作重点。2013 年，乍得政府通过《2013—2015 年国家发展规划》，提出"2025 年将乍得建设成新兴区域强国"的目标，确立了经济可持续增长、保障粮食安全、发展信息和通信技术、保护环境等主要任务。2014 年以来，由于国际油价大跌等因素，乍得经济增长势头受挫，财政严重困难。乍得政府将远景目标调整为"2030 年将乍得建设成新兴区域强国"。2020 年经济指标估算如下：[②]

国内生产总值：115 亿美元。

人均国内生产总值：701 美元。

经济增长率：-0.9%。

货币名称：中非金融合作法郎（FCFA，简称非洲法郎）。

汇率：1 美元约合 575.6 非洲法郎。

通货膨胀率：4.5%。

（四）教育[③]

乍得是撒哈拉沙漠以南非洲文化教育水平较低的国家。文盲率高（78%），区域间、性别间差距很大，如恩贾梅纳和西马约－凯比的文盲率分别为 45% 和 57%，巴加泽尔和拉克分别为 97% 和 96%；男性文盲率为 69%，女性 86%。识字系统的效率非常低。小学与中学入学率分别为 63.6% 和 29%。高等教育主要由恩贾梅纳大学、费萨尔国王大学、蒙杜大学、蒙杜商业技校、阿贝歇科技学院、萨尔赫天文和环境学院等提供，全国共有在校大学生约 4 万人。

---

① 中华人民共和国外交部 . 乍得国家概况 [EB/OL].(2021–08)[2021–09–01].http://hmprc.gov.cn/web/gjhdq_676203/fz_677316/1206_678722/1206x0_678724.html.

② 资料来源：2021 年第二季度《伦敦经济季评》，转引自中华人民共和国外交部 . 乍得国家概况 [EB/OL].(2021–08)[2021–09–01].http://hmprc.gov.cn/web/gjhdq_676203/fz_677316/1206_678722/1206x0_678724.html.

③ 资料来源：乍得基础教育振兴项目文件 (Project for Revitalizing Basic Education in Chad, PREBAT)。

学前教育面向 3—5 岁儿童。乍得的幼儿教育非常不发达。只有 1.73% 的儿童参加 3—5 岁年龄段的儿童教育（37% 的学校在恩贾梅纳）。在 2009—2010 年招收 21209 名学龄前儿童的 267 所学校中，61% 是私立学校，26% 是社区学校，只有 13% 是公立学校。

初等教育 6 年，为义务教育，招收 6 岁以上儿童。由于基础教育的数量覆盖面不足和不公平，毛入学率为 94%，但净入学率仅为 65.6%。这表明 34.4% 的 6—11 岁儿童失学，超过 80 万 9—14 岁的儿童失学。尽管数十年来，小学入学率从 2000 年的 85% 上升到 2010 年的 113%，但同期小学完成率停滞在平均 37% 左右（其中女孩为 28%）。48% 的学校没有提供完整的学习周期。

10—15 岁学生通过考试升入中学。中等教育包括普通中等教育以及技术和职业教育，面向 16—18 岁的青年。普通中等教育的总入学率为 19%，其中男孩为 30%，女孩为 9%。只有 17.8% 的二年级学生完成了学业，毕业生通过考试取得业士证书。技术和职业中学的入学人数仅占中学总入学人数的 1.5%。2009—2010 年，有 33 所注册的技术和职业中学，其中 18 所是公立的，15 所是私立的。离校生的出路问题可能严重阻碍这类教育的发展，2012 年这类教育仅占当年教育支出的 2.9%。

高等教育机构有大学、国立政治学院、国立行政管理学院、农业学院等。除个别院校需入学考试外，凡持业士证书或有同等学力者均可接受高等教育。教学分 3 个阶段。第一阶段 3 年，授予学士学位；第二阶段 1—2 年，授予硕士学位；第三阶段 2—3 年，授予博士学位。

2010—2011 年，乍得有 47 所高等教育机构。其中一半属于私立，同年，这些机构招收了 20349 名学生，其中 4659 名是女生（23%）。公立机构（大学和学院）招收了 72% 的高等教育学生（女生仅占 19%），公立大学的招生分布显示，社会科学和人文科学占主导地位（45%）。

二、职业技术教育与培训的战略与法规

（一）战略

1991—2002 年期间，乍得受益于教育、培训和就业项目（EFE），此项目由联合国开发计划署供资，由国际劳工组织和联合国教科文组织执行。该项目致力于调整教育和职业培训，以解决失业问题，减少贫穷人口，并使广大公民能够参与国家建设和经济增长。为此，乍得设立了若干机构（CONEFE、OBSEFE、FONAP 和现已解散的 CCC）。但 2002 年，联合国开发计划署停止供资，此项目便进入一段不确定和停滞不前的时期。

（二）法规

乍得的职业技术教育与培训因应相关法律法规成立以下机构或组织：

1. 国家就业教育和培训委员会（CONEFE）

CONEFE 是一个部际结构，负责指导和协调工作，与社会伙伴和发展伙伴协商和决策，并设有一个技术秘书处。

尽管评估团认为，国家就业和职业培训委员会没有发挥其调动财政资源的作用，这对系统指导某些机构的运作产生了不利影响，但它仍然是就业和职业培训系统中的一个必要结构。

2. 教育、培训和就业观察站（OBSEFE）

该办公室是根据 1993 年 12 月 31 日第 766/PR/MPC/93 号法令设立的，隶属于执行秘书处，其职能有：

（1）集中、处理和分析从有关部门收集的关于教育、培训和就业的统计数据；

（2）在劳动力市场与教育机构及提供技术、职业培训的机构之间建立接口；

（3）编制并定期分发一份培训项目清单和一份与晋升行动相关的工作清单。

为了使职业技术教育与培训（L'enseignement et la formation techniques et professionels, ETFP）不断跟上就业的发展，重新启动教育、培训和就业观察站，是非常有必要的。它不仅能够协助确定就业需要，具体说明经营者需要的用人资历，还能帮助观察站确定相对应的培训计划。

OBSEFE 必须与负责培训和就业的其他机构建立网络，并与该部门的其他机构建立成一个真正的活动体系，以便在一个新的结构框架内寻求其自主性，使其能够以完全透明的方式提供国家行动方案和方案执行任务所需的统计数据。

3. 国家职业培训资助基金（FONAP）

该基金是根据 1993 年 12 月 31 日第 767/PR/MPC/93 号法令设立的，隶属于乍得计划经济部以及财政预算部。它是一个具有法人资格和财政自主权的专门基金。由它提供财政资助，由企业以及公共和私营职业培训根据国家职业培训委员会确定的优先事项提交培训计划。FONAP 的预算由学徒和职业培训税供资，该培训税占企业营业额的 1.2%。2009—2010 年期间，国家行动基金参与资助了 140 项针对企业雇员的培训，170 项针对生产群体（畜牧业、农业、手工艺技术、文化和苗圃）的培训。不尽如人意的是，该机构的活动覆盖面仍然有限，其中心仅限于恩贾梅纳。

4. 国家促进就业办公室（ONAPE）

它是一个具有行政和三方性质的公共机构，具有管理自主权，其组织方式由 1992 年 9 月 10 日第 471/PR/MFPT/1992 号法令和 1996 年 4 月 15 日第 188/PR/MFPT/96 号法令规定。

它的任务是将求职者介绍给公司提供的工作岗位。它具有财政自主权，由企业直接缴纳会费，估计预算超过 20 亿美元。

ONAPE 有三个窗口：一个无经验毕业生实习安置窗口，一个面向所有项目的失业者的自营职业窗口和一个求职窗口。它还通过启动一个名为"农业运动"的方案使其干预措施多样化，该方案在 2012 年以 2% 的比率为 1300 个项目提供了资金。全国残疾人协会还启动了一个自营职业方案。年轻人接受的培训为期 1—3 个月，一部分是加强技术技能，另一部分是管理中小微企业，同时与农业部合作发起微型农业项目。

作为就业的促进者，国家促进就业办公室在了解和监测劳动力市场的发展、帮助制定适合乍得经济特点的立法和条例以及向求职者提供服务（指导、信息、咨询）方面发挥了决定性作用。然而，必须指出，乍得国家统计局无法编制关于长期失业的统计数字。因此，为了充分发挥这一重要机构的潜力，并使其变得有效和高效，政府必须通过加强能力和资源（人力和财政）的调控来弥补长期失业数据的缺失。

5. 国家社会保障基金（CNPS）

它是根据 1970 年 3 月 9 日第 51/PR/MJTS/DTMOPS 号法令设立的，负责确定和收取雇主应缴纳的款项，并提供法律规定的福利；保存按字母顺序排列的附属公司档案。它由一个由 12 名成员组成的董事会管理，其中 5 名成员由代表雇主的组织任命，5 名成员由代表工人的工会任命，2 名成员代表公共当局（公共卫生主任和国库主任）。

三、职业技术教育与培训的体系与质量保障

（一）体系

乍得的职业技术教育分为正式的技术职业教育和培训、非正规和非正式的技术职业教育和培训两大类。[①]

1. 正式的技术职业教育和培训制度

中学生可在技术职业培训中心 (CFTP)、技术学院、技术职业学校参加技术和职业培训活动。入学标准如下：

（1）技术和职业培训中心（CFTP）为 15 岁及以上的持有中等教育初级阶段毕业证书（BEPC）或同等资格的年轻人提供培训；

（2）技术职业学校招收持有中等教育初级阶段毕业证书（BEPC）或同等资格的学生。

（3）在高等教育一级，技术职业教育和培训方案在大学、学院或专门的培训中心提供。它们向通过中学毕业会考或具有同等学力的人开放。

---

① Republic of Chad. National Plan for Education for All [R]. N'Djamena: Republic of Chad, 2002；Republic of Chad. National Development Plan 2013–2015 [R]. N'Djamena: Republic of Chad, 2013；UNESCO–IBE. World Data on Education VII Ed. 2010/11.Chad [R]. Geneva: UNESCO–IBE, 2010.

2. 非正规和非正式技术职业教育和培训系统

非正规的技术职业教育和培训计划由不同责任方提供。例如：

（1）农村发展部通过适应农村世界的结构提供教育和培训；

（2）公共服务、劳动、促进就业和现代化部在职业培训中心提供培训；

（3）农业部 (MA) 在职业培训中心提供培训。

此外，非政府组织也提供教育和培训；天主教发展援助组织 (SECADEV) 在培训中心也开展扫盲和培训活动。

根据 2013—2015 年国家发展计划，非正规部门的范围涵盖约 70% 的城市地区的工作岗位和企业。尽管非正规部门规模很大，但没有关于非正规技术职业教育和培训系统的相关资料。

（二）质量保障

今天，乍得的大学和职业技术教育的覆盖面是令人满意的，但其质量仍然是一个问题，原因是：人力资源不足；培训方案的相关性和效率及其与就业市场的联系不足；企业与高等教育机构之间缺乏沟通，即公司很少为在校生提供实际培训和实习的机会。

高等教育的单位成本是初等教育的 30 倍，超过 72% 的（不包括工资在内的）支出用于商品和服务（包括奖学金）。这些高昂的费用是乍得普及高等教育的一个主要制约因素。

公共教育经费不足，过去十年占国内生产总值的 2.5% 的经费用于教育，2010 年达到国家预算的 10.3%，其中 53% 用于初等教育，6% 用于扫盲。2011 年，分配给社会部门（教育、卫生、社会事务、青年和体育以及公共卫生）的资源占公共支出的 17.3%。教育和卫生资源分别占比 9.4% 和 6.03%。每名小学生的单位费用约为 25000 非洲法郎。费用低的原因是有大量教师，由社区支付底薪，学生与教师的比率非常高，非工资支出非常低。

教育系统的管理效率存在以下亟须大力解决的问题：对学校的人力和物力资源分配极不稳定；除了传统的考试外，几乎不存在对学生学习成果的指导和评估；在国家和地方两级管理层面，监测和评价教育系统的手段上，物质和人力资源不足；财务和人力资源管理高度集中；分权结构的能力仍然非常有限。

目前，乍得的职业技术教育存在基本的资格认证体系，并由有关机构在国家与地区层面实施质量保证措施。

1. 资格证书 ①

（1）中等职业教育

表 1　乍得中等职业教育学制与资格

轨　道	持续时间	证　书
技术和职业培训中心（CFTP）	2年	技术和职业培训文凭
技术教育学院	2年	职业学校毕业证书（BEP）
技术和职业高中	3年	业士学位，技术业士学位，技术员证书（BT）

（2）高等职业教育

表 2　乍得高等职业教育学制与资格

轨　道	持续时间	证　书
本科	4年	专业学士（LPST）
研究生	1–2年	专业硕士（MPST）

2. 质量保证

中等教育和职业培训部（MESFP）和国家教育部（MEN）在国家层面上把关职业技术教育和培训方案的质量。

（1）总监察局负责监控中等教育和职业培训部提供的服务；

（2）技术中学教育局负责技术职业教育和培训方案的质量。

国家地方教育代表团负责地方级的技术职业教育和培训质量。特别是：

（1）隶属国家教育部的部门监察局负责其技术职业教育和培训；

（2）教育监察局负责专区技术职业教育和培训。

四、职业技术教育与培训的治理与教师

（一）治理

乍得各级教育由教育部负责。全国分 6 个初等教育学区，由督学负责。6 个学区再分为 18 个基层检查区，由基层督学负责。除教育部外，农业部、畜牧业部、国防部、卫生部等亦参与制定教育政策。

根据各类研究发现，乍得职业技术教育与培训（ETFP）的发展有以下特点和障碍：②

（1）70%—80% 的年轻人目前被排除在所有正规培训计划之外；

---

① UNESCO–IBE. World Data on Education VII Ed. 2010/11. Chad [R]. Geneva: UNESCO–IBE, 2010.

② JOUSSEIN C. Rapport de mission d'Appui à la Politique de Formation Professionnelle [R]. BIT,2011.

（2）农村人口占乍得人口的大多数，他们没有接受专门的职业培训；

（3）乍得几乎不存在与就业有关的职业培训；特别是技术职业教育和培训，导致青年人失业或就业不足；

（4）培训市场提供的培训不适合年轻女孩。事实上，它们仅限于美发、缝纫和其他第三产业；

（5）与劳动力市场缺乏联系；

（6）培训机构数量不足：一方面，就业部只有两个公共中心，分别设在恩贾梅纳和蒙杜，另一方面，培训机构集中在城市地区，特别是三个大城市；①

（7）基础设施陈旧，技术和教学设备缺乏或陈旧；

（8）缺乏适合劳动力市场的课程，提供的培训僵化；

（9）缺乏职业信息和职业指导；

（10）缺乏战略和各级有效的协调。

因此，从上述情况可以看出，乍得职业和技术培训系统的能力远远低于家庭平均每年48000人的培训需求。事实上，目前的培训能力（所有部门加在一起）约能容纳11000人。因此，需要将现有的培训能力增加两倍。要增加接纳能力，就需要对现有设施进行升级（其中80%已经过时），通过已经设立的中心进行运作（11个机构是根据部级命令设立的，但没有运作），以及通过2012年10月共和国总统令设立的23个中心进行运作。它们的实施也无法使国家单独满足个人的所有培训需求以及家庭对职业教育和培训的所有需求。

为了满足市场的需要，国家可以：（1）利用非正规部门提供的培训；（2）鼓励私营部门更多地提供培训。

关于非正规部门的发展，非正规部门消费调查（ECOSIT）分析表明，乍得经济有27152个非正规生产单位（非正规微型企业）。这些非正规生产单位总共容纳了大约55000名学徒（平均每个非正规生产单位吸纳2名学徒）。统计数字显示，学徒在非正式生产单位（UPI）工作了大约10年，在那里他们学会了自己的手艺，然后才开始自营职业。

私营部门在增加职业教育和培训的提供方面发挥着重要作用，特别是因为目前私营部门提供的培训有40%集中在恩贾梅纳。

（二）教师

2010—2011年共有22所师范学院，旨在培训小学教师。1960—1970年大部分中学教师在国外培养。1975年后，中学的法语和社会研究课教师由乍得大学文学院培养。小学教师师范学校（ENI）每年培训3000名教师。然而，并不是所有从这些学校毕业的人都会被直接聘用到教师队伍中。在过去几年中接受过ENI培训的10000多人在2012年仍未被招募。

教师在大学为合同制，有200名国家正式教师被借调到私立学校。

---

① 根据职业培训局的数据，截至2014年，乍得22个大区的所有主要城镇都有一个技术和职业培训中心。

应聘大学教师者只需向教育部提交简洁的个人材料，招聘小组委员一般由非教学的外部人士担任，例如中央当局的负责人。

乍得教师属于国家官员，他们的职业受国家规定的一系列法律和条例的约束。此类约束文本和条例由高等教育部起草，并经共和国总理或总统批准。

乍得的大学教师分为两个等级：讲师和大学教授。从一个职等晋升到上一个职等是以资历为基础的。从一个学位到另一个学位的晋升以国家评审团或大学内部评审团认可的成绩为基础。而从高级讲师到教授的晋升过程则须进行新一轮招聘。乍得的晋升机制参考非洲和马达加斯加高等教育理事会（CAMES）。体制内的梯级每两年自动提升一次。

教师每年计划用于远程学习的时间为 200 小时左右。通过视频会议在全国各机构之间建立网络的工作已经开始，但目前尚未开始运作。

五、职业技术教育与培训的诉求与发展趋势

（一）诉求

20 世纪 90 年代，随着公务员招聘冻结，乍得出现了毕业生失业问题。但对高技能劳动力的总体需求仍保有缓慢增长。现有资料表明，毕业生失业率不断上升，因此在就业方面的表现不尽如人意，如下表所示。

表 3　乍得就业分布和教育制度

教育系统毕业生的分布情况			提供的工作分布情况			
受教育水平	人数	%	部门	职业	人数	%
从未上过小学	15400	14.0	非正式	农业	60100	54.6
小学未毕业	37400	34.0				
小学毕业	13200	12.0		其他非正式工作	40500	36.8
初中未毕业	18700	17.0				
初中毕业	7400	6.7				
高中肄业	7800	7.1				
高中毕业	5500	5.0	现代	其他现代工作	7100	6.5
高等教育肄业	2800	2.5		中间职业	1700	1.5
完成高等教育	1800	1.6		高级管理人员	600	0.5
队列总数	110000	100	提供的所有工作		110000	100

资料来源：G. Manasset, Études sur l'Enseignement Supérieur, 2006.[①]

---

① 转引自 République du Chad. Programme Pays pour un Travail Décent (PPTD), 2013–2015 [R/OL]. [2021-09-20]. https://www.ilo.org/wcmsp5/groups/public/---africa/---ro-abidjan/---ilo-kinshasa/documents/genericdocument/wcms_323453.pdf.

据估计，每年约有 3000 名毕业生从高等教育机构毕业，相对应只有 400 个新的管理职位，这意味着产生的文凭是经济需求的 7—8 倍。高等教育的供应超过劳动力市场的吸收能力是没有道理的，因为缺乏资助初等教育和扫盲的资源。然而，正是这些分部门为绝大多数从事农业和非正规部门工作的劳动力提供了可持续的扫盲。62% 的人在没有完成初等教育的情况下进入劳动力市场，而这是提高非正规经济部门劳动生产率的最低基础。

自 2002 年通过"就业政策宣言"以来，乍得政府没有采取任何重大行动促进就业和职业培训。未来乍得必须迅速填补这一空白，以便能够开发越来越多每年进入劳动力市场的人力资源。

（二）发展趋势

调整初始培训系统和提高就业能力是乍得教育系统面临的重大挑战，调整速度越慢，创造体面工作的战略就越无效。

乍得政府意识到这些瓶颈后，已开始进行改革，并正在逐步建立一个职业和技术培训系统，以支持多样化增长进程，并最终使职业技术培训与提供的就业机会相匹配，特别表现为以下举措：

（1）不断提高不同经济部门工人的资历和技能；

（2）改善弱势群体（妇女、处境困难的青年、残疾人）进入职业培训系统和方案的机会。最终目标是使职业和技术培训充分发挥其作为解决失业问题和促进经济增长的工具的作用。

（3）培训与就业的协调。这一目标不能仅靠国家来实现。大多数非洲国家，特别是乍得，在经济增长、收入调动和财政资源方面面临危机，这尤其不利于技术和职业培训的投资和运作所需的高费用。职业培训与就业之间的联系在通过资助和建立生产货物和服务的微型或小型单位寻求自营职业方面发挥了最大的凝聚力。

（4）高等教育领域的多样化，加上经济经营者对资格的不同需求，必须走专业化的道路。要吸取的教训是，乍得国家就业教育和培训委员会（CONEFE）是协调和动员合作伙伴的理想框架，它确实是促进发展教育培训、就业和消除贫穷政策的力量。

政府对职业技术教育与培训的支持还促成以下成果：

（1）20 个新的就业基准；

（2）27 个培训方案；

（3）30 名培训教员；

（4）校长培训员。

在这方面，值得一提的是，国家职业培训基金努力为企业、集体项目或学徒项目的雇员提供额外培训，尽管所有这些干预措施仍仅限于首都恩贾梅纳市。下表中的数据说明了这一点。

表4　全国人口基金对培训发展的支持

时间	行动类型	资助行动的数量	受益人数	地点
2000—2013	培训计划	1113	11617	恩贾梅纳
	集体项目	1343	20831	
2011—2013	学习项目	4	70	

资料来源：RAFPRO/FONAP[①]2014 年数据。

在我们看来，以上描述的乍得职业教育与培训的体制框架似乎极其僵化。虽然有一种使机构个性化的趋势，但却往往导致管理缺乏效率和透明度。在实践中，确实存在许多问题。此外，还注意到两个主要困难：

（1）国家教育部门、负责劳动和就业的政府机构以及在其任务范围内也处理职业培训问题的其他部委之间存在监督冲突（这是管理人员和负责人员之间协调干预措施的问题）。政府目前正在努力解决这一协调问题，办法是对负责职业培训和统一监督就业和劳动的各部进行新的组织。

（2）不同部委之间的责任分配（培训任务分配）不善和责任界定不一致，导致对冲突的仲裁变得更加困难。

（3）体制组织和劳动力市场治理的尝试往往不甚成功，原因是缺乏能力和资源，而且缺乏将就业作为一种改善社会经济的愿景，而不仅仅是宏观政策的结果。

（深圳大学　法语系　顾芷榕）

主要参考文献

[1] Politique Nationale de l'Emploi et de la Formation professionnelle au Tchad (PNEFP) [R]. N'Djaména: Ministère de la Fonction Publique, du Travail et de l'Emploi, avril 2014.

[2] UNESCO–UNEVOC. Base de données sur l'EFTP dans le monde: Tchad [R]. Compilé par Centre international UNESCO–UNEVOC pour l'enseignement et la formation techniques et professionnels, validé par Ministère de l'éducation nationale. UNESCO, 2014.

[3] Carrière des enseignants des universités: Enquête, Pays: République du Tchad [EB/OL]. [2021-09-20]. https://www.galaxie.enseignementsup–recherche.gouv.fr/ensup/pdf/EC_pays_etrangers/Afrique/

---

① RAFPRO (Le Réseau Africain des Institutions et Fonds de Formation Professionnelle)，即非洲职业培训机构和基金网络，它是成员间的协商框架组织；FONAP (Fonds National d'Appui à la Formation Professionnelle) 是乍得用于支持职业教育的国家基金。

Tchad.pdf.

[4] Republic of Chad. National Plan for Education for All [R]. N'Djamena: Republic of Chad, 2002.

[5] Republic of Chad. National Development Plan 2013–2015 [R]. N'Djamena: Republic of Chad, 2013.

[6] UNESCO–IBE. World Data on Education VII Ed. 2010/11.Chad [R]. Geneva: UNESCO–IBE, 2010.

[7] République du Chad. Programme Pays pour un Travail Décent (PPTD), 2013–2015 [R/OL]. [2021–09–20]. https://www.ilo.org/wcmsp5/groups/public/---africa/---ro-abidjan/---ilo-kinshasa/ documents/genericdocument/wcms_323453.pdf.

[8] JOUSSEIN C. Rapport de mission d'Appui à la Politique de Formation Professionnelle [R]. BIT, 2011.

格林纳达

一、国家概况

（一）地理

格林纳达（Grenada），位于北美洲东加勒比海向风群岛最南端，南距委内瑞拉海岸约 160 千米，国土面积 344 平方千米，包括面积为 311 平方千米的主岛格林纳达，以及在主岛以北 37 千米的卡里亚库岛屿和小马提尼克岛屿。[①] 格林纳达全国行政区划分为圣乔治区等 6 个区和卡里亚库岛等 2 个岛，首都为位于主岛向西南端的圣乔治区的圣乔治（St. George's），是格林纳达的行政、经济中心和重要的交通枢纽。[②] 格林纳达气候属热带雨林气候，一年分旱、雨两季，1 月至 5 月为旱季，6 月至 12 月为雨季，8 月至 11 月气温较高，可达 35℃，12 月至次年 3 月气温较低，最低气温为 18℃，全年平均气温 26℃。[③]

（二）人文

格林纳达原为印第安人的居住地，于 1498 年被哥伦布发现，17—18 世纪，英国与法国对格林纳达进行反复争夺和占领，交替统治格林纳达，最终格林纳达在 1783 年根据《凡尔赛条约》正式归英国所有。[④] 1877 年，英国正式将格林纳达列为直辖殖民地，1967 年格林纳达成为有内部自治权的英国附属国，直至 1974 年 2 月 7 日才正式独立，但还是英联邦成员国。格林纳达独立后，由于党派斗争频频发生政变，美国以保护侨民和应东加勒比国家组织请求干预为由，与牙买加等 6 个加勒比国家联合出兵格林纳达，到 1984 年 12 月，格林纳达才恢复大选。[⑤]

格林纳达是君主立宪制国家，英国女王伊丽莎白二世为其国家元首，在当地任命总督为其代表。格林纳达实行西方议会民主制，行使立法权的议会由参众两院组成，行

[①] 商务部国际贸易经济合作研究院等 . 对外投资合作国别（地区）指南——格林纳达 (2020 年版)[R]. 商务部国际贸易经济合作研究院等，2020：2-3.

[②] 同上。

[③] 中华人民共和国外交部 . 格林纳达国家概况 [EB/OL]. (2021–02) [2021–04–11]. https://www.fmprc.gov.cn/web/gjhdq_676201/gj_676203/bmz_679954/1206_680252/1206x0_680254.html.

[④] 同上。

[⑤] 商务部国际贸易经济合作研究院等 . 对外投资合作国别（地区）指南——格林纳达 (2020 年版)[R]. 商务部国际贸易经济合作研究院等，2020：2.

政权属于总理及其内阁。^①格林纳达现任的总督塞茜尔·拉格雷纳德（Dame Cécile La Grenade）为第六任总督，于 2013 年 5 月 7 日就任的，是独立后第一位女总督。现任总理为基思·米切尔（Keith Mitchell），在 2018 年 3 月大选中蝉联总理。格林纳达目前政局稳定。^②

截至 2020 年，格林纳达人口约为 11.3 万，大多为黑人，占总人口的 82%，另外混血人约占 13%，白人及其他人种约占 5%。英语为格林纳达的官方语言和通用语，少数居民会使用法语和土语混杂的语言，中小学也会开设西班牙语和法语课程。大多数居民都有宗教信仰，大约 60% 居民信奉天主教，30% 信奉基督教，另有少量居民信奉其他宗教。^③

（三）经济

格林纳达是一个岛国，自 20 世纪 90 年代中期以后，格林纳达的经济转向服务业，它成为国家目前的主要经济来源。2017 年，服务业占国民生产总值的 81.3%，工业占 12.7%，农渔业占 6.1%。服务业中，旅游和私立教育占的比重最大。旅游业是格林纳达最主要的经济支柱和最大的外汇来源，据估计，过去 10 年旅客平均每年为格林纳达带来约 1.3 亿美元的收入。以圣乔治大学为首的私立教育行业近几年对国民生产总值的贡献突出，2019 年占比 18.9%。建筑业是格林纳达工业中的最大驱动，但增长相对缓慢。格林纳达的制作业大多为小规模经营，包括饮料、面粉和其他食品、纺织品和动物饲料的生产。农业在过去是格林纳达最主要的外汇收入来源，虽然现在不再是主要经济支柱，但格林纳达出口还是以农产品为主，包括可可、酸汁、柑橘类水果、丁香和肉桂，故格林纳达有"香料之岛"的美誉。^{④⑤⑥}

世界银行的数据显示，格林纳达属于中高等收入国家，1978—2019 年，格林纳达的国民生产总值保持着稳定增长，2019 年的国民生产总值（GDP）为 12.11 亿美元。^⑦然而，受到新冠疫情影响，旅游业等行业受到重创。格林纳达政府为刺激经济出台了一系列举措，包括拨款、发放贷款、推迟抵押贷款等。^⑧根据世界银行的预测，虽然格林纳

---

① Government of Grenada. About Grenada[EB/OL]. [2021-04-11]. https://gov.gd/about-grenada.html.

② 商务部国际贸易经济合作研究院等. 对外投资合作国别（地区）指南——格林纳达 (2020 年版)[R]. 商务部国际贸易经济合作研究院等, 2020: 5, 54.

③ 同上，2020: 9.

④ 同上，2020: 14.

⑤ Government of Grenada. Economy[EB/OL]. [2021-05-11]. https://gov.gd/economy.html.

⑥ UNEVOC, Grenada National Training Agency. TVET Policy Review: Grenada [R/OL]. UNESCO, 2020 [2021-04-11]. https://unesdoc.unesco.org/ark:/48223/pf0000375699?posInSet=1&queryId=500de2e3-a558-4aab-a59a-779ee91bed8b.pdf.

⑦ The World Bank. Grenada[EB/OL]. [2021-05-11]. https://data.worldbank.org/country/grenada.html.

⑧ 商务部国际贸易经济合作研究院等. 对外投资合作国别（地区）指南——格林纳达 (2020 年版)[R]. 商务部国际贸易经济合作研究院等, 2020: 15.

达 2020 年的经济呈现负增长，但 2021 年开始将逐步恢复正增长的趋势。[①]

（四）教育

格林纳达重视教育投入。根据联合国教科文组织统计研究所统计，格林纳达教育投入资金占国民生产总值的 3.17%，占政府总开支的 14%。2018 年，格林纳达的学前教育毛入学率为 100.5%，小学毛入学率为 106.85%，中学毛入学率为 120.12%，高等教育毛入学利率为 104.6%。根据 2014 年的统计，15 岁及以上国民的识字率为 98.6%。[②]

格林纳达小学和中学为义务教育，为 5—16 岁学生提供免费的义务教育。[③] 格林纳达教育体系如图 1 所示。

格林纳达的正式教育从学前教育开始，主要为 4—5 岁的孩子提供非义务教育。格林纳达的学前教育课程主要为结构化学习和游戏相关活动，学习时间为每周 10 小时。[④]

格林纳达的小学教育学制为 7 年，包括 1 年幼儿园（kindergarten）和 1—6 年级（grade 1-6），入学年龄为 5 岁。学生到 11 岁完成小学 7 年课程学习后，参加统一考试进入中学阶段的学习。2012 年以后，格林纳达把由加勒比考试委员会（Caribbean Examinations Council）组织的加勒比小学毕业评估（Caribbean Primary Exit Assessment，简称 CPEA）代替国家级的中学入学考试（Common Entrance Examination，简称 CEE）。[⑤] 考生考试达标即可进入中学阶段的学习，若未能达标，则进入延长小学（Extended Primary School），为其创造其他学习机会。[⑥]

格林纳达的中等教育分为初中和高中两个阶段，初中阶段学制为 3 年，高中阶段学制为 2 年。初中学习结束后学生参加加勒比考试委员会组织的加勒比中级能力证书考试（Caribbean Certificate of Secondary Level Competence Examination），若成绩达标，可升读高中。教育部为年满 14 岁但未能通过考试进入高中学习的学生提供参加结业考试（School Leaving Certificate Examination）的机会，并为其颁发结业证书（School Leaving Certificate）。学生凭结业证书可选择就业或到私立技能培训中心进修。高中阶段的学习结束后，学生可以选择通过加勒比考试委员会组织的加勒比中等教育证书考试

---

① The World Bank. Global Economic Prospects: Latin America and the Caribbean [EB/OL]. (2021–01) [2021–04–11]. https://pubdocs.worldbank.org/en/515911599838716981/Global–Economic–Prospects–January–2021–Regional–Overview–LAC.pdf.

② UNESCO Institute for Statistics. Grenada [EB/OL]. [2021–04–11]. http://uis.unesco.org/en/country/gd.html.

③ 商务部国际贸易经济合作研究院等. 对外投资合作国别（地区）指南——格林纳达 (2020 年版)[R]. 商务部国际贸易经济合作研究院等 , 2020: 9.

④ UNEVOC, Grenada National Training Agency. TVET Policy Review: Grenada [R/OL]. UNESCO, 2020 [2021–04–11]. https://unesdoc.unesco.org/ark:/48223/pf0000375699?posInSet=1&queryId=500de2e3–a558–4aab–a59a–779ee91bed8b.pdf.

⑤ Government of Grenada. Education Structure [EB/OL]. [2021–05–11]. https://www.gov.gd/moe/education–structure.html.

⑥ UNEVOC, Grenada National Training Agency. TVET Policy Review: Grenada [R/OL]. UNESCO, 2020 [2021–04–11]. https://unesdoc.unesco.org/ark:/48223/pf0000375699?posInSet=1&queryId=500de2e3–a558–4aab–a59a–779ee91bed8b.pdf.

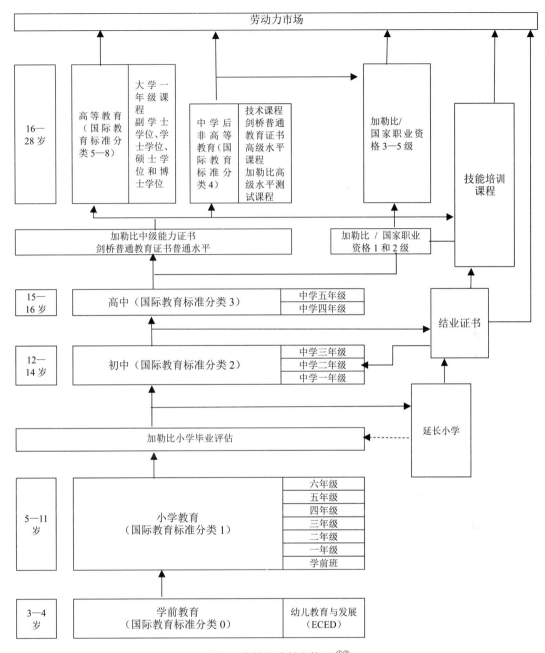

图 1　格林纳达教育体系 [①②]

①　UNESCO-UNEVOC. TVET Country Profile: Grenada [R/OL]. (2020-05)[2021-04-30]. https://unevoc.unesco. org/pub/tvet_country_profile_-_grenada_pub_final_may_20201.pdf.

②　Government of Grenada. Educational System in Grenada [EB/OL]. [2021-05-11]. https://www.gov.gd/moe/ educational-system-grenada.html.

（Caribbean Secondary Education Certificate Examination）或剑桥普通教育证书普通水平考试（Cambridge General Certificate of Education：Ordinary-level Examinations，简称GCE O-level）进入中学后教育或高等教育学习。①②

格林纳达中学后教育为非义务教育，其课程主要包括 2 年的剑桥普通教育证书高级水平课程或加勒比高级水平测试（Caribbean Advanced Proficiency Examinations）证书课程（CAPE Certificate），或者是 1—1.5 年的职业教育和职业技能证书课程。这些课程主要由玛丽秀社区大学（T. A. Marryshow Community College）和私立职业教育培训机构新生活机构（New Life Organization，简称 NEWLO）提供。③ 此外，西印度群岛大学（The University of the West Indies）设立在格林纳达的开放校区也会提供 1—1.5 年的证书课程。④

格林纳达的高等教育体系中，大专课程学制为 2—3 年，本科课程学制为 4 年（专升本学制为 2 年），硕士学位课程学制为 1—2 年，博士学位课程学制为 4—7 年。格林纳达有 3 所大学提供高等教育。玛丽秀社区大学是一所公立大学，除了提供上述的中学后教育外，还提供大专课程和本科课程。西印度群岛大学格林纳达开放校区（The University of the West Indies Open Campus in Grenada）提供在职证书、文凭、学士、硕士和博士学位课程，这些课程可以在网上获取，但课程的部分内容通常在校园开放中心获得。圣乔治大学（St. George's University）是一所私立大学，提供本科、硕士和博士课程，以医学类专业为主。⑤

二、职业技术教育与培训的战略与法规

（一）战略

格林纳达国家培训局（Grenada National Training Agency）其中一个职能是制定职业教育与培训发展规划。⑥ 格林纳达国家培训局分别于 2014 年和 2018 年制定了两个战略发展规划，反映了格林纳达职业继续教育与培训的战略。此外，格林纳达政府制定的

---

① Government of Grenada. Educational System in Grenada [EB/OL]. [2021-05-11]. https://www.gov.gd/moe/educational-system-grenada.html.

② 同上。

③ UNEVOC, Grenada National Training Agency. TVET Policy Review: Grenada [R/OL]. UNESCO, 2020 [2021-04-11]. https://unesdoc.unesco.org/ark:/48223/pf0000375699?posInSet=1&queryId=500de2e3-a558-4aab-a59a-779ee91bed8b.pdf.

④ Government of Grenada. Educational System in Grenada [EB/OL]. [2021-05-11]. https://www.gov.gd/moe/educational-system-grenada.html.

⑤ Grenada National Accreditation Board. Higher Education System [EB/OL]. [2021-06-20]. https://accreditation.gd/higher-education-system.html.

⑥ Government of Grenada. The Grenada Council for Technical and Vocational Education and Training Act [Z/OL]. Ministry of Labour, Government of Grenada, 2009 [2021-05-30]. http://www.labour.gov.gd/legislation/Grenada%20Council%20for%20Technical%20and%20Vocational%20Education%20Training%20Act%20Cap%20128F.pdf.

《国家可持续发展规划2020—2035》也涉及职业技术教育与培训的战略。

1.《格林纳达国家培训局2014—2016战略发展规划》

格林纳达国家培训局于2014年制定了第一个三年发展规划——《格林纳达国家培训局2014—2016战略发展规划》。该规划总目标是通过采用职业标准以及加勒比职业资格和国家职业资格来提高劳动能力。规划强调课程、培训方式、评估、职业资格、培训机构、非政府组织和工作场所等的质量、标准和相关性，以及深化公立与私营培训机构之间、非政府组织与政府之间的关系。该规划提出：从多方面筹集资金，让格林纳达国家培训局的主要资金得到保障；改变雇主和雇员对技能和职业培训价值的看法，提高对劳动力发展重要性的认识，在理想情况下，私营部门对企业培训的需求增加，以提高劳动生产率；通过引入和维护企业培训基金来寻求劳动力培训的财务可持续性；确保格林纳达具有质量保证能力，在实行企业培训基金后满足对企业培训、技术和职业技术教育的需求；以及通过持续的沟通策略，改变公众对职业技术教育形成的负面定型观念。[①]

2.《格林纳达国家培训局2018—2020战略发展规划》

在2014—2016战略发展规划顺利实施后，格林纳达国家培训局认为，世界上的工作在不断变化，经济越来越依靠技能来促进，格林纳达必须尽一切努力确保劳动力能做好充分的准备，以满足更具竞争力的世界和日益多样化的国民经济的不断变化的要求。因此，格林纳达国家培训局于2018年再次制定新的三年发展规划。2018—2020战略发展规划旨在解决所有行业目前和未来的就业差距，并在需要时为不同职业类别和层次，开发和推行必要的培训课程。其主要内容包括设立企业培训基金；在格林纳达建立中央评估中心；在格林纳达举办世界技能大赛；提高雇主对高级别（3级和4级）加勒比职业资格和国家职业资格的认识和需求。[②][③]

3.《格林纳达可持续发展规划2020—2035》

《格林纳达可持续发展规划2020—2035》是格林纳达2020—2035年发展议程和优先事项的基础，它制定了三项国家战略目标，其中与教育直接相关的是目标一"人和社会的高度发展：把人置于可持续发展和转型的中心"。该目标包括三个方面：（1）健康的人口；（2）受过教育的、有生产力的、高技能的、受过训练的、有意识的公民；（3）有韧性、和谐、性别平等的和平社会。为了实现这一目标，规划里制定了一系列行动策略，其中与职业技术教育与培训相关的内容归纳起来包括：建立一所技术研究院以支持建设

---

① Grenada National Training Agency. National Training Agency Strategic Development Plan 2014–16 [R/OL]. (2014–07–09)[2021–04–11]. https://www.grenadanta.gd/wp-content/uploads/2016/07/PRESENTATION-NTA-Strategic-Plan-v1.0.pdf.

② Grenada National Training Agency. A New Three-Year Strategic Development Plan for the NTA [EB/OL]. [2021–04–11]. https://www.grenadanta.gd/a-new-three-year-strategic-development-plan-for-the-nta.html.

③ Grenada National Training Agency. Annual Report 2018 [R/OL]. NTA, 2018 [2021–05–30]. https://www.grenadanta.gd/wp-content/uploads/2021/02/NTA-2018-AR_V1.7_160519-2.pdf.

人力资本，使格林纳达向以知识为基础的数字经济和社会转型；使教育与培训适应经济与社会的未来发展；提高学校能力，开展更多样化的课程，优先领域包括信息通信技术、外语、视觉和表演艺术；建立一个国家信息管理系统，及时更新技能需求方面的信息；使学校和高等教育机构的课程更灵活，解决目前技能与未来技能的差距；在大专院校开设其他学习途径课程及开设夜校，以促进终身学习，为选择提升技能和调整技能的在职成年人提供便利；完善国家资格框架。[①]

（二）法规

格林纳达涉及职业技术教育与培训的相关法律法规主要有三部，具体如下：

1.《教育法》（2002）

格林纳达的教育是受《教育法》管理的，《教育法》对教育的政府管理架构、学生和家长的权利与义务、教育机构的管理、高等教育（含高等职业教育）、其他类型和层次的教育、教师及教师管理、课程设置和学生评价、奖学金和财政资助、教育制度的检查与检讨等多个方面都做出阐述和规定。《教育法》定义高等教育包括职业技术教育，也指出私立教育机构可以提供中等职业教育和成人中等职业教育。同时，《教育法》指出，在职业技术教育与培训法未制定之前，教育部长可根据《教育法》对建设技术职业教育与培训中心的相关方面进行规定，包括师资配备、教育和培训标准、考试类别、颁发的技能证书和培训岗位。[②]

2.《格林纳达职业技术教育与培训委员会法》（2009）

《格林纳达职业技术教育与培训委员会法》建立了格林纳达职业技术教育与培训委员会（Grenada Council for Technical and Vocational Education and Training）和格林纳达国家培训局这两个职业技术教育与培训的管理机构。格林纳达职业技术教育与培训委员会为国家培训局提供指导和监督，是教育部长的咨询机构，为服务于格林纳达人民的职业技术教育与培训提供政策和战略方面的咨询。《格林纳达职业技术教育与培训委员会法》对格林纳达职业技术教育与培训委员会的成员确立及管理、委员会运作、职能和资金等都做了规定。国家培训局作为国家机构负责监督、设计、协调和促进技术和职业教育和培训课程的建立，以满足格林纳达的技能发展需求。该法律对国家培训局的职能、政策、计划、运作、经费等都做了说明和规定。此外，《格林纳达可持续发展规划2020—2035》中的另外两个涉及经济发展和环境可持续发展的目标中，也提到需要职业技术教育与培

① National Plan Secretariat. National Sustainable Development Plan 2020–2035 [R/OL]. St. George's: National Plan Secretariat Ministry of Finance, Planning, Economic, and Physical Development, 2019 [2021–05–30]. https://www.gov.gd/sites/default/files/docs/Documents/others/nsdp–2020–2035.pdf.

② Government of Grenada. Education Act [Z/OL]. Ministry of Education and Labour, 2002 [2021–05–30]. https://laws.gov.gd/index.php?option=com_edocman&task=document.viewdoc&id=238&Itemid=187.pdf.

训支持培养人才以实现目标。[1]

3.《认证法》（2011、2014）

格林纳达的《认证法》在 2001 年颁布，在 2014 年对个别名词做了修订。《认证法》（2011）建立了国家认证委员会（National Accreditation Board），2014 年将其名称修订为格林达纳国家认证委员会（Grenada National Accreditation Board）。《认证法》定义了格林纳达国家认证委员会的职能主要是对中学后教育和高等教育层次的课程以及教育机构进行认证，并对格林纳达国家认证委员会的管理架构、认证方式和要求、已经获认证机构的职责等进行说明。但同时《认证法》也指出，为了避免与国家培训局职能重叠，格林纳达国家认证委员会不负责认证职业技术教育与培训课程。[2][3] 如玛丽秀社区大学作为高等教育机构，在格林纳达国家认证委员会注册等级，但玛丽秀社区大学所提供的职业技术教育的课程，则由国家培训局负责评价与监督。[4]

三、职业技术教育与培训的体系与质量保障

（一）体系

1.正规的职业技术教育与培训

格林纳达的职业技术教育从小学 5 年级开始就融入普通教育。在小学 5 年级和 6 年级的课程中，每周都会有一次纺织、木工、食品和营养等职业教育相关课程。到了初中，这类职业教育课程会增加到每周 2—3 课时。在高中阶段，会增加到每周 3—4 课时，但不同的高中所设的职业教育课程却不尽相同，如所有高中都开设了技术制图课程，但却只有一所高中开设了机械工程课程。此外，有 4 所中学试点提供 4 个职业资格 1 级课程，完成学习后可获得加勒比职业资格（Caribbean Vocational Qualifications）一级证书。中学后教育阶段的职业教育为 1—1.5 年的高级技术课程，由玛丽秀社区大学和其他非盈利、非政府及私立培训机构提供。完成这些课程后，通过进一步培训，获取 3 级及以上的高级别的加勒比职业资格或国家职业资格。高等教育阶段的职业技术教育主要由玛丽秀社区大学提供 2—3 年的大专课程，毕业后可获取副学士学位（Associate Degree）或二级

---

① Government of Grenada. Grenada Council for Technical and Vocational Education and Training Act [Z/OL]. Ministry of Labour, Government of Grenada, 2009 [2021-05-30]. http://www.labour.gov.gd/legislation/Grenada%20 Council%20for%20Technical%20and%20Vocational%20Education%20Training%20Act%20Cap%20128F.pdf.

② Grenada National Accreditation Board. Accreditation Act [Z/OL]. Government of Grenada, 2011 [2021-05-30]. https://accreditation.gd/document/act-no-15-of-2011-accreditation-act.pdf.

③ Government of Grenada. Accreditation (Amendment) Act [Z/OL]. Government of Grenada, 2014 [2021-05-30]. https://gov.gd/sites/hop/files/Acts-SROs/2014/Act%20No.%2031%20of%202014%20Accreditation%20(Amend)%20Act. pdf.

④ Grenada National Accreditation Board. Higher Education System [EB/OL]. [2021-06-20]. https://accreditation.gd/ higher-education-system.html.

证书（Certificate Level II）或二级技术文凭（Technical Diploma Level II）。①②

2. 非正规的职业教育与培训

格林纳达的非正规职业教育与培训作为特定技能的培养和提升就业能力项目的一部分，由政府部门和非政府组织不定期地举办。如格林纳达旅游局会为旅游行业的利益攸关者提供旅游与酒店管理简介、海上安全和生存、急救、火灾安全等课程。格林纳达年轻女性基督徒组织（一家非政府组织）会为女性提供初级和高级缝纫课、蛋糕装饰课、烘焙与烹饪课等职业教育与培训课程。③

职业教育培训课程还包括格林纳达国家培训局认证的培训中心培训课程和认证企业培训课程，连同个人的工作经历都可以用作评定职业资格的依据。④

（二）质量保障

1. 质量保障机构

格林纳达国家培训局负责格林纳达职业技术教育与培训机构的质量保证。所有职业技术教育与培训中心都需要获得格林纳达国家培训局的中心批准，以便提供通向国际职业资格证书和加勒比职业资格证书的培训。⑤格林纳达国家认证委员会负责所有中学后及高等教育的质量保障，提供院校认证、课程认证和短期课程认证，但为了不与格林纳达国家培训局有职能上的重叠，它不负责职业技术教育与培训课程的认证。⑥⑦

2. 职业标准与资格框架

为规范和指导职业技术教育与培训，格林纳达采用国家职业标准（National Occupational Standards）和国家职业资格（National Vocational Qualifications，简称 NVQ）以及区域职业标准（Regional Occupational Standards）和加勒比职业资格（Caribbean Vocational Qualifications，简称 CVQ）。

格林纳达的国家职业资格标准是根据劳动力市场调查、政府计划和预测、部门组织和培训提供者发起需求，由国家培训局开发，经格林纳达职业技术教育与培训委员

---

① UNESCO–UNEVOC. TVET Country Profile: Grenada [R/OL] (2020–05)[2021–04–30] https://unevoc.unesco.org/pub/tvet_country_profile_–_grenada_pub_final_may_20201.pdf.

② Grenada National Training Agency. 2019 Annual Report [R/OL]. NTA, 2019 [2021–06–10]. https://www.grenadanta.gd/wp-content/uploads/2021/02/NTA–2019–Annual–Report.pdf.

③ UNEVOC, Grenada National Training Agency. TVET Policy Review: Grenada [R/OL]. UNESCO, 2020 [2021–04–11] https://unesdoc.unesco.org/ark:/48223/pf0000375699?posInSet=1&queryId=500de2e3–a558–4aab–a59a–779ee91bed8b.html.

④ Grenada National Training Agency. Certification Through Training and Assessment [EB/OL]. [2021–05–30]. https://www.grenadanta.gd/certification.html.

⑤ Grenada National Training Agency. Quality Assurance [EB/OL]. [2021–05–30]. https://www.grenadanta.gd/quality–assurance.html.

⑥ Grenada National Accreditation Board. Accreditation Act [Z/OL]. Government of Grenada, 2011 [2021–05–30]. https://accreditation.gd/document/act–no–15–of–2011–accreditation–act.pdf.

⑦ Grenada National Accreditation Board. Accreditation [EB/OL]. [2021–05–30]. https://accreditation.gd/accreditation.html.

会通过后发布的。①② 国家培训局将国家职业资格标准纳入职业技术培训的课程和证书。格林纳达国家职业资格证书是颁发给具有国家职业标准相应能力的职业资格证书申请人。国家职业资格标准提交到加勒比国家培训当局协会（Caribbean Association of National Training Authorities，简称 CANTA），获加勒比共同体（Caribbean Community，简称 CARICOM）批准后，可成为区域职业标准，达到相应标准级别的证书申请人，可以获得加勒比职业资格证书。③ 截至 2019 年，共有区域职业标准和国家职业标准 195 个。④

加勒比职业资格和格林纳达的国家职业资格框架均分为 5 个级别，详见下表：

表 1　加勒比职业资格、格林纳达国家职业资格框架级别⑤⑥

级别	描　　述
1	需受监督和指导的半熟练工、入门级工人，可担任常规的、可预测的工作活动。
2	无须监督指导的独立或熟练工人，可担任复杂和非常规工作，并能参与团体合作工作。
3	技术员和主管，在广泛的环境中常担任各种复杂和非常规工作，有相当大的责任和自主权，常管理和引导他人。
4	技术专家、工艺大师、经理、大学专业毕业生，涉及广泛的技术或专业工作活动，种类繁多并有很大程度的责任和自主权，具有对他人工作和资源的分配责任。
5	特许、高级专业、高级经理，在广泛的、往往不可预测的各种情况下，具有非常大的个人自主权，通常具有对他人工作和大量资源的分配负有重大责任，负责分析、诊断、设计、规划、执行和评估。

然而，目前格林纳达并未将职业资格等级和学历进行对应，即便学生持有上述大专层次学历证书，也需要通过向国家培训局申请评估，达到相应标准后，才能获得相应等级的职业资格。⑦

四、职业技术教育与培训的治理与教师

（一）治理

格林纳达职业技术教育与培训系统的治理涉及若干机构，它们在有关职业技术教育

①　Grenada National Training Agency. The Standards Development Process [EB/OL]. [2021–05–30]. https://www. grenadanta.gd/standards–development/standards–development–process.html.

②　UNESCO–UNEVOC. TVET Country Profile: Grenada [R/OL]. (2020–05) [2021–04–30]. https://unevoc.unesco. org/pub/tvet_country_profile_–_grenada_pub_final_may_20201.pdf.

③　Grenada National Training Agency. NVQ/CVQ [EB/OL]. [2021–5–30]. https://www.grenadanta.gd/nvq–cvq.html.

④　Grenada National Training Agency. About us [EB/OL]. [2021–6–10]. https://www.grenadanta.gd/about–us.html.

⑤　Grenada National Training Agency. Assessment Guidelines: Conducting Assessments for NVQs and CVQs in Grenada [R/OL]. Grenada National Training Agency, 2011 [2021–06–10]. https://www.grenadanta.gd/wp–content/uploads/2016/07/Assessment–Guidelines–Revised–March.pdf.

⑥　UNESCO–UNEVOC. TVET Country Profile: Grenada [R/OL]. (2020–05) [2021–04–30]. https://unevoc.unesco. org/pub/tvet_country_profile_–_grenada_pub_final_may_20201.pdf.

⑦　同上。

与培训的各类问题的决策过程和实施方面发挥着不同的作用。其治理架构如图 2 所示：

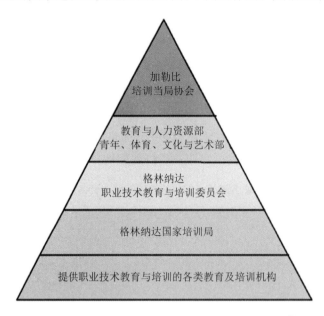

图 2　格林纳达职业技术教育与培训的治理架构[①]

各类职业技术教育与培训机构处于治理架构的最低层，他们是职业技术教育与培训的提供者，同时也是制定职业标准和验证职业标准的重要参与者。[②]

格林纳达国家培训局是职业技术教育与培训的直接管理机构和质量保障机构。它的管理职能主要包括管理职业技术与培训相关证书的签发，验证区域能力标准和开发新标准，以及批准培训课程的设计和实施。[③]

格林纳达职业技术教育与培训委员会是格林纳达国家培训局的直接管理机构，也是教育与人力资源部部长的顾问机构，并向部长报告。它主要负责准备国家职业技术教育与培训相关的政策、战略和计划，开展或协助职业技术教育与培训的研究，分配培训资源，监测和评估计划和项目，建立规章制度、指导方针和流程，以及监察职业技术教育与培训的设计、交付、监督和评估。[④]

教育与人力资源部（Ministry of Education and Human Resource Development）制定和

---

① UNEVOC, Grenada National Training Agency. TVET 2019 Policy Review: Grenada [R/OL]. UNESCO, 2020 [2021-04-11]. https://unesdoc.unesco.org/ark:/48223/pf0000375699?posInSet=1&queryId=500de2e3-a558-4aab-a59a-779ee91bed8b.pdf.

② Grenada National Training Agency. The Standards Development Process [EB/OL]. [2021-05-30]. https://www.grenadanta.gd/standards-development/standards-development-process.html.

③ 同上。

④ Government of Grenada. The Grenada Council for Technical and Vocational Education and Training Act [Z/OL]. Ministry of Labour, Government of Grenada, 2009 [2021-05-30]. http://www.labour.gov.gd/legislation/Grenada%20Council%20for%20Technical%20and%20Vocational%20Education%20Training%20Act%20Cap%20128F.pdf.

推行政策和计划，以支援和提供一个有效率和有成效的教育制度。^① 教育与人力资源部部长直接领导职业技术教育与培训政策的总体发展和实施。^②

青年、体育、文化与艺术部（Ministry of Youth，Sports，Culture and the Arts）通过每年执行和监测项目及方案来缩小国家青年人群和个体与专业发展前景之间的差距。为青年创造更多获得职业技术与培训的机会是青年、体育、文化与艺术部的一项职能。^③

加勒比国家培训当局协会是加勒比共同体职业技术教育与培训的区域协调机制的实施机构，于 2003 年 11 月在牙买加启动，其目标是促进提高加勒比区域内劳动力的竞争力，促进认证技术人员在区域内流动。^④ 格林纳达是其正式会员，并在其中发挥着重要的作用。加勒比国家培训当局协会建立了劳动力培训、评估和认证流程，最终授予加勒比职业资格，促进建立了一个与本区域的劳动力发展需求相一致的区域培训和认证体系。2012 年，格林纳达国家培训局被批准授予加勒比职业资格，成为加勒比共同体地区批准授予加勒比职业资格的八个机构之一。^⑤

（二）教师

一般情况下，在格林纳达担任中学教师需要具有大专以上学历或加勒比职业资格或国家职业资格 3 级及以上证书；在中学后教育担任教师者，需具有比他们所教授的职业资格级别高一级的职业资格，且需要具有培育与发展课程加勒比职业资格 4 级；在高等教育层次，教师至少具有相应文凭、第一学位或相应技术资格，以及具有培育与发展课程加勒比职业资格 4 级。^⑥

对于学校系统的职业技术教育与培训的教师培训是由玛丽秀社区大学的教师教育部提供的。教练、评估员和课程主管则由格林纳达国家培训局组织培训。2015—2019 年，格林纳达国家培训局一共培训了 375 名教练和 196 名评估员，其中 66 名受训教练和 27 名受训评估员为职业技术教育教师，其余人员均不是来自职业技术教育与培训行业。^⑦

---

① Government of Grenada. Overview of MoE [EB/OL]. [2021-06-20]. https://www.gov.gd/moe/ministry-overview. html.

② Government of Grenada. Organizational Structure of MoE [EB/OL]. [2021-06-20]. https://www.gov.gd/moe/organizational-structure.html.

③ Government of Grenada. Division of MoY [EB/OL]. [2021-06-20]. https://www.gov.gd/moy/divisions.html.

④ Caribbean Association of National Training Authorities. Who we are [EB/OL]. [2021-06-20]. http://cantaonline.org.html.

⑤ UNEVOC, Grenada National Training Agency. TVET Policy Review: Grenada [R/OL]. UNESCO, 2020 [2021-04-11]. https://unesdoc.unesco.org/ark:/48223/pf0000375699?posInSet=1&queryId=500de2e3-a558-4aab-a59a-779ee91bed8b.pdf.

⑥ UNESCO-UNEVOC. TVET Country Profile: Grenada [R/OL]. (2020-05) [2021-04-30]. https://unevoc.unesco.org/pub/tvet_country_profile_-_grenada_pub_final_may_20201.pdf.

⑦ UNEVOC, Grenada National Training Agency. TVET Policy Review: Grenada [R/OL]. UNESCO, 2020 [2021-04-11]. https://unesdoc.unesco.org/ark:/48223/pf0000375699?posInSet=1&queryId=500de2e3-a558-4aab-a59a-779ee91bed8b.pdf.

五、职业技术教育与培训的诉求和发展趋势

（一）诉求

1.格林纳达的经济与产业结构发展需要职业技术教育与培训的响应与支持

格林纳达在《格林纳达可持续发展规划2020—2035》中规划了未来经济与产业发展的蓝图：发展现代农渔业，并希望吸引更多的年轻人运用现代化技术从事农渔业；发展可持续旅游，将自然旅游、生态旅游和文化旅游作为旅游业发展的方向；促进专业服务业的发展，包括会计、广告、法律和管理咨询等；发展"蓝色经济"（海洋经济）、"绿色经济"（可持续发展经济）、"橙色经济"（与知识产权有关的经济活动）、"银色经济"（与石油和天然气有关的经济活动）以及数字化经济。[①] 为了实现上述经济发展与转型，格林纳达需要职业技术教育与培训做出响应，培养更适合社会经济发展所需的劳动力，以支持规划目标的实现。

2.格林纳达需要利用职业技术教育与培训降低失业率

格林纳达面临的最大挑战是高失业率，它是加勒比共同体成员国中失业率最高的国家之一。2018年格林纳达的失业率为21.7%。失业是青年、妇女、受教育程度低和曾经从事初级职业的人面临的一个重大问题。青年的失业率高达40%以上，妇女的失业率约为21.4%，男子的失业率为12.3%，而43%的失业者没有接受教育或只接受了初等教育。格林纳达劳动力市场对较高教育程度的需求和对服务业工人的需求日益增加。2001年，拥有高等教育及以上的人士占就业人数的13%，到了2018年，这一比例上升至25%。教育水平低的人机会更少，雇主不考虑年轻人找工作，因为他们认为年轻人没有技能。[②③] 因此，格林纳达需要为青年和妇女提供更多职业技术教育与培训的机会，并为低受教育程度人群提供职业技术教育与培训的终身学习机会，以提高他们的就业能力，解决他们的失业问题。

（二）发展趋势

根据《格林纳达可持续发展规划2020—2035》和格林纳达国家培训局近年的规划、年度报告，分析格林纳达的发展目标和行动方案，可以窥见格林纳达职业技术教育与培训的未来发展趋势：

---

① National Plan Secretariat. National Sustainable Development Plan 2020–2035 [R/OL]. St. George's: National Plan Secretariat Ministry of Finance, Planning, Economic, and Physical Development, 2019 [2021–05–30]. https://www.gov.gd/sites/default/files/docs/Documents/others/nsdp–2020–2035.pdf.

② UNEVOC, Grenada National Training Agency. TVET Policy Review: Grenada [R/OL]. UNESCO, 2020 [2021–04–11]. https://unesdoc.unesco.org/ark:/48223/pf0000375699?posInSet=1&queryId=500de2e3–a558–4aab–a59a–779ee91bed8b.pdf.

③ Organization for Economic Co–operation and Development (OECD). Latin America Economic Outlook 2019: Development in Transition [M]. Paris: OECD Publishing, 2019:193.

1. 加强职业技术教育与培训的治理

《格林纳达可持续发展规划 2020—2035》表明，格林纳达政府目前已意识到其教育体系的法律制度中缺乏可持续发展的战略、制度和计划，缺乏专门针对学校的职业技术教育与培训的政策，教育部门的管理与规划有待加强。格林纳达计划回溯目前的教育法规和教育体系，加强教育政策执行监督落实机制，并定期回溯教育部门的工作情况。[1] 因此，格林纳达职业技术教育与培训的治理将得到加强。

2. 增加职业技术教育与培训的适应性

格林纳达意识到目前劳动力所掌握的技术技能与社会经济发展所需的技术技能存在差距，在《格林纳达可持续发展规划 2020—2035》中多次提到要通过职业技术教育与培训缩短技能差距，格林纳达将采取多种措施增加职业技术教育与培训的适应性，其中包括建立国家信息管理系统，收集技能需求，加强新专业和新课程的建设，开设更适应于经济和社会发展需求的专业和课程；重视中学后教育和高等教育层次学生能力的培养，重视将职业技术教育纳入正式教育的体系。[2]

《格林纳达国家培训局 2018—2020 战略发展规划》指出格林纳达将开发更多高层次职业标准，并提供更多高水平的技能培训课程，[3] 但目前只有 13% 的职业技术教育培训课程为高层次（3级和4级）的职业资格培训课程。[4] 因此，为响应经济与产业转型，格林纳达将继续致力于开发高层次的职业标准，并提供更多高层次的职业资格培训课程。

3. 提升职业技术教育与培训的教学质量

《格林纳达可持续发展规划 2020—2035》[5] 提出了一系列行动计划以提高教学质量，包括为教师提供更多培训机会，提升教师的教学理论水平和数字化教学水平；通过建立智慧教室等方式，将现代技术运用到教学中。

4. 创造更多学习的机会，鼓励终身学习

《格林纳达可持续发展规划 2020—2035》[6] 中提出，为解决失业问题，尤其是青年失业问题，格林纳达政府将为青年提供专门项目，创造更多受培训的机会，学习新技能；

---

[1] National Plan Secretariat. National Sustainable Development Plan 2020–2035 [R/OL]. St. George's: National Plan Secretariat Ministry of Finance, Planning, Economic, and Physical Development, 2019 [2021–05–30]. https://www.gov.gd/sites/default/files/docs/Documents/others/nsdp–2020–2035.pdf.

[2] 同上。

[3] Grenada National Training Agency. A New Three–Year Strategic Development Plan for the NTA [EB/OL]. [2021–04–11]. https://www.grenadanta.gd/a–new–three–year–strategic–development–plan–for–the–nta.html.

[4] UNEVOC, Grenada National Training Agency. TVET Policy Review: Grenada [R/OL]. UNESCO, 2020 [2021–04–11]. https://unesdoc.unesco.org/ark:/48223/pf0000375699?posInSet=1&queryId=500de2e3–a558–4aab–a59a–779ee91bed8b.pdf.

[5] National Plan Secretariat. National Sustainable Development Plan 2020–2035 [R/OL]. St. George's: National Plan Secretariat Ministry of Finance, Planning, Economic, and Physical Development, 2019 [2021–05–30]. https://www.gov.gd/sites/default/files/docs/Documents/others/nsdp–2020–2035.pdf.

[6] 同上。

开设业余高等教育课程，鼓励终身学习。

（深圳职业技术学院　联合国教科文组织职业教育计划亚非研究与培训中心　林倩敏）

主要参考文献

[1] 商务部国际贸易经济合作研究院等 . 对外投资合作国别（地区）指南——格林纳达（2020 年版）[R]. 商务部国际贸易经济合作研究院等 , 2020.

[2] 中华人民共和国外交部 . 格林纳达国家概况 [EB/OL]. (2021-02) [2021-04-11]. https://www.fmprc.gov.cn/web/gjhdq_676201/gj_676203/bmz_679954/1206_680252/1206x0_680254.html.

[3] Caribbean Association of National Training Authorities. Who we are [EB/OL]. [2021-06-20]. http://cantaonline.org.html.

[4] Government of Grenada. About Grenada[EB/OL]. [2021-04-11]. https://gov.gd/about-grenada.html.

[5] Government of Grenada. Division of MoY [EB/OL]. [2021-06-20]. https://www.gov.gd/moy/divisions.html.

[6] Government of Grenada. Economy [EB/OL].[2021-5-11].https://gov.gd/economy.html.

[7] Government of Grenada. Education Act [Z/OL]. Ministry of Education and Labour, 2002 [2021-05-30]. https://laws.gov.gd/index.php?option=com_edocman&task=document.viewdoc&id=238&Itemid=187.pdf.

[8] Government of Grenada. Education Structure [EB/OL]. [2021-05-11]. https://www.gov.gd/moe/education-structure.html.

[9] Government of Grenada. Educational System in Grenada [EB/OL]. [2021-05-11]. https://www.gov.gd/moe/educational-system-grenada.html.

[10] Government of Grenada. Organizational Structure of MoE [EB/OL]. [2021-06-20]. https://www.gov.gd/moe/organizational-structure.html.

[11] Government of Grenada. Overview of MoE [EB/OL]. [2021-06-20].https://www.gov.gd/moe/ministry-overview.html.

[13] Grenada National Accreditation Board. Accreditation Act [Z/OL]. Government of Grenada, 2011 [2021-05-30].https://accreditation.gd/document/act-no-15-of-2011-accreditation-act.pdf.

[14] Grenada National Accreditation Board. Accreditation [EB/OL].[2021-05-30]. https://accreditation.gd/accreditation.html.

[15] Government of Grenada. Accreditation (Amendment) Act [Z/OL]. Government of Grenada, 2014 [2021-05-30]. https://gov.gd/sites/hop/files/Acts-SROs/2014/Act%20No.%2031%20of%202014%20Accreditation%20(Amend)%20Act.pdf.

[16] Grenada National Accreditation Board. Higher Education System [EB/OL].[2021-06-20].

https://accreditation.gd/higher-education-system.html.

[17] Grenada National Training Agency. A New Three-Year Strategic Development Plan for the NTA [EB/OL]. [2021-04-11]. https://www.grenadanta.gd/a-new-three-year-strategic-development-plan-for-the-nta.html.

[18] Grenada National Training Agency. About us [EB/OL].[2021-06-10].https://www.grenadanta.gd/about-us.html.

[19] Grenada National Training Agency. Assessment Guidelines: Conducting Assessments for NVQs and CVQs in Grenada [R/OL]. Grenada National Training Agency, 2011 [2021-06-10]. https://www.grenadanta.gd/wp-content/uploads/2016/07/Assessment-Guidelines-Revised-March.pdf.

[20] Grenada National Training Agency. Certification Through Training and Assessment [EB/OL]. [2021-05-30]. https://www.grenadanta.gd/certification.html.

[21] Grenada National Training Agency. National Training Agency Strategic Development Plan 2014-16 [EB/OL]. (2014-07-9) [2021-04-11]. https://www.grenadanta.gd/wp-content/uploads/2016/07/PRESENTATION-NTA-Strategic-Plan-v1.0.pdf.

[22] Grenada National Training Agency. NVQ/CVQ [EB/OL].[2021-05-30]. https://www.grenadanta.gd/nvq-cvq.html.

[23] Grenada National Training Agency. Quality Assurance [EB/OL]. [2021-5-30]. https://www.grenadanta.gd/quality-assurance.html.

[24] Grenada National Training Agency. The Standards Development Process [EB/OL].[2021-05-30]. https://www.grenadanta.gd/standards-development/standards-development-process.html.

[25] Grenada National Training Agency. Annual Report 2018 [R/OL]. NTA, 2018 [2021-05-30]. https://www.grenadanta.gd/wp-content/uploads/2021/02/NTA-2018-AR_V1.7_160519-2.pdf.

[26] Grenada National Training Agency. 2019 Annual Report [R/OL]. NTA, 2019 [2021-06-10]. https://www.grenadanta.gd/wp-content/uploads/2021/02/NTA-2019-Annual-Report.pdf.

[27] Government of Grenada. The Grenada Council for Technical and Vocational Education and Training Act [Z/OL]. Ministry of Labour, Government of Grenada, 2009[2021-05-30]. http://www.labour.gov.gd/legislation/Grenada%20Council%20for%20Technical%20and%20Vocational%20Education%20Training%20Act%20Cap%20128F.pdf.

[28] National Plan Secretariat. National Sustainable Development Plan 2020-2035 [R/OL]. St. George's: National Plan Secretariat Ministry of Finance, Planning, Economic, and Physical Development, 2019 [2021-05-30]. https://www.gov.gd/sites/default/files/docs/Documents/others/nsdp-2020-2035.pdf.

[29] Organization for Economic Co-operation and Development (OECD). Latin America Economic Outlook 2019: Development in Transition [M]. Paris: OECD Publishing,2019.

[30] The World Bank. Global Economic Prospects: Latin America and the Caribbean [EB/OL]. (2021-01)[2021-04-11]. https://pubdocs.worldbank.org/en/515911599838716981/Global-Economic-Prospects-January-2021-Regional-Overview-LAC.pdf

[31] The World Bank. Grenada [EB/OL].[2021-05-11]. https://data.worldbank.org/country/grenada.html.

[32] UNEVOC, Grenada National Training Agency. TVET Policy Review: Grenada [R/OL]. UNESCO,2020 [2021-04-11]. https://unesdoc.unesco.org/ark:/48223/pf0000375699?posInSet=1&queryId=500de2e3-a558-4aab-a59a-779ee91bed8b.pdf.

[33]UNEVOC International Bureau of Education. World Data on Education. VII ED. 2010/11 [R/OL]. [2021-04-11]. http://www.ibe.unesco.org/fileadmin/user_upload/Publications/WDE/2010/pdf-versions/Grenada.pdf.

[34] UNESCO Institute for Statistics. Grenada [EB/OL].[2021-04-11]. http://uis.unesco.org/en/country/gd.html.

[35] UNESCO-UNEVOC. TVET Country Profile: Grenada [R/OL].(2020-05) [2021-04-30]. https://unevoc.unesco.org/pub/tvet_country_profile_-_grenada_pub_final_may_20201.pdf.

古巴共和国

一、国家概况

（一）地理①

古巴共和国（The Republic of Cuba，La República de Cuba），简称古巴，位于加勒比海西北部墨西哥湾入口，首都为哈瓦那。领土总面积为 10.99 万平方千米，由古巴岛、青年岛等 1600 多个岛屿组成，是西印度群岛中最大的岛国。其中，平原占总面积 75%，西北部、中部和东南部为高原和山区，占 18%，西部是丘陵和沼泽地，占 7%。全境大部分地区属热带雨林气候，仅西南部沿岸背风坡为热带草原气候，年平均气温 25℃。除少数地区外，年降水量在 1000 毫米以上。

（二）人文

1492 年哥伦布航海发现古巴岛。1510 年西班牙远征军征服古巴并进行殖民统治。1868 年和 1895 年先后爆发两次独立战争。1898 年美国对西班牙战争胜利后占领古巴。1902 年美国扶植成立"古巴共和国"。1903 年美国强租古巴海军基地两处，其中关塔那摩海军基地迄今仍被美国占领。1933 年巴蒂斯塔发动政变上台，执政至 1944 年，1952 年再次发动政变上台。1959 年 1 月 1 日，菲德尔·卡斯特罗率起义军推翻了巴蒂斯塔独裁政权，建立革命政府。1961 年卡斯特罗宣布开始社会主义革命。1962 年美国宣布对古巴实行经济、贸易和金融封锁。②

古巴长期以来实行社会主义政治制度，近年来政局保持稳定。2006 年 7 月，卡斯特罗主席因病将职权移交胞弟劳尔·卡斯特罗临时代理。2008 年 2 月劳尔正式当选国务委员会主席并兼任部长会议主席，并于 2013 年 2 月获得连任。2018 年 4 月，在古巴第九届全国人大会议上，劳尔主席卸任国家领导人职务，米格尔·迪亚斯－卡内尔·贝穆德斯当选新任国务委员会主席兼部长会议主席。2019 年 10 月，在第九届全国人大第四次特别会议上，米格尔·迪亚斯－卡内尔·贝穆德斯当选首任国家主席。

---

① 中华人民共和国外交部. 古巴国家概况 [EB/OL].(2021–08)[2021–09–01].https://www.fmprc.gov.cn/web/gjhdq_676201/gj_676203/bmz_679954/1206_680302/1206x0_680304.html.

② 同上。

古巴现行宪法于 2019 年 4 月颁布实施，正式取代 1976 年宪法。新宪法强调古巴社会主义制度不可更改、古巴共产党是古巴社会和国家的最高领导力量，对古巴的政治、经济方面做出了规定，例如将新设国家主席和总理职位，承认多种非公有制经济的合法性，提出外国投资对经济发展的重要性等。①

古巴常住人口 1147.2 万（2020 年），其中，城市人口占总人口 75%；白人占 66%，黑人占 11%，混血种人占 22%，华人占 1%。古巴官方语言为西班牙语。主要信奉的宗教有天主教、非洲教、新教、古巴教、犹太教等。②

（三）经济

在西班牙殖民者到来之前，古巴处于原始农业经济阶段。在 16 世纪初至 19 世纪末长达近 400 年的殖民统治时期，古巴先后兴起过采金、畜牧业、烟草业和蔗糖业。20 世纪初至 1958 年年底，古巴经济命脉一直掌握在美国垄断资本的手中。当时，古巴经济比较落后，经济结构单一，是一个单一作物经济的农业国。

1959 年革命胜利后，古巴实行了一系列经济和社会改革，对工业、运输业、银行体系、国内外贸易中的外国资本和本国私人大资本企业实行了国有化。1961 年古巴宣布成为社会主义国家，开始实行计划经济。20 世纪 70 年代，古巴实行制度化改革。1976 年开始建立"经济领导和计划体制"，并着手实现第一个五年计划（1976—1980 年）。20 世纪 80 年代至 90 年代初，经济增长缓慢。自 1993 年起，古巴加快了改革开放的步伐。自 1994 年起，古巴经济开始好转，国内生产总值连年增长。2008—2011 年，古巴国内生产总值整体下滑，年均增长率仅为 2.6%。

2011 年 4 月，古巴共产党第六次全国代表大会开启了古巴经济模式更新的历史进程。劳尔·卡斯特罗政府试图通过社会经济的渐进改革，为美国封锁禁运下付出高昂代价的古巴寻求可行的发展模式。这是古巴自 1959 年以来最为深入的一次改革。2012—2015 年，古巴国内生产总值增长率分别为 3.0%、2.7%、1% 和 4%。2016 年 4 月，古巴共产党第七次全国代表大会提出了古巴"经济社会发展模式理论"和"2030 年经济社会发展国民计划"等新方略。2016 年，受国际市场初级产品价格下降、委内瑞拉对古巴原油供应减少和飓风灾害等影响，古巴经济自 1994 年以来首次出现负增长，国内生产总值增长率为 -0.9%。新冠肺炎疫情对古巴经济社会发展产生较严重影响，工农业生产滑坡，进出口贸易大幅下降。据统计，2020 年古巴国内生产总值同比增长 -11%。③

---

① 中华人民共和国商务部. 对外投资合作国别（地区）指南——古巴 (2020 年版)[EB/OL].[2021-04-08].http://www.mofcom.gov.cn/dl/gbdqzn/upload/guba.pdf.

② 中华人民共和国外交部. 古巴国家概况 [EB/OL].(2021-08)[2021-09-01].https://www.fmprc.gov.cn/web/gjhdq_676201/gj_676203/bmz_679954/1206_680302/1206x0_680304.html.

③ 徐世澄，贺钦. 古巴 [M]. 北京：社会科学文献出版社，2018; 中华人民共和国外交部. 古巴国家概况 [EB/OL].(2021-08)[2021-09-01].https://www.fmprc.gov.cn/web/gjhdq_676201/gj_676203/bmz_679954/1206_680302/1206x0_680304.html.

制糖业、旅游和镍出口是古巴重要的经济支柱。主要农产品为甘蔗、烟草、热带水果、咖啡、可可、水稻等，工业制成品主要依赖进口。劳务输出、旅游和侨汇收入是重要外汇来源。古巴主要出口镍、蔗糖、龙虾及对虾、酸性水果、雪茄烟、朗姆酒等，主要进口石油、粮食、机械、化肥、化工产品等。2018 年外贸总额 138.6 亿比索，其中出口 23.7 亿比索，进口 114.8 亿比索，同比分别上升 10.2%、–1.2% 和 12.9%。2020 年，古巴对外出口同比增长 3.76%。[①]

（四）教育

古巴的教育最早是由多明我会和方济各会教士进行的。1728 年在哈瓦那多明我会修道院成立 "哈瓦那圣赫罗尼莫王家与教皇大学"，是现哈瓦那大学的前身。1841 年古巴颁布了第一部教育法。自 1850 年起，西班牙殖民当局对教育进行了改革。1857 年创建了师范学校。但直到 20 世纪初，古巴的教育还很落后。美军占领期间，美式教育对古巴教育产生一定影响。在独立后的半个多世纪里，古巴历届政府对教育不够重视，教育经费短缺，教育发展缓慢。到 1953 年，只有 56.4% 的 6—14 岁儿童能上小学，28% 的 13—19 岁的青少年能上中学，能进入大学的人就更少。全国只有 3 所国立大学，即哈瓦那大学、1947 年创办的奥连特大学和 1952 年创办的拉斯维亚斯中央大学。此外，还有几所半官方性质的大学和私立大学。全国只有 1 所大专，即高等艺术和职业学校。另外还有 16 所工业技校、6 所农业专科学校和 1 所林业学校。在革命胜利前，全国只有 6 所公立师范学校，一省一所。全国成人文盲率高达 37.5%。

1959 年古巴革命胜利后，古巴革命政府采取一系列措施普及小学教育和大力开展扫盲运动。1959 年 9 月颁布《教育改革法》，宣布古巴将实行小学义务教育。1961 年是古巴的 "教育年"，古巴政府提出要在一年内基本消除文盲的口号。为此，组织了一支由 27.1 万人组成的扫盲教师大军，此外，还有成千上万的人民扫盲队员。1961 年共有 707212 人摘除了文盲的帽子，古巴成人文盲率从革命前的 23.6% 降为 3.9%。1961 年 6 月 6 日，古巴颁布《教育国有化法》，宣布古巴的教育是公共的和免费的。1962 年 2 月，颁布《大学改革法》。到 20 世纪 60 年代末，古巴已基本普及了初等教育。70 年代，教育改革的重点是发展中等教育和农村教育事业。到 80 年代，古巴已建立了完整的社会主义教育体系，教育改革的重点是提高教育质量。20 世纪 90 年代，在特殊时期经济困难的情况下，古巴政府提出 "不关闭一所学校，不让一个孩子失学" 的口号，千方百计保证教育事业的正常运行，为经济的恢复与发展和社会的稳定做出了贡献。[②]

目前，古巴是拉美地区识字率和平均受教育水平最高的国家，教育水平居世界前列。根据联合国教科文组织《2015 全民教育发展指数》，古巴在 117 个国家（地区）中排名

---

① 中华人民共和国商务部. 对外投资合作国别（地区）指南——古巴 (2020 年版)[EB/OL].[2021–04–08].http://www.mofcom.gov.cn/dl/gbdqzn/upload/guba.pdf.

② 徐世澄，贺钦. 古巴 [M]. 北京：社会科学文献出版社，2018.

第 28 位，位居拉丁美洲国家第一。

古巴实行全民免费教育制度，共分三级：第一级为学前教育；第二级为通识教育，包括小学、初中、大学预科（preuniversitaria①）和职业技术学校；第三级为高等教育。古巴全国的教育体系是一个整体，由各类和各级教育及其分支有机组成，按照类型来区分则包括学前教育、普通科技与劳动教育（即初等教育、中等教育和高等教育）、特殊教育、技术与职业教育、成人教育、师资的培训与进修等。与国际标准相比，古巴的教育体系构成略有不同。第一个不同之处是，中学教育在古巴仍然被认为是基础教育，因为每个古巴人都能普遍接受小学和中学教育。第二个不同之处在于，大学预科教育被分配给高等教育部门，因为它与高等教育有很强的联系，这既满足了政府对受过良好教育的公众的期望，也满足了人们对高等教育的需求。

2018—2019 学年各级学校总数为 10598 所，在校生及教师总量分别为 201.27 万人和 28.4 万人。古巴是世界上按学生人口比例拥有教师最多的国家，2015 年，每百名小学生拥有 9.5 名教师，每百名中学生拥有 9 名教师。2017 年，就业人口中拥有大学本科及以上学历的占 24.2%。古巴适龄儿童入学率近 100%，近 85% 的高中毕业生可进入大学或专科学校，成人识字率 99.8%。2016 年古巴教育支出占国内生产总值的 6.2%，根据当年国家预算法案，教育支出占财政总支出的 22.5%。2017—2018 学年入学的大学新生达 24.6 万人。作为古巴对外开展国际合作的一部分，近 50 年来，古巴已免费为来自拉美、加勒比、非洲地区以及美国、中国等国家的 8 万名学生提供医学专业培训。②

学前教育：针对 0—5 岁儿童，旨在促进儿童在德智体美劳方面的全面发展，并为未来的教育提供充分准备。在这个年龄段的儿童中，大部分人通过社区等渠道加入了"教育你的孩子"项目，这个项目由来自不同组织和机构的保育专业人员组成，他们为家庭提供服务。少部分人进入幼儿园、托儿所或儿童协会接受教育。古巴全国妇联、卫生部、体委、文化部等机构负责培训学前教育的志愿者，这些志愿者定期（一周两次，每次 1—2 小时）无偿到有幼儿的家庭对幼儿进行学前教育。③

通识教育：面向 6—17 岁的大部分人口，包括初等教育（小学）和中等教育（初中、大学预科）两个层次，它的目标是促进儿童、青少年及其人格的充分发展。其中，小学教育有 6 个年级，初中教育有 3 个年级，大学预科有 3 个年级。主要目标是培养有知识、有爱国情怀、认同社会价值观、在学习过程中发挥主角作用的学生。初等教育分初小和高小两个阶段。初小即 1—4 年级，学习科目有语文（西班牙语）、数学、自然社会常识、体育、劳动和美学。高小即 5—6 年级，学习科目有古巴历史、古巴地理、自然、公民

---

① 也有学者将此词译作高中。

② 中华人民共和国商务部.对外投资合作国别（地区）指南——古巴 (2020 年版)[EB/OL].[2021–04–08].http://www.mofcom.gov.cn/dl/gbdqzn/upload/guba.pdf.

③ 徐世澄，贺钦.古巴 [M].北京：社会科学文献出版社，2018.

教育、爱国教育、体育、劳动和美学。此外，学校还组织学生到学校的菜园从事劳动，以及组织学生参加文体活动和公益活动。2003 年，古巴 6—11 岁儿童入学率达 99.3%。2015—2016 学年，古巴共有 6837 所小学，其中城市小学 2083 所，农村小学 4754 所。2014—2015 学年，古巴共有小学生 691648 人，其中城市小学生 536611 人，农村小学生 155037 人；小学教职员工共 106429 人，其中城市教职员工 69232 人，农村教职员工 37197 人。[①] 中等教育包括基础中等教育（7—9 年级）和大学预科教育（10—12 年级），各为 3 年，共 6 年。基础中等教育针对 12—15 岁的学生，是义务教育和初等教育的组成部分。它的目标是为学生的全面发展奠定基本知识和技能，除了语言、文学、数学、自然科学和社会科学等，还密切联系生产活动的实际提供与日后工作相关的职业培训和专业指导。大学预科教育针对 15—18 岁的学生，在 3 年内完成学业，目标是为即将接受高等教育的学生打下文化理论的坚实基础。要进入大学，学生必须完成这一阶段的学习，并通过西班牙语、数学和古巴史科目的入学考试。2015—2016 学年，古巴共有中学 1764 所，其中初中 1010 所，大学预科高中 299 所。

高等教育：学制一般为 5 年，医科为 6 年，由古巴的高等教育部负责。大学分综合性大学和专科学院，大学和学院属同一档次，但培养的目标有所不同。古巴的研究生教育作为高等教育的第二领域，分为两种：一种是专业进修，不授予学位；另一种是攻读学位，分硕士学位和博士学位。截至 2003 年，古巴革命胜利后共培养了 50 多万大学毕业生，占全国总人口的 5%。目前在校大学生每年保持在十几万人。[②] 根据古巴目前为高等教育确立的概念，每一个专业都确定了要发展的方向和要实现的总目标，并将根据这些目标制定相应的课程，其中包括国家特色的基础课程、专业具体课程以及选修课程。古巴高等教育还包括与教育部相关的高等师范教育，它的作用是培训社会所需的教师，课程由教育科学大学提供，学生毕业后获得教育学士学位。

特殊教育：古巴的特殊教育包括对智障、聋哑、盲人等残障人士的教育。它的目标是在最大程度上确保学生的心理发展，并从教育和工作的角度为他们的未来生活做好准备。如今，古巴拥有 357 所特殊学校、15278 名特殊教育教师，招收了 35607 名学生。[③]

技术与职业教育：技术与职业教育主要是培养具有普遍文化和综合专业技术的 7—12 级熟练技工和中级技术员。培养对象是初中毕业生和在职的工人，旨在让他们广泛而灵活地掌握专业技术，使他们能以专业所需的知识和技能融入古巴的社会经济生活，胜任工作任务和职业生产领域的持续变化。2015—2016 学年，古巴共有 432 所技术和职业学校，其中 374 所属于教育部，其他 58 所归其他部门。目前，古巴共设有 103 个技术与

① 徐世澄，贺钦 . 古巴 [M].北京：社会科学文献出版社，2018.
② 同上。
③ Ministerio de Educación de la República de Cuba(古巴教育部官网)[EB/OL]. [2021–05–30]. https://www.mined.gob.cu/especial.html.

职业教育相关专业。

成人教育：古巴的成人教育分为以下几种：工农（初级）教育，4学期，小学水平；工农初中，4学期；工农系（高中），6学期；夜校；企业或机关办的学校；技校或大学办的工农进修班等。

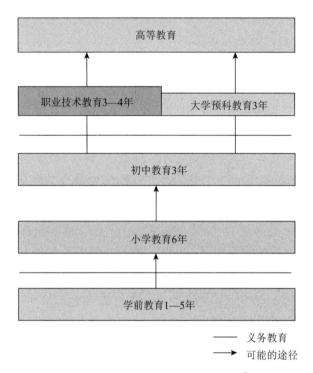

图1 古巴教育与培训体系结构图①

师资的培训与进修：教师的培养主要有两个途径，一是正规的师范教育。招收高中毕业生或中专毕业生进高等师范学院或综合性大学教育系学习，师范学院学习期限为3—4年，综合性大学为5年。二是培训现有教师，让在职教师轮流到师范学院或综合性大学进修，时间一般为一年。1991—1992学年，古巴要求所有中小学教师必须具有大学文化程度。从1993—1994学年起，要求所有幼儿园教师必须具有幼儿师范专业毕业文凭。②

二、职业技术教育与培训的战略与法规

（一）战略

20世纪70年代，古巴针对初等教育的改革已经初见成效，但随之而来的问题也比较明显。第一次全国教育文化大会于1971年4月在哈瓦那举行，会议上提出了教育改革

---

① LOPEZ M Q. Education in Cuba: Foundations and challenges [J]. estudos avançados, 2011, 25 (72): 55–72.

② Ministerio de Educación de la República de Cuba(古巴教育部官网)[EB/OL]. [2021–05–30]. https://www.mined.gob.cu/especial.html.

的现状以及存在的问题，例如较高的复读率和辍学率。针对这些问题，政府采取的措施主要是投入更多资源以培养高素质且具有马克思主义思想的年轻教师。但对卡斯特罗而言，这样的改革力度远远不够，他在 1972 年的古巴共青盟"二大"上对现有教育体制的问题提出了强烈的批评。卡斯特罗认为，目前培养出的毕业生并没有完全贴合经济发展的需求，许多人文学科的毕业生并未融入或满足国家的经济需求。自此，古巴教育革命进入了第二阶段，主要聚焦于中等教育的普及、教育质量的提升，并且规范了意识形态教育。卡斯特罗提出"教育革命"的口号，为古巴 20 世纪 70 年代的教育改革与发展指明了方向，将教育发展的重点转向中等教育。[①]

古巴政府在 1975 年 4 月提出的《1976—1981 年完善全国教育体系计划》中强调要"使教育同我们正在建设的社会相一致"。根据这一计划，古巴开始大力发展职业教育，以满足经济发展对中等技术人才的需求。一方面增建由教育部主办的职业技术学校，另一方面鼓励企事业单位兴办自己的技术学校。后者实行边生产、边学习的教学制度，经费由企业自理，主要是利用师生的劳动成果"以校养校"。古巴的职业教育在 20 世纪 70 年代获得了迅速发展，技术和职业学校由 20 世纪 50 年代的 40 所增至 20 世纪 70 年代的 357 所，人数超过 21 万，20 世纪 80 年代甚至超过 30 万人。[②] 基本形成了"教育与工业"相结合的模式，这种模式不但让职业技术学校"自给自足""以校养校"，更重要的是它培养了数以万计的技术工人，大大促进了古巴社会经济的发展。[③]

2002 年初，古巴提出新的教育体制改革计划，卡斯特罗称这项计划是"一场意义深远和史无前例的教育革命"，也被称为"第三次教育革命"。此次改革增设了职业学校，设立社会工作、艺术教练等专业学校，培养社会工作者。[④]

自 2008 年以来，在劳尔·卡斯特罗的经济改革下，国家加大了对教育的关注，并采取了大量努力来改革被忽视的职业培训领域。2009—2010 年，古巴教育部实施了全面、深度的转型计划，涉及所有教育机构及其教师、学生，目标是继续提高教育质量，以便当前和未来的几代人逐渐准备好去面对和解决发展所产生的问题，同时形成较强的爱国主义和革命的信念。

（二）法规

古巴革命胜利后不久，古巴政府就将发展教育作为一项重要的革命任务和优先考虑的目标，组建了较为完善的教育主管部门，并通过立法建立新的教育制度。

1.《教育改革法》：1959 年 9 月颁布，宣布古巴将实行小学义务教育。

2.《教育国有化法》：1961 年 6 月颁布，宣布古巴的教育是公共的和免费的，教育

---

① 吴孙沛璎. 1959 年后社会主义模式下的古巴教育革命 [C]// 2019 年南国博览学术研讨会论文集（五）. 北京：中国环球文化出版社、华教创新（北京）文化传媒有限公司 ,2019.

② 张金霞. 卡斯特罗的社会主义建设论 [M]. 北京：人民出版社 ,2012.

③ 曾昭耀，石瑞元，焦震衡. 战后拉丁美洲教育研究 [M]. 南昌：江西教育出版社 ,1994.

④ 张金霞. 卡斯特罗的社会主义建设论 [M]. 北京：人民出版社 ,2012.

工作应由国家负责，规定教育是全体古巴人民平等享有的权利，[①] 强调学校大门向全体古巴人，特别是向工农大众敞开。同时，执行一切教育机构和文化机构毫无区别、毫无歧视地为全体古巴儿童和青少年服务的政策。[②]

3.《大学改革法》：1962 年 2 月颁布，旨在加强高等教育体制改革和提高高等教育水平。

4.《古巴共和国宪法》：1976 年通过，规定了教育的基本原则。公民享有平等的受教育权，必须接受免费的九年义务教育。古巴教育的重要原则之一是坚持教育民主化，不仅全部实行免费教育，而且保证每个人不论种族、性别、家庭出身等都享有平等的受教育机会。

1974 年 6 月，古巴制定了关于工人培训的法令，1981 年先后颁布了三条与职业技术培训有关的法例。1984 年 3 月，第 122 号法令颁布了关于高年级学生职业技术教育和生产实践的规定。1985 年 3 月，古巴劳动和社会保障委员会第 4248 号决议制定了新成立职业技术培训组织的方法指南。1999 年 6 月，关于工人培训的条例出台，该条例制定了工人培训的规范，涉及工人培训的需求、组织和确定，培训计划的准备，劳动能力的认证以及待遇等。2017 年 10 月，颁布了关于工人培训的第 350/17 号法令，制定了关于职业技术教育分支机构及培训中心的条例，以响应古巴的经济需求。[③]

三、职业技术教育与培训的体系与质量保障

（一）体系

古巴的职业技术教育旨在培养国家所需的技术人员及熟练工人劳动力。学生在完成 9 年或 12 年的学业后可接受职业技术教育，课程为期 3—4 年，根据入门水平和专业的复杂性而定，包括：小学和学前教育教师培训、熟练技术工人培训等。这一层面的教育紧贴社会需求，尤其是在农业、土木建筑、会计和铁路领域。这些领域与国家的生产组织和服务有关，课程由来自这些组织工作的专家讲授。在生产和服务中心还设置了教室，便于学生进行实践活动、掌握专业技能。职业技术教育也迎合了职业学校的需求，以便为劳动力需求较大的领域培养合格的工人。

在大学预科阶段，除了普通的大学预科高中外，古巴还成立了相应的职业学院，例如大学预科教育科学职业学院，其目的是确保对学生进行有效的职业指导，鼓励他们继续自己的课程直至毕业；大学预科精准科学职业学院，目的是确保其毕业生选择的职业对国家的科学发展是必要的；大学预科军事职业学院，为追求军事生涯的学生设立。古巴的高中除普通高中外，还有专业高中，专业高中分成理科、师范、体育、艺术、军事

---

① 李木洲，张继明. 古巴教育发展"三步曲"及其启示 [J]. 世界教育信息，2009(5):68-71.

② 顾明远. 世界教育大事典 [Z]. 南京：江苏教育出版社，2000.

③ ILO. Cuba: Education, vocational guidance and training [EB/OL].[2021-05-30]. https://www.ilo.org/dyn/natlex/natlex4.listResults?p_lang=en&p_country=CUB&p_count=223&p_classification=09&p_classcount=18.html.

等，主要为学生升入相应的大学做准备。

在成人教育领域，古巴也有针对工人和普通职工提供的职业技术教育与培训。分为工农教育、中等工农教育和工农学院三个层次，课程分别相当于初等教育、中等教育和大学预科。它还包括语言学校，以满足工人对外语知识的需求。目前，工人学院开设西班牙语、数学和古巴史课程，为想通过入学考试进入大学的工人提供准备。

古巴的职业技术培训效仿的是苏联模式，即学校与企业合作，为学员提供实习机会。其主要特点是指令性的计划直接调节微观教育行为（如培养目标、计划、课程及毕业生分配等），这种高度集中的教育制度，是适应古巴当时高度统一的中央集权政治制度和高度集中的一元化经济体制的需要而建立起来的。但这种体制不能及时地适应不断发展变化的政治经济形势，并促进经济发展。这也是尽管古巴教育事业快速发展，但经济发展仍然缓慢的原因之一。[①] 古巴所有与工作有关的活动都是围绕社会主义国家的经济和社会价值开展的，还没有出现针对企业需求而专门培训熟练劳动力的情况。

职业技术教育与培训在古巴教育系统中属于中等教育。古巴宪法规定："教育的基础是学习与生活、劳动和生产的密切联系。"以此思想为指导，强调工学结合，特别在农业领域，古巴城区的各级各类学校会专门设置让学生参加生产劳动的课程。因此，学生需要花很长时间从事生产劳动，大学生则要进入工厂、医院、研究中心、各种事务所及文化机构等地实习，尽早地学习掌握职业技能，确立职业人生规划。[②]

（二）质量保障

在古巴的教育改革中，政府实行了一系列措施提高教育质量。针对片面追求入学率、忽视教育质量等问题进行政策调整。1986 年有关调查材料透露，许多教师为了完成普及教育的指标，过于追求升学率而忽视质量，有的教师甚至安排难度很低的考试，或者以复习为名，向学生提示最重要的考试内容，对作弊行为视而不见，为学生升级提供方便。针对这些情况，古巴政府在 1988—1992 年间对初等教育、中等教育、职业技术教育和大学预科教育进行了全面的改革，制定了"继续完善全国教育制度"的五年计划。[③] 对完善教育领导体制、改进教学内容和教学方法、完善师资培训工作等方面提出了具体要求，并逐步实施。

除此之外，古巴政府还从社会发展的实际需要出发及时升级教育计划，改善教学质量。除保障初等、中等、职业技术教育及本科教育外，硕士教育和远程培训也逐渐加强，培养重点集中在科学技术的提升和价值观的塑造上。2017 年，古巴在高等教育方面投入8.1 亿多比索。

---

① 曾昭耀，石瑞元，焦震衡. 战后拉丁美洲教育研究 [M]. 南昌：江西教育出版社,1994.

② 张贯之，张芯瑜. 从古巴教育看我国西部高等教育中学生人格培养问题与对策研究 [J]. 高教研究, 2014(1):1-3.

③ 张丹，范国睿. 古巴教育改革的经验与反思 [J]. 外国教育研究, 2008(10):83-86.

四、职业技术教育与培训的治理与教师

（一）治理

自 2008 年以来，劳尔·卡斯特罗提出要更新古巴的经济社会发展模式，即实行改革开放。2010 年，因国有企业生产率低下，预计将有数百万的工人失去赖以生存的工作，针对这个可能面临的社会问题，当时古巴的经济政策也出现了进一步变化。作为放松经济控制的一部分，政府的解决方案是允许服务业、农业等领域出现私营企业，放松国家对劳动力市场的控制，为私营企业创造更多的机会。在这一经济动荡的时期，技术与职业教育培训受到前所未有的关注，以"培训这个国家需要的未来工人"为口号，古巴加强了对职业教育的关注，并采取了大量努力来改革被忽视的职业教育培训领域。2008 年的数据显示，主要负责技术工人培训的教育机构有 150 所，培训中级技术人员的职业技术学院有 325 所，继续教育机构有 125 所。教育部负责这些教育机构，并严格控制其他各部门的教育中心。教育中心的成立，须经教育部批准；国有企业直接管理的教育机构，则由有关部门批准。

教育部负责协调其他部门、企业、研究所及高等教育机构的职业技术培训课程。根据古巴职业技术教育与培训专家提供的资料，中级技术人员的培训既在课堂上进行，也会在"未来雇主"国企中进行。这为年轻职工提供了一个了解他们未来雇主的机会。职业技术培训的很大一部分是在企业完成的。第一年的培训安排在职业技术学校进行，让学员每周花 8 小时在研习会上以及花 6 小时在研习会学习上。第二年，学员们大部分时间都待在教室里，但根据国企的情况而定，他们也可以开始实习。第三年的培训一般是强制性实习。第四年也是最后一年的培训，学员开始准备进入社会。但是，在完成期末考试之前，学生仍接受正式职业技术教育培训，并受到学校的监督。这个考试是由各省的职业技术教育专家和国企联合开发的。专家委员会将设计一系列的一般及专业考题，考试包括笔试和口试。[①]

（二）教师

师资力量在教育领域中一直是重中之重，是学生获得知识和信息的直接来源，而青年教师在教师领域中担负着承上启下、开拓创新的角色。古巴政府一向在培养青年教师上下了很大功夫，即使在经济困难时期也没有停止对青年教师培训的投入。[②]

古巴有专门的教育科学大学以及教育学校来培训国家需要的教师，把高校教师专业技能的提高放在突出位置。古巴的全日制教师可接受免费的在职进修培训。在教师学术

---

① WOLF S, HERNÁNDEZ PENTON F A, BELTRÁN MARIN A L, et al. The Cuban Vocational Education and Training System and its Current Changes[J]. Journal for Critical Education Policy Studies (JCEPS), 2011, 9(1): 223–240.

② 吴孙沛璟. 1959 年后社会主义模式下的古巴教育革命 [C]// 2019 年南国博览学术研讨会论文集（五）. 北京：中国环球文化出版社、华教创新（北京）文化传媒有限公司, 2019.

发展方面，古巴的战略目标是在尽可能短的时间内明显提高拥有博士学位的教师数量。[①]
古巴在教师培训时遵循三条主要原则：第一，坚持从工作实际出发、学以致用的原则。
紧密结合本职工作，使教师了解掌握相关专业的新理论、新技术、新方法和新信息。使
其知识技能和业务素质得到更新、补充、拓展和提高。第二，坚持在职、业余、就近教
育为主的原则。在确保工作正常进行的前提下，有计划、有步骤地安排教师进修培训，
做到工作和学习两不误。古巴的教师在进修培训期间，尤其是脱产学习期间的工作，原
则上由所在单位安排调整，学院不再增派工作人员。第三，古巴专职教师的进修培训，
坚持个人申请、系部推荐、部门批准、分类计划、统筹安排的原则。各系部应根据专业
建设规划和教学工作需要，制定出本校人员进修培训的年度计划。[②]

五、职业技术教育与培训的诉求与发展趋势

古巴的职业技术教育与培训仍在苏联模式下继续，强调以学校为基础的职业技术教
育，并在国有企业实习。但这一旧的制度已不能适应不断变化的古巴经济，主要是因为
它在国有企业中的基础受到侵蚀，还有一个原因是私营经济在古巴的经济发展中逐渐发
挥出更大的作用。另一方面，教育不仅具有政治作用，还具有社会作用，对国家具有重
要的意义。古巴政府近年来正在减少大学的招生数量，将大学预科高中的毕业生从大学
转到职业技术学校，力求让学生进入更加实际的职业技术培训学校等，这些举措向古巴
人民发出了非常明确的信号：必须加强职业技术教育与培训，与经济领域的转变相结合，
使其发挥更重要的作用。

古巴也有非常多的学者，人数甚至超过了接受职业技术教育与培训的学生人数。两
者人数的差距将导致社会和经济的不合理现象，如果从事学术的人员过剩而产业工人不
足，问题就会出现。另外，职业技术学校的技术装备、物质资源、课程设置、职业技术
教育与培训的质量都是现实的问题，特别是随着国有企业数量的逐渐减少，以往的职业
技术教育与培训的模式不再，古巴的职业教育体系如何继续保持稳定以及持续提高熟练
劳动力的质量，这些都是悬而未决的问题。[③]

（深圳职业技术学院　技术与职业教育研究所　肖晗悦）

---

① 周满生，李韧竹. 古巴的高等教育的发展与改革 [J]. 世界教育信息，2002(11):22–24.
② 金亮. 浅论当代古巴社会主义——社会主义制度下的古巴教育 [J]. 中国校外教育，2012(2):48–49.
③ WOLF S, HERNÁNDEZ PENTON F A, BELTRÁN MARIN A L, et al. The Cuban Vocational Education and Training System and its Current Changes[J]. Journal for Critical Education Policy Studies (JCEPS), 2011, 9(1): 223–240.

主要参考文献

[1] 中华人民共和国外交部 . 古巴国家概况 [EB/OL].(2021–08)[2021–09–01].https://www.fmprc. gov.cn/web/gjhdq_676201/gj_676203/bmz_679954/1206_680302/1206x0_680304.html.

[2] WOLF S, HERNÁNDEZ PENTON F A, BELTRÁN MARIN A L, et al. The Cuban Vocational Education and Training System and its Current Changes[J]. Journal for Critical Education Policy Studies (JCEPS), 2011, 9(1): 223–240.

[3] LOPEZ M Q. Education in Cuba: Foundations and challenges [J]. estudos avançados, 2011, 25 (72): 55–72.

[4] 中华人民共和国商务部 . 对外投资合作国别 (地区) 指南——古巴 (2020 年版)[EB/OL]. [2021–04–08].http://www.mofcom.gov.cn/dl/gbdqzn/upload/guba.pdf.

[5] 曾昭耀 , 石瑞元 , 焦震衡 . 战后拉丁美洲教育研究 [M]. 南昌 : 江西教育出版社 , 1994.

[6] 李木洲 , 张继明 . 古巴教育发展 "三步曲" 及其启示 [J]. 世界教育信息 , 2009(5):68–71.

[7] 张贯之 , 张芯瑜 . 从古巴教育看我国西部高等教育中学生人格培养问题与对策研究 [J]. 高教研究 , 2014(1):1–3.

[8] 张丹 , 范国睿 . 古巴教育改革的经验与反思 [J]. 外国教育研究 , 2008(10):83–86.

[9] 吴孙沛璟 . 1959 年后社会主义模式下的古巴教育革命 [C]// 2019 年南国博览学术研讨会论文集 (五). 北京 : 中国环球文化出版社、华教创新 (北京) 文化传媒有限公司 , 2019.

[10] 周满生 , 李韧竹 . 古巴的高等教育的发展与改革 [J]. 世界教育信息 , 2002(11):22–24.

[11] 金亮 . 浅论当代古巴社会主义——社会主义制度下的古巴教育 [J]. 中国校外教育 , 2012(2):48–49.

[12] 毛相麟 . 卡斯特罗对古巴和世界社会主义发展的卓越贡献 [J]. 世界社会主义研究 , 2017(1):33–39.

[13] 徐世澄 , 贺钦 . 古巴 [M]. 北京 : 社会科学文献出版社 , 2018.

[14] Ministerio de Educación de la República de Cuba(古巴教育部官网)[EB/OL]. [2021–05–30]. https://www.mined.gob.cu/especial.html.

[15] ILO. Cuba: Education, vocational guidance and training. NATLEX, Database of national labour, social security and related human rights legislation [EB/OL].[2021–05–30]. https://www.ilo.org/ dyn/natlex/natlex4.listResults?p_lang=en&p_country=CUB&p_count=223&p_classification=09&p_ classcount=18.html.

秘鲁共和国

一、国家概况

（一）地理^①

秘鲁共和国（Republic of Peru，República del Perú），简称秘鲁，位于南美洲西部。北邻厄瓜多尔、哥伦比亚，东接巴西，东南与玻利维亚毗连，南接智利，西临太平洋。海岸线全长 2254 千米。全境从西向东分别为热带沙漠、高原和热带雨林气候。秘鲁年平均气温从西向东分别为：西部 12℃ ~ 32℃，中部 1℃ ~ 14℃，东部 24℃ ~ 35℃。秘鲁面积为 1285216 平方千米，位居拉美第四。秘鲁全国行政区划为 4 级，包括中央、大区、省、市（县）。其中，一级行政区共有 26 个，包括 24 个省（大区）、卡亚俄宪法省和利马省（首都区）。

（二）人文^②

秘鲁是总统制民主共和国，实行多党制，政治体制为三权分立制。秘鲁各级行政首长通过选举产生，每届任期 4 年。地方各级政府主要负责规划当地经济社会发展，执行公共投资计划，管理公共财产。地方国会也由选举产生，任期 4 年。截至 2020 年，秘鲁人口为 3297.2 万，位居拉美第五。其中，印第安人占 45%，印欧混血人种占 37%，白人占 15%，其他人种占 3%。秘鲁的官方语言为西班牙语，部分地区通用克丘亚语、阿伊马拉语和其他 30 多种印第安语。在宗教信仰方面，秘鲁 96% 的居民信奉天主教。

（三）经济^③

在经济方面，秘鲁至少已经保持了连续 10 年的增长，地区表现较为突出。据秘鲁国家统计局信息显示，2019 年秘鲁经济增长率为 2.16%，其中第一产业、第二产业和第三产业所占比重分别为 22%、17% 和 61%。当前，秘鲁新冠肺炎疫情严峻。2020 年秘鲁经

---

① 中华人民共和国. 秘鲁国家概况 [EB/OL]. (2021-08) [2021-09-10]. https://www.fmprc.gov.cn/web/gjhdq_676201/gj_676203/nmz_680924/1206_680998/1206x0_681000.html.

② 中华人民共和国商务部. 对外投资合作国别（地区）指南——秘鲁 (2020 年版)[EB/OL]. [2021-09-10]. http://www.mofcom.gov.cn/dl/gbdqzn/upload/bilu.pdf; 中华人民共和国. 秘鲁国家概况 [EB/OL]. (2021-08) [2021-09-10]. https://www.fmprc.gov.cn/web/gjhdq_676201/gj_676203/nmz_680924/1206_680998/1206x0_681000.html.

③ 同上。

济增长为 –11.12%，是拉美经济衰退最严重的国家之一。

（四）教育 [1][2]

秘鲁现行教育体制包括学前教育 1—2 年，小学 6 年，中学 5 年，大学 5 年。

中学阶段包括普通中学、中等职业学校和中等师范学校三种类型。其中，普通中学包括两个阶段，第一阶段为 3 年初中，学习普通基础课题；第二阶段为 2 年高中，此为分科教育阶段，学生可自行选修。中等职业学校也包括两个阶段，第一阶段为 3 年，主要学习普通基础课程；第二阶段为 2 年，主要学习专业课。中等师范学校学制为 4 年，主要是为了培养小学教师，前 3 年学习普通课程，最后 1 年学习教育专业课程，并进行实习。

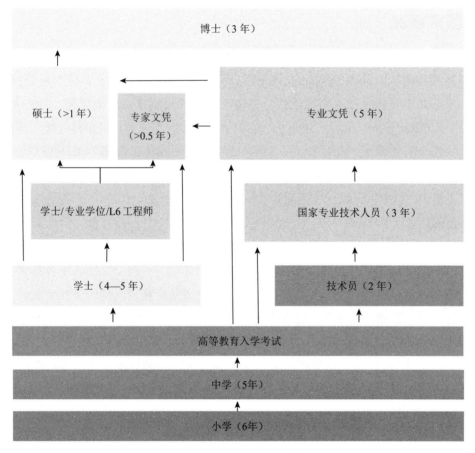

图 1　秘鲁教育体系图 [3]

①　中华人民共和国商务部. 对外投资合作国别（地区）指南——秘鲁 (2020 年版)[EB/OL]. [2021-09-10]. http://www.mofcom.gov.cn/dl/gbdqzn/upload/bilu.pdf; 中华人民共和国 . 秘鲁国家概况 [EB/OL]. (2021-08) [2021-09-10]. https://www.fmprc.gov.cn/web/gjhdq_676201/gj_676203/nmz_680924/1206_680998/1206x0_681000.html.

②　Nuffic. Education system Peru [R]. 1st edition. Nuffic, December 2014 [2021-05-27]. https://www.nuffic.nl/sites/default/files/2020-08/education-system-peru.pdf.https：//www.nuffic.nl/sites/default/files/2020-08/education-system-peru.pdf.

③　Nuffic. Education system Peru [R]. 1st edition. Nuffic, December 2014 [2021-05-27]. https://www.nuffic.nl/sites/default/files/2020-08/education-system-peru.pdf.

高等教育也包括高等专科学校、大学以及研究生院三类。其中，高等专科学校学制为 3 年；大学学制为 4—5 年，毕业时可获得学士学位或硕士学位；研究生院学制为 1—2 年，毕业时可获得副博士或博士学位。

秘鲁的小学和中学为强制教育，公立学校是免费的。据秘鲁统计局信息显示，秘鲁的文盲率自 2008 年以来逐年降低。2017 年，秘鲁 15 岁以上人群平均受教育年限约为 10.1 年，文盲率约为 5.9%，其中城镇居民文盲率约为 3.5%，农村居民文盲率约为14.9%。

二、职业技术教育与培训的战略与法规

（一）战略[①]

20 世纪 70 年代以来，秘鲁主要出口矿产、农产品、石油及其衍生物、鱼粉和渔业产品等原材料，以及发展轻工制造业。这种产业结构使秘鲁非常容易受到全球市场上出口商品价格变化的影响，影响了经济增长的可持续性。在此背景下，秘鲁生产部于 2014年制定了国家生产力多样化计划（National Productive Diversification Plan，PNDP），旨在通过发展职业教育来提升生产和转化能力，使国家生产力多样化，减少对原材料价格的依赖，提高生产率，促进经济的中长期增长，增加正式就业和高质量就业，使经济保持长期可持续增长。

秘鲁教育虽然近年来取得了显著进步，但是工人技能与市场需求存在着显著差距。对此，秘鲁于 2016 年通过了一项高等教育法案，首次明确部分技术学校提供的课程等同于大学本科课程，可以授予学术学位。此外，教育部还于 2016 年更新了国家基础教育课程（National Curriculum of Basic Education，NCBE）。该文件确定了学生预期将实现的主要学习成果，包括学生从学校向劳动力市场过渡的相关成果，并将有助于在不同部门之间建立更好的联系，从而促进学生的学习。

（二）法规[②]

1.《教育法通则》

秘鲁《教育法通则》的第三章《技术生产教育》是秘鲁关于职业技术教育与培训的基本法。根据该法案，TVET 的定义是技术和职业教育，旨在提高工人和企业的竞争力，实现可持续发展。

该法界定了秘鲁技术和职业教育（TVET）的教育层次。秘鲁的 TVET 教育分为中等水平的普通基础教育和非大学高等教育，为追求终身教育的青少年和成年人提供职业

① AMBURGO N, DEL CARMEN M. Constructing a Vocational and Educational Training System in Peru Drawing from Successful Cases in the Asia–Pacific region [D]. New Zealand: Victoria University of Wellington, 2019.

② Support for Improving the Quality and Relevance of TVET in Peru [EB/OL]. [2021-05-27].https://www.ksp.go.kr/api/file/download/11695?downloadFilename=%5BCAF%5D%20Support%20for%20Improving%20the%20Quality%20and%20Relevance%20of%20TVET%20in%20Peru%20(English).pdf.

培训。

中等水平的普通基础教育旨在提高一般职业能力、业务技能和知识水平。非大学高等教育由不同层次的不同学院提供，包括高等学院（Instituto spost Secundarios，IES）、高等技术学院（Institutos superiorres Tecnológicos，IST）和高等教育学院（Institutos superiorres Pedagógicos，ISP）。这些机构分设在不同行业，如国家工业劳动培训局（Servicio Nacional de Adiestramiento en Trabajo Industrial，SENATI）、旅游培训中心（Centrode Formación en Turismo，CENFOTUR）、采矿技术培训中心（Centrode Formación Técnica Minera，CETEMIN）、国家建筑业培训局（Servicicio Nacional de Capacitación parala Industria de la Construcción，SENCICO）和国家电信研究和培训研究所（Instituto Nacional de Investigacióny Capacitación de Telecomunicaciones，INICTEL）。同时，该法还规定技术生产教育中心（Centro de Educación Técnico Productiva，CETPRO）应为那些工作要求不那么复杂和没有完成基础教育的人提供教育课程和项目。

2.《国家职称和认证目录》

秘鲁教育部发布的《国家职称和认证目录》（El Catálogo Nacional de Títulosy Certificaciones）规定了TVET体系的课程设置。

该法案根据资本和服务领域劳动力的灵活性以及工作特点对秘鲁20种职业进行了分类，并根据劳动力市场的需求和每个特定职业的资格水平，提出三个层次的教育。还对每个工作的概况进行了简要说明，包括：（1）一般资格；（2）职业能力；（3）与职业能力相关的模块；（4）应达到的理想工作表现和每个能力的评估标准。

根据本法：不同层次的技术和职业教育课程应由不同级别的不同机构提供。其中，高等技术学院（Institutos superiorres Tecnológicos，IST）提供非学历教育课程，技术学校（Centros Educativos con Variante Técnica，CVT）提供中等教育课程，职业教育中心（Centros de Educación Ocupacional，CEO）提供职业教育模式相关的课程。

3. 第28740条法案（2006年）

该法案建立了国家教育质量评估和认证体系，规定了秘鲁技术和职业教育（TVET）的评估和认证机构。其中，秘鲁基础教育质量评估和认证机构（IPEBA）负责普通基础教育的评估和认证，非大学高等教育评估、认证和质量保证委员会（CONEACES）负责非大学高等教育的评估和认证，国家大学评估和认证委员会（CONEAU）负责大学高等教育的评估和认证。

4.《新大学法案》（第30220条法案）

2014年，《大学法案》被修订为《新大学法案》。《新大学法案》规定，高等技术教育体系的运行目标是：（1）在考虑劳动力需求的同时构建教育课程体系；（2）提高教育质量；（3）强化教育信息系统；（4）强化资格认定体系。该法案中与高等技术教育相关规定包括：（1）将三所非大学高等教育学院纳入高等技术学院。（2）对各层次的课时进行了明确的规定，要求同等教育层次提供相同的课时。其中，专业层次课时为 3840 小时，技术专业层次课时为 2880 小时，技术层次课时为 1920 小时，技术助理层次课时为 960 小时。（3）合并三家认证机构，将认证发放时间从目前的 2—3 年缩短到 90 天。

三、职业技术教育与培训的体系与质量保障

（一）体系 [①]

秘鲁的职业教育包括正规和非正规两类。其中，正规职业教育由四类机构提供，包括中学、高等教育机构、开放式培训中心和行业机构。非正规职业教育包括由劳动部提供的一系列职业培训和就业服务。秘鲁职业教育体系的每个部分都解决了职业教育和培训的基本需求，但是由于缺乏连续性和系统性，限制了其满足国家经济发展所需要的能力。

1. 正规职业教育部门

（1）中学阶段的职业教育：极其有限

秘鲁在中学阶段提供的职业教育较少。新近的教育改革减少了学校可以用于"工作教育"的小时数，并要求一小部分以职业为导向的高中增加学术课程，使其与传统中学不相上下。因此，尽管秘鲁的中学入学率显著上升，但这并不意味着中学学生获得工作技能的机会有所增加。此外，由于秘鲁只有少数学生接受高等教育，因此中等职业教育的缺乏使得大多数年轻人在进入劳动力市场时没有或只有很少特定的工作技能，导致秘鲁生产力水平较低。

（2）高等职业教育：一个充满活力的部门，但是与雇主联系不足

相对于中等职业教育的不足，秘鲁高等职业教育的选择较多。学生可以在高等技术学院学习 2—3 年的课程，分别可获得技术员（两年制）或专业技术员（三年制）学位。2014 年，有 361400 学生注册了高等技术学院（Institutos y Escuelas de Educación Superior Technológicos，IEST）项目，占所有高等职业教育学生的 30%。这类学校对于那些不想或不能注册大学学位课程的学生具有较大的吸引力。

高等职业教育主要由私人机构主导。IEST 学生中，超过 70% 的学生就读于私立机构。私立学校不接受教育部的直接资助，主要靠学生的学费和其他费用来筹措资金。这些学校可以自由设置自己的学费水平，不同机构的学费水平差别很大，从每学期 100 美元到 8000 美元不等。

IEST 与市场联系较弱。高等职业教育学校提供各种各样的专业课程，但是在技术含量较低的领域供过于求，而在技术含量较高的领域供不应求，而且课程内容与实际工作场所需要的能力之间的联系较为薄弱，导致学校所提供的技能不符合市场需求。

---

① MCCARTHY M A, MUSSET P. A Skills beyond School Review of Peru [R]. OECD Reviews of Vocational Education and Training. Paris: OECD Publishing, 2016.

IEST 与大学课程联系也不紧密。尽管 IEST 提供的课程与大学课程有较多重叠，但是 IEST 与大学的联系并不紧密。如果学生希望进入大学学习的话，往往需要重复学习课程，或者花多年时间获得内容相似的不同学位。

（3）技术教育中心：开放式职业教育与培训（VET）

秘鲁的中学毕业率较低。在 18—19 岁的秘鲁人中，有三分之一没有完成中学教育，而完成中学教育的部分人中，也只有 33% 继续升到大学或高等技术学院学习。因此，秘鲁教育系统在全国设立了超过 2000 个技术生产教育中心（Centros de Educación Técnico-Productivo，CETPRO），为这些学生提供技能培训服务。CETPRO 是开放的，主要针对未完成中等教育的学生，可提供一到两年的职业培训课程，并授予助理技术员和技术员的称号。除此之外，CETPRO 也为许多已经完成高中学业，但不希望或无法进入高等技术学院或大学的学生提供培训课程。CETPRO 与中学或高等教育的联系并不紧密。虽然 CETPRO 对没有完成中学教育的学生开放，但他们与中学教育系统之间没有正式联系。同样，在某些情况下，学生获得的学位与两年制高等技术学院（IEST）项目（技术员）相同，但他们不能从 CETPRO 课程直接转入本地 IEST 或大学学习相关高等教育课程。

（4）行业机构：由雇主主导的职业教育与培训（VET）

秘鲁的一些工业部门建立了自己的技术研究所，提供与该部门有关的技能培训。这些技术研究所独立于教育部，提供各种学位课程、在职工人培训和其他教育培训服务。这类技术研究所只占职业教育总注册人数的一小部分（约 10%—15%），但雇主的大力参与使之与市场联系紧密，因此受到学生和雇主的一致好评。

国家建筑业培训局（Servicio Nacional de Capacitación para la Industria de la Construcción，SENCICO）为建筑部门提供教育和培训服务。SENCICO 在秘鲁四个最大的城市均设有学校，为在职工人提供培训，并提供适合本国建筑行业需要的学位课程，从土木工程、地形学到建筑管理等。SENCICO 在住房部的管辖下运作，自行制定课程和学位方案。SENCICO 开设的学校都是私立的，资金来源是学费和雇主税。2014 年 SENCICO 招收了 2573 名学生。

国家工业劳动培训局（Servicio Nacional de Adiestramiento en Trabajo Industrial，SENATI）为秘鲁的工业和制造业部门提供 2—3 年的机械加工、机械生产和维修技术等培训项目。SENATI 成立于 1961 年，由国家工业协会（National Society of Industries）创立，独立于教育部，拥有经营自己学校并授予技术和专业学位的权力。SENATI 在全国 25 个地区拥有 80 多所学校，影响广泛。2014 年，SENATI 招收 72443 名学生，培养了 13000 名毕业生。SENATI 以欧洲的学徒计划为模板，采用双体系的方法来提供技术教育。学生在三年课程的第一年在课堂上（由 SENATI 提供）学习，第二年在公司导师的监督下在现场学习。这些学校是私立的，收取学费，同时也受由工业企业协会的资助。

旅游培训中心（Centro de en Turismo，CENFOTUR）由贸易和旅游部授权提供专门的教育和培训方案，以支持国家旅游业。CENFOTUR 在全国主要旅游城市设有四所学校，主要针对酒店管理和行政等领域提供两年制和三年制学位课程，以及较短的烹饪艺术和客户服务课程。与其他部门类似，CENFOTUR 独立于教育部，属私立性质，收取学费。秘鲁每年大约有 1500 名学生在 CENFOTUR 学校就读。

2. 非正式职业教育与培训（VET）

除了正式的职业培训系统，秘鲁还为寻求技能、证书和求职援助的公民提供各种就业和培训服务。

（1）有针对性的职业培训项目

秘鲁推出了许多针对青年和成年人的项目，旨在满足他们的技能需求。其中，青年生产项目是最大的项目，年度预算接近 500 万美元。自 2011 年以来，该项目培训了超 7.5 万名年轻人，并带来了一定的就业和收入效果。秘鲁 17—25 岁的年轻人中大约只有 30% 参与高等教育，因此，相较于劳动力市场的需求来说，该项目的受众面是相对较小的。

（2）技能认证服务

随着技能需求的增加，越来越多的求职者需要证明他们的知识和能力。对于那些没有完成中等或高等教育的人来说，向潜在的雇主证明自己的能力是很有挑战性的。在此背景下，劳动部于 2011 年推出了一项服务，允许特定领域的工人通过第三方对他们的技能进行评估和认证，并授予这些第三方机构官方资格。教育部已经授权各种技能认证机构来管理认证考试，包括一些学校、行业协会和当地就业中心，参与者需要为评估和资格支付少量费用。鉴于大量秘鲁工人没有正式的教育资格，再加上劳动力市场的非正规就业水平很高，这一替代途径有望提高劳动市场的流动性。

（3）职业指导和劳动力市场信息服务

秘鲁劳动部推出了职业指导和职业信息服务（Servicio de Orientación Occupationale Información Ocupacional，SOVIO），主要针对高中学生以及大龄青年和成年人。SOVIO 通过心理评估帮助在校青年和求职者确定自己的职业兴趣，并了解当地劳动力市场的机会。SOVIO 在每个国家级的区域办事处配有专业心理学家，可提供现场服务，同时也通过网站提供各种虚拟服务。SOVIO 还为中学教师提供职业指导培训。教育部和劳动部还开发了一个高等教育项目数据库，帮助利益相关者匹配教育和劳动力市场数据。

（二）保障 [1][2]

1.职业技能证书

秘鲁的职业技能证书分为两类：一类是技术生产教育中心（Centros de Educación Tecnico-Productiva，CETPRO）颁发的证书，一类是高等职业技术培训机构颁发的证书。

（1）技术生产教育中心（CETPRO）颁发的证书

秘鲁有 2150 个 CETPRO，主要面向没有完成高中阶段的学生，但即使没有完成小学教育也可进入 CETPRO 学习。小学毕业的学生进入模块化教育技术生产体系（Modular Educación Tecnico-Productiva System）的基础阶段学习，而完成了中学前两年课程的学生则进入中级阶段学习。

CETPRO 颁发的证书包括以下两类：

助理技术员：没有入学要求，完成一年小学后课程（one-year course post primary school），通过后颁发证书。

技术员：入学需完成初中教育，完成 2000 小时的培训（通常为 2 年），并达到行业要求的能力后授予证书。该资格等同于中学毕业，但它并不提供进入大学学习的机会。在某些情况下，完成学业可以提供接受高等职业培训的机会。

（2）高等职业教育机构颁发的证书

秘鲁的高等职业技术培训机构主要包括：高等技术学院（Institutos y Escuelas de Educación Superior Technológicos，IEST）、高等教育学院（Institutos de Educación Superior Pedagógicos，IESP）和艺术教育学院（Institutos y Escuelas Superiores de Educación de Formación Artística，IESFA）。

这些机构主要提供以下三种资格证书：

技术员：需要 2 年的职业技术培训（88 学分）。

国家专业技术人员：需要 3 年的职业技术培训（132 学分）。

国家技术人员：需要 4—5 年的职业技术培训（200 学分）。除了培训课程，学生还必须完成并维护一个可行性项目。

当候选人获得优先资格时，还可以在专业领域继续接受研究生水平的培训，以获得专业资格或二级及以上专业资格。专家资格只对同时持有专业技术资格和专业资格的人员开放，并需要有至少 1 年的额外学习。

在职业技术领域高等教育部门完成的学分、课程或项目不能转入大学学习。

---

① Nuffic. Education system Peru [R]. 1st edition. Nuffic, December 2014 [2021-05-27]. https://www.nuffic.nl/sites/default/files/2020-08/education-system-peru.pdf.https：//www.nuffic.nl/sites/default/files/2020-08/education-system-peru.pdf.

② World Education News+Reviews. Education System Profiles. Education in Peru [EB/OL]. [2021-05-27]. https://wenr.wes.org/2015/04/education-in-peru.html.

2. 质量保障 [①]

2006 年，秘鲁第 28740 号法律确立了秘鲁国家教育质量评估和认证体系（Sistema Nacional de Evaluación，Acreditación y Certificación de la Calidad Educativa，SINEACE）。SINEACE 是一个独立的质量监督机构，负责管理教育和培训的质量水平，负责技术和职业教育（TVET）机构的评估、认证和资质管理工作。该质量监督体系旨在实现以下三个目标：（1）保证教育质量；（2）提高地区和国家竞争力；（3）持续改进评估。

秘鲁政府在 2014—2018 年竞争力议程中提出的目标之一是使有质量认证的大学课程数量翻一番，并使 80% 的技术学院至少拥有一门经过认证的课程，因此 SINEACE 的重要性越发凸显。

该体系规定秘鲁的教育认证由国家认可的机构实施。根据 2007 年颁布的《行政部门组织法》，非大学高等教育评估、认证和质量保证委员会（Consejo de Evaluación，Acreditación y Certificación de la Calidad de la Educación Superior No Universitaria，CONEACES）和秘鲁基础教育质量评估和认证机构（Instituto Peruano de Evaluación，Acreditación y Certificación de la Calidad de la Educación Basica，IPEBA）负责各级职业技术教育的评估和考核工作。

四、职业技术教育与培训的治理与教师

（一）治理 [②]

秘鲁的教育部、劳动和就业促进部以及生产部对秘鲁职业教育的发展有着直接或间接的影响。

1. 教育部

秘鲁教育部通过技术生产、高等技术和艺术教育司对技术生产教育和高等技术教育相关的政策进行指导、协调、推动、监督和评估，并在其权责范围内制定法律文件。该部门有两个理事会，其中之一是技术生产教育、技术高等教育和艺术教育服务理事会。教育部负责在其职权范围内，制定与教育质量相关的政策、计划和法规。同时，教育部还负责将最佳教学实践和创新项目系统化，并进行推广。

2. 劳动和就业促进部

秘鲁劳动和就业促进部主要负责劳工培训和就业，其职能是针对国家和部门在职业培训、培训方式、工作转换、就业指导和职业信息等方面提出政策、计划、方案和项目并执行。通过将区域和地方信息系统化，该部门可以对"国家和部门政策、计划、方案

---

① Support for Improving the Quality and Relevance of TVET in Peru [EB/OL]. [2021-05-27].https://www.ksp.go.kr/api/file/download/11695?downloadFilename=%5BCAF%5D%20Support%20for%20Improving%20the%20Quality%20and%20Relevance%20of%20TVET%20in%20Peru%20(English).pdf.

② AMBURGO N, DEL CARMEN M. Constructing a Vocational and Educational Training System in Peru Drawing from Successful Cases in the Asia-Pacific region [D]. New Zealand: Victoria University of Wellington, 2019.

和项目的执行情况"进行监测和评估，并开展与技能发展有关的调查研究。

3. 生产部

秘鲁生产部主要通过培训满足经济发展的劳动力需求。根据国家生产多样化计划，当前秘鲁教育系统培养的劳动力技能不符合生产部门的要求，而且可以提供符合需求的培训机构太少，因此该计划提出"扩大劳动力"的行动方针，旨在通过足够的培训满足劳动力市场的需求。

（二）教师 [1][2]

秘鲁的教师培训由高等教育机构或艺术学院提供，为期5年，包括5400小时的学习，至少200个学分，课程涵盖研究生课程、进修课程和专业高级课程。在高等教育学院完成学术技能测试以及期末论文后，可获得教授头衔。在艺术教育学院完成相关课程后，可获得艺术家专业职称。如果是中等教育层次的教师培训，则会标明专业。技术教育类教师在技术高等专科学校接受3年的培训，可获得专业技术职称。

五、职业技术教育与培训的诉求与发展趋势 [3]

秘鲁拥有广泛的技术教育部门。但与许多国家一样，该领域高度分散，与传统学术机构的联系较为薄弱。秘鲁的职业教育和培训体系主要存在以下问题：

（1）技能供求不匹配。秘鲁现有的培训项目和培训机构未能满足其技能发展需求。秘鲁高等教育机构毕业生的劳动生产率持续处于较低水平，失业率居高不下。而且，秘鲁有200万人拥有技能学位，其中只有15%从事与技能相关的工作。因此，秘鲁教育系统的技能供应与市场需求存在一定的差距。

（2）课程质量参差不齐。针对职业教育的课程质量，秘鲁政府没有设置严格的课程质量标准，导致其课程普遍缺乏连贯性或可预测性。

（3）缺乏上升途径。秘鲁虽然提供了广泛的技术教育项目，但大多数是孤立的，缺乏从技术培训到高等教育的明确途径，限制了学生在学术上取得进步和获得大学学位的可能性。

因此，秘鲁需要提高技能供求的匹配度，制定严格的课程标准，打通技术教育的上升通道等，以提供更高质量的职业教育服务，推动经济的可持续发展。

（深圳职业技术学院　技术与职业教育研究所　艾　娣）

---

① Nuffic. Education system Peru [R]. 1st edition. Nuffic, December 2014 [2021-05-27]. https://www.nuffic.nl/sites/default/files/2020-08/education-system-peru.pdf.

② World Education News+Reviews. Education System Profiles. Education in Peru [EB/OL]. [2021-05-27]. https://wenr.wes.org/2015/04/education-in-peru.html.

③ MCCARTHY M A, MUSSET P. A Skills beyond School Review of Peru [R]. OECD Reviews of Vocational Education and Training. Paris: OECD Publishing, 2016.

主要参考文献

[1] MCCARTHY M A, MUSSET P. A Skills beyond School Review of Peru [R]. OECD Reviews of Vocational Education and Training. Paris: OECD Publishing, 2016.

[2] AMBURGO N, DEL CARMEN M. Constructing a Vocational and Educational Training System in Peru Drawing from Successful Cases in the Asia–Pacific region [D]. New Zealand: Victoria University of Wellington, 2019.

[3] Nuffic. Education system Peru [R]. 1st edition. Nuffic, December 2014 [2021–05–27]. https://www.nuffic.nl/sites/default/files/2020–08/education–system–peru.pdf.

[4] Support for Improving the Quality and Relevance of TVET in Peru [EB/OL]. [2021–05–27]. https://www.ksp.go.kr/api/file/download/11695?downloadFilename=%5BCAF%5D%20Support%20 for%20Improving%20the%20Quality%20and%20Relevance%20of%20TVET%20in%20Peru%20 (English).pdf.

[5] World Education News+Reviews. Education System Profiles. Education in Peru [EB/OL]. [2021–05–27]. https://wenr.wes.org/2015/04/education–in–peru.html.

[6] 中华人民共和国 . 秘鲁国家概况 [EB/OL]. (2021–08) [2021–09–10]. https://www.fmprc.gov.cn/web/gjhdq_676201/gj_676203/nmz_680924/1206_680998/1206x0_681000.html.

[7] 中华人民共和国商务部 . 对外投资合作国别 (地区) 指南——秘鲁 (2020 年版)[EB/OL]. [2021–09–10]. http://www.mofcom.gov.cn/dl/gbdqzn/upload/bilu.pdf.

多民族玻利维亚国

一、国家概况

（一）地理①②

多民族玻利维亚国（Plurinational State of Bolivia，Estado Plurinacional de Bolivia），简称玻利维亚。玻利维亚地处南美洲中部，属内陆国，其东北部与巴西交界，东南毗邻巴拉圭，南邻阿根廷，西南邻智利，西接秘鲁，面积为 109.8 万平方千米。玻利维亚的气候属温带气候，呈多样性特点。玻利维亚包括三个气候区：热带平原地区（平均气温 25℃）、谷地地区（平均气温 18℃）、高原地区（平均气温 10℃）。玻利维亚全国划分为 9 个省、112 个地区、337 个市以及 1397 个自然村。

（二）人文③④

玻利维亚实行总统内阁制。总统为国家元首、政府首脑和武装部队统帅。玻利维亚有众多政党，其中，争取社会主义运动党（MAS）为执政党。

截至 2020 年 4 月，玻利维亚全国人口有 1160 万。排在前三位的省分别为：圣克鲁斯省（322 万人）、拉巴斯省（288 万人）、科恰班巴省（197 万人）。玻利维亚是多民族国家，土著民族占总人口的 30% 左右，欧洲和非洲移民占总人口的 15% 左右。据统计，玻利维亚共有 37 个土著族群。玻利维亚的官方语言为西班牙语、克丘亚语、阿依马拉语以及瓜拉尼语等 36 种印第安民族语言。玻利维亚新宪法废除了天主教的国教地位，规定一切宗教平等。玻利维亚约有 81% 的居民信奉天主教，约 10% 的居民信奉新教或福音教。

---

① 中华人民共和国外交部．玻利维亚国家概况 [EB/OL]. (2021-08) [2021-09-10].https://www.fmprc.gov.cn/web/gjhdq_676201/gj_676203/nmz_680924/1206_681022/1206x0_681024.html.

② 中华人民共和国商务部．对外投资合作国别（地区）指南——玻利维亚 (2020 年版)[EB/OL]. [2021-09-10]. http://www.mofcom.gov.cn/dl/gbdqzn/upload/boliweiya.pdf.

③ 中华人民共和国外交部．玻利维亚国家概况 [EB/OL]. (2021-08) [2021-09-10].https://www.fmprc.gov.cn/web/gjhdq_676201/gj_676203/nmz_680924/1206_681022/1206x0_681024.html.

④ 中华人民共和国商务部．对外投资合作国别（地区）指南——玻利维亚 (2020 年版)[EB/OL]. [2021-09-10]. http://www.mofcom.gov.cn/dl/gbdqzn/upload/boliweiya.pdf.

（三）经济①②

在经济政策方面，自莫拉莱斯政府执政以来，玻利维亚经济采取了积极干预的政策，着力推进石油、天然气、矿业等支柱产业国有化，重点促进能矿生产以及基础设施建设，加大天然气资源开发投入，积极推动土地改革。

在经济结构上，玻利维亚拥有丰富的矿产资源，锂、锡、锑、金、银、铜、铁、锰、钨、锌等矿藏丰富，是世界著名的矿产资源出口国。玻利维亚的能矿资源产业为其支柱产业，但资源深加工能力相对较弱，关键技术仍然主要依赖进口。在农业方面，玻利维亚农产品加工尚未实现产业化和规模化，多种消费品难以实现自给自足。

在对外贸易方面，玻利维亚政府历来重视发展对外贸易，现与世界 80 多个国家和地区保持着贸易关系。2020 年玻利维亚外贸总额达到 140.95 亿美元，其中出口额为 70.15 亿美元，进口总额为 70.8 亿美元。

（四）教育③④

玻利维亚的教育旨在"通过公平、多元、包容的高质量教育战略，确保所有人都能够接受高质量教育，为社会公平做贡献"。尽管玻利维亚是一个低收入国家，但是部分教育指标表现良好。2016 年，玻利维亚的人均 GDP 为 2457.6 美元，远低于同期经合组织 38109 美元的平均水平。2017 年，玻利维亚教育水平在全球综合排名为第 52 位，其中，教育支出占比排在第 11 位。⑤

1. 义务教育阶段

玻利维亚的义务教育从学前教育一直持续到高中阶段。其中，学前教育为期 2 年，普通初级教育为期 6 年，初级中学为期 2 年，高级中学为期 4 年。在普通初级教育阶段，学生每周学习 30 个小时，课程涉及语言、数学以及生命科学等，内容包括表达能力、创造力、宗教或伦理道德等。完成小学教育后，学生有资格并有义务继续接受初中教育。在初级中学教育阶段，学生主要巩固小学阶段的学习成果。初中毕业后，学生将获得与学前教育和小学教育类似的资格证书。在高级中学教育阶段，学生主要为接受高等教育或步入社会做准备。高中分为学术—人文路径和技术—职业路径，学术—人文路径为学术深造做准备，技术—职业路径为生产及其他领域的工作做准备。为了消除这两种路径间的分隔，玻利维亚于 2010 年颁布了新的教育法，旨在向所有学生提供职业教育选修

---

① 中华人民共和国外交部．玻利维亚国家概况 [EB/OL]. (2021–08) [2021–09–10].https://www.fmprc.gov.cn/web/gjhdq_676201/gj_676203/nmz_680924/1206_681022/1206x0_681024.html.

② 中华人民共和国商务部．对外投资合作国别（地区）指南——玻利维亚 (2020 年版)[EB/OL]. [2021–09–10]. http://www.mofcom.gov.cn/dl/gbdqzn/upload/boliweiya.pdf.

③ UNESCO. World Data on Education [R/OL]. UNESCO, 2011 [2019–12–12]. http://www.ibe.unesco.org/fileadmin/user_upload/Publications/WDE/2010/pdfversions/Bolivia.pdf.

④ UNESCO. ISCED Mappings [EB/OL]. [2019–12–12]. http://uis.unesco.org/en/isced–mappings.html.

⑤ DUTTA S, LANVIN B, WUNSCH–VINCENT S. The Global Innovation Index 2017: Innovation Feeding the World [R]. Fontainebleau, Ithaca, and Geneva: Cornell University, INSEAD, and WIPO, 2017.

课,以消除这种分隔。但是该政策执行不到位,目前大多学校仍然遵循着两种不同的路径。高中毕业后学生可获得技术—人文学士学位证书。此外,学生还可以参加职业教育专业课程获得中级后学士技术员学位。^①

2. 高等教育

义务教育结束后,如果学生希望继续接受教育,可以选择学术路径或职业路径。

(1)学术路径

玻利维亚高等教育阶段的学术路径通常包括学士学位、硕士学位和博士学位。此外,也包括其他教育资格,如高等教师学位和专业学位。其中,学士学位和教师学位通常需要5年的学习,硕士学位需要2年,博士学位通常需要至少4年的学习。专业学位的获得需在取得学士学位或教师学位后进行为期一年的学习。学生需要参加学术能力测试才能进入公立大学学习,公立大学是免费的,私立大学是收费的。

(2)职业路径

玻利维亚高等教育阶段的职业路径包括两类:中级技术培训和高级技术培训,由技术机构或大学提供。职业路径通常在中学教育结束后开始,中级技术培训和高级技术培训分别需要2年和3年完成。完成这两类培训课程后,毕业生可分别获得中级技术文凭或高级技术文凭。^②

3. 成人教育

玻利维亚还为不能完成正规教育的人提供了成人教育。成人教育包括初级成人教育、中级成人教育、成人技术教育以及青年替代教育。此外,成人教育还包括扫盲方案和项目,旨在使15岁以上的文盲人口能够用母语读写。玻利维亚的成人教育由各类教育中心提供,包括玻利维亚教育学院、基础教育加速中心、成人中学教育中心、综合中心、农村地区整体发展中心以及技术、人文和农业教育中心等机构。这些机构根据其所在位置是城市还是农村而侧重于不同的技能教育。城市地区的教育侧重于小学和中学教育中典型的学校科目,而农村地区的教育则侧重于农业技能教育^③。

---

① SEVILLA B M. Panorama de la educación técnica profesional en América Latina y el Caribe [R]. Santiago: Naciones Unidas, 2017.

② OECD. Dataset: LFS by sex and age – indicators [EB/OL]. OECD Statistics, 2018 [2019-12-12]. https://stats.oecd.org/Index.aspx?DataSetCode=LFS_SEXAGE_I_R#.html.

③ Ministerio de Educación. La Educación en Bolivia [R/OL]. OAS, 2004 [2019-12-12]. https://web.oas.org/childhood/ES/Lists/Recursos%20%20Planes%20Nacionales/Attachments/19/3.%20La%20educaci%C3%B3n%20en%20Bolivia,%20Indicadores,%20Cifras%20y%20Resultados.pdf.

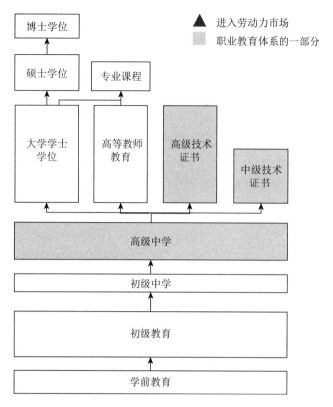

图1 玻利维亚教育体系图

二、职业技术教育与培训的战略与法规

（一）战略 [1][2]

1952年革命后，玻利维亚教育系统在分别在1994年和2010年进行了两次重大改革，对玻利维亚的教育产生了重大影响。

1. 1952年革命

玻利维亚1952年的革命被称为国民革命。[3] 这次革命除了1953年的土地改革之外，还在1955年通过了一项新的教育法，对教育产生了重要影响。此次教育改革的主要目标是普及义务教育，并将土著居民及土著农耕民族纳入教育对象。这是第一次将所有的教育政策都汇集到一个法典中，成为教育的主导立法。但是，当时教育政策的重点是正规

---

① ARRUETA J, AVERY H. Education Reform in Bolivia: transitions towards which future? [J]. Research in Comparative and International Education, 2012, 7(4): 419–433.

② ANDRADE SANCHEZ V. Reforms and educational practice in the initial teacher training in Bolivia [R/OL]. RODERIC, 2014 [2019–12–12]. http://roderic.uv.es/bitstream/handle/10550/33773/Tesis–AndradeFormato%20pdf. pdf?sequence=1&isAllowed=y.pdf.

③ THOMSON S. The National Revolution of 1952 [EB/OL]. Bolivian Express Magazine, 25 July 2014 [2019–12–12]. http://www.bolivianexpress.org/blog/posts/the–national–revolution–of–1952.html.

教育和大学高等教育，而非职业教育。

2. 1994 年的教育改革

玻利维亚在 1994 年进行了教育改革，通过了第 1656 号法令。该法引入了跨文化双语教育，力求为社区教育创造条件。该法认为教育不再只关乎少数有影响力的团体，而是社会和经济主体与土著人民参与的共同事件。此次教育改革包括四项措施：（1）民众参与法案；（2）课程组织制度；（3）课程与服务管理；（4）资源管理。①

3. 2010 年的教育改革

玻利维亚 2010 年教育法是玻利维亚现行的教育法。② 该法案第 78 条将职业教育纳入玻利维亚的教育体系。③ 2010 年教育法认为：职业教育和人文技术教育是国家用于保障人民生活、工作和生产的工具，教育的目的是为了消除城乡地区之间的社会经济差异，为每个人建立一个多元的、内部的、跨文化的和多语言的教育体系。

（二）法规

玻利维亚 2010 年教育法为玻利维亚现行的教育法，对各级各类教育进行监管。该法概述了玻利维亚教育的基础和目标。玻利维亚没有专门针对技术和职业教育（VPET）的法律，但 2010 年教育法对玻利维亚职业教育的教育水平和子系统都进行了规定。其中，第 14 条规定中等职业教育与培训（VET）是生产性社区中学教育（Educación Secundaria Comunitaria Productiva）的一部分。针对高等职业教育与培训（PET），该法案的多项条款均有所涉及，其中，条款 28—29 规定了职业技术教育，条款 41—46 规定了高等技术培训，条款 47—51 规定了高等艺术教育。④

三、职业技术教育与培训的体系与质量保障

（一）体系⑤

玻利维亚的职业教育系统被称为 VPET（Vocational and Professional Education and Training）。它包含两个部分：一类是 VET（Vocational Education and Training），为中学阶段的职业教育与培训，另一类是 PET（Professional Education and Training），为高等教

---

① CONTRERAS M, TALAVERA SIMONI M. The Bolivian Education Reform 1992–2002 [R]. Education Reform and Management Publication Series, 2003.

② SEVILLA B M. Panorama de la educación técnica profesional en América Latina y el Caribe [R]. Santiago: Naciones Unidas, 2017.

③ LIZARRAGA K. Educación técnica en Bolivia: raíces históricas y problemas presentes [R/OL]. Formación técnica professional, 2016 [2019–12–12]. http://www.formaciontecnicabolivia.org/noticias?nid=645_educacion–tecnica–enbolivia–raices–historicas–y–problemas–presentes#.W4zuqugzaUl.html.

④ Gaceta Oficial del Estado Plurinacional de Bolivia. Education Law Avelino Siñani –Elizardo Perez [Z]. Ministro de Educación, 2010 [2019–12–12]. http://www.minedu.gob.bo/index.php/pages/documentos–normativos–minedu/233–leyes/1524–ley–avelino–sinani–elizardo–perez (December 12, 2019).

⑤ SEVILLA B M. Panorama de la educación técnica profesional en América Latina y el Caribe [R]. Santiago: Naciones Unidas, 2017.

育阶段的职业教育与培训。

1. VET（中等教育层次的职业教育）①

VET主要在高中阶段提供，规模较小。在玻利维亚，高中阶段的课程设置在传统上存在两种路径：学术—人文路径和技术—职业路径。玻利维亚于2010年颁布了新版教育法，旨在寻求一种更全面的教育方式，以消除这两种路径之间的分隔。根据该法律，所有学生都可以从人文、技术、精神、道德、艺术、体育、自然科学和社会科学等广泛的学科模块中进行选择，通过专攻不同领域的课程获得学位。②③课程模块在全国范围内基本相同，共涉及9个生产领域，形成了40条专业化路径。④

具体包括以下课程领域：生产技术科学（农业、商业、工业、新信息和通信技术等）；服务（商业、旅游等）；健康科学；艺术（音乐等）；体育和运动科学；科学—人文主义（自然科学、精密科学和社会科学等）。

如果选择技术—职业路径的话，学生可以在高中教育的最后两年参加技术—工艺培训的专门课程，取得中级后学士技术员学位。但是该法律并没有得到很好地贯彻实施，目前学术—人文路径和职业—技术路径之间依然存在明显的分隔。2010年，玻利维亚只有4.7%的学生选择技术—职业路径，绝大多数学生都选择了学术—人文路径。⑤

除了正规教育系统，VET也在替代教育子系统（Alternative Education Subsystem）中为年轻人和成年人提供职业教育。替代教育中的VET由技术培训中心（Centros de Capacitación Técnica，CETAs）提供。完成两年基础教育和三年中学教育后，可获得技术—人文学士学位。⑥

2. PET（高等教育层次的职业教育）

高等教育层次的PET包含多种项目，主要分为：

（1）中级技艺培训：完成两年学习，可获得中等技术文凭。

（2）高级技艺培训：完成三年学习，可获得高级技术文凭。

具体培训形式为：在培训开始时，有一个定向资格阶段，包括100—1200学时的课程，大约为期1年。接着是理论与实践阶段，为期1年，实践内容占80%。完成前两年

① UNESCO. World Data on Education, Bolivia [R/OL]. UNESCO, 2011 [2019-12-12]. http://www.ibe.unesco.org/fileadmin/user_upload/Publications/WDE/2010/pdfversions/Bolivia.pdf.

② BQ-portal. Berufsbildungssysem Bolivien [EB/OL]. BQ-portal, 2018 [2019-12-12]. https://www.bqportal.de/de/db/berufsbildungssysteme/9752 (December 12, 2019).

③ OBERLIESEN R, OBERLIESEN U. Arbeit, Technik und Bildung in Ländern der Transformation: Lateinamerika – Beispiel Bolivien [M]. Frankfurt am Main: Peter Lang GmbH, 2012.

④ SEVILLA B M. Panorama de la educación técnica profesional en América Latina y el Caribe [R]. Santiago: Naciones Unidas, 2017.

⑤ UNESCO. Status Report on the Education Management Information Systems (EMIS) Technical and Vocational Education and Training (TVET) in 12 countries in Latin America and the Caribbean [R]. Santiago: UNESCO, 2013.

⑥ BQ-portal. Berufsbildungssysem Bolivien [EB/OL]. BQ-portal, 2018 [2019-12-12]. https://www.bqportal.de/de/db/berufsbildungssysteme/9752.html.

的学习后，可获得中等技术文凭。完成第三年的学习后，则有机会获得高级技术文凭。对于那些已经在高中阶段取得中级后学士技术员学位的学生，将免去第一年的培训。[①] 该培训模式共包括 8 个生产领域和 53 个职业，适用于 PET 所有的职业路径。[②] 具体课程领域如下：[③]

（1）技术领域最需要的职业：通用会计；计算机系统；旅游；美食；市场营销。

（2）工艺领域最需要的职业：农业；工业机械；工业电气；汽车机械；电子；食品行业。此外，交通和碳氢化合物等领域的发展也鼓励创造新的职业，如工业焊接等。

3. 高等艺术教育

另一个专业培训领域是高等艺术教育。高等艺术教育是以培养艺术技能和能力为目的，将理论和实践相结合，加强文化表现和培养创作能力的专业培训。高等艺术教育主要由艺术中心、艺术学院和艺术学校提供。[④]

4. 成人教育

除此之外，替代教育子系统（成人教育）也提供高等教育层次的职业教育。技术培训中心（Centros de Capacitación Técnica，CETAs）主要为 15 岁及以上的人提供技术教育。这些中心可以是公立的，也可以是私立的。高中获得技术—人文学士学位文凭后，学习者还可根据其教育水平参与成人教育，通过学习获得以下高等水平的资格证书：[⑤]

（1）普通专家证书：为期一年，800 学时；

（2）专家助理证书：为期两年，1200—1600 学时；

（3）中级专家证书：为期三年，2000—2400 学时。

虽然玻利维亚的职业技术教育在过去几年有了长足的发展，但仍然缺乏高等教育层次的职业教育。尽管玻利维亚高等教育阶段的职业技术教育注册人数从 2000 年的 19703 人上升到 2010 年的 42884 人，增长了 117.7%，但仍然只占整个高等教育的 7.1%。[⑥]

---

① SEVILLA B M. Panorama de la educación técnica profesional en América Latina y el Caribe [R]. Santiago: Naciones Unidas, 2017.

② BQ-portal. Berufsbildungssysem Bolivien [EB/OL]. BQ-portal, 2018 [2019-12-12]. https://www.bqportal.de/de/db/berufsbildungssysteme/9752.html.

③ La Razón. Formación técnica [EB/OL]. La Razón, 2017 [2019-12-12]. http://www.larazon.com/opinion/editorial/Formacion-tecnica_0_2634936482.html.

④ Gaceta Oficial del Estado Plurinacional de Bolivia. Education Law Avelino Siñani –Elizardo Perez [Z/OL]. Ministro de Educación, 2010 [2019-12-12]. http://www.minedu.gob.bo/index.php/pages/documentos-normativos-minedu/233-leyes/1524-ley-avelino-sinani-elizardo-perez.

⑤ BQ-portal. Berufsbildungssysem Bolivien [EB/OL]. BQ-portal, 2018 [2019-12-12]. https://www.bqportal.de/de/db/berufsbildungssysteme/9752.html.

⑥ UNESCO. Status Report on the Education Management Information Systems (EMIS) Technical and Vocational Education and Training (TVET) in 12 countries in Latin America and the Caribbean [R]. Santiago: UNESCO, 2013.

（二）培训机构①

1. VET 培训机构

在玻利维亚，正规教育系统中的中等教育机构均可提供中等职业教育与培训（VET）。除此之外，替代教育子系统中的技术培训中心（Centros de Capacitación Técnica，CETAs）也可为成人提供 VET。②

2. PET 培训机构

在玻利维亚，高等职业教育与培训（PET）由不同的机构提供，取决于 PET 是技术工艺类还是艺术培训类。

（1）技艺工艺培训机构

技术工艺类培训主要由技术学院、工艺学院和高等工艺培训学校提供。其中，技术学院和工艺学院根据国家的发展政策制订和提供专业培训方案，高等工艺培训学校提供附加的专门培训方案。这些机构都受教育部监管。

（2）艺术培训机构

玻利维亚的艺术培训主要由下述机构提供：

艺术培训中心：开发和提供短期课程。

艺术培训学院：提供中等和更高技术水平的艺术训练课程。

玻利维亚跨文化学校：可以提供不同艺术表现形式的专业培训方案。

（3）其他培训机构

在替代教育子系统中，PET 由替代技术教育中心（Alternative Technical Education Centres，CETAs）提供。③ CETAs 是发展短期项目的教育机构，也受教育部监管。

在玻利维亚，也有非政府组织和其他组织提供的短期专业培训课程。④ 目前，这些短期课程最受欢迎，几乎一半的技术培训都集中于此。此外，像 FAUTAPO（Fundación Educación para Desarrollo）这样的基金会也在全国多个培训中心提供生产性技术教育。⑤

① Gaceta Oficial del Estado Plurinacional de Bolivia. Education Law Avelino Siñani –Elizardo Perez [Z/OL]. Ministro de Educación, 2010 [2019–12–12]. http://www.minedu.gob.bo/index.php/pages/documentos–normativos–minedu/233–leyes/1524–ley–avelino–sinani–elizardo–perez.

② SEVILLA B M. Panorama de la educación técnica profesional en América Latina y el Caribe [R]. Santiago: Naciones Unidas, 2017.

③ LIZÁRRAGA K. Educación técnica y producción en Bolivia [R]. La Paz: Programa de Investigación Estratégica en Bolivia, 2011.

④ BORLÁN J. Estructura curricular (áreas, niveles, relaciones) [M]//Ministerio de Educación. Educación técnica y productiva en Bolivia en el marco de una nueva legislación. La Paz: Fundación PIEB, 2012.

⑤ FAUTAPO. FAUTAPO [EB/OL]. (2018–12) [2019–12–12]. http://portal.fundacionautapo.org/fundacion.html.

（三）质量保障①

课程开发是玻利维亚职业教育系统（VPET）的核心元素，主要负责定义职业教育系统的框架和质量标准，保证职业教育培训的质量。课程开发可分为课程设计、课程应用和课程反馈三个阶段。

1. 课程设计阶段

根据 2010 年教育法的第 69 条，玻利维亚多元教育体系在各个子系统和培训层次上的课程应反映社会和国家的多元需求和期望，课程应将理论与实践联系起来，保证玻利维亚教育体系的统一和完整，以及对玻利维亚语言和文化多样性的尊重。

课程设计阶段是整个课程开发过程的关键。为了确保 VPET 方案所确定的技能符合劳动力市场的需要，各企业专家需要参与制定课程的资格标准和学习内容。在玻利维亚，由于多元文化主义和语言的多样性在全国范围内广泛存在，因此存在两类课程：核心课程和区域化课程。其中，核心课程主要适用于城市地区的统一基础课程，而区域化课程则体现了土著和农村地区人民的特点。核心课程由教育部负责，教育利益相关者共同参与设计、批准并实施；区域化课程则由教育部和自治区共同负责。

2. 课程应用阶段

课程应用阶段围绕课程展开，课程的实施方式对于实现预期的学习效果非常重要。由于不同地区的学习环境差异很大，因此课程应用阶段重点关注学习环境，比如确定课程学习是在学校进行，还是在工作场所进行，还是两者兼而有之。玻利维亚中学阶段的职业教育课程（VET）只在学校进行，高等教育阶段的职业教育课程（PET）的开展则部分在学校、部分在企业，但在很大程度上也是基于学校的教育。因此，课程应用主要涉及学校而非企业。②③

3. 课程反馈阶段

课程反馈阶段主要对课程实施结果进行分析，并在此基础上对课程进行重新设计和改进。玻利维亚没有专门针对 VPET 的课程评价，因此 VPET 课程评价是普通教育评价的一部分。玻利维亚主要通过以下两种机构对教育质量进行评估④：

国家教育质量认证和监测系统（Sistema Nacional de Acreditación y Medición de la Calidad de la Educación，SINAMED）：该系统的目标是为教育提供定期、有效、可靠的信息，为教育不同层次的投入提供参考。该系统适用于学龄前、小学和中学教育，因此

---

① Gaceta Oficial del Estado Plurinacional de Bolivia. Education Law Avelino Siñani –Elizardo Perez [Z/OL]. Ministro de Educación, 2010 [2019–12–12]. http://www.minedu.gob.bo/index.php/pages/documentos–normativos–minedu/233– leyes/1524–ley–avelino–sinani–elizardo–perez.

② KUPFFER J. Duale Berufsausbildung in Lateinamerika[J]. Karlsruhe: AHK Bolivien, Universität Konstanz, 2015.

③ OBERLIESEN R, OBERLIESEN U. Arbeit, Technik und Bildung in Ländern der Transformation: Lateinamerika – Beispiel Bolivien [M]. Frankfurt am Main: Peter Lang GmbH, 2012.

④ UNESCO. World Data on Education [R/OL]. UNESCO, 2011 [2019–12–12]. http://www.ibe.unesco.org/fileadmin/ user_upload/Publications/WDE/2010/pdfversions/Bolivia.pdf.

主要适用于中等教育水平的 VET。

多国教育质量监测系统（Observatorio Plurinacional de la Calidad Educativa，OPCE）：该系统是一个专业技术公共机构，其评价过程和结果是独立的。该系统负责对教育系统的正规子系统、替代子系统和特殊子系统的教育质量进行监测、评估和认证。因此，该系统也对 VPET 的质量进行监测和评估。

四、职业技术教育与培训的治理与教师

（一）治理

玻利维亚的教育由教育部管理。教育部由教育部长和四名负责教育系统不同部门的副部长管理。这些副部长分别负责普通教育、替代教育和特殊教育、科学技术、高等教育和专业培训。[①] 针对职业教育系统（VPET），玻利维亚成立了国家技术教育系统（Sistema Nacional de Educación Técnica y Tecnológica，SINETEC），旨在协调技术教育部门与生产和劳工部门之间的关系。

在玻利维亚，职业教育没有具体的预算项目，其经费开支只是教育公共开支的一部分。具体如下：[②]

（1）VET 经费（中等教育层次的职业教育）

在玻利维亚，中学阶段的 VET 属于正规和义务教育。因此，这些项目由教育部预算公开资助。[③] 对于学生来说，中学阶段的 VET 是免费的。[④]

（2）PET 经费（高等教育层次的职业教育）

PET 的经费取决于机构类型是公立还是私立的。公立机构的经费由教育部资助，而私立机构的经费则由私人承担。玻利维亚的 PET 机构大多是私立的，因此大多数学生都要付费。

（二）教师

玻利维亚的教师教育由高等师范学院、高级教师培训学校和师范大学提供。成为一名普通教师需要 6 个学期和 3600 个小时的培训。教师培训主要包括以下四个方面：[⑤]

① Ministerio de Educación. Ministerio de Educación del Estado Plurinacional de Bolivia [R]. Ministerio de Educación,2018.

② SEVILLA B M. Panorama de la educación técnica profesional en América Latina y el Caribe [R]. Santiago: Naciones Unidas, 2017.

③ Ministerio de Educación. Avances en la Revolución Educativa [R/OL]. Ministerio de Educación, 2015 [2019-12-12]. http://seie.minedu.gob.bo/pdfs/Avances2015.pdf.

④ UNESCO. World Data on Education [R/OL]. UNESCO, 2011 [2019-12-12]. http://www.ibe.unesco.org/fileadmin/user_upload/Publications/WDE/2010/pdfversions/Bolivia.pdf.

⑤ 同上。

（1）一般培训：关于教育、课程和教学的培训，此外还学习教育管理、儿童和青少年发展等。

（2）教学实践与研究培训：基于当前研究且具有创新性的实践训练和教育任务。

（3）专门培训：针对教学水平和教育周期的培训。

（4）个人培训：发展支持课堂学习的个人能力和领导技能。

玻利维亚有四种教师类型得到认可，包括普通教育、高级教师、临时教师和研究生教师。其中，普通教师通常在高等师范学院接受正规教师培训，获得专业证书后，可在学校系统的不同级别任教。经过十年的教学后，普通教师考试合格后可成为高级教师。临时教师不接受教育培训，只能充当替代教师。

玻利维亚没有专门针对 VPET 的教师教育，VPET 教师教育只是普通教师教育的一部分。VPET 教师在高等师范学院、高级教师培训学校和师范大学接受教师培训后成为普通教师。教师教育通常不会培训教授 VPET 专业所需的特定技能。此外，来自其他领域的专业人员或技术人员如果没有移民局颁发的专业证书，就不能在学校系统教书，临时教师除外 [1][2]。技术学院聘请技术人员任教时，由于技术人员并非普通教师，因此只能以教师职业认定的最低水平进入，无法晋升。[3]

五、职业技术教育与培训的诉求与发展趋势[4]

玻利维亚的职业教育面临着诸多挑战，从政府到企业和民众，对职业教育的重视程度都不够。第一，教育系统没有优先考虑职业教育系统（VPET），很难创建一个以需求为导向的教育系统，不利于玻利维亚职业教育的发展。第二，玻利维亚教育部并不清楚如何与生产部门联通，不利于教育机构和生产部门之间的协调。[5]玻利维亚企业也没有充分认识到技能劳动力可能带来的潜在收益，参与 VPET 的意向不高。第三，玻利维亚民众对于职业教育的认可度和接受度没有普通教育高。在玻利维亚，非正规就业的比例很高，特别是在农村地区，就业主要依靠关系，对技术资格的重视度较低。

此外，玻利维亚还缺乏针对 VPET 的教师培训，而专业化的 VPET 教师培训可以更好地体现职业教育教学内容职业化和专业化的特点，更有利于 VPET 的发展。然而，在

① BQ-portal. Berufsbildungssysem Bolivien [EB/OL]. BQ-portal, 2018 [2019-12-12]. https://www.bqportal.de/de/db/berufsbildungssysteme/9752.html.

② BALDA CABELLO N. La formación de maestros en Bolivia: dos visiones y nuevas perspectivas [J/OL]. Praxis educative, 2015, 19(2): 27-33 [2019-12-12]. http://www.scielo.org.ar/pdf/praxis/v19n2/v19n2a04.pdf.

③ SEVILLA B M. Panorama de la educación técnica profesional en América Latina y el Caribe [R]. Santiago: Naciones Unidas, 2017.

④ YAPÚ M. Desafíos de la educación técnica y profesional y política educativa en Bolivia[J]. Edetania. Estudios y propuestas socioeducativas, 2015 (48): 81-100.

⑤ LIZARRAGA K. Educación técnica en Bolivia: raíces históricas y problemas presentes [EB/OL]. Formación técnica professional, 2016 [2019-12-12]. http://www.formaciontecnicabolivia.org/noticias?nid=645_educacion-tecnica-enbolivia-raices-historicas-y-problemas-presentes#.W4zuqugzaUl.html.

玻利维亚，VPET 教师教育只是普通教师教育的一部分，没有专门针对 VPET 的教师培训。

（深圳职业技术学院　技术与职业教育研究所　艾　娣）

主要参考文献

[1] ANDRADE SANCHEZ V. Reforms and educational practice in the initial teacher training in Bolivia [R/OL]. RODERIC, 2014 [2019–12–12]. http://roderic.uv.es/bitstream/handle/10550/33773/Tesis–AndradeFormato%20pdf.pdf?sequence=1&isAllowed=y.pdf.

[2] ARRUETA J, AVERY H. Education Reform in Bolivia: transitions towards which future? [J]. Research in Comparative and International Education, 2012, 7(4): 419–433.

[3] BALDA CABELLO N. La formación de maestros en Bolivia: dos visiones y nuevas perspectivas [J/OL]. Praxis educative, 2015, 19(2): 27–33 [2019–12–12]. http://www.scielo.org.ar/pdf/praxis/v19n2/v19n2a04.pdf.

[4] BORLÁN J. Estructura curricular (áreas, niveles, relaciones) [M]//Ministerio de Educación. Educación técnica y productiva en Bolivia en el marco de una nueva legislación. La Paz: Fundación PIEB, 2012.

[5] BQ–portal. Berufsbildungssysem Bolivien [EB/OL]. BQ–portal, 2018 [2019–12–12]. https://www.bqportal.de/de/db/berufsbildungssysteme/9752.html.

[6] CONTRERAS M, TALAVERA SIMONI M. The Bolivian Education Reform 1992–2002 [R]. Education Reform and Management Publication Series, 2003.

[7] DUTTA S, LANVIN B, WUNSCH–VINCENT S. The Global Innovation Index 2017: Innovation Feeding the World [R]. Fontainebleau, Ithaca, and Geneva: Cornell University, INSEAD, and WIPO, 2017.

[8] FAUTAPO. FAUTAPO [EB/OL]. (2018–12) [2019–12–12]. http://portal.fundacionautapo.org/fundacion.html.

[9] Gaceta Oficial del Estado Plurinacional de Bolivia. Education Law Avelino Siñani –Elizardo Perez [Z/OL]. Ministro de Educación, 2010 [2019–12–12]. http://www.minedu.gob.bo/index.php/pages/documentos–normativos–minedu/233–leyes/1524–ley–avelino–sinani–elizardo–perez.

[10] KUPFFER J. Duale Berufsausbildung in Lateinamerika[J]. Karlsruhe: AHK Bolivien, Universität Konstanz, 2015.

[11] La Razón. Formación técnica [EB/OL]. La Razón, 2017 [2019–12–12]. http://www.larazon.com/opinion/editorial/Formacion-tecnica_0_2634936482.html.

[12] LIZÁRRAGA K. Educación técnica y producción en Bolivia [R]. La Paz: Programa de Investigación Estratégica en Bolivia, 2011.

[13] LIZARRAGA K. Educación técnica en Bolivia: raíces históricas y problemas presentes [EB/OL]. Formación técnica professional, 2016 [2019-12-12]. http://www.formaciontecnicabolivia. org/noticias?nid=645_educacion-tecnica-enbolivia-raices-historicas-y-problemas-presentes#. W4zuqugzaUl.html.

[14] Ministerio de Educación. Ministerio de Educación del Estado Plurinacional de Bolivia [R]. Ministerio de Educación,2018.

[15] Ministerio de Educación. La Educación en Bolivia [R/OL]. OAS, 2014 [2019-12-12]. https:// web.oas.org/childhood/ES/Lists/Recursos%20%20Planes%20Nacionales/Attachments/19/3.%20La%20 educaci%C3%B3n%20en%20Bolivia,%20Indicadores,%20Cifras%20y%20Resultados.pdf.

[16] Ministerio de Educación. Avances en la Revolución Educativa [R/OL]. Ministerio de Educación, 2015 [2019-12-12]. http://seie.minedu.gob.bo/pdfs/Avances2015.pdf.

[17] OBERLIESEN R, OBERLIESEN U. Arbeit, Technik und Bildung in Ländern der Transformation: Lateinamerika – Beispiel Bolivien [M]. Frankfurt am Main: Peter Lang GmbH, 2012.

[18] OECD. Dataset: LFS by sex and age – indicators [EB/OL]. OECD Statistics, 2018 [2019-12-12]. https://stats.oecd.org/Index.aspx?DataSetCode=LFS_SEXAGE_I_R#.html.

[19] SEVILLA B M. Panorama de la educación técnica profesional en América Latina y el Caribe [R]. Santiago: Naciones Unidas, 2017.

[20] THOMSON S. The National Revolution of 1952 [EB/OL]. Bolivian Express Magazine, 25 July 2014 [2019-12-12]. http://www.bolivianexpress.org/blog/posts/the-national-revolution-of-1952.html.

[21] UNESCO. World Data on Education [R/OL]. UNESCO, 2011 [2019-12-12]. http://www.ibe. unesco.org/fileadmin/user_upload/Publications/WDE/2010/pdfversions/Bolivia.pdf.

[22] UNESCO. Status Report on the Education Management Information Systems (EMIS) Technical and Vocational Education and Training (TVET) in 12 countries in Latin America and the Caribbean [R]. Santiago: UNESCO, 2013.

[23] UNESCO. ISCED Mappings [EB/OL]. [2019-12-12]. http://uis.unesco.org/en/isced-mappings. html.

[24] YAPÚ M. Desafíos de la educación técnica y profesional y política educativa en Bolivia[J]. Edetania. Estudios y propuestas socioeducativas, 2015 (48): 81-100.

[25] 中华人民共和国外交部. 玻利维亚国家概况 [EB/OL]. (2021-08) [2021-09-10].https://www. fmprc.gov.cn/web/gjhdq_676201/gj_676203/nmz_680924/1206_681022/1206x0_681024.html.

[26] 中华人民共和国商务部. 对外投资合作国别（地区）指南——玻利维亚(2020年版)[EB/ OL]. [2021-09-10]. http://www.mofcom.gov.cn/dl/gbdqzn/upload/boliweiya.pdf.

所罗门群岛

一、国家概况

（一）地理

所罗门群岛（Solomon Islands），位于太平洋西南部，属美拉尼西亚群岛。西南距澳大利亚 1600 千米，西距巴布亚新几内亚 485 千米，东南与瓦努阿图隔海相望。陆地面积 2.84 万平方千米，海洋专属经济区面积 160 万平方千米。全境有大小岛屿 900 多个，最大的瓜达尔卡纳尔岛面积 6475 平方千米。所罗门群岛划分为 9 个省，首都为霍尼亚拉。境内多火山、河流。属热带雨林气候，终年炎热，无旱季。霍尼亚拉年均气温 28℃，年均降水量 3000—3500 毫米。[①]

（二）人文

早在 3000 多年前已有人在此居住。1568 年被西班牙人发现并命名。后荷兰、英国、德国等殖民者相继而至。1885 年北所罗门成为德国保护地，同年转归英国。1893 年成立"英属所罗门群岛保护地"。"二战"期间曾被日本占领。1975 年 6 月更名为所罗门群岛。1976 年 1 月 2 日实行内部自治。1978 年 7 月 7 日独立。[②]

所罗门群岛属英联邦成员国，现任国家元首为英国女王伊丽莎白二世，由总督为其代表。现任总督戴维·武纳吉（David Vunagi），2019 年 7 月就任，任期 5 年。2019 年 4 月，所罗门群岛举行大选，梅纳西·索加瓦雷（Manasseh Sogavare）领导的政党联盟赢得议会多数席位，索加瓦雷当选总理并组阁执政。现政府于 2019 年 4 月组成，主要成员包括：总理梅纳西·索加瓦雷，副总理兼基础设施和发展部长梅纳西·梅兰加（Manasseh Maelanga），通讯和民航部长彼得·阿格瓦卡（Peter Agovaka），财政和国库部长哈里·库马（Harry Kuma），外交和外贸部长杰里迈亚·马内莱（Jeremiah Manele），矿业、能源和电气化部长布拉德利·托沃西亚（Bradley Tovosia），商业、工业、劳工与移民部长克莱齐·罗尔（Clezy Rore）等。

所罗门群岛的议会制度采用一院制，称国民议会，是最高权力机关，由 50 名议员组成，

[①] 中华人民共和国外交部. 所罗门群岛国家概况 [EB/OL]. (2021–08) [2021–09–10]. https://www.fmprc.gov.cn/web/gjhdq_676201/gj_676203/dyz_681240/1206_681766/1206x0_681768.html.

[②] 同上。

任期 4 年。现任议长帕特森·奥蒂（Patteson Oti），2019 年 5 月当选，为所第 11 任议长。[①]

所罗门群岛人口约 68.69 万（世界银行 2020 年数据）。94.5% 为美拉尼西亚人，多信奉基督教新教和天主教。官方语言为英语，通用皮金语。教会在所罗门群岛发挥着重要作用。传教士从 19 世纪中期开始访问，160 多年来一直是其历史的一部分。主流教会对教育和卫生服务的参与是非常重要的，可以追溯到他们在所罗门的早期开拓阶段。[②]

（三）经济

所罗门群岛自独立以来，经济由过去的单一经济逐步转变为由包括农、渔、矿、林、旅游业等在内的多样化经济。2003—2008 年，年均经济增长率近 6%，一度成为太平洋岛国地区经济增长率最高的国家之一。受国际金融危机影响，2009 年经济增长率下降到 -2.2%。近年来，所罗门政府采取多项发展措施，推动土地改革，改善管理方式，积极吸引外资，有效控制通货膨胀，经济出现复苏势头，但受国际经济大环境影响仍较大。2020 年主要经济数据如下：国内生产总值 15.5 亿美元，人均国内生产总值 2370 美元，经济增长率 -5%。货币名称为所罗门群岛元（简称"所元"），1 美元约合 8 所元。[③]

所罗门群岛以农业为主，农业人口占全国人口的 90% 以上。牛肉、粮食、蔬菜基本自给。农业收入占国内生产总值的 60%。主要农作物是椰干、棕榈油、可可等。工业仅占国内生产总值的 5%，以渔具产品、家具、塑料、服装、木船、香料、食品和饮料厂等小工厂和采矿业为主，有铝土、镍、铜、金、磷酸盐等矿藏。已探明铝土矿储量 5800 万吨，磷酸盐 1000 万吨。所罗门渔业较为发达，是世界上渔业资源最丰富的国家之一，生产金枪鱼，金枪鱼年捕鱼量约 8 万吨。海产品是第三大出口产品，主要出口到日本。2011 年，所罗门启动珊瑚礁、渔业安全计划，以有效保护海洋和渔业资源。所罗门群岛森林资源丰富，森林覆盖面积占陆地面积 90%，约 263 万公顷。林木总蓄积量为 1.27 亿立方米，商品材蓄积量为 4810 万立方米。近年来，林业发展迅速，已成为主要经济支柱和出口产业。另外，由于沿海地势较平坦，海水没有污染，被视为世界上最好的潜水区之一，旅游业发展潜力较大。但基础设施落后，交通不便，社会治安较差，这些情况严重制约所罗门旅游业发展。

国家财政严重依赖外援。截至 2020 年底，政府外债 1.2 亿美元。目前，澳大利亚为所罗门最大援助国，2019/2020 财年澳大利亚向所罗门提供 1.74 亿澳元援助。其他主要援助方为欧盟、日本、新西兰、英国和亚洲开发银行等。[④]

---

① 中华人民共和国外交部．所罗门群岛国家概况 [EB/OL]．(2021-08) [2021-09-10]．https://www.fmprc.gov.cn/web/gjhdq_676201/gj_676203/dyz_681240/1206_681766/1206x0_681768.html.

② BATEMAN A, CASSITY E, FANGALASUU J. Research into the financing of technical and vocational education and training (TVET) in the Pacific: Solomon Islands: country report [R]. Australian Council for Educational Research, 2014.

③ 中华人民共和国外交部．所罗门群岛国家概况 [EB/OL]．(2021-08) [2021-09-10]．https://www.fmprc.gov.cn/web/gjhdq_676201/gj_676203/dyz_681240/1206_681766/1206x0_681768.html.

④ 同上。

（四）教育

所罗门群岛保持美拉尼西亚的传统文化。全国识字率约 51%。中小学生占适龄儿童和青少年的三分之一左右。

所罗门群岛的正规教育有四个层次：幼儿教育、初级教育、中等教育（包括初级和高级）、高等教育（如图 1 所示）。[①]

幼儿教育部门基本上是以社区为基础的，其中只有约一半是正式注册的。2011 年，共有 521 个中心，其中 222 个已经注册，其中 87 个获得了政府拨款。入学年龄从 3—5 岁不等，但也有一些中心招收 8—9 岁的孩子。政策和指导方针已经到位，并指导中心的管理。入学人数主要集中在城市。一般来说，课程没有结构化，也没有正式批准的课程。2011 年，国家教育委员会和所罗门群岛政府内阁批准了一个幼儿教育课程框架。资金来源包括政府工作人员的工资、政府拨款、基于学生的拨款、自有资金和非政府组织合作。大多数幼教中心必须筹集自己的资金来运行项目，包括支付不在政府工资单上的工作人员工资。

义务教育从 6 岁接受小学教育开始，涵盖 7 年的学校教育。2009 年，所有符合条件的儿童中约有 96% 进入了小学。在大约 110500 名入学学生中，53% 是男孩。与其他教育分部门相比，小学教育的入学率最高。2008 年，共有 517 所小学和 161 所社区学校。社区中学包括小学和初中两个阶段。学校委员会负责学校管理，但是，教师由当地教育主管部门聘用，管理权在主管部门手中，工资通过集中的工资单来管理。教育和人力资源发展部检查员负责检查教育标准。而义务教育的免费政策意味着学校不得收取费用，并按学生的人均水平得到运营补助。

中等教育系统包括一系列学校：初中、社区高中、省级中学和政府国立中学。初中教育包括 7—9 年级，由国立中学、省级中学和社区中学提供。社区中学主要是日间学校，而其他学校则包括寄宿设施。这些学校都有一个基于学生人均水平的学校补助制度。高中同样包括国立中学、省级中学和社区中学，课程设置通过教育和人力资源发展部管理，运营管理则是由各校校长负责，而学校董事会对教育主管部门负责；工资通过教育和人力资源发展部集中管理。同样，学校的补助制度是基于学生的人均水平，而寄宿学校则另有每名学生的额外补助。在教育和人力资源发展部的控制下，所罗门群岛有两所政府国立中学，与其他高中的不同之处在于，这两所学校的教师是作为公务员而不是通过教学服务机构被聘用的。

中学后教育包括高等教育以及职业教育与培训。高等教育由以下机构提供：所罗门群岛国立大学、南太平洋大学、巴布亚新几内亚大学。[②] 通过 2013 年立法而建立的所罗门群岛国立大学是高等教育的一项重大成就，该校取代原所罗门群岛高等教育学院

[①] BATEMAN A, CASSITY E, FANGALASUU J. Research into the financing of technical and vocational education and training (TVET) in the Pacific: Solomon Islands: country report [R]. Australian Council for Educational Research, 2014.

[②] 同上。

（1984 年根据立法成立）。所罗门群岛政府正在分配大量的发展预算资金来支持所罗门群岛国立大学，国际支持也正在被调动起来。所罗门群岛国立大学目前有五个学院，即商业与旅游研究学院，科学与技术学院，护理、医学与健康科学学院，农业、渔业与林业学院，以及教育与人文学院（在原来的所罗门群岛师范学院、公共管理培训学校、拉纳迪海洋培训学校、霍尼亚拉护理培训学校和霍尼亚拉技术学院基础上建立）。所罗门群岛国立大学共有三个校区，包括库库姆校区、拉纳迪校区和帕纳蒂纳校区。①

在 2013 年成立所罗门群岛国立大学之前，所罗门群岛的大部分培训需求是由政府设立的各种培训机构满足的，并由负责的部委管理。其中一些培训学校在所罗门群岛 1978 年获得独立之前就已经存在。2008 年，政府意识到需要使培训范围多样化，因此在 2008 年修订《所罗门群岛法》，以涵盖旅游和酒店管理学院以及学校认为合适的任何其他学院。

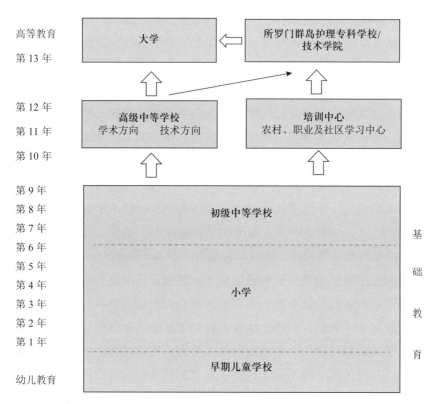

图 1　所罗门群岛教育体系图 ②

---

①　Solomon Islands National University [EB/OL]. [2021-09-10]. https://www.sinu.edu.sb/about.html.

②　Ministry of Education and Human Resources Development. Solomon Islands National Curriculum Statement [R/OL]. Curriculum Development Division, 2010 [2021-09-10]. http://www.mehrd.gov.sb/documents?view=download&format=raw&fileId=17.pdf.

二、职业技术教育与培训的战略与法规

（一）战略

2007—2015 年欧洲社会基金为高等教育技能部门（技术和职业教育与培训以及高等教育）提供优质教育和技能发展制定了雄心勃勃的目标。预期的政策成果包括建立一个协调的国家中学后教育和培训系统，以满足所罗门群岛社会和经济的需要。该系统着力的方向是公平、质量、相关性和效率。[①] 然而，由于缺乏资源和内部管理能力，无法充分实现这些目标。在技术和职业教育培训方面进展甚微。这主要是由于过度依赖欧盟主导的技术与职业教育培训计划，该计划预计于 2007 年 10 月开始，但直到 2011 年 3 月才开始实施，然而，欧盟在 2013 年底停止了相关资助。

因此，在此期间，农村培训中心（RTCs）未能大幅扩大入学机会或提高教育交付质量。技能发展预算在教育和人力资源发展部的预算中仍然只占很小的比例。现在，澳大利亚太平洋技术学院提供了一些技能培训的机会，而所罗门群岛国立大学的技能发展也有了一些扩展。然而，培训的名额和范围仍然有限，而且不是技能发展的综合方法的一部分。外交及贸易部支持的"经济增长技能"（S4EG）计划于 2015 年获得批准，并在 2015 年 11 月开始实施。这将支持所罗门群岛的技能培训的扩展和质量，但其本身并不足以解决国家技能发展部门面临的主要挑战。

目前，所罗门群岛首要的战略目标是在 2030 年前巩固所有儿童普遍完成基础教育的成果，并提供扩大的优质中等教育、技术及职业教育和培训的机会。政府将特别优先考虑将教育部门的支出重新集中到提供小学和初中的服务上，以实现到 2030 年普遍完成高质量初中教育的目标。

（二）法规

与职业技术教育和培训相关的基础法规有：

（1）1978 年《教育法》；

（2）1978 年《宪法（修正案）》；

（3）1978 年《公共财政和审计法》；

（4）1984 年《研究法》；

（5）2012 年《所罗门群岛国立大学法》。[②]

三、职业技术教育与培训的体系与质量保障

（一）体系

所罗门群岛的教育系统严重依赖社区和教会学校，除了所罗门群岛国立大学之外，

---

① Ministry of Education and Human Resource Development, Solomon Islands Government. National Education Action Plan 2016–2020 [R/OL]. [2021-09-10]. http://www.mehrd.gov.sb/documents?view=download&format=raw&fileId=1560.pdf.

② BATEMAN A, CASSITY E, FANGALASUU J. Research into the financing of technical and vocational education and training (TVET) in the Pacific: Solomon Islands: country report [R]. Australian Council for Educational Research, 2014.

只有两所政府学校（政府国立中学）。

所罗门群岛的教育总体分为的正规和非正规教育部门（如图2所示）。欧洲职业培训发展中心（CEDEFOP）将正规学习定义为"在结构化和有组织的环境中（在教育或培训

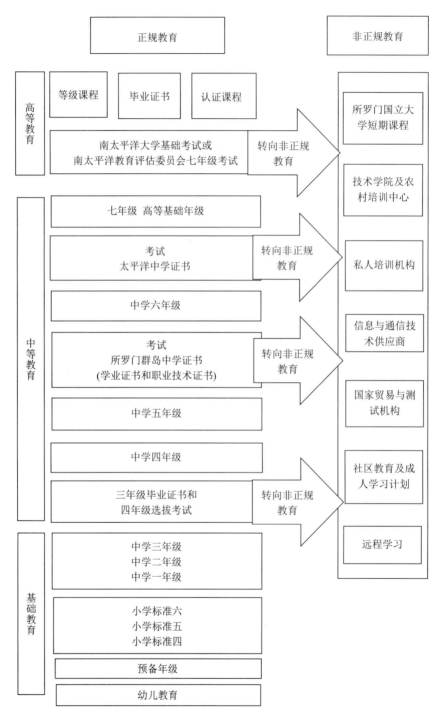

图2　所罗门群岛正规教育与非正规教育关联示意图

机构，或者工作中）进行的学习，并明确指定为学习。从学生的角度来看，正式的学习是有意的。它通常导致验证和认证"。非正规学习则是"嵌入到没有正式指定为学习的计划活动中的学习。从学生的角度来看，非正规学习是有意为之的"。农村培训中心的职业培训被视为非正规的。然而，有40个农村培训中心被教育和人力资源发展部认可为职业培训的提供者，由政府提供资金，中心提供学习成果的认可，因此，它们应该被认为是"正规"的。

职业教育和培训主要由以下机构提供：

（1）所罗门群岛国立大学；

（2）职业和农村培训中心；

（3）职能部委或组织，如通过公共行政和管理学院（公共服务部）向公务员提供的专业和继续教育；

（4）私人提供者和非政府组织。

所罗门群岛国立大学设在霍尼亚拉－瓜达尔卡纳尔岛，为中学三年级或中学六年级后入学的学生提供技术与职业教育培训证书或文凭课程。政府向所罗门群岛国立大学提供资金，同时提供大量的学徒赞助和学生费用及生活费用（如午餐）的支持性补助（或赞助）。

各省的技术和职业教育培训是通过职业和农村培训中心（VRTCs）提供的。职业和农村培训中心由教育主管部门松散地管理，如果在教育和人力资源发展部注册，将获得人均学生补助和人均学生寄宿补助。注册的职业和农村培训中心的教学人员工资也由教育和人力资源发展部支付。这40个中心中只有4个没有寄宿设施。

为促进职业技术教育的发展，所罗门群岛成立了技术与职业教育培训司，其愿景是将技术与职业教育培训纳入主流，作为增强所罗门群岛人，特别是青年能力的工具，以实现个体的可持续生计和国家的社会经济发展。该司的总体目标或宗旨是通过基于能力的培训和能力测试来促进技能的获得，以实现赋权、可持续生计和负责任的公民身份。技术与职业教育培训司的主要作用和职责是规划、管理、评估/监测和报告技能的有效交付。[①]

（二）质量保障

所罗门群岛国家资格框架系统（政策和程序）将作为高等教育系统重大结构改革的一部分被引入。拟议的《所罗门群岛技能质量管理局法案》对引入国家资格框架做了详细规定，这将有助于采取更系统的方法来提高高等教育技能发展机会并确保其质量。它将使高等技能部门在公共和私营机构的运作以及课程认证方面受到严格的质量标准监管。对高等教育技能发展政策的支持、课程开发和资源配置、农村培训中心的整修、辅导员培训和学生结业等方面，将通过一个更综合的方法来解决。

---

① Solomon Islands Education and Human Resources Development. Technical Vocational Education Training [EB/OL]. [2021-09-10]. http://www.mehrd.gov.sb/national-education-services/education-services/tvet#tvet.html.

由于大量的高等教育技能发展是在远程（不基于纸张）模式下进行的，因此有机会通过电子学习提高教学质量并降低辍学率。"信息通信技术促进教育发展"项目正在与所罗门群岛国立大学进行试验，经过评估，将考虑扩大这种方法的规模。政府希望能进一步来振兴这个重要的分部门，使高等教育技能部门的管理得到协调和整合。这一新的愿景也正在吸引发展伙伴的进一步支持。例如，"经济增长技能"计划将为此提供支持，以提高所罗门群岛国立大学和两个省的农村培训中心对需求驱动的培训的质量和相关性。此外，它还将为建立高等教育的监管环境提供支持。新西兰也在资助一些农村培训中心的导师培训和课程开发。①

四、职业技术教育与培训的治理与教师

（一）治理

自 2013 年以来，所罗门群岛在改善高等教育系统的整体协调方面已经取得了重大进展。政府为高等教育技能部门设计了一个新的机构架构，以促进提供相关优质技术和大学教育，并在未来与私营部门和劳动力市场发展稳固的伙伴关系。2015 年批准了 17 个机构与教育和人力资源发展部的重组，引入了一个为新的组织结构提供资源并管理高等教育技能的部门——所罗门群岛技能质量管理局。拟议的《所罗门群岛技能质量管理局法案》将为该局提供法律基础，该局今后将为高等教育技能发展制定政策方向和战略规划，根据劳动力市场的要求确定资金，负责监督和审计质量保证，并管理国家择优奖学金计划。该局为制定和实施管理国家和国际奖学金的新系统提供合适的环境。高等教育的机会有了很大的扩展，这有利于更多的学位水平资格被授予。由教育和人力资源发展部预算为符合条件的候选人提供的国际奖学金也有了显著扩大。但是奖学金预算的管理、基于成绩的名额公平分配和对学生表现的监督仍然存在问题。从 2014 年起，建立了奖学金管理信息系统。然而，奖学金制度是否能确定最适合的候选人，是否能满足国家的技能要求，是否能满足雇主的需求，以及资格持有人是否最终从事与其资格相关的行业，都没有得到充分的评估。巨大的奖学金财政拨款有可能无法体现出资金的价值。因此，所罗门群岛制定的 2016—2020 国家教育行动计划旨在继续优先解决这一问题。②

所罗门群岛技能质量管理局提供必要的条件，发展以需求为导向的奖学金制度，旨在提供公平的机会，并与国家教育和劳动力市场的优先事项保持一致。新的奖学金管理系统考虑资源使用的最佳价值，并优先将奖学金分配给技术和海事研究学院作为第一选择，而不是只资助海外学习。新系统还引入总支出的上限，并防止过去奖学金管理中出现的超额支出现象。与教育部和政府的既定目标相比，目前的奖学金支出高出三倍。仅

① Ministry of Education and Human Resource Development, Solomon Islands Government. National Education Action Plan 2016-2020 [R/OL]. [2021-09-10]. http://www.mehrd.gov.sb/documents?view=download&format=raw&fileId=1560.pdf.
② 同上。

仅使其与教育部的既定目标保持一致，就能释放出财政空间，为该部门所需的许多基本关键改革提供资金。

（二）教师

教育检查和监督部门（The Education Inspection and Monitoring Unit, EIMU）执行《教育法》第 19 条的要求。检查组组织对所罗门群岛的每所学校和教学人员进行检查。它还规定在需要的时候对任何学校进行特别检查。有各种不同的检查，如对教师的确认、整个学校的评估、教师的晋升或不满意的行为和表现的具体原因以及任期的延长。目前，监察局正在反思它在鼓励和指导教师的作用。

教师培训和发展办公室（The Teacher Training and Development Office，TTDO）的目标是通过培训和发展高质量的教师，为改善教育的可及性、管理和教育质量做出贡献，因为教师是一个有效教育系统的核心。TTDO 的主要任务是：

（1）探讨增加教师培训和发展的方案，除了传统的教师校内培训之外，还可以利用校内学习、远程学习和灵活学习、继续职业发展和在职培训。

（2）与所罗门群岛高等教育学院（SICHE）的教育学院合作，审查其教师培训计划，以满足当前和未来的教师培训需求。

（3）促进、设计和实施专业发展课程，帮助教师提高领导、管理、教学和学习方面的技能。

（4）与培训机构合作开展教师培训和发展工作。

（5）继续与本地和国外的传统教师培训机构开展校内和远程教育教师培训。

（6）在教师培训和发展方面，改进对数据的使用，以做出高质量的决策。

所罗门群岛近年来开展了一项师资培训项目——"改善识字教学"。这个试点项目的目的是改善对教师的培训，促进教师使用新发布的早期识字故事书进行教学。这个项目为使用故事书提高识字率开发了一个培训课程，并提供给教育主管部门。教育部门反过来培训他们的教师。通过与教师培训部门的合作，该课程将被完全数字化（如通过视频、PPT 文件等），增加参考材料和练习，并编制课程指导手册。然后，该课程将被送到学校，在适当的信息技术设备上运行，例如连接到笔记本电脑或平板电脑或者教师的移动电话上。课程监督员将管理该课程，但不需要提供任何材料。课程包括教师的练习，即计划和练习如何在课堂上使用新的故事书。据预期，通过使用新书，学生的识字率会有明显的提高，但试点项目的贡献还在于为所有教师提供一致的高质量培训，以有效地使用这些书。试点项目将评估在这种信息和通信技术支持下校内教师专业发展的有效性，并与更传统的"培训培训者"模式进行比较。此外，教育主管部门将配备适当的信息技术设备来提供数字课程。①

---

① Solomon Islands Education and Human Resources Development. Technical Vocational Education Training [EB/OL]. [2021−09−10]. http://www.mehrd.gov.sb/national−education−services/education−services/tvet#tvet.html.

五、职业技术教育与培训的诉求与发展趋势

（一）诉求

1.增加高等职业技能教育的选择，扩大受众人群

所罗门群岛的教育包括六年的小学教育和七年的中学教育。在此之后，希望在所罗门群岛完成高等职业教育的学生必须在该国的三所学院中选择一所。这些学院是所罗门群岛师范学院、霍尼亚拉技术学院和南太平洋大学的一个分校。除了这三所院校外，接受高等职业教育的机会有限。

此外，所有校园都在首都。在所罗门群岛，高等教育的校园位置对许多人来说是有问题的。因此，来自贫穷背景或偏远地区的公民在高等教育中心获得成功的受教育机会有限。为了解决这个问题，所罗门政府与南太平洋大学合作，建立了所罗门群岛高等教育学院。这所学院提供多样化的大学一年级课程和完整的教师培训。学校提供财务、护理和秘书工作方面的教育。此外，它还教授与所罗门群岛独特的职业有关的技术教育，如渔业、林业和农业。不过所罗门群岛依然需要建设更多不同地方的高等教育和职业教育的场所。

2.增加政府资金收入，提高教育支出

目前所罗门群岛的财政依赖外援。所罗门群岛的公共教育正在努力从政府获得资金。这笔资金可以让教育工作者和领导者有更多的能力去接触大量的潜在学生，否则他们就无法上学。所罗门群岛政府的教育支出已经下降到17%。

3.加大建设各行各业，增加就业岗位

有偿工作的数量并没有像在校学生的数量那样快速增长。由于民族关系紧张，在过去的5年里，工作机会的数量实际上已经减少了。此外，继续学习的名额也没有增加。因此，现在不可能指望所有离开学校的人都能获得有偿工作或继续学习。大多数离开中学三年级（九年级）的学生几乎没有机会找到工作或继续学习，所以现在政府只能希望每个人都能进入中学五年级或中学六年级。但是，现在大多数中五和中六的毕业生也无法找到工作。目前的就业情况是，没有足够的带薪工作或深造名额给所有增加的中五和中六毕业生。

（二）发展趋势

所罗门群岛的技术与职业教育和培训（TVET）政策于2005年3月获得内阁批准。技术与职业教育和培训政策的制定和发展不仅符合《2004—2006年教育战略计划》，而且还涉及政府在提供基础教育服务以及技术与职业教育培训方面的优先事项、战略和目标。具体而言，政府承诺，将建立和支持职业培训学校作为一项政策，使之成为与学术教育并行的一个分支，并将重点从"教育为了什么"的理念转向"生活教育"的理念。

现在，随着社区中学的巨大成功，国内已经有 140 所中学。^①

为改善因就业机会少而导致毕业生生活困难的问题，所罗门群岛政府正在改革学校和教育系统，为学生提供更多的技能，让他们能够在家里或其他地方照顾自己，帮助改善他们的家庭社区，甚至发展自营职业。这些技能将包括能够建造房屋、种植食物、烹饪更好的食物、照顾孩子、捕鱼、制作独木舟、制作家具等技能。同时，也包括学生可以用来改善他们及家人的生活方式的技能：为房子铺设太阳能电力线路；在土地上长期种植作物；用新的方法烹饪食物；制作或修理供水设备或厕所；修理舷外发动机或录音机；为家人缝制衣服以及许多其他技能。其中一些技能可能对赚钱也有帮助。

为实现这一目标，根据这项职业技术教育与培训政策，采纳的措施包括：在中学教授更多实用技能；建立更多的培训中心；中学四年级的选拔将基于实用技能在内的所有科目的测试；在中四、中五和中六设立技术班；引入国家职业证书以测试具体的技能。

（深圳职业技术学院　商务外语学院　谭慧珠）

主要参考文献

[1] 中华人民共和国外交部 . 所罗门群岛国家概况 [EB/OL]. (2021-08) [2021-09-10]. https://www.fmprc.gov.cn/web/gjhdq_676201/gj_676203/dyz_681240/1206_681766/1206x0_681768.html.

[2] BATEMAN A, CASSITY E, FANGALASUU J. Research into the financing of technical and vocational education and training (TVET) in the Pacific: Solomon Islands: country report [R]. Australian Council for Educational Research, 2014.

[3] Ministry of Education and Human Resource Development, Solomon Islands Government. National Education Action Plan 2016–2020 [R/OL]. [2021-09-10]. http://www.mehrd.gov.sb/documents?view=download&format=raw&fileId=1560.pdf.

[4] Solomon Islands National University [EB/OL]. [2021-09-10]. https://www.sinu.edu.sb/about.html.

[5] Ministry of Education and Human Resources Development. Solomon Islands National Curriculum Statement [R/OL]. Curriculum Development Division, 2010 [2021-09-10]. http://www.mehrd.gov.sb/documents?view=download&format=raw&fileId=17.pdf.

---

① SIKUA D, Permanent Secretary, Ministry of Education and Human Resources Development. Education for Living: A Brief Overview of the Technical Vocational Education and Training (TVET) Policy in Solomon Islands [C]. Forum Education Ministers Meeting in Apia, Samoa 23rd – 24th May 2005.

[6] SIKUA D, Permanent Secretary, Ministry of Education and Human Resources Development. Education for Living: A Brief Overview of the Technical Vocational Education and Training (TVET) Policy in Solomon Islands [C]. Forum Education Ministers Meeting in Apia, Samoa 23rd – 24th May 2005.

[7] Solomon Islands Education and Human Resources Development. Technical Vocational Education Training [EB/OL]. [2021–09–10]. http://www.mehrd.gov.sb/national–education–services/education–services/tvet#tvet.html.

新西兰

一、国家概况

（一）地理①

新西兰（New Zealand）位于太平洋西南部，介于南极洲和南回归线之间，西隔塔斯曼海与澳大利亚相望，北与汤加、斐济等隔海相望，由北岛、南岛、斯图尔特岛及附近的一些小岛组成，陆地面积约 27 万平方千米，海岸线长约 1.5 万千米，境内四分之三为山地和丘陵，平原狭小，河流短而湍急，水利资源丰富。属温带海洋性气候，季节与北半球相反，四季温差不大，夏季平均气温 20℃左右，冬季平均气温 10℃左右，年平均降雨量为 600—1500 毫米。

（二）人文

新西兰人口约 511.6 万（2021 年 3 月），以欧洲移民后裔为主，约占总人口的 70%，其他族群有毛利人、亚裔、太平洋岛国裔。1350 年起，毛利人开始在新西兰定居，是新西兰土著居民。1840 年，毛利人和英国签订《威坦哲条约》（Treaty of Waitangi，又译《怀唐伊条约》），成为英国殖民地。1907 年取得独立，成为英联邦自治领。1947 年成为主权国家，但在政治、经济、文化、教育上仍高度依赖英国。

（三）经济

新西兰农牧业发达，主要发展小麦、大麦、燕麦、水果种植以及畜牧养殖，粮食不能自给，需从澳大利亚进口。工业以轻工业为主，主要有奶制品、毛毯、食品、皮革、烟草、造纸和木材加工等，产品主要供出口。农牧产品出口约占出口总量的 50%，其中，羊肉和奶制品出口居世界第一，羊毛出口居世界第三。② 近年来钢铁、炼油等重工业也有一定发展。

（四）教育

在长期殖民统治中，新西兰教育体系也深受英国影响，其高等教育的发展，也建立

---

① 中华人民共和国外交部.新西兰国家概况 [EB/OL].(2021–08)[2021–09–01].https://www.fmprc.gov.cn/web/gjhdq_676201/gj_676203/dyz_681240/1206_681940/1206x0_681942.html.

② 同上。

在模仿英国模式基础之上。出于国家利益考虑，1961 年英国宣布加入欧共体，同年新西兰联合大学解体，各附属大学获得独立，之后，新西兰建立 6 所大学。这一时期，新西兰教育发展较为迅速，接受高等教育学生和从业大学教师人数突增，至 1984 年学生达到 59868 人，较 1945 年增加 6 倍，教师达到 2985 人，较 1945 年增长 40 倍。[①] 20 世纪 90 年代至今，新西兰教育逐渐完善，受到世界各国肯定。

新西兰多种类型学校并存，主要有捐赠学校（contributing primary school，1—6 年级）、一贯制小学（full primary school，1—8 年级）、地区学校（area school，1—13 年级）、中间学校（intermediate school，7—8 年级）。高中毕业后，学生可自主选择高等教育机构类型继续学习，如研究型大学、工科技术学院、师范学院、私人训练机构等。[②]

目前，新西兰国立中小学实行免费教育，对 6—15 岁青少年进行义务教育。[③] 幼儿教育是在婴儿上学前的照顾，不是义务教育，部分学校可以得到政府补贴。高等教育需要缴纳学费，主要模式有理工学院、教育学院、大学和私立培训机构等。目前，新西兰有奥克兰大学、怀卡托大学、奥塔哥大学、奥克兰理工大学、坎特伯雷大学、维多利亚大学等 8 所国立大学（universities）；东部理工学院、纳尔森理工学院、新西兰北陆理工学院、马努卡理工学院、奥塔哥理工学院等 19 所理工学院（institutes of technology/polytechnic）；3 所毛利大学（Wananga）以及众多的行业培训机构、高等教育委员会资助的私立培训机构。[④]

新西兰虽然人口较少，但教育体系领先，尤其职业教育受到世界各国关注。同时，新西兰经费保障机制也较为完备，经费投入约占 GDP 的 7.3%，高于经济合作与发展组织（OECD）国家平均水平（经合组织平均水平为 6.3%[⑤]）。新西兰的高等教育经费主要由高等教育委员会（Tertiary Education Commission，简称 TEC）管理，经费构成中，财政拨款约占 70%，学生自费约占 20%，其他渠道约占 10%。各教育机构首先向高等教育委员会提交教育发展规划，高等教育委员会根据各机构教育规划和全日制学生人数给予资金支持，并监督各机构规划实施情况。

新西兰是以英语为第一语言的国家，借助这一优势，近年来新西兰大力开拓留学生市场，19 所理工学院海外留学生人数常年保持在 1 万人以上，总学费收入超 7000 万新

---

① Statistics New Zealand. The New Zealand Official Year-Book 1986–87 [EB/OL].(2012-04-07) [2018-06-01]. http://www3.stats.govt.nz/New_Zealand Official Yearbooks/1986–87/NZ0YB_1986–87.html1? ga=2.67261849.965902640.1527733776–2118874061.1525930051.html.

② OECD. Education Policy Outlook [EB/OL]. (2018-12-10) [2021-09-10]. http://www.oecd.org/education/profiles.htm.

③ 中华人民共和国外交部 . 新西兰国家概况 [EB/OL].(2021-08)[2021-09-01].https://www.fmprc.gov.cn/web/gjhdq_676201/gj_676203/dyz_681240/1206_681940/1206x0_681942.html.

④ Tertiary Education Commission Te Amorangi Matauranga Matua Annual Report[R]. Wellington: Tertiary Education Commission Te Amorangi Mātauranga Matua, 2017:10.

⑤ OECD. Education Policy Outlook [EB/OL]. (2018-12-10) [2021-09-10]. http://www.oecd.org/education/profiles.htm.

元，其中 ITP 理工学院（The Institutes of Technolog and Polystechnis）留学生超过在校生总数的 10%。[①] 中国、印度、韩国、日本是留学生主要来源国。

二、职业技术教育与培训的战略与法规

新西兰经济社会发展水平、人均国民生产总值均居世界前列，2020 年 GDP 达到 3220 亿新元（约合 2318 亿美元），人均约 6.3 万新元（约合 4.536 万美元），2017 年"全球最幸福国家"排第 8 位。新西兰从 1947 年成为主权国家至今，短短 70 余年时间取得如此成就，其优秀的教育制度，尤其是完善的职业教育体系起着举足轻重的作用。20 世纪 80 年代以前，新西兰通过政府宏观调控与市场导向相结合推进教育体制改革，形成了"新西兰模式"，受到世界各国的肯定。之后，为适应国内、国际形势变化，新西兰职业教育几经改革，出台了一系列战略规划和法律法规。大体可以分为四个阶段。

1. 第一阶段：20 世纪 40—60 年代

进入 20 世纪 40 年代后期，随着第三次科技革命深入发展，纺织服装、钢铁、食品加工等传统产业，逐渐被以原子能、航空航天、计算机、合成材料等为代表的新兴工业部门代替，各国经济结构逐渐由劳动密集型产业向技术密集型产业转变。这就需要大量高水平技能型、应用型人才，而这一时期新西兰的职业技术学院均无法满足经济发展所需的人才供给。在这种背景下，1948 年新西兰政府通过了《学徒法案》（Apprentices Act）。该法案废除了传统的学徒制，但仍保留学徒制教育模式，规定学生必须参加正规职业学校培训。1960 年，中央理工学院诞生，随后新西兰职业教育从高中阶段分离，组建职业学院，新西兰职业教育步入正轨。《学徒法案》适应了当时特定历史形势，对退伍军人就业技能培训和应用型、技能型人才培养提供了法律保障，为新西兰经济社会发展提供了人才技术支撑，从而为新西兰进入发达国家行列奠定了基础。

2. 第二阶段：20 世纪 70—90 年代

这一时期，新西兰传统采矿业、制造业、初级农产品加工业每况愈下，而第三产业却发展迅速，新西兰经济类型也由封闭型经济转为面向世界的开放型经济。经济结构和生产方式的变革，对劳动者技能的质量和类型提出了新的要求。1989 年，新西兰制定出台了《1989 年教育法案》（Education Act），该法案赋予了大学、技术学院等高等教育机构更大的自主权，职业学院可以根据国内、国际经济社会形势变化灵活调整教学策略和课程设置，为职业教育改革和发展提供了法律保障；1990 年又出台了《教育修正法案》，根据该法案，新西兰政府成立了新西兰资格审查署（New Zealand Qualifications Authority，NZQA），负责高等职业教育学历和职业资格的监督及行业资格标准的评估。1992 年，《行业培训法案》（Industry Training Act）颁布，由此建立了 41 个行业培训组织。

---

① 姚冬. 新西兰 ITP 理工学院研究 [D]. 北京：中央民族大学，2007：39-40.

这些行业培训组织与理工学院紧密联系，培养具有行业针对性人才，终身培训的格局基本形成。该法案出台后，各种职业教育培训机构迅速建立，而且各种教育培训机构之间还可以互相转换学分，具有高度的灵活性，可以满足每个人的职业进修需求。①

3. 第三阶段：21 世纪前十年

进入 21 世纪，信息技术突飞猛进，深刻影响人们生产、生活、学习、娱乐和思维方式等方方面面。信息通信技术成为重要生产力，也成为各国教育教学重点。早在 1998年，新西兰政府就出台了《交互教育：学校信息通信技术政策》。之后，新西兰政府又分别于 2001 年、2002 年先后颁布了《学校信息通信技术政策，2002—2004》《数字视角：通过信息通信技术学习》。这第三部信息通信技术教育法规，明确了新西兰基础教育信息化发展的目标、原则及具体行动计划，极大促进了信息技术发展。2000 年新西兰颁布了《现代学徒法》，该法规定了劳动者脱产和在职培训的相关内容，是《学徒法案》和《行业培训法案》的延续和发展。为满足新西兰教育服务贸易中心由国内转向国际的现实需要，2001 年新西兰政府颁布了《新西兰教育出口——开发国际项目的战略方法》，并出版了涉外办学相关的国家报告。② 报告指出，"涉外办学给新西兰政府带来的经济效益和社会效益是巨大的，可以帮助新西兰高等教育在国际上提高知名度和影响力。"③ 为保障该战略顺利实施，2004 年新西兰又出台了《教育出口革新计划》等法律法规，促进了"离岸教育"发展，加速了新西兰教育国家化进程。

在此阶段，新西兰自由主义思潮盛行，劳动力市场对劳动者新技能的要求不断提高，符合需求的技能型人员出现短缺。为应对激烈的国际竞争，适应新形势、新任务、新要求，新西兰出台了一系列促进职业教育发展的战略规划。2002 年，新西兰教育部颁布了《十年战略计划——未来之路》，目的是通过大力推行幼儿教育机构与家庭、社区合作，培养"德才兼备、身心健康、报效祖国的新西兰公民"。④ 之后，又颁布了《2003—2008 年教育目标陈述》，明确了教育的发展方向、重心和实现目标的措施路径。这两部规划实施后，新西兰早期教育质量得到了有效提升。

21 世纪前十年是新西兰职业教育飞速发展的十年，其标志性成果就是《第三级教育战略规划 2007—2012》的出台。该规划从国家发展总体愿景、第三级教育战略愿景、战略规划具体定位和优先事项等方面做了详尽描述和展望。同时，新西兰政府还先后颁布了《2007—2012 高等教育战略规划暨 2008—2010 高等教育优先发展声明》《2010—2015 高等教育战略规划》，这一系列规划的出台，极大促进新西兰职业教育发展。

---

① 吴雪萍. 国际职业技术教育研究 [M]. 杭州：浙江大学出版社，2004：126.
② JAMES R H. New Zealand Country Report[R]. Wellington: New Zealand National Office, 2003.
③ 同上.
④ MCLACHLAN C. An Analysis of New Zealand's Changing History, Policies and Approaches To Early Childhood Education[J].Australasian Journal of Early Childhood,2011,36(3):36–44.

4.第四阶段：2010年至今

此阶段是新西兰职业教育信息化、智能化、数字化高速发展时期，产业结构快速变革，低生育和人口老龄化不断加快。为适应变化、应对挑战，新西兰出台了一系列法律法规和战略规划。

为进一步加强同中国的合作，促进教育出口，新西兰2012年出台了《向中国敞开大门（2011—2015年）》法案。该法案促进了新西兰与中国在经济、政治、文化、教育等方面的交流合作，对新西兰出口导向型经济具有重要意义。近年来，许多国家与地区都与新西兰签署了学历学位互认协议，为新西兰涉外办学的发展提供了重要保障，其中，也为新西兰与中国高等教育的合作铺平了道路。[①] 为加强教师培训，提高教师质量，2014年新西兰通过了《教育成功投资》法案，"政府拨款35.9亿美元用于支持教师追求卓越实践，并强调教师要形成以研究为基准的教与学的途径"。[②] 2020年4月1日，《教育（职业教育改革）修正案》通过，新西兰职业教育改革又迈出了重要一步。

最近十年也是新西兰教育改革较为活跃的十年，一系列战略规划在这一时期制定出台。2011年颁布的《国际教育领导力声明》，规划了新西兰国际教育发展的愿景、目标和任务，明确了促进国际教育发展的"战略选择"和"具体行动"。《职业教育战略：2010—2015》，制定了3—5年职业教育发展的优先领域、实施途径和保障措施，同时规划了未来5—10年新西兰职业教育发展的长期愿景和战略目标。为应对市场变化，培养具备市场需要的技能劳动力，新西兰在继承和发展《第三级教育战略规划2007—2012》基础上，制定了《第三级教育战略规划2014—2019》，战略指出了实现目标任务的主要路径："培养专业技能人才、提高年轻人就业率、提高少数族群学习能力、推进终身教育、加强科学研究、扩大国际交往"。[③] 2016年，新西兰颁布了两部教育发展战略，即《新西兰四年教育发展规划（2016—2020）》和《职前教师教育未来发展战略选择》，这两部规划分别从学生和教师两个方面对职业教育未来发展的方向、达到的目标和实现的路径进行了描述，为当前和今后一个时期职业教育发展指明了方向。

三、职业技术教育与培训的体系与质量保障

（一）使命与愿景

随着科技迅猛发展，社会生产生活方式日新月异，企业对技术工人要求不断提高，由此造成企业普遍存在招工难现象。这就迫使从事传统行业的技术工人必须不断提高职业技能，以适应数字化、自动化、智能化生产方式需要。"2009年以来，新西兰约有

---

① 朱媛媛.新西兰最新国际教育政策大盘点 [J].出国与就业,2004(7):21-23.

② Investing in Educational Success[EB/OL]. (2016-10-20) [2017-02-28].https://education.govt.nz/ministry-of-education/specific-initiatives/investing-in-educational-success.html.

③ New Zealand Ministry of Education. Tertiary Education Strategy[EB/OL]. [2021-09-10]. http://www.education.govt.nz/further-education/policies-and-strategies/tertiaryeducation-strategy,

43%的企业找不到熟练工人，并且这一比例在不断攀升。"[①]所以新西兰的职业技术教育与培训的使命主要是培养专业技能人才，促进劳动者素质提升，提高年轻人的就业率，推动科研与经济创新，提升新西兰国际竞争力。

新西兰职业技术教育与培训的发展愿景和国家的总体战略是一致的。新西兰政府的目标是建设一个充满创新和创造力的高收入幸福新西兰。因此未来十年，或更长的一段时期内，"政府的优先发展事项都将围绕经济转型、家庭幸福与国家认同三大主题来实施，以使所有人享受繁荣而高品质的生活，从而实现国家总愿景"。[②]职业教育的愿景是为国家总体战略服务的，所以愿景主要体现在未来发展方向上：实现全体民众获得终身教育的目标；加强第三级教育机构与社区的联系，为第三级教育发展提供持久动力和明确方向。

（二）职业教育构成

新西兰职业教育体系主要由正规职业教育和非正规职业技术教育两部分构成。

1. 正规职业教育与培训系统

理工学院是新西兰公立高等职业学校，隶属新西兰政府，主要通过提供技术培训以及职业和专业教育，为社会培养适应经济发展需要的技能人才。学习者在完成相应课程后，可获得相应的学位，最高可获得研究生学历。新西兰的理工学院经过长期发展，而且新西兰政府对它们不断进行改革，目前，已经形成以就业为导向、强化产学合作和终身教育等办学特色。同时，理工学院也高度重视应用和技术研究。

理工学院是新西兰高等教育的重要组成部分，招生人数呈逐年上升趋势，近年来长期超过总人数50%。截至2015年底，新西兰共有理工学院19所，著名的有奥拉克理工学院、普伦蒂湾理工学院、基督城理工学院、东部理工学院等。

2. 非正规和非正式职业技术教育与培训体系

主要包括行业培训机构和私人培训机构。行业培训机构是私营行业组织，培训内容覆盖建筑、制造业、零售业等大部分产业，主要负责制定并维护其特定行业的技能标准，提供行业培训服务等。私人培训机构提供基础水平的课程和资格，模式较为灵活，能够满足劳动者、企业等多种群体的广泛需求。私人培训机构可以是上市的公司、信托公司、注册团体或私营企业，也可以是提供学校教育或职业培训的任何实体。

（三）资历框架与质量保障

为保障职业技术教育与培训的质量，新西兰资格审查署（NZQA）于20世纪90年代初就颁布了国家资格框架（NQF），该框架为4级，之后在1995年、2001年、2010

[①] A unified system for all vocational education[EB/OL]. [2021-09-10]. https://conversation.education.govt.nz/assets/RoVE/Ao C/A-unified-system-for-all-vocationaleducation pdf.

[②] Office of the Minister for Tertiary Education. Tertiary Education Strategy 2007-12[R].Wellington: Ministry of Education, 2007:8-9.

年先后进行 3 次调整，最终确定为新西兰资格框架（NZQF）。该框架含 10 级、16 种资格类型："1—4 级是资格证书等级；5—6 级是文凭，相当于中国的专科；7 级相当于本科文凭和学位；8 级相当于研究生文凭和证书以及学士荣誉学位；9 级是硕士学位；10 级是博士学位。学生学完某一级，获得相应的学分和证书后，可以选择参加工作，也可选择继续进行更高一级学习"。[①] 新西兰职业教育与培训的质量保障主要由政府、教育机构和市场三方共同完成。政府在资格框架的质量保障体系中起着主导作用，主要通过立法保障、经费投入和机构监督来实现；新西兰资格审查署主要通过评估性质量保障框架（Evaluative Quality Assurance Framework）对非大学高等教育资历的质量进行评估和监督；同时，还通过完善的质量保障内容和严格的流程管理，对职业教育与培训的质量进行保障。质量保证内容主要包括专业设置、课程设置、教学组织形式等；流程管理主要包括高等职业教育机构的注册、课程批准和认可、办学过程监控、质量审核、补充调整等。新西兰职业教育质量保障体系基本框架如图 1 所示：

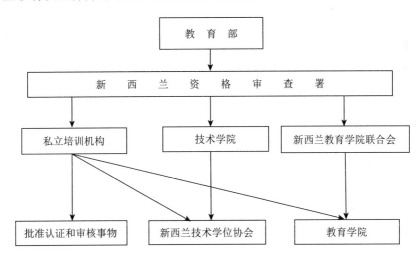

图 1　新西兰职业教育质量保障体系基本框架

四、职业技术教育与培训的治理与教师

（一）治理

新西兰职业技术教育与培训治理在过去 80 年间主要经历了三个阶段。

1. 第一阶段：20 世纪 40—60 年代

第二次世界大战后，第三次科技革命迅速发展，极大推动人类社会进步。随着电子计算机等新技术、新产品进入人们的生活，人们衣食住行等方方面面都发生巨大变化。新西兰各个领域也发生剧烈变动，高素质应用型人才出现巨大缺口。为应对需求，这个

---

① New Zealand Qualifications Authority. Qualifications Framework[EB/OL].[2021-09-10]. http://www.nzqa.govt. nz.html.

时期一大批理工学院相继产生，相应的管理机构也随之建立。1948年《学徒法案》颁布，传统学徒制废除，学生必须参加正规职业学校培训；1949年新西兰技工证书局建立，1958年高等职业证书局成立，负责高等职业教育课程开发、标准评估等工作。这一时期，职业教育逐渐从高中阶段分离，组建职业技术学院，新西兰政府进一步加大投入力度，将职业技术学院纳入高等职业技术教育管理。

2. 第二阶段：20世纪70—90年代

这一时期，新西兰传统产业不断萎缩，公共资金出现短缺。与此同时，新西兰出口导向型经济要保持国际竞争优势，就必须具备大量高素质优秀人才。为适应形势变化，新西兰对职业技术教育进行了一系列改革。新西兰资格审查署（NZQA）成立，负责高等职业教育机构的质量保证工作。此时，"新西兰理工学院计划委员会获新西兰资格审查署授权，对理工学院进行学术审计"。[①] 随着新西兰经济社会对高等职业教育质量要求越来越高，外部评估和审查也成为提高职业教育质量的重要手段之一。

3. 第三阶段：21世纪初至今

这一时期，随着经济全球化不断深入，新西兰经济也出现高速发展，高等职业教育机构数量和规模也不断扩大，学员迅速增加。新西兰高等职业教育日益普及，高等职业技术教育与培训质量却出现下滑，亟待解决。鉴于此，新西兰成立了高等教育委员会（TEC），主要负责向各机构组织分配资金和提高机构绩效能力，并提供公开职业信息服务、加强雇主和高等教育机构之间的联系、组织教育和培训等工作。

（二）教师

新西兰高等职业教育机构十分重视教师队伍建设，对教师培养、聘任、监督都有着严格系统管理。一是教师管理工作。教师委员会是新西兰教师管理机构，主要负责教师注册、职业发展、资格审查等工作。理工学院的人力资源部也具有教师管理职能，主要负责教职员工的招聘、辞退、工资和各种津贴发放等工作。二是教师构成情况。新西兰高等职业教育机构教师由专职教师和兼职教师组成，专职教师必须具备相应学历、学位、专业技术资格要求和专业实践经验。同时，注重从企业选聘具有丰富的实践经验和扎实的专业技术的兼职教师。这种模式有利于把生产、经营、管理等最新情状况融入教育教学，做到理论联系实际，提高人才培养质量。三是教师招聘。教师招聘实行岗位竞争，由学校理事会正式录用前，必须经过一年的试用期。四是教师培训。教师必须定期去企业进行技术实践，确保学生能够接受行业最新的技术知识，提升教学效果。

---

① WEIR A. External Quality Assurance of New Zealand Tertiary Education Providers Matters: Life Jacket or Strait-Jacket? AIR 2001 Annual Forum Paper [J].Educational Change,2001:16.

五、职业技术教育与培训的诉求与发展趋势

（一）诉求

1.新西兰经济结构需要职业技术教育与培训提供强劲的支持

新西兰经济发达，多项指标处于世界前列。工业以农林牧产品加工为主，主要供出口，近年来，炼钢、炼油、炼铝等重工业发展较快；农牧业发达，机械化程度高；旅游业和运输业也在世界占有重要位置。新西兰是出口导向型经济，严重依赖国际市场，2020年外贸总额1187亿新元，出口产品主要是乳制品、肉类等；进口产品主要是机电产品、汽车、电子设备等工业产品；服务贸易外贸总额为456亿新元。新西兰出口导向型经济构成和产业调整，都需要职业教育提供大量高素质技能型人才，以适应世界经济快速发展，提升新西兰在国际市场竞争力。

2.新西兰青年就业与发展需要职业技术教育与培训的参与

近年来，受世界经济危机和新冠疫情影响，多国经济出现负增长，失业率增高。在新西兰，雇佣没有经验的毕业生会增加企业成本，因此公司更愿意雇佣有经验、技能熟练的员工，这就造成青年失业率远高于壮年工作者。同时，经济危机和新冠疫情使世界经济复苏更加困难，世界市场需求降低，新西兰的出口导向型经济受到严重影响，导致企业减少对劳动力的需求，加之毕业生人数逐年攀升，提高了青年劳动力失业率。青年是新西兰发展的基础，一系列国家战略和发展愿景都需要青年来实现，新西兰具有先进的教育制度，要根据世界经济形势和国家产业结构调整的情况，进一步完善职业技术教育与培训体系，提升青年毕业生的实用技能，为经济发展储备力量，提供支持。

3.新西兰劳动力技能不足需要职业技术教育与培训的干预

劳动者的劳动能力也是一种商品，是否受市场欢迎，主要取决三个条件，即市场需求、产品质量和消费者偏好。调查发现，近年来新西兰技能不足和错位现象明显，部分劳动者的技能不能满足市场需要。目前，新西兰失业者具有一些共同的特征：第一，工作经验不足，部分没有执业资格证书，企业也无法评估其工作技能水平；第二，受教育水平低，不能与市场基本岗位技能需求相匹配；第三，劳动力缺乏"软实力"，沟通能力、管理能力、领导能力、终身学习能力不高；第四，部分劳动力定位不当，就业期望值和自身能力不匹配。新西兰劳动力技能不足对新西兰出口导向型经济构成挑战，为此必须获得经济发展所必需的相应技能。为改变劳动力技能不足问题，新西兰职业教育与培训机构需要继续完善，紧跟国家经济社会发展动向，强化实用技能培训和完善终身教育制度，以促进就业，增强新西兰经济的世界竞争力。

（二）发展趋势

随着信息化、智能化发展，新科技、新技术研发和应用日新月异，科技人才受到空前重视，成为促进和保持国家竞争力的关键。同其他发达国家类似，新西兰同样面

临职业教育体系不适应、不合理和技能短缺等问题。通过分析新西兰《职业教育战略：2010—2015》《第三级教育战略规划 2014—2019》《新西兰四年教育发展规划（2016—2020）》《教育（职业教育改革）修正案》等法律法规和战略规划，可以明晰新西兰职业技术教育与培训的未来发展趋势。

1. 为企业提供技能支持、服务国家经济发展是新西兰职业技术教育与培训的根本目的

为企业、行业提供技能支撑，为国家经济社会发展提供高质量、技能型人才保障，是新西兰职业教育的趋势之一。职业技能教育与培训要以市场为导向，加强高等教育机构和行业企业联系，按照需求适时调整教育资源配给，解决相关领域和企业急需技能短缺的问题；要强化学习沟通、信息处理、逻辑思维、判断思维等能力培养，加大可迁移技能训练，增强适应社会变革能力。

2. 增强年轻人和少数族群素质技能、提高就业率是新西兰职业技术教育与培训的根本保证

受各种因素影响，当前年轻人和少数族群（毛利人和太平洋岛民）就业压力增大。提高他们的就业能力和就业质量，也是职业教育发展的主要目的。政府将提供更多资源保障年轻人提升专业技能和读写、计算等基本能力，提升学业完成率和就业率；将整合各种教育资源，促使年轻人，特别是未接受职业教育或接受教育水平较低人群获得持续就业的能力，改善就业状况。同时，新西兰将更加注重少数族群接受职业技术教育与培训的规模和质量，继续加大支持力度，提高学业参与率、完成率；将强化与少数族群部落的合作，提升少数族群研究成果质量。

3. 强化科研成果转化和教育国际化是新西兰职业技术教育与培训的着力点

优秀科研成果转化不仅可以产生丰厚的综合效益，也是保障国家科技发展的基础。另一方面，国际教育不仅是新西兰教育机构收入的重要来源，还可以加强国际交流，促进教学研究，提高教学质量，提升新西兰国家竞争力和影响力。未来，新西兰将进一步加大对科技成果转化机构的支持力度，促进校企结合，提高科研应用转化水平，更好服务国家经济社会和行业企业发展。同时，新西兰将进一步强化国际合作，大力发展教育出口产业，将优质教育推向国际。

（深圳职业技术学院　技术与职业教育研究所　李亚昕

深圳职业技术学院　创新创业学院　曾秀臻）

主要参考文献

[1] 中华人民共和国外交部 . 新西兰国家概况 [EB/OL].(2021–08)[2021–09–01].https://www. fmprc.gov.cn/web/gjhdq_676201/gj_676203/dyz_681240/1206_681940/1206x0_681942.html.

[2] Statistics New Zealand. The New Zealand Official Year–Book 1986–87 [EB/OL].(2012–04–07) [2018–06–01]. http://www3.stats.govt.nz/New_Zealand Official Yearbooks/1986–87/NZ0YB_1986–87. htm1? ga=2.67261849.965902640.1527733776–2118874061.1525930051.html.

[3] OECD. Education Policy Outlook [EB/OL]. (2018–12–10) [2021–09–10]. http://www.oecd.org/ education/profiles.htm.

[4] Tertiary Education Commission Te Amorangi Matauranga Matua Annual Report[R]. Wellington: Tertiary Education Commission Te Amorangi Mā tauranga Matua, 2017:10.

[5] 姚冬 . 新西兰 ITP 理工学院研究 [D]. 北京 : 中央民族大学 , 2007:39–40.

[6] 吴雪萍 . 国际职业技术教育研究 [M]. 杭州 : 浙江大学出版社 , 2004:126.

[7] JAMES R H. New Zealand Country Report[R]. Wellington: New Zealand National Office, 2003.

[8] MCLACHLAN C. An Analysis of New Zealand's Changing History, Policies and Approaches To Early Childhood Education[J].Australasian Journal of Early Childhood, 2011, 36(3):36–44.

[9] 朱媛媛 . 新西兰最新国际教育政策大盘点 [J]. 出国与就业 , 2004(7):21–23.

[10] Investing in Educational Success[EB/OL]. (2016–10–20) [2017–02–28].https://education.govt. nz/ministry–of–education/specific–initiatives/investing–in–educational–success.html.

[11] New Zealand Ministry of Education. Tertiary Education Strategy[EB/OL]. [2021–09–10]. http:// www.education.govt.nz/further–education/policies–and–strategies/tertiaryeducation–strategy,

[12] A unified system for all vocational education[EB/OL]. [2021–09–10]. https://conversation. education.govt.nz/assets/RoVE/Ao C/A–unified–system–for–all–vocationaleducation pdf.

[13] Office of the Minister for Tertiary Education. Tertiary Education Strategy 2007–12[R]. Wellington: Ministry of Education, 2007:8–9.

[14] New Zealand Qualifications Authority. Qualifications Framework[EB/OL].[2021–09–10]. http:// www.nzqa.govt.nz.html.

[15] WEIR A. External Quality Assurance of New Zealand Tertiary Education Providers Matters: Life Jacket or Strait–Jacket? AIR 2001 Annual Forum Paper [J].Educational Change, 2001:16.

修订本后记

两千多年前，汉朝使节张骞等人历经千难万险，"凿空西域"，打通了东西方交流合作的通道，连接起东西方文明文化交流互鉴的纽带。自此以来，"丝绸西去，天马东来"成为东西方交流交往的常态。一代又一代的国家使节、商旅行人以巨大的智慧和勇气，以超乎常人的执着和付出，克服千难万险，无惧风沙，一往无前，来往于道，络绎不绝，蔚为大观，成为东西方文化、商业交流发展史上脍炙人口的历史场景，为东西方文明文化的交流互鉴做出了巨大的贡献。

与此同时，在我国南方，随着造船业的不断发展进步，东西方的交流依托人们不断深化而积累的航海知识和舟船建造能力，不惧风险烟涛，凭借舟船，踏平万顷浪潮，来往于鲸波汹涌的碧海巨洋之间，把中国的陶瓷、茶叶运送到万里之外的南洋诸岛和中东、欧洲和美洲大地，再将西方的器物和文化知识带到中国，成就了东西方交流史上合作与友谊的佳话。

这就是著名的古代"一带一路"。在"一带一路"的漫漫征途上，人们怀揣着自己远大的理想，秉持着百折不回的坚定信念，年复一年，日复一日，一代又一代地艰辛奋斗，拉近了东西方世界的距离，促进了东西方文明文化的深入交流，成就了数千年人类史上无法比拟的伟大工程，也体现了人类探寻异地，渴望交流，文明互鉴的内在需求和深刻智慧，在人类文明的交流交往发展史上刻下了深深的印迹，成为后人无限向往的探险之旅、创新之旅的智慧和力量的源泉。在现今广东徐闻的大汉三墩和泉州古刺桐港的遗址旁，在古都西安、河西走廊和新疆西去的古丝绸之路上的遗址边，抚今忆昔，遥想当年丝绸之路上队队沙漠之舟迤逦往来、行人艰难奔走的景观和海面上千帆竞发、舟船云聚的场景，不能不使人思接千古，心飞神驰！

往事越千年，千年一瞬间。时代的发展为"一带一路"注入了丰富的新内涵，展现了伟大的新愿景。2013 年习近平主席在出访中亚和东南亚国家期间，以超迈古今的宽广视野，海纳百川的博大胸怀，开放包容的泱泱气度，先后提出共建"丝绸之路经济带"和"21 世纪海上丝绸之路"的倡议，得到了沿线、沿岸国家的积极响应。几年来，在国家层面上也采取了系列行动，制定了系列政策，以落地有声、抓铁有痕的力度，与"一带一路"沿线国家在经济、文化、教育等多个领域展开一系列卓有成效的合作实践，把

"一带一路"倡议持续、有效、一步一个脚印地推向前进。2017 年 5 月，习近平主席在"一带一路"国际合作高峰论坛的主旨演讲中，深刻阐述了以"和平合作、开放包容、互学互鉴、互利共赢"为核心的"丝路精神"，全面描绘了建设和平、繁荣、开放、创新、文明的"一带一路"建设的美好愿景，指出了"一带一路"建设的伟大事业需要伟大实践。号召"一步一个脚印推进实施，一点一滴抓出成果，造福世界，造福人民"，为世界"一带一路"建设伟大工程指明了发展方向，注入了巨大推动力。2021 年 9 月 15 日，习近平主席向 2021"一带一路"·长城国际民间文化艺术节致贺信，指出"一带一路"倡议 8 年来，在各方共同参与和努力下，共建"一带一路"取得积极成果，促进了共建国家人民福祉，也促进了共建国家文明交流对话。

教育是文化交流不可或缺的组成部分，也是促进世界各国、各民族文化交流互鉴、人民友好交往的重要纽带。教育对外开放是新时代中国改革开放的重要方面。职业教育作为培养技术技能型人才的教育类型，与社会经济的发展密不可分、互为依存、相互促进、共同发展。"一带一路"建设离不开大批高素质、高水平，敬业爱岗的技术技能型人才的积极参与，因此，职业教育就成为"一带一路"建设中一支不可或缺的力量。同时，"一带一路"倡议的实施，也为中国职业教育的改革发展带来了新思想、新理念、新视野、新要求，也提供了新动力、开辟了新路径。我们必须以国际化的视野，更加开放的心态，更加有力的举措，推动职业教育的改革发展，才能促进职业教育更上新台阶，为我国的经济建设、社会进步做出新的更大的贡献；也才能适应"一带一路"建设对于职业教育技术技能型人才培养提出的新要求。

深圳职业技术学院是我国首批 28 所示范性职业教育院校和"双高计划"10 所 A 档建设单位之一。深圳职业技术学院的办学实践较好地诠释了中国特色职业教育的发展路径，在当代高职教育中发挥着独特的示范作用。作为我国高职教育的排头兵，正在积极启动"丝路学院"的建设，积极主动联合国内参与"一带一路"建设的企业和社会组织如华为、中兴通讯、招商局港口控股等公司，共同拓展"一带一路"沿线国家职业教育市场，探索高职教育人才培育的海外新模式、新路径，力图为习近平主席"一带一路"倡议的实施提供技能人才的支撑。

基于以上认识，深圳职业技术学院倡议成立"职业教育国际联盟"，目的是借此凝聚国内及"一带一路"沿线国家和地区的职业教育资源，在职业教育的理论研究、政策建议、文化交流、校企合作、产教融合、师资培训、技术培训等诸多方面展开更有深度、更具广度的合作与交流，努力探索形成开放包容、互利共赢、合作互鉴的机制和平台，夯实合作基础，努力当好"一带一路"倡议的思想传播者和理念践行者。

"好雨知时节，当春乃发生。"深圳职业技术学院这一倡议适应新时代的要求而产生，也必然引起社会的关注、企业的响应和领导的支持。各级教育领导部门和中国职业教育学会高度肯定这一倡议，诸多企业积极支持让人感动，国外合作机构主动热情令人感叹。

为了让职业教育国家联盟成员对于"一带一路"沿线国家职业教育历史、现状有一个较为初步而全面的了解，深圳职业技术学院组建专业团队编写了《"一带一路"沿线国家职业技术教育概览》一书。我们的团队在资料贫乏的情况下，克服种种困难，编写出三册洋洋100余万字的文稿，并在商务印书馆的大力支持下成书出版。虽属筚路蓝缕，权作抛砖；期待后来居上，终成引玉，是所愿也！

本书编写过程中参考了联合国教科文组织、世界银行等国际组织和有关国家的教育报告，还参考了我国外交部及驻外使领馆、商务部、各国教育网站等的文献资料，限于篇幅未能在此一一注明，在这里我们表示真诚的感谢！还要真诚感谢外交部一等秘书赵立平博士的大力支持，他利用自己的休息时间为我们寻找相关一手材料和文献；真诚感谢商务印书馆（深圳）有限公司苑容宏先生和编辑人员给了我们极具专业价值的指导意见，使我们在写作过程中避免了一些疏漏，并且在出版方面给予大力支持，促成了这本书的及时出版。

截至2021年6月23日，中国已同140个国家和32个国际组织签署共建"一带一路"合作文件，由于时间仓促，且有的国家资料十分欠缺，加上编写时间紧迫，本书已尽力汇集90个国家的职业教育概况，并按亚洲、欧洲、非洲、北美洲、南美洲、大洋洲的洲别排列（各大洲内按国家的中文译名音序排序），同时对初版中的65个国家的文稿进行适当修订。我们将继续努力，不断完善和充实本书的内容，也恳请读者朋友们对本书的错误和不足之处及时给予批评指正。

最后，我们愿将本书作为一份微薄的礼物，奉献给"一带一路"建设这一伟大倡议。我们期望，本书的出版，能够为"一带一路"这一伟大工程的建设贡献出我们的绵薄之力！是为记。

李建求　卿中全

2021年9月20日